동아 연세 초등 영어사전

YONSEI PRIMARY ENGLISH-KOREAN DICTIONARY

동아출판

이 사전을 만든 사람들

〈 연세대학교 언어정보연구원 〉

- 집필·편찬 및 감수 책임 ｜ 이석재
- 집필 및 편집 ｜ 박혜숙, 박기훈, 정연수

- 집필·편찬 및 감수 책임 ｜ 이익환
- 집필 및 편집 ｜ 이은경, 이성현, 백소현, 조혜림, 봉미경

〈 동아출판 〉

- 편집 총괄 ｜ 장옥희
- 편집 팀장 ｜ 정경태
- 책임 편집 ｜ 김삼수, 우정선
- 교정 ｜ 김경은, 박인경
- 표지 디자인 ｜ 목진성, 송현아
- 내지 디자인 ｜ 김재혁

Yonsei Primary English-Korean Dictionary

동아 연세 초등영어사전

연세대학교 언어정보연구원 편

동아출판

머리말
Intro

학생 여러분과 학부모님께!

『동아 연세초등영어사전』이 새로운 모습으로 여러분들 앞에 섰습니다. 2007년 초판이 출간된 후 어언 14년이란 시간이 흘렀고, 그간 국내외 영어 학습 환경에도 많은 변화가 있었습니다. 정보 과학 기술과 인공 지능이 우리 삶의 깊은 곳까지 들어와서 영어 교육 환경 및 학습 방법에도 큰 변화가 일기 시작했습니다.

국내 언어 말뭉치 선도 연구 기관인 연세대학교 언어정보연구원은 다양한 초·중등 영어 교과서와 어린이 영어 스토리북, 영어 회화 교재 등을 바탕으로 구축한 〈연세 영어 말뭉치〉를 통해 우리나라 초·중등 학생들이 필수적으로 알아야 하는 단어들을 추출하였습니다. 이번 개정판은 사전에 수록한 단어들의 개수만을 늘린 것이 아니라 사전의 편집 자체를 완전히 새롭게 하여 한눈에 2세대 『동아 연세초등영어사전』임을 아실 수 있습니다.

1. 어휘 확장
  표제어를 기존 2,800여 개에서 3,800여 개로 확대하여 초·중등 학생들이 접할 수 있는 어휘의 대부분을 수록하였습니다.

2. 쑥쑥 박스 신설
  ◆〈어휘가 쑥쑥〉코너에서는 표제어의 파생어를 보기 쉽게 제시하였으며, 해당 표제어와 같이 어울려 쓰는 표현들을 폭넓게 제시하였습니다.
  ◆〈실력이 쑥쑥〉코너에서는 혼동하기 쉬운 표제어의 부가 설명을 제시하였습니다.
  ◆〈재미가 쑥쑥〉코너에서는 표제어와 함께 알면 영어가 더 재밌어지는 설명을 제시하였습니다.
  ◆〈문법이 쑥쑥〉코너에서는 해당 표제어와 관련한 간략하지만 중요한 문법 사항을 제시하였습니다.

머리말

3. 눈에 편한 활자체와 편집
   초판의 2단 편집 체제를 보조단 형태로 바꾸어 대부분의 예문들을 줄 바꿈 없이 한 줄로 제시하여 표제어와 예문들의 가독성을 대폭 높였습니다.

4. 초·중등 수준에 맞는 예문
   예문들의 길이 및 문장 구조의 난이도 등을 고려하여 초·중등 학생들의 수준에 맞는 예문을 제시하였습니다.

5. 국어사전 뜻풀이 제시
   영어 낱말을 설명하는 우리말이 이해하기 어려운 경우『동아 연세초등국어사전』을 인용하여 해당되는 우리말의 뜻풀이를 보여 주었습니다.

이번 개정판『동아 연세초등영어사전』은 이 같은 다양한 변화를 통해 초·중등 학생들의 영어 공부에 도움을 주고자 하였습니다. 이 사전을 활용할 때에는 머리와 눈으로만 공부하기보다는 입으로 단어와 예문을 큰 소리로 발음하여 온몸으로 체득하시기를 바랍니다.

끝으로 본 사전을 위해 애써 주신 연세대학교 언어정보연구원의 박혜숙, 박기훈 연구원과 연세대학교 조기영어교육전공 정연수 선생님께 깊은 감사의 마음을 전하며, 아울러 동아출판 사전편집팀의 노고에도 큰 박수를 보냅니다.

2021년 12월
연세대학교 언어정보연구원 원장 이석재

초판 머리말

학부모님과 선생님께!

먼저 우리나라 초중등 학생들에게 영어를 가르치시는 학부모님과 선생님의 노고에 경의를 표합니다. 연세대학교 언어정보연구원이 집필하여 두산동아에서 편찬하게 된 『연세초등영어사전』은 단순히 상업적 이윤만을 목적으로 하는 것이 아니라, 여러분들께서 초중등 학생들에게 영어를 가르치시는 데 적극적으로 도움을 드릴 수 있고, 학생들이 영어를 공부하는 데 쉽고 편리하게 이용할 수 있도록 편찬되었습니다.

여러 학부모님과 선생님께서 사랑해 주시는 『연세한국어사전』과 『연세초등국어사전』에 이어 이번에 저희가 편찬하게 된 『연세초등영어사전』은 다음과 같은 점에서 기존의 영어사전과는 다른 장점을 갖고 있습니다. 첫째, 현재 우리나라 초중등학생들이 쉽게 접하게 되는, 영어 교과서와 각종 미국 교과서, 이야기책, 영자신문, 회화 교재 등 약 600여종의 다양한 영어 자료에 등장하는 어휘를 망라하여 구축한 저희 연구원의 〈연세 영어 말뭉치 2006〉을 바탕으로 하여 편찬되었습니다. 따라서 우리나라 초중등학생이 영어책을 읽으면서 만나게 되는 단어들은 거의 전부가 이 사전에 올라 있다고 확신합니다.

둘째, 이 『연세초등영어사전』은 단순한 뜻풀이와 간단한 예문 위주로 엮어져 있는 기존의 사전과는 완전히 다릅니다. 이 사전의 예문들은 실생활에서 사용되는 것으로 현대 영어 말뭉치로부터 쉽고 유용한 것으로만 선정하였습니다. 이 사전은 또한 단어와 단어의 관계, 문맥 내에서의 올바른 단어 사용법을 익힐 수 있도록 꾸며져 있어서, 학생들의 영어 읽기와 영작문, 말하기 학습에 크게 도움이

초판 머리말

될 것입니다. 이처럼 이 사전은 영어 사용에 있어서 실용적 측면의 정보를 많이 제공하고 있습니다.

셋째, 이 『연세초등영어사전』은 쉽고 재미있게 꾸며져 있습니다. 영어 단어의 뜻풀이에는 『연세초등국어사전』에 수록된 단어 수준의 쉬운 우리말을 사용하였으므로 학생들이 이해하기 쉽습니다. 그리고 아름다운 그림과 부드럽고 우아한 색채는 학생들의 흥미를 유발하여 학생들이 스스로 영어 공부의 재미에 빠져들도록 촉매제 역할을 할 것으로 기대합니다.

앞으로 이 사전이 학생들이 영어 공부를 즐겁게 할 수 있도록 돕는 도구가 되기를 바라는 마음 간절합니다. 저희 연구원에서는 앞으로 끊임없이 우리나라 초등학생들과 함께하게 될 이 사전이 더욱 완벽해질 수 있도록 배전의 노력을 게을리 하지 않겠습니다. 여러분들께서 귀한 조언을 주시면 소중히 참고하겠습니다.

2006년 10월 30일
연세대학교 언어정보연구원 원장 이익환

단어와 관련된 문화적·사회적 배경 지식을 소개합니다.

어휘력 증진을 위해 관련 단어의 파생어와 연어(collocation)를 엄선하여 소개하였습니다.

왼쪽 페이지 첫 번째 단어입니다.

Oxford Advanced Learner's Dictionary에서 미국식 발음을 기준으로 기호를 넣었습니다.

널리 쓰이는 단어 중에서 미국과 영국에서 철자가 다르게 쓰일 경우에는 '/'로 구분하였습니다.

단어마다 품사를 표시하였습니다. 품사 갈래가 있는 경우 약자로 품사를 표기하였습니다.

단어를 활용한 실용적인 예문과 대화문을 풍부하게 제시하여 쓰기와 말하기 공부에 두루 도움이 되도록 하였습니다.

단어 의미의 구별과 단어와 관련된 기타 지식을 설명합니다.

관련 단어로 가면 다양한 참고 정보를 볼 수 있습니다.

뜻풀이는 국어사전처럼 의미 풀이를 제공합니다.

단어의 철자는 같지만 의미가 완전히 다른 경우에는 어깨 번호로 구분하였습니다.

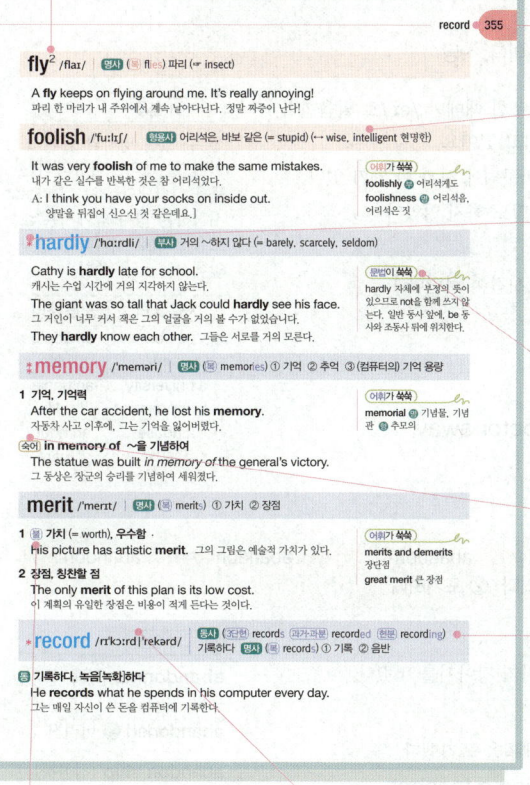

오른쪽 페이지 마지막 단어입니다.

유의어와 반의어를 풍부하게 제시하였습니다.

교육인적자원부 권장 초등 어휘는 빨간색과 별 2개로 표시했습니다. 중고등 어휘는 파란색과 별 1개로 표시했습니다.

해당 단어와 관련된 문법 사항을 정리하였습니다.

실용적인 숙어들을 예문과 함께 제시하였습니다.

명사의 복수형, 형용사·부사의 비교형(비교급, 최상급), 동사의 시제 변화(3인칭 단수 현재, 과거, 과거분사, 현재분사)를 제시하고 어미가 바뀌는 부분을 다른 색으로 표시하였습니다.

불가산 명사에 해당하는 뜻 앞에 표시를 하였습니다.

품사별로 발음이나 강세가 달라지는 경우, 발음 기호에 '|'로 구분하여 품사순으로 표기하였습니다.

Aa

*a /ə, eɪ/ [부정관사] 하나의 [전치사] ~마다, ~당

관 하나의 (*보통 /ə/로 발음하며, 특별히 강조할 때에만 /eɪ/로 발음한다.)
I have **a** bike. 나는 자전거 한 대를 가지고 있어요.
There is **an** apple in the basket. 바구니에 사과 한 개가 있다.
He never said **a** word. 그는 한 마디 말도 하지 않았다.
[속담] Rome was not built in **a** day.
로마는 하루에 이루어지지 않았다. (큰일은 시간이 걸린다.)

전 ~마다, ~당 (= per)
I take piano lessons twice **a** week.
나는 일주일에 두 번 피아노 레슨을 받는다.
[속담] An apple **a** day keeps the doctor away.
하루에 한 개의 사과는 의사를 멀리하게 한다.
(매일 사과를 하나씩 먹으면 건강에 좋다.)

[문법]이 쑥쑥
셀 수 있는 명사와 함께 쓰이며 '한 개의', '하나의'라는 뜻을 나타낸다. 자음 소리로 시작하는 명사 앞에서는 a, 모음 소리로 시작하는 명사 앞에서는 an을 쓴다.

자음 소리	모음 소리
a pen /pen/	an apple /ˈæpl/
a university /juːnɪˈvɜːrsəti/	an uncle /ˈʌŋkl/
a house /haʊs/	an hour /ˈaʊər/

*abandon /əˈbændən/ [동사] (3단현) abandon**s** (과거·과분) abandon**ed** (현분) abandon**ing**
① 버리다 ② 포기하다

1 버리다
She **abandoned** her dog. 그녀는 자기 강아지를 버렸다.

2 포기하다 (= give up)
He **abandoned** the plan. 그는 그 계획을 포기했다.
She **abandoned** her dream of being a teacher.
그녀는 선생님이 되겠다는 꿈을 포기했다.

[숙어] **abandon oneself to** ~에 빠져 헤어나지 못하다
She *abandoned herself to* despair.
그녀는 절망에 빠져 헤어나질 못했다.

[어휘]가 쑥쑥
abandonment 명 포기, 버림, 유기
abandoned 형 버려진
- - - - - - - -
abandon ship (침몰하는) 배에서 탈출하다
abandon (all) hope 희망을 버리다
abandon (one's) country 조국을 등지다

*ability /əˈbɪləti/ [명사] (복) abilit**ies**) 능력, 재능

I have many **abilities**. 나는 재능이 많다.
Most birds have the **ability** to fly.
대부분의 새는 날 수 있는 능력이 있다.
Mozart had a great musical **ability**.
모차르트는 뛰어난 음악적 재능을 가지고 있었다.

A: How can I improve my English speaking **ability**?
어떻게 하면 제 영어 말하기 실력을 키울 수 있을까요?
B: Don't be afraid of speaking in English and practice every day.
영어로 말하는 것을 두려워하지 말고 매일 연습하세요.

뜻풀이
능력 일을 할 수 있는 힘이나 재주

Mozart had a great musical *ability*.

able /ˈeɪbl/ 형용사 ~할 수 있는 (↔ unable ~할 수 없는)

Penguins are not **able** to fly. 펭귄은 날 수 없다.
My sister is **able** to read and write.
내 여동생은 글을 읽고 쓸 수 있다.
We'll be **able** to travel to the moon someday.
우리는 언젠가 달을 여행할 수 있게 될 것이다.

어휘가 쑥쑥
ability 명 능력
ably 부 능숙하게
enable ~을 할 수 있게 하다

문법이 쑥쑥
able은 주로 be able to로 쓰이며, be able to는 조동사 can과 마찬가지로 '~할 수 있다'라는 뜻으로 사용된다. 그러나 조동사 can은 will, shall, may, must 등과 같은 다른 조동사와 함께 사용할 수 없다. 이 경우에는 be able to를 써야 한다.
I will be able to fly. (○) (나는 날 수 있을 것이다.)   I will can fly. (×)

aboard /əˈbɔːrd/
부사 (배·비행기·기차·버스 등을) 타고
전치사 (배·비행기·기차·버스 등에) 타고, 탑승한

부 (배·비행기·기차·버스 등을) 타고, 탑승하여
Come **aboard**. 탑승하세요.
Did you see Amy go **aboard**? 에이미가 타는 걸 봤어?

전 (배·비행기·기차·버스 등에) 타고, 탑승한
We were all **aboard** the ship last night.
우리는 모두 지난밤에 배에 탔다.

어휘가 쑥쑥
All aboard! 모두 탑승해 주세요!
Welcome aboard. 환영합니다. 〈승객을 환영하는 말/입사를 축하하는 말〉

about /əˈbaʊt/
전치사 ① ~에 관하여, ~에 대하여 ② ~ 주위에, ~ 가까이에
부사 약, 대략

전 1 ~에 관하여, ~에 대하여
Tell me **about** your family. 너의 가족에 대해서 내게 말해 줘.
What are you talking **about**?
그게 무슨 소리야? (지금 무엇에 대해서 말하는 거야?)

문법이 쑥쑥
'~ 주위에'라는 뜻으로 쓰일 때는 영국 영어에서는 about, around, round 모두 쓸 수 있지만, 미국 영어에서는

2 ~ 주위에, ~ 가까이에 (= near, around)
Books were scattered **about** the room.
책이 방 여기저기에 흩어져 있었다.

부 약, 대략 (= nearly, almost, around)
About 10 million people saw the movie last year.
약 천만 명의 사람들이 작년에 그 영화를 보았다.

The Great Wall of China was built **about** 2,200 years ago.
중국의 만리장성은 약 2,200년 전에 지어졌다.

A: How long does it take from here to the airport?
여기서 공항까지 시간이 얼마나 걸리나요?
B: It takes **about** an hour by bus.
버스로 한 시간 정도 걸립니다.

숙어 be about to 지금 막 ~하려고 하다
I *am* just *about to* leave. 나는 막 떠나려는 참이다.

how[what] about ~? ~은 어떻습니까?, ~을 어떻게 생각합니까?
How[What] about meeting at 5?
5시에 만나는 게 어떨까요?

around만 쓴다. 그러나 '약', '대략'이라는 뜻으로는 about 과 around가 영국 영어와 미국 영어에서 모두 쓰인다.

실력이 쑥쑥
be about to는 '(지금 막) ~하려는 참이다'와 같이 아주 가까운 미래에 대해 말할 때 쓰인다.
be going to는 주로 구어체에 쓰여 '~하려고 하다, ~할 예정이다'와 같이 가까운 미래의 일을 나타낼 때 쓰인다.

above /əˈbʌv/   전치사 ①(~보다) 위에 ②~을 넘는   부사 위쪽에 (☞ preposition)

전 1 [방향·장소] (~보다) 위에, (~보다) 위로 (↔ below ~보다 아래에)
The clock is on the wall **above** the desk.
시계는 책상 위의 벽에 걸려 있다.

The man is lifting weights **above** his head.
남자는 머리 위로 역기를 번쩍 들어 올리고 있다.

The kite flew up **above** the tree. 연은 나무 위로 날아올랐다.

2 [나이·수량] ~을 넘는, ~을 넘어
Today the temperature will rise **above** 30°C.
오늘 기온이 섭씨 30도 이상 오르겠습니다.

The wrestler's weight is **above** 100 kilograms.
그 레슬링 선수의 몸무게는 100킬로그램이 넘는다.

Mt. *Halla* is 1,950 meters **above** sea level.
한라산은 해발 1,950미터이다.

부 위쪽에, 위쪽으로 (↔ below 아래에, 아래로)
Let's find Orion among the stars **above**.
저 위의 별들 중에서 오리온자리를 찾아봅시다.

숙어 above all 무엇보다도, 특히, 그중에서도
Above all, you must keep your promise.
무엇보다도, 너는 너의 약속을 지켜야 한다.

실력이 쑥쑥
above '~보다 높은[위쪽의]'이라는 뜻으로, 표면에 닿지 않은 상태
a light *above* the desk (책상 위쪽에 걸려 있는 전등)

on '~ 위에'라는 뜻으로, 표면에 닿은 상태
a book *on* the desk (책상 위에 있는 책)

over '~보다 위에' 라는 뜻으로, 표면에 접촉할 때와 접촉하지 않을 때 모두 사용할 수 있다. 어떤 대상을 덮거나 그 위를 넘어갈 때도 쓰인다.
a cloth *over* the dining table (식탁을 덮고 있는 식탁보)

abroad /əˈbrɔːd/ 부사 해외로, 해외에 (↔ home 국내에)

Is he still **abroad**? 그는 아직도 외국에 있나요?
They went **abroad** for their holiday.
그들은 휴가를 보내러 해외로 갔다.
She is planning to study **abroad**.
그녀는 유학을 갈 계획이다.

 실력이 쑥쑥
abroad는 부사이므로 전치사 to와 함께 쓰지 않는다.
Amy goes *abroad*. (○)
Amy goes to *abroad*. (×)

absent /ˈæbsənt/ 형용사 결석한, 자리에 없는 (↔ present 출석한)

Only one student was **absent**. 한 학생만 결석했다.
[속담] Long **absent**, soon forgotten.
오래 떠나 있으면 잊혀지기 마련이다.

숙어 be absent from ~에 결석하다
Tom *is absent from* school today.
톰은 오늘 학교에 결석했다.

실력이 쑥쑥
absent는 직장이나 학교에 빠진 것을 의미한다. 잠깐 자리를 비웠을 때는 not in이나 out을 사용한다.
She is *out*[*not in*] at the moment. (그녀는 지금 자리에 없다.)

absolute /ˈæbsəluːt/ 형용사 (비교 more absolute 최상 most absolute) 완벽한, 확실한, 절대적인

It is an **absolute** fact. 그것은 절대적 사실이다.
I have **absolute** faith in his judgement.
나는 그의 판단을 전적으로 믿는다.

 어휘가 쑥쑥
absolute grading
절대 평가

absolutely /ˈæbsəluːtli/ 부사 ① 절대적으로 ② [대답] 물론, 정말 그래

1 절대적으로, 완전히 (= completely)
Her guess was **absolutely** right.
그녀의 추측은 완전히 옳았다.
The horse was **absolutely** exhausted after the race.
경주가 끝나자 그 말은 완전히 지쳤다.
A: Have you ever read this book? I think this is the best book ever.
너 이 책 읽어 봤니? 내 생각에 이건 정말 최고의 책이야.
B: You're **absolutely** right.
두말하면 잔소리지. (네가 전적으로 옳아.)

실력이 쑥쑥
상대방의 말이나 의견에 전적으로 동의할 때는 Absolutely!를 사용한다. 그 반대인 경우, 즉 동의하지 않거나 강하게 거부할 때는 Absolutely not!을 사용한다.
A: Do you think it will work? (그게 될 거라고 생각하니?)
B: *Absolutely*! (물론이지!)
Absolutely not! (절대 아니야!)

2 [대답] 물론, 정말 그래, 그렇고 말고 (= certainly, sure)
A: Do you accept credit cards?
신용 카드를 받으십니까? (신용 카드로 계산이 가능합니까?)
B: **Absolutely**. 물론이죠.

A: Are you dating Jennifer? 너 제니퍼랑 사귀니?
B: **Absolutely** not! She's just my classmate.
절대 아니야! 제니퍼는 단지 반 친구일 뿐이야.

absorb /əbˈzɔːrb/
동사 (3단현) absorb**s** (과거·과분) absorb**ed** (현분) absorb**ing**
① 빨아들이다 ② 완전히 이해하고 배우다

1 빨아들이다, 흡수하다 (= soak up)
A sponge **absorbs** water well.
스펀지는 물을 잘 빨아들인다.
Plants **absorb** carbon dioxide and release oxygen.
식물은 이산화탄소를 빨아들이고 산소를 내뱉는다.

A sponge *absorbs* water well.

2 (정보·지식을) 완전히 이해하고 배우다
Justin **absorbed** a lot of new information very quickly.
저스틴은 많은 새로운 정보를 매우 빠르게 받아들였다.

어휘가 쑥쑥
absorbed 형 몰두한
absorption 명 흡수, 열중

academy /əˈkædəmi/
명사 (복) academ**ies** ① 전문학교, (미국의) 사립 중고등학교
② 학원

1 전문학교, (미국의) 사립 중고등학교
Helen went to the Royal **Academy** of Dramatic Art last year.
헬렌은 지난해 왕립 연극 학교에 갔다.

2 학원
Amy goes to the music **academy** three times a week.
에이미는 일주일에 세 번 음악 학원에 다닌다.

어휘가 쑥쑥
military academy 육군 사관 학교
air force academy 공군 사관 학교
naval academy 해군 사관 학교

accent /ˈæksent/
명사 (복) accent**s** ① 악센트 ② 말투

1 악센트, 강세
The **accent** of "student" falls on "u".
"student"의 강세는 "u"에 있다.

2 (출신 지역이나 계층을 보여 주는) 말투, 억양, 사투리
She speaks English with a French **accent**.
그녀는 프랑스어 억양이 섞인 영어로 말한다.

어휘가 쑥쑥
primary accent 제1악센트
secondary accent 제2 악센트
foreign accent 외국 억양

accept /əkˈsept/
동사 (3단현) accept**s** (과거·과분) accept**ed** (현분) accept**ing**
① 받아들이다 ② 인정하다

1 받아들이다 (= receive, take), **(초대에) 응하다** (↔ refuse 거절하다)
I **accepted** his invitation. 나는 그의 초대에 응했다.

This vending machine only **accepts** quarters.
이 자동판매기는 25센트짜리 동전만 받는다.

2 (어떤 사실을) 옳다고 여겨 받아들이다, 인정하다, 순응하다
(= acknowledge)
Amy didn't **accept** my explanation.
에이미는 내 해명을 받아들이지 않았다.
Justin had to **accept** the fact that he had lost in the finals.
저스틴은 결승에서 졌다는 사실을 인정해야만 했다.

This vending machine only *accepts* quarters.

* **access** /ˈækses/
명사 ① 입장 ② 이용하는 기회
동사 (3단현) access**es** (과거·과분) access**ed** (현분) access**ing**
접근하다, 들어가다

명 **1** 입장, 접근
The only **access** to the village is by boat.
그 마을에 접근하는 유일한 방법은 배로 가는 것이다.

2 이용하는 기회
Students have **access** to the library.
학생들은 도서관 이용이 가능하다.

동 접근하다, 들어가다
We can only **access** the kitchen from inside the house.
집 안을 통해서만 주방으로 들어갈 수 있다.

어휘가 쑥쑥
accessible 형 접근할 수 있는, 사용하기 쉬운
accessibility 명 접근하기 쉬움, 접근할 수 있음
Internet access 인터넷 접속

accessory /əkˈsesəri/ 명사 (복) accessor**ies**) 액세서리, 장식품

She always wears expensive **accessories**.
그녀는 항상 비싼 액세서리를 하고 다닌다.

* **accident** /ˈæksɪdənt/ 명사 (복) accident**s**) 사고

Accidents occur very often here.
이곳은 사고가 매우 빈번하게 일어납니다.
The car **accident** blocked downtown traffic.
그 자동차 사고로 시내 교통이 마비되었다.
She was hurt in a car **accident**. 그녀는 차 사고로 다쳤다.
[속담] **Accidents** will happen.
사고는 일어나게 마련이다. (어떤 일을 완전히 막을 수는 없다.)

숙어 **by accident** 우연히 (= by chance, accidentally)
(↔ **on purpose** 일부러)
I met my friend *by accident*. 나는 우연히 친구를 만났다.

어휘가 쑥쑥
traffic accident 교통사고
airplane accident 비행기 사고
hit-and-run accident 뺑소니 사고
minor accident 경미한 사고
serious accident 심각한 사고
tragic accident 비극적인 사고

accord /əˈkɔːrd/

명사 합의
동사 (3단현) accords (과거·과분) accorded (현분) according ① 부여하다 ② 부합하다

명 합의(♀)
They signed a peace **accord** last month.
그들은 지난달에 평화 합의안에 서명했다.

동 1 부여하다(♀)
We **accord** great importance to education.
우리는 교육에 엄청난 중요성을 부여한다.

2 부합하다(♀), 일치하다
Her story does not **accord** with the fact.
그녀의 이야기는 사실과 부합하지 않는다.

뜻풀이
합의 어떤 문제에 대한 여러 의견의 일치
부여하다 권리나 성질 등을 가지게 하다
부합하다 여러 가지가 서로 조금도 틀림이 없이 꼭 들어맞다

어휘가 쑥쑥

according to ~에 따라, ~에 따르면,
We should play games *according to* the rules. (우리는 규칙에 따라 경기를 해야 한다.)
Group these blocks *according to* size. (이 블록들을 크기에 따라 분류하시오.)
According to the weather forecast, it will be cloudy tomorrow. (일기 예보에 따르면, 내일은 흐릴 것이라고 한다.)

---

*account /əˈkaʊnt/

명사 (복) accounts ① 설명 ② (예금) 계좌
동사 (3단현) accounts (과거·과분) accounted (현분) accounting
설명하다

명 1 설명 (= explanation), 이야기
A clear **account** of the accident is given in the article.
그 사건에 대한 명확한 설명은 기사에 나와 있다.

Please give us a short **account** of it.
그것에 대해서 간략한 설명을 해 주세요.

2 (은행 등과의) 거래, (예금) 계좌, (정보 서비스) 이용 계정
A: Would you find out how much money is in my **account**?
제 계좌에 돈이 얼마나 있는지 확인해 주시겠어요?
B: Yes, ma'am. Could you give me your **account** number, please?
네, 고객님. 계좌 번호 좀 알려 주시겠어요?

동 설명하다 (= explain)
I asked my teacher to **account** for my failure on the exam.
나는 선생님께 내가 왜 시험에 떨어졌는지 설명해 달라고 부탁했다.

He couldn't **account** for the missing diamond.
그는 사라진 다이아몬드에 대해 설명하지 못했다.

[속담] There is no **accounting** for tastes.

어휘가 쑥쑥

account balance 계좌 잔액
account book 회계 장부
account department 회계팀, 경리부
savings account 보통 예금 계좌
open an account 계좌를 만들다[개설하다]
close an account 계좌를 해지하다
e-mail account 이메일 계정
Internet account 인터넷 계정
on account 신용 거래로, 할부로
take account of ~을 고려하다, 감안하다

취향에 대해서는 설명할 수 없다. (사람의 취향은 각양각색이다.)

숙어 **on account of** ~ 때문에 (= because of, due to, owing to)
On account of rainy weather, the game was put off.
비가 오는 날씨 때문에 그 경기는 지연되었다.

accuracy /ˈækjərəsi/ 명사 정확, 정확도

Sarah doubts the **accuracy** of this report.
세라는 이 보고서의 정확성에 의문을 가지고 있다.

*accurate /ˈækjərət/ 형용사 (비교) more accurate (최상) most accurate)
정확한, 틀림없는 (= correct) (↔ inaccurate 부정확한)

Switzerland is very famous for **accurate** watches and clocks.
스위스는 정확한 시계로 매우 유명하다.

Today's weather forecast is very **accurate**.
오늘날의 일기 예보는 매우 정확하다.

어휘가 쑥쑥
accurately 부 정확히

*accuse /əˈkjuːz/ 동사 (3단현) accuses (과거·과분) accused (현분) accusing)
고발하다, 비난하다

He **accused** Mary of stealing his money.
그는 메리가 자기 돈을 훔쳤다고 고발했다.

The teacher **accused** me of cheating.
그 선생님은 나의 부정행위를 비난하셨다.

He was **accused** of taking bribes.
그는 뇌물을 받은 혐의로 고발을 당했다.

뜻풀이
고발하다 경찰이나 수사 기관에 옳지 않은 사실이나 그런 짓을 저지른 사람을 알리다

accustomed /əˈkʌstəmd/ 형용사 익숙한, 늘 하는

I am not **accustomed** to getting up early.
나는 일찍 일어나는 데 익숙하지 않다.

ache /eɪk/ 명사 (복) aches) 아픔, 고통
동사 (3단현) aches (과거·과분) ached (현분) aching) 아프다, 쑤시다

명 아픔, 고통
Justin has an **ache** in his hand. 저스틴은 손이 아프다.

동 아프다, 쑤시다 (= hurt)
My head **ached**. 나 머리가 아팠어.
I caught a bad cold and I **ache** all over.
나는 지독한 감기에 걸려서 온몸이 다 쑤셔.

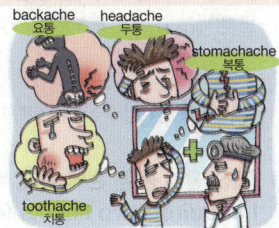
backache 요통 / headache 두통 / stomachache 복통 / toothache 치통

achieve /əˈtʃiːv/ 동사 (3단현) achieves (과거·과분) achieved (현분) achieving
(일·목적을) 이루다, 달성하다

I **achieved** my goal. 나는 목적을 이루었다.
Amy **achieved** great success in life.
에이미는 인생에서 큰 성공을 거두었다.

뜻풀이
달성하다 일이나 목적을 뜻한 대로 되게 하다

어휘가 쑥쑥
achiever 명 성취한 사람, 성적 우수자   achievable 형 달성할 수 있는

achievement /əˈtʃiːvmənt/ 명사 (복) achievements) ① 업적 ② 성취

1 업적
I'm so proud of your **achievements**.
나는 네가 이뤄 낸 일들이 정말 자랑스럽다.

2 불 성취, 달성
We celebrated the **achievement** of our goals.
우리는 우리의 목표 달성을 축하했다.

어휘가 쑥쑥
high achievement
높은 성취, 대성공
main[major] achievement 주요 업적
personal achievement
개인의 업적

acid /ˈæsɪd/ 명사 (복) acids) 산
형용사 (비교) more acid (최상) most acid) ① 산성의 ② 신맛이 나는

명 [화학] 산
An **acid** turns blue litmus paper into red.
산성은 푸른색 리트머스 시험지를 붉은색으로 변하게 한다.

형 1 [화학] 산성의
I read a book about **acid** rain yesterday.
나는 어제 산성비에 대한 책을 읽었다.

2 신맛이 나는
Vinegar has a strong **acid** taste. 식초는 신맛이 강하다.

어휘가 쑥쑥
acid soil 산성 토양

뜻풀이
산 시큼한 맛이 나고, 푸른 리트머스 종이를 붉은빛으로 변하게 하는 것

acorn /ˈeɪkɔːrn/ 명사 (복) acorns) 도토리

[속담] Great[Tall] oaks from little **acorns** grow.
큰 참나무도 작은 도토리에서. (천 리 길도 한 걸음부터)

acquire /əˈkwaɪər/ 동사 (3단현) acquires (과거·과분) acquired (현분) acquiring
① 손에 넣다 ② 습득하다

1 (재산·물건 등을) 손에 넣다, 획득하다
I **acquired** two tickets for the concert.

어휘가 쑥쑥
acquired 형 획득한, 취득

나는 콘서트 티켓 두 장을 손에 넣었다.
2 (지식·기술 등을) **습득하다, 얻다**
She **acquired** English quickly. 그녀는 영어를 빨리 습득했다.

acquisition 명 획득, 취득, 습득

acre /ˈeɪkər/ | 명사 (복) acres 에이커(🔎 1에이커=4,047 제곱미터) 《미국 넓이의 단위》

Wildfires destroy thousands of **acres** of woods every year.
산불은 매년 수천 에이커의 숲을 파괴시킨다.

acrobat /ˈækrəbæt/ | 명사 (복) acrobats 줄타기, 곡예사(🔎 재주넘기 등의 재주와 기술을 하는 사람, 서커스에서 묘기를 보여 주는 사람)

Acrobats work in a circus. 곡예사들은 서커스에서 일합니다.

*across /əˈkrɔːs/ | 전치사 ① ~을 가로질러 ② ~을 가로지른 곳에 부사 건너

전 **1 ~을 가로질러, ~을 건너서**
The bridge **across** the river was destroyed.
강을 가로질러 놓여 있던 다리가 무너졌다.

2 ~을 가로지른 곳에, ~의 맞은편에
He called to me **across** the street.
그는 길 건너편에서 나에게 소리쳤다.

A: Where is the nearest subway station?
가장 가까운 지하철역이 어디인가요?
B: Go down two blocks. It's **across** from the City Hall.
두 블록 내려가세요. 지하철역은 시청 맞은편에 있어요.

across the street

부 **건너, 가로질러**
Please come **across** to my office at around 3 o'clock.
3시쯤에 제 사무실로 와 주세요.

through the park

숙어 **come across 우연히 만나다** (= run into), **우연히 발견하다**
Alex *came across* his old friend on the street.
알렉스는 길에서 옛 친구를 우연히 만났다.

When I put my desk in order, I *came across* the ring that I had lost.
나는 책상 정리를 하다가, 예전에 잃어버렸던 반지를 우연히 찾았다.

along the river

실력이 쑥쑥

across '반대편으로 가로질러 간다'는 뜻으로, 횡단보도를 건너는 것을 생각하면 된다.
I walked *across* the street. (나는 길을 건넜다.)

through '~을 통과하여'라는 뜻으로, 어떤 것의 내부를 지나가는 것, 즉 관통해서 지나가는 것을 말한다. 동굴이나 터널, 숲속을 통과해 나오는 것을 생각하면 된다.

I went *through* the park and out of the gate. (나는 공원을 지나 출입구 밖으로 나왔다.)
along '~을 따라'라는 뜻으로, 어떠한 길을 따라 움직일 때 사용한다. 인도를 따라 걷거나 계곡을 따라 걷는 모습을 상상하면 된다.
I walked *along* the river. (나는 강을 따라 걸었다.)

✱ **act** /ækt/

명사 (복 act**s**) ① 행동 ② (연극의) 막
동사 (3단현 act**s** 과거·과분 act**ed** 현분 act**ing**) ① 행동하다 ② 연기하다

명 1 행동, 행위 (☞ 20, 21쪽)
Robbery is a criminal **act**. 강도는 범죄 행위이다.
Joan of Arc performed a heroic **act** in the Hundred Years' War.
잔 다르크는 백 년 전쟁에서 영웅다운 행동을 했다.

2 (연극의) 막
In the play, the hero dies in **Act** IV, Scene II.
그 연극의 주인공은 4막 2장에서 죽는다.

어휘가 쑥쑥
brave act 용감한 행동
foolish act 어리석은 행동
cruel act 잔인한 행동

재미가 쑥쑥
연극의 단락을 세는 단위는 Act(막)와 Scene(장)이 있다. 여러 개의 Scene이 모여서 하나의 Act가 된다.

동 1 행동하다, 처신하다
He **acts** like a fool. 그는 바보처럼 행동한다.

2 연기하다, 무대에 서다 (= perform)
The child actor is young, but he **acts** very well.
그 아역 배우는 어리지만 연기를 매우 잘한다.

action /ˈækʃn/

명사 (복 action**s**) ① 행동 ② 동작

1 (목적이나 문제 해결을 위한) 행동, 조치
It's time to take **action** to save the Earth.
지구를 구하기 위한 행동을 취할 때이다.

[속담] **Action** speaks louder than words.
행동이 말보다 중요하다.

어휘가 쑥쑥
firm action 단호한 조치
action movie 액션 영화
legal action 법적 조치

2 (사람의) 동작, 행위
Tom's quick **action** saved his son.
톰의 빠른 동작이 자신의 아들을 구했다.

I asked him to explain his **actions**.
나는 그의 행위에 대한 설명을 요구했다.

Action!

active /ˈæktɪv/

형용사 (비교 more active 최상 most active) ① 활동적인 ② 적극적인

1 활동적인, 활발한 (↔ inactive 활발하지 않은)
He is very **active** at school. 그는 학교에서 매우 활동적이다.
The issue is under **active** discussion.

어휘가 쑥쑥
actively 분 활발히
activate 동 활동적이게 하

그 문제에 관해 활발한 논의가 진행 중이다. 다, 활성화시키다

2 적극적인 (↔ inactive 소극적인)
She takes an **active** part in school life.
그녀는 학교 생활에 적극적으로 참여한다.

active volcano 화산
active voice 능동태

activity /æk'tɪvəti/ 명사 (복) activit**ies**) ① (목적·의도를 가진) 활동 ② (사건·사물의) 활동 ③ (학생의) 과외 활동

1 (목적·의도를 가진) 활동, 행위
We need fund-raising **activity**. 우리는 모금 활동이 필요하다.

2 불 (사건·사물의) 활동, 움직임, 활기
The streets were noisy and full of **activity**.
거리는 부산하고 활기가 가득했다.

3 [주로 activities로 쓰여] (학생의) 과외 활동, 여가 활동
My favorite **activity** after school is soccer.
내가 가장 좋아하는 방과 후 활동은 축구이다.

A: What's your favorite outdoor **activity**?
   네가 가장 좋아하는 야외 활동이 뭐니?
B: I like all kinds of sporting **activities**.
   나는 모든 스포츠 활동을 좋아해.

어휘가 쑥쑥
club activity 동아리 활동
diplomatic activity 외교 활동
economic activity 경제 활동
group activity 집단 활동
intellectual activity 지적 활동
leisure activity 레저 활동

actor /'æktər/ 명사 (복) actor**s**) (남자) 배우 (= movie star)

Who is your favorite **actor**? 네가 가장 좋아하는 배우는 누구니?

actress /'æktrəs/ 명사 (복) actress**es**) 여배우 (= movie star)

The **actress** posed for photographers on the red carpet.
그 여배우는 사진 작가들을 위해 레드 카펫 위에서 포즈를 취했다.

*actual /'æktʃuəl/ 형용사 실제의, 현실의

The **actual** cost was higher than I expected.
실제 비용은 내가 예상한 것보다 더 높았다.
In **actual** fact, she is older than I.
사실, 그녀가 나보다 나이가 더 많다.

어휘가 쑥쑥
actuality 명 현실, 현실성

actually /'æktʃuəli/ 부사 ① 실제로 ② 사실은

1 실제로, 정말로
I **actually** saw a ghost. 나는 실제로 유령을 봤다.

2 사실은, 실은, 예상과는 달리
Actually, Tom is my brother. 사실, 톰은 우리 오빠야.

---

adapt /əˈdæpt/ 　동사　(3단현) adapts (과거·과분) adapted (현분) adapting
① 적응하다　② 각색하다

1 적응하다, (새로운 상황에) 맞추다[조정하다]
Amy always **adapted** quickly. 에이미는 언제나 빠르게 적응했다.
When we enter the dark place, our eyes slowly **adapt** to the darkness.
우리가 어두운 장소에 들어가면, 우리 눈은 어둠에 서서히 적응한다.

2 (소설·극을) 각색하다
Hans Andersen **adapted** the story for children.
한스 안데르센은 어린이를 위해 그 이야기를 각색했다.

어휘가 쑥쑥
adaptation 명 적응, 각색
adaptive 형 적응의

뜻풀이
각색하다 역사적 사실이나 소설 등을 고쳐서 연극이나 영화의 각본으로 만들다

---

add /æd/ 　동사　(3단현) adds (과거·과분) added (현분) adding　① 더하다　② 덧붙여 말하다

1 더하다, 보태다 (↔ subtract 빼다)
If you **add** 3 to 4, you get 7. / 4 **added** to 3 makes 7.
4에다 3을 더하면 7이 된다.
Tom **added** some milk. 톰은 우유를 조금 넣었다.

2 덧붙여 말하다
I have nothing to **add**.
저는 더 이상 덧붙여 할 말이 없습니다.

---

addition /əˈdɪʃn/ 　명사　더하기, 덧셈, 추가

My little brother is learning **addition** at school.
내 남동생은 학교에서 더하기를 배우는 중이다.

숙어 **in addition** 게다가, 또한
It was rainy, and *in addition*, it was cold.
비가 내리는데 춥기까지 했다.

어휘가 쑥쑥
subtraction 뺄셈
multiplication 곱셈
division 나눗셈

---

additional /əˈdɪʃənl/ 　형용사　추가의

There's no **additional** charge. 추가 요금은 없습니다.

---

address¹ /əˈdres/ 　명사　(복) addresses) 주소
　동사　(3단현) addresses (과거·과분) addressed (현분) addressing)
주소를 적다

address

명 주소

Please write your name and **address** on the envelope.
봉투에 당신의 이름과 주소를 적어 주세요.

What is your e-mail **address**?
네 이메일 주소는 뭐니?

A: What is your **address**?
주소가 무엇입니까?

B: My **address** is 123 Main Street, New York.
제 주소는 뉴욕시 메인스트리트 123번지입니다.

동 주소를 적다

Justin **address**ed the letter to his parents.
저스틴은 부모님께 보낼 편지에 주소를 적었다.

> 실력이 쑥쑥
> 한국 주소는 큰 것에서 작은 것으로 나열하지만, 영문 주소는 반대로 작은 것부터 나열한다.
> 서울시 서대문구 연세로 50
> 50, Yonsei-ro, Seodaemun-gu, Seoul, Republic of Korea

address² /əˈdres/

명사 (복) address**es**) 연설
동사 (3단현) address**es** 과거·과분 address**ed** 현분 address**ing**)
① 말을 걸다 ② 연설하다

명 연설 (= speech)

The principal made an **address** to the students.
교장 선생님께서 학생들에게 연설을 하셨다.

She gave the opening[closing] **address** at the meeting.
그녀가 회의에서 개회[폐회]사를 했다.

동 1 (~에게) 말을 걸다 (= speak to, talk to)

Eric came close to me to **address** me.
에릭은 나에게 말을 걸기 위해 가까이 다가왔다.

2 (~에게) 연설하다 (= make a speech)

The President will **address** the nation tomorrow.
대통령은 내일 국민들에게 연설을 할 것이다.

> 어휘가 쑥쑥
> **address of welcome**
> 환영사
> **congratulatory address**
> 축사

＊adjust /əˈdʒʌst/

동사 (3단현) adjust**s** 과거·과분 adjust**ed** 현분 adjust**ing**)
① 조정하다 ② 적응하다 ③ (매무새 등을) 바로잡다

1 조정하다, 조절하다

Adjust the focus of the microscope.
현미경의 초점을 조정하세요.

2 적응하다

Amy quickly **adjusted** to the new situation.
에이미는 새로운 환경에 빠르게 적응했다.

3 (매무새 등을) 바로잡다, 정돈하다

My dad **adjusted** his tie. 아빠는 넥타이를 바로 매셨다.

> 어휘가 쑥쑥
> **adjustable** 형 조절할 수 있는, 적응할 수 있는
> **adjustment** 명 조절, 조정, 적응
>
> **adjust interest rates**
> 금리를 조정하다

admiration /ˌædməˈreɪʃn/ 〔명사〕 감탄, 존경

I have great **admiration** for her courage.
나는 그녀의 용기를 대단히 존경한다.

admire /ədˈmaɪər/ 〔동사〕 (3단현 admires 과거·과분 admired 현분 admiring) 찬양하다, 존경하다, 감탄하다

People **admire** Mother Theresa.
사람들은 테레사 수녀를 존경한다.

We **admired** the beautiful scenery of Grand Canyon.
우리는 그랜드 캐니언의 아름다운 경관에 감탄했다.

〔어휘가 쑥쑥〕
admirable 형 감탄할 만한, 훌륭한

admission /ədˈmɪʃn/ 〔명사〕 (복 admissions) ① 입장 ② 입장료 ③ 인정

1 입장, 입학 허가

I saw a sign "No **admission**".
나는 "입장 금지"라는 표지판을 보았다.

Amy got an **admission** from Oxford University.
에이미는 옥스퍼드 대학에서 입학 허가를 받았다.
(옥스퍼드 대학에 합격했다.)

2 〔불〕 입장료

Admission to the zoo is only one dollar.
동물원 입장료가 겨우 1달러이다.

3 인정, 자백 (= confession)

Silence is often interpreted as an **admission** of guilt.
침묵은 종종 죄를 인정하는 것으로 해석된다.

〔어휘가 쑥쑥〕
Admission is by ticket. 입장권 지참자만 입장 가능.
Admission (is) free. 입장 무료.

admit /ədˈmɪt/ 〔동사〕 (3단현 admits 과거·과분 admitted 현분 admitting) ① 입장을 허락하다 ② 인정하다

1 입장을 허락하다, 입학 허가를 하다

This ticket **admits** two persons to the concert.
이 표로 두 사람이 음악회에 입장할 수 있다.

Kelly was **admitted** to Harvard University.
켈리는 하버드 대학의 입학 허가를 받았다. (하버드 대학에 합격했다.)

〔어휘가 쑥쑥〕
admitted 형 인정된
admission 명 입학, 입장, 인정
admittance 명 입장 허가

2 옳다고 여겨 받아들이다, 인정하다 (↔ deny 부인하다)

Justin **admitted** his fault.
저스틴은 자신의 잘못을 인정했다.

The suspect **admitted** that he was guilty.
용의자는 자신이 유죄라는 것을 인정했다.

adopt /əˈdɑːpt/

동사 (3단현) adopts (과거·과분) adopted (현분) adopting
① 입양하다 ② 채택하다

1 입양하다
Mr. and Mrs. Johnson **adopted** a boy.
존슨 부부는 남자아이 한 명을 입양했다.
Jason **adopted** three cats. 제이슨은 고양이 세 마리를 입양했다.

2 채택하다
I **adopted** Sam's proposals. 나는 샘의 제안서를 채택했다.
The committee **adopted** the new policy.
위원회는 새로운 정책을 채택했다.

뜻풀이
입양하다 사람이나 동물을 가족으로 받아들이다

실력이 쑥쑥
철자가 비슷한 adapt와 adopt는 헷갈리기 쉽다.
adapt 동 적응하다, 조정하다

어휘가 쑥쑥
adopted 형 입양된   adoptee 명 입양아   adoption 명 입양, 채택

---

adult /əˈdʌlt/

명사 (복) adults 어른 **형용사** 어른의

명 어른, 성인 (↔ child 아이)
This movie is for **adults**, not children.
이 영화는 어린이가 아닌 성인용입니다.

형 어른의, 다 자란
An **adult** sea turtle lives for 40 to 60 years.
다 자란 바다거북은 40년에서 60년을 산다.

어휘가 쑥쑥
adult disease 성인병
young adult 십 대, 청소년
adulthood 성년기
adult tooth 영구치

---

advance /ədˈvæns/

동사 (3단현) advances (과거·과분) advanced (현분) advancing
① 나아가다 ② 진보하다
명사 (복) advances 진보

동 1 나아가다
Korea **advanced** to the semifinal of the 2002 World Cup.
한국은 2002년 월드컵에서 4강(준결승)에 진출했다.

2 진보하다, 발전하다
As science and technology **advance**, our daily life has changed a lot.
과학과 기술이 발전함에 따라 우리의 일상생활도 많이 바뀌었다.

명 진보, 발전
Newton made wonderful **advances** in physics and mathematics. 뉴턴은 물리학과 수학에서 눈부신 발전을 이룩했다.

숙어 in advance 미리
Jenny always makes the shopping list *in advance*.
제니는 항상 살 물건들의 목록을 미리 만든다.

어휘가 쑥쑥
advancement 명 진보, 진전
advancing 형 전진하는

뜻풀이
진보하다 어떤 현상이 계속 나아지다

Jenny always makes the shopping list *in advance*.

advanced /ədˈvænst/ 형용사 (비교) more advanced (최상) most advanced
선진의, 고급의, 상급의

Sue is in the **advanced** English class.
수는 상급반 영어 수업을 듣고 있다.

어휘가 쑥쑥
advanced country 선진국

*advantage /ədˈvæntɪdʒ/ 명사 (복) advantages ① 장점 ② 이익

1 장점, 강점 (↔ disadvantage 약점)
Everything has **advantages** and disadvantages.
모든 것에는 장단점이 있다.

2 유리한 점, 이익 (= benefit) (↔ disadvantage 불리한 점)
Tall players have an **advantage** in playing basketball.
키가 큰 선수가 농구 경기를 하는 데 유리하다.

어휘가 쑥쑥
advantageous 형 이로운
take **advantage** of ~을 이용하다

**adventure /ədˈventʃər/ 명사 (복) adventures 모험, 모험심

Amy likes to read **adventure** stories.
에이미는 모험 소설 읽는 것을 좋아한다.
Brian had a lot of **adventures**.
브라이언은 수많은 모험을 했다.

어휘가 쑥쑥
adventurer 명 모험가
adventurous 형 모험을 좋아하는

*advertise /ˈædvərtaɪz/ 동사 (3단현) advertises (과거·과분) advertised (현분) advertising
광고하다, (자신을) 알리다

It was **advertised** in today's papers.
그것은 오늘 신문에 광고되었다.
They **advertised** a new product on TV.
그들은 신제품을 텔레비전에 광고했다.

어휘가 쑥쑥
advertisement 명 광고
advertiser 명 광고주

advice /ədˈvaɪs/ 명사 충고, 조언

Thank you for your **advice**. 충고 감사합니다.

**advise /ədˈvaɪz/ 동사 (3단현) advises (과거·과분) advised (현분) advising
충고하다, 조언하다

The doctor **advised** me to go to bed early.
의사 선생님은 나에게 일찍 잠자리에 들라고 권고했다.
I **advised** him that he should tell the truth to his mom.
나는 그에게 어머니께 사실대로 말씀드리라고 충고했다.

어휘가 쑥쑥
adviser, advisor 명 조언자, 상담자

affect /əˈfekt/ 〔동사〕 (3단현) affects (과거·과분) affected (현분) affecting
영향을 주다 (= influence)

Weather **affects** everything in our lives.
날씨는 우리 생활의 모든 면에 영향을 준다.

This area was badly **affected** by the storm.
이 지역은 폭풍의 영향을 매우 많이 받았다.

〈실력이 쑥쑥〉
철자가 비슷한 단어의 쓰임에 주의해야 한다.
effect 〔명〕 영향, 효과

afford /əˈfɔːrd/ 〔동사〕 (3단현) affords (과거·과분) afforded (현분) affording
① 여유가 있다 ② 주다

1 (금전적·시간적) 여유가 있다, 넉넉하다
Can we **afford** a new car? 우리가 새 차를 살 여유가 돼요?

2 주다, 제공하다 (= provide)
Those trees **afford** a pleasant shade.
저 나무들은 쾌적한 그늘을 제공해 준다.

〈실력이 쑥쑥〉
afford는 보통 부정문이나 의문문에 쓰인다.
I can't *afford* a new computer. (나는 새 컴퓨터를 살 여유가 없다.)

afraid /əˈfreɪd/ 〔형용사〕 (비교) more afraid (최상) most afraid) ① 무서워하는 ② 걱정하여

1 무서워하는, 두려워하는 (= scared, terrified, feared)
Don't be **afraid** to ask your teacher for help.
선생님께 도움을 청하는 것을 두려워하지 마라.

I was **afraid** to go there alone.
나는 거기에 혼자 가기가 두려웠다.

2 걱정하여, 근심하여
I forgot to bring my homework. I'm **afraid** that my teacher will be angry.
나는 깜빡 잊고 숙제를 안 가져왔다. 선생님께서 화를 내실까 봐 걱정된다.

〔숙어〕 **be afraid of** ~을 두려워하다
I *am afraid of* mice. 나는 쥐를 무서워한다.

I'm afraid ~ 유감이지만 ~하다, 미안하지만 ~이다 《유감스러운 내용을 말할 때 예의상 덧붙이는 표현》
I'm afraid the flight will be canceled due to the storm.
유감스럽게도 폭풍 때문에 항공편이 취소될 것 같습니다.

A: Can you come to my birthday party this weekend?
이번 주말에 내 생일 파티에 올 수 있니?
B: No. *I'm afraid* I can't. / *I'm afraid* not.
아니. 아무래도 못 갈 것 같아.

A: Will it rain tomorrow? 내일 비가 올까?
B: *I'm afraid* so. / *I'm afraid* not.

〈실력이 쑥쑥〉
afraid of 뒤에 명사나 동사의 -ing 형태를 쓰면 '~하는 것을 무서워하는'의 뜻을 나타낸다.
afraid to 뒤에 동사원형을 쓰면 '무서워서 ~하기 싫어하는'의 뜻이다.

〈문법이 쑥쑥〉
afraid는 서술형으로만 쓰이는 형용사이기 때문에 명사를 수식하지 못한다.

I am afraid of mice.

아무래도 비가 올 것 같아. / 아무래도 비가 오지 않을 것 같아.

Africa /ˈæfrɪkə/ [명사] 아프리카

I have never been to **Africa**. 나는 아프리카에 가 본 적이 없다.

African /ˈæfrɪkən/ [명사] [형용사] (복) African**s**) 아프리카의, 아프리카 사람(의)

The Sahara desert is in the **African** continent.
사하라 사막은 아프리카 대륙에 있다.

after /ˈæftər/ [전치사] ① ~ 후에 ② ~을 본받아 ③ ~의 뒤를 쫓아서 [접속사] ~한 후에

[전] **1 ~ 후에, ~ 뒤에** (↔ before ~ 전에)
Repeat **after** me. 내가 하는 말을 따라 하세요.
I played basketball with Tim **after** school.
나는 방과 후에 팀과 농구를 했다.
After twenty years, he saw her again.
20년 후에 그는 그녀를 다시 만났다.
He will be back the day **after** tomorrow.
그는 모레 돌아올 것이다.
A: What time is it now? 지금 몇 시죠?
B: It's five **after**[past] seven. 7시 5분입니다.

2 ~을 본받아, ~을 본떠, ~을 따서
Washington D.C. is named **after** George Washington.
워싱턴 D. C.는 조지 워싱턴의 이름을 따서 지은 것이다.

3 ~의 뒤를 쫓아서
The wolves ran **after** the deer.
늑대들은 사슴의 뒤를 쫓아갔다.

[접] [시간] **~한 후에, ~하고 나서** (↔ before ~하기 전에)
I'll tell you all about it **after** I travel Hawaii.
하와이를 여행한 후에 너에게 그 여행에 대해 모두 얘기해 줄게.
I drank a glass of cold water **after** I did some exercise.
나는 운동을 한 후에 차가운 물 한 컵을 마셨다.

[숙어] **after all** 결국에는 (= finally)
The weather forecast said it would rain, but it didn't rain *after all*. 일기 예보에서는 비가 온다고 했지만, 결국 비는 오지 않았다.

day after day 매일매일, 날마다
The rainy season began last week. *Day after day* the rain continues. 지난주에 장마철이 시작되었다. 매일매일 계속 비가 온다.

[실력]이 쑥쑥
after와 behind 모두 '~ 뒤에'라는 뜻을 가지고 있다.
after는 '시간이나 순서'에서 뒤를 의미하고, behind는 '위치'상으로 뒤를 의미한다.
I read a book *after* dinner.
(나는 저녁 식사 후에 책을 읽었다.)
I hid *behind* the desk.
(나는 책상 뒤에 숨었다.)

The wolves ran *after* the deer.

[어휘]가 쑥쑥
after a while 잠시 후
look after ~를 돌보다
one after another 하나씩 차례로
seek after ~을 찾다, 구하다
take after ~를 닮다
time after time 몇 번이고, 여러 번, 자주

afternoon /ˌæftərˈnuːn/ 　명사 (복) afternoons 오후 《정오부터 해가 질 때까지》

Good **afternoon**. 〈오후 인사〉 안녕하세요?
We have no class on Friday **afternoon**.
금요일 오후에는 수업이 없다.
It'll be cloudy this **afternoon**. 오늘 오후는 흐릴 것이다.
I'll call you again tomorrow **afternoon**.
내일 오후에 다시 전화하겠습니다.

재미가 쑥쑥
noon은 '정오'를 의미한다. 그래서 afternoon은 오후가 된다. 즉 afternoon은 noon(정오)에서부터 evening(저녁)까지를 가리킨다.

afterward(s) /ˈæftərwərd(z)/ 　부사 후에, 나중에

Afterward, the boy became a very famous artist.
훗날 그 소년은 매우 유명한 예술가가 되었다.

실력이 쑥쑥
-ward (방향을 나타내는 접미사)
after + ward = afterward (후에)　　back + ward = backward (뒤로)　　up + ward = upward (위로)

again /əˈgen/ 　부사 다시, 또

I read this book **again** and **again**[over and over **again**].
나는 이 책을 몇 번이고 다시 읽었다.
The Little Mermaid wanted to meet the Prince once **again**.
인어 공주는 왕자님을 다시 한 번 만나고 싶었습니다.
A: Good to see you **again**. 다시 만나게 돼서 정말 반갑습니다.
B: You, too, Mr. Harris. 저도 반갑습니다. 해리스 씨.

어휘가 쑥쑥
all over again 처음부터 다시
now and again 가끔
time and again 되풀이하여, 자주

against /əˈgenst/ 　전치사 ① ~에 반대하여 ② ~에 맞서서 ③ ~에 기대어 ④ ~에 부딪혀 ⑤ ~을 배경으로

1 ~에 반대하여, ~에 대항하여 (↔ for ~에 찬성하여)
I'm **against**[for] you. 나는 네 의견에 반대[찬성]한다.
Gloves protect your hands **against** heat or cold.
장갑은 열이나 추위로부터 손을 보호한다.
In 1783, America won the war **against** England.
1783년에 미국은 영국과의 전쟁에서 승리했다.

2 ~에 맞서서, ~을 맞받아서
They sailed **against** the wind. 그들은 바람을 안고 항해했다.

3 ~에 기대어, ~에 의지하여
John put his bicycle **against** the wall.
존은 벽에 자전거를 기대어 놓았다.

They sailed *against* the wind.

어휘가 쑥쑥
against the clock 시간을 다투어
evidence against ~에 불리한 증거
go against 반대하다, 거스르다

Don't lean **against** the elevator door.
엘리베이터 문에 기대지 마시오.

4 ~에 부딪혀, ~을 향해서
The rain is beating **against** the window.
빗방울이 창문을 때리고 있다.

He threw a ball **against** the wall. 그는 벽을 향해서 공을 던졌다.

5 ~을 배경으로
We took a picture **against** the beautiful trees.
우리는 아름다운 나무들을 배경으로 사진을 찍었다.

Don't lean *against* the elevator door.

age /eɪdʒ/ 명사 (복) age**s** ① 나이 ② 시대 ③ 오랫동안

1 나이, 연령
Justin and I are the same **age**. 저스틴과 나는 동갑이다.
My teacher looks young for his **age**.
우리 선생님은 나이에 비해 젊어 보이신다.
It is natural to make mistakes at your **age**.
네 나이에 실수를 하는 것은 당연한 일이다.
Mozart composed his first piece at the **age** of 5.
모차르트는 다섯 살의 나이에 처음으로 작곡을 했다.

2 시대, 시기
Mammoth lived during the ice **age**. 매머드는 빙하기에 살았다.

3 [항상 복수형으로 써서] 오랫동안
It's been **ages**. (= Long time no see. / It's been a long time.)
오랜만이구나.
I haven't seen movies for **ages**. 나는 오랫동안 영화를 못 봤다.

어휘가 쑥쑥
age discrimination 나이 차별
age gap 나이 차
age group 연령층
age limit 나이 제한
age range 연령대
act one's age 나잇값을 하다
Stone Age 석기 시대
Bronze Age 청동기 시대
Iron Age 철기 시대
Middle Ages 중세

agent /ˈeɪdʒənt/ 명사 (복) agent**s** 대리인(🔍), 중개상(🔍)

Tom is a real estate **agent**. 톰은 부동산 중개인이다.

어휘가 쑥쑥
insurance agent 보험 중개인   **press agent** 언론 홍보 담당자
travel agent 여행사 (직원)

🔍 뜻풀이
대리인 남을 대신하는 사람
중개상 물건을 팔 사람과 살 사람을 소개하고 서로 연결시켜 주는 사람

ago /əˈɡoʊ/ 부사 ~ 전에

The bus left a few minutes **ago**. 버스는 몇 분 전에 출발했다.
A few days **ago**, Sally bought some nice jeans.
며칠 전에 샐리는 멋진 청바지를 샀다.

실력이 쑥쑥
ago 부사로만 쓰이고, 숫자나 기간을 나타내는 말 뒤에

My little sister was born a week **ago**.
일주일 전에 내 여동생이 태어났다.

This bridge was built long **ago**, so it seems to be dangerous.
이 다리는 오래전에 만들어져서 위험해 보인다.

온다. 과거 시제에만 쓸 수 있다.
before 전치사·부사·접속사로 쓰인다. 다양한 시제에서 쓸 수 있다.

*agree /əˈgriː/ 〈동사〉 (3단현) agrees (과거·과분) agreed (현분) agreeing)
동의하다(Q), 찬성하다 (↔ disagree 동의하지 않다)

I **agree** with my mom about most things.
나는 대부분의 일에서 엄마와 의견이 같다.

The patient **agreed** to have an operation.
그 환자는 수술을 받는 데 동의하였다.

뜻풀이
동의하다 어떤 의견이나 결정 등에 대하여 같은 의견을 가지다

agreement /əˈgriːmənt/ 〈명사〉 (복) agreements) ① 협정 ② 동의

1 협정(Q), 합의
President Biden rejected the **agreement**.
바이든 대통령은 그 협정을 거부했다.

뜻풀이
협정 중요한 문제에 대하여 여럿이 의논하여 어떻게 하기로 결정한 것

2 (불) 동의, 승낙
We are all in **agreement** about that.
우리는 모두 그것에 동의합니다.

어휘가 쑥쑥
international peace agreement 국제 평화 협정   free trade agreement (FTA) 자유 무역 협정

실력이 쑥쑥
-ment (동사 뒤에 붙어서 명사를 만드는 접미사)
advertise + ment = advertisement (광고)   invest + ment = investment (투자)   pay + ment = payment (지불)

*ahead /əˈhed/ 〈부사〉 ① 앞쪽에 ② 미리

1 (공간상·시간상으로) 앞쪽에, 앞으로 (↔ behind 뒤쪽에, 뒤로)
Go straight **ahead** for one block.
한 블록 앞으로 곧장 가세요.

I set my watch an hour **ahead** because of the daylight savings time.
나는 서머 타임 때문에 시곗바늘을 한 시간 앞으로 맞춰 놓았다.

2 미리
The party was planned weeks **ahead**.
그 파티는 몇 주 전에 미리 계획되었다.

숙어 **ahead of** ~보다 앞에, ~보다 빨리
Jeremy sits two rows *ahead of* me in the classroom.

제러미는 교실에서 나보다 두 줄 앞에 앉는다.

Seoul is nine hours *ahead of* London.
서울은 런던보다 9시간이 빠르다.

Go ahead. 계속 해라, 어서 해라, 먼저 해라. 《상황에 따라 여러 의미로 사용된다.》

A: Here is a riddle for you. Guess what the answer is.
내가 수수께끼 하나 내 볼게. 뭔지 맞혀 봐.

B: O.K. *Go ahead.* 알았어. 어서 내 봐.

A: May I use your cell phone? 네 휴대 전화 좀 써도 되겠니?
B: Sure. *Go ahead.* 그럼, 어서 써.

A: Let's go out for lunch. 점심 먹으러 가자.
B: I still have some work to do. *Go ahead.*
난 아직 할 일이 좀 남았어. 너 먼저 가.

어휘가 쑥쑥
ahead of the time 시대에 앞선
get ahead 출세하다
look ahead (앞일을) 내다보다
push ahead 밀고 나아가다

---

*aim /eɪm/ 〔동사〕 (3단현) aims (과거·과분) aimed (현재분) aiming ① ~을 목표로 삼다 ② (총을) 겨누다 〔명사〕 (복) aims 목적

동 1 ~을 목표로 삼다
I **aim** to be a singer. 나는 가수가 되는 것을 목표로 한다.
We **aim** to finish our homework today.
우리는 오늘 숙제를 끝내는 것이 목표다.

2 (총을) 겨누다, 조준하다
The hunter **aimed** at the tiger.
사냥꾼은 호랑이를 향해 총을 겨누었다.

The hunter *aimed* at the tiger.

명 목적, 목표 (= purpose, goal)
What is your **aim** in life? 너의 삶의 목적이 무엇이니?
My **aim** is to be a doctor. 나의 목표는 의사가 되는 것이다.

어휘가 쑥쑥
aimless 목적이 없는, 방향을 잃은

---

*air /eər/ 〔명사〕 ① 공기 ② 공중

1 공기
We cannot live without **air**. 우리는 공기 없이 살 수 없다.
Let's go out and get some fresh **air**.
우리 밖에 나가서 신선한 공기 좀 쐬자.

2 [the와 함께 써서] 공중, 하늘 (= sky)
There are various kinds of kites in the **air**.
다양한 종류의 연들이 공중에 떠 있다.
A cloud like cotton candy is floating in the **air**.
하늘에는 솜사탕 같은 구름이 떠 있다.

There are various kinds of kites in the *air*.

어휘가 쑥쑥
airy 〔형〕 바람이 잘 통하는

alarm

숙어 **on air** 방송 중
The new soap opera will be *on air* from next week.
새 연속극은 다음 주부터 방송될 것이다.

float[walk] on air (너무 좋아서) 하늘을 나는 것 같다

air conditioner /ˈer kəndɪʃənər/ 명사 (복 air conditioners) 에어컨, 냉방 장치

The **air conditioner** stopped working. 에어컨이 작동을 멈추었다.

* aircraft /ˈerkræft/ 명사 (복 aircraft) 항공기, 비행기

His hobby is making model **aircraft**.
그의 취미는 모형 항공기를 만드는 것이다.

* airplane /ˈerpleɪn/ 명사 (복 airplanes) 비행기 (= plane)

The Wright brothers invented the **airplane**.
라이트 형제가 비행기를 발명했다.

* airport /ˈerpɔːrt/ 명사 (복 airports) 공항 (☞ 34, 35쪽)

Justin arrived late at the **airport**. 저스틴은 공항에 늦게 도착했다.
There are three **airports** in New York.
뉴욕에는 3개의 공항이 있다.

어휘가 쑥쑥
runway 활주로
control tower 관제탑

재미가 쑥쑥
New York City에 있는 3개의 공항을 알아볼까요?
John F. Kennedy International Airport (JFK) 존 F 케네디 국제공항
La Guardia Airport (LGA) 라구아디아 공항
Newark Liberty International Airport (EWR) 뉴어크 리버티 국제공항

* aisle /aɪl/ 명사 (복 aisles) (비행기·영화관·상점 등의) 통로, 복도

I'd like an **aisle** seat, please.
통로 쪽 좌석으로 부탁합니다.

어휘가 쑥쑥
window seat 창가 자리

alarm /əˈlɑːrm/ 명사 (복 alarms) ① 자명종 ② 경보기
동사 (3단현 alarms 과거·과분 alarmed 현분 alarming) 놀라게 하다

명 **1** 자명종 (= alarm clock)
My mom sets the **alarm** for six every day.
우리 엄마는 매일 자명종을 6시에 맞춰 놓으신다.

뜻풀이
경보기 소리나 광선 등으로 위험이나 고장, 사고 등을 알리는 장치

2 경보(음), 경보기
Please turn off the **alarm**. 경보기를 좀 꺼 주세요.

Students heard the fire **alarm**.
학생들은 화재 경보가 울리는 소리를 들었다.

동 **놀라게 하다**
Tom's strange behavior **alarmed** me.
톰의 이상한 행동이 나를 놀라게 했다.

> 어휘가 쑥쑥
> alarming 형 놀라운
> alarmingly 부 놀랍게도
> alarm bell 비상벨

album /ˈælbəm/ 명사 (복) album**s** ① 사진첩 ② (노래가 담긴) 앨범

1 앨범, 사진첩
Joshua keeps his photographs in an **album**.
조슈아는 자신의 사진을 앨범에 보관한다.

This old photo **album** reminds me of my childhood.
이 오래된 사진첩은 내 어린 시절을 생각나게 한다.

2 (노래가 담긴) 앨범, 음반
Her new **album** was released recently, and it's a big hit.
그녀의 새 앨범이 최근에 발매되었는데 반응이 아주 좋다.

> 어휘가 쑥쑥
> stamp album 우표 수집책, 우표첩
> debut album 데뷔 음반

alcohol /ˈælkəhɔːl/ 명사 술, 알코올

The **alcohol** made my father sleepy. 술이 아버지를 졸리게 만들었다.

*alien /ˈeɪliən/ 명사 (복) alien**s** ① 외계인 ② 외국인 체류자

1 외계인
Have you ever seen a movie, **Alien**?
〈에일리언〉 영화를 본 적이 있나요?

2 외국인 체류자
He was an illegal **alien** from China.
그는 중국에서 온 불법 체류자였다.

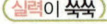
'외계인'을 가리키는 또 다른 단어 ET는 extraterrestrial의 약어이다.

*alike /əˈlaɪk/ 형용사 같은 부사 똑같이

형 **같은, 비슷한** (= similar) (↔ different 다른)
My brother and I look very much **alike**.
동생과 나는 참 많이 닮았다.

My sister and I are **alike** in many ways.
내 여동생과 나는 많은 면에서 비슷하다.

alike는 형용사일 때 명사 앞에 쓰이지 않는다.

부 **똑같이, 비슷하게** (= similarly) (↔ differently 다르게)
The twin brothers always dress **alike**.
그 쌍둥이 형제들은 항상 옷을 똑같이 입는다.

* alive /əˈlaɪv/ | 형용사 살아 있는 (= living) (↔ dead 죽은)

No dinosaurs are **alive** now. 현재 살아 있는 공룡은 없다.
My great grandmother is still **alive**. 우리 증조할머니는 아직 살아 계신다.

> **실력이 쑥쑥**
> - **alive** be동사와 함께 서술어를 이룬다. 명사를 직접 수식하지 않는다.
> - **live** 반드시 명사 앞에서 명사를 수식한다.
>   I saw a real *live* elephant. (나는 진짜 살아 있는 코끼리를 보았다.)
> - **living** be동사와 함께 서술어를 이루기도 하고, 명사를 수식하기도 한다.
>   I saw a *living* elephant. (나는 살아 있는 코끼리를 보았다.)
>   The elephant is *living* in this place. (코끼리가 이 지역에서 살고 있다.)

** all /ɔːl/ | 대명사 모두 형용사 모든 부사 온통

대 모두, 전체, 전부

All of us hope that Harry will get better soon.
우리 모두는 해리가 빨리 회복되기를 바란다.

Tom ate **all** of the cheese cake on the table.
톰은 테이블 위에 있던 치즈 케이크를 다 먹어 버렸다.

All I ate today is some bread.
오늘 먹은 거라곤 약간의 빵이 다예요.

[속담] **All** that glitters is not gold.
반짝거리는 것이 모두 금은 아니다.

형 모든, 전체의, 전부의 (= every)

All the students are studying for the test.
모든 학생들이 시험공부를 하고 있다.

I watched TV **all** day long. 나는 하루 종일 텔레비전을 봤다.

I had a party with my friends **all** night.
나는 친구들과 밤새도록 파티를 했다.

부 온통, 전부, 완전히

Allen is dressed **all** in pink.
앨런은 옷을 전부 다 분홍색으로 차려입었다.

When I went to Toronto, I felt **all** alone.
나는 토론토에 갔을 때 완전히 혼자라는 느낌이 들었다.

숙어 **all the time** 항상, 언제나 (= always)
Before I go to bed, I keep an English diary *all the time*.
저는 잠자기 전에 항상 영어로 일기를 써요.

first of all 우선 첫째로, 무엇보다 먼저
First of all, I'll tell you the topic of today's meeting.
먼저, 오늘 회의 주제에 대해 말씀드리겠습니다.

> **어휘가 쑥쑥**
> **all but** ~을 제외한 전부
> **at all** 전혀, 조금도 (~ 않다), 도대체
> **in all** 통틀어, 전부
> **Not at all.** 천만에요. (고맙다는 말에 대한 대답)
> **That's all.** 그것으로 끝, 그뿐이다.
> **all the way** 내내
> **all (the) year round [around]** 1년 내내
> **above all** 무엇보다도
> **after all** 결국
> **all at once** 갑자기
> **all of a sudden** 갑자기
> **all over** 곳곳에
> **All right!** 좋아! 그래!
> **all together** 모두 함께

allergy /ˈælərdʒi/

명사 (복) allerg**ies**) 알레르기(어떤 물질에 닿아 몸이 지나치게 예민하게 반응하는 것), 과민 반응

I have an **allergy** to peanuts. 나는 땅콩 알레르기가 있다.

*allow /əˈlaʊ/

동사 (3단현) allow**s** (과거·과분) allow**ed** (현분) allow**ing**)
허락하다, ~하게 해 주다 (= permit) (↔ prohibit 금지하다)

My parents won't **allow** me to stay out late.
우리 부모님은 내가 늦게까지 밖에 있는 것을 허락하시지 않는다.

You're not **allowed** to smoke in this building.
이 건물 안에서는 담배를 피우시면 안 됩니다.

The Internet **allows** us to get information from around the world. 인터넷은 우리가 전 세계의 정보를 얻을 수 있게 해 준다.

어휘가 쑥쑥
allowance 명 할당량, 용돈
allowable 형 허용되는
allow for ~을 참작하다

*almost /ˈɔːlmoʊst/

부사 거의, 대략 (= nearly)

I'm **almost** finished. 저 거의 다 마쳤어요.

We arrived home at **almost** midnight.
우리는 거의 자정이 다 되어 집에 도착했다.

The dish is **almost** ready, so go wash your hands.
음식이 거의 다 준비됐으니까 가서 손 씻고 오렴.

I **almost** missed the school bus.
나는 스쿨버스를 거의 놓칠 뻔했다.

어휘가 쑥쑥
almost all 거의 전부
almost every day 거의 매일
almost impossible 거의 불가능한

*alone /əˈloʊn/ 형용사 혼자 부사 홀로

형 혼자, 단독으로, 외로이

Tim has been **alone** for a long time.
팀은 오랫동안 혼자 지냈다.

I am not **alone** in this opinion.
이 의견을 가진 사람은 나 혼자만이 아니다.

Please leave me **alone**! 제발 나 좀 혼자 내버려 둬!

부 홀로 (= by oneself), 혼자 힘으로 (도움 없이)

She is living here all **alone**.
그녀는 혼자서 여기 살고 있다.

He spent the rest of his life **alone** in the country.
그는 남은 인생을 시골에서 홀로 보냈다.

[숙어] **let alone** ~은 말할 것도 없고

He can't speak English fluently, *let alone* Chinese.
그는 중국어는 말할 것도 없고 영어도 유창하게 말할 수 없다.

문법이 쑥쑥

형용사 alone은 명사 앞에서는 쓰이지 않는다.
- '혼자의', '외로운'의 뜻으로, 서술형으로 쓰인다.
  I was *alone* all the time.
  (나는 항상 혼자였다.)
- '~만'의 뜻으로, 명사 뒤에 쓰인다.
  The boy *alone* can do this work. (그 소년만이 이 일을 할 수 있다.)

along /əˈlɔːŋ/ 전치사 ~을 따라 부사 ① (앞으로) 쭉 ② 함께

전 ~을 따라, ~ 쪽을 따라서 (☞ across)
I walked slowly **along** the road. 나는 길을 따라 천천히 걸었다.
We took a walk **along** the beach after dinner.
우리는 저녁을 먹고 나서 해변을 따라 산책했다.

부 1 (앞으로) 쭉, 계속
I was walking **along** singing to myself.
나는 혼자서 노래를 부르며 앞으로 걸어가고 있었다.

2 함께, 같이
Do you want to come **along**? 같이 가실래요?

숙어 **all along** 내내 (= all the time)
The red car was parked there *all along*.
저 빨간 차가 저기에 내내 주차되어 있었다.

get along (with) 지내다, (~와) 사이좋게 지내다
Alex seems to *get along* well *with* Katie these days.
알렉스는 요즘 케이티와 사이좋게 잘 지내는 것 같다.

> **어휘가 쑥쑥**
> **along the way** 그 과정에서, 그동안
> **along with** ~에 덧붙여, ~와 마찬가지로
> **be along** 도착하다, 오다
> **sing along with** ~와 함께 노래하다
> **take along with** ~을 같이 데리고 가다
> **march along the street** 시가행진을 하다

aloud /əˈlaʊd/ 부사 소리 내어, 큰 소리로 (= loudly)

The teacher asked me to read **aloud**.
선생님께서는 나에게 크게 소리 내어 읽으라고 하셨다.

alphabet /ˈælfəbet/ 명사 (복) alphabets 알파벳

There are 26 letters in the English **alphabet**.
영어 알파벳에는 스물여섯 자가 있다.

*already /ɔːlˈredi/ 부사 이미, 벌써

When I got home, he had **already** gone.
내가 집에 도착했을 때, 그는 이미 가고 없었다.
I have **already** read the book three times.
나는 이미 그 책을 세 번이나 읽었다.
A: Dinner? 저녁 식사는요?
B: No thanks, I've **already** eaten.
감사하지만, 저는 이미 먹었습니다.

> **실력이 쑥쑥**
> already는 '이미, 벌써'라는 뜻으로 보통 긍정문에 쓰고, 부정문과 의문문에서는 yet을 쓴다.
> Has he gone *yet*?
> (그가 벌써 갔니?)

*also /ˈɔːlsoʊ/ 부사 또한, 역시, 게다가 (= too, besides, as well)

My boyfriend is tall and **also** handsome.
내 남자 친구는 키도 크고 또한 잘생겼다.

He conducts well and is **also** good at playing the piano.
그는 지휘도 잘하고 피아노도 잘 친다.

숙어 **not only A (but) also B** A뿐만 아니라 B도 (= B as well as A)
Katie is *not only* pretty *but also* smart.
케이티는 예쁠 뿐만 아니라 똑똑하기도 하다.

> 문법이 쑥쑥
> also는 일반동사의 앞, be 동사와 조동사의 뒤에 온다. too와 as well은 대개 문장의 끝에 온다.

문법이 쑥쑥

* also와 not ~ either *

'~도 또한 …이다'와 같은 긍정문에서는 also를 쓴다. '~도 또한 …아니다'와 같은 부정문에서는 not ~ either를 쓴다.
He doesn't come today. She *doesn't* come, *either*. (그는 오늘 오지 않는다. 그녀도 오지 않는다.)

---

* **alter** /ˈɔːltər/ | 동사 (3단현) alters (과거·과분) altered (현분) altering) ① 바꾸다 ② 고쳐 만들다

1 바꾸다, 변경하다
James **altered** his schedule.
제임스는 자신의 일정을 변경했다.

> 어휘가 쑥쑥
> alteration 명 변경, 변화

2 (옷을) 고쳐 만들다
I had to **alter** my clothes after losing weight.
체중이 줄어서 나는 옷을 수선해야 했다.

---

* **alternative** /ɔːlˈtɜːrnətɪv/ | 명사 형용사 (복) alternatives) 대안(의), 대체(의)

I have no **alternative**. 나에게는 대안이 없다.
This road was blocked, so they went by an **alternative** way.
이 도로가 폐쇄되어 그들은 다른 길로 갔다.

> 뜻풀이
> 대안 어떤 일을 대신하는 다른 안

** **although** /ɔːlˈðoʊ/ | 접속사 [양보] 비록 ~일지라도, ~이기는 하지만
(= though, even though)

Although the air conditioner was on, it was still hot.
에어컨이 켜져 있었지만 여전히 더웠다.
You shouldn't skip meals, **although** you're so busy.
아무리 바쁘더라도 식사를 거르면 안 된다.

> 실력이 쑥쑥
> although가 though보다 더 격식을 차린 단어이다.

---

altitude /ˈæltɪtuːd/ | 명사 (복) altitudes) 높이, 고도, 해발

The plane flew at an **altitude** of 6,000 meters.
그 비행기는 고도 6,000미터로 비행했다.

---

aluminum/aluminium /əˈluːmɪnəm, ˌæljəˈmɪniəm/ | 명사 [화학] 알루미늄

Aluminum is a light metal. 알루미늄은 가벼운 금속이다.

*always /ˈɔːlweɪz/ 〔부사〕 항상, 언제나, 늘 (= all the time)

I **always** get up early in the morning.
나는 항상 아침에 일찍 일어난다.

Justin is **always** talking about his looks.
저스틴은 항상 자신의 외모에 대해서 얘기한다.

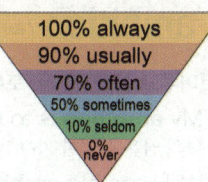

〔실력이 쑥쑥〕
It's *always* hot. (늘 덥다.) It's *always* cold. (늘 춥다.)
It's *always* raining. (늘 비가 온다.) It's *always* sunny. (늘 날씨가 좋다.)

am /əm, æm/ 〔동사〕 (과거) was (과분) been (현분) being) [be의 1인칭 단수 현재형]
~이다, 있다 (☞ be), ~에 존재하다

I **am** 9 years old. 저는 아홉 살입니다.
I **am** upstairs. 저는 2층에 있어요.
I **am** a student. 나는 학생이다.
I **am** in London now. 나는 지금 런던에 있다.

〔실력이 쑥쑥〕
I am은 I'm으로 줄여서 쓸 수 있다.

*a.m., A.M. /ˌeɪ ˈem/ 오전 《ante meridiem의 약어》 (↔ p.m., P.M. 오후)

The shop opens at 7 **a.m**.
상점은 오전 7시에 엽니다.

amateur /ˈæmətʃ(ʃ)ər/ 〔명사〕 (복) amateurs) 아마추어 〔형용사〕 아마추어의

〔명〕 **아마추어, 비전문가** (↔ professional 프로, 전문가)
This golf tournament is only open to **amateurs**.
이 골프 선수권 대회는 아마추어 선수만 참가할 수 있다.

〔어휘가 쑥쑥〕
amateur photographer 아마추어 사진작가
amateur golfer 아마추어 골프 선수

〔형〕 **아마추어의, 비전문적인** (↔ professional 프로의, 전문적인)
Linda joined the community of **amateur** artists.
린다는 아마추어 화가 동호회에 가입했다.

*amaze /əˈmeɪz/ 〔동사〕 (3단현) amazes (과거·과분) amazed (현분) amazing)
놀라게 하다 (= surprise)

His story **amazed** me. 그의 이야기가 저를 놀라게 했어요.

amazing /əˈmeɪzɪŋ/ 〔형용사〕 (비교) more amazing (최상) most amazing)
매우 놀라운, 굉장한

Alice had an **amazing** life. 앨리스는 놀라운 삶을 살았다.

Kim Yeon-ah has an **amazing** record of figure skating.
김연아는 피겨 스케이팅에서 놀라운 기록을 가지고 있습니다.

어휘가 쑥쑥

amazingly 🔊 놀랄 만하게, 놀랍게

*ambition /æmˈbɪʃn/ 명사 (복) ambitions ① 큰 꿈 ② 욕심

1 (이루고 싶은) 큰 꿈, 포부

My **ambition** is to be a famous singer.
나의 꿈은 유명한 가수가 되는 것이다.

Willy has big **ambitions** for the future.
윌리는 미래에 대해 큰 포부를 가지고 있다.

어휘가 쑥쑥

great ambition 원대한 포부
burning ambition 타오르는 야망
wild ambition 헛된 야망

2 (성공·돈·명예·권력에 대한) 욕심, 야심, 야망

Marian is a young lady who is full of **ambition**.
메리언은 야심 찬 젊은 여성이다.

ambitious /æmˈbɪʃəs/ 형용사 (비교) more ambitious (최상) most ambitious
큰 희망을 품은, 야심이 있는

Boys, be **ambitious**!
소년들이여, 야망을 가져라!

Che Guevara is a young and **ambitious** Cuban revolutionist.
체 게바라는 젊고 야심 있는 쿠바의 혁명가이다.

The government announced **ambitious** plans to develop this area. 정부는 이 지역을 개발하겠다는 야심 찬 계획들을 발표했다.

재미가 쑥쑥

"Boys, be ambitious!"는 삿포로 농업 학교(현 홋카이도 대학교)의 초대 교감이었던 William Smith Clark 박사가 1877년 4월 16일 제자들에게 남긴 작별 인사다.

ambulance /ˈæmbjələns/ 명사 (복) ambulances) 구급차, 응급차

Please call an **ambulance**! 구급차 좀 불러 주세요!

America /əˈmerɪkə/ 명사 ① 미국 ② 아메리카 대륙

1 미국 (= the United States of America, the U.S., the States)

My brother lives in **America**.
제 남동생은 미국에 살아요.

Anna is going to **America** to study English this summer.
애나는 이번 여름에 미국으로 영어를 공부하러 갈 것이다.

2 아메리카 대륙

Columbus discovered **America** in 1492.
콜럼버스는 1492년에 아메리카 대륙을 발견했다.

The word 'America' was named after Amerigo Vespucci.
'아메리카'라는 말은 아메리고 베스푸치의 이름을 딴 것이다.

재미가 쑥쑥

지리적 구분
North America 북아메리카 (미국, 캐나다, 멕시코 포함)
Central America 중앙아메리카 (파나마, 코스타리카 등)
South America 남아메리카 (브라질, 아르헨티나 등)

American /əˈmerɪkən/ 　명사 (복) Americans 미국인　형용사 미국의, 미국인의

명 미국인
My aunt married an **American**.　우리 고모는 미국인과 결혼하셨다.

형 미국의, 미국인의
A hamburger is one of the most popular **American** foods.
햄버거는 가장 인기 있는 미국 음식 중의 하나이다.

어휘가 쑥쑥
African American 아프리카계 미국인
Native American 아메리카 원주민

among /əˈmʌŋ/　전치사 ~ 사이에, ~ 가운데, ~ 중에 (= amongst)

Jim is the tallest **among** us.
짐이 우리 중에서 제일 키가 크다.

A flu virus spread **among** members of the class.
독감 바이러스가 반 아이들 사이에 퍼졌습니다.

It's necessary to be polite **among** close friends.
친한 친구들 사이에서도 예의를 지킬 필요가 있다.

Jim is the tallest *among* us.

실력이 쑥쑥
between은 주로 두 개의 사물이나 사람 사이를 명확히 구분하는 표현이고, among은 무리나 덩어리 가운데이기 때문에 구분이 명확하지는 않다.
The house is *between* the mountains and the sea. (그 집은 산과 바다 사이에 있다.)
The house is *among* the trees. (그 집은 나무들 사이에 있다.)

amount /əˈmaʊnt/　명사 (복) amounts ① 양 ② 총액
동사 (3단현) amounts (과거·과분) amounted (현분) amounting
총 합계가 ~이다

명 1 양 (= quantity)
Sprinkle a small **amount** of cheese on the pizza.
피자 위에 치즈를 조금 뿌리세요.
He drinks a large **amount** of milk every day.
그는 매일 많은 양의 우유를 마신다.

2 총액, 합계 (= sum, total)
What is the total **amount**?　총 합계가 얼마인가요?
The **amount** of the bill was fifty dollars.
청구서 총액은 50달러였다.

어휘가 쑥쑥
amount of money 금액
amount of rainfall 강우량
amount of snowfall 강설량

동 총 합계가 ~이다
The bill **amounts** to ten dollars.
청구서의 총 합계는 10달러이다.

amuse /əˈmjuːz/　동사 (3단현) amuses (과거·과분) amused (현분) amusing 즐겁게 해 주다

Justin **amused** the children with a song.
저스틴은 노래로 아이들을 즐겁게 해 주었다.

amusement /əˈmjuːzmənt/ 명사 (복) amusements) ① 즐거움 ② 놀이 시설

1 불 즐거움, 재미
His eyes sparkled with **amusement**.
그는 재미있어하며 두 눈을 반짝거렸다.

어휘가 쑥쑥
indoor[outdoor] amuse-ments 실내[실외] 오락

2 놀이 시설
I rode the roller coaster at the **amusement** park yesterday.
나는 어제 놀이공원에서 롤러코스터를 탔다.

an /ən/ 부정관사 a의 다른 형태 (☞ a)

Amy bought **an** apple. 에이미는 사과 하나를 샀다.

ancestor /ˈænsestər/ 명사 (복) ancestors) 조상, 선조 (= forefather)

In Korea, many people go to their **ancestors'** graves on *Chuseok*. 한국에서는 많은 사람들이 추석에 성묘를 하러 갑니다.

어휘가 쑥쑥
ancestral 형 조상의

*anchor /ˈæŋkər/ 명사 (복) anchors) ① 닻 ② 앵커
동사 (3단현) anchors (과거·과분) anchored (현분) anchoring) 정박하다

명 **1** 닻 (⊙)
The ship cast **anchor** in the harbor.
배가 항구에 닻을 내렸다.

뜻풀이
닻 배가 멈추어 있도록 하기 위하여 쇠 등으로 만든 갈고리 모양의 기구
앵커 뉴스 담당 아나운서

2 (뉴스 프로의) 앵커 (⊙)
The news **anchor** interviewed the mayor.
그 뉴스 앵커가 시장을 인터뷰했다.

동 정박하다, 닻을 내리다
The ship **anchored** near the coast.
그 배는 해안 가까이에 닻을 내렸다.

*ancient /ˈeɪnʃənt/ 형용사 (비교) more ancient (최상) most ancient)
고대의, 옛날의 (↔ modern 근대의)

The pyramids were built by **ancient** Egyptians.
피라미드는 고대 이집트인들에 의해 만들어졌다.

This custom has come down to us from **ancient** times.
이 관습은 옛날부터 전해 내려오고 있다.

어휘가 쑥쑥
ancient China 고대 중국
ancient Greece[Rome] 고대 그리스[로마]

angle

*and /ənd/ 접속사 ① ~와, 그리고 ② 그러고 나서 ③ 그러면 ④ ~하기 위해서

1 ~와, 그리고

Amelia **and** I are close friends. 아멜리아와 나는 친한 친구이다.

I had bread **and** butter with coffee this morning.
나는 오늘 아침에 커피와 함께 버터 바른 빵을 먹었다.

I cooked dinner **and** my elder sister washed the dishes.
나는 저녁을 만들었고 언니는 설거지를 했다.

She is fluent in English, Chinese, **and** Japanese.
그녀는 영어, 중국어와 일본어를 유창하게 한다.

2 그러고 나서 (= and then)

Let's eat dinner first **and** talk about that.
우선 저녁부터 먹고 나서 그 얘기를 합시다.

3 [명령문과 함께 써서] 그러면

Study hard, **and** you will enter the university you want.
열심히 공부해라. 그러면 네가 원하는 대학에 들어갈 수 있을 거야.

4 [목적] ~하기 위해서

You should go **and** see[go to see] a doctor.
진찰을 받으러 병원에 가 보세요.

숙어 **and so on** ~ 등 (= and so forth)
I like playing basketball, baseball, soccer, *and so on*.
나는 농구, 야구, 축구 등을 하는 것을 좋아한다.

문법이 쑥쑥

and는 문법상 같은 성질의 단어·구·절을 대등하게 연결한다.

1. 단어와 단어 연결

Sam is handsome *and* clever. (샘은 잘생기고 똑똑하다.)

We had cake *and* ice cream for dessert. (우리는 후식으로 케이크와 아이스크림을 먹었다.)

2. 구와 구 연결

He went to the book store *and* bought a book. (그는 서점에 가서 책 한 권을 샀다.)

3. 문장과 문장 연결

He went to the book store, *and* his brother went to the coffee shop. (그는 서점에 갔고, 그의 동생은 커피숍에 갔다.)

*angel /ˈeɪndʒl/ 명사 (복) angels 천사 (↔ devil 악마)

Katie played the role of an **angel** in the school play.
케이티는 학교 연극에서 천사 역할을 맡았다.

*anger /ˈæŋɡər/ 명사 화, 분노 (= rage, fury)

John's face turned red with **anger**.
존은 화가 나서 얼굴이 벌게졌다.

He kicked the tree in **anger**.
그는 화가 나서 발로 나무를 찼다.

*angle /ˈæŋɡl/ 명사 (복) angles ① 각도 ② 관점

1 각도, 각

A triangle has three **angles**.
삼각형은 3개의 각을 가진다.

right *angle* (직각)

2 관점 (= point of view)

We considered the problem from a different **angle**.
우리는 다른 관점에서 그 문제를 생각했다.

＊angry /ˈæŋgri/ | 형용사 화가 난, 분노한 (= mad, furious)

I was truly **angry** with him for telling a lie.
나는 그가 거짓말을 해서 매우 화가 났다.

He was **angry** at her rude behavior.
그는 그녀의 무례한 행동에 화가 났다.

The **angry** crowd cried loudly.
화가 난 군중들이 크게 소리를 질렀다.

You look **angry**. What's wrong with you?
너, 화난 것처럼 보여. 무슨 일 있니?

> 어휘가 쑥쑥
> angrily 🔄 화를 내어
> angry look[face] 화난 얼굴
>
> 실력이 쑥쑥
> angry with[at] + 사람
> angry at[about] + 사물

＊animal /ˈænɪml/ | 명사 (복 animals) 동물 (☞ 48, 49쪽)

He is making a documentary about wild **animals**.
그는 야생 동물에 관한 다큐멘터리를 만들고 있다.

You can see many kinds of **animals** in the zoo.
동물원에 가면 많은 종류의 동물들을 볼 수 있다.

Man is a social **animal**. 인간은 사회적 동물이다.

> 어휘가 쑥쑥
> domestic animal 가축
> land animal 육상 동물
> animal farm 동물 농장

animation /ˌænɪˈmeɪʃn/ | 명사 (복 animations) 애니메이션, 만화 영화, 동영상

Leo used computer **animation** in the film.
리오는 영화에 컴퓨터 애니메이션을 사용했다.

> 재미가 쑥쑥

animal과 animation에 공통으로 있는 어근 anim은 '숨(breath)', '혼(spirit)', '생기'를 뜻하는 라틴어 anima에서 유래되었다. 그런 의미로, 숨을 쉬며 살아서 돌아다니는 것이 animal(동물)이며, 살아 움직이는 것처럼 보이게 만든 만화 영화는 animation이다.

ankle /ˈæŋkl/ | 명사 (복 ankles) 발목 (☞ body)

Ted twisted his **ankle** while playing soccer.
테드는 축구를 하다가 발목을 삐었다.

＊anniversary /ˌænɪˈvɜːrsəri/ | 명사 (복 anniversaries) 기념일

My parents always celebrate their wedding **anniversary** by going out to dinner.
우리 부모님은 언제나 저녁 외식으로 결혼 기념일을 축하합니다.

> 어휘가 쑥쑥
> school anniversary 개교 기념일

annoying 47

announce /əˈnaʊns/
동사 (3단현) announces (과거·과분) announced (현분) announcing) 알리다, 발표하다 (= report)

Mr. Howard **announced** the winner of the art contest.
하워드 씨는 미술 경연 대회의 수상자를 발표하였다.
The secretary **announced** that the meeting would be at 2.
비서는 회의가 두 시에 있을 것임을 알렸다.

어휘가 쑥쑥
announce to the public
공표하다

announcement /əˈnaʊnsmənt/
명사 (복) announcements) 공고, 발표

He had an important **announcement**.
그는 중요한 발표를 했다.
The mayor made an official **announcement** on TV.
시장은 텔레비전에서 공식 발표를 하였다.

어휘가 쑥쑥
formal announcement
공식 발표

announcer /əˈnaʊnsər/
명사 (복) announcers) 아나운서
(= (news) anchor) (☞ job)

Jennifer's dream is to become a news **announcer**.
제니퍼의 꿈은 뉴스 아나운서가 되는 것이다.

*annoy /əˈnɔɪ/
동사 (3단현) annoys (과거·과분) annoyed (현분) annoying)
화나게 하다, 성가시게 굴다

The mosquitoes **annoyed** me last night, so I couldn't sleep at all.
어젯밤에 모기가 성가시게 해서 한숨도 못 잤어.
It really **annoys** me when people forget to say thank you.
사람들이 깜박 잊고 고맙다는 말을 하지 않으면 정말 화가 난다.

어휘가 쑥쑥
annoyance 명 성가심, 짜증

annoyed /əˈnɔɪd/
형용사 화가 난, 짜증이 난

I was **annoyed** with him for forgetting the appointment.
그가 약속을 잊어버려서 짜증이 났다.

annoying /əˈnɔɪɪŋ/
형용사 (비교) more annoying (최상) most annoying)
화나게 하는, 짜증스럽게 하는

His rude words were so **annoying**.
그의 무례한 말은 매우 불쾌했다.
It's so **annoying** to erase junk mails every day.
매일 스팸 메일들을 지우는 일은 정말 짜증스럽다.

어휘가 쑥쑥
annoyingly 부 짜증 나게, 귀찮게

animal

① **giraffe** 기린
② **camel** 낙타
③ **sheep** 양
④ **deer** 사슴
⑤ **kangaroo** 캥거루
⑥ **tiger** 호랑이
⑦ **lion** 사자
⑧ **wolf** 늑대
⑨ **elephant** 코끼리
⑩ **fox** 여우
⑪ **bear** 곰
⑫ **hippo(potamus)** 하마
⑬ **squirrel** 다람쥐
⑭ **rabbit** 토끼
⑮ **koala** 코알라
⑯ **rhino(ceros)** 코뿔소
⑰ **frog** 개구리
⑱ **turtle** 거북
⑲ **crocodile** 악어
⑳ **goat** 염소
㉑ **horse** 말
㉒ **cow** 젖소
㉓ **bat** 박쥐
㉔ **snake** 뱀
㉕ **cat** 고양이
㉖ **pig** 돼지
㉗ **dog** 개
㉘ **gorilla** 고릴라
㉙ **chimpanzee** 침팬지
㉚ **monkey** 원숭이

baa 매
moo moo 음매
oink oink 꿀꿀
meow meow 야옹
hiss 쉿

> **실력**이 쑥쑥
>
> annoyed는 사람이 무언가에 짜증이 났을 때, annoying은 어떤 것이 짜증스러울 때 쓴다.
> I was so *annoyed* at the noise. (나는 그 소음에 짜증이 났다.)
> The noise was so *annoying*. (그 소음은 매우 짜증스러웠다.)

* annual /ˈænjuəl/ 〔형용사〕 일 년의, 해마다, 일 년에 한 번씩의 (= yearly)

What is the average **annual** rainfall for this state?
이 주는 연평균 강우량이 얼마인가요?

Our school holds an **annual** book fair.
우리 학교는 매년 도서 전시회를 연다.

> **어휘**가 쑥쑥
>
> **annual ring** (나무의) 나이테

** another /əˈnʌðər/ 〔대명사〕 또 다른 하나 〔형용사〕 또 다른 하나의

대 또 다른 하나 (= one more)
Try **another**. 하나 더 먹어 봐.
[속담] Saying is one thing and doing **another**.
말하는 것과 행동하는 것은 다른 일이다.

형 또 다른 하나의, 다른
This cookie is delicious. Can I have **another** one?
이 쿠키 정말 맛있다. 하나 더 먹어도 돼?
Please give me **another** cup of coffee. 커피 한 잔 더 주세요.
Sally looks like **another** person when she gets angry.
샐리는 화가 나면 마치 다른 사람처럼 보인다.
[속담] One man's meat is **another** man's poison.
한 사람의 고기가 다른 사람에게는 독이다. (사람마다 취향이 다르다.)

> **실력**이 쑥쑥
>
> **another** 지금 가지고 있는 것에 더해 같은 것 하나 더
> **other** 지금 가지고 있는 것과 다른 것

Sally looks like *another* person when she gets angry.

숙어 **one after another** 하나씩 차례차례로
The passengers boarded lifeboats *one after another*.
승객들은 한 사람씩 차례로 구명보트에 올랐다.

one another 서로서로 (= each other)
Romeo and Juliet loved *one another* so much.
로미오와 줄리엣은 서로를 깊이 사랑했다.

* answer /ˈænsər/ 〔동사〕 (3단현) answer**s** (과거·과분) answer**ed** (현분) answer**ing**) 대답하다 〔명사〕 (복) answer**s**) 대답, 해답

동 대답하다, 응답하다 (= reply)
Read the sentence below and **answer** the question.
아래 문장을 읽고 물음에 답하시오.

I called Ann, but she did not **answer**.
나는 앤에게 전화를 걸었지만 그녀는 받지 않았다.

> **어휘**가 쑥쑥
>
> **answer back to** ~에게 말대꾸하다
> **answer a phone call** 전화를 받다

명 대답 (= reply), **해답**
Give me an **answer** as soon as possible.
될 수 있는 대로 빨리 나에게 대답해 줘.

I pressed the bell several times, but there was no **answer**.
내가 초인종을 여러 번 눌렀지만, 아무 대답도 없었다.

The teacher asked me to write the **answer** to the question on the board.
선생님은 나에게 문제의 답을 칠판에 적으라고 하셨다.

Circle the correct **answers**.
정답에는 동그라미를 치세요.

answering machine 자동 응답기
answer sheet 답안지
vague answer 알쏭달쏭한 대답
question and answer session 질의응답 시간

ant /ænt/ 　명사　(복) ants 개미 (☞ insect)

Ants use their antennae to smell and communicate with other **ants**.
개미는 더듬이를 이용해 냄새를 맡고 다른 개미와 의사소통을 한다.

▶ 실력이 쑥쑥
동음이의어 (발음은 같지만 철자와 의미가 다른 단어)
ant (개미) / aunt (이모, 고모, 숙모)　ate (eat의 과거) / eight (8)
bear (곰, 견디다) / bare (벌거벗은)　buy (사다) / by (~ 옆에) / bye (good bye의 줄임말)

Antarctic /æn'tɑːrktɪk/　명사　형용사　남극(의), 남극 지역(의) (↔ Arctic 북극(의), 북극 지역(의))

The **Antarctic** is the land around the South Pole.
남극 대륙은 남극 주변의 땅입니다.

The **Antarctic** ice sheet is melting now.
남극의 빙판이 지금 녹아 내리고 있다.

▶ 어휘가 쑥쑥
Antarctic Ocean 남극해
Antarctic exploration 남극 탐험

▶ 실력이 쑥쑥
ant-, anti- '~에 반대하는', '~에 저항하는'의 의미를 가진 접두사
ant+arctic (북극) = Antarctic (남극)　　　anti+biotic (생물의) = antibiotic (항생 물질의)
anti+body (몸) = antibody (항체)　　　ant+onym (name 이름) = antonym (반대말)

antenna /æn'tenə/　명사　(복) antennae　① 안테나　② (곤충의) 더듬이

1 안테나
There was an **antenna** on every rooftop.
집집마다 옥상에 안테나가 있었다.

2 (곤충의) 더듬이
All insects have one pair of **antennae**.
모든 곤충에게는 한 쌍의 더듬이가 있다.

antique /ænˈtiːk/ 〔명사〕 (복 antiques) 골동품 (오래되고 예술적 가치도 높은 귀한 물건)

This china is a genuine **antique**. 이 도자기는 진짜 골동품이다.

antonym /ˈæntənɪm/ 〔명사〕 (복 antonyms) 반대말, 반의어

The **antonym** of 'short' is 'long'. 'short'의 반대말은 'long'이다.

*anxiety /æŋˈzaɪəti/ 〔명사〕 (복 anxieties) 근심, 걱정 (= fear, nervousness)

That's an unnecessary **anxiety**.
그런 걱정은 안 해도 된다.

*anxious /ˈæŋkʃəs/ 〔형용사〕 (비교 more anxious) (최상 most anxious)
① 걱정하는 ② 열망하는

1 걱정하는 (= worried)
I couldn't reach you all day. I was so **anxious** about you.
하루 종일 연락이 안 돼서 많이 걱정했어요.

2 열망하는, 몹시 원하는 (= eager)
I am **anxious** to know the result of the exam.
시험 결과가 너무 알고 싶습니다.
I am very **anxious** to go to Europe someday.
저는 언젠가 유럽에 꼭 가 보고 싶어요.

 anxiously 〔부〕 걱정스럽게, 근심하여

실력이 쑥쑥
anxious 강한 희망을 갖고 있지만 그것의 달성 여부에 대해 불안한 마음을 품고 있는
eager 아주 열심히 어떤 일을 하기를 희망하고 있는

**any /ˈeni/ 〔형용사〕 ① 얼마간의 ② 어떤 ~도 〔대명사〕 ① 누구나 ② 누구든지

〔형〕 **1** [의문문·부정문·조건문에 써서] **얼마간의, 어떠한, 약간의**
If you need **any** help, feel free to tell me.
도움이 필요하시면 언제든지 저에게 말씀하세요.
I don't have **any** special plans. 저는 특별한 계획은 없어요.

2 [평서문·긍정문에 써서] **어떤 ~도, 어느 ~라도**
Alex can solve **any** difficult math problems.
알렉스는 어떤 어려운 수학 문제도 다 풀 수 있다.
Any time after 8 o'clock will be okay.
8시 이후에는 언제라도 괜찮아요.

〔대〕 **1** [의문문·부정문·조건문에 써서] **누구나, 어느 것, 어떤 것[사람]**
I asked him some questions, but he didn't answer **any** of them.
나는 그에게 몇 가지 질문을 했지만 그는 어느 것에도 대답하지 않았다.

any와 some 둘 다 '약간(의), 조금(의)'라는 의미이지만, 이 의미일 때 any는 의문문, 부정문과 조건문에 쓰이고, some은 평서문과 긍정문에 쓰인다.

at any time 언제라도, 아무 때나
in any case 어쨌든
by any chance 혹시, 만에 하나

Do **any** of you know where Justin is?
너희들 중에 혹시 저스틴이 어디 있는지 아는 사람 있니?

2 [평서문·긍정문에 써서] **누구든지**
If I am in a difficult situation, **any** of my friends will help me.
내가 어려운 상황에 처하면 내 친구들 중 그 누구라도 나를 도와줄 것이다.

anybody /ˈenibɑːdi/ 대명사 ① 누군가 ② 누구나

1 [의문문·부정문·조건문에 써서] **누군가, 누구** (= anyone)
Don't tell **anybody**! It's a secret.
누구에게도 말하지 마! 비밀이거든.

If **anybody** calls on me, please tell him I'll be back in a minute.
누군가 저를 찾아오면, 금방 돌아올 거라고 전해 주세요.

> 실력이 쑥쑥
> anybody와 anyone은 뜻이 같다. anybody는 대화체에 많이 쓰이는 비형식적인 표현이고, anyone은 글을 쓸 때 많이 사용한다.

2 [평서문·긍정문에 써서] **누구나, 아무라도**
Anybody can make a mistake. 누구나 다 실수할 수 있다.
She loves learning new things more than **anybody** else.
그녀는 다른 그 누구보다 더 새로운 것을 배우기를 좋아한다.

anyone /ˈeniwʌn/ 대명사 ① 누군가 ② 누구든지

1 [의문문·부정문·조건문에 써서] **누군가, 누가** (= anybody)
Was **anyone** hurt? 누군가 다쳤나요?
Ann didn't tell **anyone** why she was crying.
앤은 자신이 울고 있는 이유를 누구에게도 말하지 않았다.

> 문법이 쑥쑥
> anyone은 부정문에서 주어로 쓸 수 없다.
> *No one* believed him. (아무도 그를 믿지 않았다.)
> *Anyone* didn't believe him. (×)

2 [평서문·긍정문에 써서] **누구든지, 아무라도**
He can run faster than **anyone** else.
그는 다른 그 누구보다 더 빨리 달릴 수 있다.

A: I am going to join the tennis club. Are there any conditions?
테니스 동호회에 가입하려고 하는데요. 가입 조건이 있나요?
B: No, **anyone** can join. 아니요, 누구든지 가입할 수 있어요.

anything /ˈeniθɪŋ/ 대명사 ① 어떤 것 ② 무엇이든지

1 [의문문·부정문·조건문에 써서] **어떤 것**
Is there **anything** to drink? 마실 것 좀 있나요?
If **anything** happens, please give me a call right away.
무슨 일이 생기면 제게 바로 연락해 주세요.

A: I'd like a hamburger and Coke. 햄버거랑 콜라 주세요.
B: O.K. **Anything** else? 네, 그 밖에 더 필요한 건 없으신가요?

> 문법이 쑥쑥
> anything에 형용사가 붙을 때, 그 형용사는 뒤에 온다. something이나 nothing도 마찬가지이다.
> *anything* new (무엇인가 새로운 것)

2 [평서문·긍정문에 써서] **무엇이든지**
Nowadays, we can buy **anything** on the Internet.
요즘 우리는 인터넷에서 무엇이든지 살 수 있다.

> *something* new (새로운 어떤 것)

*anyway /'eniweɪ/ | 부사 어쨌든, 아무튼, 그건 그렇고

Anyway, what should I do? 그건 그렇고, 저는 무엇을 해야 하나요?
A: Is there **anything** I can do for you?
   제가 뭐 도와드릴 일이 있습니까?
B: No, there isn't. Thank you **anyway**.
   아니요, 없습니다. 어쨌든 고맙습니다.

> 실력이 쑥쑥
> 두 단어 any way로 쓰면 '어떤 방식(any manner)'의 뜻이 된다.

apartment /əˈpɑːrtmənt/ | 명사 (복) apartments 아파트 (= flat)

Apartment for Rent. 〈공지〉아파트 세놓음.
I'm looking for a three-bedroom **apartment**.
저는 방이 세 개인 아파트를 찾고 있습니다.

> 실력이 쑥쑥
> 영국에서는 보통 flat이라고 부른다.

apologize /əˈpɑːlədʒaɪz/ | 동사 (3단현) apologizes (과거·과분) apologized (현분) apologizing) 사과하다

We **apologize** for the long delay.
오랜 시간 동안 지연된 것에 대해 사과드립니다.
I really **apologize** to you for coming so late.
너무 늦게 와서 정말 죄송합니다.

> 실력이 쑥쑥
> I apologize.는 I'm sorry.보다 정중한 표현이다.

*apology /əˈpɑːlədʒi/ | 명사 (복) apologies 사과

I made[offered] my sincere **apology**. 나는 진심으로 사과했다.
Please accept our **apologies** for the inconvenience.
불편을 끼쳐 드린 것에 대한 저희의 사과를 받아 주세요.

> 어휘가 쑥쑥
> demand an apology
> 사과를 요구하다

*appeal /əˈpiːl/ | 동사 (3단현) appeals (과거·과분) appealed (현분) appealing) ① 애원하다 ② 흥미를 끌다 | 명사 (복) appeals ① 애원 ② 매력

동 1 애원하다, 간청하다, 호소하다, 항의하다
She **appealed** to the public to help the poor people.
그녀는 가난한 사람들을 도와달라고 대중들에게 간청했다.
Some ads **appeal** to our emotion by using beautiful music.
어떤 광고는 아름다운 음악을 이용하여 우리들의 감성에 호소한다.
The players **appealed** against the referee's decision.
선수들은 심판의 판정에 항의했다.

> 어휘가 쑥쑥
> appealing 형 매력적인, 애원하는
> ・・・・・・・・・・
> appeal to public sentiment[opinion] 여론에 호소하다
> appeal to common sense

appetite

2 흥미를 끌다, 마음에 들다 (= attract)
The animated film **appealed** to children.
그 만화 영화는 어린이들의 마음에 들었다.
It **appeals** to me. 그거 좋은데. (내 마음에 들어.)

명 1 애원, 간청, 호소, 항의
Unhappily, their **appeal** for forgiveness was rejected.
불행히도, 용서해 달라는 그들의 애원은 거절당하고 말았다.
The victims of the flood made an **appeal** for help.
홍수의 피해자들은 도와달라고 간청했다.

2 불 매력 (= attraction, charm)
I've never understood the **appeal** of classical music.
나는 클래식 음악의 매력을 전혀 모르겠다.

상식에 호소하다
appeal to force 폭력에 호소하다
final appeal 최후의 수단
have popular appeal 대중성이 있다

---

appear /əˈpɪr/   동사 (3단현) appears (과거·과분) appeared (현분) appearing
① 나타나다 ② ~처럼 보이다

1 나타나다, 출연하다 (= show up, come out) (↔ disappear 사라지다)
Aladdin rubbed the old lamp, and a big Genie **appeared**.
알라딘이 낡은 램프를 문지르자, 커다란 램프의 요정이 나타났다.
Olivia Hussey **appeared** on the screen as Juliet.
올리비아 핫세는 영화에 줄리엣 역으로 출연했다.

2 ~처럼 보이다, ~ 같다 (= look, seem)
My uncle **appears** young for his age.
우리 삼촌은 나이에 비해 젊어 보이신다.
It **appears** that she has many friends.
그녀는 친구가 많아 보인다.

Aladdin rubbed the old lamp, and a big Genie *appeared*.

---

appearance /əˈpɪrəns/   명사 (복) appearances ① 겉모습 ② 등장

1 겉모습, 외양
Don't judge people by their **appearances**.
사람을 겉모습으로 판단하지 마세요.

2 등장, 출현
Her sudden **appearance** surprised us.
그녀의 갑작스런 등장은 우리를 놀라게 했다.

어휘가 쑥쑥
keep up appearances 겉치레하다, 체면을 유지하다

---

appetite /ˈæpɪtaɪt/   명사 (복) appetites 식욕

I have a good **appetite**. 나는 식욕이 좋다.
I've lost my **appetite** with cold. 감기로 입맛이 하나도 없어.

어휘가 쑥쑥
appetizer 식욕을 돋우는 것

apple /ˈæpl/ 명사 (복 apples) 사과 (☞ fruit), 사과나무

Please, peel an **apple**. 사과 좀 깎아 주세요.

application /ˌæplɪˈkeɪʃn/ 명사 (복 applications) ① 신청(서) ② 적용

1 신청(서), 지원(서)

Applications are accepted until April 30.
원서는 4월 30일까지 접수합니다.

Please fill out this **application** form.
이 신청서를 작성하세요.

2 적용, 응용, (컴퓨터 등의) 프로그램

The **application** of your knowledge will help you solve new problems.
당신이 알고 있는 지식을 응용하면 새로운 문제를 해결하는 데 도움이 될 것입니다.

He's developing an Android **application**.
그는 안드로이드용 응용 프로그램을 개발하고 있다.

어휘가 쑥쑥
- job application 입사 지원
- submit[file] an application 원서를 제출하다
- close applications 접수를 마감하다
- smartphone application 스마트폰 앱

apply /əˈplaɪ/ 동사 (3단현 applies 과거·과분 applied 현분 applying) ① 신청하다 ② 응용하다 ③ 붙이다

1 신청하다, 지원하다

If you are planning a trip to the USA, you should **apply** for a visa.
미국으로 여행 갈 계획을 세우고 있다면, 비자를 신청해야 합니다.

She **applied** to five colleges.
그녀는 다섯 군데의 대학에 원서를 넣었다.

2 응용하다, (규칙을) 적용하다

What about **applying** this formula?
이 공식을 적용해 보는 건 어때?

Edison invented many things by **applying** science to everyday life.
에디슨은 과학을 일상생활에 적용함으로써 많은 것들을 발명했다.

The school regulations are **applied** to all students equally.
학교의 교칙은 모든 학생에게 동등하게 적용됩니다.

3 붙이다, 바르다

Joshua **applied** some medicine to his wound.
조슈아는 상처에 약을 발랐다.

Apply the paint with this roller. 이 롤러로 페인트를 바르세요.

어휘가 쑥쑥
- applied 형 적용된, 응용의
- applicant 명 지원자, 신청자
- appliance 명 가전제품
- applicable 형 적용할 수 있는

- apply for a job 일자리에 지원하다
- apply for entrance to ~에 입학을 지원하다
- apply for a leave 휴가를 신청하다
- apply oneself to ~에 전념하다

appointment /əˈpɔɪntmənt/ | 명사 (복) appointments) ① 약속 ② 임명

1 약속 (= promise), 예약

I have a dental **appointment** at 3 o'clock.
나는 3시에 치과 진료 예약이 있다.

He made an **appointment** with the manager for an interview.
그는 면접을 보기 위해 지배인과 약속을 잡았다.

2 임명(○), 지명

I'm pleased to announce your **appointment** to the position of Vice President.
당신이 부사장으로 임명되었다는 소식을 전하게 되어 기쁩니다.

어휘가 쑥쑥
appoint 동 임명하다
appointed 형 임명된
doctor's appointment 진료 예약

뜻풀이
임명 일정한 직위·직무·직책을 맡기는 것

---

*appreciate /əˈpriːʃieɪt/ | 동사 (3단현) appreciates (과거·과분) appreciated (현분) appreciating) ① 고맙게 생각하다 ② 진가를 알아보다

1 고맙게 생각하다, 감사하다

We thank you and deeply **appreciate** your concern.
여러분의 관심에 깊이 감사드립니다.

Thanks. I really **appreciate** it.
감사합니다. 정말 감사합니다.

2 진가를 알아보다, 좋은 점을 인정하다

I really **appreciate** a cup of sweet-smelling tea.
난 달콤한 향이 나는 차를 아주 좋아한다.

어휘가 쑥쑥
appreciation 명 감상, 이해, 감사
appreciative 형 감사하는, 관심 있는
appreciatively 부 고마워서, 감탄하여

---

*approach /əˈproʊtʃ/ | 동사 (3단현) approaches (과거·과분) approached (현분) approaching) ~에 다가가다, 다가오다, 접근하다

The new semester is **approaching**.
새 학기가 다가오고 있다.

Ted heard footsteps **approaching**.
테드는 발자국 소리가 다가오는 것을 들었다.

I'm not sure how to **approach** the problem.
나는 그 문제에 어떻게 접근해야 할지 잘 모르겠다.

문법이 쑥쑥
approach는 '~에 다가가다'라는 의미로 뒤에 전치사 to를 쓰지 않는다.
She *approached* the house.
(그녀는 그 집으로 다가갔다.)

---

*appropriate /əˈproʊpriət/ | 형용사 (비교) more appropriate (최상) most appropriate) 적당한, 알맞은, 적절한 (= fit)

This coat is **appropriate** for a cold winter day.
이 외투는 추운 겨울날에 입기에 적당하다.

Put a mark in the **appropriate** box.
알맞은 칸에 표기를 하시오.

어휘가 쑥쑥
appropriately 부 적절하게
inappropriate 부적절한

approve /əˈpruːv/

동사 (3단현) approves (과거·과분) approved (현분) approving
① (~에) 찬성하다 ② 승인하다

1 (~에) 찬성하다 (= agree)

That's a good idea. I **approve** your idea.
좋은 생각이구나. 네 생각에 찬성이야.

His parents did not **approve** of his marriage.
부모님은 그의 결혼을 허락하지 않으셨다.

어휘가 쑥쑥
approval 명 찬성, 승인, 허가
approving 형 찬성하는
approved 형 승인된
disapprove 찬성하지 않다

2 (공식적으로) 승인하다 (= allow, pass)

The Declaration of Independence was **approved** on July 4, 1776.
미국의 독립 선언문은 1776년 7월 4일에 승인되었다.

approximate /əˈprɑːksɪmət/

형용사 (비교) more approximate (최상) most approximate) 가까운, 거의 정확한, 대략의

The **approximate** time is seven o'clock.
대략 7시인 것 같다.

What is the **approximate** size of the living room?
거실 크기가 대략 어떻게 되나요?

어휘가 쑥쑥
approximately 부 대략
approximation 명 접근, 근삿값

apricot /ˈæprɪkɑːt/

명사 (복) apricots) 살구, 살구나무

The **apricot** trees are in full blossom in the orchard.
과수원에 있는 살구나무가 꽃을 활짝 피우고 있다.

April /ˈeɪprəl/

명사 (복) Aprils) 4월 《줄여서 Apr.로 적기도 한다.》 (☞ month)

My son will leave Japan in **April**.
우리 아들은 4월에 일본을 떠날 것이다.

His birthday is in **April**. 그의 생일이 4월에 있습니다.

어휘가 쑥쑥
April Fool's Day 만우절

aquarium /əˈkweriəm/

명사 (복) aquariums, aquaria) 수족관, 어항

I visited Seoul **Aquarium** last winter.
난 지난 겨울에 서울 수족관을 방문했다.

Arab /ˈærəb/

명사 **형용사** (복) Arabs) 아랍의, 아랍인(의)

The **Arabs** have lived on the Arabian Peninsula for a long time. 아랍인들은 아라비아반도에서 오랫동안 살고 있다.

어휘가 쑥쑥
Arabic 명 형 아랍어(의)

arch /ɑːrtʃ/ 〔명사〕(복) arches) 아치(🔍 반원으로 휘어진 구조물)

An **arch** is curved like a bow.
아치 구조물은 활처럼 휘어져 있다.

Passing through the **arch**, you can find a large front garden.
아치 구조물을 지나면, 큰 앞마당이 보일 거예요.

Arctic /ˈɑːrktɪk/ 〔명사〕〔형용사〕 북극(의), 북극 지역(의) (↔ Antarctic 남극(의))

are /ər, ɑːr/ 〔동사〕(과거) were (과분) been (현분) being)
[be의 2인칭 단수·복수, 1·3인칭 복수의 현재형] ~이다, 있다 (☞ be)

Four and seven **are** eleven. 4 더하기 7은 11이다.

You're the person that I've been looking for.
당신은 내가 찾던 바로 그 사람이에요.

Ryan and Justin **are** brothers but don't resemble.
라이언과 저스틴은 형제지만 서로 닮지 않았다.

I don't know where we **are**. 나는 여기가 어디인지 모르겠어.

There **are** two boys in the classroom.
교실에 두 명의 남자아이가 있습니다.

〔문법이 쑥쑥〕
are는 're로 줄여 쓸 수 있다.
You are → You're
They are → They're
이때 발음이 같은 소유대명사인 your, their와 헷갈리지 않도록 주의해야 한다.

*area /ˈeriə/ 〔명사〕(복) areas) ① 지역 ② 면적 ③ 분야

1 지역, 부분 (= region)
New York is in the east coast **area** of the U.S.
뉴욕은 미국 동부 해안 지역에 있다.

The entire *Dongdaemun* **area** is always crowded with many cars.
동대문 일대는 항상 많은 차들로 북적인다.

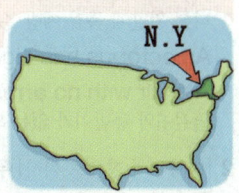

New York is in the east coast *area* of the U.S.

2 면적, 넓이 (= space)
Korea is limited in **area**, but it has many beautiful places to visit.
한국은 국토는 좁지만, 가 볼 만한 아름다운 곳이 많다.

〔어휘가 쑥쑥〕
security area 보안 구역
residential area 주거 지역
free trade area 자유 무역 지대

3 분야 (= field)
Korea is an advanced country in the **area** of high technology.
한국은 첨단 기술 분야에서 선진국이다.

*argue /ˈɑːrgjuː/ 〔동사〕(3단현) argues (과거·과분) argued (현분) arguing)
① 논쟁하다 ② 주장하다

1 논쟁하다, 말다툼하다
Alex and his sister **argue** with each other almost every day.
알렉스와 누나는 거의 매일 다툰다.
Most teenagers and parents **argue** about small matters such as clothes, homework, and TV.
대부분의 십 대 아이들과 부모들은 옷, 숙제, 텔레비전 등과 같은 사소한 문제로 말다툼을 한다.

2 주장하다, 강조하다 (= claim, insist)
The priest **argued** that Jean Valjean was innocent.
그 신부는 장발장이 무죄라고 주장했다.
My father always **argues** that honesty is the best policy.
우리 아버지는 항상 정직이 최선의 방법이라고 말씀하신다.

숙어 **argue against** ~에 반대하다
We all *argue against* war. 우리는 모두 전쟁에 반대한다.

argue for ~에 찬성하다
Our parents *argue for* going on a picnic.
우리 부모님은 소풍 가는 것에 찬성하신다.

어휘가 쑥쑥
argument 명 말다툼, 논쟁

arm /ɑːrm/ 명사 (복) arm) ① 팔 ② 무기

1 팔 (☞ body)
I got a flu shot in my left **arm**.
나는 왼팔에 독감 예방 주사를 맞았다.
An octopus has eight **arms**. 문어는 다리가 여덟 개이다.
A chair with no **arms** and no back is called "stool" in English.
팔걸이와 등받이가 없는 의자를 영어로 "stool"이라고 한다.

2 [항상 복수형으로 써서] 무기 (= weapon)
The bank robbers gave up their **arms**.
은행 강도들은 무기를 버리고 항복했다.

숙어 **arm in arm** (서로) 팔짱을 끼고
Sue and Mike are walking *arm in arm*.
수와 마이크가 팔짱을 끼고 걸어가고 있다.

fold one's arms 팔짱을 끼다
Annie *folded her arms* and fell into thought.
애니는 팔짱을 낀 채 생각에 잠겼다.

어휘가 쑥쑥
armful 명 한팔 가득, 한아름
armless 팔걸이가 없는
upper[lower] arm 팔 위쪽[아래쪽]
arm wrestling 팔씨름
wave one's arm 팔을 흔들다
under one's arm 겨드랑이에 끼고
stretch out one's arm 팔을 뻗다
open one's arm 팔을 벌리다

armchair /ˈɑːrmtʃer/ 명사 (복) armchair) 안락의자

My dad always sits in an **armchair**.
아빠는 늘 안락의자에 앉으신다.

armor /ˈɑːrmər/ | 명사 갑옷

The knight wore a suit of **armor**. 그 기사는 갑옷을 입었다.

*army /ˈɑːrmi/ | 명사 (복) arm**ies**) 육군, 군대

My eldest brother wants to enter[join, go into] the **army**.
나의 큰형은 군대에 입대하고 싶어 한다.

어휘가 쑥쑥
navy 해군 air force 공군

*around /əˈraʊnd/ | 전치사 ① ~ 주위에 ② ~ 근처에 ③ ~의 여기저기에 ④ ~ 즈음
부사 주위에

전 **1** ~ 주위에, ~ 둘레에 (= round)
The earth moves **around** the sun.
지구는 태양 주위를 공전한다[돈다].
All students sang sitting **around** the piano.
모든 학생들은 피아노 주위에 둘러앉아 노래를 불렀다.

2 ~ 근처에, ~ 가까이에 (= near)
Hey, play **around** the beach! 얘들아, 해변 가까이에서 놀아라!
A: Have you seen a yellow hat **around** here?
이 근처에서 노란 모자 못 보셨나요?
B: No, I haven't. I am sorry. 아니요, 죄송하지만 못 봤어요.

3 ~의 여기저기에, ~의 군데군데에
I traveled **around** England. 나는 잉글랜드 곳곳을 여행했다.
A: What do you want most to do when you enter university?
대학에 가면 제일 하고 싶은 일이 뭐니?
B: I want to take a trip **around** the world!
나는 세계 일주를 하고 싶어!

4 ~ 즈음, 대략 (= about)
I usually get up **around** 7 o'clock in the morning.
나는 보통 아침에 7시경에 일어난다.

부 주위에, 여기저기에, 돌아서
They looked **around** to find the boy.
그들은 그 소년을 찾기 위해 주위를 둘러보았다.
Please turn **around** and go straight forward.
뒤돌아서 곧장 앞으로 가세요.

숙어 **all around** 사방에, 여기저기에
Amy has traveled *all around* the globe.
에이미는 세계 곳곳을 여행했다.

문법이 쑥쑥
영국 영어에서는 '~ 주위에'라는 뜻으로 around ('위치'로서의 주위)와 round(주위를 도는 '운동')를 모두 쓰지만, 미국 영어에서는 이러한 구분 없이 around만 쓴다.

어휘가 쑥쑥
around the clock 24시간 내내
beat around the bush 에둘러 말하다
year around 일 년 내내

(just) around the corner 임박하여
Christmas is (*just*) *around the corner*. 이제 곧 크리스마스이다.

arrange /əˈreɪndʒ/
동사 (3단현) arranges (과거·과분) arranged (현분) arranging
① 정리하다 ② 준비하다

1 정리하다, 단정하게 하다
Before you go out, you have to **arrange** your dress.
외출하기 전에는 옷을 단정히 해야 한다.

2 준비하다 (= prepare), **정하다**
We **arranged** for Alex's birthday party.
우리는 알렉스의 생일 파티를 준비했다.

Please give me a call to **arrange** a convenient time.
편한 시간을 정할 수 있도록 저에게 전화 주십시오.

> 어휘가 쑥쑥
> arrange a marriage 중매를 서다
> arrange in alphabetical order 알파벳순으로 정리하다
> arrange flowers 꽃꽂이하다

arrangement /əˈreɪndʒmənt/
명사 (복) arrangements) 정리, 배열

The **arrangement** of furniture in my new house took days.
새집에 가구를 배치하는 데 며칠이 걸렸다.

arrest /əˈrest/
동사 (3단현) arrests (과거·과분) arrested (현분) arresting) 체포하다, 잡다
명사 (복) arrests) 체포

동 체포하다, 잡다 (= capture, catch)
The thief was **arrested** on the spot by the police.
도둑은 현장에서 경찰에 잡혔다.

명 체포 (= capture) (↔ release 석방, 풀어 줌)
Freeze! You are under **arrest**.
꼼짝 마! 당신을 체포한다.

arrival /əˈraɪvl/
명사 (복) arrivals) ① 도착 ② 도착한 사람[물건]

1 도착 (↔ departure 출발)
The estimated **arrival** time in New York will be 9:15 p.m. local time. 뉴욕 도착 예정 시간은 현지 시각으로 밤 9시 15분입니다.

2 도착한 사람[물건]
Once the gate closes, late **arrivals** will not be admitted.
문이 닫히면, 늦게 도착한 분은 입장할 수 없습니다.

> 어휘가 쑥쑥
> on (one's) arrival 도착하는 즉시
> by order of arrival 선착순으로

arrive /əˈraɪv/
동사 (3단현) arrives (과거·과분) arrived (현분) arriving)
① 도착하다 ② (물건이) 배달되다

1 (장소에) 도착하다 (= get, reach) (↔ depart 출발하다)
The train is **arriving** now. Please step away.
열차가 들어오고 있습니다. 한 걸음 뒤로 물러서 주십시오.
Tom is supposed to **arrive** in *Seoul* on March 17th.
톰은 3월 17일에 서울에 도착할 예정이다.

2 (물건이) 배달되다 (= come)
The toy **arrived** on my birthday. 장난감이 내 생일날 도착했다.
The food we ordered has not **arrived** yet.
우리가 주문한 음식이 아직 도착하지 않았다.

(실력이 쑥쑥)
arrive at + 비교적 좁은 장소
arrive in + 비교적 넓은 장소 (도시, 나라 등)

(어휘가 쑥쑥)
arrive on the scene
현장에 도착하다
arrive at a conclusion
결론에 이르다

*arrow /ˈærou/ 명사 (복) arrows) ① 화살 ② 화살표

1 화살
[속담] Time flies like an **arrow**.
시간은 화살처럼 빠르다. (세월이 쏜살같이 흐른다.)

2 화살표
Follow the **arrows** on the map, then you will come to the park. 지도에 그려진 화살표대로 따라가면, 공원에 도착할 겁니다.

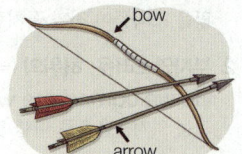

*art /ɑːrt/ 명사 (복) arts) ① 예술 ② 기술

1 예술, 미술
[격언] **Art** is long, life is short.
예술은 길고, 인생은 짧다. (인생은 짧고, 예술은 길다.)
The valuable work of **art** was returned to Korea from France.
그 귀중한 예술 작품은 프랑스에서 한국으로 반환되었다.

2 기술 (= skill)
I will master the **art** of skiing this winter.
나는 이번 겨울에 스키 타는 법을 꼭 배울 거야.
A: Hey, Jimmy, what is *Taekwondo*? 지미, 태권도가 뭐야?
B: It's Korean traditional martial **arts**.
태권도는 한국의 전통 무술이야.

(어휘가 쑥쑥)
artist 명 예술가, 화가
artistic 형 예술적인
artistically 부 예술적으로
art museum[gallery]
미술관
art school 미술 학교

*article /ˈɑːrtɪkl/ 명사 (복) articles) ① (신문·잡지의) 기사 ② [문법] 관사 ③ 물품

1 (신문·잡지의) 기사, 논문
She writes **articles** on the leading sports magazine.
그녀는 주요 스포츠 잡지에 기고한다.
Today's paper carries an **article** on the recent fashion.
오늘 신문은 최신 패션에 대한 기사를 실었다.

(어휘가 쑥쑥)
featured article 특집 기사
newspaper[magazine]
article 신문[잡지] 기사
articles of food 식료품

2 [문법] 관사 (a, an, the)
a definite **article** 정관사 (the)
an indefinite **article** 부정관사 (a, an)

3 물품, 물건
In the souvenir shop, there are **articles** of every sort and kind. 기념품 가게에는 온갖 종류의 물건들이 있다.

articles of clothing 의류
household **articles** 가정용품

---

*artificial /ˌɑːrtɪˈfɪʃl/
형용사 (비교 more artificial 최상 most artificial)
① 인공의 ② 부자연스러운

1 인공의, 인조의 (↔ natural 자연의)
Many **artificial** flowers look real.
많은 조화들이 진짜 꽃처럼 보인다.

2 부자연스러운, 허위의 (= false)
He welcomed me with an **artificial** smile.
그는 억지웃음으로 나를 맞았다.

어휘가 쑥쑥
artificial intelligence 인공 지능 (AI)
artificial satellite 인공위성
artificial snow 인공 눈

---

*artist /ˈɑːrtɪst/
명사 (복 artists) 화가 (= painter), 예술가

Many **artists** donated their works to charity.
많은 예술가들이 자신들의 작품을 자선 단체에 기부했다.

어휘가 쑥쑥
artistic 형 예술적인

---

‡as /əz, æz/
부사 ① ~만큼 …한 ② 예로서 들면 접속사 ① ~처럼 ② ~대로 ③ ~할 때 ④ ~하기 때문에 ⑤ ~함에 따라 전치사 ① ~처럼 ② ~로서

부 1 [보통 as ... as ~의 형태로 쓰여] ~만큼 …한, 마찬가지로
Mary is **as** tall as her mom. 메리는 엄마만큼 키가 크다.

2 예로서 들면, 예컨대 (= for example)
I like tropical fruits, **as** bananas and pineapples.
나는 바나나와 파인애플 같은 열대 과일을 좋아한다.

접 1 [동등 비교를 나타낼 때] ~처럼, ~만큼
I can't run as fast **as** I used to. 나는 예전처럼 빨리 달릴 수 없다.

2 ~대로, ~하는 것처럼
Do **as** he says! 그의 말대로 해!
As you know, we're having a science quiz today.
아시다시피 우리는 오늘 과학 시험이 있습니다.

[속담] When you are in Rome, do **as** the Romans do./ Do in Rome **as** the Romans do.
로마에 가면 로마 사람처럼 행동해라. (로마에 가면 로마법을 따라라.)

Do in Rome *as* the Romans do.

문법이 쑥쑥
as ... as ~
• as ... as ~에서 앞의 as는 부사, 뒤의 as는 접속사이다. 문맥으로 보아 뒤의 as 다음의 내용이 알려져 있으면 생략할 수 있다.
He is *as* young (*as* I). (그도 (나만큼) 젊다.)

3 [시간] **~할 때** (= when), **~하면서** (= while)
I saw Brian **as** I was getting off the bus.
나는 버스에서 내릴 때 브라이언을 보았다.

As time passed, things seemed to get better.
시간이 흐르면서 상황이 나아지는 것 같았다.

Jenny sang **as** she walked around her room.
제니는 그녀의 방 안을 이리저리 걸어 다니면서 노래를 했다.

4 [이유] **~하기 때문에** (= because, since)
As I was tired, I soon fell asleep.
나는 피곤했기 때문에 바로 잠이 들었다.

Please lock the door, **as** you are leaving last.
네가 마지막으로 나가니까 문 좀 잠가 줘.

5 ~함에 따라, ~할수록
As you go up a mountain, the air is getting colder and colder.
산을 오르면 오를수록, 공기는 점점 더 차가워진다.

As Snow White grew older, she became more and more beautiful.
백설 공주는 자라면서 점점 예뻐졌어요.

전 **1 ~처럼** (= like)
James was dressed **as** a prince.
제임스는 왕자처럼 옷을 입고 있었다.

2 ~로서
He works **as** a policeman. 그는 경찰관으로 일한다.
Emile acted **as** chairperson at the class meeting.
에밀은 학급 회의에서 의장을 맡았다.

숙어 **as usual 평소와 같이, 여느 때처럼**
He was on vacation, but he got up early *as usual*.
그는 휴가 중이었지만 평소처럼 일찍 일어났다.

A as well as B B뿐만 아니라 A도 (= not only B but (also) A)
He can speak Chinese **as well as** English. (= He can speak *not only* English *but* (*also*) Chinese.)
그는 영어뿐만 아니라 중국어도 할 수 있다.

as if[though] 마치 ~처럼
That man talks *as if[though]* he knew everything.
저 남자는 마치 자기가 모든 것을 다 아는 것처럼 말한다.

as ... as ~ ~와 같은 정도로 ···한
Mia is *as* tall *as* Barbara, but she weighs much less.
미아는 바바라만큼 키가 크지만, 몸무게는 훨씬 덜 나간다.

I have *as* many books (*as* you have). (나도 (너만큼) 많은 책을 가지고 있다.)

• 부정하는 경우는 not as ... as ~ 또는 not so ... as ~로 쓴다.
He is *not as[so]* old *as* you. (그는 너만큼 나이 들지 않았다.)

단, 부정이 단축형 n't인 경우에는 so ... as ~보다 as ... as ~를 더 많이 쓴다.
He doesn't work *as* hard *as* we. (그는 우리만큼 열심히 일하지 않는다.)

• 앞의 as가 생략되는 경우도 있다.
He is (*as*) busy *as* a bee. (그는 벌처럼 바쁘다. → 대단히 바쁘다.)

• 구어에서는 as 뒤의 주격을 목적격으로 쓰는 경우가 많다.
He is *as* tall *as* me. (그는 나만큼 키가 크다.)

실력이 쑥쑥

as가 '이유'를 나타낼 때 because보다 의미가 약하다. 따라서 I felt tired as I was studying hard.(나는 열심히 공부하고 있었으므로 피곤했다.)의 as는 '때'를 나타내는 의미도 가능하므로 while로 바꾸어 해석해 보는 것이 좋다.

문법이 쑥쑥

as if 뒤에 오는 be동사는 주어의 수에 관계없이 were를 쓰는 것이 문법적이지만, 구어에서는 as if he/she was나 as if he/she is를 흔히 쓴다.

as ~ as one can[possible] 가능한 한, 될 수 있는 대로
To the end, try *as* hard *as you can[possible]*.
할 수 있는 한 끝까지 노력해 봐.

as long as ~하는 한, ~한다면
You may stay here *as long as* you keep quiet.
네가 조용히 한다면 여기 머물러도 좋다.

as many[much] as ~만큼
As many as 1,000 people lost their houses in the flood.
무려 1,000명에 달하는 사람들이 홍수로 집을 잃었다.

Last month I spent *as much as* 100 dollars.
지난달에 나는 100달러나 돈을 썼다.

as soon as ~하자마자
Call me *as soon as* you get to the hotel.
호텔에 도착하자마자 나한테 전화해.

as soon as possible 가능한 한 빨리 《줄여서 ASAP라고 말하기도 한다.》
Please reply to this letter *as soon as possible*.
가능한 한 빨리 이 편지에 답장을 해 주세요.

> 문법이 쑥쑥
> *as ~ as one can*
> 과거형의 동사 뒤에서 can은 could로 쓴다.
> He studied *as* hard *as he could*. (그는 할 수 있는 한 열심히 공부했다.)

---

* **ash** /æʃ/ | 명사 (복 ash**es**) 재(♀)

The log cabin burned to **ashes**. 통나무집은 불에 타 잿더미가 되었다.

> 뜻풀이
> 재 물건이 불에 타고 남은 것

어휘가 쑥쑥
coal ash 석탄재   volcanic ash 화산재   cigarette ash 담뱃재

---

ashamed /əˈʃeɪmd/ 형용사 (비교 more ashamed 최상 most ashamed)
① 부끄러워하는 ② 부끄럽게 여기는

1 (~해서) 부끄러워하는, 수치스러워하는 (↔ proud 자랑스러운)
I'm very **ashamed** that I cheated on the exam.
나는 시험에서 부정행위를 한 것이 많이 부끄럽다.

어휘가 쑥쑥
deeply ashamed 정말 부끄러운

2 (~하기를) 부끄럽게 여기는
Don't be **ashamed** to show them your drawings.
부끄러워 말고 그들에게 너의 그림을 보여 줘.

Asia /ˈeɪʒə/ 명사 아시아

Asia is the largest of all the continents in the world.
아시아는 전 세계의 모든 대륙 중에서 가장 크다.

Korea is one of the countries in Northeast **Asia**.
한국은 동북아시아 국가들 중 하나이다.

Asian /ˈeɪʒn/ 　명사 (복) Asians 아시아 사람　형용사 아시아의, 아시아 사람의

명 아시아 사람
Many **Asians** are interested in Korean culture.
많은 아시아인들이 한국 문화에 관심이 있다.

형 아시아의, 아시아 사람의
The British were fascinated by **Asian** culture.
영국인들은 아시아의 문화에 매료되었다.

> **어휘가 쑥쑥**
> the Asian continent 아시아 대륙
> Asian country 아시아 국가

---

*aside /əˈsaɪd/　부사 한쪽으로, 옆으로, 곁에[으로]

He stepped **aside** to let Kate go in first.
그는 케이트를 먼저 들여보내기 위해 옆으로 비켜섰다.

---

*ask /æsk/　동사 (3단현) asks (과거·과분) asked (현분) asking ① 묻다 ② 부탁하다 ③ 청구[요구]하다 ④ 초대하다

1 묻다 (= question) (↔ answer, respond 답하다)
He **asked** about our party. 그는 우리의 파티에 대해 물었다.
I think we got lost. Let's **ask** them the way to the subway station.
우리 길을 잃은 것 같아. 저 사람들한테 지하철역으로 가는 길을 물어보자.
If you have any questions, feel free to **ask** me.
질문이 있으시면 언제든지 저한테 물어보세요.

2 부탁하다, 요구하다 (= request)
May I **ask** you a favor? / I have a favor to **ask** of you.
부탁 하나만 들어주시겠어요? / 부탁이 하나 있어요.

3 (대가로서) 청구[요구]하다 (= demand)
My son is **asking** ten dollars for his school supplies.
아들이 학용품 값으로 10달러를 달라고 요구하고 있다.

4 초대하다, 부르다 (= invite)
He **asked** some friends to his birthday party.
그는 몇몇 친구를 생일 파티에 초대했다.

> **실력이 쑥쑥**
> **ask** '묻다'라는 뜻을 가진 가장 일반적인 말
> **inquire** 공식적인 상황에서 묻다
> **question** 거듭하여 끈질기게 묻다
> **demand** (권위를 가지고) 강력하게 요구하거나 묻다

> **어휘가 쑥쑥**
> ask for forgiveness 용서를 구하다
> ask for directions 길을 묻다

---

*asleep /əˈsliːp/　형용사 잠든, 자고 있는 (↔ awake 깨어 있는)

Be quiet! The baby is **asleep**.
조용히 해! 아기가 자고 있어.
Whenever James reads books, he falls **asleep**.
제임스는 책만 읽었다 하면 잠들어 버린다.

aspect /ˈæspekt/ 명사 (복 aspects) 모양, 외관, 측면

The old house took on a dark **aspect** at night.
그 오래된 집은 밤에 어두운 모습으로 보였다.

어휘가 쑥쑥
every aspect 모든 면

assemble /əˈsembl/ 동사 (3단현 assembles 과거·과분 assembled 현분 assembling)
① 모으다 ② 조립하다

1 (사람을) 모으다, 모이다
About 100 crew members **assembled** this morning for the breakfast.
약 100명의 승무원이 오늘 아침에 식사를 하기 위해 모였다.

어휘가 쑥쑥
assembly 명 집합, 집회, 의회, 국회
assembled 형 모인, 집합된

2 조립하다
My dad is **assembling** our new bookcase.
아빠가 새 책장을 조립하고 계신다.

assign /əˈsaɪn/ 동사 (3단현 assigns 과거·과분 assigned 현분 assigning)
할당하다, 배정하다

He **assigned** tasks to his team members.
그는 팀원들에게 업무를 할당했다.

assignment /əˈsaɪnmənt/ 명사 (복 assignments) ① 할당된 일 ② 숙제

1 할당된 일, 임무 (= task)
He's gone to Paris on a special **assignment**.
그는 특별한 임무를 띠고 파리로 갔다.

어휘가 쑥쑥
challenging assignment 힘든 과제
hand out an assignment 숙제를 내 주다
hand in an assignment 숙제를 제출하다

2 숙제, 과제 (= homework)
• My math teacher gave us an extra **assignment**!
수학 선생님이 숙제를 추가로 더 내 주셨어!

assist /əˈsɪst/ 동사 (3단현 assists 과거·과분 assisted 현분 assisting)
지원하다, 돕다 (= help, support)

The service manager will **assist** the customer.
서비스 관리자가 고객님을 도와드립니다.

어휘가 쑥쑥
assistance 명 도움, 지원

assistant /əˈsɪstənt/ 명사 (복 assistants) 조수, 보조원

The office **assistant** was answering the telephone.
사무 보조원이 전화를 받고 있었다.

어휘가 쑥쑥
assistant director 조감독

associate /əˈsoʊsieɪt/
동사 (3단현) associates (과거·과분) associated (현분) associating) 연상하다, 상기시키다, 관련짓다

He **associates** rainy days with spring.
그는 비 오는 날을 봄과 연관 짓는다.

> **어휘**가 쑥쑥
> association 명 협회, 관련

assume /əˈsuːm/
동사 (3단현) assumes (과거·과분) assumed (현분) assuming)
(증거는 없으나) ~라고 보다[생각하다]

I didn't see your car, so I **assumed** you'd gone out.
네 차를 보지 못했기 때문에 네가 외출한 줄 알았어.

astrology /əˈstrɑːlədʒi/
명사 점성술(🔍 별의 자리나 모양 따위를 보아 점을 치는 기술)

Some people used **astrology** to predict the future.
어떤 사람들은 미래를 예견하는 데 점성술을 사용했다.

astronaut /ˈæstrənɔːt/
명사 (복) astronauts) 우주 비행사, 우주인 (☞ job)

This boy wants to be an **astronaut**.
이 소년은 우주 비행사가 되고 싶어 한다.

at /ət, æt/
전치사 ① [장소·위치] ~에서 ② [시간] ~에 ③ [나이·수량·가격·속도 등] ~에
④ [상태·활동] (어떤 상태)로

1 [장소·위치] ~에서, ~에
Turn right **at** the corner. 모퉁이에서 오른쪽으로 도세요.
We are **at** the door. 우린 문 앞에 있다.
Alex works **at** his aunt's bakery on Saturdays.
알렉스는 토요일마다 고모가 하시는 빵집에서 일한다.

2 [시간] ~에
He gets up **at** six every morning. 그는 매일 아침 6시에 일어난다.
Frank came home late **at** night. 프랭크는 밤늦게 집에 돌아왔다.
"Cinderella, the magic will stop **at** midnight," said the fairy.
"신데렐라, 자정이 되면 마법이 풀릴 거예요."라고 요정이 말했다.

3 [나이·수량·가격·속도 등] ~에, ~으로
Thomas Edison died in 1931, **at** the age of eighty-four.
토머스 에디슨은 1931년, 84세의 나이로 사망했다.
I bought this watch **at** ten dollars.
나는 이 시계를 10달러에 샀다.

> **문법**이 쑥쑥
> *장소 전치사 at & in*
> at은 비교적 좁은 장소(작은 도시, 한정된 특정 지점 등) 앞에, in은 비교적 넓은 장소(대도시, 나라 등) 앞에 쓴다.
> We're going to stay *at* the Intercontinental Hotel *in* Chicago. (우리는 시카고에 있는 인터콘티넨탈 호텔에 머물 예정이다.)
> I bought these earrings *at* the jewelry store *in* COEX shopping mall. (나는 이 귀걸이를 코엑스 쇼핑몰에 있는 보석 가게에서 샀다.)

The KTX can run **at** 300 kilometers an hour.
KTX는 시속 300킬로미터로 달릴 수 있다.

4 [상태·활동] [관사 없이 써서] **(어떤 상태)로, ~ 중인**
Annie doesn't often pay attention **at** school.
애니는 수업 중에 자주 집중을 하지 않는다.

My cousin, Jenny, is **at** work in the hospital.
내 사촌 제니는 병원에서 일한다.

It's against etiquette to speak with your mouth full **at** table.
식사 중에 입에 음식물을 가득 문 채로 이야기하는 것은 예의에 어긋난다.

숙어 **all at once** 갑자기, 한꺼번에
It began to rain *all at once*. 갑자기 비가 내리기 시작했다.

at first 처음에는
At first, I did not like him. But I soon became attracted to his goodness.
처음에는 그를 좋아하지 않았지만, 곧 그의 착한 마음씨에 끌리게 되었다.

at last 마침내, 드디어
At last, my hope has been realized. 마침내 나의 소망이 이루어졌다.

at least 적어도
I will stay with my uncle for a week *at least*.
나는 적어도 일주일 동안 삼촌네 집에 머물 것이다.

at once ① 즉시, 당장 ② 동시에, 한꺼번에
Call a doctor *at once*! 당장 의사를 불러요!
In the class meeting, everyone began talking *at once*, and it was confusing.
학급 회의 시간에 모두가 한꺼번에 말하기 시작하자 혼란스러웠다.

at (the) most 기껏해야, 많아야
I only exercise twice a week *at (the) most*.
나는 기껏해야 일주일에 두 번 운동을 한다.

not ~ at all 조금도 ~ 아니다, 전혀 ~하지 않다
I do *not* know him *at all*. 나는 그 사람을 전혀 모른다.

Not at all. 별말씀을요. 《고맙다는 말에 대한 대답》
A: Thanks. I really appreciate your help.
　고마워요. 도와주셔서 정말 고마워요.
B: *Not at all*. 별말씀을요.

＊**시간 전치사 at, in & on**＊
• **at**은 정확한 시간, 특정 시간의 한 시점을 나타낼 때 사용한다.
at 9:30 (9시 30분에)
at noon/night/midnight (정오에/밤에/자정에)

• **in**은 긴 기간, 오전/오후, 달, 계절, 해 등을 나타낼 때 사용한다.
in the past/present/future (과거에/현재에/미래에)
in the morning/afternoon/evening (아침에/오후에/저녁에)
in April (4월에)
in summer (여름에)
in 2021 (2021년에)

• **on**은 날짜, 요일, 특정한 날의 아침/저녁 등을 나타낼 때 사용한다.
on July 4, 1981 (1981년 7월 4일에)
on Wednesday (수요일에)
on Monday morning (월요일 아침에)
on Christmas (크리스마스에)

재미가 쑥쑥
인터넷 사이트(site)나 이메일 주소 등을 나타낼 때에는 **at**을 @으로 기호화한다.

---

ate /eɪt/ | 동사 eat의 과거 (☞ eat)

＊**athlete** /ˈæθliːt/ | 명사 (복) athlete**s**) ① 운동선수 ② 운동을 잘하는 사람

attack 71

1 운동선수 (= sportsperson, player) (☞ job)
He is one of the best **athletes** in the world.
그는 세계 최고의 운동선수 중 한 명이다.

2 운동을 잘하는 사람
William was a natural **athlete** as a kid.
윌리엄은 어릴 때부터 운동은 타고났다.

> 어휘가 쑥쑥
> **athletic** 휑 운동의, 경기의
> **amateur[professional] athlete** 아마추어[프로] 선수

Atlantic /ətˈlæntɪk/   명사 형용사 [the와 함께 써서] 대서양(의)

The **Atlantic** (Ocean) lies between Europe and America.
대서양은 유럽과 미국 사이에 있다.

*atmosphere /ˈætməsfɪr/   명사 (복) atmospheres ① (지구를 둘러싸고 있는) 대기 ② 분위기

1 (지구를 둘러싸고 있는) 대기, 공기 (= air)
Most cities no longer have a clean **atmosphere**.
대부분의 도시는 더 이상 공기가 맑지 않다.

2 분위기, 환경, 주위 상황 (= mood, environment)
The resort had a lovely relaxed **atmosphere**.
그 휴양지는 아주 멋지고 편안한 분위기였다.
The new restaurant downtown has a classical **atmosphere**.
시내에 새로 생긴 식당은 고전적인 분위기가 난다.

> 어휘가 쑥쑥
> **atmospheric** 휑 대기의, 공기의, 분위기 있는
> **casual atmosphere** 편안한 분위기
> **friendly atmosphere** 친밀한 분위기

*attach /əˈtætʃ/   동사 (3단현) attaches (과거·과분) attached (현분) attaching
붙이다, 달다 (= stick)

Please **attach** a photo to your application.
지원서에 사진을 붙여 주십시오.

The girl **attached** a bell to her bike.
그 소녀는 자전거에 벨을 달았다.

> 어휘가 쑥쑥
> **attachment** 몡 부착, 애착, (이메일의) 첨부 파일

**attack /əˈtæk/   동사 (3단현) attacks (과거·과분) attacked (현분) attacking) 공격하다
명사 (복) attacks ① 공격 ② 발병

통 **공격하다, 습격하다** (↔ defend 방어하다)
In 1941, Japan **attacked** Pearl Harbor.
1941년에 일본은 진주만을 공격했다.

The Vikings **attacked** many countries and stole lots of treasures.
바이킹들은 여러 나라를 습격하여 수많은 보물을 훔쳤다.

The Vikings *attacked* many countries.

attempt

명 1 공격, 습격 (↔ defense 방어)
[격언] **Attack** is the best defense. 공격은 최선의 방어이다.
2 발병
She had an **attack** of the flu. 그녀는 독감에 걸렸다.

> 어휘가 쑥쑥
> heart attack 심장 마비
> under attack 공격을 받고 있는

*attempt /əˈtempt/

동사 (3단현) attempts (과거·과분) attempted (현분) attempting) 시도하다 명사 (복) attempts) 시도, 노력

동 시도하다, ~을 해 보다 (= try)
Jane **attempted** to balance a ball on her forehead.
제인은 공을 이마에서 떨어뜨리지 않으려고 해 보았다.
The prisoner **attempted** to escape from jail, but failed.
그 죄수는 탈옥을 시도하였으나 실패하고 말았다.

> 어휘가 쑥쑥
> attempt the impossible 불가능한 것을 시도하다
> attempt at murder 살인 미수

명 (힘든 일에 대한) 시도, 노력 (= trial, effort)
He made a second **attempt** to fix the car himself.
그는 스스로 차를 고쳐 보려고 다시 한 번 시도했다.

*attend /əˈtend/

동사 (3단현) attends (과거·과분) attended (현분) attending) ① 출석하다 ② 주의하다

1 출석하다, 참가하다 (= be present) (↔ be absent 결석하다, 빠지다)
All freshmen should **attend** the entrance ceremony.
모든 신입생은 입학식에 참석해야 한다.
Next week I'm going to Australia to **attend** a *Taekwondo* contest. 나는 다음 주에 태권도 시합에 참가하려고 호주에 간다.

> 어휘가 쑥쑥
> attendance 명 출석, 참석, 돌봄
> attendant 명 참석자, 돌보는 사람, 안내원

2 주의하다 (= pay attention to)
My grandma suddenly gained weight, so she should **attend** to her health.
우리 할머니는 갑자기 살이 쪄서 건강에 주의하셔야 한다.

*attention /əˈtenʃn/   명사 ① 주의 ② 관심 ③ 차려 (자세)

1 주의, 주목
Jake listened to the speech with close **attention**.
제이크는 주의 깊게 연설에 귀를 기울였다.
Students, pay **attention**! 학생 여러분, 주목하세요!
May I have your **attention**? 주목해 주십시오.

2 관심, 흥미
The math teacher could not get the students' **attention**.
수학 선생님은 학생들의 관심을 끌 수 없었다.

Attention! Salute!

3 차려 (자세)
Attention! Parade rest! **Attention**! Salute!
차려! 열중쉬어! 차려! 경례!

> 어휘가 쑥쑥
> **attentive** 형 주의 깊은, 세심한

* attitude /ˈætɪtjuːd/ 명 (복) attitudes) ① 태도 ② 자세

1 (사람·사물에 대한) 태도, 마음가짐, (사물에 대한) 사고방식, 의견
You can change your **attitude**. 넌 태도를 바꿀 수 있다.
I like Judy's positive **attitude**.
나는 주디의 긍정적인 태도를 좋아한다.

> 어휘가 쑥쑥
> **responsible[irresponsible] attitude** 책임감 있는[무책임한] 태도
> **strong attitude** 강경한 태도
> **modest attitude** 겸손한 태도

2 자세, 몸가짐
The students bowed in an **attitude** of respect.
학생들은 경의를 표하는 자세로 고개를 숙였다.

* attract /əˈtrækt/ 동사 (3단현) attracts (과거·과분) attracted (현분) attracting
① (주의·흥미 등을) 끌다 ② 끌어당기다

1 (주의·흥미 등을) 끌다, (사람을) 매혹하다 (= charm, appeal, draw)
The 2002 World Cup **attracted** many people to Korea.
2002년 월드컵은 많은 사람들을 한국으로 불러 모았다.
Princess Fiona was **attracted** to the monster's goodness.
피오나 공주는 그 괴물의 선량함에 마음이 끌렸다.
The movie has **attracted** a lot of interest from the media.
그 영화는 언론의 많은 관심을 끌었다.

2 끌어당기다 (= pull, draw)
A magnet **attracts** iron. 자석은 철을 끌어당긴다.

> 어휘가 쑥쑥
> **attraction** 명 매력, 끌어당기는 힘

attractive /əˈtræktɪv/ 형용사 (비교) more attractive (최상) most attractive)
매력적인, 사람을 끄는

Sarah is an **attractive** girl. 세라는 매력적인 소녀이다.
The suburban area has become the **attractive** place to live because of the nice environment.
교외 지역은 쾌적한 환경 덕분에 인기가 많은 주거 지역이 되었다.

> 어휘가 쑥쑥
> **attractively** 부 보기 좋게, 매력적으로

* audience /ˈɔːdiəns/ 명 (복) audiences) 청중, 관객

The **audience** greeted him with a thunder of applause.
청중은 우레와 같은 박수로 그를 맞이했다.

auditorium /ˌɔːdɪˈtɔːriəm/ 명 (복) auditoriums, auditoria) 강당, 대강의실

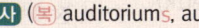

Our band performed in the school **auditorium**.
우리 밴드는 학교 강당에서 공연을 했다.

August /ɔːˈɡʌst/ [명사] 8월 (☞ month) 《줄여서 Aug.로 적기도 한다.》

Korean Independence Day is the fifteenth of **August**.
한국의 광복절은 8월 15일이다.

‡ aunt /ænt/ [명사] (복) aunts 아주머니, 이모, 고모, (외)숙모 (☞ family)

My **aunt** always tells me funny stories.
이모는 항상 나에게 재미있는 이야기를 해 주신다.

(실력)이 쑥쑥
ant(개미)와 발음이 같다.

Australia /ɔːˈstreɪliə/ [명사] 오스트레일리아, 호주

Australia is famous for kangaroos. 호주는 캥거루로 유명하다.

Australian /ɔːˈstreɪliən/ [명사] [형용사] (복) Australians 오스트레일리아[호주]의, 오스트레일리아[호주] 사람(의)

I have an **Australian** friend. 나에겐 호주인 친구가 한 명 있다.

Austria /ˈɔːstriə/ [명사] 오스트리아

Vienna is the capital of **Austria**. 비엔나는 오스트리아의 수도이다.
Austria and Australia are different countries.
오스트리아와 오스트레일리아는 다른 나라이다.

(어휘)가 쑥쑥
Austrian [명][형] 오스트리아의, 오스트리아 사람(의)

* author /ˈɔːθər/ [명사] (복) authors 작가, 저자 (= writer)

After the book concert, I met the **author** of the novel.
북 콘서트 후에, 나는 그 소설의 작가를 만났다.

A: Who is the **author** of *Romeo and Juliet*?
  '로미오와 줄리엣'의 작가는 누구입니까?
B: It's William Shakespeare, the celebrated English playwriter.
  영국의 유명한 극작가인 윌리엄 셰익스피어입니다.

(어휘)가 쑥쑥
best-selling author
베스트셀러 작가
co-author 공저자, 공동 집필자

auto /ˈɔːtoʊ/ [명사] (복) autos 자동차 (= automobile)

* automatic /ˌɔːtəˈmætɪk/ [형용사] (비교) more automatic (최상) most automatic) (기계·장치 등이) 자동의

My new house has an **automatic** heating system.
우리 새집은 자동 난방 장치가 되어 있다.

Annie set the **automatic** mode on her digital camera.
애니는 디지털카메라를 자동 모드로 설정했다.

> 어휘가 쑥쑥
> **automatic teller machine**
> 현금 자동 입출금기 (ATM)

automatically /ˌɔːtəˈmætɪkli/ | 부사 자동으로

The door locks **automatically**. 그 문은 자동으로 잠긴다.

*automobile /ˈɔːtəməbiːl/ | 명사 (복) automobiles) 자동차 (= car, auto) (☞ transportation)

Germany is famous for the **automobile** industry.
독일은 자동차 산업으로 유명하다.

autumn /ˈɔːtəm/ | 명사 가을 (= fall) (☞ season)

Autumn is the harvest season. 가을은 결실의 계절이다.

*available /əˈveɪləbl/ | 형용사 ① 이용할 수 있는 ② 시간이 있는

1 이용할 수 있는, 구할 수 있는, 유효한 (= suitable, usable)
This ticket is **available** on the day of issue only.
이 표는 발행 당일에만 유효합니다.
Do you have any rooms **available**? 빈방이 있나요?

> 어휘가 쑥쑥
> **avail** 용 도움이 되다
> **availability** 명 유용성
> **unavailable** 이용할 수 없는

2 (사람이) 시간이 있는, 여유가 있는
Are you **available** this afternoon?
오늘 오후에 시간 있니?
I was readily **available** for interviews.
나는 즉시 인터뷰에 응할 수 있었다.
A: May I speak to Mr. Davis? 데이비스 씨와 통화할 수 있을까요?
B: I'm afraid he's not **available** now. Can I take a message?
죄송합니다만, 지금 안 계신데요. 메시지를 전해 드릴까요?

*avenue /ˈævənuː/ | 명사 (복) avenues) 대로, 큰길 《줄여서 Ave.라고 적기도 한다.》

There are many wonderful shops on Fifth **Avenue** in New York.
뉴욕의 5번가에는 멋진 상점이 많다.

**average /ˈævərɪdʒ/ | 명사 (복) averages) ① 평균 ② 보통 수준
형용사 ① 평균의 ② 보통의

average

명 1 평균, 평균값
The **average** of 6, 9, and 12 is 9. 6, 9, 12의 평균값은 9이다.

2 보통[평균] 수준
Tony's grades have been better than **average**.
토니의 성적은 평균보다 더 좋았다.

형 1 평균의
The **average** age of teachers in our school is thirty-five.
우리 학교 선생님들의 평균 연령은 35세이다.

2 보통의, 일반적인
The **average** student in my class does not get enough sleep.
우리 반의 보통의 학생들은 충분한 수면을 취하지 못한다.

> **어휘**가 쑥쑥
> on (the) average 평균적으로, 대체로
> above[below] average 평균 이상[이하]의
> average temperature 평균 온도
> average life span 평균 수명
> average rainfall 평균 강우량

avoid /əˈvɔɪd/

동사 (3단현) avoids (과거·과분) avoided (현분) avoiding)
(의식적으로) 피하다, 막다

Everyone seemed to be **avoiding** Jack.
모두가 잭을 피하는 것 같았다.

Every morning I leave home early to **avoid** the rush hour.
나는 교통 혼잡 시간을 피하기 위해서 매일 아침 일찍 집을 나선다.

If you want to be healthy, **avoid** eating junk food.
건강해지고 싶다면, 정크 푸드를 피하세요.

> **문법**이 쑥쑥
> avoid는 to부정사가 아닌 동명사를 목적어로 쓴다.
> If you want to be healthy, avoid to eat junk food. (×)

awake /əˈweɪk/

동사 (3단현) awakes (과거) awoke (과분) awoken (현분) awaking)
(잠에서) 깨다 형용사 깨어 있는

동 (잠에서) 깨다, ~를 깨우다

A noise coming from the upstairs **awoke** me.
위층에서 나는 시끄러운 소리가 나의 잠을 깨웠다.

Sleeping Beauty **awoke** from her sleep thanks to the Prince's sweet kiss.
잠자는 숲속의 미녀는 왕자님의 달콤한 키스 덕분에 잠에서 깨어났습니다.

형 깨어 있는, 잠들지 않고 (↔ asleep 자고 있는)
I drank much coffee to keep me **awake**.
나는 잠들지 않으려고 커피를 많이 마셨다.

award /əˈwɔːrd/

동사 (3단현) awards (과거·과분) awarded (현분) awarding) 수여하다
명사 (복) awards) 상

동 (상·장학금 등을) 수여하다, 주다
The judges **awarded** him first prize.

심사 위원들이 그에게 일등 상을 수여했다.

award ceremony 시상식

명 상, 상금, 상패
That music has won many **awards** this year.
그 음악은 올해 많은 상을 받았다.

* **aware** /əˈwer/ **형용사** 아는, 깨달은 (↔ unaware 모르는)

I was immediately **aware** that something was wrong.
나는 무엇인가 잘못되었음을 곧 깨달았다.

He is well **aware** of his shortcoming, so he always makes greater efforts.
그는 자신의 결점을 잘 안다. 그래서 그는 항상 더 많은 노력을 한다.

awareness 명 깨달음, 인식
as far as I'm aware 내가 알기로는

** **away** /əˈweɪ/ **부사** ① 저리로 ② (장소가) 떨어져 ③ 사라져
형용사 자리에 없는

부 1 저리로, 저쪽으로, 다른 방향으로
"Go **away**." my sister said shortly.
"저리 가." 언니가 무뚝뚝하게 말했다.

Suddenly a policeman appeared and the thief ran **away**.
갑자기 경찰관이 나타났고 도둑은 도망갔다.

The kite string broke and my kite flew **away** into the sky.
연줄이 끊어져서 연이 하늘로 날아가 버렸다.

My kite flew *away* into the sky.

2 (장소가) 떨어져
The library is two kilometers **away** from the school.
도서관은 학교에서 2킬로미터 떨어져 있다.

He's looking for a hotel far **away** from the beach.
그는 해변에서 멀리 떨어진 곳에 있는 호텔을 찾는 중이다.

far and away 훨씬, 단연코
right away 즉시, 당장
run away from ~에게서 도망치다
stay[keep] away from ~에서 멀리 떨어져 있다

3 사라져, 없어져
You can throw the shoes **away**. 그 신발은 버려도 돼.
Could you take[put] these plates **away**?
이 접시들 좀 치워 주시겠어요?

형 자리에 없는, 결석한 (= absent)
Please look after the baby while I'm **away**.
제가 없는 동안 아기 좀 돌봐 주세요.

Mr. Davis is **away** on a business trip.
데이비스 씨는 출장 중이셔서 자리에 안 계십니다.

* **awesome** /ˈɔːsəm/ **형용사** 굉장한, 아주 멋진 《회화에서는 '기가 막히게 좋은'의 뜻으로 쓰인다.》

That was an **awesome** movie. 정말 멋진 영화였어.
That's really **awesome**! 진짜 굉장한데!

awful /ˈɔːfl/ 〔형용사〕 (비교) more awful (최상) most awful) ① 무시무시한 ② 지독한

1 무시무시한, 무서운 (= terrible, horrible)
An **awful** storm hit the country and killed a lot of people.
무시무시한 폭풍이 그 나라를 강타하여 많은 사람이 사망했다.
There was an **awful** snowstorm last night.
간밤에 무시무시한 눈보라가 몰아쳤다.

2 지독한, 심한 (= terrible, severe)
What **awful** weather! 지독한 날씨로군!
There's an **awful** smell in here. 여기에서 지독한 냄새가 나.

〔어휘가 쑥쑥〕
awfulness 〔명〕 끔찍함, 지독함
feel awful 몸이 안 좋다

awfully /ˈɔːfli/ 〔부사〕 대단히, 몹시 (= terribly)

It's **awfully** cold today. 오늘은 날씨가 몹시 춥다.
I feel **awfully** sorry for what I have said.
나는 내가 한 말을 무척 후회한다.

awoke /əˈwoʊk/ 〔동사〕 awake의 과거 (☞ awake)

awoken /əˈwoʊkən/ 〔동사〕 awake의 과거분사 (☞ awake)

ax(e) /æks/ 〔명사〕 (복) axes) 도끼

The woodcutter cut a tree down with an **ax**.
나무꾼은 도끼로 나무 한 그루를 찍어 넘어뜨렸다.

Bb

** baby /ˈbeɪbi/ | 명사 (복)babies) ① 아기 ② 동물의 새끼

1 아기
The **baby** is crying. 아기가 울고 있다.

2 동물의 새끼, 어린 짐승
Baby animals are so cute. 새끼 동물들은 아주 귀엽다.

숙어 have a baby / give birth to a baby[child] 아기를 낳다
My mother *had a baby* last week.
우리 엄마가 지난주에 아기를 낳으셨다.
She *gave birth to a baby* and named the child Emma.
그녀는 아기를 낳았고 그 아이에게 엠마라는 이름을 지어 주었다.

> **어휘가 쑥쑥**
> babysitter 아기를 돌보아 주는 사람

> **실력이 쑥쑥**
> 아기의 성별을 모르거나 문제시하지 않을 때는 baby를 대명사 it으로 받는다. 성별을 구별할 때는 a baby boy(남자 아기), a baby girl(여자 아기)이라고 한다.

** back /bæk/ | 명사 (복) backs) ① 등 ② 뒤 형용사 뒤(쪽)의 부사 ① 되돌아가서[와서] ② 뒤로 ③ 다시 동사 (3단현) backs 과거·과분 backed 현분 backing) ① 뒤로 물러서다 ② 후원하다

명 1 등 (☞ body), 등받이
People put a saddle on the horse's **back**.
사람들은 말의 등 위에 안장을 놓았다.
A chair with no arms and no **back** is called "stool" in English.
팔걸이와 등받이가 없는 의자를 영어로 'stool'이라고 한다.

2 뒤, 뒤쪽, 뒷면 (↔ front 앞, 앞쪽)
Romeo kissed the **back** of Juliet's hand.
로미오는 줄리엣의 손등에 키스했다.
Justin sits in the **back** of the classroom.
저스틴은 교실 뒤쪽에 앉는다.

형 뒤(쪽)의 (↔ front 앞의, 앞쪽의)
Put your bag on the **back** seat. 가방은 (차의) 뒷좌석에 두십시오.

> **실력이 쑥쑥**
> 사람의 몸에서 back은 neck(목)부터 buttocks(엉덩이)까지의 부분을 뜻한다. 따라서 backache라고 하면 등이 아픈 것일 수도 있고 허리가 아픈 것일 수도 있다.

a chair with no arms and no *back*

background

부 **1** 되돌아가서[와서], 원래 자리로
Go **back** to your seats, students.
학생 여러분, 제자리로 돌아가세요.

A: Are you ready to order? 〈식당에서〉 주문하시겠어요?
B: I haven't decided yet. 아직 결정하지 못했는데요.
A: Okay, take your time. I'll be right **back**.
네, 천천히 고르세요. 조금 후에 다시 오겠습니다.

2 뒤로 (= backward) (↔ forward 앞으로, 앞쪽으로)
The train is arriving now. Please take a step **back**.
열차가 들어오고 있습니다. 한 걸음 뒤로 물러서 주십시오.

3 다시, 답하여
Jack wrote a long letter to Amy, but she never wrote **back**.
잭은 에이미에게 편지를 길게 써 보냈지만, 에이미는 답장을 하지 않았다.

A: May I speak to Mr. Miller? 밀러 씨와 통화할 수 있을까요?
B: Sorry, but he's out right now. Please call **back** in an hour.
죄송하지만, 지금 자리에 안 계신데요. 한 시간 후에 다시 걸어 주세요.

통 **1** 뒤로 물러서다, 후진하다
Dad **backed** the car into the garage.
아빠는 차를 후진하여 차고에 넣었다.

2 후원하다, 지지하다
My friends **backed** my idea. 내 친구들은 내 아이디어를 지지했다.

숙어 **back and forth** 앞뒤로, 여기저기로, 여기저기에
My sister was on a swing and I pushed it *back and forth*.
내 동생이 그네를 탔고, 내가 그 그네를 앞뒤로 밀어 주었다.

어휘가 쑥쑥
backbone 등뼈, 척추
backstroke 배영
backyard 뒷마당

재미가 쑥쑥
＊콩글리시 표현들＊
- back number(등번호)
  ⇒ player's[uniform, jersey] number
- back dancer(백댄서)
  ⇒ backup dancer
- back mirror(백미러)
  ⇒ rearview mirror
- all back hair(올백 머리)
  ⇒ slicked-back hair

Dad *backed* the car into the garage.

＊background /ˈbækɡraʊnd/

명사 (복) background**s**) ① (무대·그림 등의) 배경
② (개인의 학력·경험 등의) 배경
③ (사건·상황 등의) 배경

1 (무대·그림·사진 등의) 배경
There is a castle in the **background** of the picture.
그 사진의 배경에 성이 있다.

Red shows up well against a white **background**.
하얀 배경에는 빨간색이 잘 보인다.

2 (개인의 학력·경험 등의) 배경, 환경
He has a **background** in computer engineering.
그는 컴퓨터 엔지니어링 쪽에 경험이 있다.

We have all different family **backgrounds**.

어휘가 쑥쑥
political background
정치적 배경
cultural background
문화적 배경
educational background
학력
background music
배경 음악(BGM)
background knowledge
배경지식

우리는 모두 다른 가정 환경을 가지고 있다.

3 (사건·상황 등의) 배경
I don't know the **background** of the case.
나는 그 사건의 배경을 모른다.

backpack /'bækpæk/ | 명사 (복) backpacks) 배낭

I like your **backpack**. 네 가방이 맘에 든다.
Amy put all the books in her **backpack**.
에이미는 배낭에 책을 모두 넣었다.

어휘가 쑥쑥
backpacking 명 배낭여행
backpacker 명 배낭여행자

backup /'bækʌp/ | 명사 (복) backups) ① 예비, 대용품 ② 백업

1 예비, 대용품
It is a **backup** supply. 그것은 예비품이다.

2 [컴퓨터] 백업 (파일)
You have to keep a **backup** of this project.
너는 이 프로젝트의 백업 파일을 보관해 놓아야 한다.

뜻풀이
백업 컴퓨터에서, 지워진 데이터를 복구할 수 있도록 복사해 두는 것

backward(s) /'bækwərd(z)/ | 형용사 ① 뒤의 ② 시대에 뒤진 부사 ① 뒤로 ② 거꾸로

형 **1** 뒤의 (↔ forward 앞의)
She went without a **backward** glance.
그녀는 뒤돌아보지 않고 갔다.

2 진보가 더딘, 시대에 뒤진
A **backward** country does not have modern industries.
후진국에는 현대 산업이 없다.

부 **1** 뒤로, 뒤쪽으로 (↔ forward(s) 앞으로, 앞쪽으로)
The helicopter can also fly **backward** in the air.
헬리콥터는 공중에서 뒤로도 날 수 있다.

2 거꾸로
Try counting **backward** from 10 with your eyes closed.
눈을 감고 10부터 거꾸로 숫자를 세어 보세요.

The English word "net" is "ten" **backwards**.
영어 단어 'net(그물)'은 거꾸로 하면 'ten(숫자 10)'이다.

숙어 take a step backward 한 발짝 뒤로 물러서다
I *took a step backward* to let the children pass.
나는 아이들이 지나갈 수 있도록 한 걸음 뒤로 물러섰다.

실력이 쑥쑥
옷의 앞뒤를 거꾸로 입었을 때는 backward(s)나 back to front라는 표현을 쓰고, 안과 겉을 바꿔서 입었을 때는 inside out이라고 쓴다.

I'm wearing my shirt *back-wards*. (나는 셔츠를 거꾸로 입었다.)

I'm wearing my socks *inside out*. (나는 양말을 뒤집어 신었다.)

bacteria /bæk'tɪriə/ | 명사 박테리아, 세균

Bad **bacteria** can make people very sick.
해로운 박테리아는 사람들을 매우 아프게 만들 수 있다.

✱**bad** /bæd/ | 형용사 (비교) worse (최상) worst) ① 나쁜 ② 서투른 ③ (병 등이) 심한

1 나쁜 (↔ good 좋은)
This soup smells[tastes] **bad**.
이 수프는 냄새가[맛이] 안 좋군요.
Smoking is **bad** for your health.
담배를 피우는 것은 건강에 해롭다.

2 서투른 (= poor) (↔ good 잘하는)
Jim is **bad** at basketball, but he is good at soccer.
짐은 농구는 잘하지 못하지만, 축구는 잘한다.

3 (병 등이) 심한 (= terrible)
I have a **bad** cold. 나는 지독한 감기에 걸렸다.
A: I missed my music exam. I had a **bad** cough all last week.
  나 음악 시험을 치지 못했어. 지난주 내내 기침을 심하게 했거든.
B: That's too bad. 그것 참 안됐구나.

숙어 **go bad** 썩다, 상하다
Milk soon *goes bad* in hot weather, so put it in the refrigerator.
우유는 더운 날씨에 쉽게 상하니까 냉장고에 넣어 두세요.

feel bad about ~에 대해 미안하게 생각하다, 죄책감을 느끼다
I *felt bad about* lying to mom.
나는 엄마한테 거짓말을 한 것에 대해 죄책감을 느꼈다.

Smoking is *bad* for your health.

어휘가 쑥쑥
bad news 나쁜 소식
bad weather 궂은 날씨, 악천후
bad luck 불운, 불행
bad habit 나쁜 습관
bad language 욕설, 상소리
bad breath 입 냄새

실력이 쑥쑥
bad '나쁜'의 뜻으로 쓰이는 가장 일반적인 단어
evil bad보다 뜻이 강하며, '도덕적으로 나쁜' 경우를 가리킴

badge /bædʒ/ | 명사 (복) badges) (소속·신분·계급 등을 나타내는) 배지, 휘장 (🔎 신분이나 직무, 명예 등을 나타내기 위해 옷이나 모자에 붙이는 표)

He pinned a **badge** on his jacket.
그는 재킷에 배지를 달았다.

badly /ˈbædli/ | 부사 (비교) worse (최상) worst) ① 나쁘게 ② 틀리게 ③ 대단히

1 나쁘게
Amy talks **badly** about him. 에이미는 그에 대해 나쁘게 얘기한다.
I behaved **badly** yesterday. 나는 어제 예의 없이 행동했다.

2 틀리게, 서투르게 (↔ well 잘)
The baby bird flew **badly**. 그 아기 새는 잘 날지 못했다.
She sings **badly**. 그녀는 노래를 잘 부르지 못한다.

어휘가 쑥쑥
speak[think] badly of
~을 나쁘게 말하다[생각하다]
badly damaged 피해가 심한
badly hurt 크게 다친

3 대단히, 심하게, 몹시
I miss you so **badly**. 나는 네가 몹시 보고 싶어.
I want a new computer **badly**. 나는 새 컴퓨터가 몹시 갖고 싶다.

be badly in need of ~을 몹시 필요로 하고 있다

bag /bæg/ | 명사 (복) bags ① 가방 ② 봉투

1 가방 (☞ 84쪽)
Amy packed her **bag**. 에이미는 가방을 쌌습니다.

2 봉투, 자루
Can I have a doggy **bag**? / Give me a doggy **bag**, please.
남은 음식 좀 싸 주세요.

어휘가 쑥쑥
plastic bag 비닐봉지
paper bag 종이봉투
shopping bag 쇼핑백
garbage bag 쓰레기봉투

baggage /'bægɪdʒ/ | 명사 짐, 수하물 (= luggage) (☞ airport)

Travelers are checking their **baggage** at the airport.
여행객들이 공항에서 자신들의 짐을 부치고 있다.
Two pieces of **baggage** have gone missing.
수하물 두 개가 분실되었다.

숙어 **claim one's baggage** 수하물을 찾다
A: Where can I *claim my baggage*?
제 짐을 어디서 찾을 수 있나요?
B: You can get it at the baggage claim area over there.
저쪽에 수하물 찾는 곳에서 찾으실 수 있습니다.

어휘가 쑥쑥
carry-on baggage
기내 휴대용 수하물

문법이 쑥쑥
baggage는 셀 수 없는 명사로 복수형이 없다.
a lot of *baggage* (○)
a lot of baggages (×)

✱✱ bake /beɪk/ | 동사 (3단현) bakes (과거·과분) baked (현분) baking 굽다

My grandmother is **baking** a birthday cake for me.
할머니께서 나를 위해 생일 케이크를 굽고 계신다.

baker /'beɪkər/ | 명사 (복) bakers) 빵 굽는 사람, 제빵사

Harry wants to be a **baker**. 해리는 제빵사가 되고 싶어 한다.

bakery /'beɪkəri/ | 명사 (복) bakeries) 빵집, 제과점 (= baker's shop)

French people buy fresh baguette at the **bakery** in the morning.
프랑스 사람들은 아침에 빵집에서 갓 구운 바게트를 산다.

✱✱ balance /'bæləns/ | 명사 균형
동사 (3단현) balances (과거·과분) balanced (현분) balancing 균형을 잡다

명 균형, 조화(🔍)

I lost my **balance** and fell backward.
나는 균형을 잃고 뒤로 넘어졌다.

A kangaroo's tail helps it to keep its **balance** when it jumps.
캥거루의 꼬리는 캥거루가 뛸 때 균형을 잡을 수 있도록 도와준다.

동 균형을 잡다, 균형을 맞추다

The ballerina **balanced** on one leg like a swan.
발레리나는 백조처럼 한 발로 서서 균형을 잡았다.

어휘가 쑥쑥
balanced **형** 균형 잡힌
imbalance 불균형

🔍 뜻풀이
조화 여럿이 서로 알맞게 어울려 바람직한 전체를 이루는 것

bald /bɔːld/ | **형용사** (비교) balder (최상) baldest) 대머리의, (털·머리 등이) 벗겨진 (= hairless)

My principal is **bald**. 우리 교장 선생님은 대머리이시다.

어휘가 쑥쑥
bald eagle 흰머리독수리 (미국을 상징하는 새. 이때 **bald**는 털이 하얗다는 뜻)

✱ ball¹ /bɔːl/ | **명사** (복) balls) ① 공 ② 공놀이

1 공, 공 모양의 것

Let's go out and play with a **ball**. 밖에 나가서 공놀이하자.

Amy bounced the **ball** against the wall.
에이미는 공을 벽에 대고 튕겼다.

2 (불) 공놀이, 야구 (= baseball)

Let's play **ball**. There's a new **ball** park in our neighborhood.
우리 야구 시합하자. 우리 동네에 야구장이 새로 생겼어.

어휘가 쑥쑥
catch a ball 공을 잡다
hit a ball 공을 치다
throw a ball 공을 던지다
kick a ball 공을 차다

ball² /bɔːl/ | **명사** (복) balls) 무도회

Cinderella went to the **ball**. 신데렐라는 무도회에 갔습니다.

숙어 have[give] a ball 무도회를 열다

The King *had*[*gave*] *a* big **ball** for the Prince.
왕은 왕자를 위해 성대한 무도회를 열었다.

ballet /bæˈleɪ/ | **명사** (복) ballets) ① 발레 ② 발레 작품 ③ 발레단

1 (불) 발레

Sarah studied **ballet** for 7 years.
세라는 7년 동안 발레를 공부했다.

2 발레 작품

My favorite **ballet** is *Swan Lake*.
내가 가장 좋아하는 발레 작품은 '백조의 호수'이다.

어휘가 쑥쑥
ballerina 발레리나 (여성 무용수)
ballerino 발레리노 (남성 무용수)
water ballet 수중 발레

3 발레단

Katie dreams of becoming a dancer in the National **Ballet** Company. 케이티는 국립 발레단의 무용수가 되는 것이 꿈이다.

(재미가 쑥쑥)

세계 유명 발레단

The Bolshoi Ballet 볼쇼이 발레단
American Ballet Theater 아메리칸 발레 시어터
Stuttgart Ballet 슈투트가르트 발레단
The Mariinsky Ballet 마린스키 발레단
The Royal Ballet 영국 왕립 발레단

---

balloon /bəˈluːn/
명사 (복 balloons) 풍선, 기구(가벼운 기체를 채워 넣어서 공중에 떠오를 수 있게 한 큰 공)

A hot-air **balloon** rose into the sky.
열기구가 하늘로 올라갔다.

Be careful! If you blow that **balloon** up any more, it will burst.
조심해! 그 풍선을 더 불면 터지고 말 거야.

banana /bəˈnænə/
명사 (복 bananas) 바나나 (☞ fruit)

Monkeys like **bananas**. 원숭이는 바나나를 좋아한다.

*band¹ /bænd/
명사 (복 bands) 밴드(주로 나팔·북 등으로 흥겨운 음악을 연주하는 악단)

My father played the guitar in a rock **band**.
우리 아버지는 록 밴드에서 기타를 연주하셨다.

band² /bænd/
명사 (복 bands) 밴드, 띠, 끈, 묶는 것

A rubber **band** broke. 고무줄이 끊어졌다.

*bang /bæŋ/
동사 (3단현 bangs) (과거·과분 banged) (현분 banging)
① ~을 세게 치다 ② (문 등이) 쾅 닫히다 ③ 쾅 소리가 나게 놓다
명사 (복 bangs) ① (큰 소리가 나는) 강타 ② 쿵 하는 소리

동 1 ~을 세게 치다, 두드리다

He **banged** the drum. 그는 드럼을 세게 쳤다.

My mom **banged** in the nail with the hammer.
엄마가 망치로 못을 박았다.

2 (문 등이) 쾅 닫히다, 닫다

Nancy **banged** the door when she left.
낸시가 나갈 때 문을 쾅 닫았다.

He *banged* the drum.

The door **banged** in the wind. 문이 바람에 쾅 닫혔다.

3 쾅 소리가 나게 놓다
She **banged** the phone down.
그녀는 전화기를 쾅 하고 내려놓았다.

명 1 (큰 소리가 나는) 강타, 매우 세게 때리는 것
He got a **bang** on the head. 그는 머리를 세게 부딪쳤다.

2 쿵 하는 소리, 굉음
The door shut with a **bang**. 문이 쾅 소리를 내며 닫혔다.
I heard a loud **bang** and then saw black smoke.
나는 굉음을 듣고 곧 검은 연기가 나는 것을 봤다.

The door shut with a *bang*.

＊**bank**¹ /bæŋk/ 　명사 (복) bank**s**) 은행

Banks open at 9 o'clock.
은행은 9시 정각에 문을 연다.
How much money do you have in the **bank**?
너는 은행에 돈이 얼마나 있니?

(어휘가 쑥쑥)
bank account 은행 계좌

bank² /bæŋk/ 　명사 (복) bank**s**) 둑, 제방 (불어난 물이나 파도가 넘치지 않도록 하천이나 바닷가 등을 따라 쌓아 놓은 둑)

I walk along the river **bank** every day.
나는 매일 강둑을 따라 걷는다.

＊**bar** /bɑːr/ 　명사 (복) bar**s**) ① 막대 ② 술집

1 막대, 막대 모양의 물건
I bought a **bar** of soap in the supermarket.
나는 슈퍼마켓에서 비누 한 개를 샀다.

2 술집, 바
I will see you in the **bar** later. 이따가 술집에서 보자.

(어휘가 쑥쑥)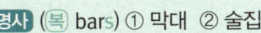
candy bar 막대 사탕
bar graph 막대그래프
bar code (상품의) 바코드

barbecue /ˈbɑːrbɪkjuː/ 　명사 (복) barbecue**s**) ① 바비큐 ② 바비큐 그릴

1 바비큐, 바비큐 파티
We will have a **barbecue** on the beach.
우리는 해변에서 바비큐 파티를 할 거야.

2 바비큐 그릴
I put sausages and steak on the **barbecue**.
나는 바비큐 그릴 위에 소시지와 스테이크를 올렸다.

(실력이 쑥쑥)
barbecue는 줄여서 BBQ로 쓰기도 한다.

barber /ˈbɑːrbər/ 명사 (복) barbers) 이발사

He is the best **barber** in this town.
그는 이 마을에서 최고의 이발사다.

*bare /ber/ 형용사 (비교) barer (최상) barest) ① 벌거벗은 ② 아무것도 안 덮인 ③ 텅 빈
동사 (3단현) bares (과거·과분) bared (현분) baring) ~을 드러내다

형 1 벌거벗은, 옷을 입지 않은
I like to walk on the sand in **bare** feet.
나는 모래 위를 맨발로 걸어 다니는 것을 좋아한다.

2 (표면이) 아무것도 안 덮인, (산 등이) 헐벗은
I cannot sleep on the **bare** floor. 나는 맨바닥에서 잘 수 없어.

3 텅 빈
The fridge is completely **bare**. 냉장고가 완전히 텅텅 비었다.

동 ~을 드러내다
The dog **bared** its fangs. 그 개는 송곳니를 드러냈다.

> 실력이 쑥쑥
> **bare** 신체의 일부분이 옷을 입지 않은 상태
> *bare* head (맨머리)
> **naked** 아무것도 입지 않은 상태
> *naked* body (나체)

> 어휘가 쑥쑥
> **bare tree** 잎이 진 나무
> **bare mountain** 헐벗은 산

barely /ˈberli/ 부사 ① 간신히 ② 거의 ~아니게

1 간신히, 겨우 (= hardly)
She could **barely** read and write. 그녀는 겨우 읽고 쓸 수 있었다.
I **barely** passed the test. 나는 간신히 시험을 통과했다.

2 거의 ~아니게
He **barely** slept last night. 그는 어젯밤에 거의 잠을 자지 못했다.

> 어휘가 쑥쑥
> **barely audible** 간신히 들리는
> **barely able to** 간신히 ~할 수 있는
> **barely manage to** 간신히 ~하다

> 실력이 쑥쑥
> • barely는 부정적인 뜻을 가진 단어이기 때문에 not과 같이 쓰이지 않는다.
>   I can *barely* read it. (나는 그것을 간신히 읽을 수 있어.) / I can't *barely* read it. (×)
> • barely는 본동사 앞 또는 can, have, could 등과 같은 조동사나 be 동사 뒤에 위치한다.
>   I *barely* recognized her. (나는 그녀를 간신히 알아봤다.)
>   I can *barely* believe it. (나는 그것을 거의 믿을 수 없다.)

*bargain /ˈbɑːrɡən/ 명사 (복) bargains) 싸게 사는 물건
동사 (3단현) bargains (과거·과분) bargained (현분) bargaining) 흥정하다

명 (정상가보다) 싸게 사는 물건
This dress is a good **bargain**. 이 원피스는 정말 싸다.
These socks are a **bargain**. 이 양말은 세일 상품입니다.
That's a real **bargain**! 진짜 싸다!

> 실력이 쑥쑥
> '지금 바겐세일 중이다'라는 표현은 bargain sale이 아니라 sale이라고만 하는 것이 맞다.

I bought this watch at a **bargain** price.
나는 이 시계를 싼 가격에 샀다.

We are having a *sale*. (○)
We are on *sale* now. (○)
We are having a bargain *sale*. (×)

동 흥정하다
If you **bargain** with them, they might reduce the price.
그들과 흥정을 잘하면, 가격을 좀 깎아 줄지도 몰라요.

bark /bɑːrk/ | 명사 (복) barks (개 등이) 짖는 소리
동사 (3단현) barks (과거·과분) barked (현분) barking (개 등이) 짖다

명 (개 등이) 짖는 소리
Our dog gave a loud **bark**. 우리 개가 크게 짖었다.

동 (개 등이) 짖다
Dogs **bark** at strangers. 개는 낯선 사람을 보면 짖는다.
[속담] **Barking** dogs seldom bite.
짖는 개는 잘 물지 않는다. (빈 수레가 요란하다.)

Dogs *bark* at strangers.

barley /'bɑːrli/ | 명사 보리

Barley is our main product. 보리는 우리의 주요 생산물이다.

barn /bɑːrn/ | 명사 (복) barns 헛간(문짝이 없고 지붕과 벽만 있는 창고), 외양간

The farmer went to the **barn** to feed his cows.
농부는 소들에게 먹이를 주려고 외양간으로 갔다.

barrel /'bærəl/ | 명사 (복) barrels (가운데가 불룩한) 큰 통

This **barrel** holds 30 liters. 이 통은 30리터가 들어간다.

barrier /'bæriər/ | 명사 (복) barriers ① 장벽(통행할 수 없도록 막은 벽) ② 장애물

1 (통행을 막는) 장벽
The police put up a **barrier** across the road.
경찰은 도로를 가로질러 장벽을 쌓았다.

2 (일에 대한) 장애물, 장벽
BTS broke the **barrier** into the international stage.
BTS는 장벽을 깨고 세계 무대로 진출했다.

어휘가 쑥쑥
class barrier 계층 장벽
trade barrier 무역 장벽
language barrier 언어 장벽

base /beɪs/ | 명사 (복) bases ① 기초 ② 근거지 ③ 야구의 루
동사 (3단현) bases (과거·과분) based (현분) basing ~에 기초를 두다

baseball

명 1 기초, 토대 (= foundation)
Mathematics is the **base** of science.
수학은 과학의 기초이다.

2 (군사적인) 근거지, 기지
At the South Pole there's a big scientific **base**.
남극에는 큰 과학 기지가 있다.

3 야구의 루, 베이스 (☞ baseball)
The runner slid into second **base**.
주자는 2루로 슬라이딩해 들어갔다.

동 ~에 기초를 두다, 바탕을 두다
This novel is **based** on a true story.
이 소설은 실화를 바탕으로 한 것이다.

> **뜻풀이**
> 토대 일의 바탕이나 기초
> 근거지 활동의 중심이 되는 곳
>
> **어휘가 쑥쑥**
> air base 공군 기지
> military base 군사 기지
> three base hit 3루타
> home base[plate] 본루, 홈

baseball /ˈbeɪsbɔːl/ 명사 (복 baseballs) ① 야구 ② 야구공

1 야구
I played **baseball** with my friends yesterday.
나는 어제 친구들과 야구를 했다.

2 야구공
A **baseball** hit me right in the face.
나는 야구공에 정통으로 얼굴을 맞았다.

> **어휘가 쑥쑥**
> baseball stadium 야구장
> baseball player 야구 선수
> baseball bat 야구 방망이
> baseball cap 야구 모자

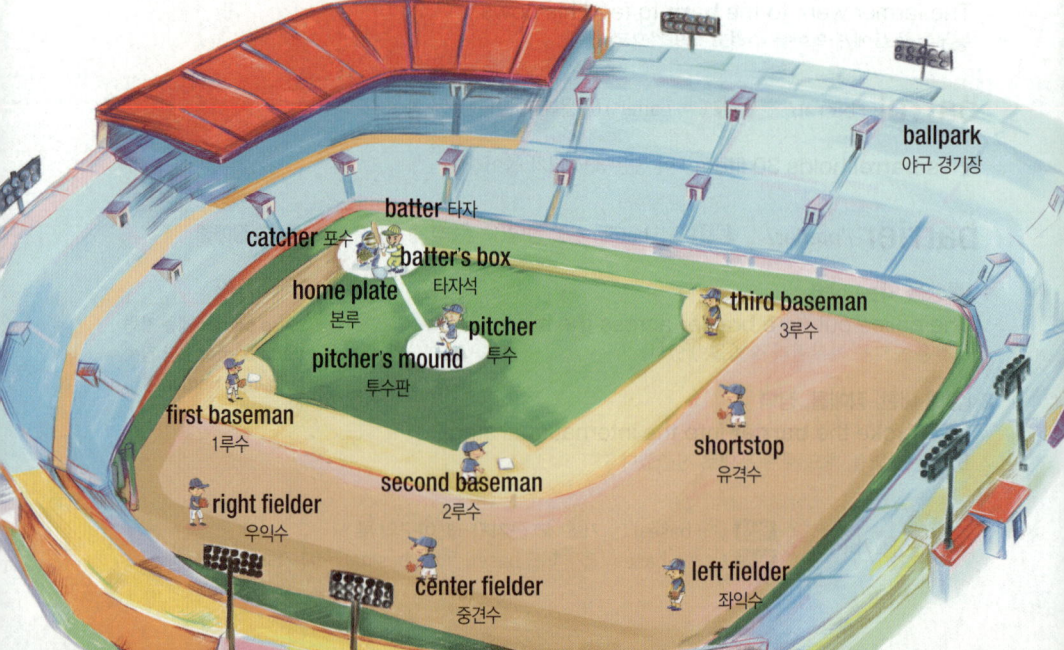

basement /ˈbeɪsmənt/ | 명사 (복) basements 지하실

I found this book in the **basement**.
나는 지하실에서 이 책을 찾았다.

**basic /ˈbeɪsɪk/ | 형용사 (비교) more basic (최상) most basic) 기초의 명사 (복) basics 기초

형 기초의, 기본적인
This is the **basic** rules of the game.
이것은 게임의 기본적인 규칙이야.
I teach students **basic** math.
나는 학생들에게 기초 수학을 가르친다.
This book includes the **basic** vocabulary of English.
이 책에는 영어의 기본 어휘가 포함되어 있다.

명 기초, 기본
Let's start with the **basics**. 기초부터 시작하자.
Math is not so difficult if you study its **basics** step by step.
수학은 기초부터 차근차근 공부하면 그리 어렵지 않다.

어휘가 쑥쑥
basis 명 기초, 근거
basic principle 기본 원리
basic training 기초 훈련
basic step 기본 단계
basic education 기초교육
basic science 기초 과학
basic information
기본 정보

basically /ˈbeɪsɪkli/ | 부사 기본적으로, 근본적으로

He is **basically** a nice man. 그는 근본이 좋은 사람이야.

*basket /ˈbæskɪt/ | 명사 (복) baskets ① 바구니 ② (농구의) 바스켓

1 바구니
[속담] Don't put all your eggs in one **basket**.
모든 계란을 한 바구니에 넣지 마라.
Take off your dirty clothes and put them in this clothes **basket**.
더러워진 옷을 벗어서 이 빨래 바구니에 넣으렴.

2 (농구의) 바스켓 (☞basketball), 득점
He made a **basket** in the last few seconds of the game.
그는 그 게임에서 마지막 순간에 득점을 했다.

어휘가 쑥쑥
laundry[clothes] basket
빨래 바구니
lunch basket
도시락 바구니
sewing basket 반짇고리
shopping basket
장바구니
wastepaper basket
휴지통

basketball /ˈbæskɪtbɔːl/ | 명사 (복) basketballs ① 농구 ② 농구공

1 **농구** (☞ 92쪽)
I saw a **basketball** game on TV. 나는 TV로 농구 경기를 봤다.

2 농구공
I have two **basketballs**. 나에게는 농구공이 두 개 있어.

어휘가 쑥쑥
basketball player
농구 선수
street basketball
길거리 농구

bass /beɪs/
명사 ① 저음, 베이스 ② (남자 목소리의) 베이스 가수
형용사 저음인, 베이스인

명 1 저음, 베이스
He sings **bass** in the choir.
그는 합창단에서 베이스 파트를 부른다.

2 (남자 목소리의) 베이스 가수, [악기] 베이스 (기타)
She is a **bass** player. 그녀는 베이스 기타 연주자다.

형 저음인, 베이스인
He has a **bass** voice. 그의 목소리는 저음이다.

> **실력이 쑥쑥**
> 음악에서 남자 목소리는 bass(베이스), baritone(바리톤), tenor(테너), 여자 목소리는 alto(알토), mezzo-soprano(메조소프라노), soprano(소프라노) 순으로 고음이 된다.

bat¹ /bæt/
명사 (복 bats) (야구) 방망이
동사 (3단현 bats 과거·과분 batted 현분 batting) (공을) 치다

명 (야구) 방망이
Ryan has a very good **bat**.
라이언은 매우 좋은 야구 방망이를 가지고 있다.

동 (공을) 치다
Jimmy **batted** the ball over the fence.
지미는 공을 쳐서 펜스를 넘겼다.

> **어휘가 쑥쑥**
> batter 명 (야구의) 타자
> baseball bat 야구 방망이
> swing one's bat 야구 방망이를 휘두르다

bat² /bæt/
명사 (복 bats) 박쥐 (☞ animal)

Bats fly outside hunting for insects at night.
박쥐들은 밤에 밖에서 날아다니며 벌레를 잡는다.

bath /bæθ/
명사 (복 baths) ① 목욕 ② 목욕탕

1 목욕
I am taking a **bath**. 나는 목욕하는 중이다.
She always gives a **bath** to her teddy bear.
그녀는 늘 자기 곰 인형을 목욕시킨다.

2 목욕탕, 욕실 (= bathroom)
Is the **bath** clean? 목욕탕 깨끗해?

> **어휘가 쑥쑥**
> bubble bath 거품 목욕
> sand bath 모래찜질
> sun bath 일광욕
> public bath 공중목욕탕

bathe /beɪð/
동사 (3단현 bathes 과거·과분 bathed 현분 bathing) 목욕하다, 씻다

Make sure you **bathe** your pet.
잊지 말고 애완 동물 목욕시켜라.
I need to **bathe** my eyes twice a day.
나는 하루에 두 번 눈을 씻어야 한다.

> **실력이 쑥쑥**
> bath와 bathe의 발음 차이에 주의해야 한다.

bathroom /ˈbæθruːm/ | 명사 (복) bathrooms) 욕실, 화장실 (☞ restroom) (☞ 95쪽)

I'm in the **bathroom** now. 저 지금 화장실에 있어요.
This house has two **bathrooms**. 이 집에는 화장실이 두 개 있다.

bathtub /ˈbæθtʌb/ | 명사 (복) bathtubs) 욕조 (☞ bathroom)

I need to clean the **bathtub**. 나는 욕조를 닦아야 해.

battery /ˈbætəri/ | 명사 (복) batteries) 건전지, 배터리

The clock **battery** is dead. 시계 배터리가 다 닳았다.
My phone **battery** is running down.
내 전화기 배터리가 다 돼 가고 있어.

> 어휘가 쑥쑥
> charge the battery
> 배터리를 충전하다

battle /ˈbætl/ | 명사 (복) battles) ① 싸움 ② 투쟁

1 싸움, 전투 (= war, fight)
Admiral *Lee Sunshin* was killed in the **Battle** of *Noryang*.
이순신 장군은 노량대첩에서 전사했다.

2 투쟁, 다툼 (= struggle)
Katie and I had a **battle** over what food to eat for lunch.
케이티와 나는 점심으로 뭘 먹을지를 놓고 다퉜다.

> 어휘가 쑥쑥
> battleship 전함
> battlefield 전쟁터
> gun battle 총격전
> air battle 공중전
> naval battle 해전

bay /beɪ/ | 명사 (복) bays) 만(바다의 한구석이 육지에 둘러싸인 부분)

The ship cast anchor in the **bay**. 배는 만에 닻을 내렸다.
The **bay** was full of yachts. 그 만은 요트로 가득했다.

be /biː/ | 동사 ① ~이다 ② ~가 있다 조동사 ① [진행형] ~하는 중이다 ② [수동태] ~되다

동 1 ~이다
This **is** my cousin, Andrew. 이 사람은 제 사촌인 앤드루예요.
He **is** an actor. 그는 배우이다.
Be quiet! 조용히 해!
I **am** happy. 나는 행복하다.
She **is** twelve years old. 그녀는 열두 살이다.

2 ~가 있다, 존재하다
Mom, where **is** my new backpack?
엄마, 내 새 책가방 어디에 있어요?

> 문법이 쑥쑥
> *진행형으로 쓰는 미래 시제*
> 진행형을 사용하여 가까운 미래를 나타내기도 한다.
> • My dad *is leaving* for *Daegu*. (우리 아빠는 대구에 가실 예정입니다.)
> • The plane *is arriving* at the airport in half an hour. (비행기는 30분 후에 공항에 도착할 것이다.)

A cat **is** under your desk. 고양이 한 마리가 네 책상 아래에 있어.

시제	인칭	단수		복수	
현재	1인칭	I **am**	I'**m**	We **are**	We'**re**
	2인칭	You **are**	You'**re**	You **are**	You'**re**
	3인칭	He **is** She **is** It **is**	He'**s** She'**s** It'**s**	They **are**	They'**re**
과거	1인칭	I **was**		We **were**	
	2인칭	You **were**		You **were**	
	3인칭	He **was** She **was** It **was**		They **were**	
과거분사		**been**			
현재분사		**being**			

문법이 쑥쑥

be동사는 주어의 인칭과 시제에 따라 형태가 변하지만, 다음과 같은 경우에는 원형으로 사용한다.
① 명령문
   Be quiet. (조용히 해라.)
② 조동사 뒤에서
   It cannot *be* true. (그것은 사실일 리 없다.)
③ to 부정사
   They are to *be* married in May. (그들은 5월에 결혼하기로 되어 있다.)

조 1 [진행형] ~하는 중이다
What **are** you doing now? 지금 뭐 하고 있니?
I'**m** playing an online game. 나는 온라인 게임을 하는 중이야.
Mom **was** cooking dinner. 엄마는 저녁을 요리하고 계셨다.

2 [수동태] ~되다, ~을 당하다 (be동사 + 과거분사)
This book **is** written in English. 이 책은 영어로 쓰여 있다.
The library **was** built in 1990. 그 도서관은 1990년에 지어졌다.
I didn't lose it. It **was** stolen. 분실한 게 아니라 도난당한 거야.

실력이 쑥쑥

• There + be동사: 어떤 일의 존재·발생을 나타낸다.
  There is a big problem. (큰 문제가 생겼어.)
• It + be동사: 어떤 상황을 나타낸다.
  It was dark in the house. (집 안은 어두웠다.)

✻✻ beach /biːtʃ/ | 명사 (복 beaches) 바닷가, 해변

Let's go to the **beach**! 우리 해변으로 가자!
I walked along the **beach**. 나는 해변을 따라 걸었다.

bead /biːd/ | 명사 (복 beads) 구슬

Amy is playing with colorful **beads**.
에이미는 여러 색깔의 구슬들을 가지고 놀고 있다.
I need yellow and red **beads** to make a necklace.
목걸이를 만들기 위해 노란색과 빨간색 구슬이 필요하다.

beak /biːk/ | 명사 (복 beaks) (새의) 부리

This bird has an orange **beak**. 이 새는 오렌지색 부리를 가지고 있다.

✻ beam /biːm/ | 명사 (복 beams) ① 광선 ② 기둥
동사 (3단현 beams 과거·과분 beamed 현분 beaming) 빛을 발하다

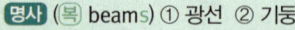

명 1 광선, 빛줄기
The laser **beam** heals eyes.
레이저 광선은 눈을 치료한다.

2 기둥
The **beams** in this house are rotting.
이 집에 있는 기둥들이 썩어 간다.

통 빛[열]을 발하다, 비추다
The morning sun **beamed** down on us.
아침 햇살이 우리를 비추었다.

어휘가 쑥쑥
high beam (자동차의) 상향등
steel beam 강철 기둥
wooden beam 목재 기둥

＊bean /biːn/ | **명사** (복) beans) 콩

Beans are good for your health.
콩은 건강에 좋다.
Sally is picking up **beans** with chopsticks.
샐리는 젓가락으로 콩을 집고 있다.

어휘가 쑥쑥
bean paste 된장
bean curd 두부
bean sprouts 콩나물

＊bear¹ /ber/ | **명사** (복) bears) 곰 (☞ animal)

We saw a polar **bear** at the zoo.
우리는 동물원에서 북극곰을 봤다.

---

bear² /ber/ | **동사** (3단현) bears (과거) bore (과분) born (현분) bearing)
① (고통을) 참다 ② (무게를) 지탱하다 ③ (아이를) 낳다

1 (고통을) 참다, 견디다 (= stand)
I cannot **bear** that loud noise any more!
저 시끄러운 소음을 더 이상 못 참겠어!

어휘가 쑥쑥
bearable 형 견딜 수 있는, 견딜 만한

2 (무게를) 지탱하다, 견디다 (= support)
Those chairs cannot **bear** my weight.
저 의자들은 내 몸무게를 지탱하지 못해.

3 (아이를) 낳다, (열매를) 맺다
A lovely baby was **born** yesterday.
어제 예쁜 아기가 태어났다.

This tree **bears** very sweet fruit.
이 나무는 매우 달콤한 열매를 맺는다.

Those chairs cannot *bear* my weight.

숙어 bear ~ in mind ~을 명심하다
You should not make noises while taking the exam. Please *bear* this *in mind*.
시험을 치르는 동안 소리를 내면 안 됩니다. 이것을 꼭 명심하세요.

beard /bɪrd/ | 명사 (복 beards) 턱수염

He is growing a **beard**. 그는 턱수염을 기르고 있다.
My grandfather has a long and white **beard**.
우리 할아버지는 길고 흰 턱수염이 있으시다.

beast /biːst/ | 명사 (복 beasts) 짐승, 야수

He warned me that the **beast** was very dangerous.
그는 그 짐승은 매우 위험하다고 나에게 경고했다.

beat /biːt/ | 동사 (3단현) beats (과거) beat (과분) beaten (현분) beating) ① 때리다 ② 이기다 ③ (심장·맥박 등이) 뛰다 명사 (복 beats) 박자

동 1 치다, 때리다, 두드리다 (= hit, strike)
Beat a drum! 북을 두드려라!
One player **beat** the other on the chin.
한 선수가 상대방의 턱을 강타했다.

2 이기다, 쳐부수다 (= defeat)
Korea **beat** China 2-0. 한국이 중국을 2대 0으로 이겼다.

3 (심장·맥박 등이) 뛰다
My heart **beat** quickly with fear when I saw the horror movie.
그 공포 영화를 보았을 때 무서워서 심장이 빠르게 뛰었다.

명 박자, 강타, 맥박
This song has a strong **beat**. 이 노래는 비트가 강하다.
Suddenly the drummer made the big sound of the **beats**, and it woke me up.
갑자기 드럼 연주자가 쿵 하는 큰 소리를 냈고, 나는 그 소리에 잠이 깨고 말았다.
I was so ashamed that I could feel the **beat** of my heart.
나는 어찌나 창피했던지 내 심장의 박동을 다 느낄 수 있을 정도였다.

어휘가 쑥쑥
unbeaten 무적의, 진 적이 없는
unbeatable 무적의, 이길 수 없는
heart beat 심장 박동
beat box 비트 박스

실력이 쑥쑥
beat와 defeat은 모두 '이기다'라는 뜻으로 의미는 같지만, beat이 격식을 덜 차리는 표현이다.

beaten /biːtn/ | 동사 beat의 과거분사 (☞ beat)

Japan was **beaten** 2-1. 일본은 2대 1로 패했다.

beautiful /ˈbjuːtɪfl/ | 형용사 (비교 more beautiful) (최상 most beautiful) ① 아름다운 ② (날씨가) 좋은

1 아름다운, 예쁜, 멋진 (= pretty) (↔ ugly 못생긴) (☞ handsome)
Seoraksan is one of the most **beautiful** mountains in Korea.
설악산은 한국에서 가장 아름다운 산 중의 하나이다.

2 (날씨가) 좋은, 화창한
What a **beautiful** day! Spring is just around the corner.
날씨가 참 좋네요! 이제 곧 있으면 봄이에요.

어휘가 쑥쑥
beautifully 🔹 아름답게
beautiful voice 아름다운 목소리
beautiful character 훌륭한 인격

*beauty /ˈbjuːti/ | 명사 (복) beauties ① 미녀 ② 아름다움

1 미녀, 미인
She is a great **beauty**. 그녀는 굉장한 미인이다.
I read *Beauty and the Beast* yesterday.
나는 어제 '미녀와 야수'를 읽었다.

2 미(美), 아름다움
[속담] **Beauty** is only skin deep.
아름다움은 단지 가죽 한 꺼풀이다. (마음씨가 더 중요하다.)
Camping is a good way to enjoy the **beauty** of nature.
캠핑은 자연의 아름다움을 즐길 수 있는 좋은 방법이다.

어휘가 쑥쑥
beauty salon[shop] 미용실
beauty contest 미인 선발 대회
beauty product 미용용품
natural beauty 자연미
sleeping beauty 잠꾸러기

beaver /ˈbiːvər/ | 명사 (복) beavers 비버 《설치류 비버과의 포유동물》

Beavers have big front teeth and brown hair.
비버는 큰 앞니와 갈색 털을 가지고 있다.

became /bɪˈkeɪm/ | 동사 become의 과거 (☞ become)

*because /bɪˈkɔːz/ | 접속사 [이유] 왜냐하면, ~ 때문에 (= as)

Tom cried **because** he had a toothache.
톰은 이가 아파서 울었다.
Because I had a lot of homework, I couldn't come to Katie's birthday party.
나는 숙제가 많아서 케이티의 생일 파티에 갈 수 없었다.

[숙어] **because of** ~ 때문에 (= due to, owing to)
The school was closed *because of* the heavy rain.
폭우 때문에 학교가 휴교되었다.

not because ~ but because … ~ 때문이 아니라 … 때문에
I often eat carrots *not because* they taste good, *but because* they are good for my health.
나는 당근이 맛있기 때문이 아니라 건강에 좋기 때문에 자주 먹는다.

문법이 쑥쑥
because와 because of는 모두 '~ 때문에'라는 의미이다. 그러나 because는 접속사로 뒤에 문장이 오고, because of는 전치사로 뒤에 명사가 온다.

The school was closed *because* it rained a lot.
= The school was closed *because of* the heavy rain. (폭우 때문에 학교가 휴교되었다.)

become /bɪ'kʌm/ 동사 (3단현) becomes (과거) became (과분) become (현분) becoming
① ~가 되다 ② ~에 어울리다

1 ~가 되다, ~로 변하다 (= get, turn into)

I'll **become** a great scientist like Einstein.
나는 아인슈타인 같은 위대한 과학자가 될 거야.

On the hundredth day, the bear **became** a woman.
100일째 되는 날에 곰은 여자로 변했다.

When the angry princess threw the frog against the wall, it **became** a handsome prince.
화가 난 공주가 개구리를 벽에 던지자, 개구리는 잘생긴 왕자로 변했습니다.

2 ~에 어울리다 (= go with, fit)

His new jacket **becomes** him very well.
그의 새 재킷은 그에게 매우 잘 어울린다.

> **실력이 쑥쑥**
> become, get, go, turn 등의 동사 뒤에 형용사가 오면 '~이 되다, ~로 변하다'라는 뜻이 된다.
> The meat *went* bad. (고기가 상했다.)
> She *became* rich. (그녀는 부자가 되었다.)
> His face *turned* red. (그의 얼굴이 빨개졌다.)

bed /bed/ 명사 (복) beds) 침대, 잠자리 (☞ bedroom)

It's time for **bed**. 이제 잘 시간이다.

Daniel gets out of **bed** at five in the morning and gets into **bed** at twelve at night.
대니얼은 아침 5시에 일어나고 밤 12시에 잠자리에 든다.

I put the kids to **bed**. 나는 아이들을 재웠다.

When you get a cold, you should stay in **bed** and drink a lot of orange juice.
감기에 걸렸을 때는 푹 쉬고 오렌지 주스를 많이 마셔야 한다.

> **어휘가 쑥쑥**
> **bedding** 명 침구류
> **bunk bed** 이층 침대
> **single bed** 일인용 침대
> **double bed** 이인용 침대

bedroom /'bedruːm/ 명사 (복) bedrooms) 침실 (☞ house) (☞ 102, 103쪽)

I'm looking for a two-**bedroom** apartment.
나는 침실이 두 개인 아파트를 찾고 있다.

bedtime /'bedtaɪm/ 명사 잠잘 시간, 취침 시간

It's **bedtime**. 잠잘 시간이야.

His **bedtime** is ten o'clock. 그의 취침 시간은 10시이다.

bee /biː/ 명사 (복) bees) 벌

I got stung by a **bee**! 벌에 쏘였어!

Most **bees** are small worker **bees**.
대부분의 벌들은 작은 일벌들이다.

> **어휘가 쑥쑥**
> **honeybee** 꿀벌
> **queen bee** 여왕벌

*beef /biːf/ | 명사 쇠고기

I like **beef** steak. 나는 쇠고기 스테이크가 좋아.

beehive /ˈbiːhaɪv/ | 명사 (복) beehive**s**) 벌집, 벌통

Please never go near **beehives**. 절대로 벌집 가까이에 가지 마세요.
I collected honey from the **beehive**.
나는 벌통에서 꿀을 수거했다.

been /bɪn/ | 동사 be의 과거분사 (☞ be)

How long have you **been** in Korea?
한국에서 얼마나 살았니?
Andrew swims very well because he has **been** training for a long time.
앤드루는 오랫동안 훈련을 해서 수영을 매우 잘한다.

(어휘가 쑥쑥)
have been around
세상 경험이 많다
have been there before
이미 다 겪어 본 일이다

(문법이 쑥쑥)
- have[has] been to: ~에 다녀왔다, ~에 가 봤다 (경험)
  He *has been to* Germany. (그는 독일에 다녀왔다.)
- have[has] gone to: ~로 떠나 버렸다, ~로 떠나 버려서 지금은 여기에 없다 (결과)
  He *has gone to* Germany. (그는 독일로 떠나 버렸다.) (그래서 지금 여기에 없다.)

beetle /ˈbiːtl/ | 명사 (복) beetle**s**) 딱정벌레 (☞ insect)

Fireflies are **beetles**. 반딧불이는 딱정벌레류다.

*before /brˈfɔːr/ | 전치사 ① ~ 전에 ② ~의 앞에 | 부사 이전에 | 접속사 [시간] ~하기 전에

전 **1** ~ 전에 (↔ after ~ 후에)
I go to bed **before** midnight.
나는 자정 전에 잠자리에 든다.
My grandfather always does exercises **before** breakfast.
할아버지는 언제나 아침 식사 전에 운동을 하신다.
I got your letter the day **before** yesterday.
그저께 네 편지를 받았어.

2 ~의 앞에 (= in front of) (↔ behind ~의 뒤에)
Alex ate up all the foods **before** him.
알렉스는 자기 앞에 놓인 음식을 전부 먹어 치웠다.
A bright future lies **before** you.
밝은 미래가 너희들 앞에 펼쳐져 있단다.

(재미가 쑥쑥)
B.C.(Before Christ)
기원전, 예수 탄생 전
↔ A.D.(Anno Domini)
기원후, 예수 탄생 후

Alex ate up all the foods *before* him.

부 이전에, 예전에
Have you ever been to the Maldives **before**?
전에 몰디브에 가 본 적 있니?

접 [시간] ~하기 전에 (↔ after ~한 후에)
Please turn off the computers **before** you leave the office.
사무실을 나가기 전에 컴퓨터를 꺼 주십시오.
My family had lived in *Seoul* for five years **before** I was born.
우리 가족은 내가 태어나기 전에 5년 동안 서울에서 살았다.

숙어 **before long** 머지않아, 곧 (= soon)
The doctor said my dad would get well *before long*.
의사 선생님은 우리 아빠가 곧 나으실 거라고 말씀하셨다.

long before 오래전에, 훨씬 전에
The famous singer had acted in a movie *long before* he released his first album.
그 유명한 가수는 첫 번째 앨범을 발표하기 훨씬 전에 영화에 출연한 적이 있었다.

> 문법이 쑥쑥
>
> *before & ago*
> before는 몇 년[월, 일 등]을 나타내는 어구와 함께 쓰이면 '과거 어느 시점부터 몇 년[월, 일 등] 전에'라는 뜻이다.
> He had started three days *before*. (그는 3일 전에 출발했다.)
>
> ago는 '지금부터 몇 년[월, 일 등] 전에'를 의미한다.
> I saw the movie a week *ago*. (나는 일주일 전에 그 영화를 보았다.)

beg /beg/   동사 (3단형) beg**s** (과거·과분) beg**ged** (현분) beg**ging**
① 구걸하다 ② 간절히 부탁하다

1 구걸하다
He **begs** for food on the street every day.
그는 매일 길에서 음식을 구걸한다.

2 간절히 부탁하다
He **begged** me not to tell his secret to anybody.
그는 나에게 자신의 비밀을 아무에게도 말하지 말아 달라고 간절히 부탁했다.

He *begged* me not to tell his secret to anybody.

숙어 **I beg your pardon** (= Pardon / Pardon me)
① 실례합니다 《끝을 내려서 말한다.》
A: *I beg your pardon*, but could you press the bell for me?
죄송합니다만, 벨 좀 눌러 주시겠어요?
B: Sure. 물론이죠.

② 한번 더 말씀해 주세요 《끝을 올려서 말한다.》
A: Excuse me. Could you tell me how to get to the bank?
실례합니다. 은행으로 가는 길 좀 가르쳐 주실 수 있나요?
B: *I beg your pardon*?
다시 한번 말씀해 주시겠어요?

> 실력이 쑥쑥
>
> I beg your pardon? (다시 한번 말씀해 주시겠어요?)
> = Pardon me?
> = Excuse me?
> = I'm sorry?
> = Could you say that again?

began /bɪˈgæn/   동사 begin의 과거 (☞ begin)

He **began** his business.   그는 자기 사업을 시작했다.

beggar /ˈbegər/ | 명사 (복) beggars) 거지

The prince disguised himself as a **beggar**.
왕자는 거지로 변장했다.

begin /bɪˈgɪn/ | 동사 (3단현) begins (과거) began (과분) begun (현분) beginning)
시작되다, 시작하다 (= start) (↔ end, finish, quit 끝나다, 끝내다)

School **begins** at eight o'clock and ends at three o'clock.
수업은 8시에 시작해서 3시에 끝난다.

The NBA season **begins** in November.
NBA 시즌은 11월에 시작한다.

The New Year has **begun**. 새해가 밝았습니다.

The first word in a sentence **begins** with a capital.
문장의 첫 단어는 대문자로 시작된다.

(숙어) **to begin with** 우선, 처음에는 (= first)
There were two of us to begin with, then two more came.
처음에는 우리 둘만 있다가, 두 명이 더 왔다.

(문법이 쑥쑥)
begin은 목적어로 to부정사와 동명사(-ing)를 모두 쓸 수 있다.
He *began to* work.
= He *began working*.
(그는 일하기 시작했다.)

beginner /bɪˈgɪnər/ | 명사 (복) beginners) 초보자 (↔ expert, veteran 숙련가, 전문가)

These English books are for **beginners**.
이 영어책들은 초보자용이다.

beginning /bɪˈgɪnɪŋ/ | 명사 (복) beginnings) 시작, 최초 (↔ end 끝)

Hollywood was just farmland at the **beginning** of the 20th century. 할리우드는 20세기 초에는 단지 농경 지대일 뿐이었다.

I read *Anne of Green Gables* from **beginning** to end.
나는 '빨간 머리 앤'을 처음부터 끝까지 다 읽었다.

(어휘가 쑥쑥)
beginning of the year [month] 연초[월초]

begun /bɪˈgʌn/ | 동사 begin의 과거분사 (☞ begin)

behave /bɪˈheɪv/ | 동사 (3단현) behaves (과거·과분) behaved (현분) behaving)
행동하다, 처신하다 (= act)

You should **behave** well in public places such as theaters or libraries.
극장이나 도서관 같은 공공장소에서는 예의 바르게 행동해야 한다.

Don't **behave** like a two-year-old boy.
두 살 먹은 아기처럼 행동하지 마라.

(어휘가 쑥쑥)
misbehave 못된 짓을 하다, 버릇없이 굴다

Behave yourself. 얌전히 굴어라.

*behavior/behaviour /bɪˈheɪvjər/ 명사 행동, 처신 (= conduct)

I'm not surprised at Ted's **behavior**.
나는 테드의 행동이 놀랍지 않다.

We can predict earthquakes by looking at animals' strange **behaviors**. 동물들의 이상한 행동을 보고 지진을 예측할 수 있다.

> 어휘가 쑥쑥
> good behavior 선행
> bad behavior 악행

*behind /bɪˈhaɪnd/ 전치사 ~의 뒤에 부사 ① 뒤에 ② 늦게

전 ~의 뒤에 (↔ in front of ~의 앞에)

Jack is **behind** Jill. 잭은 질 뒤에 있다.

The Little Mermaid hid **behind** a large rock.
인어 공주는 큰 바위 뒤에 숨었습니다.

Knowing the story **behind** each idiom can help understand its meaning.
숙어가 만들어진 배경을 알면 숙어의 의미를 이해하는 데 도움이 될 수 있다.

New York is fourteen hours **behind** *Seoul*.
뉴욕은 서울보다 14시간이 늦다.

> 어휘가 쑥쑥
> behind schedule
> 예정보다 늦은
> behind the times
> 시대에 뒤진

부 1 뒤에

Anne was left **behind**. 앤은 뒤에 남겨졌다.

2 ~ 뒤에, 늦게

My watch is ten minutes **behind**. 내 (손목)시계는 10분이 늦다.

The Little Mermaid hid *behind* a large rock.

belief /bɪˈliːf/ 명사 믿음, 신념, 확신, (종교적) 신앙

I never lost my **belief** in her.
나는 결코 그녀에 대한 믿음을 버리지 않았다.

We should have **belief** in democracy.
우리는 민주주의에 대한 신념을 가져야 합니다.

> 어휘가 쑥쑥
> religious belief 종교적 믿음
> common belief 일반적인 믿음

*believe /bɪˈliːv/ 동사 (3단현) believes (과거·과분) believed (현분) believing) 믿다, 신뢰하다 (= trust)

I **believed** that he would pass the exam.
나는 그가 시험에 합격할 거라고 믿었다.

Ali Baba could not **believe** his eyes!
알리바바는 자기 눈을 믿을 수가 없었다!

Hey, **believe** it or not! My uncle can see ghosts and even talk with them!

> 실력이 쑥쑥
> believe 일시적으로 믿다
> I *believe* Justin this time.
> (난 이번에는 저스틴을 믿는다.)
> believe in 어떤 것이 존재한다고 믿거나 언제나 신뢰하다

믿거나 말거나! 우리 삼촌은 귀신을 볼 수도 있고 그들과 얘기도 할 수 있대! | I *believe in* God. (나는 하느님이 존재한다고 믿는다.)
[속담] To see is to **believe**. / Seeing is **believing**.
보는 것이 믿는 것이다. (백문이 불여일견)

bell /bel/ | 명사 (복) bells) 종, 초인종, 벨

Ring[Press] the **bell** in case of emergency.
비상시 벨을 누르시오.

There has been a big **bell** in the town square for a long time.
마을 광장에는 오랫동안 큰 종이 하나 있었다.

Maria rang the **bell** and waited.
마리아는 초인종을 누르고 기다렸다.

There is the **bell**. I'll get it. 초인종이 울리네요. 제가 나가 볼게요.

재미가 쑥쑥
bell the cat
이솝 우화 중 '고양이 목에 방울 달기'에서 유래되었다. '성취하기에 불가능한 일을 시도하다'라는 의미로 사용한다.

belly /ˈbeli/ | 명사 (복) bellies) 배

Anne fell asleep happily with a full **belly**.
앤은 포만감으로 행복하게 잠들었다.

I suffered from an awful ache in the **belly** last night.
어젯밤에 끔찍한 복통에 시달렸다.

어휘가 쑥쑥
belly button 배꼽
beer belly 술배 (맥주를 많이 마셔서 생긴 불룩한 배)

***belong** /bɪˈlɔːŋ/ | 동사 (3단현) belongs (과거·과분) belonged (현분) belonging) [to와 함께 써서] ~의 것이다, ~에 속하다

I **belong** to my school soccer team.
난 우리 학교 축구부원이다.

This book **belongs** to Katie Howard.
이 책은 케이티 하워드의 것입니다.

A: Who does this car **belong** to? 이 차는 누구 것이죠?
B: Mr. and Mrs. Anderson. 앤더슨 부부 거예요.

문법이 쑥쑥
belong은 진행형으로 쓰지 않는다.
I *belong* to the choir. (나는 그 합창단 소속이다.)
I'm *belonging* to the choir. (×)

belongings /bɪˈlɔːŋɪŋz/ | 명사 소지품, 소유물

Let's gather our **belongings** and leave.
소지품을 챙겨서 떠나자.

below /bɪˈloʊ/ | 전치사 ~의 아래에 부사 아래에

전 ~의 아래에 (↔ above ~의 위에)
Write your name and address **below** this line.
이름과 주소를 이 선 아래에 쓰세요.

어휘가 쑥쑥
below average
평균 이하의

Tomorrow morning's temperature will be 10 degrees **below** zero. 내일 아침 기온은 영하 10도가 되겠습니다.

below freezing 영하의
below ground 지하에
below the horizon 수평선 아래로

🔵 **부** 아래에, 아래로 (↔ above 위에)

We could see the green fields **below** and the blue sky above.
아래로는 푸른 초원이, 위로는 파란 하늘이 보였다.

listed below 아래에 열거된
as below 아래와 같이

Read the sentence **below** and answer the question.
아래 문장을 읽고 질문에 답하시오.

belt /belt/ | 명사 (복) belts) 띠, 허리띠, 벨트

I'm a black **belt** in *Taekwondo*. 나는 태권도 검은 띠다.
You must fasten your seat **belt**. 반드시 안전벨트를 매셔야 합니다.

bench /bentʃ/ | 명사 (복) benches) 벤치, 긴 의자

The old couple sat on the **bench** under the tree.
노부부는 나무 아래에 있는 벤치에 앉았다.

* bend /bend/ | 동사 (3단현) bends (과거·과분) bent (현분) bending) 구부리다, 굽히다, 휘다

Jenny **bent** down and picked up her pencil.
제니는 허리를 굽혀 연필을 집어 들었다.

* beneath /bɪˈniːθ/ | 전치사 ~ 아래에 부사 아래로, 아래에

🟢 **전** [위치·연령·지위] ~ **아래에**, [방향] ~ **아래쪽에**

Shrubs grow **beneath** other trees.
관목은 다른 나무 아래에서 자란다.

The boat sank **beneath** the waves.
그 배는 파도 속으로 가라앉았다.

⟨어휘가 쑥쑥⟩

beneath one's feet 발 밑에
beneath the sun 하늘 아래, 세상에
beneath the ground 땅 아래에

🔵 **부** 아래로, 아래에 (↔ above)

I can't see what is **beneath**.
아래에 뭐가 있는지 볼 수가 없다.

* benefit /ˈbenɪfɪt/ | 명사 (복) benefits) 이익
동사 (3단현) benefits (과거·과분) benefited, benefitted (현분) benefiting, benefitting) 이익이 되다

명 이익, 혜택, (정부·회사 등의) 수당

The discovery of oil brought many **benefits** to the town.
석유의 발견이 그 마을에 많은 이익을 가져다 주었다.

⟨어휘가 쑥쑥⟩

beneficial  형 이로운, 도움이 되는

Fresh air will be of **benefit** to your health.
신선한 공기는 너의 건강에 이로울 것이다.
I lived on unemployment **benefit**. 나는 실업 수당으로 생활했다.

동 이익이 되다, 이익을 얻다, (정부·회사 등으로부터) 수당을 받다
This law will **benefit** elderly people.
이 법은 어르신들에게 득이 될 것이다.

beneficially 튀 유익하게
for one's benefit ~를 위해
public benefit 공익
tax benefit 세금 혜택
medical benefit 의료 수당

bent /bent/ | 동사 bend의 과거·과거분사 (☞ bend)

*berry /ˈberi/ | 명사 (복) berries) 베리류

This **berry** is sweet and sour.
이 베리는 새콤달콤하다.
I picked some **berries** and gave them to my sister.
나는 베리를 따 와서 여동생에게 주었다.

어휘가 쑥쑥
strawberry 딸기
blueberry 블루베리
raspberry 나무딸기

☆beside /bɪˈsaɪd/ | 전치사 ~의 곁에, ~의 옆에 (= next to)

Daniel walked **beside** his mother.
대니얼은 어머니 곁에서 나란히 걸었다.
We sat **beside** the fire and sang a song merrily.
우리는 모닥불 옆에 앉아서 즐겁게 노래를 불렀다.

어휘가 쑥쑥
beside oneself (흥분하거나 화가 나서) 제정신이 아닌

besides /bɪˈsaɪdz/ | 전치사 ~ 외에(도) 부사 게다가

전 **~ 외에(도), ~ 말고(도)** (= in addition to)
Besides English, Tom can speak French and German.
영어 외에도 톰은 불어와 독일어를 할 줄 안다.
Nobody came **besides** the mailman.
우체부 외에는 아무도 오지 않았다.

부 **게다가, 그 밖에 또** (= in addition)
It's very cold, and **besides**, it's raining outside.
밖은 매우 추운 데다가 비까지 내리고 있다.

실력이 쑥쑥
beside 전치사로 '~ 옆에'
Sit down *beside* me. (내 옆에 앉아라.)
besides 전치사 또는 부사로 '~ 외에도, 게다가'
Many people were there *besides* me. (그곳에 나 외에도 많은 사람들이 있었다.)

*best /best/ | 형용사 가장 좋은 부사 가장 잘

형 [good, well의 최상급] **가장 좋은, 최고의** (↔ worst 가장 나쁜)
Peter is the **best** player on our soccer team.
피터는 우리 축구팀에서 최고의 선수이다.
Justin is my **best** friend. 저스틴은 나와 가장 친한 친구이다.

문법이 쑥쑥

원급	비교급	최상급
good	better	best
well	better	best

Harry Potter is the **best** novel I've ever read!
'해리 포터'는 내가 이제껏 읽은 것 중에서 최고의 소설이야!

bad	worse	worst
ill	worse	worst

🔵 **부** [well의 최상급] 가장 잘, 제일
Barbara sings **best** in my class.
바바라는 우리 반에서 노래를 가장 잘한다.

🟢 **숙어** do one's best 최선을 다하다
It's very hard for me to study math, but I'll *do my best*.
수학 공부는 무척 어렵지만 나는 최선을 다할 것이다.

🟡 **실력**이 쑥쑥
'~을 가장 좋아하다'는 like ~ best라고 한다. like ~ most라고는 하지 않는다.
I *like* English *best*. (나는 영어를 가장 좋아한다.)

---

*bet /bet/

동사 (3단현) bets (과거·과분) bet, betted (현분) betting
(내기에 돈 등을) 걸다, 확신하다, 장담하다

He **bet** $200 on the horse races. 그는 경마에 200달러를 걸었다.
I **bet** Korea will win the World Cup.
나는 한국이 월드컵에서 우승할 것이라고 확신한다.
I **bet** it will rain in the afternoon. Take your umbrella with you.
오후에는 분명히 비가 올 거야. 우산 가지고 가.

🟡 **어휘**가 쑥쑥
betting 명 내기
You bet! 물론이지! 바로 그거야!

---

*better /ˈbetər/   형용사 ① 더 좋은 ② (몸·건강이) 더 좋아진   부사 더 잘, 보다 더

🔵 **형 1** [good의 비교급] 더 좋은, 보다 나은 (↔ worse 더 나쁜)
I have a **better** idea. Let's do rock, scissors, paper.
더 좋은 생각이 있어. 우리 가위바위보를 하자.
A: How was your trip to *Jeju* Island? 제주도 여행 어땠니?
B: It couldn't have been **better**! 최고였어!

2 [well의 비교급] (몸·건강이) 더 좋아진, 회복된 (↔ worse 더 나빠진)
I hope you get **better** soon. 건강이 빨리 회복되시길 바랍니다.

🔵 **부** [well의 비교급] 더 잘, 보다 더
Mike runs **better** than I do. 마이크가 나보다 더 잘 달려요.
Which do you like **better**, R&B or hip-hop?
R&B와 힙합 중에서 어떤 게 더 좋니?

🟢 **숙어** had better+동사원형 ~하는 게 좋다
《had better를 줄여서 'd better로 쓰기도 한다.》
You *had better see* a doctor. 진찰을 받아 보는 게 좋을 거야.
You*'d better not tell* him the truth.
그에게 사실을 말하지 않는 편이 더 나을걸.
The sooner, the better. 빠르면 빠를수록 더 좋다.

🟡 **어휘**가 쑥쑥
better off 형편이 좋은, 부유한
for better or (for) worse 좋든 싫든[나쁘든]

🟡 **실력**이 쑥쑥
should & had better
should는 단순한 제안의 의미를 나타내고, had better는 경고의 의미를 나타낸다.
You *should* see a doctor. (진찰을 받아 보면 어떻겠니?)
You *had better* see a doctor. (진찰을 받아 보는 게 좋을 거야. (진찰을 안 받았다 가는 큰일 날 수도 있어!))

---

*between /brˈtwiːn/   전치사 [주로 and와 함께 써서] (두 개의) 사이에

Belgium is **between** France and Germany.
벨기에는 프랑스와 독일 사이에 있다.

Let's start **between** nine and ten. 9시에서 10시 사이에 시작하자.

The Hundred Years' War started in 1337 **between** England and France.
백 년 전쟁은 1337년에 영국과 프랑스 사이에서 일어났다.

숙어 **between ourselves / between you and me** 우리끼리 이야기지만

This is a secret *between ourselves*. Don't tell anyone.
이건 우리 둘 사이의 비밀이야. 아무한테도 얘기하면 안 돼.

실력이 쑥쑥
보통 둘 사이에는 between을 쓰고, 셋 이상의 사이에는 among을 쓴다.
a war *between* the two countries (양국 간의 전쟁)
a swan *among* ducks (오리들 사이의 백조)

beyond /bɪˈjɑːnd/ | 전치사 ① ~ 너머에 ② ~에 미치지 못하는

1 ~ 너머에, ~을 지나서
Columbus believed there was a land **beyond** the sea.
콜럼버스는 바다 건너편에 대륙이 있을 거라고 믿었다.

2 ~에 미치지 못하는
The scenery of Niagara Falls was **beyond** description.
나이아가라 폭포의 경치는 말로 표현할 수 없을 정도로 아름다웠다.

I can't solve this math problem. It's **beyond** my ability!
난 이 수학 문제를 못 풀겠어. 이건 내 능력 밖이야!

어휘가 쑥쑥
beyond belief 믿을 수 없을 정도로
beyond repair 수리가 불가능한
beyond words 말로 다할 수 없는

bib /bɪb/ | 명사 (복) bibs (아기의) 턱받이

My mom tied a **bib** around my baby sister's neck.
엄마는 여동생의 목에 턱받이를 매 주었다.

Bible /ˈbaɪbl/ | 명사 [the와 함께 쓰여] (그리스도교의) 성경, 성서

I read the **Bible** every day. 나는 매일 성경을 읽는다.

bicycle /ˈbaɪsɪkl/ | 명사 (복) bicycles 자전거 (= bike)

I always ride a **bicycle** to school.
나는 항상 자전거를 타고 학교에 간다.

big /bɪg/ | 형용사 (비교) bigger (최상) biggest
(사이즈·수·중요성이) 큰 (= large) (↔ small 작은)

My aunt has a very **big** and beautiful garden.
우리 고모는 아주 크고 아름다운 정원을 가지고 계신다.

어휘가 쑥쑥
big hit 대성공

Emily had a **big** smile seeing her boyfriend.
에밀리는 남자 친구를 보고 크게 미소를 지었다.

Jupiter is about 11 times **bigger** than the Earth.
목성은 지구보다 11배 정도 더 크다.

Saturn is the second **biggest** planet in the solar system.
토성은 태양계에서 두 번째로 큰 행성이다.

School violence has become a **big** problem in Korea.
학교 폭력은 한국에서 큰 문제가 되었다.

big difference 큰 차이
big event 중대한 사건
big decision 중대한 결정
big fan 열성팬

Big Dipper /ˌbɪɡ ˈdɪpər/ | 명사 북두칠성

The **Big Dipper** actually belongs to the Great Bear.
북두칠성은 실제로 큰곰자리에 속해 있다.

bike /baɪk/ | 명사 (복 bikes) 자전거 (☞ bicycle)

bilingual /baɪˈlɪŋgwəl/ | 형용사 두 나라 말을 하는 명사 (복 bilinguals) 이중 언어자

형 두 나라 말을 하는
Amy is **bilingual** in English and Spanish.
에이미는 영어와 스페인어 두 개 언어를 한다.

명 이중 언어자, 두 나라 말을 하는 사람
I've tried to become a **bilingual** for ten years.
나는 이중 언어자가 되기 위해 십 년간 노력해 왔다.

(어휘가 쑥쑥)
monolingual 한 언어 사용자(의)
trilingual 세 언어 사용자(의)

✱✱ bill¹ /bɪl/ | 명사 (복 bills) ① 계산서 ② 지폐

1 계산서, 청구서 (= check), 고지서
Bill, please. 〈식당 등에서〉계산서 좀 갖다 주세요.
You can pay your **bill** by credit card or in cash.
청구액은 신용 카드나 현금으로 지불하실 수 있습니다.

2 지폐 (= note)
On the front of the one-dollar **bill** is a picture of George Washington.
1달러짜리 지폐의 앞면에는 조지 워싱턴의 초상화가 있다.

(재미가 쑥쑥)
미국에서 주로 쓰는 지폐의 종류는 여섯 가지로 1, 5, 10, 20, 50, 100달러가 있다. 2달러짜리 지폐는 현재는 거의 사용되지 않으며, 지갑 속에 넣어 두면 좋은 일이 생긴다는 행운의 상징으로 여겨지고 있다.

bill² /bɪl/ | 명사 (복 bills) (새의) 부리

The bird's **bill** is a useful instrument.
새의 부리는 유용한 도구입니다.

billion /ˈbɪljən/ 명사 (복) billions) 10억

There are **billions** of stars in the night sky.
밤하늘에는 수십억 개의 별이 있다.

bind /baɪnd/ 동사 (3단현) binds (과거·과분) bound (현분) binding)
(끈이나 줄로) 묶다, (붕대 등으로) 감싸다

Bind the two ends together. 양쪽 끝을 함께 묶어라.
Elves **bound** the packages with red and green colored ribbons. 요정들이 빨간색과 초록색 리본으로 꾸러미를 묶었다.

> 어휘가 쑥쑥
> binder 명 신문·잡지·서류 등을 묶는 장치

binoculars /bɪˈnɑːkjələrz/ 명사 [복수형] 쌍안경

Angie watched the horses through **binoculars**.
앤지는 쌍안경으로 말들을 지켜보았다.

실력이 쑥쑥

접두사 bi- (two, 둘)

bi + color = bicolor 두 가지 색의
bi + lingual = bilingual 이중 언어의
bi + cycle = bicycle 자전거
bi + monthly = bimonthly 격월의 (두 달마다 한 번씩)

biography /baɪˈɑːgrəfi/ 명사 (복) biographies) 전기(傳), 일대기

Martin Luther King's **biography** is read by children all around the world.
마틴 루터 킹 목사의 전기는 전 세계의 어린이들이 읽어 본다.

> 뜻풀이
> 전기 한 사람의 일생을 기록한 글

biology /baɪˈɑːlədʒi/ 명사 생물학

Biology is my favorite subject.
생물은 내가 제일 좋아하는 과목이다.
I have a degree in **biology**.
나는 생물학 학위를 가지고 있다.

> 어휘가 쑥쑥
> biological 형 생물학의
> biologist 명 생물학자

bird /bɜːrd/ 명사 (복) birds) 새, 조류 (☞ 115쪽)

I saw a yellow **bird** yesterday. 나는 어제 노란색 새를 보았다.
A **bird** is flying in the sky. 새 한 마리가 하늘을 날고 있다.
[속담] A **bird** in the hand is worth two in the bush.
손 안의 새 한 마리가 수풀 속의 새 두 마리보다 낫다. (남의 집 금송아지보다 우리 집 송아지가 낫다.)

> 어휘가 쑥쑥
> seabird 바닷새
> birdseed 새 모이
> birdcage 새장

[속담] The early **bird** catches the worm.
일찍 일어나는 새가 벌레를 잡는다. (부지런해야 성공한다)

bird flu 조류 독감

birthday /ˈbɜːrθdeɪ/ 명사 (복 birthdays) 생일

Happy **birthday**! This is for you.
생일 축하해! 이건 네 선물이야.

My mom gave me a novel for my **birthday**.
엄마는 내 생일 선물로 소설책을 한 권 주셨다.

My **birthday** falls on Sunday this year.
올해는 내 생일이 일요일이다.

어휘가 쑥쑥
birthday present 생일 선물
birthday card 생일 축하 카드
birthday cake 생일 케이크
birthday party 생일 파티

biscuit /ˈbɪskɪt/ 명사 (복 biscuits) 비스킷, 작고 동그란 빵

I had some tea and **biscuits** after lunch.
나는 점심 식사 후에 차와 비스킷을 먹었다.

bit¹ /bɪt/ 명사 (복 bits) 약간, 조금, 적은 양

He is a **bit** younger than Tom. 그는 톰보다 약간 어리다.
Wait a **bit**, please. 조금만 기다려 주세요.
My dad usually drinks hot tea with a little **bit** of brandy when he gets cold.
우리 아빠는 감기에 걸리면 보통 뜨거운 차에 브랜디를 조금 타서 마신다.

어휘가 쑥쑥
bit by bit 조금씩
a bit different 조금 다른
quite a bit 꽤 많은, 상당히

bit² /bɪt/ 동사 bite의 과거 (☞ bite)

bite /baɪt/ 동사 (3단현 bites 과거 bit 과분 bitten 현분 biting) 물다
명사 (복 bites) 한 입 무는 것

동 물다
Ray **bites** his nails when he gets nervous.
레이는 긴장하면 손톱을 물어뜯는다.

Susan is afraid of dogs because she was **bitten** by one before.
수전은 예전에 개에게 물린 적이 있어서 개를 무서워한다.

I was **bitten** by a mosquito on my toe.
나는 모기에게 발가락을 물렸다.

명 (음식 등을) 한 입 무는 것
Snow White took a **bite** out of the poison apple.
백설 공주는 독이 든 사과를 한 입 베어 물었다.

어휘가 쑥쑥
bite-sized 한 입 크기의, 아주 작은

실력이 쑥쑥
모기에게 물리는 것은 동사 bite, 벌에게 쏘이는 것은 동사 sting으로 쓴다.
I was *stung* by a bee. (나는 벌에 쏘였다.)

bitter /ˈbɪtər/

형용사 (비교) bitter, more bitter (최상) bitterest, most bitter
① (맛이) 쓴 ② (감정이) 비통한

1 (맛이) 쓴
This medicine is too **bitter**. 이 약은 너무 쓰다.

2 (감정이) 비통한, 고통스러운, 쓰라린
Jay felt very **bitter** about failing the exams.
제이는 시험에 떨어져서 매우 비통한 심정이었다.

> 실력이 쑥쑥
> *여러 가지 맛*
> sour 신, 시큼한
> sweet 단, 달콤한
> hot, spicy 매운
> salty 짠

black /blæk/

명사 (복) blacks) ① 검은색 ② 흑인 **형용사** 검은색의

명 1 (불) 검은색 (☞ color)
Mary often dresses in **black**.
메리는 종종 검은색 옷을 입는다.

2 흑인
Old **Black** Joe 늙은 흑인 조 (Foster가 작곡한 미국 민요)

형 검은색의
I like to see **black**-and-white movies.
나는 흑백 영화 보는 것을 좋아한다.

> 어휘가 쑥쑥
> black Monday (방학이 끝난 후) 첫 월요일
> black Friday 불길한 금요일
> black market 암시장
> black coffee 크림·설탕을 넣지 않은 커피
> black comedy 풍자 코미디

blackboard /ˈblækbɔːrd/

명사 (복) blackboards) 칠판 (= chalkboard) (☞ classroom)

Read the question on the **blackboard** and write the answer in your notebook.
칠판에 적힌 문제를 읽고 그 답을 공책에 쓰시오.

> 어휘가 쑥쑥
> whiteboard 화이트보드 (특수 펜으로 쓰는 흰색 칠판)

blame /bleɪm/

동사 (3단현) blames (과거·과분) blamed (현분) blaming)
비난하다, ~의 탓으로 돌리다

Don't **blame** others for your own mistakes.
자신의 실수를 남의 탓으로 돌리지 마라.

[속담] A bad workman **blames** his tools.
서투른 일꾼이 연장 탓을 한다.

숙어 **be to blame** ~의 탓이다, ~의 책임이다
A: Why are you late for school? 왜 지각을 한 거니?
B: My mom didn't wake me up in the morning. She *is to blame*.
아침에 우리 엄마가 날 안 깨워 주셨어. 다 엄마 탓이야.
A: I think you *are to blame*. You should wake up by yourself.
난 네 책임이라고 생각하는데. 혼자 힘으로 일어나야지.

> 실력이 쑥쑥
> I don't blame you[him, her, them]. '그럴 만도 하다.'라는 뜻으로 상대방의 행동을 이해한다고 할 때 쓰는 표현이다.
> A: I was very upset! (나 무척 화가 났었어!)
> B: *I don't blame you*. They were really rude. (그럴 만도 해. 그들이 정말 무례했어.)

blank /blæŋk/ | 형용사 ① 공백의 ② 멍한 | 명사 (복) blanks) ① 빈칸 ② 멍한 상태

형 1 빈, 공백의
Leave this page **blank**. 이 페이지는 비워 두세요.

2 멍한, 무표정의
Ted gave me a **blank** stare. 테드는 나를 멍하니 쳐다보았다.

명 1 빈칸, 빈 공간
Read the sentence below and fill in the **blanks**.
아래 문장을 읽고 빈칸을 채우시오.

2 멍한 상태
My mind was a **blank**.
나는 아무 생각도 나지 않았다. (나는 멍해졌다.)

어휘가 쑥쑥
blank space 빈칸, 빈터
blank check 백지 수표
blank CD 공CD
blank expression[look] 멍한 표정
go blank (마음이) 텅 비다

blanket /ˈblæŋkɪt/ | 명사 (복) blankets) 담요 (☞ bedroom)

Fold up the **blanket**. 담요를 개어 놓으세요.
Linus always carries his favorite **blanket** with him.
라이너스는 항상 자기가 제일 좋아하는 담요를 가지고 다닌다.

어휘가 쑥쑥
electric blanket 전기담요

bleed /bliːd/ | 동사 (3단현) bleeds (과거·과분) bled (현분) bleeding) 피가 나다, 피를 흘리다

My fingers are **bleeding**. 손가락에서 피가 나요.
Their legs, cut by rocks, began to **bleed**.
바위에 베인 그들의 다리에서 피가 나기 시작했다.

어휘가 쑥쑥
blood 명 피, 혈액
bloody 형 피의, 잔혹한

blend /blend/ | 동사 (3단현) blends (과거·과분) blended (현분) blending) ① 섞다 ② 조화되다

1 (~에) 섞다, 고르게 섞다 (= mix)
Blend oil and vinegar in a blender.
블렌더로 기름과 식초를 섞으세요.

2 조화되다, 어울리다
I chose cool colors that **blend** well.
나는 조화가 잘되는 시원한 색을 골랐다.

어휘가 쑥쑥
blender 명 블렌더, 믹서

bless /bles/ | 동사 (3단현) blesses (과거·과분) blessed/blest (현분) blessing) 축복하다

All the guests **blessed** the bride and the groom.
모든 하객들이 신랑과 신부를 축복했다.
(God) **bless** you! 신의 은총이 있기를!

어휘가 쑥쑥
blessed 형 축복을 받은, 신성한

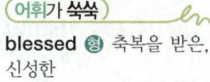

blessing /ˈblesɪŋ/ | 명사 (복) blessings (신의) 은총, 축복(의 말)

Children are a **blessing**.
아이들은 (신의) 축복이다.

The priest gave my baby his **blessing**.
신부님은 우리 아기에게 축복을 내려주셨다.

> 어휘가 쑥쑥
> mixed blessing 유리하기도 하고 불리하기도 한 것

blest /blest/ | 동사 bless의 과거·과거분사 (☞ bless)

blew /bluː/ | 동사 blow의 과거 (☞ blow)

✶ blind /blaɪnd/ | 형용사 ① 눈이 먼 ② 맹목적인 | 명사 (복) blinds (창문에 치는) 블라인드

형 1 눈이 먼

After her illness, Helen Keller became **blind** and deaf.
병을 앓고 난 후 헬렌 켈러는 시력과 청력을 잃었다.

She went **blind** in an accident. 그녀는 사고로 시력을 잃었다.

Justin is good at fine arts but he's **blind** to music.
저스틴은 미술은 잘하지만, 음악에는 문외한이다.

This book is printed for the **blind**.
이 책은 시각 장애인들이 읽을 수 있도록 인쇄되었다.

2 맹목적인(◐)

The crow thinks her own birds fairest. It means "love is **blind**."
까마귀도 제 새끼는 예뻐한다. 이는 사랑이 맹목적이라는 것을 의미한다.

명 (창문에 치는) 블라인드, 가리개

Jenny drew up[pulled down] the **blinds**.
제니는 블라인드를 올렸다[내렸다].

> 어휘가 쑥쑥
> color-blind 색맹의
> blind corner 앞이 전혀 안 보이는 모퉁이
> blind date 소개팅, 미팅
>
> 뜻풀이
> 맹목적인 한 대상에만 온 마음이 쏠리어 사실을 객관적으로 옳게 판단할 수 없는
>
> 실력이 쑥쑥
> 창문에 치는 blind를 미국 영어에서는 (window) shade라고 한다.

blizzard /ˈblɪzərd/ | 명사 (복) blizzards 심한 눈보라

Ten children got stuck in a **blizzard** for a week.
열 명의 아이들이 일주일 동안 눈보라에 갇혀 있었다.

Jeremy had a terrible time in the **blizzard**.
제러미는 눈보라 속에서 힘든 시간을 보냈다.

> 어휘가 쑥쑥
> heavy blizzard 심한 폭설
> unexpected blizzard 예상치 못한 폭설

✶✶ block /blɑːk/ | 명사 (복) blocks ① 블록 ② 장난감 블록 | 동사 (3단현) blocks (과거·과분) blocked (현분) blocking ① 막다 ② 방해하다 ③ 가리다

명 1 블록, (도시의) 구획
My school is three **blocks** away from my house.
우리 학교는 우리 집에서 세 블록 떨어져 있다.

2 장난감 블록, (돌·나무 등의) 토막
The kids are making a castle with **blocks**.
아이들이 장난감 블록으로 성을 쌓고 있다.
Tom is playing with wooden **blocks**.
톰은 나무 블록을 가지고 놀고 있다.

동 1 (지나가지 못하게 길을) 막다
A big fallen box **blocked** the road.
큰 박스 하나가 떨어져 도로를 가로막았다.
All the roads were **blocked** for several hours because of the annual marathon today.
매년 열리는 마라톤 대회 때문에 오늘 몇 시간 동안 모든 도로가 통제되었다.

2 (일의 진행·사람의 행동을) 방해하다, 막다
My angry boss **blocked** my proposal.
화가 난 사장님이 제 제안을 가로막았어요.

3 (어떤 것이 중간에 있어) 가리다, 차단하다
That building **blocks** my light. 저 건물이 빛을 가리고 있어요.
In summer, I always wear a cap to **block** the strong sunlight. 나는 여름에 강한 햇빛을 막기 위해 항상 모자를 쓴다.

어휘가 쑥쑥
blocked 형 막힌, 봉쇄된
blockage 명 막는 것, 막힌 상태, 봉쇄
roadblock (도로의) 방어벽
building block 집짓기 장난감 블록
starting block 출발대
tower block 고층 건물[아파트]

The kids are making a castle with *blocks*.

---

blog /blɑːg/ | 명사 (복) blogs) 블로그(🔍 개인이 관심 있는 분야에 대해 자유롭게 글을 올리는 웹사이트)

I am running a **blog** for three years.
나는 블로그를 3년간 운영하는 중이다.
I usually post dogs' pictures on my **blog**.
나는 보통 강아지 사진을 내 블로그에 올린다.

실력이 쑥쑥
blog는 'web(웹) + log(기록)'를 줄인 말이다.

---

*blond(e) /blɑːnd/ | 형용사 금발의 명사 (복) blond(e)s 금발인 사람

형 금발의
A: Who's your aunt? 누가 너희 고모니?
B: The woman who has **blond** hair and is wearing glasses.
금발 머리에 안경을 쓰신 분이야.

실력이 쑥쑥
blonde는 금발인 여성에게, blond는 금발인 남성에게 주로 쓴다.

명 금발인 사람
Susan is a **blonde** with blue eyes. 수전은 푸른 눈에 금발 머리야.

---

blood /blʌd/ | 명사 피, 혈액

She donates **blood** once a month.
그녀는 한 달에 한 번 헌혈을 한다.

The man lost a lot of **blood** in the traffic accident.
그 남자는 교통사고로 피를 많이 흘렸다.

[속담] **Blood** is thicker than water. 피는 물보다 진하다.

> 어휘가 쑥쑥
> blood donation 헌혈
> blood pressure 혈압
> blood test 혈액 검사
> blood type 혈액형

bloody /'blʌdi/   형용사 피가 나는, 피투성이의, 살벌한

My sister has a **bloody** nose. 내 여동생이 코피가 난다.
The **bloody** battle was over. 피비린내 나는 전투가 끝이 났다.

> 어휘가 쑥쑥
> bloody tissue 혈액 조직

＊bloom /bluːm/
명사 (복) blooms 꽃
동사 (3단현) blooms (과거·과분) bloomed (현분) blooming) 꽃이 피다

명 꽃 (= flower), 개화기 (♀ 꽃이 피는 때)
The roses are in full **bloom** in our garden.
우리 집 정원에 장미가 활짝 피어 있다.

동 꽃이 피다, 꽃을 피우다
These flowers **bloom** in spring. 이 화초들은 봄에 꽃을 피운다.
Tulips are **blooming** now. 튤립이 막 꽃을 피우고 있다.

＊blossom /'blɑːsəm/
명사 (복) blossoms 꽃
동사 (3단현) blossoms (과거·과분) blossomed (현분) blossoming)
꽃이 피다

명 꽃 (= flower, bloom)
Apricot **blossoms** come out in April. 살구꽃은 4월에 핀다.

> 어휘가 쑥쑥
> cherry blossom 벚꽃

동 꽃이 피다 (= bloom)
The apple trees **blossomed** early this year.
사과나무가 올해는 일찍 꽃을 피웠다.

> 실력이 쑥쑥
> blossom은 주로 과실나무의 꽃을 말한다.

blouse /blaʊs/   명사 (복) blouses 블라우스 (☞ clothing)

Anne is wearing a white **blouse** and a blue cardigan.
앤은 흰 블라우스와 파란색 카디건을 입고 있다.

＊blow /bloʊ/
동사 (3단현) blows (과거) blew (과분) blown (현분) blowing)
① (바람이) 불다 ② 불어넣다

1 (바람이) 불다
The wind is **blowing** hard today. 오늘은 바람이 심하게 분다.

A gentle wind was **blowing** in my face.
부드러운 바람이 내 얼굴로 불어오고 있었다.

2 (바람을) 불다, 불어넣다
Jenny **blew** up a big balloon. 제니는 풍선을 크게 불었다.

숙어 **blow off** (바람을) 불어서 날려 버리다 (= blow away)
My new hat was *blown off* by the wind.
새로 산 모자가 바람에 날아가 버렸어.

blow one's nose 코를 풀다
The movie was so sad. Many people in the theater began to sniff and *blow their noses*.
그 영화는 너무 슬펐다. 극장에 있던 많은 사람들이 훌쩍거리고 코를 풀기 시작했다.

blow out (바람을) 불어서 끄다
Jane *blew out* the candles on her birthday cake.
제인은 생일 케이크에 꽂힌 촛불을 불어서 껐다.

어휘가 쑥쑥
blow a whistle 휘파람을 불다
blow bubbles 비눗방울을 불다
blow a trumpet 트럼펫을 불다
blow a chance 기회를 날려 버리다

My new hat was *blown off* by the wind.

blown /bloʊn/ | 동사 blow의 과거분사 (☞ blow)

*blue /bluː/ | 명사 (복 blues) 파란색 형용사 ① 파란 ② 우울한

명 파란색 (☞ color)
My favorite color is **blue**. 내가 가장 좋아하는 색은 파란색이다.

형 **1** 파란, 푸른
Annie has pretty **blue** eyes. 애니는 예쁜 푸른 눈을 가졌다.

2 우울한 (= gloomy)
A: You look **blue** today. What's the matter?
  너 오늘 우울해 보인다. 무슨 일 있니?
B: Nothing! I just feel gloomy on a rainy day.
  아니! 난 그냥 비가 오는 날이면 좀 우울해져.

어휘가 쑥쑥
dark blue 짙은 남색
light blue 밝은 청색
pale blue 연한 청색
blue jeans 청바지
blue collar 육체 노동자
out of the blue 갑자기

재미가 쑥쑥
신호등의 파랑은 blue가 아니고 green이다.

board /bɔːrd/ | 명사 (복 boards) ① 널빤지 ② 칠판
동사 (3단현 boards 과거·과분 boarded 현분 boarding) ① 하숙하다 ② (비행기·배 등에) 타다

명 **1** 널빤지
The floor was made of **boards**.
바닥은 널빤지로 만들어져 있었다.

We covered the windows with **boards** to block the rain.
우리는 비가 들어오지 못하게 창문을 널빤지로 씌웠다.

어휘가 쑥쑥
boarding 승선, 승차, (비행기) 탑승
bulletin board 게시판
ironing board 다리미판

2 칠판 (= blackboard), 게시판
The teacher wrote the math problems on the **board**.
선생님께서 칠판에 수학 문제를 적으셨다.
I put an ad on the **board** of my school homepage to find my lost wallet.
나는 잃어버린 지갑을 찾기 위해 우리 학교 홈페이지 게시판에 광고를 냈다.

> smart board 전자 칠판
> diving board (수영장 등의) 다이빙대
> chessboard 체스판
> cutting board 도마
> scoreboard 득점 게시판

동 **1** 하숙하다
Ryan **boarded** at his friend's house during his stay in Italy.
라이언은 이탈리아에 머무는 동안 친구 집에서 하숙했다.

2 (비행기·배 등에) 타다
We **boarded** the plane[boat, train, ship] to go there.
우리는 거기에 가려고 비행기[보트, 기차, 배]를 탔다.

숙어 **on board** ~에 타고, 탑승[승차, 승선]한
They arrived at *Incheon* International Airport *on board* Korean Airlines.
그들은 한국항공을 타고 인천 국제공항에 도착했다.

＊boast /boʊst/ | 동사 (3단현) boasts (과거·과분) boasted (현분) boasting) 자랑하다, 뽐내다

Jamie **boasted** of his fortune. 제이미는 자기 재산을 자랑했다.
Tom is always **boasting** of his achievements.
톰은 늘 자신의 업적을 자랑한다.

＊boat /boʊt/ | 명사 (복) boats) 보트, 작은 배

We went to the island by **boat**. 우리는 보트를 타고 그 섬에 갔다.

숙어 **be in the same boat** 같은 처지에 있다
We *are in the same boat*. I haven't finished my vacation homework.
우리는 같은 처지구나. 나도 방학 숙제를 다 못 했거든.

> 실력이 쑥쑥
> boat는 보통 sail(돛)을 단 배나 모터가 달린 작은 배를 말한다.

＊body /ˈbɑːdi/ | 명사 (복) bodies) ① 신체 ② 몸통 ③ 본체 ④ 시체

1 몸, 신체 (↔ mind 정신) (☞ 124쪽)
A sound mind in a sound **body**. 건강한 신체에 건전한 정신.
My **body** aches all over. 온몸이 아프다.

2 (사람·동물의) 몸통
I drew an alien with a fat **body** and thin limbs.
나는 뚱뚱한 몸통과 가는 팔다리를 가진 외계인을 그렸다.
A lizard has a long **body** and short legs.

> 어휘가 쑥쑥
> body weight 체중
> body temperature 체온
> body fat 체지방
> body language 보디랭귀지, 몸짓 언어

도마뱀은 몸통이 길고 다리가 짧다.

3 (건물·차·비행기 등의) 본체, 주요 부분
My brother is a car **body** designer.
우리 오빠는 차체 디자이너이다.

4 시체
The poor old man's **body** was never found.
그 가엾은 노인의 시신은 끝내 발견되지 않았다.

> 실력이 쑥쑥
> '몸에 좋다'라고 할 때의 '몸'은 '신체'가 아니라 '건강'의 의미이므로 health를 쓴다.
> Fresh air is good for *health*. (맑은 공기는 몸에 좋다.)

---

* boil /bɔɪl/ | 동사 (3단현) boils (과거·과분) boiled (현분) boiling) ① 끓다 ② 끓이다

1 끓다 (☞ cook)
The water in the kettle is **boiling** over.
주전자의 물이 끓어 넘치고 있다.

2 끓이다
Mom is **boiling** the soup in the kitchen.
엄마가 부엌에서 국을 끓이고 계시다.

> 어휘가 쑥쑥
> boiling 끓어오르는, 몹시 더운
> ·─·─·─·─·─·─·─·─·
> hard-boiled egg 완숙란
> soft-boiled egg 반숙란

---

* bold /boʊld/ | 형용사 (비교) bolder (최상) boldest) ① 용감한 ② 눈에 뜨이는 ③ 볼드체의

1 용감한, 대담한 (= brave)
Jack was a **bold** and fearless soldier.
잭은 용감하고 겁이 없는 군인이었다.

2 눈에 뜨이는
Her dress is in **bold** colors.
그녀의 원피스는 화려한 색깔로 되어 있습니다.

3 볼드체[굵은 글자체]의
The important words are in **bold** type.
중요한 단어들은 굵은 글자체로 되어 있다.

> 어휘가 쑥쑥
> bold attack 대담한 공격
> bold design 화려한 디자인
> bold decision 과감한 결정
>
> 실력이 쑥쑥
> 철자가 비슷한 단어 bald (대머리의)와 헷갈리지 않도록 주의한다.

---

* bomb /bɑːm/ | 명사 (복) bombs) ① 폭탄 ② 아주 좋은 것
동사 (3단현) bombs (과거·과분) bombed (현분) bombing) 폭탄을 투하하다

명 1 폭탄
A **bomb** went off in Waterloo subway station in London.
런던에 있는 워털루 지하철역에서 폭탄이 터졌다.

2 [the와 함께 써서] 최고, 아주 좋은 것
A: How was the movie? 그 영화 어땠어?
B: It was the **bomb**. 정말 최고였어.

 폭탄을 투하하다

> 어휘가 쑥쑥
> atomic bomb 원자 폭탄
> time bomb 시한폭탄
> nuclear bomb 핵폭탄
> tear bomb 최루탄
> drop a bomb 폭탄을 투하하다

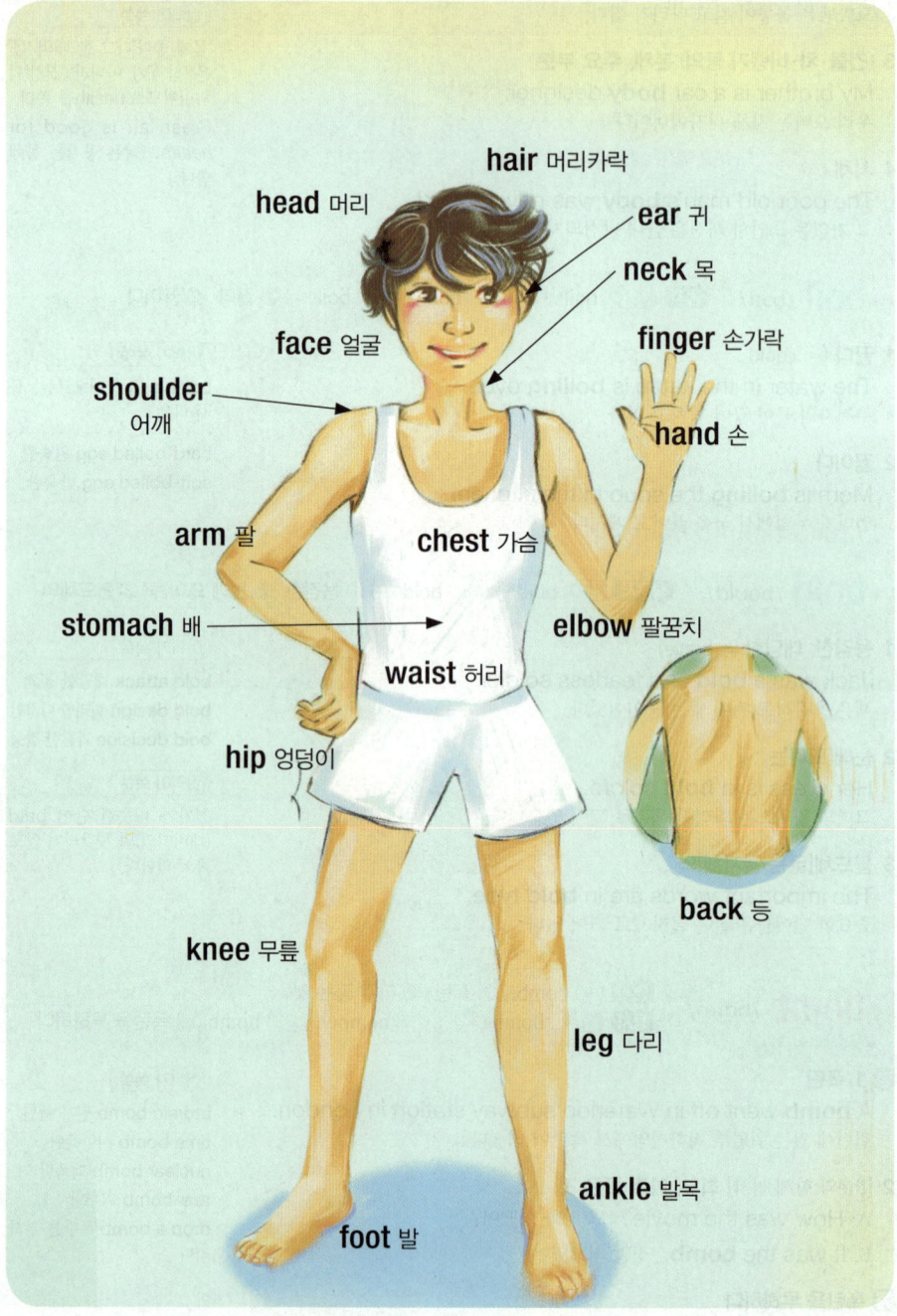

The German planes **bombed** the targets in London.
독일 비행기들이 런던에 있는 목표물에 폭탄을 투하했다.

★ **bone** /boʊn/ | 명사 (복) bone**s**) 뼈

The **bone** in my left leg was broken.
내 왼쪽 다리뼈가 부러졌다.

If you drink a bottle of milk every day, you will have strong **bones**.
매일 우유를 한 병씩 마시면 뼈가 튼튼해질 거야.

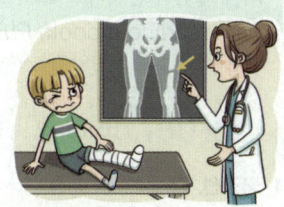

★ **book** /bʊk/ 명사 (복) book**s**) 책
동사 (3단현) book**s** (과거·과분) book**ed** (현분) book**ing**) 예약하다

명 책, 서적
Open the **book**. 책을 펴세요.

[속담] Don't judge a **book** by its cover.
표지만 보고 책을 판단하지 마라. (겉모습만 보고 사람을 판단하지 마라.)

동 예약하다 (= reserve)
A: I'd like to **book** a flight to New York.
뉴욕행 비행기표를 한 장 예약하고 싶은데요.

B: I'm sorry, we are fully **booked** up.
죄송하지만 예약이 모두 끝났습니다.

> 어휘가 쑥쑥
> book club 독서 동호회
> book fair 도서 전시회
> bookstore 서점
> bookcase 책장
> reference book 참고 도서
> picture book 그림책
> children's book 아동 도서

★ **boom** /buːm/ 명사 (복) boom**s**) ① 쿵 하고 울리는 소리 ② 호황
동사 (3단현) boom**s** (과거·과분) boom**ed** (현분) boom**ing**) 경기가 좋아지다

명 1 (천둥·대포 등의) 쿵 하고 울리는 소리
I heard another **boom** of thunder.
나는 천둥소리를 또 한 번 들었다.

The big bear is tromping through the woods. **Boom! Boom! Boom!**
커다란 곰 한 마리가 숲속에서 발을 구르며 나오고 있다. 쿵! 쿵! 쿵!

2 (경제의) 호황, 인기, 붐(🔍)
The **boom** makes job chances.
경제 호황이 취업의 기회를 제공한다.

동 경기가 좋아지다, 호황을 누리다
Business is **booming** these days.
요즘 사업이 호황을 누리고 있다.

> 어휘가 쑥쑥
> baby boom 베이비 붐 (출생률의 급등)
> export boom 수출 붐
>
> 🔍 뜻풀이
> 붐 (어떤 사업이) 갑자기 크게 유행하거나 잘되는 것

boot /buːt/ | 명사 (복) boots) [주로 복수형] 부츠, 장화, 목이 긴 신발[구두]

Can I try these **boots** on?
이 부츠 한번 신어 봐도 돼요?

I am reading a book, *Puss in Boots*.
나는 '장화 신은 고양이'라는 책을 읽고 있는 중이다.

> 어휘가 쑥쑥
> riding boots 승마용 부츠

border /ˈbɔːrdər/ | 명사 (복) borders) ① 국경선 ② 가장자리

1 국경선, 경계(선) (= line)
Canada and Mexico share **borders** with the United States.
캐나다와 멕시코는 미국과 국경을 접하고 있다.

2 가장자리 (= edge)
I'll take this skirt with a lace **border**.
난 가장자리에 레이스가 달린 이 치마로 할래.

> 어휘가 쑥쑥
> bordered 형 경계를 이룬
> border line 국경선
> border guards 국경 수비대
> border dispute 국경 분쟁

bore /bɔːr/ | 동사 bear² 의 과거 (☞ bear²)

boring /ˈbɔːrɪŋ/ | 형용사 (비교) more boring (최상) most boring) 지루한, 싫증 나는 (↔ interesting, exciting 재미있는, 흥미로운)

A: How was the play? 그 연극 어땠어요?
B: It was so **boring**. 너무 지루했어요.

> 문법이 쑥쑥
> ***bored & boring***
> bored는 사람이 어떤 것에 지루함을 느낄 때, boring은 어떤 것이 지루할 때 쓴다. 영화가 지루해서 내가 지루함을 느꼈다면 다음과 같이 말한다.
> I was so *bored* at the movie. (나는 그 영화가 매우 지루했다.) / The movie was so *boring*. (그 영화는 매우 지루했다.)

born /bɔːrn/ | 동사 bear² 의 과거분사 (☞ bear²)

borrow /ˈbɑːroʊ, ˈbɔːroʊ/ | 동사 (3단현) borrows (과거·과분) borrowed (현분) borrowing) (물건·돈을) 빌리다 (↔ lend 빌려주다)

Can I **borrow** your book?
책 좀 빌려주실래요?

I **borrowed** Katie's digital camera, and I broke it.
케이티의 디지털카메라를 빌렸는데, 그걸 망가뜨렸어.

I **borrowed** some money from my friend.
나는 친구에게 돈을 좀 빌렸다.

> 실력이 쑥쑥
> 사용료를 내고 빌리는 경우에는 borrow를 쓰지 않고 rent나 hire를 쓴다.

both /bouθ/ 〔대명사〕 양쪽 〔형용사〕 양쪽의

대 양쪽, 둘 다
They **both** went home. 그들 둘 다 집으로 갔다.
A: Would you like pizza or spaghetti for dinner?
저녁으로 피자 먹을래, 아니면 스파게티 먹을래?
B: I want **both** of them. 둘 다 먹고 싶어요.

형 양쪽의, 둘 다의
There are a lot of shops on **both** sides of the street.
길 양쪽에 상점들이 매우 많다.

〔숙어〕 **both A and B** A와 B 둘 다
I want to learn *both* English *and* Chinese.
저는 영어와 중국어 둘 다 배우고 싶어요.
Both my sister *and* I have tried to climb the mountain.
언니와 나 우리 둘은 그 산을 오르기 위해 노력했다.

〔문법〕이 쑥쑥
• both와 부정어 not을 함께 쓰면 '둘 다 ~한 것은 아니다'라는 뜻의 부분 부정이 된다.
I *don't* want *both* books. (두 책 모두 원하는 것은 아니다.) (하나면 된다.)
• '둘 다 ~ 아니다'라는 전체 부정은 not ~ either나 neither를 써서 나타낸다.
I *don't* want *either* book. / I want *neither* book. (두 책 모두 원하지 않는다.)

bother /'bɑːðər/ 〔동사〕 〔3단현〕 bothers 〔과거·과분〕 bothered 〔현분〕 bothering
① 귀찮게 하다 ② 방해하다

1 귀찮게 하다, 괴롭히다 (= annoy, irritate)
A: Let's go out and play soccer! 밖에 나가서 축구하자!
B: Don't **bother** me! I'm studying now.
나 좀 귀찮게 하지 마! 지금 공부하고 있잖아.

2 방해하다 (= interrupt)
Sorry to **bother** you, but can I ask you something?
방해해서 죄송하지만, 뭐 좀 여쭤 봐도 될까요?

〔실력〕이 쑥쑥
Please, don't bother. (신경 쓰지 마세요.)
A: Can I get you something to drink? (마실 것 좀 갖다 드릴까요?)
B: Oh, I'm okay. *Please, don't bother.* (괜찮아요. 신경 쓰지 마세요.)

bottle /'bɑːtl/ 〔명사〕 〔복〕 bottles) 병, 한 병에 담긴 양

Could you open this **bottle** for me? 이 병 좀 따 주실래요?
I'd like a **bottle** of water, please. 〈가게 등에서〉 물 한 병 주세요.

bottom /'bɑːtəm/ 〔명사〕 〔복〕 bottoms) 가장 아랫부분, 밑바닥 (↔ top 가장 윗부분, 꼭대기)

Please sign your name at the **bottom** of the application.
지원서 아랫부분에 서명해 주세요.

〔숙어〕 **from the bottom of one's heart** 마음속으로부터, 진심으로
Shrek said to Princess Fiona, "I love you *from the bottom of my heart*."
슈렉은 피오나 공주에게 "당신을 진심으로 사랑해요."라고 말했다.

〔어휘〕가 쑥쑥
bottom line 핵심, 요점
rock bottom 맨 밑바닥
from top to bottom 샅샅이, 구석구석
Bottoms up! 건배!, 원샷!

bought /bɔːt/ | 동사 buy의 과거·과거분사 (☞ buy)

*bounce /baʊns/ | 동사 (3단현) bounces (과거·과분) bounced (현분) bouncing)
(공 등이) 튀어 오르다, (공을) 튀기다

The ball **bounced** back from the wall.
공은 벽을 맞고 튕겨 나왔다.

*bow¹ /baʊ/ | 동사 (3단현) bows (과거·과분) bowed (현분) bowing)
인사하다 명사 (복) bows) 인사

동 (~에게 머리를 숙여) 인사하다, 절하다, 허리를 굽히다
People usually **bow** when they meet for the first time.
사람들은 처음 만나면 보통 고개를 숙여 인사한다.

In Korea, we **bow** to the elders on New Year's Day.
한국에서는, 설날에 어른들께 세배를 합니다.

명 인사, 절
Attention! **Bow**! 〈교실에서〉 차려! 선생님께 경례!

어휘가 쑥쑥
deep bow 깊게 숙인 인사
polite bow 공손한 인사

bow² /boʊ/ | 명사 (복) bows) ① 활 ② (리본 모양) 매듭

1 활 (☞ arrow)
Robin Hood fought with a **bow** and arrow.
로빈 후드는 활과 화살로 싸웠다.

2 (리본 모양) 매듭, 나비 모양 타이
Ella wore a red **bow** in her hair.
엘라는 머리에 빨간색 나비 리본을 달았다.

*bowl /boʊl/ | 명사 (복) bowls) ① 그릇 ② 한 그릇의 양

1 (오목한) 그릇, 사발
Mix the eggs and milk in a **bowl**.
그릇에 계란과 우유를 넣고 섞어라.

어휘가 쑥쑥
salad bowl 샐러드용 그릇
washing-up bowl 설거지통

2 한 그릇의 양
Mom, I'd like one more **bowl** of rice! 엄마, 밥 한 그릇 더 주세요!

bowling /'boʊlɪŋ/ | 명사 볼링

Peter goes **bowling** every Friday night.
피터는 금요일 밤마다 볼링을 치러 간다.

box /bɑːks/ | 명사 (복) boxes ① 상자 ② 한 상자에 담긴 양

1 상자
Open the brown paper **boxes** tied with red string.
빨간색 끈으로 묶여 있는 갈색 포장 상자들을 열어 보렴.

2 한 상자에 담긴 양
A: How much is this **box** of chocolates?
이 초콜릿 한 상자는 얼마예요?
B: It's 5 dollars. 5달러예요.

> 어휘가 쑥쑥
> jewel box 보석함
> shoebox 신발 상자
> box office 극장 매표소
> lunch box 도시락
> toolbox 공구함

boxing /ˈbɑːksɪŋ/ | 명사 권투, 복싱

I think **boxing** is too dangerous for kids.
권투가 아이들에게는 너무 위험하다고 생각한다.

boy /bɔɪ/ | 명사 (복) boys 소년, 남자아이 (↔ girl 소녀, 여자아이)

An eight-year-old **boy** got into college. Can you believe it?
여덟 살짜리 소년이 대학에 들어갔대. 믿어지니?
There are ten **boys** in the class.
반에는 열 명의 남자아이들이 있다.

> 어휘가 쑥쑥
> baby boy 남자 아기
> old boy 졸업생
> boy scout 보이 스카우트

boyfriend /ˈbɔɪfrend/ | 명사 (복) boyfriends 남자 친구 (↔ girlfriend 여자 친구)

Is he your new **boyfriend**? 그 사람이 네 새 남자 친구니?

bracelet /ˈbreɪslət/ | 명사 (복) bracelets 팔찌

Mary is wearing a diamond **bracelet**.
메리는 다이아몬드 팔찌를 하고 있다.

brain /breɪn/ | 명사 (복) brains ① 뇌 ② 두뇌

1 뇌
Our **brain** controls our body and feelings.
뇌는 우리 몸과 감정을 조절한다.

2 [주로 복수로 써서] 두뇌, 지능 (= intelligence)
A: The entertainer has good looks.
그 연예인 참 잘생겼어.
B: I think so. And I heard that he has **brains**, too.
맞아. 그리고 머리도 좋다고 들었어.

> 어휘가 쑥쑥
> brainy 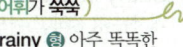 아주 똑똑한
> brain death 뇌사
> brain damage 뇌손상
> brain cell 뇌세포
> man of brains 두뇌가 명석한 사람

brake /breɪk/
명사 (복 brakes) 브레이크, 제동 장치
동사 (3단현 brakes 과거·과분 braked 현분 braking) 브레이크를 밟다

명 브레이크, 제동 장치 🔍
Ted pressed the **brake** pedal. 테드는 브레이크 페달을 밟았다.
Hit the **brakes**! / Step on the **brakes**! 브레이크를 밟아라!

동 브레이크를 밟다
He **braked** suddenly to avoid a dog in the road.
그는 도로에서 개를 피하기 위해 급브레이크를 밟았다.

> **실력이 쑥쑥**
> 발음이 같은 break(깨다)와 헷갈리지 않도록 주의한다.
>
> 🔍 **뜻풀이**
> 제동 장치 차량이나 기계의 움직임을 멈추거나 속력을 줄이는 장치

branch /bræntʃ/
명사 (복 branches) ① 나뭇가지 ② 지사

1 나뭇가지 (☞ tree)
Trees consist of roots, trunks, **branches** and leaves.
나무는 뿌리, 줄기, 가지와 잎으로 이루어져 있다.
The squirrels leaped from **branch** to **branch**.
다람쥐들이 나뭇가지 사이를 뛰어다녔다.

2 지사, 지점 (↔ main office 본사, 본점)
A: Why are you moving suddenly?
왜 갑자기 이사를 가는 거니?
B: My father will work at the *Busan* **branch**.
아버지께서 부산 지사에서 일하시게 됐거든요.

> **어휘가 쑥쑥**
> bare branch 앙상한 가지
> overseas branch 해외 지점
> branch manager 지점장, 지사장
>
> **실력이 쑥쑥**
> 나무의 큰 가지는 bough, 작은 가지는 twig라고 한다. branch는 큰 가지와 작은 가지 모두에 쓴다.

brand /brænd/
명사 (복 brands) 브랜드, 상표 이름 (= brand name)

Please show me other products of this **brand**.
이 브랜드의 다른 제품을 보여 주세요.
Do you have any particular **brand** you want?
특별히 찾으시는 상표가 있나요?

> **어휘가 쑥쑥**
> brand-new 완전히 새것의, 갓 들어온

brave /breɪv/
형용사 (비교 braver 최상 bravest) 용감한, 두려움 없는 (= fearless)

Cathy is **brave** and strong.
캐시는 용감하고 힘도 세다.
My elder brother is **braver** than me.
우리 형이 나보다 더 용감하다.

> **어휘가 쑥쑥**
> bravely 🔹 용감하게
> braveness 🔹 용감함
> bravery 🔹 용맹, 용기

Brazil /brəˈzɪl/
명사 [지명] 브라질

Brazil is the largest country in South America.
브라질은 남아메리카에서 가장 큰 나라이다.

Brazilian /brəˈzɪliən/ 명사 형용사 (복) Brazilians 브라질의, 브라질 사람(의)

＊bread /bred/ 명사 빵

I only eat whole wheat **bread**. 나는 통밀빵만 먹는다.
A: That **bread** looks delicious! 그 빵 정말 맛있어 보인다!
B: Try some. My mother baked it herself.
먹어 봐. 우리 엄마가 직접 구우신 거야.

어휘가 쑥쑥
a slice[loaf] of bread 빵 한 조각[덩이]

＊break /breɪk/
동사 (3단현) breaks (과거) broke (과분) broken (현분) breaking ① 깨(뜨리)다 ② (뼈가) 부러지다 ③ 고장 내다 ④ 어기다
명사 (복) breaks ① 잠깐의 휴식 ② 깨짐 ③ 휴가

동 1 깨(뜨리)다, 깨지다, 부서지다 (= destroy)
I **broke** the glass in the morning, so I feel bad about that.
아침에 유리잔을 하나 깨뜨렸는데, 그 일 때문에 기분이 안 좋네요.

2 (뼈가) 부러지다, 부러뜨리다
He has **broken** his arm while snowboarding.
그는 스노보드를 타다가 팔이 부러졌다.

3 (기기 등을) 고장 내다, 부수다
Sam **broke** my laptop. 샘이 내 노트북을 고장 냈다.

4 (법·약속을) 어기다, 지키지 않다, 위반하다 (↔ keep 지키다)
My mom never **breaks** her promises.
우리 엄마는 절대 약속을 어기시지 않는다.

명 1 (일·수업 등의) 잠깐의 휴식, 쉬는 시간 (= rest)
Let's take a **break** and get something to eat.
잠깐 쉬면서 뭐 좀 먹자.
We studied for two hours without a **break**.
우리는 쉬는 시간 없이 두 시간 동안 공부했다.

2 깨짐, 파손, 골절
X-rays are used to locate **breaks** in bones.
엑스레이는 골절된 부위를 찾는 데 이용된다.

3 (짧은) 휴가
My family flew off for a week's **break** in Jeju.
우리 가족은 제주도에서 일주일간 휴가를 보내러 비행기를 타고 떠났다.

숙어 break away 도망치다, 달아나다 (= escape, run away)
Nobody knows where he *broke away*.
그가 어디로 도망갔는지 아무도 모른다.

어휘가 쑥쑥
broken 형 고장 난, 부서진
breakable 형 깨지기 쉬운
- - - - - - - - - -
lunch break 점심시간
coffee break (커피를 마시는) 휴식 시간
career break 휴직
spring break 봄 방학

Sam *broke* my laptop.

실력이 쑥쑥
break 가장 일반적인 말로, 치거나 부딪치거나 잡아당겨 부수다
break a chair (의자를 부수다)
crush 외부의 압력으로 물건을 변형시키다
crush a can (깡통을 찌부러뜨리다)
smash 갑자기 소리 나게 쳐부수다
smash a cup (컵을 쨍그랑하고 깨다)

break down 고장 나다, 망가지다
My computer *broke down* again. I think I need to buy a new one.
내 컴퓨터가 또 고장 났어. 새로 하나 사야 할 것 같아.

break into ~에 침입하다, 몰래 숨어 들어가다
Someone *broke into* the museum and stole a painting.
누군가 박물관에 침입해서 그림을 하나 훔쳐 갔다.

break out (전쟁·화재 등이) 일어나다, 발발하다
World War II *broke out* in 1939.
제2차 세계 대전은 1939년에 발발했다.

break up 헤어지다
I *broke up* with my boyfriend. 나는 남자 친구와 헤어졌다.

tear (종이·천 등을) 찢다
tear the letter (편지를 찢다)

✱ breakfast /ˈbrekfəst/
명사 (복) breakfasts) 아침 식사
동사 (3단현) breakfasts (과거·과분) breakfasted (현분) breakfasting) 아침밥을 먹다

명 아침 식사
I had bacon and eggs for **breakfast**.
나는 아침으로 베이컨 에그를 먹었다.

Skipping **breakfast** is bad for your health.
아침을 거르는 것은 건강에 좋지 않다.

동 아침밥을 먹다
We **breakfast** at ten on Sundays.
우리는 매주 일요일에는 10시에 아침 식사를 한다.

They **breakfasted** on toast and coffee.
그들은 토스트와 커피로 아침을 먹었다.

어휘가 쑥쑥
small[light] breakfast 가벼운 아침 식사
big[hearty] breakfast 거한 아침 식사

재미가 쑥쑥
breakfast는 「break(깨다)+fast(단식)」 즉 '밤사이의 단식을 깨는 식사'라는 뜻에서 유래되었다.

✱ breast /brest/
명사 (복) breasts) ① 젖가슴 ② 가슴, 흉부 ③ (고기의) 가슴살

1 (사람·동물의) 젖가슴
She put the little baby to her **breast**.
그녀는 어린 아기에게 젖을 물렸다.

The bear cubs are drinking milk from their mother's **breasts**.
새끼 곰들이 어미의 젖을 먹고 있다.

2 가슴 (부위), 흉부 (= chest)
The soldier was shot in his **breast**. 그 병사는 가슴에 총을 맞았다.

3 (고기의) 가슴살
My mom will cook a turkey **breast** for Thanksgiving.
엄마는 추수 감사절에 칠면조 가슴살 요리를 하실 것이다.

어휘가 쑥쑥
breast milk 모유
breast feeding 모유 수유
child at the breast 젖먹이
chicken breast 닭 가슴살
breast feathers (새의) 가슴 털

breath /breθ/ | 명사 (복) breaths) ① 입김 ② 숨

1 📌 (숨 쉴 때 들이마시고 내쉬는) 입김, 공기, 숨
He lost his **breath** for a moment. 그는 잠시 숨을 헐떡였다.
I smell alcohol on his **breath**. 그의 입에서 술 냄새가 난다.

2 (한 번 들이쉬는) 숨, 호흡
He took a deep **breath** and continued.
그는 심호흡을 하고 말을 이어 갔다.

> **어휘가 쑥쑥**
> hold one's breath 숨을 참다
> out of breath 숨이 가쁜
> take one's breath away (아름다워서) 숨이 멎을 정도다

✱ breathe /briːð/ | 동사 (3단현) breathes (과거·과분) breathed (현분) breathing
숨 쉬다, 호흡하다 (= take a breath)

When you are angry, **breathe** deeply. You will feel better.
화가 날 때는 깊게 숨을 쉬어 봐. 기분이 나아질 거야.
We can **breathe** some fresh air in the country.
시골에서는 신선한 공기를 마실 수 있다.

> **실력이 쑥쑥**
> 명사 breath와 철자와 발음을 혼동하지 않도록 주의한다.

✱ breeze /briːz/ | 명사 (복) breezes) ① 미풍 ② 쉬운 일

1 미풍, 산들바람(⊙)
It was getting dark and a cool **breeze** was blowing.
날이 저물어 서늘한 바람이 불고 있었다.

2 쉬운 일, 쉬움
The final test was a **breeze**.
기말시험은 식은 죽 먹기였다.

> **⊙ 뜻풀이**
> 산들바람 시원하고 가볍게 부는 바람

> **어휘가 쑥쑥**
> sea breeze 바닷바람, 해풍

✱ brick /brɪk/ | 명사 (복) bricks) 벽돌

My grandparents' house is made of red **bricks**.
우리 조부모님의 주택은 붉은 벽돌로 지어졌다.
He lives in a **brick** house. 그는 벽돌집에서 살고 있다.

> **어휘가 쑥쑥**
> brick wall 벽돌담

✱ bridge /brɪdʒ/ | 명사 (복) bridges) 다리

The train is going over the **bridge**.
열차가 다리 위를 지나고 있다.
[속담] We'll cross that **bridge** when we come to it.
다리에 이르면 건너게 되어 있다. (쓸데없이 미리 걱정하지 마라.)

✱ brief /briːf/ | 형용사 (비교) briefer (최상) briefest) ① (시간이) 짧은 ② (말·문장이) 간결한

briefly

1 (시간이) 짧은, 잠시 동안의 (= short) (↔ long (시간이) 긴, 오랫동안의)
I stopped by Grace's house for a **brief** visit.
나는 그레이스의 집에 잠시 들렀다.

Mozart's life was **brief** but his music lasts forever.
모차르트의 인생은 짧았지만 그의 음악은 영원하다.

2 (말·문장이) 간결한, 짧은 (= short)
Please be **brief** and get to the point!
간단히 요점을 말해 주세요!

I gave my parents some flowers with a **brief** note.
나는 부모님께 짧은 편지와 함께 꽃을 드렸다.

어휘가 쑥쑥
briefing 명 간단한 보고
brief meeting 짧은 회의
brief period 짧은 기간
brief summary 간결한 요약
brief account 간단한 설명
in brief 간단히 말하면

briefly /ˈbriːfli/ | 부사 ① 잠시 ② 간단히 말해서

1 잠시, 일시적으로
He stopped off **briefly** in *Busan*. 그는 잠시 부산에 들렀다.

2 간단히 말해서 (= in brief)
Briefly, I think he should follow the rules.
간단히 말해서, 나는 그가 규칙을 따라야 한다고 생각한다.

어휘가 쑥쑥
look back briefly 뒤를 힐끗 돌아보다
to put it briefly 간단히 말하면

*bright /braɪt/ | 형용사 (비교) brighter (최상) brightest ① 밝은 ② 똑똑한 ③ 명랑한

1 밝은, 선명한 (↔ dark 어두운)
The light of my desk lamp is so **bright** that it hurts my eyes.
내 탁상용 스탠드 불빛이 너무 밝아서 눈이 아프다.

2 똑똑한, 총명한, 영리한 (= smart, intelligent) (↔ foolish, stupid 어리석은)
She was a **bright** student.
그녀는 영리한 학생이었다.

Bill is the captain of my class and a **bright** boy.
빌은 우리 반 반장인데 참 똑똑한 아이다.

That's a **bright** idea.
그것 참 좋은 생각이다.

3 명랑한, 생기 있는, 쾌활한 (= cheerful)
Her voice was **bright** and cheerful.
그녀의 목소리는 밝고 명랑했다.

어휘가 쑥쑥
brightly 부 밝게, 빛나게
brightness 명 빛남, 밝음
bright spot 밝은 곳
bright light 밝은 빛
bright sunshine 눈부신 햇살
bright red[blue] 선명한 빨강[파랑]
bright color 밝은색
bright smile 밝은 미소
bright day 화창한 날

brighten /ˈbraɪtn/ | 동사 (3단현) brightens (과거·과분) brightened (현분) brightening
밝아지다, 반짝이다, (얼굴 등이) 환해지다 (↔ darken 어두워지다)

Fireworks **brightened** the night sky.
폭죽이 밤하늘을 환하게 밝혔다.

*brilliant /ˈbrɪliənt/

형용사 (비교) more brilliant (최상) most brilliant)
① 빛나는 ② 총명한

1 빛나는, 찬란한 (= bright)
She wore a **brilliant** diamond ring.
그녀는 반짝반짝 빛나는 다이아몬드 반지를 끼고 있었다.

2 총명한, 뛰어난 (= smart, intelligent)
What a **brilliant** idea! 정말 멋진 생각이다!
He taught several **brilliant** students last year.
그는 작년에 몇 명의 훌륭한 학생들을 가르쳤다.

어휘가 쑥쑥
brilliantly ⓟ 눈부시게, 뛰어나게
brilliant success 눈부신 성공
brilliant achievement 빛나는 업적

**bring /brɪŋ/

동사 (3단현) brings (과거·과분) brought (현분) bringing)
① 가져오다 ② (상태 등에) 이르게 하다 ③ (어떤 장소로) 오게 하다
④ 초래하다 ⑤ (물건이 얼마에) 팔리다

1 가져오다, 데려오다 (↔ take 가져가다, 데려가다)
Sam **brought** a bucket of ice.
샘은 얼음 한 통을 가져왔다.
Students were told to **bring** an extra shirt.
학생들은 여분의 셔츠를 하나 더 가져오라는 지시를 받았다.
Can I **bring** my friends to the party?
파티에 친구들을 데려와도 될까요?

2 (상태 등에) 이르게 하다, 되게 하다
I couldn't **bring** him to say it.
나는 그에게 그것을 말하게 할 수가 없었다.
Bring the soup to the boil. 수프를 끓여 주세요.

3 (어떤 장소로) 오게 하다, 이끌다
This road **brings** you to the station.
이 길로 가면 역이 나온다.
A: What **brings** you here? 여기는 웬일이세요?
B: I am early for my appointment. So, I am going to read some books.
약속 시간보다 일찍 와서 책 좀 보려고요.

4 초래하다, 가져오다, 일으키다
The storm **brought** heavy rain and strong winds.
폭풍은 폭우와 강풍을 몰고 왔다.

5 (물건이 얼마에) 팔리다, (수입·이익을) 가져오다
The sports car **brought** a high price.
그 스포츠카는 비싼 값에 팔렸다.

어휘가 쑥쑥
bring about ~을 초래하다
bring back ~을 돌려주다, 생각나게 하다
bring forth ~을 낳다
bring up ~을 기르다, 양육하다

실력이 쑥쑥
bring 가지고 오다
Bring the umbrella. (우산을 가지고 와라.)
take 가지고 가다
Take the umbrella. (우산을 가지고 가라.)
carry 가지고 다니다
Carry the umbrella. (우산을 가지고 다녀라.)

Britain

Britain /ˈbrɪtn/ 명사 영국 (본토) (= Great Britain, United Kingdom)

British /ˈbrɪtɪʃ/ 형용사 영국의, 영국인의 명사 [the British로 쓰여] 영국인

*broad /brɔːd/
형용사 (비교) broader (최상) broadest
① 폭이 넓은 ② 광대한 ③ 광범위한 ④ 일반적인

1 폭이 넓은 (= wide) (↔ narrow 좁은)
We went along a **broad** street.
우리는 넓은 길을 따라 갔다.
What is the **broadest** river in the world?
세계에서 가장 넓은 강은 무엇인가요?

2 광대한, 광활한
Our future lies in the **broad** ocean.
우리의 미래는 광활한 바다에 있다.

3 광범위한, 폭넓은 (= not limited)
The singer's songs appealed to a **broad** audience.
그 가수의 노래는 많은 청중의 마음에 들었다.
Students here study a **broad** range of subjects.
이곳의 학생들은 다양한 과목을 공부한다.

4 일반적인, 대략적인, 개괄적인 (= general)
He gave us a **broad** outline of the plan.
그는 우리에게 그 계획의 대략적인 개요를 말해 주었다.

어휘가 쑥쑥
broaden 동 넓어지다
breadth 명 폭, 너비
broadly 부 대략(적으로)
broad smile[grin] 활짝 웃는 미소
broad support 폭넓은 지지
broad appeal 폭넓은 호소력
broad-minded 관대한
in broad daylight 대낮에
in a broad sense 넓은 의미에서

*broadcast /ˈbrɔːdkæst/
동사 (3단현) broadcasts (과거·과분) broadcast, broadcasted (현분) broadcasting ① 방송하다 ② 널리 알리다
명사 (복) broadcasts 방송

동 **1** (라디오·TV로) 방송하다, 방영하다
The World Cup semifinals will be **broadcast** nationwide today.
오늘 월드컵 준결승 경기가 전국에 방송될 예정입니다.

2 널리 알리다, 광고하다
Don't **broadcast** the fact that he failed the exam.
그가 시험에 떨어진 사실을 퍼뜨리지 마라.

명 방송, 방영
The tennis match was shown live on a television **broadcast**.
그 테니스 경기는 텔레비전 방송으로 생중계되었다.

어휘가 쑥쑥
radio broadcast 라디오 방송
live broadcast 생방송
Internet broadcast 인터넷 방송
satellite broadcast 위성 방송
broadcasting company 방송사
broadcasting station 방송국

broccoli /ˈbrɑːkəli/ | 명사 브로콜리

Broccoli and spinach are rich in calcium.
브로콜리와 시금치에는 칼슘이 풍부하다.

broke¹ /broʊk/ | 동사 break의 과거 (☞ break)

broke² /broʊk/ | 형용사 돈이 없는, 무일푼의, 빈털터리의, 파산한 (= bankrupt)

You have no money in your account. You're **broke**.
당신의 계좌에는 돈이 없습니다. 당신은 무일푼입니다.

He is always **broke** at the end of the month.
그는 월말에는 항상 빈털터리이다.

어휘가 쑥쑥
go broke 파산하다
flat broke 완전히 빈털터리인

broken¹ /ˈbroʊkən/ | 동사 break의 과거분사 (☞ break)

broken² /ˈbroʊkən/ | 형용사 ① 부러진 ② 고장 난 ③ (약속 등이) 깨진

1 부러진, 깨진, 부서진
I got my leg **broken** while skiing.
스키 타다가 다리가 부러졌어요.

He accidentally stepped on a piece of **broken** glass.
그는 어쩌다가 깨진 유리 조각을 밟았다.

2 고장 난, 망가진 (= out of order)
I can't fix my **broken** camera.
내 고장 난 카메라를 고칠 수가 없다.

3 (약속 등이) 깨진, 어긴, 파기된
You are responsible for the **broken** promise.
약속을 어긴 책임은 당신에게 있다.

어휘가 쑥쑥
broken English 서툰 영어
broken home 결손 가정
broken sleep (자주 깨는) 선잠
broken weather 변덕스러운 날씨
broken-down 완전히 망가진
brokenhearted 슬픔에 잠긴, 상심한

broom /bruːm/ | 명사 (복 brooms) 빗자루, 비

My grandfather sweeps the front yard with a **broom** on Sunday mornings.
우리 할아버지께서는 일요일 아침마다 빗자루로 앞마당을 청소하신다.

Harry Potter flies on **broom** sticks in the movie.
영화 속에서 해리 포터는 빗자루를 타고 날아다닌다.

brother /ˈbrʌðər/ | 명사 (복 brothers) 형제, 형, 오빠, 남동생 (↔ sister 자매)

I don't have any **brothers**. 나는 형제가 하나도 없다.
I always take my little **brother** to school.
나는 항상 남동생을 학교에 데리고 다닌다.
If you fight with your elder **brother** again, you will be punished. 형이랑 또 싸우면 혼날 줄 알아.

> 어휘가 쑥쑥
> younger brother 남동생
> oldest brother 큰오빠, 맏형
> twin brother 쌍둥이 형[동생]

brought /brɔːt/   동사 bring의 과거·과거분사 (☞ bring)

*brown /braʊn/   형용사 갈색의   명사 (복) browns) 갈색

형 갈색의
Katie looked at me with big **brown** eyes.
케이티는 큰 갈색 눈으로 나를 쳐다보았다.
I actually like wearing a **brown** coat.
사실 나는 갈색 코트를 입는 것을 좋아한다.

명 갈색
This model is available in **brown**, yellow, or black.
이 모델은 갈색, 노란색, 검은색으로 나온다.

> 어휘가 쑥쑥
> brown sugar 황설탕
> brown rice 현미
> light[pale] brown 연한 갈색
> dark[deep] brown 짙은 갈색

brownie /ˈbraʊni/   명사 (복) brownies) 브라우니

She baked a dozen **brownies** for us.
그녀는 우리를 위해 열두 개의 브라우니를 구웠다.

> 뜻풀이
> 브라우니 사각형 모양의 짙은 갈색을 띠고 있는 초콜릿 케이크

> 재미가 쑥쑥

National Brownie Day
미국에서는 매년 12월 8일에 클래식 디저트(classic dessert)인 브라우니를 기념한다.

brunch /brʌntʃ/   명사 (복) brunches) 브런치
동사 (3단현) brunches (과거·과분) brunched (현분) brunching) 브런치를 먹다

명 브런치
We usually get up late and go out for **brunch** every Sunday.
우리는 보통 일요일은 항상 늦게 일어나서 브런치를 먹으러 나간다.

동 브런치를 먹다
Sam's family will **brunch** at eleven o'clock.
샘의 가족은 11시에 브런치를 먹을 것이다.

> 재미가 쑥쑥
> brunch는 breakfast와 lunch가 합쳐진 말로, '아침 겸 점심으로 먹는 식사'를 의미한다.

*brush /brʌʃ/   명사 (복) brushes) ① 솔 ② 붓질
동사 (3단현) brushes (과거·과분) brushed (현분) brushing) ① 빗다 ② 털다

buckle 139

명 1 솔, 붓, 브러시
He uses many **brushes** for painting.
그는 그림을 그릴 때 많은 붓을 사용한다.

2 붓질, 솔질, 비질
My mom gave my hair a quick **brush**.
우리 엄마는 내 머리를 재빨리 빗어 주셨다.

동 1 (솔로) 닦다, 빗다
Rapunzel **brushed** her long hair in front of the mirror.
라푼젤은 거울 앞에서 그녀의 긴 머리를 빗었다.

The dentist told me to **brush** my teeth for 3 minutes after each meal.
치과 의사 선생님께서 식후마다 3분 동안 이를 닦으라고 하셨다.

2 (솔이나 손으로) 털다, 털어 내다 (= remove)
She **brushed** the dirt off her pants. 그녀는 바지의 먼지를 털어 냈다.

어휘가 쑥쑥
paintbrush 그림 그리는 붓, 화필
hairbrush 머리빗
toothbrush 칫솔
shoebrush 구둣솔

---

* bubble /ˈbʌbl/ | 명사 (복) bubble**s** 거품
동사 (3단현) bubble**s** 과거·과분 bubble**d** 현분 bubbl**ing** 거품이 일다

명 거품, 기포, 비눗방울
My sister can blow big **bubbles**.
내 여동생은 큰 비눗방울을 불 수 있다.

어휘가 쑥쑥
bubble gum 풍선껌
bubble bath 거품 목욕

동 거품이 일다, 보글보글 끓다
Soon the water boiled and **bubbled**. 곧 물이 끓고 거품이 일었다.

---

bucket /ˈbʌkɪt/ | 명사 (복) bucket**s** ① 물통 ② 한 통에 담긴 양

1 물통, 양동이 (= pail)
He is filling a **bucket** with water. 그는 양동이에 물을 채우고 있다.

2 한 통에 담긴 양 (= bucketful)
I'm washing my car now. Could you bring me a **bucket** of water outside?
지금 세차 좀 하려고 하는데, 물 한 통만 밖으로 가져다주겠니?

---

buckle /ˈbʌkl/ | 명사 (복) buckle**s** (허리띠 등의) 버클
동사 (3단현) buckle**s** 과거·과분 buckle**d** 현분 buckl**ing**
① 버클로 잠그다 ② 구부러지다

명 (허리띠 등의) 버클(), 잠금장치
These belt **buckles** are made of silver and gold.
이 벨트의 버클들은 은과 금으로 만들어졌다.

뜻풀이
버클 허리띠 따위를 죄어 고정하는 장치

동 1 버클로 잠그다
All passengers **buckled** their seat belts.
모든 승객들이 안전벨트를 맸다.

2 구부러지다, 휘어지다
The bridge **buckled** in the strong wind.
그 다리는 강풍에 휘어졌다.

[실력이 쑥쑥]
Buckle up, please. (안전벨트를 매 주세요.)
= Please buckle[fasten] your seat belt.

bud /bʌd/
명사 (복) buds) 싹, 꽃봉오리
동사 (3단현) buds (과거·과분) budded (현분) budding) 움트다

명 싹, 눈, 꽃봉오리
The tree **buds** are all covered in snow.
나무의 싹들은 모두 눈으로 덮여 있다.

동 움트다, 싹이 트다
The trees **budded** early this spring.
올봄에는 나무들이 일찍 싹을 틔웠다.

[어휘가 쑥쑥]
rosebud 장미 꽃봉오리

[뜻풀이]
눈 자라서 꽃이나 줄기 또는 잎이 될 식물의 싹

*bug /bʌg/
명사 (복) bugs) 작은 곤충
동사 (3단현) bugs (과거·과분) bugged (현분) bugging) 귀찮게 하다

명 작은 곤충 (= small insect)
I hate **bugs**, such as ants, flies, and spiders.
나는 개미, 파리, 거미와 같은 작은 곤충들이 너무 싫다.

Baby hummingbirds eat tiny **bugs** and nectar from flowers. 아기 벌새는 꽃에 있는 작은 벌레와 꿀을 먹습니다.

동 귀찮게 하다, 괴롭히다 (= bother, annoy)
The baby's crying is really **bugging** me.
아기 울음소리가 정말 짜증나게 한다.

Stop **bugging** me! I have to finish my homework by 9 o'clock.
귀찮게 좀 하지 마! 나 9시까지 숙제 끝내야 해.

I hate *bugs*.

[재미가 쑥쑥]
컴퓨터 시스템이나 프로그램의 오류를 bug라고 하고, 그 오류를 찾아 제거하는 것은 debug라고 한다.

*build /bɪld/
동사 (3단현) builds (과거·과분) built (현분) building) ① 짓다 ② 만들어 내다

1 짓다, 세우다, 건설하다
I am going to **build** a house for my dog.
나는 우리 강아지에게 집을 지어 줄 것이다.

The Great Wall of China was **built** more than 2,000 years ago. 중국의 만리장성은 지은 지 2,000년이 넘었다.

[속담] Rome was not **built** in a day.
로마는 하루아침에 만들어진 것이 아니다.

[어휘가 쑥쑥]
builder 명 건축업자
building 명 건물
rebuild 재건축하다
build up ~을 늘리다, 쌓다
build a reputation 명성을 쌓다

2 만들어 내다, 창조하다

She took 10 years to **build** her business.
그녀는 자신의 사업체를 설립하는 데 10년이 걸렸다.

It takes time to **build** anything great.
무엇이든 위대한 것을 창조하는 데는 시간이 걸린다.

> **build (up) one's career**
> 경력을 쌓다

building /'bɪldɪŋ/ | 명사 (복) buildings 건물, 빌딩 (= structure)

This **building** has a huge door.
이 건물에는 큰 문이 하나 있다.

Many European cities are filled with historic **buildings**.
많은 유럽의 도시들은 역사적인 건물들로 가득하다.

> [어휘가 쑥쑥]
> public building 공공 건물
> office building 사무실용 건물

built /bɪlt/ | 동사 build의 과거·과거분사 (☞ build)

*bull /bʊl/ | 명사 (복) bulls 황소

The farmer has many cows and **bulls**.
그 농부에게는 많은 암소와 황소가 있다.

*bully /'bʊli/ | 명사 (복) bullies (약자를) 괴롭히는 사람
동사 (3단현) bullies (과거·과분) bullied (현분) bullying (약자를) 괴롭히다

명 (약자를) 괴롭히는 사람

Jake was picked on by the **bullies** at his school.
제이크는 학교에서 불량배들에게 괴롭힘을 당했다.

> [실력이 쑥쑥]
> 약자를 괴롭히는 불량배가 bully이고, 괴롭히는 행동은 bullying이라고 한다.

동 (약자를) 괴롭히다

That boy **bullies** all the other girls in this class.
그 소년은 이 반의 모든 여학생들을 괴롭힌다.

bump /bʌmp/ | 명사 (복) bumps ① 혹 ② 튀어나온 부분 ③ 쿵
동사 (3단현) bumps (과거·과분) bumped (현분) bumping
① 부딪치다 ② 덜컹거리며 움직이다

명 1 혹, 타박상 (= lump)

The boy has a **bump** on his head.
그 소년은 머리에 혹이 생겼다.

2 (도로 등에) 튀어나온 부분, 장애물

My car hit a **bump** in the road.
내 차가 도로에서 요철 부분에 부딪쳤다.

The boy has a *bump* on his head.

3 (충돌할 때 나는 소리) 쿵, 쾅
We all heard a **bump** at night.
우리는 모두 밤에 쿵 하는 소리를 들었다.

동 1 부딪치다, 충돌하다
His car **bumped** a truck. 그의 차가 트럭과 충돌했다.

2 덜컹거리며 움직이다
The truck **bumped** along the long dirt road.
트럭이 긴 비포장도로를 덜커덩거리며 지나갔다.

> 어휘가 쑥쑥
> **bumpy** 형 울퉁불퉁한
> **speed bump** 과속 방지 턱
> **bump into** (우연히) ~와 마주치다
> **bump against** ~에 쾅 하고 부딪치다

*bunch /bʌntʃ/ | 명사 (복) bunches) ① 다발(꽃·채소·돈 등의 묶음) ② (한 무리의) 사람들

1 다발, 송이, 묶음
I sent her a **bunch** of flowers. 나는 그녀에게 꽃 한 다발을 보냈다.
A monkey is carrying two **bunches** of bananas.
원숭이 한 마리가 바나나 두 송이를 나르고 있다.

2 (한 무리의) 사람들 (= group)
He went to the movie with a **bunch** of his friends.
그는 친구들과 영화를 보러 갔다.

> 실력이 쑥쑥
> **bunch** 같은 종류의 물건을 가지런히 묶은 것
> **bundle** 종이나 옷 등을 크기나 모양에 관계없이 한데 묶은 것

bundle /ˈbʌndl/
명사 (복) bundles) 묶음
동사 (3단현) bundles (과거·과분) bundled (현분) bundling)
다발[꾸러미]로 하다

명 묶음, 꾸러미, 다발
Bundles of hay lay about the field.
건초 다발이 들판에 널려 있었다.
Cindy quickly sat on the **bundle**, spreading her dress to cover it. 신디는 재빨리 보따리에 걸터앉아 옷을 펼쳐 그것을 덮었다.

동 다발[꾸러미]로 하다, (짐을) 꾸리다, 싸다
She **bundled** food and water bottles into her blanket.
그녀는 음식과 물병을 담요에 쌌다.

> 어휘가 쑥쑥
> **a bundle of clothes**
> 옷 한 보따리
> **sell ~ in a bundle**
> 다발로 팔다
>
> 뜻풀이
> 꾸러미 한데 동여매어 뭉치거나 싼 물건

bunk /bʌŋk/ | 명사 (복) bunks) (배·기차의) 침상, 이층 침대

He got out of his **bunk** to try to find his parents.
그는 부모님을 찾기 위해 침대에서 일어났다.

bunny /ˈbʌni/ | 명사 (복) bunnies) [아동어] 토끼 (= bunny rabbit)

A little **bunny** looks very cute. 작은 토끼는 매우 귀여워 보인다.

burden /ˈbɜːrdn/ 명사 (복) burdens (나르는) 짐 (= load), (정신적인) 짐, 부담

People used to use donkeys to carry a heavy **burden**.
예전에 사람들은 무거운 짐을 나르는 데 당나귀를 이용하곤 했다.

He doesn't want to become a **burden** on his family.
그는 가족에게 짐이 되고 싶지 않아 한다.

어휘가 쑥쑥
burdensome 형 부담스러운, 힘든

burn /bɜːrn/ 동사 (3단현) burns (과거·과분) burned/burnt (현분) burning ① (불·햇볕에) 타다 ② 데다 명사 (복) burns 화상

동 1 (불·햇볕에) 타다, 태우다

Mom, I smell something **burning** in the kitchen.
엄마, 주방에서 뭔가 타는 냄새가 나요.

She **burned** all the letters she had got from him.
그녀는 그에게서 받은 편지를 모두 불태워 버렸다.

2 데다, 화상을 입다

This chicken soup is so hot. Eat slowly not to **burn** your tongue!
이 닭고기 수프는 매우 뜨거우니까 혀를 데지 않도록 천천히 먹으렴!

명 화상

My mom got a **burn** while ironing. The doctor said that it's a first-degree **burn**.
엄마가 다림질을 하다가 화상을 입으셨는데, 의사 선생님이 1도 화상이라고 하셨다.

어휘가 쑥쑥
burning 형 불타는
burner 명 버너, 화덕
sunburn 햇볕에 탐
minor burn 가벼운 화상
severe[serious] burn 중화상
burn mark 불에 덴 자국

실력이 쑥쑥
화상은 피부의 손상 정도에 따라 1도, 2도, 3도로 구분된다. 1도 화상은 a first-degree burn, 2도 화상은 a second-degree burn, 3도 화상은 a third-degree burn이라고 한다.

숙어 burn out ① ~을 다 태우다 ② ~을 지치게 하다

The building was *burned out* by the fire.
그 건물은 불에 다 타 버렸다.

I'm *burned out*. I stayed up all night studying for the test.
나 너무 피곤해. 시험 공부를 하느라 밤을 꼬박 새웠거든.

burnt /bɜːrnt/ 동사 burn의 과거·과거분사 (☞ burn)

burst /bɜːrst/ 동사 (3단현) bursts (과거·과분) burst (현분) bursting ① 터지다 ② (감정 등을) 갑작스럽게 표현하다

1 터지다, 파열하다, 폭발하다

The yellow balloon **burst**. 노란색 풍선이 터졌다.

2 (감정 등을) 갑작스럽게 표현하다

She **burst** out laughing. 그녀는 갑자기 웃음을 터뜨렸다.

어휘가 쑥쑥
burst open 벌컥 열다
burst in 불쑥 들어오다

The kids **burst** into tears at the news.
아이들이 그 소식을 듣고 갑자기 울음을 터뜨렸다.

* bury /ˈberi/ | 동사 (3단현) buries (과거·과분) buried (현분) burying
① (땅 속에) 묻다 ② (덮어) 가리다

1 (땅 속에) 묻다, 매장하다
In ancient Egypt, kings and queens were **buried** inside stone pyramids.
고대 이집트에서는 왕과 왕비들이 돌로 된 피라미드 안에 묻혔다.

2 (덮어) 가리다, 감추다 (= cover)
The crabs **bury** themselves in the sand.
게는 모래 속에 몸을 감춘다.

Kelly **buried** her face in a pillow and cried all night long.
켈리는 베개에 얼굴을 파묻고 밤새 울었다.

> **어휘가 쑥쑥**
> buried 형 묻힌, 매장된
> burial 명 매장, 장례식

> **실력이 쑥쑥**
> berry(베리류)와 발음은 같지만 철자와 의미가 다른 것에 주의한다.

bus /bʌs/ | 명사 (복) buses) 버스

Jenny got on the **bus**. 제니는 버스에 탔다.
He always takes the **bus** to school.
그는 항상 버스를 타고 학교에 간다.
She was waiting for the **bus**. 그녀는 버스를 기다리고 있었다.
Do you go to school by **bus**? 너는 버스를 타고 학교에 가니?
Excuse me, does this **bus** go to City Hall?
죄송하지만, 이 버스가 시청에 가나요?

> **어휘가 쑥쑥**
> get off the bus 버스에서 내리다
> miss the bus 버스를 놓치다
> bus stop 버스 정류장
> bus fare 버스 요금
> bus lane 버스 전용 차선
> bus route 버스 노선

business /ˈbɪznəs/ | 명사 ① 사업 ② 업무 ③ 용건

1 사업, 장사, 거래
My aunt is in the clothes **business**.
우리 고모는 의류 사업을 하신다.
They do **business** with a number of Chinese companies.
그들은 많은 중국 기업들과 거래를 한다.
He decided to go into **business** with his brother.
그는 형과 사업을 같이 하기로 결정했다.

2 업무, 일
She went to London on **business**. 그녀는 업무차 런던에 갔다.
My **business** is selling cars. 내가 하는 일은 차를 파는 것이다.

3 용건, 볼일, 관심사
It's really none of your **business**. 당신이 정말 상관할 일이 아니다.

> **어휘가 쑥쑥**
> businessman 사업가
> business meeting 업무 회의
> business trip 출장
> business card 명함
> business hours 영업시간, 업무 시간
> business suit 정장

> **실력이 쑥쑥**
> business에서 i는 발음하지 않는다.

✱✱ busy /ˈbɪzi/ [형용사] (비교) busier (최상) busiest ① 바쁜 ② 혼잡한 ③ 통화 중인

1 바쁜, 시간이 없는 (↔ free 바쁘지 않은, 시간 있는)
Nowadays, I am **busy** preparing for the English play at school. 나는 요즘 학교에서 영어 연극을 준비하느라 바쁘다.

2 혼잡한, 번화한 (= crowded)
This city is very **busy** with many stores and people.
이 도시는 많은 상점과 사람들로 아주 혼잡하다.
We walked down a **busy** street. 우리는 번화한 거리를 걸었다.

3 (전화가) 통화 중인, 사용 중인
The line is **busy** now. Please hold a minute.
지금은 통화 중이오니 잠시만 기다려 주세요.

어휘가 쑥쑥
busily ● 바쁘게
keep ~ busy ~을 계속 바쁘게 만들다
get busy (장소가) 붐비게 되다
as busy as a bee 아주 바쁜
busy schedule 바쁜 일정
busy road 혼잡한 도로
busy signal 통화중 신호음

✱ but /bət, bʌt/ [접속사] 그러나, 하지만 [전치사] ~을 제외하고

[접] 그러나, 하지만, 그렇지만
He tried **but** failed. 그는 노력했지만 실패했다.
He is rich, **but** (he is) unhappy. 그는 부유하지만 불행하다.
It's an expensive **but** very useful book.
비싸지만 매우 유용한 책이다.
Summer is hot and humid, **but** I love it.
덥고 습하지만 전 여름이 정말 좋아요.
The Little Mermaid wanted to speak to the Prince, **but** she had no voice.
인어 공주는 왕자에게 말을 걸고 싶었지만 목소리가 나오질 않았다.
Aladdin looked for the magic lamp, **but** he could not see it.
알라딘은 요술 램프를 찾아보았지만 눈에 띄지 않았다.

[숙어] **cannot but + 동사원형** ~할 수밖에 없다 (= cannot help -ing)
He *could not but* laugh. 그는 웃을 수밖에 없었다.

not A but B A가 아니라 B
She is *not* a pianist *but* a violinist.
그녀는 피아니스트가 아니라 바이올리니스트이다.

nothing but 단지 (= only)
It's *nothing but* a joke. Don't take it so seriously!
단지 농담일 뿐이야. 너무 심각하게 받아들이지 마!

not only A but (also) B A뿐만 아니라 B도 (= B as well as A)
She can speak *not only* English *but* (*also*) Chinese.
(= She can speak Chinese as well as English.)

실력이 쑥쑥
but은 대조의 의미를 나타내는 단어와 문장을 연결하는 접속사로, but 앞뒤에는 문법적으로 동일한 형태가 온다.
This dress is pretty *but* expensive. (이 원피스는 예쁘지만 비싸다.)
My brother went, *but* I did not. (형은 갔지만 나는 가지 않았다.)

문법이 쑥쑥
not only ~ but (also)...를 포함하는 구가 주어일 경우 동사는 but (also) 뒤에 오는 주어에 일치시킨다.
Not only you *but also* I am glad. (너뿐만 아니라 나 역시 기쁘다.)

butcher

그녀는 영어뿐만 아니라 중국어도 할 수 있다.

전 ~을 제외하고, ~ 외에 (= except)
I could come any day **but** Monday.
월요일만 아니면 아무 날이나 올 수 있다.
There is no one here **but** me. 나 외에는 여기에 아무도 없다.

*butcher /'bʊtʃər/ | 명사 (복) butchers) 정육점 주인, 정육점

She bought some meat at the **butcher**'s shop.
그녀는 정육점에서 고기를 좀 샀다.

butter /'bʌtər/ | 명사 버터(♀)

I usually have bread and **butter** and milk for breakfast.
나는 주로 아침으로 버터 바른 빵과 우유를 먹는다.
Spread peanut **butter** on bread to make your sandwich taste better.
샌드위치를 좀 더 맛있게 만들려면 빵 위에 땅콩버터를 발라 봐.

> ♀ 뜻풀이
> 버터 우유의 지방을 따로 굳혀서 만든, 빵에 바르거나 요리에 넣는 노란 빛깔의 서양 음식

butterfly /'bʌtərflaɪ/ | 명사 (복) butterflies) 나비 (☞ insect)

The **butterfly** drinks nectar from the flowers.
나비는 꽃에서 꿀을 빨아 마신다.
Birds and **butterflies** add color to the forest.
새와 나비는 숲에 생기를 더해 준다.

> 재미가 쑥쑥
> 수영에서 butterfly는 '접영'을 의미한다.

button /'bʌtn/ | 명사 (복) buttons) (누르는) 버튼
동사 (3단현) buttons (과거·과분) buttoned (현분) buttoning) 단추를 잠그다

명 (누르는) 버튼, 단추
I lost one of my **buttons**.
나는 단추 하나를 잃어버렸다.
You'd better fasten your **buttons** on your coat, or you might catch a cold.
코트의 단추를 잠그는 것이 좋겠어. 안 그러면 감기에 걸릴지도 몰라.
Insert the coins first, and press[push] this **button**.
먼저 동전을 넣고 이 버튼을 누르면 됩니다.

동 단추를 잠그다[채우다]
Could you **button** up the back of my blouse, mom?
엄마, 제 블라우스의 뒷 단추 좀 잠가 주실래요?

> 어휘가 쑥쑥
> undo a button 단추를 풀다
> buttonhole 단춧구멍
> belly button 배꼽
> mouse button (컴퓨터의) 마우스 버튼
> play button 재생 버튼

buy /baɪ/ | 동사 (3단현) buys (과거·과분) bought (현분) buying) 사다 (↔ sell 팔다)

Mike saved some money and **bought** a bicycle.
마이크는 돈을 좀 모아서 자전거를 샀다.

My father **bought** me a laptop. / My father **bought** a laptop for me.
아빠가 내게 노트북 컴퓨터를 사 주셨다.

어휘가 쑥쑥
buy in bulk 대량으로 구매하다
buy time 시간을 벌다

*buzz /bʌz/ | 동사 (3단현) buzzes (과거·과분) buzzed (현분) buzzing) 윙윙거리다
명사 (복) buzzes) 윙윙거리는 소리

동 (벌·기계 등이) 윙윙거리다
Bees were **buzzing** around the garden.
벌들이 정원 주위를 윙윙거리며 날아다니고 있었다.
The fly **buzzed** its wings. 파리가 윙윙 날개 소리를 냈다.

명 (벌·기계 등의) 윙윙거리는 소리
I can hear the **buzz** of mosquitoes.
모기가 앵앵대는 소리가 들린다.

by /baɪ/ | 전치사 ① [장소·위치] ~ 옆에 ② [수단·방법] ~에 의해서 ③ [통과·경로] ~을 지나서 ④ [시간] ~까지 ⑤ [수동태] (누구)에 의해서

1 [장소·위치] **~ 옆에** (= near, beside)
I stood **by** the window. 나는 창가에 서 있었다.
The oak trees **by** the street are over a hundred years old.
길가의 떡갈나무의 나이는 100년이 넘는다.
Come and sit **by** me. I have something to tell you.
와서 내 옆에 앉아 봐. 너한테 할 말이 있어.

실력이 쑥쑥
by, bye, buy는 모두 발음이 같으므로 주의해야 한다.

2 [수단·방법] **~에 의해서, ~로**
My father goes to work **by** bus. 우리 아빠는 버스로 출근하신다.
We crossed the river **by** boat. 우리는 배를 타고 그 강을 건넜다.
I keep in touch with my friends **by** e-mail.
나는 친구들과 이메일로 연락하며 지낸다.

I stood *by* the window.

3 [통과·경로] **~을 지나서, ~을 통해서, ~의 옆을**
He went **by** the church. 그는 교회를 지나쳐 갔다.
A policeman drove **by** the store.
경찰관이 차를 몰고 가게 옆을 지나갔다.
We came in **by** the back door. 우리는 뒷문을 통해서 들어왔다.

4 [시간] **~까지**

Katie is always supposed to be home **by** 8 o'clock.
케이티는 항상 8시까지 집에 들어가야 한다.
She must finish this work **by** Saturday.
그녀는 이 일을 토요일까지 끝내야 한다.

5 [수동태] **(누구)에 의해서**
Jazz was created **by** African-Americans.
재즈는 아프리카계 미국인들에 의해 만들어졌다.
He was a great teacher and was respected **by** all his students. 그는 좋은 선생님이었고 모든 학생들에게 존경받았다.

숙어 **by chance 우연히** (= by accident, accidentally)
I met Katie *by chance* yesterday.
나는 어제 우연히 케이티를 만났어.

by mistake 실수로, 잘못하여
He broke a neighbor's window *by mistake*.
그는 실수로 이웃집 창문을 깨뜨렸다.

by oneself 홀로, 혼자 힘으로
My grandma lives in the country *by herself*.
우리 할머니는 시골에서 혼자 사신다.

by the way 그런데, 그건 그렇고 《화제를 바꿀 때 쓰는 표현》
A: Did you do well on the TOEIC last Sunday?
  지난주 일요일에 친 토익 시험은 잘 봤니?
B: Yes. *By the way*, what do you want for dinner?
  응. 근데 그건 그렇고, 저녁은 뭐 먹을래?

실력이 쑥쑥
* **by & until** *
by와 until은 모두 '~까지'로 해석되지만, by는 '~까지 끝마치다'라는 뜻이고, until은 '~까지 계속되다'라는 뜻이다.
I have to finish my homework *by* tomorrow. (내일까지 숙제를 끝내야 한다.)
I have to work *until* 10 o'clock. (10시까지 계속 일을 해야 한다.)

실력이 쑥쑥
by가 교통수단과 함께 쓰일 때는 a나 the와 같은 관사를 쓰지 않는다.
I go to work *by* bus.
(나는 버스를 타고 출근한다.)
I go to work *by* the bus. (×)

---

bye /baɪ/ 감탄사 [작별 인사] 잘 가, 안녕 (= bye-bye, good-bye)

Bye! See you later! 잘 가! 또 보자!
Bye for now! 나중에 봐요!

Cc

*cab /kæb/ | 명사 (복) cabs) 택시 (= taxi)

Let's take a **cab**. 택시 타자.
He drives a **cab**. 그는 택시를 운전한다.

> 어휘가 쑥쑥
> cab driver 택시 기사

cabbage /ˈkæbɪdʒ/ | 명사 (복) cabbages) 양배추 (☞ vegetable)

I don't like **cabbages** and carrots.
나는 양배추와 당근을 싫어한다.

*cabin /ˈkæbɪn/ | 명사 (복) cabins) ① 객실 ② 오두막

1 (배·비행기의) 객실
Please book me a **cabin** on the ship.
배의 객실을 하나 예약해 주세요.

> 뜻풀이
> 객실 배나 비행기에서 손님이 타는 칸이나 방

2 오두막
Tom lived in a **cabin**. 톰은 오두막에 살았다.

> 어휘가 쑥쑥
> cabin crew 승무원

cabinet /ˈkæbɪnət/ | 명사 (복) cabinets) ① 장식장 ② (정부의) 내각

1 장식장, 진열장, 수납장
Toothbrushes are in the bathroom **cabinet**.
칫솔은 욕실 수납장에 있다.

2 (정부의) 내각 (국무 위원들로 구성되어 국가의 행정을 담당하는 행정 중심 기관)
The **cabinet** meets every Tuesday.
정부의 내각은 매주 화요일에 모인다.

> 어휘가 쑥쑥
> medicine cabinet 약품 수납장
> supply cabinet 비품 수납장
> built-in cabinet 붙박이장

*cable /ˈkeɪbl/ | 명사 (복) cables) ① 굵은 밧줄 ② 케이블 ③ 케이블 방송

1 굵은 밧줄

Steel **cables** support that bridge.
굵은 강철 케이블이 저 다리를 지탱하고 있다.

2 케이블, 전선, 전화선
Electric **cables** are under the road.
전선이 도로 밑에 깔려 있다.

3 불 케이블 방송, 유선 방송
I have **cable** TV at home.
우리 집에는 케이블 방송이 나온다.

> 어휘가 쑥쑥
> **overhead cable**
> 지상 케이블
> **underground cable**
> 지하 케이블
> **send a cable** 전보를 치다

cactus /ˈkæktəs/ 명사 (복) cactuses, cacti) 선인장

I water this **cactus** once a month.
나는 이 선인장에 한 달에 한 번 물을 준다.

cafeteria /ˌkæfəˈtɪriə/ 명사 (복) cafeterias) (셀프서비스의) 구내식당, 카페테리아

We usually have lunch at the **cafeteria**.
우리는 보통 구내식당에서 점심을 먹는다.

cage /keɪdʒ/ 명사 (복) cages) 새장, 우리

There is a beautiful bird in the **cage**.
새장 안에 예쁜 새가 한 마리 있다.

cake /keɪk/ 명사 (복) cakes) 케이크

I like a chocolate **cake**. 나는 초콜릿 케이크를 좋아한다.
Would you like some more **cake**? 케이크 좀 더 드실래요?

> 어휘가 쑥쑥
> **wedding cake**
> 웨딩[결혼식] 케이크
> **birthday cake**
> 생일 케이크

숙어 **a piece of cake** 아주 쉬운 일

A: Could you help me with this math problem?
이 수학 문제 푸는 것 좀 도와줄래?

B: Sure, it's *a piece of cake*.
물론이지, 그 정도는 누워서 떡 먹기야.

실력이 쑥쑥

cake는 보통 셀 수 없는 명사로 쓰여서 케이크 한 조각, 두 조각 등으로 셀 때는 **a piece of**라는 단위와 함께 쓴다.
a piece of cake (케이크 한 조각) / *two pieces of* cake (케이크 두 조각)
그러나 케이크의 종류나 조각 케이크가 아닌 전체 케이크 하나를 가리킬 때는 **a cake, two cakes**와 같이 셀 수 있는 명사의 형태로 사용 가능하다.
Amy baked *a cake*[*three cakes*]. (에이미는 케이크를 한 개[세 개] 구웠다.)

calcium /ˈkælsiəm/ 명사 [화학] 칼슘

We need **calcium** to make bones.
우리는 뼈를 만드는 데 칼슘이 필요하다.
Calcium is important for growth. 칼슘은 성장에 중요하다.

실력이 쑥쑥
칼슘은 원소 기호 Ca로 쓴다.

calculate /ˈkælkjuleɪt/ | 동사 (3단현) calculates (과거·과분) calculated (현분) calculating) 계산하다

You can use a calculator to **calculate** these complex numbers. 이 복잡한 숫자를 계산하는 데 계산기를 사용하셔도 됩니다.

어휘가 쑥쑥
calculator 명 계산기

calculation /ˌkælkjuˈleɪʃn/ | 명사 (복) calculations) 계산

There is an error in your **calculation**. 네 계산에 오류가 있다.

calendar /ˈkælɪndər/ | 명사 (복) calendars) 달력, 캘린더

I have next year's **calendar**. 나는 내년도 달력이 있다.
Chinese New Year is on the first day of the lunar **calendar**.
중국의 설날은 음력 1월 1일이다.

어휘가 쑥쑥
solar calendar 양력

calf /kæf/ | 명사 (복) calves) ① 송아지 ② (동물의) 새끼

1 송아지
I have a cute **calf**. 나는 귀여운 송아지 한 마리가 있어.
Calves are so cute! 송아지들은 정말 귀여워!

실력이 쑥쑥
calf에서 l은 발음하지 않는 것에 주의한다.

2 (동물의) 새끼
A fisherman found a whale **calf**.
어부가 새끼 고래를 발견했다.

California /ˌkæləˈfɔːrniə/ | 명사 캘리포니아 《태평양 연안에 위치한 미국 서부 주(state) 중의 하나》

I live in **California**. 나는 캘리포니아에 산다.

call /kɔːl/ | 동사 (3단현) calls (과거·과분) called (현분) calling) ① 큰 소리로 부르다 ② ~을 …라고 부르다 ③ 전화하다
명사 (복) calls) ① 부르는 소리 ② 전화

동 1 큰 소리로 부르다, 외치다, 소리치다 (= cry, yell, shout)
If I **call** your name, say "here."
이름을 부르면, "네"라고 대답하세요.

어휘가 쑥쑥
call in sick 아파서 결근한다고 전화하다

2 ~을 …라고 부르다 (= name)
People **call** New York City the *Big Apple*.
사람들은 뉴욕시를 'Big Apple'이라고 부른다.

My name is Susan, but everyone just **calls** me Susie.
제 이름은 수전인데요, 모두들 저를 그냥 수지라고 불러요.

3 전화하다, 전화해서 부르다 (= phone, ring, dial)
I **called** you yesterday. 나 어제 너한테 전화했어.

It's too late. I should **call** a taxi.
시간이 너무 늦어서 택시를 불러야겠어요.

May I ask who's **calling**? 〈전화 통화 중에〉 누구세요?

명 **1 부르는 소리, 외치는 소리**
Nobody heard his **call** for help.
아무도 그가 도와 달라고 외치는 소리를 듣지 못했다.

2 전화
When you arrive in the lobby, give me a **call**.
로비에 도착하면 나한테 전화해.

숙어 **call+at** 장소 / **on** 사람 ~에 방문하다, 들르다
I will *call at* your office this afternoon.
오늘 오후에 당신 사무실을 방문하겠습니다.

I will *call on* you this afternoon.
오늘 오후에 당신을 방문하겠습니다.

call up 전화하다
I'll *call up* Oliver and ask if he is free on Sunday.
올리버한테 전화해서 일요일에 시간이 있는지 물어볼게.

---

called game 콜드 게임
(비 등으로 중단된 경기)
collect call 수신자 부담 전화
international call 국제 전화
wake-up call 모닝콜
make a call 전화를 걸다
get[answer] a call 전화를 받다

실력이 쑥쑥
전화가 왔을 때 상대방에게 '누구세요?'라고 물어보려면 Who are you?가 아니라 Who's calling, (please)? 라고 해야 한다.

✱ **calm** /kɑːm/
형용사 (비교) calmer (최상) calmest ① 침착한 ② 평온한
명사 ① 고요 ② 평정
동사 (3단현) calms (과거·과분) calmed (현분) calming 차분하게 하다

형 **1 침착한, 조용한** (= cool)
She tried to stay[keep] **calm** in an emergency.
그녀는 위급한 상황에서도 침착하게 행동하려고 애를 썼다.

2 (바람 없이) 평온한, (파도가 없이) 잔잔한
It was a **calm**, cloudless day. 구름 한 점 없는 평온한 날이었다.
According to the weather forecast, the sea is going to be **calm** today.
일기 예보에 따르면 오늘은 바다가 잔잔할 거라고 합니다.

명 **1 고요, 잠잠함, 평온**
[속담] After a storm comes a **calm**. 폭풍 뒤에 고요함이 온다.

실력이 쑥쑥
calm에서 l은 발음하지 않는 것에 주의한다.

어휘가 쑥쑥
calmly 튀 고요히, 침착하게, 태연하게
calmness 명 고요, 평온
land of morning calm
고요한 아침의 나라 (한국)

2 평정, 침착, 냉정

He always speaks with complete **calm**.
그는 항상 아주 차분하게 이야기한다.

동 차분하게 하다, 진정시키다

Mom **calmed** the crying baby. 엄마는 우는 아기를 진정시켰다.

숙어 **calm down** (마음을) 가라앉히다, 진정하다 (= cool down, relax, take it easy)

A: I had a car accident on my way here.
여기 오는 길에 차 사고가 났어.

B: *Calm down* and tell me more about that.
진정하고 좀 더 자세히 얘기해 봐.

Mom *calmed* the crying baby.

came /keɪm/ | **동사** come의 과거 (☞ come)

My uncle **came** to my house. 삼촌이 우리 집에 오셨다.

camel /'kæml/ | **명사** (복) camels) 낙타 (☞ animal)

Camels use the fat stored inside their humps as food.
낙타는 혹 안에 저장된 지방을 식량으로 이용한다.

camera /'kæmərə/ | **명사** (복) cameras) 카메라, 사진기

Please take a picture of me with that **camera**.
그 카메라로 내 사진 좀 찍어 줘.

camp /kæmp/

명사 (복) camps) 캠프
동사 (3단현) camps (과거·과분) camped (현분) camping) 야영하다

명 캠프, 야영(지)

I went to an English **camp** with my brother during summer vacation. 나는 여름 방학 때 형이랑 영어 캠프에 갔었다.

There's a nice **camp** near the lake.
호수 근처에 좋은 야영지가 있다.

동 캠프하다, 야영하다

We **camped** in the mountain. 우리는 산에서 야영을 했다.

어휘가 쑥쑥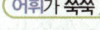

camping 명 캠핑, 야영
make camp 텐트를[천막을] 치다
break camp 텐트를[천막을] 걷다

campaign /kæm'peɪn/ | **명사** (복) campaigns) 캠페인, (사회·정치적 목적을 위한) 운동

Election **campaigns** in Korea run for two weeks.
한국에서 선거 운동은 2주간 진행됩니다.

can¹ /kən, kæn/

조동사 ① ~할 수 있다 ② ~해도 좋다 ③ ~할 가능성이 있다 ④ ~해 주시겠습니까?

1 [능력] **~할 수 있다** (= be able to + 동사원형)
I **can** run 100 meters in 12 seconds.
나는 100미터를 12초 만에 뛸 수 있어.

2 [허가] **~해도 좋다** (= may)
You **can** use my car tomorrow. 내일 제 차를 쓰셔도 됩니다.
Can I borrow your pencil? 네 연필을 빌려도 될까?
A: **Can** I try these shoes on? 이 신발 좀 신어 봐도 되나요?
B: Sure. 물론이죠.

3 [가능] **~할 가능성이 있다**
It **can't** be true. 그것은 사실일 리가 없어.
It **can** happen to anybody. I often do that, too.
누구에게나 다 일어날 수 있는 일이에요. 저도 종종 그래요.

4 [제안·부탁] **~해 주시겠습니까?**
Can you feed the dog? 강아지 밥 좀 줄래요?

숙어 **as ~ as** one **can** 가능한 한[될 수 있는 대로] ~ (= as ~ as possible)
A: When do you want this car fixed?
이 차를 언제까지 수리해 드리면 되나요?
B: *As soon as* you *can*. 가능한 한 빨리요.

실력이 쑥쑥
부탁을 하거나 허가를 구할 경우에는 Can you ~?보다 Could you ~?가 더 정중하고 공손한 표현이다.
Could you help me?
(저 좀 도와주시겠어요?)

문법이 쑥쑥
can의 부정형: cannot / can't
could의 부정형: could not / couldn't
be able to의 부정형: be not able to / be unable to

문법이 쑥쑥
1. can의 과거형은 could이다.
   I *could* read and write when I was four. (나는 네 살 때 읽고 쓸 수 있었다.)
2. can과 「be able to + 동사원형」은 둘 다 '~할 수 있다'라는 뜻이지만, 다른 조동사와 함께 쓸 때는 반드시 can 대신 「be able to + 동사원형」을 써야 한다. 예를 들어 미래를 나타내는 조동사 will과 함께 쓰일 때는 can이 아닌 be able to를 쓴다.
   He *will be able to* come to the party. (그는 파티에 올 수 있을 거야.) / He *will can* come to the party. (×)
3. can과 같은 조동사는 주어에 따라 그 형태가 변하지 않으며 뒤에 항상 동사원형을 쓴다.
   I[She, They] *can swim*. (나[그녀, 그들]는 수영을 할 수 있다.)
4. can의 부정형은 can 뒤에 not을 붙여서 만든다. cannot은 can't로 줄여서 사용할 수 있다.
   I *cannot[can't]* run fast. (나는 빨리 달릴 수 없어.)

can² /kæn/ **명사** (복) cans) 통조림, 캔

I bought a **can** of tuna[corn, peaches].
나는 참치[옥수수, 복숭아] 통조림을 샀다.
A: What would you like to drink? 음료는 어떤 걸로 하실래요?
B: A **can** of Coke and a **can** of Sprite, please.
콜라 한 캔과 사이다 한 캔 주세요.

어휘가 쑥쑥
canned 통조림으로 된
can opener 깡통 따개
watering can 물뿌리개
garbage can 쓰레기통

candle 155

Canada /ˈkænədə/ 명사 캐나다

She lives in **Canada**. 그녀는 캐나다에 산다.

Canadian /kəˈneɪdiən/ 형용사 명사 (복) Canadians) 캐나다의, 캐나다 사람(의)

Your **Canadian** friend is so smart.
너의 캐나다 친구는 정말 똑똑하다.
My English teacher is **Canadian**.
내 영어 선생님은 캐나다 사람이다.

> 실력이 쑥쑥
> Canada는 강세가 첫 번째 음절에 오고, Canadian은 두 번째 음절에 온다.

canary /kəˈneri/ 명사 (복) canaries) 카나리아 《노란색의 작은 새》

* cancel /ˈkænsl/ 동사 (3단현) cancels (과거·과분) canceled/cancelled (현분) canceling/cancelling 취소하다 (= call off)

I **canceled** my trip to America.
나는 미국으로 여행 가는 것을 취소했다.
I'd like to **cancel** my reservation for Friday.
금요일 예약을 취소하고 싶은데요.
All flights have been **canceled** due to the heavy storm.
심한 폭풍으로 모든 항공편이 취소되었습니다.

> 어휘가 쑥쑥
> cancellation 명 취소

* cancer /ˈkænsər/ 명사 (복) cancers) 암

He died of lung **cancer**. 그는 폐암으로 죽었다.
We can cure some types of **cancer**.
우리는 일부 종류의 암을 치료할 수 있다.

> 어휘가 쑥쑥
> liver cancer 간암
> stomach cancer 위암

* candidate /ˈkændɪdeɪt, ˈkændɪdət/ 명사 (복) candidates) 후보자, 지원자

Amy is a **candidate** for the student president.
에이미는 학생회장 후보자이다.
You are the best **candidate** for this job.
당신은 이 일에 최적의 지원자입니다.

candle /ˈkændl/ 명사 (복) candles) 초, 양초, 촛불

Katie blew out the **candles** on her birthday cake making her own wishes.
케이티는 소원을 빌면서 생일 케이크의 촛불을 껐다.

> 어휘가 쑥쑥
> light a candle 촛불을 켜다

candy /ˈkændi/ | 명사 (복) candies) 사탕, 캔디, 단 과자 (= sweets)

Many children love **candy**. 많은 아이들이 사탕을 아주 좋아한다.
Children go from door to door to collect **candies** on Halloween.
핼러윈이 되면 아이들은 사탕을 모으러 집집마다 돌아다닌다.

> **실력이 쑥쑥**
> 영국에서는 사탕을 sweets 라고 한다.

cannot /ˈkænɑːt/ | 조동사 can의 부정형 (☞ can)

Because I **cannot** swim, I am afraid of water.
나는 수영을 할 줄 몰라서 물을 무서워한다.

canoe /kəˈnuː/ | 명사 (복) canoes) 카누 (🔍 짐승의 가죽이나 통나무로 만든 작은 배)

I crossed the lake by **canoe**. 나는 카누를 타고 호수를 건너갔다.

canyon /ˈkænjən/ | 명사 (복) canyons) 협곡 (🔍 산과 산 사이의 좁고 험한 골짜기)

The **canyon** was very deep and steep.
그 협곡은 아주 깊고 가팔랐다.

**cap /kæp/ | 명사 (복) caps) ① 모자 ② 뚜껑
동사 (3단현) caps (과거·과분) capped (현분) capping) 덮다

명 1 모자 (☞ clothing)
Amy is wearing a pink **cap**. 에이미는 분홍색 모자를 쓰고 있다.

2 뚜껑 (= lid)
I can't get the **cap** off this bottle.
이 병뚜껑을 열 수가 없어.

동 덮다, 병뚜껑을 닫다
Don't forget to **cap** the bottle. 병뚜껑 닫는 거 잊지 마.

> **실력이 쑥쑥**
> **cap** 테가 없거나 야구 모자처럼 앞에 챙이 있는 모자
> **hat** 보통 테가 있는 모자

*capable /ˈkeɪpəbl/ | 형용사 (비교) more capable (최상) most capable) ① ~할 수 있는 ② 유능한

1 ~할 수 있는
This airplane is **capable** of carrying 100 passengers at a time.
이 비행기는 한 번에 100명의 승객들을 태울 수 있다.

2 유능한 (🔍 어떤 일을 해결하는 능력이나 재능이 있는)
He is a **capable** lawyer. 그는 유능한 변호사이다.

> **어휘가 쑥쑥**
> **capability** 명 능력, 재능
> **capably** 부 유능하게, 잘
> **incapable** 무능한

capacity /kəˈpæsəti/ | 명사 (복) capacities) ① 용량 ② 재능

1 용량, 수용력
This fuel tank has a **capacity** of 40 liters.
이 연료 탱크의 용량은 40리터다.

2 재능
He has the **capacity** to become a singer.
그는 가수가 될 재능이 있다.

> **어휘가 쑥쑥**
> seating capacity 좌석 수 (인원 수용 능력)
> high capacity 대용량

*capital /ˈkæpɪtl/ | 명사 (복) capitals) ① 수도 ② 대문자 ③ 자금
형용사 ① 주요한 ② 대문자의 ③ 사형감인

명 1 수도
Seoul is the **capital** of Korea.   서울은 한국의 수도입니다.
Every state has its own **capital** in the U.S.
미국에는 주마다 주도가 있다.

2 대문자
Write your name in **capitals**.   이름을 대문자로 쓰세요.

3 (불) 자금, 자본
We need **capital** to start a new business.
우리는 새로운 사업을 시작하려면 자금이 필요하다.

형 1 주요한, 매우 중요한
That is a **capital** idea.   그것은 아주 중요한 아이디어이다.

2 대문자의
English is written with a **capital** E.   English는 대문자 E로 쓴다.

3 (죄가) 사형감인
He was sentenced to **capital** punishment.
그는 사형 선고를 받았다.

> **어휘가 쑥쑥**
> capitalist 명 자본가, 자본주의자
> capitalism 명 자본주의
> capital city 수도
> capital letter 대문자
> capital investment 자본 투자

> **실력이 쑥쑥**
>
> *대문자로 적는 경우*
> 1. 고유명사(특정한 사물·사람·장소를 부르는 이름)는 항상 대문자로 시작
>   *Tom* likes *Amy*. (톰은 에이미를 좋아한다.) / My destination is *New York*. (내 목적지는 뉴욕이야.)
> 2. 월·요일·휴일의 첫 글자는 대문자
>   Today is *December* 25. (오늘은 12월 25일이다.) / It's *Friday*. (오늘은 금요일이다.)
> 3. 국적·종교·인종·언어 등의 첫 글자는 대문자
>   I like *Italian* food. (나는 이탈리아 음식을 좋아해.)
>   I want to learn *English* and *Chinese*. (나는 영어와 중국어를 배우고 싶다.)
>   Kelly is *American*. (켈리는 미국인이다.) / I'm from *Korea*. (나는 한국에서 왔어.)
>   There is one *Christian* church in my town. (우리 동네에는 교회가 하나 있다.)

✱ captain /ˈkæptɪn/ | 명사 (복) captains) ① (팀의) 주장 ② (배의) 선장

1 (팀의) 주장(🔍) (= head, leader)
He is the **captain** of our team. 그는 우리 팀의 주장이다.

2 (배의) 선장, (비행기의) 기장
I am the **captain** of this ship. 나는 이 배의 선장이다.

> 🔍 뜻풀이
> **주장** 운동 경기에서 팀의 우두머리가 되는 선수

✱ capture /ˈkæptʃər/ | 동사 (3단현) captures (과거·과분) captured (현분) capturing) ① 붙잡다 ② 사로잡다 ③ 획득하다 ④ (사진 등으로) 기록하다 ⑤ 캡처하다

1 붙잡다, 포획하다(🔍)
Tom **captured** the bird with a net.
톰은 그물로 새를 잡았다.

2 (마음·관심을) 사로잡다, 매료하다(🔍)
Her speech **captured** our attention.
그녀의 연설은 우리의 주의를 사로잡았다.

3 (상품·상 등을) 획득하다, (시장을) 점유하다(🔍)
Amy **captured** five gold medals.
에이미는 금메달 5개를 획득했다.

4 (사진 등으로) 기록하다, 포착하다
We **captured** a real squid on video.
우리는 진짜 오징어를 영상으로 담았다.

5 (화면 등을) 캡처하다(🔍)
Capture the screen. 화면을 캡처해라.

> 🔍 뜻풀이
> **포획하다** 야생 짐승이나 물고기 등을 잡다
> **매료하다** 사람을 홀려서 마음을 사로잡다
> **점유하다** 어떤 분야나 공간 등을 차지하다
> **캡처하다** 화면을 사진으로 저장하다
>
> 어휘가 쑥쑥
> **capture alive** 생포하다, 산 채로 잡다
> **capture someone's heart** 마음을 사로잡다

✱ car /kɑːr/ | 명사 (복) cars) ① 자동차 ② 객차

1 자동차 (= automobile, auto) (☞ vehicle)
I have three **cars**. 나는 차를 세 대 가지고 있다.
Ford built his first **car** in 1896.
포드는 1896년에 첫 번째 차를 만들었다.

2 (열차·기차의) 객차, 차량
There is a dining **car** on the train. 그 기차에는 식당 칸이 있다.

> 어휘가 쑥쑥
> **car pool** 승용차 함께 타기, 카풀
> **electric car** 전기차
> **police car** 경찰차
> **rental car** 렌터카

carbon /ˈkɑːrbən/ | 명사 [화학] 탄소

It does not create **carbon** pollution.
그것은 탄소 오염을 유발하지 않는다.

> 실력이 쑥쑥
> 원소 기호는 C로 쓴다.

card /kɑːrd/ 명사 (복) cards ① 카드 ② 놀이 카드

1 카드
I will send a birthday **card** to my daddy.
저는 아빠한테 생일 카드를 보낼 거예요.

2 놀이 카드
They often play **cards** at Lucy's house.
그들은 루시네 집에서 자주 카드놀이를 한다.

> 어휘가 쑥쑥
> **credit card** 신용 카드
> **identification card** 신분증 (= ID card)
> **business card** 명함

cardboard /'kɑːrdbɔːrd/ 명사 판지, 마분지, 골판지 (두껍고 단단한 종이)

I packed my books in **cardboard** boxes.
나는 내 책들을 두꺼운 종이 상자에 포장했다.

*care /ker/
명사 (복) cares ① 걱정 ② 조심 ③ 간호
동사 (3단현) cares 과거·과분 cared 현분 caring ① 걱정하다 ② 관심이 있다 ③ 돌보다 ④ 좋아하다

명 **1 걱정, 근심**
At last I felt free from my **cares**.
드디어 나는 걱정거리로부터 자유로워졌다.

2 조심, 주의
Cross with **care** at the traffic lights. 신호등에서는 조심해서 건너라.

3 간호, 돌봄, 관리
They are busy with the **care** of the children.
그들은 아이들을 돌보느라 바쁘다.

동 **1 걱정하다** (= worry)
Parents always **care** about their children.
부모들은 늘 아이들을 걱정한다.

2 관심이 있다, 신경을 쓰다
We should **care** about our own health.
우리는 자신의 건강에 신경을 써야 한다.

3 돌보다, 보살피다 (= look after, take care of)
Mom **cared** for me while I was sick.
엄마는 내가 아플 때 나를 돌봐 주셨다.

4 좋아하다 (= like)
I don't **care** for spinach. 나는 시금치를 좋아하지 않는다.

숙어 **take care** ① 조심하다 ② 〈헤어질 때 인사로〉 잘 지내, 잘 가
Take care not to catch a cold. 감기에 걸리지 않도록 조심해라.

> 어휘가 쑥쑥
> **medical care** 건강 관리, 의료
> **health care** 건강 관리
> **intensive care** 집중 치료
> **after-school care** 방과 후 돌봄
> **day care** 보육, 주간 보호
> **skin care** 피부 관리

> 실력이 쑥쑥
> • care for는 '~를 돌보다'라는 뜻이지만, 부정문에서 쓰이면 '~를 좋아하다'라는 뜻이 된다.
> I don't *care for* Jane. (나는 제인을 좋아하지 않는다.)
> • (Would you) care for ~? 는 '~하시겠어요?'라는 뜻으로, 상대방에게 권유할 때 쓸 수 있다.
> (Would you) *care for* another drink? (한 잔 더 하시겠어요?)

A: Bye. See you tomorrow. 안녕. 내일 봐.
B: Bye-bye. *Take care*. 안녕. 잘 가.

take care of ~를 돌보다, 보살피다 (= care for), 처리하다
I can *take care of* your dog. 내가 네 강아지를 돌봐 줄 수 있어.
A: I don't know what to do with this program.
　　나는 이 프로그램을 어떻게 다루어야 할지 모르겠어.
B: Don't worry. I'll *take care of* it. 걱정하지 마. 내가 처리할게.

Mom *cared* for me while I was sick.

＊career /kəˈrɪr/ | 명사 (복 careers) ① 경력 ② (전문적) 직업

1 경력, 이력(❓)
Helen has a shining **career** behind her.
헬렌은 화려한 경력을 가지고 있다.

2 (전문적) 직업 (= profession)
He plans to have a **career** in politics.
그는 정치 분야의 직업을 가질 계획이다.

> **뜻풀이**
> **이력** 한 사람이 지금까지 거쳐 온 학력이나 직업 등의 내용, 또는 그 기록

＊careful /ˈkerfl/ | 형용사 (비교 more careful 최상 most careful) 주의 깊은, 조심스러운, 신중한 (↔ careless 부주의한)

Be **careful** with this lamp! 이 램프를 다룰 때는 주의해라!
We should make **careful** choices about how to spend our money.
우리는 돈을 어떻게 쓸지 신중하게 결정해야 한다.

> **어휘가 쑥쑥**
> **carefully** 문 주의 깊게, 조심스럽게, 신중하게
> **carefulness** 명 주의 깊음

careless /ˈkerləs/ | 형용사 (비교 more careless 최상 most careless) ① 부주의한 ② 무관심한

1 부주의한, 조심성 없는, 경솔한(❓)
A **careless** driver is dangerous. 부주의한 운전자는 위험하다.
She made many **careless** mistakes on her test.
그녀는 시험에서 경솔한 실수를 많이 했다.

> **어휘가 쑥쑥**
> **carelessly** 문 부주의하게
> **carelessness** 명 부주의, 경솔

2 무관심한, ~에 전혀 개의치 않는
She seemed **careless** of her own safety.
그녀는 자기 자신의 안전에 무관심해 보였다.

> **뜻풀이**
> **경솔한** 말이나 행동이 조심스럽지 못한

> **실력이 쑥쑥**
> 명사 뒤에 접미사 -ful이 붙으면 형용사로 바뀌고 '~이 가득한' 또는 '~이 풍부한'이라는 의미가 추가된다. 반대로 명사 뒤에 접미사 -less가 붙으면 형용사로 '~이 없는'의 의미가 추가된다.
> care+ful=careful (주의 깊은, 신경을 쓰는) / care+less=careless (부주의한)
> pain+ful=painful (고통스러운) / pain+less=painless (고통 없는)
> hope+ful=hopeful (희망찬) / hope+less=hopeless (절망적인)

cargo /ˈkɑːrgoʊ/ | 명사 (복) cargoes/cargos (비행기·선박 등의) 화물

The truck is carrying a **cargo** of fruit.
그 트럭은 과일 화물을 운송하고 있다.

> 어휘가 쑥쑥
> **cargo ship** 화물선

carnival /ˈkɑːrnɪvl/ | 명사 (복) carnivals 카니발, 축제

There is a local **carnival** every year. 매년 지역 축제가 열린다.

carol /ˈkærəl/ | 명사 (복) carols 크리스마스 캐럴

My favorite Christmas **carol** is "Jingle Bell."
내가 가장 좋아하는 크리스마스 캐럴은 '징글벨'이다.

carpenter /ˈkɑːrpəntər/ | 명사 (복) carpenters 목수 (나무를 다듬어 집을 짓거나 물건을 만드는 일을 직업으로 하는 사람)

My father is a **carpenter**. 우리 아버지는 목수이시다.

carpet /ˈkɑːrpɪt/ | 명사 (복) carpets 카펫, 양탄자

We need a new **carpet**. 우리는 새 카펫이 필요하다.
The magic **carpet** flew over the rooftops.
마술 양탄자가 지붕 꼭대기 위로 날아갔다.

✲ carrot /ˈkærət/ | 명사 (복) carrots 당근 (☞ vegetable)

Rabbits like **carrots**. 토끼는 당근을 좋아한다.
Carrots are good for your eyes. 당근은 눈에 좋다.

✲ carry /ˈkæri/ | 동사 (3단현) carries (과거·과분) carried (현분) carrying ① 나르다 ② 휴대하다 ③ 지탱하다 ④ 전하다 ⑤ 취급하다

1 나르다, 운반하다, 가지고 가다
He **carried** six boxes at a time. 그는 한 번에 여섯 상자를 옮겼다.
We use a basket to **carry** things.
우리는 물건을 나르기 위해서 바구니를 사용한다.

2 휴대하다, 가지고 다니다, 소지하다
During the rainy season, I always **carry** my umbrella with me.
장마철에 나는 항상 우산을 가지고 다닌다.

3 (무게를) 지탱하다, (머리·몸 등을 어떤 자세로) 유지하다

He *carried* six boxes at a time.

Those columns **carry** the roof.
저 기둥들이 지붕을 떠받치고 있다.

4 (소리·소식 등을) 전하다, (병을) 옮기다
Mosquitoes **carry** malaria. 모기는 말라리아를 옮긴다.

5 취급하다, 팔다
This shop **carries** men's clothing.
이 가게는 남성복을 판매한다.

> 어휘가 쑥쑥
> **carry-on baggage** 기내 휴대용 수하물
> **carry out** 수행[실행]하다
> **carry on** 계속하다

✱ **cart** /kɑːrt/ | 명사 (복) carts) ① 짐마차 ② 손수레

1 짐마차, 짐수레
They loaded the **cart** with rice. 그들은 수레에 쌀을 실었다.
In 1800s, Americans traveled by horse-drawn **carts**.
1800년대에 미국인들은 마차를 타고 여행을 다녔다.

2 카트, 손수레
Sarah pushed the shopping **cart** for her mom.
세라는 엄마를 위해 쇼핑 카트를 밀었다.

cartoon /kɑːrˈtuːn/ | 명사 (복) cartoons) 만화, 만화 영화

Children usually like to see **cartoons**.
아이들은 대개 만화 영화 보는 것을 좋아한다.

> 어휘가 쑥쑥
> **cartoonist** 명 만화가

✱ **carve** /kɑːrv/ | 동사 (3단현) carves (과거·과분) carved (현분) carving) ① 조각하다 ② 자르다

1 조각하다, (나무·돌 등에) 새기다
He **carved** his name on the tree. 그는 나무에 자기 이름을 새겼다.

2 (큰 덩어리의 음식을 먹기 좋게) 자르다, 저미다
I **carved** the roast beef. 나는 구운 소고기를 얇게 썰었다.

✱ **case**¹ /keɪs/ | 명사 (복) cases) ① 경우 ② 사건 ③ 소송

1 경우, 사정
In most **cases**, his answers are right.
대부분의 경우 그의 대답은 옳다.

In **case** of emergency, call the police.
위급한 경우에는 경찰에 전화하세요.

2 사건, 문제
Detective Sherlock Holmes is in charge of the **case**.
탐정 셜록 홈스가 그 사건을 맡았다.

> 어휘가 쑥쑥
> **in any case** 아무튼, 여하튼
> **in my case** 내 경우에는
> **in such a case** 그런 경우에
> **just in case** 만일의 경우에
> **case by case** 개별적으로, 건별로

3 (법률·사건 등의) 소송, 재판
She won[lost] her **case**. 그녀는 재판에서 이겼다[졌다].

case² /keɪs/ | 명사 (복) cases) 상자, 케이스 (= box)

The instructions for this program are in the CD **case**.
이 프로그램 설명서는 CD 케이스 안에 있습니다.

＊cash /kæʃ/ | 명사 현금
동사 (3단현) cashes (과거·과분) cashed (현분) cashing) 현금으로 바꾸다

명 현금
I'll pay in **cash**. 현금으로 계산할게요.
Tom doesn't carry much **cash**.
톰은 현금을 많이 가지고 다니지 않는다.

동 현금으로 바꾸다
I'd like to **cash** a travelers' check.
여행자 수표를 현금으로 바꾸고 싶습니다.

> **어휘가 쑥쑥**
> **cashier** 명 계산원, 출납원
> **raise cash** 자금을 모으다
> **spare cash** 여분의 자금
> **cash prize** 상금
> **cash machine** 현금 인출기

cassette /kəˈset/ | 명사 (복) cassettes) 카세트테이프 (= cassette tape)

He put the **cassette** into the tape recorder. 그는 카세트테이프를 녹음기에 넣었다.

＊cast /kæst/ | 동사 (3단현) casts (과거·과분) cast (현분) casting) ① 던지다 ② 역을 배정하다
③ 투표하다 명사 (복) casts) ① 배역 ② 깁스

동 1 던지다, 내던지다
I **cast** a dice. 나는 주사위를 던졌다.

2 (영화·연극에서) 역을 배정하다, 캐스팅하다
They **cast** him as the king in the play.
그들은 그를 연극에서 왕 배역으로 캐스팅했다.

3 투표하다
I will **cast** a vote for her. 나는 그녀에게 투표를 할 것이다.

명 1 배역, 출연진
Most of the **cast** act well. 대부분의 출연진은 연기를 잘한다.

2 깁스
She has her arm in a **cast**. 그녀는 팔에 깁스를 했다.

> **어휘가 쑥쑥**
> **casting** 명 배역, 캐스팅
> (영화·드라마·연극 등에서 배역을 정하는 것)

She has her arm in a *cast*.

＊castle /ˈkæsl/ | 명사 (복) castles) 성, 성곽, 궁전

This is an old **castle**. 이것은 오래된 성이다.
Once upon a time there lived a king and a queen in a big **castle**.
옛날 옛적에 임금님과 왕비님이 어느 큰 성에 살고 있었습니다.

> 어휘가 쑥쑥
> sand castle 모래성

*casual /'kæʒuəl/ 형용사 (비교 more casual 최상 most casual) ① 우연의 ② 평상복의

1 우연의, 뜻하지 않은
It was a **casual** meeting. 그것은 우연한 만남이었다.

2 평상복의, 격식을 차리지 않은, 캐주얼한
We can wear **casual** clothes in this restaurant.
이 레스토랑에서는 평상복을 입어도 된다.

> 어휘가 쑥쑥
> casually 🖲 우연히
> casual worker 비정규직 노동자

*cat /kæt/ 명사 (복 cats) 고양이 (☞ animal)

I have a white **cat**. 나는 흰 고양이를 키운다.
Amy has three **cats**. 에이미는 고양이를 세 마리 키운다.

catalog /'kætəlɔːg/ 명사 (복 catalogs) 카탈로그, 목록, 상품 안내서

Please send me a **catalog**. 저에게 카탈로그를 보내 주세요.

*catch /kætʃ/ 동사 (3단현 catches 과거·과분 caught 현분 catching) ① 잡다 ② 발견하다 ③ 잡아타다 ④ 감염되다 ⑤ 이해하다

1 잡다, 붙잡다
I will **catch** the ball. 내가 공을 잡을게.
My father **caught** three fish. 아버지는 물고기 세 마리를 잡으셨다.

2 (나쁜 짓을 하고 있는 사람을) 발견하다, 목격하다
I **caught** Tom cheating. 나는 톰이 커닝하는 것을 목격했다.

3 (차를) 잡아타다
I will **catch** the next bus. 나는 다음 버스를 탈 것이다.

4 (병에) 걸리다, 감염되다
I **catch** the flu every year. 나는 매년 독감에 걸린다.

5 이해하다, 알아듣다
I didn't **catch** your name. 저는 당신의 이름을 듣지 못했습니다.

숙어 **catch a cold** 감기에 걸리다
Put on your coat, or you'll *catch a cold*.
코트를 입으렴, 그렇지 않으면 감기에 걸릴 거야.

> 어휘가 쑥쑥
> catcher 명 (야구의) 포수
> catching 형 감염성의, (병이) 옮기기 쉬운
> catch phrase 이목을 끄는 문구, 캐치프레이즈

catch up with ~를 따라잡다
He ran so fast that no one could *catch up with* him.
그가 너무 빨리 달려서 아무도 그를 따라잡을 수 없었다.

catch one's breath 숨을 고르다
You have to sit down and *catch your breath*.
앉아서 숨 좀 돌려 봐.

He ran so fast that no one could *catch up with* him.

＊category /ˈkætəɡɔːri/
명사 (복 categories) 종류, 범주(🔍 비슷한 성질을 가진 것들을 따로 모아서 다루는 덩이인 종류나 부류), 구분

There are two **categories** of games.
경기에는 두 가지 종류가 있다.

> 어휘가 쑥쑥
> **categorize** 동 분류하다

caterpillar /ˈkætərpɪlər/ | 명사 (복 caterpillars) 애벌레

This **caterpillar** will become a beautiful butterfly.
이 애벌레는 아름다운 나비가 될 것이다.

Catholic /ˈkæθlɪk/ | 형용사 천주교의 명사 (복 Catholics) 가톨릭교도, 천주교 신자

형 **천주교의**
I grew up in a **Catholic** family. 저는 천주교 집안에서 성장했습니다.

명 **가톨릭교도, 천주교 신자**
I am not a **Catholic**. 나는 천주교 신자가 아니다.

> 어휘가 쑥쑥
> **Catholicism** 명 가톨릭교, 천주교

caught /kɔːt/ | 동사 catch의 과거·과거분사

The ball landed near us, and I **caught** the ball.
공은 우리 가까이로 떨어져서 나는 그 공을 잡았다.

＊＊cause /kɔːz/
명사 (복 causes) ① 원인 ② 이유
동사 (3단현 causes 과거·과분 caused 현분 causing) 일으키다, 야기하다

명 **1 원인**
What is the **cause** of the fire? 그 화재의 원인이 무엇인가요?
Carelessness is a **cause** of an accident.
부주의는 사고의 원인이다.

2 불 **이유** (= reason)
There is no **cause** for concern. 걱정할 이유가 없다.

동 **일으키다, 야기하다, ~의 원인이 되다**
The earthquake **caused** a huge tsunami.
그 지진은 거대한 해일을 일으켰다.

> 어휘가 쑥쑥
> **cause and effect** 원인과 결과
> **unknown cause** 원인 불명
> **direct cause** 직접적인 원인
> **indirect cause** 간접적인 원인
> **main[primary] cause** 주요 원인

Colds and flu are **caused** by viruses.
감기와 독감의 원인은 바이러스이다.

*caution /ˈkɔːʃn/

명사 (복 cautions) ① 조심 ② 경고
동사 (3단현 cautions 과거·과분 cautioned 현분 cautioning) 경고를 주다

명 1 물 **조심, 신중**
He drives his car with **caution**. 그는 조심해서 운전한다.

2 경고
He ignored my **caution**. 그는 내 경고를 무시했다.

동 경고를 주다
The policeman **cautioned** the driver.
경찰은 운전자에게 주의를 주었다.

어휘가 쑥쑥
cautious 형 조심스러운, 신중한
cautiously 부 조심스럽게, 주의 깊게

*cave /keɪv/ 　명사 (복 caves) 동굴

Bears sleep in **caves** through the long, cold winter.
곰은 길고 추운 겨울 내내 동굴 안에서 잠을 잔다.
Ali Baba found the **cave** full of gold and silver.
알리바바는 금은보화로 가득한 동굴을 발견했다.

CD /ˌsiː ˈdiː/ 　명사 (복 CDs) 콤팩트디스크, 시디 《compact disc의 줄임말》

Put the **CD** into the **CD** drive. Select START, then RUN.
CD 드라이브에 CD를 넣으세요. '시작'을 선택하고 실행하세요.

*cease /siːs/

동사 (3단현 ceases 과거·과분 ceased 현분 ceasing) ① 그치다 ② ~을 중지하다

1 그치다, 끝나다, 멎다
The rain has **ceased**. 비가 그쳤다.

2 ~을 중지하다, ~을 끝내다
The baby **ceased** crying. 아기는 우는 것을 멈췄다.
He soon **ceased** to breathe. 그는 곧 숨을 거두었다.

어휘가 쑥쑥
ceaseless 형 끊임없는
ceasefire agreement 정전[휴전] 협정

*ceiling /ˈsiːlɪŋ/ 　명사 (복 ceilings) 천장 (↔ floor 바닥)

The **ceiling** is very low. 그 천장은 매우 낮다.
Katie was lying on the bed, staring at the **ceiling**.
케이티는 침대에 누워서 천장을 쳐다보고 있었다.

어휘가 쑥쑥
glass ceiling 유리 천장 (눈에 보이지 않는 차별)

celebrate /ˈselɪbreɪt/
동사 (3단현) celebrates (과거·과분) celebrated (현분) celebrating
축하하다, 기념하다

We had a party to **celebrate** Betty's birthday.
우리는 베티의 생일을 축하하려고 파티를 열었다.

Americans **celebrate** Independence Day on the fourth of July.
미국인들은 7월 4일에 독립 기념일을 기념한다.

어휘가 쑥쑥
celebrated ® 유명한
celebrity ® 유명 인사

celebration /ˌselɪˈbreɪʃn/
명사 (복) celebrations ① 기념행사 ② 축하

1 기념행사, 축하 행사
I arrived late for the **celebration**. 나는 축하 행사에 늦게 도착했다.

2 불 축하
We gave a party in **celebration** of his 60th birthday.
우리는 그의 60세 생일을 축하하는 파티를 열었다.

어휘가 쑥쑥
birthday celebration 생일 축하 행사
wedding celebration 결혼 축하연

cell /sel/
명사 (복) cells ① 세포 ② (교도소의) 독방

1 세포
The **cell** is the most basic unit of life.
세포는 생명체의 가장 기본 단위이다.

2 (교도소의) 독방
They put him in a **cell**. 그들은 그를 독방에 집어넣었다.

어휘가 쑥쑥
red (blood) cell 적혈구
white (blood) cell 백혈구
brain cell 뇌세포
stem cell 줄기세포

cellar /ˈselər/
명사 (복) cellars 지하 저장실, 지하실

They hid in the **cellar**. 그들은 지하실에 숨었다.

cello /ˈtʃeloʊ/
명사 (복) cellos 첼로 (☞ instrument)

I can play the **cello**. 나는 첼로를 연주할 수 있다.

cell phone /ˈsel foʊn/
명사 (복) cell phones 휴대 전화 《cellular phone의 줄임말》
(= mobile phone)

My **cell phone** doesn't work. 내 휴대 전화가 작동이 안 된다.

cement /sɪˈment/
명사 시멘트

Mix the sand and **cement** together. 모래와 시멘트를 함께 섞어라.

cemetery /ˈsemətəri/ 명사 (복) cemeteries) 묘지

I buried my dog at the pet **cemetery**.
나는 애완동물 묘지에 내 강아지를 묻었다.

cent /sent/ 명사 (복) cents) 센트(¢), 1센트 동전 (☞ coin)

A: What money do people use in your country?
당신의 나라에서는 어떤 화폐 단위를 사용하나요?
B: In the U.S., people use dollars and **cents**. There are one hundred **cents** in a dollar.
우리 미국에서는 달러와 센트를 사용합니다. 1달러는 100센트입니다.

> **뜻풀이**
> 센트 미국·캐나다·호주 등에서 쓰이는 화폐 단위로, 1달러는 100센트와 같다.

center/centre /ˈsentər/ 명사 (복) centers/centres) ① 중심 ② 중심지 ③ 센터

1 [the와 함께 써서] 중심, 중앙, 한가운데 (= core, middle)
Tom was standing in the **center** of the living room.
톰은 거실 한가운데에 서 있었다.

2 중심지 (= hub), 센터
I live in the **center** of Boston. 나는 보스턴 중심지에 산다.

3 (사회 사업·건물·시설 등의) 센터, 중심 시설
He works in a call **center**. 그는 콜센터에서 일한다.
Katie and I are going to the new shopping **center** after school.
케이티랑 나는 방과 후에 새로 생긴 쇼핑센터에 가려고 한다.

숙어 **in the center of** ~의 한가운데, 중심에 (= in the middle of)
The hospital stands *in the center of* the town.
병원이 동네 한가운데에 있다.

> **어휘가 쑥쑥**
> art center 아트 센터
> medical center 의료 센터
> service center 서비스 센터, 수리소
> research center 연구 센터
> community center 시민 문화 회관

centimeter /ˈsentɪmiːtər/ 명사 (복) centimeters) 센티미터 《줄여서 cm으로 적기도 한다.》

My boyfriend is 185 **centimeters** tall.
내 남자 친구는 키가 185센티미터이다.

central /ˈsentrəl/ 형용사 (비교) more central (최상) most central) ① 중앙의 ② 중요한

1 중앙의, 중심의 (= middle)
Mexico is the biggest country in **Central** America.
멕시코는 중앙아메리카에서 가장 큰 나라입니다.

2 중요한, 주요한, 주된 (= chief, main)

> **어휘가 쑥쑥**
> centralize 동 중앙 집권화하다
> central bank 중앙은행

His role is **central** to the play.
그가 맡은 역할은 연극에서 매우 중요하다.

central government
중앙 정부

★ century /ˈsentʃəri/ | 명사 (복) centuries) 1세기, 백년

100 years is called a **century**. 100년을 1세기라고 한다.
It is known that *Kimchi* was widely eaten in Korea from around the 7th **century**.
김치는 7세기경부터 한국에서 널리 먹게 되었다고 알려져 있다.

재미가 쑥쑥
21세기(21st century)는 2001년부터 2100년까지의 100년을 의미한다.

cereal /ˈsɪriəl/ | 명사 (복) cereals) ① 곡식 ② 시리얼

1 곡식, 곡물
Rice is still the primary **cereal** crop. 쌀은 여전히 주요 곡물이다.

2 시리얼 (♀ 곡물로 만든 아침 식사 대용 식품)
He poured milk on his **cereal**. 그는 시리얼에 우유를 부었다.

재미가 쑥쑥
대표적인 cereal로는 rice(쌀), barley(보리), wheat(밀), corn(옥수수), oats(귀리), rye(호밀) 등이 있다.

ceremony /ˈserəmoʊni/ | 명사 (복) ceremonies) (격식을 차린) 식, 의식 (= celebration)

Tom attended Amy's graduation **ceremony**.
톰은 에이미의 졸업식에 참석했다.

★★ certain /ˈsɜːrtn/ | 형용사 (비교) more certain (최상) most certain) ① 확실한 ② 어떤 ③ 일정한

1 확실한, 확신하는, 의심치 않는 (= sure) (↔ uncertain 불확실한)
It is **certain** that the train left an hour early.
기차가 한 시간 일찍 출발한 것이 확실하다.
I'm **certain** that Bill saw me at the theater last night.
나는 빌이 어젯밤 극장에서 나를 봤다고 확신한다.

2 어떤, 약간의 (= some)
Rain fell only in **certain** areas. 비가 일부 지역에만 내렸다.
A **certain** old gentleman was very unhappy about modern education. 어떤 노신사는 현대의 교육에 대해 매우 불만스러워했다.

3 일정한, 정해진 (= particular)
There is a **certain** time to plant seeds.
씨를 뿌리는 데는 일정한 시기가 있다.

숙어 **for certain** 확실히, 틀림없이 (= certainly, surely)
I don't know *for certain* who she is.
나는 그 여자가 어떤 사람인지 확실히 모른다.

어휘가 쑥쑥
certainty 명 확실성
uncertainty 불확실성

문법이 쑥쑥
어떤 일이 확실하다는 것을 나타낼 때에는 「certain + that절」의 형태로 쓸 수도 있고, be certain to로도 쓸 수 있다.
It is *certain that* Jim will come. = Jim *is certain to* come. (짐은 틀림없이 올 것이다.)

certainly /ˈsɜːrtnli/ | 부사 ① 확실히 ② 물론

1 확실히, 꼭 (= surely)
She will **certainly** join our club.
그녀는 확실히 우리 동아리에 가입할 것이다.

2 [대답] 물론 (= of course, sure)
A: May I ask a favor of you? 부탁 하나 해도 될까요?
B: **Certainly**. 물론이죠.

> **실력이 쑥쑥**
> 질문에 대해서 강력한 부정의 대답을 할 때는 Certainly not.이라고 할 수 있다.
> A: May I use your car? (제가 당신 차를 써도 될까요?)
> B: Certainly not. (물론 안 됩니다.)

chain /tʃeɪn/ | 명사 (복) chains ① 쇠사슬 ② 체인점
동사 (3단현) chains (과거·과분) chained (현분) chaining) 사슬로 묶다

명 1 쇠사슬, 체인
Anne is wearing a pretty gold **chain** around her neck.
앤은 목에 예쁜 금목걸이를 하고 있다.

2 체인점
There is only one fast food **chain** in my hometown.
우리 고향에는 패스트푸드 체인점이 딱 하나 있다.

동 사슬로 묶다
Keep your dog **chained** up to the tree.
개를 나무에 묶어 두세요.

> **어휘가 쑥쑥**
> key chain 열쇠 고리
> food chain 먹이 사슬 (생태계에서 먹고 먹히는 관계가 사슬과 같이 이어져 있는 것)
> nationwide chain 전국 체인점

chair /tʃer/ | 명사 (복) chairs) 의자 (☞ classroom)

There are three **chairs** in a small house in the woods.
숲속 작은 집에 의자가 세 개 있습니다.

chalk /tʃɔːk/ | 명사 (복) chalks) 분필 (☞ classroom)
동사 (3단현) chalks (과거·과분) chalked (현분) chalking) 분필로 쓰다

명 분필
Children enjoy drawing pictures on the wall with **chalk**.
아이들은 분필로 벽에 그림 그리기를 좋아한다.

동 분필로 쓰다[그리다]
We **chalked** pictures on the sidewalk.
우리는 인도에 분필로 그림을 그렸다.

> **실력이 쑥쑥**
> chalk는 a piece of라는 단위를 사용하여 센다.
> a piece[two pieces] of chalk (분필 한[두] 자루)

challenge /ˈtʃælɪndʒ/ | 명사 (복) challenges) ① 도전 ② 저항
동사 (3단현) challenges (과거·과분) challenged
(현분) challenging) ① 도전하다 ② ~에 이의를 제기하다

chance

명 1 (경쟁·시합 등의) 도전
I like a new **challenge**. 나는 새로운 도전을 좋아한다.

2 (의문을 제기하는) 도전, 저항
Their legal **challenge** was unsuccessful.
그들의 법적 저항은 성공하지 못했다.

통 1 도전하다, (결투·시합 등을) 신청하다
Tom **challenged** Amy to a game of tennis.
톰은 에이미에게 테니스 시합을 신청했다.
I **challenged** the world record. 나는 세계 기록에 도전했다.

2 ~에 이의를 제기하다, 의심하다
The election results are being **challenged**.
선거 결과에 이의가 제기되고 있다.

> 어휘가 쑥쑥
> **challenger** 명 도전자
> **challenging** 형 도전적인
> **face a challenge** 도전에 직면하다
> **accept[take up] a challenge** 도전에 응하다
> **issue a challenge to** ~에게 도전장을 던지다

chameleon /kəˈmiːliən/ 명 (복 chameleons) 카멜레온

Chameleons can change the color of themselves.
카멜레온은 자기 몸의 색깔을 바꿀 수 있다.

champion /ˈtʃæmpiən/ 명 (복 champions) 우승자, 선수권자, 챔피언 (= winner)
《줄여서 champ라고 적기도 한다.》

He is a tennis world **champion**. 그는 테니스 세계 선수권 대회 우승자이다.

✱ chance /tʃæns/ 명 (복 chances) ① 기회 ② 가능성 ③ 운

1 기회, 찬스 (= opportunity)
This is the last **chance**. 이번이 마지막 기회이다.
When you get a **chance** to visit Canada, don't forget to visit me!
캐나다를 방문할 기회가 생기면, 잊지 말고 나를 방문해 줘!

2 가능성 (= possibility)
There's little **chance** that it will rain tomorrow.
내일 비가 올 가능성은 거의 없다.
I have a fifty-fifty **chance** of success.
내가 성공할 가능성은 반반이다.

3 불 운, 우연, 우연히 일어난 일 (= luck)
I will leave everything to **chance**.
나는 모든 것을 운에 맡길 것이다.
It was pure **chance** that we met.
우리가 만난 것은 순전히 우연이었다.

> 어휘가 쑥쑥
> **slight[little] chance** 희박한 가능성
> **sporting[fair] chance** 꽤 괜찮은 가능성
> **even chance** 반반의 가능성
> **by any chance** 혹시라도

> 실력이 쑥쑥
> **chance** 노력으로 얻어지는 것이 아니라, 확률과 운이 따르는 '기회'
> It is a good *chance* for you to meet him. (네가 그를 만날 좋은 기회다.)
> **opportunity** 노력과 준비로 얻어지는 '기회'

change

숙어 by chance 우연히 (= by accident, accidentally)
One day, *by chance*, he came upon the wild place where Rapunzel was living.
어느 날 우연히 그는 라푼젤이 살고 있는 숲속으로 왔다.

It was a good *opportunity* to improve my English. (내 영어 실력을 향상시킬 좋은 기회였다.)

*change /tʃeɪndʒ/

동사 (3단현) changes (과거·과분) changed (현분) changing
① 변하다 ② 갈아입다 ③ 환전하다 ④ 교체하다
명사 (복) changes ① 변화 ② 거스름돈

동 1 (~으로) 변하다, 변하게 하다
In autumn, leaves **change** from green to brown.
가을에 나뭇잎들은 초록색에서 갈색으로 변한다.

A long time ago, a witch cast a spell on the prince and **changed** him into a beast.
옛날에 한 마녀가 왕자에게 마법을 걸어서 그를 야수로 변하게 했습니다.

2 (옷 등을) 갈아입다 (= exchange)
I need to **change** clothes before I go out.
나가기 전에 옷을 갈아입어야겠다.

3 환전하다 (= exchange), 잔돈으로 바꾸다
I'd like to **change** dollars into *won*.
달러를 원화로 바꾸고 싶습니다.

4 교체하다, 갈다, (자리 등을) 바꾸다
I need to **change** a tire. 나는 타이어를 교체해야 한다.
Would you **change** seats with me? 저와 자리를 바꿔 주실래요?

명 1 변화, 변경
Four seasons bring **changes** in the weather.
사계절은 날씨에 변화를 줍니다.

2 (불) 거스름돈, 잔돈
This ticket machine gives **change**.
이 티켓 발매기에서는 거스름돈이 나온다.

A: Well, here we are. This is the city hall. That's $8.
자, 다 왔습니다. 여기가 시청입니다. 요금은 8달러입니다.

B: Thank you. Keep the **change**.
고맙습니다. 거스름돈은 가지세요.

숙어 for a change 기분 전환으로, 이번만은
A: What about hamburgers or pizza for lunch?
점심으로 햄버거나 피자 어때?

B: I'd like to have Korean food *for a change*.
이번만은 한식을 먹고 싶어.

어휘가 쑥쑥

changeable 형 변덕스러운, 변하기 쉬운
changeless 형 변하지 않는
unchanged 불변의
climate change 기후 변화
environmental change 환경 변화
make a change 변경하다

실력이 쑥쑥

전혀 다른 것으로 바꾸는[바뀌는] 경우에는 전치사 into를 쓴다.
Caterpillars *change into* butterflies. (애벌레는 나비로 변한다.)

In autumn, leaves *change* from green to brown.

channel /ˈtʃænl/ | 명사 (복) channels ① 채널 ② 경로 ③ 수로

1 (텔레비전·라디오 등의) 채널
I changed **channels** to watch the basketball game.
나는 농구 경기를 보려고 채널을 돌렸다.

A: I want to watch *Animal World*. Which **channel** is it on?
'동물의 세계'를 보고 싶은데 어느 채널에서 하지?
B: It's on **channel** 9. 9번 채널에서 해.

2 (물품·정보 등의) 경로, 채널
I got the information through various **channels**.
나는 다양한 경로를 통해 정보를 입수했다.

3 해협, 수로, 물길 (= waterway)
He dreamed that he succeeded in swimming the English **Channel**.
그는 자신이 영국 해협을 헤엄쳐 건너는 데 성공하는 꿈을 꾸었다.

> **어휘가 쑥쑥**
> news channel 뉴스 채널
> turn the channel 채널을 돌리다

chant /tʃænt/ | 명사 (복) chants 챈트 (아이들에게 말을 가르칠 때, 일정한 가사에 리듬을 덧붙여 멜로디 없이 부르는 것)

We were singing English **chants**. 우리는 영어로 챈트를 부르고 있었다.

chapter /ˈtʃæptər/ | 명사 (복) chapters (책·논문 등의) 장 (= unit, section)

Let's begin at **Chapter** 1. 1장부터 시작합시다.

*character /ˈkærəktər/ | 명사 (복) characters ① 특성 ② 등장인물 ③ 문자

1 (사람·사물의) 특성, 성격, 성질 (= nature, personality)
He has an honest **character**.
그는 정직한 성격을 가지고 있다.

2 (소설·영화·연극의) 등장인물, 역할 (= role)
Shakespeare created many famous **characters**.
셰익스피어는 유명한 배역을 많이 만들어 냈다.

In Disneyland, I saw a lot of **characters** from Disney films like Mickey Mouse and the Little Mermaid.
디즈니랜드에서 나는 미키 마우스와 인어공주 같은 디즈니 만화 영화의 주인공들을 많이 봤다.

3 문자, 글자체 (= letter)
Write your name in Chinese **characters**.
당신의 이름을 한자로 쓰세요.

> **어휘가 쑥쑥**
> main character 주인공
> play a character 인물을 연기하다

characteristic /ˌkærəktəˈrɪstɪk/

형용사 (비교) more characteristic / (최상) most characteristic) 특유의
명사 (복) characteristics) 특징

형 특유의
He has a **characteristic** way of walking.
그는 특유의 걸음걸이를 가지고 있다.

명 특징, 특성
This animal has many **characteristics**.
이 동물은 많은 특징을 가지고 있다.

어휘가 쑥쑥
common characteristic 공통된 특징
main characteristic 주요 특징

charge /tʃɑːrdʒ/

명사 (복) charges) ① 가격 ② 책임 ③ 충전
동사 (3단현) charges (과거·과분) charged (현분) charging) ① 청구하다 ② 기소하다 ③ 충전하다

명 1 가격, 요금, 비용 (= cost, price, expense) (☞ fare)
Delivery is free of **charge**. 배송은 무료입니다.
A: What's the service **charge**? 봉사료는 어떻게 되나요?
B: A 10% service **charge** will be added to the bill.
10퍼센트의 봉사료가 계산서에 추가됩니다.

2 **불** 책임, 담당
He took **charge** of the farm after his father's death.
아버지가 돌아가신 후 그가 농장을 책임지게 되었다.

3 (배터리의) 충전
I left the battery on **charge** all night.
나는 밤새도록 배터리를 충전했다.

동 1 (대가·요금을) 청구하다, 요구하다 (= ask, require)
The cost is **charged** to the owner of the phone.
요금은 전화 주인에게 청구됩니다.

2 기소하다(♀), 고소하다
He was **charged** with murder. 그는 살인죄로 기소되었다.

3 충전하다
I need to **charge** my cell phone. 나는 휴대 전화를 충전해야 한다.

숙어 **be in charge of** ~을 책임지다, ~을 관리하다
Ms. Smith *is in charge of* our class.
스미스 선생님이 우리 반 담임 선생님이시다.

어휘가 쑥쑥
admission charge 입장료
delivery charge 배송료
extra charge 추가 요금
bank charge 은행 수수료
charge a tax on ~에 세금을 매기다

실력이 쑥쑥
charge 입장료나 주차료 등 서비스를 받은 것에 대한 요금
price 물건의 가격

뜻풀이
기소하다 검사가 법원에 피의자를 심판해 달라고 요청하다

charity /ˈtʃærəti/ | **명사** (복) charities) ① 자선 단체 ② 자선기금 ③ 자비심

1 자선 단체
The concert will raise money for local **charities**.
그 콘서트는 지역 자선 단체들을 위한 돈을 모금할 것이다.

2 [불] 자선, 자선기금, 구호품
They didn't accept **charity**. 그들은 구호물자를 받지 않았다.

3 [불] 자비심, 자애
[속담] **Charity** begins at home.
자애는 가정에서 시작된다. (남보다 가족을 먼저 사랑해라.)

어휘가 쑥쑥
charity concert 자선 음악회
charity event 자선 행사
charity organization 자선 단체
charity fund 자선기금

---

charm /tʃɑːrm/
명사 (복) charms ① 매력 ② 부적
동사 (3단현) charms (과거·과분) charmed (현분) charming 매혹하다

명 1 매력
Tom is a man of great **charm**. 톰은 매력이 넘치는 사람이다.

2 부적 (Q)
It is a **charm** against bad luck.
그것은 불운을 막아 주는 부적이다.

뜻풀이
부적 못된 귀신을 쫓기 위하여 벽에 붙이거나 몸에 지니고 다니는, 붉은색으로 특이한 글자나 모양을 그린 종잇조각

동 매혹하다, ~의 마음을 빼앗다
The beautiful scene **charmed** me.
그 아름다운 광경은 나의 마음을 빼앗았다.

---

charming /ˈtʃɑːrmɪŋ/
형용사 (비교) more charming (최상) most charming 매력적인, 멋진 (= attractive)

There is a **charming** garden in my grandfather's house.
우리 할아버지 댁에는 멋진 정원이 있습니다.

Amy has a really **charming** smile.
에이미의 미소는 정말 매력적이다.

어휘가 쑥쑥
charmingly 🔁 매력적으로

---

chase /tʃeɪs/
동사 (3단현) chases (과거·과분) chased (현분) chasing 쫓아가다
명사 (복) chases 추격, 추적

동 쫓아가다, 추적하다 (= run after)
Every day my dog **chases** my neighbor's cat.
우리 강아지는 매일 이웃집 고양이를 쫓아간다.

명 추격, 추적
After a long **chase**, he caught the thief.
오랜 추적 끝에 그는 도둑을 잡았다.

[숙어] **chase away** 쫓아내다 (= drive away)
There are some mice in the attic, but we have no cat to

Every day my dog *chases* my neighbor's cat.

chase them *away*.
다락방에 쥐가 몇 마리 있지만, 우리는 쥐를 쫓아 줄 고양이가 없다.

chat /tʃæt/
| 동사 (3단현) chats (과거·과분) chatted (현분) chatting) ① 잡담하다 ② 채팅하다
| 명사 (복) chats) 잡담

동 1 잡담하다, 수다를 떨다 (= talk in an easy way)
Don't **chat** during class. 수업 시간에 잡담하지 마라.
We usually have some snacks and **chat** during a break.
우리는 휴식 시간에 주로 간식을 먹으면서 잡담을 한다.

2 (인터넷으로) 채팅하다
I'm **chatting** with a friend on the Internet.
나는 친구와 인터넷으로 채팅 중이다.

명 잡담, 수다 (= easy talk)
I had a long **chat** with her. 나는 그녀와 오래 수다를 떨었다.

어휘가 쑥쑥
chatterbox 수다쟁이

Don't *chat* during class.

cheap /tʃiːp/
| 형용사 (비교) cheaper (최상) cheapest) (물건이) 값이 싼, 저렴한
| (= inexpensive) (↔ expensive 비싼)

This camera is **cheap**. 이 카메라는 저렴하다.
I stayed at a **cheap** hotel. 나는 저렴한 호텔에서 머물렀다.
Let's put up a tent at the beach. It's **cheaper** than a hotel.
바닷가에 텐트를 치자. 호텔보다 더 싸잖아.

실력이 쑥쑥
cheap (같은 종류의 다른 물건에 비해) 값은 싸지만 질이 떨어질 때, 또는 단순히 값이 쌀 때 쓴다.
Those shoes in the shop window look *cheap*. (진열장의 저 신발은 싸구려 같아 보인다.)
inexpensive 질은 괜찮은데 값이 쌀 때 쓴다.
These shoes are *inexpensive*. (이 신발은 비싸지 않다.)

cheat /tʃiːt/
| 동사 (3단현) cheats (과거·과분) cheated (현분) cheating) ① 속이다 ② 부정행위를 하다

1 속이다, 사기 치다
A moral person doesn't lie, **cheat**, or steal.
도덕적인 사람은 거짓말을 하거나, 속이거나, 훔치지 않는다.

2 (시험·경기 등에서) 부정행위를 하다
Tom **cheated** on his history test.
톰은 역사 시험에서 부정행위를 했다.

재미가 쑥쑥
시험에서 '부정행위를 하지 마라.'는 말을 No cunning, please.라고 하는 것은 잘못된 표현이다. No cheating, please. 또는 Don't cheat.이라고 해야 한다.

check /tʃek/
| 동사 (3단현) checks (과거·과분) checked (현분) checking) ① 확인하다 ② 표시하다 명사 (복) checks) ① 조사 ② 수표 ③ 계산서

동 1 확인하다, 조사하다, 점검하다 (= examine, test)
I will **check** my schedule. 제 일정을 확인하겠습니다.
I couldn't **check** my e-mail because my computer was down yesterday.
어제 내 컴퓨터가 다운되어서 이메일을 확인할 수 없었다.

2 표시하다, 체크하다 (= mark)
Listen and **check** the right answer. 듣고 정답에 표시하세요.

명 1 조사, 검사, 점검 (= examination)
After you get your boarding pass, you have to go through the security **check**.
탑승권을 받고 나면, 보안 검색대를 통과해야 합니다.

2 수표
I'd like to pay by **check**. 수표로 계산할게요.

3 계산서 (= bill)
Can I have the **check**, please? 계산서 좀 갖다 주시겠어요?

숙어 **check in** (호텔에) 투숙하다, 체크인하다 (↔ check out 체크아웃하다)
A: I'd like to check in. 체크인하고 싶은데요.
B: Do you have a reservation? 예약하셨나요?

어휘가 쑥쑥
final check 최종 점검
safety check 안전 점검
medical check 건강 검진

재미가 쑥쑥
rain check
야구에서 비 때문에 경기가 중단되었을 때, 다음 경기를 볼 수 있는 티켓을 관객들에게 준 데서 유래하였다. 상품이 다 팔렸거나 초대에 응하지 못했을 때도 다음을 기약하면서 이 표현을 쓴다.
A: We are going skating. Would you like to join us? (스케이트 타러 갈 건데 너도 갈래?)
B: Oh, I'd love to, but I have too much homework to do. Can I take a *rain check*? (아, 가고 싶지만 숙제가 너무 많아. 다음에 같이 갈까?)

---

* **cheek** /tʃiːk/ | 명사 (복) cheeks) 뺨, 볼 (☞ face)

Diane has dimples in her **cheeks**.
다이앤은 양쪽 뺨에 보조개가 있다.

---

* **cheer** /tʃɪr/ | 명사 (복) cheers) ① 환호성 ② 기쁨 동사 (3단현) cheers (과거·과분) cheered
(현분) cheering) ① 환호하다 ② 응원하다

명 1 환호성(♪), 응원의 함성
He received **cheers** and applause. 그는 환호와 박수를 받았다.

2 (불) 기쁨, 즐거움
We are filled with **cheer** during the holidays.
우리는 휴가 내내 기쁨으로 가득 차 있습니다.

동 1 환호하다, 갈채하다(♪) (= applaud, praise)
Everyone in the crowd **cheered** loudly when he hit a home run. 그가 홈런을 쳤을 때 모든 관중들이 크게 환호성을 질렀다.

2 응원하다, 격려하다, 기운을 북돋아 주다 (= encourage)
I was sad, but he **cheered** me up.
나는 슬펐지만 그가 위로해 주었다.

뜻풀이
환호성 기뻐서 외치는 소리
갈채하다 환영·찬양·격려의 뜻으로 소리치며 박수를 치다

He received *cheers* and applause.

cheerful /ˈtʃɪrfl/ | 형용사 (비교) more cheerful (최상) most cheerful 발랄한, 쾌활한

Amy is always **cheerful**. 에이미는 항상 쾌활하다.
You look **cheerful** today. 오늘 기분이 좋아 보이네요.

> 어휘가 쑥쑥
> cheerfully ♠ 쾌활하게

cheese /tʃiːz/ | 명사 (복) cheeses 치즈

Cheese is made from milk. 치즈는 우유로 만든다.
Say **cheese**! 〈사진 찍을 때〉 자 웃으세요!

> 실력이 쑥쑥
> cheese의 단위는 보통 a piece[chunk, slice] of cheese(치즈 한 조각[덩어리, 장]), two pieces[chunks, slices] of cheese(치즈 두 조각[덩어리, 장]) 등으로 나타낸다.

cheetah /ˈtʃiːtə/ | 명사 (복) cheetahs 치타

The fastest animal on land is the **cheetah**.
육지에서 가장 빠른 동물은 치타입니다.

*chef /ʃef/ | 명사 (복) chefs 요리사, 주방장

My dad is a famous **chef**. 우리 아빠는 유명한 요리사이다.

*chemical /ˈkemɪkl/ | 형용사 화학의 명사 (복) chemicals 화학 물질

형 화학의, 화학적인
The **chemical** formula for water is H_2O.
물의 화학식은 H_2O입니다.

명 화학 물질
This **chemical** is extremely dangerous.
이 화학 물질은 매우 위험하다.

> 어휘가 쑥쑥
> chemical element
> 화학 원소
> chemical reaction
> 화학 반응

*chemistry /ˈkemɪstri/ | 명사 화학

My favorite subject is **chemistry**.
내가 제일 좋아하는 과목은 화학이다.

> 어휘가 쑥쑥
> chemist ❸ 화학자

cherry /ˈtʃeri/ | 명사 (복) cherries ① 체리 ② 벚나무

1 체리, 버찌
I love **cherries**. 나는 체리를 좋아한다.

2 벚나무 (= cherry tree)

> 어휘가 쑥쑥
> cherry blossoms 벚꽃

The **cherries** are beginning to blossom.
벚나무에 꽃이 피기 시작한다.

chess /tʃes/ | 명사 서양장기, 체스

Do you know how to play **chess**? 체스 둘 줄 아니?

*chest /tʃest/ | 명사 (복) chests) ① 가슴 ② 큰 상자

1 가슴, 흉부 (= breast) (☞ body)
I have a pain in my **chest**. 나는 가슴에 통증이 있다.

2 큰 상자 (= box), 궤, 서랍장
We keep clothes in a **chest** of drawers.
우리는 서랍장에 옷을 넣어 둔다.

Ali Baba found a **chest** full of gold in a secret cave.
알리바바는 비밀의 동굴에서 금으로 가득 찬 큰 상자를 발견했다.

Ali Baba found a *chest* full of gold in a secret cave.

*chew /tʃuː/ | 동사 (3단현) chews (과거·과분) chewed (현분) chewing) 씹다, 물어뜯다 (= bite)

My dog **chews** up everything in the house.
우리 강아지는 집 안의 모든 것을 물어뜯는다.

chick /tʃɪk/ | 명사 (복) chicks) 병아리, 새끼 새 (☞ bird)

Chicks are so cute. 병아리들은 아주 귀엽다.

chicken /ˈtʃɪkɪn/ | 명사 (복) chickens) ① 닭 ② 닭고기

1 닭, 병아리 (= chick)
When the **chickens** grow, I will sell them in the market.
병아리들이 자라면 시장에 내다 팔 것이다.

2 불 닭고기
This soup has **chicken** and vegetables in it.
이 수프에는 닭고기와 야채가 들어 있어요.

어휘가 쑥쑥
hen 암탉
rooster, cock 수탉

*chief /tʃiːf/ | 형용사 최고의 명사 (복) chiefs) 우두머리

형 최고의 (= top, first), 중요한 (= main, essential)
The **chief** coach first noticed Tom when he was 10 years old.
그 수석 코치는 톰이 열 살 때 처음으로 그를 주목했다.

My mother's **chief** interest is gardening.

어휘가 쑥쑥
chiefly 부 주로, 대개
chief executive officer
(CEO) 최고 경영자, 회장

우리 어머니의 주된 관심사는 정원 가꾸기이다.

명 우두머리, (단체의) 장 (= head, captain, leader)
Mr. Brown is the **chief** of the police in our town.
브라운 씨는 우리 동네의 경찰서 서장이다.

Pocahontas was the daughter of an Indian **chief**.
포카혼타스는 인디언 추장의 딸이었다.

> chief of a family 가장
> branch chief 지점장
> chief officer 일등 항해사
> commander-in-chief
> 최고 사령관

✱ child /tʃaɪld/ | 명사 (복 children) ① 어린이 ② 자식

1 어린이 (= kid) (↔ adult 어른)
I first became interested in magic when I was a **child**.
나는 어렸을 때 처음으로 마술에 흥미를 갖게 되었다.

As a **child**, Jane loved comic books.
제인은 어린 시절에 만화책을 좋아했다.

2 자식, 아들딸 (= son, daughter)
They have two grown-up **children**.
그들은 다 자란 자녀가 두 명 있다.

I'm the only **child**. 나는 외동이야.

> 어휘가 쑥쑥
> childhood 명 어린 시절
> childish 형 어린애 같은, 유치한
> childlike 형 아이 같은, 순진한
>
> childcare 육아
> grandchild 손자, 손녀
> child abuse 아동 학대

children /ˈtʃɪldrən/ | 명사 child의 복수 (☞ child)

chimney /ˈtʃɪmni/ | 명사 (복 chimneys) 굴뚝

Santa Claus comes down the **chimney** on Christmas Eve.
산타클로스는 크리스마스이브에 굴뚝을 타고 내려온다.

chimpanzee /ˌtʃɪmpænˈziː/ | 명사 (복 chimpanzees) 침팬지 (☞ animal)

Chimpanzees are smart. 침팬지는 똑똑하다.

✱ chin /tʃɪn/ | 명사 (복 chins) (아래)턱 (☞ face)

"Tell us a story!" his children begged. Henry scratched his **chin**. "이야기해 주세요!"라고 아이들이 간청하자 헨리는 턱을 긁적였다.

숙어 **(Keep your) chin up.** 기운을 내라., 낙담하지 마라.
Chin up! Things will get better. 기운 내! 다 괜찮아질 거야.

> 실력이 쑥쑥
> chin 입 아래의 뾰족한 턱
> jaw 귀 밑에 맞물리는 턱뼈 부분

china /ˈtʃaɪnə/ | 명사 도자기

It is a **china** plate. 그것은 도자기 접시이다.

China /tʃaɪnə/ | 명사 중국

China is a huge country. 중국은 매우 큰 나라이다.

Chinese /tʃaɪˈniːz/ | 명사 (복) Chinese ① 중국인 ② 중국어 형용사 중국인의

명 1 중국인
My mom is a **Chinese**. 우리 엄마는 중국인이다.

2 [불] 중국어
He can speak **Chinese**. 그는 중국어를 할 수 있다.

형 중국인의, 중국어의, 중국의
I like **Chinese** food. 나는 중국 음식을 좋아한다.

어휘가 쑥쑥
Chinese characters 한자
Chinese medicine 한약
Chinese restaurant 중화요리점, 중국집

*chip /tʃɪp/ | 명사 (복) chips ① 조각 ② 감자튀김 ③ 감자칩

1 조각, 토막
I don't like chocolate **chip** cookies.
나는 초콜릿 칩 쿠키를 좋아하지 않는다.

2 [영국] 감자튀김
I like fish and **chips**. 나는 피시앤칩스를 좋아한다.

3 [미국] 감자칩
I ate potato **chips**. 나는 감자칩을 먹었다.

재미가 쑥쑥
감자튀김을 미국에서는 French fries, 영국에서는 chips라고 한다. 감자를 납작하고 얇게 썰어 만든 과자인 감자칩은 미국에서는 potato chips, 영국에서는 crisps라고 한다.

chocolate /tʃɔːklət/ | 명사 (복) chocolates ① 초콜릿 ② 초콜릿 과자

1 [불] 초콜릿
Annie bought a big bar of **chocolate** to eat in the cinema.
애니는 극장 안에서 먹으려고 커다란 초콜릿 바 하나를 샀다.

2 초콜릿 과자
I ate a box of **chocolates**. 나는 초콜릿 과자 한 상자를 먹었다.

실력이 쑥쑥
1번 뜻일 때 chocolate은 셀 수 없는 명사이기 때문에, a bar of chocolate(초콜릿 바 한 개), a piece of chocolate (초콜릿 한 조각) 등으로 표현한다.

choice /tʃɔɪs/ | 명사 (복) choices ① 선택 ② 선택권

1 선택
You must make a **choice**. 너는 선택을 해야만 해.
Be careful with your **choice** of words. 단어 선택에 주의하세요.
Which is your **choice**? 어느 것으로 하시겠습니까?

2 [불] 선택권, 선택의 여지
I have no **choice**. 나는 선택의 여지가 없다.

어휘가 쑥쑥
freedom of choice
선택의 자유
multiple choice test
객관식 시험

choke /tʃouk/ | 동사 (3단현) chokes (과거·과분) choked (현분) choking) 숨이 막히다, 질식시키다

Very small toys can **choke** a baby.
너무 작은 장난감은 아기를 질식시킬 수 있다.

*choose /tʃuːz/ | 동사 (3단현) chooses (과거) chose (과분) chosen (현분) choosing) ① 고르다 ② 선출하다

1 고르다, 선택하다 (= pick, select)
I **chose** three books from the library.
나는 도서관에서 책 세 권을 골랐다.

Listen and **choose** the best answer to each question.
듣고 각각의 질문에 가장 알맞은 답을 고르시오.

2 선출하다 (= elect)
We **chose** Michael as our captain.
우리는 마이클을 반장으로 선출했다.

(실력이 쑥쑥)
choose 주어진 것 중에서 자신의 판단에 의해 적당한 것을 고르는 것
select choose보다 더 많은 것 중에서 신중하게 선택하는 것
elect 투표로 뽑는 것

*chop /tʃɑːp/ | 동사 (3단현) chops (과거·과분) chopped (현분) chopping) ① 쳐서 자르다 ② 썰다

1 (도끼 등으로) 쳐서 자르다
She **chopped** the log with an ax. 그녀는 도끼로 나무를 팼다.

2 (고기·야채를) 썰다, 잘게 자르다
The chef **chopped** up the carrots for the soup.
그 요리사는 수프에 넣을 당근을 잘게 썰었다.

(어휘가 쑥쑥)
chopper 큰 칼, 작은 도끼
chopping board[block] 도마

chopstick /ˈtʃɑːpstɪk/ | 명사 (복) chopsticks) [보통 복수형으로] 젓가락

Koreans use spoons and **chopsticks** when they have a meal.
한국인들은 식사를 할 때 숟가락과 젓가락을 사용한다.

(어휘가 쑥쑥)
a pair of chopsticks 젓가락 한 벌

*chorus /ˈkɔːrəs/ | 명사 (복) choruses) ① 후렴 ② 합창

1 후렴(♪)
Everyone joined in the **chorus**. 모두가 후렴을 함께 불렀다.

2 합창
They sang in **chorus**. 그들은 합창을 했다.

(뜻풀이)
후렴 노래 끝에 되풀이하여 나타나는 같은 가락의 짧은 마디

chose /tʃouz/ | 동사 choose의 과거 (☞ choose)

chosen /ˈtʃoʊzn/ | 동사 choose의 과거분사 (☞ choose)

Christmas /ˈkrɪsməs/ | 명사 크리스마스, 성탄절 (12월 25일) (= Christmas Day)

"Merry **Christmas**, everyone!" "모두들, 메리 크리스마스!"
I wish you a merry **Christmas**. 즐거운 크리스마스가 되길 빕니다.

어휘가 쑥쑥

Christmas Eve 크리스마스이브
white Christmas 눈 내리는 크리스마스
green Christmas 눈이 오지 않는 크리스마스

*church /tʃɜːrtʃ/ | 명사 (복) churches ① 교회, 성당 ② 예배

1 교회, 성당
There are many **churches** in my town.
우리 동네에는 교회가 많다.

2 예배
We go to **church** every Sunday.
우리는 매주 일요일 (예배를 보러) 교회에 간다.

실력이 쑥쑥

교회에 (예배를 보러) 가다
go to *church* (○)
go to *the church* (×)
church 앞에 관사(a, the)를 쓰면 '교회 건물'을 뜻한다.

*cigarette /ˈsɪɡəret/ | 명사 (복) cigarettes 담배

Tom smokes **cigarettes**. 톰은 담배를 피운다.

*cinema /ˈsɪnəmə/ | 명사 (복) cinemas ① 영화 ② 영화관

1 [the cinema로 쓰여] 영화 (= pictures, movies)
I have two **cinema** tickets. Let's go to the cinema tonight.
나한테 영화표가 두 장 있는데, 오늘 밤에 영화 보러 가자.

실력이 쑥쑥

cinema는 영국 영어이다. 미국에서는 the movies(영화), movie theater(영화관)로 쓴다.

2 영화관, 극장 (= movie theater)
Let's meet at the **cinema** at nine. 극장에서 9시에 만나자.

*circle /ˈsɜːrkl/ | 명사 (복) circles 원
동사 (3단현) circles (과거·과분) circled (현분) circling ① 동그라미를 그리다 ② (~의 둘레를) 돌다

명 원, 원형, 동그라미 (= ring)
Let's find **circles** in this picture.
이 그림에서 동그라미를 찾아봅시다.

In Korea, women dance around fires in a **circle** on Chuseok.

Let's find *circles* in this picture.

한국에서는 추석날 여자들이 모닥불 주변을 둥글게 원을 그리며 춤을 춘다.

동 1 동그라미를 그리다, 둥글게 에워싸다
My teacher always **circles** the correct answer in red pencil.
우리 선생님은 언제나 빨간색 연필로 정답에 동그라미를 치신다.

2 (~의 둘레를) 돌다
The earth **circles** the sun. 지구는 태양의 둘레를 돈다.

> 어휘가 쑥쑥
> circular 형 원형의, 순환하는
> circulate 동 순환하다, 유포되다
> circulation 명 순환, 유통

circumstance /ˈsɜːrkəmstæns/
명사 (복 circumstances) [보통 복수로 써서] (주위의) 환경, 상황, 사정 (= condition)

According to **circumstances**, backpacking may be dangerous.
상황에 따라서 배낭여행은 위험할 수도 있다.

I can trust him in any **circumstances**.
나는 어떤 상황에서도 그를 신뢰할 수 있다.

> 어휘가 쑥쑥
> political circumstances 정치적 환경
> financial circumstances 재정 형편

circus /ˈsɜːrkəs/
명사 (복 circuses) 서커스, 곡예, 곡마단

Children, ladies and gentlemen, welcome to the **circus**!
신사 숙녀, 그리고 어린이 여러분, 서커스 공연에 오신 것을 환영합니다!

citizen /ˈsɪtɪzn/
명사 (복 citizens) 시민, 국민, 거주자 (= resident)

Annie is a U.S. **citizen**, but lives in *Seoul*.
애니는 미국 시민이지만 서울에서 산다.

> 어휘가 쑥쑥
> citizenship 시민권

city /ˈsɪti/
명사 (복 cities) 도시, 시

Living in the **city** is much more expensive than in the country. 도시에서 사는 것이 시골에서 사는 것보다 훨씬 돈이 많이 든다.

New York is the largest **city** in the U.S.
뉴욕은 미국에서 가장 큰 도시이다.

> 어휘가 쑥쑥
> city hall 시청
> capital city 수도
> big city 대도시

civil /ˈsɪvl/
형용사 ① 시민의 ② 국내의

1 시민의
African Americans have fought for **civil** rights since 1954.
아프리카계 미국인들은 1954년부터 시민의 권리를 위해 싸워 왔다.

2 국내의
The **Civil** War lasted for four years.
(미국의 내전인) 남북 전쟁은 4년간 지속되었다.

> 어휘가 쑥쑥
> civil law 민법
> civil society 시민 사회
> civil servant 공무원

civilization /ˌsɪvələˈzeɪʃn/ | 명사 (복) civilizations ① 문명 ② 문명사회

1 불 문명(요)

The Roman **civilization** flourished for a long time.
로마 문명은 오랫동안 번영했다.

Daniel spent a month visiting the Inca **civilization**.
대니얼은 한 달간 잉카 문명을 방문했다.

2 문명사회

There were several **civilizations** in ancient Egypt, China, Mesopotamia, and India.
고대 이집트, 중국, 메소포타미아와 인도에는 여러 문명사회가 존재했었다.

뜻풀이
문명 사람의 사회적·기술적·정신적 생활이 발전한 상태

어휘가 쑥쑥
civilize 문명화하다
civilized 형 문명화된
Oriental[Western] civilization 동양[서양] 문명

재미가 쑥쑥

고대 6대 문명 (ancient six civilizations)
Ancient Egyptian civilization 고대 이집트 문명
Ancient Chinese civilization 고대 중국 문명
Ancient Cretan civilization 고대 크레타 문명
Ancient Mesopotamia civilization 고대 메소포타미아 문명
Ancient Indus Valley civilization 고대 인더스 문명
Ancient Inca civilization 고대 잉카 문명

---

*claim /kleɪm/ | 동사 (3단현) claims (과거·과분) claimed (현분) claiming ① 주장하다 ② 요구하다

1 주장하다 (= insist)

The suspect **claimed** that he was not guilty.
그 용의자는 자신이 죄가 없다고 주장했다.

2 (배상을) 요구하다 (= demand, require)

You can **claim** damages for a canceled tour.
당신은 취소된 여행에 대해서 손해 배상을 요구할 수 있습니다.

어휘가 쑥쑥
claim victory 승리를 장담하다
claim a refund 환불을 요구하다

---

clam /klæm/ | 명사 (복) clams 대합조개

Amy ate a bowl of **clam** chowder soup.
에이미는 클램 차우더 수프를 한 그릇 먹었다.

---

*clap /klæp/ | 동사 (3단현) claps (과거·과분) clapped (현분) clapping 박수를 치다

Alex won (the) first prize in the English speech contest. Let's **clap** for him!
알렉스가 영어 말하기 대회에서 일 등을 했어요. 우리 모두 박수를 쳐 줍시다!

clarinet /ˌklærəˈnet/ | 명사 (복) clarinets 클라리넷 (☞ instrument)

My brother played the **clarinet** in the school band.
오빠는 학교 밴드에서 클라리넷을 연주했다.

clash /klæʃ/ | 동사 (3단현) clashes (과거·과분) clashed (현분) clashing) ① 세게 꽝 소리를 내다 ② 충돌하다 명사 (복) clashes ① 꽝, 쨍 ② 충돌

동 1 (금속 등이) 세게 꽝 소리를 내다
Five school band members **clashed** the cymbals together.
다섯 명의 학교 밴드부원들이 함께 심벌즈를 울렸다.

2 충돌하다, 부딪치다
The two teams **clashed** violently several times.
그 두 팀은 여러 번 격렬하게 충돌했다.

명 1 꽝, 쨍
I heard a **clash** of cymbals. 심벌즈의 쨍하는 소리가 들렸다.

2 충돌
There was a severe **clash** of opinions between Jamy and Susan. 제이미와 수전 사이에 심각한 의견 충돌이 있었다.

> 어휘가 쑥쑥
> culture clash 문화 충돌
> personality clash 성격 충돌
> armed clash 무력 충돌
> bloody clash 유혈 충돌
> clash of colors 색의 부조화

class /klæs/ | 명사 (복) classes ① 학급 ② 사회 계층 ③ 등급

1 학급, 반, 수업
How many students are there in your **class**?
너희 학급에는 학생이 몇 명 있니?
What time does your **class** begin today?
오늘 수업은 몇 시에 시작하니?
I have no **class** on Saturdays. 나는 토요일에 수업이 없다.

2 사회 계층
Patricia comes from a middle **class** background.
페트리샤는 중산층 출신이다.

3 (탈것의) 등급 (= grade)
Whenever I travel by plane, I always travel first **class**.
비행기로 여행할 때마다 나는 늘 일등석을 탄다.

> 어휘가 쑥쑥
> lower class 하류층
> upper[high] class 상류층, 상류 계급
> working class 노동 계급
> business class (비행기의) 비즈니스석
> economy class (비행기의) 보통석

classic /ˈklæsɪk/ | 형용사 고전적인 명사 (복) classics 고전 (문학)

형 고전적인, 고전의, 전형적인
Coughing is the **classic** symptom of the disease.

기침은 그 질병의 전형적인 증상이다.

명 고전 (문학)
Homer's *Iliad* is one of the most famous **classics**.
호머의 '일리아드'는 가장 유명한 고전 중의 하나이다.

> 🔍 **뜻풀이**
> **고전** 오래전부터 높은 가치가 있다고 인정되어 온 글이나 예술 작품

classical /ˈklæsɪkl/ | 형용사 고전적인, 고전의

Sam enjoys listening to **classical** music.
샘은 고전 음악 듣기를 즐긴다.
A: Do you like pop music? 대중음악을 좋아하니?
B: No. I like **classical** music better than pop music.
아니. 나는 대중음악보다 고전 음악을 더 좋아해.

> **실력**이 쑥쑥
> '클래식'이라고 부르는 '고전 음악'은 classic music이 아니라 classical music이라고 한다.

classmate /ˈklæsmeɪt/ | 명사 (복) classmates 반 친구, 동급생

He is just my **classmate**. 그는 그냥 반 친구야.
Tim and Amy are **classmates**. 팀과 에이미는 반 친구다.
A: How do you know my cousin Andy?
 내 사촌 앤디를 어떻게 아니?
B: We were **classmates** last year.
 우리는 작년에 같은 반이었어.

> **어휘**가 쑥쑥
> **soulmate** 마음이 통하는 친구
> **running mate** (선거의) 러닝메이트 [동반 출마자]
> **room-mate** 룸메이트

✱ classroom /ˈklæsruːm/ | 명사 (복) classrooms 교실 (☞ 188, 189쪽)

The children and their teacher, Ms. Taylor, are talking in the **classroom**.
테일러 선생님과 반 아이들이 교실에서 이야기를 하는 중이다.

> **실력**이 쑥쑥

교실에서 사용하는 classroom English (교실 영어)를 배워 봅시다.
- I'll take attendance. / Let me call the roll. / Let me check if everyone is here. (출석을 부르겠어요.)
- Say here[yes] when I call your name. (이름을 부르면 '예'라고 대답하세요.)
- Let's start today's lesson. / Let's get started. (수업을 시작하겠습니다.)
- We are studying Unit 3 today. (오늘 3과를 공부하겠어요.)
- Let's review the last lesson. (지난 시간에 배운 것을 복습합시다.)
- Pay attention, please. / Listen to what I'm saying. (주목하세요.)
- Open your book to page 70. / Look at page 70. (70쪽을 펴세요.)
- Let's move on to the next page. / Turn to the next page. (다음 페이지를 보세요.)
- Try it again. (다시 해 보세요.)
- Good job. (잘했어요.)
- Speak up. / Say it louder. (크게 말해 보세요.)
- Any volunteers? (누가 해 볼까요?)
- Who will go first? (누가 먼저 할래요?)
- Work individually[in pairs]. (각자[둘씩 짝 지어] 하세요.)

classroom

- Let's watch the monitor. (모니터를 보세요.)
- Can you all hear? / Can you hear in the back? (모두[뒤편까지] 잘 들리나요?)
- It's time to stop. (마칠 시간이에요.)

clean /kliːn/

형용사 (비교 cleaner 최상 cleanest) 깨끗한 **부사** 완전히
동사 (3단현 cleans 과거·과분 cleaned 현분 cleaning) 청소하다

형 깨끗한 (↔ dirty 더러운)
Katie's room is always **clean**. 케이티의 방은 언제나 깨끗하다.
This water is **clean** enough to drink.
이 물은 마실 수 있을 만큼 충분히 깨끗하다.

부 완전히
I **clean** forgot her birthday. 나는 그녀의 생일을 완전히 잊었다.

동 청소하다, 깨끗하게 하다 (= clear, cleanse)
Your room is too messy. **Clean** up your room right now.
네 방이 너무 지저분하다. 지금 당장 방 청소를 해라.

어휘가 쑥쑥
cleanness 명 청결
cleaning 명 청소
cleaner 명 청소기, 세제, 세탁업자
cleanly 부 깨끗이
clean air 깨끗한 공기
clean energy 청정 에너지

clear /klɪr/

형용사 (비교 clearer 최상 clearest) ① 맑은 ② 명확한
동사 (3단현 clears 과거·과분 cleared 현분 clearing) ① 청소하다 ② (날씨가) 개다

형 1 맑은, 구름 한 점 없는 (= bright, sunny) (↔ cloudy 흐린, 구름 낀)
It was a sunny and **clear** morning.
화창하고 맑게 갠 아침이었다.

2 명확한, 분명한 (= apparent, obvious) (↔ unclear 분명하지 않은)
If you want to be a newscaster, you need to have **clear** pronunciation. 뉴스 진행자가 되려면 발음이 명확해야 한다.
A: Is that **clear**? 제 말이 이해되나요?
B: No, could you give me an example?
아니요, 예를 하나 들어 주실래요?

동 1 청소하다, 치우다 (= clean, tidy)
Let's start to **clear** up the classroom right now!
이제 교실 청소를 시작하자!

2 (날씨가) 개다
According to the weather forecast, it will **clear** up in the afternoon. 일기 예보에 따르면 오후엔 날이 갤 거래요.

어휘가 쑥쑥
clarify 동 명확하게 하다
clearance 명 정리, 제거
clear message 명확한 메시지
clear instruction 명확한 지시 사항

Is that *clear*?

clearly /ˈklɪrli/

부사 (비교 more clearly 최상 most clearly) 명확히, 똑똑히, 분명히
(= apparently, obviously)

Please write your name **clearly**. 이름을 명확하게 쓰세요.
I couldn't see the traffic sign **clearly** due to the fog.
나는 안개 때문에 교통 표지판을 분명히 볼 수가 없었다.
A: Can you hear me? 제 말이 잘 들리세요?
B: Sorry, I can't hear you **clearly**. Speak up, please.
미안하지만 당신 목소리가 분명하게 안 들려요. 크게 말씀해 주세요.

*** clerk** /klɜːrk/ | 명사 (복) clerks) (상점의) 점원 (= salesclerk, shop assistant)

My sister works as a **clerk** in the supermarket.
우리 언니는 슈퍼마켓에서 점원으로 일하고 있다.
Please ask the **clerk** over there. 저쪽에 있는 점원에게 문의하세요.

실력이 쑥쑥
영국 영어에서는 '점원'을 shop assistant라고 한다.

*** clever** /ˈklevər/ | 형용사 (비교) cleverer (최상) cleverest) 영리한, 꾀가 많은, 영악한
(↔ stupid 어리석은)

He is the **cleverest** student in his class.
그는 반에서 가장 영리한 학생이다.
A fox is a **clever** animal in *Aesop's Fables*.
이솝 우화에서 여우는 꾀가 많은 동물이다.

어휘가 쑥쑥
cleverness 명 영리함
cleverly 부 영리하게

* **client** /ˈklaɪənt/ | 명사 (복) clients) 고객 (= customer), (변호사 등의) 의뢰인

Most **clients** are satisfied with the company's service.
대부분의 고객들은 그 회사의 서비스에 만족한다.
I have a lunch appointment with my **client**.
나는 의뢰인과 점심 약속이 있다.

어휘가 쑥쑥
serve a client 의뢰인의 일을 봐주다

* **cliff** /klɪf/ | 명사 (복) cliffs) (해안 따위의) 절벽, 벼랑

It was pretty dangerous to climb up the **cliff**.
그 절벽을 올라가는 것은 대단히 위험했다.

*** climate** /ˈklaɪmət/ | 명사 기후 (🔎 한 지역의 평균적인 날씨)

What is the difference between **climate** and weather?
기후와 날씨의 차이는 무엇인가요?

어휘가 쑥쑥
climate change 기후 변화

climax /ˈklaɪmæks/ | 명사 (복) climaxes) 클라이맥스, 최고조, 절정

You missed the **climax** of the movie.
그 영화의 클라이맥스를 놓쳤구나.

climb /klaɪm/ | 동사 (3단현) climbs (과거·과분) climbed (현분) climbing 오르다, 기어오르다

Bill **climbed** the stairs. 빌은 계단을 올라갔다.
They finally **climbed** to the top of Mt. Everest.
그들은 마침내 에베레스트산 정상에 올랐다.

어휘가 쑥쑥
climber 명 등산가
climbing 명 등산, 등반

clinic /ˈklɪnɪk/ | 명사 (복) clinics 클리닉, 진료소, 개인 병원

You can get some advice on a diet at the health **clinic**.
건강 클리닉에서 식이 요법에 대한 조언을 얻을 수 있습니다.
Why don't you go to the dental **clinic**?
치과에 가 보는 게 어때요?

어휘가 쑥쑥
local clinic 현지 병원

clip¹ /klɪp/ | 동사 (3단현) clips (과거·과분) clipped (현분) clipping (가위 등으로) 오리다
명사 (복) clips 오려 낸 기사

동 (가위 등으로) 오리다
I **clipped** the article about the World Cup from a newspaper.
나는 신문에서 월드컵에 대한 기사를 오렸다.

명 (신문 등에서) 오려 낸 기사
I collect the **clips** about wild animals.
나는 야생 동물에 대한 기사를 모은다.

clip² /klɪp/ | 명사 (복) clips 클립
동사 (3단현) clips (과거·과분) clipped (현분) clipping 클립을 끼워 묶다

명 (서류 등을 끼우는) 클립 (= paper clip), 핀
I fastened the papers with a **clip**.
나는 클립으로 서류들을 묶었다.

동 (종이 등을) 클립을 끼워 묶다
Please **clip** the documents together and put them on my desk.
서류들을 클립에 끼워 한데 묶어서 내 책상 위에 놓아 두세요.

어휘가 쑥쑥
hair clip 머리핀
paper clip 종이 집게
money clip 지폐 클립

clock /klɑːk/ | 명사 (복) clocks 시계

The **clock** on the wall is right[slow, fast].
그 벽시계는 정확하다[느리다, 빠르다].
I always set the alarm **clock** for six in the morning.
나는 늘 자명종을 아침 6시에 맞춰 놓는다.

실력이 쑥쑥
clock 휴대하지 않는 시계로 벽시계나 탁상시계 등
watch 휴대용 시계

clockwise /ˈklɑːkwaɪz/ | 형용사 시계 방향의 부사 시계 방향으로

형 시계 방향의 (↔ counter clockwise 시계 반대 방향의)
Please move in a **clockwise** direction.
시계 방향으로 움직이세요.

부 시계 방향으로
To open the door, turn the key **clockwise**.
문을 열려면, 열쇠를 시계 방향으로 돌리세요.

clockwise   counter clockwise

close¹ /kloʊz/ | 동사 (3단현) closes (과거·과분) closed (현분) closing ① (문 등을) 닫다 ② (가게 등을) 닫다 ③ (말·일을) 끝마치다

1 (문·창문 등을) 닫다 (= shut) (↔ open 열다)
It's so cold in here. Do you mind if I **close** the window?
여긴 꽤 춥네요. 제가 창문을 닫아도 될까요?

Close your eyes and imagine that you are in the jungle.
눈을 감고 여러분이 정글에 있다고 상상해 보세요.

2 (가게 등을) 닫다, 폐쇄하다 (↔ open 열다)
We open at 9 a.m. and **close** at 6 p.m.
저희는 오전 9시에 문을 열고 오후 6시에 문을 닫습니다.

3 (말·일을) 끝마치다 (= end) (↔ begin, start 시작하다)
When the politician **closed** his speech, the audience clapped loudly.
그 정치가가 연설을 끝마치자 청중들이 크게 박수를 쳤다.

어휘가 쑥쑥
closed 형 (문이) 닫힌, 폐쇄된
closing 명 폐점, 폐쇄

실력이 쑥쑥
close는 동사로 쓰일 때와 형용사·부사로 쓰일 때 발음이 다른 것에 주의한다.

close² /kloʊs/ | (비교) closer (최상) closest 형용사 ① 가까운 ② 친한 부사 가까이

형 1 가까운 (= near)
The final exams are getting very **close**.
학기말 시험이 아주 가까이 다가오고 있다.

2 친한, 가까운
My sister and I are very **close**. 내 여동생과 나는 매우 친하다.
She and I are very **close** relatives.
그녀와 나는 아주 가까운 친척이다.

부 가까이, 접근하여, 밀접하게
I live **close** to the subway station. 나는 지하철역 가까이에 산다.
A: What are you going to talk about?
   무슨 이야기를 하려고 그러니?
B: Shh! Come **closer** to me. I'd like to talk to you.
   쉿! 나에게 좀 더 가까이 와 봐. 내가 얘기해 줄게.

어휘가 쑥쑥
close haircut 바싹 자른 머리
take a close look at ~을 자세히 보다
close at hand 바로 가까이에

Come *closer* to me.

closet /ˈklɑːzɪt/ | 명사 (복) closets) 옷장, 벽장 (☞ bedroom)

Sarah put her coat in the **closet**.
세라는 옷장 안에 코트를 걸어 놓았다.

Timmy put his toy box in the **closet**.
티미는 벽장 안에 장난감 상자를 넣어 두었다.

*cloth /klɔːθ/ | 명사 (복) cloths) 천, 옷감

We made a puppet with **cloth** in art class.
우리는 미술 시간에 천으로 꼭두각시 인형을 만들었다.

> 어휘가 쑥쑥
> cotton cloth 면직물

*clothes /kloʊðz, kloʊz/ | 명사 옷, 의복 《항상 복수형으로 쓴다.》

I think pink **clothes** suit you well.
내 생각에 너한테는 분홍색 옷이 잘 어울리는 것 같아.

Jane is wearing her new **clothes** that she bought last week.
제인은 지난주에 새로 산 옷을 입고 있다.

clothing /ˈkloʊðɪŋ/ | 명사 옷, 의류 (☞ 196, 197쪽)

Food, **clothing**, and housing are basic for human.
의식주는 인간에게 기본적인 것이다.

Our shop is selling outdoor **clothing**.
우리 가게는 아웃도어 의류를 팔고 있다.

I spend a lot of money on **clothing**.
나는 옷에 돈을 많이 쓴다.

> 실력이 쑥쑥
> cloth 옷감이나 천
> clothes 셔츠·바지·재킷 등을 포함하는 일반적인 옷
> clothing 의복 전체를 가리키는 말

*cloud /klaʊd/ | 명사 (복) clouds) 구름

The moon was covered with **clouds**. 달이 구름에 가려졌다.
The sky is full of dark **clouds**. It will rain soon.
하늘이 먹구름으로 가득하다. 곧 비가 올 것이다.

> 어휘가 쑥쑥
> cloudless 구름 한 점 없는, 맑은

cloudy /ˈklaʊdi/ | 형용사 (비교) cloudier (최상) cloudiest) 흐린, 구름 낀 (↔ clear, sunny 맑은, 화창한)

I just feel down on a **cloudy** day. 날씨가 흐린 날은 괜히 기분이 우울하다.

clover /ˈkloʊvər/ | 명사 (복) clovers) 클로버, 토끼풀

I found a four-leaf **clover**. 나는 네 잎 클로버를 찾아냈다.

clown /klaʊn/ | 명사 (복) clowns (서커스의) 어릿광대

We watched circus **clowns** performing their tricks at the park.
우리는 공원에서 서커스단의 광대들이 재주부리는 것을 보았다.

club /klʌb/ | 명사 (복) clubs 클럽, 동아리, 동호회

My friend, Alex, is the chairperson of the Internet cartoon **club**.
내 친구 알렉스는 인터넷 만화 동호회의 회장이다.

> 어휘가 쑥쑥
> book club 독서 동아리

*clue /kluː/ | 명사 (복) clues 실마리, 단서(어떤 사건을 해결하는 데 도움이 되는 사실), 힌트 (= hint)

The police found an important **clue** in the murder case.
경찰은 그 살인 사건의 중요한 단서를 찾았다.

A: Let me give you twenty **clues**. You guess what it is.
내가 스무 가지 힌트를 줄 테니까 뭔지 맞혀 봐.
B: O.K., it sounds interesting! 좋아, 재미있겠는걸!

clumsy /ˈklʌmzi/ | 형용사 (비교) clumsier (최상) clumsiest ① 어설픈 ② 서투른

1 (기술·몸짓이) 어설픈, 칠칠치 못한
Justin is so **clumsy** with his hands.
저스틴은 손으로 하는 일에 매우 서툴다.

2 (말이) 서투른, 재치 없는
His **clumsy** apology made his fans angrier.
그의 서툰 사과가 그의 팬들을 더 화나게 했다.

> 어휘가 쑥쑥
> clumsy hands 서툰 솜씨
> clumsy attempt 어설픈 시도

coach /koʊtʃ/ | 명사 (복) coaches 코치
동사 (3단현) coaches (과거·과분) coached (현분) coaching 지도하다

명 코치, 지도자 (= trainer, instructor)
The swimming **coach** was the Olympic gold medalist.
그 수영 코치는 올림픽 금메달리스트였다.

> 어휘가 쑥쑥
> head coach 수석 코치
> former coach 전 코치

동 지도하다, 코치하다
He has **coached** the baseball team at the school.
그는 학교에서 야구부를 지도해 왔다.

*coal /koʊl/ | 명사 석탄, 숯 (= charcoal)

clothing

clothing 197

◆ shirt 상의, 셔츠
① long-sleeved shirt 긴팔 상의
② short-sleeved shirt 반팔 상의
③ dress shirt 와이셔츠
④ T-shirt 티셔츠
⑤ blouse 블라우스
⑥ sweater 스웨터
⑦ vest 조끼
⑧ cardigan 카디건
⑨ coat 코트
⑩ raincoat 비옷
⑪ jacket 재킷

◆ pants 바지
⑫ shorts 반바지
⑬ jeans 청바지

⑭ skirt 치마
⑮ dress 원피스
⑯ suit 정장

◆ shoes 신발
⑰ boots 부츠
⑱ sneakers 운동화, 스니커즈
⑲ (high) heels 굽이 높은 여성용 구두

⑳ socks 양말
㉑ stockings 스타킹
㉒ gloves 장갑
㉓ mittens 벙어리장갑
㉔ scarf 스카프
㉕ muffler 목도리, 머플러
㉖ (neck)tie 넥타이
㉗ hat 모자
㉘ cap (챙이 없거나 한쪽에만 있는) 모자

In the 1930s, many houses were heated by **coal**.
1930년대에는 많은 집들이 석탄으로 난방을 했다.

* coast /koʊst/ 명사 (복) coasts) 해안, 연안 (= shore, seaside)

I'm planning to stay at the hotel near the **coast**.
나는 해안 가까이에 있는 호텔에 머물 계획이다.

I am going to the east **coast** to see the sunrise.
해돋이를 보러 동해안에 갈 거야.

> 어휘가 쑥쑥
> west coast 서해안

coat /koʊt/ 명사 (복) coats) 코트, 외투 (☞ clothing)

Katie, it's too cold outside, so put your **coat** on.
케이티, 밖이 아주 추우니까 코트를 입으렴.

> 어휘가 쑥쑥
> raincoat 비옷

cobra /ˈkoʊbrə/ 명사 (복) cobras) 코브라

The **cobra** is one of the most poisonous snakes in the world.
코브라는 세계에서 가장 독성이 강한 뱀 중의 하나이다.

cock /kɑːk/ 명사 (복) cocks) 수탉 (= rooster)

Every morning the **cock** started to crow. 아침마다 그 수탉은 꼬끼오 하고 울기 시작했다.

cockroach /ˈkɑːkroʊtʃ/ 명사 (복) cockroaches) 바퀴벌레

Look! There is a big **cockroach** on the wall.
저기 좀 봐! 벽에 큰 바퀴벌레가 있어.

cocoa /ˈkoʊkoʊ/ 명사 ① 코코아 가루 ② 코코아 음료

1 코코아 가루 (= cocoa powder)
Jamy sprinkled the **cocoa** powder over the latte.
제이미는 라테 위에 코코아 가루를 뿌렸다.

> 실력이 쑥쑥
> '코코아'라고 발음하지 않도록 주의한다.

2 코코아 음료
My mom always gave me a mug of **cocoa** before bed.
엄마는 늘 자기 전에 코코아 한 잔을 나에게 주셨다.

coconut /ˈkoʊkənʌt/ 명사 (복) coconuts) 코코넛 (코코야자 나무의 열매)

The **coconut** trees are planted along the beach.
코코야자 나무들이 해변을 따라 심어져 있다.

cocoon /kəˈkuːn/
명사 (복) cocoons (곤충의) 고치 (누에가 번데기로 될 때 자기 몸에서 실을 뽑아내어서 만든 집)

A big caterpillar made a **cocoon** around itself.
커다란 애벌레 한 마리가 자기 몸 주위에 고치를 만들었다.

coffee /ˈkɔːfi/
명사 커피

I usually have **coffee** with cream and sugar.
나는 보통 크림과 설탕을 넣은 커피를 마신다.
I made myself a cup of **coffee**. 나는 직접 커피 한 잔을 만들었다.

> **어휘가 쑥쑥**
> strong coffee 진한 커피

coil /kɔɪl/
명사 (복) coils 고리
동사 (3단현) coils (과거·과분) coiled (현분) coiling 둘둘 감다

명 (둥글게 감아 놓은) 고리
There is a **coil** of rope on the floor.
바닥에 둥글게 감아 놓은 밧줄이 있다.

> **뜻풀이**
> 사리다 긴 밧줄 등을 흩어지지 않도록 둥그렇게 포개어 감다

동 둘둘 감다, 사리다
The sailor **coiled** up a rope. 그 선원은 밧줄을 둘둘 감아올렸다.

*coin /kɔɪn/
명사 (복) coins 동전

Put the **coins** in the slot. Then select the item.
동전을 동전 투입구에 넣으시고 품목을 선택하세요.
Let's toss[flip] a **coin** to decide who should go first! Heads or tails?
누가 먼저 할지 결정하기 위해 동전을 던지자. 앞면 아니면 뒷면?

> **재미가 쑥쑥**
> *미국의 동전*
> penny 1센트 동전
> nickel 5센트 동전
> dime 10센트 동전
> quarter 25센트 동전

*cold /koʊld/
형용사 (비교) colder (최상) coldest ① 추운 ② 냉정한 **명사** (복) colds 감기

형 1 추운, 차가운 (= chilly) (↔ hot 더운, 뜨거운)
London was very **cold** and foggy.
런던은 매우 춥고 안개가 자욱했다.

2 (성격이) 차가운, 냉정한 (= unfriendly) (↔ friendly 친절한, 상냥한)
She gave me a **cold** look. 그녀는 나를 차갑게 바라보았다.

명 감기
A: I have[caught] a **cold**. 나 감기에 걸렸어.
B: You should take **cold** medicines and take a rest.
감기약 먹고 쉬는 것이 좋겠다.

> **실력이 쑥쑥**
> *감기의 증상*
> have a fever[temperature] (열이 나다)
> have a runny nose (콧물이 흐르다)
> have a stuffy nose (코가 막히다)
> have a sore throat (목이 아프다)
> have a cough (기침이 나다)

collapse /kəˈlæps/

동사 (3단현) collapses (과거·과분) collapsed (현분) collapsing)
① 무너지다 ② 무너져 내리다
명사 (복) collapses) 무너짐

동 1 (건물 등이) 무너지다, 붕괴되다
Hundreds of houses **collapsed** in the earthquake.
수백 채의 집이 지진으로 무너졌다.

2 (몸과 마음이) 무너져 내리다, 쓰러지다
He **collapsed** from hunger and exhaustion.
그는 굶주림과 피로로 쓰러졌다.

명 무너짐, 붕괴, 와해
Pandemic causes the **collapse** of the economy.
전 세계적인 전염병은 경제의 붕괴를 초래한다.

> **어휘가 쑥쑥**
> building collapse 건물 붕괴
> financial collapse 재정 붕괴
> political collapse 정치의 붕괴

> **뜻풀이**
> 와해 어떤 조직이나 계획이 무너져 흩어지는 것

collar /ˈkɑːlər/

명사 (복) collars) ① 옷깃 ② (개 등의) 목걸이

1 칼라, 옷깃
The old man turned up his **collar** against the cold.
그 노인은 추위를 막기 위해 옷깃을 세웠다.

2 (개 등의) 목걸이
Tom grabbed the dog by the **collar**.
톰은 그 개의 목줄을 움켜잡았다.

> **어휘가 쑥쑥**
> blue-collar worker 육체 노동자
> white-collar worker 사무직 노동자

collect /kəˈlekt/

동사 (3단현) collects (과거·과분) collected (현분) collecting) 수집하다, 모으다

My hobby is **collecting** foreign coins.
내 취미는 외국 동전을 수집하는 것이다.
People **collected** food, clothes, and blankets for flood victims.
사람들은 수재민들을 위해서 음식, 옷, 그리고 담요를 모았다.

> **어휘가 쑥쑥**
> collector 명 수집가
> collect call 수신자 부담 전화

collection /kəˈlekʃn/

명사 (복) collections) 수집, 채집, 수집한 물건

The museum has a valuable **collection** of Chinese art.
그 박물관은 중국의 귀중한 미술 작품들을 소장하고 있다.
I have made a **collection** of model cars for 5 years.
나는 5년 동안 모형 자동차를 수집해 왔다.

> **어휘가 쑥쑥**
> data collection 자료 수집
> collection of stories 이야기 모음집

college /ˈkɑːlɪdʒ/

명사 (복) colleges) (단과) 대학, 칼리지, [영국의] 전문 대학

Justin will start **college** in March.
저스틴은 3월에 대학에서 공부를 시작할 것이다.

 어휘가 쑥쑥
college student 대학생

*color/colour /ˈkʌlər/ 　명사　(복) colors/colours 색, 색깔 (☞ 202쪽)

A: What's your favorite **color**? 제일 좋아하는 색이 뭐야?
B: I like bright **colors** such as orange and yellow.
　나는 오렌지색이나 노란색과 같은 밝은색을 좋아해.

colorful/colourful /ˈkʌlərfl/ 　형용사　(비교) more colorful (최상) most colorful)
① 색채가 풍부한 ② 파란만장한 ③ 생기 있는

1 색채가 풍부한, 화려한
Tree leaves are most **colorful** in fall.
나뭇잎은 가을에 색이 가장 화려하다.

2 파란만장한(♀)
Walt Disney had a **colorful** career.
월트 디즈니는 파란만장한 경력을 가지고 있었다.

3 생기 있는 (= vivid)
I think Amy is noisy, **colorful**, and lively.
에이미는 수다스럽고 생기발랄하고 활기차다고 생각한다.

 어휘가 쑥쑥
colorfully 🕛 화려하게, 다채롭게

colorless 무색의, 특색이 없는

🔍 뜻풀이
파란만장하다 (일생이) 여러 큰일이 많이 생겨서 변화가 심하다

column /ˈkɑːləm/ 　명사　(복) columns ① 기둥 ② 칼럼 ③ (신문·책 등의) 단

1 기둥, 원기둥
8 stone **columns** support the roof.
여덟 개의 돌기둥이 지붕을 떠받치고 있다.

2 칼럼(♀) (신문·잡지 등에서) 시사·사회·풍속 등을 짧게 평하는 기사)
I always read the opinion **column** in the newspaper.
나는 늘 신문의 독자 의견 칼럼을 읽는다.

3 (신문·책 등의) 단(♀)
Read the right **column** on page 4.
4페이지 오른쪽 단을 읽어 주세요.

 어휘가 쑥쑥
funeral column 부고란
financial column 경제 칼럼
advertisement column 광고란

🔍 뜻풀이
단 신문·잡지·책 등의 한 쪽을 가로 또는 세로로 일정한 폭으로 나눈 것

comb /koʊm/ 　명사　(복) combs 빗
동사 (3단현) combs (과거·과분) combed (현분) combing 빗다

명 빗
Her hair needs a good **comb**.
그녀의 머리는 좋은 빗을 필요로 한다. (머리 좀 잘 빗어야 한다.)

 어휘가 쑥쑥
fine-tooth comb 촘촘한 빗

동 (머리를) 빗다, 빗질하다
My mom **combs** my hair every morning.
엄마는 매일 아침 내 머리를 빗겨 주신다.

| wide-tooth comb
| 성긴 빗

combination /ˌkɑːmbɪˈneɪʃn/ | **명사** (복) combination**s** ① 조합 ② 짜맞춘 것

1 조합, 결합
White wine and lobster make a good **combination**.
백포도주와 랍스터는 좋은 조합이다.

어휘가 쑥쑥
combination lock 번호를 맞춰서 여는 자물쇠

2 짜맞춘 것, 결합물
Blackboard is a **combination** of the words 'black' and 'board'. blackboard(칠판)는 black과 board라는 단어의 조합이다.

＊combine /kəmˈbaɪn/ | **동사** (3단현) combine**s** (과거·과분) combine**d** (현분) combin**ing**
합치다, 합쳐지다 (= mix) (↔ separate 분리하다), 결합하다, 조합하다

Combine red and blue and it'll become violet.
빨간색과 파란색을 섞으면 보라색이 된다.
In a large bowl, **combine** eggs, flour, and milk.
큰 그릇에 달걀, 밀가루, 우유를 넣고 섞으세요.
Hydrogen **combines** with oxygen to form water.
수소는 산소와 결합하여 물이 된다.

＊＊come /kʌm/ | **동사** (3단현) come**s** (과거) came (과분) come (현분) com**ing** ① 오다 ② ~이 되다

1 오다 (↔ go 가다)
Come in! 들어와!
Come here! 이리로 와!
Nobody **came**. 아무도 오지 않았다.
He'll **come** soon. 그가 곧 올 거예요.
Spring has already **come**. 벌써 봄이 왔네.
Can you **come** to my house and have dinner with us?
우리 집에 와서 함께 저녁 먹을래?
First **come**, first served. 선착순.
[격언] Easy **come**, easy go. 쉽게 얻은 것은 쉽게 잃는다.

2 ~이 되다 (= become)
To make my dream **come** true, I'm planning to go abroad to study more.
내 꿈을 이루기 위해, 나는 외국으로 가서 더 공부할 계획이다.

실력이 쑥쑥
come과 go를 우리말로 무조건 '오다'와 '가다'로 해석해서는 안 된다. 상대방이 있는 쪽으로 갈 때는 come을 쓰고, 상대방과 관계없는 곳으로 갈 때는 go를 쓴다.
May I *come* to your house next Sunday?
(다음 일요일에 너희 집에 가도 괜찮으니?)
I'll *go* and see him tomorrow.
(나는 내일 그를 만나러 갈 것이다.)

> 실력이 쑥쑥

＊come이 쓰인 다양한 표현＊

- **come across** 우연히 만나다 (= run into)
  I *came across* one of my classmates at the department store. (나는 백화점에서 우연히 반 친구를 만났다.)
- **come along** 따라오다, 같이 가다
  Sam will *come along* with me. (샘은 나를 따라올 거야.)
- **come back** 돌아오다
  Stay here until I *come back*. (내가 돌아올 때까지 여기에 있어.)
- **come by** ① 들르다, 방문하다 ② (물건·생각·정보·감정을) 획득하다, 얻다
  Come by my office when you can. (가능할 때 제 사무실에 들러 주세요.)
  How did you *come by* this ring? (이 반지를 어떻게 구하셨어요?)
- **come down** 내려오다
  Santa Claus will *come down* the chimney and give you presents.
  (산타클로스 할아버지가 굴뚝을 타고 내려오셔서 너에게 선물을 주실 거야.)
- **come from** ~ 출신이다, ~에서 오다
  I *come from* Russia. (저는 러시아에서 왔습니다.)
- **come on** ① 오다, 다가오다 ② (격려·재촉의 의미) 자, 어서, 제발 (= please), 빨리빨리 (= hurry up)
  Darkness *comes on* after six in winter. (겨울에는 여섯 시가 지나면 어두워진다.)
  Come on, or we'll be late. (서둘러, 그렇지 않으면 우린 늦을 거야.)
- **come out (of)** (~에서) 나오다
  We *came out of* the building for some fresh air. (우리는 신선한 공기를 쐬러 건물 밖으로 나왔다.)
- **come to** 합계가 ~이 되다 (= amount to)
  A: I'll have a cheese burger, two fries, and a coke. (치즈 버거 하나랑 감자튀김 두 개, 그리고 콜라 한 잔 주세요.)
  B: OK, that *comes to* 7,900 won. (네, 모두 7,900원입니다.)
- **come up** (일이) 일어나다, 생기다, 발생하다
  I'm afraid I can't come to your party. Something's *come up*. (아쉽지만 네 파티에 못 갈 것 같아. 일이 생겼어.)
- **come up with** 생각해 내다, 떠올리다, 발견하다
  The doctor finally *came up with* a cure for the disease. (그 의사는 마침내 그 병에 대한 치료법을 발견했다.)

comedian /kəˈmiːdiən/ | 명사 (복) comedians 코미디언, 희극 배우

Charlie Chaplin was a great **comedian**.
찰리 채플린은 위대한 희극 배우였다.

＊comedy /ˈkɑːmədi/ | 명사 (복) comedies 희극, 코미디 (↔ tragedy 비극)

I like romantic **comedies**. 나는 로맨틱 코미디를 좋아한다.

comet /ˈkɑːmɪt/ | 명사 (복) comets 혜성

Halley's **Comet** is the most famous **comet**. 핼리 혜성은 가장 유명한 혜성이다.

＊comfort /ˈkʌmfərt/ | 동사 (3단현) comforts (과거·과분) comforted (현분) comforting 위로하다 명사 위로

comfort

동 (슬픔·괴로움을) 위로하다, 위안하다
Ted tried to **comfort** Jenny, but she kept crying.
테드는 제니를 위로하려고 했지만 그녀는 계속 울었다.

명 위로, 위안, 편안함
My grandparents live in **comfort**.
우리 할머니, 할아버지는 편안하게 살고 계신다.

> 어휘가 쑥쑥
> **comforting** 형 위안이 되는
> **discomfort** 불편, 불쾌, 불안

comfortable /ˈkʌmftəbl, ˈkʌmfərtəbl/

형용사 (비교) more comfortable (최상) most comfortable) ① 기분 좋은 ② 편안한

1 기분 좋은, 편안한 (= relaxed, happy) (↔ uncomfortable 불편한)
A: Thank you for inviting me. 초대해 주셔서 감사합니다.
B: Make yourself **comfortable**. I'll get you something to drink. 편히 계세요. 마실 것 좀 가져올게요.

2 (의자 등이) 편안한, 안락한 (↔ uncomfortable 불편한)
This sofa looks very **comfortable**. Can I try it?
이 소파 정말 편안해 보이네요. 앉아 봐도 되나요?

This sofa looks very *comfortable*.

comic /ˈkɑːmɪk/

형용사 (비교) more comic (최상) most comic) ① 희극의 ② 우스꽝스러운
명사 (복) comics) 만화

형 1 희극의 (↔ tragic 비극의)
Mr. Bean, Rowan Atkinson, is a very famous **comic** actor.
미스터 빈인 로언 앳킨슨은 매우 유명한 희극 배우이다.

2 우스꽝스러운 (= funny, humorous)
I think that Donkey is the most **comic** character in *Shrek*.
나는 '슈렉'에서 동키가 가장 우스꽝스러운 등장인물인 것 같다.

명 만화
There are a lot of movies based on popular **comics** these days. 요즘은 인기 만화를 원작으로 하는 영화가 많다.

> 어휘가 쑥쑥
> **comic book** 만화 잡지, 만화책
> **comic strip** 연재만화, 연속만화
> **comic writer** 희극 작가

*command /kəˈmænd/

동사 (3단현) commands (과거·과분) commanded
(현분) commanding) 명령하다 명사 (복) commands) 명령

동 명령하다 (= order), **지휘하다** (= lead)
The general **commanded** his men to stop shooting.
장군은 군사들에게 사격을 중지하라고 명령했다.

명 명령 (= order), **지휘, 통솔**
The officer gave a **command** to the soldiers to start marching.
장교는 병사들에게 행군을 시작하라고 명령했다.

> 어휘가 쑥쑥
> **commander** 명 사령관, 지휘관

comment /ˈkɑːment/

명사 (복) comments) 논평
동사 (3단현) comments (과거·과분) commented
(현분) commenting) 의견을 말하다

명 논평, 비평 (= remark), 의견 (= opinion)

There was a **comment** on the accident in today's newspaper.
오늘 신문에 그 사건에 대한 논평 기사가 실렸다.

Reporters asked her a lot of questions, but she repeated, "No **comment**."
기자들이 그녀에게 많은 질문을 했지만, 그녀는 "할 말이 없다."는 말만 되풀이했다.

동 의견을 말하다, 논평하다

The president refused to **comment** on the scandal.
대통령은 그 스캔들에 대해 언급하는 것을 거부했다.

어휘가 쑥쑥
commentary 명 논평, 실황 방송
commentator 명 해설자

---

commercial /kəˈmɜːrʃl/   형용사 상업의 명사 (복) commercials) 광고 방송

형 상업의, 무역의

Hong Kong is one of the most important **commercial** cities in Asia.
홍콩은 아시아에서 가장 중요한 상업 도시 중 하나이다.

명 광고 방송

A famous actress has appeared in this cell phone **commercial**.
한 유명한 여배우가 이 휴대 전화 광고에 출연했다.

어휘가 쑥쑥
commerce 명 상업, 무역
commercial break (방송 중간의) 광고 시간
TV commercial TV 광고
online commercial 온라인 광고

---

common /ˈkɑːmən/   형용사 (비교) more common (최상) most common) ① 흔한 ② 공통의

1 흔한, 보통의, 평범한

Kim is the most **common** Korean family name.
'김'은 한국에서 가장 흔한 성이다.

It is **common** for children to be afraid of the dark.
아이들이 어둠을 무서워하는 것은 흔한 일이다.

2 공통의

You can meet many people who have **common** interests through the Internet community.
인터넷 커뮤니티를 통해 공통의 관심사를 가진 사람들을 많이 만날 수 있다.

숙어 have ~ in common ~을 공통으로 가지고 있다

My brother and I *have* nothing *in common*.
우리 오빠와 나는 공통점이 전혀 없다.

어휘가 쑥쑥
commonly 분 흔히, 보통
uncommon 흔하지 않은, 드문
common cold 감기
common noun 보통 명사
common sense 상식, 양식
common ground 공통점

communicate /kəˈmjuːnɪkeɪt/
동사 (3단현) communicates
(과거·과분) communicated (현분) communicating
의사소통하다

They **communicate** with each other by mail.
그들은 서로 편지로 연락하고 있다.

We can use body language to **communicate** with each other everywhere in the world.
우리는 전 세계 어디에서나 보디랭귀지를 이용해서 서로 의사소통을 할 수 있다.

어휘가 쑥쑥
communicative 형 이야기하기 좋아하는

communication /kəˌmjuːnɪˈkeɪʃn/
명사 (복) communications 통신 (수단), 의사소통, 전달

The more **communications** develop, the smaller the world becomes.
통신 수단이 발전하면 할수록, 세상은 점점 더 좁아진다.

All **communications** were down due to the heavy rain.
폭우로 인해 모든 통신이 두절되었다.

어휘가 쑥쑥
mobile communications 이동 통신
wireless communications 무선 통신

community /kəˈmjuːnəti/
명사 (복) communities 공동체, [the를 붙여서] 지역 사회, (인터넷) 동호회

We have to try to make our **community** a good place to live.
우리는 우리 사회를 살기 좋은 곳으로 만들고자 노력해야 한다.

The mayor appealed to the **community** to help the flood victims.
시장은 수재민들을 도와 달라고 지역 사회에 호소했다.

어휘가 쑥쑥
community center 지역 주민 센터
community college 지역 전문 대학

company /ˈkʌmpəni/
명사 (복) companies ① 회사 ② 친구들 ③ 동행

1 회사 (= firm)
I work for a publishing **company**. 나는 출판사에서 일한다.

2 (불) 친구, 친구들
Don't hang around with bad **company**.
나쁜 친구들과 어울려 다니지 마라.

[격언] A man is known by the **company** he keeps.
사귀는 친구를 보면 그 사람을 알 수 있다.

3 (불) 일행, 동행
I enjoy Tom's **company**. (= I enjoy being with Tom.)
나는 톰과 함께 있는 것이 즐겁다.

어휘가 쑥쑥
insurance company 보험 회사
trade company 무역 회사
family-owned company 가족 경영 회사
keep[get into] bad company 나쁜 친구들을 사귀다

compare /kəmˈpeːr/ 동사 (3단현) compares (과거·과분) compared (현분) comparing
비교하다, 비유하다

Don't **compare** yourself with others.
네 자신을 다른 사람들과 비교하지 말아라.

Compare the two pictures and find out five different areas.
두 그림을 비교하고 다른 부분을 다섯 군데 찾아보세요.

We'll give you the lowest price. **Compare** our prices with those of other stores.
여러분께 최저가로 제공해 드립니다. 저희 가격을 다른 상점의 가격과 비교해 보십시오.

Life is often **compared** to a voyage.
인생은 흔히 항해에 비유된다.

Compare the two pictures and find out five different areas.

comparison /kəmˈpærɪsn/ 명사 (복) comparisons) 비교

His fan club made a **comparison** between him and Michael Jackson.
그의 팬클럽은 그와 마이클 잭슨을 비교했다.

In **comparison** with him, I didn't study hard.
그와 비교해서, 나는 공부를 열심히 하지 않았다.

There is no **comparison** between the two products.
(너무 차이가 나서) 두 제품은 비교가 되지 않는다.

어휘가 쑥쑥

price comparison
가격 비교

quality comparison
품질 비교

direct comparison
직접적인 비교

compass /ˈkʌmpəs/ 명사 (복) compasses) 나침반

The **compass** needle was pointing north.
나침반 바늘이 북쪽을 가리키고 있었다.

Climbers always carry a map and **compass**.
등산가들은 늘 지도와 나침반을 가지고 다닌다.

They relied on a **compass** not to lose their way.
그들은 길을 잃지 않기 위해 나침반에 의존했다.

compel /kəmˈpel/ 동사 (3단현) compels (과거·과분) compelled (현분) compelling
(억지로) 시키다, 강요하다

Heavy rain **compelled** us to stay another week.
폭우 때문에 우리는 일주일을 더 머물러야 했다.

compensate /ˈkɑːmpenseɪt/ 동사 (3단현) compensates (과거·과분) compensated (현분) compensating) ① 보상하다 ② 돈을 지불하다

1 (부족한 부분을) 채우다, 보상하다
His diligence **compensates** for his lack of talent.
그의 근면성이 그의 부족한 재능을 채워 준다.

2 (뭔가를 보상하기 위해) 돈을 지불하다
The government will **compensate** the workers for the loss of their jobs.
정부는 일자리를 잃은 노동자들에게 보상을 해 줄 것이다.

어휘가 쑥쑥
compensatory 형 보상의, 보충의
compensation 명 보상, 보상금

*compete /kəmˈpiːt/   동사 (3단현) competes (과거·과분) competed (현분) competing
① 경쟁하다 ② (시합·경기에) 참가하다

1 경쟁하다, 겨루다
Many athletes **compete** for medals at the Olympics.
많은 운동선수들이 올림픽에서 메달을 따기 위해서 경쟁한다.

No other spot in the world can **compete** with Hawaii's exotic liveliness.
세계의 다른 어떤 지역도 하와이의 이국적인 활기와는 경쟁이 안 된다.

어휘가 쑥쑥
competitor 명 경쟁자, 경쟁 상대
competence 능력
competent 유능한, 능력 있는

2 (시합·경기에) 참가하다 (= participate in, take part in)
A Korean young golfer **competed** in an LPGA tournament.
한국의 어린 골프 선수가 LPGA 시합에 참가했다.

competition /ˌkɑːmpəˈtɪʃn/   명사 (복) competitions ① 경쟁 ② 경기

1 불 경쟁, 겨루기
In Korea, the **competition** for jobs is so severe.
한국은 취업 경쟁이 매우 치열하다.

We are in **competition** with his team.
우리는 그의 팀과 경쟁하고 있다.

2 경기, 대회, 시합 (= contest, match)
I'm going to enter the school bodybuilding **competition** next month.
나는 다음 달에 학교 보디빌딩 대회에 참가할 것이다.

competitive /kəmˈpetətɪv/   형용사 (비교) more competitive (최상) most competitive
경쟁의, 경쟁적인

I like highly **competitive** sports.   나는 경쟁이 치열한 운동을 좋아한다.

*complain /kəmˈpleɪn/   동사 (3단현) complains (과거·과분) complained (현분) complaining
불평하다, 투덜거리다

Many students **complained** that the classroom is too hot in summer.
많은 학생들이 여름에 교실이 너무 덥다고 투덜거렸다.

Don't **complain** about the food. You should eat everything.
음식에 대해 불평하지 마. 모든 음식을 골고루 먹어야 해.

Don't *complain* about the food.

complaint /kəmˈpleɪnt/ 명사 (복 complaints) 불평, 불만

Please work hard without **complaint**.
불평하지 말고 열심히 일하세요.

Amy doesn't want to hear his **complaints** anymore.
에이미는 더 이상 그의 불평을 듣고 싶어 하지 않는다.

어휘가 쑥쑥
consumer complaint 고객 불만

*complete /kəmˈpliːt/

형용사 (비교 more complete) (최상 most complete) ① 완전한 ② 전부의 ③ 완성된
동사 (3단현 completes) (과거·과분 completed) (현분 completing) 완성하다

형 **1** 완전한 (= perfect) (↔ incomplete 불완전한)
Jamy is a **complete** idiot. 제이미는 완전히 바보야.
This beautiful sculpture shows us **complete** beauty.
이 아름다운 조각상은 완벽한 아름다움을 보여 준다.

2 전부의 (= entire)
I have a **complete** set of Shakespeare's dramas.
나는 셰익스피어의 희곡 전집을 가지고 있다.

3 완성된 (= finished) (↔ unfinished 미완성의)
A: Have you finished your art project? 너 미술 숙제 다 했니?
B: Yeah, it's **complete** now. I had to stay up all night to finish it. 응, 이제 완성됐어. 이걸 끝마치기 위해 밤을 새워야 했어.

동 완성하다, 끝마치다 (= finish)
It took a long time to **complete** the beautiful tower.
그 아름다운 탑을 완성하는 데에는 오랜 시간이 걸렸다.

Complete the sentences using the words given below.
아래에 주어진 단어들을 이용하여 문장을 완성하시오.

어휘가 쑥쑥
completion 명 완성, 완료
complete stranger 전혀 모르는 사람
complete change 철저한 변화
complete victory[failure] 완승[완패]
complete attendance 전원 출석
complete one's studies 학업을 마치다
complete a form 서식을 작성하다

completely /kəmˈpliːtli/ 부사 (비교 more completely) (최상 most completely) 완전히, 전부

I was **completely** lost in the woods.
나는 숲속에서 완전히 길을 잃었다.

I **completely** forgot it. 내가 그걸 까맣게 잊고 있었어.

어휘가 쑥쑥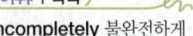
incompletely 불완전하게

compose

*complex /kəmˈpleks|ˈkɑːmpleks/

형용사 (비교) more complex (최상) most complex) 복잡한
명사 (복) complexes) 콤플렉스, 강박 관념

형 **복잡한, 어려운** (= complicated, difficult) (↔ simple, easy 간단한, 쉬운)

This sentence is so **complex** that I don't understand what it means.
이 문장은 너무 복잡해서 무슨 의미인지 모르겠어요.

Gauss created many **complex** mathematical formulas in his life.
가우스는 평생 동안 복잡한 수학 공식들을 많이 만들어 냈다.

명 **콤플렉스, 강박 관념**

I have a **complex** about my height.
나는 키에 대한 콤플렉스가 있다.

> 실력이 쑥쑥
> 형용사와 명사의 발음과 강세 위치가 다른 것에 주의한다.

*complicate /ˈkɑːmplɪkeɪt/

동사 (3단현) complicates (과거·과분) complicated (현분) complicating) 복잡하게 만들다

Please don't **complicate** the matter anymore.
더 이상 일을 복잡하게 만들지 마세요.

Tom's lies **complicated** the matter more.
톰의 거짓말이 그 문제를 더 복잡하게 만들었다.

> 어휘가 쑥쑥
> complication 명 복잡함, 합병증

complicated /ˈkɑːmplɪkeɪtɪd/

형용사 (비교) more complicated (최상) most complicated) 복잡한 (= complex) (↔ simple 간단한)

He likes to do **complicated** crossword puzzles.
그는 어려운 십자말 퍼즐을 푸는 것을 좋아한다.

*compose /kəmˈpoʊz/

동사 (3단현) composes (과거·과분) composed (현분) composing)
① 구성하다 ② 작곡하다

1 구성하다, 만들다 (= form, make up)

The universe is **composed** of millions of stars and galaxies.
우주는 수많은 별들과 은하들로 구성되어 있다.

2 작문하다, 작곡하다

Beethoven **composed** nine symphonies.
베토벤은 아홉 개의 교향곡을 작곡했다.

Henry usually **composes** poems for his beloved.
헨리는 주로 사랑하는 사람을 위해 시를 쓴다.

Beethoven *composed* nine symphonies.

composer /kəmˈpoʊzər/ | 명사 (복 composers) 작곡가

Mozart was born to be a great **composer**.
모차르트는 타고난 위대한 작곡가이다.

composition /ˌkɑːmpəˈzɪʃn/ | 명사 ① 구성 ② 작문(법)

1 구성, 조립 (= organization, formulation)
The president announced the **composition** of a new government.
대통령은 새 정부의 구성에 대해 발표했다.

The **composition** of this robot is simple.
이 로봇의 조립은 간단하다.

2 작문(법), 작곡(법)
To develop your **composition** skills, keep a diary every day.
작문 실력을 늘리기 위해서는 매일 일기를 써라.

I want to study music **composition**.
나는 작곡법을 공부하고 싶다.

어휘가 쑥쑥
composite 형 합성의 명 합성물
compositional 형 구성의, 작문의, 작곡의
- - - - - - - - - - - -
composition leather 합성 가죽
composition for the violin 바이올린곡
English composition 영작문

compound /ˈkɑːmpaʊnd/ | 형용사 합성의
명사 (복 compounds) ① 화합물 ② 복합어

형 합성의, 복합의
Salt is an example of **compound** substances.
소금은 화합 물질의 한 예다.

명 1 화합물, 혼합물
Water is a **compound** of hydrogen and oxygen.
물은 수소와 산소의 화합물이다.

2 복합어
'Birthday' and 'goldfish' are **compounds**.
birthday와 goldfish는 복합어이다.

어휘가 쑥쑥
compound word 복합어, 합성어
compound noun 복합 명사
compound interest 복리(이자)
carbon compound 탄소 화합물

comprehend /ˌkɑːmprɪˈhend/ | 동사 (3단현) comprehends
(과거·과분) comprehended (현분) comprehending)
(완전히) 이해하다, 알다

James could not **comprehend** what I said.
제임스는 내가 한 말을 이해하지 못했다.

comprehension /ˌkɑːmprɪˈhenʃn/ | 명사 (복 comprehensions) 이해(력)

The TOEIC consists of a reading **comprehension** test and a listening **comprehension** test.
토익 시험은 읽기 능력 평가와 듣기 능력 평가로 이루어져 있다.

> 어휘가 쑥쑥
> **comprehensive** 형 포괄적인, 이해하는

compute /kəmˈpjuːt/
동사 (3단현) computes (과거·과분) computed (현분) computing
계산하다

Astronomers can easily **compute** the distance between the sun and the earth.
천문학자들은 태양과 지구 사이의 거리를 쉽게 계산할 수 있다.

> 어휘가 쑥쑥
> **computation** 명 계산

computer /kəmˈpjuːtər/
명사 (복) computers 컴퓨터 (☞ 214, 215쪽)

I need a new **computer**. 나는 새 컴퓨터가 필요하다.

*conceal /kənˈsiːl/
동사 (3단현) conceals (과거·과분) concealed (현분) concealing
감추다, 숨기다, 비밀로 하다

Jason **concealed** the truth from me.
제이슨은 나에게 진실을 숨겼다.

*concentrate /ˈkɑːnsntreɪt/
동사 (3단현) concentrates (과거·과분) concentrated (현분) concentrating 집중하다, 집중시키다 (= focus)

If you want to get a good grade on the exam, you'll have to **concentrate** in class.
시험에서 좋은 점수를 받고 싶다면, 수업 시간에 집중해야 한다.

A: Ha-ha! What fun! 하하! 재미있다!
B: Hey, be quiet! I can't **concentrate** on my work.
조용히 해! 공부에 집중할 수가 없잖아.

concentration /ˌkɑːnsnˈtreɪʃn/
명사 (복) concentrations ① 집중 ② 밀집

1 물 (정신의) 집중, 집중력
I lost my **concentration** when a baby cried.
아기가 울었을 때 나는 집중력을 잃었다.

2 밀집, 집중
The **concentration** of population in big cities is a big social problem. 대도시의 인구 집중 현상은 심각한 사회 문제다.

> 어휘가 쑥쑥
> **concentrated** 형 집중된, 밀집한
> **concentration camp** 강제 수용소

*concept /ˈkɑːnsept/
명사 (복) concepts 개념(Q 복잡한 내용과 뜻을 하나로 요약한 생각), 관념, 생각

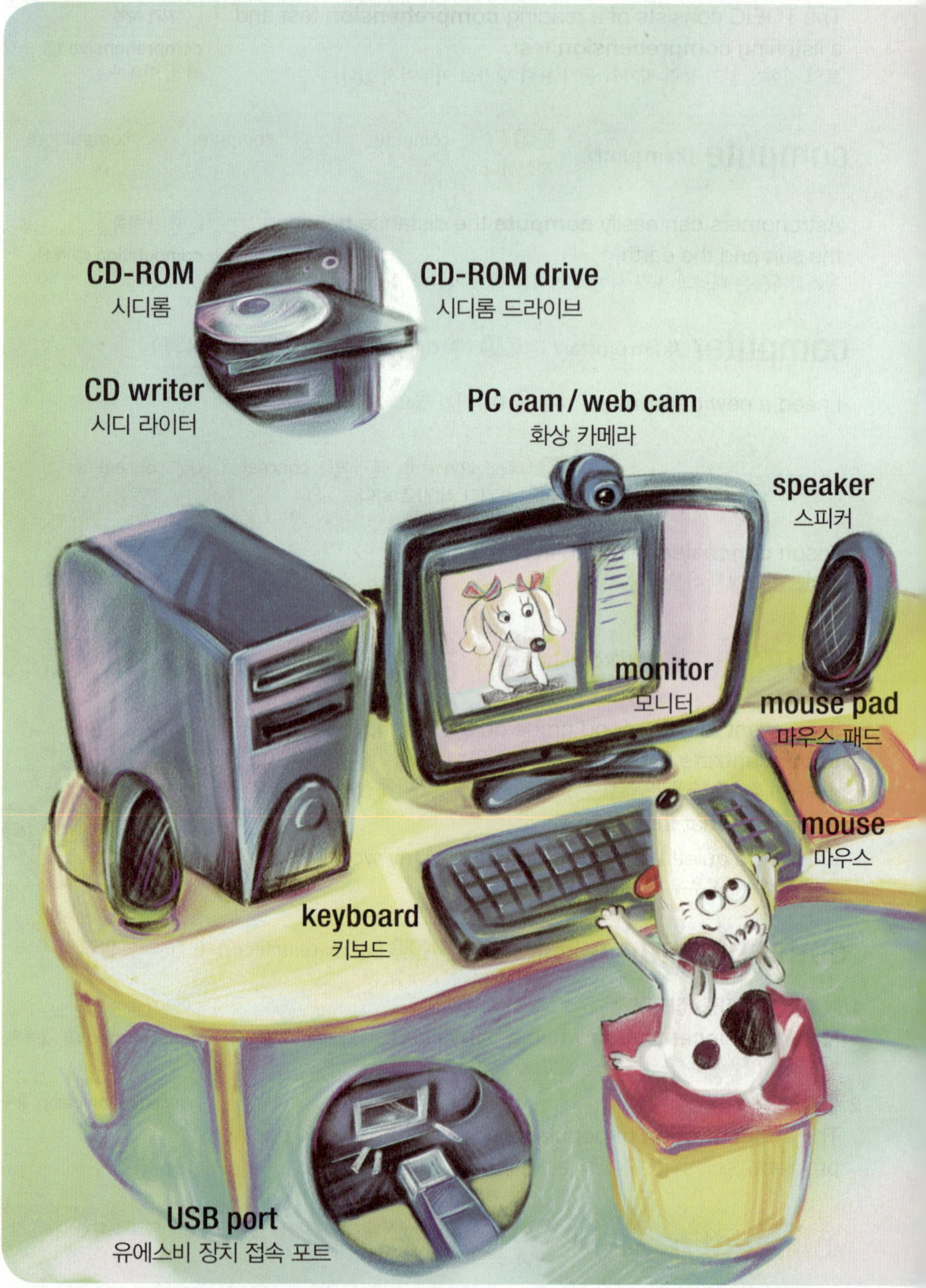

computer

CD-ROM
시디롬

CD-ROM drive
시디롬 드라이브

CD writer
시디 라이터

PC cam / web cam
화상 카메라

speaker
스피커

monitor
모니터

mouse pad
마우스 패드

mouse
마우스

keyboard
키보드

USB port
유에스비 장치 접속 포트

printer 프린터

scanner 스캐너

1. **Esc** (= Escape): 달아나다
2. **Tab**: 색인, 꼬리표
3. **Caps Lock** (= Capital Letters Lock): capital letters 대문자 / lock 잠그다
4. **Shift**: 방향을 바꾸다, 이동하다
5. **Ctrl** (= Control): 제어하다, 지배하다
6. **Alt** (= Alternate): 교체하다, 엇갈리다
7. **Space Bar**: space 공간 / bar 막대
8. **Backspace**: 거꾸로 된 방향, 역행
9. **Enter**: 들어가다, 입력하다
10. **Prt Scrn** (= Print Screen): print 출력하다 / screen 화면
11. **Sys Rq** (= System Request): system 시스템 / request 요청하다
12. **Scroll Lock**: scroll 두루마리, 화면 이동 / lock 잠그다
13. **Pause / Break**: 중단(하다)
14. **Ins** (= Insert): 삽입하다, 집어넣다
15. **Del** (= Delete): 삭제하다, 지우다
16. **Num Lock** (= Number Lock): number 숫자 / lock 잠그다

I can't understand the **concept** of stereo sound.
나는 스테레오 사운드에 대한 개념을 이해할 수가 없다.

✶ concern /kənˈsɜːrn/

동사 (3단현) concerns (과거·과분) concerned (현분) concerning
① ~에 관계하다 ② 걱정시키다
명사 (복) concerns) ① 관계 ② 관심

동 1 ~에 관계하다, 관련되다
Mathematics **concerns** our daily lives.
수학은 우리의 일상생활과 관계가 있다.

Mind your own business! It doesn't **concern** you.
네 일이나 신경 써! 이건 너와 관련없는 일이야.

2 걱정시키다 (= worry)
Mom is always **concerned** about me.
엄마는 항상 나에 대해 걱정하신다.

명 1 (중요한) 관계
This surprising news is of **concern** to all of us.
이 놀라운 소식은 우리 모두와 관계가 있다.

2 관심 (= care, interest), **걱정**
I appreciate your **concern**. 걱정해 주셔서 감사합니다.

> **어휘가 쑥쑥**
> **concerned** 형 걱정하는, 관계가 있는, 관심 있는
> **concerning** 전 ~에 대해, ~에 관하여
> - - - - - - - - - -
> **be concerned with**
> ~와 관계가 있다
> **To whom it may concern**
> 관계자 각 분께
> **as far as ~ is[are] concerned** ~에 관한 한
> **concern oneself with**
> ~에 흥미[관심]를 갖다

✶ concert /ˈkɑːnsərt/

명사 (복) concerts) 콘서트, 음악회, 연주회

I'm going to my favorite singer's **concert** tonight.
오늘 밤 내가 가장 좋아하는 가수의 콘서트를 보러 갈 것이다.

✶ conclude /kənˈkluːd/

동사 (3단현) concludes (과거·과분) concluded (현분) concluding
끝나다, 끝내다 (= end), 결론을 내리다

The fairy tale **concludes** with the prince and princess' marriage. 그 동화는 왕자와 공주의 결혼식으로 이야기를 끝마친다.

They finally **concluded** the meeting after a long discussion.
오랜 시간 논의한 끝에, 그들은 마침내 회의를 끝냈다.

He **concluded** that no one is at home, seeing a pile of newspapers in front of the door.
그는 문 앞에 신문이 쌓여 있는 것을 보고, 집에 아무도 없다고 결론을 내렸다.

> **어휘가 쑥쑥**
> **concluding** 형 끝맺는, 결말을 짓는
> **conclusive** 형 결정적인, 확실한

conclusion /kənˈkluːʒn/

명사 (복) conclusions) 결말 (= end), 결론

There is a dramatic change at the **conclusion** of the film.
그 영화의 결말에는 극적인 반전이 있다.

After the long discussion, they reached a **conclusion**.
오랜 토론 끝에 그들은 결론에 도달했다.

In **conclusion**, I'd like to say that we all have to be against the war.
결론적으로, 저는 우리 모두가 전쟁에 반대해야 한다고 말씀드리고 싶습니다.

> **어휘가 쑥쑥**
> jump to conclusions 성급하게 결론을 내리다

*concrete /ˈkɑːŋkriːt/
형용사 (비교) more concrete (최상) most concrete ① 콘크리트로 만든 ② 구체적인 　명사 콘크리트

형 1 콘크리트로 만든
This library was built of **concrete** blocks.
이 도서관은 콘크리트 벽돌로 지어졌다.

2 구체적인, 현실적인
Please make a **concrete** plan after much discussion.
부디 많은 토론을 한 뒤에 구체적인 계획을 세우세요.

명 콘크리트
Concrete is made of sand and cement.
콘크리트는 모래와 시멘트로 만듭니다.

> **어휘가 쑥쑥**
> concretely 🖲 구체적으로
> concrete evidence 구체적인 증거
> concrete example 구체적인 예
> concrete floor 콘크리트 바닥

condition /kənˈdɪʃn/
명사 (복) conditions ① 상태 ② 사정 ③ 조건

1 상태, 컨디션 (= state)
When you buy a used car, you should check its **condition** carefully.
중고차를 살 때는 차의 상태를 꼼꼼하게 점검해야 합니다.

James is still in the hospital but in good **condition**.
제임스는 아직 병원에 있지만 몸 상태는 좋다.

2 사정, 상황, 환경 (= circumstance, situation, environment)
Employees asked for better working **conditions**.
직원들은 좀 더 나은 근무 환경을 요구했다.

3 조건 (= terms)
I think the **conditions** of the contract are not favorable to us.
계약 조건이 우리에게 유리하지 않은 것 같습니다.

> **어휘가 쑥쑥**
> conditional 형 조건부의
> unconditional 무조건의
> living conditions 생활 환경
> housing conditions 주거 환경
> on (the) condition that ~이라는 조건으로
> under no condition 어떤 경우에도

*conduct /ˈkɑːndʌkt | kənˈdʌkt/
명사 (복) conducts 행동
동사 (3단현) conducts (과거·과분) conducted (현분) conducting ① 안내하다 ② 실시하다 ③ 지휘하다

명 행동, 행실 (= behavior)
He was criticized for his bad **conduct**.
그는 나쁜 행동 때문에 비난을 받았다.

> **실력이 쑥쑥**
> 명사와 동사의 발음과 강세 위치가 다른 것에 주의한다.

동 1 안내하다, 이끌다 (= lead)
The tour guide **conducted** us to the big shopping center.
그 여행 가이드는 우리를 큰 쇼핑센터로 안내했다.

2 실시하다, 수행하다
Scientists **conducted** experiments on animals to test the new medicine.
과학자들은 새로 나온 약을 검사하기 위해서 동물 실험을 수행했다.

3 지휘하다 (= direct)
Karajan **conducted** the Berlin Philharmonic Orchestra.
카라얀은 베를린 교향악단을 지휘했다.

어휘가 쑥쑥
good[right] conduct 올바른 행동
code of conduct 행동 규범, 행동 수칙
conduct a campaign 캠페인을 펼치다
conduct oneself well 훌륭하게 처신하다

conductor /kənˈdʌktər/ 명사 (복) conductors) ① 지휘자 ② 검표원

1 지휘자
There are few women **conductors**. 여성 지휘자는 거의 없다.
Karajan was a very famous **conductor**.
카라얀은 대단히 유명한 지휘자였다.

2 (버스·기차의) 승무원, 검표원
The **conductor** came to check tickets.
승무원이 표를 검사하러 왔다.

cone /koʊn/ 명사 (복) cones) ① (아이스크림) 콘 ② 원뿔 ③ 솔방울

1 (아이스크림) 콘
I enjoyed an ice cream **cone** after dinner.
나는 저녁 식사 후에 아이스크림콘을 먹었다.

어휘가 쑥쑥
traffic cone 원뿔 모양 교통 표지

2 원뿔, 원추형
There was a house with a **cone**-shaped roof on the hill.
언덕 위에 지붕이 원뿔 모양인 집이 있었다.

3 솔방울 (= pine cone)
Children picked up the **cones** in the woods.
아이들은 숲속에서 솔방울을 주웠다.

*confident /ˈkɑːnfɪdənt/ 형용사 (비교) more confident (최상) most confident)
자신 있는, 확신하는

Every teacher encourages students to be **confident**.
모든 선생님은 학생들이 자신감을 갖도록 격려해 주신다.

I am **confident** that you will pass the exam.
나는 네가 시험에 합격할 거라고 확신해.

어휘가 쑥쑥
confidence 명 자신, 확신
confidently 부 자신 있게

confuse /kənˈfjuːz/

동사 (3단현) confuses (과거·과분) confused (현분) confusing
① 혼동하다 ② 어리둥절하게 하다

1 혼동하다 (= mistake)
People usually **confuse** me with my twin sister.
사람들은 나와 내 쌍둥이 언니를 자주 혼동한다.

2 어리둥절하게 하다, 혼란시키다 (= embarrass, puzzle)
This map **confused** me and I got lost.
나는 이 지도를 보고 혼란에 빠져서 길을 잃었다.

confused /kənˈfjuːzd/

형용사 (비교) more confused (최상) most confused)
혼란스러운, 당황한, 어리둥절한 (= puzzled) (☞ confusing)

A: I'm not Susan. I'm her twin sister, Joanne.
  저는 수전이 아니에요. 저는 수전의 쌍둥이 동생인 조앤이에요.
B: Oops, I've got **confused**. 이런, 제가 혼동했군요.

(어휘가 쑥쑥)
confusion 명 혼란, 혼동

confusing /kənˈfjuːzɪŋ/

형용사 (비교) more confusing (최상) most confusing)
혼란스럽게 하는, 당황하게 하는, 헷갈리는

A: I sometimes get confused when to use "the" or "a."
  난 the나 a를 언제 사용해야 하는지 가끔 혼란스러워.
B: Yeah, I agree. That's **confusing** sometimes. 맞아. 그거 가끔 헷갈리더라.

(실력이 쑥쑥)

confused & confusing
confused는 사람이 무언가에 혼란을 느꼈을 때, confusing은 무엇이 혼란스러울 때 쓴다.
I was so *confused* at the math problem. (나는 그 수학 문제 때문에 매우 혼란스러웠다.)
The math problem was so *confusing*. (그 수학 문제는 매우 혼란스러웠다.)

congratulate /kənˈɡrætʃəleɪt/

동사 (3단현) congratulates (과거·과분) congratulated
(현분) congratulating) 축하하다

I **congratulate** you on your wedding. 결혼을 축하드립니다.

congratulation /kənˌɡrætʃuˈleɪʃn/

명사 (복) congratulations) [주로 복수형으로 써서] 축하

Congratulations! I heard you got a new job.
축하합니다! 새 직장에 취직했다고 들었어요.
A: **Congratulations** on your graduation! 졸업을 축하해!
B: Thank you so much. 정말 고마워.

connect /kəˈnekt/
동사 (3단현) connects (과거·과분) connected (현분) connecting
① 잇다 ② 관련지어 생각하다 ③ 전화로 연결하다

1 잇다, 연결하다 (= link) (↔ disconnect 끊다)
The *Gyeongbu* Expressway **connects** *Seoul* and *Busan*.
경부 고속 도로는 서울과 부산을 연결한다.

2 관련지어 생각하다, 떠올리다 (= associate)
Most people **connect** Santa Claus with Christmas.
대부분의 사람들이 산타클로스 하면 크리스마스를 떠올린다.
Food is closely **connected** with our health.
음식은 우리의 건강과 밀접한 관련이 있다.

3 전화로 연결하다 (= put through)
A: May I speak to Mr. Johnson?
존슨 씨와 통화할 수 있을까요?
B: Yes. I'll **connect** you with him. Hold the line, please.
예. 연결해 드리겠습니다. 기다려 주십시오.

어휘가 쑥쑥
- connected 형 연결된, 관계가 있는
- connection 명 연결, 접속, 관계
- connector 명 연결 장치
- connect to the Internet 인터넷에 접속하다
- connecting flight 연결 항공편

consider /kənˈsɪdər/
동사 (3단현) considers (과거·과분) considered (현분) considering
① 고려하다 ② ~라고 생각하다

1 고려하다, 잘 생각하다, 숙고하다 (= think over)
You have to **consider** both your interests and talents when choosing your job.
직업을 선택할 때는 너의 관심 분야와 재능을 모두 고려해야 한다.
I'm **considering** going to graduate school.
나는 대학원에 진학할까 생각 중이다.

2 ~라고 생각하다, ~라고 여기다 (= regard)
Noodles are **considered** to be a symbol of long life in China.
중국에서 면은 장수의 상징으로 여겨진다.

어휘가 쑥쑥
- considering 전 접 ~을 고려하면

실력이 쑥쑥
consider의 목적어로 동사가 올 때는 to부정사가 아니라 동명사(-ing)로 쓴다.

considerable /kənˈsɪdərəbl/
형용사 (비교) more considerable (최상) most considerable) 상당한, 꽤 많은, 다수[다량]의
(↔ inconsiderable 적은, 사소한)

We walked a **considerable** distance yesterday.
우리는 어제 상당한 거리를 걸었다.

considerate /kənˈsɪdərət/
형용사 (비교) more considerate (최상) most considerate)
이해심[동정심]이 있는, 사려 깊은, 배려하는

Mary was kind and **considerate**.

메리는 친절하고 사려 깊었다.

consideration /kənˌsɪdəˈreɪʃn/ | 명사 ① 고려 ② 배려

1 고려, 심사숙고
He will give students' ideas some **consideration**.
그는 학생들의 생각을 어느 정도 고려할 것이다.

2 배려(🔍 관심을 가지고 보살펴 주는 것)
Chris has no **consideration** for other classmates.
크리스는 반 다른 친구들을 조금도 배려하지 않는다.

어휘가 쑥쑥
take ~ into consideration
~을 고려하다
in consideration of
~에 대한 보답으로

*consist /kənˈsɪst/ | 동사 (3단현) consists (과거·과분) consisted (현분) consisting
~로 구성되다, 이루어져 있다 (= be made up of), ~에 있다

Water **consists** of hydrogen and oxygen.
물은 수소와 산소로 이루어져 있다.

Happiness **consists** in contentment.
행복은 만족에 있다.

어휘가 쑥쑥
consist with ~와 일치하다

*consistent /kənˈsɪstənt/ | 형용사 (비교) more consistent (최상) most consistent)
① 일관된 ② 꾸준한

1 (의견·행동이) 일관된, 일치하는 (↔ inconsistent 일관성 없는, 모순되는)
My parents are very **consistent** in applying the rules.
우리 부모님은 규칙을 적용하는 데 있어 매우 일관적이시다.

2 꾸준한, 한결같은
She is the most **consistent** player on her team.
그녀는 팀에서 (성적이) 가장 한결같은 선수이다.

어휘가 쑥쑥
consistency 명 일관성
consistently 부 일관되게, 꾸준히

*constant /ˈkɑːnstənt/ | 형용사 (비교) more constant (최상) most constant)
① 일정한 ② 끊임없이 계속하는

1 일정한, 변함없는
We need to keep a **constant** temperature for the baby.
아기의 체온을 일정하게 유지해야 한다.

2 끊임없이 계속하는, 지속적인 (= continual)
She suffered from **constant** headaches for months.
그녀는 몇 달 동안 계속 두통을 앓았다.

어휘가 쑥쑥
constancy 명 불변성
constantly 부 끊임없이
constant complaint
끊임없는 불평

constellation /ˌkɑːnstəˈleɪʃn/ | 명사 (복) constellations) 별자리(🔍 밤하늘에 어떤 형상을 이루는 듯이 보이는, 같이 모여 있는 별의 무리)

Knowing the **constellations** will help the students hike at night.
별자리를 알면 학생들이 밤에 하이킹하는 데 도움이 될 것이다.

> 실력이 쑥쑥
> stella는 star(별)를 의미한다.

constitute /ˈkɑːnstətuːt/
동사 (3단현) constitutes (과거·과분) constituted (현분) constituting ~을 구성하다, 이루다 (= make up)

Twelve months **constitute** a year. 12개월은 1년을 구성한다.

constitution /ˌkɑːnstəˈtuːʃn/
명사 (복) constitutions ① 헌법 ② 체질

1 [Constitution으로도 쓰여] 헌법(🔎)

Freedom of speech is guaranteed by the **Constitution**.
표현의 자유는 헌법으로 보장되어 있다.

The whole process is against the **Constitution**.
그 전 과정은 헌법에 위배된다.

2 체질

He has a strong, healthy **constitution**.
그는 튼튼하고 건강한 체질이다.

> 어휘가 쑥쑥
> Constitution Day 제헌절
> weak constitution 허약체질
>
> 🔎 뜻풀이
> 헌법 국가 통치의 기본 방침, 국민의 권리와 의무, 통치 기구의 조직 등을 정하는 최고의 법

construction /kənˈstrʌkʃn/
명사 (복) constructions ① 건설 ② 구조

1 건설, 공사, 건축 양식

The school is currently under **construction**.
학교는 현재 공사 중이다.

2 구조, 건축물 (= building, structure)

This **construction** is the tallest in the world.
이 건축물은 세계에서 가장 높다.

> 어휘가 쑥쑥
> construct 동 건설하다
> constructive 형 건설적인
> construction industry 건설업

consume /kənˈsuːm/
동사 (3단현) consumes (과거·과분) consumed (현분) consuming
(물건·시간·돈·에너지 등을) 소비하다, 다 써 버리다, 낭비하다

My car **consumes** much gas. 내 차는 휘발유를 많이 먹는다.
Chillies were **consumed** in Europe for thousands of years.
칠리는 유럽에서 수천 년 동안 소비되었다.

> 어휘가 쑥쑥
> consumer 명 소비자

contact /ˈkɑːntækt/
명사 ① 접촉 ② 연락
동사 (3단현) contacts (과거·과분) contacted (현분) contacting
접촉하다

명 **1** 접촉, 맞닿음 (= touching)

It is important to make eye **contact** in conversation.
대화할 때는 눈을 맞추는 것이 중요하다.

2 연락, 접촉
I have kept in **contact**[touch] with Helen since 2010.
나는 2010년 이후로 헬렌과 계속 연락을 유지해 오고 있다.

🔵 **접촉하다, 연락을 취하다** (= get[be] in touch with)
Feel free to **contact** me if you have any questions.
질문이 있으면 서슴지 말고 저에게 연락하세요.

direct contact
직접적인 접촉

eye contact
서양에서는 대화할 때 상대방의 눈을 보면서 말하는 것을 기본적인 예의라고 여기므로 주의해야 한다.

* contain /kən'teɪn/

동사 (3단현) contains (과거·과분) contained (현분) containing
① ~이 들어 있다 ② 포함하다

1 (용기 등에) ~이 들어 있다 (= hold)
The big box **contained** many old books.
그 큰 상자에는 오래된 책들이 많이 들어 있었다.

2 포함하다, 함유하다 (= include)
Soy bean is good for you because it **contains** lots of protein.
콩은 단백질을 많이 함유하고 있어서 몸에 좋다.

This dictionary **contains** a lot of useful information and examples. 이 사전은 많은 유용한 정보와 예문들을 포함하고 있습니다.

contain은 상태를 나타내는 동사이므로 진행형으로 쓸 수 없다.
The big box *was containing* many old books. (×)

container /kən'teɪnər/

명사 (복) containers ① 그릇 ② 컨테이너

1 그릇, 용기, 통
My mom put my sandwich in a **container**.
엄마는 내 샌드위치를 용기에 담아 주셨다.

2 (화물 수송용) 컨테이너
The crane will lift the **containers** off the ship from Canada.
기중기는 캐나다에서 온 배에서 컨테이너를 들어 올릴 것이다.

plastic[glass] container
플라스틱[유리] 용기
airtight container
밀폐 용기
container ship
컨테이너선

🔍 뜻풀이
컨테이너 상품 운송에 사용하는 큰 철제 상자

contemporary /kən'tempəreri/

형용사 ① 동시대의 ② 현대의
명사 (복) contemporaries 동년배

🟢 **1** 동시대의
Shakespeare was **contemporary** with Queen Elizabeth.
셰익스피어는 엘리자베스 여왕과 동시대 사람이었다.

contemporary literature
현대 문학

2 현대의, 당대의 (= modern)
Contemporary furniture has soft edges.
현대의 가구는 가장자리가 부드럽다.

명 (어떤 사람과) 동년배, 같은 시대의 사람
Hemingway and Fitzgerald were **contemporaries**.
헤밍웨이와 피츠제럴드는 동시대 사람이었다.

어휘가 쑥쑥
contemporary dance 현대 무용
contemporary music 현대 음악
contemporary society 현대 사회

*content¹ /'kaːntent/ 명사 (복 contents) ① 내용물 ② 목차 ③ 내용 ④ 함량

1 [보통 복수형으로 써서] **(어떤 것의 속에 든) 내용물**
Sue took out all the **contents** from the pockets.
수는 주머니에 있는 내용물을 모두 꺼냈다.

어휘가 쑥쑥
table of contents 차례, 목차

2 [보통 복수형으로 써서] **(서적·문서 등의) 목차** (= index)
Whenever I choose a book, I always check out its **contents** first. 나는 책을 고를 때마다 항상 책의 목차부터 먼저 살펴본다.

뜻풀이
목차 책이나 행사 등에서 그 내용의 제목이나 항목을 순서대로 늘어놓은 것

3 (책·연설 등의) 내용, 주제, 기사
The **content** of the speech impressed the audience.
그 연설의 내용은 청중을 감동시켰다.

실력이 쑥쑥
content는 동사/형용사와 명사의 발음과 강세 위치가 다른 것에 주의한다.

4 함량, 함유량
Watermelons have a high water **content**.
수박은 수분 함량이 높다.

content² /kən'tent/
형용사 (비교 more content 최상 most content) 만족하는
동사 (3단현 contents 과거·과분 contented 현분 contenting)
만족시키다, 만족하다

형 만족하는 (= satisfied)
I'm **content** with my job itself, but I sometimes wish I had more free time.
일 자체는 만족스럽지만 가끔 자유 시간이 좀 더 많았으면 한다.

어휘가 쑥쑥
contentment 명 만족감

동 만족시키다, 만족하다 (= satisfy)
Content yourself with the present state.
현재의 상태에 만족해라.

실력이 쑥쑥
형용사 content는 명사 앞에는 쓸 수 없다. 명사를 수식하려면 contented를 쓴다.

**contest /'kaːntest/ 명사 (복 contests) 경기, 대회, 콘테스트 (= competition, match)

Katie won the first prize in the English speech **contest**.
케이티는 영어 말하기 대회에서 일 등을 했다.

어휘가 쑥쑥
talent contest 장기 자랑 대회

There will be various cooking **contests** at the food festival.
그 음식 축제에는 다양한 요리 경연 대회가 있을 예정이다.

*continent /ˈkɑːntɪnənt/ | 명사 (복) continents 대륙

You can see **continents** and oceans on the globe.
지구본에서 대륙과 대양들을 볼 수 있다.

*continue /kənˈtɪnjuː/ | 동사 (3단현) continues (과거·과분) continued (현분) continuing)
① (멈추지 않고) 계속하다 ② (중단했다가 다시) 계속하다

1 (멈추지 않고) 계속하다, 계속되다 (= go on) (↔ stop 멈추다)
Heavy rain **continued** throughout the week.
폭우가 일주일 내내 계속됐다.

(어휘가 쑥쑥)
continuous 형 계속되는

2 (중단했다가 다시) 계속하다
Today, we will **continue** Chapter four. Open your textbooks to page fifty one.
오늘은 4장을 이어서 공부할 것입니다. 교과서 51쪽을 펴세요.

As soon as it stops raining, the game will **continue** again.
비가 그치는 대로 경기가 속개되겠습니다.

숙어 **To be continued** 〈연재소설이나 연속극에서〉 다음 시간에 계속

*contrast /kənˈtræst | ˈkɑːntræst/ | 동사 (3단현) contrasts (과거·과분) contrasted (현분) contrasting)
① ~와 대비하여 차이를 나타내다 ② 대조하다
명사 (복) contrasts 대조, 대비

동 **1** ~와 대비하여 차이를 나타내다, 대조를 이루다
Black **contrasts** with white in this painting.
이 그림에서 검은색은 하얀색과 대조를 이루고 있다.

(실력이 쑥쑥)
동사와 명사의 발음과 강세 위치가 다른 것에 주의한다.

2 대조하다, 대비하다 (= compare)
Contrast the styles of these two artists.
이 두 예술가의 스타일을 대조해 보세요.

(어휘가 쑥쑥)
by[in] **contrast** 대조적으로
sharp **contrast** 현저한 대조

명 대조, 대비
The entrance exam was very difficult in **contrast** to last year.
입학시험이 작년에 비해 굉장히 어려웠다.

African regions are hot throughout the year. In **contrast**, Antarctic regions are cold all year.
아프리카 지역은 일 년 내내 덥다. 반대로, 남극 지역은 일 년 내내 춥다.

*contribute /kənˈtrɪbjuːt/ | 동사 (3단현) contributes (과거·과분) contributed (현분) contributing)
① 공헌하다 ② 기부하다 ③ 기고하다

1 공헌하다, 기여하다

Justin **contributed** to the team's victory.
저스틴은 팀의 승리에 기여했다.

The invention of robots has **contributed** to the development of industry.
로봇의 발명은 산업의 발전에 기여해 왔다.

2 기부하다

Many parents **contribute** to their children's school.
많은 부모들이 자녀의 학교에 기부한다.

3 기고하다

He has **contributed** many articles to the local papers.
그는 지역 신문에 많은 기사를 기고했다.

어휘가 쑥쑥
contribution 명 기여, 기부, 기부금, 기고
contributor 명 기부자, 기고가
contributory 형 기여하는, 공헌하는

---

control /kən'troul/

동사 (3단현) controls (과거·과분) controlled (현분) controlling
① 지배하다 ② 제어하다 ③ 억제하다 ④ 조절하다
명사 ① 지배, 관리 ② 통제

동 1 지배하다 (= dominate), **통제하다**
India was **controlled** by Britain for a long time.
인도는 오랫동안 영국에 지배당했다.

2 제어하다, 제한하다, 규제하다
My parents strictly **control** what I watch on TV.
우리 부모님은 내가 텔레비전에서 보는 것을 엄격하게 제한하신다.

3 (감정을) 억제하다, 자제하다 (= restrain)
This novel was so sad that I couldn't **control** my tears all along.
이 소설은 너무 슬픈 내용이라서 나는 읽는 내내 눈물을 멈출 수가 없었다.

4 (기계·시스템 등을) 조절하다, 조정하다, 다루다
I don't know how to **control** this machine.
나는 이 기계를 어떻게 다루는지 모르겠다.

명 1 지배, 관리
Captain Hook takes **control** of the ship.
후크 선장이 그 배를 지배한다.

Hong Kong was under the **control** of England until 1997.
홍콩은 1997년까지 영국의 지배하에 있었다.

2 통제, 억제, 제어
I lost **control** of my bike and fell down in the end.
나는 자전거를 제어하지 못하고 결국 넘어졌다.

She was so angry and lost **control**.
그녀는 너무 화가 나서 자제력을 잃었다.

어휘가 쑥쑥
controller 명 관리자, 감독관, 조종 장치
out of control 통제할 수 없는
under control 통제되는
self-control 자제력
traffic control 교통 통제
remote control 리모컨, 원격 조작
disease control 질병 관리
quality control 품질 관리

Captain Hook takes *control* of the ship.

*convenient /kənˈviːniənt/

형용사 (비교) more **convenient** (최상) most **convenient**)
① 편리한 ② ~에 가까운

1 편리한, 간편한, 손쉬운 (= useful, handy) (↔ inconvenient 불편한)
It's very **convenient** to buy movie tickets on the Internet.
인터넷에서 영화 티켓을 구매하는 것은 매우 편리하다.

I'll call back at a more **convenient** time.
더 편한 시간에 제가 다시 전화 드릴게요.

2 ~에 가까운, ~에 접근이 편리한 (= near, close)
My new house is **convenient** to my school.
새집은 우리 학교에서 가깝다.

어휘가 쑥쑥
convenience 명 편의, 편리, 편의 시설
conveniently 부 편리하게
convenience store 편의점
convenience food 간편식

---

*conversation /ˌkɑːnvərˈseɪʃn/

명사 (복) **conversation**s) 대화, 회화 (= talk)

Listen to the **conversation** and answer the questions.
대화를 듣고 질문에 답하시오.

I had a short **conversation** with my English teacher.
나는 영어 선생님과 짧은 대화를 나눴다.

I practice English **conversation** every day with native speakers.
나는 영어를 모국어로 말하는 사람들과 매일 영어 회화를 연습한다.

어휘가 쑥쑥
casual conversation 가벼운 대화
telephone conversation 전화 대화
private conversation 사적인 대화

---

*cook /kʊk/

동사 (3단현) **cook**s (과거·과분) **cook**ed (현분) **cook**ing) ① 요리하다 (☞ 228쪽) ② (음식물이) 요리되다 **명사** (복) **cook**s) 요리사

동 1 요리하다, 음식을 만들다
My mother **cooked** fish. 우리 엄마는 생선을 요리하셨다.
I enjoy cooking programs, but I can't **cook** well.
나는 요리 프로그램을 즐겨 보지만 요리는 잘 못한다.
I'm going to **cook** some special food for my mom on her birthday.
나는 우리 엄마 생신에 엄마를 위해 특별한 음식을 요리할 것이다.

2 (음식물이) 요리되다, 익다, 삶아지다
The chicken soup needs to **cook** for twenty minutes more.
닭고기 수프는 20분 더 익혀야 한다.

명 요리사 (= chef)
Mike's dream is to be a world-famous **cook** someday.
마이크의 꿈은 언젠가 세계적인 요리사가 되는 것이다.

[속담] Too many **cooks** spoil the broth.
요리사가 너무 많으면 수프를 망친다. (사공이 많으면 배가 산으로 간다.)

어휘가 쑥쑥
cook out 야외에서 요리해 먹다
head cook 주방장
be a good[bad] cook 요리를 잘하다[못하다]

실력이 쑥쑥
cook이 '요리하다'라는 뜻의 동사라서 cooker를 '요리사'로 착각하기 쉽지만, cooker는 사람이 아니라 '요리 도구'라는 뜻이므로 주의해야 한다.

cookie, cooky /ˈkʊki/ | 명사 (복) cookies 쿠키

Chocolate chip **cookies** are my favorite.
초콜릿 칩 쿠키는 제가 가장 좋아하는 거예요.

cooking /ˈkʊkɪŋ/ | 명사 ① 요리 ② 요리(법)

1 요리, 요리하기
My dad loves **cooking**. 우리 아빠는 요리하는 것을 정말 좋아하신다.

2 (특정한 방식으로 만든) 요리(법)
My grandmother's **cooking** is always fantastic.
우리 할머니의 요리는 언제나 환상적이다.

어휘가 쑥쑥
home cooking 가정 요리
Italian[French] cooking 이탈리아[프랑스] 요리
vegetarian cooking 채식 요리

cool /kuːl/ | 형용사 (비교) cooler (최상) coolest ① 시원한 ② 차분한 ③ 냉담한 ④ 멋진
동사 (3단현) cools (과거·과분) cooled (현분) cooling ① 차게 하다 ② (감정이) 식다

형 1 시원한, 서늘한, 선선한 (↔ warm 따뜻한)
A **cool** breeze was blowing in my face.
내 얼굴로 시원한 바람이 불어왔다.
Katie put her feet into the **cool** water.
케이티는 시원한 물에 발을 담갔다.

2 차분한, 침착한 (= calm)
She is always **cool** in any difficult situation.
그녀는 어떤 어려운 상황에서도 항상 침착하다.

3 냉담한, 쌀쌀맞은 (= unfriendly)
Sam gave her a **cool** look. 샘은 그녀를 냉담하게 쳐다보았다.

4 멋진, 근사한 (= very good)
I met a **cool** guy named John. 나는 존이라는 멋진 남자를 만났다.
Jessi, your dress is really **cool**! I love it.
제시, 네 원피스 정말 근사하다! 맘에 들어.

동 1 차게 하다, 식히다
Cool down the cheesecake in the fridge.
치즈 케이크를 냉장고에 넣어서 차갑게 하세요.

2 (감정이) 식다, 가라앉다, 진정하다 (= calm down)
Please **cool** down and think about it again.
진정하고 다시 생각해 보세요.

어휘가 쑥쑥
cooler 명 아이스박스, 냉장고
coolness 명 시원함, 냉랭함
coolly 부 서늘하게, 냉정하게

cool-headed 냉철한
(as) cool as a cucumber 대단히 침착한
play it cool 침착하게 대처하다
stay[keep] one's cool 침착함을 잃지 않다
lose one's cool 침착함[냉정]을 잃다

cooperate /koʊˈɑːpəreɪt/ | 동사 (3단현) cooperates (과거·과분) cooperated (현분) cooperating 협동하다, 협력하다

We should **cooperate** with each other for the victory.
우리는 승리를 위하여 서로 협동해야 한다.

The whole world should **cooperate** to protect the environment.
전 세계는 환경 보호를 위해서 협력해야 한다.

> 어휘가 쑥쑥
> cooperation 명 협동, 협력, 협조
> cooperative 형 협동적인, 협력하는

copy /ˈkɑːpi/

명사 (복) copies ① 복사 ② (잡지·책·앨범의) 부
동사 (3단현) copies (과거·과분) copied (현분) copying ① 복사하다 ② 옮겨 적다 ③ 모방하다

명 **1** 복사, 사본 (↔ original 원본)
This is not an original but a **copy** of the *Mona Lisa*.
이것은 모나리자 그림의 원본이 아니라 복사본입니다.

2 (잡지·책·앨범의) 부, 권, 장
A famous soccer player wrote his autobiography and millions of **copies** were sold.
유명한 축구 선수가 자서전을 썼는데 수백만 부가 팔렸다.

This is not an original but a *copy* of the *Mona Lisa*.

동 **1** 복사하다, 베끼다
When I find interesting articles on the Internet, I **copy** and paste them in my blog.
나는 인터넷에서 재미난 기사를 발견하면 내 블로그에 복사해서 붙여 넣기를 해 둔다.

2 (다른 곳에 적힌 것을 그대로) 옮겨 적다
I often read poetry books and **copy** some good poems in my notebook.
나는 종종 시집을 읽는데, 몇몇 좋은 시들은 내 공책에 옮겨 적는다.

3 모방하다 (= imitate)
My little sister often **copies** what she sees on television.
내 여동생은 종종 텔레비전에서 본 것을 따라 한다.

> 어휘가 쑥쑥
> copier 명 복사기
> copycat 모방하는 사람, 흉내쟁이
> copyright 저작권, 판권
> copywriter 광고 문안 작성자, 카피라이터
> make[take] a copy of ~을 복사하다

coral /ˈkɔːrəl/

명사 (복) corals) 산호(따뜻하고 얕은 바닷속 바위에 붙어 사는, 나뭇가지 꼴의 동물 또는 그 동물이 죽어서 남긴, 보석으로 사용되는 빨간 빛깔의 단단한 뼈)

She will wear a **coral** necklace for the party.
그녀는 파티에 산호 목걸이를 할 것이다.

*cord /kɔːrd/

명사 (복) cords) ① 전선 ② 끈

1 전선, 코드
We need a phone **cord** of the highest quality.
우리는 최고 품질의 전화선이 필요하다.

> 어휘가 쑥쑥
> cordless 줄이 없는

2 끈, 가는 밧줄, 노끈
The man's wrists were bound with a **cord**.
남자의 손목은 끈으로 묶여 있었다.

electrical cord 전기선
extension cord 연장선

*core /kɔːr/ | 명사 (복) cores) ① 속 ② 중심부

1 (배·사과 등의) 속
Peel the apples and remove the **cores**.
사과의 껍질을 벗기고 속을 제거하세요.

어휘가 쑥쑥
core business[product] 핵심 사업[제품]

2 (사물의) 중심부, 핵심
The earth's **core** is extremely hot.
지구의 중심부는 극도로 뜨겁다.

*corn /kɔːrn/ | 명사 옥수수

Corn grows high out of the ground.
옥수수는 땅에서 높이 자란다.
My grandfather grows beans and **corn** on his farm.
우리 할아버지는 농장에서 콩과 옥수수를 기르신다.

어휘가 쑥쑥
popcorn 팝콘
sweetcorn 사탕옥수수

*corner /ˈkɔːrnər/ | 명사 (복) corners) ① (길)모퉁이 ② 구석

1 (길)모퉁이
There is a mail box on the **corner**. 길모퉁이에 우체통이 있다.
A: Excuse me. Is there a convenience store near here?
실례합니다. 이 근처에 편의점이 있나요?
B: It is just around the **corner**. 모퉁이를 돌면 바로 있습니다.

어휘가 쑥쑥
corner seat 구석 자리

2 구석, 귀퉁이, 모서리
He hit his knee on the **corner** of the table.
그는 탁자 모서리에 무릎을 찧었다.
There was only an old piano in the **corner** of the room.
그 방의 구석에 낡은 피아노 한 대만이 놓여 있었다.

숙어 **(just) around the corner** 임박하여
Christmas is *just around the corner*. 이제 곧 크리스마스다.

He hit his knee on the *corner* of the table.

*correct /kəˈrekt/ | 동사 (3단현) corrects (과거·과분) corrected (현분) correcting) 고치다
| 형용사 (비교) more correct (최상) most correct) 옳은

동 고치다, 수정하다, 바로잡다 (= fix)
Please look over my report and **correct** the errors, if any.
제 보고서를 훑어보시고 틀린 곳이 있으면 고쳐 주세요.

어휘가 쑥쑥
correction 명 정정, 수정
correctly 부 올바르게

형 옳은, 정확한, 올바른 (= right, exact) (↔ wrong, incorrect 틀린)
Read the sentences and circle the **correct** answer.
문장을 읽고 맞는 답에 동그라미를 치세요.

¦cost /kɔːst/ **동사** (3단현) costs (과거·과분) cost (현분) costing) ① (비용이) 들다 ② (시간·노력 등을) 요하다 **명사** (복) costs) 비용

동 1 (비용·대가가) 들다, 값이 ~이다
New Internet service will **cost** only seven dollars a month.
새로운 인터넷 서비스는 한 달에 7달러밖에 들지 않을 것입니다.
A: How much does it **cost**?
비용이 얼마가 드나요?
B: It will **cost** about $100 in total.
모두 합쳐 100달러 정도 들 거예요.

어휘가 쑥쑥
cost of housing 주거비
low cost 저비용
high cost 고비용
average cost 평균 비용
full cost 전액
total cost 총비용
at all costs 무슨 수를 써서라도, 기필코, 반드시

2 (시간·노력 등을) 요하다, (귀중한 것을) 잃게 하다, 손실을 입다
The work **cost** him his health. 그 일 때문에 그는 건강을 잃었다.

명 비용, 가격 (= price)
The **cost** of living in London is very expensive.
런던의 생활비는 매우 비싸다.

¦costume /'kɑːstuːm/ **명사** (복) costumes) (특정 지역·시대의) 옷, (민속) 의상

The *Hanbok* is the traditional **costume** of Korea.
한복은 한국의 전통 의상이다.
Children in Halloween **costumes** are running in the park.
핼러윈 복장을 한 어린이들이 공원에서 뛰어다니고 있다.

재미가 쑥쑥
costume은 특별하고 화려한 옷으로, 특정 장소나 특정 기간에 입는 옷을 말한다.

¦cotton /'kɑːtn/ **명사** ① 목화 ② 면직물

1 목화, 솜
In the 18th century, slaves worked on **cotton** plantations.
18세기에 노예들은 목화 농장에서 일했다.

어휘가 쑥쑥
cotton candy 솜사탕
cotton field 목화밭
cotton wool 탈지면

2 면직물
I sweat a lot and usually wear **cotton** T-shirts in summer.
저는 땀을 많이 흘려서 여름에는 주로 면 티셔츠를 입어요.

¦couch /kaʊtʃ/ **명사** (복) couches) (2~3명 정도 앉을 수 있을 크기의) 긴 의자, (누울 수 있을 정도의) 소파

I can sleep on the **couch** tonight.
오늘 밤엔 소파에서 잘 수 있어요.

count 233

*cough /kɔːf/
동사 (3단현) coughs (과거·과분) coughed (현분) coughing 기침하다
명사 (복) coughs 기침

동 기침하다
I kept **coughing** last night, so I couldn't sleep at all.
나는 어젯밤에 계속 기침을 해서 한잠도 못 잤다.

She has been **coughing** and sneezing all day.
그녀는 하루 종일 기침과 재채기를 하고 있다.

명 기침
I have a bad **cough**. 나는 기침이 심하게 난다.

I kept *coughing* last night.

**could /kəd, kʊd/
조동사 ① ~할 수 있었다 ② ~해 주시겠습니까? ③ ~할 수 있다 ④ ~할 수 있(었)을 텐데

1 [can의 과거형] **~할 수 있었다** (= was[were] able to)
She **could** play the violin when she was five.
그녀는 다섯 살 때 바이올린을 연주할 수 있었다.

Jane said that she **could** not come to the party.
제인은 파티에 참석할 수 없다고 말했다.

2 [공손한 제안·부탁·허가] **~해 주시겠습니까?** (= would)
Could you open the window for me, please?
창문을 좀 열어 주시겠어요?

A: **Could** you do me a favor? 제 부탁 좀 들어 주시겠어요?
B: Sure, what is it? 물론이죠, 뭔데요?

3 [가능성이 있음을 나타낼 때] **~할 수 있다**
She **could** win. 그녀가 이길 수 있다.
He **could** have been hurt. 그가 다쳤을 수도 있다.

4 [가정법] **~할 수 있(었)을 텐데**
If I were rich, I **could** buy a new car.
내가 부자라면, 새 차를 살 수 있을 텐데.

Without your help, I **couldn't** have succeeded.
당신의 도움이 없었다면, 저는 성공하지 못했을 겁니다.

문법이 쑥쑥
could의 부정형은 could not으로 쓰며, 부정형의 축약형은 couldn't이다.

실력이 쑥쑥
부탁하거나 허가를 구하는 표현인 Could you ~?는 Can you ~?보다 공손한 표현이다.

어휘가 쑥쑥
could easily 쉽게 ~할 수도 있다
could always 언제라도 ~할 수 있을 것이다
could at least 적어도 ~는 해야 한다

*count /kaʊnt/
동사 (3단현) counts (과거·과분) counted (현분) counting ① 계산하다 ② 세다

1 계산하다, (수를 알기 위해) 세다 (= calculate)
Count the balls in that box. 저 상자 안에 있는 공을 세어 보아라.

My friend, Sam is really good at **counting** numbers.
내 친구 샘은 숫자 계산을 정말 잘한다.

어휘가 쑥쑥
countable 셀 수 있는
counter 판매대, 계산대, 카운터

[속담] Don't **count** your chickens before they are hatched.
병아리가 부화하기 전에 그 수를 세지 마라. (떡 줄 사람은 생각지도 않는데 김칫국부터 마시지 마라.)

2 (올바른 순서로 수를) 세다
My sister can **count** from one to ten in English.
내 여동생은 영어로 1부터 10까지 수를 셀 수 있다.

[숙어] **count on[upon]** 의지하다, 믿다, 기대다 (= depend on[upon], rely on[upon])
You can *count on* me! I'll do my best.
저를 믿으세요! 최선을 다할게요.

countless 무수한, 셀 수 없이 많은
uncountable 셀 수 없는
count(able) noun 셀 수 있는 명사
uncount(able) noun 셀 수 없는 명사

✱ country /ˈkʌntri/ | 명사 (복) countries) ① 나라 ② 시골

1 나라, 국가 (= nation, state)
Bulgaria is a **country** in Eastern Europe.
불가리아는 동유럽에 있는 나라이다.
Switzerland is surrounded by many other European **countries**. 스위스는 여러 유럽 국가들에 둘러싸여 있다.

2 [the와 함께 써서] 시골 (= countryside)
Jerry moved to the **country** from a big city.
제리는 대도시에서 시골로 이사했다.
My grandfather has a big farm in the **country**.
우리 할아버지는 시골에 커다란 농장이 있으시다.

〈어휘가 쑥쑥〉
developed[advanced] country 선진국
developing country 개발도상국
underdeveloped country 후진국
home[native] country 고국, 모국, 본국

✱ couple /ˈkʌpl/ | 명사 (복) couples) ① 커플 ② 두 사람 ③ 몇 명

1 (밀접한 관계에 있는) 둘 (= two), 커플, 부부
They are a newly-married **couple**. 그들은 신혼부부이다.

2 (비슷한 종류의) 둘, 두 사람, 두 개 (= pair)
A **couple** of kids from another school won the first prize.
다른 학교에서 온 두 명의 아이들이 일 등을 했다.

3 몇 명[개], 두서넛 (= a few)
I usually exercise at the gym for a **couple** of hours.
저는 보통 체육관에서 두어 시간 운동을 해요.

〈실력이 쑥쑥〉
「a couple of+복수명사」는 반드시 두 개인 것은 아니며, 특별히 정하지 않은 적은 수를 가리킬 수도 있다. '몇몇의', '두어 개의' 등으로 해석될 수 있다.

✱ courage /ˈkɜːrɪdʒ/ | 명사 용기 (= bravery) (↔ cowardice 겁)

He is a man of great **courage**.
그는 아주 용기 있는 사람이다.
I don't have the **courage** to ask her out.

〈어휘가 쑥쑥〉
courageous 형 용감한

나는 그녀에게 데이트를 신청할 용기가 없다.
When everybody says "Yes," it takes **courage** to say "No."
모두들 "예"라고 말할 때 "아니오"라고 말하는 것은 용기가 필요하다.

course /kɔːrs/ | 명사 (복) courses ① (학습) 과정 ② (경기의) 코스 ③ 항로 ④ (식사의) 코스

1 (학습) 과정, 교과, 과목, 강좌
The Japanese **course** is even more difficult than I thought.
일본어 강의는 내가 생각했던 것보다 훨씬 더 어렵다.

2 (경기·경주의) 코스
He ran the whole marathon **course** setting a new world record.
그는 세계 신기록을 세우며 마라톤 코스를 완주했다.

3 (배·비행기의) 항로
The plane was on[off] **course**.
비행기는 항로를 따라[항로에서 벗어나] 가고 있었다.
The captain quickly changed the **course** of the ship to avoid the rock.
선장은 암초를 피하기 위해 배의 항로를 신속하게 바꾸었다.

4 (식사의) 코스
A: You can choose fish or meat as a main **course**.
주요리로는 생선이나 고기를 선택하실 수 있습니다.
B: I'll have fish, then. 그럼 전 생선을 먹을래요.

[숙어] **of course** 물론, 당연히 (= certainly)
A: Can I borrow your pen? 펜 좀 빌릴 수 있을까요?
B: *Of course*. Here it is. 그럼요. 여기 있어요.

어휘가 쑥쑥
take a course (in) 수업을 듣다
enroll in a course 수업에 등록하다
teach a course 강좌를 가르치다
one[two]-year course 1년[2년] 과정
short course 단기 과정
intensive course 집중 과정
set a course (원하는 쪽으로) 방향을 잡다

court /kɔːrt/ | 명사 (복) courts ① 경기장 ② 법정 ③ 왕실

1 코트, 경기장
The movie star's house has a large swimming pool and a tennis **court**.
그 영화배우의 집에는 커다란 수영장과 테니스장이 있다.

2 법정, 법원
The **court** sentenced him to death.
법정은 그에게 사형을 선고했다.

3 [대문자로 써서] 왕실
Most of the English are very proud of the **Court** of England.
대부분의 영국인들은 영국 왕실을 매우 자랑스럽게 여긴다.

어휘가 쑥쑥
criminal court 형사 법원
civil court 민사 법원
Supreme Court 대법원

실력이 쑥쑥
실내에 있는 경기장은 court, 야외에 있는 경기장은 field 라고 한다.
basketball *court* (농구장)
baseball *field* (야구장)

*cousin /ˈkʌzn/ | 명사 (복) cousins) 사촌 《남녀 모두에 쓰임》 (☞ family)

I visited my **cousin**'s in Egypt during the summer vacation.
나는 여름 방학 동안 이집트에 사는 내 사촌네 집을 방문했다.

*cover /ˈkʌvər/ | 동사 (3단현 covers) (과거·과분 covered) (현분 covering) ① 덮다 ② (범위에) 걸치다
명사 (복 covers) ① 덮개 ② (책의) 표지

동 1 덮다, 뒤덮다, 감추다, 가리다 (= cover up)
Mother **covered** her baby with a blanket.
엄마는 아기에게 담요를 덮어 주었다.
The whole city was **covered** with snow. / Snow **covered** the whole city. 도시 전체가 눈으로 뒤덮였다.

2 (범위에) 걸치다, 미치다, 다루다, 포함하다
The largest mall in the U.S. **covers** 4.2 million square feet.
미국에서 가장 큰 쇼핑몰은 420만 평방피트나 된다.
The magazine mainly **covers** fashion.
그 잡지는 주로 패션을 다루고 있다.

명 1 덮개, 뚜껑 (= lid)
Please put the **cover** on the pot after eating.
밥 먹은 후에 냄비 뚜껑을 닫아 주렴.

2 (책의) 표지, 커버
I prefer paperback books to **hardcover** books. They're much cheaper.
저는 하드커버로 된 책보다는 종이 표지로 된 책이 더 좋아요. 훨씬 더 싸거든요.

숙어 from cover to cover (책의) 처음부터 끝까지
I read the book *from cover to cover*.
나는 그 책을 처음부터 끝까지 다 읽었다.

under cover 위장을 하고
He was a cop working *under cover*. 그는 위장을 한 경찰이었다.

어휘가 쑥쑥
- **covering** 명 덮개, 외피
- **coverage** 명 범위, 보도
- **uncover** 뚜껑을 열다
- **cover up** ~을 완전히 덮다[가리다], ~을 은폐하다
- **cover story** (잡지의) 표지 기사
- **cover letter** 첨부 편지, 자기소개서
- **front[back] cover** 앞[뒤] 표지
- **plastic cover** 비닐 커버
- **under (the) cover of** ~을 틈타

*cow /kaʊ/ | 명사 (복) cows) 젖소, 암소 (↔ bull, ox 수소) (☞ animal)

Cows provide us with milk. 젖소는 우리에게 우유를 제공해 준다.

coward /ˈkaʊərd/ | 명사 (복) cowards) 겁쟁이

He was a thief and a **coward**. 그는 도둑이고 겁쟁이였다.

crab /kræb/ | 명사 (복) crabs) 게 (☞ sea)

A **crab** has a hard shell and it moves sideways.
게는 단단한 껍질을 가지고 있고 옆으로 움직인다.

*crack /kræk/
동사 (3단현) cracks (과거·과분) cracked (현분) cracking) ① 금이 가다
② 날카로운 소리가 나다
명사 (복) cracks) ① 갈라진 금 ② (갑작스런) 날카로운 소리

동 **1** 금이 가다, 깨다 (= break)
I **cracked** an egg into the bowl.
나는 계란 하나를 그릇에 깨뜨려 넣었다.
The ice on the lake **cracked** when he stepped on it.
그가 발을 내딛자 호수의 얼음에 금이 갔다.

2 날카로운 소리가 나다[소리를 내다]
Thunder **cracked** overhead all night.
밤새 하늘에서 천둥소리가 났다.

명 **1** 갈라진 금, 틈, (문·창 등의) 조금 열린 틈
There are several **cracks** in the wall after the earthquake.
지진이 일어난 후에 벽의 여러 곳에 금이 갔다.

2 (갑작스런) 날카로운 소리, 탕, 찰칵
She heard a loud **crack** from the kitchen.
그녀는 부엌에서 탁 하는 큰 소리를 들었다.

> 어휘가 쑥쑥
> **crack a nut** 견과를 깨다
> **crack of dawn** 새벽녘
> **fill a crack** 갈라진 틈을 메우다
> **fine[hairline] crack** 미세한 금

The ice on the lake *cracked* when he stepped on it.

*cracker /ˈkrækər/ | 명사 (복) crackers) (달지 않은) 크래커(♀ 얇고 딱딱하고 짭짤한 과자)

We took a box of **crackers** and a bottle of milk.
우리는 크래커 한 상자와 우유 한 병을 가져갔다.
These **crackers** are very crispy. 이 크래커는 정말 바삭바삭하다.

*craft /kræft/ | 명사 (복) crafts) 기술, 솜씨, 수공예, 공예(♀ 예술적으로 아름다우면서도 실용적인 물건을 만들어 내는 기술)

The store sells handmade **crafts**. 그 가게는 수공예품을 판매한다.
Venice is famous for its glass **crafts**.
베니스는 유리 공예로 유명하다.

> 어휘가 쑥쑥
> **craftsman** 공예가, 장인

*crash /kræʃ/
동사 ((3단현) crashes (과거·과분) crashed (현분) crashing) ① 충돌하다
② 꽝 하는 소리를 내다
명사 (복) crashes) ① 요란한 소리 ② 충돌

동 1 (차량·운전자가) 충돌하다, (비행기가) 추락하다
The car **crashed** into the lamp post.
그 자동차가 가로등을 들이받았다.

The plane **crashed** in the middle of the jungle due to the heavy storm.
심한 폭풍우 때문에 비행기가 정글 한가운데로 추락했다.

2 꽝 하는 소리를 내다
Thunder **crashed** in the sky. 하늘에서 천둥이 요란한 소리를 냈다.

명 1 요란한 소리, (충돌할 때 나는 소리) 쿵, 쾅
The table fell over with a **crash**. 탁자가 쾅 하고 넘어졌다.

2 (자동차의) 충돌, (비행기의) 추락
There was a huge car **crash** on the freeway last week.
지난주 고속 도로에서 대형 자동차 충돌 사고가 있었다.

어휘가 쑥쑥
plane crash 항공기 추락 사고
head-on crash 정면 충돌 사고
crash landing 불시착
crash helmet (오토바이 탑승자 등의) 헬멧
crash test (신차의) 충돌 테스트
crash diet 속성 다이어트

crawl /krɔːl/ 동사 (3단현) crawls (과거·과분) crawled (현분) crawling) ① 기어가다 ② 서행하다

1 (가만가만) 기어가다, 기다
The baby **crawled** around the room.
아기는 방 안을 기어 다녔다.

2 (자동차 등이) 서행하다, 천천히 가다
The cars were **crawling** along the freeway.
차들이 고속 도로를 따라 서행하고 있었다.

crayon /kreɪɑːn, ˈkreɪən/ 명사 (복) crayons 크레용

The picture is drawn with **crayons**.
그 그림은 크레용으로 그려진 것이다.

✱ crazy /ˈkreɪzi/ 형용사 (비교) crazier (최상) craziest) ① 미친 ② 열광적인

1 미친, 제정신이 아닌 (= mad)
He's the **craziest** person I've ever met.
그는 내가 만난 사람 중 가장 제정신이 아닌 사람이다.

2 열광적인, 매우 좋아하는 (= passionate, very excited)
Many Koreans are **crazy** about soccer.
많은 한국인들은 축구에 열광적이다.

숙어 drive ~ crazy ~를 미치게 하다, 화나게 하다 (= drive ~ mad)
Alex is always late for appointments. It really *drives* me *crazy*.
알렉스는 항상 약속 시간에 늦어요. 그건 저를 정말 화나게 해요.

실력이 쑥쑥
정신 질환을 앓고 있는 사람에게는 crazy를 쓰면 안 되고, mentally ill(정신적으로 병든)을 쓰도록 한다.

cream /kriːm/ | 명사 (복) creams ① 크림 ② (화장용) 크림

1 크림, 유지
I usually drink coffee with **cream** and sugar.
나는 보통 커피에 크림과 설탕을 넣어 마신다.

Desserts are served with **cream** or ice cream.
디저트는 크림이나 아이스크림과 함께 나옵니다.

2 (화장용) 크림
You had better put some **cream** on your face.
얼굴에 크림을 바르는 게 좋겠어요.

어휘가 쑥쑥
hand cream 핸드크림
shaving cream 면도용 크림

뜻풀이
유지 액체 및 고체 상태의 모든 기름

create /kriˈeɪt/ | 동사 (3단현) creates (과거·과분) created (현분) creating 창조하다, 창작하다, 만들다

Mickey Mouse was **created** by Disney.
미키 마우스는 디즈니에 의해 만들어졌다.

The government tries to **create** more jobs for young people.
정부는 젊은이들에게 더 많은 일자리를 제공해 주기 위해 노력하고 있다.

[성서] God **created** the heaven and the earth.
하나님이 천지를 창조하시니라.

어휘가 쑥쑥
creation 명 창조, 창조물, 창작품
creator 명 창조자

creative /kriˈeɪtɪv/ | 형용사 (비교) more creative (최상) most creative 창의적인, 독창적인

The novelist always notes down her **creative** ideas in a pocket book.
그 소설가는 언제나 자신의 창의적인 생각들을 수첩에 메모해 둔다.

The musician is so **creative**. His music is always new and fresh.
그 음악가는 정말 창의적이다. 그의 음악은 언제나 새롭고 신선하다.

어휘가 쑥쑥
creativity 명 창조성
creative ability 창의력
creative work 창의적인 일
creative talent 창조적 재능

creature /ˈkriːtʃər/ | 명사 (복) creatures ① 생명이 있는 존재 ② 사람

1 생명이 있는 존재, 생물
Imagine **creatures** from another planet landing on Earth.
다른 행성에서 온 생명체가 지구에 착륙한다고 상상해 보세요.

2 사람, 인간
James is a weak **creature**. 제임스는 약한 존재이다.

어휘가 쑥쑥
imaginary creature 상상의 동물
creature comforts 삶을 안락하게 하는 것들

credit /ˈkredɪt/ | 명사 (복) credits ① 칭찬 ② 신용 ③ 학점

1 칭찬, 인정 (= praise)
The scientist was given **credit** for the discovery.
그 과학자는 그 발견에 대한 공로를 인정받았다.

2 (거래상의) 신용, 신용도, 신용 판매[대출], 외상
I bought a new car on **credit**.
나는 신용 대출로 새 차를 샀다.

3 학점
She received three **credits** for that course.
그녀는 그 과목에서 3학점을 받았다.

어휘가 쑥쑥
credit risk 신용 위험
credit limit 신용 한도
credit rating 신용 등급
letter of credit 신용장
no credit 외상 사절
carbon credit 탄소 배출권

---

credit card /ˈkredɪt kɑːrd/ | 명사 (복) credit cards) 신용 카드

A: Will you pay in cash or by **credit card**?
계산은 현금으로 하시겠습니까, 신용 카드로 하시겠습니까?
B: I'll pay by **credit card**. 신용 카드로 하겠습니다.

어휘가 쑥쑥
credit card bill
신용 카드 청구서

---

creek /kriːk/ | 명사 (복) creeks) 개울

He was drinking fresh water from the **creek**.
그는 개울에서 신선한 물을 마시고 있었다.

숙어 up the creek 곤경에 처한
I was really *up the creek* without my wallet.
나는 지갑이 없어서 정말 곤란한 처지였다.

뜻풀이
개울 시내보다 크고 강보다 작은 물줄기

---

creep /kriːp/ | 동사 (3단현) creeps (과거·과분) crept (현분) creeping) ① 기다 ② 살금살금 움직이다

1 기다, 기어가다 (= crawl)
The bug was **creeping** up a baby's leg.
벌레가 아기의 다리를 기어오르고 있었다.

2 살금살금 움직이다
Don't **creep** up on me like that!
그런 식으로 나한테 살금살금 다가오지 마!

어휘가 쑥쑥
creep in 몰래 기어들다
creep out 몰래 나가다

---

crescent /ˈkresnt/ | 명사 (복) crescents) ① 초승달 ② 초승달 모양

1 초승달
A bright **crescent** moon rose in the sky.
밝은 초승달이 하늘에 떠올랐다.

2 초승달 모양

My favorite is a small **crescent** of pastry topped with chocolate.
내가 가장 좋아하는 것은 초콜릿을 얹은 작은 초승달 모양의 페이스트리이다.

crew /kruː/ | 명사 (복) crews (승객을 제외한 배·비행기·열차의) 승무원 (전원)

The **crew** is made up of four members.
승무원은 네 명으로 구성되어 있다.

어휘가 쑥쑥

cabin crew (항공기의) 승무원   ground crew (지상에서 항공기 정비 업무 등의) 지상 근무원

cricket[1] /ˈkrɪkɪt/ | 명사 (복) crickets 귀뚜라미 (☞ insect)

We could hear the **crickets** chirping at night.
우리는 밤에 귀뚜라미가 우는 소리를 들을 수 있었다.

cricket[2] /ˈkrɪkɪt/ | 명사 [스포츠] 크리켓

He used to play **cricket** at school. 그는 학교에서 크리켓을 하곤 했다.

재미가 쑥쑥

크리켓은 11명으로 이루어진 두 팀이 공격과 수비로 나누어 서로 공을 쳐서 승부를 겨루는 경기로 야구와 비슷하다.

crime /kraɪm/ | 명사 (복) crimes (법률상의) 죄, 범죄

The suspect denied that he committed the **crime**.
그 용의자는 자신이 범죄를 저질렀다는 것을 부인했다.
The police are now investigating the scene of the **crime**.
경찰이 현재 그 범죄 현장을 조사하는 중입니다.

실력이 쑥쑥

crime 법률상 처벌을 받을 수 있는 범죄
sin 도덕적·종교적인 죄

criminal /ˈkrɪmɪnl/ | 형용사 ① 범죄의 ② 형사상의 명사 (복) criminals 범인

형 **1 범죄의**
He was involved in some kind of **criminal** activity.
그는 모종의 범죄 행위에 연루되어 있었다.

2 형사상의 (= civil)
The police officer checked his **criminal** record.
그 경찰관은 그의 전과 기록을 조회했다.

명 **범인, 범죄자** (= offender)
The **criminals** got away with the diamonds.
범인들은 다이아몬드를 훔쳐 달아났다.

어휘가 쑥쑥

criminal behavior 범죄 행위
criminal law 형법
criminal lawyer 형사 전문 변호사
criminal case 형사 사건
criminal court 형사 법원

crisis /ˈkraɪsɪs/ | 명사 (복) crises 위기 (= emergency)

Every country now faces an economic **crisis**.
모든 나라는 지금 경제 위기에 직면해 있다.

We were able to get through the **crisis**.
우리는 위기를 극복할 수 있었다.

어휘가 쑥쑥
political crisis 정치적 위기
financial crisis 재정[금융] 위기

crisp /krɪsp/ | 형용사 (비교) crisper (최상) crispest ① 바삭바삭한 ② 아삭아삭한 ③ 빳빳한 ④ 상쾌한

1 (기분 좋게) 바삭바삭한
I love my mom's **crisp** toast for breakfast.
나는 아침으로 엄마가 해 주시는 바삭바삭한 토스트가 너무 좋다.

2 (야채·과일 등이) 아삭아삭한, 신선한
This apple is especially **crisp** and fresh.
이 사과는 특히 아삭아삭하고 신선하다.

3 (옷·종이 등이) 빳빳한
My dad gave me a **crisp** new ten-dollar bill.
아빠가 내게 빳빳한 10달러짜리 신권을 주셨다.

4 (공기·날씨가) 상쾌한
The air is **crisp** and clear today.
오늘은 공기가 상쾌하고 맑다.

어휘가 쑥쑥
crisp potato chips 바삭바삭한 감자칩
crisp celery 아삭아삭한 샐러리
crisp cotton sheets 빳빳한 면 시트
crisp clear autumn day 청명한 가을날

critic /ˈkrɪtɪk/ | 명사 (복) critics 비판하는 사람, (문예·미술 등의) 비평가, 평론가 (= reviewer)

He is a famous music **critic**.
그는 저명한 음악 평론가이다.

The actor has been well received by **critics**.
그 배우는 비평가들로부터 호평을 받았다.

어휘가 쑥쑥
film critic 영화 평론가
literary critic 문학 평론가

critical /ˈkrɪtɪkl/ | 형용사 (비교) more critical (최상) most critical ① 비판적인 ② 중대한

1 비판적인, 비평의
He just ignores any **critical** comments.
그는 어떤 비판적인 논평도 무시한다.

2 중대한, 대단히 중요한
It is absolutely **critical** to our success.
그것은 우리의 성공에 절대적으로 중요하다.

어휘가 쑥쑥
critically 🔵 비판적으로
critical report 비판적인 보고서
critical factor 중대한 요소

criticism /ˈkrɪtɪsɪzəm/ | 명사 (복) criticisms 비평, 비판, 비난 (↔ praise 칭찬)

The author received a lot of **criticism**.
그 작가는 많은 비판을 받았다.

*criticize/criticise /ˈkrɪtɪsaɪz/

동사 (3단현) criticizes/criticises
(과거·과분) criticized/criticised
(현분) criticizing/criticising
① 비판하다 ② 비난하다

1 비판하다, 비평하다
The movie was **criticized** for being too violent.
그 영화는 너무 폭력적이라고 비판을 받았다.

실력이 쑥쑥
criticize 옳고 그름이나 좋고 나쁨을 판별하는 것
blame 잘못된 일에 대해 남을 탓하거나 나무라는 것

2 비난하다 (= blame)
Many people **criticized** the scholar for his dishonesty.
많은 사람들은 그 학자의 부정직함을 비난했다.

crocodile /ˈkrɑːkədaɪl/ 명사 (복) crocodiles) 악어 (☞ animal)

Snakes, turtles, and **crocodiles** are reptiles.
뱀, 거북 그리고 악어는 파충류이다.

*crop /krɑːp/ 명사 (복) crops) 농작물, 수확물 (= harvest)

The farmers are busy harvesting[gathering] their **crops**.
농부들은 농작물을 수확하느라 바쁘다.

**cross /krɔːs/

명사 (복) crosses) ① 십자가 ② 십자형
동사 (3단현) crosses (과거·과분) crossed (현분) crossing) ① 가로지르다 ② 교차하다

명 **1 십자가**
The **cross** is the symbol of Christianity.
십자가는 기독교의 상징이다.

Jesus Christ died on the **Cross**.
예수 그리스도는 십자가 위에서 돌아가셨다.

2 십자형, 십자(+) 기호, ×표
The **cross** on the map shows where the treasure is.
지도상의 ×표는 보물이 어디에 있는지를 나타낸다.

Put a circle next to your likes and a **cross** next to your dislikes. 좋아하는 것 옆에는 동그라미를 하고, 싫어하는 것 옆에는 가위표(×)를 하세요.

The *cross* on the map shows where the treasure is.

동 **1 가로지르다, 건너다** (= go across)

Look both ways before **crossing** the road.
길을 건너기 전에 양쪽을 모두 살펴보아라.

2 교차하다, 꼬다

The two lines **cross** at right angles to each other.
두 선이 서로 직각으로 교차한다.

Justin is sitting on the sofa with his legs[arms] **crossed**.
저스틴은 다리를 꼬고[팔짱을 끼고] 소파에 앉아 있다.

숙어 **cross one's fingers / keep one's fingers crossed**
(두 손가락을 십자가처럼 포개고) 행운을 빌다

A: I have a piano contest tomorrow.
나 내일 피아노 경연 대회에 나가.

B: I'll *keep my fingers crossed* for you! 행운을 빌어!

cross out 줄을 그어 지우다
Look at these two words in brackets and *cross out* the wrong word.
괄호 안의 두 단어를 보고, 틀린 단어를 지우시오.

어휘가 쑥쑥
crossroad 교차로
crosswalk 횡단보도
The Red Cross 적십자
cross-country 크로스컨트리 달리기[스키] 경기
crossword puzzle 십자말 풀이

I'll *keep my fingers crossed* for you!

crow /kroʊ/ | 명사 (복) crows) 까마귀

A **crow** lived in a tall pine tree.
까마귀 한 마리가 높은 소나무에 살고 있었다.

*crowd /kraʊd/ | 명사 (복) crowds) 군중
동사 (3단현 crowds 과거·과분 crowded 현분 crowding) ~에 모여들다

명 **군중, 인파**
Crowds of tourists visit Las Vegas every day.
많은 관광객들이 매일 라스베이거스를 찾는다.

동 **~에 모여들다, 떼 지어 모이다** (= flock, gather)
Numerous moths **crowded** around the lamplight.
셀 수 없이 많은 나방들이 불빛 주변으로 몰려들었다.

실력이 쑥쑥
군중 전체를 말할 때는 단수로 취급하고, 군중의 구성원 하나하나를 말할 때는 복수로 취급한다.

crowded /ˈkraʊdɪd/ | 형용사 (비교 more crowded 최상 most crowded)
(사람들이) 붐비는, 복잡한

I waited quite a while to get my seats in this really **crowded** cafe.
나는 무척 붐비는 이 카페에서 자리를 잡기 위해 꽤 오랫동안 기다렸다.

어휘가 쑥쑥
overcrowded 너무 붐비는, 초만원인

*crown /kraʊn/ | 명사 (복) crowns) 왕관

The queen is wearing the **crown** with diamonds.
여왕은 다이아몬드 장식이 있는 왕관을 쓰고 있다.

---

cruel /ˈkruːəl/ 형용사 (비교) crueler/crueller (최상) cruelest/cruellest) 잔인한, 잔혹한, 비참한 (↔ kind 친절한, 상냥한)

Don't be **cruel** to animals.
동물을 학대하면 안 된다.
It is **cruel** to kill animals painfully just for fun.
단지 재미를 위해 동물을 고통스럽게 죽이는 것은 잔인한 일이다.
The documentary shows the **cruel** sight of Ethiopia.
그 다큐멘터리는 에티오피아의 참혹한 광경을 담고 있다.

> 어휘가 쑥쑥
> **cruelty** 명 잔인함, 잔혹함
> **cruelly** 부 끔찍하게, 비참하게
> **cruel punishment** 엄한 벌
> **cruel war** 비참한 전쟁

---

crumble /ˈkrʌmbl/ 동사 (3단현) crumbles (과거·과분) crumbled (현분) crumbling
① 부스러지다 ② 허물어지다
명사 (복) crumbles 크럼블

동 **1 부스러지다, 바스러뜨리다**
Chris **crumbled** the cracker into his cream soup.
크리스는 크래커를 자신의 크림수프에 부숴 넣었다.

2 (건물·땅 등이) 허물어지다, 썩다 (= decay)
That castle **crumbled** a long time ago.
그 성은 오래전에 무너졌다.

명 **크럼블**
We like apple **crumble** with ice cream.
우리는 아이스크림을 곁들인 애플 크럼블을 좋아한다.

> 재미가 쑥쑥
> 크럼블은 과일 위에 밀가루, 버터, 설탕 등의 혼합물을 덮은 다음 오븐에 조리해 뜨겁게 먹는 달콤한 디저트이다.

---

crunch /krʌntʃ/ 동사 (3단현) crunches (과거·과분) crunched (현분) crunching
① 오도독 소리 내며 씹다 ② 갈거나 으깨서 부수다
명사 (복) crunches 바삭바삭[뽀득뽀득]하는 소리

동 **1 오도독[아삭아삭] 소리 내며 씹다[깨물다]**
The kid was **crunching** on a cookie.
그 아이는 쿠키를 바삭바삭 소리 내며 먹고 있었다.

2 갈거나 으깨서 부수다
The dogs were **crunching** on bones really loudly.
그 개들은 정말 큰 소리로 뼈를 오독오독 부수며 먹고 있었다.

명 **바삭바삭[뽀득뽀득]하는 소리**
Stella heard the **crunch** of feet on snow.
스텔라는 눈 위를 뽀드득거리며 걷는 소리를 들었다.

> 어휘가 쑥쑥
> **crunchy** 형 아삭아삭한, 바삭바삭한

cry /kraɪ/ | 동사 (3단현) cries (과거·과분) cried (현분) crying ① 울다 ② 소리치다

1 울다
The old lady **cried** for joy at the letter from her son.
그 할머니는 자기 아들에게서 온 편지를 읽고 기쁨의 눈물을 흘렸다.

[속담] It is no use **crying** over spilt milk.
우유를 엎지르고 울어 봐야 소용이 없다. (지난 일은 후회해도 소용없다.)

2 소리치다, 외치다 (= shout, yell)
I heard someone **cry** downstairs.
나는 누군가 아래층에서 소리치는 것을 들었다.

"Oh, no! I left my purse on the bus!" **cried** Cecilia.
"이런! 버스에 지갑을 두고 내렸어!" 라고 세실리아가 소리쳤다.

[숙어] **cry out** 큰 소리로 말하다, 외치다
He *cried out* to me for help. 그는 내게 도와 달라고 소리쳤다.

> (실력이 쑥쑥)
> **cry** 소리를 내어 우는 것
> **sob** 훌쩍훌쩍 흐느끼며 우는 것
> **weep** 눈물을 흘리며 우는 것
> - - - - - - - - - - - - -
> **cry** 기쁨·놀람·괴로움·아픔 등의 감정을 무의식 중에 외치는 것
> **shout** 어떤 감정을 나타내지 않고 큰 소리로 외치는 것

crystal /ˈkrɪstl/ | 명사 (복) crystals ① 결정체 ② 크리스털, 수정

1 결정체
The ice **crystals** were glittering in the sun.
얼음 결정체가 햇빛에 반짝이고 있었다.

2 [광물질] 크리스털, 수정
She's wearing a sparkling **crystal** necklace.
그녀는 반짝이는 크리스털 목걸이를 하고 있다.

> (어휘가 쑥쑥)
> **salt crystal** 소금 결정체
> **liquid crystal display** (LCD) 액정 화면

cub /kʌb/ | 명사 (복) cubs (곰·사자·여우 등의) 새끼, 어린 짐승

A mother bear and two **cubs** wandered around the pond.
어미 곰 한 마리와 새끼 두 마리가 연못 주변을 돌아다녔다.

cucumber /ˈkjuːkʌmbər/ | 명사 (복) cucumbers 오이 (☞ vegetable)

Egg and **cucumber** sandwiches are my favorite.
계란 오이 샌드위치는 내가 가장 좋아하는 것이다.

culture /ˈkʌltʃər/ | 명사 (복) cultures 문화

Ancient Greek **culture** is the source of European **cultures**.
고대 그리스 문화는 유럽 문화의 근원이다.

Understanding the **culture** is important to learning a language.
문화를 이해하는 것은 언어를 배우는 데 중요하다.

> (어휘가 쑥쑥)
> **cultural** 형 문화의, 문화적인

culture shock /ˈkʌltʃər ʃɑːk/ 　명사 문화 충격(🔎 새로운 문화를 접했을 때 문화적 차이로 인해 받는 심리적인 충격)

International students can feel **culture shock** at the beginning of the semester.　국제 학생들은 학기 초에 문화 충격을 체감할 수 있다.

*cup /kʌp/　명사 (복) cups ① 찻잔 ② 우승컵

1 찻잔, 잔, 컵 하나에 담긴 양 (☞ dining room)
This coffee **cup** is made of delicate china.
이 커피 잔은 깨지기 쉬운 도자기로 만들어져 있다.

Would you like a **cup** of hot tea?
따뜻한 차 한 잔 드시겠어요?

2 우승컵 (= trophy)
The champion of the golf game is kissing the **cup** with joy.
골프 시합에서 승리한 선수가 기뻐서 우승컵에 입을 맞추고 있다.

> 어휘가 쑥쑥
> **teacup** 찻잔
> **paper cup** 종이컵
> **cup and saucer** 받침 접시를 받친 찻잔
> **measuring cup** 계량컵
> **cup final** 결승전

*cupboard /ˈkʌbərd/　명사 (복) cupboards 식기장, 찬장

She got plenty of pots and pans from the **cupboard**.
그녀는 많은 냄비와 팬들을 찬장에서 꺼냈다.

*cure /kjʊr/　명사 (복) cures 치료　동사 (3단현) cures (과거·과분) cured (현분) curing 치료하다

명 치료, 치료약 (= remedy, treatment)
Prevention is better than **cure**.　치료보다 예방이 낫다.

동 치료하다, 고치다 (= heal, remedy)
Aspirin will **cure** your headache.
아스피린을 먹으면 두통이 나을 거야.

> 실력이 쑥쑥
> **cure** 병이나 사람을 치료하다
> **heal** 상처를 낫게 하다

**curious /ˈkjʊriəs/　형용사 (비교) more curious (최상) most curious) 호기심이 강한, 궁금해하는 (= eager to know)

I am **curious** to know it.　나는 그것을 매우 알고 싶다.
Cats are so **curious** that they like to touch anything moving.
고양이는 호기심이 무척 강해서 움직이는 것은 무엇이든 건드려 보기를 좋아한다.

> 어휘가 쑥쑥
> **curiosity** 명 호기심
> **curiously** 부 신기한 듯이

*curl /kɜːrl/　동사 (3단현) curls (과거·과분) curled (현분) curling 곱슬곱슬하게 하다　명사 (복) curls (머리카락의) 컬

동 곱슬곱슬하게 하다, 꼬다, 둥글게 감다
His hair **curls** whenever it rains.
그의 머리는 비가 올 때마다 곱슬거린다.

명 (머리카락의) 컬, 곱슬머리
He has natural **curls**. 그는 원래 곱슬머리이다.

> 어휘가 쑥쑥
> **curly** 형 곱슬곱슬한, 곱슬머리의

current /ˈkɜːrənt/

형용사 (비교) more current (최상) most current) ① 현재의
② 유통되고 있는
명사 (복) currents) ① (물·공기의) 흐름 ② 전류

형 1 현재의, 지금의, 최신의 (= present)
Entertainers are always following **current** fashion and sometimes they make it.
연예인들은 항상 최신 유행을 따르며, 때때로 유행을 만들어 낸다.

A: Do you want a **current** address or a permanent address?
현재 주소가 필요한가요, 아니면 본적지 주소가 필요한가요?
B: Please write down both of them on the form.
서류 양식에 둘 다 적어 주세요.

2 유통되고 있는, 널리 쓰이는
She wears styles that are no longer **current**.
그녀는 더 이상 유행하지 않는 스타일을 입는다.
There are two basic forms of solar power in **current** use.
현재 사용되고 있는 태양열 발전에는 기본적으로 두 가지 형태가 있다.

명 1 (물·공기의) 흐름 (= flow)
The ocean **currents** affect the climate of continents in a big way. 해류는 대륙의 기후에 크게 영향을 미친다.

2 전류
Only a small amount of electric **current** can give you a shock.
적은 양의 전류도 사람을 감전시킬 수 있다.

> 어휘가 쑥쑥
> **currency** 명 화폐, 통화
> **currently** 부 현재, 지금
> **current prices** 현재 물가
> **current year** 올해
> **current month** 이번 달
> **current issue** (잡지의) 최신호
> **current news** 시사 뉴스
> **current English** 현재 쓰이는 영어
> **alternating current** (전기의) 교류
> **direct current** (전기의) 직류

curriculum /kəˈrɪkjələm/ | **명사** (복) curricula, curriculums) 교육[교과] 과정

The professor is introducing a new **curriculum** this semester.
그 교수는 이번 학기에 새로운 교육 과정을 도입하고 있다.

> 어휘가 쑥쑥
> **school curriculum** 학교 교과 과정
> **undergraduate curriculum** (대학교) 학부 교과 과정

*curtain /ˈkɜːrtn/ | **명사** (복) curtains) ① 커튼 ② (무대의) 막

1 커튼
Please draw the **curtain**. The sunshine is getting into my eyes. 커튼을 쳐 주세요. 햇빛이 너무 눈부셔요.

2 (무대의) 막
The **curtain** fell slowly. 막이 천천히 내렸다.

A: What time does the play start[end]?
연극은 몇 시에 시작하나요[끝나나요]?

B: The **curtain** rises[falls] at 6 p.m.
오후 6시에 막이 오릅니다[내립니다].

curtain call
커튼콜은 연극이나 뮤지컬, 오페라, 발레 등에서 공연이 끝나고 막이 내린 뒤, 관객이 찬사의 표현으로 환성과 박수를 계속 보내어 무대 뒤로 퇴장한 출연자를 무대 앞으로 다시 나오게 불러내는 것을 말한다.

***curve** /kɜːrv/
명사 (복) curves ① 커브 ② 곡선
동사 (3단현) curves (과거·과분) curved (현분) curving 구부리다

명 1 커브, 길의 굽은 부분
The road makes a **curve** to the right.
길은 우측으로 구부러져 있다.

Slow down! There is a sharp **curve** down the hill.
속도를 줄이세요! 내리막에 급커브 길이 있어요.

2 곡선
Traditional Korean clothes, *Hanbok* have the beauty of the **curve**. 한국의 전통 의상인 한복은 곡선의 아름다움이 있다.

동 구부리다, 구부러지다
The railroad track **curves** to the left.
기차선로는 왼쪽으로 굽어 있다.

The river **curves** around the corner of the foot of the mountain. 강이 산기슭 모퉁이를 감아 돌며 흐른다.

rising curve 상승 곡선
supply-demand curve 수요 공급 곡선
curve ball (야구의) 커브 볼

There is a sharp *curve* down the hill.

curved /kɜːrvd/
형용사 (비교) more curved (비교) most curved) 구부러진, 굽은 (= bent)

An elephant has long and **curved** teeth called tusks.
코끼리에게는 상아라고 하는 길고 구부러진 이빨이 있다.

***custom** /ˈkʌstəm/
명사 (복) customs ① 관습 ② 관세

1 (사회의) 관습, 풍습 (= tradition), 습관 (= habit)
Koreans have the **custom** to give a big party on a baby's 100th day.
한국 사람들에게는 아기가 태어난 지 100일째 되는 날에 큰 잔치를 하는 관습이 있다.

It is an American **custom** to leave a 15 percent tip for any

service.
서비스를 받았을 때 15퍼센트의 팁을 주는 것은 미국의 관습이다.
[격언] **Custom** is second nature. 습관은 제2의 천성이다.

2 [복수형으로 써서] **(항구·공항·국경 등의) 세관, 관세**
When we pass **customs**, the **customs** officials inspect our baggage.
우리가 세관을 통과할 때, 세관원이 우리의 짐을 검사한다.

> 뜻풀이
> 관세 세관을 통과하여 들어오는 외국 상품에 대하여 매기는 세금

✽ customer /ˈkʌstəmər/ 　명사 (복 customers) 고객, 손님 (= client)

This parking lot is only for **customers**.
이 주차장은 고객 전용입니다.

Customers must have a receipt when they want to get a refund.
고객님께서 환불을 원하실 때는 반드시 영수증을 지참하셔야 합니다.

> 실력이 쑥쑥
> customer 물건을 사는 고객
> client 변호사 등의 전문가나 기업의 서비스를 받는 고객

✽ cut /kʌt/ 　동사 (3단현 cuts 과거·과분 cut 현분 cutting) ① 자르다 ② 베다
　　　　　　　명사 (복 cuts) 벤 상처

동 1 자르다, 잘리다
This knife **cuts** well. 이 칼은 잘 든다.
Annie **cut** her birthday cake after blowing out all candles.
애니는 촛불을 모두 끄고 나서 생일 케이크를 잘랐다.

2 베다, 상처를 내다
Be careful not to **cut** yourself when you open a can.
통조림을 딸 때는 손이 베이지 않도록 조심해라.
I **cut** my finger on broken glass. I'm bleeding!
깨진 유리에 손가락을 베었어. 피가 나!

명 벤 상처
He has a **cut** on his finger. 그는 손가락에 베인 상처가 있다.

숙어 **cut down** ① 베어 넘어뜨리다 ② 줄이다 (= reduce, decline)
③ 가격을 내리다 (= discount)
Beavers *cut down* trees with their big strong front teeth.
비버는 크고 튼튼한 앞니로 나무를 갉아서 넘어뜨린다.
She's trying to *cut down* on fats in her diet.
그녀는 식단에서 지방 섭취량을 줄이려고 노력 중이다.
The shop *cut down* the price by half during the Christmas sale. 그 가게는 크리스마스 세일 기간 중에 가격을 반으로 내렸다.

cut off ① 자르다, 베어 내다 ② 중단하다, 끊다
Sally *cut off* her hair and wore a wig.

>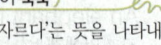
> cutting 명 오려 낸 것
> cut and run 뺑소니치다
> cut class 수업을 빼먹다
> cut a tooth 이가 나다
> cut in (대화에) 끼어들다
> cut in line 새치기하다
> tax cut 세금 인하
> cut and blow-dry (머리) 커트와 드라이
> short cut 지름길

> 실력이 쑥쑥
> cut '자르다'는 뜻을 나타내는 가장 일반적인 말
> chop 도끼나 식칼로 쳐서 자르다
> slash 날카로운 것으로 길게 베다[긋다]
> slice 얇게 썰다

샐리는 머리를 자르고 가발을 썼다.

The traffic was *cut off* by the heavy snow.
폭설로 교통이 두절되었다.

Water supply will be *cut off* from 10 a.m. to 1 p.m.
오전 10시부터 오후 1시까지 물 공급이 중단되겠습니다.

While talking, the telephone was suddenly *cut off*.
통화를 하던 중에, 전화가 갑자기 뚝 끊겼다.

∗ cute /kjuːt/ 〔형용사〕 〔비교〕 cuter 〔최상〕 cutest 예쁜, 귀여운 (= pretty, lovely, sweet)

What a **cute** baby! Look at those tiny hands!
아기가 너무 예뻐요! 저 작은 손 좀 보세요!

A **cute** little kitten is playing with a knitting ball.
작고 귀여운 새끼 고양이가 털실 뭉치를 가지고 놀고 있다.

〔어휘가 쑥쑥〕
cutely 〔부〕 귀엽게
cuteness 〔명〕 귀여움

∗ cycle /ˈsaɪkl/ 〔명사〕 (복) cycles ① 주기 ② 자전거
〔동사〕 (3단현) cycles 〔과거·과분〕 cycled 〔현분〕 cycling 자전거를 타다

〔명〕 **1** 주기(♀), 순환
Winter follows autumn in the **cycle** of the seasons.
사계절의 순환 속에서 가을 뒤에 겨울이 온다.

2 자전거, 오토바이 (= bicycle, bike)
He went for a **cycle** in the mountains.
그는 산으로 자전거를 타러 갔다.

〔동〕 자전거를 타다
He **cycled** around the park.
그는 자전거를 타고 공원을 돌아다녔다.

〔어휘가 쑥쑥〕
life cycle 생활 주기
cycle route 자전거 전용 도로

〔뜻풀이〕
주기 같은 현상이 한 번 나타나고 나서 다음에 되풀이 될 때까지의 일정한 시간

Dd

dad /dæd/ 〔명사〕(복) dads) 아빠 (= papa) (↔ mom 엄마)

I love my **dad**. 나는 우리 아빠를 사랑해요.
My mom and **dad** play tennis together on the weekends.
우리 엄마와 아빠는 주말에 함께 테니스를 치신다.

〔실력이 쑥쑥〕
papa보다 흔히 쓰며, 어린이와 어른 모두 쓰는 말이다.

daddy /'dædi/ 〔명사〕(복) daddies) 아빠 《주로 아이들이 사용하는 단어》 (= dad) (↔ mommy 엄마)

My **daddy** is a teacher. 우리 아빠는 선생님입니다.

daily /'deɪli/ 〔형용사〕매일의 〔부사〕매일 〔명사〕(복) dailies) 일간지

〔형〕 매일의, 나날의, 일상의 (= everyday)
They need **daily** care. 그들은 매일 돌봄이 필요하다.

〔부〕 매일, 날마다 (= every day)
Take a pill **daily** after each meal.
매일 식사 후에 한 알씩 복용하십시오.

〔명〕 일간지
The story was in all the **dailies**. 그 기사가 모든 일간지에 실렸다.

〔어휘가 쑥쑥〕
daily life 일상생활
daily routine 매일 똑같이 하는 일
daily newspaper 일간지
daily necessity 생활필수품

dairy /'deri/ 〔명사〕(복) dairies) ① 낙농장 ② 유제품 〔형용사〕① 낙농업의 ② 유제품의

〔명〕 1 낙농장, 낙농업, 유제품 회사
A **dairy** is a place where farmers milk cows and make butter and cheese.
낙농장은 농부들이 젖소의 우유를 짜고 버터와 치즈를 만드는 곳이다.

2 유제품
She can't eat **dairy**. 그녀는 유제품을 못 먹는다.

〔형〕 1 낙농업의

〔어휘가 쑥쑥〕
dairy farmer 낙농업자
dairy cow 젖소
dairy-free 유제품이 함유되지 않은
dairy products 유제품

Tom works on the **dairy** farm. 톰은 낙농장에서 일한다.

2 유제품의
I like **dairy** food. 나는 유제품을 좋아한다.

실력이 쑥쑥
diary(일기)와 철자가 비슷하므로 헷갈리지 않도록 주의한다.

*dam /dæm/ 명사 (복 dams) 댐, 둑

The **dam** broke owing to the heavy rain. 폭우로 댐이 무너졌다.

*damage /ˈdæmɪdʒ/ 명사 손해 동사 (3단현 damages 과거·과분 damaged 현분 damaging) 피해를 끼치다

명 손해, 피해, 손상
The flood caused[did] great **damage** to the crops.
그 홍수는 농작물에 큰 피해를 입혔다.
He suffered severe brain **damage** in the car accident.
그는 자동차 사고로 심각한 뇌 손상을 입었다.

동 피해를 끼치다, 손상을 입히다
The earthquake **damaged** the buildings in the city.
지진은 그 도시의 건물들에 피해를 입혔다.
Smoking can seriously **damage** your health.
흡연은 건강에 심각한 손상을 입힐 수 있다.

어휘가 쑥쑥
direct damage 직접적인 피해
extensive damage 광범위한 피해
fire[flood] damage 화재[홍수] 피해
minor damage 경미한 손상

damp /dæmp/ 형용사 (비교 damper 최상 dampest) 축축한, 습기 찬 (= wet) (↔ dry 건조한)

Worms live in the **damp** soil. 지렁이는 축축한 흙 속에서 산다.
The weather in Southeast Asia is hot and **damp** all the year round. 동남아시아의 날씨는 1년 내내 덥고 습기가 많다.

실력이 쑥쑥
damp는 대개 불쾌감을 줄 정도로 축축한 것을 말한다.

*dance /dæns/ 동사 (3단현 dances 과거·과분 danced 현분 dancing) 춤추다 명사 (복 dances) ① 춤 ② 무도회

동 춤추다, 춤을 추다
Amy **dances** well. 에이미는 춤을 잘 춘다.
They love to **dance** the tango. 그들은 탱고 추는 것을 좋아한다.

명 1 춤, 댄스
Let's have a **dance**. 우리 춤추자.
Samba is a quick **dance**. 삼바는 빠른 춤이다.

2 무도회, 댄스파티
We hold a **dance** every year. 우리는 매년 무도회를 연다.

어휘가 쑥쑥
dancing 명 무용, 춤
modern dance 현대 무용
classical dance 고전 무용
folk dance 민속춤
dance class 무용 수업

dancer /ˈdænsər/ 명사 (복) dancers 무용가, 댄서, 춤추는 사람 (☞ job)

Isadora Duncan is a famous **dancer**.
이사도라 던컨은 유명한 무용가이다.
The ballet **dancer** can jump high. 발레리나는 높이 뛸 수 있다.

> 실력이 쑥쑥

접미사 -er은 '~하는 사람'을 나타낸다.
dance+er=dancer (무용가)　　　sing+er=singer (가수)　　　write+er=writer (작가)

*danger /ˈdeɪndʒər/ 명사 (복) dangers 위험 (↔ safety 안전), 위험성, 위험한 것

There is no **danger** of fire. 화재가 날 위험은 없다.
The ship is in **danger** of sinking.
그 배는 침몰할 위험에 처해 있다.
After the big operation, the patient is out of **danger** now.
큰 수술을 마친 후에, 그 환자는 이제 위험한 상태를 벗어났다.
Danger! Keep away! 위험! 다가서지 마시오!
Danger! Falling Rocks! 위험! 낙석!

dangerous /ˈdeɪndʒərəs/ 형용사 (비교) more dangerous (최상) most dangerous) 위험한 (↔ safe 안전한)

It is **dangerous** to swim in this river. / This river is **dangerous** to swim in.
이 강에서 수영하는 것은 위험하다.
Using matches and lighters is **dangerous** for children.
아이들이 성냥과 라이터를 사용하는 것은 위험하다.
[속담] A little learning is a **dangerous** thing.
불완전한 지식은 해가 될 수 있다. (선무당이 사람 잡는다.)

> 어휘가 쑥쑥
>
> dangerously 🄫 위험하게
> dangerous man 위험 인물
> dangerous condition 위험한 상태

Danish /ˈdeɪnɪʃ/ 형용사 명사 덴마크의, 덴마크어(의), 덴마크인(의) (☞ Denmark)

She speaks **Danish** at home. 그녀는 집에서 덴마크어를 한다.

*dare /der/ 동사 (3단현) dares (과거·과분) dared (현분) daring) 감히 ~하다, ~할 용기가 있다

He didn't **dare** to climb the tall tree.
그는 그 큰 나무에 오를 용기가 없었다.
The witch's garden was very beautiful, but no one **dared** to enter it.
마녀의 정원은 매우 아름다웠지만, 아무도 감히 그곳에 들어가지 않았다.

> 어휘가 쑥쑥
>
> daring 🄫 대담한, 용감한
> 🄝 용기

dark /dɑːrk/ 형용사 (비교) darker (최상) darkest ① 어두운 ② 진한 ③ 암울한 명사 어둠

형 **1 어두운, 캄캄한** (↔ bright, light 밝은)
It is **dark** outside. 밖은 어둡다.
The Little Princess, Sara, was crying in the **dark** room.
소공녀 세라는 어두운 방 안에서 울고 있었어요.

2 (색깔이) **진한** (↔ light 연한), (피부·머리카락 등이) **검은**
I like **dark** blue. 나는 짙은 파란색을 좋아한다.
Snow White has beautiful **dark** hair and **dark** eyes.
백설 공주는 아름다운 검은 머리와 검은 눈동자를 가졌다.

3 암울한, 우울한, (안색이) 어두운
His face was **dark** with rage. 그는 몹시 화가 나서 얼굴이 어두웠다.
This business has a **dark** prospect. 이 사업은 전망이 어둡다.

명 어둠, 저녁때 (= darkness) (↔ light 밝음, 빛)
An owl can see well in the **dark**.
올빼미는 어둠 속에서도 잘 볼 수 있다.
I am afraid of the **dark**. 나는 어둠이 무섭다.

숙어 *after dark* **해가 진 후** (↔ before dark 어두워지기 전에)
Don't go out alone *after dark*. 해가 진 후에는 혼자 외출하지 마라.

어휘가 쑥쑥
darken 통 어둡게 하다, 어두워지다
darkly 부 어둡게, 험악하게
darkroom 암실
dark glasses 선글라스
dark clouds 먹구름
dark skin 거무스름한 피부
dark age 암흑 시대
dark times 어려운 시기
dark side 어두운 면, 부정적인 면
dark deeds 나쁜 짓
dark horse (역량을 알 수 없는) 새로 출전한 경주마, 다크호스

darkness /'dɑːrknəs/ 명사 어둠, 암흑, 캄캄함

We were lost in the **darkness**. 우리는 어둠 속에서 길을 잃었다.
The sun went down and **darkness** fell. 해가 지고 어둠이 내렸다.

darling /'dɑːrlɪŋ/ 명사 (복) darlings) 여보, 자기, 얘야 《부부·연인·자식·친구 등 사랑하는 사람을 부를 때 쓰는 말》

Good night, **darling**! 여보[자기, 얘야], 잘 자!

dart /dɑːrt/ 명사 (복) darts) ① 다트 ② 급격한 동작
동사 (3단현) darts 과거·과분 darted 현분 darting) ① 돌진하다 ② (시선·빛·화살 등을) 던지다

명 1 다트(🎯), 가늘고 짧은 화살
Tom and Amy are playing **darts**.
톰과 에이미는 다트 놀이를 하고 있다.

2 급격한 동작, 돌진
He made a **dart** for the door. 그는 문을 향해 쏜살같이 달렸다.

동 1 돌진하다(🔎), 쏜살같이 움직이다
A cat **darted** across the road.
고양이가 거리를 쏜살같이 가로질러 갔다.

2 (시선·빛·화살 등을) 던지다
She **darted** an angry look at me.
그녀는 나에게 화난 눈길을 던졌다.

> **뜻풀이**
> 다트 원반 모양의 과녁에 화살을 던져 맞힌 점수로 승패를 가리는 놀이
> 돌진하다 빠르고 힘차게 거침없이 앞으로 나아가다

dash /dæʃ/
동사 (3단현) dashes (과거·과분) dashed (현분) dashing) ① 내던지다 ② 돌진하다 ③ 충돌하다
명사 (복) dashes) 돌진

동 1 내던지다, 때려 부수다
The angry girl **dashed** a mirror to pieces.
화가 난 소녀는 거울을 내던져 박살 냈다.

2 돌진하다, 급히 가다
I **dashed** down the stairs. 나는 계단을 급히 내려왔다.
He **dashed** across the street before the light changed.
그는 신호가 바뀌기 전에 급히 길을 건넜다.

3 충돌하다, 부딪치다
The waves **dashed** against the cliffs.
파도가 절벽에 부딪쳤다.

명 돌진
He made a **dash** at the enemy. 그는 적을 향해 돌진했다.

> **실력이 쑥쑥**
> dash는 '대시(-)'라는 문장 부호를 의미하기도 한다. 앞 문장에 대한 부연 설명을 할 때 쓴다.

The waves *dashed* against the cliffs.

data /ˈdeɪtə/
명사 (단 datum) 자료, 데이터 (= information)

These **data** are correct. / This **data** is correct.
이 데이터는 정확하다.
I collected **data** for my report on the Internet.
나는 인터넷에서 보고서 자료를 모았다.

> **실력이 쑥쑥**
> data는 datum의 복수형이지만, 단수 동사와 함께 쓰일 수 있다.

*database /ˈdeɪtəbeɪs/
명사 (복) databases) 데이터베이스(🔎 많은 자료를 저장해 두고 여러 형태로 이용할 수 있도록 한 프로그램이나 자료)

This **database** is updated monthly.
이 데이터베이스는 매달 업데이트됩니다.

**date /deɪt/
명사 (복) dates) ① 날짜 ② 데이트
동사 (3단현) dates (과거·과분) dated (현분) dating) ① 날짜를 적다 ② ~와 데이트를 하다

명 1 날짜
ID card shows the **date** of birth. 신분증에는 생년월일이 나온다.
A: What's the **date** today? / What **date** is it today?
오늘 날짜가 어떻게 되나요? (오늘이 몇 월 며칠이죠?)
B: It's July 4th. / Today is July 4th. 오늘은 7월 4일입니다.

2 데이트, (이성과) 만날 약속
I have a **date** with Amy tonight.
나는 오늘 밤 에이미와 데이트가 있다.

동 1 날짜를 적다
Date your paper on the top line. 종이 맨 윗줄에 날짜를 적어라.

2 ~와 데이트를 하다, 사귀다
They **dated** for five years before they got married.
그들은 결혼하기 전에 5년을 사귀었다.

숙어 date back to ~까지 거슬러 올라가다, ~ 이래 계속 존재하고 있다
The college *dates back to* medieval times.
그 대학은 역사가 중세까지 거슬러 올라간다.

out of date 시대에 뒤떨어진, 구식의, 오래된
That radio is very *out of date*. 그 라디오는 너무 구식이다.

arrival date 도착일
departure date 출발일
due date 예정일, 만기일
closing date 마감일
best-before date 유통기한
up-to-date 최신의
blind date 소개팅, 미팅

영어로 날짜를 어떻게 표현할까요?
March 14th, 2022 (미국 영어: 월/일/연도)
14th March, 2022 (영국 영어: 일/월/연도)

daughter /ˈdɔːtər/ 명사 (복) daughters 딸 (↔ son 아들) (☞ family)

They have two **daughters**. 그들에게는 딸이 둘 있다.

dawn /dɔːn/
명사 (복) dawns ① 새벽 ② 시작, 시초
동사 (3단현) dawns (과거·과분) dawned (현분) dawning ① 날이 새다 ② 시작되다

명 1 새벽
They start work at **dawn**. 그들은 새벽에 일을 시작한다.

2 시작, 시초
This school was established at the **dawn** of the 21st century. 이 학교는 21세기 초에 설립되었다.

동 1 날이 새다, 밝아 오다
The day[morning] was just **dawning**. 날이 막 밝아 오고 있었다.

2 (날이나 어떤 시대가) 시작되다
The new age **dawned** with the invention of the printing press.
인쇄기의 발명으로 새로운 시대가 열렸다.

before dawn 동트기 전에
from dawn till dark 새벽부터 해질 때까지
crack of dawn 새벽, 이른 아침

day /deɪ/ 명사 (복) days) ① 하루 ② 낮 ③ 시대

1 하루, 날, 일(日)
Have a nice[good, great, wonderful] **day**! 좋은 하루 보내세요!
A **day** has twenty-four hours. 하루는 24시간이다.

2 낮 (= daytime) (↔ night 밤)
Bats sleep during the **day** and hunt at night.
박쥐는 낮에 자고 밤에 사냥을 한다.

3 [주로 복수로] **시대, 시절**
He spent his young **days** in America.
그는 젊은 시절을 미국에서 보냈다.

숙어 **day and night** 밤낮으로
When I was sick, my mother cared for me *day and night*.
내가 아팠을 때, 우리 엄마는 나를 밤낮으로 간호해 주셨다.

day by day 매일, 나날이
My English writing skill has been improving *day by day*.
나의 영어 작문 실력이 날이 갈수록 나아지고 있다.

in those days 그 당시에는 (= then)
In those days, most televisions were black and white.
그 당시에는, 대부분의 텔레비전이 흑백이었다.

one day 어느 날
One day, the woodcutter dropped his only ax into the pond.
어느 날, 나무꾼은 하나밖에 없는 도끼를 연못에 빠뜨리고 말았어요.

the other day 며칠 전에, 요전날에
This is the same watch I lost *the other day*.
이것은 내가 며칠 전에 잃어버린 시계와 똑같은 것이다.

these days 요즈음 (= nowadays)
How are you doing *these days*? 요즘 어떻게 지내요?

어휘가 쑥쑥

daylight 햇빛
daytime 낮, 주간
daybreak 새벽, 동틀녘
the day before yesterday 그저께
the day after tomorrow 모레

April Fool's Day 만우절
Children's Day 어린이날
Independence Day 독립기념일
Labor Day 근로자의 날
New Year's Day 설날
Parents' Day 어버이날
Valentine's Day 밸런타인데이

실력이 쑥쑥

date는 날짜, day는 요일을 나타낸다.
A: What *date* is it today?
(오늘 몇 월 며칠이지?)
B: It's January 8th.
(오늘은 1월 8일이야.)

A: What *day* is it today?
(오늘은 무슨 요일인가요?)
B: It's Wednesday.
(수요일입니다.)

---

daydream /ˈdeɪdriːm/ 명사 (복) daydreams) 공상
동사 (3단현) daydreams 과거·과분 daydreamed
현분 daydreaming) 공상에 잠기다

명 공상, 몽상
I had **daydreams** about summer vacation.
나는 여름휴가에 대한 공상에 빠져 있었다.

동 공상에 잠기다
We **daydreamed** about meeting Santa Claus.
우리는 산타클로스를 만날 공상에 잠겨 있었다.

뜻풀이
몽상 현실에 존재하지 않거나 실현 가능성이 없는 일을 머릿속에서 그려 보는 것

dead /ded/ 형용사 ① 죽은 ② 작동하지 않는

1 죽은, 죽어 있는 (↔ alive, living 살아 있는)
My grandmother is **dead**. 나의 할머니는 돌아가셨다.

2 (기계 등이) 작동하지 않는, (배터리가) 다 된, 방전된
My car battery is **dead**. 내 자동차 배터리가 방전됐다.
The phone suddenly went **dead**.
그 전화기는 갑자기 작동하지 않았다. (전화가 갑자기 끊어졌다.)

어휘가 쑥쑥
die 동 죽다
death 명 죽음
- - - - - - - - -
dead end 막다른 길
deadline 기한, 마감 시간
the dead 죽은 사람들

deadly /'dedli/ 형용사 (비교 deadlier, more deadly 최상 deadliest, most deadly) 생명을 위협하는 부사 몹시, 매우

형 생명을 위협하는, 치명적인
It is a **deadly** poison. 그것은 치명적인 독약이다.

부 몹시, 매우
He was **deadly** serious about the problem.
그는 그 문제에 대해 매우 진지했다.

어휘가 쑥쑥
deadly disease 치명적인 질병
deadly weapon 흉기
deadly hot 몹시 더운

deaf /def/ 형용사 귀가 먼, 청각 장애가 있는

He is **deaf** in one ear. 그는 한쪽 귀가 안 들린다.
Beethoven was totally **deaf** at the age of 50, but he composed some of his greatest music after that.
베토벤은 50세의 나이에 완전히 귀가 멀었지만, 그 이후에 훌륭한 음악을 작곡했다.

실력이 쑥쑥
the deaf는 '청각 장애인들'을 뜻하며 복수 명사로 사용된다.

deal /diːl/ 동사 (3단현 deals 과거·과분 dealt 현분 dealing) ① 다루다 ② 거래하다 ③ (카드를) 나누다 명사 (복 deals) 거래

동 1 다루다, 처리하다 (= handle)
This book **deals** with various gods and goddesses in the Greek myths. 이 책은 그리스 신화 속의 여러 신과 여신들을 다루고 있다.

2 거래하다, 장사하다 (= trade)
He **deals** in furniture. 그는 가구를 판매한다.

3 (카드놀이에서 카드를) 나누다, 돌리다
Deal us the cards. 우리한테 카드를 나눠 줘.

명 거래, 합의
The merchant made a lot of money on the business **deal**.
상인은 그 사업상의 거래에서 많은 돈을 벌었다.

어휘가 쑥쑥
dealer 명 상인, 판매업자
dealing 명 거래

Deal us the cards.

We made a **deal** to share the money equally.
우리는 돈을 똑같이 나누는 것에 합의했다.

숙어 **a good[great] deal of** 많은, 다량의 (= a lot of)
They spent *a great deal of* money. 그들은 많은 돈을 썼다.

It's not a big deal. / It's no big deal. 별일 아니다.
A: Sorry. I forgot to bring your book I borrowed.
미안해. 너한테 빌린 책을 가져오는 걸 잊었어.
B: *It's not a big deal*. Give it back tomorrow.
별일 아니야. 내일 돌려줘.

문법이 쑥쑥
'많은'이라는 뜻의 a good [great] deal of 뒤에는 셀 수 없는 명사가 온다.
a good[great] deal of time [effort, rain, exercise]
(많은 시간[노력, 비, 운동])

---

dealt /delt/ 동사 deal의 과거·과거분사 (☞ deal)

---

dear /dɪr/ 형용사 (비교) dearer (최상) dearest 친애하는, 사랑하는 감탄사 이런!, 어머나!

형 친애하는, 사랑하는, 귀여운, 그리운
What a **dear** little girl! 정말 귀여운 소녀구나!

감 이런!, 아이구!, 어머나!
Oh **dear**! [**Dear** me!] I forgot to turn off the stove!
이런! 가스레인지 끄는 것을 깜빡했어!

실력이 쑥쑥
Dear는 편지 첫머리에 받는 사람의 이름 앞에 쓴다.
Dear Bob (사랑하는 밥에게)
Dear Mr. Brown (친애하는 브라운 씨에게)

＊death /deθ/ 명사 (복) deaths) 죽음, 사망

I'm afraid of **death**. 나는 죽음이 두렵다.
She was shocked at her grandfather's **death**.
그녀는 할아버지의 사망에 충격을 받았다.

숙어 **to death** 몹시, 매우, 죽을 만큼
I'm bored *to death*. 지루해 죽겠어.
I'm hungry *to death*. 나 배고파 죽겠어.

어휘가 쑥쑥
death penalty 사형
death rate 사망률
sudden death 돌연사

＊debate /dɪˈbeɪt/ 명사 (복) debates) 토론
동사 (3단현) debates (과거·과분) debated (현분) debating) 토론하다

명 토론, 논의(♀ 서로 의견을 말하고 토론하는 것)
We had a **debate** about animal testing.
우리는 동물 실험에 대한 토론을 했다.

동 토론하다, 논의하다
We **debated** the problem. 우리는 그 문제에 대해서 토론했다.

어휘가 쑥쑥
debater 명 토론자
debatable 형 논란의 여지가 있는

＊debt /det/ 명사 (복) debts) 빚, 부채(♀ 남이나 기관에서 빌리든가 빚을 져서 갚을 책임이 있는 돈)

I have **debts** of 500 dollars. 나는 500달러의 빚이 있다.
[숙어] **be in debt (to somebody)** (~에게) 빚을 진 상태이다
He **is in debt to** the bank. 그는 은행에 빚을 지고 있다.

어휘가 쑥쑥
household debt 가계 부채
national debt 국가 부채

decade /ˈdekeɪd/ 명사 (복) decades) 10년, 10년간

I lost my son about a **decade** ago.
나는 10년 전쯤 아들을 잃어버렸다.
I worked in this company for three **decades**.
나는 이 회사에서 30년간 일했다.

실력이 쑥쑥
'백 년'은 century, '천 년'은 millennium으로 쓴다.

decay /dɪˈkeɪ/ 동사 (3단현) decays (과거·과분) decayed (현분) decaying) 부패하다
명사 부패

[동] 부패하다(으), 썩다
Meat **decays** quickly in warm weather.
따뜻한 날씨에는 고기가 빨리 상한다.

[명] 부패, 부식
Bacteria cause the **decay** of food.
박테리아는 음식물의 부패를 일으킨다.

어휘가 쑥쑥
tooth decay 충치
(= decayed tooth)

뜻풀이
부패하다 물질이 썩다, 도덕적으로 나쁘게 되다

deceive /dɪˈsiːv/ 동사 (3단현) deceives (과거·과분) deceived (현분) deceiving) 속이다

He **deceived** us about his age. 그는 우리에게 자신의 나이를 속였다.

December /dɪˈsembər/ 명사 12월 (☞ month) 《줄여서 Dec.로 적기도 한다.》

December is the last month of the year.
12월은 한 해의 마지막 달이다.

decent /ˈdiːsnt/ 형용사 (비교) more decent (최상) most decent) ① (수준이나 질이) 괜찮은 ② 예의 바른 ③ (상황에) 적절한

1 (수준이나 질이) 괜찮은, 상당한
There are no **decent** restaurants around here.
이 근처에 괜찮은 식당이 없다.

2 예의 바른, 단정한, 점잖은
He is a **decent** person. 그는 예의 바른 사람이다.

3 (상황에) 적절한, 어울리는
I didn't have a **decent** dress for the dance.
나는 그 춤에 어울리는 드레스가 없었다.

어휘가 쑥쑥
decency [명] 체면, 품위
decently [부] 예의 바르게
decent salary 상당한 급여
decent language 점잖은 말

decide /dɪˈsaɪd/
동사 (3단현) decides (과거·과분) decided (현분) deciding 결정하다, 결심하다 (= make up one's mind, determine)

Students **decide** their captain by a vote.
학생들은 투표로 반장을 결정한다.

decision /dɪˈsɪʒn/
명사 (복) decisions 결정, 결심

I have to make a **decision** by tomorrow.
나는 내일까지 결정을 내려야 한다.
The final **decision** is yours. 최종 결정은 너의 몫이다.

어휘가 쑥쑥
decisive 형 결정적인
decisively 부 결정적으로

declaration /ˌdekləˈreɪʃn/
명사 (복) declarations ① 선언(문) ② 신고(서)

1 선언(주장이나 의견을 분명하게 공적으로 널리 알리는 것), **발표**
Two presidents signed the end-of-war **declaration**.
양국 대통령은 종전 선언문에 서명했다.

2 (세관·세무서 등에) 신고
May I have a customs **declaration** form, please?
세관 신고 서류를 받을 수 있을까요?

어휘가 쑥쑥
Declaration of Independence 미국의 독립 선언서
declaration of war 선전 포고
declaration of income 소득 신고

declare /dɪˈkler/
동사 (3단현) declares (과거·과분) declared (현분) declaring
① 선언하다 ② 신고하다

1 선언하다
In 1863, President Lincoln **declared** Thanksgiving a holiday.
1863년에 링컨 대통령이 추수 감사절을 휴일로 선언했다.

2 (세관·세무서 등에) 신고하다 (☞ airport)
You must **declare** all income. 너는 모든 소득을 신고해야 한다.

어휘가 쑥쑥
declare for[against] ~에 대한 지지[반대]를 표명하다

decline /dɪˈklaɪn/
동사 (3단현) declines (과거·과분) declined (현분) declining ① 감소하다 ② 거절하다 **명사** (복) declines 감소

동 1 감소하다, 하락하다
His health is **declining** rapidly. 그의 건강이 급격히 나빠지고 있다.

2 거절하다
Tom **declined** Amy's invitation. 톰은 에이미의 초대를 거절했다.

명 [주로 단수로] 감소, 하락
There is a rapid **decline** in population.
급격한 인구 감소가 있다.

실력이 쑥쑥
decline 상대방의 초대나 제안 등을 정중히 거절하는 것
refuse 명확하고 직접적으로, 때로는 퉁명스러운 태도로 거절하는 것

decorate /ˈdekəreɪt/

동사 (3단현) decorates (과거·과분) decorated (현분) decorating
장식하다, 꾸미다

I **decorated** my room. 나는 내 방을 꾸몄다.
Children **decorated** a sand castle with seashells.
아이들은 조개껍질로 모래성을 장식했다.

> **어휘가 쑥쑥**
> decoration 명 장식
> decorative 형 장식용의

decrease /dɪˈkriːs | ˈdiːkriːs/

동사 (3단현) decreases (과거·과분) decreased
(현분) decreasing 감소하다 **명사** (복) decreases 감소

동 감소하다, 줄다 (↔ increase 증가하다)
Our sales are **decreasing**. 우리 판매량이 줄고 있다.
The medicine **decreased** her pain. 약은 그녀의 고통을 줄여 줬다.

명 감소 (= reduction) (↔ increase 증가)
There was an 11% **decrease** in exports last year.
작년에 11퍼센트의 수출 감소가 있었다.

> **실력이 쑥쑥**
> 동사와 명사의 강세가 서로 다른 것에 주의한다.

deed /diːd/

명사 (복) deeds 행위, 행동

She always does good **deeds**. 그녀는 항상 선행을 베푼다.

deep /diːp/

형용사 (비교) deeper (최상) deepest ① 깊은 ② 짙은 ③ (소리가) 굵고 낮은
부사 깊이, 깊게

형 1 깊은 (↔ shallow 얕은)
This river is very **deep**. 이 강은 매우 깊다.
Take one **deep** breath and then hold it.
숨을 깊게 들이마시고 그 상태로 계세요.

2 (색깔이) 짙은 (= dark) (↔ light (색깔이) 옅은)
There is no cloud in the **deep** blue sky.
새파란 하늘에 구름 한 점 없다.

3 (소리가) 굵고 낮은, 저음의
Dick has a **deep** voice. 딕은 목소리가 굵고 낮다.

부 깊이, 깊게
The stone sank **deep**. 돌이 깊이 가라앉았다.

> **어휘가 쑥쑥**
> deepen 동 깊어지다
> depth 명 깊이, 깊은 정도

Take one *deep* breath and then hold it.

deeply /ˈdiːpli/

부사 (비교) more deeply (최상) most deeply ① 매우 ② 깊이

1 매우, 몹시, 무척
They love each other **deeply**. 그들은 서로를 무척 사랑한다.

> **실력이 쑥쑥**
> '깊이, 깊게'라는 뜻으로

Tom was **deeply** shocked. 톰은 매우 놀랐다.

2 깊이, 깊게
She breathed **deeply**. 그녀는 숨을 깊게 쉬었다.
The baby is sleeping **deeply**.
아기는 잠을 깊이[곤히] 자고 있다.

> deep과 deeply 둘 다 쓸 수 있다. 하지만 '매우, 몹시'의 뜻으로는 deeply만 쓸 수 있다.

deer /dɪr/ 　명사 (복 deer) 사슴 (☞ animal)

A herd of **deer** are feeding on grass.
사슴 한 무리가 풀을 뜯고 있다.

*defeat /dɪˈfiːt/ 　동사 (3단현 defeats 과거·과분 defeated 현분 defeating) 이기다
　명사 (복 defeats) 패배

동 이기다, 물리치다, 무찌르다, 패배시키다 (= beat)
I **defeated** him at swimming. 나는 수영에서 그를 이겼다.
The German team was **defeated** by the Brazil team 2-0.
독일 팀은 브라질 팀에게 2대 0으로 패했다.

명 패배 (↔ victory 승리)
The baseball team had six wins and two **defeats** this season.
그 야구팀은 이번 시즌에 6승 2패를 기록했다.

어휘가 쑥쑥
complete[total] defeat
완패, 참패
successive defeats 연패
turnover defeat 역전패
admit one's defeat
패배를 인정하다

*defend /dɪˈfend/ 　동사 (3단현 defends 과거·과분 defended 현분 defending)
① 방어하다 ② 변호하다

1 방어하다, 지키다, 수비하다 (= protect, guard) (↔ attack 공격하다)
Jang Bogo **defended** the southern sea against[from] Japanese sea robbers.
장보고는 일본 해적들로부터 남해를 지켰다.

People learn *Taekwondo* to **defend** themselves, not to attack others.
사람들은 다른 사람을 공격하기 위해서가 아니라 자신을 방어하기 위해서 태권도를 배운다.

2 변호하다, 옹호하다
He always **defends** Mary. 그는 언제나 메리 편을 들어 준다.
I employed top lawyers to **defend** myself.
나는 최고의 변호사들을 고용하여 나를 변호했다.

어휘가 쑥쑥
defender 명 수비수, 옹호자
defendant 명 피고
defensive 형 방어적인, 수비의
defensively 부 방어적으로
- - - - - - - - - - - -
defend one's country
조국을 지키다
defend a person's case
~의 사건을 변호하다

*defense/defence /dɪˈfens/ 　명사 (복 defenses) ① 방어 ② 변호

1 방어, 방위, 수비
The best **defense** is a good offense. 최상의 방어는 공격이다.

2 변호
His friends are raising money for his **defense**.
그의 친구들이 그를 변호하기 위해 돈을 모으고 있다.

> 어휘가 쑥쑥
> self defense 자기방어, 정당방위, 호신
> national defense 국방

define /dɪˈfaɪn/
동사 (3단현) defines (과거·과분) defined (현분) defining) ① 정의하다 ② 분명히 밝히다

1 정의하다
Some words are hard to **define**. 어떤 단어들은 정의하기 어렵다.

> 어휘가 쑥쑥
> defined 형 규정된

2 분명히 밝히다
It is difficult to **define** what makes her so popular.
어째서 그녀가 그렇게 유명한지 분명히 밝히기는 어렵다.

> 뜻풀이
> 정의하다 어떤 개념이나 단어의 뜻을 명확하게 하다

definite /ˈdefɪnət/
형용사 (비교) more definite (최상) most definite) 확실한, 분명한, 뚜렷한

It's **definite** that he is leaving. 그가 떠난다는 것은 확실하다.
I have no **definite** plans for Friday night.
나는 금요일 밤을 위한 확실한 계획이 없다.

> 어휘가 쑥쑥
> definite answer 확답
> definite article 정관사

definitely /ˈdefɪnətli/
부사 (비교) more definitely (최상) most definitely) 확실히, 분명히, 명확히

I **definitely** don't know them. 나는 그들을 전혀 모른다.
I **definitely** heard something. 나는 분명히 뭔가를 들었다.
A: Will you be at the party? 파티에 갈 거야?
B: **Definitely!** 물론이지!

> 실력이 쑥쑥
> 질문에 대해 강력한 부정의 대답을 할 때는 Definitely not!이라고 할 수 있다.

definition /ˌdefɪˈnɪʃn/
명사 (복) definitions) 정의, 의미, 뜻

Dictionaries give **definitions** of words. 사전은 단어의 뜻을 제공한다.

degree /dɪˈɡriː/
명사 (복) degrees) ① 정도 ② (각도·온도계 등의) 도 ③ 학위

1 정도, 수준
All students have different **degrees** of speaking ability in English.
모든 학생들이 각각 다른 수준의 영어 말하기 능력을 가지고 있다.

2 (각도·온도계 등의) 도

It was six **degrees** below zero last night.
어젯밤에는 영하 6도였다.

A right angle has ninety **degrees**. 직각은 90도이다.

3 학위
She has a **degree** in law. 그녀는 법학 학위를 가지고 있다.

> 어휘가 쑥쑥
> **to some degree** 약간은, 어느 정도는
> **master's[doctor's] degree** 석사[박사] 학위

*delay /dɪˈleɪ/

동사 (3단현) delays (과거·과분) delayed (현분) delaying) 늦추다
명사 (복) delays) 지연

동 늦추다, 미루다, 연기하다 (= put off)
The train was **delayed** by snow. 그 기차는 눈으로 연착되었다.
Annie **delayed** taking flute lessons until next month.
애니는 플루트 수업 듣는 것을 다음 달까지 연기했다.

명 지연, 지체, 연기
We apologize for the long **delay**. The concert is going to start soon.
오랜 시간 지연된 점 사과드립니다. 콘서트가 곧 시작될 것입니다.

> 어휘가 쑥쑥
> **without delay** 지체 없이, 곧바로
> **slight[short] delay** 약간의 지연
> **a delay of two hours / a two-hour delay** 두 시간 지연

*delete /dɪˈliːt/

동사 (3단현) deletes (과거·과분) deleted (현분) deleting) 삭제하다, 지우다, 없애다

Delete your name from the list. 너의 이름을 명단에서 지워라.
I **deleted** a file by mistake. 나는 실수로 파일을 삭제했다.

> 어휘가 쑥쑥
> **deletion** 명 삭제

deliberate /dɪˈlɪbərət/

형용사 (비교) more deliberate (최상) most deliberate) 고의의, 의도적인

She told **deliberate** lies. 그녀는 의도적인 거짓말을 했다.

deliberately /dɪˈlɪbərətli/

부사 (비교) more deliberately (최상) most deliberately) 고의로, 의도적으로, 계획적으로 (= on purpose)

She **deliberately** ignored me on the street.
그녀는 길에서 나를 의도적으로 무시했다.

delicate /ˈdelɪkət/

형용사 (비교) more delicate (최상) most delicate) ① 연약한 ② 정교한 ③ 복잡한

1 연약한, 다치기 쉬운, 깨지기 쉬운
Babies have **delicate** skin. 아기들은 피부가 여리다.

2 정교한, 섬세한, 우아한

> 어휘가 쑥쑥
> **delicacy** 명 연약함, 섬세함
> **delicately** 부 조심스럽게, 섬세하게

Gold crowns of the *Silla* period are very **delicate** and beautiful works.
신라 시대의 금관은 매우 정교하고 아름다운 작품이다.

delicate china 깨지기 쉬운 도자기
delicate hand 가냘픈 손
delicate problem 미묘한 문제

3 (문제 등이) 복잡한, 미묘한
It is a very **delicate** matter. 그것은 매우 복잡한[미묘한] 문제이다.

---

delicious /dɪˈlɪʃəs/

형용사 (비교) more delicious (최상) most delicious) 맛있는, 맛 좋은 (= tasty, yummy)

This cake is really **delicious**. 이 케이크는 정말 맛있다.

---

*delight /dɪˈlaɪt/

명사 (복) delights) ① 기쁨 ② 기쁘게 하는 것
동사 (3단현) delights (과거·과분) delighted (현분) delighting) 매우 기쁘게 하다

명 **1** 불 기쁨, 즐거움
She screamed with **delight**. 그녀는 신이 나서 소리를 질렀다.

어휘가 쑥쑥
delightful 형 즐거운, 유쾌한
delightfully 부 기쁘게, 즐겁게
in delight 크게 기뻐하며
to one's delight (~가) 기쁘게도

2 기쁘게 하는 것, 즐거운 것
Singing is her **delight**. 노래하는 것은 그녀의 낙이다.

동 매우 기쁘게 하다
His success **delighted** his parents.
그의 성공은 부모님을 기쁘게 했다.

---

delighted /dɪˈlaɪtɪd/

형용사 (비교) more delighted (최상) most delighted) 기뻐하는, 즐거워하는 (= glad)

I'm **delighted** to meet you again. 너를 다시 만나서 기뻐.
All the family were **delighted** with their Christmas presents.
가족 모두가 크리스마스 선물을 받고 즐거워했다.

실력이 쑥쑥
delighted는 사람이 즐겁거나 기쁠 때, **delightful**은 재미있는 사람이나 사물을 표현할 때 쓴다.
I was *delighted* to meet her. (나는 그녀를 만나서 기뻤어.)
She is a *delightful* person. (그녀는 재미있는 사람이야.)

---

*deliver /dɪˈlɪvər/

동사 (3단현) delivers (과거·과분) delivered (현분) delivering)
① 배달하다 ② 연설하다 ③ 출산하다

1 배달하다
He **delivers** newspapers. 그는 신문을 배달한다.

2 연설하다, 강연하다

She *delivered* a speech.

She **delivered** a speech. 그녀는 연설을 했다.

3 (아기를) 출산하다
She **delivered** a healthy boy after a long labor.
그녀는 오랜 진통 끝에 건강한 아들을 낳았다.

> 어휘가 쑥쑥
> deliver a lecture 강연하다
> deliver a judgement 판결을 내리다

delivery /dɪˈlɪvəri/ 명사 (복) deliveries) ① 배달 ② 출산

1 배달, 배송
Do you have a **delivery** service? 배달해 주시나요?
We offer free **delivery**. 저희는 무료로 배송해 드립니다.

2 출산
This was my first **delivery**. 이번이 나의 첫 번째 출산이었다.

> 어휘가 쑥쑥
> delivery charge 배송료
> delivery man 배달원
> mail delivery 우편배달
> delivery room 분만실

*demand /dɪˈmænd/ 명사 (복) demands) ① 요구 ② 수요
동사 (3단현 demands 과거·과분 demanded 현분 demanding) 요구하다

명 1 요구
They accepted our **demands** for higher pay.
그들은 우리의 임금 인상 요구를 받아들였다.

He makes too many **demands** on me.
그는 나에게 너무 많은 것을 요구한다.

2 수요 (↔ supply 공급)
There is a great **demand** for organic food these days.
요즘은 유기농 식품에 대한 수요가 굉장히 많다.

동 요구하다, 필요로 하다 (= ask for, request, require)
I **demanded** a refund. 나는 환불을 요구했다.
This job **demands** a high level of skill and caution.
이 일은 고도의 기술과 세심한 주의를 요한다.

> 어휘가 쑥쑥
> demanding 형 요구하는 것이 많은, 힘든
> constant demand 꾸준한 수요
> potential demand 잠재적 수요
> supply and demand 공급과 수요
> consumer demand 소비자 수요

*democracy /dɪˈmɑːkrəsi/ 명사 (복) democracies) ① 민주주의 ② 민주 국가

1 불 민주주의
The election process is the flower of **democracy**.
선거 과정은 민주주의의 꽃이다.

Freedom and equality are the basic principles of **democracy**.
자유와 평등은 민주주의의 기본 원리다.

2 민주 국가

> 어휘가 쑥쑥
> democrat 명 민주주의자
> liberal democracy 자유 민주주의
> direct democracy 직접 민주주의
> participant democracy 참여 민주주의

We live in a **democracy**. 우리는 민주 국가에 살고 있다.

*democratic /ˌdeməˈkrætɪk/
형용사 (비교) more democratic (최상) most democratic)
민주주의의, 민주적인, 평등한

The Republic of Korea is a **democratic** country.
대한민국은 민주주의 국가이다.

*demonstrate /ˈdemənstreɪt/
동사 (3단현) demonstrates (과거·과분) demonstrated
(현분) demonstrating) ① 증명하다 ② 설명하다 ③ 시위하다

1 증명하다
He **demonstrated** that the earth is round.
그는 지구가 둥글다는 것을 증명했다.

2 (모형이나 실험 등으로) 설명하다
He **demonstrated** how to use the instrument.
그는 그 기구의 사용법을 설명했다.

3 시위하다, 데모하다
Students **demonstrated** against the war.
학생들은 전쟁 반대 시위를 벌였다.

demonstration /ˌdemənˈstreɪʃn/
명사 (복) demonstrations) ① 시위 ② 시연

1 시위, 데모
Many people took part in a huge **demonstration**.
많은 사람들이 대규모 시위에 참여했다.

실력이 쑥쑥
demonstration은 줄여서 demo라고도 한다.

2 시연, 시범
He gave me *taekwondo* **demonstrations**.
그는 나에게 태권도 시범을 보여 줬다.

어휘가 쑥쑥
peaceful[violent] demonstration 평화[폭력] 시위

Denmark /ˈdenmɑːrk/
명사 덴마크 (☞ Danish)

*dense /dens/
형용사 (비교) denser (최상) densest) ① 빽빽한 ② 짙은

1 빽빽한, 밀집한
Seoul is the area of **dense** population. 서울은 인구 밀집 지역이다.

어휘가 쑥쑥
dense forest 밀림
dense crowd 밀집한 군중
dense smoke 자욱한 연기

2 (안개·연기 등이) 짙은
The fog was so **dense** that we could hardly see anything.
안개가 너무 짙어서 우리는 거의 아무것도 볼 수 없었다.

dentist /ˈdentɪst/ 명사 (복 dentists) 치과 의사 (☞ job)

Dentists recommend that you brush your teeth three times a day.
치과 의사들은 하루에 세 번씩 이를 닦을 것을 권장한다.

> 어휘가 쑥쑥
> see the dentist 치과 진료를 받다

*deny /dɪˈnaɪ/ 동사 (3단현 denies 과거·과분 denied 현분 denying) ① 부인하다 ② 거절하다

1 부인하다, 부정하다 (↔ admit 인정하다)
Tom **denied** the rumor. 톰은 그 소문을 부정했다.
The suspect **denied** having stolen the diamond.
그 용의자는 다이아몬드를 훔친 혐의를 부인했다.

2 거절하다 (= refuse, reject) (↔ allow, permit 허가하다)
They **denied** Tom's proposal. 그들은 톰의 제안을 거절했다.

> 어휘가 쑥쑥
> denial 명 부정, 부인, 거부
> deny a fact 사실을 부인하다
> deny a request 요청을 거절하다

depart /dɪˈpɑːrt/ 동사 (3단현 departs 과거·과분 departed 현분 departing)
출발하다, 떠나다 (= start, leave) (↔ arrive, get to, reach 도착하다)

The KTX **departs** from Seoul at 9:30.
KTX 열차가 9시 30분에 서울에서 출발합니다.
Mr. and Mrs. Moreno **departed** for Madrid yesterday.
모레노 씨 부부가 어제 마드리드로 떠났다.

> 어휘가 쑥쑥
> depart on time 정시에 출발하다

*department /dɪˈpɑːrtmənt/ 명사 (복 departments) (정부·회사·대학 등과 같은 조직의) 부서, 학과

She works in the sales **department**.
그녀는 영업 부서에서 일한다.

> 어휘가 쑥쑥
> department store 백화점

*departure /dɪˈpɑːrtʃər/ 명사 (복 departures) 출발 (= leaving) (↔ arrival 도착)

Please make sure of your **departure** gate and **departure** time.
출발 탑승구와 출발 시간을 확인해 주십시오.

> 어휘가 쑥쑥
> departure date 출발일

*depend /dɪˈpend/ 동사 (3단현 depends 과거·과분 depended 현분 depending)
① ~에 달려 있다 ② 믿다

1 ~에 달려 있다, ~에 좌우되다
Your future **depends** on[upon] your efforts.
너의 미래는 너의 노력에 달려 있다.

> 어휘가 쑥쑥
> dependence 명 의존
> dependent 형 의지하는,

2 믿다, ~에 의존하다 (= rely on)
He **depends** on his parents for money.
그는 부모님께 경제적으로 의존하고 있다.

> 의존하는
> That[It] **depends**. 〈회화에서〉 상황에 따라 다르다.

depressed /dɪˈprest/
형용사 (비교) more depressed (최상) most depressed)
의기소침한, 낙담한, 우울한, 침체된

Amy looked **depressed**. 에이미는 우울해 보였다.
He got **depressed** after his wife's death.
그는 부인이 죽은 뒤 우울해했다.

> 어휘가 쑥쑥
> **depressed** economy
> 침체된 경제

depression /dɪˈpreʃn/
명사 (복) depressions ① 의기소침 ② 우울증 ③ 불황

1 의기소침, 우울
I was in a state of **depression**. 나는 우울했다.

2 우울증
Depression is common among teens.
우울증은 십 대들 사이에서 흔하다.

3 (경제) 불황(경제 전체가 활발하지 못한 상태), **불경기**
The economy is in **depression**. 경제가 불황이다.
During the Great **Depression**, many people lost everything.
대공황 중에 많은 사람들이 모든 것을 잃었다.

> 재미가 쑥쑥
> *the Great Depression*
> (대공황)
> 북아메리카와 유럽을 중심으로 1929년에서 1939년까지 지속된 세계적인 경제 위기를 말한다. 이때 많은 사람들이 직장과 집을 잃고 어려운 시기를 보냈다. 영어로 쓸 때는 반드시 대문자로 써야 한다.

depth /depθ/
명사 (복) depths ① (강·바닥 등의) 깊이 ② 한가운데 ③ (지식·감정 등의) 깊이

1 (강·바닥 등의) 깊이
We went there to measure the **depth** of the lake.
우리는 그 호수의 깊이를 측정하기 위해 거기로 갔다.
The submarine was found at a **depth** of 60 meters.
잠수함이 수심 60미터에서 발견되었다.

> 어휘가 쑥쑥
> **deep** 형 깊은

2 (계절 등의) 한가운데, 한창
It was in the **depth** of winter.
겨울이 한창일 때였다.

3 (지식·감정 등의) 깊이
Dr. Smith was amazed at the **depth** of Tom's knowledge.
스미스 박사는 톰의 지식의 깊이에 놀랐다.

*descend /dɪˈsend/
동사 (3단현) descends (과거·과분) descended (현분) descending
① 내려가다 ② 전해지다

descend

1 내려가다, (비행기 등이) 하강하다
She **descended** the stairs slowly. 그녀는 계단을 천천히 내려갔다.
They were **descending** the mountain.
그들은 산을 내려오고 있었다.
The airplane began to **descend**. 비행기가 하강하기 시작했다.

2 (자손으로) 전해지다, 유래되다
All humans are **descended** from a common ancestor.
모든 인류는 같은 조상으로부터 유래된다.

(어휘가 쑥쑥)
descend from a legend
전설에서 유래되다
in descending order
내림차순으로

descendant /dɪˈsendənt/ 명사 (복) descendants) 자손 (↔ ancestor 조상)

Marian was a **descendant** of French royalty.
메리언은 프랑스 왕족의 자손이었다.

describe /dɪˈskraɪb/ 동사 (3단현 describes 과거·과분 described 현분 describing)
말로 설명하다, 묘사하다

She tried to **describe** what she saw.
그녀는 자신이 본 것을 설명하려고 노력했다.
The police asked me to **describe** the bank robbers in detail. 경찰은 나에게 은행 강도들의 모습을 자세히 말해 달라고 했다.

(어휘가 쑥쑥)
describable 형 묘사할 수 있는
descriptive 형 서술적인

description /dɪˈskrɪpʃn/ 명사 (복) descriptions) 설명, 묘사

I gave a detailed **description** of the thief.
나는 그 도둑을 자세히 묘사했다.
The beauty of Mt. *Halla* is beyond **description**.
한라산의 아름다움은 말로 설명하기가 어렵다.

(어휘가 쑥쑥)
accurate description
정확한 묘사

desert¹ /ˈdezərt/ 명사 (복) deserts) 사막

The Sahara **desert** is the largest **desert** in the world.
사하라 사막은 세계에서 가장 큰 사막이다.
The **desert** is extremely hot by day and severely cold by night. 사막은 낮에는 무척 덥고 밤에는 혹독하게 춥다.

(실력이 쑥쑥)
dessert(디저트)와 발음을 구분한다.

desert² /dɪˈzɜːrt/ 동사 (3단현 deserts 과거·과분 deserted 현분 deserting) (사람·장소·책임 등을) 버리다 (= abandon)

The city was **deserted**. 그 도시는 버려졌다.
I don't think he **deserted** his children.
나는 그가 자기 아이들을 버렸다고 생각하지 않는다.

deserve /dɪˈzɜːrv/

동사 (3단현) deserves (과거·과분) deserved (현분) deserving
~할 만하다, ~을 받을 만하다, ~할[될] 가치가 있다

Allan **deserves** the prize. 앨런은 상을 받을 만해.
The problem **deserves** solving. / The problem **deserves** to be solved.
그 문제는 풀어 볼 만하다.

> **실력**이 쑥쑥
> deserve는 진행형으로 쓰지 않는다.
> Allan is deserving the prize. (×)

design /dɪˈzaɪn/

동사 (3단현) designs (과거·과분) designed (현분) designing) 설계하다, 디자인하다
명사 (복) designs) ① 디자인 ② 설계도 ③ 무늬

동 설계하다 (= plan), 디자인하다
Justin **designed** a model house for his art project.
저스틴은 미술 숙제로 모형 집을 설계했다.

My school uniform was **designed** by a famous designer.
우리 학교 교복은 유명한 디자이너가 디자인했다.

> **어휘**가 쑥쑥
> interior design 실내 장식
> visual design 시각 디자인
> fashion design 의상 디자인

명 1 디자인
My brother is studying industrial **design** in college.
우리 형은 대학에서 산업 디자인을 공부하고 있다.

2 설계도
Tom drew up the **design** of his dog's house.
톰은 개집을 만들기 위한 설계도를 그렸다.

3 무늬
Kelly is wearing a white shirt with a puppy **design**.
켈리는 강아지 무늬가 있는 흰 셔츠를 입고 있다.

Kelly is wearing a white shirt with a puppy *design*.

designer /dɪˈzaɪnər/

명사 (복) designers) 디자이너 (☞ job)

My son is a fashion **designer**. 내 아들은 패션 디자이너이다.

desire /dɪˈzaɪər/

동사 (3단현) desires (과거·과분) desired (현분) desiring) ~하고 싶어 하다
명사 (복) desires) 희망

동 ~하고 싶어 하다, 바라다
Hellen **desires** to go abroad to study music.
헬렌은 해외로 나가서 음악을 공부하고 싶어 한다.

Julia **desires** a puppy as a pet.
줄리아는 애완동물로 강아지를 기르고 싶어 한다.

> **실력**이 쑥쑥
> desire 강렬한 소망이나 욕구
> wish 이루어질 것 같지 않은 소망
> want 부족하고 필요로 하는 것에 대한 희망이나 바람

명 희망, 소망, 바람

Eric's **desire** is to be a great artist.
에릭의 희망은 위대한 예술가가 되는 것이다.

✱ **desk** /desk/ 　명사　(복) desks　① 책상　② 접수처

1 책상
There is a **desk** next to the window. 창문 옆에 책상이 있다.

실력이 쑥쑥
desk 공부나 사무용 등으로 쓰는 책상
table 식사나 회의 등에 쓰는 탁자

2 (공항·호텔 등의) 접수처, 프런트
Sam walked over to the information **desk**.
샘은 안내 데스크로 걸어갔다.

desktop /ˈdesktɑːp/ 　명사　(복) desktops 데스크톱 (컴퓨터)

I'll buy a new **desktop**. 나는 새 데스크톱 컴퓨터를 살 것이다.

despair /dɪˈspeər/ 　명사　절망　동사　(3단현) despairs (과거·과분) despaired (현분) despairing) 절망하다

명 절망, 좌절, 실망
She was in **despair**. 그녀는 절망에 빠져 있었다.

어휘가 쑥쑥
out of despair
절망한 나머지
fall into despair
절망에 빠지다

동 절망하다, 체념하다
Don't **despair**. Things will be better.
절망하지 마세요. 상황이 나아질 거예요.

✱ **desperate** /ˈdespərət/ 　형용사　① 절망에 빠진　② 간절한　③ 절박한

1 절망에 빠진, 절망적인
She is in a **desperate** situation and she needs my help.
그녀는 절망적인 상황에 처해 있고 내 도움을 필요로 한다.

어휘가 쑥쑥
desperation 명 자포자기, 필사적임
desperately 부 절망적으로, 필사적으로
- - - - - - - - - -
desperate illness
가망 없는 병
desperate struggle
필사적인 투쟁

2 간절한
The hungry child was **desperate** for food.
그 배고픈 아이는 음식을 간절히 원했다.

3 절박한, 필사적인
Firefighters made **desperate** efforts to save lives.
소방관들은 생명을 구하기 위해 필사적인 노력을 하였다.

dessert /dɪˈzɜːrt/ 　명사　(복) desserts 후식, 디저트

What would you like for **dessert**?
후식으로 무엇을 드시겠습니까?

I had chocolate ice cream for **dessert**.
나는 디저트로 초콜릿 아이스크림을 먹었다.

＊ **destiny** /ˈdestəni/ 〔명사〕 (복) **destin**ies) 운명, 숙명(= fate)

I always decided my own **destiny**.
나는 늘 내 자신의 운명을 결정했다.
The **destiny** of our team depends on him.
우리 팀의 운명은 그에게 달려 있다.

🔍 뜻풀이
숙명 날 때부터 타고난 피할 수 없는 운명

＊ **destroy** /dɪˈstrɔɪ/ 〔동사〕 (3단현) **destroy**s (과거·과분) **destroy**ed (현분) **destroy**ing)
① 부수다 ② 망쳐 놓다

1 부수다, 파괴하다 (= ruin)
The typhoon **destroyed** almost all the houses near the sea.
태풍이 바닷가 근처에 있던 집들을 거의 다 부쉈다.
The building was **destroyed** by fire. 그 건물은 화재로 부서졌다.

2 (계획 등을) 망쳐 놓다
The heavy rain **destroyed** our plan to go climbing.
폭우 때문에 등산을 가려던 우리의 계획에 차질이 생겼다.

어휘가 쑥쑥
destroyer 〔명〕 파괴자

실력이 쑥쑥
destroy 쌓아 올린 것을 파괴하여 못 쓰게 하다
ruin 복구가 불가능할 정도로 파괴하다

＊ **destruction** /dɪˈstrʌkʃn/ 〔명사〕 파괴

Environmental **destruction** will lead to the **destruction** of Earth.
환경 파괴는 지구의 파멸로 이어질 것입니다.

어휘가 쑥쑥
destructive 〔형〕 파괴적인

＊ **detail** /ˈdiːteɪl/ 〔명사〕 (복) **detail**s) 세세한 부분, 상세함

I need to know all the **details**.
나는 모든 세세한 부분을 알 필요가 있다.
When I write an essay, I usually put my main idea first then describe the **details**.
나는 글을 쓸 때 보통 주제문을 먼저 쓴 다음 상세한 내용을 쓴다.

어휘가 쑥쑥
full details 세부 내용 전체
further details 더 자세한 내용
personal details 개인의 신상 명세

〔숙어〕 **in detail** 자세히
Please tell me more *in detail*. 더 자세히 얘기해 주세요.

detailed /ˈdiːteɪld/ 〔형용사〕 (비교) more **detailed** (최상) most **detailed**) 자세한, 상세한

The boy gave more **detailed** information to us.
그 소년이 더 자세한 정보를 우리에게 주었습니다.

detect /dɪˈtekt/ 〔동사〕 (3단현 detects 과거·과분 detected 현분 detecting) 발견하다, 알아내다, 찾아내다

I couldn't **detect** the smell of smoke.
나는 연기 냄새를 감지하지 못했다.

detective /dɪˈtektɪv/ 〔명사〕 (복 detectives) 탐정, 수사관, 형사

I like to read **detective** stories.
나는 탐정 소설 읽기를 좋아한다.

Jenny hired a private **detective** to find out her lost diamond ring.
제니는 잃어버린 다이아몬드 반지를 찾기 위해 사설탐정을 고용했다.

〔어휘가 쑥쑥〕
detective agency 탐정 사무소
detective novel 탐정 소설

detergent /dɪˈtɜːrdʒənt/ 〔명사〕 (복 detergents) 세제

Diane put some **detergent** into the washer.
다이앤은 세탁기에 세제를 조금 넣었다.

determination /dɪˌtɜːrmɪˈneɪʃn/ 〔명사〕 결심, 결의, 결정

I admired your endurance and **determination**.
나는 너의 인내심과 결의에 감탄했다.

He made a **determination** to study hard.
그는 열심히 공부하기로 결심했다.

〔어휘가 쑥쑥〕
sense of determination 결단력

determine /dɪˈtɜːrmɪn/ 〔동사〕 (3단현 determines 과거·과분 determined 현분 determining) ① 결심하다 ② 알아내다 ③ 결정하다

1 결심하다
I **determined** to exercise regularly.
나는 규칙적으로 운동하기로 결심했다.

2 알아내다, 밝혀내다
The detective will **determine** the cause of the car accident.
그 탐정이 자동차 사고의 원인을 밝혀낼 것이다.

3 결정하다
Parents should allow their children to **determine** their future.
부모는 아이들이 자신의 미래를 결정할 수 있도록 허락해야 한다.

〔어휘가 쑥쑥〕
determine the ranking 순위를 매기다
determine the strongest 최강을 가리다
determine the destiny 운명을 결정하다

determined /dɪˈtɜːrmɪnd/ 〔형용사〕 (비교 more determined 최상 most determined) 굳게 결심한, 결연한, 단호한

I was **determined** to find out the truth.
나는 진실을 밝혀내기로 굳게 결심했다.

I think he is a very **determined** young man.
나는 그가 매우 단호한 청년이라고 생각한다.

어휘가 쑥쑥
determinedly 〈부〉 단호하게

develop /dɪˈveləp/
〈동사〉 (3단현) develops (과거·과분) developed (현분) developing
① 발달하다 ② 개발하다 ③ 생기다

1 발달하다, 향상하다 (= improve)
China is **developing** at high speed.
중국은 빠른 속도로 발전하고 있다.

What should I do to **develop** my English writing skill?
영어 쓰기 실력을 향상하려면 어떻게 해야 할까요?

2 개발하다 (= create, generate, produce)
Today most countries are trying to **develop** new technology.
오늘날 대부분의 나라들이 신기술을 개발하려고 노력하고 있다.

3 (병·문제 등이) 생기다, 나타나다
The old man **developed** cancer. 그 노인은 암에 걸렸다.

어휘가 쑥쑥
developed 〈형〉 발전한, 선진의
developing 〈형〉 발전하고 있는
developed country 선진국
developing country 개발 도상국
underdeveloped country 후진국

development /dɪˈveləpmənt/
〈명사〉 (복) developments ① 발달 ② 개발 ③ 새로운 상황

1 〈불〉 발달, 향상, 발전 (= growth)
Healthy food and regular exercise are important for a child's growth and **development**.
건강한 음식과 규칙적인 운동은 아이의 성장과 발달에 중요합니다.

2 〈불〉 (신제품 등의) 개발
The investment includes product **development** and new equipment. 그 투자에는 제품 개발과 최신 장비가 포함되어 있다.

3 새로운 상황, 새로 진전된 일
Are there any new **developments**? 새로 진전된 것이 있나요?

어휘가 쑥쑥
economic development 경제 발전
industrial development 산업 발전
physical development 신체 발달
self-development 자기 개발

device /dɪˈvaɪs/ 〈명사〉 (복) devices) 장치

This tiny listening **device** was hidden in the pen.
이 작은 도청 장치가 펜에 숨겨져 있었다.

A windmill is a **device** for putting wind power to work.
풍차는 풍력을 이용하도록 만든 장치이다.

어휘가 쑥쑥
electronic device 전자 기기
safety device 안전장치

devil /ˈdevl/ 〈명사〉 (복) devils) 악마, 마귀 (↔ angel 천사)

The **Devil** tempted Eve into eating the forbidden apple.
사탄은 이브를 유혹하여 금지된 사과를 먹게 했다.

[속담] Speak[Talk] of the **devil**, here he[she] comes.
악마 이야기를 하면 악마가 나타난다. (호랑이도 제 말 하면 온다.)

devise /dɪˈvaɪz/
동사 (3단현) devises (과거·과분) devised (현분) devising) 생각해 내다, 고안하다 (= plan, invent)

Pasteur **devised** a new way to treat diseases.
파스퇴르는 질병을 치료할 새로운 방법을 생각해 냈다.

devote /dɪˈvoʊt/
동사 (3단현) devotes (과거·과분) devoted (현분) devoting) (시간·노력 등을) 바치다, 헌신하다, 전념하다

He **devoted** himself to finding a new treatment.
그는 새로운 치료법을 찾는 데 전념했다.

devotion /dɪˈvoʊʃn/
명사 헌신(🔍), 전념, 정성

Mother Teresa will be remembered for her unselfish **devotion** to the poor.
테레사 수녀는 가난한 사람들에 대한 그녀의 이기심 없는 헌신으로 기억될 것입니다.

His **devotion** to students was rewarded.
학생들에 대한 그의 헌신은 보상을 받았습니다.

어휘가 쑥쑥
devotional 형 헌신적인

뜻풀이
헌신 몸과 마음을 바쳐 일하는 것

dew /duː/
명사 이슬

Drops of **dew** shone on the leaves.
이슬방울이 나뭇잎 위에서 반짝였다.

어휘가 쑥쑥
morning dew 아침 이슬

diagram /ˈdaɪəɡræm/
명사 (복) diagrams) 도표, 그림, 다이어그램

There is a **diagram** on page 11. 11쪽에 도표가 있어요.

dial /ˈdaɪəl/
명사 (복) dials) 다이얼
동사 (3단현) dials (과거·과분) dialed (현분) dialing) 다이얼을 돌리다

명 다이얼, 계기판, 눈금판
I can't read the **dial** on my watch. 시계 눈금을 읽을 수가 없어.

동 다이얼을 돌리다, ~에 전화하다

실력이 쑥쑥
dial tone은 '(전화의) 발신음'을 뜻한다. 영국에서는 dialling tone이라고 한다.

She ran to the phone and **dialed** 119 for help.
그녀는 전화기로 달려가서 도움을 요청하기 위해 119에 전화했다.

＊**dialog/dialogue** /ˈdaɪəˌɔːg/ 명사 (복) dialogs/dialogues) 대화 (= conversation)

Listen to the **dialog** and fill in the blanks.
대화를 듣고 빈칸을 채우세요.

diameter /daɪˈæmɪtər/ 명사 (복) diameters) 지름 (☞ radius), 직경 (🔍 원이나 구 위의 두 점이 중심을 지나도록 직선으로 이은 선)

The circle has a **diameter** of 7 centimeters.
그 원은 지름이 7센티미터이다.

diamond /ˈdaɪəmənd/ 명사 (복) diamonds) 다이아몬드, 다이아몬드 액세서리

Diamond is an extremely hard mineral.
다이아몬드는 아주 단단한 광물이다.

diaper /ˈdaɪəpər/ 명사 (복) diapers) 기저귀

I bathed my son and changed his **diaper**.
나는 아들을 목욕시키고 기저귀를 갈았다.

＊**diary** /ˈdaɪəri/ 명사 (복) diaries) 일기 (= journal), 일지, 일기장

Keeping a **diary** is good for developing your writing skills.
일기 쓰기는 작문 실력을 향상시키는 데 좋다.
I bought my new **diary** through the Internet.
나는 인터넷으로 새 일기장을 샀다.

dice /daɪs/ 명사 (단 die, dice) 주사위 동사 (3단현 dices 과거·과분 diced 현분 dicing)
① 주사위 모양으로 썰다 ② 주사위 놀이를 하다

명 **주사위**
A **dice** has six faces. 주사위는 육면입니다.
Roll the **dice**! 주사위를 던지세요[굴리세요]!

동 **1** (고기·채소 등을) 주사위 모양으로 썰다
Peel and **dice** the carrots. 당근의 껍질을 벗기고 깍둑썰기를 하세요.

2 주사위 놀이를 하다
The children are **dicing** in a playroom.
아이들은 놀이방에서 주사위 놀이를 하고 있다.

어휘가 쑥쑥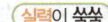
a pair of dice 주사위 한 쌍
cast[throw] the dice
주사위를 던지다

실력이 쑥쑥
미국 영어에서는 단수형이 die, 복수형이 dice이고 영국 영어에서는 단수형과 복수형 모두 dice이다.

dictate /ˈdɪkteɪt/ 동사 (3단현) dictates (과거·과분) dictated (현분) dictating)
① 받아쓰게 하다 ② 명령하다

1 받아쓰게 하다
It took me a long time to **dictate** Tom's speech.
톰의 연설을 받아 적는 데 시간이 오래 걸렸다.

> 어휘가 쑥쑥
> dictator 명 독재자

2 명령하다, 지시하다
No one can't **dictate** me where to live.
아무도 내가 어디에 살지를 명령할 수 없다.

dictation /dɪkˈteɪʃn/ | 명사 받아쓰기, 받아 적기

My sister had a **dictation** today and got a perfect score.
내 여동생은 오늘 받아쓰기 시험에서 만점을 받았다.

*dictionary /ˈdɪkʃəneri/ | 명사 (복) dictionaries) 사전

A **dictionary** lists words in alphabetical order.
사전에는 단어들이 알파벳순으로 나열되어 있다.

If you don't know the meaning of a word, look up the **dictionary**.
만약 모르는 단어가 있으면 사전에서 찾아봐라.

> 어휘가 쑥쑥
> walking dictionary
> 살아 있는 사전, 박식한 사람
> refer to a dictionary
> 사전을 찾아보다

*did /dɪd/ | 동사 do의 과거 (☞ do)

**die /daɪ/ 동사 (3단현) dies (과거·과분) died (현분) dying) ① 죽다 ② ~하고 싶어서 죽을 지경이다

1 죽다, 사망하다
My grandmother **died** a year ago. / It's been a year since my grandmother **died**.
우리 할머니는 1년 전에 돌아가셨다.

The poor Little Match Girl **died** of hunger and coldness.
불쌍한 성냥팔이 소녀는 배고픔과 추위 때문에 죽고 말았다.

> 어휘가 쑥쑥
> dying 형 죽어 가는

2 [진행형으로 써서] ~하고 싶어서 죽을 지경이다
I'm **dying** for that camera. 저 카메라가 몹시 갖고 싶다.

The barber was **dying** to tell the King's secret to everyone.
이발사는 모두에게 임금님의 비밀을 말하고 싶어 죽을 지경이었다.

diet /ˈdaɪət/ | 명사 (복) diets) ① 음식 ② 다이어트, 식이 요법

1 음식, 식사
It is important to have a balanced **diet**.
균형 잡힌 식사를 하는 것은 중요하다.

2 다이어트, 식이 요법
Mike decided to go on a **diet**.
마이크는 다이어트를 하기로 결심했다.

> 어휘가 쑥쑥
> healthy diet 건강식
>
> 뜻풀이
> 식이 요법 먹는 음식물을 조절하여 병을 치료하거나 예방하는 방법

*difference /ˈdɪfrəns/ 명사 (복 differences) 차이, 차이점, 다른 점

These two bags look alike, but there is a **difference** in price between them.
이 두 가방은 똑같아 보이는데 가격 차이가 난다.

There's a sixteen-hour time **difference** between *Seoul* and *L.A.* during the summer time.
여름에는 서울과 LA 간에 16시간 차이가 난다.

*different /ˈdɪfrənt/ 형용사 (비교 more different) (최상 most different)
(~와) 다른 (↔ same 같은)

Bill is very **different** from his brother.
빌은 그의 형과는 상당히 다르다.

Everyone has **different** tastes.
사람마다 취향이 다르다.

You look **different** today.
너 오늘 달라 보인다.

Everyone has *different* tastes.

**difficult /ˈdɪfɪkəlt/ 형용사 (비교 more difficult) (최상 most difficult) 어려운, 힘든 (= hard) (↔ easy 쉬운)

This puzzle game is too **difficult** for me to play.
이 퍼즐 게임은 내가 하기에는 너무 어렵다.

It is **difficult** to please everyone.
모든 사람을 만족시키는 것은 어려운 일이다.

> 어휘가 쑥쑥
> have a difficult time
> 힘든 시간을 보내다

difficulty /ˈdɪfɪkəlti/ 명사 (복 difficulties) ① 어려움 ② 어려운 일

1 불 어려움, 곤란
They solved the problem without **difficulty**.
그들은 어려움 없이 그 문제를 해결했다.

2 어려운 일, 곤란한 일
We'll overcome any **difficulties** to succeed.
우리는 성공하기 위해 어떤 어려움도 극복할 것입니다.

> 어휘가 쑥쑥
> with (much) difficulty
> 간신히
> have[experience, face] difficulty 어려움을 겪다

*dig /dɪg/ 동사 (3단현 digs 과거·과분 dug 현분 digging) (땅을) 파다, 파헤치다

My dog likes to **dig** up the ground.
우리 개는 땅을 파헤치는 것을 좋아한다.
He is **digging** the garden. 그는 뜰을 일구고 있다.
The pirates **dug** out the treasure and jumped for joy.
해적들은 보물을 파내고 기뻐서 어쩔 줄을 몰랐다.

digest /daɪˈdʒest, dɪˈdʒest/ 동사 (3단현 digests 과거·과분 digested 현분 digesting) ① 소화되다 ② 이해하다

1 (음식이) 소화되다, 소화시키다
I can't **digest** cheese. 나는 치즈를 소화시키지 못한다.

2 (지식 등을) 이해하다
I struggled to **digest** the science article.
나는 그 과학 기사를 이해하려고 애썼다.

> 어휘가 쑥쑥
> **digester** 명 소화제
> **digestion** 명 소화
> **digestive** 형 소화의

digit /ˈdɪdʒɪt/ 명사 (복 digits) (0에서 9까지의) 숫자

4212 is a four-**digit** number. 4212는 네 자리 수이다.
Press your four **digit** PIN. 비밀번호 네 자리를 누르시오.

> 어휘가 쑥쑥
> **single digit** 한 자릿수

digital /ˈdɪdʒɪtl/ 형용사 디지털 방식의(◎ 시간·소리·모양과 같은 세상의 모든 현상을 0과 1의 두 가지 숫자로 처리하여 나타내는 방식)

I bought a new **digital** camera. 나는 새 디지털카메라를 하나 샀다.
Sir Clive invented the **digital** watch. 클라이브 경이 디지털 시계를 발명했다.

dignity /ˈdɪgnəti/ 명사 존엄(◎ 함부로 다룰 수 없는 높은 위엄), 품위, 위엄

We should treat everyone with **dignity**.
우리는 모든 사람을 품위 있게 대해야 한다.

diligent /ˈdɪlɪdʒənt/ 형용사 (비교 more diligent 최상 most diligent) 부지런한, 근면한 (↔ lazy 게으른)

Bill is a **diligent** boy. 빌은 부지런한 소년이다.
The **diligent** ant worked hard during the hot summer.
부지런한 개미는 더운 여름 내내 열심히 일했다.
He is **diligent** in his business[work, study].
그는 자기 사업[일, 공부]에 열심이다.

dim /dɪm/ | 형용사 (비교) dimmer (최상) dimmest) ① 어둑한 ② 흐릿한

1 어둑한, 어두침침한 (↔ bright 밝은)
In the **dim** light, I couldn't read a book.
희미한 불빛 아래서 난 책을 읽을 수가 없었다.

2 흐릿한, 분명하지 않은
My sight is getting **dim**. 내 시야가 흐릿해지고 있다.

> **어휘가 쑥쑥**
> dimly 튀 어둑하게, 흐릿하게
> dimness 명 어둑함, 흐릿함

dime /daɪm/ | 명사 (복) dimes) (미국·캐나다의) 10센트 동전, 다임

I never asked him for a single **dime**.
나는 단돈 한 푼도 그에게 요구하지 않았다.

dining room /ˈdaɪnɪŋ ruːm/ | 명사 (복) dining rooms) (집·호텔에 있는) 식당 (☞ 284쪽)

We have a kitchen and **dining room** on the first floor.
1층에 주방과 식당이 있습니다.

*dinner /ˈdɪnər/ | 명사 (복) dinners) 저녁 식사 (= supper), 정찬

I had salad for **dinner**. 나는 저녁으로 샐러드를 먹었다.
I was invited to **dinner** by Mr. and Mrs. Howard.
나는 하워드 부부의 저녁 식사에 초대받았다.

> **실력이 쑥쑥**
> dinner는 하루 중 가장 주된 식사를 말한다.

dinosaur /ˈdaɪnəsɔːr/ | 명사 (복) dinosaurs) 공룡

Yesterday I saw the bones of huge **dinosaurs** at the Natural History Museum. 어제 나는 자연사 박물관에서 거대한 공룡들의 뼈를 보았다.

*dip /dɪp/ | 동사 (3단현) dips (과거·과분) dipped (현분) dipping) (살짝) 담그다

She **dipped** the bread into the olive oil.
그녀는 빵을 올리브유에 살짝 담갔다.

*direct /dəˈrekt, daɪˈrekt/ | 형용사 (비교) more direct (최상) most direct) ① 똑바른 ② 직접적인
동사 (3단현) directs (과거·과분) directed (현분) directing)
① 지도하다 ② 감독하다 ③ 길을 안내하다

형 **1 똑바른, 일직선의** (= straight), **직행의**
We had a **direct** flight to Chicago.
우리는 시카고까지 직항 항공편을 타고 갔다.

> **어휘가 쑥쑥**
> direct current (전기의) 직류

2 직접적인 (↔ indirect 간접적인)
I wear sunglasses to avoid **direct** sunlight on the beach.
나는 해변에서는 직사광선을 피하기 위해 선글라스를 낀다.

> direct shot 직격탄
> direct question[answer] 단도직입적인 질문[대답]
> direct opposite 정반대
> direct trade 직접 무역
> direct election 직접 선거

동 1 지도하다, 관리하다
Police officers are **directing** traffic.
경찰이 교통 정리를 하고 있다.

2 감독하다
Steven Spielberg **directed** E.T. in 1982.
스티븐 스필버그는 1982년에 'E.T.'를 감독했다.
This film was **directed** by my favorite movie director.
이 영화는 내가 가장 좋아하는 영화감독이 감독을 맡았다.

3 길을 안내하다
A kind person **directed** me to the amusement park.
어느 친절한 사람이 나에게 놀이공원까지 가는 길을 가르쳐 주었다.

Police officers are *directing* traffic.

direction /dəˈrekʃn, daɪˈrekʃn/ 명사 (복) directions) ① 방향 ② 지도

1 방향, 방위
Ricky wanted to go to *Jongno*, but he drove in the wrong **direction**.
리키는 종로로 가려고 했지만 엉뚱한 방향으로 차를 몰았다.
It's in the other **direction**. Please take the other bus across the street. 반대 방향에 있어요. 길 건너편에서 다른 버스를 타세요.

2 지도, 지시, 안내 (= instruction)
Read the **directions** on the manual before use.
사용하기 전에 사용 설명서에 있는 지시 사항을 읽으세요.

> 어휘가 쑥쑥
> both directions 양방향
> opposite direction 반대 방향
> right direction 올바른 방향
> sense of direction 방향 감각
> in all directions 사방으로

directly /dəˈrektli, daɪˈrektli/ 부사 똑바로, 직접적으로

Looking **directly** at others is not very polite in Korea.
한국에서 다른 사람을 똑바로 쳐다보는 것은 별로 예의 있는 행동이 아니다.
Please talk[speak] **directly** to me when you get in any trouble.
무슨 문제가 있으면 저에게 직접 말씀해 주세요.

> 어휘가 쑥쑥
> directly in front of 바로 앞에
> directly behind 바로 뒤에
> directly under 바로 아래에

director /dəˈrektər, daɪˈrektər/ 명사 (복) directors) ① 관리자 ② 감독

1 관리자, 지도자
Sharon became the **director** of the new research center.
샤론은 새로 생긴 연구 센터의 관리자가 되었다.

> 어휘가 쑥쑥
> board of directors 이사회
> film director 영화감독

2 (영화 등의) 감독
I want to be a movie **director** when I grow up.
나는 커서 영화감독이 되고 싶다.

musical director
음악 감독

dirt /dɜːrt/ 명사 ① 흙 ② 먼지

1 흙 (= earth, soil)
Children sat on the ground and got **dirt** on their clothes.
아이들은 땅바닥에 앉았고 옷에 흙이 묻었다.

2 먼지, 때, 더러움 (= dust)
Please wipe off the **dirt** from your shoes before you come in.
들어오시기 전에 신발의 먼지를 털어 주세요.

✲dirty /ˈdɜːrti/ 형용사 (비교 dirtier 최상 dirtiest) 더러운, 지저분한 (↔ clean 깨끗한)

Don't eat food with **dirty** hands.
더러운 손으로 음식을 먹지 마라.
White shirts are easy to get **dirty**. 흰 셔츠는 더러워지기 쉽다.

어휘가 쑥쑥
dirty lie 비열한 거짓말
dirty joke 추잡한 농담

disability /ˌdɪsəˈbɪləti/ 명사 (복 disabilities) (신체적·정신적) 장애

This program is designed for students with physical **disabilities**.
이 프로그램은 신체장애를 가진 학생들을 위해 기획되었습니다.

disable /dɪsˈeɪbl/ 동사 (3단현 disables 과거·과분 disabled 현분 disabling) 장애를 입히다, 장애인으로 만들다

She was **disabled** in a car accident.
그녀는 교통사고로 장애인이 되었다.

✲disabled /dɪsˈeɪbld/ 형용사 장애가 있는, [the와 함께 쓰여] 장애인들

Disabled and non-**disabled** people are all equal.
장애인과 비장애인 모두 동등합니다.

✲disadvantage /ˌdɪsədˈvæntɪdʒ/ 명사 (복 disadvantages) 불리한 점, 단점

There are advantages and **disadvantages** of living in a country.
시골에 사는 것에는 장단점이 있다.
What is the **disadvantage** of online course?
온라인 수업의 단점은 무엇인가요?

어휘가 쑥쑥
major disadvantage
주된 약점
social disadvantage
사회적 불이익

disagree /ˌdɪsəˈɡriː/

동사 (3단현) disagree**s** (과거·과분) disagree**d** (현분) disagree**ing**
의견이 다르다, 동의하지 않다 (↔ agree 의견이 같다, 동의하다)

I'm afraid I **disagree** with you.
미안하지만 저는 당신의 의견에 동의하지 않습니다.

disappear /ˌdɪsəˈpɪr/

동사 (3단현) disappear**s** (과거·과분) disappear**ed** (현분) disappear**ing**) 사라지다, 없어지다
(↔ appear, show up 나타나다)

The moon **disappeared** behind the clouds.
달이 구름 뒤에 숨었다.
Dinosaurs **disappeared** from the earth millions of years ago.
공룡은 수백만 년 전에 지구상에서 사라졌다.

실력이 쑥쑥
disappear 서서히 또는 점진적으로 사라지다
vanish 갑자기 그리고 완전히, 또는 신비하게 사라지다

disappoint /ˌdɪsəˈpɔɪnt/

동사 (3단현) disappoint**s** (과거·과분) disappoint**ed** (현분) disappoint**ing**) 실망시키다, 낙담시키다

I hate to **disappoint** my parents.
나는 우리 부모님을 실망시켜 드리고 싶지 않다.
I'm sorry to **disappoint** you. 실망시켜 드려서 죄송합니다.

어휘가 쑥쑥
disappoint deeply 크게 실망시키다

disappointed /ˌdɪsəˈpɔɪntɪd/

형용사 (비교) more disappointed (최상) most disappointed) 실망한, 기대에 어긋난

Jim was **disappointed** that his best friend couldn't come to his birthday party.
짐은 가장 친한 친구가 생일 파티에 올 수 없어서 실망했다.

A: I got a bad grade on my art project.
미술 과제물에서 점수를 안 좋게 받았어.
B: Don't be **disappointed**. You can get a better grade next time.
실망하지 마. 다음번엔 더 좋은 점수를 받을 수 있을 거야.

Don't be *disappointed*.

disappointing /ˌdɪsəˈpɔɪntɪŋ/

형용사 (비교) more disappointing (최상) most disappointing) 실망스러운, 실망하게 하는

A: Did you hear the news? Tomorrow's picnic is canceled because of the rain!
너 소식 들었어? 내일 소풍이 비 때문에 취소됐대!
B: How **disappointing** (it is)! 진짜 실망이다!

어휘가 쑥쑥
disappointing result 실망스러운 결과

실력이 쑥쑥

disappointed & disappointing

disappointed는 보통 실망을 느끼는 사람에 대하여, disappointing은 실망을 느끼게 하는 사물에 대하여 쓴다. 영화를 보고 내가 실망을 느꼈다면 다음과 같이 말한다.
I was really *disappointed* with the movie. (나는 그 영화를 보고 정말로 실망했다.)
The movie was really *disappointing*. (그 영화는 정말로 실망스러웠다.)

disappointment /ˌdɪsəˈpɔɪntmənt/ 명사 (복) disappointments 실망

The concert was a big **disappointment**.
그 콘서트는 대단히 실망스러웠다.

To my **disappointment**, the strawberry cake is gone.
실망스럽게도, 딸기 케이크가 다 먹고 없다.

어휘가 쑥쑥
disappointment in love 실연

*disaster /dɪˈzæstər/ 명사 (복) disasters ① 재해 ② 최악의 것

1 재해 (뜻밖에 일어난 큰 사고로 받는 피해), 재난, 재앙
We try to prevent natural **disasters** like earthquakes or floods.
우리는 지진이나 홍수 같은 자연재해를 예방하려고 노력한다.

A nuclear war would be a **disaster** for the whole world.
핵전쟁은 전 세계에 큰 재앙이 될 것이다.

2 최악의 것, 실패작
The party was a total **disaster**.
그 파티는 완전히 실패작이었다.

어휘가 쑥쑥
disastrous 형 피해가 막심한, 비참한
air disaster 항공기 참사
environmental disaster 환경적 재난
man-made disaster 인재 (사람에 의하여 일어나는 재난)

disconnect /ˌdɪskəˈnekt/ 동사 (3단현) disconnects (과거·과분) disconnected (현분) disconnecting ① (~와 연락을) 끊다 ② (전화·인터넷 등을) 끊다

1 (~와 연락을) 끊다
He **disconnected** all his friends. 그는 모든 친구와 연락을 끊었다.

2 (전화·인터넷 등을) 끊다
Our Internet was **disconnected**. 인터넷이 끊어졌어요.

어휘가 쑥쑥
disconnection 명 접속을 끊음, 차단
disconnected 형 단절된

*discount /ˈdɪskaʊnt/ 명사 (복) discounts 할인 동사 (3단현) discounts (과거·과분) discounted (현분) discounting 할인하다

명 할인
Would you give me a **discount**? 할인을 해 주실 수 있나요?
Is there a student **discount**? 학생 할인이 되나요?

어휘가 쑥쑥
discount card 할인 카드
discount price 할인가

동 할인하다
The department store is **discounting** 10% for cash payment.
백화점은 현금으로 지불할 경우 10퍼센트 할인해 주고 있다.

discount rate 할인율
discount store 할인 판매점

discourage /dɪsˈkɜːrɪdʒ/
동사 (3단현) discourages (과거·과분) discouraged (현분) discouraging ① 낙담시키다 ② 단념시키다

1 용기를 잃게 하다, 낙담시키다
Her bad test grade **discouraged** her.
그녀는 시험 성적이 좋지 않아 낙담했다.

2 단념시키다, 막다
Teachers **discouraged** students from smoking.
선생님들은 학생들이 담배를 피지 못하게 막았다.

어휘가 쑥쑥
discouragement 명 낙담
discouraging 형 낙담시키는
discouragingly 부 실망스럽게

discouraged /dɪsˈkɜːrɪdʒd/
형용사 (비교) more discouraged (최상) most discouraged) 용기를 잃은, 낙담한
(↔ encouraged 용기를 얻은)

Only desert was all around them, so the explorers became **discouraged**.
주위에 온통 사막뿐이어서 탐험가들은 낙담하였다.

A: I failed the entrance exam. 입학 시험에 떨어졌어.
B: Don't be **discouraged** and try again.
용기를 잃지 말고 다시 도전해 봐.

discover /dɪˈskʌvər/
동사 (3단현) discovers (과거·과분) discovered (현분) discovering ① 발견하다 ② 알아내다

1 발견하다 (= find)
Columbus **discovered** America in 1492.
콜럼버스는 1492년에 아메리카 대륙을 발견했다.

The mummy made 1,000 years ago was **discovered** recently.
천 년 전에 만들어진 미라가 최근에 발견되었다.

2 알아내다, 깨닫다 (= realize)
When I was young, my dad **discovered** that I had a talent for singing.
내가 어렸을 때 아빠는 내가 노래에 재능이 있다는 것을 알게 되셨다.

어휘가 쑥쑥
discover the cause 원인을 알아내다
discover a clue 실마리를 찾다
discover a talent 인재를 발굴하다, 재능을 발견하다
discover a plot 음모가 있다는 것을 알아채다

discovery /dɪˈskʌvəri/
명사 (복) discoveries 발견(물)

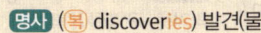

The **discovery** of oil made the United Arab Emirates rich.
석유의 발견으로 아랍 에미리트 연합국은 부유한 나라가 되었다.

We made a **discovery** that bees can communicate with each other.
우리는 벌들이 서로 의사소통할 수 있다는 것을 발견했다.

어휘가 쑥쑥
scientific discovery 과학상의 발견

discuss /dɪˈskʌs/
동사 (3단현) discusses (과거·과분) discussed (현분) discussing
~에 대하여 토론하다, 의논하다 (= debate)

We **discussed** the topic in a group before writing.
우리는 글을 쓰기 전에 조별로 주제에 대해 토론을 했다.

If you would like to **discuss** this matter, please send me an e-mail.
이 문제에 대해 의논하길 원하시면, 제게 이메일을 보내 주세요.

실력이 쑥쑥
discuss 뒤에는 전치사 about 없이 바로 논의할 대상을 쓴다.
We *discussed about* the topic. (×)

discussion /dɪˈskʌʃn/
명사 (복) discussions 토론, 의논 (= debate)

We'll have a **discussion** with student representatives about dress codes.
우리는 학생 대표와 복장 규정에 관해 토론할 예정이다.

disease /dɪˈziːz/
명사 (복) diseases 병, 질병 (= illness, sickness)

My grandmother is suffering from a deadly **disease**.
우리 할머니는 치명적인 병을 앓고 계시다.

A lot of people died of the **disease** named Black Death in Europe in the 14th century.
14세기 유럽에서는 흑사병이라는 병으로 인해 수많은 사람들이 사망하였다.

어휘가 쑥쑥
mad cow disease 광우병
infectious disease 전염병
incurable disease 불치병

disgust /dɪsˈɡʌst/
명사 (매우) 싫어함
동사 (3단현) disgusts (과거·과분) disgusted (현분) disgusting
역겹게 하다

명 (매우) 싫어함, 메스꺼움, 역겨움
Jane walked out in **disgust** at the smell.
제인은 그 냄새를 맡고 역겨워서 밖으로 나가 버렸다.

동 역겹게 하다, 메스껍게 하다
The violent scenes on TV **disgust** me.
TV에 나오는 폭력적인 장면들은 나를 메스껍게 만든다.

어휘가 쑥쑥
disgusted 형 역겨워하는
disgustedly 부 싫증이 나서
(much) to one's disgust 지겹게도, 진절머리 나게도

disgusting /dɪsˈɡʌstɪŋ/
형용사 (비교) more disgusting (최상) most disgusting
역겨운, 구역질이 나는

This cheesecake seems to have gone bad. It smells **disgusting**.
이 치즈케이크는 상한 것 같아. 역겨운 냄새가 난다.

✳ dish /dɪʃ/ 명사 (복) dishes ① 접시 ② 요리

1 접시, 그릇 (☞ dining room)
Sally broke her mother's favorite **dish**.
샐리는 엄마가 가장 아끼시는 접시를 깨뜨렸다.

2 요리
My favorite Korean **dish** is *bulgogi*.
내가 가장 좋아하는 한국 요리는 불고기이다.

dishonest /dɪsˈɑːnɪst/ 형용사 정직하지 못한 (↔ honest 정직한)

I hate a **dishonest** way of making money.
나는 부정직한 방법으로 돈을 버는 것을 질색한다.
He was **dishonest** with me. 그는 나에게 정직하지 못했다.

> 어휘가 쑥쑥
> **dishonest behavior** 부정직한 행동

dishonor/dishonour /dɪsˈɑːnər/ 명사 불명예 동사 (3단현) dishonors (과거·과분) dishonored (현분) dishonoring) ~의 명예를 손상시키다

명 불명예, 망신
The knight chose death before **dishonor**.
그 기사는 불명예보다는 죽음을 택했다.

> 어휘가 쑥쑥
> **dishonorable** 형 불명예스러운, 수치스러운
> **bring dishonor on** ~에게 불명예를 안기다

동 ~의 명예를 손상시키다, ~에게 망신을 주다
I felt that I had **dishonored** my family.
나는 우리 가족의 명예를 손상시켰다고 느꼈다.

disk/disc /dɪsk/ 명사 (납작한) 원반 모양의 것, (컴퓨터의) 디스크

I put the **disk** in the computer. 나는 컴퓨터에 디스크를 넣었다.

dislike /dɪsˈlaɪk/ 명사 (복) dislikes 싫어함 동사 (3단현) dislikes (과거·과분) disliked (현분) disliking) 싫어하다

명 싫어함, 싫어하는 것
My dad has a **dislike** of hot weather.
아빠는 더운 날씨를 싫어하신다.

> 실력이 쑥쑥
> dislike는 동명사(-ing)를 목적어로 쓴다. to부정사는 쓰지 않는다.
> Jane *dislikes to* climb. (×)

동 싫어하다
Jane **dislikes** climbing. 제인은 등산하는 것을 싫어한다.

dismiss /dɪsˈmɪs/
동사 (3단현) dismisses (과거·과분) dismissed (현분) dismissing
① 해산시키다 ② 해고하다

1 (학급·집단 등을) **해산시키다**
The class was **dismissed** at 4 o'clock.
수업은 4시에 끝났다.

2 (직장에서) **해고하다** (= fire)
My boss **dismissed** his secretary.
사장님이 자신의 비서를 해고했습니다.

어휘가 쑥쑥
dismissal 명 해고
Dismiss! 〈구령〉 해산!
dismiss a student from school 학생을 퇴학시키다

disobey /ˌdɪsəˈbeɪ/
동사 (3단현) disobeys (과거·과분) disobeyed (현분) disobeying
따르지 않다, 거역하다 (↔ obey 따르다)

Mike **disobeyed** his parents. 마이크는 부모님 말씀을 따르지 않았다.
He was punished for **disobeying** orders.
그는 명령 불복종으로 처벌받았다.

어휘가 쑥쑥
disobedience 명 불복종
disobedient 형 반항하는

disorder /dɪsˈɔːrdər/
동사 (3단현) disorders (과거·과분) disordered (현분) disordering
어지럽히다 **명사** (복) disorders) ① 무질서 ② 부조화 상태

동 (질서 등을) **어지럽히다, 혼란시키다**
You **disordered** my room. 당신이 내 방을 어지럽혔군요.

명 1 불 **무질서, 혼란** (= confusion)
The whole house was in a state of **disorder**.
집 전체가 무질서하게 어질러져 있었다.

2 (마음과 몸의) **부조화 상태, (가벼운) 질병** (= illness)
Leo suffers from mental and physical **disorders**.
리오는 몸과 마음의 병으로 고통받고 있습니다.

어휘가 쑥쑥
public disorder 공공 무질서
stomach disorder 위장 장애
heart disorder 심장병
sleep disorder 수면 장애

display /dɪˈspleɪ/
동사 (3단현) displays (과거·과분) displayed (현분) displaying 진열하다
명사 (복) displays) 진열

동 진열하다, 전시하다, 보여 주다 (= show)
A male peacock **displays** its beautiful tail.
수컷 공작새는 아름다운 꼬리를 뽐낸다.

Many old and curious things are **displayed** in the antique shop. 골동품 가게에는 오래되고 호기심을 끄는 물건들이 많이 진열되어 있다.

명 진열, 전시 (= show, exhibition)
Look at that skirt on **display**. Doesn't it look good?
저기 진열된 치마 좀 봐. 예쁘지 않니?

A male peacock *displays* its beautiful tail.

dispute /dɪˈspjuːt/

동사 (3단현) disputes (과거·과분) disputed (현분) disputing
① 논쟁하다 ② 다투다
명사 (복) disputes ① 논의 ② 분쟁

동 1 **논쟁하다, 논의하다** (= debate)
We **disputed** whether the decision is right.
우리는 그 결정이 옳은지 어떤지에 대해 논의했다.

2 **(~을 얻기 위해) 다투다, 겨루다**
China and Japan have **disputed** the territory.
중국과 일본은 영토 분쟁을 해 오고 있습니다.

명 1 **논의, 논쟁** (= debate)
Nina had a **dispute** with her boss.
니나는 상사와 논쟁을 했다.

2 **분쟁, 싸움**
The **dispute** was already settled. 그 분쟁은 이미 해결되었다.

어휘가 쑥쑥
in[under] dispute 논쟁 중인, 미해결의
beyond dispute 논란의 여지 없이
family dispute 가정 불화
trade dispute 무역 분쟁
border dispute 국경 분쟁
legal dispute 법정 분쟁

dissolve /dɪˈzɑːlv/

동사 (3단현) dissolves (과거·과분) dissolved (현분) dissolving
녹다, 녹이다, 용해되다, 용해하다

Salt **dissolves** in water. 소금은 물에 녹는다.

distance /ˈdɪstəns/

명사 (복) distances 거리, 먼 거리

The **distance** between *Seoul* and *Incheon* is about 50 kilometers. 서울과 인천 사이의 거리는 약 50킬로미터이다.
A light-year is the **distance** that light travels in one year.
1광년이란 빛이 1년 동안 이동하는 거리를 말한다.

숙어 **at a distance** 좀 떨어져서
This painting looks more beautiful *at a distance*.
이 그림은 좀 떨어져서 보면 더욱 아름답게 보인다.

from a distance 멀리서, 멀리 떨어져서
Mr. Davis always took care of Judy *from a distance*.
데이비스 씨는 언제나 멀리서 주디를 보살펴 주었다.

in the distance 멀리에, 먼 곳에서
I saw a bear moving *in the distance* when I was walking in the woods. 나는 숲속을 걷다가 멀리서 곰이 움직이는 것을 보았다.

어휘가 쑥쑥
long[great] distance 장거리
walking distance 걸어갈 수 있는 거리
social distance 사회적 거리

재미가 쑥쑥
영국과 미국에서는 거리를 말할 때 meter, kilometer를 쓰지 않고, yard, mile, feet를 주로 쓴다.

*distant /ˈdɪstənt/

형용사 (비교) more distant (최상) most distant) ① [거리] 멀리 떨어진
② [시간] 먼 (↔ near 가까운)

1 [거리] **멀리 떨어진**
We can see **distant** planets with a telescope.
우리는 망원경으로 멀리 떨어진 행성들을 볼 수 있습니다.

2 [시간] **먼, 멀리 떨어진**
I'm not interested in the **distant** future.
나는 먼 미래에는 관심이 없다.

> **실력**이 쑥쑥
> **distant** 구체적인 거리를 밝히면서 아주 멀다는 것을 나타낸다.
> **remote** 물리적인 거리뿐만 아니라 심리적인 거리감도 나타낸다.

distinguish /dɪˈstɪŋgwɪʃ/
동사 (3단현) distinguishes (과거·과분) distinguished (현분) distinguishing) ① 구별하다 ② 분간하다

1 (다른 하나와) **구별하다**
My cousins are twins. I **distinguish** them by their hair style.
내 사촌은 쌍둥이다. 나는 그들을 머리 모양으로 구분한다.

I can't **distinguish** you from your brother.
나는 너와 네 남동생을 구별하지 못하겠어.

2 (보거나 들어서) **분간하다, 알아듣다, 알아보다**
In the dark, I couldn't **distinguish** her face.
어둠 속에서 나는 그녀의 얼굴을 분간하지 못했다.

I couldn't **distinguish** her words.
난 그녀의 말을 알아들을 수 없었다.

I *distinguish* them by their hair style.

distribute /dɪˈstrɪbjuːt/
동사 (3단현) distributes (과거·과분) distributed (현분) distributing) 나누어 주다 (= give out), 분배하다

Now, I'll **distribute** the test sheets to you.
자, 이제 시험지를 나눠 드리겠습니다.

My brother **distributes** papers for a part-time job.
우리 형은 아르바이트로 신문 배달을 한다.

> **어휘**가 쑥쑥
> **distribution** 명 분배, 배포
> **distributor** 명 배급업자, 유통업자

district /ˈdɪstrɪkt/
명사 (복) districts ① 지구 ② 구역

1 (어떤 특징이 있는) **지구, 지역**
My father's office is located in the city's financial **district**.
우리 아버지의 사무실은 그 도시의 금융가에 있다.

2 (공공 업무 편의상 나눠 놓은) **구역[지역, 지구]**
The school is a part of *Gangnam* school **district** 8.
그 학교는 강남 8학군에 속한다.

> **어휘**가 쑥쑥
> **election district** 선거구
> **business district** 상업 지구
> **residential district** 주거 지구

disturb /dɪˈstɜːrb/
동사 (3단현) disturbs (과거·과분) disturbed (현분) disturbing)
방해하다, 어지럽히다 (= bother, interrupt) (↔ calm 진정시키다)

He told the little boy not to **disturb** anything in the shop.
그는 어린 소년에게 가게 안에서 아무것도 어지럽히지 말라고 말했다.

A: Let's go outside and play ball with me!
밖에 나가서 나랑 공놀이하자!
B: Don't **disturb** me! I have to do my homework.
방해하지 마! 나 숙제해야 한단 말이야.

* dive /daɪv/ 〈동사〉 (3단현) dives (과거·과분) dived (현분) diving ① (물속으로) 뛰어들다 ② 잠수하다 〈명사〉 (복) dives 다이빙

동 1 (물속으로) 뛰어들다, 다이빙하다
We **dived** into the pool. 우리는 수영장으로 뛰어들었다.

2 잠수하다
Penguins **dive** into the water to catch fish.
펭귄은 물고기를 잡기 위해 물속으로 잠수한다.

명 (수영의) 다이빙, 잠수
He made a graceful **dive**. 그는 우아하게 다이빙했다.

〈어휘가 쑥쑥〉
diver 명 잠수부, 다이빙 선수
diving 명 다이빙, 잠수

* diverse /daɪˈvɜːrs/ 〈형용사〉 ① 다른 종류의 ② 다양한

1 다른 종류의, 다른 (= unlike, different)
My friend's interests and mine are totally **diverse**.
내 친구의 관심사와 내 관심사는 완전히 다르다.

2 다양한 (= various)
We have **diverse** ideas on how to solve the problems.
우리는 그 문제를 해결하는 방법에 대해 다양한 생각을 가지고 있다.

〈어휘가 쑥쑥〉
diversely 부 다양하게, 다르게
diversity 명 다양성
diversify 동 다양화하다

** divide /dɪˈvaɪd/ 〈동사〉 (3단현) divides (과거·과분) divided (현분) dividing 나누다, 분할하다 (= part) (↔ join, combine 합치다)

The children **divided** the candies among them.
아이들은 사탕을 자기들끼리 나누었다.
We **divided** the pizza into eight pieces.
우리는 피자를 여덟 조각으로 나누었다.
Twenty one **divided** by three is seven. 21 나누기 3은 7이다.

〈어휘가 쑥쑥〉
divide by two 둘로 나누다

division /dɪˈvɪʒn/ 〈명사〉 (복) divisions ① 분할 ② 나누기

1 분할, 분배
We checked the **division** of labor.
우리는 분업 상태를 점검했다.

〈어휘가 쑥쑥〉
fair division 공평한 분배
class division 계층간 분열

2 【불】 [수학] 나누기, 나눗셈
There will be tests in addition, subtraction, multiplication, and **division**. 덧셈, 뺄셈, 곱셈, 나눗셈 시험이 있을 예정이다.

nuclear division 핵분열
division sign 나눗셈 부호

divorce /dɪˈvɔːrs/
【명사】 (복 divorces) 이혼
【동사】 (3단현 divorces 과거·과분 divorced 현분 divorcing) 이혼하다

명 이혼
Two years later, their marriage ended in **divorce**.
2년 후, 그들의 결혼은 이혼으로 끝이 났다.

(어휘가 쑥쑥)
divorce papers 이혼 서류
divorce rate 이혼율

동 이혼하다
His parents **divorced** when he was ten.
그가 열 살 때 그의 부모는 이혼했다.

dizzy /ˈdɪzi/ 【형용사】 (비교 dizzier 최상 dizziest) 어지러운, 현기증 나는

The heat made her feel **dizzy**. 더위가 그녀를 어지럽게 했다.
He was so **dizzy** that he had to sit down.
그는 너무 어지러워서 자리에 앉아야 했다.

(어휘가 쑥쑥)
dizziness 명 현기증

do /duː/
【동사】 (3단현 does 과거 did 과분 done 현분 doing) ~을 하다
【조동사】 (3단현 does 과거 did) ① [부정문과 의문문] ② [동사의 뜻을 강조]

동 ~을 하다
While Mom was **doing** her hair, Dad **did** the dishes.
엄마가 머리를 손질하시는 동안, 아빠는 설거지를 하셨다.

[격언] Never put off till tomorrow what you can **do** today.
오늘 할 일을 내일로 미루지 마라.

A: What are you **doing** now? 지금 뭐 하고 있니?
B: I've just **done** my homework, and I'm **doing** an online game. 막 숙제를 끝마치고 온라인 게임을 하는 중이야.

조 1 [부정문과 의문문]
I **don't** like rock music because it's noisy.
나는 시끄러워서 록 음악을 싫어한다.
A: **Do** you like puppies? 너 강아지 좋아하니?
B: Yes, I **do**. / No, I **don't**. 응, 좋아해. / 아니, 좋아하지 않아.

2 [동사의 뜻을 강조] (= really)
I **do** like to go skiing. 나는 스키 타러 가는 것을 정말로 좋아한다.
Cinderella **did** want to go to the ball.
신데렐라는 정말로 무도회에 가고 싶었다.

(어휘가 쑥쑥)
do the laundry[ironing] 빨래를[다리미질을] 하다
do business with ~와 거래하다
do one's face 화장을 하다
do well[okay] 잘하다
do good[harm] 좋은[나쁜] 영향을 미치다
do's and don'ts 따라야 할 규칙들

(문법이 쑥쑥)
1. 조동사 do의 부정형은 do not이고, 줄여서는 don't라고 쓴다. 과거형 did의 부정형은 did not이며, 줄여서는 didn't라고 쓴다.
2. 동사의 뜻을 강조하기 위해서 일반동사 앞에 do/does/did를 써 준다.

do away with ~을 없애다
You should *do away with* your bad habits.
나쁜 습관은 버려야 한다.

do one's best 최선을 다하다
I'll *do my best* to win the race.
경기에서 우승하기 위해 나는 최선을 다할 것이다.

do without ~ 없이 지내다
A: Can you *do without* a computer?
넌 컴퓨터 없이 지낼 수 있겠니?
B: What? Oh, I can't even imagine it!
뭐라고? 난 상상도 안 되는걸!

> **실력이 쑥쑥**
> **do** 일의 옳고 그름과는 관계없이 어떤 일을 '하다'라는 뜻을 나타낸다.
> **achieve** 중요하거나 위대한 일을 달성한다는 뜻을 강조한다.

dock /dɑːk/
명사 (복) docks 부두 동사 (3단현) docks (과거·과분) docked (현분) docking
① 부두에 대다 ② 도킹하다

명 부두
The ship was in **dock**. 배가 부두에 정박해 있었다.

동 1 (배를) 부두에 대다
He **docked** the ship and began to unload.
그는 배를 부두에 대고 짐을 내리기 시작했다.

2 (우주선이[을]) 도킹하다, 도킹시키다
On March 16, 1966, pilots successfully **docked** two spacecraft.
1966년 3월 16일, 조종사들은 두 대의 우주선을 도킹시키는 데 성공했다.

> **뜻풀이**
> **부두** 배를 대고 사람이 오르내릴 수 있고, 짐을 싣고 부릴 수 있는 시설을 갖추어 놓은 곳
> **도킹하다** 우주에서 인공위성이나 우주선 등이 서로 결합하다

** doctor /ˈdɑːktər/
명사 (복) doctors ① 의사 ② 박사 《줄여서 Dr.로 적기도 한다.》

1 의사 (☞ job)
I went to see a **doctor** because I had a cough and a fever.
나는 기침을 하고 열이 나서 병원에 갔다.
The **doctor** advised me to do exercise regularly.
의사는 나에게 규칙적으로 운동을 하라고 조언했다.
I have a **doctor**'s appointment on Tuesday.
화요일에 병원 예약이 되어 있다.

2 박사
He is a **Doctor** of Engineering. 그는 공학 박사이다.
Dr. Edward is a most learned scholar in physics.
에드워드 박사는 물리학에서 가장 학식이 높은 학자이다.

> **어휘가 쑥쑥**
> **eye doctor** 안과 의사
> **family doctor** 가정의
> **public health doctor** 공중 보건의
> **Doctor of Law[Medicine]** 법학[의학] 박사
>
> **뜻풀이**
> **박사** 대학에서 주는 가장 높은 학위, 또는 그 학위를 받은 사람

* document /ˈdɑːkjumənt/
명사 (복) documents ① 서류 ② (컴퓨터의) 문서

1 서류, 문서, 기록

Please file these **documents** and keep them in the cabinet.
이 서류들을 철해서 캐비닛 안에 보관해 주세요.

You should bring the necessary **documents**.
필요한 서류들을 가져오셔야 합니다.

2 (컴퓨터의) 문서 (파일)

The requested **documents** are attached to this email.
요청하신 문서가 이 이메일에 첨부되어 있습니다.

> 어휘가 쑥쑥
> official document 공문서
> private document 사문서
> legal document 법률 문서
> top-secret document 극비 문서

documentary /ˌdɑːkjuˈmentri/ 명사 (복) documentar(ies) 기록 영화, 다큐멘터리

I saw a **documentary** about the human brain and mental health.
나는 인간의 뇌와 정신 건강에 관한 다큐멘터리를 봤다.

> 어휘가 쑥쑥
> documentary film
> 기록 영화

does /dʌz/ 동사 조동사 do의 3인칭 단수 (☞ do)

My father **doesn't** like heavy food like Chinese food.
우리 아버지는 중국 음식 같은 기름진 음식을 싫어하신다.

A: **Does** he like classical music?
그는 클래식 음악을 좋아하나요?

B: Yes, he **does**. / No, he **doesn't**.
네, 좋아해요. / 아니요, 좋아하지 않아요.

> 문법이 쑥쑥
> 조동사 does의 부정형은 does not이며, 줄여서 doesn't라고 쓴다.

dog /dɔːɡ/ 명사 (복) dog(s) 개 (☞ animal)

My **dog** had three puppies last night.
우리 개가 어젯밤에 강아지를 세 마리 낳았다.

[속담] Every[Each] **dog** has his[its] day.
모든 개에게는 자기만의 날이 있다. (쥐구멍에도 볕 들 날 있다.)

> 어휘가 쑥쑥
> guide dog 안내견
> hunting dog 사냥개
> sheepdog 양을 지키는 개

doll /dɑːl/ 명사 (복) doll(s) 인형

My sister always sleeps with her **doll**.
내 여동생은 항상 인형을 안고 잔다.

dollar /ˈdɑːlər/ 명사 (복) dollar(s) 달러 ($), 1달러 지폐

Jerry bought the book for $3[three **dollars**].
제리는 그 책을 3달러에 샀다.

There are one hundred cents in a **dollar**. 1달러는 100센트이다.

> 재미가 쑥쑥
> dollar는 미국, 캐나다, 호주, 뉴질랜드, 싱가포르, 홍

A: Give me two medium cokes and a large popcorn, please. 콜라 중간 크기 두 잔과 팝콘 큰 걸로 하나 주세요.
B: O.K. It's seven **dollars** and 50 cents.
네, 7달러 50센트입니다.

> 콩, 자메이카 등의 나라에서 쓰는 화폐 단위이다. 1달러는 100센트와 같고, 기호는 $이다.

dolphin /ˈdɑːlfɪn/ 명사 (복) dolphins 돌고래 (☞ sea)

We saw a **dolphin** show at the marine park. It was really exciting. 우리는 해양 공원에서 돌고래 쇼를 보았다. 정말 재미있었다.

*domain /douˈmeɪn/ 명사 (복) domains ① 영역 ② 도메인(🔍 인터넷상의 컴퓨터 주소)

1 (지식·활동 등의) 영역[분야], 범위
He works in the **domain** of public health.
그는 공중 보건 분야에서 일한다.

> 어휘가 쑥쑥
> public domain 공유 영역
> (저작권 등에 상관없이 누구나 이용·논의할 수 있는 범위)

2 [컴퓨터] 도메인
We found the perfect **domain** for our new website.
우리는 새로운 웹사이트를 위한 완벽한 도메인을 찾았다.

dome /doʊm/ 명사 (복) domes ① 돔 ② 반구형 모양의 것

1 돔, 반구형 지붕
The new ballpark is going to have a **dome**.
새 야구장에는 돔 지붕이 있을 것이다.

2 반구형 모양의 것[건물]
An igloo is a **dome** of ice. 이글루는 얼음으로 된 돔 형태의 구조물이다.

*domestic /dəˈmestɪk/ 형용사 ① 가정의 ② 국내의

1 [명사 앞에만 쓰임] 가정의, 집안의
We share the **domestic** chores. 우리는 집안일을 분담한다.
His **domestic** life was very happy.
그의 가정생활은 매우 행복했다.

> 어휘가 쑥쑥
> **domestic products**
> 국산품
> **domestic market**
> 국내 시장
> **domestic flight** 국내선

2 국내의, 국산의 (↔ foreign 외국의)
This is **domestic** news. 국내 뉴스입니다.

dominant /ˈdɑːmɪnənt/ 형용사 (비교) more dominant (최상) most dominant) 우세한, 지배적인

Korean cars maintain a **dominant** position in the world market.
한국 자동차는 세계 시장에서 우위를 지키고 있다.

donate /ˈdoʊneɪt/ | 동사 (3단현) donates (과거·과분) donated (현분) donating 기부하다, 기증하다 (= give)

He used to **donate** lots of money to the Red Cross every year.
그는 매년 적십자에 많은 돈을 기부하곤 했다.

done¹ /dʌn/ | 동사 do의 과거분사 (☞ do)

done² /dʌn/ | 형용사 ① 끝마친 ② 완전히 요리된

1 끝마친, 끝난 (= finished)
She's nearly **done** with the shopping.
그녀는 쇼핑을 거의 다 했다.

As soon as he is **done**, he'll send me an email.
그는 일이 끝나는 대로 내게 이메일을 보낼 예정이다.

2 (음식이) 완전히 요리된, 푹 삶은, 바싹 구운
I prefer my steak well **done**.
나는 완전히 익힌 스테이크를 좋아한다.

실력이 쑥쑥
고기의 익힌 정도
rare 살짝 익힌
medium 중간 정도로 익힌
well done 완전히 익힌

donkey /ˈdɑːŋki/ | 명사 (복) donkeys) 당나귀, 나귀, 노새

Long long ago, a father and his son were going to the marketplace to sell their **donkey**.
옛날 옛적에, 한 아버지와 아들이 당나귀를 팔려고 장터에 가고 있었습니다.

door /dɔːr/ | 명사 (복) doors) 문, 현관

Jimmy is calling you at the front **door**.
지미가 현관에서 널 부른다.

숙어 **from door to door** 집집마다
On Christmas day, Santa Claus visits *from door to door* to give presents.
크리스마스 날, 산타클로스는 집집마다 다니며 선물을 준다.

next door 옆집에
A famous artist lives *next door* (to me).
유명한 예술가가 우리 옆집에 산다.

어휘가 쑥쑥
answer the door (노크나 초인종 소리를 듣고) 문을 열어 나가다
revolving door 회전문
sliding door 미닫이문
fire door 방화문
back door 뒷문
main door 정문

doorbell /ˈdɔːrbel/ | 명사 (복) doorbells) 초인종, 벨

Police officers rang the **doorbell** and waited.
경찰관들은 초인종을 누르고 대기했다.

doorway /ˈdɔːrweɪ/ | 명사 (복) doorways 현관, 출입구

There was John, standing in the **doorway**.
현관에 존이 서 있었다.

*dot /dɑːt/ | 명사 (복) dots (작은) 점 (= point, spot)

Connect each **dot** in order and what can you see?
각 점을 순서대로 이으면 무엇이 될까요?

**double /ˈdʌbl/ | 형용사 ① 두 배의 ② 이중의 ③ 2인용의
명사 (복) doubles ① 두 배 ② 복식 경기

형 **1** (양이나 수가) 두 배의
I can get **double** pay if I work during the Thanksgiving holiday.
추수 감사절 연휴에 일을 하면 두 배의 급여를 받을 수 있다.

2 이중의, 두 겹의
The rich guy put a **double** lock on his safe.
그 부자는 금고에 자물쇠를 이중으로 채웠다.

3 2인용의 (↔ single 혼자의, 1인용의)
They reserved a **double** room for three nights.
그들은 3일간 묵을 2인실을 예약했다.

명 **1** 두 배
Six is the **double** of three. 6은 3의 두 배이다.

2 [스포츠] 복식 경기
Korea won the men's **doubles** in tennis.
한국은 테니스 남자 복식에서 우승을 했다.

어휘가 쑥쑥
double door 이중문
double bed 2인용 침대
double window 이중 창
double meaning 이중적 의미
double life 이중생활
double digits 두 자릿수
double-income couples 맞벌이 부부
mixed doubles 남녀 혼합 복식 경기
double-check 재확인하다

*doubt /daʊt/ | 동사 (3단현) doubts (과거·과분) doubted (현분) doubting 의심하다
명사 (복) doubts 의심

동 의심하다, 믿지 않다 (↔ believe, trust 믿다)
I **doubt** that Julia will really keep her promise.
나는 줄리아가 정말로 약속을 지킬지 의심스럽다.

When Aladdin rubbed the old lamp, a genie came from it. He **doubted** his own eyes!
알라딘이 그 낡은 램프를 비비자, 램프에서 램프의 요정이 나왔다. 알라딘은 자기 눈을 믿을 수가 없었다!

명 의심 (↔ belief, trust 믿음)

실력이 쑥쑥
I doubt it. = I don't think so.
(글쎄요. 그렇지 않을 것 같아요.)

어휘가 쑥쑥
in doubt 의심하여
beyond doubt 의심의 여지 없이

I have no **doubt** that aliens really exist.
나는 외계인이 실제로 있다고 믿어 의심치 않는다.

Without a **doubt**, he will finish the marathon.
틀림없이 그는 마라톤을 완주할 것이다.

No doubt about it.
틀림없다.

doubtful /'daʊtfl/ 형용사 (비교) more doubtful (최상) most doubtful ① 확신이 없는 ② 의심스러운 ③ 불확실한

1 (사람이) 확신이 없는, 의심[의문]을 품은 (= undecided)
I'm **doubtful** about our chances of winning.
우리가 이길 승산이 있는지 확신이 없다.

2 (사물이) 의심스러운 (= suspicious)
It's **doubtful** if he will be able to make it on time.
그가 제시간에 도착할 수 있을지 의심스럽다.

3 (앞날이) 불확실한 (= uncertain)
The outcome is **doubtful**.
결과는 어찌 될지 모른다.

어휘가 쑥쑥

doubtfully 튀 불확실하게, 수상하게

doubtful character 수상쩍은 인물
doubtful case 의문의 사건
doubtful expression 의심스러운 표정

dough /doʊ/ 명사 밀가루 반죽

We put the **dough** on a cookie sheet.
우리는 반죽을 쿠키 시트 위에 올려놓았다.

doughnut /'doʊnʌt/ 명사 (복) doughnuts) 도넛 《donut이라고 적기도 한다.》

There is a famous **doughnut** shop near my house.
우리 집 근처에 유명한 도넛 가게가 있다.

dove /dʌv/ 명사 (복) doves) 비둘기

The **dove** is the symbol of peace. 비둘기는 평화의 상징이다.

*down /daʊn/ 부사 아래로 전치사 ① ~ 아래에 ② ~를 따라서 형용사 기운이 없는

튀 아래로, 아래에 (↔ up 위로)
Mary jumped **down** off the chair.
메리는 의자에서 뛰어내렸다.

Please sit **down** and have dinner with us.
앉아서 저희와 함께 저녁을 드시지요.

The rooster looked **down** at the dog and laughed at him.
수탉은 개를 내려다보며 비웃었다.

The rooster looked *down* at the dog.

Prices will go[fall] **down** soon. 물가가 곧 떨어질 것이다.
The sun went **down** and the sky turned pink.
해가 지고 하늘은 분홍빛으로 변했다.

어휘가 쑥쑥
downfall 낙하, (눈·비가) 쏟아짐, 몰락
downhearted 낙담한
downhill 내리막길
downstream 하류의[에]
downtown 도심지에서, 도심지의
downward 아래로 향한, 아래쪽으로

전 **1** ~ 아래에, ~ 아래로 (↔ up ~ 위에)
We went **down** the road. The road was too steep and dangerous.
우리는 길을 따라 아래로 내려갔다. 길은 경사가 심해서 위험했다.
The paper boat floated **down** the stream.
종이배는 개울 아래로 떠내려갔다.

2 ~를 따라서 (= along)
Go **down** the street and turn right at the second corner.
길을 따라 가시다가 두 번째 모퉁이에서 오른쪽으로 도세요.

형 기운이 없는, 풀이 죽은 (= depressed, sad) (↔ cheerful 명랑한)
Ted felt **down** when he heard the news that he had failed the exam. 테드는 시험에 낙방했다는 소식을 듣고 풀이 죽었다.

숙어 **get down** ① (탈것에서) 내리다 (= get off) ② 내려오다
I wanted to *get down* from the bus because I felt sick.
나는 멀미가 나서 버스에서 내리고 싶었다.
Amy climbed the tall tree, but she didn't know how to *get down*.
에이미는 높은 나무에 올라갔지만, 어떻게 내려와야 할지를 몰랐다.

slow down 속도를 줄이다
Terry *slowed down* when he saw the red light.
테리는 빨간불을 보고 속도를 줄였다.

turn down ① (소리 등을) 줄이다 ② 거절하다
Could you please *turn down* the radio? It's too loud. 라디오 소리 좀 줄여 주시겠어요? 너무 커서요.
Barbara *turned down* his proposal.
바바라는 그의 청혼을 거절했다.

up and down 위아래로, 여기저기에
The children went *up and down* on the seesaw.
아이들이 시소를 타고 위아래로 왔다 갔다 했다.
Jane walked anxiously *up and down* in the room.
제인은 걱정스러운 듯 방 안을 이리저리 걸어 다녔다.

download /ˌdaʊnˈloʊd/
동사 (3단현) download**s** (과거·과분) download**ed** (현분) download**ing** [컴퓨터] 다운로드하다, 내려받다

Nowadays, many people **download** movies from the Internet.
요즘은 많은 사람들은 인터넷에서 영화를 다운로드받는다.

downstairs /ˌdaʊnˈstɛrz/
부사 아래층에 명사 아래층

부 아래층에, 아래층으로 (↔ upstairs 위층에, 위층으로)

The kitchen and the dining room are **downstairs**.
주방과 식당은 아래층에 있다.

Please take the escalator and go **downstairs**.
에스컬레이터를 타고 아래층으로 가세요.

명 아래층 (↔ upstairs 위층)

A strange sound was heard from **downstairs**.
아래층에서 이상한 소리가 들렸다.

*dozen /ˈdʌzn/ | 명사 형용사 (복) dozens) 12개(의), 다스()(의)

I raise a **dozen** dogs. 나는 개를 12마리 기르고 있다.

The giant usually ate five **dozen** eggs and many other things for breakfast.
그 거인은 보통 아침 식사로 계란 60개와 다른 많은 음식들을 먹었다.

> 뜻풀이
> 다스 연필이나 볼펜의 묶음을 세는 말로 열두 개가 한 다스이다.

Dr. /ˈdɑːktər/ | 명사 의사, 박사 (☞ doctor)

*drag /dræg/ | 동사 (3단현) drags (과거·과분) dragged (현분) dragging) ① 끌다 ② 힘들게 움직이다 ③ 느릿느릿 진행되다 ④ 드래그하다

1 (무거운 것을) 끌다
He **dragged** the luggage up the hill.
그는 짐을 끌고 언덕 위로 올라갔다.

2 (몸을 끌듯) 힘들게 움직이다
He finally **dragged** himself out of bed.
결국 그는 몸을 힘들게 움직여 침대에서 나왔다.

3 느릿느릿 진행되다
Traffic usually **drags** at this time of day.
보통 이 시간에는 교통이 지연된다.

4 [컴퓨터] (마우스로) 드래그하다, 끌다
He **dragged** the MP3 file into a new folder.
그는 MP3 파일을 새 폴더로 드래그해 넣었다.

> 어휘가 쑥쑥
> **drag one's feet[heels]** 늑장을 부리다
> **drag and drop** (마우스 조작으로 아이콘 등을) 끌어 놓기

> 실력이 쑥쑥
> **drag** 힘들여 무거운 것을 끌다
> **pull** '끌다'를 뜻하는 가장 일반적인 말.
> **draw** 부드럽게 한결같이 끌다

dragon /ˈdrægən/ | 명사 (복) dragons) 용

I was born in the year of the **dragon**.
나는 용띠 해에 태어났다. (나는 용띠이다.)

The brave prince defeated the **dragon** and saved the beautiful princess.
용감한 왕자는 용을 무찌르고 아름다운 공주를 구했습니다.

dragonfly /ˈdræɡənflaɪ/ | 명사 (복) dragonflies) 잠자리 (☞ insect)

Kids were running around to catch some **dragonflies**.
아이들이 잠자리를 잡기 위해 뛰어다니고 있었다.

drain /dreɪn/ | 동사 (3단현) drains (과거·과분) drained (현분) draining) 물을[액체를] 빼내다

We **drained** the pool and filled it with fresh water.
우리는 수영장의 물을 빼내고 새 물로 채웠다.

drama /ˈdrɑːmə/ | 명사 (복) dramas) 연극, 극, 희곡 (= play)

I joined the **drama** club. 나는 연극부에 가입했다.
Shakespeare wrote many famous **dramas** and poems.
셰익스피어는 유명한 희곡과 시를 많이 썼다.

> 어휘가 쑥쑥
> historical drama 역사극

dramatic /drəˈmætɪk/ | 형용사 (비교) more dramatic (최상) most dramatic) ① 연극의 ② 감격적인, 인상적인 ③ 극적인

1 연극(계)의
They are acting in a **dramatic** performance.
그들은 연극 공연에서 연기를 하고 있다.

2 감격적인, 인상적인
We heard a **dramatic** speech at school.
우리는 학교에서 인상적인 연설을 들었다.

3 극적인, 급격한
Scientists are alarmed by the **dramatic** increase in air pollution.
과학자들은 급격한 대기 오염의 증가에 대해 경각심을 갖고 있다.

> 어휘가 쑥쑥
> dramatically 🔁 극적으로
> dramatic drop[fall] 급격한 감소
> dramatic result 극적인 결과
> dramatic change 극적인[급격한] 변화
> dramatic victory 감격적인 승리

drank /dræŋk/ | 동사 drink의 과거 (☞ drink)

⁕draw /drɔː/ | 동사 (3단현) draws (과거) drew (과분) drawn (현분) drawing) ① 그림을 그리다 ② 당기다

1 그림을 그리다, 선을 긋다
Read the text and **draw** a line under the key words.
본문을 읽고 중요한 단어에 밑줄을 그으시오.

Lina is good at **drawing**. She **draws** especially animals very well.
리나는 그림을 잘 그린다. 특히 동물을 매우 잘 그린다.

> 실력이 쑥쑥
> draw (그림을) 연필이나 펜 등으로 그리다
> paint (그림을) 물감이나 페인트 등을 사용해서 그리다

2 당기다, 잡아끌다 (= drag, pull) (↔ push 밀다)
Mary **drew**[opened] the curtain over the window.
메리는 창문에 커튼을 쳤다[걷었다].

Patrasche helped his master with **drawing** the cart of milk.
파트라슈는 우유 수레를 끌어 주인을 도왔다.

*drawer /drɔːr/ | 명사 (복 drawers) 서랍

I folded my winter clothes and put them in the **drawer**.
나는 겨울옷들을 개어서 서랍 안에 넣었다.

drawn /drɔːn/ | 동사 draw의 과거분사 (☞ draw)

*dream /driːm/ | 명사 (복 dreams) 꿈 동사 (3단현 dreams 과거·과분 dreamed/dreamt 현분 dreaming) 꿈을 꾸다

명 꿈, 이상
Last night, I dreamed a sweet **dream**.
나는 어젯밤에 기분 좋은 꿈을 꿨다.

Judy always works hard to make her **dream** come true.
주디는 자신의 꿈을 실현시키기 위해 늘 열심히 공부한다.

동 꿈을 꾸다
I always **dream** that I will become an astronaut someday.
나는 언젠가 우주 비행사가 되기를 늘 꿈꾼다.
I **dreamed** of you last night. 어젯밤에 네가 나오는 꿈을 꿨어.

> 어휘가 쑥쑥
> **dreamer** 명 꿈꾸는 사람
> **have a dream** 꿈을 꾸다
> **fulfill a dream** 꿈을 이루다

> 재미가 쑥쑥
> Sweet[Pleasant] dreams!
> 는 '좋은 꿈 꿰!'라는 뜻으로
> 잠자리에 들기 전에 하는 인
> 사말이다.

dreamt /dremt/ | 동사 dream의 과거·과거분사 (☞ dream)

dress /dres/ | 명사 (복 dresses) ① 옷 ② 여성의 드레스 동사 (3단현 dresses 과거·과분 dressed 현분 dressing) ~에게 옷을 입히다

명 1 불 옷, 의복
Korean traditional **dress**, *Hanbok*, has various and beautiful colors.
한국의 전통 의상인 한복은 다양하고 아름다운 색상을 지니고 있다.

2 여성의 드레스, 원피스
I want to buy a new (one-piece) **dress**.
새 원피스를 한 벌 사고 싶다.

동 ~에게 옷을 입히다, 옷을 입다

> 어휘가 쑥쑥
> **dress code** 복장 규정
> **casual dress** 평상복
> **formal dress** 정장
> **national dress** 민속 의상
> **evening dress** (여성의)
> 야회복, 이브닝드레스

Lina likes to **dress** her puppy when she takes it for a walk.
리나는 강아지를 산책시킬 때 강아지에게 옷을 입히는 것을 좋아한다.
Get up and get **dressed**, Tom! 일어나서 옷 입어라, 톰!

실력이 쑥쑥
dress는 원피스를 말한다. 상의와 스커트로 구성된 여성옷은 suit라고 한다.

숙어 **dress up** 차려입다, 분장하다
On Halloween, American children *dress up* as ghosts and monsters. 핼러윈에 미국 어린이들은 귀신과 괴물 모습으로 분장한다.

drew /druː/ 동사 draw의 과거 (☞ draw)

drink /drɪŋk/
동사 (3단현) drinks (과거) drank (과분) drunk (현분) drinking) 마시다
명사 (복) drinks) 음료

동 마시다, 술을 마시다
When I can't get to sleep, I usually **drink** warm milk.
잠이 잘 안 올 때 저는 보통 따뜻한 우유를 마셔요.
My father stopped **drinking** and smoking because he was in bad health. 저희 아빠는 건강이 안 좋으셔서 술과 담배를 끊으셨어요.

어휘가 쑥쑥
drink and drive 음주 운전을 하다
drink too much 과음하다

명 음료, 마실 것, 술 (= beverage)
Let's have a **drink** after work! 퇴근 후에 한잔합시다!
When I go to the movies, I often buy a snack and a **drink**.
나는 영화를 보러 가면 자주 간식거리와 음료수를 산다.
A: Can I get you a **drink**? 마실 것 좀 드릴까요?
B: A glass of iced water, please. 얼음물 한 잔 주세요.

실력이 쑥쑥
drink는 물이나 음료를 마시는 것을 말한다. 수프 등을 스푼으로 떠서 먹을 때는 eat을 사용한다. take는 가루약이든 물약이든 약을 먹을 때 쓴다.

drip /drɪp/
동사 (3단현) drips (과거·과분) dripped (현분) dripping) ① 뚝뚝 떨어지다 ② 뚝뚝 흘리다 명사 (복) drips) ① 뚝뚝 떨어짐 ② (작은 액체) 방울

동 1 (액체가) 방울방울[뚝뚝] 떨어지다
The rain **dripped** down her shoulder.
빗방울이 그녀의 어깨 위로 뚝뚝 떨어졌다.

어휘가 쑥쑥
dripping 형 흠뻑 젖은, 물이 뚝뚝 떨어지는

2 (젖어서) 방울방울[뚝뚝] 흘리다
Kids' shoes were muddy and their hair was **dripping**.
아이들 신발은 진흙투성이였고 머리에서는 물이 뚝뚝 떨어지고 있었다.

명 1 (액체가) 뚝뚝 떨어짐
There was the annoying **drip** of the faucet.
성가시게 수도꼭지에서 물방울이 뚝뚝 떨어지고 있었다.

2 (작은 액체) 방울
His **drips** of sweat ran down his forehead.
그의 이마에서 땀방울이 흘러내렸다.

*drive /draɪv/ 동사 (3단현) drives (과거) drove (과분) driven (현분) driving ① 운전하다 ② 차로 데려다주다 명사 (복) drives ① 드라이브 ② [컴퓨터] 드라이브

동 1 운전하다, 차를 몰다, 드라이브하다
You must wear your seat belt when you **drive** a car.
운전할 때는 반드시 안전벨트를 매셔야 합니다.

2 (사람을) 차로 데려다주다 (= give a ride)
He **drove** Amy to *Busan*. 그는 에이미를 부산까지 태워다 주었다.
I must **drive** my brother to the airport.
나는 동생을 공항에 차로 데려다줘야 한다.

명 1 드라이브
What a lovely day! How about going for a **drive** after lunch?
날씨가 정말 좋은데! 점심 먹고 드라이브하는 것 어때요?

2 [컴퓨터] 드라이브
Please insert the CD into the CD **drive**, and it will be installed automatically.
CD 드라이브에 CD를 넣으면 자동으로 설치될 겁니다.

숙어 drive away 쫓아내다, 몰아내다
The villagers *drove* the wolf *away* together.
마을 사람들이 힘을 합쳐 늑대를 쫓아냈다.

drive ~ crazy ~를 미치게 하다
My neighbors made so much noise having a party all night. It *drove* me *crazy*.
우리 이웃집에서 밤새도록 파티를 해서 너무 시끄러웠어. 정말 미치겠더라.

어휘가 쑥쑥
driver 명 운전자
driving 명 운전 (방식)

재미가 쑥쑥
drive-through 차에서 내리지 않고 이용할 수 있는 은행(drive-through bank)이나 식당(drive-through restaurant) 등을 말한다.

drive-in 차를 탄 채로 음식을 주문해서 먹는 식당(drive-in restaurant)이나 차 안에서 영화를 보는 영화관(drive-in theater) 등을 말한다.

How about going for a *drive* after lunch?

driven /ˈdrɪvn/ 동사 drive의 과거분사 (☞ drive)

*drop /drɑːp/ 동사 (3단현) drops (과거과분) dropped (현분) dropping ① 떨어지다 ② (온도 등이) 떨어지다 ③ 내려 주다 명사 (복) drops 방울

동 1 떨어지다, 떨어뜨리다
Tears **dropped** from her eyes. 그녀의 눈에서 눈물이 떨어졌다.
She **dropped** an egg on the floor.
그녀는 달걀을 바닥에 떨어뜨렸다.

2 (온도·물가·가격 등이) 떨어지다, 내려가다 (= fall, decrease) (↔ rise, increase 올라가다)
The temperature **dropped** below zero overnight.
밤새 기온이 영하로 뚝 떨어졌다.

어휘가 쑥쑥
drop dramatically 급격히 떨어지다
drop fast[rapidly] 빠르게 떨어지다
drop steadily 꾸준히 떨어지다
drop slightly 약간 떨어지다

Prices **dropped** sharply in months.
몇 달 사이에 물가가 크게 떨어졌다.

3 ~를 (중간에) 내려 주다
Just **drop** me at the subway station over there.
그냥 저기 지하철역에 내려 주세요.

My dad always **drops** me off at school on the way to work.
아빠는 항상 출근길에 나를 학교에 내려 주신다.

명 **방울, 한 방울의 양**
Drops of sweat formed on his forehead.
그의 이마에 땀방울이 맺혔다.

숙어 **drop in[by]** 들르다, 방문하다 (= stop in[by])
Please *drop in* when you're in town. 시내에 오시면 들러 주세요.
I'll go first. I should *drop by* the cleaners on the way.
저 먼저 갈게요. 가는 길에 세탁소에 잠깐 들러야 하거든요.

dewdrop 이슬방울
raindrop 빗방울
water drop 물방울
tear drop 눈물방울

실력이 쑥쑥
drop을 복수형으로 사용해서 eye[ear, nose] drops로 쓰면 '눈[귀, 코]에 넣는 물약'을 가리킨다.

drove /droʊv/ 동사 drive의 과거 (☞ drive)

*drug /drʌg/ 명사 (복) drugs) 약 (= medicine, pill)

Penicillin soon became the miracle **drug** of the 20th century. 페니실린은 곧 20세기의 특효약이 되었다.
I'd like some **drugs** for a cold. 감기약 좀 주세요.

어휘가 쑥쑥
food and drug administration (미국의) 식품 의약품국(FDA)

drugstore /'drʌgstɔːr/ 명사 (복) drugstores) 약국 (= pharmacy)

She works at the **drugstore** as a pharmacist.
그녀는 약국에서 약사로 일한다.
I'll get some painkillers from a **drugstore**.
내가 약국 가서 진통제 좀 사다 줄게.

재미가 쑥쑥
미국의 drugstore는 약품뿐만 아니라, 일용 잡화나 신문 등을 판다.

drum /drʌm/ 명사 (복) drums) 드럼, 북

When my brother was in college, he played **drums** for fun.
우리 형은 대학에 다닐 때 취미 삼아 드럼을 연주했다.

어휘가 쑥쑥
drummer 명 드럼 연주자

drunk /drʌŋk/ 동사 drink의 과거분사 (☞ drink)

**dry /draɪ/ 형용사 (비교 drier 최상 driest) 마른, 건조한
동사 (3단현 dries 과거·과분 dried 현분 drying) 마르다, 마르게 하다

형 마른, 건조한 (↔ wet, moist 습한)

Change wet clothes into **dry** ones, or you'll catch a cold.
젖은 옷을 마른 옷으로 갈아입으렴. 안 그러면 감기 걸릴 거야.

Cacti grow in hot and **dry** places.
선인장은 덥고 건조한 곳에서 자란다.

동 마르다, 마르게 하다

I washed my jeans, but they haven't **dried** yet.
나는 청바지를 빨았는데 아직 안 말랐다.

숙어 dry up 완전히 마르다, 마르게 하다

During the drought, the lake and river *dried up*.
가뭄 동안에 호수와 강이 완전히 말라 버렸다.

어휘가 쑥쑥
- dryer **명** 건조기, 드라이어
- dryness **명** 건조함
- dry season 건기
- dry weather 건조한 날씨
- dry cough 마른기침
- dry skin 건성 피부
- dry fish 건어물
- dry cell 건전지

---

*duck /dʌk/ **명사** (**복** ducks) 오리

Ducks are covered with feathers.
오리는 깃털로 덮여 있다.

The mother **duck** taught her ducklings to swim.
엄마 오리는 새끼 오리들에게 수영하는 법을 가르쳐 주었다.

실력이 쑥쑥
duck은 암컷 오리를 뜻한다. 수컷 오리는 drake, 새끼 오리는 duckling이다.

---

*due /duː/ **형용사** ① 도착할 예정인 ② 지불해야 하는 ③ ~ 때문에

1 도착할 예정인, ~할 예정인 (= scheduled, expected)

The next train is **due** in three minutes.
다음 열차는 3분 후에 도착할 예정입니다.

His new album is **due** for release next week.
그 가수의 새 앨범이 다음 주에 발매될 예정이다.

2 지불해야 하는, 제출해야 하는

Payment is **due** on the fifth of each month.
지불 금액은 매월 5일에 지불하셔야 합니다.

A: When is the **due** date for your paper?
과제 마감일이 언제야?

B: It is **due** next Tuesday, but I haven't even started it.
다음 주 화요일까지 제출해야 하는데 아직 시작도 못 했어.

3 [to와 함께 써서] ~ 때문에

Due to the sudden rain, the outdoor concert was canceled.
갑작스런 비 때문에 야외 콘서트가 취소되었다.

The accident was **due** to his careless driving.
사고의 원인은 그의 부주의한 운전에 있었다.

문법이 쑥쑥
due가 '~할 예정이다'의 뜻을 나타낼 때는 「be due to +동사원형」 또는 「be due for+명사」의 형태로 쓴다.
He *is due to* go to Seoul. (그는 서울에 갈 예정이다.)
The project *is due for* completion next month. (그 프로젝트는 다음 달에 완료될 예정이다.)

---

dug /dʌg/ **동사** dig의 과거·과거분사 (☞ dig)

*dull /dʌl/ 형용사 (비교) duller (최상) dullest ① 무딘 ② 지루한 ③ 둔한

1 (칼날 등이) **무딘, 날카롭지 않은** (↔ sharp 날카로운)
The knife is too **dull** to cut anything.
칼날이 너무 무뎌서 어떤 것도 자를 수가 없다.

2 **지루한, 재미없는** (= boring) (↔ exciting, interesting 흥미로운, 재미있는)
My friend recommended this book, but it was quite **dull**.
친구가 이 책을 추천해 줬는데 별로 재미없었어요.
I went to the countryside. It was quiet, but **dull** and boring.
시골에 갔었는데, 조용하긴 했지만 지루하고 재미없었어요.

3 (머리가) **둔한, 우둔한** (= stupid)
[속담] All work and no play makes Jack a **dull** boy.
공부만 하고 놀지 않으면 아이는 바보가 된다.

> 어휘가 쑥쑥
> dully 분 둔하게, 지루하게
> dullness 명 둔함, 느림
> ------
> dull eyes 흐리멍텅한 눈
> dull hair 윤기 없는 머릿결
> dull sound 둔탁한 소리
> dull weather 흐린 날씨
> dull mind 우둔한 머리

dumb /dʌm/ 형용사 (비교) dumber (최상) dumbest ① 언어 장애인의 ② 말을 하지 않는 ③ 우둔한

1 **언어 장애인의, 말을 하지 못하는**
The pretty girl was born deaf and **dumb**.
그 예쁜 소녀는 태어날 때부터 듣지도 말하지도 못했다.

2 **말을 하지 않는, 말 없는, 할 말을 잃은** (= speechless, silent)
He remained **dumb** at breakfast.
그는 아침을 먹으면서 아무 말도 하지 않았다.

3 **우둔한, 바보스러운** (= stupid, foolish)
I made a **dumb** mistake. 나는 바보 같은 실수를 했다.

> 실력이 쑥쑥
> b는 발음하지 않는 것에 주의한다.

> 실력이 쑥쑥
> '벙어리'라는 의미가 있는 dumb은 모욕적인 표현이므로 대신 speech-impaired를 쓰는 것이 좋다.

*dump /dʌmp/ 동사 (3단현) dumps (과거·과분) dumped (현분) dumping ① 툭 떨어뜨리다 ② 내버리다

1 **툭 떨어뜨리다, 내던지다**
My brother **dumped** all his clothes on the bed.
내 동생은 옷을 전부 침대 위에 내던졌다.

2 **(쓰레기를) 내버리다**
Some people just **dump** their trash anywhere.
어떤 사람들은 쓰레기를 아무 데나 막 버린다.

> 어휘가 쑥쑥
> dumping 명 폐기, 투기
> ------
> dump truck 덤프트럭
> garbage dump 쓰레기 처리장

dumpling /ˈdʌmplɪŋ/ 명사 (복) dumplings 덤플링, 만두

My favorite food is a shrimp **dumpling**.
내가 가장 좋아하는 음식은 새우 만두이다.

during /ˈdʊrɪŋ/ [전치사] ~ 동안에, (~하는) 중에

I saw a lot of famous movie stars in person **during** the film festival.
나는 영화제 동안에 많은 유명 영화배우들을 직접 봤다.

문법이 쑥쑥

during과 for 모두 '~ 동안'이라고 해석되지만, during 뒤에는 특정 기간을 나타내는 명사가 오고, for 뒤에는 주로 숫자와 함께 쓰인 구체적인 기간이 온다.
I'd like to rent a car *during* the weekend. (주말 동안 차를 빌리고 싶습니다.)
I'd like to rent a car *for* two days. (이틀 동안 차를 빌리고 싶습니다.)

dust /dʌst/ [명사] 먼지
[동사] (3단현) dusts (과거·과분) dusted (현분) dusting) 먼지를 털다

명 먼지
The chair in the old castle was covered with **dust**.
오래된 성 안에 있는 그 의자는 먼지로 뒤덮여 있었다.

Yellow **dust** is really bad and I have a sore throat.
황사가 너무 심해서 목이 아파요.

동 먼지를 털다
Please, **dust** the bookshelf when you clean my room.
제 방을 청소하실 때 책꽂이의 먼지도 좀 털어 주세요.

The chair in the old castle was covered with *dust*.

dusty /ˈdʌsti/ [형용사] (비교) dustier (최상) dustiest) 먼지투성이인, 먼지가 많은

He walked on a **dusty** road all day.
그는 하루 종일 먼지투성이 길을 걸었다.

His room was dark and **dusty**. 그의 방은 어둡고 먼지투성이였다.

Dutch /dʌtʃ/ [명사] [형용사] 네덜란드의, 네덜란드인(의), 네덜란드어(의) (☞ Netherlands)

Jake speaks **Dutch** very well. 제이크는 네덜란드어를 굉장히 잘한다.

duty /ˈduːti/ [명사] (복) duties) ① 의무 ② 일

1 의무, 책임 (= responsibility)
It's the **duty** of every student to study.
공부하는 것은 모든 학생의 의무이다.

It's my **duty** to separate the garbage.
쓰레기를 분리수거하는 것은 나의 책임이다.

2 [복수형으로 써서] **일, 임무** (= job, task)
He takes care of his **duties** carefully.

어휘가 쑥쑥
dutiful 형 의무를 다하는
dutifully 부 의무에 충실하게
sense of duty 의무감, 책임감
do one's duty 의무를 다하다
military duty 군 복무

그는 자신이 맡은 일을 신중하게 처리한다. | civic duty 시민의 의무

숙어 **on duty** 근무 중인, 당번인 (↔ off duty 비번인)
Who's *on duty* tonight? 오늘 밤 당번이 누구죠?
She takes a yoga class when she is *off duty*.
그녀는 비번일 때 요가 수업을 듣는다.

DVD /ˌdiː viː ˈdiː/ 명사 (복) DVDs 디브이디 《Digital Versatile[Video] Disk의 축약형》

It's illegal to sell pirated **DVDs**. 불법 복제된 DVD를 파는 것은 불법이다.

dwarf /dwɔːrf/ 명사 (복) dwarfs, dwarves (신화 속의) 난쟁이

Last night I read *Snow White and the Seven **Dwarfs***.
어젯밤에 나는 "백설 공주와 일곱 난쟁이"를 읽었다.
In myths and tales, **dwarfs** and elves have great magical powers.
신화와 동화에서는 난쟁이들과 요정들은 엄청난 마법의 힘을 지니고 있다.

dye /daɪ/ 명사 (복) dyes) 염료
동사 (3단현) dyes (과거·과분) dyed (현분) dyeing) 염색하다

명 **염료, 염색제**
The leather is soaked in orange **dye**.
가죽이 오렌지색 염료에 잠겨 있다.

어휘가 쑥쑥
hair dye 머리 염색약
natural dye 천연 염색제

동 **염색하다**
My mom used to **dye** her hair dark brown.
엄마는 머리를 짙은 갈색으로 염색하곤 하셨다.

실력이 쑥쑥
die(죽다)와 발음이 같다.

dying /ˈdaɪɪŋ/ 동사 die의 현재분사형 (☞ die) 형용사 죽어 가는

동 **die(죽다)의 현재분사형**
The little bird is **dying**. 그 작은 새가 죽어 가고 있다.

어휘가 쑥쑥
dying words 유언

형 **죽어 가는, 임종 때의**
I'll never forget her to my **dying** day.
나는 죽는 날까지 그녀를 잊지 못할 것이다.

*dynamite /ˈdaɪnəmaɪt/ 명사 다이너마이트 (암석 등을 깨뜨리는 데 쓰는 폭발하는 힘이 매우 큰 화학 물질)

They blew up the building with **dynamite**.
그들은 다이너마이트로 그 건물을 폭파했다.

each /iːtʃ/ [형용사] 각자의 [대명사] 각자 [부사] 각자에게

[형] [단수 명사와 함께 써서] **각자의, 각각의**
She has a ball in **each** hand.
그녀는 양손에 공을 가지고 있다.
Each person has his or her own unique personality.
사람들은 저마다 독특한 개성이 있다.

[대] **각자, 각각**
Each has his or her own cell phone nowadays.
요즘은 각자 자신의 휴대 전화를 가지고 있다.
Each of the students has his or her own locker.
학생들마다 각각 자신의 사물함을 가지고 있다.

[부] **각자에게, 한 사람[개]마다**
These CDs cost $1 **each**. 이 CD들은 한 장에 1달러이다.

[숙어] **each other** 서로
We have to help *each other*. 우리는 서로 도와야 한다.

> **문법이 쑥쑥**
> **each**는 하나하나 개별적으로 가리킬 때 사용한다. 뒤에는 항상 단수명사가 와야 한다. 제각각 모두를 나타낼 때는 **every**를 사용한다.
> *Each* child has an apple. (아이들은 각각 사과를 하나씩 가지고 있다.)
> *Every* child likes apples. (아이들 모두 사과를 좋아한다.)

eager /ˈiːɡər/ [형용사] (비교) more eager, eagerer (최상) most eager, eagerest
열망하는, 몹시 원하는 (= anxious)

Betty was **eager** to join the summer camp.
베티는 여름 캠프에 몹시 참가하고 싶어 했다.

> **어휘가 쑥쑥**
> **eagerly** [부] 간절히, 열심히

eagle /ˈiːɡl/ [명사] (복) eagles 독수리 (☞ bird)

A bald **eagle** is the American national bird.
흰머리독수리는 미국의 국조이다.

ear /ɪr/ [명사] (복) ears ① 귀 ② 청각

earring

1 귀 (☞ body)
Rabbits have long **ears**. 토끼는 귀가 길다.
[속담] Walls have **ears**. 벽에도 귀가 있다. (낮말은 새가 듣고 밤말은 쥐가 듣는다.)
If you put this shell to your **ear**, you can hear the sound of waves.
이 조개껍데기에 귀를 대 보면 파도 소리를 들을 수 있을 거야.

2 청각, 청력, 음감
If you listen to music too loud, it can hurt your **ears**.
음악을 너무 크게 들으면 청각이 손상될 수 있다.
She has an **ear** for music, so she can play the piano by **ear**. 그녀는 음감이 있어서 듣고 바로 피아노로 칠 수 있다.

어휘가 쑥쑥
earplug 귀마개
eardrum 고막
grin from ear to ear 활짝 웃다, 입이 귀에 걸리다

Walls have *ears*.

early /ˈɜːrli/
형용사 (비교) earl**ier** (최상) earl**iest** 초기의
부사 (비교) earl**ier** (최상) earl**iest** 초기에

형 초기의, 이른, 조기의 (↔ late 늦은)
He is in his **early** twenties. 그는 20대 초반이다.
The telescope was invented in the **early** 17th century.
망원경은 17세기 초에 발명되었다.
[속담] The **early** bird catches the warm.
일찍 일어나는 새가 벌레를 잡는다.

부 초기에, 조기에, 일찍 (↔ late 늦게, 나중에)
I left home **early** to take the first train.
나는 첫차를 타려고 일찍 집을 나섰다.
I wake up **early** in the morning. 나는 아침에 일찍 일어난다.

어휘가 쑥쑥
early bird[riser] 아침형 인간 (일찍 일어나는 사람)
keep early hours 일찍 자고 일찍 일어나다

실력이 쑥쑥
early 어떤 정해진 시간보다 '이른'
soon 현재 또는 어떤 시점에서 '오래지 않아, 곧'

earn /ɜːrn/
동사 (3단현) earn**s** (과거·과분) earn**ed** (현분) earn**ing** ① 돈을 벌다 ② 얻다

1 돈을 벌다 (↔ spend 돈을 쓰다)
I **earned** a lot of money this month.
나는 이번 달에 돈을 많이 벌었다.

2 얻다, 획득하다 (= gain) (↔ lose 잃다)
She hopes to **earn** a gold medal at next Olympics.
그녀는 다음 올림픽에서 금메달을 따기를 희망하고 있다.

어휘가 쑥쑥
earn a living 생활비를 벌다
earn pocket money 용돈을 벌다

earring /ˈɪrɪŋ/
명사 (복) earring**s** 귀걸이

I bought a pair of **earrings**. 나는 귀걸이 한 쌍을 샀다.
I lost an **earring**. 나 귀걸이 한 개를 잃어버렸어.

earth /ɜːrθ/ | 명사 ① 지구 ② 땅 ③ 흙

1 [the와 함께 써서] **지구** (= the globe)
The **earth** is round. 지구는 둥글다.
The moon goes around the **earth**, and the **earth** goes around the sun. 달은 지구 주위를 돌고 지구는 태양 주위를 돈다.

2 땅, 대지 (= land, ground)
The workers dug a hole in the **earth**.
일꾼들이 땅에 구멍을 팠다.

3 흙, 토양
Cover the seeds with a little **earth**. 씨를 약간의 흙으로 덮어라.

숙어 **on earth 도대체** 《의문문 강조》
What *on earth* are you doing? 너 도대체 뭐 하는 거니?
A: Where *on earth* have you been? I couldn't reach you all day. 도대체 어디 있었던 거야? 하루 종일 연락도 안 되던데.
B: I was busy with my work all day. 하루 종일 일하느라 바빴어.

어휘가 쑥쑥
earth science 지구 과학
the earth's surface 지구 표면
rotation[revolution] of the earth 지구의 자전[공전]

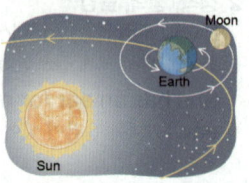

The moon goes around the *earth*, and the *earth* goes around the sun.

earthquake /ˈɜːrθkweɪk/ | 명사 (복) earthquakes) 지진 (= quake)

I'm afraid of **earthquakes**. 나는 지진이 두렵다.

earthworm /ˈɜːrθwɜːrm/ | 명사 (복) earthworms) 지렁이

The **earthworm** wriggled when I touched it.
그 지렁이는 내가 만졌을 때 꿈틀댔다.

ease /iːz/ | 명사 ① 쉬움 ② 편안함
동사 (3단현) eases (과거·과분) eased (현분) easing) ① 편해지다 ② 느슨하게 풀다

명 **1 쉬움, 용이함**(♀)
Amy solved the puzzle with **ease**.
에이미는 퍼즐을 쉽게 맞췄다.

2 편안함, 안락함(♀)
In her retirement, she lived a life of **ease**.
그녀는 은퇴를 하고 안락한 삶을 살았다.

동 **1 편해지다, ~을 편하게 하다, (고통·불편 등이) 덜해지다**
I'd like to **ease** Tom's pain. 나는 톰의 고통을 덜어 주고 싶다.
Her phone call **eased** my mind.
그녀의 전화로 내 마음이 편해졌다.

뜻풀이
용이함 어렵지 않고 쉬움
안락함 근심이나 걱정이 없고 편안하고 즐거움

어휘가 쑥쑥
feel at ease 편안하다
ease off 완화되다, 완화시키다

2 느슨하게 풀다
I **eased** a nut. 나는 너트(나사)를 풀었다.

easily /ˈiːzəli/ [부사] (비교) more easily (최상) most easily) ① 쉽게 ② 분명히 ③ 아마도

1 쉽게, 수월하게, 마음 편하게
You can get there **easily**. 그곳은 쉽게 갈 수 있다.

> 어휘가 쑥쑥
> win easily 쉽게 이기다
> catch a cold easily 쉽게 감기에 걸리다

2 [비교급·최상급을 강조하여] 분명히, 물론, 확실히
It is **easily** the best hotel.
그곳은 분명히 가장 좋은 호텔이라고 할 수 있다.

3 [can, may와 함께] 아마도, 어쩌면
The plane may **easily** be late. 비행기는 아마 늦을 것이다.

east /iːst/ [명사] 동쪽 [형용사] 동쪽의 [부사] 동쪽으로

[명] 동쪽
The sun rises in the **east**. 태양은 동쪽에서 뜬다.

[형] 동쪽의, 동부의
New York is located in the **east** coast area of the U.S.
뉴욕은 미국의 동부 해안에 위치해 있다.

The sun rises in the *east*.

[부] 동쪽으로
The wind is blowing **east**. 바람이 동쪽으로 불고 있다.

Easter /ˈiːstər/ [명사] [Easter Day, Easter Sunday로 쓰여] 부활절

I prefer to spend **Easter** at home.
나는 부활절을 집에서 보내는 게 더 좋아.

> 재미가 쑥쑥
> 예수 그리스도가 돌아가셨다가 부활한 것을 기념하는 날이다. 예수님 부활의 상징인 달걀을 예쁘게 꾸며 이웃들과 나눠 먹으며 예수님의 부활을 축하한다. 아이들은 부활절 토끼(Easter bunny)가 숨겨 놓았다고 믿는 부활절 달걀(Easter egg)을 찾는 놀이를 하기도 한다.

eastern /ˈiːstərn/ [형용사] ① 동쪽의 ② 동양의

1 동쪽의, 동부의
Boston is located in the north **eastern** part of America.
보스턴은 미국 북동부 지역에 위치해 있다.

> 어휘가 쑥쑥
> eastern food 동양 요리
> eastern philosophy 동양 철학

2 동양의
The **Eastern** and Western cultures coexist in that country.
그 나라에는 동서양의 문화가 공존하고 있다.

*easy /ˈiːzi/

형용사 (비교 easier 최상 easiest) ① 쉬운 ② 안락한
부사 (비교 easier 최상 easiest) 쉽게

형 1 쉬운, 간단한, 용이한 (= simple) (↔ difficult, hard 어려운)
It is an **easy** question. 그것은 쉬운 질문이다.
Learning English is not **easy** for me, but I have a lot of fun.
영어를 배우는 것이 쉽진 않지만 매우 재미있어요.

2 안락한, 편안한
She had a nice **easy** day at home.
그녀는 집에서 편안하고 좋은 하루를 보냈다.

부 쉽게, 편하게, 여유 있게
The air is clean, so I can breathe **easy**.
공기가 깨끗해서 나는 편하게 숨 쉴 수 있다.

[속담] **Easy** come, **easy** go. 쉽게 얻은 것은 쉽게 잃는다.

[숙어] **take it easy** ① 서두르지 않다, 진정하다 (= relax, calm down)
② 헤어질 때 하는 인사말 (= take care)

A: I am so angry at my sister. She spilt juice on my new dress.
내 여동생 때문에 너무 화가 나. 새로 산 내 원피스에 주스를 엎질렀어.
B: *Take it easy*! Anyone can make mistakes.
진정해! 누구나 다 실수할 수 있잖아.

A: Bye! Have a good day! 잘 가! 좋은 하루 보내!
B: Bye-bye! *Take it easy*. 너도 잘 가!

어휘가 쑥쑥
easiness 명 용이함, 마음 편함
easy way 쉬운 방법
easy to understand 이해하기 쉬운
easy task 쉬운 일
easy life 안락한 삶

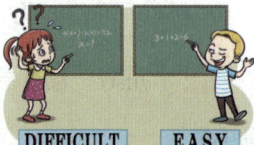

*eat /iːt/

동사 (3단현 eats 과거 ate 과분 eaten 현분 eating) 먹다, 식사하다

Many Americans **eat** turkey on Thanksgiving Day.
추수 감사절에 많은 미국인들이 칠면조 고기를 먹는다.
Don't **eat** too many sweets. It's bad for your teeth.
단것을 너무 많이 먹지 마. 치아에 좋지 않아.

[숙어] **eat out** 외식하다
Katie and her family *ate out* for dinner on her mother's birthday.
케이티와 그녀의 가족은 어머니의 생신날 저녁에 외식을 했다.

어휘가 쑥쑥
eat like a bird[horse] 아주 조금[많이] 먹다
eating habit 식습관

실력이 쑥쑥
다른 사람에게 사용할 때는 eat 대신 have를 쓴다.
Did you *have* lunch? (점심 먹었니?)

echo /ˈekoʊ/

명사 (복 echoes) 메아리
동사 (3단현 echoes 과거·과분 echoed 현분 echoing) 메아리치다

명 메아리, (소리의) 울림

We can hear the **echoes** of our voices in the cave.
우리는 동굴 속에서 우리의 목소리가 울리는 것을 들을 수 있다.

동 메아리치다, 소리가 울리다
His footsteps **echoed** in the empty room.
텅 빈 방 안에서 그의 발자국 소리가 울렸다.

economic /ˌiːkəˈnɑːmɪk/ 형용사 경제의, 경제학의

Economic growth is slow.
경제 성장이 느리다.
The country is facing great **economic** difficulties.
그 나라는 큰 경제적 어려움에 직면해 있다.

어휘가 쑥쑥
economic development
경제 발전[성장]

economical /ˌiːkəˈnɑːmɪkl/ 형용사 (비교) more economical (최상) most economical)
경제적인, 실속 있는, (돈을) 절약하는

It is more **economical** to buy the bigger size.
큰 사이즈를 사는 것이 더 경제적이다.

*economy /ɪˈkɑːnəmi/ 명사 (복) economies) ① 경제 ② 절약

1 **경제, 경기** (ⓟ 매매나 거래에 나타난 경제 활동의 상황)
The **economy** grew by 3% last year.
지난해 경제는 3퍼센트 성장했다.

2 **절약, 아끼기**
Victor has no concept of **economy**.
빅터는 경제관념이 없다.

어휘가 쑥쑥
economics 명 경제학
economist 명 경제학자
world[domestic] economy 세계[국내] 경제
market economy 시장 경제

*edge /edʒ/ 명사 (복) edges) ① 가장자리 ② 날카로움

1 **가장자리, 모서리, 끝** (= border)
She decorated the **edges** of the curtain with lace.
그녀는 커튼 가장자리를 레이스로 장식했다.
I sat down at the water's **edge**. 나는 물가에 앉았다.

2 **(칼 따위의) 날, 날카로움**
This knife has a sharp **edge**. 이 칼은 날이 날카롭다.

*edit /ˈedɪt/ 동사 (3단현 edits 과거·과분 edited 현분 editing) ① 편집하다 ② 교정하다

1 **(책·신문·영화 등을) 편집하다**
He **edits** the daily paper. 그는 일간지를 편집한다.

어휘가 쑥쑥
editor 명 편집자, 편집 위원

2 (원고를) 교정하다, 수정하다
I need to **edit** my essay. 나는 내 에세이를 수정해야 한다.

> editing 명 편집, 교정

edition /ɪˈdɪʃn/ | 명사 (복) editions (초판·재판의) 판

The first **edition** of this book was published in the year 2001. 이 책의 초판은 2001년에 출판되었다.

> 어휘가 쑥쑥
> special edition 특별판

*educate /ˈedʒukeɪt/ | 동사 (3단현) educates (과거·과분) educated (현분) educating
교육하다, 가르치다 (= teach)

A teacher's job is to **educate** students.
교사의 임무는 학생들을 교육하는 것이다.
We need to **educate** students about the dangers of drugs.
우리는 학생들에게 약물의 위험성에 대해 교육해야 한다.

> 어휘가 쑥쑥
> educated 형 교양 있는, 교육을 받은

education /ˌedʒuˈkeɪʃn/ | 명사 교육 (= instruction)

Korean parents have a great interest in their children's **education**.
한국의 부모들은 그들의 자녀 교육에 큰 관심을 갖고 있다.
Kurt has a degree in music **education**.
커트는 음악 교육 (전공) 학위가 있다.

> 어휘가 쑥쑥
> primary[elementary] education 초등 교육
> public education 공교육

educational /ˌedʒuˈkeɪʃənl/ | 형용사 (비교) more educational (최상) most educational)
교육의, 교육적인

This is my favorite **educational** TV program.
이것은 내가 가장 좋아하는 교육 TV 프로그램이다.
Amy majored in **educational** psychology.
에이미는 교육 심리학을 전공했다.

> 어휘가 쑥쑥
> educational system 교육 제도

*effect /ɪˈfekt/ | 명사 (복) effects) ① 영향 ② 결과

1 영향, 효과 (= influence)
Watching a lot of TV has a bad **effect** on children.
TV를 많이 보는 것은 아이들에게 나쁜 영향을 끼친다.
I heard colors have an **effect** on our moods.
듣기로는 색깔이 우리 기분에 영향을 끼친다고 한다.

> 어휘가 쑥쑥
> cause and effect 원인과 결과
> side effect 부작용
> take effect 효과가 나타나다, (법이) 시행되다

2 결과 (= result) (↔ cause 원인)
He studied so hard that he could get the desired **effect**.
그는 아주 열심히 공부해서 바라던 결과를 얻을 수 있었다.

effective /ɪˈfektɪv/
형용사 (비교) more effective (최상) most effective)
① 효과적인 ② 실시 중인

1 효과적인, 효력 있는
My teacher told us some **effective** ways of writing.
선생님께서 우리에게 몇 가지 효과적인 글쓰기 방법을 알려 주셨다.

2 (법률 등이) 실시 중인, 유효한
This contract is **effective** for one year.
이 계약은 1년간 유효하다.

> 어휘가 쑥쑥
> **effectively** 📖 효과적으로, 효율적으로
> **effectiveness** 📖 유효성, 효율성

efficiency /ɪˈfɪʃnsi/
명사 효율성, 능률

He works with great **efficiency**.
그는 매우 효율적으로 일한다.

efficient /ɪˈfɪʃnt/
형용사 (비교) more efficient (최상) most efficient)
① 능률적인 ② 유능한

1 능률적인, 효율적인
Subway is fast and **efficient** transportation.
지하철은 빠르고 효율적인 교통수단이다.

2 유능한, 실력 있는
She is a very **efficient** teacher.
그녀는 매우 유능한 선생님이다.

> 어휘가 쑥쑥
> **inefficient** 비능률적인, 효과 없는
> **fuel-efficient** 연료 효율이 좋은

effort /ˈefərt/
명사 (복) efforts) 노력, 수고

Your **effort** deserves praise.
너의 노력은 칭찬받아 마땅하다.

You have to make an **effort** to achieve what you want.
네가 원하는 것을 이루려면 열심히 노력해야 한다.

> 어휘가 쑥쑥
> **make no effort** 애쓰지 않다, 노력하지 않다
> **with great effort** 공들여

effortless /ˈefərtləs/
형용사 힘이 들지 않는, 수월해 보이는, 노력하지 않는

She dances with **effortless** grace.
그녀는 힘들이지 않고 우아하게 춤을 춘다.

> 어휘가 쑥쑥
> **effortlessly** 📖 쉽게

egg /eg/
명사 (복) eggs) 달걀, 계란, 알

I prefer boiled **eggs** to fried **eggs**.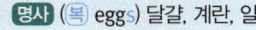
저는 달걀 프라이보다 삶은 달걀이 더 좋아요.

> 어휘가 쑥쑥
> **soft-boiled egg** 반숙란

The goose laid one golden **egg** every day.
그 거위는 매일 하나씩 황금알을 낳았다.

| hard-boiled egg 완숙란

Egypt /ˈiːdʒɪpt/ 명사 이집트

Egypt is famous for pyramids. 이집트는 피라미드로 유명하다.

Egyptian /iˈdʒɪpʃn/ 명사 형용사 (복 Egyptians) 이집트의, 이집트인(의), 이집트어(의)

eight /eɪt/ 명사 형용사 8(의), 여덟 (개의)

I'm **eight** (years old). 나는 여덟 살이다.

eighteen /ˌeɪˈtiːn/ 명사 형용사 18(의), 열여덟(의)

Amy is **eighteen** (years old). 에이미는 18세이다.

eighth /eɪtθ/ 명사 (복 eighths) ① 여덟 번째 ② 8분의 1 형용사 여덟 번째의

명 **1** [보통 앞에 the를 써서] **여덟 번째, 8일**
The meeting is on the **eighth** of July.
그 회의는 7월 8일에 있다.

2 8분의 1
Cut the pie into **eighths**. 파이를 8등분해라.

형 **여덟 번째의, 8분의 1의**
Today is her **eighth** birthday. 오늘은 그녀의 여덟 번째 생일이다.

| 실력이 쑥쑥
| 영어로 분수를 쓸 때 분자는 기수로, 분모는 서수로 나타내며, 분자가 2 이상일 경우 분모에 -s를 붙인다. 읽을 때는 분자부터 읽는다.
| one *eighth* (8분의 1)
| three *eighths* (8분의 3)

eighty /ˈeɪti/ 명사 형용사 (복 eighties) 80(의)

He is **eighty** (years old). 그는 80세이다.

✱ either /ˈiːðər, ˈaɪðər/ 형용사 ① (둘 중) 어느 하나의 ② 양쪽의 대명사 (둘 중) 어느 하나 부사 또한

형 **1 (둘 중) 어느 하나의, 어느 것이든**
I don't know the answer to **either** question.
둘 중 어느 한 문제의 답도 모르겠다.

2 양쪽의
There are a lot of stores on **either** side of the street.
길 양쪽에 상점들이 많다.

| 문법이 쑥쑥
| either와 too 모두 '또한, 역시'라는 뜻이다. 그러나 either는 부정문에, too는 긍정문에 사용된다.
| A1: I don't like cats. (나는 고양이를 안 좋아해.)

대 (둘 중) 어느 하나, 아무거나
I don't like **either** of them. 그들 중 어느 누구도 맘에 안 드네요.
A: Would you like to have dinner before or after the movies?
저녁을 영화 보기 전에 먹을래요, 아니면 영화 보고 나서 먹을래요?
B: **Either** will be fine. 어느 쪽이든 좋아요.

부 [부정문에 써서] 또한, 역시
If you don't go to the party, I will not go there, **either**.
만약 네가 그 파티에 안 가면 나도 안 갈래.

숙어 **either A or B** A와 B 둘 중 하나
Either you *or* I must go there.
너와 나 둘 중 한 명은 거기에 가야 해.

B1: I don't like cats, *either*. (나도 안 좋아해.)
A2: I like cats. (나는 고양이를 좋아해.)
B2: I like cats, *too*. (나도 좋아해.)

not either와 neither는 동일한 뜻으로 사용된다.
A: I can't stand the heat very well. (전 더위를 잘 못 참아요.)
B: I *can't either*. (= Me *neither*.) (저도 그래요.)

elbow /ˈelboʊ/ 명사 (복) elbows 팔꿈치 (☞ body)

It's not polite to put your **elbows** on the table while eating.
식사 중에 팔꿈치를 테이블에 올려놓는 것은 예의가 아니다.

elder /ˈeldər/ 형용사 나이가 더 많은 명사 (복) elders 어른

형 [old의 비교급] **나이가 더 많은**
She is my **elder** sister. 그녀가 내 언니야.

명 어른, 노인
We should respect our **elders**.
우리는 웃어른을 공경해야 한다.

문법이 쑥쑥
형용사일 때는 the elder로 쓰이는 경우를 제외하고는 명사 앞에서만 쓸 수 있다.
He is *elder* than I am. (×)
He is *older* than I am. (○)

eldest /ˈeldɪst/ 형용사 [old의 최상급] 가장 나이가 많은, 장남의, 장녀의

My **eldest** daughter is 12. 우리 큰딸은 열두 살이다.

*elect /ɪˈlekt/ 동사 (3단현) elects (과거·과분) elected (현분) electing
선출하다, 뽑다 (= pick, select)

We **elected** him mayor. 우리는 그를 시장으로 선출했다.
They vote to **elect** their leaders.
그들은 투표로 자신들의 지도자를 뽑는다.

어휘가 쑥쑥
elected official 선출된 공무원

election /ɪˈlekʃn/ 명사 (복) elections 선거

Today is **election** day in Korea.
오늘은 한국에서 선거일이야.

*electric /ɪˈlektrɪk/ | 형용사 전기의, 전기를 사용하는

After you use an **electric** iron, be sure to turn the power off.
전기 다리미를 사용한 후에는 반드시 전원을 끄세요.

electricity /ɪˌlekˈtrɪsəti/ | 명사 전기, 전력

Suddenly the **electricity** went out. 갑자기 정전이 됐다.
Utilities such as **electricity** and water bills are included in the rent. 전기세나 수도세와 같은 공공요금은 임대료에 포함됩니다.

> 어휘가 쑥쑥
> static electricity 정전기

*electronic /ɪˌlekˈtrɑːnɪk/ | 형용사 전자의

Electronic goods are on sale.
지금 전자 제품이 세일 중이다.
John wants to be an **electronic** engineer.
존은 전자 공학자가 되고 싶어 한다.

> 어휘가 쑥쑥
> electronic calculator 전자 계산기
> electronic music 전자 음악

*element /ˈelɪmənt/ | 명사 요소, 성분

Health is an essential **element** for happiness.
건강은 행복의 필수 요소이다.

elementary /ˌelɪˈmentri/ | 형용사 초보의, 기본적인 (= primary, basic)

My sister and I went to the same **elementary** school.
우리 언니랑 나는 같은 초등학교에 다녔다.
I bought an **elementary** level book to study Chinese.
나는 중국어를 공부하기 위해서 초급 교재를 한 권 샀다.

> 어휘가 쑥쑥
> elementary student 초등학생

elephant /ˈelɪfənt/ | 명사 (복) elephants) 코끼리 (☞ animal)

An **elephant** eats food with its very long trunk.
코끼리는 매우 긴 코로 음식을 먹는다.
A baby **elephant** is called 'calf.'
새끼 코끼리는 'calf'라고 불린다.

elevator /ˈelɪveɪtər/ | 명사 (복) elevators) 엘리베이터, 승강기 (= lift)

We need to take the **elevator**. 우리는 엘리베이터를 타야 한다.
Is this **elevator** going up or down?
이 엘리베이터는 올라가나요, 내려가나요?

> 어휘가 쑥쑥
> elevate 동 들어 올리다
> elevation 명 고도, 높이

eleven /ɪˈlevn/ | 명사 형용사 11(의)

I'm **eleven** (years old). 나는 열한 살이다.

else /els/ | 부사 그 밖의, 다른, 또 다른

He can run faster than anyone **else**.
그는 다른 그 누구보다 더 빨리 달릴 수 있다.
After he left, there was no one **else** in the room.
그가 나가고 나자 방에는 아무도 없었다.
Bill said the food was terrible, but everybody **else** said it was good.
빌은 음식이 형편없다고 했지만 다른 모든 사람들은 맛있다고 했다.
A: I'd like a hamburger and Coke. 햄버거랑 콜라 주세요.
B: O.K. Anything **else**? 네. 그 밖에 더 필요한 건 없나요?
A: That's all. 그게 다예요.

A: Did you finish your writing assignment?
작문 숙제 다 끝냈니?
B: No. After the title, I have nothing **else** to write.
아니. 제목을 쓰고 나니까 더 이상 쓸 말이 없어.

He can run faster than anyone *else*.

실력이 쑥쑥
else는 주로 something, anything, nothing, somebody, anybody, nobody 등의 대명사와 what, who 등의 의문사 뒤에 붙는다.

email, e-mail /ˈiːmeɪl/
명사 (복) email**s** 이메일
동사 (3단현) email**s** (과거·과분) email**ed** (현분) email**ing**)
전자 우편[이메일]을 보내다

명 이메일, 전자 우편 《electronic mail의 줄임말》
You can contact me by **e-mail**. 이메일로 연락 주세요.

동 전자 우편[이메일]을 보내다
I **emailed** Amy yesterday.
나는 어제 에이미에게 이메일을 보냈다.
Please **email** me the picture.
제게 이메일로 사진을 보내 주세요.

어휘가 쑥쑥
send[receive] an email
이메일을 보내다[받다]
email address 이메일 주소

embarrass /ɪmˈbærəs/
동사 (3단현) embarrass**es** (과거·과분) embarrass**ed**
(현분) embarrass**ing**) 당황스럽게 만들다, 난처하게 만들다

Her question **embarrassed** me.
그녀의 질문은 나를 당황스럽게 했다.
He used to **embarrass** me all the time.
그는 항상 나를 난처하게 만들곤 했다.

어휘가 쑥쑥
embarrassment 명 당황, 난처, 어색함

embarrassed /ɪmˈbærəst/ 형용사 (비교 more embarrassed 최상 most embarrassed) 당황스러운, 민망한, 쑥스러운

I was **embarrassed** by his attitude.
나는 그의 태도에 당황했다.

I was so **embarrassed** when people suddenly made me come to the front and sing.
사람들이 나에게 갑자기 앞에 나와서 노래하라고 시켰을 때 매우 당황스러웠다.

embarrassing /ɪmˈbærəsɪŋ/ 형용사 (비교 more embarrassing 최상 most embarrassing) 당황스럽게 하는, 민망하게 하는

She asked an **embarrassing** question.
그녀는 난처한 질문을 했다.

*emergency /ɪˈmɜːrdʒənsi/ 명사 (복 emergencies) 응급 상황, 비상사태

In case of an **emergency**, please call me right away.
응급 상황이 생기면 저에게 바로 연락해 주세요.

*emotion /ɪˈmoʊʃn/ 명사 (복 emotions) 감정, 느낌, 정서 (= feeling)

Sometimes I couldn't control my **emotions**.
나는 때때로 감정을 통제할 수 없었다.

Anger, love, joy, or hate are all **emotions**.
분노, 사랑, 기쁨, 미움은 모두 감정이다.

어휘가 쑥쑥
positive[negative] emotion 긍정[부정]적 감정

emotional /ɪˈmoʊʃənl/ 형용사 (비교 more emotional 최상 most emotional) 감정적인, 감정에 호소하는, 감동적인

Alice is very **emotional**. 앨리스는 매우 감정적이다.
Jen suffered from a lot of **emotional** problems.
젠은 많은 정서적 문제를 겪었다.

어휘가 쑥쑥
emotional speech 감동적인 연설

empathize /ˈempəθaɪz/ 동사 (3단현 empathizes 과거·과분 empathized 현분 empathizing) 감정을 이입하다, 공감하다

It is difficult to **empathize** with another person's feelings.
다른 사람의 감정에 공감하는 것은 어렵다.

emperor /ˈempərər/ 명사 (복 emperors) 황제

Caesar's nephew, Octavian, became an **emperor**.
시저의 조카인 옥타비아누스가 황제가 되었다.

emphasis /ˈemfəsɪs/ | 명사 (복) emphases) 강조, 중요성, 중시

I placed **emphasis** on the importance of healthy food.
나는 건강에 좋은 음식의 중요성을 강조했다.

This is so important that it deserves special **emphasis**.
이것은 너무 중요하기 때문에 특히 강조할 만하다.

어휘가 쑥쑥
strong emphasis 강한 강조
with emphasis 강조하여

emphasize /ˈemfəsaɪz/ | 동사 (3단현) emphasizes (과거·과분) emphasized (현분) emphasizing) 강조하다

My parents **emphasized** the importance of education.
우리 부모님은 교육의 중요성을 강조하셨다.

Parents **emphasize** that children should be independent.
부모들은 아이들이 독립심을 가져야 한다고 강조한다.

empire /ˈempaɪər/ | 명사 (복) empires) 제국(황제가 다스리는 나라)

Look at this map of the British **Empire**.
이 대영 제국의 지도 좀 봐.

The Roman **Empire** lasted about 500 years.
로마 제국은 약 500년간 지속되었다.

어휘가 쑥쑥
ancient empire 고대 제국

employ /ɪmˈplɔɪ/ | 동사 (3단현) employs (과거·과분) employed (현분) employing) 고용하다 (= hire) (↔ fire 해고하다)

Mr. Brown **employed** me as a secretary.
브라운 씨는 나를 비서로 고용했다.

employee /ɪmˈplɔɪiː/ | 명사 (복) employees) 종업원, 직원, 고용된 사람

Julian has thirty **employees**.
줄리언은 30명의 직원을 데리고 있다.

I am a part-time **employee**. 저는 시간제 근무 직원입니다.

실력이 쑥쑥
-ee는 보통 그 행위를 당하는 사람을 나타낸다.

employer /ɪmˈplɔɪər/ | 명사 (복) employers) 고용주

My **employer** fired me yesterday.
사장님이 어제 나를 해고했다.

Sam met his former **employer** at the station.
샘은 그의 전 사장님을 역에서 만났다.

뜻풀이
고용주 다른 사람에게 돈을 주고 일을 시키는 사람

empty /ˈempti/

형용사 ① 텅 빈 ② 아무도 없는 ③ 말뿐인
동사 (3단현) empties (과거·과분) emptied (현분) emptying) 비우다

형 1 (내용물이) 텅 빈, 아무것도 없는 (↔ full 가득한)
I opened the **empty** refrigerator. 나는 텅 빈 냉장고의 문을 열었다.

2 (장소가) 아무도 없는 (= vacant)
The bus is **empty**. 버스가 비어 있다. (아무도 없다)
I occupied an **empty** seat. 나는 비어 있는 자리를 차지했다.

3 말뿐인, 무의미한 (= not sincere)
I'm tired of his **empty** promises. 나는 그의 말뿐인 약속에 지쳤다.

동 (내용물을) 비우다
Amy **empties** the wastebasket once a day.
에이미는 쓰레기통을 하루에 한 번 비운다.
He **emptied** the water out of the vase.
그는 꽃병의 물을 비웠다.

(어휘가 쑥쑥)
empty bottle 빈 병
empty mind 텅 빈 마음
empty stomach 빈속

empty-handed /ˌempti ˈhændɪd/ 　형용사　빈손의

I went to Tom's birthday party **empty-handed**.
나는 톰의 생일 파티에 빈손으로 갔다.

enable /ɪˈneɪbl/

동사 (3단현) enables (과거·과분) enabled (현분) enabling)
~할 수 있게 해 주다, 가능하게 하다

The Internet **enables** us to communicate with people all over the world.
인터넷은 우리가 전 세계의 사람들과 대화할 수 있게 해 준다.

(어휘가 쑥쑥)
able 가능한, 능력 있는
inability 무능
disability 무력, 신체장애

(실력이 쑥쑥)
en-은 명사나 형용사 앞에 붙어 '~하게 하다', '~이 되게 하다'의 의미를 갖는다.
en+able(가능한)=enable, en+courage(용기)=encourage(용기를 북돋우다)

enamel /ɪˈnæml/ 　명사　에나멜, 법랑(🔎 금속이나 도기 등의 표면에 발라 유리처럼 반들거리게 하는 물질)

The pan is covered with blue **enamel**.
그 팬은 파란색 법랑으로 칠해져 있다.

encore /ˈɑːnkɔːr/ 　명사　(복) encores) 앙코르, 재청(이요)

Fans called for an **encore**. 팬들은 앙코르를 청했다.

encounter /ɪnˈkaʊntər/

동사 (3단현) encounters (과거·과분) encountered (현분) encountering ① 마주치다 ② 부딪히다
명사 (복) encounters) 마주침

동 1 (우연히) 마주치다
I **encountered** a friend on the road.
나는 길에서 한 친구와 마주쳤다.

2 (위험·곤란에) 부딪히다, 부닥치다
I **encountered** many difficulties. 나는 많은 어려움에 부닥쳤다.

명 마주침, 만남, 대면
I had an **encounter** with a wolf in the woods.
나는 숲속에서 늑대와 마주쳤다.

어휘가 쑥쑥
strange encounter 이상한 만남
sudden encounter 갑작스러운 만남

encourage /ɪnˈkɜːrɪdʒ/

동사 (3단현) encourages (과거·과분) encouraged (현분) encouraging ① 용기를 주다 ② 장려하다

1 용기를 주다, 격려하다 (↔ discourage 낙담하게 하다)
The famous football player **encouraged** children to have hope.
그 유명한 미식축구 선수는 희망을 가지도록 아이들에게 용기를 북돋아 주었다.

2 (성장을) 촉진하다, 장려하다
Warm weather can **encourage** palm tree's growth.
따뜻한 날씨가 야자수의 성장을 촉진할 수 있다.

어휘가 쑥쑥
encouraged 형 용기를 얻은
encouraging 형 격려하는
encouragingly 부 격려하듯이
encourage savings 저축을 장려하다

encouragement /ɪnˈkɜːrɪdʒmənt/

명사 격려, 장려 (🔍 바람직하고 좋은 일을 해 나가도록 권하거나 북돋워 주는 것)

My teacher always gives me warm **encouragement**.
선생님은 늘 나를 따뜻하게 격려해 주신다.

encyclopedia /ɪnˌsaɪkləˈpiːdiə/

명사 (복) encyclopedias) 백과사전

This **encyclopedia** belongs to my brother.
이 백과사전은 저희 형 것입니다.

end /end/

명사 (복) ends) 끝 **동사** (3단현) ends (과거·과분) ended (현분) ending) 끝나다

명 끝, 가장 마지막 부분 (↔ beginning, start 처음, 시작 부분)
The book was so interesting that I read it from beginning to **end** in one sitting.

실력이 쑥쑥
at the end 이야기나 영화·책·게임 등의 마지막 부분

나는 그 책이 너무 재밌어서 앉은자리에서 처음부터 끝까지 다 읽었다.
The **end**. 끝 《영화의 마지막 장면》

동 끝나다, 끝내다 (= finish, complete) (↔ begin, start 시작하다)
They **ended** the meeting at almost midnight.
그들은 거의 자정이 다 되어서야 회의를 끝냈다.

숙어 **come to an end** 끝나다 (= finish)
World War II *came to an end* in a victory for the Allies.
제2차 세계 대전은 연합군의 승리로 끝났다.

in the end 결국, 마침내 (= finally)
Alex studied very hard and came first on the final exams *in the end*.
알렉스는 공부를 아주 열심히 하더니 결국 기말고사에서 1등을 했다.

을 나타낼 때 쓴다.
at the end of the story (이야기의 마지막에)
at the end of the chapter (챕터의 마지막에)
in the end 시간이 오래 지난 다음 어떤 일이 일어날 때 쓴다. '결국(eventually)'의 의미이다.
We will win *in the end*. (우리는 결국 이길 것이다.)

endanger /ɪnˈdeɪndʒər/

동사 (3단현 endangers 과거·과분 endangered 현분 endangering) 위험에 빠뜨리다

Fire **endangered** the hotel's guests.
화재는 호텔의 투숙객들을 위험에 빠뜨렸다.
Smoking **endangers** your health.
흡연은 당신의 건강을 위협합니다.

어휘가 쑥쑥
endangerment **명** 멸종 위기 상황

endangered /ɪnˈdeɪndʒərd/

형용사 위험에 빠진, 멸종 위기에 처한

Rhinos, tigers, and giant pandas are **endangered** species.
코뿔소, 호랑이, 그리고 자이언트판다는 멸종 위기종이다.

endless /ˈendləs/

형용사 끝없는, 무한한

I was tired of **endless** meetings.
나는 끝없는 회의로 지쳤다.

실력이 쑥쑥

'~이 없는(without)'을 뜻하는 접미사 -less
care + less (without care) = careless (조심성 없는) / doubt + less (without a doubt) = doubtless (의심할 바 없는)

✱ enemy /ˈenəmi/

명사 (복 enemies) 적, 적군

He has many **enemies**. 그는 적이 많다.
"My **enemy** is the lion." said the deer.
"나의 적은 사자입니다."라고 사슴이 말했다.
Brave soldiers fought against the **enemy** to the end.
용감한 군인들은 적군에 맞서 끝까지 싸웠다.

어휘가 쑥쑥
conquer[defeat] the enemy 적을 정복하다[무찌르다]

energy /ˈenərdʒi/ | 명사 (복) energies ① 활기 ② 에너지

1 **활기, 에너지, 힘, 기운** (= power, strength)
Katie is always full of **energy**, so I like her.
케이티는 항상 활기가 넘쳐서 좋아요.

2 [물리] **에너지**
We need clean and renewable **energy**.
우리는 청정하고 재생 가능한 에너지가 필요합니다.

어휘가 쑥쑥
wind energy 풍력
atomic energy 원자력
solar energy 태양 에너지

*engage /ɪnˈɡeɪdʒ/ | 동사 (3단현) engages (과거·과분) engaged (현분) engaging
① 참여하다 ② 약혼시키다

1 **참여하다** (= take part in), **관여하다**
I am **engaging** in volunteer work.
나는 자원봉사 활동에 참여하고 있다.

June **engages** in many after-school activities.
준은 많은 방과 후 활동에 참여한다.

2 **약혼시키다**
Fred and Michelle got **engaged** a week ago.
프레드와 미셸은 일주일 전에 약혼했다.
I am **engaged** to her. 나는 그녀와 약혼 중이다.

어휘가 쑥쑥
engaged 형 약혼한
engage in violence 폭력에 관여하다

engagement /ɪnˈɡeɪdʒmənt/ | 명사 (복) engagements ① 참여 ② 약혼

1 [불] **참여, 관여**
All of us need active **engagement** in political issues.
우리 모두 정치 문제에 적극적인 참여가 필요하다.

2 **약혼, 약속**
This diamond **engagement** ring is too expensive.
이 다이아몬드 약혼 반지는 너무 비싸다.

어휘가 쑥쑥
prior engagement 선약
engagement ceremony 약혼식

*engine /ˈendʒɪn/ | 명사 (복) engines 엔진, 발동기 (○ 동력을 만들어 내는 기계)

Suddenly the **engine** failed and the plane crashed.
갑자기 엔진이 고장 나서 비행기가 추락했다.

*engineer /ˌendʒɪˈnɪr/ | 명사 (복) engineers 엔지니어, 기술자, 기사 (☞ job)

He is an electrical **engineer**. 그는 전기 기술자이다.
He is an **engineer** who develops online games.
그는 온라인 게임을 개발하는 엔지니어야.

England /ˈɪŋɡlənd/ 명사 ① 영국 ② 잉글랜드

1 영국 (= Great Britain)
England has a Royal Family.
영국에는 왕실이 있다.

2 잉글랜드 《Great Britain섬에서 Scotland, Wales를 제외한 부분》
Great Britain is made up of **England**, Scotland, and Wales.
대영 제국은 잉글랜드, 스코틀랜드, 웨일스로 이루어져 있다.

English /ˈɪŋɡlɪʃ/ 명사 ① 영어 ② 영국인 형용사 ① 영어의 ② 영국인의

명 1 [언어] 영어
Nowadays many kids start to learn **English** when they are in elementary school.
요즘 많은 아이들은 초등학교 때 영어를 배우기 시작한다.

2 영국인
The **English** enjoy cricket. 영국 사람들은 크리켓을 즐긴다.

형 1 영어의
I got this **English** dictionary for my birthday.
나는 생일 선물로 이 영어사전을 받았다.

2 영국인의, 영국의
Patrick is not Irish, but **English**.
페트릭은 아일랜드인이 아니고 영국인이다.

(어휘가 쑥쑥)
American English 미국 영어
British English 영국 영어
English book 영어로 된 책
English history 영국 역사

(실력이 쑥쑥)
the English는 영국인 전체를 가리키므로 복수 취급한다. 영국인 한 명은 an Englishman 또는 an Englishwoman이라고 한다.

*enjoy /ɪnˈdʒɔɪ/ 동사 (3단현) enjoys (과거·과분) enjoyed (현분) enjoying
즐기다 (= have fun)

Ed **enjoys** listening to music.
에드는 음악을 듣는 것을 즐긴다.

How did you **enjoy** your trip?
여행은 즐거웠습니까?

I hope you will **enjoy** the food.
음식 맛있게 드셨으면 좋겠습니다.

[숙어] **enjoy oneself** 재미있게 지내다, 즐거운 시간을 보내다 (= have fun)
We *enjoyed ourselves* at the Christmas party.
우리는 크리스마스 파티에서 즐거운 시간을 보냈다.

A: Thank you for inviting me to the party.
파티에 초대해 주셔서 감사합니다.

B: It's my pleasure. *Enjoy yourself*.
고맙기는요. 즐거운 시간 보내세요.

(문법이 쑥쑥)
enjoy(즐기다), finish(끝내다), stop(멈추다), mind(꺼리다), give up(포기하다), avoid(피하다)는 목적어로 동명사(-ing)를 써야 한다.
enjoy reading[walking] (독서를[산책을] 즐기다)

✶ enough /ɪ'nʌf/ | 형용사 충분한, 넉넉한 | 부사 충분히 | 대명사 충분한 양

형 충분한, 넉넉한
Ants always worked hard to prepare **enough** food for winter.
개미들은 겨울 식량을 넉넉히 마련하기 위해서 항상 열심히 일했습니다.

부 충분히, 넉넉히
The kid isn't old **enough** to go to school.
그 아이는 아직 학교 갈 나이가 안 됐다.

대 충분한 양, 넉넉한 양
A: Do you think we need some more food?
음식이 더 필요할까요?
B: I don't think so. There's **enough** for everybody.
그렇지 않을걸요. 모두가 먹을 만큼 충분한 양이 있어요.

> **실력이 쑥쑥**
> 부사 enough는 필요에 충분한 정도를 나타낼 때 쓴다. 그 정도를 초과할 때에는 too를 쓴다.
> This coat is big *enough* for me. (이 코트는 내가 입기에 좋을 만큼 크다.)
> This coat is *too* big for me. (이 코트는 나한테 너무 크다.)

✶ enter /'entər/ | 동사 (3단현) enters (과거·과분) entered (현분) entering
① (장소에) 들어가다 ② (조직에) 들어가다 ③ 입력하다

1 (장소·건물에) 들어가다, 들어서다 (= go in, come in)
He **entered** my room. 그가 내 방에 들어왔습니다.
Knock on the door before **entering**. 들어오기 전에 노크하세요.

2 (조직·단체에) 들어가다, ~에 입학하다, 입사하다
When the boy **entered** the university, he was only eight years old. 그 남자아이는 대학에 들어갔을 때 겨우 여덟 살이었다.

3 (컴퓨터에) 입력하다
Enter your user name and password.
사용자명과 비밀번호를 입력하세요.

> **어휘가 쑥쑥**
> enter the military
> 입대하다

> **실력이 쑥쑥**
> '어떤 장소에 들어가다'의 의미일 때는 enter 뒤에 in이나 into를 쓰지 않는다.
> *enter into* one's room (×)
> *enter* one's room (○)

✶ entertain /ˌentər'teɪn/ | 동사 (3단현) entertains (과거·과분) entertained (현분) entertaining
① 즐겁게 하다 ② 대접하다

1 즐겁게 하다
Comedians know how to **entertain** people.
코미디언은 사람들을 즐겁게 하는 법을 알고 있다.

2 (손님을) 대접하다
My parents **entertained** my guests at dinner.
부모님이 내 손님들에게 저녁 대접을 해 주셨다.

> **어휘가 쑥쑥**
> entertaining 형 재미있는
> entertain the audience
> 관객을 즐겁게 하다

---

entertainer /ˌentər'teɪnər/ | 명사 (복) entertainers 연예인, 예능인

Jane is a multi-talented **entertainer**. 제인은 다재다능한 연예인이다.

entertainment /ˌentərˈteɪnmənt/ | 명사 (복) entertainments) 오락, 연예, 접대

Today movies are one of the most popular forms of **entertainment**.
오늘날 영화는 가장 인기 있는 오락의 한 형태이다.

enthusiasm /ɪnˈθuːziæzəm/ | 명사 열정, 열광, 열의

The new teacher is full of **enthusiasm**.
새로 오신 선생님은 열정으로 가득 차 있다.

*enthusiastic /ɪnˌθuːziˈæstɪk/ | 형용사 (비교) more enthusiastic (최상) most enthusiastic) 열정적인, 열광하는

She received an **enthusiastic** welcome.
그녀는 열렬한 환영을 받았다.
George is **enthusiastic** about playing the piano.
조지는 피아노를 연주하는 데 열정적이다.

어휘가 쑥쑥
enthusiastically 🔁 열정적으로

*entire /ɪnˈtaɪər/ | 형용사 전체의 (= whole), 완전한 (= complete)

He lived in his hometown for his **entire** life.
그는 고향에서 평생 살았다.
The **entire** town is covered with yellow dust in spring.
봄에는 도시 전체가 황사로 뒤덮인다.

어휘가 쑥쑥
entire world 전 세계
entire day 온종일
entire family 온 가족

entirely /ɪnˈtaɪərli/ | 부사 완전히, 아주 (= completely)

The cat was **entirely** covered with shiny black fur.
그 고양이는 몸 전체가 반짝이는 검은 털로 덮여 있었다.
I agree with you **entirely**. 나는 전적으로 너에게 동의한다.

어휘가 쑥쑥
be entirely different
완전히 다르다

entrance /ˈentrəns/ | 명사 (복) entrances) ① 입구 ② 입학

1 입구 (↔ exit 출구)
Let's meet at the **entrance** of the amusement park.
놀이공원 입구에서 만나자.

2 입학, 입사
Tom is preparing for the college **entrance** exam.
톰은 지금 대학 입학 시험을 준비 중이다.

어휘가 쑥쑥
main entrance 정문
entrance ceremony
입학식
No entrance. 〈게시〉 출입 금지

*envelope /ˈenvəloʊp/ | 명사 (복) envelopes) (편지나 서류를 넣는) 봉투

He folded the letter a few times and put it in the **envelope**.
그는 편지를 몇 번 접어서 봉투에 넣었다.

*environment /ɪnˈvaɪrənmənt/ 〈명사〉 (복) environments 환경

We must love and take care of our natural **environment**.
우리는 자연환경을 아끼고 보호해야 한다.

The polar bear lives in a cold **environment**.
북극곰은 추운 환경에서 산다.

어휘가 쑥쑥
the Earth's environment
지구 환경

*envy /ˈenvi/ 〈동사〉 (3단현) envies (과거·과분) envied (현분) envying 부러워하다
〈명사〉 부러움

동 부러워하다, 질투하다 (= be jealous of)
I **envy** him (for) his good fortune. 나는 그의 행운이 부럽다.

A: I'm going on a golf tour to Hawaii next week.
저는 다음 주에 하와이로 골프 여행을 갈 거예요.
B: How nice! I **envy** you. 멋지네요. 부러워요.

실력이 쑥쑥
envy 다른 사람의 행운이나 능력을 보고 부러워하는 마음
jealousy 나에게 없는 것을 공정하지 못하다고 생각해서 다른 사람을 미워하는 마음

명 부러움, 질투, 선망의 대상
Jean was the **envy** of her friends.
진은 친구들의 부러움의 대상이었다.

*episode /ˈepɪsoʊd/ 〈명사〉 (복) episodes 에피소드 (연속되는 소설이나 드라마, 프로그램의 한 회)

My favorite *Star Wars*' **episode** is 'The Phantom Menace.'
내가 가장 좋아하는 〈스타워즈〉 에피소드는 '보이지 않는 위험' 편이다.

*equal /ˈiːkwəl/ 〈형용사〉 ① 평등한 ② 동일한 〈명사〉 (복) equals 대등한 사람
〈동사〉 (3단현) equals (과거·과분) equaled (현분) equaling ~와 같다

형 1 평등한 (= even) (↔ unequal 불공평한)
All people are **equal** and have the right to live in freedom.
인간은 누구나 평등하고 자유롭게 살 권리가 있다.

2 (수·양·정도·계급 등이) 동일한, 같은 (= same) (↔ different 다른)
She divided the cake into four **equal** pieces.
그녀는 케이크를 네 조각으로 똑같이 나누었다.

One meter is **equal** to 100 centimeters.
1미터는 100센티미터와 같다.

어휘가 쑥쑥
equal right 동등한 권리
equal sign 등호 (=)
almost equal 거의 같은
equal pay for equal work 동일 노동에 동일 임금

명 대등한 사람, 동등한 것
He has no **equal** in tennis. 테니스에서 그의 상대는 없다.

동 ~와 같다

Three and two **equals** five. 3 더하기 2는 5이다.

equality /iˈkwɑːləti/ 명사 (복 equalities) (수·양·정도·계급 등이) 같음, 평등

In some countries, black people are still struggling for **equality**.
몇몇 나라에서는 아직도 흑인들이 평등을 위해 싸우고 있다.

어휘가 쑥쑥
racial equality 인종 간의 평등

equally /ˈiːkwəli/ 부사 (비교 more equally 최상 most equally) 동등하게, 똑같이

Let's share the pie **equally**. 파이를 똑같이 나누자.

equator /ɪˈkweɪtər/ 명사 적도 (🔎 지구 표면에서 해가 가장 뜨겁게 내리쬐는 지대의 중심이 되는 선)

Is it near the **equator**? 그건 적도 근처에 있는 건가요?
The **equator** divides the earth into two hemispheres.
적도는 지구를 두 개의 반구로 나눈다.

*equipment /ɪˈkwɪpmənt/ 명사 장비, 비품, 설비

We provide basic camping **equipment** for free in the Eagle Camping Area.
저희 독수리 야영장에서는 기본 야영 장비를 무료로 제공합니다.

어휘가 쑥쑥
sports[fishing] equipment 운동[낚시] 장비

*era /ˈɪrə/ 명사 (복 eras) 시대, 연대

We are in the **era** of computers.
우리는 컴퓨터 시대에 살고 있습니다.
Leonardo da Vinci was born during the Renaissance **era**.
레오나르도 다빈치는 르네상스 시대에 태어났다.

어휘가 쑥쑥
the Victorian era 빅토리아 시대

erase /ɪˈreɪs/ 동사 (3단현 erases 과거·과분 erased 현분 erasing) 지우다, 없애다
(= get rid of)

He **erased** the data from the computer disk by mistake.
그는 실수로 그 데이터를 컴퓨터 디스크에서 지워 버렸다.
Please **erase** the words on the blackboard.
칠판 위에 쓴 글씨를 지워 주세요.

어휘가 쑥쑥
erase the mark 흔적을 지우다

eraser /ɪˈreɪsər/ 명사 (복 erasers) 고무지우개 (= rubber), 칠판지우개

When you take an exam, you can bring only a pencil and an **eraser** with you.
시험을 볼 때는 연필과 지우개만 가지고 들어올 수 있습니다.

> 어휘가 쑥쑥
> blackboard eraser 칠판지우개

erect /ɪ'rekt/
형용사 똑바로 선
동사 (3단형) erects (과거·과분) erected (현분) erecting 세우다

형 **똑바로 선, 수직의**
They stood **erect** for an hour.
그들은 한 시간이나 똑바로 서 있었다.

> 어휘가 쑥쑥
> erection 명 직립, 건설
> erect a statue 동상을 세우다

동 **(건물·구조물 등을) 세우다, 건축하다**
Let's **erect** the tent. 텐트를 치자.

erode /ɪ'roʊd/
동사 (3단형) erodes (과거·과분) eroded (현분) eroding
~을 부수다, 침식하다()

Water and wind **erode** soil.
물과 바람이 토양을 침식시킨다.
The cliffs were **eroded** by heavy seas.
그 절벽은 거친 파도에 침식되었다.

> 뜻풀이
> 침식하다 물이나 바람 등에 땅이나 바위가 조금씩 씻겨가거나 부스러지다

errand /'erənd/
명사 (복) errands 심부름, 볼일

I went on an **errand** to the bank. 나는 은행에 심부름을 갔다.
His **errand** is to buy flowers.
그의 심부름은 꽃을 사는 것이다.

> 어휘가 쑥쑥
> urgent errand 긴급한 심부름

*error /'erər/
명사 (복) errors 실수, 잘못, 오류 (= mistake)

He made an **error** in judgement. 그는 판단을 잘못했다.
Tom's English writing was full of grammatical **errors**.
톰의 영작문은 문법 오류로 가득했다.
There are some **errors** in our calculations.
우리 계산에 오류가 좀 있다.

> 어휘가 쑥쑥
> correct an error 잘못을 바로잡다
> common error 흔한 실수

erupt /ɪ'rʌpt/
동사 (3단형) erupts (과거·과분) erupted (현분) erupting
(용암 등이) 분출되다, (화산이) 폭발하다

Lava, ash, and rocks **erupted** from the volcano.
용암, 재, 바위가 화산에서 분출되었다.
That volcano could **erupt** at any time.
그 화산은 언제든 폭발할 수 있다.

> 어휘가 쑥쑥
> erupted 형 분출된
> erupting 형 분출하는, 폭발하는

eruption /ɪˈrʌpʃn/ | 명사 (복 eruptions) 분출, 폭발

There are several types of volcanic **eruptions**.
여러 유형의 화산 분출이 있다.

escalator /ˈeskəleɪtər/ | 명사 (복 escalators) 에스컬레이터

A: Excuse me! Which floor is the toy section on?
실례지만, 장난감 코너가 몇 층에 있어요?
B: Take the **escalator** up to the second floor and turn right.
에스컬레이터를 타고 2층으로 올라가셔서 오른쪽으로 돌아가시면 있어요.

> 실력이 쑥쑥
> '차츰 올라가다'라는 뜻의 동사 escalate에 -or를 붙여 '서서히 올라가는 것'이 되었다.

*escape /ɪˈskeɪp/ | 동사 (3단현 escapes 과거·과분 escaped 현분 escaping) ① 달아나다 ② 모면하다 명사 (복 escapes) 탈출

동 1 달아나다, 탈출하다 (= run away)
He **escaped** from prison.
그는 교도소에서 탈옥했다.
When I opened the cage, one of my canaries **escaped** from it.
내가 새장을 열었을 때, 카나리아 한 마리가 새장 밖으로 달아났다.

2 (위기를) 모면하다, 피하다 (= avoid)
I was lucky to **escape** serious injury in the car accident.
다행스럽게도 나는 자동차 사고에서 큰 부상은 면했다.

명 탈출, 도망, 탈출구
He made good his **escape** from the enemies.
그는 적으로부터 무사히 탈출했다.
I had a narrow **escape**. 나는 가까스로 탈출했다.

> 어휘가 쑥쑥
> **emergency escape** 비상 탈출
> **fire escape** (화재 대피용) 비상계단

Eskimo /ˈeskɪmoʊ/ | 명사 (복 Eskimo, Eskimos) 에스키모인

The **Eskimos** live in Alaska, Greenland, and the northern part of Canada these days.
요즘 에스키모인들은 알래스카와 그린란드 그리고 캐나다 북부에 살고 있습니다.

> 재미가 쑥쑥
> 요즘은 이 단어 대신 Inuit이라는 말을 더 많이 사용한다.

*especially /ɪˈspeʃəli/ | 부사 특히, 특별히 (= specially)

It is **especially** cold today. 오늘 특히 춥다.
I like music, **especially** K-pop.
나는 음악을 좋아하는데 특히 한국 가요를 좋아한다.

> 실력이 쑥쑥
> 회화에서는 specially를 주로 쓴다.

essay /'eseɪ/ 　명사 (복) essays) 수필, 에세이, 짧은 글, 과제용 보고서

I have to hand in an **essay** on Monday.
나는 월요일에 에세이를 제출해야 한다.

*essential /ɪ'senʃl/ 　형용사 (비교) more essential (최상) most essential) ① 대단히 중요한 ② 근본적인 　명사 (복) essentials) 필수품

형 1 대단히 중요한, 필수적인
Good eating habits are **essential** to good health.
좋은 식습관은 건강에 대단히 중요하다.

2 근본적인
The **essential** difference between a man and an animal is language. 인간과 동물의 근본적인 차이는 언어이다.

명 필수품
When we go on a trip, we should take the bare **essentials**.
여행 갈 때는 꼭 필요한 것들만 가져가야 합니다.

어휘가 쑥쑥
essence 명 본질
essentially 부 근본적으로, 기본적으로
essential reading list
필수 독서 목록
daily essentials
생활필수품

*establish /ɪ'stæblɪʃ/ 　동사 (3단현 establishes 과거·과분 established 현분 establishing) ① 세우다 ② 자리 잡게 하다

1 세우다, 설립하다
Walt Disney **established** Disneyland in 1955.
월트 디즈니는 디즈니랜드를 1955년에 세웠습니다.

2 (자리·직업 등을) 확실히 자리 잡게 하다
It's time to **establish** new tradition.
새로운 전통을 확립할 때가 되었다.

어휘가 쑥쑥
establish a friendship with ~와 우정을 쌓다
establish the rules
규칙을 정하다

establishment /ɪ'stæblɪʃmənt/ 　명사 (복) establishments) ① 설립 ② 조직

1 불 설립
They celebrated the **establishment** of a new school.
그들은 새 학교의 설립을 축하했습니다.

2 조직, 기관
The laboratory is a well-run **establishment**.
그 연구소는 운영이 잘되는 조직입니다.

It's the largest educational **establishment** in Korea.
그곳은 한국에서 가장 큰 교육 기관이다.

어휘가 쑥쑥
research establishment
연구 기관
private establishment
개인 기업
medical establishment
의료 기관

*estate /ɪ'steɪt/ 　명사 (복) estates) 토지, 유산, 재산

He left his entire **estate** to his daughter.
그는 전 재산을 딸에게 유산으로 남겼다.

어휘가 쑥쑥
real estate 부동산

*estimate /ˈestɪmeɪt|ˈestəmət/

동사 (3단현) estimate**s** (과거·과분) estimate**d**
(현분) estimat**ing**) 추정하다
명사 (복) estimate**s**) 추정

동 어림잡다, 추정하다, 짐작하다

Jim **estimates** his losses at 3,000 dollars.
짐은 자기의 손실을 3,000달러로 추정한다.

It is difficult to **estimate** how late she will be.
그녀가 얼마나 늦을지 짐작하기 어렵다.

명 추정, 견적(서)

The company accepted the lowest of two **estimates**.
그 회사는 두 개의 견적서 중에서 가격이 가장 낮은 것을 받아들였다.

어휘가 쑥쑥
estimated **형** 견적의, 추정의

실력이 쑥쑥
동사와 명사의 발음이 다른 것에 주의한다.

*etc. /ˌet ˈsetərə/ [라틴어 et cetera] 기타, 그 밖의 다른 것, ~ 등등

I went to the supermarket to buy milk, bread, **etc.**
나는 우유, 빵 등을 사러 슈퍼마켓에 갔다.

I like playing baseball, basketball, tennis, **etc.**
나는 야구, 농구, 테니스 등을 하는 것을 좋아한다.

실력이 쑥쑥
읽을 때는 and so forth 또는 and so on이라고 한다.

ethnic /ˈeθnɪk/ **형용사** 민족의, 민족에게 전해 내려오는

I'm learning an **ethnic** dance. 나는 민속춤을 배우고 있다.

My students are from different **ethnic** groups.
내 학생들은 다양한 인종 집단 출신이다.

어휘가 쑥쑥
ethnical **형** 민족의, 인종의
ethnically **부** 민족적으로

euro /ˈjʊroʊ/ **명사** (복) euro**s**) 유로 《유럽 연합(EU)의 화폐 단위》

I'd like to change 100 dollars into **euros**.
100달러를 유로화로 바꾸고 싶은데요.

Europe /ˈjʊrəp/ **명사** 유럽

I leave for **Europe** next week. 나는 다음 주에 유럽으로 떠난다.

European /ˌjʊrəˈpiːən/ **형용사** 유럽의 **명사** (복) European**s**) 유럽인

형 유럽의, 유럽인의

I studied medieval **European** history.

어휘가 쑥쑥
the European Commu-

나는 중세 유럽 역사를 공부했다.

명 유럽인
My friends, Victor and Marian, are **Europeans**.
내 친구 빅터와 메리언은 유럽인이다.

nity 유럽 공동체 (EC)
the European Union
유럽 연합 (EU)

evaporate /ɪˈvæpəreɪt/

동사 (3단현) evaporates (과거·과분) evaporated
(현분) evaporating) 증발하다, 증발시키다

The rainwater **evaporates** quickly. 빗물은 빠르게 증발한다.
The sun **evaporated** the dew quickly.
태양은 이슬을 빠르게 증발시켰다.

어휘가 쑥쑥
evaporation **명** 증발

*eve /iːv/   명사 (복) eves) (특별한 날의) 전날 밤

I'm spending New Year's **Eve** with my friends.
나는 내 친구들과 새해 전날을 보내고 있다.
The child hung his stockings near the fireplace on Christmas **Eve**.
그 아이는 크리스마스 전날 밤에 벽난로 옆에 양말을 걸어 두었다.

어휘가 쑥쑥
New Year's Eve party
송년의 밤 파티

*even¹ /ˈiːvn/   부사 ① ~조차도 ② 훨씬

1 ~조차도, ~라도
No one believed him, **even** when he told the truth.
그가 진실을 말할 때조차도 믿어 주는 사람이 아무도 없었다.

Even elementary students know the meaning of this word.
초등학생이라도 이 단어의 뜻을 안다.

실력이 쑥쑥
보통 부사는 형용사·동사·부사를 수식하지만, even은 명사·대명사도 수식한다.

2 [비교급과 함께 써서] 훨씬 (= far, much)
If you want to win the race, you must run **even** faster.
경주에서 이기고 싶으면 훨씬 더 빨리 달려야 한다.

Today is **even** colder than yesterday.
오늘은 어제보다 훨씬 더 춥다.

숙어 **even if [though]** 비록 ~할지라도, ~함에도 불구하고
I won't talk with him again *even if* he apologizes to me.
그 애가 사과해도 나는 다시 그 애랑 말하지 않을 것이다.
Sarah gave some bread to the little girl *even though* she didn't have enough food.
세라는 먹을 것이 넉넉하지 않은데도 그 어린 소녀에게 빵을 주었다.

Today is *even* colder than yesterday.

even² /ˈiːvn/   형용사 ① 평평한 ② 고른 ③ 짝수의

evening

1 평평한, 평탄한 (= flat)
We couldn't find **even** ground on the island.
그 섬에서는 평지를 찾을 수가 없었다.

2 고른, 규칙적인 (= regular)
She spoke with a calm, **even** voice.
그녀는 침착하고 차분한 목소리로 말했다.

3 짝수의 (↔ odd 홀수의)
2, 4, 6, and 8 are **even** numbers. 2, 4, 6, 8은 짝수이다.

> **어휘가 쑥쑥**
> evenly ⓤ 평평하게, 균등하게
> even road 평평한 길
> even surface 고른 표면
> even pressure 고른 압력

*evening /ˈiːvnɪŋ/ 〈명사〉 (복) evenings 저녁 (↔ morning 아침)

Good **evening**. (저녁 인사) 안녕하세요.
It happened on the **evening** of Oct. 25th.
그 일은 10월 25일 저녁에 일어났다.
My family have dinner together and talk about many things on Sunday **evenings**.
우리 가족은 일요일 저녁마다 함께 저녁을 먹으며 많은 이야기를 나눈다.

> **실력이 쑥쑥**
> evening sunset(일몰)에서 bedtime(취침 시간)까지
> night sunset(일몰)에서 sunrise(일출)까지

event /ɪˈvent/ 〈명사〉 (복) events ① 사건 ② 행사

1 사건 (= incident, happening)
The September 11th terrorist attacks were one of the most shocking **events** of 2001.
911 테러는 2001년에 발생한 가장 충격적인 사건들 중의 하나였다.

2 행사, 이벤트 (= occasion)
Halloween parties are special **events** for many children in the U.S.
핼러윈 파티는 미국의 많은 어린이들에게 특별한 행사이다.

> **어휘가 쑥쑥**
> charity event 자선 행사
> annual event 연례 행사
> formal event 정식[공식] 행사

*eventually /ɪˈventʃuəli/ 〈부사〉 결국, 드디어, 마침내 (= finally)

The rain **eventually** stopped. 비는 결국 그쳤다.

*ever /ˈevər/ 〈부사〉 ① 언제나 ② 언젠가 ③ 도대체

1 언제나, 항상 (= always) (↔ never 결코 ~않다)
He has been ill **ever** since. 그는 그 후로 계속 앓고 있다.
She has played golf **ever** since she was a child.
그녀는 어렸을 때부터 줄곧 골프를 쳤다.

2 [의문문·부정문·비교·if 절과 함께 써서] **언젠가, 이전에, 일찍이, 지금까지**

> **어휘가 쑥쑥**
> ever-increasing 끊임없이 증가하는
> ever-growing 끊임없이 성장하는
> ever-changing 항상[늘]

everyday 343

A: Have you **ever** been to New York?
뉴욕에 가 본 적 있으세요?
B: No, never. 아니요, 한 번도 가 본 적 없어요.
A: If you **ever** visit New York, you have to see the Statue of Liberty.
언젠가 뉴욕을 방문할 일이 있으면, 자유의 여신상을 꼭 봐야 해요.

3 [의문사와 함께 의미를 강조하여] **도대체** (= on earth)
What **ever** are you talking about?
너 도대체 무슨 말을 하고 있는 거니?

변화하는

（실력이 쑥쑥）
잘못된 말이나 행동을 할 경우 자주 쓰는 표현
- Don't (you) *ever* do that again! (다시는 그러지 마!)
- Don't (you) *ever* say that again! (다시는 그런 말 하지 마!)

*every /ˈevri/ 형용사 모든, 전체의, 전부의 (= all), 매 ~, ~마다 (= each)

Every boy in my class likes Olivia.
우리 반의 모든 남자아이들은 올리비아를 좋아한다.
You should brush your teeth after **every** meal.
매 식사 후에는 이를 닦아야 한다.
Every time I visit my grandmother, she makes a lot of delicious food for me.
할머니 댁에 갈 때마다 할머니께서는 나에게 맛있는 음식을 많이 만들어 주신다.

숙어 **every other day[week, month, year]**
(= every two days[weeks, months, years]) 이틀[2주, 두 달, 2년]에 한 번
every now and then[again] 가끔, 때때로
Every now and then, he spends a weekend in the country.
이따금 그는 시골에서 주말을 보낸다.

（문법이 쑥쑥）
every와 all은 의미가 같다. 그러나 every는 단수명사와, all은 복수명사와 함께 쓴다. every는 '모든'의 뜻이지만 단수로 취급한다.
Every student in my school *has* to wear the school uniform.
=*All* the students in my school *have* to wear the school uniform.
(우리 학교의 모든 학생들은 교복을 입어야만 한다.)

everybody /ˈevribɑːdi/ 대명사 모든 사람, 누구나 (= everyone)

You kids, **everybody** line up.
어린이 여러분, 모두 줄을 서세요.
In the amusement park, **everybody** looked very happy.
놀이공원에 있는 모든 사람들은 매우 행복해 보였다.

（문법이 쑥쑥）
everybody가 주어로 쓰인 경우 동사는 단수 취급한다.

everyday /ˈevrideɪ/ 형용사 매일의 (= daily)

The Internet is an important part of our **everyday** lives.
인터넷은 우리의 일상생활에서 중요한 부분이다.

（실력이 쑥쑥）
everyday는 형용사로, every day는 부사로 사용된다.
We often use proverbs in *everyday* life. (우리는 일상생활에서 종종 속담을 사용한다.)
Amelia keeps a diary in English *every day*. (어밀리아는 매일 영어로 일기를 쓴다.)

*everyone /ˈevriwʌn/ | 대명사 | 모든 사람, 누구나 (= everybody)

Everyone at the party had a good time.
파티에 온 모든 사람들이 즐거운 시간을 보냈다.

everything /ˈevriθɪŋ/ | 대명사 | ① 모든 것 ② 가장 중요한 것

1 모든 것, 무엇이든 다
Now **everything** was ready for the trip and we were very excited.
이제 여행을 위한 준비가 다 되었고 우리는 매우 흥분되었다.
A: Hi, William! How's **everything**? 안녕, 윌리엄! 어떻게 지내니?
B: Good, **everything** is fine with me. 좋아, 잘 지내고 있어.

2 가장 중요한 것
Money isn't **everything**.
돈이 전부는 아니다. (돈 이외에 중요한 것이 있다.)
The Prince was **everything** to the Little Mermaid.
인어 공주에게는 왕자님이 전부였습니다.

실력이 쑥쑥
Everything is finished. 만사가 끝나다.
Everything will be fine. 모든 일이 잘될 거예요.
Everything will work out. 모든 게 잘될 거예요.
Everything is going perfectly. 만사가 순조롭다.

everywhere /ˈevriwer/ | 부사 | 어디에서나, 어디에서라도

They can see subway signs **everywhere** in *Seoul*.
서울 어디에서나 지하철 표시를 볼 수 있다.

evidence /ˈevɪdəns/ | 명사 | 증거 (= proof)

The police have the **evidence** of his guilt.
경찰은 그가 유죄라는 증거를 가지고 있다.

*evil /ˈiːvl/ | 형용사 | (비교) more evil (최상) most evil) 사악한, 나쁜 | 명사 | 나쁜 짓

형 사악한, 나쁜, 못된 (= bad) (↔ good 선한, 착한)
He did a lot of **evil** deeds. 그는 많은 악행을 저질렀다.
Once upon a time, there lived an **evil** giant in the big castle on the cloud.
옛날에 구름 위에 있는 커다란 성에 마음씨 나쁜 거인이 살았습니다.

어휘가 쑥쑥
good and evil 선과 악

명 악, 나쁜 짓 (= sin) (↔ goodness 선량함, 선함)
Hear no **evil**, see no **evil**, speak no **evil**.
나쁜 것은 듣지도 보지도 말하지도 마라.
(일본의 Three Wise Monkeys 상이 상징하는 문장)

Hear no *evil*, see no *evil*, speak no *evil*.

exact /ɪgˈzækt/ | 형용사 (비교) more exact (최상) most exact) 정확한 (= correct)

This sweater is the **exact** right size for me.
이 스웨터는 저에게 딱 맞는 사이즈입니다.

exactly /ɪgˈzæktli/ | 부사 정확하게, 틀림없이, 꼭 (= absolutely, just)

I don't **exactly** know how old she is.
나는 그녀가 몇 살인지 정확히 알지는 못한다.

A: Do you follow me? 제 말 이해하시겠어요?
B: Sure. Turn left at Main Street. It's next to the post office.
물론이죠. 중심가에서 왼쪽으로 돌면, 우체국 옆이라는 거죠?
A: **Exactly**. 그렇습니다.

어휘가 쑥쑥
exactly the same (as)
(~와) 완전히 똑같은
exactly the opposite
정반대의

exam /ɪgˈzæm/ | 명사 (복) exams) examination의 줄임말

I have to study for my **exams**. 난 시험공부를 해야 한다.

*examination /ɪgˌzæmɪˈneɪʃn/ | 명사 (복) examinations) ① 검사 ② 시험

1 검사, 조사 (= check)
I have to have a medical **examination** tomorrow.
나는 내일 건강 검진을 받아야 한다.

2 시험 (= test, quiz)
I am going to take an **examination** tomorrow.
저는 내일 시험이 있어요.

어휘가 쑥쑥
eye[hearing] examination 시력[청력]검사
midterm[final] examination 중간[기말]고사

*examine /ɪgˈzæmɪn/ | 동사 (3단현) examines (과거·과분) examined (현분) examining)
① 진찰하다 ② 검사하다

1 진찰하다
The doctor is **examining** the patient.
의사가 환자를 진찰하는 중이다.
The vet **examined** my dog. 수의사가 우리 개를 진찰했다.

2 검사하다, 조사하다, 시험하다
Custom officers **examined** our baggage when we passed the customs.
우리가 세관을 통과했을 때 세관원들이 우리 짐을 검사했다.
We need to **examine** all the costs before we start a new project.
우리는 새로운 프로젝트를 시작하기 전에 모든 비용을 검토해야 한다.

어휘가 쑥쑥
examine the evidence
증거를 조사하다

The vet *examined* my dog.

example /ɪgˈzæmpl/ | 명사 (복 examples) ① 보기 ② 본보기

1 보기, 예, 샘플 (= sample)
Could you give me an **example**? 예를 좀 들어 주시겠어요?
I have many dreams. For **example**, I want to be a doctor, a painter or a scientist.
나는 꿈이 많다. 예를 들면, 의사도 되고 싶고, 화가도 되고 싶고, 과학자도 되고 싶다.

어휘가 쑥쑥
obvious example 확실한 예
typical example 전형적인 예
shining example 훌륭한 본보기

2 본보기, 모범 (= model, standard)
Nightingale was a good **example** to the people who wanted to be a nurse.
나이팅게일은 간호사가 되고 싶어 하는 사람들에게 좋은 본보기가 되었다.

---

excellent /ˈeksələnt/ | 형용사 (비교 more excellent 최상 most excellent)
뛰어난, 우수한, 훌륭한 (= very good, great, outstanding)

The concert I went to yesterday was **excellent**.
어제 내가 갔었던 콘서트는 훌륭했다.
Excellent idea! 좋은 생각이야!

재미가 쑥쑥
good, fair, excellent 순으로 점수를 주기도 한다.

---

except /ɪkˈsept/ | 전치사 ~을 제외하고, ~을 빼고, ~ 이외에는 (↔ including ~을 포함하여, ~을 함께 넣어)

I eat everything **except** carrots.
나는 당근만 빼고 뭐든지 다 잘 먹는다.

어휘가 쑥쑥
exception 명 예외

---

exchange /ɪksˈtʃeɪndʒ/ | 동사 (3단현 exchanges 과거·과분 exchanged 현분 exchanging) 교환하다 명사 (복 exchanges) 교환

동 교환하다, 바꾸다 (= change)
Trade means to buy, sell or **exchange** goods.
무역은 물건들을 사고팔거나 교환하는 것을 의미한다.

어휘가 쑥쑥
exchange student 교환학생

A: Excuse me, could you **exchange** this white jacket for that black one?
죄송하지만, 이 흰색 재킷을 저 검은색 재킷으로 바꿔 주시겠어요?
B: Do you have a receipt? 영수증 가지고 오셨나요?

명 교환, 교체 (= switch)
No **Exchange**! 교환 불가!

No *Exchange*!

---

excite /ɪkˈsaɪt/ | 동사 (3단현 excites 과거·과분 excited 현분 exciting)
흥분시키다, 감정을 자극시키다

The start of the party **excited** the audience.
파티의 시작은 청중을 흥분시켰다.

excited /ɪkˈsaɪtɪd/
형용사 (비교) more excited (최상) most excited
흥분된, 설레는 (↔ bored 지루한)

We all were very **excited** to hear that news.
그 소식을 듣고 우리 모두는 흥분했다.

Don't get so **excited** about this! Cool down.
이 일에 너무 흥분하지 마! 진정해.

The children are **excited** at the thought of going on vacation.
아이들은 휴가를 간다는 생각에 흥분해 있다.

A: Hi, Jerry, why are you so **excited**?
안녕, 제리, 왜 그렇게 신났니?

B: I am going to Los Angeles for my vacation tomorrow.
내일 로스앤젤레스로 휴가를 가거든.

실력이 쑥쑥
excited는 사람이 흥분되고 설레는 감정을 느낄 때, exciting은 그런 감정을 느끼도록 만드는 대상에 대하여 말할 때 쓴다.
• I am really *excited* to sail on a yacht. (요트를 타고 항해를 하게 돼서 정말 설렌다.)
• Sailing on a yacht is really *exciting*. (요트를 타고 항해하는 일은 정말 설레는 일이다.)

excitement /ɪkˈsaɪtmənt/
명사 흥분, 신남, 신나는 일

Going to the amusement park was a big **excitement** for my younger brother.
놀이공원에 가는 것은 내 남동생에게 아주 신나는 일이었다.

어휘가 쑥쑥
be full of excitement
흥분으로 가득 차 있다

exciting /ɪkˈsaɪtɪŋ/
형용사 (비교) more exciting (최상) most exciting) 흥미진진한, 재미있는
(↔ boring 지루한) ☞ excited

It was the most **exciting** game I've ever watched.
그것은 내가 여태까지 본 경기 중에서 가장 흥미진진한 경기였다.

A: How was your ski trip?
스키 여행 어땠니?

B: It was fun and **exciting**. I learned how to snowboard.
정말 재미있었어. 스노보드 타는 법을 배웠거든.

It was fun and *exciting*.

*excuse /ɪkˈskjuːz | ɪkˈskjuːs/
동사 (3단현) excuses (과거·과분) excused (현분) excusing)
용서하다 명사 (복) excuses) 변명

동 용서하다, 허용하다 (= forgive)
Excuse my mistake. 제 실수를 용서해 주세요.

명 변명, 핑계
Jim always makes an **excuse** for not doing his homework.
짐은 숙제를 안 한 것에 대해서 항상 변명을 한다.

실력이 쑥쑥
동사와 명사의 발음이 다른 것에 주의한다.

A: I'm late because... 제가 왜 늦었냐면…
B: No **excuse**! 더 이상 변명하지 마!

숙어 **Excuse me.** 실례[미안]합니다.
Excuse me, but could you give me a second? I have something to tell you.
실례하지만, 시간 좀 내주시겠어요? 드릴 말씀이 있어요.

Excuse me, could you say that again, please?
죄송하지만, 다시 한 번 말씀해 주시겠어요?

Excuse my mistake.

executive /ɪgˈzekjətɪv/ 명사 (복) executives) (기업이나 조직의) 임원 형용사 경영의

명 (기업이나 조직의) 임원, 관리직(원), 경영진
He is a marketing **executive**. 그는 마케팅 담당 임원이다.

형 경영의, 관리의, 중역[이사]의
She is an **executive** staff. 그녀는 (회사의) 중역이다.

어휘가 쑥쑥
Chief Executive Officer (CEO) 최고 경영자
executive board 이사회

＊exercise /ˈeksərsaɪz/ 명사 (복) exercises) ① 연습 문제 ② 운동

1 연습 문제
I have to do the **exercises** in Chapter 1 in the evening.
오늘 저녁에 1장에 있는 연습 문제를 풀어야 해.

2 불 운동 (= workout)
I get[do, take] **exercise** at the gym three times a week.
나는 일주일에 세 번 헬스클럽에서 운동을 한다.

어휘가 쑥쑥
physical exercise 신체 운동
gentle[light] exercise 가벼운 운동
exercise equipment 운동 기구

exhaust /ɪgˈzɔːst/ 동사 (3단현) exhausts 과거·과분 exhausted 현분 exhausting)
① 지치게 하다 ② 다 써 버리다

1 지치게 하다
The boy **exhausted** his parents. 소년은 부모님을 지치게 했다.

2 다 써 버리다
Tom **exhausted** his energy for studying.
톰은 공부하는 데 그의 에너지를 다 써 버렸다.

어휘가 쑥쑥
exhausted 형 지친, 기진맥진한
exhaustion 명 피곤
exhausting 형 피곤하게 하는

＊exhibit /ɪgˈzɪbɪt/ 동사 (3단현) exhibits 과거·과분 exhibited 현분 exhibiting)
① 보이다 ② 전시하다

1 (감정·관심 등을) 보이다, 드러내다
My sister **exhibited** interest in tennis.
내 여동생은 테니스에 관심을 보였다.

어휘가 쑥쑥
exhibition 명 전시회, 전시

2 전시하다 (= show)
He wants to **exhibit** his paintings.
그는 자신의 그림들을 전시하고 싶어 한다.

*exist /ɪgˈzɪst/ | 동사 (3단현) exists (과거·과분) existed (현분) existing) 존재하다, 살다 (= live)

All living things cannot **exist** without air.
모든 생물들은 공기 없이 살 수 없다.

A: Do you think UFOs **exist**?
UFO가 존재한다고 생각하니?
B: I think they do, but it is still a big mystery.
그렇게 생각해. 하지만 그건 여전히 커다란 미스터리야.

*exit /ˈeksɪt/ | 명사 (복) exits) 출구 (↔ entrance 입구)

Tom was running toward the nearest **exit**.
톰은 가장 가까운 출구를 향해 뛰어가고 있었다.

*expect /ɪkˈspekt/ | 동사 (3단현) expects (과거·과분) expected (현분) expecting) 기대하다 (= want, hope), 예상하다

He is **expected** to arrive at around 11 o'clock.
그는 11시쯤 도착할 예정이다.

A: Are you Jim? Wow, it's been ages!
너 짐이니? 와, 정말 오랜만이다!
B: What a surprise! Hi, Jane. I didn't **expect** to see you here.
아이고 놀래라! 안녕, 제인! 너를 여기서 만나게 될 줄은 몰랐어.

> 어휘가 쑥쑥
> expectancy 명 기대, 희망
> expectant 형 기대하는
> expectation 명 예상, 기대
> as expected 예상대로

expedition /ˌekspəˈdɪʃn/ | 명사 (복) expeditions) ① 탐험 ② 탐험대

1 탐험, 원정
One of the goals of the **expedition** was to find a water route to the Pacific Ocean.
그 탐험의 목표 중 하나는 태평양으로 가는 물길을 찾는 것이었다.

2 탐험대
The **expedition** is made up of six persons.
그 탐험대는 6명으로 구성되어 있다.

> 어휘가 쑥쑥
> go on an expedition
> 탐험에 나서다
> make an expedition
> 탐험하다
> Arctic expedition
> 북극 탐험대

*expense /ɪkˈspens/ | 명사 (복) expenses) (어떤 일에 드는) 돈, 비용 (= cost)

He needs to get his **expenses** approved.
그는 비용 승인을 받아야 한다.

> 어휘가 쑥쑥
> living expenses 생활비

How much are your food **expenses** a month?
한 달 식비는 얼마인가요?

school expenses 학비

* expensive /ɪkˈspensɪv/

형용사 (비교) more expensive (최상) most expensive)
값이 비싼, 비용이 드는 (↔ cheap, inexpensive 값이 싼)

Those sneakers look very **expensive**.
저 운동화는 굉장히 비싸 보인다.

어휘가 쑥쑥

quite expensive 꽤 비싼

Tokyo is an **expensive** city to live in.
도쿄는 생활비가 많이 드는 도시이다.

* experience /ɪkˈspɪriəns/

명사 (복) experiences) 경험
동사 (3단현) experiences (과거·과분) experienced
(현분) experiencing) 경험하다

명 경험, 체험
Yesterday I went apple picking at my uncle's farm and it was a great **experience** to me.
나는 어제 삼촌네 농장에 사과를 따러 갔었는데, 정말 좋은 경험이었다.

어휘가 쑥쑥

experienced 형 경험 있는, 노련한

work experience 경력

learn from one's experience 경험에서 배우다

동 경험하다, 체험하다 (= go through)
Bill is so curious that he likes to **experience** new things a lot.
빌은 너무 호기심이 많아서 새로운 경험을 하는 것을 정말 좋아한다.

* experiment /ɪkˈsperɪmənt/

명사 (복) experiments) 실험

A fire nearly broke out while we were doing the **experiment** with an alcohol lamp.
우리는 알코올램프를 가지고 실험을 하다가 불이 날 뻔했다.

I learned it by **experiment**. 나는 실험으로 그것을 배웠다.

* expert /ˈekspɜːrt/

명사 (복) experts) 전문가

My father is an **expert** in computers.
우리 아버지는 컴퓨터 전문가이시다.

* explain /ɪkˈspleɪn/

동사 (3단현) explains (과거·과분) explained (현분) explaining)
설명하다, 명확히 밝히다

The salesperson **explained** to the customer how a brand-new computer works.
그 영업 사원은 고객에게 최신형 컴퓨터를 어떻게 작동시키는지 설명했다.

어휘가 쑥쑥

explanation 명 설명

explain oneself 자기의 입장을 해명하다

Let me **explain** what happened. 무슨 일인지 제가 설명 드릴게요.

expression

* explode /ɪkˈsploʊd/
동사 (3단현) explodes (과거·과분) exploded (현분) exploding 폭발하다

An atomic bomb **exploded** in Hiroshima in 1945.
1945년에 히로시마에서 원자 폭탄이 폭발했다.

* explore /ɪkˈsplɔːr/
동사 (3단현) explores (과거·과분) explored (현분) exploring
탐험하다, 조사하다 (= examine, investigate)

We went on a trip to **explore** the Amazon jungle.
우리는 아마존 정글을 탐사하기 위한 여행을 떠났다.

They went to the South Pole to **explore**.
그들은 남극 탐험을 갔다.

어휘가 쑥쑥
explorer 명 탐험가
exploration 명 탐험, 탐사

* export /ˈekspɔːrt | ɪkˈspɔːrt/
명사 (복) exports 수출
동사 (3단현) exports (과거·과분) exported (현분) exporting
수출하다

명 수출 (↔ import 수입), [주로 복수형으로 써서] **수출품**

The **export** of cars increased over the last year.
자동차의 수출이 작년에 비해 증가했다.

Coffee is the important **export** of Ethiopia.
커피는 에티오피아의 중요한 수출품이다.

동 수출하다 (↔ import 수입하다)

Korea **exports** cars and imports oil.
한국은 자동차를 수출하고 석유를 수입한다.

어휘가 쑥쑥
exporter 명 수출업자, 수출국
major export 주요 수출품

실력이 쑥쑥
명사와 동사의 발음과 강세 위치가 다른 것에 주의한다.

* express /ɪkˈspres/
동사 (3단현) expresses (과거·과분) expressed (현분) expressing
표현하다 **형용사** 급행의

동 표현하다, 나타내다 (= tell, show)

I don't know how to **express** my thanks.
어떻게 감사를 표현해야 할지 모르겠어요.

This painting **expresses** a boy's dream of becoming an astronaut.
이 그림은 우주 비행사가 되고 싶은 어느 소년의 꿈을 나타낸다.

형 급행의, (편지·소포 등이) 속달의

I sent a letter to my parents by **express** mail.
나는 부모님께 빠른우편으로 편지를 보냈다.

어휘가 쑥쑥
expressive 형 표현하는
express one's feelings 감정을 드러내다
express bus 고속버스
express train 급행열차
express delivery 속달

expression /ɪkˈspreʃn/
명사 (복) expressions 표현, 표시

Jim sent roses to Anne as an **expression** of his love.
짐은 사랑의 표시로 앤에게 장미를 보냈다.

Fill in the blank with one of the useful **expressions** above.
위의 유용한 표현들 중 하나를 골라 빈칸을 채우시오.

Freedom of **expression** is a basic human right.
표현의 자유는 인간의 기본적인 권리이다.

> 어휘가 쑥쑥
> polite expression 정중한 표현
> beyond expression 말로 다 표현할 수 없는

* extend /ɪkˈstend/
(동사) (3단현) extends (과거·과분) extended (현분) extending
① 뻗다 ② 펼쳐져 있다 ③ 늘리다

1 (손·발 등을) 뻗다, 내밀다
James **extended** his hand in greeting.
제임스는 인사하기 위해 손을 내밀었다.

2 펼쳐져 있다, 뻗어 있다 (= stretch out)
The beach **extends** for miles. 그 해변은 수 마일에 걸쳐 펼쳐져 있다.

3 늘리다, 넓히다, 연장하다 (= lengthen) (↔ shorten 줄이다)
The railroad company **extended** the railway to our town.
철도 회사는 우리 동네까지 선로를 연장했다.

> 어휘가 쑥쑥
> extended (형) 연장한, 길어진
> extension (명) 확장, 확대
> extend a road 도로를 확장하다
> extend a deadline 마감 시간을 연장하다

* extent /ɪkˈstent/ (명사) 범위, 정도, 규모

He reported the **extent** of the damage. 그는 그 피해 규모를 보고했다.

external /ɪkˈstɜːrnl/ (형용사) 외부의, 밖의, 외면의 (= outside) (↔ internal 내부의)

There are no **external** signs of damage.
외부 손상의 흔적은 없다.

The **external** walls of the house began to crack.
그 집의 외벽이 갈라지기 시작했다.

> 어휘가 쑥쑥
> external factor 외부 요인
> external surface 겉표면

* extra /ˈekstrə/ (형용사) 여분의 (부사) 여분으로

형 여분의, 필요 이상의 (= additional)
The waitress gave me an **extra** cup of coffee when I ordered some cake.
케이크를 주문하자 여종업원은 커피 한 잔을 더 가져다주었다.

I have to work **extra** hours tonight.
나는 오늘 저녁에 몇 시간 더 일을 해야만 한다.

부 여분으로, 덤으로
You have to pay 1 dollar **extra** for a bacon topping.
베이컨 토핑을 원하시면 1달러를 추가로 지불하셔야 합니다.

> 어휘가 쑥쑥
> extra charge 추가 비용
> extra train 임시 열차
>
> 실력이 쑥쑥
> extra는 '~의 범위를 넘어'라는 뜻의 접두사로도 쓰인다.
> extralarge (특대의)
> extraordinary (비상한)

extraordinary /ɪkˈstrɔːrdəneri/ 형용사 비상한, 놀라운, 예사롭지 않은

I just heard the most **extraordinary** thing!
난 방금 가장 놀라운 말을 들었어!

*extreme /ɪkˈstriːm/ 형용사 ① 극도의 ② 맨 끝의 ③ 극단적인

1 극도의, 극심한
They are going through **extreme** difficulties.
그들은 극심한 어려움을 겪고 있다.
We had **extreme** heat this summer.
올여름은 매우 더웠다.

2 맨 끝의, 맨 가장자리의
Jay sat on the **extreme** edge of his seat.
제이는 의자의 맨 가장자리에 앉아 있었다.

3 극단적인
She didn't agree with my **extreme** ideas.
그녀는 나의 극단적인 생각에 동의하지 않았다.

어휘가 쑥쑥
extreme poverty 극도의 빈곤
extreme cold 극심한 추위

재미가 쑥쑥
extreme sports
보통 '익스트림 스포츠' 또는 '극한 스포츠'라고 하며, 위험을 무릅쓰고 즐기는 스포츠를 말한다. 번지 점프, 스카이다이빙 등이 있다.

extremely /ɪkˈstriːmli/ 부사 극도로, 매우, 몹시

I did **extremely** well on my exams.
나는 시험을 매우 잘 봤다.

**eye /aɪ/ 명사 (복) eyes) 눈 (☞ face)

Open[Close] your **eyes**! 눈을 뜨세요[감으세요]!
Will you keep an **eye** on my bag? 제 가방 좀 봐 주시겠어요?
Maggie has a good **eye** for fashion. 매기는 패션에 안목이 있다.
I couldn't believe my **eyes** when I saw his picture in the newspaper.
나는 신문에 난 그의 사진을 보았을 때 내 눈을 믿을 수가 없었다.

어휘가 쑥쑥
eyeball 눈알, 안구
eyelashes 속눈썹
eyesight 시력, 시각
with the naked eye 육안으로

*eyebrow /ˈaɪbraʊ/ 명사 (복) eyebrows) 눈썹 (☞ face)

William's **eyebrows** are thick and dark.
윌리엄의 눈썹은 짙고 새까맣다.

fable /ˈfeɪbl/
명사 (복) fable**s**) 우화(동식물이 사람처럼 말도 하고 생각하는 것처럼 꾸며 내어 만든 짧은 이야기), 꾸며 낸 이야기

When I was a child, I read Aesop's **Fables** several times.
나는 어렸을 때 이솝 우화를 여러 번 읽었다.

＊ fabric /ˈfæbrɪk/
명사 (복) fabric**s**) 옷감, 천, 직물(실로 짠 천)

The curtains are made of expensive **fabric**.
그 커튼은 고가의 천으로 만들어졌다.

I want to buy some **fabric** to make a skirt.
나는 천을 사서 치마를 만들고 싶다.

어휘가 쑥쑥
cotton fabric 면직물
silk fabric 견직물, 비단

＊＊ face /feɪs/
명사 (복) face**s**) ① 얼굴 ② 표정 ③ 표면
동사 (3단현) face**s** 과거·과분 face**d** 현분 fac**ing**) ① ~을 향해 있다
② (위험·재난 등에) 직면하다

명 1 얼굴 (☞ 355쪽)
I washed my **face**. 나는 세수했다.
The ballet dancer is dancing with a smile on her **face**.
발레리나는 얼굴에 미소를 띠면서 춤을 추고 있다.

2 표정, 안색 (= look)
He had such a sad **face**. 그는 정말 슬픈 표정을 지었다.

3 표면, 겉면
A cube has six **faces**. 정육면체는 6면이다.

동 1 ~을 향해 있다, 접하다
My living room **faces** the *Han* River.
우리 집 거실은 한강을 향해 있다.

2 (위험·재난 등에) 직면하다, 용감하게 맞서다

어휘가 쑥쑥
facial **형** 얼굴의
long face 슬픈 표정, 우울한 얼굴
poker face 무표정한 얼굴
round face 둥근 얼굴
familiar face 아는 얼굴
pale face 창백한 얼굴
lose face 체면을 잃다
Right face! 〈구령〉 우향우!
Left face! 〈구령〉 좌향좌!
About face! 〈구령〉 뒤로 돌아!
face value 액면가

They are **facing** a crisis now. 그들은 지금 위기에 직면해 있다.

숙어 **face to face** 얼굴을 맞대고, 마주 보고
Mr. Brown sat down *face to face* with Mrs. Brown.
브라운 씨는 부인과 마주 보고 앉았다.

make a face 얼굴을 찌푸리다
The monkey made a funny face at Sophie and she *made a face* back.
원숭이가 소피에게 익살스런 표정을 지어서 소피도 얼굴을 찡그렸다.

실력이 쑥쑥
head는 목에서부터 그 윗부분을 가리킨다. '창밖으로 얼굴을 내밀지 마라.'는 Don't put your *head* out of the window.라고 하며 face를 쓰지 않는다.

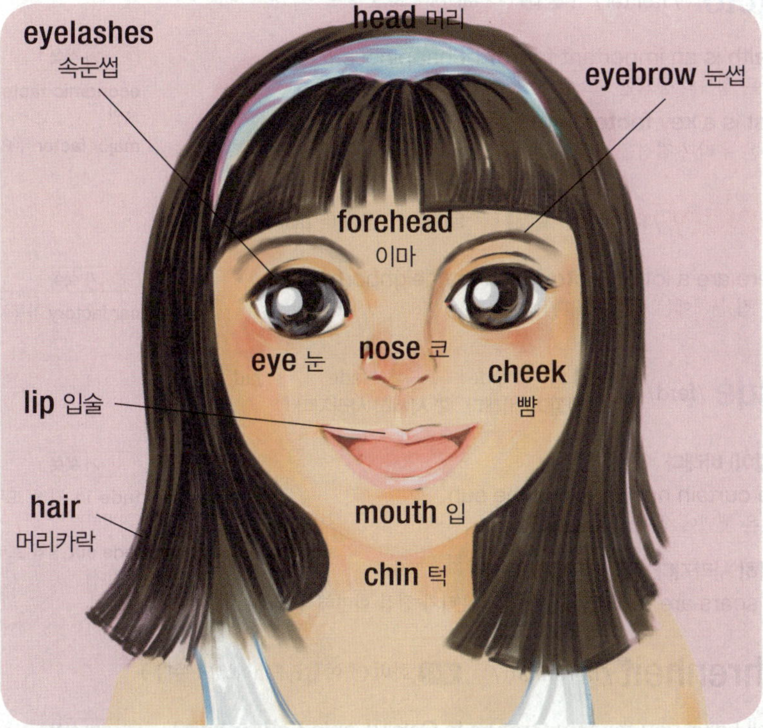

- **eyelashes** 속눈썹
- **head** 머리
- **eyebrow** 눈썹
- **forehead** 이마
- **eye** 눈
- **nose** 코
- **cheek** 뺨
- **lip** 입술
- **hair** 머리카락
- **mouth** 입
- **chin** 턱

＊facility /fəˈsɪləti/ 명사 (복) facilit**ies** 시설, 설비 (🔍)

My school has excellent sports **facilities**.
우리 학교에는 훌륭한 스포츠 시설이 있다.

🔍 뜻풀이
설비 시설을 갖추는 것

어휘가 쑥쑥
 parking facilities 주차 시설　 public facilities 공공시설　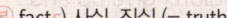 educational facilities 교육 시설

＊fact /fækt/ 명사 (복) fact**s** 사실, 진실 (= truth)

Tom needs to know the **fact**. 톰은 그 사실을 알 필요가 있다.
Nonfiction is a story based on **fact**.
논픽션은 사실을 토대로 한 이야기이다.

숙어 **as a matter of fact** 사실은, 실제로 (= in fact)
A: Do you agree with Henry? 헨리의 의견에 동의하니?
B: *As a matter of fact*, yes. I think he is quite right.
사실은 그래. 내 생각에는 그의 말이 맞는 것 같아.

어휘가 쑥쑥
well-known fact 잘 알려진 사실
interesting fact 재미있는 사실
historical fact 역사적 사실
scientific fact 과학적 사실

* factor /ˈfæktər/ 명사 (복 factors) 요인, 요소

Health is an important **factor** of happiness.
건강은 행복의 중요한 요소이다.
Cost is a key **factor** in making our decision.
비용은 우리가 결정을 내리는 데 중요한 요인이다.

어휘가 쑥쑥
economic factor 경제적 요인
major factor 주요 요인

** factory /ˈfæktri/ 명사 (복 factories) 공장 (= plant)

There are a lot of **factories** in my neighborhood.
우리 집 근처에는 공장이 많다.

어휘가 쑥쑥
car factory 자동차 공장

* fade /feɪd/ 동사 (3단현 fades 과거·과분 faded 현분 fading)
① (색깔이) 바래다 ② 서서히 사라지다

1 (색깔이) 바래다
The curtain had **faded** in the sun.
커튼은 햇볕에 색이 바래 있었다.

2 서서히 사라지다, 점점 희미해지다
My scars are **fading** away. 내 흉터가 점점 희미해지고 있다.

어휘가 쑥쑥
fade in 점점 또렷해지다[커지다]
fade out 점점 흐려지다[작아지다]

Fahrenheit /ˈfærənhaɪt/ 명사 화씨 《줄여서 F, Fah라고도 쓴다.》

Shall I give you the temperature in Celsius or in **Fahrenheit**?
온도를 섭씨와 화씨 중 무엇으로 알려 드릴까요?

어휘가 쑥쑥
Celsius 섭씨 (약자 C)

** fail /feɪl/ 동사 (3단현 fails 과거·과분 failed 현분 failing) ① 실패하다 ② (시험에) 떨어지다
명사 (복 fails) 불합격

동 **1** 실패하다 (↔ succeed 성공하다)
He **failed** in business. 그는 사업에 실패했다.
Although he **failed** many times, he didn't give up and succeeded at last.

어휘가 쑥쑥
failing 명 결점, 실패
failed 형 실패한

그는 비록 여러 번 실패했지만, 포기하지 않았고 마침내 성공했다.

2 (시험에) 떨어지다, 낙방하다 (↔ pass 합격하다)
Jim **failed** mathematics and science.
짐은 수학과 과학에서 낙제를 했다.

명 불합격 (↔ pass 합격)
She got two passes and one **fail**.
그녀는 두 과목은 합격하고 한 과목은 떨어졌다.

숙어 **without fail** 반드시, 틀림없이
I will do exercise every morning *without fail*.
나는 반드시 아침마다 운동을 할 것이다.

뜻풀이
낙방하다 시험이나 모집, 선거 따위에 응하였다가 떨어지다

failure /ˈfeɪljər/ 명사 (복) failures) 실패 (↔ success 성공)

The plan ended in **failure**. 그 계획은 실패로 끝났다.

faint /feɪnt/ 형용사 (비교) fainter (최상) faintest) ① 희미한 ② 어지러운
동사 (3단현) faints (과거·과분) fainted (현분) fainting) 기절하다

형 **1** 희미한, 어렴풋한
We heard a **faint** whisper. 우리는 희미하게 속삭이는 소리를 들었다.

2 어지러운, 기절할 것 같은
I was **faint** with hunger. 나는 배가 고파서 기절할 것 같았다.

동 기절하다, 실신하다
I **fainted** from the heat. 나는 더위 때문에 실신했다.

어휘가 쑥쑥
feel faint 현기증이 나다
faint light 희미한 빛
faint color 희미한 색
faint voice 가냘픈 목소리
faint hope 실낱같은 희망

*fair /fer/ 형용사 (비교) fairer (최상) fairest) ① 공정한 ② 아름다운 ③ (날씨가) 맑은 ④ 금발의
명사 (복) fairs) 박람회

형 **1** 공정한, 올바른, 공평한 (↔ unfair 불공평한)
The soccer team played a **fair** game.
그 축구팀은 정정당당히 싸웠다.

Mom cut the pie into four pieces, so everyone had a **fair** share. 엄마가 파이를 네 조각으로 잘라서 모두가 공평하게 나눠 먹었다.

A: Clean the room and I will wash the dishes.
네가 방을 청소하면 내가 설거지를 할게.
B: It's not **fair**. Cleaning the room is harder than washing the dishes. 불공평해. 방 청소가 설거지보다 더 힘들잖아.

2 아름다운, 매력적인 (= beautiful, pretty) (↔ ugly 못생긴)
He asked a **fair** lady if she had time for coffee.

어휘가 쑥쑥
fairness 명 공평, 공정
fair trade 공정 거래
fair competition 공정한 경쟁
fair play 정정당당한 시합 [행동]
fair trial 공정한 재판
fair wage 적정한 임금
job fair 채용 박람회
trade fair 무역 박람회

그는 아름다운 숙녀에게 커피 한잔 할 시간이 있는지 물었다.

3 (날씨가) 맑은 (= clear, fine) (↔ cloudy 흐린)
It was a **fair** day and we went on a picnic.
날씨가 맑아서 우리는 소풍을 갔다.

4 금발의 (= blonde)
The snow fairy has long, **fair** hair.
눈의 요정은 긴 금발 머리를 하고 있다.

명 박람회 (= exposition)
I attended the children's book **fair** in Bologna in 2019.
나는 2019년 볼로냐에서 열린 아동 도서전에 참가했다.

> 실력이 쑥쑥
> fare(요금)와 발음은 같지만 철자와 의미가 다른 것에 주의한다.

fairly /ˈferli/ 부사 (비교) more fairly (최상) most fairly) ① 공평하게 ② 상당히

1 공평하게 (↔ unfairly 불공평하게)
The government tried to solve the traffic problem quickly and **fairly**.
정부는 교통 문제를 빠르고 공평하게 해결하려고 노력했다.

2 상당히, 꽤
This book is **fairly** easy to read. 이 책은 꽤 읽기 쉽다.

> 어휘가 쑥쑥
> fairly good looking 꽤 잘생긴
> fairly well 아주 잘

fairy /ˈferi/ 명사 (복) fair**ies**) 요정, 선녀

Tinkerbell is the **fairy** who helps Peter Pan.
팅커벨은 피터 팬을 도와주는 요정이다.

*faith /feɪθ/ 명사 믿음 (= belief), 신념 (= confidence) (↔ doubt 의심)

Four-leaf clovers mean **faith**, hope, love, and luck.
네 잎 클로버는 믿음, 희망, 사랑, 그리고 행운을 의미한다.
He is strong in religious **faith**.
그는 종교적인 신념이 강하다.

> 어휘가 쑥쑥
> have faith in ~을 믿다
> lose faith in ~을 신뢰하는 마음을 잃다

faithful /ˈfeɪθfl/ 형용사 (비교) more faithful (최상) most faithful) 충실한, 성실한, 믿을 수 있는

The dog is a **faithful** friend of man. 개는 인간의 충직한 친구이다.
I'll be **faithful** to the present. 나는 현재에 충실할 것이다.

> 어휘가 쑥쑥
> faithfully 부 충실히

**fall¹ /fɔːl/ 동사 (3단현) falls (과거) fell (과분) fallen (현분) falling) ① 떨어지다 ② 넘어지다 ③ (날짜가) 오다 명사 (복) falls) 폭포

동 1 떨어지다, 추락하다, (비·눈이) 내리다 (= drop)

The model plane **fell** on the ground due to a high wind.
강한 바람 때문에 모형 비행기가 땅으로 떨어졌다.

Snow was **falling**, so there was a heavy traffic jam on the way home.
눈이 내리고 있어서 집으로 가는 길은 교통 체증이 심했다.

2 넘어지다, 쓰러지다, 무너지다

Jim **fell** over the branch in the woods and hurt his knee.
짐은 숲속에서 나뭇가지에 걸려 넘어져서 무릎을 다쳤다.

3 (날짜가) 오다, 해당하다 (= arrive, come)

My birthday **falls** on Sunday this year.
올해 내 생일은 일요일이다.

명 [복수형으로 써서] 폭포 (= waterfall)

Niagara **Falls** is on the border between Canada and the U.S.
나이아가라 폭포는 캐나다와 미국 사이의 국경에 있다.

어휘가 쑥쑥
fall ill 병이 나다
fall into a bad habit 나쁜 버릇이 들다
fall to[on] one's knees 무릎을 꿇다
fall to pieces 산산조각이 나다
fall into despair 절망에 빠지다

Snow was *falling*, so there was a heavy traffic jam.

숙어 **fall asleep 잠들다**

Anne *fell asleep* while she was reading.
앤은 책을 읽다가 잠이 들었다.

fall down 넘어지다

A: What happened to you? 무슨 일이니?
B: I *fell down* while skiing. 스키 타다 넘어졌어.

fall in love with ~와 사랑에 빠지다

Romeo *fell in love with* Juliet. 로미오는 줄리엣과 사랑에 빠졌다.

fall into ~에 빠지다

The Little Mermaid saw the Prince *falling into* the sea.
인어 공주는 왕자님이 바다에 빠지는 것을 보았습니다.

fall² /fɔːl/ | 명사 가을 (= autumn) (☞ season)

In **fall**, the leaves turn red and yellow.
가을에는 나뭇잎들이 빨갛고 노랗게 물든다.

fallen /ˈfɔːlən/ | 동사 fall¹의 과거분사 (☞ fall¹)

The road was blocked by a **fallen** tree.
도로가 쓰러진 나무로 인해 막혔다.

*false /fɔːls/ | 형용사 틀린, 잘못된, 사실이 아닌 (= wrong) (↔ right, true 옳은, 사실인)

Is this True or **False**? 이것은 맞을까요, 틀릴까요?

familiar /fəˈmɪliər/
형용사 (비교) more familiar (최상) most familiar
① 보통의 ② 친숙한

1 보통의, 흔한 (= common) (↔ unusual 보통이 아닌, 흔하지 않은)
Kung Fu fighting is a **familiar** scene in Chinese movies.
쿵푸 대결은 중국 영화에서 흔한 장면이다.
Kim, Lee, and Park are very **familiar** last names in Korea.
김, 이, 박은 한국에서 매우 흔한 성이다.

어휘가 쑥쑥
familiarize 동 일반화하다, 익숙하게 하다
familiarity 명 친밀함, 잘 알고 있음

2 친숙한, 잘 알려진 (↔ unfamiliar 친숙하지 않은, 낯선)
I am very **familiar** with New York because I was born and grew up there.
나는 뉴욕에서 태어나고 자랐기 때문에 뉴욕을 아주 잘 안다.

family /ˈfæməli/
명사 (복) famil**ies**) 가족, 식구 (☞ 361쪽)

My **family** eats out on Saturday evenings.
우리 가족은 토요일 저녁마다 외식을 한다.
A: How many people are there in your **family**?
가족이 몇 명입니까?
B: There are four in my **family**. 네 명입니다.

어휘가 쑥쑥
family name 성
nuclear family 핵가족
royal family 왕실, 왕족

famous /ˈfeɪməs/
형용사 (비교) more famous (최상) most famous)
유명한, 명성이 있는 (= well-known) (↔ unknown 알려지지 않은)

He is a **famous** actor. 그는 유명한 배우이다.
Mr. Johnson is the most **famous** person in my town.
존슨 씨는 우리 동네에서 가장 유명한 사람이다.
Paris is **famous** for the Eiffel Tower. 파리는 에펠 탑으로 유명하다.

어휘가 쑥쑥
world-famous 세계적으로 유명한

fan¹ /fæn/
명사 (복) fan**s**) 선풍기, 부채

Don't sleep with the (electric) **fan** on at night.
밤에 선풍기를 켜 놓은 채로 잠을 자면 안 돼요.
I gave a Korean traditional **fan** to Katie as a gift.
나는 케이티에게 한국의 전통 부채를 선물로 주었다.

fan² /fæn/
명사 (복) fan**s**) (영화·스포츠 등의) 팬

When the batter hit a home run, the **fans** cheered loudly.
타자가 홈런을 치자, 팬들이 크게 환호성을 질렀다.
I am a big **fan** of BTS. 나는 BTS의 열렬한 팬이다.

어휘가 쑥쑥
fan club 팬 클럽
huge fan 열렬한 팬

* fancy /ˈfænsi/ 　형용사　(비교) fancier　(최상) fanciest　① 화려한　② 고급의

1 화려한 (↔ simple, plain 단순한), **장식적인**
You can find all kinds of **fancy** cakes in our bakery.
저희 빵집에는 온갖 종류의 화려한 데커레이션 케이크가 있습니다.

2 고급의
Tom took me to a **fancy** restaurant.
톰은 나를 고급 레스토랑에 데려갔다.

> 어휘가 쑥쑥
> fancy button 장식 단추
> fancy goods (장식용) 팬시상품
> fancy shop 장신구 가게

* fantastic /fænˈtæstɪk/ 　형용사　(비교) more fantastic　(최상) most fantastic)
환상적인, 굉장한 (= wonderful, excellent)

The weather was absolutely **fantastic**. 날씨가 정말 환상적이었다.
The musical was the most **fantastic** show I've ever seen.
그 뮤지컬은 내가 본 것 중에서 가장 환상적인 공연이었다.

> 어휘가 쑥쑥
> fantastically 🔁 멋지게, 환상적으로

fantasy /ˈfæntəsi/ 　명사　(복) fantasies) 상상, 공상, 환상 (= imagination)

I often have **fantasies** about becoming a beautiful princess.
나는 종종 예쁜 공주가 되는 상상을 하곤 한다.
Welcome to the **fantasy** world for children!
어린이들을 위한 환상의 세계에 오신 것을 환영합니다!

** far /fɑːr/ 　부사　(비교) farther, further　(최상) farthest, furthest) ① 멀리　② (정도가) 훨씬
　　　　　　　　형용사　(비교) farther, further　(최상) farthest, furthest) 먼

부 1 멀리, 멀리에 (↔ near 가까이에)
He saw the castle **far** away in the forest.
그는 숲속 저 멀리에 있는 성을 보았다.

A: Is your school **far** from here? 너희 학교는 여기서 머니?
B: No. It takes about 15 minutes by bus.
　아니. 버스로 15분 정도 걸려.

2 [비교급·최상급에서] **(정도가) 훨씬, 대단히** (= a lot, even, much, still)
James is **far** faster than any other student in our class.
제임스는 우리 반의 다른 어떤 학생들보다 훨씬 더 빠르다.

형 (거리·시간적으로) 먼
He came from a **far** country. 그는 먼 나라에서 왔다.

숙어 as far as ① ~까지 ② ~하는 한
I'll give you a ride *as far as* the subway station.

> 실력이 쑥쑥
> far의 비교급은 farther와 further가 있다. farther는 '거리'에 대해서 말할 때만 쓴다. further는 거리와 시간뿐 아니라 '정도'를 강조할 때도 쓴다.
> Seoul is farther[further] north than Daejeon. (서울은 대전보다 더 북쪽에 있다.)
> If you have any further questions, feel free to ask me. (질문이 더 있으시면, 언제라도 자유롭게 저에게 물어보세요.)

내가 지하철역까지 차로 태워다 줄게.
I will help you *as far as* I can.
내가 할 수 있는 한 널 돕겠다.
As far as I remember, Mrs. Smith was a very kind person.
내가 기억하는 한, 스미스 부인은 매우 친절한 사람이었다.

so far 지금까지
A: Do you have any special plans for the holidays?
   휴일에 특별한 계획이 있나요?
B: *So far* I don't have any plans. 지금까지는 별 계획 없어요.

(어휘가 쑥쑥)
as far as I know
내가 아는 한
as far as I am concerned
나로서는
so far, so good
지금까지는 좋다

*fare /feɪ/ 　명사 (복) fares (기차·전차·버스·배 등의) 요금, 운임

The bus **fare** is only fifty cents for children.
어린이 버스 요금은 고작 50센트이다.
A: What's the **fare** to L.A.? LA까지 요금이 얼마죠?
B: It's $30. 30달러입니다.

(어휘가 쑥쑥)
round-trip fare 왕복 요금
taxi[train, air] fare 택시[철도, 항공] 요금

(실력이 쑥쑥)
fare는 탈것의 요금, charge는 일에 대한 대가나 봉사료, fee는 의사·변호사 등의 전문적인 서비스를 받거나 클럽 등에 가입할 때 내는 비용이다.
• The taxi *fare* is expensive in *Seoul*. (서울은 택시 요금이 비싸다.)
• A 10% service *charge* is added to the bill. (10퍼센트의 봉사료가 계산서에 추가됩니다.)
• To join our club, there is an entrance *fee* of $50. (우리 클럽에 가입하는 데는 50달러의 입회비가 있습니다.)

*farm /fɑːrm/ 　명사 (복) farms 농장, 사육장

My grandfather grows corn on his **farm**.
할아버지께서는 농장에서 옥수수를 재배하신다.

farmer /ˈfɑːrmər/ 　명사 (복) farmers 농부 (☞ job)

My grandfather is a **farmer**, and he grows rice in the countryside.
우리 할아버지는 농부이신데, 시골에서 벼농사를 지으신다.

farther /ˈfɑːrðər/ 　형용사 부사 far의 비교급 (☞ far)

The cinema was **farther** down the road than I thought.
영화관은 내가 생각한 것보다 훨씬 더 멀었다.

farthest /ˈfɑːrðɪst/ 　형용사 부사 far의 최상급 (☞ far)

Neptune is the **farthest** planet in the solar system.
해왕성은 태양계에서 가장 먼 행성이다.

fascinate /ˈfæsɪneɪt/

동사 (3단현) fascinates (과거·과분) fascinated (현분) fascinating
마음을 사로잡다

Her performance **fascinated** me.
그녀의 연기는 나를 사로잡았다.

I was **fascinated** with her beauty.
나는 그녀의 아름다움에 매료되었다.

어휘가 쑥쑥
fascinated 형 매료된, 마음을 빼앗긴
fascinating 형 매력적인

fashion /ˈfæʃn/

명사 (복) fashions ① 유행 ② 패션

1 유행

Fashions change very quickly nowadays.
요즘은 유행이 매우 빨리 바뀐다.

The polka-dotted dress is in **fashion**.
물방울무늬 원피스가 요즘 유행이다.

2 패션

This magazine is about **fashion** and beauty.
이 잡지는 패션과 미용에 관한 내용이다.

어휘가 쑥쑥
fashion sense 패션 감각
high fashion 최신 유행 스타일
fashion industry 의류 산업
world of fashion 패션계

fashionable /ˈfæʃnəbl/

형용사 (비교) more fashionable (최상) most fashionable)
유행하는, 유행을 따른 (↔ unfashionable 유행하지 않는, 유행에 뒤진)

She always wears **fashionable** clothes and make-up.
그녀는 늘 유행을 따른 옷을 입고 화장을 한다.

fast /fæst/

형용사 (비교) faster (최상) fastest) 빠른 **부사** (비교) faster (최상) fastest) 빨리

형 빠른, 민첩한 (= quick) (↔ slow 느린)

My watch is five minutes **fast**. 내 손목시계는 5분 빨리 간다.
Thanks to the **fast** growth of industry, the country soon became very rich. 빠른 산업 발달 덕택에 그 나라는 곧 부유해졌다.
A: How are you going to the concert? 음악회에 어떻게 갈 거니?
B: I'll take the subway. I think it's **faster** than a taxi.
난 지하철을 탈 거야. 내 생각에는 지하철이 택시보다 더 빠를 것 같아.

어휘가 쑥쑥
fast food 즉석 식품, 패스트푸드
fast learner 뭐든지 빨리 배우는 사람
fast growing 급성장하는

부 빨리, 급히 (= quickly, rapidly) (↔ slowly 느리게)

Driving too **fast** is very dangerous.
지나치게 빠른 속도로 운전하는 것은 매우 위험하다.
Light travels **faster** than sound. 빛은 소리보다 빠르다.
[속담] Bad news travels **fast**. 나쁜 소식은 빨리 퍼진다.

fasten /ˈfæsn/

동사 (3단현) fastens (과거·과분) fastened (현분) fastening) 묶다, 매다
(↔ loosen 풀다)

He **fastened** the rope to a big tree.
그는 큰 나무에 밧줄을 묶었다.

You should **fasten** your seat belt when you ride in a car.
자동차를 탈 때에는 안전벨트를 매야 한다.

어휘가 쑥쑥
fastener 명 잠금장치

fat /fæt/

형용사 (비교) fatter (최상) fattest) 살찐 **명사** 지방

형 **살찐, 뚱뚱한** (↔ lean, thin 마른)
The squirrel was too **fat** to run up a big walnut tree.
그 다람쥐는 너무 뚱뚱해서 큰 호두나무 위로 뛰어올라 가지 못했다.

명 **지방, 기름기** (= oil)
Fresh fruit and vegetables are low in **fat**, so they are good for dieting.
신선한 과일과 채소는 지방이 적어서 다이어트에 도움이 된다.

어휘가 쑥쑥
low[high]-fat 저[고]지방의
fat free 무지방의
body fat 체지방

father /ˈfɑːðər/

명사 (복) fathers) 아버지, 아빠 (↔ mother 어머니, 엄마) (☞ family)

I look like my **father** and my elder sister looks like my mother.
나는 아빠를 닮았고 언니는 엄마를 닮았다.

[속담] Like **father**, like son. 그 아버지에 그 아들. (부전자전)

재미가 쑥쑥
아이들은 dad나 daddy를 더 많이 쓴다.

faucet /ˈfɔːsɪt/

명사 (복) faucets) 수도꼭지 (= tap) (☞ bathroom)

Be sure to turn off the **faucet** after washing your hands.
손을 씻고 나서 수도꼭지를 꼭 잠그십시오.

fault /fɔːlt/

명사 (복) faults) ① 결함 ② 잘못

1 결함, 흠 (= error, bug), **결점, 단점**
[속담] A bad workman finds **fault** with his tools.
서투른 일꾼이 연장의 흠을 찾는다. (서투른 목수가 연장 탓한다.)

어휘가 쑥쑥
faulty 형 결점이 있는
faultless 형 결점이 없는

2 잘못, 책임 (= blame, responsibility)
It was his **fault** that we were late.
우리가 늦은 것은 그의 잘못이었다.

A: I'm sorry to have broken your camera. It's all my **fault**.
카메라를 고장 내서 미안해요. 모두 제 잘못이에요.

B: Don't worry! I can have it fixed.
걱정 마세요! 수리를 맡기면 돼요.

재미가 쑥쑥
It's my fault. (내 잘못이다.)
경기 도중 선수가 실수 또는 잘못한 것을 손을 들고 시인할 때 쓰는 표현이다.

favor / favour /ˈfeɪvər/

명사 (복) favor**s**) ① 친절한 행위 ② 호감
동사 (3단현) favor**s** (과거·과분) favor**ed** (현분) favor**ing**)
① 호의를 보이다 ② 편들다

명 1 호의(◎), 친절한 행위 (= kindness)
Can I ask you a **favor**? = Can I ask a **favor** of you?
= Can you do me a **favor**? 부탁 좀 해도 될까요?

2 (불) 호감, 찬성, 지지 (= support)
Justin is trying to win her **favor**.
저스틴은 그녀의 호감을 사려고 노력 중이다.

동 1 호의를 보이다, 찬성하다
They **favored** the proposal. 그들은 그 제안에 찬성했다.

2 편들다, 편애하다(◎)
My dad **favored** my elder sister. 우리 아빠는 언니를 편애했다.

> **어휘가 쑥쑥**
> favorable ⓗ 호의적인
> favorably ⓓ 호의적으로
>
> **◎ 뜻풀이**
> **호의** 남에게 친절하고 도움을 주려는 마음
> **편애하다** 어느 한 사람이나 한쪽을 유달리 사랑하다

favorite / favourite /ˈfeɪvərɪt/

형용사 가장 좋아하는
명사 (복) favorite**s**) 가장 좋아하는 사람[물건]

형 가장 좋아하는 (= preferred)
In-line skating is one of my **favorite** hobbies.
인라인 스케이트 타는 것은 제가 가장 좋아하는 취미 중 하나예요.

A: What's your **favorite** food? 가장 좋아하는 음식이 뭐니?
B: I like pizza best. How about you?
나는 피자를 가장 좋아해. 너는?

명 가장 좋아하는 사람[물건] (= preference)
Chocolate ice cream is my **favorite**.
나는 초콜릿 아이스크림을 가장 좋아한다.

> **어휘가 쑥쑥**
> favorite movie star 가장 좋아하는 영화배우
>
> **실력이 쑥쑥**
> favorite에는 최상급의 의미가 포함되어 있으므로, most favorite이라고 쓰면 의미상 중복된다.

fax /fæks/

명사 (복) fax**es**) ① 팩스 ② 팩스 문서
동사 (3단현) fax**es** (과거·과분) fax**ed** (현분) fax**ing**) 팩스를 보내다

명 1 팩스 (= fax machine, facsimile)
Please send your documents by **fax**.
서류를 팩스로 보내 주세요.

2 팩스 문서
Did you get my **fax**? 제 팩스 받았어요?

동 팩스를 보내다
I **faxed** the contract to him today.
나는 오늘 그에게 계약서를 팩스로 보냈다.

fear /fɪr/

명사 (복) fears ① 무서움 ② 걱정
동사 (3단현) fears (과거·과분) feared (현분) fearing ① 무서워하다 ② 걱정하다

명 1 무서움, 두려움, 공포
I have a great **fear** of insects.
나는 벌레를 무척 무서워한다.

His voice was shaking with **fear**.
그의 목소리는 두려움으로 떨리고 있었다.

2 걱정, 근심 (= anxiety)
Have no **fear** for the future and just do your best every day.
미래에 대해 걱정하지 말고 매일매일 최선을 다하십시오.

동 1 무서워하다, 두려워하다 (= be afraid of, be fearful of)
Most children **fear** ghosts.
대부분의 아이들은 유령을 무서워한다.

Man **fears** to die. 인간은 죽는 것을 두려워한다.

2 걱정하다 (= worry)
Most parents **fear** that violent movies would have a bad effect on their children.
대부분의 부모들은 폭력적인 영화가 아이들에게 나쁜 영향을 미칠까 봐 걱정한다.

숙어 for fear of [that] ~이 두려워, ~을 하지 않도록
I couldn't say a word *for fear of* making mistakes.
나는 실수할 것이 두려워서 한마디도 하지 못했다.

James got to the station early, *for fear of* missing the train.
제임스는 기차를 놓치지 않도록 역에 일찍 도착했다.

어휘가 쑥쑥
fearful 형 무서운, 두려운
fearless 형 무서워하지 않는, 용감한
fear of heights 고소 공포증
feeling of fear 공포감
growing sense of fear 커져 가는 두려움
without fear 안심하고
feel no fear 겁이 없다
live in fear 겁에 질려 살다

실력이 쑥쑥
fear '두려움, 공포'를 나타내는 가장 일반적인 말
horror 몸의 털이 솟는 듯한 지독히 싫은 공포
panic 갑작스럽고 까닭 없는 공포

feast /fiːst/

명사 (복) feasts 잔치 (= festival)

The king gave[held] a **feast** for the nation.
임금님은 백성들을 위해서 잔치를 열었습니다.

feather /ˈfeðər/

명사 (복) feathers 깃털, 깃

The crow gathered the **feathers** on the ground and put them on his body.
까마귀는 땅에 떨어져 있는 깃털을 모아서 자신의 몸에 붙였어요.

[속담] Birds of a **feather** flock together.
같은 깃털을 가진 새들은 함께 모인다. (유유상종)

[속담] Fine **feathers** make fine birds.
좋은 깃털이 좋은 새를 만든다. (옷이 날개다.)

feature /ˈfiːtʃər/ | 명사 (복) feature**s**) ① 특징 ② 얼굴

1 특징 (= characteristic)
Foggy and rainy weather is a **feature** of England.
안개가 끼고 비가 내리는 날씨는 영국의 특징이다.

2 [주로 복수로 쓰여] **얼굴, 용모** (= face)
Justin has fine **features**. 저스틴은 잘생긴 얼굴을 가지고 있다.

> **어휘가 쑥쑥**
> common feature 공통점
> unique feature 독특한 특징

February /ˈfebrueri/ | 명사 2월 (☞ month) 《줄여서 Feb.로 적기도 한다.》

Valentine's day is on **February** 14th.
밸런타인데이는 2월 14일이다.

fed /fed/ | 동사 feed의 과거·과거분사 (☞ feed)

fee /fiː/ | 명사 (복) fee**s**) 요금, 수업료 (= pay) (☞ fare)

Please return the book by tomorrow, or you have to pay a late **fee**.
내일까지 책을 반납해 주세요. 그렇지 않으면 연체료를 내셔야 합니다.

A: How much is the admission **fee**?
입장료가 얼마인가요?
B: Eight dollars for an adult and children under 12 will get 50% off.
어른은 8달러이고, 12세 미만의 어린이들은 50퍼센트 할인이 됩니다.

feed /fiːd/ | 동사 (3단현) feed**s** (과거·과분) fed (현분) feed**ing**) ① 먹이다 ② 먹다 ③ 공급하다 명사 먹이, 사료

동 1 먹이다, 먹이를 주다
My aunt is **feeding** her baby.
우리 고모는 아기에게 우유를 먹이고 있다.
In my free time, I usually take a walk and **feed** the birds in the park.
나는 여가 시간에 대개 공원에서 산책을 하고 새들에게 모이를 준다.

2 (먹이를) 먹다
Snails **feed** at night. 달팽이는 밤에 먹이를 먹는다.

3 공급하다
Feed a printer with paper. 프린터에 종이를 공급해라.

> **어휘가 쑥쑥**
> breast-feed 모유로 키우다
> bottle-feed 분유를 먹여서 키우다
> feed back 조언을 주다
> feed on ~을 먹고 살다 (주로 동물의 경우)
> mouth to feed 부양 가족
> well fed 잘 먹는

명 먹이, 사료
I bought **feed** for my hamster at the pet store.
나는 애완동물 가게에서 햄스터 사료를 샀다.

*feel /fiːl/ | 동사 (3단현) feels (과거·과분) felt (현분) feeling) ① ~을 느끼다 ② ~한 느낌이 들다

1 ~을 느끼다, ~이 느껴지다
I **feel** cold. Will you close the window, please?
좀 춥네요. 창문 좀 닫아 주실래요?
I **felt** some pain in my chest. 나는 가슴에서 통증을 느꼈다.
The air **feels** cool and fresh. 공기가 시원하고 상쾌하게 느껴진다.

2 ~한 느낌이 들다, ~라고 생각되다
I **felt** that he was lying.
나는 그가 거짓말을 하고 있다는 느낌이 들었다.
A: How do you **feel** today? 오늘은 기분이 좀 어떠십니까?
B: Much better than yesterday. 어제보다 훨씬 낫습니다.

숙어 feel like ~ing ~하고 싶은 기분이 들다, ~하고 싶다
I don't *feel like watching* TV tonight.
오늘 밤에는 별로 텔레비전을 보고 싶지 않아.
A: What do you *feel like eating* tonight?
오늘 저녁엔 뭐 먹고 싶니?
B: I'd like to eat Chinese food.
중국 음식을 먹고 싶어.

어휘가 쑥쑥
feel free to 마음대로 ~해도 좋다
feel bad 기분이 나쁘다
feel guilty 잘못했다고 생각하다
feel down 마음이 울적하다
feel sleepy 졸리다

문법이 쑥쑥
feel은 주어와 보어(형용사, 명사)를 연결해 주는 역할을 한다.
I *feel* tired all the time. (저는 항상 피곤해요.)
I *feel* such an idiot. (난 정말 바보 같은 기분이 들었다.)

feeling /ˈfiːlɪŋ/ | 명사 (복) feelings) ① 느낌 ② 의견 ③ 감각 (☞ 370쪽)

1 [주로 복수로 쓰여] 느낌, 감정
Her rude words hurt my **feelings**.
그녀의 무례한 말들이 내 기분을 상하게 했다.

2 의견, 태도, 생각
What are your **feelings** about this issue?
이 문제에 대해 당신은 어떻게 생각하나요?

3 (신체적) 감각
I've lost **feeling** in my arms. 나는 양쪽 팔의 감각을 상실했다.

어휘가 쑥쑥
guilty feelings 죄책감
personal feelings 개인적인 감정
positive feelings 우호적인 감정
bad[ill] feelings 악감정

feet /fiːt/ | 명사 foot의 복수 (☞ foot)

fell /fel/ | 동사 fall¹의 과거 (☞ fall¹)

✱fellow /ˈfeloʊ/ 　명사　(복) fellows　동료, 친구

Jay is a nice **fellow**. He always helps his friends in trouble.
제이는 멋진 친구이다. 그는 항상 곤경에 처한 친구들을 도와준다.

"Come in, young **fellow**," said the old man.
"들어오게나, 젊은 친구." 그 노인이 말했습니다.

> 어휘가 쑥쑥
> useless fellow 쓸모없는 사람
> smart fellow 똑똑한 사람

felt /felt/ 　동사　 feel의 과거·과거분사 (☞ feel)

✱female /ˈfiːmeɪl/ 　명사　형용사　(복) females 여성(의), 암컷(의) (↔ male 남성(의), 수컷(의))

The **female** usually lives longer than the male.
대개 여성이 남성보다 오래 산다.

Koko is a **female** gorilla. 코코는 암컷 고릴라이다.

> 어휘가 쑥쑥
> female worker
> 여성 근로자

fence /fens/ 　명사　(복) fences 울타리, (낮은) 담장 (☞ house)

I plan to paint the **fences** this weekend.
나는 이번 주말에 담장에 페인트칠을 할 계획이다.

[속담] The grass is always greener on the other side of the **fence**.
울타리 맞은편에 있는 잔디가 언제나 더 푸르다. (남의 떡이 더 커 보인다.)

✱ferry /ˈferi/ 　명사　(복) ferries 연락선, 페리

We took the **ferry** to Vancouver Island.
우리는 밴쿠버섬으로 가는 페리를 탔다.

The **ferry** is expected to dock at 3.
그 연락선은 3시에 부두에 배를 댈 예정이다.

> 뜻풀이
> 페리 주로 일정한 곳을 왕래하며 많은 사람과 자동차를 실어 나르는 배

festival /ˈfestɪvl/ 　명사　(복) festivals 축제

I saw many actors in person at the film **festival**.
나는 영화제에서 많은 배우들을 직접 보았다.

✱fever /ˈfiːvər/ 　명사　(복) fevers ① 열 ② 흥분

1 열, 열병
Amy has a high **fever**. 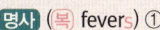 에이미는 고열이 있다.

few

Mom, I have a sore throat and a **fever**.
엄마, 저 목이 아프고 열도 나요.

2 [보통 a fever로 쓰여] 흥분, 열광
They were in a **fever** about the latest action movie.
그들은 최신 액션 영화에 열광했다.

> 어휘가 쑥쑥
> have a slight fever 미열이 있다
> reduce[bring down] fever 열을 내리다

few /fjuː/

형용사 (비교) fewer (최상) fewest ① 거의 없는 ② 약간의, 몇몇의
대명사 ① 소수 ② 약간의 수

형 **1 거의 없는** (↔ many 많은)
Few people came to the party last night.
어젯밤 파티에 사람들이 거의 오지 않았다.

She makes **few** mistakes in her work.
그녀는 일에서 거의 실수를 하지 않는다.

2 [a와 함께 써서] **약간의, 몇몇의** (= several, a couple of)
Sarah has been here only one week, but she has a **few** friends.
세라는 여기에 온 지 일주일밖에 안 됐지만 친구가 몇 명 있다.

A **few** people came to the party last night.
어젯밤 파티에 사람들이 몇 명 왔다.

대 **1 소수, 적은 수**
Many people tried, but **few** succeeded.
많은 사람들이 시도했지만 성공한 사람은 매우 적었다(거의 없었다).

2 [a와 함께 써서] **약간의 수, 몇몇**
Amy has read a **few** of these books.
에이미는 이 책들 중 몇 권만 읽었다.

숙어 **only a few** 아주 적은, 극소수의
There were *only a few* people at the department store.
그 백화점에는 사람들이 아주 적었다.

quite a few 상당히 많은 (= many)
There were *quite a few* people at the department store.
그 백화점에는 사람들이 상당히 많았다.

> 문법이 쑥쑥
> ***few와 little***
>
> | | 셀 수 있는 명사 앞에 | 셀 수 없는 명사 앞에 |
> |---|---|---|
> | 약간의, 조금의 | a few | a little |
> | 거의 없는 | few | little |
>
> I have *a few* books.
> (나는 책이 조금 있다.)
> I have *few* books.
> (나는 책이 거의 없다.)
> I have *a little* money.
> (나는 돈이 조금 있다.)
> I have *little* money.
> (나는 돈이 거의 없다.)

> 실력이 쑥쑥
> 일상 영어에서는 few(거의 없는) 대신 주로 not many를 쓴다.
> *Few* people came to the party last night.
> = *Not many* people came to the party last night.

field /fiːld/

명사 (복) field**s** ① 들판 ② 분야

1 들판, 논, 밭
A shepherd is watching sheep in the **field**.
양치기가 들판에서 양들을 지키고 있다.

A farmer was working in the **field** on a hot summer day.
어느 더운 여름날 한 농부가 밭에서 일을 하고 있었다.

> 어휘가 쑥쑥
> corn field 옥수수밭
> wheat field 밀밭
> grass field 풀밭
> soccer field 축구장

2 (학문·활동의) 분야, 영역
John worked hard and finally succeeded in his **field**.
존은 열심히 노력해서 결국 자신의 분야에서 성공하였다.

oil field 유전
field of snow 설원

field trip /ˈfiːld trɪp/ 명사 (복) field trips) 현장 학습, 견학

Our class will go on a **field trip** next Friday.
우리 반은 다음 주 금요일에 현장 학습을 갑니다.

*fierce /fɪrs/ 형용사 (비교) fiercer (최상) fiercest) ① 난폭한 ② 격렬한

1 (생긴 모습이나 성격이) 난폭한, 사나운 (= violent)
Be careful, it's a **fierce** bulldog.
조심해, 사나운 불도그야.

2 격렬한, 거센, 강한 (= strong and powerful)
The **fierce** wind stopped the competition.
거센 바람으로 시합이 중단되었다.

어휘가 쑥쑥
fierce animal 사나운 동물
fierce war 격렬한 전쟁
fierce anger 격분, 몹시 화남

fifteen /ˌfɪfˈtiːn/ 명사 형용사 15(의), 열다섯(의)

My brother is **fifteen**. 우리 오빠는 열다섯 살이야.

fifth /fɪfθ/ 명사 형용사 (복) fifths) 다섯 번째(의), 5분의 1(의)

Take the elevator to the **fifth** floor. 5층까지 엘리베이터를 타세요.

fifty /ˈfɪfti/ 명사 형용사 (복) fifties) 50(의), 쉰(의)

My mom is **fifty** (years old). 우리 엄마는 쉰 살이시다.
This building is **fifty** meters in height.
이 건물은 높이가 50미터이다.

어휘가 쑥쑥
fifty-fifty chance 반반의 가능성

*fight /faɪt/ 동사 (3단현) fights (과거·과분) fought (현분) fighting) ① (몸으로) 싸우다 ② (말로) 싸우다 명사 (복) fights) ① 싸움 ② 전투

동 **1** (몸으로) 싸우다, 전투하다 (= battle)
Many Americans **fought** for liberty when they were controlled by Britain.
영국의 지배를 받았을 때 많은 미국인이 자유를 위해서 싸웠다.
A: Stop **fighting** (each other), boys! 그만 싸워, 애들아!
B: He struck me on the head first, Mom!

어휘가 쑥쑥
fighter 명 전투기, 전사

재미가 쑥쑥
우리는 상대를 격려할 때나 응원할 때 "파이팅!(Fighting!)"이라고 하지만, 영어

형이 먼저 내 머리를 때렸어요, 엄마!

2 (말로) 싸우다, 언쟁하다 (= quarrel, argue)
I **fought** with my best friend last night.
어젯밤에 가장 친한 친구와 말다툼을 했다.

명 **1 싸움, 말다툼**
Let's go out and have a snowball **fight**!
우리 나가서 눈싸움하자!

Today I had a big **fight** with Sally.
오늘 나는 샐리와 크게 다투었다.

2 전투 (= war, battle)
The nation lost the **fight** and it cost thousands of people's lives.
그 나라는 전투에서 졌고, 그로 인해 수천 명의 사람들의 목숨이 희생되었다.

로는 그렇게 말하지 않는다. 상대방에게 힘을 줄 때는 "Cheer up!"이라고 하고, 운동 경기 등을 응원할 때는 "Go (for it)!"이라고 한다.

Stop *fighting*, boys!

---

* **figure** /ˈfɪɡjər/

명사 (복) figures ① 숫자 ② 모양 ③ (중요한) 인물 ④ 도형
동사 (3단현) figures (과거·과분) figured (현분) figuring ① 계산하다 ② 생각하다

명 **1 숫자** (= number)
I can't see well the two **figures**. 두 숫자가 잘 안 보인다.

A: How much did you pay for the coat?
그 코트 얼마 주고 샀어?
B: About $200. I don't remember the exact **figure**.
200달러 정도. 정확한 숫자는 기억나지 않아.

2 모양, 형태 (= shape, form), **사람의 모습**
I made a star-**figured** card in art class.
나는 미술 시간에 별 모양의 카드를 만들었다.

I saw a **figure** wearing black clothes in the dark.
나는 어둠 속에서 검은 옷을 입은 사람의 형태를 보았다.

3 (중요한) 인물
Lee Sunshin is one of the greatest **figures** in Korean history.
이순신은 한국 역사상 가장 위대한 인물들 중의 한 사람이다.

4 도형, 도표
A square is a **figure** with four sides.
사각형은 네 변을 가진 도형이다.

This **figure** shows the rate of economic growth in Korea last year. 이 도표는 지난해 한국의 경제 성장률을 보여 준다.

동 **1 계산하다** (= calculate)

어휘가 쑥쑥
trade figures 무역 수치
sales figures 판매 수치, 매출액
unemployment figures 실업자 수치
single figures 한 자릿수
double figures 두 자릿수
public figure 유명 인사, 공인
key figure 핵심 인물
leading figure 거물, 주요 인물
central figure 중심 인물
popular figure 인기인
figure of eight 8자 모양

I'm still **figuring** the cost.
저는 아직 그 비용을 계산하는 중입니다.

2 (~라고) 생각하다, 믿다
We **figured** that at least five students would be there.
우리는 적어도 다섯 명의 학생들이 거기 있을 거라고 생각했다.

숙어 **figure out** ① (문제의 해답 등을) 알아내다, 해결하다
② 이해하다 (= understand)
We can *figure out* the answers.
우리는 답을 알아낼 수 있어.
I could *figure out* the difficult problem thanks to his help.
그의 도움 덕분에 어려운 문제를 해결할 수 있었다.
She couldn't *figure out* his strange behavior.
그녀는 그의 이상한 행동을 이해할 수 없었다.

실력이 쑥쑥
figure 내부 구조와 외형 모두를 나타낸 것
outline 선이나 윤곽으로 나타낸 외형
form 내용이나 색깔로 나타낸 외형
shape figure와 마찬가지로 외형을 뜻하지만 내부가 차 있는 것

★★ **file¹** /faɪl/   명사 (복) files ① 문서 ② (컴퓨터) 파일
동사 (3단형) files (과거·과분) filed (현분) filing 정리하다

명 **1** 문서, 서류(철)
We should keep all **files** for ten years.
우리는 모든 문서를 10년간 보관해야 합니다.

2 (컴퓨터에 저장되는) 파일
Please save this **file** before closing it.
이 파일을 닫기 전에 저장하세요.

동 (가지런하게) 정리하다
Tom **filed** the documents in alphabetical order.
톰은 서류를 알파벳순으로 정리했다.

어휘가 쑥쑥
video file 동영상 파일
access a file 파일에 접근하다
attach a file 파일을 첨부하다
delete a file 파일을 삭제하다
download a file 파일을 내려받다

---

file² /faɪl/   명사 (복) files 줄
동사 (3단형) files (과거·과분) filed (현분) filing 갈아서 표면을 다듬다

명 (뭔가를 갈아내는 데 쓰는) 줄
Helen is smoothing her nails with a **file**.
헬렌은 줄로 손톱을 다듬고 있다.

동 갈아서 표면을 다듬다
The carpenter **filed** down the sharp edges.
목수는 날카로운 모서리를 다듬었다.

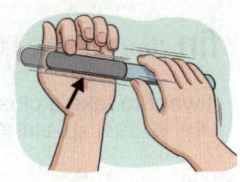

★★ **fill** /fɪl/   동사 (3단형) fills (과거·과분) filled (현분) filling 채우다, (~으로) 가득 차다

The basket is **filled** with apples.   바구니 안에 사과가 가득 들어 있다.

숙어 fill in ~를 채우다, 기입하다
Listen to the conversation and *fill in* the blanks.
대화를 듣고 빈칸을 채우시오.

fill out ~를 작성하다
To get a membership, please *fill out* this form first.
회원 가입을 하시려면, 먼저 이 양식을 작성해 주세요.

fill up ~를 가득 채우다
A: *Fill* it *up*, please. 기름을 가득 채워 주세요.
B: Okay. Wait a moment, sir. 알겠습니다. 잠깐만 기다려 주세요.

Fill it *up*, please.

film /fɪlm/ 명사 (복) films ① 필름 ② 영화

1 필름
I bought three rolls of **film**. 나는 필름을 세 통 샀다.
A: I want to develop this **film**. 이 필름을 현상하고 싶은데요.
B: OK. What size do you want?
알겠습니다. 어떤 크기로 해 드릴까요?

2 영화 (= movie, picture)
This **film** is based on a true story.
이 영화는 실화를 바탕으로 한 것이다.

어휘가 쑥쑥
silent film 무성 영화
film festival 영화제
independent film 독립 영화
feature film 장편 영화
horror film 공포 영화

*filter /ˈfɪltər/ 명사 (복) filters 여과기
동사 (3단현) filters (과거·과분) filtered (현분) filtering) 여과하다

명 필터, 여과기
A **filter** removes dust in the air.
필터는 공기 중의 먼지를 제거한다.

동 여과하다
Sand and charcoal are used to **filter** water.
모래와 숯은 물을 여과하는 데 사용된다.

어휘가 쑥쑥
filter paper 여과지, 거름종이
air filter 공기 정화 필터
junk mail filter 스팸 메일 차단 장치

fin /fɪn/ 명사 (복) fins (물고기의) 지느러미

I want to take a closer look at the killer whale's **fin**.
저는 범고래의 지느러미를 더 가까이서 보고 싶습니다.

*final /ˈfaɪnl/ 형용사 ① 가장 마지막의 ② 최종의 명사 (복) finals ① 결승전 ② 기말시험

형 1 가장 마지막의, 최후의 (↔ first 가장 처음의, 최초의)
The soccer player hoped to play in the **final** round.
그 축구 선수는 결승전에 출전하기를 희망했다.

어휘가 쑥쑥
final stage 마지막 단계
final match 결승전

2 최종의
We made the **final** decision after a few hours' discussion.
우리는 몇 시간에 걸친 토론 끝에 최종 결정을 내렸다.

명 1 결승전
Our team beat China 2-1 in the **finals**.
우리 팀은 결승전에서 중국을 2대 1로 이겼다.

2 기말시험
I'm really worried about the **finals**[**final** exams].
나는 기말시험이 너무 걱정된다.

quarter-final 준준결승
semi-final 준결승

(실력이 쑥쑥)
final 최종적으로 완결되는 것을 강조한다.
last 그냥 순서의 맨 끝을 의미한다.

finally /ˈfaɪnəli/ 부사 ① 마지막으로 ② 마침내

1 [순서상] **마지막으로, 끝으로** (↔ first 처음으로)
Finally, I'd like to thank you all.
끝으로 여러분 모두에게 감사드리고 싶습니다.

2 마침내, 드디어, 결국 (= at last)
Finally, we arrived at the station.
마침내 우리는 역에 도착했다.

(실력이 쑥쑥)
finally 어려움을 겪고 난 뒤에 어떤 일이 일어날 때
at last, in the end 오랫동안 바라거나 기다린 뒤에 어떤 일이 일어날 때

*finance /ˈfaɪnæns/ 명사 (복) finances) 자금, 재무, 재정 (🔍 국가나 단체가 수입과 재산을 관리하면서 사용하는 일)

Finance for health care comes from taxpayers.
건강 보험을 위한 재정은 납세자(세금을 내는 사람)로부터 나온다.

*find /faɪnd/ 동사 (3단현 finds 과거·과분 found 현분 finding) ① 찾아내다 ② 알다

1 찾아내다, (우연히) 발견하다
I couldn't **find** my glasses. 나는 안경을 찾을 수가 없었다.
A: Where did you **find** your cell phone?
  휴대 전화를 어디서 찾으셨어요?
B: Someone gave it to the Lost and Found.
  누군가 분실물 센터에 맡겨 놓았던데요.

2 알다, 알아내다, 깨닫다 (= find out)
One day, the ugly duckling **found** that he could not swim.
어느 날, 미운 오리 새끼는 자신이 수영할 수 없다는 것을 깨달았다.
After talking with Alex, I **found** him humorous.
나는 알렉스와 얘기를 해 본 후 그가 재미있는 사람이라는 것을 알았다.

(어휘가 쑥쑥)
finder 명 발견자
find a job 일자리를 찾다

(실력이 쑥쑥)
find의 과거·과거분사형은 **found**이지만, **found**는 '세우다, 설립하다'라는 의미의 동사로도 쓰인다. 이때 **found**의 과거·과거분사형은 **founded**가 된다.

*fine¹ /faɪn/ 형용사 (비교 finer 최상 finest) ① 멋진 ② 좋은 ③ 날씨가 좋은 ④ 고운

fine

1 훌륭한, 멋진 (= good, excellent)
My grandmother has a **fine** garden.
우리 할머니는 멋진 정원을 가지고 계신다.
Everything's **fine**, thanks! 모든 것이 좋군요, 감사합니다!

2 (건강이) 좋은
A: How are your parents getting along? 너희 부모님은 잘 계시니?
B: They're very **fine**. 아주 잘 계세요.

3 날씨가 좋은, 맑게 갠
I hope that the weather will be **fine** tomorrow.
내일 날씨가 좋았으면 좋겠어요.

4 (알갱이 등이) 고운, 가는
This beach is well known for white and **fine** sand.
이 해변은 희고 고운 모래로 잘 알려져 있다.

> (실력)이 쑥쑥
> **fine** '날씨가 맑게 갠'을 뜻하는 일반적인 말
> **clear** 특히 구름 한 점 없이 맑게 갠 상태
> **fair** 온화한 상태를 강조하는 말
>
> (재미)가 쑥쑥
> 미국에서 '날씨가 좋다'고 할 때 fine을 쓰는 것은 오래된 표현이다. 그 대신에 It's nice today. 또는 What a nice day!라고 한다.

---

fine² /faɪn/ 명사 (복) fines) 벌금 동사 (3단현) fines (과거·과분) fined (현분) fining) 벌금을 물리다

명 벌금
You have to pay a 50-dollar **fine** for speeding.
당신은 과속으로 50달러의 벌금을 내야 합니다.

동 [주로 수동태로] 벌금을 물리다
He was **fined** for a traffic violation.
그는 교통 신호 위반으로 벌금을 부과받았다.

> (어휘)가 쑥쑥
> **heavy fine** 무거운 벌금
> **parking fine** 주차 위반 벌금

---

finger /ˈfɪŋɡər/ 명사 (복) fingers) 손가락 (☞ hand)

Indians have the custom to eat with their **fingers**.
인도 사람들은 음식을 손가락으로 먹는 관습을 가지고 있다.

The pianist has only four **fingers** and her playing always moves the audience.
그 피아니스트는 손가락이 네 개뿐이지만, 그녀의 연주는 언제나 관객들을 감동시킨다.

keep one's *fingers* crossed

숙어 keep one's fingers crossed 행운을 빌다
A: I have an exam tomorrow.
나 내일 시험이 있어.
B: I'll *keep my fingers crossed* for you.
널 위해 행운을 빌어 줄게.

> (어휘)가 쑥쑥
> **thumb** 엄지손가락
> **index finger** 집게손가락
> **middle finger** 가운뎃손가락
> **ring finger** 약손가락
> **little finger** 새끼손가락

---

fingernail /ˈfɪŋɡərneɪl/ 명사 (복) fingernails) 손톱

Don't bite your **fingernails**. 손톱 물어뜯지 마라.

fingerprint /ˈfɪŋɡərprɪnt/ 명사 (복) fingerprints 지문

The boy's **fingerprints** were all over the windows.
그 소년의 지문이 창문 전체에 있었다.

finish /ˈfɪnɪʃ/ 동사 (3단현) finishes (과거·과분) finished (현분) finishing
① 끝내다 ② 다 먹어 버리다

1 끝내다, 끝나다 (↔ begin, start 시작하다)
I **finished** reading the novel last night.
나는 어젯밤에 그 소설책을 다 읽었다.
A: Did you **finish** your homework? 숙제는 다 했니?
B: Sure. I've already **finished** it. 물론이죠. 벌써 다 끝냈어요.

2 (음식을) 다 먹어[마셔] 버리다
He **finished** up the cake. 그가 케이크를 다 먹어 버렸다.

fire /ˈfaɪər/ 명사 (복) fires ① 불 ② 화재 ③ 발사
동사 (3단현) fires (과거·과분) fired (현분) firing 쏘다

명 **1** 불, 모닥불 (= bonfire)
I felt so cold that I made a **fire** and warmed myself.
나는 몹시 추워서 불을 피우고 몸을 녹였다.
[속담] There is no smoke without **fire**.
아니 땐 굴뚝에 연기 날까.

2 화재
He saw the building on **fire** and called 119.
그는 그 건물이 불타고 있는 것을 보고 119에 전화했다.
She poured water and put out the **fire**.
그녀는 물을 부어서 불을 껐다.

3 불 (총·대포·로켓 등의) 발사
The soldiers opened **fire** on the enemies.
군인들은 적들을 향해 발사하기 시작했다.

통 쏘다, 발사하다 (= shoot)
The soldiers **fired** the guns at the enemy.
병사들이 적군을 향해 총을 발사했다.

어휘가 쑥쑥
fire alarm 화재경보기
fire drill 소방 훈련
fire engine[truck] 소방차
fire escape 비상계단
fire extinguisher 소화기
fire fighter 소방관
fire station 소방서
firework 불꽃(놀이)
forest fire 산불
electric fire 전기난로
light a fire 불을 지피다
set fire to ~에 불을 지르다

firefly /ˈfaɪərflaɪ/ 명사 (복) fireflies) 반딧불이, 개똥벌레

It's not easy to catch a **firefly**.
반딧불이를 잡기는 쉽지 않다.

firm¹ /fɜːrm/ 〔형용사〕 (비교) firmer (최상) firmest) ① 굳은 ② 확고한 ③ 강한

1 굳은, 단단한 (= hard) (↔ soft 부드러운)
You should set up a tent on **firm** ground.
단단한 땅 위에 텐트를 쳐야 한다.

2 확고한, 단호한, 변하지 않는
She took a **firm** attitude toward the matter.
그녀는 그 문제에 대해 단호한 태도를 보였다.
I made a **firm** decision. 나는 확고한 결정을 내렸습니다.

3 강한 (= strong), **힘찬**
The fisherman kept a **firm** grip on the rope.
그 어부는 밧줄을 꽉 잡고 있었습니다.

〔어휘가 쑥쑥〕
firmly 〔부〕 단단히, 확고히
firmness 〔명〕 단단함, 확고함

〔실력이 쑥쑥〕
firm 단단한 상태
hard 쉽게 망가지지 않는 딱딱함
solid 속까지 꽉 찬 상태
stiff 쉽게 구부리거나 펼 수 없음

firm² /fɜːrm/ 〔명사〕 (복) firms) 회사 (= company)

My **firm** has over 300 employees.
우리 회사는 직원이 300명이 넘는다.
A: What is your occupation? 당신의 직업은 무엇입니까?
B: I work for a law **firm** as a secretary.
법률 사무소에서 비서로 일합니다.

〔어휘가 쑥쑥〕
electronics firm 전자 회사
advertising firm 광고 회사

first /fɜːrst/ 〔명사〕〔형용사〕 ① 첫 번째(의) ② 1등(의) 〔부사〕 가장 처음으로

〔명〕 **1 첫 번째, 최초** (↔ the last 가장 마지막)
Today is the **first** of January. 오늘은 1월 1일입니다.
April **first** is April Fools' Day. 4월 1일은 만우절이다.
Neil Armstrong was the **first** to walk on the moon.
닐 암스트롱은 달 표면에 발을 내딛은 최초의 사람이었다.

2 1등, 최고 (= the highest)
I took a **first** in mathematics. 나는 수학에서 1등을 했다.

〔형〕 **1 첫 번째의, 최초의** (↔ the last 가장 마지막의)
The **first** train starts at 5:30 a.m. and the last train leaves at 11:30 p.m.
첫차는 새벽 5시 반에 출발하고 막차는 밤 11시 반에 출발합니다.
Is this your **first** visit to Korea?
한국에 처음 방문하신 건가요?

2 1등의, 최고의
He won the **first** prize in the speech contest.
그는 웅변대회에서 1등 상을 탔다.

〔어휘가 쑥쑥〕
first aid 응급 처치
first base (야구의) 1루
first class 1등석
first floor 1층 (미), 2층 (영)
first-hand 직접(의)
first impression 첫인상
first language 모국어
first lady 영부인
first name (성이 아닌) 이름
first-rate 일류의, 최고의
in the first place 첫째로, 우선, 처음부터
come first 최우선이다, 가장 중요하다

fist

부 [순서상] **가장 처음으로, 가장 먼저** (↔ lastly 가장 마지막으로)
Sam came **first** in the race. 샘이 경주에서 제일 먼저 들어왔다.
First, let me introduce myself to you. 먼저 제 소개를 할게요.
When you get home, wash your hands, **first**.
집에 오면 가장 먼저 손을 씻으세요.
First come, **first** served.
먼저 오는 사람이 먼저 대접받는다. (선착순이다.)

숙어 **at first** 처음에는
Nobody believed the rumor *at first*, but it was true.
처음에는 아무도 그 소문을 믿지 않았지만 그것은 사실이었다.

first of all 우선, 첫째로, 무엇보다 먼저
First of all, I'll tell you the topic of today's meeting.
먼저, 오늘 회의 주제에 대해 말씀드리겠습니다.

for the first time 처음으로
I ate lobster *for the first time* today.
나는 오늘 처음으로 바닷가재를 먹어 보았다.

Neil Armstrong was the *first* to walk on the moon.

실력이 쑥쑥
여러 개를 열거할 때 first (첫째로)는 firstly로도 쓸 수 있다. first(ly), second(ly), third(ly) ...last(ly) 그러나 firstly보다 first를 쓰는 경우가 더 많다.

** fish /fɪʃ/
명사 (복) fish, fishes) 물고기
동사 (3단현) fishes (과거·과분) fished (현분) fishing) 낚시하다

명 물고기, 생선
I caught five **fish** in the river.
나는 강에서 물고기를 다섯 마리 잡았다.
A lot of **fishes** live in this pond.
이 연못에는 많은 종류의 물고기들이 산다.

동 낚시하다, 물고기를 잡다
My father and I go **fishing** once a month.
아빠와 나는 한 달에 한 번 낚시하러 간다.

어휘가 쑥쑥
tropical fish 열대어

실력이 쑥쑥
물고기의 종류를 말할 때는 fishes라고 한다.
a lot of *fish* (많은 물고기)
a lot of *fishes* (여러 종류의 물고기)

fisherman /ˈfɪʃərmən/
명사 (복) fishermen) 어부

A **fisherman** went out to catch fish.
어부가 고기를 잡으러 나갔다.

* fist /fɪst/
명사 (복) fists) 주먹

He struck the table with his **fist** in anger.
그는 화가 나서 주먹으로 테이블을 쾅 내리쳤다.
Make a **fist** and put up your thumb. The gesture means "the best."
주먹을 쥐고 엄지를 위로 뻗어 보세요. 그 제스처는 "최고"를 뜻합니다.

*fit /fɪt/

동사 (3단현) fits (과거·과분) fit, fitted (현분) fitting ① (꼭) 맞다 ② 맞추다
형용사 (비교) fitter (최상) fittest ① 적당한 ② 건강한

동 1 (꼭) 맞다 (= suit)
This book is so big that it doesn't **fit** on the shelf.
이 책은 너무 커서 책꽂이에 들어가지 않는다.
A: How does it **fit**? 잘 맞나요?
B: It's a bit small. Please show me a larger one.
좀 작네요. 좀 더 큰 걸로 보여 주세요.

2 맞추다 (= match), **적합하게 하다**
I changed my schedule to **fit** my boss.
나는 상사에게 맞추기 위해 내 일정을 변경했다.

형 1 적합한, 적당한 (= proper, suitable)
I think Jack is really **fit** for the job.
나는 잭이 그 일에 매우 적합하다고 생각한다.

2 건강한 (= healthy)
If you want to stay[keep] **fit**, you should exercise regularly.
건강을 유지하고 싶다면 규칙적으로 운동해야 한다.

> **어휘**가 쑥쑥
> **fitted** 형 알맞은, (장비가) 갖추어진
> **fitness** 명 건강, 적합함
> **fitting** 형 적당한

> **실력**이 쑥쑥
> **fit** 조건·목적·요구 등에 알맞으며, 특히 사용하거나 행동할 준비가 되어 있음
> *fit* for battle (전투에 적합한)
> **suitable** 요구·목적·조건 등에 알맞음
> *suitable* for birthday gift (생일 선물로 적합한)

five /faɪv/ 명사 형용사 5(의), 다섯(의)

Come back at **five**. 5시까지 돌아와라.
I go to school **five** days a week. 나는 일주일에 5일을 학교에 간다.

> **재미**가 쑥쑥
> *Give me five!* (= High-Five!) *
> 손을 높이 들고 서로 손바닥을 마주칠 때 쓰는 말로, '잘했어', '좋았어'의 의미이다.

**fix /fɪks/

동사 (3단현) fixes (과거·과분) fixed (현분) fixing ① 고정시키다 ② 수리하다 ③ 집중하다

1 고정시키다
He **fixed** a shelf to the wall.
그는 벽에다 선반을 고정시켰다.

2 수리하다, 고치다 (= repair)
My computer is not working. Can you **fix** it for me, Alex?
내 컴퓨터가 작동이 안 돼. 고쳐 줄 수 있니, 알렉스?

3 (시선을) 집중하다, 고정하다
He **fixed** his eyes on[upon] the sculpture.
그는 그 조각상에 시선을 고정했다.

> **실력**이 쑥쑥
> **fix** 기계나 자동차 등을 수리할 때 (특히, 미국에서 사용)
> **mend** 옷·신발·지붕 등을 고칠 때 (특히, 영국에서 사용)
> **repair** 망가지거나 고장 난 것을 고칠 때 쓰는 가장 일반적인 말

fixed /fɪkst/ 〖형용사〗 고정된

The picture is **fixed** on the wall. 그림은 벽에 고정되어 있다.

flag /flæg/ 〖명사〗 (복) **flag**s 기, 깃발

The **flag** on the pole is flying in the wind.
깃대의 깃발이 바람에 나부끼고 있다.

Children put a **flag** on top of the sand castle.
어린이들이 모래성의 꼭대기에 깃발을 꽂았다.

어휘가 쑥쑥
national flag 국기
raise[lower] a flag 깃발을 올리다[내리다]

*flame /fleɪm/ 〖명사〗 (복) **flame**s 불꽃, 불길, 화염 (= fire, flare)

Some moths are flying around the candle's **flame**.
나방 몇 마리가 촛불 주위를 날아다니고 있다.

The Olympic **Flame** is carried by the former gold medalist.
올림픽 성화는 전 금메달리스트에 의해 전송된다.

〖숙어〗 **burst into flames** 확 타오르다, 불길에 휩싸이다
The building *burst into flames*.
그 건물은 불길에 휩싸였다.

어휘가 쑥쑥
flame of anger 불같은 노여움
be in flames 불타고 있다
put out the flame 불을 끄다

flap /flæp/ 〖동사〗 (3단현) flaps (과거·과분) flapped (현분) flapping ① 퍼덕거리다 ② 휘날리다 〖명사〗 (복) flaps ① 찰싹 때리는 소리 ② 덮개

〖동〗 **1** (새가 날개를) 퍼덕거리다
A hummingbird **flapped** its wings and flew away.
벌새가 날개를 퍼덕이다가 날아갔다.

2 (깃발·커튼이) 휘날리다, 나부끼다
Curtains **flapped** in the wind. 커튼이 바람에 나부꼈다.
Flags are **flapping** above the building.
깃발이 건물 위에서 휘날리고 있다.

어휘가 쑥쑥
flap of an envelope 봉투를 봉하는 부분
flap of the sails 돛이 펄럭거리는 소리

〖명〗 **1** 퍼덕임, 찰싹 때리는 소리, 펄럭임
A sparrow was gone with a few **flaps** of its wings.
참새 한 마리가 날개를 여러 번 퍼덕이다 가 버렸다.

2 (상자·봉투 등의) 덮개, 뚜껑
He taped the box **flaps**. 그는 박스 뚜껑을 테이프로 붙였다.

flare /fler/ 〖동사〗 (3단현) flares (과거·과분) flared (현분) flaring ① 활활 타오르다 ② 번쩍이다 〖명사〗 (복) flares ① 타오르는 불길 ② 화염 신호

동 1 활활 타오르다
The fire above the mountain **flared** up.
산 위로 불길이 활활 타올랐다.

2 (갑자기 짧게) 번쩍이다
A flashlight **flared** in the darkness.
손전등 빛이 어둠 속에서 번쩍였다.

명 1 타오르는 불길
We saw a sudden **flare** in the sky.
우리는 하늘에서 갑작스러운 화염을 보았다.

2 화염 신호, 조명탄
119 Rescue Team prepared **flares**.
119 구조대는 조명탄을 준비했습니다.

어휘가 쑥쑥
emergency flare 비상 (불꽃) 신호
flare of white light 흰색 불꽃
flare bomb 조명탄
signal flare 신호탄

flash /flæʃ/
명사 (복) flashes 번쩍임
동사 (3단현) flashes (과거·과분) flashed (현분) flashing 번쩍이다

명 번쩍임, (카메라) 플래시
Suddenly there was a **flash** of lightning and the rain began to pour down. 갑자기 번개가 번쩍였고 비가 쏟아지기 시작했다.
The **flash** didn't go off. 플래시가 터지지 않았다.

동 번쩍이다
Lightning **flashed** in the dark sky. 어두운 하늘에 번개가 번쩍였다.

어휘가 쑥쑥
turn on[off] the flash 플래시를 켜다[끄다]
flash of anger 불끈 치미는 화
flash of wit 번득이는 기지

flashlight /ˈflæʃlaɪt/ **명사** (복) flashlights 손전등

She took out a **flashlight**. 그녀는 손전등을 꺼냈다.

flat¹ /flæt/ **형용사** (비교) flatter (최상) flattest ① 평평한 ② 펑크 난

1 평평한 (= even), 납작한
People once believed that the world was **flat**.
사람들은 한때 지구가 평평하다고 믿었다.

2 (타이어가) 펑크 난, 김빠진, 맛이 없는
I had a **flat** tire. 내 타이어가 펑크 났다.
This coke is **flat** so I can't drink it.
이 콜라는 김이 빠져서 못 마시겠다.

어휘가 쑥쑥
flat foot 평발
flat land 평지
flat price 균일 가격
flat shoes 굽이 낮은 구두

flat² /flæt/ **명사** (복) flats (영국의) 공동 주택, 아파트 《미국의 apartment》

I have a **flat** in London. 나는 런던에 아파트가 한 채 있다.

flavor / flavour /ˈfleɪvər/

명사 (복) flavors) 맛
동사 (3단현) flavors 과거·과분) flavored 현분) flavoring)
맛을 내다

명 맛, 풍미, 향 (= taste)
Onions would add **flavor** to this soup we're making.
양파는 우리가 만들고 있는 이 수프에 맛을 더해 줄 거예요.

Please choose three **flavors** of ice cream.
세 가지 맛의 아이스크림을 고르세요.

Curry has a strong **flavor**, so I don't like it.
카레는 향이 강해서 나는 별로 안 좋아한다.

동 맛을 내다, 풍미를 더하다
My grandmother **flavored** the soup with some garlic.
할머니는 마늘로 수프에 풍미를 더하셨다.

어휘가 쑥쑥

full[rich, strong] flavor
진한 맛
artificial[natural] flavor
인공[천연] 조미료

실력이 쑥쑥

flavor 특유의 향과 맛
a *flavor* of garlic (마늘 맛)
taste 일반적인 맛
a sweet[bitter] *taste* 단맛[쓴맛]

---

flea /fliː/ 명사 (복) fleas) 벼룩

I found a **flea** on my og's collar.
나는 우리 개의 목걸이에서 벼룩 한 마리를 보았다.

---

flee /fliː/ 동사 (3단현) flees 과거·과분) fled 현분) fleeing) 달아나다, 도망가다

The thief **fled** from the police station.
도둑이 경찰서에서 도망쳤다.

---

flew /fluː/ 동사 fly¹의 과거 (☞ fly¹)

---

flight /flaɪt/ 명사 (복) flights) ① 비행 ② 비행기 여행

1 비행
A: How long will the **flight** take? / How long is the **flight**?
비행 시간은 얼마나 걸리나요?

B: It will take about three hours. 세 시간 정도 걸릴 겁니다.

2 비행기 여행, 항공편
Have a good **flight**. 즐거운 여행 되십시오.

All **flights** have been canceled due to heavy rain.
폭우로 인해 모든 항공편이 취소되었다.

어휘가 쑥쑥

direct[nonstop] flight 직항편
connecting flight 환승편
domestic[internal] flight 국내선
international flight 국제선
book a flight 항공편을 예약하다

---

float /floʊt/ 동사 (3단현) floats 과거·과분) floated 현분) floating)
(물이나 공중에) 뜨다 (↔ sink 가라앉다), 떠오르다, 떠다니다

A paper boat is **floating** down the river.
종이배가 강으로 떠내려가고 있다.

You can see houses **floating** on the sea in Thailand.
태국에서는 바다에 떠 있는 집들을 볼 수 있다.

* flood /flʌd/ 명사 (복 floods) 홍수
동사 (3단현 floods 과거·과분 flooded 현분 flooding) 홍수가 나다

명 홍수
Her house was damaged by the **flood**.
그녀의 집이 홍수로 피해를 입었다.

Thousands of people lost their houses in the **flood**.
홍수로 수천 명의 사람들이 집을 잃었다.

동 홍수가 나다, 범람하다
The river **floods** every summer.
강물이 여름마다 범람한다.

> **어휘**가 쑥쑥
> **flood damage** 홍수 피해, 물난리
> **flood victim** 수재민
> **flood warning** 홍수 경보
> **flood of tears** 마구 쏟아지는 눈물
> **flood of rain** 억수 같은 비

** floor /flɔːr/ 명사 (복 floors) ① 바닥 ② (건물의) 층

1 바닥
I clean[sweep] the **floor** every day.
나는 바닥을 매일 청소한다[비로 쓴다].

I dropped the glass on the **floor** and it broke in pieces.
나는 유리잔을 바닥에 떨어뜨렸고 잔은 산산조각이 났다.

Be careful. The **floor** is wet and slippery.
조심하세요. 바닥이 젖어서 미끄럽습니다.

2 (건물의) 층
A: What **floor** do you live on? 몇 층에 사세요?
B: I live on the sixth **floor**. 6층에 삽니다.

> **재미**가 쑥쑥
> 미국은 1층을 first floor라고 하지만, 영국은 ground floor라고 한다. 영국에서 first floor는 2층을 뜻한다.

florist /flɔːrɪst/ 명사 (복 florists) 꽃집 주인, 플로리스트

Jane wants to be a **florist**.
제인은 플로리스트가 되고 싶어 합니다.

flour /ˈflaʊər/ 명사 밀가루, 가루

Mix one and a half cups of **flour** and two eggs first.
먼저 밀가루 한 컵 반과 계란 두 개를 섞으세요.

We need **flour**, oil, eggs, salt, and sugar.
우리는 밀가루, 기름, 계란, 소금과 설탕이 필요하다.

> **실력**이 쑥쑥
> flower(꽃)와 발음이 같다. 이런 단어를 '동음이의어'라고 한다.

flow /floʊ/
동사 (3단현) flows (과거·과분) flowed (현분) flowing 흐르다, 흘러나오다
명사 (복) flows 흐름

동 흐르다, 흘러나오다
The Thames River **flows** into the North Sea.
템스강은 북해로 흘러간다.

명 (액체·기체 등의) 흐름
He tried to stop the **flow** of blood from the wound.
그는 상처에서 나오는 피를 지혈하려고 했다.

어휘가 쑥쑥
traffic flow 교통의 흐름
blood flow 혈류, 피의 흐름
flow chart 순서도

flower /ˈflaʊər/
명사 (복) flowers 꽃

On my birthday my boyfriend gave me a bunch of beautiful **flowers**. 내 생일에 남자 친구가 예쁜 꽃다발을 내게 주었다.
Don't pick the **flowers**. 꽃을 꺾지 마시오.

어휘가 쑥쑥
flower arrangement 꽃꽂이

flown /floʊn/
동사 fly¹의 과거분사 (☞ fly¹)

flu /fluː/
명사 유행성 감기, 독감 (= influenza)

I had the **flu** last week, but I'm getting better.
나는 지난주에 독감에 걸렸지만 나아지고 있다.
My sister is still in bed with the **flu**.
우리 언니는 아직도 독감으로 누워 있다.

어휘가 쑥쑥
catch[get, have] the flu 독감에 걸리다
bird flu 조류 독감

flush /flʌʃ/
동사 (3단현) flushes (과거·과분) flushed (현분) flushing ① 왈칵 흘러 보내다 ② 붉어지다 **명사** 붉어짐

동 1 (물을) 왈칵 흘러 보내다
Flush the toilet properly. 화장실 물을 잘 내려라.
2 (얼굴이) 붉어지다
Wine caused her face to **flush**. 와인으로 그녀의 얼굴이 붉어졌다.

명 붉어짐, 홍조
A pink **flush** colored the baby's cheeks.
아기의 뺨이 분홍빛으로 물들었다.

어휘가 쑥쑥
flush with anger[excitement] 화가 나서[흥분해서] 얼굴이 붉어지다
flush toilet 수세식 화장실

flute /fluːt/
명사 (복) flutes 플루트 (☞ instrument)

I can play the **flute**. 나는 플루트를 연주할 수 있다.

fly¹ /flaɪ/ | 동사 (3단현 flies 과거 flew 과분 flown 현분 flying) ① 날다 ② 비행기를 타고 가다

1 날다, 날리다

A butterfly is **flying** among the flowers.
나비 한 마리가 꽃들 사이를 날아다니고 있다.

The eagle **flew up** high in the sky.
그 독수리는 하늘 높이 날아올랐다.

I went outside with my brother to **fly** kites.
나는 연을 날리려고 형과 함께 밖으로 나갔다.

[속담] Time **flies** like an arrow.
세월은 화살처럼 날아간다. (세월은 쏜살같이 지나간다.)

2 비행기를 타고 가다

A: How long does it take to **fly** to New York from *Seoul*?
서울에서 뉴욕까지 비행기로 가는 데 얼마나 걸립니까?

B: It takes about 14 hours on a nonstop flight.
직항편으로 열네 시간 정도 걸립니다.

> **어휘가 쑥쑥**
> flying 형 날 수 있는
> 명 비행기 여행, 비행
> flyer, flier 명 비행사
> fly in[out] 비행기로 도착[출발]하다
> fly at 30,000 feet 고도 3만 피트로 비행하다
> flying saucer 비행접시

fly² /flaɪ/ | 명사 (복 flies) 파리 (☞ insect)

A **fly** keeps on flying around me. It's really annoying!
파리 한 마리가 내 주위에서 계속 날아다닌다. 정말 짜증이 난다!

foam /foʊm/ | 명사 거품

The children are playing with shaving **foam**.
아이들이 면도용 거품을 가지고 놀고 있다.

focus /ˈfoʊkəs/ | 동사 (3단현 focuses 과거·과분 focused 현분 focusing) 집중하다
| 명사 (복 focuses, foci) 중심, 초점

동 집중하다, 집중시키다 (= concentrate), **초점을 맞추다**

Focus your attention on what your teacher says in class.
수업 시간에는 선생님 말씀에 주의를 집중해라.

His eyes didn't **focus** on me.
그는 나를 주시하지 않았다.

명 (관심의) 중심, 초점

She always wears fancy clothes to attract the **focus** of others.
그녀는 다른 사람들의 관심을 끌려고 항상 화려한 옷을 입는다.

This photo is out of **focus**. 이 사진은 초점이 빗나갔어.

> **어휘가 쑥쑥**
> focused 형 집중한, 초점을 맞춘
> focus of attention 주목의 대상
> focus group 포커스 그룹 〈신제품에 대해 논의하는 소비자 그룹〉
> in focus 초점이 맞은

foe /foʊ/ 　명사　(복) foes) 적 (= enemy), 상대 (= rival)

England and France were **foes** for many years.
잉글랜드와 프랑스는 오랫동안 적이었다.

*fog /fɑːg/ 　명사　(복) fogs) 안개

The **fog** will clear in the afternoon.
오후에는 안개가 걷힐 것이다.

She got lost in the **fog**.
그녀는 안개 속에서 길을 잃었다.

어휘가 쑥쑥
heavy[thick, dense] fog
짙은 안개

foggy /ˈfɑːgi/ 　형용사　(비교) foggier (최상) foggiest) 안개가 낀, 안개가 자욱한 (= misty)

It will be cloudy and **foggy** tomorrow.
내일은 흐리고 안개가 낄 것이다.

어휘가 쑥쑥
foggy day 안개 낀 날

*fold /foʊld/ 　동사　(3단현) folds (과거·과분) folded (현분) folding) 접다, (옷이나 이불을) 개다
(↔ unfold 펴다)

First, **fold** the colored paper in half.
먼저 색종이를 반으로 접으세요.

He **folded** up the blankets and put them in the closet.
그는 담요를 개서 장롱 안에 넣었다.

Alex stood silently with his arms **folded**.
알렉스는 팔짱을 낀 채로 조용히 서 있었다.

어휘가 쑥쑥
foldable 형 접을 수 있는
fold up one's clothes
옷을 개다
fold up an umbrella
우산을 접다

folder /ˈfoʊldər/ 　명사　(복) folders) 서류철, (컴퓨터) 폴더

Suzy opened the drawer and took out a **folder**.
수지는 서랍을 열고 서류철을 하나 꺼냈다.

He deleted the **folder**. 그는 폴더를 삭제했다.

어휘가 쑥쑥
file folder 서류철
open a folder 폴더를 열다

*folk /foʊk/ 　명사　(복) folks) ① 사람들 ② 민속 음악 　형용사　민속의

명 **1** 사람들 (= people), 가족, 여러분
Folks! Dinner's ready.
여러분! 저녁이 준비되었습니다.

Hello, **folks**! This is your captain speaking. Welcome aboard our flight 707 to New York.
안녕하세요, (승객) 여러분! 저는 이 비행기의 기장입니다. 저희 뉴욕행 707편에 탑승하신 것을 환영합니다.

2 〔불〕 민속 음악 (= folk music)
My father enjoys listening to Korean **folk**.
아버지는 한국 민속 음악을 즐겨 들으신다.

〔형〕 민속의
I like Korean **folk** music[art, song].
나는 한국 민속 음악[예술, 노래]을 좋아한다.

I'm going to visit the National **Folk** Festival in Australia this year. 나는 올해 호주에서 열리는 민속 축제에 가 보려고 한다.

> **어휘가 쑥쑥**
> common folk 보통 사람들
> country folk 시골 사람들
> folk concert 민속 음악회
> folk medicine 민간요법

---

*follow /ˈfɑːloʊ/   〔동사〕 〔3단현〕 follows 〔과거·과분〕 followed 〔현분〕 following
① 따라오다 ② 따르다 ③ 알다

1 따라오다, 따라가다 (↔ precede 앞서가다)
Wherever I go, my dog **follows** me.
내가 어디를 가든지 우리 집 강아지는 나를 따라온다.

A police car is **following** the speeding car.
경찰차 한 대가 과속 차량의 뒤를 쫓고 있다.

Commercials will be **followed** by today's weather forecast.
광고 뒤에 오늘의 일기 예보가 이어지겠습니다.

A: Where is Mr. Brown's office? 브라운 씨의 사무실이 어디인가요?
B: Please **follow** me. Let me show you the way.
저를 따라오세요. 제가 안내해 드릴게요.

2 (규칙·지시·안내 등을) 따르다, 지키다 (= obey) (↔ disobey 따르지 않다)
Every student should **follow** school rules.
모든 학생은 학교 규칙을 따라야 한다.

It's a duty for the nation to **follow** the laws.
법을 지키는 것은 국민의 의무이다.

3 알다, 이해하다 (= understand)
If you don't **follow** me, feel free to ask me.
만약 제 말씀이 이해가 안 되시면 편하게 질문해 주세요.

A: Do you **follow** me? 제 말이 이해되나요?
B: Yes, I got it. 네, 이해했어요.

> **어휘가 쑥쑥**
> follower 〔명〕 수행원, 추종자
> following 〔형〕 다음의 〔명〕 다음에 말하는 것
> ----
> follow one's heart
> 마음 가는 대로 하다
> Follow your dream.
> 당신의 꿈을 좇으세요.
> follow the road 길을 따라 가다

Wherever I go, my dog *follows* me.

---

fond /fɑːnd/   〔형용사〕 〔비교〕 fonder 〔최상〕 fondest) 좋아하는

I am very **fond** of reading comic books.
나는 만화책 보는 것을 매우 좋아한다.

My brother is **fond** of collecting Pokémon cards.
남동생은 포켓몬 카드 모으기를 좋아한다.

> **실력이 쑥쑥**
> 미국에서 젊은 사람들은 be fond of 대신, 보통 like를 많이 쓴다.

---

*food /fuːd/   〔명사〕 〔복〕 foods) ① 음식물 ② 식품

1 〘불〙 음식물, 먹을 것
Food and drinks are not allowed in the concert hall.
공연장 안에는 음식물 반입이 금지되어 있습니다.

2 (특정한) 식품, 음식
Do you like Chinese **food**? 중국 음식 좋아하세요?
Bibimbap is one of my favorite Korean **foods**.
비빔밥은 제가 가장 좋아하는 한국 음식 중 하나예요.
Don't eat fast **food** too often. It's bad for your health.
패스트푸드를 너무 자주 드시지 마세요. 건강에 나빠요.

〔어휘가 쑥쑥〕
fresh food 신선 식품
frozen food 냉동식품
baby food 유아식
emergency food 비상식량
convenience food 간편식, 즉석식품
food poisoning 식중독
food shortage 식량 부족

fool /fuːl/ 〔명사〕 (복) fool**s** 바보 〔동사〕 (3단현) fool**s** 〔과거·과분〕 fool**ed** 〔현분〕 fool**ing** 놀리다

〔명〕 바보 (= idiot)
I believed his lie again! I am such a **fool**.
그의 거짓말을 또 믿다니! 나 너무 바보 같아.

〔동〕 놀리다 (= tease), 속이다 (= trick)
If you **fool** me once again, I'll tell the teacher.
다시 한 번 나를 놀리면 선생님께 말씀드릴 거야.

〔숙어〕 **make a fool of** ~를 놀리다, 웃음거리로 만들다 (= make fun of)
A: Why do you hate Justin? 저스틴을 왜 싫어하니?
B: He is always *making a fool of* me. 항상 저를 놀리거든요.

〔재미가 쑥쑥〕
4월 1일 만우절은 April Fools' Day라고 하고, 만우절에 거짓말에 속아 넘어가는 사람은 April fool(4월의 바보)이라고 한다.

foolish /ˈfuːlɪʃ/ 〔형용사〕 어리석은, 바보 같은 (= stupid) (↔ wise, intelligent 현명한)

It was very **foolish** of me to make the same mistakes.
내가 같은 실수를 반복한 것은 참 어리석었다.

A: I think you have your socks on inside out.
양말을 뒤집어 신으신 것 같은데요.
B: Oh, my goodness! How **foolish** of me!
어머나, 세상에! 저 정말 바보 같네요!

〔어휘가 쑥쑥〕
foolishly 〔부〕 어리석게도
foolishness 〔명〕 어리석음, 어리석은 짓

foot /fʊt/ 〔명사〕 (복) feet) ① 발 ② [길이] 피트

1 발 (☞ body)
Someone stepped on my **foot** in the crowded bus.
혼잡한 버스에서 누군가가 내 발을 밟았다.

My **feet** hurt because I'm wearing new shoes.
나는 새 신발을 신어서 발이 아프다.

2 [길이] 피트 《ft.로 줄여서 적기도 한다.》
A **foot** is about thirty centimeters.

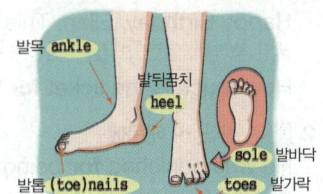

1피트는 약 30센티미터이다.

A: **How tall are you?** 너 키가 얼마야?
B: I'm almost five **feet** tall. 5피트 정도 돼.

숙어 **on foot** 걸어서, 도보로

A: How long does it take to get to the subway station?
지하철역까지 얼마나 걸립니까?
B: It takes about 15 minutes *on foot*.
걸어서 15분 정도 걸립니다.

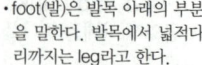
- foot(발)은 발목 아래의 부분을 말한다. 발목에서 넓적다리까지는 leg라고 한다.
- foot(피트)는 길이의 단위로 12인치, 약 30센티미터에 해당한다. 사람의 발 길이에서 생긴 말이다.

*football /ˈfʊtbɔːl/ 명사 미식축구, 축구 (= soccer)

My favorite sport is **football**.
내가 가장 좋아하는 스포츠는 축구다.
Most Americans are crazy about **football**.
대부분의 미국인들은 미식축구에 열광한다.

footprint /ˈfʊtprɪnt/ 명사 (복) footprint**s** 발자국

He left **footprints** in the snow. 그는 눈 위에 발자국을 남겼다.

footstep /ˈfʊtstep/ 명사 (복) footstep**s** 발소리, 발자국

She heard **footsteps** on the stairs.
그녀는 계단에서 나는 발소리를 들었다.

*for /fər, fɔːr/ 전치사 ① ~을 위하여 ② ~ 때문에 ③ ~ 동안 ④ ~를 향하여
접속사 왜냐하면 (~이니까)

전 **1** [목적] ~을 위하여, ~하기 위하여, ~ 대신에
This parking lot is **for** handicapped people.
이 주차장은 장애인 전용입니다.
I went out **for** a walk. 나는 산책을 하러 밖으로 나갔다.
I have to attend the meeting **for** my boss.
상사 대신 내가 회의에 참석해야 해.
Happy Birthday, Ellen. This is **for** you.
생일 축하해, 앨런. 이건 네 선물이야.
How much is the ticket **for** kids? 어린이 표는 얼마인가요?

어휘가 쑥쑥
for fun 재미로
for good 영원히
for real 진짜로
for sale 판매용
work for ~에서 일하다
for long 오랫동안
for now 우선, 현재로는

2 [이유·원인] ~ 때문에
He was punished **for** being late. 그는 지각을 해서 벌을 받았다.
Brazil is famous **for** its coffee and soccer.
브라질은 커피와 축구로 유명하다.

3 [시간·기간] **~ 동안** (☞ during)
I have lived in *Incheon* **for** ten years.
나는 인천에서 10년째 살고 있다.
He worked in this company **for** a long time.
그는 이 회사에서 오랫동안 일했다.
Let's take a break **for** a minute[a second, a while, a short time]. 잠깐 동안 좀 쉬자.

4 [방향] **~를 향하여, ~로**
This train is **for** Paris. 이 열차는 파리행이다.
He left *Seoul* **for** London on business.
그는 일 때문에 서울을 떠나 런던으로 갔다.

접 **왜냐하면 (~이니까)** (= because)
She found it difficult to read, **for** her eyesight was beginning to fail.
그녀는 시력이 나빠지기 시작해서 읽는 것이 어려웠다.

숙어 **for all ~에도 불구하고**
For all his wealth, he is not happy.
그는 부유함에도 불구하고 행복하지 않다.

for example 예를 들면 (= for instance)
I have many dreams. *For example*, I want to be a doctor, a painter, or a scientist.
나는 꿈이 많다. 예를 들면, 의사도 되고 싶고, 화가도 되고 싶고, 과학자도 되고 싶다.

for the time being 당분간
I will stay at my uncle's *for the time being*.
나는 당분간 삼촌네 집에서 머물 예정이다.

실력이 쑥쑥
발음상으로는 다른 전치사와 마찬가지로 문장 중에서 약하게 발음한다. 자칫 잘못하여 강하게 발음하면 four와 혼동되기 쉬우니 유의해야 한다.

실력이 쑥쑥
완료 시제에 쓰이는
for & since
- for + 기간: ~ 동안
I have lived here *for* 5 years. (나는 여기서 5년 동안 살고 있다.)
- since + 과거의 어떤 시점: ~ 이후로
I have lived here *since* 2018. (나는 여기서 2018 이후로 살고 있다.)

문법이 쑥쑥
접속사 for 앞에는 ,(콤마)가 오며, 문어체에서만 사용한다. because에 비해서 뜻이 훨씬 약하다.

---

* **force** /fɔːrs/　동사 (3단현) force**s** (과거·과분) force**d** (현분) forc**ing**) ① 강요하다 ② 억지로 ~하다　명사 (복) force**s**) ① 힘 ② 군대

동 **1 강요하다, 억지로 ~시키다**
Mom **forces** me to drink some carrot juice every day.
엄마는 매일 나에게 당근 주스를 억지로 먹이신다.

2 (물리력을 이용하여) **억지로[강제로] ~하다** (= push)
Strong winds **forced** the ship off course.
강풍에 배가 항로를 벗어났다.

명 **1** 물 (물리적인) **힘** (= power), **무력**
He pulled the handle by **force** and it was finally broken.
그가 억지로 손잡이를 잡아당겨서 결국 손잡이가 부러지고 말았다.

어휘가 쑥쑥
forced 형 강제적인
forceful 형 강력한, 단호한
force of gravity 중력
air force 공군
rebel forces 반란군
government forces 정부군
peacekeeping force 평화 유지군

The army attacked in **force**. 군대가 무력으로 공격했다.

2 [주로 forces로 쓰여] **군대**
The country has strong naval **forces**.
그 나라는 막강한 해군을 보유하고 있다.

forecast /ˈfɔːrkæst/
동사 (3단현) forecasts (과거·과분) forecast, forecasted (현분) forecasting 예상하다 명사 (복) forecasts 예측

동 예측하다, 예상하다 (= predict), (일기를) 예보하다
The weather service **forecast** heavy snow this winter.
기상청은 올겨울에 눈이 많이 내릴 것이라고 예보했다.

명 예측, 예상, (일기) 예보
According to the weather **forecast**, it will rain tomorrow.
일기 예보에 따르면 내일 비가 온대요.
Economic **forecast** is very bright thanks to the rise in exports. 수출 증가 덕분에 경제 전망은 매우 밝다.

> 어휘가 쑥쑥
> forecaster 명 기상 캐스터
> forecasting 명 예측

> 실력이 쑥쑥
> 접두사 fore-는 '~의 전에'라는 뜻이다.
> forehead (이마)
> foretell (예언하다)

forehead /ˈfɔːrhed/
명사 (복) foreheads 이마 (☞ face)

He kissed her **forehead**. 그는 그녀의 이마에 키스를 했다.

foreign /ˈfɔːrən/
형용사 외국의, 해외의

My friend, Jenny can speak several **foreign** languages fluently. 내 친구 제니는 여러 외국어를 유창하게 말할 수 있다.
When you travel to **foreign** countries, you should respect their customs. 다른 나라에 여행을 가면 그들의 관습을 존중해야 한다.

> 어휘가 쑥쑥
> foreign exchange 외환
> foreign trade 해외 무역
> foreign policy 외교 정책

foreigner /ˈfɔːrənər/
명사 (복) foreigners 외국인 (↔ native 현지인, 원주민)

I helped a **foreigner** find a bank.
나는 외국인이 은행 찾는 것을 도와주었다.

forest /ˈfɔːrɪst/
명사 (복) forests 숲 (= woods)

On a cold winter's day, the old man went to the **forest** to look for wood.
어느 추운 겨울날, 그 노인은 땔감을 찾으러 숲으로 갔다.
There was a **forest** fire. 산불 사고가 있었다.

> 어휘가 쑥쑥
> rainforest (열대) 우림
> national forest 국유림
> forest industry 임업

forever /fərˈevər/
부사 영원히, 오래도록

They lived happily **forever**.
그들은 오래오래 행복하게 살았습니다.

I love you and I'll love you **forever**.
나는 당신을 사랑해요. 그리고 앞으로도 영원히 사랑할 거예요.

> 어휘가 쑥쑥
> **forever and ever** 영원히
> **last forever** 영원히 계속되다

forgave /fərˈgeɪv/ 동사 forgive의 과거 (☞ forgive)

*forget /fərˈget/ 동사 (3단현) forgets (과거) forgot (과분) forgotten, forgot (현분) forgetting
잊다, 잊어버리다 (↔ remember 기억하다)

Dear! I **forgot** to turn off the stove.
이런! 가스 불 끄는 것을 깜빡 잊었어.

Don't **forget** to bring your passport and ticket.
여권과 비행기표 가져오는 것을 잊지 마세요.

I'll never **forget** having a good time with you.
너와 함께 보냈던 즐거운 시간을 절대 잊지 않을게.

A: Whew! I messed up the test. 휴! 시험을 다 망쳐 버렸어.
B: Come on, **forget** about it. You can do better next time.
에이, 다 잊어버려. 다음번에는 잘 볼 수 있을 거야.

> 어휘가 쑥쑥
> **forgetful** 형 잘 잊어버리는

I *forgot* to turn off the stove.

*forgive /fərˈgɪv/ 동사 (3단현) forgives (과거) forgave (과분) forgiven (현분) forgiving
용서하다 (= excuse, pardon)

"Please **forgive** me," the prisoner begged to the king.
"제발 용서해 주세요."라고 죄수는 왕에게 간청했습니다.

> 어휘가 쑥쑥
> **forgiveness** 명 용서

forgiven /fərˈgɪvn/ 동사 forgive의 과거분사 (☞ forgive)

forgot /fərˈgɑːt/ 동사 forget의 과거·과거분사 (☞ forget)

forgotten /fərˈgɑːtn/ 동사 forget의 과거분사 (☞ forget)

fork /fɔːrk/ 명사 (복) forks 포크 (☞ dining room)

We use a knife and a **fork** when eating steak.
우리는 스테이크를 먹을 때 나이프와 포크를 사용한다.

**form /fɔːrm/ 명사 (복) forms ① 종류 ② 모양 ③ (문서의) 양식
동사 (3단현) forms (과거·과분) formed (현분) forming) 형성하다

명 1 종류, 유형 (= kind)
Electricity is a **form** of energy. 전기는 에너지의 한 종류이다.

2 모양, 형태 (= shape)
Each country has a different **form** of flag.
나라마다 각기 다른 형태의 국기가 있다.

3 (문서의) 양식, 서식
Fill out this **form**. 이 양식을 작성해 주세요.

통 형성하다, 만들어지다 (= shape)
The drops of water **form** clouds. 물방울이 구름을 형성한다.
An angle is **formed** when two straight lines come together at a point.
각은 두 개의 직선이 한 점에서 만날 때 생긴다.

> 어휘가 쑥쑥
> formation 명 형성, 구성
> formal 형 공식적인, 형식적인
> application form 지원서
> order form 주문서
> form good habits 좋은 습관을 기르다

former /ˈfɔːrmər/ 형용사 ① 전의 ② 전자의

1 전의, 이전의 (= previous)
I sent the letter to his **former** address by mistake, so it was returned.
내가 실수로 편지를 그의 예전 주소로 보내는 바람에 편지가 반송되어 왔다.

2 [the와 함께 써서] 전자의, 전자 (↔ the latter 후자의, 후자)
A: Which looks better on me, the red shirt or the blue one?
빨간색이랑 파란색 중 어떤 셔츠가 나한테 더 잘 어울리니?
B: Well, I think the latter is better than the **former**.
글쎄, 내가 보기엔 나중 것(파란색)이 처음 것(빨간색)보다 나은 것 같아.

> 어휘가 쑥쑥
> formerly 부 이전에, 예전에
> former president 전 대통령
> former life 전생
> former Soviet Union 구소련
> in former times[years] 옛날에는

formula /ˈfɔːrmjələ/ 명사 (복) formulas, formulae ① 제조법 ② 공식

1 (약품·식품 등의) 제조법, 조리법
The product **formula** is kept under lock and key.
제품 제조법이 안전한 곳에 잘 보관되고 있다.

2 공식
There's no magic **formula** for success.
성공을 위한 마법의 공식은 없다.

> 어휘가 쑥쑥
> formulate 통 만들어 내다
> chemical formula 화학식
> mathematical formula 수학 공식

fortunately /ˈfɔːrtʃənətli/ 부사 (비교) more fortunately (최상) most fortunately)
다행히도, 운 좋게도(= luckily) (↔ unfortunately 불행히도)

He was in a car accident, but **fortunately**, he only got some light injuries.
그는 교통사고를 당했지만 다행히도 가벼운 부상만 입었다.

> 어휘가 쑥쑥
> fortunate 형 운이 좋은, 행운의

Fortunately, I could find a new job quickly.
운 좋게도 나는 금방 새 일자리를 구할 수 있었다.

*fortune /ˈfɔːrtʃən/ 명사 (복) fortunes ① 운 ② 부

1 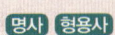 운, 행운 (= luck) (↔ misfortune 불운)
Every man is the maker of his own **fortune**.
운명은 자신이 개척하는 것이다.

The four-leaf clover is believed to bring good **fortune**.
네 잎 클로버는 행운을 가져온다고 믿어진다.

2 부, 재산 (= wealth, property)
He has a large **fortune**. 그는 많은 재산을 가지고 있다.

Jack made a **fortune** from his business.
잭은 사업을 해서 많은 돈을 벌었다.

어휘가 쑥쑥
fortune cookie 포춘 쿠키 (운수를 적은 쪽지가 든 과자)
fortune-teller 점쟁이
bad[ill] fortune 불운
cost a fortune 엄청 비싸다
spend a fortune 거금을 쓰다

forty /ˈfɔːrti/ 명사 형용사 (복) forties 40(의)

*forward(s) /ˈfɔːrwərd(z)/ 부사 앞(쪽)으로 (↔ back, backward(s) 뒤(쪽으)로)

I leaned **forward** to hear what she's saying.
나는 그녀가 하는 말을 들으려고 몸을 앞으로 구부렸다.

The general commanded his soldiers to go **forward**.
장군은 자신의 병사들에게 전진하라고 명령했다.

I think your watch is slow. Set it ten minutes **forward**.
네 시계가 느린 것 같아. 10분 앞으로 맞춰 봐.

문법이 쑥쑥
look forward to 다음에 동사가 올 경우에는 반드시 동명사(-ing)의 형태로 써야 한다.
I *look forward to* meeting you again. (다시 만나기를 기대합니다.)

숙어 **look forward to** ~을 기다리다, 기대하다
We *look forward to* his safe return.
우리는 그가 무사히 돌아오기를 기대한다.

fossil /ˈfɑːsl/ 명사 (복) fossils 화석

Many dinosaur **fossils** were found in this area.
이 지역에서 공룡 화석이 많이 발견되었다.

Fossil fuels are energy sources like coal, petroleum, and natural gas.
화석 연료는 석탄, 석유, 천연가스와 같은 에너지원이다.

뜻풀이
화석 아주 옛날에 살던 생물의 뼈나 몸의 흔적이 돌이 되어 남아 있는 것

fought /fɔːt/ 동사 fight의 과거·과거분사 (☞ fight)

found /faʊnd/ 동사 find의 과거·과거분사 (☞ find)

foundation /faʊnˈdeɪʃn/ 명사 (복 foundations) 근거, 기초 (= base)

Don't spread rumors without **foundation**.
근거가 없는 소문을 퍼뜨리지 마라.
This building has a solid **foundation**, so it is safe in an earthquake. 이 건물은 기초가 튼튼해서 지진에 안전하다.

> 어휘가 쑥쑥
> found 동 설립하다, 세우다
> foundation stone 주춧돌

fountain /ˈfaʊntn/ 명사 (복 fountains) 분수

In Italy, people throw coins into Trevi **Fountain** making a wish.
이탈리아에서는 사람들이 소원을 빌면서 트레비 분수대 안으로 동전을 던져 넣는다.

four /fɔːr/ 명사 형용사 4(의)

A baseball field has **four** bases, including home plate.
야구장은 본루(🔍)를 포함하여 네 개의 베이스를 가지고 있다.

> 뜻풀이
> 본루 포수가 있는 자리

fourteen /ˌfɔːrˈtiːn/ 명사 형용사 14(의)

Sam is **fourteen** years old. 샘은 열네 살이에요.

fourth /fɔːrθ/ 명사 형용사 (복 fourths) 네 번째(의), 4분의 1(의)

Thanksgiving is the **fourth** Thursday in November.
추수 감사절은 11월 넷째 목요일이다.
The **Fourth** of July is the Independence Day of the U.S.
7월 4일은 미국의 독립 기념일이다.

> 실력이 쑥쑥
> 2/4는 two fourths로 쓴다.
> 분자가 1보다 클 경우 분모는 복수형으로 쓴다.

fox /fɑːks/ 명사 (복 foxes) 여우 (☞ animal)

A **fox** has a long and bushy tail.
여우는 길고 털이 북슬북슬한 꼬리를 가지고 있다.

fraction /ˈfrækʃn/ 명사 (복 fractions) ① 부분 ② 분수

1 부분, 일부

The cost is only a **fraction** of his salary.
그 비용은 그의 월급의 일부에 불과하다.
Workers could produce it at a **fraction** of the cost of traditional methods.
일꾼들은 전통적인 방식에 들어가는 비용의 일부분만으로 그것을 생산할 수 있었다.

> 실력이 쑥쑥
> *분수 읽는 방법*
> · 분자는 기수(one, two, three...)로 읽는다.
> · 분모는 서수(third(s), fifth(s)...)로 읽는다.
> · 분자에서 분모순으로 읽
> 는다.

2 [수학] 분수
0.25 is the same as the **fraction** 1/4. 0.25는 분수 1/4과 같다.

10/15 → ten fifteenths
1/4 → a[one] fourth

frame /freɪm/ 명사 (복) frames (사진)틀, 액자

Mother put our family picture in a **frame**.
엄마는 우리 가족 사진을 액자에 넣어 두셨다.

France /fræns/ 명사 프랑스

France is famous for its fashion and food.
프랑스는 패션과 음식으로 유명하다.

frank /fræŋk/ 형용사 (비교) franker (최상) frankest 솔직한

I need a **frank** opinion. 솔직한 의견이 필요합니다.
To be **frank** (with you), I think it's a bad idea.
솔직히 말하면, 난 그게 안 좋은 생각인 것 같아.

어휘가 쑥쑥
frankly 솔직하게, 숨김없이

free /friː/ 형용사 ① 자유로운 ② 한가한 ③ 무료의

1 자유로운, 해방된
Many American colonists wanted to be **free** from England.
미국의 식민지 주민 다수가 영국으로부터 해방되기를 원했다.

2 한가한, 시간이 있는 (= available)
I spend most of my **free** time reading books at the public library. 나는 대부분의 여가 시간을 공공 도서관에서 책을 읽으며 보낸다.
A: Are you **free** tonight? 오늘 저녁에 시간 있니?
B: No, I got some plans. 아니, 약속이 있어.

3 무료의, 공짜의
Admission **free**! 무료 입장!
Children are waiting in line to get **free** ice cream.
아이들은 공짜 아이스크림을 받기 위해 줄을 서서 기다리고 있다.
I got two **free** tickets for the concert. Will you come with me? 나 콘서트 무료 티켓이 두 장 생겼는데 같이 갈래?

숙어 **feel[be] free to**+동사원형 자유롭게[편안하게] ~하다
If you have any questions, *feel free to* ask me.
질문이 있으시면 편안하게 질문해 주세요.

어휘가 쑥쑥
freely 자유롭게
free gift 증정품, 사은품
free of charge 공짜로, 무료로
free ride 무임승차
free trade 자유 무역
free competition 자유 경쟁
freestyle (수영에서) 자유형

실력이 쑥쑥
free가 명사 뒤에 쓰이면 '~이 없는'이라는 의미로 쓰인다.
duty-free (세금이 없는, 면세의)
fat-free (지방이 없는, 무지방의)
sugar-free (설탕이 없는, 무가당의)

freedom /ˈfriːdəm/ 명사 (복) freedoms 자유 (= liberty), 자유로움

In Korea, all people have **freedom** of religion.
한국에서는 모든 사람들이 종교의 자유를 갖는다.

＊freeze /friːz/ 〈동사〉 (3단현 freezes 과거 froze 과분 frozen 현분 freezing)
① 얼다 ② 꼼짝하지 않다

1 (얼음이) 얼다, 얼리다 (↔ melt 녹다, 녹이다), 얼 정도로 춥다
Water **freezes** at 0°C. 물은 섭씨 0도에서 언다.
The ground has **frozen** hard. 땅이 꽁꽁 얼었다.
It's **freezing** today. 오늘 정말 춥네요.

2 (충격·공포·긴장 등으로) 얼어붙다, 꼼짝하지 않다 (↔ move 움직이다)
I **froze** up on stage. 나는 무대에서 얼어 버렸다.
Freeze! Don't move! 꼼짝 마! 움직이지 마!

〈어휘가 쑥쑥〉
freeze to death 동사하다, 얼어 죽다
freeze in[with] fear 두려움으로 얼어붙다

French /frentʃ/ 〈형용사〉〈명사〉 프랑스의, 프랑스인(의), 프랑스어(의)

The **French** have baguette for breakfast.
프랑스 사람들은 아침 식사로 바게트 빵을 먹는다.

frequently /ˈfriːkwəntli/ 〈부사〉 (비교 more frequently 최상 most frequently)
자주, 빈번하게 (= often) (↔ rarely 드물게, 거의 ~하지 않는)

My father **frequently** goes fishing on weekends.
우리 아빠는 주말이면 자주 낚시하러 가신다.
These questions are **frequently** asked by the consumers.
이 질문들은 구매자들이 빈번하게 묻는 것들이다.

〈어휘가 쑥쑥〉
frequently asked questions 자주 하는 질문들 (FAQ)

＊fresh /freʃ/ 〈형용사〉 (비교 fresher 최상 freshest) ① 신선한 ② 맑은 ③ 짠맛이 없는

1 (식품 등이) 신선한, 싱싱한, 갓 딴[만든], 날것의
I put the fish in the refrigerator to keep them **fresh**.
나는 생선을 신선하게 보관하려고 냉장고에 넣었다.
Try to eat some **fresh** fruit and vegetables every day for your health.
건강을 위해 매일 신선한 과일과 채소를 먹도록 하세요.

2 맑은, 상쾌한, 시원한
Let's go out and get some **fresh** air.
밖에 나가서 상쾌한 바람이라도 쐬자.

3 짠맛이 없는, 담수[민물]의
This kind of fish only lives in **fresh** water.
이런 류의 물고기는 민물에서만 산다.

〈어휘가 쑥쑥〉
freshly 〈부〉 새로이, 새롭게, 신선하게
fresh bread 갓 구운 빵
fresh flower 갓 꺾은 꽃
fresh news 최신 뉴스
fresh idea 참신한 생각
make a fresh start 새 출발을 하다

Friday /ˈfraɪdeɪ/ 명사 (복 Fridays) 금요일 (☞ day) 《줄여서 Fri.로 적기도 한다.》

We go to school Monday through **Friday**.
우리는 월요일부터 금요일까지 수업이 있다.

He arrived on **Friday** morning.
그는 금요일 아침에 도착했다.

(재미가 쑥쑥)
T.G.I.F.(= Thank God it's Friday) '고맙게도 금요일이 다'라는 뜻으로 주말의 해방감을 나타내는 말이다.

fridge /frɪdʒ/ 명사 (복 fridges) 냉장고 (= refrigerator)

You can keep foods fresh in the **fridge**.
음식물은 냉장고 안에서 신선하게 보관할 수 있다.

The **fridge** was completely bare. 냉장고가 텅 비어 있었다.

(어휘가 쑥쑥)
fridge magnet 냉장고 자석

**friend /frend/ 명사 (복 friends) 친구

Amy is my best[closest] **friend**.
에이미는 나와 가장 친한 친구이다.

"I want to be **friends** with you!" said the fox to the Little Prince. "난 너와 친구가 되고 싶어!" 여우가 어린 왕자에게 말했다.

I made **friends** with Sylvia on my first day at the new school.
나는 새 학교로 전학 간 첫날, 실비아와 친구가 되었다.

I've been **friends** with George for ten years.
나는 10년째 조지와 친구로 지내 오고 있다.

[속담] A **friend** in need is a **friend** indeed.
어려울 때 친구가 진정한 친구이다.

(어휘가 쑥쑥)
true friend 진정한 친구

(실력이 쑥쑥)
a friend of mine은 막연히 '나의 친구'. one of my friends는 '내 친구들 중의 한 명'이란 뜻이다.

friendly /ˈfrendli/ 형용사 (비교 friendlier 최상 friendliest) 친절한, 상냥한 (= kind)

The old man was very **friendly** to his neighbors.
그 노인은 이웃들에게 매우 친절했다.

Kelly is a very **friendly** and cheerful person.
켈리는 매우 상냥하고 명랑한 사람이다.

(실력이 쑥쑥)
friendly는 -ly로 끝나서 부사로 착각하기 쉽지만 형용사이다. lovely(사랑스러운)도 마찬가지이다.

friendship /ˈfrendʃɪp/ 명사 우정

I hope our **friendship** will last forever.
나는 우리의 우정이 영원하길 바란다.

frighten /ˈfraɪtn/ 동사 (3단현 frightens 과거·과분 frightened 현분 frightening) 무섭게 하다, 놀라게 하다

The dog barked loudly and **frightened** the thief away.
그 개는 큰 소리로 짖어 도둑을 놀라게 해서 쫓아냈다.

frightened /ˈfraɪtnd/
형용사 (비교 more frightened 최상 most frightened)
깜짝 놀란, 겁에 질린

I was **frightened** at the scene of the horror movie.
나는 그 공포 영화의 장면을 보고 겁에 질렸다.

A: Look. There's a snake! It may bite us!
보세요. 뱀이잖아요! 우리를 물지도 몰라요!

B: Don't be **frightened**. It isn't poisonous.
놀랄 것 없어요. 이건 독이 없는 뱀이에요.

> 어휘가 쑥쑥
> be frightened to death 무서워서 죽을 뻔하다
> be frightened away 놀라 달아나다

frog /frɑːg/
명사 (복 frogs) 개구리 (☞ animal)

A **frog** catches bugs and eats them using its tongue.
개구리는 혀를 이용해서 벌레를 잡아먹는다.

Eggs → Tadpole → Froglet → Frog

**from /frəm, frɑːm/
전치사 ① ~부터 ② ~로 만든 ③ ~가 원인이 되어

1 ~부터, ~로부터

I got a letter **from** my friend in Italy.
나는 이탈리아에 사는 친구로부터 편지를 받았다.

Mom took out some food **from** the refrigerator.
엄마는 냉장고에서 음식을 꺼내셨다.

Summer vacation is **from** July until August.
여름 방학은 7월부터 8월까지이다.

A: Where are you **from**? / Where do you come **from**?
어디 출신입니까?

B: I'm **from** England. 영국 출신입니다.

2 ~로 만든

Lemonade is made **from** lemon juice, sugar, and water.
레모네이드는 레몬즙, 설탕, 물로 만들어진다.

3 ~가 원인이 되어, ~ 때문에

I'm so tired **from** the long trip.

> 어휘가 쑥쑥
> from day to day 하루하루, 그날그날
> from place to place 이곳저곳, 이리저리
> from time to time 가끔, 이따금
>
> 실력이 쑥쑥
> *be made from*
> 만들어진 것의 원재료가 눈에 보이지 않을 때는 전치사 from을 쓰고, 원재료가 보일 때는 of를 쓴다.
> Butter *is made from* milk. (버터는 우유로 만들어진다.)
> This desk *is made of* wood. (이 책상은 나무로 만들어졌다.)

나는 긴 여행으로 몹시 피곤하다.
Mary has been suffering **from** a bad cold for a week.
메리는 일주일째 독감으로 고생하고 있다.

숙어 from A to B A부터 B까지
I work *from* eight *to* five every day.
나는 매일 8시부터 5시까지 일한다.

from now on 앞으로는, 이제부터는
To lose weight, I'll exercise regularly *from now on*.
체중을 줄이기 위해 앞으로는 규칙적으로 운동을 할 생각이다.

> **실력이 쑥쑥**
> *from A to B*
> A와 B에는 같은 말이 반복되거나, 관련 있는 말 또는 반대말이 온다.
> *from* door *to* door (집집마다)
> *from* top *to* bottom (맨 위에서 아래까지)

---

*front /frʌnt/ 명사 앞, 앞면, 정면   형용사 앞의, 정면의

명 앞, 앞면, 정면 (↔ back 뒤)
We took pictures in **front** of the Eiffel Tower in Paris.
우리는 파리에 있는 에펠 탑 앞에서 사진을 찍었다.
There is a picture of George Washington on the **front** of the one-dollar bill.
1달러 지폐 앞면에는 조지 워싱턴의 사진이 있다.

형 앞의, 정면의 (↔ back 뒤의)
A beaver has big **front** teeth. 비버는 앞니가 크다.
Why do you always sit in the **front** row?
너는 왜 항상 앞줄에 앉니?

> **어휘가 쑥쑥**
> front seat 앞좌석
> front view 정면 전망
> front door 현관, 정문
> front page (신문의) 제1면
> front desk (호텔의) 프런트
> front runner 선두 주자
> front line 최전선
> front yard 앞마당

---

frown /fraʊn/ 동사 (3단현) frowns (과거·과분) frowned (현분) frowning
얼굴을 찌푸리다, 눈살을 찡그리다

I looked down at my quiz grade and **frowned**.
나는 내 시험 점수를 내려다보고 얼굴을 찡그렸다.

---

froze /froʊz/ 동사 freeze의 과거 (☞ freeze)

---

frozen /ˈfroʊzn/ 동사 freeze의 과거분사 (☞ freeze)

---

*fruit /fruːt/ 명사 (복) fruit, fruits) 과일 (☞ 404쪽)

Fresh **fruit** and vegetables are good for your health.
신선한 과일과 채소는 건강에 좋다.

---

frustration /frʌˈstreɪʃn/ 명사 불만, 좌절감

fruit

① **pear** 배
② **persimmon** 감
③ **apple** 사과
④ **kiwi fruit** 키위
⑤ **melon** 멜론
⑥ **pineapple** 파인애플
⑦ **watermelon** 수박
⑧ **lemon** 레몬
⑨ **grape** 포도
⑩ **orange** 오렌지
⑪ **peach** 복숭아
⑫ **banana** 바나나
⑬ **strawberry** 딸기

What's your favorite fruit?
네가 가장 좋아하는 과일은 뭐야?

I like watermelons.
나는 수박을 좋아해.

He slammed the locker door in **frustration**.
그는 불만스러워하며 사물함 문을 쾅 닫았다.

fry /fraɪ/ 〔동사〕 (3단현) fries (과거·과분) fried (현분) frying 튀기다 〔명사〕 (복) fries 감자튀김

〔동〕 **튀기다, 굽다** (☞ cook)
Mom is **frying** some bacon in a frying pan.
엄마는 프라이팬에 베이컨을 굽고 계신다.
We usually eat **fried** eggs and pancakes for breakfast.
우리는 보통 아침으로 달걀 프라이와 팬케이크를 먹는다.

〔명〕 **감자튀김** 《특히 미국에서 복수로 쓰인다.》
Would you like an order of **fries** with your hamburger?
햄버거에 감자튀김을 추가하시겠어요?

fuel /ˈfjuːəl/ 〔명사〕 (복) fuels 연료

Gasoline is a **fuel** for cars. 휘발유는 자동차에 사용되는 연료이다.
The people are destroying the forest to get wood for **fuel**.
사람들은 연료로 쓸 목재를 얻기 위해 숲을 파괴하고 있다.

〔어휘가 쑥쑥〕
fossil fuel 화석 연료
nuclear fuel 핵연료

full /fʊl/ 〔형용사〕 (비교) fuller (최상) fullest 가득 찬 (↔ empty 텅 빈)

The bottle is **full** of water. 병에는 물이 가득 차 있다.
The elevator was **full** (up), so I walked up the stairs.
엘리베이터가 만원이어서, 나는 계단으로 걸어 올라갔다.
A: Do you have any rooms available? 빈방 있나요?
B: Sorry. Our hotel is **full** tonight.
죄송합니다. 저희 호텔은 오늘 밤 방이 다 찼습니다.
A: Do you want some more cake? 케이크 더 드시겠어요?
B: No, thanks. I'm **full**. 고맙지만 괜찮아요. 저는 배가 불러요.

〔어휘가 쑥쑥〕
full moon 보름달
full name 성명 〈성과 이름 모두〉
full-time job 상근직 〈매일 근무하는 일자리〉
full refund 전액 환불
at full speed 전속력으로

fully /ˈfʊli/ 〔부사〕 완전히, 충분히 (= completely)

He **fully** recovered from the operation.
그는 수술에서 완전히 회복되었다.

fun /fʌn/ 〔명사〕 재미 〔형용사〕 재미있는

〔명〕 **재미, 즐거움** (= amusement, enjoyment) (↔ boredom 지루함)
We had a lot of **fun** at the swimming pool.
우리는 수영장에서 매우 재미있게 놀았다.

〔어휘가 쑥쑥〕
fun and games 못된 장난, 희롱

A: I'm going to a jazz concert tonight.
나 오늘 밤에 재즈 콘서트 보러 가.
B: Sounds good. Have **fun**! 좋겠다. 재미있게 놀다 와!

fun day 즐거운 하루
figure of fun 익살맞은 인물

형 **재미있는, 즐거운**
I want to play a **fun** game.
나는 재미있는 게임을 하고 싶다.

숙어 **for fun** 재미 삼아, 농담으로
A: Why are you going to learn Chinese?
중국어는 왜 배우려고 하니?
B: Just *for fun*. 그냥 재미 삼아서.

실력이 쑥쑥
fun은 very와 함께 쓰지 않는다.
It was really *fun*. (○)
It was very fun. (×)

make fun of ~를 놀리다
If you *make fun of* me one more time, I'll be angry.
한 번만 더 놀리면 나 화낼 거야.

*function /ˈfʌŋkʃn/ 명사 (복) functions) 기능, 역할

This cell phone has the MP3 **function**, so you can listen to music on it.
이 휴대 전화는 MP3 기능을 갖추고 있어서 휴대 전화로 음악을 들으실 수 있습니다.

어휘가 쑥쑥
functional 형 기능상의, 기능적인

funny /ˈfʌni/ 형용사 (비교) funn**ier** (최상) funn**iest**) ① 재미있는 ② 이상한

1 **재미있는, 우스운, 웃기는** (= amusing, humorous)
Justin is very **funny**, so he is popular with girls.
저스틴은 아주 재미있어서 여자아이들에게 인기가 많다.
A: What's so **funny**? 뭐가 그렇게 재밌니?
B: Mike just told me a really **funny** story.
마이크가 방금 정말 웃기는 얘기를 해 줬거든.

2 **이상한** (= strange)
A: What's wrong with your car? 차가 어디가 문제인가요?
B: I don't know exactly, but my car is making a **funny** noise.
정확히는 모르겠는데 제 차에서 이상한 소리가 나요.

어휘가 쑥쑥
funny sight 우스운 광경
make a funny face 우스꽝스러운 표정을 짓다

실력이 쑥쑥
funny 기묘하고 익살맞아 사람을 웃기는
amusing 재미있고 유쾌해서 사람을 즐겁게 하는
comical 거리낌 없는 웃음을 자아내는

*fur /fɜːr/ 명사 (복) furs) ① 털 ② 모피

1 물 (동물의) **털**
My dog has very soft **fur**. 우리 개는 털이 아주 부드럽다.

2 **모피, 모피 의류**
This hat is made of fake **fur**. 이 모자는 인조 모피로 만들어졌다.

어휘가 쑥쑥
fur coat 모피 코트

furniture /ˈfɜːrnɪtʃər/ | 명사 가구

We bought some new **furniture** when we moved to a new house. 우리는 새집으로 이사할 때, 새 가구를 몇 점 샀다.

> 문법이 쑥쑥
> furniture는 셀 수 없는 명사이므로 복수 형태로 쓰지 않는다. 가구를 한 점, 두 점으로 세어 말할 경우 a piece of furniture, two pieces of furniture로 쓴다. 여러 점의 가구를 말하고자 할 때는 some이나 a lot of와 함께 쓴다.

further /ˈfɜːrðər/ | 형용사 부사 far의 비교급 (☞ far)

furthest /ˈfɜːrðɪst/ | 형용사 부사 far의 최상급 (☞ far)

future /ˈfjuːtʃər/ | 형용사 명사 (복 futures) 미래(의)

형 미래의, 장래의
You should think about and prepare for your **future** job.
미래의 직업에 대해 생각하고 준비해야 한다.

명 미래, 장래
Nobody knows what will happen in the **future**.
미래에 무슨 일이 일어날지는 아무도 모른다.
I want to become a great musician like Mozart in the **future**.
나는 미래에 모차르트와 같은 위대한 음악가가 되고 싶다.

> 어휘가 쑥쑥
> future generation 후손
> near[distant] future 가까운[먼] 미래
> promising future 유망한 장래

Gg

* gain /geɪn/
동사 (3단현) gain**s** (과거·과분) gain**ed** (현분) gain**ing** ① 얻다 ② 증가하다 ③ (시계가) 빨리 가다

1 얻다, 획득하다 (↔ lose 잃다)
The U.S. **gained** independence from England in 1776.
미국은 1776년에 영국으로부터 독립을 획득했다.
He always talks loudly to **gain** others' attention.
그는 다른 사람들의 관심을 끌기 위해서 항상 큰 소리로 이야기한다.

2 증가하다, 늘다 (↔ lose 줄어들다)
Emma has **gained** a lot of weight recently.
에마는 최근에 체중이 많이 늘었다.

3 (시계가) 빨리 가다 (↔ lose 늦게 가다)
My watch **gains** five minutes a day.
내 손목시계는 하루에 5분씩 빨리 간다.

어휘가 쑥쑥
gain an advantage 이익을 얻다
gain confidence 자신감을 얻다
gain trust 신임을 얻다
gain popularity 인기를 얻다
gain control of ~을 지배하다
gain experience 경험을 쌓다

실력이 쑥쑥
'시계가 빨리 가다'와 '시계가 빠르다'
My watch *gains* five minutes a day. (내 시계는 하루에 5분씩 빨리 간다.) (정확히 맞춰 놓아도 자꾸 빨라진다.)
My watch is five minutes *fast*[*slow*]. (내 시계는 5분 빠르다[느리다].) (일부러 그렇게 맞춰 놓았다.)

game /geɪm/
명사 (복) game**s** ① 게임 ② 놀이

1 게임, 경기, 시합
Baseball fans crowded into the ball park to watch the final **game**. 결승전을 보기 위해 야구 팬들이 경기장으로 몰려들었다.

2 놀이, 오락
James's hobby is to play computer **games**.
제임스의 취미는 컴퓨터 오락을 하는 것이다.
A: Let's play a board **game**. 우리 보드게임 하자.
B: That's good, but what about playing chess?
그것도 좋지만 체스를 두는 건 어떨까?

어휘가 쑥쑥
Olympic Games 올림픽 대회
home game 홈경기
away game 원정 경기
game addiction 게임 중독
win[**lose**] **a game** 시합에서 이기다[지다]

*gap /gæp/ | 명사 (복) gaps ① 틈 ② 차이

1 틈, 빈 곳 (= hole, space)
The gate was locked, so I went through the **gap** in the fence.
대문이 잠겨 있어서 나는 울타리의 빈틈을 통해 들어갔다.

2 차이, 격차 (= difference)
There is a **gap** between the American spelling and the British spelling in English.
영어의 미국식 철자와 영국식 철자에는 차이가 있다.

> 어휘가 쑥쑥
> gender gap 성별 격차
> age gap 연령의 차이
> cultural gap 문화적 차이
> gap between rich and poor 빈부의 격차

*garage /gəˈrɑːʒ, gəˈrɑːdʒ/ | 명사 (복) garages 차고 (☞ house)

My car is in the **garage** behind the house.
내 차는 집 뒤편에 있는 차고에 있다.

garbage /ˈgɑːrbɪdʒ/ | 명사 쓰레기, 음식 찌꺼기 (= rubbish)

Don't forget to put[take] out the **garbage**.
쓰레기를 밖으로 내놓는 것을 잊지 마세요.

In our neighborhood, the **garbage** truck collects **garbage** around seven in the morning.
우리 동네에서는 아침 7시쯤에 쓰레기차가 쓰레기를 수거해 간다.

**garden /ˈgɑːrdn/ | 명사 (복) gardens 정원, 뜰

We have a small vegetable **garden** in the backyard.
우리 집 뒷마당에는 작은 채소밭이 있다.

This house has a beautiful **garden**.
이 집에는 아름다운 정원이 있다.

> 어휘가 쑥쑥
> gardener 명 정원사
> gardening 명 원예

garlic /ˈgɑːrlɪk/ | 명사 마늘 (☞ vegetable)

Amy loves **garlic**. 에이미는 마늘을 아주 좋아한다.
The soup needs more **garlic**. 수프에 마늘을 더 넣어야겠다.

gas /gæs/ | 명사 (복) gases, gasses ① 기체 ② 휘발유

1 기체, 가스
Air is a mixture of various **gases**.
공기는 여러 기체의 혼합물이다.

2 불 **휘발유, 가솔린** (= gasoline, petrol)

> 어휘가 쑥쑥
> natural gas 천연가스
> greenhouse gas 온실가스

This car is almost out of **gas**. 이 차는 기름이 거의 떨어져 간다.
There is a **gas** station over there. 저기에 주유소가 있다.

harmful gas 유해 가스
gas explosion 가스 폭발

gasoline /ˈɡæsəliːn, ˌɡæsəˈliːn/ 명사 휘발유, 가솔린

The price of **gasoline** keeps rising.
휘발유 가격이 계속 오르고 있다.

*gate /ɡeɪt/ 명사 (복) gates 문, 입구, 탑승구 (= door, entrance, exit) (☞ house)

Please close[shut] the **gate** after you.
들어오신 후에 문을 닫아 주세요.
Korean Airlines flight to Los Angeles is now boarding at **gate** 6.
로스앤젤레스로 가는 한국항공 비행기가 지금 6번 탑승구에서 탑승을 시작합니다.

어휘가 쑥쑥
entrance gate 입구
front gate 앞문
back gate 뒷문
main gate 정문

*gather /ˈɡæðər/ 동사 (3단현) gathers (과거·과분) gathered (현분) gathering) 모으다, 모이다 (= collect)

He **gathered** fallen leaves and burned them in the backyard.
그는 낙엽을 모아서 뒤뜰에서 태웠다.
Many people **gathered** at *Seoul* Plaza to cheer World Cup semifinals.
많은 사람들이 월드컵 준결승전을 응원하기 위해 서울 광장에 모였다.

[속담] A rolling stone **gathers** no moss.
구르는 돌에는 이끼가 끼지 않는다. (직업을 자주 바꾸는 사람은 돈을 모을 수 없다. / 열심히 일하면 늙지 않는다.)

Many people *gathered* at *Seoul* Plaza.

gave /ɡeɪv/ 동사 give의 과거 (☞ give)

gaze /ɡeɪz/ 동사 (3단현) gazes (과거·과분) gazed (현분) gazing) 응시하다 명사 응시

동 응시하다(◉), 가만히 바라보다
Judy is **gazing** at the stars. 주디는 별을 가만히 바라보고 있다.
He **gazed** at her in amazement.
그는 놀라서 그녀를 응시했다.

어휘가 쑥쑥
gaze into ~을 응시하다

뜻풀이
응시하다 눈길을 한곳에 두고 눈여겨보다

명 응시, 시선
Amy dropped her **gaze**. 에이미는 눈길을 떨구었다.

*gear /gɪr/ | 명사 (복) gears ① 기어 ② 장비

1 (자동차 등의) 기어
Low **gear** when wet. 눈·비 올 때 감속 운행.
His mountain bike has 18 **gears**.
그의 산악용 자전거는 18단 기어이다.

2 장비
We need some camping **gear**.
우리는 캠핑 장비가 필요하다.

어휘가 쑥쑥
reverse gear 후진 기어
fishing gear 낚시 장비
climbing gear 등산 장비
headgear 보호용 모자

gem /dʒem/ | 명사 (복) gems 보석 (= jewel)

The crown was set with **gems**. 그 왕관에는 보석이 박혀 있었다.

*gender /'dʒendər/ | 명사 (복) genders 성, 성별

Please enter your **gender** on the form.
서식에 성별을 써 주십시오.

*general¹ /'dʒenrəl/ | 형용사 (비교) more general (최상) most general 일반적인, 대체적인

This messenger is popular among **general** computer users.
이 메신저는 일반 컴퓨터 사용자들 사이에서 인기가 있다.
Your writing topic is too **general**, so it needs some more specific examples.
당신의 작문 주제는 너무 일반적이어서 좀 더 구체적인 예시가 필요해요.

숙어 **as a (general) rule / in general** 대체로, 일반적으로
As a general rule, boys like baseball better than girls.
대체로 남자아이들이 여자아이들보다 야구를 더 좋아한다.
Students *in general* think physics is difficult.
학생들은 일반적으로 물리학이 어렵다고 생각한다.

어휘가 쑥쑥
generalize 동 일반화하다
generalization 명 일반화
general public 일반 대중
general idea 일반 개념
general hospital 종합 병원
general education 교양 교육
general manager 총지배인

general² /'dʒenrəl/ | 명사 (복) generals (군대의) 대장, 장군

George Washington was the **general** of the American Army.
조지 워싱턴은 미국 군대의 대장이었다.
General MacArthur said, "Old soldiers never die; they just fade away."
맥아더 장군은 말했다. "노병은 죽지 않는다. 다만 사라질 뿐이다."

실력이 쑥쑥
general은 육군과 공군의 장군을 일컫는 말이며, 해군의 장군은 admiral이라고 한다.
Admiral Yi Sun-sin (이순신 장군)

generally /ˈdʒenrəli/ [부사] 일반적으로, 대개, 대체적으로

A long time ago, people **generally** believed that the earth was flat.
옛날에 사람들은 대부분 지구가 평평하다고 믿었다.

[숙어] **generally speaking** 일반적으로 말하면
Generally speaking, women live longer than men.
일반적으로 말하면, 여자가 남자보다 더 오래 산다.

* generate /ˈdʒenəreɪt/ [동사] (3단현) generates (과거·과분) generated (현분) generating
발생시키다, 만들어 내다

Tourism **generates** income for local communities.
관광업은 지역 사회에 소득을 발생시킨다.

* generation /ˌdʒenəˈreɪʃn/ [명사] (복) generations 세대 (= age group)

My family has lived in this town for **generations**.
우리 가족은 이 마을에서 몇 대째 살고 있습니다.
We should protect our environment for future[coming, next] **generations**.
우리는 다음 세대를 위해서 환경을 보호해야 한다.

[어휘가 쑥쑥]
younger generation 젊은 세대
generation gap 세대 차이

* generous /ˈdʒenərəs/ [형용사] (비교) more generous (최상) most generous)
너그러운, 마음이 넓은, 관대한

The **generous** prince gave some food and drink to the beggar.
마음이 넓은 왕자님은 거지에게 먹을 것과 마실 것을 주었어요.
He's very **generous** and friendly.
그는 아주 너그럽고 친절하다.

[어휘가 쑥쑥]
generously (부) 관대하게, 아낌없이
generosity (명) 관대함, 너그러움

* genius /ˈdʒiːniəs/ [명사] (복) geniuses ① 천재 ② 천재성

1 천재, 귀재(Q)
Newton was a **genius** in science and math.
뉴턴은 과학과 수학의 천재였다.

2 (불) 천재성
This film shows his **genius**. 이 영화는 그의 천재성을 보여 준다.
J.K. Rowling is a writer of **genius**.
J.K. 롤링은 천재적인 작가이다.

[어휘가 쑥쑥]
have a genius for ~에 재능이 있다

[뜻풀이]
귀재 매우 뛰어난 재능을 가진 사람

gentle /ˈdʒentl/ | 형용사 (비교) gentler (최상) gentlest) 자상한, 온화한, 부드러운

Her parents are always **gentle** and kind.
그녀의 부모님은 언제나 자상하고 친절하시다.

A **gentle** breeze[wind] is blowing.
산들바람(부드러운 바람)이 불고 있다.

My grandfather always smiles his **gentle** smile.
우리 할아버지께서는 항상 온화한 미소를 지으신다.

> 어휘가 쑥쑥
> gently 부 부드럽게, 천천히
> in a gentle voice 부드러운 목소리로

gentleman /ˈdʒentlmən/ | 명사 (복) gentlemen) 신사 (↔ lady 숙녀)

It is not the act of a **gentleman**. 그것은 신사다운 행동이 아니다.

A **gentleman** is one who is polite and well-educated.
신사는 예의 바르고 교양을 갖춘 사람이다.

Ladies and **gentlemen**, please be seated.
(신사 숙녀) 여러분, 자리에 앉아 주시기 바랍니다.

> 어휘가 쑥쑥
> gentlemanly 형 신사적인, 신사다운

gentlemen /ˈdʒentlmən/ | 명사 gentleman의 복수 (☞ gentleman)

genuine /ˈdʒenjuɪn/ | 형용사 (비교) more genuine (최상) most genuine) ① 진짜의 ② 진실한

1 진짜의, 진품의
I have a **genuine** diamond. 나는 진짜 다이아몬드를 가지고 있다.

2 진실한
He is a **genuine** Christian. 그는 독실한 기독교 신자이다.
He is the most **genuine** person I've ever met.
그는 내가 만났던 사람 중 가장 진실된 사람이다.

> 어휘가 쑥쑥
> genuinely 부 진심으로
> genuine article 진품
> genuine leather 진짜 가죽

geography /dʒiˈɑːgrəfi/ | 명사 ① 지리학 ② 지리

1 지리학
My favorite subject is **geography**.
내가 가장 좋아하는 과목은 지리학이다.

2 지리
We learned about the **geography** of Korea.
우리는 한국 지리에 대해 배웠다.

> 어휘가 쑥쑥
> geographer 명 지리학자
> geographical 형 지리(학)적인, 지리학의
> geographically 부 지리적으로

German /ˈdʒɜːrmən/ | 명사 (복) 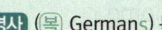Germans) 독일인  독일의

Germany

명 독일인, 독일어

Germans enjoy beer and sausage during Oktoberfest.
독일인들은 10월 맥주 축제에서 맥주와 소시지를 즐긴다.

German is spoken in Germany, Austria, and Switzerland.
독일어는 독일, 오스트리아, 스위스에서 사용된다.

형 독일의, 독일인의, 독일어의

BMW, the **German** automobile company, held an exhibition in Korea.
독일의 자동차 회사인 BMW는 한국에서 박람회를 개최했다.

Germans enjoy beer and sausage during Oktoberfest.

Germany /ˈdʒɜːrməni/ | 명사 독일

The Berlin Wall came down in 1989 right before the unification of **Germany**. 베를린 장벽은 독일의 통일 직전인 1989년에 붕괴되었다.

＊＊ gesture /ˈdʒestʃər/ | 명사 (복) gestures 몸짓, 동작, 제스처

Americans use various **gestures** when they are speaking.
미국 사람들은 말할 때 다양한 몸짓을 사용한다.

What does that **gesture** mean?
그 제스처는 무엇을 의미합니까?

＊＊ get /get/ 동사 (3단현) gets (과거) got (과분) got, gotten (현분) getting ① 받다 ② 사다 ③ 가져오다 ④ 도착하다 ⑤ 이해하다 ⑥ 시키다 ⑦ 되다 ⑧ ~당하다

1 받다, 얻다 (= receive)

I **got** 95 points on the English writing test.
나는 영어 글쓰기 시험에서 95점을 받았다.

I **got** a letter[phone call] from my friend in England.
나는 영국에 있는 내 친구에게서 편지[전화]를 받았다.

Be careful not to **get** a cold. 감기에 걸리지 않도록 조심해라.

2 사다 (= buy)

I **got** this bag at the shopping mall on Main Street.
나는 이 가방을 중심가에 있는 쇼핑몰에서 샀다.

3 가져오다 (= bring)

I'll **get** you something to drink. 마실 것 좀 가져다 드릴게요.

4 도착하다 (= arrive, reach)

Please call me as soon as you **get** home.
집에 도착하자마자 전화해 주세요.

어휘가 쑥쑥

get cold 추워지다
get excited 흥분하다, 신나다
get free 풀리다, 자유로워지다
get hot 더워지다
get humid 습해지다
get nervous 초조해지다, 긴장하다
get sick 병이 나다
get upset[angry] 화나다

What's the fastest way to **get** to the airport from here?
여기서 공항까지 가는 가장 빠른 방법이 뭔가요?

5 이해하다 (= understand, follow)
I didn't **get** your joke. 네 농담을 이해하지 못했어.
A: Did you **get** what I was saying? 제가 한 말 이해하셨어요?
B: Of course. I **got** it. 물론이죠. 알겠어요.

6 ~에게 …하도록 시키다, ~에게 …하게 하다 (☞ have)
I'll **get** him to call you. 그 애가 너에게 전화하도록 할게.
He **got** his car repaired last week.
그는 지난주에 자동차 수리를 맡겼다.

7 (어떤 상태가) 되다 (= become, turn)
He **got** angry and shouted at them.
그는 화가 나서 그들에게 소리쳤다.
It is **getting** warmer and warmer. Spring is just around the corner.
날씨가 점점 더 따뜻해지고 있어. 봄이 가까이 왔나 봐.

8 [과거분사와 함께 써서] ~당하다, ~되다
We **got** lost in the forest. 우리는 숲속에서 길을 잃었다.
He fell down and **got** hurt on his knee.
그는 넘어져서 무릎을 다쳤다.

> **실력이 쑥쑥**
>
> **get** '얻다'를 뜻하는 가장 일반적인 말. 손에 넣기 위한 노력이나 의지의 유무와는 관계가 없다.
> *get* a job (일자리를 얻다)
>
> **gain** 자신에게 도움이 되거나 필요한 것을 노력하여 얻다, 또는 조금씩 손에 넣다
> *gain* fame (명성을 얻다)
>
> **obtain** 몹시 원하는 것을 노력하여 손에 넣다
> *obtain* a license (면허를 취득하다)
>
> **acquire** 시간을 들여 손에 넣다
> *acquire* a fine education (훌륭한 교육을 받다)

숙어 **get along** (**with**) 잘 지내다, (~와) 사이좋게 지내다
I *get along with* my classmates.
나는 우리 반 친구들과 사이좋게 잘 지낸다.

get away ① 떠나다 ② 도망치다 (= run away)
Get away (from here)! 저리 가 버려!
The prisoner tried to *get away*, but he failed.
죄수는 도망치려고 했지만, 실패했다.

get back 돌아오다, ~을 되찾다
When does he *get back* from China?
그는 중국에서 언제 돌아오나요?

get into ~로 들어가다
She opened the door with a key and *got into* the house.
그녀는 열쇠로 문을 열고 집 안으로 들어갔다.

get out ① 밖으로 나가다 ② 꺼내다
Get out (of here)! 저리 가!
Nick *got out* his guitar and started to play.
닉은 기타를 꺼내어 연주하기 시작했다.

get over 극복하다, (병을) 이기다 (= overcome)
Fortunately, he quickly *got over* his sadness.
다행히도 그는 슬픔을 빨리 극복해 냈다.
She *got over* the cancer and became healthy.
그녀는 암을 이겨 내고 건강해졌다.

get rid of ~을 없애다 (= remove)
It is hard to *get rid of* bad habits.
나쁜 버릇을 없애기는 어렵다.

get through ① 끝마치다 (= finish) ② 통과하다, 합격하다 (= pass)
I'll *get through* my homework by to-

morrow.
나는 내일까지 숙제를 모두 끝마칠 것이다.
It took us long time to *get through* customs at the airport.
우리가 공항에서 세관을 통과하는 데 시간이 오래 걸렸다.
Jane *got through* the examination.
제인은 그 시험에 합격했다.

get together 모이다 (= gather), 만나다 (= meet)
In Korea, all the family members *get together* on *Chuseok*.
한국에서는 추석에 온 가족이 모인다.
What time shall we *get together*?
우리 몇 시에 만날까요?

get up 일어나다
Wake up! It's time to *get up*.
잠에서 깨! 일어날 시간이야.

ghost /goʊst/ 명사 (복) ghosts 유령, 귀신

I saw a **ghost** in the laboratory. 나는 실험실에서 유령을 봤다.
I don't believe in **ghosts**. 나는 귀신은 안 믿는다.

giant /ˈdʒaɪənt/ 명사 (복) giants 거인 형용사 거대한

명 거인 (↔ dwarf 난쟁이)
Jack cut down the beanstalk and the **giant** fell down with it.
잭이 콩나무 줄기를 잘랐고, 거인은 콩나무와 함께 쓰러졌어요.

형 거대한, 엄청나게 큰 (= huge) (↔ tiny 아주 작은)
The anaconda is a **giant** snake found near the Amazon River. 아나콘다는 아마존강 유역에서 발견되는 엄청나게 큰 뱀이다.

gift /gɪft/ 명사 (복) gifts ① 선물 ② 타고난 재능

1 선물 (= present)
Thank you for the wonderful Christmas[birthday] **gift**.
멋진 크리스마스[생일] 선물 고맙습니다.

2 타고난 재능 (= talent)
The conductor discovered that the young girl had a **gift** for music.
지휘자는 그 어린 소녀가 음악에 타고난 재능이 있다는 사실을 발견했다.

어휘가 쑥쑥
free gift 무료 선물
gift shop 선물 가게
person of many gifts 다재다능한 사람

ginger /ˈdʒɪndʒər/ 명사 생강 (☞ vegetable)

ginseng /ˈdʒɪnseŋ/ 명사 인삼

giraffe /dʒəˈræf/ 명사 (복) giraffes 기린 (☞ animal)

A **giraffe** has a long neck, so it can eat leaves on tall trees.
기린은 목이 길어서 높은 나무에 있는 나뭇잎을 먹을 수 있다.

*girl /ɡɜːrl/ | 명사 (복) girls 소녀, 여자아이 (↔ boy 소년)

There are many more boys than **girls** in my school.
우리 학교에는 여학생보다 남학생이 훨씬 더 많다.

What a cute baby! Is it a boy or a **girl**?
아기가 정말 예쁘네요! 아들이에요, 딸이에요?

> 재미가 쑥쑥
> *Girl Scout (걸 스카우트)*
> 1912년 미국에서 만들어진 소녀들의 봉사 단체

girlfriend /ˈɡɜːrlfrend/ | 명사 (복) girlfriends 여자 친구 (↔ boyfriend 남자 친구)

*give /ɡɪv/ | 동사 (3단현) gives (과거) gave (과분) given (현분) giving 주다 (↔ receive 받다)

Give me the ball. / **Give** the ball to me. 나에게 그 공을 주세요.

I **gave** a birthday present to Alex.
나는 알렉스에게 생일 선물을 주었다.

We will **give** you all the help we can.
가능한 한 모든 도움을 드리겠습니다.

Could you **give** me a minute? I want to talk with you.
시간 좀 내 주시겠어요? 당신과 이야기하고 싶은데요.

숙어 **give A a ride to B** A를 B까지 태워다 주다
I'll **give** you *a ride to* the shopping mall.
제가 쇼핑몰까지 차로 태워다 드릴게요.

give back 돌려주다, 반환하다
Please *give* me my ball *back*. / Please *give* me *back* my ball.
제 공을 돌려주세요.

give in 제출하다 (= hand in)
After the bell rang, all the students *gave in* their answer sheets.
종이 울리고 나서, 모든 학생들은 답안지를 제출했다.

give out 나누어 주다
The teacher *gave out* the exam papers.
선생님께서는 시험지를 나누어 주셨다.

give up 포기하다
Never *give up* and try your best, and your dreams will come true.
절대 포기하지 말고 최선을 다해라. 그러면 네 꿈이 이루어질 것이다.

> 실력이 쑥쑥
> *give가 쓰인 다른 표현들*
> • 열다, 개최하다
> He's going to *give* a party this Saturday. (그는 이번 토요일에 파티를 열 계획이다.)
> • 말하다
> I'm *giving* a presentation tomorrow in Korean class. (나는 내일 국어 시간에 발표를 할 예정이다.)
> Don't be afraid to *give* [make] a speech before an audience. (사람들 앞에서 연설하는 것을 두려워하지 마라.)
> • (전화를) 해 주다
> Can you *give* me a call tonight? (오늘 밤에 전화해 주시겠어요?)

Please *give* me my ball *back*.

given¹ /ˈɡɪvn/ | 동사 give의 과거분사 (☞ give)

given² /gɪvn/ | 형용사 주어진, 정해진, 일정한

You should show up at the **given** time and place.
여러분은 정해진 시간에 정해진 장소로 나오셔야 합니다.

실력이 쑥쑥

given[first] name & family[last] name

영미권은 성과 이름을 우리나라와 다르게 표시한다. 이름을 먼저 쓰고 성이 뒤에 온다. given name은 '주어진 이름'이라는 단어의 뜻 그대로 이름을 의미한다. 성보다 이름이 먼저 오기에 first name이라고 쓰기도 한다.
Harry Potter → Harry (given name 또는 first name) Potter (family name 또는 last name)

glacier /ˈgleɪʃər/ | 명사 (복) glaciers) 빙하

Glaciers in Antarctica and Greenland are quickly melting.
남극과 그린란드에 있는 빙하들이 빠르게 녹아내리고 있다.

☆ glad /glæd/ | 형용사 (비교) gladder (최상) gladdest) 기쁜, 즐거운

Welcome to Korea! I am so **glad** that you're here.
한국에 오신 걸 환영합니다! 여기에 오셔서 정말 기뻐요.
A: I'm very **glad** to see you. 만나서 반갑습니다.
B: Nice to meet you, too. 저도 만나서 반가워요.

어휘가 쑥쑥
gladly (부) 기쁘게, 기꺼이
gladness (명) 기쁨, 즐거움

glamorous /ˈglæmərəs/ | 형용사 (비교) more glamorous (최상) most glamorous) 매력적인, 화려한, 매혹적인

She is one of the most **glamorous** actresses in the world.
그녀는 세상에서 가장 매혹적인 여배우들 중 한 명이다.

☆ glance /glæns/ | 동사 (3단현) glances (과거·과분) glanced (현분) glancing) 힐끗 보다
명사 (복) glances) 힐끗 봄

(동) 힐끗 보다, 슬쩍 보다, 대충 훑어보다
He **glanced** at the clock on the desk.
그는 책상 위에 있는 시계를 슬쩍 보았다.

(명) 힐끗 봄, 눈짓
She gave me a **glance**. 그녀는 나를 힐끗 보았다.
They exchanged **glances** with each other.
그들은 서로 눈짓을 주고받았다.

(숙어) **at a glance** 한눈에, 바로, 즉시
At a glance, we knew that the child was in trouble.
한눈에 우리는 그 아이가 어려움에 처해 있다는 것을 알았다.

어휘가 쑥쑥
take a glance 눈길을 주다
cast[throw] a glance
재빨리 보다
sideways glance 곁눈질

*glass /glæs/ | 명사 (복) glasses ① 유리 ② 유리컵

1 (불) 유리
The fairy godmother gave Cinderella a pair of little slippers made of **glass**.
요정은 신데렐라에게 유리로 만든 작은 구두 한 켤레를 주었어요.

2 유리컵, 컵 한 잔에 담긴 양 (☞ dining room)
The waitress poured wine into a **glass**.
웨이트리스가 유리컵에 와인을 따랐다.
A: Would you like something to drink? 마실 것 좀 드릴까요?
B: Just a **glass** of cold water, please. 그냥 찬물 한 잔만 주세요.

> (실력이 쑥쑥)
> 다음은 유리잔에 담길 수 있는 음료들이다. 유리잔에 담을 때는 **a glass of**를 쓴다.
> *a glass of* beer[wine] (맥주[와인] 한 잔)
> *a glass of* juice[milk] (주스[우유] 한 잔)

glasses /ˈɡlæsɪz/ | 명사 안경

My grandfather cannot read newspaper without **glasses**.
우리 할아버지께서는 안경 없이는 신문을 읽지 못하신다.
Dave took off his **glasses** and cleaned them.
데이브는 안경을 벗어서 닦았다.

> (어휘가 쑥쑥)
> **a pair[two pairs] of glasses** 안경 한 개[두 개]

glider /ˈɡlaɪdər/ | 명사 (복) gliders 글라이더 (🔍 바람의 흐름을 이용하여 나는 간단한 비행기)

The **glider** is flying high in the sky.
글라이더가 하늘 높이 날고 있다.

glimpse /ɡlɪmps/ | 동사 (3단현) glimpses (과거·과분) glimpsed (현분) glimpsing 언뜻 보다 명사 (복) glimpses 잠깐 봄

동 언뜻 보다, 얼핏 보이다
I **glimpsed** a church from the window of the train.
차창으로 교회가 언뜻 보였다.
I **glimpsed** a boy running out of the shop.
남자아이가 가게 밖으로 뛰어나오는 것을 얼핏 보았다.

명 잠깐 봄, 언뜻 보임
As the car went by, he caught a **glimpse** of the castle.
차가 지나갈 때, 그의 눈에 성이 언뜻 보였다.

> (실력이 쑥쑥)
> **glance** 의지를 가지고 짧은 시간 훑어보는 것
> She *glanced* around the room to find the book.
> (그녀는 책을 찾기 위해 방을 잠깐 훑어보았다.)
> **glimpse** 사물이나 사람을 흘끗[얼핏] 보는 것

*global /ˈɡloʊbl/ | 형용사 세계적인, 전 세계의

To succeed in the **global** market, you should know the culture of each country.
세계 시장에서 성공하기 위해서는 각 나라의 문화를 알고 있어야 한다.

globe /gloʊb/ | 명사 (복) globes ① 구 ② 지구 ③ 지구본

1 구, 공같이 생긴 것 (= ball)
The ugly frog found the princess' silver **globe** in the pond.
못생긴 개구리는 연못에서 공주님의 은으로 된 공을 찾아냈어요.

2 [the와 함께 써서] **지구** (= the earth)
She sailed all around the **globe** in her yacht.
그녀는 요트를 타고 지구 곳곳을 항해했다.

3 지구본(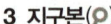)
Globes show the continents and oceans of the Earth.
지구본은 지구의 대륙과 대양을 보여 준다.

🔍 뜻풀이
지구본 지구의 모양을 본떠 만든 모형

gloomy /ˈɡluːmi/ | 형용사 (비교) gloomier (최상) gloomiest) ① 어두침침한 ② 우울한

1 (날씨·날이) 어두침침한, 어두운
It is a gray and **gloomy** day. 잿빛에 어두침침하게 흐린 날입니다.
The forest was very **gloomy** and dense.
숲은 대단히 어둡고 빽빽했다.

2 (기분 등이) 우울한, 침울한
Mary looks **gloomy** today. 메리는 오늘 우울해 보인다.

어휘가 쑥쑥
gloomily 🔹 침울하게, 우울하게
gloomy expression 우울한 표정

*glory /ˈɡlɔːri/ | 명사 영광, 영예, 명예 (= honor, fame)

Glory be to heaven, and peace on earth!
하늘에는 영광을, 땅에는 평화를!
The army fought for **glory** and victory.
군은 명예와 승리를 위해 싸웠다.

어휘가 쑥쑥
glorious 🔹 영광스러운

**glove /ɡlʌv/ | 명사 (복) gloves) 장갑, 글러브 (☞ clothing)

Take off your **gloves** and scarves.
장갑과 목도리를 벗으세요.
My sister gave me a pair of **gloves** as a Christmas present.
우리 언니는 크리스마스 선물로 나에게 장갑 한 켤레를 사 주었다.

어휘가 쑥쑥
leather gloves 가죽 장갑
rubber gloves 고무장갑

*glow /gloʊ/ | 동사 (3단현) glows (과거·과분) glowed (현분) glowing) ① 빛이 나다 ② 붉어지다
명사 ① 빛 ② 밝은 붉은색 ③ 홍조

동 1 빛이 나다, 빛을 발하다
The streetlights **glow** dimly in the dark.
어둠 속에서 가로등이 흐릿하게 빛나고 있다.

2 (얼굴이) 붉어지다
My face **glowed** after a workout.
운동 후에 얼굴이 발개졌다.

명 1 (불꽃이 없는) 빛
The room was filled with a soft **glow**.
방은 은은한 불빛으로 가득했다.

2 밝은 붉은색
We admired the **glow** of sunset.
우리는 저녁노을에 감탄했습니다.

3 (얼굴의) 홍조(♀)
Children's cheeks had a healthy **glow**.
아이들의 뺨은 건강한 홍조를 띠고 있었다.

My face *glowed* after workout.

> **뜻풀이**
> 홍조 취하거나 홍분해서, 또는 부끄러워서 불그레하게 된 얼굴빛

glue /gluː/
명사 (복) glues) 풀
동사 (3단현) glues 과거·과분 glued 현분 gluing, glueing) 풀로 붙이다

명 풀, 접착제
Bring colored paper, **glue**, and scissors with you next time.
다음 시간에는 색종이, 풀, 그리고 가위를 가져오세요.

동 풀로 붙이다 (= paste, stick)
Cut out the paper into a circle and **glue** it on the sketchbook.
종이를 원 모양으로 오려서 스케치북에 풀로 붙이세요.

Bring colored paper, *glue*, and scissors.

go /goʊ/
동사 (3단현) goes 과거 went 과분 gone 현분 going) ① 가다 ② (일이) 되어 가다 ③ 되다 ④ 움직이다

1 가다 (↔ come 오다) (☞ come)
I **go** to school by bus. 나는 학교에 버스를 타고 간다.
She **went** to Spain on vacation.
그녀는 휴가를 보내러 스페인에 갔다.

2 (일이) 되어 가다, 진행되다
A: How's it **going**? 어떻게 지내세요?
B: Everything's **going** well[fine].
모든 일이 잘되어 가고 있어요.

3 (어떤 상태·결과로) 되다 (= become)
Put the food in the refrigerator, or it'll **go** bad.
음식을 냉장고에 넣어라. 그렇지 않으면 상할 것이다.

4 (기계가) 움직이다, 작동하다
The car **goes** by electricity. 그 차는 전기로 움직인다.

> **실력이 쑥쑥**
> **go** 자기를 중심으로 어떤 장소로 가는 것
> I'll *go* to Hawaii soon.
> (나는 곧 하와이에 갈 것이다.)
> **come** 상대방을 중심으로 생각해서 상대방이 있는 곳으로 가는 것
> I'll *come* and see you again.
> (다시 찾아가 뵙겠습니다.)

숙어 **be going to**+동사원형 ~할 예정이다, ~하려고 하다
I'm *going to* visit my aunt in Canada this summer.
나는 이번 여름에 캐나다에 계신 고모 댁에 갈 예정이다.

go across 건너가다
Look both ways before *going across* the road.
길을 건너기 전에는 양쪽을 모두 살펴보아라.

Go ahead. 계속 해라, 어서 해라, 먼저 해라
A: Here is a riddle for you. Guess what it is.
내가 수수께끼 하나 내 볼게. 뭔지 맞혀 봐.
B: O.K. *Go ahead*. 알았어. 어서 말해 봐.

go along ~을 따라서 가다
When I *went along* the street, I met Mike by accident.
나는 길을 가다가 우연히 마이크를 만났다.

go and+동사원형 ~하러 가다
You should *go and* see a doctor.
가서 진찰을 받아 보셔야겠어요.

go away 가 버리다, 떠나다
"*Go away*!" he said angrily.
"저리 가 버려!" 그가 화가 나서 말했다.

go back 되돌아가다
I'll miss you when I *go back* to Korea.
한국으로 돌아가면 너희들이 보고 싶을 거야.

go by (시간이) 지나다
As time *goes by*, my English is getting better.
시간이 흐를수록 내 영어 실력이 점점 더 좋아지고 있다.

go down 내려가다
Don't run when you *go down* the stairs.
계단을 내려갈 때는 뛰지 마라.

go for ~하러 가다
Let's *go for* a walk in the park.
공원에 산책하러 가자.

go -ing ~하러 가다
My parents *go shopping*[*swimming*] almost every weekend.
우리 부모님께서는 거의 주말마다 쇼핑하러[수영하러] 가신다.

go into ~에 들어가다
The fire fighter *went into* the burning building to save people.
그 소방관은 사람들을 구하러 불이 난 건물 안으로 들어갔다.

go on 계속하다, 계속되다 (= continue)
The party will be *going on* till midnight.
파티는 자정까지 계속될 것이다.

go out 나가다
Please shut the door after you when you *go out*.
나가실 때는 문을 닫고 가세요.

go through ~을 통과하다
The train is *going through* the tunnel.
기차가 터널을 통과하고 있다.

go up 올라가다
We can *go up* the Eiffel Tower by elevator.
우리는 엘리베이터를 타고 에펠 탑에 올라갈 수 있다.

go with ~와 어울리다, 조화하다
Alex's new shirt *goes* well *with* his pants.
알렉스의 새 셔츠는 그의 바지와 잘 어울린다.

have gone 가고 없다, 가 버리다
Mark *has gone* to America. He doesn't live in Korea anymore.
마크는 미국으로 가 버렸다. 그는 더 이상 한국에 살지 않는다.

to go (식당 등의 음식을) 가지고 갈 수 있는, 포장해 가는
A: Is this for here or *to go*?
여기서 드실 건가요, 아니면 가지고 가실 건가요?
B: It's for here. 여기서 먹을 거예요.

goal /goʊl/ | 명사 (복) goals ① 목표 ② 점수

1 목표, 목적 (= aim)
She always does her best to obtain[achieve] her **goals** in life.
그녀는 인생에서 자신의 목적을 달성하기 위하여 항상 최선을 다한다.
A: What are your **goals** for the new semester?
새 학기에 너의 목표는 무엇이니?
B: My **goal** is to read one book every week.
제 목표는 매주 책을 한 권씩 읽는 거예요.

2 [스포츠] 골, 점수
He scored[got, made] a **goal** in the final minute.
그는 마지막 순간에 한 골을 넣었다.

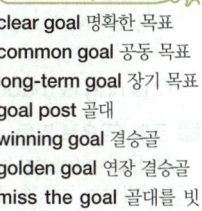

어휘가 쑥쑥
clear goal 명확한 목표
common goal 공동 목표
long-term goal 장기 목표
goal post 골대
winning goal 결승골
golden goal 연장 결승골
miss the goal 골대를 빗나가다

goat /goʊt/ | 명사 (복) goats 염소 (☞ animal)

Goats have a pair of horns and hair on the chin.
염소는 한 쌍의 뿔이 있고 턱에는 수염이 나 있다.

god /gɑːd/ | 명사 (복) gods ① 신 ② 하느님

1 신 (☞ goddess)
Zeus is the **god** of the sky in Greek mythology.
제우스는 그리스 신화에서 하늘의 신이다.

2 [God으로 써서] 하느님, 하나님
Most Americans believe in **God**.
대부분의 미국인들은 하느님을 믿는다.
God bless you! 하느님의 은총이 있기를!

[숙어] **(Oh) my God!** 이런! 맙소사! (= My goodness!)
My God! My purse is gone. 이런! 내 지갑이 없어졌어.

Thank God! 고마워라! 살았다!
I almost got hit by the car. *Thank God!*
차에 거의 치일 뻔했네. 휴, 살았다!

T.G.I.F. (= *Thank God* It's Friday)
고마워라! 드디어 주말이다. (주말의 해방감을 나타내는 말)

어휘가 쑥쑥
godfather 대부
godmother 대모

재미가 쑥쑥
서양에서는 주변 사람이 재채기를 하면 (God) bless you!라고 말해 주는 관습이 있다.

goddess /ˈɡɑːdəs/ | 명사 (복) goddesses 여신 (☞ god)

Venus is the **goddess** of love and beauty in Roman myth.
로마 신화에서 비너스는 사랑과 미의 여신이다.

gold /gould/ | 명사 금, 황금 | 형용사 금의, 금으로 만든

명 금, 황금
Midas has the power to change everything into **gold**.
미다스는 모든 것을 금으로 바꿀 수 있는 힘이 있다.
This ring is made of pure **gold**. 이 반지는 순금으로 만들어졌다.

형 금의, 금으로 만든
Ali Baba found hundreds of **gold** coins in the cave.
알리바바는 동굴 속에서 수백 개의 금화를 발견했습니다.

어휘가 쑥쑥
gold mine 금광
gold medal 금메달
gold rush 골드러시 (새로운 금 산지로 사람들이 몰려드는 현상)

golden /ˈgouldən/ | 형용사 ① 금으로 만든 ② 금색의 ③ 전성기의

1 금으로 만든, 금으로 된
The queen is wearing a **golden** crown.
여왕은 금으로 만든 왕관을 쓰고 있다.

2 금색의
The baby has **golden** hair. 그 아기는 금발이다.

3 귀중한, 훌륭한, 절호의
Timothy missed a **golden** opportunity.
티머시는 절호의 기회를 놓쳤다.

어휘가 쑥쑥
golden saying 금언, 격언

재미가 쑥쑥
'시청률이 가장 높은 시간'을 뜻하는 golden hour[time]은 잘못된 영어 표현이다. prime time 또는 peak time이라고 해야 한다.

goldfish /ˈgouldfɪʃ/ | 명사 (복) goldfish) 금붕어

We are feeding the **goldfish** in the pond.
우리는 연못에 있는 금붕어에게 먹이를 주고 있다.

golf /gɑːlf/ | 명사 골프 | 동사 (3단현) golfs (과거·과분) golfed (현분) golfing) 골프를 치다

명 골프
Do you play **golf**? 골프를 치시나요?

동 골프를 치다
She goes **golfing** almost every weekend.
그녀는 거의 주말마다 골프를 치러 간다.

어휘가 쑥쑥
golfer 명 골프 치는 사람
golf ball 골프공
golf club 골프채

gondola /ˈgɑːndələ/ | 명사 (복) gondolas) 곤돌라 (📍 이탈리아 베네치아의 양끝이 뾰족한 배)

We will travel to Venice by **gondola**.
우리는 곤돌라로 베니스를 여행할 것이다.

gone¹ /gɔːn/ | 동사 go의 과거분사 (☞ go)

gone² /gɔːn/ | 형용사 ① 사라진 ② 지나간

1 사라진

Everybody was **gone** when I arrived.
내가 도착했을 때 모두 다 가고 없었다.

After taking pills, my pain is **gone**.
약을 먹고 나자 고통이 사라졌다.

2 지나간

A: It's getting warmer and warmer. 날씨가 점점 따뜻해지네요.
B: Yes. Winter is **gone** now. 네, 이제 겨울은 지나갔어요.

> 실력이 쑥쑥
> gone은 형용사이지만 명사 앞에는 쓰이지 않는다.

good /gʊd/ | 형용사 (비교 better 최상 best) ① 좋은 ② 잘하는 ③ 충분한 ④ 즐거운
명사 (복 goods) ① 이익 ② 선 ③ 상품

형 1 좋은, 훌륭한 (↔ bad 나쁜)

I have some **good** news for you.
네게 말해 줄 좋은 소식이 있어.

Fruit is not only delicious but also **good** for your health.
과일은 맛있을 뿐만 아니라 건강에도 좋다.

Oranges smell **good** and taste **good**, too.
오렌지는 냄새도 좋고 맛도 좋다.

Those silver earrings look **good** on you.
그 은색 귀걸이가 당신에게 잘 어울려요.

The four-leaf clover will bring you **good** luck.
네 잎 클로버가 네게 행운을 가져다줄 것이다.

2 잘하는, 솜씨 좋은 (↔ bad, poor 서투른)

Annie is **good** at painting, but she is poor at singing.
애니는 그림을 잘 그리지만 노래는 잘 부르지 못한다.

3 충분한, 상당한

It will take a **good** long time. 그건 상당히 오랜 시간이 걸릴 것이다.

4 즐거운, 기쁜, 기분이 좋은 (= pleasant)

I had a **good** time with you. 나는 당신과 즐거운 시간을 보냈어요.

명 1 불 이익, 이로움, 이점

Ms. Parker tells us that homework is for our own **good**.
파커 선생님이 숙제는 우리의 이익을 위해 하는 거라고 말씀하신다.

2 불 선, 선한 점, 미덕 (♀)

We have to see **good** in people.
우리는 사람들의 선한 면을 보아야 합니다.

> 실력이 쑥쑥
> ★영어로 인사하기★
> • Have a good time[day]!
>   (좋은 시간[하루] 보내세요!)
> • Good morning[afternoon, evening]! (안녕!)
>   〈아침[오후, 저녁] 인사〉
> • Good night. (잘 자, 안녕히 주무세요.)
> • Good-bye! See you later. (잘 가! 나중에 봐.)
> • A: How are you doing?
>   (어떻게 지내니?)
>   B: Pretty good. (아주 좋아.)

> 어휘가 쑥쑥
> **Good for you!** 잘했어!, 됐어!
> **Good luck!** 행운을 빌어!

> ♀ 뜻풀이
> 미덕 칭찬을 받을 만큼 아름답고 훌륭한 태도나 행위

3 [복수로 쓰여] **상품, 소유물**
We sell leather and cotton **goods**. 우리는 가죽과 면제품을 판다.
Prices are marked on the **goods**. 가격은 상품에 표시되어 있다.

good-bye/goodbye /ˌgʊdˈbaɪ/ 〔감탄사〕 헤어질 때 하는 인사 (= bye, bye-bye)

A: **Good-bye**! 잘 가!
B: Bye! See you tomorrow. 안녕! 내일 보자.

goodness /ˈgʊdnəs/ 〔명사〕 선량함 〔감탄사〕 저런, 맙소사

명 선량함, 미덕
It shows his innate **goodness**.
그것이 그의 타고난 선량함을 보여 주는 것이다.

감 저런, 맙소사, 세상에
Goodness, he spent too much money.
맙소사, 그는 너무 많은 돈을 써 버렸어.

〔어휘가 쑥쑥〕
My goodness![Goodness me![맙소사!, 저런!
for goodness' sake
제발, 부디

goose /guːs/ 〔명사〕 (복) geese) 거위

A **goose** looks like a large duck. 거위는 커다란 오리같이 생겼다.

gorilla /gəˈrɪlə/ 〔명사〕 (복) gorillas) 고릴라 (☞ animal)

A **gorilla** has long arms and black fur.
고릴라는 긴 팔과 검은색 털을 가지고 있다.

gossip /ˈgɑːsɪp/ 〔명사〕 소문, 험담

She tells us all the **gossip**. 그녀는 우리에게 모든 소문을 말해 준다.

got /gɑːt/ 〔동사〕 get의 과거·과거분사 (☞ get)

gotten /ˈgɑːtn/ 〔동사〕 get의 과거분사 (☞ get)

*govern /ˈgʌvərn/ 〔동사〕 (3단현) governs 〔과거·과분〕 governed 〔현분〕 governing) 다스리다, 통치하다 (= rule)

Elizabeth I **governed** the country for 44 years.
엘리자베스 1세는 그 나라를 44년간 다스렸다.

〔어휘가 쑥쑥〕
governor 명 통치자, 주지사

government /ˈɡʌvərnmənt/ | 명사 (복) governments) 정치, 정부, 내각

The **government** has fallen. 내각이 붕괴됐다.
We need a strong **government**. 우리에겐 강력한 정부가 필요해.
Abraham Lincoln stressed the **government** of the people, by the people, for the people.
에이브러햄 링컨은 국민의, 국민에 의한, 국민을 위한 정치를 강조했다.

> **실력**이 쑥쑥
> '정치'라는 뜻일 때는 a를 붙이지 않고, '정부'라는 뜻일 때는 a를 붙인다.

gown /ɡaʊn/ | 명사 (복) gowns) ① 드레스 ② 가운

1 드레스, 야회복 (= evening dress)
Jenny is wearing a long blue **gown** for the party.
제니는 파티에 가려고 긴 푸른색 드레스를 입고 있다.

2 (졸업식·병원·법원의) 가운
John is wearing a graduation **gown**.
존은 졸업 가운을 입고 있다.

> **실력**이 쑥쑥
> 우리나라에서는 잠옷 위에 걸치는 가운을 그냥 '가운'이라고 하지만, 영어에서는 dressing gown 또는 robe라고 한다.

*grab /ɡræb/ | 동사 (3단현) grabs (과거·과분) grabbed (현분) grabbing) 움켜잡다, 거머쥐다, 급히 ~하다

He **grabbed** the papers and went out.
그는 서류를 움켜쥐고 밖으로 나갔다.
I will **grab** something to eat at the convenience store.
나는 편의점에서 간단히 뭐 좀 먹어야겠다.

> **어휘**가 쑥쑥
> **grab the chance** 기회를 잡다

*grace /ɡreɪs/ | 명사 ① 우아함 ② 은혜 ③ 기도

1 (몸짓·움직임·모습의) 우아함, 아름다움
Jane has a natural **grace**. 제인에게는 타고난 우아함이 있다.

2 은혜, 은총
Without the God's **grace**, none of this would be possible.
신의 은총이 없다면 이 모든 일은 가능하지 않을 거야.

3 (식사 전·후의) 기도 (= prayer)
Our family always says **grace** before dinner.
우리 가족은 저녁 식사 전에 늘 기도를 한다.

> **재미**가 쑥쑥
> *Amazing Grace*
> John Newton이 1772년 발표한 신의 은혜를 감사하는 찬송가이다. 노예 무역상이던 그는 폭풍우를 만나 좌초될 뻔한 배에서 신께 기도를 드린 후 살아나게 됨을 감사히 여기고 후에 노예 제도 폐지에 앞장선다.

graceful /ˈɡreɪsfl/ | 형용사 (비교) more graceful (최상) most graceful) (행동·모습이) 우아한, 기품 있는

The dancers were all **graceful** and elegant.
무용수들은 모두 우아하고 기품이 있었다.

grade /greɪd/ | 명사 (복) grades) ① 등급 ② 학년 ③ 성적

1 등급 (= class, degree)
This sweater is made of the highest **grade** of wool.
이 스웨터는 최고급 울 소재로 만들어졌습니다.

2 학년
A: What **grade** are you in? 너는 몇 학년이니?
B: I'm in the first **grade** in middle school.
저는 중학교 1학년입니다.

3 성적 (= mark)
I got a good **grade** in music but a bad[poor] **grade** in art.
나는 음악에서는 좋은 성적을 받았지만 미술에서는 나쁜 성적을 받았다.

Peter always gets an A **grade** on the exam.
피터는 항상 시험에서 A학점을 받는다.

> 재미가 쑥쑥
> 미국의 학교 제도는 각 주에 따라 차이가 있지만, 대부분 16~18세까지를 의무 교육으로 하고 있다. 초등학교 1학년부터 중·고등학교까지 1st grade에서 12th grade로 구성되어 있다. 예를 들어, 8th grade는 우리나라의 중학교 2학년에 해당한다.

gradually /'grædʒuəli/ | 부사 점차, 서서히 (= step by step)

She **gradually** realized his lies.
그녀는 점차 그의 거짓말을 깨닫게 되었다.

graduate /'grædʒueɪt | 'grædʒuət/ | 동사 (3단현) graduates (과거·과분) graduated (현분) graduating) 졸업하다 | 명사 (복) graduates) 졸업생

동 졸업하다
My brother gave a commencement speech because he **graduated** at the top.
우리 오빠는 수석으로 졸업했기 때문에 졸업생 대표 연설을 했다.

A: When did you **graduate** from elementary school?
초등학교를 언제 졸업했니?
B: I **graduated** last year. 작년에 졸업했어요.

> 실력이 쑥쑥
> 동사와 명사의 발음이 서로 다른 것에 주의한다.

명 졸업생
All the **graduates** wear their caps and gowns on graduation day.
졸업생들은 모두 졸업식 날에 학사모를 쓰고 가운을 입는다.

graduation /ˌgrædʒu'eɪʃn/ | 명사 (복) graduations) 졸업, 졸업식

My sister received an honor prize at the **graduation**.
우리 누나는 졸업식에서 우등상을 받았다.

grain /greɪn/ | 명사 (복) grains) ① 곡물 ② 낟알

1 불 곡물, 곡류 (= cereal, crop)
Wheat and rice are the chief **grain** around the world.
밀과 쌀은 전 세계의 주요 곡물이다.

2 낟알, 작은 알갱이
Nobody can count **grains** of sand in this bucket.
그 누구도 이 양동이 안에 있는 모래 알갱이를 셀 수 없다.

> 어휘가 쑥쑥
> a grain of rice 쌀 한 톨
> a grain of sugar[salt]
> 설탕[소금] 알갱이

gram/gramme /græm/ | 명사 (복) grams/grammes) 그램

A: How much is this beef? 이 쇠고기는 얼마인가요?
B: Fifty-eight hundred won for 100 **grams**.
100그램에 5,800원입니다.

> 재미가 쑥쑥
> gram(그램)은 질량의 단위로, 기호는 g이다.

grammar /ˈgræmər/ | 명사 (복) grammars) 문법

This book might be helpful for you to study English **grammar**.
이 책이 네가 영문법을 공부하는 데 도움이 될 것이다.

> 어휘가 쑥쑥
> grammatical 형 문법적인

grand /grænd/ | 형용사 (비교) grander (최상) grandest) 큰, 웅장한, 훌륭한

He lives in a **grand** house. 그는 큰 저택에서 살고 있다.
I have never seen such a **grand** theater.
나는 그렇게 웅장한 극장을 한 번도 본 적이 없다.

granddaughter /ˈgrændɔːtər/ | 명사 (복) granddaughters) 손녀 (☞ family)

Mrs. Anderson gave a precious ring to her **granddaughter** as a wedding gift.
앤더슨 부인은 손녀에게 결혼 선물로 소중한 반지를 주었다.

grandfather /ˈgrænfɑːðər/ | 명사 (복) grandfathers) 할아버지 (= grandpa, granddad, granddaddy) (☞ family)

My **grandfather** is 90 years old, but he is very healthy.
우리 할아버지는 아흔 살이시지만, 매우 건강하십니다.

grandma /ˈgrænmɑː/ | 명사 (복) grandmas) 할머니 (☞ grandmother)

grandmother /ˈgrænmʌðər/ | 명사 (복) grandmothers) 할머니 (= grandma) (☞ family)

My **grandmother** is knitting in the rocking chair.
우리 할머니께서는 흔들의자에 앉아 뜨개질을 하고 계신다.

*grandpa /ˈgrænpɑː/ | 명사 (복) grandpas) 할아버지 (☞ grandfather)

grandparents /ˈgrænperənts/ | 명사 조부모님, 할아버지와 할머니

I'm going to visit my **grandparents** this summer.
나는 이번 여름에 할아버지, 할머니를 뵈러 갈 것이다.

grandson /ˈgrænsʌn/ | 명사 (복) grandsons) 손자 (☞ family)

**grape /greɪp/ | 명사 (복) grapes) 포도 (☞ fruit)

I bought a bunch of **grapes** yesterday.
나는 어제 포도 한 송이를 샀다.
Wine is made from **grapes**. 와인은 포도로 만들어진다.
The fox failed to pick the **grapes** and said, "Those must be sour **grapes**. Pooh!" 여우는 포도를 따는 데 실패하자, "저건 분명히 신 포도일 거야. 쳇!"이라고 말했다.

graph /græf/ | 명사 (복) graphs) 그래프, 도표

This **graph** shows the TV viewing habits of Koreans.
이 도표는 한국인의 텔레비전 시청 습관을 보여 준다.

*grass /græs/ | 명사 ① 풀 ② 잔디

1 풀, 목초
The rabbit hid behind some tall **grass** to avoid the hunter.
토끼는 사냥꾼을 피하기 위해 커다란 풀 뒤에 숨었어요.

2 [보통 the와 함께 쓰여] 잔디, 잔디밭 (= lawn)
Alex cut the **grass** and made his pocket money.
알렉스는 잔디를 깎아서 용돈을 벌었다.
Keep off the **grass**. / Do not walk on the **grass**.
잔디밭에 들어가지 마시오.

[속담] The **grass** is always greener on the other side of the fence. 울타리 맞은편의 잔디가 언제나 더 푸르다. (남의 떡이 더 커 보인다.)

어휘가 쑥쑥
leaves[blades] of grass
풀잎
lie down on the grass
풀밭에 드러눕다
grass mower 잔디 깎는 기계

grasshopper /ˈgræshɑːpər/ | 명사 (복) grasshoppers) 메뚜기, 베짱이, 여치 (☞ insect)

Grasshoppers can jump high into the air.
메뚜기는 공중으로 높이 뛸 수 있다.

All summer long, the **grasshopper** kept singing while the ant was working hard.
개미가 열심히 일하는 동안, 베짱이는 여름 내내 계속 노래만 불렀어요.

---

*grateful /ˈgreɪtfl/ 형용사 (비교) more grateful (최상) most grateful) 감사하는, 고맙게 여기는 (= thankful) (↔ ungrateful 감사할 줄 모르는)

I'm **grateful** to you for coming to the party.
파티에 와 주신 여러분께 감사드립니다.

어휘가 쑥쑥
gratefully 위 감사히

---

*grave /greɪv/ 명사 (복) graves) 무덤, 묘 (= tomb)

John laid flowers at Mary's **grave**.
존은 메리의 무덤에 꽃을 놓았다.

어휘가 쑥쑥
family grave 가족묘

---

gravity /ˈgrævəti/ 명사 ① 중력 ② 중대성

1 [물리] 중력, 지구 인력
Space doesn't have any **gravity**.
우주에는 중력이 존재하지 않는다.

어휘가 쑥쑥
force of gravity 중력
center of gravity 무게중심
Newton's law of gravity 뉴턴의 중력 법칙

2 중대성, 심각성 (= seriousness)
She seemed to ignore the **gravity** of the situation.
그녀는 그 상황의 심각성을 무시하는 것 같았다.

---

*gray/grey /greɪ/ 형용사 (비교) grayer/greyer (최상) grayest/greyest) 회색의
명사 회색

형 회색의 (☞ color), 머리가 센
My grandfather has **grey** hair as if snow had fallen on his head.
우리 할아버지는 머리 위에 눈이 내린 것처럼 머리가 하얗게 세셨다.

어휘가 쑥쑥
dark gray 어두운 회색
light gray 밝은 회색
pearl gray 진주색

명 회색
He is dressed in **gray**. 그는 회색 옷을 입고 있다.

---

*great /greɪt/ 형용사 (비교) greater (최상) greatest) ① 큰 ② 위대한 ③ 굉장한

1 큰, 거대한 (= large, big, huge) (↔ small, little 작은)
Whales are the **greatest** animals in the sea.
고래는 바다에서 가장 큰 동물이다.

어휘가 쑥쑥
greatness 명 거대함, 위대함, 중요

The movie was a **great** success.
그 영화는 큰 성공을 거두었다.

2 위대한, 훌륭한
Thomas Edison left a lot of **great** inventions.
토머스 에디슨은 수많은 훌륭한 발명품들을 남겼다.

I think Shakespeare is the **greatest** playwriter of all time.
나는 셰익스피어가 역대 가장 훌륭한 극작가라고 생각한다.

3 굉장한, 아주 좋은 (= excellent, very good)
We all had a **great** time at the festival.
우리는 모두 축제에서 아주 좋은 시간을 보냈다.

That's a **great** idea! 그거 정말 좋은 생각이다!

숙어 **a great deal of** 아주 많은 양의 (= very much, a lot of, plenty of)
Losing weight requires *a great deal of* time and effort.
몸무게를 줄이는 것은 아주 많은 시간과 노력을 필요로 한다.

greatly 분 대단히, 크게
・―・―・―・―・―・―・
great match 큰 시합
great chance 큰 기회
great discovery 위대한 발견

문법이 쑥쑥
great은 very와 함께 쓸 수 없다.
He did a really *great* job.
(그는 정말 큰일을 해냈다.)
He did a *very* great job. (×)

Greece /griːs/ | 명사 그리스

Greece is located in southeast Europe.
그리스는 유럽 남동쪽에 위치한다.

greedy /ˈgriːdi/ | 형용사 (비교) greedier (최상) greediest) 탐욕스러운, 욕심 많은

Don't be so **greedy**. 너무 욕심부리지 마.
He is **greedy** for money. 그는 돈에 욕심이 많다.
He was **greedy** to gain fame. 그는 명성을 몹시 탐내고 있었다.

어휘가 쑥쑥
greed 명 탐욕, 큰 욕심
greedily 분 욕심내어

Greek /griːk/ | 형용사 명사 그리스의, 그리스 사람(의), 그리스어(의)

Greek yogurt can help improve your health.
그리스 요구르트는 건강을 개선하는 데 도움이 된다.

*green /griːn/ | 형용사 (비교) greener (최상) greenest) 초록색의
명사 (복) greens) ① 초록색 ② 푸른색 채소

형 **초록색의, 녹색의**
Green vegetables such as lettuce and broccoli give us plenty of vitamins.
양상추나 브로콜리와 같은 녹색 채소들은 우리에게 다양의 비타민을 공급해 준다.

When the traffic lights turn **green**, you can cross the road.
신호등이 녹색으로 바뀌면 길을 건너도 된다.

어휘가 쑥쑥
green tea 녹차
greenhouse effect 온실효과

명 1 초록색, 녹색 (☞ color)
My favorite color is lime **green**.
내가 제일 좋아하는 색은 연녹색이다.

2 [복수로 쓰여] **푸른색 채소**
You don't eat enough **greens**.
너는 채소를 충분히 먹지 않는구나.

재미가 쑥쑥
green card
미국에서 거주하며 일할 수 있도록 공식적으로 허가해 주는 영주권

---

*greet /griːt/
동사 (3단현) greet**s** (과거·과분) greet**ed** (현분) greet**ing**) 인사하다, 환영하다, 맞이하다 (= welcome)

Sally **greeted** us at the door. 샐리는 문 앞에서 우리를 맞이했다.
A new classmate came up and **greeted**.
새로운 반 친구가 다가와 인사를 했다.

어휘가 쑥쑥
greeting **명** 인사, 인사말

---

grew /gruː/
동사 grow의 과거 (☞ grow)

---

grim /grɪm/
형용사 (비교) grim**mer** (최상) grim**mest**) ① 엄한 ② 암울한

1 엄한, 엄숙한 (= stern)
He looked at us with a **grim** look.
그는 엄숙한 표정으로 우리를 바라보았다.

2 암울한, 음침한
The house looked **grim**. 그 집은 음침해 보였다.

어휘가 쑥쑥
grimly **문** 엄하게, 음산하게
grim news 암울한 뉴스
grim reality 냉랭한 현실

---

grin /grɪn/
동사 (3단현) grin**s** (과거·과분) grin**ned** (현분) grin**ning**) 활짝 웃다
명사 (복) grin**s**) 활짝 웃음

동 (소리 없이) 활짝 웃다, 크게 웃다
My grandma is always happy and **grinning**.
우리 할머니는 늘 행복하시고 활짝 웃으신다.

명 (소리 없이) 활짝 웃음, 싱긋 웃음
He looked at her with a **grin**.
그는 그녀를 보고 싱긋 웃었다.

어휘가 쑥쑥
grin from ear to ear 입을 크게 벌리고 활짝 웃다
broad grin 활짝 웃음

---

grip /grɪp/
동사 (3단현) grip**s** (과거·과분) grip**ped** (현분) grip**ping**) 꽉 잡다
명사 (복) grip**s**) 꽉 붙잡음

동 꽉 잡다, 움켜잡다 (= grasp)
Kids **gripped** the handle of the carriage.
아이들은 마차의 손잡이를 꽉 붙잡았다.

🔵 꽉 붙잡음, 움켜쥠
He got a firm **grip** on the rope.
그는 밧줄을 단단히 움켜쥐고 있었다.

*grocery /ˈgroʊsəri/ 　명사　(복) groceries) ① 식료품 ② 식료품 가게

1 [복수로 쓰여] **식료품**
I have to get some **groceries** on the way home.
나는 집에 오는 길에 식료품을 좀 사야 한다.

2 **식료품 가게** (= supermarket)
A: Sweetie, can you go to the **grocery** and buy some milk?
얘야, 가게에 가서 우유 좀 사 올래?
B: Sure, mom. Anything else?
네, 엄마. 더 필요하신 건 없으세요?

> 재미가 쑥쑥
> grocery (store)는 미국에서 흔히 supermarket의 뜻으로 쓰인다. 우리나라의 슈퍼마켓과 거의 같은 곳으로, 식료품 외 생활에 필요한 물건들을 살 수 있다.

groom /gruːm/ 　명사　(복) grooms) 신랑 (= bridegroom)

We drank a toast to the bride and **groom**.
우리는 신랑 신부를 위해 건배했다.

> 어휘가 쑥쑥
> **newly-wed groom** 새신랑

*ground /graʊnd/ 　명사　(복) grounds) ① 땅 ② 운동장

1 🔵 **땅** (= land)
The **ground** is covered with snow. 땅이 눈으로 덮여 있다.
Potatoes and sweet potatoes grow under the **ground**.
감자와 고구마는 땅 속에서 자란다.

2 **운동장** (= playground)
Some children are making a snowman on the **ground**.
아이들 몇 명이 운동장에서 눈사람을 만들고 있다.

Potatoes and sweet potatoes grow under the *ground*.

*group /gruːp/ 　명사　(복) groups) 무리
　동사　(3단현) groups (과거·과분) grouped (현분) grouping) 무리를 짓다

🔵 떼, 무리, 집단, 그룹
A **group** of children are playing baseball in the park.
한 무리의 아이들이 공원에서 야구를 하고 있다.
We discussed the novel *The Little Prince* in a **group**.
우리는 소설 '어린 왕자'에 대해서 조별로 토론했다.
Lions live together in a **group**[in **groups**], while tigers usually live alone.
사자들은 무리를 지어 함께 사는 반면, 호랑이들은 보통 혼자서 생활한다.

> 어휘가 쑥쑥
> **group activity** 단체 활동
> **group discussion** 집단 토론
> **religious group** 종교 집단
> **political group** 정치 집단

⑧ 무리를 짓다, 그룹을 만들다
Group together in fives, students.
다섯 명씩 조를 만드세요, 학생 여러분.

‡ **grow** /groʊ/ 〔동사〕 〔3단현〕 grows 〔과거〕 grew 〔과분〕 grown 〔현분〕 growing ① 성장하다 ② 키우다 ③ ~하게 되다

1 성장하다, 자라다
I've **grown** 15 centimeters taller in the last year.
전 작년에 15센티미터나 컸어요.
A tadpole **grows** into a frog. 올챙이는 자라서 개구리가 된다.
A: What do you want to be when you **grow** up?
넌 커서 뭐가 되고 싶니?
B: I want to be an inventor. 나는 발명가가 되고 싶어.

2 키우다, 기르다, 재배하다 (= raise)
A: What kind of vegetables do you **grow** in your garden?
너는 정원에서 어떤 채소를 키우니?
B: We **grow** lettuce, cabbage, and tomatoes.
우리는 상추, 양배추, 그리고 토마토를 재배해.

3 ~하게 되다, ~해지다 (= get, become)
As she **grew** older, she became more and more beautiful.
나이를 먹을수록, 그녀는 점점 더 아름다워졌다.

〔어휘가 쑥쑥〕
growing 〔형〕 자라는, 성장[증가]하는
growth 〔명〕 성장, 발육
grower 〔명〕 재배자
overgrow 무성하게[지나치게] 자라다
outgrow ~보다 더 커지다
grow rapidly[slowly] 빨리[천천히] 자라다
grow a beard 수염을 기르다

grown¹ /groʊn/ 〔동사〕 grow의 과거분사 (☞ grow)

grown² /groʊn/ 〔형용사〕 성장한

Fantasy novels are popular with **grown** men and women as well as children.
공상 소설은 어린이들뿐만 아니라 다 큰 어른들에게도 인기가 있다.

guard /ɡɑːrd/ 〔명사〕 〔복〕 guards) 경비원 〔동사〕 〔3단현〕 guards 〔과거·과분〕 guarded 〔현분〕 guarding) 지키다

⑲ 경비원, 감시자, 파수꾼
Banks usually have several **guards** and police officers.
은행에는 보통 여러 명의 경비원과 경찰들이 있다.

⑧ 지키다, 보호하다 (= protect)
The dogs are trained to **guard** the house from strangers.
그 개들은 낯선 사람들로부터 집을 지키도록 훈련받는다.

〔어휘가 쑥쑥〕
security guard 보안 요원
bodyguard 경호원
lifeguard 인명 구조원
coastguard 해안 경비대
border guard 국경 수비대

guava /ˈgwɑːvə/ | 명사 (복) guavas) 구아버 (♀ 열대 아메리카산 과일의 하나)

Guava juice helps reduce the risk of heart diseases.
구아버 주스는 심장병의 위험을 줄이는 데 도움이 된다.

*guess /ges/ | 동사 (3단현) guesses (과거·과분) guessed (현분) guessing) ① 추측하다 ② ~라고 생각하다

1 추측하다, 알아맞히다
Guess who I met at the shopping mall today!
내가 오늘 쇼핑몰에서 누구를 만났는지 맞혀 봐!

A: Can you **guess** how old our teacher is?
우리 선생님이 몇 살이신지 아니?
B: Well, I don't know. Around thirty?
글쎄, 모르겠는데. 서른 살쯤?

2 ~라고 생각하다 (= think)
A: Will he come to the party? 그가 파티에 올까?
B: **I guess** so. 그럴 거라고 생각해.

[숙어] **Guess what?** 있잖아, 무슨 일이 있었는지 맞혀 봐. (대화를 시작할 때, 혹은 놀랄 만한 소식을 들려 주기 전에 하는 말)
A: Hey, *guess what*? I won the lottery!
있잖아, 무슨 일이 있는지 알아? 나 복권에 당첨됐어!
B: Are you serious? Congratulations!
정말이야? 축하해!

[어휘가 쑥쑥]
guess right[wrong] 짐작이 맞다[틀리다]
take[have, make] a guess 추측해 보다

[실력이 쑥쑥]
guess '추측해서 생각하다'라는 뜻으로, suppose보다 더 구어적임
suppose guess와 대체로 같은 뜻
imagine 어떤 상황이나 생각 등을 마음에 떠올리다

*guest /gest/ | 명사 (복) guests) 손님 (= visitor), (TV 프로그램 등의) 특별 출연자, 게스트 (↔ host, hostess 사회자)

Many **guests** came to his wedding.
그의 결혼식에 많은 하객들이 왔다.

[숙어] **Be my guest.** 편하게 하세요., 얼마든지 ~하세요.
A: Can I use your laptop? Mine doesn't work.
네 노트북 컴퓨터 좀 써도 되겠니? 내 것은 고장이 났어.
B: Sure. *Be my guest*. 물론이지. 얼마든지 쓰렴.

[어휘가 쑥쑥]
guest of honor 귀빈
guest list 고객 명단
guest speaker 초청 연사

**guide /gaɪd/ | 동사 (3단현) guides (과거·과분) guided (현분) guiding) 안내하다 | 명사 (복) guides) ① 안내원 ② 안내 책자

동 안내하다, 인도하다 (= lead, direct)
The principal **guided** the parents of students through his boarding school.

교장 선생님은 학부모들에게 기숙 학교를 안내했다.
A lighthouse guides sailors at night.
등대는 밤에 선원들을 인도해 준다.

명 1 안내원, 안내자, 가이드
The tour guide told us an interesting legend of the castle.
여행 가이드는 우리에게 그 성에 관한 재미있는 전설을 이야기해 주었다.

2 안내 책자, 안내서 (= guidebook)
You can get a free guide to this amusement park at the entrance.
입구에서 이 놀이공원의 무료 안내 책자를 얻을 수 있다.

*guilty /'gɪlti/

형용사 (비교) guiltier (최상) guiltiest) 죄가 있는, 유죄의
(↔ innocent 결백한, 무죄의)

He was guilty of robbery[stealing].
그는 강도죄[절도죄]를 범했다.
I feel guilty about littering on the street.
나는 길에 쓰레기를 버리는 것에 죄책감을 느낀다.
The suspect was found guilty on 10 counts of robbery.
그 용의자는 열 번의 강도 행위에 대해 유죄 판결을 받았다.

어휘가 쑥쑥
guilt 명 죄책감, 유죄
guilty deed 범행
guilty conscience 양심의 가책, 죄책감

guitar /gɪ'tɑːr/

명사 (복) guitars) 기타 (☞ instrument)

She likes to play the guitar. 그녀는 기타를 치는 것을 좋아한다.
My sister plays the base guitar in the rock band.
내 여동생은 록 밴드에서 베이스 기타를 연주한다.

어휘가 쑥쑥
guitarist 명 기타 연주자

gulp /gʌlp/

동사 (3단현) gulps (과거·과분) gulped (현분) gulping) 꿀꺽꿀꺽 삼키다, 벌컥벌컥 마시다, 급히 먹다

Mike gulped down two glasses of water.
마이크는 물 두 잔을 벌컥벌컥 마셨다.

gum /gʌm/

명사 (복) gums) ① 잇몸 ② 고무 ③ 껌

1 잇몸
My gums ache when I drink cold water.
찬물을 마시면 잇몸이 시리다.

2 명 고무
Gum is a sticky substance that comes from the stems of some trees and plants.

어휘가 쑥쑥
gum disease 잇몸병
gum tree 고무나무
bubblegum 풍선껌

고무는 일부 나무와 식물의 줄기에서 나오는 끈적거리는 물질이다.

3 (물) 껌 (= chewing gum)
My dad chews **gum** whenever he feels like smoking.
우리 아빠는 담배를 피우고 싶을 때마다 껌을 씹으신다.

✱ gun /gʌn/ | 명사 (복) guns) 권총, 총

The policeman loaded his **gun**.
경찰관은 권총에 총알을 장전했다.
The hunter pointed his **gun** at the hawk flying in the sky.
사냥꾼은 하늘을 날고 있는 매를 향해 총을 겨누었다.

> 어휘가 쑥쑥
> machine gun 기관총
> toy gun 장난감 총

✱ guy /gaɪ/ | 명사 (복) guys) ① 남자 ② 너희들

1 남자, 녀석 (= fellow)
Fred is a good **guy**. He always helps me whenever I get in trouble.
프레드는 좋은 녀석이다. 그는 나에게 문제가 생길 때마다 나를 도와준다.

2 [복수형으로 써서] (남녀 구분 없이) 너희들
A: Hey, what are you **guys** doing? 야, 너희들 뭐 하고 있니?
B: We're playing a board game. 보드게임을 하고 있어.

> 실력이 쑥쑥
> guy는 man(남자)의 구어적인 말이다. guys는 대화에서 남녀 구분 없이 무리 지어 있는 사람들을 가리킬 때에 쓸 수 있다.

✱ gym /dʒɪm/ | 명사 (복) gyms) 체육관 (☞ gymnasium), 헬스클럽

I get exercise at the **gym** three times a week.
나는 일주일에 세 번 체육관에서 운동을 한다.

✱ gymnasium /dʒɪmˈneɪziəm/ | 명사 (복) gymnasiums, gymnasia) 체육관 (= gym), 헬스클럽 (= fitness center, health club)

The graduation ceremony was held in the school **gymnasium**.
졸업식은 학교 체육관에서 열렸다.

gymnastics /dʒɪmˈnæstɪks/ | 명사 체조

He won a bronze medal in **gymnastics**.
그는 체조에서 동메달을 획득했다.

Hh

＊habit /ˈhæbɪt/ | 명사 (복) habits) 버릇, 습관

Shaking my legs is my bad **habit**.
다리를 떠는 것은 나의 나쁜 버릇이다.

[속담] Old **habits** die hard.
오래된 습관은 쉽게 사라지지 않는다. (세 살 적 버릇이 여든까지 간다.)

어휘가 쑥쑥
sleeping habit 잠버릇
spending habit 소비 습관
social habit 사회 관습

had /hæd/ | 동사 have의 과거·과거분사 (☞ have)

＊hair /her/ | 명사 (복) hairs) ① 머리털 ② (한 올의) 털

1 불 머리털, 모발, 털 (☞ face) (☞ look)
I want to do my **hair** just like the model in this picture.
이 사진의 모델과 똑같이 머리를 손질하고 싶어요.

My poodle has curly brown **hair**.
내 푸들은 구불거리는 갈색 털을 가졌다.

2 (한 올의) 털, 머리카락
There is a **hair** in my soup. 내 수프에 머리카락 한 올이 들어 있어.

어휘가 쑥쑥
hairy 털이 많은
haircut 이발
hairdresser 미용사
straight hair 직모
curly hair 곱슬곱슬한 머리

＊half /hæf/ | 명사 (복) halves) 반 형용사 반만큼의 부사 절반만큼

명 반, 절반, 2분의 1
It is **half** past seven. 7시 반이다.
Whenever I get my pocket money, I always save **half** of the money. 나는 용돈을 받을 때마다 항상 그 절반을 저축한다.
Half of four is two. 4의 절반은 2다.

형 반만큼의, 절반의
We have been waiting for the bus for **half** an hour.
우리는 30분 동안 버스를 기다리고 있는 중이다.

문법이 쑥쑥
「half of+명사」는 뒤에 오는 명사가 단수면 단수 취급, 복수면 복수 취급을 한다.
Half of the apple *is* bad. (그 사과의 반쪽은 상한 것이다.)
Half of the apples *are* bad. (그 사과들 중 반은 상한 것이다.)

My new digital camera is nearly **half** as big as the old one.
새로 산 내 디지털카메라는 예전 것에 비해 거의 절반만한 크기다.

부 절반만큼, 반쯤
The construction of the new school is **half** done.
새 학교 공사는 반쯤 진행된 상태다.

[속담] Well begun is **half** done. 시작이 반이다.

* hall /hɔːl/ | 명사 (복) halls ① 회관 ② 복도

1 회관, 홀, 강당 (= auditorium)
The singer had his performance in a famous concert **hall** in New York.
그 가수는 뉴욕에 있는 유명한 콘서트홀에서 공연을 했다.

2 복도 (= hallway)
The stairs are at the end of the **hall**. 계단은 복도 끝에 있다.

어휘가 쑥쑥
city hall 시청
memorial hall 기념관
conference hall 회의장
music hall 음악당
hall of fame 명예의 전당

Halloween /ˌhæloʊˈiːn/ | 명사 핼러윈

We dressed up as ghosts and collected sweets to celebrate **Halloween**.
우리는 핼러윈을 기념해서 유령으로 분장하고 사탕을 받으러 다녔다.

재미가 쑥쑥
10월 31일 밤에 행해지는 축제로 '모든 성인들의 날'의 이브

hamburger /ˈhæmbɜːrɡər/ | 명사 (복) hamburgers 햄버거 (= burger)

Sophia ate a **hamburger** for lunch.
소피아는 점심으로 햄버거를 하나 먹었다.

Most Americans like **hamburgers**.
대부분의 미국인들은 햄버거를 좋아한다.

재미가 쑥쑥
hamburger는 독일의 도시인 Hamburg(함부르크)에서 유래되었다.

* hammer /ˈhæmər/
명사 (복) hammers 망치
동사 (3단현) hammers (과거·과분) hammered (현분) hammering
망치질하다

명 망치, 해머
I keep my **hammer** in the toolbox.
나는 망치를 연장 통에 보관한다.

동 망치질하다
I hurt my finger while **hammering** a nail in.
나는 망치로 못을 박다가 손가락을 다쳤다.

He **hammered** the nails into the wall.
그는 망치로 벽에 못을 박았다.

I hurt my finger while *hammering* a nail in.

hand /hænd/

명 (복) hands) ① 손 ② 일손 ③ 시곗바늘
동 (3단현) hands (과거·과분) handed (현분) handing) 건네주다

명 1 손 (☞ body) (☞ 442쪽)

You should wash your **hands** before meals.
식사 전에는 손을 씻어야 한다.

The prince held the princess' **hand** and took her to the palace.
왕자님은 공주님의 손을 잡고 그녀를 궁전으로 데려갔습니다.

I shook **hands** with my favorite movie star.
나는 내가 가장 좋아하는 영화배우와 악수를 했다.

[속담] A bird in the **hand** is worth two in the bush.
손 안에 있는 새 한 마리가 수풀 속에 있는 새 두 마리보다 낫다.
(남의 돈 천 냥이 내 돈 한 푼만 못하다.)

2 일손, 도움

[속담] Many **hands** make light work.
손이 많으면 일이 가벼워진다. (백지장도 맞들면 낫다.)

A: Could you give me a **hand**? 저를 좀 도와주시겠어요?
B: Sure. What is it? 물론이죠. 무슨 일인데요?

3 시곗바늘

The hour **hand** is shorter than the minute **hand**.
시침은 분침보다 짧다.

동 건네주다 (= pass)

Please **hand** me the glue after you use it.
풀을 다 쓰고 나면 저에게 좀 건네주세요.

숙어 by hand 손으로 만든

This delicate lace is made *by hand*.
이 정교한 레이스는 손으로 직접 만든 것이다.

hand in 제출하다 (= submit, turn in)

You should *hand in* your homework by tomorrow.
내일까지 숙제를 제출해야 한다.

hand in hand 손에 손잡고

The sweet little kids are walking along the road *hand in hand*.
귀여운 꼬마들이 손에 손잡고 길을 따라 걸어가고 있다.

hand out 나누어 주다, 분배하다

I will *hand out* the brief reports.
간단한 보고서를 나눠 드리겠습니다.

어휘가 쑥쑥

handy 형 편리한, 도움이 되는

handmade 손으로 만든
handshake 악수
with one's bare hands 맨손으로
clap one's hands 박수를 치다
get a big hand 박수갈채를 받다
raise one's hand (발표나 질문을 위해) 손을 들다
on the other hand 한편으로는
close at hand 바로 가까이 있는
hand down to ~에게 물려주다

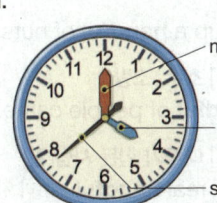

minute hand (분침)
hour hand (시침)
second hand (초침)

hand in hand

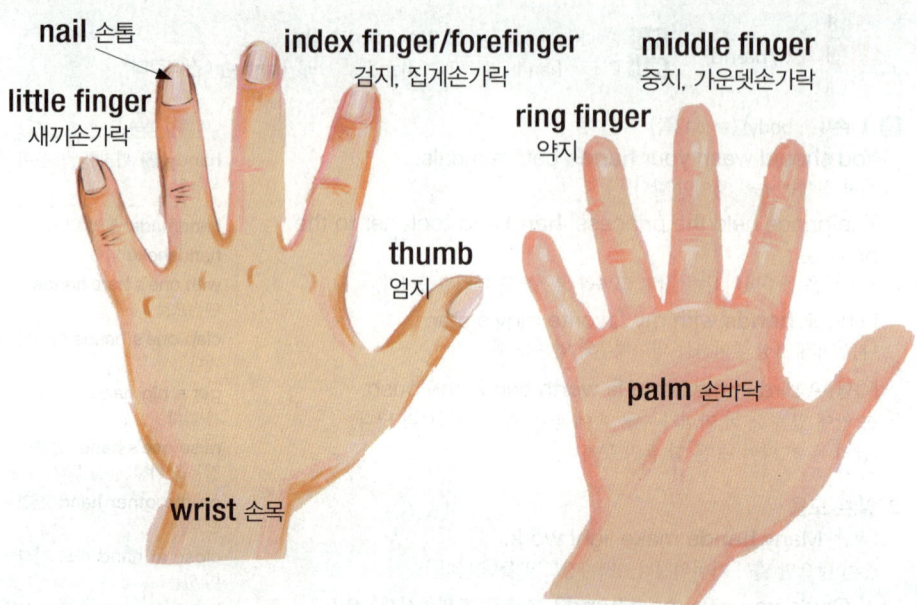

handful /ˈhændfʊl/ 　명사　(복) handfuls) ① 한 줌 ② 소수 ③ 다루기 힘든 사람

1 한 줌, 한 움큼
He picked up a **handful** of nuts.　그는 견과류를 한 줌 집었다.

2 [a와 함께 써서] 소수, 소량
Only a **handful** of people came.　소수의 사람들만 왔다.

3 [a와 함께 써서] 다루기 힘든 사람[일]
My dog is a real **handful**.　우리 강아지는 아주 말썽꾸러기이다.

> 실력이 쑥쑥
> -ful은 단어의 끝에 붙어서 '~가 가득한'이라는 뜻을 만든다.
> careful (주의 깊은)
> powerful (힘이 센)
> helpful (도움이 되는)

handkerchief /ˈhæŋkərtʃɪf/ 　명사　(복) handkerchiefs, handkerchieves) 손수건

The lady dried her tears with her **handkerchief**.
그 여인은 손수건으로 눈물을 닦았다.
Please hang yellow **handkerchiefs** on the tree if you forgive me.
나를 용서한다면 나무에 노란 손수건을 매달아 주세요.

> 실력이 쑥쑥
> handkerchief에서 d는 발음하지 않는 것에 주의한다.

*handle /ˈhændl/ 　명사　(복) handles) 손잡이
동사　(3단현) handles 과거·과분 handled 현분 handling) ① 처리하다 ② 다루다

명 손잡이
I broke the **handle** of the pot, so it's very difficult to carry it.
내가 냄비 손잡이를 부러뜨려서 냄비를 옮기기가 힘들다.

동 1 (문제·일 등을) 처리하다, 다루다
I'll **handle** the documents. 그 서류들은 제가 처리하겠습니다.

2 (사람·물건 등을) 다루다, 취급하다
Handle with care. 취급 주의.
This crystal glass is very expensive, so please **handle** it carefully.
이 크리스털 잔은 매우 비싼 것이니까 조심해서 다루세요.

실력이 쑥쑥
자동차의 핸들은 handle이 아니라 steering wheel이라고 한다.

Handle with care.

handsome /ˈhænsəm/
형용사 (비교) more handsome, handsomer
(최상) most handsome, handsomest) 잘생긴, 멋진

Cinderella fell in love with the **handsome** prince.
신데렐라는 멋진 왕자님과 사랑에 빠졌어요.

He is the most **handsome** man I've ever met.
그는 내가 만난 남자 중 가장 잘생겼다.

What a **handsome** building!
참으로 멋진 건물이구나!

실력이 쑥쑥
handsome은 주로 남성에게 쓰는 말이고, 여성에게는 보통 beautiful, pretty, cute, lovely 등을 쓴다.

hang /hæŋ/
동사 (3단현) hangs (과거·과분) hung (현분) hanging) 걸다, 매달다, 매달리다

Take off your coat and **hang** it on the hanger.
코트를 벗어서 옷걸이에 걸어라.

We **hung** pretty decorations on the Christmas tree.
우리는 크리스마스트리에 예쁜 장식물들을 매달았다.

The monkey was **hanging** on the tree by its tail.
원숭이가 꼬리를 이용해서 나무에 매달려 있었다.

어휘가 쑥쑥
hanger 명 옷걸이
hang laundry 빨래를 널다
hang around with ~와 같이 시간을 보내다

숙어 **hang on** 전화를 끊지 않고 기다리다 (↔ hang up 전화를 끊다)
A: Hello. May I speak to Mr. Anderson?
여보세요. 앤더슨 씨와 통화할 수 있을까요?
B: *Hang on*, please. I'll get him.
잠깐만 기다리세요. 불러 드릴게요.

hang on (to) (~을) 꽉 붙잡다
A starfish usually *hangs on to* a rock.
불가사리는 주로 바위에 찰싹 붙어 있다.

Hang on tight!

happen /ˈhæpən/
동사 (3단현) happens (과거·과분) happened (현분) happening)
① 일어나다 ② 우연히 ~하다

happen

1 일어나다, 발생하다 (= occur, take place)
Let's see what **happens** tomorrow.
내일 무슨 일이 생기는지 두고 보자.
Wonderful things **happened** whenever the fairy godmother waved her wand.
요정이 지팡이를 휘두를 때마다 놀라운 일들이 벌어졌습니다.

2 [to와 함께 써서] 우연히 ~하다, 혹시 ~하다
I **happened** to meet my aunt when I went shopping yesterday.
나는 어제 쇼핑을 하러 갔다가 우연히 이모를 만났다.
Do you **happen** to know Justin's number?
혹시 저스틴의 전화번호를 아니?

어휘가 쑥쑥
happening 명 일, 사건
make it happen 실현하다

*happy /ˈhæpi/ 형용사 (비교) happier (최상) happiest 행복한, 기쁜 (= glad, joyful)

The rich are not always **happy**.
부자라고 해서 항상 행복한 것은 아니다.
I'm **happy** to get a new cell phone.
나는 새 휴대 전화를 갖게 돼서 기쁘다.

어휘가 쑥쑥
happiness 명 행복, 만족
happily 부 행복하게

*harbor / harbour /ˈhɑːrbər/ 명사 (복) harbors/harbours) 항구 (= port)

The night view of Victoria **Harbor** in Hong Kong is so amazing.
홍콩에 있는 빅토리아 항구의 야경은 너무나 멋지다.

**hard /hɑːrd/ 형용사 (비교) harder (최상) hardest) ① 어려운 ② 단단한
부사 (비교) harder (최상) hardest) 열심히

형 **1** 어려운, 힘든 (= difficult) (↔ easy 쉬운)
Science is very **hard**, but it is very interesting.
과학은 매우 어렵지만 매우 재미있기도 하다.
This math problem is too **hard** for me to solve.
이 수학 문제는 내가 풀기에는 너무 어렵다.

2 단단한, 딱딱한 (↔ soft, mild 부드러운)
A crab has a **hard** shell and strong claws.
게는 단단한 껍질과 강한 집게발을 가지고 있다.
This bread is too **hard**. Please give me a softer one.
이 빵은 너무 딱딱해요. 좀 더 부드러운 걸로 주세요.

부 열심히 (= diligently)
Kelly always exercises **hard** to stay in shape.

어휘가 쑥쑥
harden 동 굳히다, 강화하다
hardness 명 단단함
hardship 고난, 어려움
hard labor 중노동
hard times 불경기
hardcover 표지가 딱딱한 책
hard disk (컴퓨터의) 하드 디스크

켈리는 건강을 유지하기 위해 늘 열심히 운동을 한다.
Julia studies very **hard**, so she always gets good grades.
줄리아는 매우 열심히 공부해서 늘 좋은 성적을 받는다.

> 실력이 쑥쑥
> hard의 부사를 hardly로 쓰는 실수를 하지 않도록 주의한다. hardly는 '거의 ~하지 않다'의 뜻으로 hard의 부사어가 아니다.

숙어 **have a hard time -ing** ~하느라 고생하다 (= have difficulty -ing)
We *had a hard time doing* our project.
우리는 과제물을 하느라 고생했다.

* hardly /ˈhɑːrdli/ | 부사 거의 ~하지 않다 (= barely, scarcely, seldom)

Cathy is **hardly** late for school.
캐시는 수업 시간에 거의 지각하지 않는다.
The giant was so tall that Jack could **hardly** see his face.
그 거인이 너무 커서 잭은 그의 얼굴을 거의 볼 수가 없었습니다.
They **hardly** know each other. 그들은 서로를 거의 모른다.

> 문법이 쑥쑥
> hardly 자체에 부정의 뜻이 있으므로 not과 함께 쓰지 않는다. 일반동사 앞에, be동사와 조동사 뒤에 위치한다.

* harm /hɑːrm/ | 명사 피해
동사 (3단현) harms (과거·과분) harmed (현분) harming 해를 입히다

명 피해, 해, 손해
Watching this movie will do you **harm**[good].
이 영화를 보는 것은 너에게 해가[도움이] 될 것이다.

> 어휘가 쑥쑥
> **harmless** 해롭지 않은
> **unharmed** 무사한, 다치지 않은

동 해를 입히다, 손해를 입히다, 손상시키다
Too many sweets **harm** your teeth.
단것을 너무 많이 먹으면 치아를 손상시킨다.
Overeating **harms** your body. 과식은 몸에 해롭다.

harmful /ˈhɑːrmfl/ | 형용사 (비교) more harmful (최상) most harmful) 해로운

High heels can be **harmful** to your feet and ankles.
굽이 높은 신발은 발과 발목에 해로울 수 있다.
Smoking is **harmful** to your health. 흡연은 건강에 해롭다.

> 어휘가 쑥쑥
> **harmfulness** 명 유해함
> **harmful insect** 해충

harmony /ˈhɑːrməni/ | 명사 조화

The philosopher said that people should live in **harmony** with nature.
그 철학자는 사람들이 자연과 조화를 이루며 살아야 한다고 말했다.

* harvest /ˈhɑːrvɪst/ | 명사 (복) harvests 추수
동사 (3단현) harvests (과거·과분) harvested (현분) harvesting
수확하다

명 추수, 수확 (= crop)
Americans celebrate Thanksgiving after the **harvest**.
미국인들은 추수가 끝난 후 추수 감사절을 지낸다.

동 수확하다
Fall is the time to **harvest**. 가을은 수확의 계절이다.

> 어휘가 쑥쑥
> good[rich] harvest 풍작
> bad[poor] harvest 흉작
> harvest time 수확기

has /hæz/ | **동사** have의 3인칭 단수형 (☞ have)

Tina **has** many kinds of game CDs.
티나는 다양한 종류의 게임 CD를 가지고 있다.
It **has** rained for three days. 사흘째 비가 내렸다.

*hat /hæt/ | **명사** (복) hats) 모자 (☞ clothing)

It is polite to take off your **hat** indoors.
실내에서는 모자를 벗는 것이 예의이다.

*hate /heɪt/ **동사** (3단현) hates (과거·과분) hated (현분) hating) 싫어하다
(↔ like, love 좋아하다)

Carrots are good for health but I **hate** them.
당근은 건강에 좋지만 나는 당근을 싫어한다.
"I **hate** Christmas! People spend too much money," said Scrooge.
"나는 크리스마스가 싫어! 사람들이 돈을 너무 많이 쓰잖아."라고 스크루지가 말했다.

*have /hæv/ **동사** (3단현) has (과거·과분) had (현분) having) ① ~을 갖고 있다 ② 먹다
③ ~에게 …하도록 시키다
조동사 ① [완료시제] ② ~해야 한다

동 1 ~을 갖고 있다, 소유하다 (= own, possess, hold)
I **have** no money with me right now.
나는 지금 가진 돈이 하나도 없다.
Kelly **has** a very cute kitten.
켈리는 아주 귀여운 고양이를 가지고 있다[기르고 있다].
I **have** a good idea. 나에게 좋은 생각이 있다.
I **have** no idea. (= I don't know.) 전혀 모르겠어.

2 먹다, 식사하다, 마시다
I always **have** breakfast at seven thirty.
나는 항상 7시 반에 아침을 먹는다.

> 문법이 쑥쑥
> 동사 have가 「have+사물+과거분사」의 형태로 쓰이면, '시키다'와 '당하다'의 두 가지 의미를 나타낸다.
> I *had* my watch *repaired*.
> (나는 내 시계 수리를 맡겼다.
> (나는 내 시계가 수리되도록 시켰다.))
> I *had* my watch *stolen*.
> (나는 내 시계를 도난당했다.)

3 ~에게 …하도록 시키다 (= let, make)
Mom **had** me clean my room.
엄마는 내가 방을 청소하도록 시키셨다.

조 **1** [과거분사와 함께 써서] [완료시제] **~했다, ~해 왔다, ~한 적이 있다**
I **have** lived in Los Angeles for three years.
나는 로스앤젤레스에서 3년째 살고 있다.
I **have** just finished my homework.
나는 막 숙제를 끝마쳤다.
Sally **has** gone to France.
샐리는 프랑스로 떠나 버렸다. (지금 여기 없다.)
A: **Have** you ever been to Niagara Falls before?
나이아가라 폭포에 가 본 적 있니?
B: No, I**'ve** never been there. 아니, 가 본 적 없어.

2 [have/has/had+동사원형] **~해야 한다** (= must, have got to)
You **have** to fasten your seat belt when driving.
운전할 때에는 반드시 안전벨트를 매야 한다.
A: What can I bring to the party?
파티에 뭘 가져갈까?
B: You don't **have** to bring anything. Just bring yourself.
아무것도 가져올 필요 없어. 그냥 몸만 오면 돼.

숙어 **have been to ~에 갔다 왔다, ~에 간 적이 있다**
I *have been to* America. 나는 미국에 가 본 적이 있다.

have on ~을 입고 있다 (= wear)
Julie *has* a pretty coat *on*. 줄리는 예쁜 코트를 입고 있다.

실력이 쑥쑥
have to는 '~해야 한다'는 의미로 조동사 must와 동일한 뜻이다. 그러나 부정형일 경우 의미가 달라진다. don't have to는 '~할 필요가 없다'는 뜻이고, must not은 '~해서는 안 된다'라는 금지의 뜻이다.
You *don't have to* go to school today. (너는 오늘 학교에 갈 필요가 없다.)
You *must not* go to school today. (너는 오늘 학교에 가면 안 된다.)

어휘가 쑥쑥
have a good time 즐거운 시간을 보내다
have[catch] a cold 감기에 걸리다
have a party 파티를 열다
have a drink (마실 것을) 한 잔 마시다, 술을 한잔하다
have a bath 목욕하다
have a look (at) (~을) 보다, 구경하다

문법이 쑥쑥

1. 현재형과 축약형

I have	I've
you have	you've
she/he/it has	she's/he's/it's
we have	we've
they have	they've

2. 과거형과 축약형

I had	I'd
you had	you'd
she/he/it had	she'd/he'd/it'd
we had	we'd
they had	they'd

3. 부정형과 축약형

I have not	I haven't
you have not	you haven't
she/he/it has not	she/he/it hasn't
we have not	we haven't
they have not	they haven't

* he /hi:/ 대명사 그, 그 남자, 그 사람

He is my brother, Timmy. **He**'s eight years old.
그는 내 남동생 티미야. 여덟 살이야.

 /hed/ 명사 (복) head**s** ① 머리 ② 우두머리
동사 (3단현) head**s** (과거·과분) head**ed** (현분) head**ing** ~를 향해 나아가다

head

명 1 머리 (☞ body)
A ball hit me on the **head**. 공이 날아와 내 머리를 쳤다.
Shaking your **head** means "no," while nodding it means "yes."
머리를 끄덕이는 것이 '네'를 의미하는 반면, 머리를 흔드는 것은 '아니오'를 의미한다.

2 우두머리
Mr. Smith is the **head** of my department.
스미스 씨는 우리 부서의 부장이다.

동 ~를 향해 나아가다, ~를 향하다
The pirate ship **headed** for the Caribbean Sea.
해적선은 카리브해로 향했다.

[어휘가 쑥쑥]
headlight 헤드라이트, 전조등
headline (신문 기사의) 제목
headquarters 본부, 본사

[재미가 쑥쑥]
Heads or tails?
heads는 '동전의 앞면', **tails**는 '동전의 뒷면'을 뜻한다. 동전을 던져서 어떤 일을 결정할 때 "앞면이야, 뒷면이야?"라고 물어보는 표현이다.

headache /ˈhedeɪk/ | 명사 (복 headaches) 두통

I have a terrible **headache**. 나는 두통이 심하다.

*heal /hiːl/ | 동사 (3단현) heals (과거·과분) healed (현분) healing (상처 등이) 낫다, 회복되다, (상처·병 등을) 고치다, 낫게 하다

The cut will **heal** without leaving a scar. 베인 상처는 흉터 없이 아물 것이다.

*health /helθ/ | 명사 건강

Nothing is more important than **health**.
건강만큼 중요한 것은 없다.
Fresh vegetables and fruit are good for your **health**.
신선한 채소와 과일은 건강에 좋다.
Stress is bad for your **health**. 스트레스는 건강에 해롭다.

[어휘가 쑥쑥]
health care 건강 관리
health insurance 건강 보험

healthy /ˈhelθi/ | 형용사 (비교) healthier (최상) healthiest 건강한, 건강에 좋은

You can keep **healthy** skin by drinking much water.
물을 많이 마시면 피부를 건강하게 유지할 수 있다.
Mom always prepares **healthy** food for her family's health.
엄마는 가족들의 건강을 위해 늘 건강에 좋은 음식을 준비하신다.

[어휘가 쑥쑥]
healthy mind 건전한 정신
healthy diet 건강에 좋은 식습관

*hear /hɪr/ | 동사 (3단현) hears (과거·과분) heard (현분) hearing 듣다, 들리다

I **heard** the birds sing merrily.
나는 새들이 즐겁게 지저귀는 소리를 들었다.

I **heard** a funny story from Jessy. Let me tell you now.
제시로부터 재미있는 이야기를 들었어. 지금 너한테 얘기해 줄게.

A: Have you ever **heard** of *Man of the Year* selected by *Time*? 타임지가 선정한 올해의 인물에 대해 들어 본 적 있니?

B: Yes, I have **heard** about it on the radio.
응, 전에 라디오에서 그에 관한 내용을 들은 적이 있어.

A: Can you **hear** me?
제 말씀이 들리십니까?

B: Sorry, I can't **hear** you. Please speak a little louder.
죄송하지만 잘 안 들리는데요. 조금 더 크게 말씀해 주세요.

(실력이 쑥쑥)
listen to 어떤 것을 집중하여 듣다
I'm *listening to* the radio. (나는 라디오를 듣는 중이다.)
hear 어떤 소리가 그냥 들리다
I *heard* the bell ringing. (나는 벨이 울리는 소리를 (우연히) 들었다.)

heard /həːrd/ | 동사 hear의 과거·과거분사 (☞ hear)

*heart /hɑːrt/ | 명사 (복) hearts ① 심장 ② 마음 ③ 중심

1 심장 (☞ organ)
My **heart** beat loudly when I saw the pretty girl.
그 예쁜 소녀를 보자 내 심장은 세차게 뛰었다.
The **heart** is one of the most important organs in our body.
심장은 우리 몸에서 가장 중요한 장기들 중 하나이다.

2 마음, 가슴
If you want to make many friends, try to open your **heart** to others.
많은 친구들을 사귀고 싶다면 다른 사람들에게 마음을 열도록 노력해라.
Romeo loved Juliet with all his **heart**.
로미오는 줄리엣을 진심으로 사랑했습니다.

3 중심, 핵심, 심장부 (= center, core)
City Hall is in the **heart** of the city. 시청은 그 도시의 중심부에 있다.

(숙어) **by heart** 외워서
I learned their phone numbers *by heart*.
나는 그들의 전화번호를 외워서 알고 있다.

from one's heart 마음을 다해, 진심으로
He always gives a speech *from his heart*.
그는 늘 진심을 다해 연설을 한다.

(어휘가 쑥쑥)
heartache 심적 고통
heartbeat 심장 박동
heartbreak 아주 큰 슬픔
heart attack 심장 마비
heart disease[trouble] 심장병
heart rate 심박수
cold-hearted 냉담한
kind-hearted 친절한
sweetheart 애인, 연인

(실력이 쑥쑥)
heart는 감정을, **mind**는 이성과 생각을 의미한다.
She has a warm *heart* and a cold *mind*. (그녀는 따뜻한 마음과 냉철한 이성을 가지고 있다.)

*heat /hiːt/ | 명사 열
동사 (3단현) heats (과거·과분) heated (현분) heating) 열을 가하다

명 열, 뜨거움, 더위 (↔ cold 추위)
The sun gives us **heat** and energy.
태양은 우리에게 열과 에너지를 준다.
I can't walk anymore in this **heat**.
이런 더위에는 더 이상 못 걷겠다.

통 열을 가하다, 데우다 (↔ cool 식히다)
Coal, oil, and gas are used to **heat** buildings or houses.
석탄, 석유, 가스는 건물이나 집에 열을 공급하는 데 사용된다.
Sally **heated** up the cold soup. 샐리는 차가워진 수프를 데웠다.

어휘가 쑥쑥
heating **명** 난방 (장치)
heated **형** 뜨거워진, 난방을 한
heat wave 무더위
body heat 체열
increase[reduce] heat (불의) 온도를 높이다[낮추다]

heater /ˈhiːtər/ **명사** (복 heaters) 난로, 난방기

I bought a little electric **heater**. 나는 작은 전기난로를 하나 샀다.

✱heaven /ˈhevn/ **명사** (복 heavens) ① 하늘나라 ② 하느님 ③ 하늘

1 **불** 하늘나라, 천국 (↔ hell 지옥)
She was as beautiful as an angel from **heaven**.
그녀는 하늘나라에서 내려온 천사처럼 아름다웠다.
The island on the Pacific Ocean is just like **heaven**.
태평양에 있는 그 섬은 마치 천국과 같다.

2 **불** 하느님, 신 (= God)
[속담] **Heaven** helps those who help themselves.
하늘은 스스로 돕는 자를 돕는다.

3 [주로 복수형으로] 하늘 (= sky)
Look at the stars in the **heavens**. 하늘에 있는 별들을 좀 봐.

숙어 (Good) Heavens! 어머나!, 야단났네!
Good Heavens, what a mess! 어머나, 엉망진창이네!

어휘가 쑥쑥
heaven on earth 지상낙원
seventh heaven 최고의 행복
match[marriage] made in heaven 천생연분
go to heaven 죽다
for heaven's sake 제발, 아무쪼록

heavenly /ˈhevnli/ **형용사** ① 하늘의 ② 천국의 ③ 멋진

1 하늘의
The sun and moon are **heavenly** bodies. 태양과 달은 천체이다.

2 천국의
He prayed to his **heavenly** Father.
그는 하늘에 계신 하느님 아버지께 기도했다.

3 멋진, 훌륭한
She has a house with a **heavenly** garden.
그녀는 멋진 정원이 있는 집을 가지고 있다.

어휘가 쑥쑥
heavenly kingdom 천국
heavenly spot 아름다운 곳

실력이 쑥쑥
명사에 -ly를 붙이면 '~다운', '~한 성질을 가진'을 의미하는 형용사가 된다.
motherly (어머니 같은, 자애로운) / manly (남자다운)

heavy /ˈhevi/ 〈형용사〉〈비교〉heavier 〈최상〉heaviest ① 무거운 ② 심한 ③ 고된 ④ 기름진

1 무거운 (↔ light 가벼운)
How **heavy** is the box? 이 박스는 무게가 얼마인가요?
Jack helped me move the **heavy** bookshelf.
잭은 내가 무거운 책장을 옮기는 것을 도와주었다.

2 (양·정도·영향력이) 심한, 많은
He was late for the meeting due to the **heavy** traffic.
그는 교통 체증 때문에 회의에 늦었다.
We usually have **heavy** rain[snow] in summer[winter].
여름[겨울]에는 보통 비가[눈이] 많이 내린다.

3 고된, 힘든 (= difficult, hard)
Preparing this presentation was a **heavy** work for me.
이 발표를 준비하는 것은 나에게 힘든 일이었다.

4 (음식이) 기름진, 느끼한
I don't eat **heavy** snacks such as French fries.
나는 감자튀김 같은 기름진 간식을 먹지 않는다.

〔어휘가 쑥쑥〕
heavy breakfast 부담되는 아침 식사
heavy cold 심한 감기
heavy price 비싼 가격
heavy smoker 골초
heavy drinker 술고래
heavy metal 중금속
heavy industry 중공업
heavy loss 큰 손실
heavy schedule 빡빡한 일정

*heel /hiːl/ 〈명사〉〈복〉heels ① 발뒤꿈치 ② 굽

1 발뒤꿈치 (☞ foot)
My new shoes are a bit small so they hurt me in the **heel**.
새로 산 신발이 약간 작아서 발뒤꿈치가 아프다.

2 (구두·신발의) 굽, 하이힐
I'm not used to wearing (high) **heels**.
나는 굽이 높은 신발을 신는 데 익숙지 않다.

*height /haɪt/ 〈명사〉〈복〉heights ① 높이 ② 키

1 높이, 고도
The **height** of this building is forty meters.
이 건물의 높이는 40미터이다.
Henry can't board an airplane because he is scared of **heights**.
헨리는 고소 공포증이 있어서 비행기를 타지 못한다.

He is scared of *heights*.

2 키, 신장
Sharon is of average[medium] **height**. 샤론은 평균 키이다.
He is five feet in **height**. 그는 키가 5피트이다.
What is your **height**? 너는 키가 몇이니?

held /held/ | 동사 hold의 과거·과거분사 (☞ hold)

*helicopter /ˈhelɪkɑːptər/ | 명사 (복) helicopters) 헬리콥터 (☞ transportation)

We can use **helicopters** to rescue people or put out forest fires.
헬리콥터는 사람들을 구조하거나 산불을 끄는 데 이용된다.

*hell /hel/ | 명사 (복) hells) ① 지옥 ② 지옥 같은 곳

1 지옥 (↔ heaven 천국)
The horror movie is about devils from **hell**.
그 공포 영화는 지옥에서 온 악마들에 관한 내용이다.

어휘가 쑥쑥
Go to hell! 꺼져 버려!
What[Why] the hell ~?
도대체 무엇[왜] ~?

2 지옥 같은 곳[상태], 아수라장
Paul's dog made his life **hell**.
폴은 자기 개 때문에 생활이 엉망진창이었다.

*hello /həˈloʊ/ | 감탄사 명사 (복) hellos) ① 안녕 ② 여보세요

1 안녕 (= hi), 인사
A: **Hello**! You look better than ever.
안녕! 너 전보다 좋아 보인다.
B: Thanks. You look healthy, too. Please say **hello** to your family.
고마워. 너도 건강해 보인다. 너희 가족에게도 안부를 전해 줘.

어휘가 쑥쑥
wave hello to ~ ~에게 손을 흔들어 인사하다
exchange hellos 인사를 주고받다

2 여보세요 (전화를 받을 때)
A: **Hello**. This is Tom speaking. Who's calling, please?
여보세요. 저는 톰입니다. 실례지만 누구신가요?
B: Hi, Tom. This is Amy. 안녕, 톰. 나 에이미야.

실력이 쑥쑥
전화 또는 무선 용어로서 this는 '그쪽, 당신' 또는 '이쪽, 나'의 뜻으로 사용한다.

helmet /ˈhelmɪt/ | 명사 (복) helmets) 헬멧

You should wear your **helmet** when you are inline skating.
인라인 스케이트를 탈 때는 헬멧을 써야 한다.

*help /help/ | 동사 (3단현) helps 과거·과분 helped 현분 helping) 도와주다
명사 도움

동 **도와주다, 거들다** (= assist)
I **helped** my mom (to) make *Kimchi*.
나는 엄마가 김치를 담그시는 것을 도와드렸다.

어휘가 쑥쑥
financial help 재정 원조
get help 도움을 받다

Lucy **helped** me with my homework.
루시는 내가 숙제하는 것을 도와주었다.
A: May I **help** you? 제가 도와드릴까요?
B: No, thank you. I'm just looking.
아니요, 괜찮아요. 그냥 둘러보는 중이에요.

명 **도움** (= assistance), **도움이 되는 사람[물건]**
Do you need any **help**? 도움이 필요하세요?
Thank you for your **help**. 도와주셔서 감사합니다.
Dick asked for my **help** with the big sofa.
딕은 큰 소파를 옮기는 일로 내 도움을 요청했다.
You were a great **help** to me. 당신은 제게 큰 도움이 되었습니다.

숙어 **cannot help -ing ~하지 않을 수 없다** (= cannot but + 동사원형)
I *could not help laughing* at the comedy show.
나는 그 코미디 쇼를 보고 웃지 않을 수 없었다.

Help yourself (to) (~를) 마음껏 드세요
Help yourself to some pizza. 피자를 마음껏 드세요.

> **문법이 쑥쑥**
> help 다음에는 to부정사나 동사원형이 올 수 있다. He *helped* (to) paint the house.(그는 집의 페인트칠을 거들었다.)와 같은 어법에서 구어체에서는 to를 생략하는 것이 일반적이다.
>
> 또한 help는 목적어로 사람을 나타내는 명사나 대명사만 쓸 수 있기 때문에, Lucy *helped* my homework.는 문법적으로 틀린 문장이 된다. Lucy *helped* me with my homework.(루시는 내 숙제를 도와줬다.)로 써야 한다.

helpful /ˈhelpfl/ | 형용사 (비교) more helpful (최상) most helpful) 도움이 되는

My parents' advice is always **helpful**.
부모님의 충고는 늘 도움이 된다.

helpless /ˈhelpləs/ | 형용사 (비교) more helpless (최상) most helpless) 혼자 힘으로 할 수 없는, 무력한

Babies and mothers are the **helpless** victims of the war.
아기들과 엄마들은 전쟁의 무력한 피해자들이다.

*hen /hen/ | 명사 (복) hens) 암탉 (↔ rooster 수탉) (☞ bird)

Once upon a time, there was a **hen** that laid golden eggs.
옛날 옛적에 황금알을 낳는 암탉이 있었습니다.

hemisphere /ˈhemɪsfɪr/ | 명사 (복) hemispheres) (지구의) 반구(🔎 지구의 적도를 중심으로 지구면을 상하 반으로 나눈 부분)

Korea is located in the northern **hemisphere**.
한국은 북반구에 위치한다.

her /hər/ | 대명사 ① 그녀의 ② 그녀를, 그녀에게

1 [she의 소유격] **그녀의**
My girlfriend is angry at me because I forgot **her** birthday.
내 여자 친구는 내가 그녀의 생일을 잊어버렸기 때문에 나에게 화가 나 있다.

2 [she의 목적격] **그녀를, 그녀에게**
Anna is very kind so I like **her**.
애나는 매우 친절하기 때문에 나는 그녀를 좋아한다.
The prince looked down at Sleeping Beauty and kissed **her**.
왕자님은 잠자는 숲속의 미녀를 내려다보고 그녀에게 입을 맞췄습니다.

문법이 쑥쑥
she의 변화형

주격	she(그녀는)
소유격	her(그녀의)
목적격	her(그녀를, 그녀에게)
소유대명사	hers(그녀의 것)
재귀대명사	herself(그녀 자신, 그녀 스스로)

herb /ɜːrb, hɜːrb/ | 명사 (복) herbs 풀, 약초, 허브

I enjoy drinking some **herb** tea. 나는 허브차를 즐겨 마신다.

herd /hɜːrd/
명사 (복) herds (짐승의) 떼
동사 (3단현) herds (과거·과분) herded (현분) herding 이동시키다

명 (짐승의) 떼, (주로 큰 동물의) 무리
We saw a **herd** of cattle in the farm.
우리는 농장에서 소 떼를 보았다.

동 (사람·동물을) 이동시키다, 모으다
A boy is **herding** sheep. 한 소년이 양 떼를 몰고 있다.

어휘가 쑥쑥
a herd of deer 한 무리의 사슴
a herd of elephants 한 무리의 코끼리

*here /hɪr/ | 부사 여기로, 여기에, 여기서 (↔ there 저기로, 저기에, 저기서)

Come **here**. 이리 와라.
Here is your birthday card and present.
여기 네 생일 카드와 선물이야.
Here comes the teacher. 선생님 오신다.
"I'm **here** to help you," said the fairy.
"난 너를 도와주기 위해 여기에 왔어."라고 요정이 말했습니다.
A: How long have you lived **here**?
   여기서 얼마나 오래 사셨어요?
B: For about three years. 3년 정도 살았어요.

숙어 **from here** 여기서부터
My school is four blocks *from here*.
우리 학교는 여기서부터 네 블록 더 가야 한다.

here and there 여기저기에, 여기저기로
There were lots of footprints *here and there* on the floor.
바닥 여기저기에 무수한 발자국들이 있었다.

Here you are. (물건을 건네주며) **자, 여기 있습니다.** (= Here it is.)

실력이 쑥쑥
같은 발음, 다른 의미와 철자
hear (듣다) / here (여기)
cell (세포) / sell (팔다)
die (죽다) / dye (염색하다)
flour (밀가루) / flower (꽃)
sea (바다) / see (보다)
son (아들) / sun (태양)

재미가 쑥쑥
선생님이 출석을 부를 때, "네!"라고 대답하려면 Here! 라고 말하면 된다.

A: Where is my book? 내 책이 어디 있지?
B: *Here you are.* 여기 있어.

near here 이 근처에
Excuse me. Is there a hospital *near here*?
실례합니다. 이 근처에 병원이 있나요?

hero /ˈhɪroʊ/ | 명사 (복) heroes) (남자) 주인공, 영웅 (→ heroine 여주인공, 여장부)

The cowboy is the **hero** of many western movies.
카우보이는 많은 서부 영화의 주인공이다.
Hercules is a **hero** from Greek mythology.
헤라클레스는 그리스 신화에 나오는 영웅이다.

어휘가 쑥쑥
heroic 형 영웅적인
heroically 부 영웅답게

heroine /ˈheroʊɪn/ | 명사 (복) heroines) 여주인공, 여장부 (→ hero 남자 주인공, 영웅)

The **heroine** of this movie is a woman boxer.
이 영화의 여주인공은 여자 권투 선수이다.

hers /hɜːrz/ | 대명사 [she의 소유대명사] 그녀의 것

A: Whose book is this? Is it Jenny's?
이 책 누구 거야? 제니 거야?
B: Yes, it's **hers**. 응, 제니 거야.
A: Your new bag looks just like Sally's.
네가 새로 산 가방은 샐리 것과 꼭 같아 보인다.
B: No way! Mine is much prettier than **hers**.
그럴 리가! 내 가방이 샐리의 것보다 훨씬 예뻐.

문법이 쑥쑥
her는 a, an, this, that, no 등과 나란히 명사 앞에 놓지 못하므로, her를 of hers로 하여 명사 뒤에 놓는다.
a friend of *hers* (그녀의 친구)
that book of *hers* (그녀의 그 책)

herself /hɜːrˈself/ | 대명사 그녀 자신, 그녀 스스로

Sharon promised **herself** to do exercises every day.
샤론은 매일 운동을 하기로 자신과 약속했다.
She **herself** came to meet you.
그 여자가 직접 너를 만나러 왔다.
Sally did her art project by **herself**.
샐리는 혼자 힘으로 미술 과제를 했다.
She couldn't do anything for **herself**.
그녀는 혼자 힘으로 아무것도 할 수 없었다.

실력이 쑥쑥
재귀대명사 herself
• 목적어로 생략할 수 없는 경우: She introduced *herself*. (그녀는 자신을 소개했다.)
• 강조로 생략 가능한 경우: She made this cake *herself*. (그녀가 직접 이 케이크를 만들었다.)

hesitate /ˈhezɪteɪt/ | 동사 (3단현) hesitates (과거·과분) hesitated (현분) hesitating
망설이다, 주저하다, 머뭇거리다

Don't **hesitate**! This is the only chance to buy the cell phone at 50% off.
망설이지 마세요! 지금이 휴대 전화를 반값에 살 수 있는 유일한 기회입니다.
The little girl looked embarrassed. "Well... a..." she **hesitated**.
그 어린 소녀는 당황한 듯 보였다. "음… 어…" 그녀는 머뭇거렸다.

> **어휘가 쑥쑥**
> hesitant 형 망설이는
> hesitantly 부 망설이며, 주저하며
> hesitation 명 망설임

hexagon /ˈheksəɡɑːn/ | 명사 (복) hexagons) 육각형

A **hexagon** has six sides and six angles.
육각형은 여섯 개의 면과 여섯 개의 각을 가진다.

hi /haɪ/ | 감탄사 안녕 (= hello)

A: **Hi**, Ken. How are you doing? 안녕, 켄. 잘 지냈니?
B: Pretty good. 응, 잘 지내.

hiccup /ˈhɪkʌp/ | 명사 (복) hiccups) 딸꾹질
동사 (3단현) hiccups 과거·과분 hiccupped 현분 hiccupping) 딸꾹질하다

명 [주로 복수형으로 써서] 딸꾹질
I suddenly got the **hiccups**. 나는 갑자기 딸꾹질이 났다.

동 딸꾹질하다
The baby began to **hiccup**. 아기가 딸꾹질을 하기 시작했다.

> **어휘가 쑥쑥**
> get[have] the hiccups 딸꾹질하다

hid /hɪd/ | 동사 hide의 과거 (☞ hide)

hidden /ˈhɪdn/ | 동사 hide의 과거분사 (☞ hide)

*hide /haɪd/ | 동사 (3단현) hides 과거 hid 과분 hidden 현분 hiding) 숨다, 숨기다, 감추다 (= cover up)

The deer **hid** in the bush to avoid the hunter.
사슴은 사냥꾼을 피해서 수풀 속에 숨었다.
Sherlock Holmes thought the woman was **hiding** some secrets.
셜록 홈스는 그 여인이 어떤 비밀을 감추고 있다고 생각했다.

> **어휘가 쑥쑥**
> hide-and-seek 숨바꼭질
> hideaway 은신처

*high /haɪ/ | 형용사 (비교) higher 최상 highest) 높은
부사 (비교) higher 최상 highest) 높이

형 (높이·가격·수치·소리 등이) **높은** (↔ low 낮은)
Mt. *Halla* is 1,950 meters **high**. 한라산은 1,950미터이다.
There are many **high** buildings in big cities like New York.
뉴욕과 같은 대도시에는 높은 건물들이 많다.
I think the price of this ring is too **high**.
이 반지의 가격이 너무 높은 것 같아요.

부 높이, 높게
A model plane is flying **high** in the air.
모형 비행기가 하늘 높이 날고 있다.

> **어휘가 쑥쑥**
> **high-class** 고급의, 상류층의
> **highlight** 하이라이트 (전체 중에서 가장 흥미로운 부분)
> **high school** 고등학교
> **high-tech** 첨단 기술의
> **highway** 고속 도로, 간선 도로

hike /haɪk/ | 동사 (3단현) hikes (과거·과분) hiked (현분) hiking) 하이킹하다, 등산하다

How about going **hiking** this weekend?
이번 주말에 하이킹을 가는 게 어때?

✱ hill /hɪl/ | 명사 (복) hills) 언덕, 작은 산

There are many beautiful old castles on the **hills** in Germany.
독일에는 언덕 위에 세워진 아름다운 고성들이 많다.

him /hɪm/ | 대명사 [he의 목적격] 그를, 그에게

I'll go to the concert with **him**.
나는 그와 함께 콘서트에 갈 것이다.
Everybody likes **him**. 모두가 그를 좋아한다.
Marian is in love with **him**.
메리언은 그와 사랑에 빠져 있다.
My mom took **him** to lunch yesterday.
엄마가 어제 그를 점심 식사에 데려왔다.
They sent **him** a book. 그들은 그에게 책 한 권을 보냈다.

> **문법이 쑥쑥**
>
> *he의 변화형*
>
> | | |
> |---|---|
> | 주격 | he(그는) |
> | 소유격 | his(그의) |
> | 목적격 | him(그를, 그에게) |
> | 소유대명사 | his(그의 것) |
> | 재귀대명사 | himself(그 자신, 그 스스로) |

himself /hɪm'sɛlf/ | 대명사 그 자신, 그 스스로

"I'll do a good job this time," Henry said to **himself**.
"이번에는 잘 할 수 있을 거야."라고 헨리가 중얼거렸다.

A: Who made this chair? I think it is well-made.
　이 의자 누가 만든 거야? 잘 만들어진 것 같아.
B: My father made it **himself**. 우리 아버지가 손수 만드셨어.

숙어 **by himself** 그 스스로, 그 혼자 (= alone)
Peter had to stay at home *by himself* during the weekend.
피터는 주말 동안 혼자 집에 있어야 했다.

> **실력이 쑥쑥**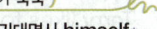
>
> *재귀대명사 himself*
> • 목적어로 생략할 수 없는 경우: The old man seated *himself* on the chair. (노인은 의자에 앉았다.)
> • 강조로 생략 가능한 경우: He repaired the car *himself*. (그는 그 차를 직접 고쳤다.)

Hinduism /ˈhɪnduːɪzəm/ | 명사 힌두교

Hinduism is a very popular religion in India.
힌두교는 인도에서 아주 대중적인 종교이다.

hint /hɪnt/ | 명사 (복) hints) 암시, 힌트 (= clue)

This riddle is too difficult. Give me a **hint**!
이 수수께끼 너무 어렵다. 힌트 좀 줘!

*hip /hɪp/ | 명사 (복) hips) 엉덩이 (☞ body)

These pants are too loose in the **hips**. Show me another one.
이 바지는 엉덩이 부분이 너무 크네요. 다른 걸 보여 주세요.

hippopotamus /ˌhɪpəˈpɑːtəməs/ | 명사 (복) hippopotamuses) 하마 (= hippo) (☞ animal)

The children are watching **hippopotamuses** at the zoo.
아이들이 동물원에서 하마들을 구경하고 있다.

*hire /ˈhaɪər/ | 동사 (3단현) hires (과거·과분) hired (현분) hiring) 고용하다 (= employ) (↔ fire 해고하다)

The company decided to **hire** her as a lawyer.
그 회사는 그녀를 변호사로 고용하기로 결정했다.

Bill was **hired** to guide travelers.
빌은 여행객들을 안내하기 위해 채용되었다.

> **어휘가 쑥쑥**
> hirer 명 고용주

his /hɪz/ | 대명사 ① 그의 ② 그의 것

1 [he의 소유격] **그의**
Ted lent **his** notebook to me.
테드는 나에게 자기 공책을 빌려줬다.

Terry likes to go fishing with **his** friends.
테리는 친구들과 낚시하러 가는 것을 좋아한다.

2 [he의 소유대명사] **그의 것**
A: Is this coat Justin's?
이 코트가 저스틴 것이니?
B: No, it's mine. That black one is **his**.
아니, 그건 내 거야. 저 까만 것이 그의 것이야.

> **실력이 쑥쑥**
> he의 소유격(그의)과 소유대명사(그의 것)는 모두 his로 같다.
> This is *his* coat. (이것은 그의 코트이다.)
> = This coat is *his*. (이 코트는 그의 것이다.)

hiss /hɪs/ | 동사 (3단현) hisses (과거·과분) hissed (현분) hissing) 쉭 소리를 내다

Snakes and cats **hiss**. 뱀과 고양이는 쉭 소리를 낸다.
The audience **hissed** loudly.
관중들은 쉭쉭 야유하는 소리를 크게 냈다.

historic /hɪˈstɔːrɪk/ | 형용사 [주로 명사 앞에 쓰여] 역사적인, 역사적으로 중요한

The old fort was a **historic** place.
그 오래된 요새는 역사적인 장소였다.

historical /hɪˈstɔːrɪkl/ | 형용사 [주로 명사 앞에 쓰여] 역사의, 역사상의

My favorite books are **historical** stories.
내가 가장 좋아하는 책은 역사 소설이다.

> 어휘가 쑥쑥
> **historically** 〔부〕 역사적으로

*history /ˈhɪstri/ | 명사 (복) histories) 역사

History is my favorite subject.
역사는 내가 가장 좋아하는 과목이다.
King *Sejong* is one of the greatest kings in Korean **history**.
세종 대왕은 한국 역사상 가장 위대한 왕들 중의 한 명이다.
This book tells the **history** of America.
이 책에는 미국 역사가 쓰여 있다.

> 어휘가 쑥쑥
> **historian** 〔명〕 역사학자
> **ancient history** 고대사
> **modern history** 현대사
> **personal history** 이력(서)

*hit /hɪt/ | 동사 (3단현) hits (과거·과분) hit (현분) hitting) 치다, 때리다
| 명사 (복) hits) 타격, 히트, 대성공

〔동〕 치다, 때리다 (= beat)
I **hit** the ball with a racket. 나는 라켓으로 공을 쳤다.
The player **hit** a home run and led his team to victory.
그 선수는 홈런을 쳐서 팀을 승리로 이끌었다.
Wild animals are often **hit** by cars in the highway in the country. 시골의 고속 도로에서는 야생 동물들이 자주 차에 치인다.

〔명〕 타격, 히트, 대성공
Robin Hood always got a direct **hit**.
로빈 후드는 항상 과녁의 정중앙을 맞혔다.
His new album was a big **hit**. 그의 새 앨범은 큰 성공을 거뒀다.

> 어휘가 쑥쑥
> **hit on** (불현듯) ~을 생각해 내다

Wild animals are often *hit* by cars.

*hobby /ˈhɑːbi/ | 명사 (복) hobbies) 취미

Do you have any **hobbies**? 특별한 취미라도 있니?
My **hobby** is taking pictures.
내 취미는 사진 찍기이다.
My mom grows flowers as a **hobby**.
우리 엄마는 취미 삼아 화초를 기르신다.
A: What's your **hobby**? 넌 취미가 뭐니?
B: I enjoy drawing cartoons. 나는 만화 그리기를 즐겨 해.

> 재미가 쑥쑥
> reading(독서)이나 walk(산책) 등은 hobby라고 하지 않는다. 시간을 내서 뭔가를 수집하거나 숙련을 요하는 것을 hobby라고 한다.

hockey /ˈhɑːki/ 명사 하키

The Korean men's (field) **hockey** team won the silver medal in the 2000 Sydney Olympics.
한국 남자 하키 팀은 2000년 시드니 올림픽에서 은메달을 땄다.
Canadians love both watching and playing ice **hockey**.
캐나다 사람들은 아이스하키를 보는 것과 하는 것 둘 다 매우 좋아한다.

hold /hoʊld/ 동사 (3단현) holds (과거·과분) held (현분) holding) ① 잡다 ② 억누르다 ③ 열다

1 잡다, 가지고 있다, 쥐다 (= grip)
The teacher **held** Jane's hand and took her to the classroom.
선생님은 제인의 손을 잡고 그녀를 교실로 데려갔다.

> 어휘가 쑥쑥
> holder 명 소유자

2 억누르다, 참다 (= control), 유지하다
A: I can't stop the hiccups!
딸꾹질이 안 멎어!
B: **Hold** your breath and count to 10. It will help.
숨을 참고 열까지 세어 봐. 도움이 될 거야.

3 열다, 개최하다
The Olympic Games are **held** every four years.
올림픽은 4년에 한 번씩 개최된다.

숙어 **hold on** 기다리다
A: Hello. Can I talk to Dr. Johnson?
여보세요. 존슨 박사님과 통화할 수 있나요?
B: *Hold on* a minute, please. I'll connect you.
잠깐만 기다리세요. 연결해 드리겠습니다.

hold out 내밀다
A beggar *held out* his hands for some money.
한 거지가 돈을 구걸하며 두 손을 내밀었다.

hold up 들어 올리다
She *held up* her hand to stop a taxi.
그녀는 택시를 잡기 위해 손을 들어 올렸다.

> 실력이 쑥쑥
> **hold** '손에 들다'라는 '동작'을 나타냄
> He is *holding* a gun. (그는 총을 들고 있다.)
> **have** '가지고 있다'라는 '상태'를 나타냄
> He *has* a gun. (그는 총을 가지고 있다.)

> 실력이 쑥쑥
> **hold** 손으로 쥐거나 잡다
> Bill is *holding* her hands. (빌은 그녀의 손을 잡고 있다.)
> **grasp** 손으로 꽉[단단히] 잡다
> Jenny *grasped* him by the wrist.(제니는 그의 손목을 움켜잡았다.)
> **take** '물건을 잡다'를 뜻하는 가장 일반적인 말
> Let me *take* your bags.(제가 가방을 들어 드릴게요.)

*hole /hoʊl/ 명사 (복) holes 구멍, 굴

Cold wind blew in through the **hole** in the old wall.
낡은 벽의 구멍 틈으로 찬 바람이 안으로 불어왔다.
Ants dig **holes** in the ground and make their home.
개미들은 땅에 굴을 파서 보금자리를 만든다.
The road was full of **holes**. 그 도로는 파인 곳이 많았다.

*holiday /ˈhɑːlədeɪ/ 명사 (복) holidays ① 휴일 ② 휴가

1 휴일, 공휴일
There is no **holiday** in November.
11월에는 휴일이 하루도 없다.
In Korea, Children's Day is a national **holiday**.
한국에서는 어린이날이 공휴일이다.

2 휴가 (영국에서는 holidays), **연휴** (= vacation, break)
I am going to spend this *Chuseok* **holiday** with my family.
이번 추석 연휴는 가족과 함께 보내려고 해요.

> **어휘가 쑥쑥**
> public holiday 공휴일
> paid holiday 유급 휴가
> go on holiday 휴가를 가다
> have a holiday 휴가를 보내다

Holland /ˈhɑlənd/ 명사 네덜란드 (= the Netherlands)

The capital of **Holland** is Amsterdam.
네덜란드의 수도는 암스테르담이다.

> **어휘가 쑥쑥**
> Dutch 네덜란드의

hollow /ˈhɑːloʊ/ 형용사 (비교) hollower (최상) hollowest ① 텅 빈 ② 쑥 들어간

1 텅 빈, 속이 빈
My friend gave me a **hollow** chocolate egg.
내 친구는 나에게 속이 빈 초콜릿 달걀을 주었다.

2 쑥 들어간, 움푹 들어간
She has **hollow** cheeks. 그녀는 볼이 홀쭉하다.

hollow chocolate eggs

*holy /ˈhoʊli/ 형용사 (비교) holier (최상) holiest 신성한, 성스러운 (= sacred)

Silent night! **Holy** night! 고요한 밤! 거룩한 밤!
The Chinese believe the dragon is the **holiest** animal.
중국인들은 용이 가장 신성한 동물이라고 믿는다.
This is a **holy** place. 이곳은 신성한 장소이다.

> **어휘가 쑥쑥**
> holy temple 성전
> the Holy Bible 성서

*home /hoʊm/ 명사 (복) homes ① 집 ② 고향 부사 집으로

homeless

명 1 집 (= house), 가정
Many people lost their **homes** in this earthquake.
이번 지진으로 많은 사람들이 집을 잃었다.
I take a walk in the park near my **home** every day.
나는 매일 집 근처 공원에서 산책한다.

2 고향, 고국 (= birthplace, hometown)
He left **home** for Toronto. 그는 고향을 떠나 토론토로 향했다.

부 집으로, 집에
I bought some milk on my[the] way **home**.
나는 집에 오는 길에 우유를 샀다.
Mom, I am **home**. 엄마, 저 집에 왔어요.

숙어 make oneself at home (집에 있는 것처럼) 편히 쉬다
Sit down and *make yourself at home*. 편히 앉아 계세요.

(어휘가 쑥쑥)
homemade 집에서 만든
old people's home 양로원
home movies 가족 영화
home address 집 주소
work from home 재택근무를 하다

(실력이 쑥쑥)
home 가족이 생활하고 쉬는 장소인 '가정'
house 보통 건물로서의 '집'

homeless /ˈhoʊmləs/ | 형용사 노숙자의, 집이 없는

He adopted a **homeless** cat. 그는 집 없는 고양이를 입양했다.
Thousands are now **homeless** by the flash floods.
수천 명의 사람들이 갑작스러운 홍수로 집을 잃었다.

(어휘가 쑥쑥)
the homeless 노숙자들

home page /ˈhoʊm peɪdʒ/ | 명사 (복) home pages (인터넷상의) 홈페이지 (= web page)

These days many people have their own **home page** on the Internet.
요즘은 많은 사람들이 인터넷상에 자신의 홈페이지를 갖고 있다.

homesick /ˈhoʊmsɪk/ | 형용사 고향을 그리워하는, 향수병을 앓는

Jaime was **homesick** and missed her family.
제이미는 향수병에 걸려서 가족을 그리워했다.

(어휘가 쑥쑥)
homesickness 명 향수병

*homework /ˈhoʊmwɜːrk/ | 명사 숙제

When I get home, I usually do my **homework** first.
집에 도착하면 저는 보통 숙제를 먼저 합니다.
My history teacher always gives us a lot of **homework**.
우리 역사 선생님은 항상 숙제를 너무 많이 내 주신다.
The science **homework** was really easy.
과학 숙제는 정말 쉬웠다.

(문법이 쑥쑥)
homework는 셀 수 없는 명사로 항상 단수로만 쓴다.

(어휘가 쑥쑥)
hand in homework 숙제를 제출하다

*honest /ˈɑːnɪst/ | 형용사 (비교) more honest (최상) most honest ① 정직한 ② 솔직한

honor

1 (성품이) 정직한, 공정한, 올바른 (↔ dishonest 부정직한)
He was a hard-working **honest** student in the class.
그는 반에서 열심히 공부하는 정직한 학생이었다.

2 (어떤 사실에 대해) 솔직한 (= frank)
The teacher really wanted an **honest** answer.
선생님은 정말 솔직한 대답을 원하셨다.

어휘가 쑥쑥
honestly 솔직히, 정말로
honest opinion 솔직한 의견
honest goods 정품

honesty /ˈɑːnəsti/ | 명사 정직, 정직함

[속담] **Honesty** is the best policy.
정직은 최선의 방책이다.

honey /ˈhʌni/ | 명사 ① 벌꿀 ② 여보

1 벌꿀, 꿀, (꿀처럼) 단것
I like tea with **honey**. 저는 꿀이 든 차를 좋아해요.

2 여보, 자기 《애인이나 사랑하는 사람을 부르는 호칭》
Honey, you look prettier today!
여보, 오늘따라 더 예뻐 보이네!

어휘가 쑥쑥
honeybee 꿀벌
honeycomb 벌집
honeymoon 신혼여행

honor/honour /ˈɑːnər/
명사 (복) honors ① 명예 ② 훈장
동사 (3단현) honors (과거·과분) honored (현분) honoring
명예를 주다

명 1 명예, 영광, 칭찬, 존경
It's my **honor** to give a presentation in front of you tonight.
오늘 밤 여러분 앞에서 발표를 하게 되어 정말 영광입니다.

The president was treated with **honor** by the people in his country. 그 대통령은 나라의 국민들로부터 존경을 받았다.

2 훈장, 포상
He was given many **honors** for his work.
그는 자신이 한 일에 대해서 많은 훈장을 받았다.

동 명예를 주다, 존중하다, 경의를 표하다 (= celebrate, respect, admire)
I am **honored** to present these awards to you today.
오늘 여러분에게 이 상을 시상하게 되어 참 영광스럽습니다.

Ancient Egyptians built pyramids to **honor** their dead kings.
고대 이집트인들은 죽은 왕들에게 경의를 표하기 위해 피라미드를 만들었다.

숙어 in honor of ~을 기념[축하]하여
A big party will be held *in honor of* Mr. Smith.
스미스 씨를 축하하기 위해 성대한 파티가 열릴 것입니다.

실력이 쑥쑥
honor의 h는 발음되지 않는다. 따라서 honor 앞의 관사는 a가 아니라 an을 써야 하는 것에 주의한다.
It is *an honor* to be invited here. (이 자리에 초대받게 되어 영광입니다.)

어휘가 쑥쑥
honorable 명예로운, 영광스러운
dishonor 불명예
gain[lose] honor 명예를 얻다[잃다]
pay[give] honor to ~에게 경의를 표하다

*hook /huk/
명사 (복) hooks) 고리
동사 (3단현) hooks (과거·과분) hooked (현분) hooking) 갈고리로 걸다

명 고리, 갈고리, 훅 (= hanger)
Hang your coat and hat on the **hook**.
코트와 모자는 고리에 걸어 놓으세요.

동 갈고리로 걸다, (훅으로) 채우다
This dress **hooks** at the back.
이 옷은 뒤에서 (훅으로) 채우게 되어 있다.

hop /haːp/
동사 (3단현) hops (과거·과분) hopped (현분) hopping) ① 깡충깡충 뛰다 ② 뛰어오르다

1 깡충깡충 뛰다 (= jump, skip)
The kids **hopped** up and down the road as part of their game.
아이들은 게임으로 깡충깡충 뛰며 거리를 오르내렸다.

Kangaroos are **hopping** on the grass.
캥거루들이 풀밭을 깡충깡충 뛰어다니고 있다.

2 (열차·차에) 뛰어오르다
Bob **hopped** on the bus. 밥은 버스에 뛰어올랐다.

어휘가 쑥쑥
hop in[off] 훌쩍 뛰어 들어오다[내리다]

*hope /houp/
동사 (3단현) hopes (과거·과분) hoped (현분) hoping) 희망하다
명사 (복) hopes) ① 희망 ② 바라는 것

동 희망하다, 바라다
I **hope** to see you again soon. 곧 다시 만나길 바랍니다.
I am going on a picnic tomorrow. I **hope** the weather will be nice. 내일 소풍 가는데 날씨가 좋으면 좋겠어요.

명 1 (불) 희망, 바람
My **hope** is to become a pilot when I grow up.
제 꿈은 커서 비행기 조종사가 되는 것입니다.
You're my last **hope**. 네가 나의 마지막 희망이다.

2 바라는 것, 희망하는 것
He told us all his **hopes** and dreams.
그는 우리에게 자신의 모든 희망과 꿈에 대해 말했다.

어휘가 쑥쑥
hopeful 형 희망에 찬
hopefully 부 바라건대
hopeless 희망이 없는
I hope so. 그랬으면 좋겠어요.
I hope not. 그렇지 않았으면 좋겠어요.
give up hope 희망을 버리다
be full of hope 희망에 가득 차 있다

*horizon /həˈraɪzn/ 명사 (복) horizons) 수평선, 지평선

The sun is rising above the **horizon**. 태양이 수평선 위로 떠오르고 있다.

horizontal /ˌhɔːrɪˈzɑːntl/ | 형용사 수평의, 가로의 (↔ vertical 수직의, 세로의)

A **horizontal** line is calm and peaceful. 수평선은 고요하고 평화롭다.

horn /hɔːrn/ | 명사 (복) horns) ① 뿔 ② 경적 ③ 호른

1 (소·양·사슴 등의) 뿔
A rhino has one or two long **horns** on its nose.
코뿔소는 코 위에 하나 또는 두 개의 긴 뿔이 있다.

어휘가 쑥쑥
hornless 뿔이 없는

2 (자동차의) 경적
Try to honk[blow] the **horn** only when it's necessary.
꼭 필요할 때만 자동차 경적을 울리도록 하세요.

3 [악기] 호른 (☞ instrument)
Brian plays the **horn** in the orchestra.
브라이언은 오케스트라에서 호른을 분다.

horrible /ˈhɔːrəbl/ | 형용사 (비교) more horrible (최상) most horrible) ① 끔찍한 ② 지독한

1 끔찍한, 소름 끼치는, 무서운 (= terrible, shocking)
I don't like horror movies because there are a lot of **horrible** scenes.
무서운 장면들이 많이 나와서 나는 공포 영화를 좋아하지 않는다.

어휘가 쑥쑥
horribly 🔄 끔찍하게, 지독하게
horrible sight 끔찍한 광경
horrible weather 지긋지긋한 날씨

2 지독한, 불쾌한
I want to remove a **horrible** smell from my shoes.
나는 내 신발에서 나는 지독한 냄새를 없애고 싶다.

＊horror /ˈhɔːrər/ | 명사 공포(감), 경악 (= fear)

She trembled with **horror**. 그녀는 무서워서 벌벌 떨었다.
The animals looked at each other in **horror**.
동물들은 공포에 질려 서로를 쳐다보았어요.

어휘가 쑥쑥
horror film 공포 영화

＊＊horse /hɔːrs/ | 명사 (복) horses) 말 (☞ animal)

In the past, most people traveled by using **horses** and wagons. 과거에는 대부분의 사람들이 말과 마차를 이용해서 이동했다.

[속담] You may lead a **horse** to the water, but you can't make him drink.
말을 물가로 끌고 갈 수는 있어도 물을 먹일 수는 없다. (평안 감사도 저 싫으면 그만이다.)

hose /hoʊz/ | 명사 (복) hoses) 호스

My brother and I played with the water **hose** to cool off.
남동생과 나는 더위를 식히기 위해서 물 호스를 가지고 놀았다.

*hospital /ˈhɑːspɪtl/ | 명사 (복) hospitals) 병원 (☞ 468, 469쪽)

I visited my friend in the **hospital** yesterday.
나는 어제 친구 병문안을 갔다.

My father has been in the **hospital** for 5 weeks after heart surgery.
저희 아버지께서는 심장 수술을 받고 5주째 병원에 입원해 계세요.

어휘가 쑥쑥
general[children's] hospital 종합[어린이] 병원
university hospital 대학병원

*host /hoʊst/ | 명사 (복) hosts) ① 주인 ② 주최국 ③ 진행자

1 (손님을 접대하는) 주인 (↔ guest 손님) (☞ hostess)
He was an excellent **host** at the party.
그는 파티에서 손님 접대를 정말 잘했다.

2 (행사의) 주최국, 주최측
South Korea and Japan were the **hosts** of the 2002 World Cup. 한국과 일본은 2002년 월드컵 주최국이었다.

3 (TV·라디오 프로그램의) 진행자, 사회자
Jimmy was the **host** of last night's talk show.
지미가 어젯밤 토크쇼의 진행자였다.

어휘가 쑥쑥
host country 주최국, 개최국
play host to ~을 주최[개최]하다

hostess /ˈhoʊstəs/ | 명사 (복) hostesses) (파티 등에 손님을 초대한) 여주인, 안주인

We were greeted by our **hostess** at the entrance.
우리는 입구에서 여주인의 환영을 받았다.

*hot /hɑːt/ | 형용사 (비교) hotter (최상) hottest) ① 더운 ② 매운 ③ 최신의 ④ 인기 있는

1 더운, 뜨거운 (↔ cold 추운, 차가운)
It's very **hot** today! Let's go for an ice cream after lunch.
오늘 날씨가 너무 덥네요! 우리 점심 먹고 아이스크림 먹으러 가요.

[속담] Strike the iron while it is **hot**.
쇠는 달았을 때 두드려라. (기회를 놓치지 마라.)

2 (음식이) 매운 (= spicy) (↔ mild 순한)
My American friend really enjoys **hot** Korean food like *kimchi*.
제 미국인 친구는 김치 같은 매운 한국 음식을 정말 잘 먹어요.

어휘가 쑥쑥
boiling[steaming] hot 푹푹 찌는, 몹시 더운
red-hot (표면이) 빨갛게 달구어진
hot spring 온천
hot potato 난감한 문제
hot line 긴급 직통 전화
hot issue 주요 쟁점

3 (소식이) 최신의 (= new, up-to-date)
Nowadays many people hear **hot** news through the Internet.
요즘 많은 사람들은 인터넷을 통해서 최신 소식을 접한다.

4 인기 있는, 매력적인
He is the **hottest** singer in school.
그는 학교에서 가장 인기 있는 가수이다.

sell like hot cakes 불티나게 팔리다
go hot and cold (공포로) 갑자기 오싹해지다

hot dog /ˈhɑːt dɔːɡ/ | 명사 (복) hot dogs) 핫도그

What would you like on your **hot dog**? Mustard or ketchup?
핫도그에 머스터드소스와 케첩 중에서 뭘 뿌려 드릴까요?

hotel /hoʊˈtel/ | 명사 (복) hotels) 호텔 (☞ 470쪽)

We made a reservation for a **hotel**. 우리는 호텔을 예약했다.
Can I pick you up at the **hotel**? 제가 호텔로 데리러 갈까요?

*hour /ˈaʊər/ | 명사 (복) hours) ① 한 시간 ② 시간 ③ 시각

1 한 시간, 60분 《줄여서 hr, hr.로 쓰기도 한다.》
A: Your eyes are so red. What happened to you?
눈이 많이 충혈됐어요. 무슨 일이 있었나요?
B: Nothing! I only slept for a couple of **hours** last night.
아니요! 어젯밤에 두세 시간밖에 못 자서 그래요.

2 [종종 hours로 쓰여] (특정 활동을 하는) 시간, 영업시간
Our opening **hours** are from 8:00 to 7:00.
저희 영업시간은 8시부터 7시까지입니다.

3 시각, 시간
The park is open only during daytime **hours**.
그 공원은 낮 시간 동안만 문을 연다.

(어휘가 쑥쑥)
rush hour (출퇴근) 혼잡 시간대
visiting hour 면회 시간
working hour 근무 시간

(실력이 쑥쑥)
'~시'라고 정각을 나타낼 때는 o'clock을 사용한다.
It's 2 *o'clock*. (2시이다.)

*house /haʊs/ | 명사 (복) houses) ① 집 ② 가정 (☞ 471쪽)

1 집, 주택 (= home)
We moved to a new **house** last week. I really like it.
지난주에 새집으로 이사를 갔는데 정말 맘에 들어요.
Our **house** is near the church. 우리 집은 교회 근처에 있다.

2 가정, 가족 (= household)
He got up at five o'clock and disturbed the whole **house**.
그는 5시에 일어나서 온 가족을 방해했다.

(실력이 쑥쑥)
house와 비교해서 home은 가족이 사는 장소로 '가정'의 뜻이 강하다.

(어휘가 쑥쑥)
lighthouse 등대
opera house 오페라 극장

hospital

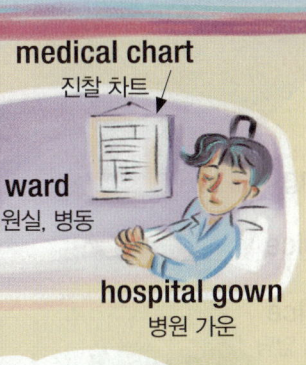

medical chart 진찰 차트
ward 입원실, 병동
hospital gown 병원 가운

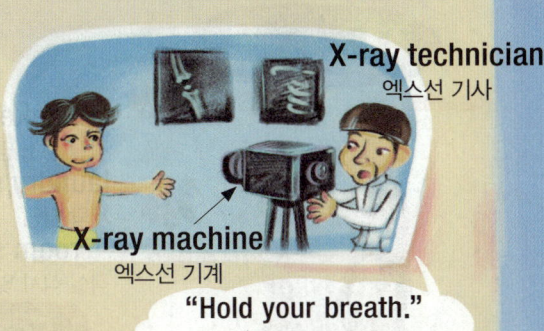

X-ray technician 엑스선 기사
X-ray machine 엑스선 기계
"Hold your breath." "숨을 참으세요."

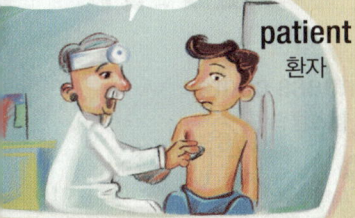

"What seems to be the problem?" "어디가 아프시죠?"
patient 환자
doctor 의사

waiting room 대기실

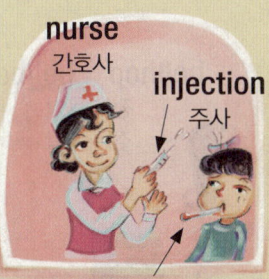

nurse 간호사
injection 주사
thermometer 체온계

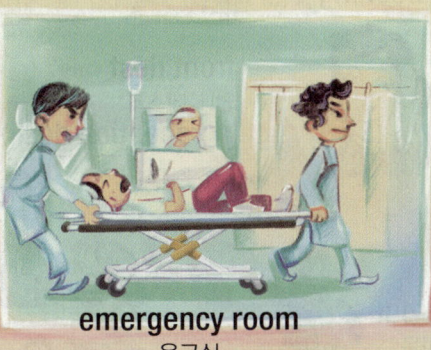

emergency room 응급실

how /haʊ/ 〔부사〕 ① 어떻게 ② 어느 정도 ③ 정말로 ④ ~하는 방법

1 [수단·방법] **어떻게, 어떤 식으로**
How can I get to City Hall? 시청에 어떻게 가야 하나요?
How did you make this cake? 이 케이크 어떻게 만들었니?

2 [상태·정도] **어떠한, 어느 정도, 얼마나**
A: Long time no see! **How** have you been doing?
정말 오랜만이다! 그동안 어떻게 지냈어?
B: Pretty good. Thanks. 아주 잘 지냈어. 고마워.

A: **How** much is this shirt? 이 셔츠는 얼마예요?
B: It's 25 dollars. 25달러예요.

A: **How** old is your brother? 네 남동생은 몇 살이니?
B: He is 7 years old. 일곱 살이야.

A: **How** long will you stay there?
거기에 얼마 동안 머물 건가요?
B: For about a week. 일주일 정도요.

3 [감탄문에 써서] **정말로, 참으로**
How nice it smells! What are you cooking for dinner?
냄새가 정말 좋네요! 저녁으로 뭘 만들고 계세요?

4 [관계부사] **~하는 방법**[정도, 상태, 이유]
This is **how** we can solve the problem.
(= This is the way we can solve the problem.)
이것이 우리가 그 문제를 해결할 수 있는 방법이다.

〔숙어〕 **how to+동사원형 ~하는 방법**
I don't know *how to* ride a bicycle. 저는 자전거를 탈 줄 몰라요.
Teach me *how to* swim. 수영하는 법을 가르쳐 주세요.

실력이 쑥쑥

- **How about ~?** (= What about ~?) [권유·제안] ~(하는 게) 어때요?
  How about some coffee and donuts? (커피랑 도넛 (먹는 게) 어때요?)
- **How come ~?** (= Why) 어째서[왜] ~?
  A: I don't think I can make it to your birthday party tonight. (오늘 밤 네 생일 파티에 못 갈 것 같아.)
  B: *How come?* (왜?)
- **How do you like ~?** (= What do you think of ~?) ~은 어때요, ~은 맘에 드세요?
  How did you like your meal? (식사는 어땠어요?)
- **How would you like ~?** ~를 어떻게 해 드릴까요?
  A: *How would you like* your steak? (스테이크는 어떻게 해 드릴까요?)
  B: Well-done, please. (완전히 익혀 주세요.)

---

however /haʊˈevər/ 〔부사〕 ① 그러나 ② 아무리 ~할지라도

1 그러나, 하지만
My teacher is very kind. **However**, she is strict.
우리 선생님은 아주 친절하시지만 엄격하시다.

His mind, **however**, did not change.
그렇지만 그의 마음은 변하지 않았다.

2 아무리 ~할지라도 (= no matter how)
However hard I tried, I couldn't get a perfect score.
나는 아무리 열심히 노력해도 만점을 받을 수 없었다.

실력이 쑥쑥

보통은 문장의 앞부분에서 쓰이지만, 문장 중에 콤마(,)와 함께 쓰이기도 한다. but보다는 뜻이 약하고 딱딱한 표현이다.

*hug /hʌɡ/

동사 (3단현) hugs (과거·과분) hugged (현분) hugging 껴안다
명사 (복) hugs 안아 주기

통 껴안다, 안아 주다, 포옹하다 (= embrace)
My mother always **hugs** me before I go to bed.
우리 엄마는 잠자기 전에 항상 나를 꼭 안아 주신다.

명 안아 주기, 껴안기, 포옹
My grandma gave me a big **hug** as soon as she saw me.
할머니는 나를 보시자마자 꼭 안아 주셨다.

*huge /hjuːdʒ/

형용사 (비교) huger (최상) hugest 거대한, 매우 큰 (= very large, giant)
(↔ tiny 매우 작은)

The Titanic was so **huge** that it could hold thousands of people.
타이태닉호는 매우 커서 수천 명의 사람들을 태울 수 있었다.

> 어휘가 쑥쑥
> hugely **튀** 엄청나게, 극도로

**human /ˈhjuːmən/

형용사 ① 인간의 ② 인간적인   **명사** (복) humans 인간

형 1 인간의, 인류의
Air is essential to **human** life.
공기는 인간이 살아가는 데 있어서 가장 중요한 것이다.

2 인간적인
We must allow for **human** error.
우리는 인간적인 실수는 용납해야 한다.

명 인간, 사람
All **humans** are born equal. 모든 인간은 평등하게 태어난다.
Humans live in almost every part of the earth.
인간은 지구상의 거의 모든 지역에 산다.

> 어휘가 쑥쑥
> humanism 인본주의, 휴머니즘
> human body 인간의 몸
> human rights 인권
> human being 인간
> human race 인류
> human life 사람의 목숨, 인명
> human relation 인간 관계

humanity /hjuːˈmænəti/   **명사** ① 인류 ② 인간애

1 인류, 인간
He has committed a crime against **humanity**.
그는 반인륜적인 범죄를 저질렀다.

> 어휘가 쑥쑥
> lose humanity 인간성을 상실하다

2 인간애, 인도적임
The man was praised for his **humanity**.
그 사람은 인간애로 칭송받았다.

humid /ˈhjuːmɪd/   **형용사** 습한, 눅눅한 (= moist)

We're expecting a **humid** day.
습한 날이 예상됩니다.

The weather has been so **humid** lately.
요즘 날씨가 너무 습하다.

> 어휘가 쑥쑥
> **humidity** 명 습도
> **humid air** 눅눅한 공기
> **humid climate** 습한 기후

hummingbird /ˈhʌmɪŋbɜːrd/ 명사 (복 hummingbirds) 벌새

Baby **hummingbirds** learn to beat their wings.
아기 벌새는 날개를 치는 법을 배웁니다.

*humor/humour /ˈhjuːmər/ 명사 유머, 재치 (= wit)

Tom has a good sense of **humor**.
톰은 유머 감각이 뛰어나다.

humorous /ˈhjuːmərəs/ 형용사 유머 있는, 재미있는

I read a **humorous** little story.
나는 재미있는 짧은 이야기를 읽었다.

> 어휘가 쑥쑥
> **humorously** 부 재미있게

*hundred /ˈhʌndrəd/ 명사 (복 hundreds) ① 100 ② 수백

1 100, 백
The earthquake killed at least two **hundred** people.
이 지진으로 적어도 200명이 사망했다.

> 실력이 쑥쑥
> hundred는 hundreds of (수백의, 수많은)로 쓰이는 경우 외에는 복수형이 없다.

2 [hundreds로 써서] **수백, 다수**
The soldiers walked this route **hundreds** of times.
군인들은 이 길을 수백 번 걸었다.

hung /hʌŋ/ 동사 hang의 과거·과거분사 (☞ hang)

*hungry /ˈhʌŋgri/ 형용사 (비교 hungrier 최상 hungriest) ① 배고픈 ② (~을) 갈망하는

1 배고픈, 굶주린 (↔ full 배부른)
I'm so **hungry**. Let's go for lunch!
너무 배고파. 우리 점심 먹으러 가자.

The concert was held to help **hungry** children all over the world.
그 콘서트는 전 세계의 굶주리는 아이들을 돕기 위해 열렸다.

> 어휘가 쑥쑥
> **hunger** 명 굶주림, 배고픔
> **go hungry** 굶주리다
> **hungry look** 배고파 보이
> 는 표정
> **be hungry to death** 배가 고파 죽을 지경이다

2 (~을) 갈망하는 (= eager)
She is **hungry** for success. 그녀는 성공을 갈망한다.

hunt /hʌnt/ 동사 (3단현) hunts 과거·과분 hunted 현분 hunting 사냥하다

Fall is a good season to go **hunting**.
가을은 사냥하러 가기 좋은 계절이다.
They **hunted** wild animals for food, clothing, and homes.
그들은 음식과 옷, 집을 위해 야생 동물들을 사냥했다.

어휘가 쑥쑥
hunter 명 사냥꾼
hunting 명 사냥

hurricane /ˈhɜːrəkeɪn/ 명사 허리케인(대서양 서부, 멕시코만, 북태평양 동부에서 발생하는 폭풍우를 동반한 열대성 저기압)

Everything was destroyed during the **hurricane**.
허리케인으로 모든 것이 파괴되었다.

hurry /ˈhɜːri/ 동사 (3단현) hurries 과거·과분 hurried 현분 hurrying 서두르다 명사 서두름

동 서두르다 (= rush)
Hurry up, or we'll be late. 서두르지 않으면 우리는 늦을 거야.
I **hurried** out of the house and left my cell phone at home.
집에서 서둘러 나오느라 휴대 전화를 집에 두고 왔어요.

명 서두름, 급함 (= rush)
There's no **hurry**. Take your time! 서두를 것 없어. 천천히 해!
A: Why are you in such a **hurry**? 왜 그렇게 서두르니?
B: I have to catch the last train. 마지막 전철을 타야 하거든.

어휘가 쑥쑥
hurriedly 부 다급하게
hurry back home 급히 귀가하다
hurry up and finish 서둘러 끝내다
in a big hurry 몹시 서둘러

hurt /hɜːrt/ 동사 (3단현) hurts 과거·과분 hurt 현분 hurting ① 다치다 ② 아프다

1 다치다, 다치게 하다 (= injure), 감정을 상하게 하다
I **hurt** my finger with a knife. 나는 칼에 손가락을 다쳤다.
Be careful when you carry a heavy load. It can **hurt** your back.
무거운 짐을 들 때 조심하세요. 허리를 다칠 수 있어요.
I didn't mean to **hurt** you. I was just kidding!
네 감정을 상하게 하려고 한 건 아니었어. 단지 농담이었어!

2 아프다, 아프게 하다 (= ache)
My legs still **hurt**. 내 다리는 아직도 아프다.
Ouch! I've got something in my eye. It really **hurts**.
아야! 눈에 뭐가 들어갔는데 너무 아파.

어휘가 쑥쑥
hurtful 형 상처를 주는, 감정을 상하게 하는

실력이 쑥쑥
hurt 신체를 다쳤을 때 쓰는 가장 일반적인 말
injure 주로 사고로 다친 경우에 쓰는 말
wound 전쟁이나 싸움 등에서 부상을 입은 경우에 쓰는 말

husband /ˈhʌzbənd/ 명사 (복) husbands 남편 (↔ wife 부인)

I now pronounce you **husband** and wife.
이제 두 사람이 부부가 되었음을 선언합니다.

A: This is my **husband**, Harry. 이쪽은 제 남편 해리예요.
B: Nice to meet you. 만나서 반갑습니다.

> 어휘가 쑥쑥
> **house husband** 살림하는 남편

* hut /hʌt/ | 명사 (복) huts) 오두막

He lived alone in this **hut**.
그는 이 오두막에서 혼자 살았다.

hydrogen /ˈhaɪdrədʒən/ | 명사 [화학] 수소 《원소 기호 H》

Hydrogen is a colorless gas that is the lightest of all gases.
수소는 모든 기체 중에서 가장 가벼운 무색의 기체이다.

hymn /hɪm/ | 명사 (복) hymns) 찬송가, 성가

We are singing a **hymn**.
우리는 찬송가를 부르고 있다.

hyphen /ˈhaɪfn/ | 명사 (복) hyphens) 하이픈 《단어와 단어를 잇는 문장 부호(-)》

Is there a **hyphen** in hip-hop?
'힙합'이라는 단어에 하이픈이 들어 가나요?

I i

** I /aɪ/ 【대명사】 나

I love my family. 나는 나의 가족을 사랑한다.
I am twelve years old. 저는 열두 살이에요.

문법이 쑥쑥

* I의 변화형 *

	단수	복수
주격	I (나는, 내가)	we (우리는)
소유격	my (나의)	our (우리의)
목적격	me (나를)	us (우리를)

실력이 쑥쑥

I는 항상 대문자로 쓰고, 다른 명사나 대명사와 함께 쓰는 경우 항상 뒤에 둔다.
He and I (그와 나)
You and I (너와 나)
Tom and I (톰과 나)

** ice /aɪs/ 【명사】 얼음

The ice is hard enough to skate on.
그 얼음은 스케이트를 탈 만큼 충분히 단단하다.
A: What would you like for drinks?
음료는 뭘로 하시겠습니까?
B: I'd like coke without ice. 콜라에 얼음 빼고 주세요.

어휘가 쑥쑥

icy 【형】 얼음의, 차가운
iced 【형】 얼음을 넣은
ice age 빙하 시대
ice water 얼음물

iceberg /ˈaɪsbɜːrg/ 【명사】 (복) icebergs) 빙산

The Titanic hit an iceberg. 타이태닉호는 빙산과 부딪쳤다.
It's the tip of the iceberg. 그것은 빙산의 일각이다.
(대부분이 숨겨져 있고 일부만 밖으로 드러나 있을 때 사용하는 말)

ice cream /ˈaɪs kriːm/ 【명사】 아이스크림

I like vanilla ice cream. 나는 바닐라 아이스크림을 좋아한다.

ID /ˌaɪˈdiː/ 【명사】 (복) IDs) 신분증 《identification의 줄임말》

The police checked **IDs** at the gate.
경찰이 출입구에서 신분증을 확인했다.

✱ **idea** /aɪˈdiːə/ | 명사 (복) ideas) 아이디어, 생각, 의견 (= thought, opinion)

That's a good **idea**. 그거 좋은 생각이다.
What's the main **idea** of your essay? 네 수필의 주제가 뭐니?
A: Do you know what happened to Alex? He looks so upset.
   알렉스한테 무슨 일이 있는지 아니? 무척 화가 난 것 같던데.
B: Does he? I have no **idea**. (= I don't know at all.)
   그래? 전혀 모르겠는데.

어휘가 쑥쑥
creative idea 창의적인 아이디어
come up with an idea 아이디어가 생각나다

identical /aɪˈdentɪkl/ | 형용사 동일한, 똑같은

Her dress is almost **identical** to mine.
그녀의 원피스는 내 것과 거의 똑같다.
They are **identical** twins. 그들은 일란성 쌍둥이다.

어휘가 쑥쑥
identically 🔹 똑같게, 동일하게

identification /aɪˌdentɪfɪˈkeɪʃn/ | 명사 신분증 (= ID)

He carries **identification** with him at all times.
그는 항상 신분증을 가지고 다닌다.
A: Could you show me your **identification** card?
   신분증 좀 보여 주시겠어요?
B: I don't have my **ID** card with me. Is a passport O.K.?
   신분증이 없는데요. 여권도 되나요?

재미가 쑥쑥
은행 등에서 사용하는 개인 비밀번호를 personal identification number, 줄여서 PIN 또는 PIN number라고 한다.

✱ **identify** /aɪˈdentɪfaɪ/ | 동사 (3단현) identifies (과거·과분) identified (현분) identifying)
(신원 등을) 확인하다, 알아보다

A baby can **identify** his mother by her voice.
아기는 엄마의 목소리로 자신의 엄마를 알 수 있다.
He could **identify** any animal from its footprints.
그는 어떤 동물도 발자국으로 식별할 수 있었다.

어휘가 쑥쑥
identified 🔹 확인[인정]된
identity 🔹 신원, 신분

✱✱ **if** /ɪf/ | 접속사 ① [조건·가정] 만약 ~라면 ② [가정법] (만일) ~라면 ③ ~인지 아닌지

1 [조건·가정] **만약 ~라면**

If it rains tomorrow, I'm going to stay home.
만약 내일 비가 오면 나는 집에 있을 것이다.

If you are done with your work, you may go home.
일을 다 하셨으면 집에 가셔도 됩니다.

어휘가 쑥쑥
if only ~이기만 하면
if not 그렇지 않다면
what if ~? ~면 어떻게 될까?, ~면 어떨까?

2 [가정법] (만일) ~라면, ~였다면
If I didn't have homework, I could go outside and play.
숙제만 없다면 밖에 나가서 놀 수 있을 텐데.
If I had left home earlier, I would not have missed the train.
집에서 더 일찍 출발했다면 열차를 놓치지 않았을 텐데.

3 ~인지 아닌지 (= whether)
I don't know **if** Alex is at home.
알렉스가 집에 있는지 없는지 모르겠어요.
I wonder **if** you know Katie's e-mail address.
혹시 케이티의 이메일 주소를 알고 있니?

숙어 **as if** 마치 ~처럼
William is just 10 years old and acts *as if* he were an adult.
윌리엄은 겨우 열 살밖에 안 되었는데 마치 어른인 것처럼 행동한다.

even if 비록 ~이지만 (= even though)
Even if she was tired, she had to work late.
그녀는 피곤했지만 늦게까지 일을 해야만 했다.

if necessary 필요하다면
If necessary, I'll drop by your office on the way home.
필요하다면, 집에 가는 길에 잠깐 당신 사무실에 들를게요.

if possible 가능하다면
A: Where would you prefer to sit? 어떤 좌석을 원하세요?
B: I'd like to have a window seat, *if possible*.
가능하다면 창가 쪽 자리로 주세요.

문법이 쑥쑥
가정법은 현재나 과거의 사실에 반대되는 것을 가정하여 말할 때 쓰며, 가정법 과거와 과거완료가 있다.

1. 가정법 과거
• 의미: 만일 ~라면, …할 텐데 (현재 사실의 반대)
• 형태: If+주어+동사의 과거형/were, 주어+조동사의 과거형+동사원형
If I were you, I would help him. (내가 너라면, 그를 도울 텐데.)

2. 가정법 과거완료
• 의미: 만일 ~했더라면, …했을 텐데 (과거 사실의 반대)
• 형태: If+주어+had+과거분사, 주어+조동사의 과거형+have+과거분사
If it had been fine, we would have gone on a picnic.
(날씨가 좋았더라면, 우리는 소풍을 갔을 텐데.)

---

* **ignore** /ɪgˈnɔːr/ | 동사 (3단현) ignores (과거·과분) ignored (현분) ignoring 무시하다

He **ignored** me even when I asked him to turn down the volume.
나는 그에게 볼륨을 낮춰 달라고 부탁했지만 그는 내 말을 무시했다.

어휘가 쑥쑥
ignorance 명 무지, 무식
ignorant 형 무지한

---

* **ill** /ɪl/ | 형용사 (비교) worse (최상) worst ① 아픈 ② 나쁜

1 아픈, 병이 난 (↔ well 건강한)
He was **ill** in bed because he got all wet in the rain yesterday.
그는 어제 비를 흠뻑 맞아서 앓아누웠다.

2 나쁜, 안 좋은 (= bad) (↔ good 좋은)
It's **ill** manners to chew gum in class.
수업 중에 껌을 씹는 것은 버릇없는 행동이다.

실력이 쑥쑥
ill이나 sick 모두 병이 난 것을 뜻하지만, 미국에서는 주로 sick을, 영국에서는 ill을 쓴다.

---

illegal /ɪˈliːgl/ | 형용사 불법의, 불법적인 (↔ legal 합법적인)

Stealing is **illegal**. 도둑질은 불법이다.
It is **illegal** to sell tobacco to someone under 20.
20세 미만의 사람에게 담배를 파는 것은 불법이다.

어휘가 쑥쑥
illegal parking 불법 주차
illegal act 불법 행위

illness /ˈɪlnəs/ 　명사 (복) illnesses) 병, 질환 (= disease)

Her **illness** was fake. 그녀의 병은 꾀병이었다.
Stress can cause mental **illness**.
스트레스는 정신 질환을 일으킬 수 있다.

어휘가 쑥쑥
suffer from an illness
질병으로 고통받다

image /ˈɪmɪdʒ/ 　명사 (복) images) (그림·조각의) 상, 영상, 이미지

A ten-thousand won bill has the **image** of King *Sejong*.
만 원짜리 지폐에는 세종 대왕의 모습이 있다.
The robot can recognize sound and **images**.
그 로봇은 소리와 영상을 인식할 수 있다.

어휘가 쑥쑥
positive[negative] image
긍정적[부정적] 이미지

imagination /ɪˌmædʒɪˈneɪʃn/ 　명사 (복) imaginations) 상상(력) (= fantasy)

He made up a fun story using his own **imagination**.
그는 자신의 상상력을 이용해서 재미있는 이야기를 만들었다.

*imagine /ɪˈmædʒɪn/ 　동사 (3단현 imagines) (과거·과분 imagined) (현분 imagining)
① 상상하다 ② 생각하다

1 상상하다, 마음속에 그리다
Imagine that you would become Harry Potter!
당신이 해리 포터가 되었다고 상상해 보세요!
I can't **imagine** my life without computers.
전 컴퓨터 없는 생활은 상상할 수도 없어요.

2 생각하다, 추측하다 (= think, guess)
I can't **imagine** how old he is.
나는 그 사람이 몇 살인지 추측을 못 하겠다.
I can't **imagine** who she is. 그녀가 누구인지 짐작이 안 간다.

어휘가 쑥쑥
imaginable 형 상상할 수 있는
imaginary 형 상상의, 가상의

*imitate /ˈɪmɪteɪt/ 　동사 (3단현 imitates) (과거·과분 imitated) (현분 imitating)
모방하다, 흉내 내다

Students **imitate** their teacher.
학생들은 자기 선생님 흉내를 낸다.
She is good at **imitating** others.
그녀는 다른 사람의 흉내를 잘 낸다.

어휘가 쑥쑥
imitation 명 모방, 모조품, 위조품

immediately /ɪˈmiːdiətli/ 부사 즉시, 바로, 곧 (= instantly, at once, right away)

He answered almost **immediately**. 그는 거의 즉시 대답했다.

*impact /ˈɪmpækt|ɪmˈpækt/
명사 (복) impacts ① 영향 ② 충돌
동사 (3단현) impacts (과거·과분) impacted (현분) impacting
영향을 주다

명 **1** 영향, 충격
The storm had a bad **impact** on the crops.
태풍이 농작물에 나쁜 영향을 미쳤다.

2 충돌, (충돌로 인한) 충격
The bomb explodes on **impact**. 폭탄은 충격을 받으면 터진다.

동 영향을 주다, 충격을 주다
The decision may **impact** greatly on your whole life.
그 결정은 너의 인생에 큰 영향을 줄지도 모른다.

어휘가 쑥쑥
environmental impact 환경에 미치는 영향
major impact 중대한 영향
huge impact 엄청난 영향

실력이 쑥쑥
명사와 동사의 강세 위치가 다른 것에 주의한다.

impatient /ɪmˈpeɪʃnt/ 형용사 짜증 난, 참을성 없는, 초조한 (↔ patient 참을성 있는)

After waiting in line for twenty minutes, he became **impatient**.
20분 동안 줄을 서서 기다리다가 그는 짜증이 났다.
Rom's trouble is that he is too **impatient**.
롬의 문제는 그가 너무 참을성이 없다는 것이다.

실력이 쑥쑥
접두사 im-은 단어의 앞에 붙어서 반대말을 만든다.

*import /ˈɪmpɔːrt|ɪmˈpɔːrt/
명사 (복) imports 수입
동사 (3단현) imports (과거·과분) imported (현분) importing
수입하다

명 수입, [복수형으로 써서] **수입품** (↔ export 수출, 수출품)
The **import** of rice increased compared to last year.
쌀 수입이 작년에 비해 증가했다.
Oil is one of Korea's chief **imports**.
석유는 한국의 주요 수입품 중 하나이다.

동 수입하다 (↔ export 수출하다)
Our country **imports** much beef from the U.S.
우리나라는 미국으로부터 많은 소고기를 수입한다.

어휘가 쑥쑥
import duty 수입 관세
imported clothes 수입 의류
imported goods 수입품

실력이 쑥쑥
명사와 동사의 강세 위치가 다른 것에 주의한다.

importance /ɪmˈpɔːrtns/ 명사 중요성

The doctor talked about the **importance** of regular exercise.
의사는 규칙적인 운동의 중요성을 얘기했다.

important /ɪmˈpɔːrtnt/

형용사 (비교 more important 최상 most important)
중요한, 중대한 (= significant)

This is an **important** event. 이것은 중요한 사건이다.
I have an **important** meeting early in the morning.
아침 일찍 중요한 회의가 있습니다.
It's **important** to learn about our country's history.
우리나라의 역사에 대해서 배우는 것은 중요하다.

어휘가 쑥쑥
importantly 튀 중요하게
important figure 중요한 인물

impossible /ɪmˈpɑːsəbl/

형용사 (비교 more impossible 최상 most impossible)
불가능한 (↔ possible 가능한)

If you work hard, nothing in the world is **impossible**.
열심히 노력하면 세상에 불가능한 일은 없다.
It's **impossible** to finish this work by the weekend.
주말까지 이 일을 끝내는 것은 불가능해요.
Magic makes something **impossible** happen.
마법은 불가능한 일을 일어나게 만든다.

impress /ɪmˈpres/

동사 (3단현 impresses 과거·과분 impressed 현분 impressing)
인상을 주다, 감명시키다

Her good acting **impressed** me very much.
그녀의 훌륭한 연기는 나를 매우 감동시켰다.
A: How was my speech today? 오늘 제 연설 어땠어요?
B: I was very **impressed**. You did a great job.
무척 감동받았어요. 정말 잘하셨어요.

어휘가 쑥쑥
impressed 형 감동을 받은
impressive 형 인상적인, 감동적인

impression /ɪmˈpreʃn/

명사 (복 impressions) 인상, 감명

A big smile gives people a good **impression**.
환하게 웃는 것은 사람들에게 좋은 인상을 준다.

impressive /ɪmˈpresɪv/

형용사 (비교 more impressive 최상 most impressive)
인상적인, 감명을 주는

He was very **impressive** in the interview.
그는 그 인터뷰에서 대단히 인상적이었다.
His poetry is **impressive**. 그의 시는 감명적이다.

어휘가 쑥쑥
impressively 튀 인상적으로, 감명 깊게

improve /ɪmˈpruːv/

동사 (3단현 improves 과거·과분 improved 현분 improving)
① 개선하다 ② (건강이) 회복되다

1 개선하다, 향상시키다, 증진시키다
I want to **improve** my English.
나는 영어 실력을 향상시키고 싶다.

2 (건강이) 회복되다, 좋아지다 (= recover, get better)
I'm so glad that you **improved** your health a lot.
건강이 많이 회복되셨다니 정말 다행이에요.

> **어휘**가 쑥쑥
> **improvement** 명 개선, 향상, 증진
> **improved** 형 개선된, 향상된

in /ɪn/
전치사 ① [장소] ~ 안에 ② [장소] ~에 ③ [시간] ~ 후에 ④ [시간] ~에
⑤ [착용] ~을 입고 ⑥ [수단] ~으로   부사 안에

전 1 [장소] ~ 안에
The newspaper is **in** the box. 신문은 상자 안에 있다.
I work out at the gym **in** this building for an hour a day.
저는 하루에 한 시간씩 이 건물 안에 있는 헬스클럽에서 운동합니다.

2 [장소] ~에 (☞ at)
There are a lot of skyscrapers **in** Seoul.
서울에는 고층 빌딩들이 아주 많다.
My grandma lives **in** the country. 우리 할머니는 시골에 사신다.

3 [시간] ~ 후에 (= after), **~ 만에**
I'll be back **in** about two hours. 두 시간쯤 후에 돌아올게요.
I finished the report **in** two weeks.
나는 2주 만에 그 보고서를 끝냈다.

4 [시간] ~에 (☞ at)
Bill Gates was born in Washington State **in** 1955.
빌 게이츠는 워싱턴주에서 1955년에 태어났다.
The weather forecast said it's going to rain **in** the afternoon.
일기 예보에 따르면 오후에 비가 올 거예요.

5 [착용] ~을 입고, ~을 신고
You look great **in** blue. 너는 파란색 옷이 잘 어울린다.

6 [수단] ~으로
She drew a circle **in** yellow crayon.
그녀는 노란색 크레용으로 원을 하나 그렸다.
I keep a diary **in** English every day.
저는 매일 영어로 일기를 씁니다.
A: How would you like to pay? 어떻게 지불하시겠습니까?
B: I'll pay **in** cash. 현금으로 낼게요.

부 안에, 안으로 (↔ out 밖에, 밖으로)
Please come **in**. 들어오세요.

> **문법**이 쑥쑥
>
> ***at & in***
> at은 좁은 장소, in은 넓은 장소나 지역을 나타낸다. 그러나 '~ 안에'라는 뜻이 포함되면 in을 사용한다.
> *in* the room (방 안에서)
> *in* the street (거리에서)
>
> ***in & within***
> in은 '(시간) 후에'라는 의미를 나타내고, within은 '(시간) 이내에'라는 의미를 나타낸다.
> He will arrive *in* an hour. (그는 한 시간 후에 도착할 것이다.)
> He will arrive *within* an hour. (그는 한 시간 이내에 도착할 것이다.)

You look great *in* blue.

A: Is Harry **in**? 해리 있나요?
B: No, he went for lunch a minute ago.
아니요, 조금 전에 점심 먹으러 나갔어요.

숙어 **in a hurry** 서둘러서
A: Why are you *in* such *a hurry*? 왜 그렇게 서두르니?
B: I have to catch the last train. 마지막 기차를 타야 하거든.

in front of ~ 앞에
Whenever I make a presentation *in front of* the class, I am too nervous. 저는 교실 앞에 나가서 발표할 때마다 너무 긴장돼요.

in time 제시간에, 시간에 맞춰서
He didn't make it to the meeting *in time* because of a traffic jam. 그는 교통 체증 때문에 회의에 제시간에 도착하지 못했다.

실력이 쑥쑥
전치사 **in**은 오전, 오후, 월, 연도, 계절, 세기 등을 말할 때 사용된다.
in the morning 아침에
in the afternoon 오후에
in April 4월에
in Spring 봄에
in 2020 2020년에
in the 1900s 1900년대에
in the 21st century 21세기에

inch /ɪntʃ/ 명사 (복) inches) 인치 《1인치는 2.54cm이다.》

My brother is four feet six **inches** tall.
내 동생은 키가 4피트 6인치이다.

*include /ɪnˈkluːd/ 동사 (3단현) includes 과거·과분 included 현분 including)
포함하다, 포함시키다 (= contain)

Breakfast is **included** in the price of this package tour.
이 패키지 여행 가격에는 아침 식사가 포함됩니다.

A: How much is it? 얼마죠?
B: It's twenty-five dollars, **including** tax.
세금 포함해서 25달러입니다.

어휘가 쑥쑥
inclusion 명 포함
including 전 ~을 포함하여

*income /ˈɪnkʌm/ 명사 (복) incomes) 수입, 소득

I have a monthly **income** of more than 5,000 dollars.
나의 월 소득은 5천 달러가 넘는다.

inconvenience /ˌɪnkənˈviːniəns/ 명사 (복) inconveniences) ① 불편 ② 귀찮은 일

1 불 불편 (↔ convenience 편리)
I apologized for any **inconvenience** I caused.
나로 인해 발생한 모든 불편에 사과했다.

2 불편한 것, 귀찮은 일 (= nuisance)
Despite the **inconveniences** of living in the country, he really wants to build a house there.
시골살이의 불편함에도 불구하고, 그는 정말로 그곳에 집을 짓고 싶어 합니다.

어휘가 쑥쑥
major inconvenience
큰 불편함
minor inconvenience
사소한 불편함

inconvenient /ˌɪnkənˈviːniənt/

형용사 (비교) more inconvenient (최상) most inconvenient) 불편한, 곤란한 (↔ convenient 편한)

Public transportation is really **inconvenient** in this area.
이 지역은 대중교통이 정말 불편하다.

incorrect /ˌɪnkəˈrekt/

형용사 정확하지 않은 (↔ correct 정확한, 옳은)

The information was **incorrect**. 그 정보는 부정확했다.

*increase /ɪnˈkriːs | ˈɪŋkriːs/

동사 (3단현) increases (과거·과분) increased
(현분) increasing) 증가하다
명사 (복) increases) 증가

동 증가하다, 증가시키다 (↔ decrease 감소하다, 감소시키다)
Exports decreased by 10 percent in 2020, but **increased** by 15 percent in 2021.
수출량이 2020년도에는 10퍼센트 감소했지만 2021년도에는 15퍼센트 증가했다.

명 증가 (↔ decrease 감소)
There has been a dramatic **increase** in the use of smartphones. 스마트폰 사용이 급격하게 증가했다.

> 어휘가 쑥쑥
> increase in population 인구 증가
> increase in prices 물가 상승
>
> 실력이 쑥쑥
> 동사와 명사의 강세 위치가 다른 것에 주의한다.

*incredible /ɪnˈkredəbl/

형용사 ① 믿어지지 않는 ② 놀라운

1 믿어지지 않는 (= unbelievable) (↔ credible 믿을 수 있는)
Her story is **incredible**. 그녀의 이야기는 믿기 힘들다.

2 놀라운, 엄청난, 굉장한 (= amazing)
She has an **incredible** memory.
그녀는 놀라운 기억력을 가지고 있다.

> 어휘가 쑥쑥
> incredibly ⑤ 믿을 수 없을 만큼, 엄청나게
> incredible moment 놀라운 순간

*indeed /ɪnˈdiːd/

부사 참으로, 정말로 (= truly, really)

Thank you very much **indeed**. 참으로 많이 고맙습니다.
He is **indeed** a successful businessman.
그는 참으로 성공한 사업가이다.

[속담] A friend in need is a friend **indeed**.
필요할 때 도움을 주는 친구가 진정한 친구이다.

> 실력이 쑥쑥
> indeed는 질문의 답을 강조할 때도 자주 쓰인다.
> A: Do you agree with me? (내 말에 동의하나?)
> B: Yes, indeed. (응, 정말로.)

independence /ˌɪndɪˈpendəns/

명사 독립, 자립 (↔ dependence 의존)

India got its **independence** from Britain in 1947.
인도는 1947년에 영국으로부터 독립했다.

재미가 쑥쑥

Independence Day (미국의) 독립 기념일
1776년 7월 4일 미국이 독립을 선포한 날로 국경일로 지정되었다. 불꽃놀이와 거리 행진(**parades**)이 대규모로 벌어지며, 가족들이 함께 모여 이날을 즐긴다.

*independent /ˌɪndɪˈpendənt/

형용사 (비교) more independent (최상) most independent) (국가가) 독립한, 독립적인, 독립심이 강한 (↔ dependent 의존적인)

Cuba became **independent** in 1898.
쿠바는 1898년에 독립했다.

index /ˈɪndeks/

명사 (복) index**es**) 색인(책 등의 본문에 실려 있는 주요 항목을 뽑아 배열해 놓은 목록), 찾아보기

The **index** is usually at the end of the book.
색인은 보통 책의 가장 뒷부분에 있다.

Look up the term you want in the **index**.
알고 싶은 용어를 색인에서 찾아보세요.

India /ˈɪndiə/ 명사 [지명] 인도

The capital of **India** is New Delhi. 인도의 수도는 뉴델리이다.

Indian /ˈɪndiən/ 형용사 명사 (복) Indian**s**) 인도의, 인도인(의), 인도어(의)

I love spicy **Indian** food. 나는 향이 강한 인도 음식을 좋아한다.

재미가 쑥쑥

예전에 미국에 사는 원주민을 **Indian**이라고 잘못 불렀던 적이 있다. 이는 콜럼버스가 자신이 발견한 곳이 인도라고 착각하고 그곳에 사는 사람을 인디언이라고 부른 실수에서 나왔다. 오랫동안 백인들이 미국 원주민을 무시하는 의도로 인디언이라고 불렀지만, 이제는 **Native American**이라고 불러야 한다.

*indicate /ˈɪndɪkeɪt/

동사 (3단현) indicate**s** (과거·과분) indicate**d** (현분) indicat**ing**)
① 가리키다 ② 나타내다

1 가리키다, 지시하다 (= point out)
He **indicated** the chart a few times during the presentation.
그는 발표 도중에 여러 번 그 도표를 가리켰다.

2 나타내다, 보여 주다 (= show)
This research **indicates** that most people are not satisfied

어휘가 쑥쑥

indication 명 지시, 암시
indicative 형 (~을) 가리키는, 표시하는, 암시하는
indicator 명 지시하는 사람, 표시, 지표

with their lives.
이번 조사는 대부분의 사람들이 자신의 생활에 만족하지 못하고 있음을 보여 준다.

indifferent /ɪnˈdɪfrənt/ 형용사 무관심한, 무심한, 냉담한

He remained **indifferent** toward my proposal.
그는 여전히 내 제안에 무관심했다.

어휘가 쑥쑥
indifference 명 무관심

indirect /ˌɪndəˈrekt, ˌɪndaɪˈrekt/ 형용사 ① 우회하는 ② 간접적인

1 우회하는 (🔍 바로 가지 않고 돌아서 가는)
We took an **indirect** route.
우리는 우회 도로를 선택했다.

2 간접적인
Stress is an **indirect** cause of cancer.
스트레스는 암 발생의 간접적인 원인이다.

어휘가 쑥쑥
indirectly 부 우회적으로, 간접적으로
indirect effect 간접적인 영향
indirect experience 간접 경험

✱ individual /ˌɪndɪˈvɪdʒuəl/ 형용사 개개의 명사 (북) individuals) 개인, 사람

형 개개의, 개인의, 독특한
All the people have their own **individual** way of life.
모든 사람은 자기 나름의 독특한 삶의 방식을 갖고 있다.

명 개인, 사람
Each **individual** has his own taste.
각 개인은 나름대로의 취향을 갖고 있다.

He is the **individual** who does his best at everything.
그는 모든 일에 최선을 다하는 사람이다.

어휘가 쑥쑥
individually 부 개별적으로, 개인적으로
individuality 명 개성, 특성
individualism 명 개인주의

indoor /ˈɪndɔːr/ 형용사 [명사 앞에서만 쓰임] 안의, 실내의 (↔ outdoor 야외의)

There is an **indoor** pool in his house.
그의 집에는 실내 수영장이 있다.

어휘가 쑥쑥
indoor activity 실내 활동

indoors /ˌɪnˈdɔːrz/ 부사 안에, 안에서, 실내에서 (↔ outdoors 야외에서)

The table tennis is played **indoors**. 탁구는 실내에서 경기합니다.

industrial /ɪnˈdʌstriəl/ 형용사 산업의

Korea is regarded as an **industrial** country.
한국은 산업 국가로 여겨진다.

industry /ˈɪndəstri/ | 명사 (복 industries) 산업, 업계, 제조업 (= business)

Hollywood is the center of the American movie **industry**.
할리우드는 미국 영화 산업의 중심지이다.
The development of music **industry** will take several years.
음악 산업의 발달에 여러 해가 걸릴 것이다.

어휘가 쑥쑥
heavy[light] industry 중[경]공업
high-tech industry 첨단 산업

inefficient /ˌɪnɪˈfɪʃnt/ | 형용사 비효율[비능률]적인, 효과 없는 (↔ efficient 효율적인)

Email is **inefficient** in some cases.
몇몇 경우에서 이메일은 비효율적이다.

inevitable /ɪnˈevɪtəbl/ | 형용사 불가피한, 피할 수 없는

Death is **inevitable** to all people. 모든 사람에게 죽음은 불가피하다.
The accident was **inevitable**. 그 사고는 피할 수 없었다.

어휘가 쑥쑥
inevitably 🔹 불가피하게

inexpensive /ˌɪnɪkˈspensɪv/ | 형용사 (비교 more inexpensive 최상 most inexpensive) 비싸지 않은, 싼 (= cheap)

This house is relatively **inexpensive**. 이 집은 비교적 가격이 낮다.
Chicken breast and beans are an **inexpensive** source of protein. 닭 가슴살과 콩은 가격이 비싸지 않은 단백질원입니다.

어휘가 쑥쑥
inexpensively 🔹 값싸게

infamous /ˈɪnfəməs/ | 형용사 (비교 more infamous 최상 most infamous) 악명 높은 (= notorious)

New York is **infamous** for its cold winters.
뉴욕은 추운 겨울로 악명이 높다.

infant /ˈɪnfənt/ | 명사 (복 infants) 유아, 아기, (7세 미만의) 아동

The **infant** was seriously ill. 아기가 심하게 아팠다.
She is feeding her **infant**. 그녀는 아기에게 젖을 먹이고 있다.

infect /ɪnˈfekt/ | 동사 (3단현 infects 과거·과분 infected 현분 infecting) (세균·병을) 전염시키다, 감염시키다

I was **infected** with flu. 나는 독감에 걸렸다.
Cover your mouth when you cough so that you won't **infect** others.
다른 사람들을 감염시키지 않도록 기침할 때 입을 가리세요.

어휘가 쑥쑥
infection 명 감염, 전염
infectious 형 전염성의

inferior /ɪnˈfɪriər/
형용사 (비교) more inferior (최상) most inferior (품질 등이) 낮은, 떨어지는, (계급이) 하급의 (↔ superior 우월한)

His smartphone is **inferior** to mine.
그의 스마트폰은 내 것보다 품질이 떨어진다.
A captain is **inferior** to a major.
대위는 소령보다 계급이 낮습니다.

어휘가 쑥쑥
inferior goods[products] 질 낮은 제품

infinite /ˈɪnfɪnət/
형용사 셀 수 없는, 무한한, 무궁한

The universe is **infinite**. 우주는 무한하다.
You have **infinite** possibilities.
당신은 무한한 가능성을 가지고 있습니다.

어휘가 쑥쑥
infinity 명 무한대 (∞)

*influence /ˈɪnfluəns/
동사 (3단현) influences (과거·과분) influenced (현분) influencing
영향을 미치다 명사 (복) influences 영향

동 영향을 미치다 (= affect)
Chinese characters **influenced** Japanese a lot.
한자는 일본어에 많은 영향을 주었다.
I was greatly **influenced** by my mother.
나는 엄마의 영향을 많이 받았다.

명 영향, 영향력 (= effect)
Internet has too much **influence** on children these days.
요즘 인터넷은 아이들에게 아주 많은 영향을 끼친다.

어휘가 쑥쑥
big[great] influence 큰 영향력
direct influence 직접적인 영향
indirect influence 간접적인 영향

influenza /ˌɪnfluˈenzə/
명사 독감, 유행성 감기 (= flu)

I caught **influenza**. 나는 독감에 걸렸다.

*inform /ɪnˈfɔːrm/
동사 (3단현) informs (과거·과분) informed (현분) informing
알리다, 보고하다 (= report)

She **informed** me of her new address.
그녀는 나에게 자신의 새 주소를 알려 주었다.
He **informed** me that he couldn't attend the meeting tomorrow.
그는 나에게 내일 회의에 참석할 수 없다고 알려 주었다.

어휘가 쑥쑥
informative 형 유익한
informed 형 견문이 넓은, 정보에 근거한

*informal /ɪnˈfɔːrml/
형용사 비공식적인 (↔ formal 공식적인), 격식을 차리지 않는, 편안한 (= casual)

The two countries had an **informal** meeting.
양국은 비공식 회담을 가졌다.
He likes **informal** clothes. 그는 편안한 옷을 좋아한다.

> 어휘가 쑥쑥
> informality 명 비공식
> informally 부 비공식적으로

information /ˌɪnfərˈmeɪʃn/ 명사 정보, 지식, 안내

For more **information**, call 123-4567.
더 자세한 정보를 원하시면 123-4567로 전화해 주십시오.
A: Can I help you? 뭘 도와드릴까요?
B: I'd like some **information** about trains to Chicago.
시카고행 열차에 대한 정보 좀 얻고 싶은데요.

> 어휘가 쑥쑥
> information desk 안내소
> useful information
> 유용한 정보
> the latest information
> 최신 정보

> 실력이 쑥쑥

information 읽고, 보고, 들은 바를 통해 모아진 사실들로 그것이 사실일 수도, 아닐 수도 있음
knowledge 어떤 사실에 대해 연구하고 또 그 사실에 근거하여 추론해 낸 지식

*ingredient /ɪnˈɡriːdiənt/ 명사 (복) ingredients) 재료, 성분 (🔍 물질의 바탕을 이루고 있는 화학적 구성 요소)

Garlic and ginger are important **ingredients** for *Kimchi*.
마늘과 생강은 김치의 주요 재료들입니다.

*inhabit /ɪnˈhæbɪt/ 동사 (3단현 inhabits 과거·과분 inhabited 현분 inhabiting)
살다, 거주하다(= live, dwell), 서식하다

These islands are **inhabited** only by seagulls.
이 섬들에는 갈매기들만 서식하고 있습니다.
A large number of parrots **inhabit** this forest.
많은 앵무새들이 이 숲에 살고 있다.

> 실력이 쑥쑥
> inhabit은 과학 분야에서 주로 쓰고, 보통의 경우에는 live in을 많이 쓴다.

inhale /ɪnˈheɪl/ 동사 (3단현 inhales 과거·과분 inhaled 현분 inhaling)
들이마시다, 흡입하다

Inhale the fresh air. 신선한 공기를 들이마시세요.

inherit /ɪnˈherɪt/ 동사 (3단현 inherits 과거·과분 inherited 현분 inheriting)
① 상속받다 ② 물려받다

1 (재산·권리 등을) 상속받다
I will soon **inherit** the house from my parents.
나는 곧 부모님으로부터 집을 상속받는다.

2 (유전적 특징을) 물려받다
She **inherited** blue eyes from her father.

> 어휘가 쑥쑥
> inheritance 명 상속, 유전
> inherited 형 상속된, 유전된

그녀는 아빠의 푸른 눈을 물려받았다.

initial /ɪˈnɪʃl/ | 명사 (복 initials) 첫 글자 | 형용사 처음의

명 (이름의) 첫 글자, 머리글자
Richard Wright's **initials** are R.W.
리처드 라이트의 머리글자는 R.W이다.

형 처음의, 최초의
What are the **initial** symptoms of the disease?
그 질병의 초기 증상은 어떤 것들인가요?

> **실력이 쑥쑥**
> initial은 '이니셜'이라고도 부르며, 이름과 같은 고유명사의 첫 글자를 딴 알파벳 표기를 뜻한다.

initiate /ɪˈnɪʃieɪt/ | 동사 (3단현 initiates 과거·과분 initiated 현분 initiating)
시작하다 (= begin), 일으키다, 개시하다

They **initiated** a campaign against the war.
그들은 전쟁을 반대하는 운동을 벌였다.
Scientists wanted to **initiate** their experiments separately.
과학자들은 본인들의 실험을 따로따로 착수하기를 원했습니다.

> **어휘가 쑥쑥**
> initiation 명 시작, 개시
> initiative 명 처음의, 시작의

injure /ˈɪndʒər/ | 동사 (3단현 injures 과거·과분 injured 현분 injuring)
다치게 하다, 부상을 입히다 (= hurt)

He **injured** his leg playing soccer.
그는 축구를 하다가 다리를 다쳤다.
He was badly **injured** in the car accident.
그는 교통사고로 심하게 다쳤다.

> **실력이 쑥쑥**
> injure 주로 사고로 부상을 입은 경우
> hurt 신체를 다쳤을 경우

injury /ˈɪndʒəri/ | 명사 (복 injuries) 부상, 상처, 피해

This sharp edge can cause **injuries**.
이 날카로운 모서리에 상처를 입을 수 있다.
I had a minor **injury**. 나는 가벼운 부상을 입었다.

> **어휘가 쑥쑥**
> suffer an injury
> 부상을 입다

ink /ɪŋk/ | 명사 잉크

The document should be written in black **ink**.
문서는 검은색 잉크로 작성해야 합니다.

inn /ɪn/ | 명사 (복 inns) (시골의) 작은 여관

He walked a long way and stopped at a small **inn**.
그는 먼 길을 걸어서 어느 작은 여관에 들어갔다.

innocence /ˈɪnəsns/ 명사 결백(🔍 잘못이나 죄를 저지른 것이 없는 것), 무죄 (↔ guilt 유죄)

All those facts proved her **innocence**.
그 모든 사실들이 그녀의 무죄를 입증하였다.

*innocent /ˈɪnəsnt/ 형용사 (비교 more innocent 최상 most innocent)
① 순진한 ② 결백한

1 순진한, 천진난만한 (= pure)
Olivia is as **innocent** as a child.
올리비아는 어린아이처럼 천진난만하다.

2 결백한, 무죄의 (↔ guilty 유죄의)
Mia was found **innocent** of the charges.
미아는 그 혐의들에 대해 결백한 것으로 밝혀졌다.

어휘가 쑥쑥
innocently 부 순진하게, 천진난만하게
innocent lie 악의 없는 거짓말
innocent victim 무고한 희생자

*input /ˈɪnpʊt/ 명사 (복 inputs) 투입, 입력
동사 (3단현 inputs 과거·과분 input, inputted 현분 inputting) 입력하다

명 투입, 입력 (↔ output 생산, 출력)
A keyboard is one of the **input** devices.
키보드는 입력 장치의 한 종류이다.

동 입력하다 (↔ output 출력하다)
Input this data into the computer. 컴퓨터에 이 자료를 입력해라.

*insect /ˈɪnsekt/ 명사 (복 insects) 벌레, 곤충 (= bug) (☞ 493쪽)

Insects have six legs and usually have wings.
곤충은 다리가 6개이고 보통 날개를 가지고 있다.

*inside /ˌɪnˈsaɪd/ 전치사 ~ 안에 부사 안쪽에 명사 (복 insides) 안 형용사 안의

전 ~ 안에, 안으로, 안쪽에 (↔ outside ~ 밖에, 밖으로)
Visitors can go **inside** the Statue of Liberty.
방문객은 자유의 여신상 안에 들어갈 수 있다.

The dentist looked **inside** my mouth.
치과 의사는 내 입 안을 들여다보았다.

부 안에, 안쪽에, 안으로 (↔ outside 밖에, 밖으로)
He opened the box and looked **inside**.
그는 상자를 열고 안을 들여다보았다.

명 [the와 함께 써서] 안, 내부 (↔ outside 밖, 외부)

outside / inside

The **inside** of the church is decorated with stained glass.
교회 내부는 스테인드글라스로 꾸며져 있다.
We can open this door from the **inside**, but not from the outside. 이 문은 안에서는 열 수 있지만 밖에서는 열 수 없다.

어휘가 쑥쑥
inside out (안팎을) 뒤집어서
inside pocket 안주머니
inside information
내부 정보

형 안의, 내부의 (↔ outside 밖의, 외부의)
Whenever I buy a new book, I always write my name on the **inside** cover. 나는 새 책을 사면 항상 속표지에 내 이름을 쓴다.

insist /ɪnˈsɪst/ 〔동사〕 (3단현) insists (과거·과분) insisted (현분) insisting
주장하다, 우기다, 강조하다 (= claim)

Henry **insisted** that he didn't break the window.
헨리는 창문을 깨지 않았다고 우겼다.

My teacher **insisted** on the importance of school rules.
선생님은 교칙의 중요성을 강조하셨다.

〔어휘가 쑥쑥〕
insistence 〔명〕 주장, 고집
insistent 〔형〕 주장하는, 우기는, 끈질긴

inspect /ɪnˈspekt/ 〔동사〕 (3단현) inspects (과거·과분) inspected (현분) inspecting
점검하다, 조사하다, 면밀하게 살피다

You should **inspect** the bicycle before you buy it.
자전거를 사기 전에 면밀히 점검해 봐야 한다.

The police **inspected** the scene of the accident.
경찰은 그 사건의 현장을 조사했다.

〔어휘가 쑥쑥〕
inspection 〔명〕 점검, 조사
inspector 〔명〕 조사원, 검사원

instant /ˈɪnstənt/ 〔형용사〕 즉시의 〔명사〕 (복) instants 순간

〔형〕 즉시의, 즉석의, 즉각적인 (= immediate)
Thank you for the **instant** answer.
즉시 답장해 주셔서 감사 드립니다.

His refrigerator is full of **instant** food.
그의 냉장고는 인스턴트 식품으로 가득하다.

〔명〕 순간 (= moment)
I wondered if I should accept his proposal for an **instant**.
나는 그의 제안을 받아들일지 잠깐 고민했다.

〔어휘가 쑥쑥〕
instantly 〔부〕 즉시, 즉석에서

〔재미가 쑥쑥〕
instant food는 즉석에서 간단하게 조리해 먹을 수 있는 식품을 말한다.

instead /ɪnˈsted/ 〔부사〕 그 대신에

My father doesn't smoke any more. He chews gum **instead**.
아버지는 더 이상 담배를 피우지 않으신다. 대신에 껌을 씹으신다.

〔숙어〕 **instead of** ~ 대신에, ~하는 대신에 (= in place of)
Nowadays a lot of people send e-mails *instead of* letters.
요즘은 많은 사람들이 편지 대신에 이메일을 보낸다.

〔실력이 쑥쑥〕
instead of는 전치사로 of 뒤에 항상 명사나 동명사 (-ing)를 쓴다.

institute /ˈɪnstɪtuːt/ 〔명사〕 (복) institutes 협회, 학회, 전문 교육 기관, 연구소

The scientific research **institute** has more than 1,000 members. 과학 연구 협회에는 천 명 이상의 회원이 있다.

Alice is studying in an art **institute**.
앨리스는 예술 전문 학교에서 공부하고 있다.

〔어휘가 쑥쑥〕
language institute
어학원

institution /ˌɪnstɪˈtuːʃn/ 명사 (복) institutions ① 기관 ② 제도

1 기관, 협회, 단체
Chris worked at the same **institution** as Paul.
크리스는 폴과 같은 협회에서 일했다.

어휘가 쑥쑥
educational[medical] institution 교육[의료] 기관

2 제도, 법, 관습 (한 사회에서 오랜 시간에 걸쳐 굳어져서 지켜지는 규범이나 생활 방식)
Giving presents on Christmas is an **institution**.
성탄절에 선물을 주는 것은 하나의 관례이다.

instruction /ɪnˈstrʌkʃn/ 명사 (복) instructions ① 가르침 ② 지시

1 [불] 가르침, 교육
He gives **instruction** in Chinese at the university.
그는 대학에서 중국어를 가르친다.

어휘가 쑥쑥
instructor 명 가르치는 사람, 강사
instruct 동 지시하다, 가르치다
instructive 형 유익한

2 지시, 명령, 지시문, 설명서 (= direction)
Read the **instructions** before you use the vacuum cleaner.
진공청소기를 사용하기 전에 설명서를 읽어 보세요.

instrument /ˈɪnstrəmənt/ 명사 (복) instruments ① 도구 ② 악기

1 도구, 기구 (= device, tool)
Scientists measure earthquakes using a certain **instrument**.
과학자들은 특정한 기구를 이용해서 지진을 측정한다.

Doctors handle the medical **instruments** carefully.
의사들은 의료 기구를 조심스럽게 다룬다.

어휘가 쑥쑥
keyboard instrument 건반 악기
electronic instrument 전자 악기
percussion instrument 타악기
woodwind instrument 목관 악기

2 악기 (= musical instrument) (☞ 496, 497쪽)
Trumpets and trombones are the brass **instruments**.
트럼펫과 트롬본은 금관 악기다.

실력이 쑥쑥
instrument는 의학이나 과학 등에 쓰이는 기구로, tool(도구)보다 정밀한 작업에 쓴다.

insult /ɪnˈsʌlt/ 동사 (3단현) insults (과거·과분) insulted (현분) insulting
모욕하다, 모욕을 주다

Alice **insulted** us in public. 앨리스는 사람들 앞에서 우리를 모욕했다.

insurance /ɪnˈʃʊrəns/ 명사 보험, 보험금

We decided to take out fire **insurance** on our house.
우리는 우리 집에 대한 화재 보험을 들기로 정했다.

instrument

1. **brass instrument** 금관 악기
   ① **horn** 호른
   ② **trombone** 트롬본
   ③ **trumpet** 트럼펫

2. **percussion** 타악기
   ④ **cymbals** 심벌즈
   ⑤ **drum** 드럼
   ⑥ **tambourine** 탬버린
   ⑦ **triangle** 트라이앵글
   ⑧ **xylophone** 실로폰

3. **keyboard instrument** 건반 악기
   ⑨ **accordion** 아코디언
   ⑩ **organ** 오르간
   ⑪ **piano** 피아노
   ⑫ **synthesizer** 신시사이저

instrument 497

4. **string instrument** 현악기
   ⑬ **cello** 첼로
   ⑭ **contrabass**(= **double bass**)
      콘트라베이스 (더블 베이스)
   ⑮ **guitar** 기타
   ⑯ **harp** 하프
   ⑰ **viola** 비올라
   ⑱ **violin** 바이올린

5. **wind instrument** 관악기
   ⑲ **bagpipe** 백파이프
   ⑳ **bassoon** 바순
   ㉑ **clarinet** 클라리넷
   ㉒ **flute** 플루트
   ㉓ **recorder** 리코더
   ㉔ **saxophone** 색소폰

Jim works for an **insurance** company.
짐은 보험 회사에서 일하고 있다.

intelligent /ɪnˈtelɪdʒənt/
형용사 (비교) more intelligent (최상) most intelligent)
머리가 좋은, 총명한, 똑똑한 (= bright, smart)

Abraham Lincoln was **intelligent** and diligent when he was young.
에이브러햄 링컨은 어렸을 때 머리가 좋고 부지런했다.

My dog is really **intelligent**. He always realizes what I want.
내가 기르는 개는 정말 똑똑하다. 내가 뭘 원하는지 항상 눈치챈다.

어휘가 쑥쑥
intelligence 명 지능, 이해력, 지성
intelligently 부 지적으로, 총명하게

intend /ɪnˈtend/
동사 (3단현) intends (과거·과분) intended (현분) intending)
~하려고 하다, ~할 작정이다 (= plan)

I **intend** to travel abroad this summer vacation.
나는 이번 여름 방학에 해외여행을 하려고 한다.

I didn't **intend** to insult him. 나는 그를 모욕할 의도는 아니었다.

I **intended** him to come. 나는 그를 오게 할 생각이었다.

어휘가 쑥쑥
intention 명 의도, 의지, 의향

intensive /ɪnˈtensɪv/
형용사 집중적인, 격렬한

I took an **intensive** English course during the vacation.
나는 방학 동안 집중 영어 과정을 들었다.

This English program is very **intensive**.
이 영어 프로그램의 강도는 매우 높다.

Elsa got six weeks of **intensive** training.
엘사는 6주간의 집중 훈련을 받았다.

어휘가 쑥쑥
intensive discussion 격렬한 토론
intensive care 집중 치료

interact /ˌɪntərˈækt/
동사 (3단현) interacts (과거·과분) interacted (현분) interacting)
① 교류하다 ② 작용하다

1 교류하다

She **interacts** well with other people.
그녀는 다른 사람들과 잘 어울린다.

2 상호 작용하다

When these two drugs **interact**, the results can be deadly.
이 두 약물이 서로 작용하게 되면, 그 결과는 치명적일 수 있다.

어휘가 쑥쑥
interaction 명 상호 작용, 교류
interactive 형 상호적인
interactively 부 상호적으로, 쌍방향으로

intercept /ˌɪntərˈsept/
동사 (3단현) intercepts (과거·과분) intercepted (현분) intercepting)
가로채다, 중간에서 빼앗다

It's illegal to **intercept** a message.
메시지를 중간에 가로채는 것은 불법이다.
Jeremy **intercepted** the ball. 제러미는 공을 중간에서 가로챘다.

> 어휘가 쑥쑥
> **interceptive** 형 가로막는, 방해하는

interchange
/ˌɪntərˈtʃeɪndʒ | ˈɪntərtʃeɪndʒ/

동사 (3단현) interchanges (과거·과분) interchanged (현분) interchanging) 교환하다
명사 (복) interchanges) ① 교환 ② 인터체인지

동 교환하다, 주고받다
They **interchanged** their opinions in the discussion.
그들은 토론에서 의견을 주고받았다.

명 1 교환, 주고받기
The **interchange** of ideas made the debate even more interesting.
아이디어의 교환이 그 토론을 훨씬 더 흥미롭게 만들었다.

2 (고속 도로의) 인터체인지, 나들목
A highway **interchange** is a road junction.
고속 도로 나들목은 도로 분기점입니다.

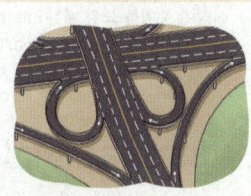

> 실력이 쑥쑥
> 동사와 명사의 강세 위치가 다른 것에 주의한다.

*interest /ˈɪntrəst/

명사 (복) interests) ① 관심 ② 이자
동사 (3단현) interests (과거·과분) interested (현분) interesting)
관심을 가지게 하다

명 1 관심, 흥미
I have no **interest** in computer games.
나는 컴퓨터 게임에 아무 관심이 없다.

Our common **interests** are movies and music.
우리의 공통된 관심사는 영화와 음악이다.

I lost **interest** in sports. 나는 스포츠에 흥미를 잃었다.

2 (불) 이자(?)
If you have a savings account, you will earn **interest** monthly.
예금 계좌를 가지고 있다면, 매달 이자를 받을 것이다.

동 관심을 가지게 하다, 관심을 끌다
This trip **interested** me in European culture and languages.
이번 여행으로 나는 유럽 문화와 언어들에 대한 관심이 생겼다.

> 어휘가 쑥쑥
> have[take] an interest in
> ~에 흥미가 있다
> with interest 흥미를 가지고
> interest rate 이자율
> public interest 공익

> 뜻풀이
> 이자 남에게 돈을 꾸어 쓴 값으로 치르는 일정한 비율의 돈

interested /ˈɪntrəstɪd/

형용사 (비교) more interested (최상) most interested)
관심이 있는, 흥미를 가진

I am not very **interested** in political issues.
나는 정치 문제에 별로 관심이 없다.

interesting /ˈɪntrəstɪŋ/
[형용사] ([비교] more interesting [최상] most interesting)
재미있는, 흥미진진한 (= exciting) (↔ boring 지루한)

I read this novel three times. It was very **interesting**.
나는 이 소설책을 세 번 읽었는데, 정말 재미있었다.

[실력]이 쑥쑥

interested & interesting
사람이 흥미를 느낄 때는 interested를 쓰고, 흥미를 주는 대상에 대해서는 interesting을 쓴다.
- I am *interested* in the game. (나는 그 게임에 흥미가 있다.)
- The game is *interesting*. (그 게임은 흥미롭다.)

international /ˌɪntərˈnæʃnəl/
[형용사] ([비교] more international [최상] most international) 국제의, 국제적인

English is an **international** language.
영어는 국제적인 언어이다.
New York City has two **international** airports.
뉴욕시에는 국제공항이 두 개 있다.

Internet /ˈɪntərnet/
[명사] 인터넷 (= net)

My sister orders books on the **Internet**.
우리 언니는 인터넷으로 책을 주문한다.
When I need some information, I surf the **Internet** first.
나는 필요한 정보가 있으면 우선 인터넷 검색을 한다.

[어휘]가 쑥쑥
Internet user 인터넷 사용자
access the Internet 인터넷에 접속하다

interrupt /ˌɪntəˈrʌpt/
[동사] ([3단현] interrupts [과거·과분] interrupted [현분] interrupting)
방해하다, 중단시키다, 끼어들다 (= disturb, bother)

May I **interrupt** you for a moment?
잠깐 방해해도 괜찮을까요?
Don't **interrupt** our conversation. 우리 대화를 방해하지 마라.
A: Sorry to **interrupt** you, but what time is it now?
말씀 중에 죄송하지만, 지금 몇 시인가요?
B: It's two o'clock. 두 시예요.

[어휘]가 쑥쑥
interruption [명] 방해
interrupt the view 시야를 막다

interview /ˈɪntərvjuː/
[명사] ([복] interviews) 인터뷰, 면접
[동사] ([3단현] interviews [과거·과분] interviewed [현분] interviewing)
인터뷰하다

[명] 인터뷰, 면접
I heard the **interview** of the famous singer on the radio.

[어휘]가 쑥쑥
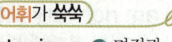
interviewer [명] 면접관

introduce 501

나는 라디오에서 그 유명한 가수의 인터뷰를 들었다.
I have a job interview this afternoon.
오늘 오후에 취업 면접이 있다.

동 인터뷰하다, 면접하다
The reporter interviewed the mayor of *Seoul*.
그 기자는 서울 시장을 인터뷰했다.

interviewee 명 면접 대상자 (면접 보는 사람)
in-depth interview 심층 면접
final interview 최종 면접
official interview 공식 회견

into /ˈɪntu/ 전치사 ① ~의 안으로 ② [변화·결과] ~으로 ③ ~에 부딪쳐 ④ [방향] ~으로

1 [장소] **~의 안으로** (↔ out of ~의 밖으로)
My father came into my room.
아버지께서 내 방으로 들어오셨다.

Jack couldn't get into his house because he had lost his key.
잭은 열쇠를 잃어버려서 집 안으로 들어갈 수 없었다.

2 [변화·결과] **~으로**
First, cut the baguette into small pieces.
우선 바게트 빵을 작게 잘라라.

My dream is to translate Korean novels into English.
내 꿈은 한국 소설을 영어로 번역하는 것이다.

The *Han* River divides Seoul into two parts.
한강은 서울을 둘로 나눈다.

Can you change a five-dollar bill into five one-dollar bills?
5달러짜리 지폐를 1달러짜리 지폐 다섯 장으로 바꿔 주시겠어요?

3 [충돌·접촉] **~에 부딪쳐**
The taxi ran into a truck. 택시는 트럭과 충돌했다.

4 [방향] **~으로, ~을 향해**
We were going into town. 우리는 시내로 가고 있었다.

실력이 쑥쑥

in은 '~ 안에서'라는 뜻으로 위치를 나타내고, into는 '~ 안으로'라는 뜻으로 위치 이동을 나타낸다.
He is swimming *in* the sea.
(그는 바다에서 수영하고 있다.)
He is diving *into* the sea.
(그는 바다로 다이빙하고 있다.)

introduce /ˌɪntrəˈduːs/ 동사 (3단현) introduces (과거·과분) introduced (현분) introducing ① 소개하다 ② 도입하다

1 소개하다
Let me introduce myself. My name is Nuri and I'm from Korea.
제 소개를 하겠습니다. 제 이름은 누리이고, 한국에서 왔습니다.

2 (새로운 것을) 들여오다, 도입하다
Tobacco was introduced into Korea from Japan in the 17th century.
담배는 17세기에 일본에서 한국으로 도입되었다.

Let me *introduce* myself.

invent /ɪnˈvent/ 동사 (3단현) invents (과거·과분) invented (현분) inventing 발명하다

Hangeul was **invented** by King *Sejong* and his scholars.
한글은 세종 대왕과 학자들에 의해 창제되었다.

어휘가 쑥쑥
inventor 명 발명가

invention /ɪnˈvenʃn/ 명사 (복) inventions 발명, 발명품

People wrote on wood before the **invention** of the paper.
사람들은 종이가 발명되기 이전엔 나무에 글을 썼다.

[속담] Necessity is the mother of **invention**. 필요는 발명의 어머니.

investigate /ɪnˈvestɪɡeɪt/ 동사 (3단현) investigates (과거·과분) investigated (현분) investigating (상황·사건·범죄 등에 대해) 수사하다, 조사하다, 살피다 (= look into, examine)

The police is **investigating** the cause of the accident.
경찰이 사고의 원인을 조사하는 중이다.

A: What was that noise? 무슨 소리였지?
B: I'll go and **investigate**. 내가 가서 살펴볼게.

어휘가 쑥쑥
investigator 명 조사관, 수사관   investigation 명 조사, 수사, 연구

invisible /ɪnˈvɪzəbl/ 형용사 보이지 않는 (↔ visible 눈에 보이는)

The moon was **invisible** behind the clouds.
달이 구름 뒤에서 보이지 않았다.

The gas is **invisible** but highly dangerous.
가스는 눈에 보이지 않지만 매우 위험하다.

어휘가 쑥쑥
invisibly 부 눈에 보이지 않게

invitation /ˌɪnvɪˈteɪʃn/ 명사 (복) invitations 초대, 초청, 초대장

Thank you for the **invitation**. 초대해 주셔서 감사합니다.
I accepted the **invitation** to the Christmas party.
나는 크리스마스 파티 초대에 응했다.

어휘가 쑥쑥
letter of invitation 초대장
wedding invitation 청첩장

invite /ɪnˈvaɪt/ 동사 (3단현) invites (과거·과분) invited (현분) inviting 초대하다, 초청하다

My teacher **invited** us to dinner.
우리 선생님은 우리를 저녁 식사에 초대하셨다.

We were **invited** to Peter's birthday party.
우리는 피터의 생일 파티에 초대받았다.

어휘가 쑥쑥
invite an opinion
의견을 구하다

*involve /ɪnˈvɑːlv/
동사 (3단현) involves (과거·과분) involved (현분) involving
① 포함하다 ② 관여시키다

1 포함하다, 수반하다
Opera **involves** music and drama.
오페라에는 음악과 드라마가 포함된다.

2 (사건 등에) 관여시키다, 끌어들이다
Don't **involve** me in your quarrel. 네 싸움에 나를 끌어들이지 마.

어휘가 쑥쑥
involvement 명 관련, 관여, 몰두
involved 형 관련된, 참여하는

Iran /ɪˈrɑːn|ɪˈræn/
명사 [지명] 이란

Iranian /ɪˈreɪniən/
명사 **형용사** (복) Iranians 이란의, 이란인(의), 이란어(의)

Iraq /ɪˈrɑːk|ɪˈræk/
명사 [지명] 이라크

Iraqi /ɪˈrɑːki/
명사 **형용사** (복) Iraqis 이라크의, 이라크인(의), 이라크어(의)

*iron /ˈaɪərn/
명사 (복) irons ① 철 ② 다리미
동사 (3단현) irons (과거·과분) ironed (현분) ironing 다림질하다

명 1 철, 쇠
This gate is made of **iron** and very strong.
이 문은 철로 만들어져서 매우 튼튼하다.

2 다리미
A: Can I use an **iron**? 다리미 좀 써도 될까요?
B: Sure. Here you are. 물론이죠. 여기 있습니다.

동 다림질하다, 다리다 (= press)
My father was **ironing** my shirts when I came into the room.
방에 들어갔을 때 아버지는 내 셔츠를 다리고 계셨다.

어휘가 쑥쑥
the Iron Age 철기 시대
ironing board 다리미판
steam iron 스팀 다리미

실력이 쑥쑥
r은 발음하지 않는 것에 주의한다.

*irritate /ˈɪrɪteɪt/
동사 (3단현) irritates (과거·과분) irritated (현분) irritating
① 짜증 나게 하다 ② 자극하다

1 짜증 나게 하다, 거슬리다 (= annoy)
Their constant chatter **irritated** other people in the train.
계속되는 그들의 수다는 기차 안의 다른 사람들을 짜증 나게 했다.

2 (피부 등을) 자극하다

어휘가 쑥쑥
irritation 명 짜증 나게 함, 짜증, 자극
irritated 형 짜증 나는
irritating 형 자극하는

This liquid soap may **irritate** my skin.
이 액체 비누는 내 피부를 자극할 수도 있다.

is /ɪz/ 동사 [be의 3인칭 단수의 현재형] 이다, 있다 (☞ be)

He **is** a science teacher. 그는 과학 선생님이다.
This puppy **is** so cute, **isn't** it?
이 강아지 너무 귀엽다, 그렇지 않니?
A: Where **is** Amy? 에이미는 어디에 있니?
B: She **is** in her room. She **is** studying now.
방에 있어요. 지금 공부하고 있어요.

> 실력이 쑥쑥
> 회화에서는 흔히 he's, she's, it's로 쓴다. 단, is가 문장 끝에 오는 경우에는 단축형 's를 쓰지 않는다.
> A: Is she Mary?
> B: Yes, she *is*.

*island /ˈaɪlənd/ 명사 (복) islands 섬

Fiji is an **island** country in the Pacific Ocean.
피지는 태평양에 있는 섬나라입니다.
Mr. and Mrs. Johnson live on a beautiful **island** in the Caribbean. 존슨 씨 부부는 카리브해에 있는 아름다운 섬에 살고 있습니다.

> 실력이 쑥쑥
> s는 발음하지 않는 것에 주의한다.

isn't /ˈɪznt/ is not의 줄임말 (☞ is)

isolation /ˌaɪsəˈleɪʃn/ 명사 고립, 분리, 격리

He lives in **isolation** from the world.
그는 세상과 격리된 채 살고 있다.

> 어휘가 쑥쑥
> isolate 동 고립시키다

Israel /ˈɪzreɪl/ 명사 [지명] 이스라엘

Israeli /ɪzˈreɪli/ 명사 형용사 (복) Israelis 이스라엘의, 이스라엘인(의)

issue /ˈɪʃuː/ 명사 (복) issues ① 논의 ② 발행
동사 (3단현) issues (과거·과분) issued (현분) issuing 발행하다

명 1 논의, 이슈, 쟁점
Nowadays, dieting is a big **issue** among people.
요즘 다이어트는 사람들 사이에서 큰 논읫거리가 되고 있다.
School violence is the main **issue** in this discussion.
학교 폭력이 이번 토론의 주요 쟁점이다.

2 발행, (출판물의) ~호
This is the New Year's **issue** of the magazine.
이것이 이 잡지의 신년 호이다.

> 어휘가 쑥쑥
> social issue 사회적 쟁점
> political issue 정치적 쟁점
> moral issue 도덕적 문제
> key issue 핵심 쟁점
> the latest[current] issue 최신 호

동 (출판물을) 발행하다, 출간하다 (= publish)
This magazine is **issued** every month. 이 잡지는 매달 발행된다.

it /ɪt/ | 대명사 | ① 그것 ② [비인칭 주어] ③ [가주어]

1 그것 (☞ one)
Look! **It's** going up the tree. 봐! 그게 나무 위로 올라가고 있어.
A: What is this? 이것은 무엇인가요?
B: **It's** a camera. 그것은 카메라예요.

> **문법**이 쑥쑥
> ***it의 변화형***
> | 주격 | it (그것은) |
> |---|---|
> | 소유격 | its (그것의) |
> | 목적격 | it (그것을) |
> | 재귀대명사 | itself (그 자신) |

2 [시간·날씨·거리·온도·명암 등을 나타내는 비인칭 주어]
It's dark in this room. Let's turn on the light.
이 방이 어두우니 불을 켜자.
A: What time is **it** now? 지금 몇 시니?
B: **It's** ten to twelve. **It** will soon be lunch time.
12시 10분 전이야. 곧 점심시간이야.
A: What's the weather like today? 오늘 날씨가 어때요?
B: **It's** cloudy and cold. 흐리고 추워요.

> **실력**이 쑥쑥
> it은 주로 사물이나 동물을 대신 받는 대명사이지만, 간혹 성별을 구분하기 어려운 아기나 누구인지 모르는 사람도 대신 받을 수 있다.
> • What a sweet baby! Is *it* a girl? (정말 귀여운 아기네요! 여자아이인가요?)
> • A: Who is *it*? (누구세요?)
>   B: *It's* me. (저예요.)

3 [가주어] 《형식 주어로서 뒤에 나오는 사실상의 주어인 부정사구·동명사구·that절 등을 대표한다.》
It is easy for me to learn how to swim.
수영을 배우는 것은 나에게는 쉽다.
It is certain that he will come to the party.
그가 파티에 올 것이 확실하다.

> **문법**이 쑥쑥
> It... that 강조 구문: 강조하고자 하는 단어나 구를 It과 that 사이에 넣는다.
> I met Anne in the park yesterday. (나는 어제 공원에서 앤을 만났다.)
> *It* was I *that* met Anne in the park yesterday. (어제 공원에서 앤을 만난 사람은 나였다.) (I 강조)
> *It* was Anne *that* I met in the park yesterday. (어제 내가 공원에서 만난 사람은 앤이었다.) (Anne 강조)
> *It* was in the park *that* I met Anne yesterday. (어제 내가 앤을 만난 곳은 공원이었다.) (in the park 강조)
> *It* was yesterday *that* I met Anne in the park. (내가 앤을 공원에서 만났던 것은 어제였다.) (yesterday 강조)

Italian /ɪˈtæliən/ | 명사 | 형용사 | (복) Italians | 이탈리아의, 이탈리아인(의), 이탈리아어(의)

My favorite **Italian** food is spaghetti.
내가 가장 좋아하는 이탈리아 음식은 스파게티이다.

Italy /ˈɪtəli/ | 명사 | [지명] 이탈리아

itch /ɪtʃ/ | 동사 (3단현) itches (과거·과분) itched (현분) itching | ① 가렵다 ② 못 견디다
| 명사 | (복) itches | 가려움

동 1 가렵다, 근질거리다
My back **itches** terribly. 등이 몹시 가렵다.

2 (몹시 ~하고 싶어) 못 견디다
The kids were **itching** to get back to their home.
아이들은 집으로 돌아가고 싶어 못 견뎌 했다.

명 가려움
I have an **itch** from mosquito bites. 모기에 물려서 간지럽다.

> 어휘가 쑥쑥
> **itchy** 형 가려운, 근질근질한
> **scratch an itch** 가려운 곳을 긁다
> **relieve an itch** 가려움을 가라앉히다
> **itch all over** 온몸이 가렵다

*item /'aɪtəm/ 명사 (복) items) 항목, 품목, 물품 (= object, thing)

Earrings are my favorite fashion **item**.
귀걸이는 내가 가장 좋아하는 패션 품목이다.
Many kinds of **items** in the movie were sold out at auction.
영화에 나왔던 많은 종류의 물품들이 경매에서 다 팔렸다.

> 어휘가 쑥쑥
> **luxury item** 사치품
> **food item** 식료품
> **household item** 가정용품

its /ɪts/ 대명사 [it의 소유격] 그것의, 저것의

I have a cat and **its** name is Lulu.
나는 고양이 한 마리를 키우는데 그 고양이의 이름은 룰루다.
Last week, I bought a nice camera but **its** case was broken.
지난주에 멋진 카메라를 샀는데 케이스가 망가졌다.

> 실력이 쑥쑥
> it's는 it is 또는 it has의 준말로, its(그것의)와 구분해서 써야 한다.

itself /ɪt'self/ 대명사 그것 자체

The story **itself** is not interesting. 스토리 자체는 재미없다.
The kitten saw **itself** in the mirror.
아기 고양이는 거울에 비친 자기 모습을 보았다.
The door shut (all) by **itself**. 문이 저절로 닫혔다.

> 어휘가 쑥쑥
> **in itself** 원래, 본질적으로
> **of itself** 저절로

ivory /'aɪvəri/ 명사 ① 상아 ② 상아색

1 상아(♀)
His cane is made of **ivory**.
그 분의 지팡이는 상아로 만든 것이다.

2 상아색, 아이보리색
She is wearing an **ivory** sweater today.
그녀는 오늘 아이보리색 스웨터를 입고 있다.

> ♀ 뜻풀이
> **상아** 비싼 장신구나 조각에 쓰이는, 코끼리의 입에서 길게 뻗어 나온 두 개의 이

Jj

jab /dʒæb/
동사 (3단형) jabs (과거·과분) jabbed (현분) jabbing 쿡 찌르다
명사 (복) jabs 쿡 찌르기

동 (뾰족한 것으로) 쿡 찌르다
Dona **jabbed** Bob with her elbow.
도나는 팔꿈치로 밥을 쿡 찔렀다.
John **jabbed** at his food with his fork.
존이 포크로 음식을 쿡쿡 찔렀다.

명 쿡 찌르기, (권투의) 잽
The boxer gave his opponent a sharp **jab**.
그 권투 선수는 상대에게 날카로운 잽을 날렸다.

> **뜻풀이**
> 잽 권투에서, 상대 선수의 얼굴이나 몸통을 연속해서 가볍고 빠르게 치는 것

jacket /ˈdʒækɪt/
명사 (복) jackets 재킷, 웃옷 (☞ clothing)

Justin is wearing a black **jacket** and jeans.
저스틴은 검은색 재킷과 청바지를 입고 있다.

> **어휘가 쑥쑥**
> leather jacket 가죽 재킷

jack-in-the-box /ˈdʒæk ɪn ðə bɑːks/
명사 (복) jack-in-the-boxes/jacks-in-the-box
뚜껑을 열면 인형이 나오는 장난감 상자

When I opened it, the clown in the **jack-in-the-box** sprang up.
내가 장난감 상자를 열자 광대 인형이 튀어나왔다.

jack-o'-lantern /ˈdʒæk ə læntərn/
명사 (복) jack-o'-lanterns 호박 등불

Children carry **jack-o'-lanterns** and play trick or treat on Halloween.
핼러윈 때 아이들은 호박 등불을 들고 "trick or treat" 놀이를 한다.

> **재미가 쑥쑥**
> 속이 빈 호박에 눈·코·입 모양을 뚫고 촛불을 켜 놓은 것으로, 핼러윈 축제 때 창가나 현관에 장식한다.

jaguar /ˈdʒæɡwɑːr/

명사 (복) jaguars) 재규어 (북아메리카 남서부·중앙 아메리카·아르헨티나에 주로 서식하는 고양잇과 동물)

Jaguars live in Central and South America.
재규어는 중남미에 살고 있다.

*jail /dʒeɪl/

명사 (복) jails) 감옥
동사 (3단현) jails (과거·과분) jailed (현분) jailing) 감옥에 들어가다

명 감옥, 교도소 (= prison)
Jean Valjean was put in[sent to] **jail** for stealing bread.
장 발장은 빵을 훔친 죄로 감옥에 들어갔다.
He was released from **jail** last month.
그는 지난달에 교도소에서 석방되었다.

> **실력이 쑥쑥**
> 죄를 지어 감옥에 수감된 경우에는 관사 a나 the 없이 in jail이라고 쓴다.
> He was put *in jail*. (○)
> He was put *in a jail*. (×)

동 감옥에 들어가다
Henry was **jailed** for five years. 헨리는 5년간 감옥에 있었다.

jam /dʒæm/

명사 (복) jams) ① 잼 ② 혼잡
동사 (3단현) jams (과거·과분) jammed (현분) jamming) ① 채우다 ② 움직이지 못하게 되다

명 1 잼
I like the bread with strawberry **jam** on it.
나는 딸기잼을 바른 빵을 좋아한다.

> **어휘가 쑥쑥**
> home-made jam 집에서 만든 잼

2 혼잡
I was late for work because of a traffic **jam**.
나는 교통 체증 때문에 회사에 지각을 했다.

traffic *jam*

동 1 (장소를) 채우다
People **jammed** the square. 사람들이 광장을 가득 메웠다.

2 (~에 걸려서) 움직이지 못하게 되다
The copy machine is **jammed** again.
복사기에 종이가 또 걸려 있다. (끼었다)

January /ˈdʒænjueri/

명사 (복) Januaries) 1월 (☞ month) 《줄여서 Jan.으로 적기도 한다.》

My birthday is in **January**. 내 생일은 1월에 있다.
January is the coldest month of the year in my country.
우리나라에서는 1월이 한 해 중 가장 추운 달이다.

> **재미가 쑥쑥**
> 로마의 신 야누스(Janus)의 이름에서 유래하였다.

Japan /dʒəˈpæn/ 명사 일본

Korea and **Japan** jointly hosted the 2002 World Cup.
한국과 일본은 2002년 월드컵을 공동으로 주최했다.

Japanese /ˌdʒæpəˈniːz/ 명사 형용사 (복) Japanese) 일본의, 일본인(의), 일본어(의)

Anne is studying **Japanese** as well as Chinese.
앤은 중국어뿐만 아니라 일본어도 공부하고 있다.

Sarah likes **Japanese** art.
세라는 일본 예술을 좋아한다.

실력이 쑥쑥
일본인 전체를 말할 때는 the Japanese라고 한다.

* jar /dʒɑːr/ 명사 (복) jars) 단지, 입구가 넓은 병 (= bottle, container)

I bought a **jar** of strawberry jam at the supermarket.
나는 슈퍼마켓에서 딸기잼 한 병을 샀다.

Pooh took the honey **jar** off the shelf and dropped it on the floor.
푸우는 선반에서 꿀단지를 꺼내다가 바닥에 떨어뜨렸다.

* jaw /dʒɔː/ 명사 (복) jaws) 턱, (동물의) 입

He struck me in the **jaw**. 그가 내 턱을 쳤다.
The shark opened its **jaws**. 상어가 입을 벌렸습니다.

jazz /dʒæz/ 명사 재즈 (뜻풀이)

I read a book about the origin of **jazz** in America.
나는 미국 재즈 음악의 기원에 대한 책을 읽었다.

John is interested in **jazz**.
존은 재즈에 관심이 있다.

뜻풀이
재즈 미국 흑인들의 민속 음악을 바탕으로 하여 생긴, 박자가 독특한 음악

jealous /ˈdʒeləs/ 형용사 (비교) more jealous 최상) most jealous) 질투하는, 시기하는, 시샘하는

She was so **jealous** of my success.
그녀는 나의 성공을 무척 시기했다.

He is very **jealous**. 그는 샘이 아주 많다.

어휘가 쑥쑥
jealousy 명 질투, 시기

** jean /dʒiːn/ 명사 (복) jeans) [항상 복수형으로 써서] 진으로 만든 바지, 청바지

Maria is wearing a white T-shirt and blue **jeans**.
마리아는 흰색 티셔츠와 청바지를 입고 있다.

jeep /dʒiːp/ 　명사 (복) jeeps 지프, 지프차(🔍 고르지 않은 땅에서도 잘 달리도록, 네 바퀴에 모두 동력이 전달되는 소형 자동차)

I got back in my **jeep** and started the engine.
나는 지프로 돌아와서 시동을 걸었다.

jelly /ˈdʒeli/ 　명사 (복) jellies ① 젤리 ② 잼

1 젤리(🔍)
I like strawberry **jelly** best. 나는 딸기 젤리를 가장 좋아한다.

2 [주로 미국에서] 잼
She likes a peanut butter and **jelly** sandwich.
그녀는 땅콩 버터와 잼을 바른 샌드위치를 좋아한다.

🔍 뜻풀이
젤리 과실즙에 설탕을 넣고 끓여서 말랑말랑하게 굳혀 만든 과자

jellyfish /ˈdʒelifɪʃ/ 　명사 (복) jellyfish 해파리

Some sharks eat **jellyfish**. 몇몇 상어들은 해파리를 먹는다.
Scientists say the box **jellyfish** are very dangerous.
상자 해파리는 매우 위험하다고 과학자들은 말합니다.

Jesus /ˈdʒiːzəs/ 　명사 예수 그리스도 (= Jesus Christ)

Jesus was born in Bethlehem.
예수 그리스도는 베들레헴에서 탄생했다.

*jet /dʒet/ 　명사 (복) jets 제트기, 제트 비행기 (= jet plane)

A **jet** plane can fly very high and fast.
제트 비행기는 매우 높이 그리고 빨리 날 수 있다.

어휘가 쑥쑥
jet lag 시차로 인한 피로

Jew /dʒuː/ 　명사 (복) Jews 유대인, 유대교인

Many **Jews** were killed between 1941 and 1945.
많은 유대인들이 1941년에서 1945년 사이에 죽임을 당했다.

jewelry/jewellery /ˈdʒuːəlri/ 　명사 보석류

Jenny loves **jewelry**, especially diamond rings.
제니는 보석을 좋아하는데, 특히 다이아몬드 반지를 좋아한다.
This gold ring is her favorite piece of **jewelry**.
이 금반지는 그녀가 가장 좋아하는 보석이다.

실력이 쑥쑥
jewel은 개개의 보석을 가리키고, **jewelry**는 보석류 전체를 가리킨다.

*job /dʒɑːb/ 명사 (복) jobs ① 일 ② 직업

1 일 (= chore, task)
They have finished their **job**. 그들은 일을 끝냈다.
It's my **job** to feed the dog in my family.
우리 집에서 개에게 먹이를 주는 것은 나의 일이다.

2 직업 (= occupation) (☞ 512, 513쪽)
A: What's your **job**? (= What do you do?) 직업이 뭡니까?
B: I am a pilot. 조종사입니다.

어휘가 쑥쑥
full-time job 정규직
part-time job 비정규직, 아르바이트
take a job 취직하다
lose a job 직장을 잃다, 실직하다

*jog /dʒɑːg/ 동사 (3단현) jogs (과거·과분) jogged (현분) jogging 조깅하다, 가볍게 뛰다 (= run)

My father and I go **jogging** in the park every morning.
아버지와 나는 아침마다 공원으로 조깅을 하러 간다.

어휘가 쑥쑥
jogging 명 조깅

*join /dʒɔɪn/ 동사 (3단현) joins (과거·과분) joined (현분) joining ① 연결하다 ② 참가하다

1 연결하다 (= link, connect), **합치다** (= unite, combine)
These two rivers **join** at the city.
이 두 강은 그 도시에서 합류한다.
The bridge **joins** the islands to the mainland.
그 다리는 섬들과 육지를 연결한다.

2 참가하다, 가입하다 (= enter)
We are going to the concert after school. Can you **join** us?
방과 후에 음악회에 갈 건데 같이 갈래?
My brother will **join** the army next month.
우리 오빠는 다음 달에 군대에 입대할 예정이다.
Judy loved music so much that she **joined** her school band.
주디는 음악을 너무 좋아해서 학교 밴드에 가입했다.

어휘가 쑥쑥
join a club 동아리에 가입하다
join the company 입사하다
join the navy 해군에 입대하다
join online 온라인으로 가입하다

*joke /dʒoʊk/ 명사 (복) jokes 우스운 이야기
동사 (3단현) jokes (과거·과분) joked (현분) joking 농담하다

명 **우스운 이야기, 농담** (= gag), **놀림**
Everybody laughed at his funny **jokes**.
그의 우스운 이야기에 모든 사람들이 웃었다.
Ted often makes **jokes** about my name, and I hate it.
테드는 종종 내 이름을 가지고 농담을 하는데 나는 그것이 싫다.
One day the fox decided to play a **joke** on the stupid lion.

실력이 쑥쑥
'그냥 농담한 거야.'라고 할 때 I'm just joking. 이나 I'm just kidding. 등으로 말할 수 있다.

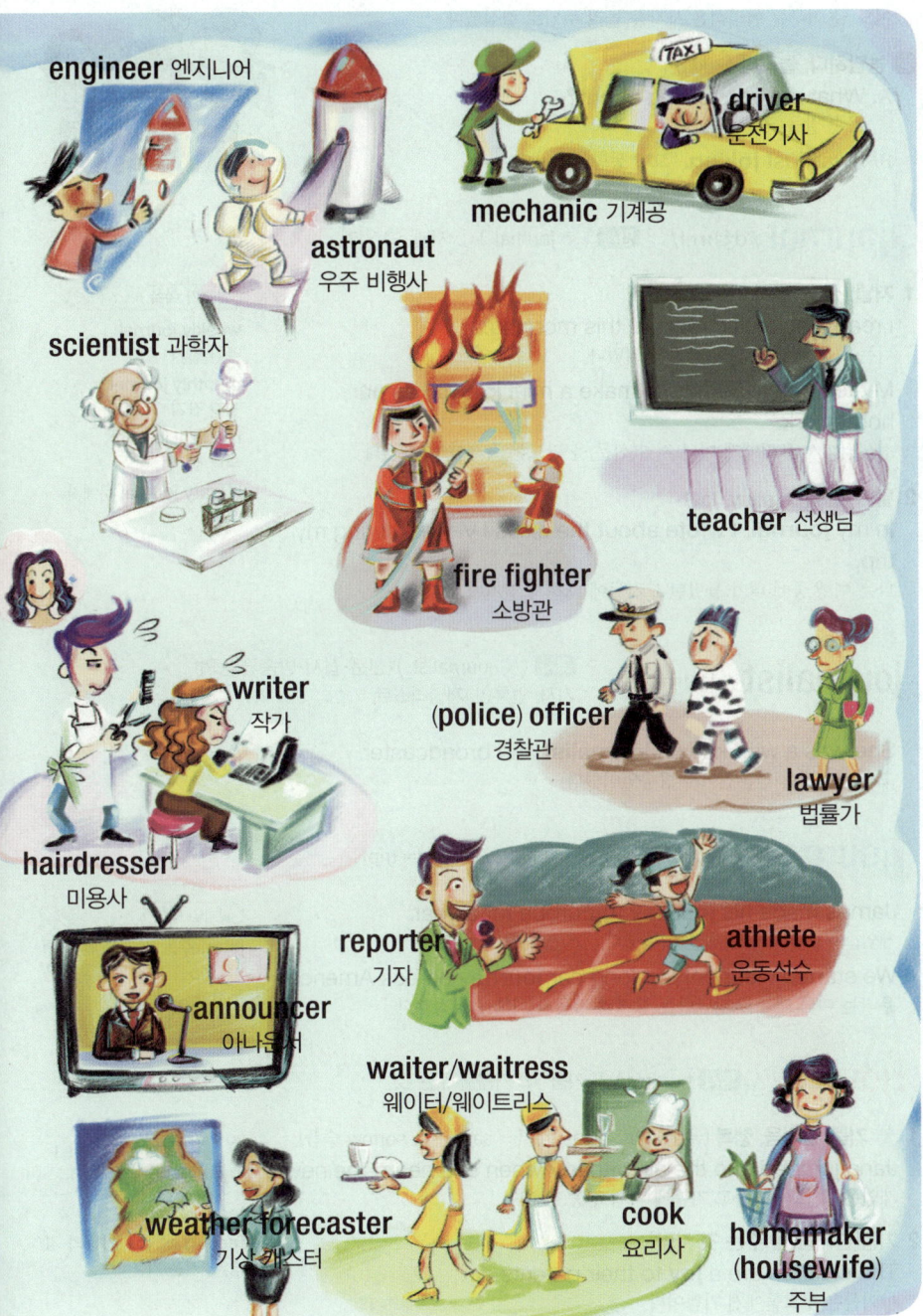

어느 날 여우는 어리석은 사자를 놀려 주기로 결심했다.

동 농담하다, 놀리다 (= kid)
A: What are you talking about?
무슨 말을 하는 거예요?
B: I was just **joking**. 그냥 농담이었어요.

*journal /ˈdʒɜːrnl/ | 명사 (복) journals) ① 저널 ② 일기

1 저널, 신문, 잡지
I read a scientific **journal** this morning.
나는 오늘 아침에 과학 잡지를 읽었다.
My teacher asked us to make a mini **journal** as our homework.
선생님께서 우리에게 미니 저널(신문)을 만드는 숙제를 내 주셨다.

2 일기, 일지 (= diary, log)
In my **journal**, I wrote about the cities I visited during my trip.
나는 여행 중에 내가 들렀던 도시들에 대해서 일기에 썼다.

어휘가 쑥쑥
weekly journal 주간 잡지
monthly journal 월간 잡지
medical journal 의학 잡지
literary journal 문예지

journalist /ˈdʒɜːrnəlɪst/ | 명사 (복) journalists) (신문·잡지·방송국 등의) 기자, 언론인, 저널리스트

She was a well-known **journalist** and broadcaster.
그녀는 유명한 언론인이자 방송인이었다.

*journey /ˈdʒɜːrni/ | 명사 (복) journeys) 여행 (= trip)

James made his **journey** to Europe for a year.
제임스는 1년 동안 유럽을 여행했다.
We started[went on] our long car **journey** across America.
우리는 미국 대륙을 횡단하는 장거리 자동차 여행을 시작했다.

실력이 쑥쑥
journey는 비교적 긴 여행을, trip은 보통 짧은 여행을 뜻한다.

**joy /dʒɔɪ/ | 명사 (복) joys) ① 기쁨 ② 기쁨을 주는 것

1 기쁨, 즐거움, 행복 (= delight, pleasure) (↔ sadness, sorrow 슬픔)
Jane jumped into the air with **joy** when she heard the news.
제인은 그 소식을 듣고 기쁨에 겨워 껑충 뛰었다.

2 기쁨[즐거움]을 주는 것[사람]
The children are a **joy** to their parents.
아이들은 부모들에게 기쁨이다.

어휘가 쑥쑥
joyful 형 기쁜, 즐거운
tears of joy 기쁨의 눈물
feeling of joy 기쁨의 감정, 즐거운 기분

*judge /dʒʌdʒ/ 명사 (복) judges) ① 재판관 ② 심사 위원
동사 (3단현) judges 과거·과분 judged 현분 judging) 재판하다

명 1 재판관, 법관, 판사

The **judge** found him guilty.
재판관은 그가 유죄라고 판결했다.

The **judge** sentenced the robber to three years in prison.
판사는 그 강도에게 징역 3년을 선고했다.

2 심사 위원, 심판

The **judges** in the international food contest tasted all the food in front of them.
국제 요리 경연 대회의 심사 위원들은 그들 앞에 놓여진 모든 음식을 맛보았다.

The fox became the **judge** for the hare and the tortoise's race. 여우는 토끼와 거북이 경주의 심판이 되었다.

동 재판하다, 판결하다, 판단하다 (= decide, determine)

Tom was **judged** guilty of robbery.
톰은 강도죄로 판결을 받았다.

[속담] You should not **judge** a book by its cover.
책의 표지만 보고 그 책을 판단해서는 안 된다.
(사람을 겉만 보고 판단해서는 안 된다.)

어휘가 쑥쑥
judg(e)ment 명 재판, 심판, 판단

실력이 쑥쑥
스포츠에서 judge는 보통 스케이트나 체조, 승마 등의 심판을 가리킨다.

The *judge* found him guilty.

juice /dʒuːs/ 명사 (복) juices) (과일·야채·고기 등의) 즙, 주스

A pear is full of **juice**. 배는 즙이 많다.

A: Would you like something to drink? 마실 것 좀 드릴까요?
B: I'll have a glass of orange **juice**, please.
오렌지 주스 한 잔 주세요.

어휘가 쑥쑥
juicy 형 즙이 많은, 수분이 많은
juicer 명 과즙 짜는 기구

July /dʒuˈlaɪ/ 명사 (복) Julies) 7월 (☞ month) 《줄여서 Jul.로 적기도 한다.》

Summer vacation starts in **July**. 여름 방학은 7월에 시작한다.

Fourth of **July** is Independence Day of the U.S.
7월 4일은 미국의 독립 기념일이다.

재미가 쑥쑥
로마 원로원은 로마의 정치가이자 장군인 가이우스 율리우스 카이사르(Gaius Julius Caesar)를 기리기 위해 그가 태어난 달인 여름을 July로 명했다.

jump /dʒʌmp/ 동사 (3단현) jumps 과거·과분 jumped 현분 jumping) 뛰다, 뛰어오르다
명사 (복) jumps) 뛰기, 뛰어오르기

통 뛰다, 뛰어오르다 (= leap, hop)
Kangaroos can **jump** very high.
캥거루는 매우 높이 뛰어오를 수 있다.
Robert **jumped** out of bed when he heard the alarm clock ringing.
로버트는 자명종 시계 소리를 듣고 침대에서 벌떡 일어났다.
Some people **jumped** into the water.
몇몇 사람들이 물로 뛰어들었다.

명 뛰기, 뛰어오르기 (= leap, hop)
Sarah practiced **jumps** for the figure skating championship.
세라는 피겨 스케이팅 선수권 대회에 나가기 위해 점프를 연습했다.

어휘가 쑥쑥
jump rope 줄넘기
the long jump 멀리뛰기
the high jump 높이뛰기

June /dʒuːn/ **명사** 6월 (☞ month) 《줄여서 Jun.으로 적기도 한다.》

Father's Day in the U.S. is celebrated on the third Sunday in **June**.
미국의 아버지날은 6월의 셋째 일요일이다.

jungle /'dʒʌŋgl/ **명사** (복) jungles) 정글, 열대의 밀림

Many wild animals live in the Amazon **jungle**.
아마존 정글에는 많은 야생 동물들이 산다.

*junior /'dʒuːniər/

형용사 ① 하급의, 부하의 ② 청소년의 ③ (고등학교) 2학년의, (대학교) 3학년의
명사 (복) juniors) ① 나이가 어린 사람 ② 후배 ③ (고등학교) 2학년, (대학교) 3학년

형 1 (직장 등에서) 하급의, 부하의, 후배의
She is **junior** to me by a year. 그녀는 내 1년 후배 직원이다.

2 (스포츠 등에서) 청소년의, 주니어의
She won the silver medal in the **junior** part of the contest.
그녀는 그 대회의 주니어 부문에서 은메달을 땄다.

3 [미국] (고등학교) 2학년의, (대학교) 3학년의
Amy changed her major in her **junior** year.
에이미는 대학 3학년 때 전공을 바꿨다.

명 1 나이가 어린 사람
He is my **junior** by five years. 그는 나보다 다섯 살 어리다.

2 후배, 하급자
She is my **junior** in the company. 그녀는 내 직장 후배이다.

재미가 쑥쑥
미국 대학의 학년
1학년 freshman
2학년 sophomore
3학년 junior
4학년 senior

실력이 쑥쑥
아버지와 아들 또는 형제가 이름이 같을 경우, 아들 또는 형제 중 동생의 이름에 Junior를 붙여서 아버지나 형과 구별한다. 보통 Jr.로 줄여서 쓴다.
John Brown, *Jr.* (존 브라운 2세[동생])

3 [미국] (고등학교) 2학년, (대학교) 3학년
I'm a **junior** in high school. 나는 고등학교 2학년이다.

Jupiter /ˈdʒuːpɪtər/ 명사 목성

Jupiter is the largest planet in the solar system.
목성은 태양계에서 가장 큰 행성이다.

*just /dʒʌst/ 부사 ① 바로 ② 단지 ③ 방금

1 바로, 틀림없이, 꼭 (= exactly, perfectly)
That's **just** what I wanted. 그것이 바로 내가 원했던 것이다.
I want to go abroad to study **just** like you.
나도 꼭 너처럼 외국으로 공부하러 가고 싶어.
Tom looks **just** like his father. 톰은 자기 아버지와 꼭 닮았다.
It's **just** as he says. 바로 그가 말한 그대로이다.

Tom looks *just* like his father.

2 단지, 잠깐 (= only)
He **just** wanted to leave. 그는 단지 떠나고 싶었을 뿐이다.
Just a moment[second], please. 잠깐 기다려 주세요.
A: What should I bring to the party?
  파티에 뭘 가지고 갈까요?
B: Nothing. **Just** bring yourself. / **Just** come and enjoy it.
  아무것도 필요 없어요. 그냥 오세요.

3 방금, 좀 전에 (= now, lately, recently)
Jeremy **just** came back from the States.
제러미는 방금 미국에서 돌아왔다.
I've **just** finished my homework.
나는 방금 숙제를 다 했다.

문법이 쑥쑥
just가 '방금, 좀 전에'라는 의미로 쓰일 때 미국 영어에서는 주로 과거 시제와, 영국 영어에서는 주로 현재완료 시제와 함께 쓴다. 현재는 영국 영어에서도 과거형을 쓰기도 한다.
He *just arrived*. (미국 영어)
He *has just arrived*. (영국 영어) (그는 방금 도착했다.)

*justice /ˈdʒʌstɪs/ 명사 정의, 공정, 공평 (↔ injustice 불의, 불공평)

God is on the side of **justice**. 신은 정의의 편이다.
Teachers should treat all students with **justice**.
교사는 모든 학생을 공평하게 대해야 한다.

Kk

kangaroo /ˌkæŋɡəˈruː/ 명사 (복) kangaroos 캥거루 (☞ animal)

We can find many **kangaroos** in Australia.
호주에서는 캥거루를 많이 볼 수 있다.

keen /kiːn/ 형용사 (비교) keener (최상) keenest ① 날카로운 ② 예민한 ③ 무척 ~하고 싶어 하는

1 (모서리·칼 등이) 날카로운 (= sharp) (↔ dull 둔한)
This knife has a **keen** edge. 이 칼은 날이 날카롭다.

2 (시각·청각·후각 등이) 예민한
Dogs have a **keen** sense of smell. 개는 후각이 예민하다.

3 무척 ~하고 싶어 하는 (= eager)
He was **keen** to help her. 그는 그녀를 무척 돕고 싶어 했다.

> 어휘가 쑥쑥
> **keenly** 부 날카롭게, 예민하게
> **keen eye** 예리한 안목
> **keen hearing** 예민한 청각
> **keen mind** 명석한 두뇌

✱✱ keep /kiːp/ 동사 (3단현) keeps (과거·과분) kept (현분) keeping ① 가지고 있다 ② ~ 상태로 유지하다 ③ 계속하다 ④ 지키다 ⑤ 못하게 하다 ⑥ 기르다

1 가지고 있다 (= have, own), 보관하다 (= hold, store)
Kelly **keeps** all the letters she got from her friends.
켈리는 친구들한테 받은 편지들을 모두 가지고 있다.

You have to **keep** ice cream in the freezer.
아이스크림은 냉동실에 보관해야 한다.

A: The price is 18 dollars. 가격은 18달러입니다.
B: Here is 20 dollars. **Keep** the change.
여기 20달러입니다. 잔돈은 그냥 가지세요.

> 어휘가 쑥쑥
> **keeper** 명 지키는 사람, 감시원, 문지기
> **keep awake** 깨어 있다
> **keep calm** 침착함을 유지하다
> **keep still** 가만히 있다
> **keep quiet** 비밀로 하다
> **keep one's promise** 약속을 지키다

2 ~ 상태로 유지하다 (= maintain, remain)
We lit a fire in the fireplace to **keep** warm.
우리는 따뜻하게 하기 위해서 벽난로에 불을 붙였다.

Exercise will **keep** you strong and healthy.
운동은 너를 튼튼하고 건강하게 해 줄 것이다.

3 [-ing와 함께 써서] **계속하다** (= continue, go on)
Tommy **kept** (on) running for an hour.
토미는 한 시간 동안 계속 달렸다.
Keep (on) going until you see the bank.
은행이 보일 때까지 계속 쭉 가세요.
A: Sorry to **keep** you waiting. 기다리게 해서 미안해.
B: No problem. 괜찮아.

4 (약속 등을) **지키다**
Anne always **keeps** her word. 앤은 항상 약속을 지킨다.

5 못하게 **하다, 막다** (= prevent, stop)
The snowstorm **kept** us from going out.
눈보라 때문에 우리는 외출을 하지 못했다.

6 기르다 (= raise)
Many people **keep** a dog as a pet.
많은 사람들이 애완동물로 개를 기른다.

숙어 **keep a diary** 일기를 쓰다
I *keep a diary* in English every day.
나는 매일 영어로 일기를 쓴다.

keep an eye on ~을 지켜보다 (= watch)
Will you *keep an eye on* my suitcase?
제 여행 가방 좀 봐 주실래요?

keep away from ~을 가까이 하지 않다, 피하다
Please *keep away from* the tigers.
호랑이에게 가까이 가지 마세요.

keep off ~에 접근하지 않다
Keep off the grass. 잔디밭에 들어가지 마세요.
Keep your hands *off* my computer. 내 컴퓨터에 손대지 마라.

keep up with 뒤처지지 않고 따라가다
Justin couldn't *keep up with* his class.
저스틴은 같은 반 친구들의 수준을 따라갈 수가 없었다.

문법이 쑥쑥
keep (on) + -ing
'계속 ~하다'라는 뜻으로, 몇 번이고 반복되는 동작을 나타낸다. keep 다음에 to부정사가 아니라 동명사(-ing)가 오는 것에 유의한다.
He *kept talking* to me. (○)
He *kept to talk* to me. (×)
(그는 계속해서 나한테 이야기했다.)

실력이 쑥쑥
keep in mind는 '~을 명심하다'라는 뜻으로, 상대방에게 어떤 사실을 유념하라고 할 때 자주 쓰는 표현이다.
Keep in mind what I said.
(내가 한 말을 명심하세요.)
= Remember what I said.

Kenya /ˈkenjə/ | 명사 [지명] 케냐

Kenyan /ˈkenjən/ | 명사 형용사 (복) Kenyans) 케냐의, 케냐인(의)

kept /kept/ 〔동사〕 keep의 과거·과거분사형 (☞ keep)

ketchup /ˈketʃəp/ 〔명사〕 케첩

I'd like a hot dog with **ketchup** and mustard, please.
케첩과 겨자 소스를 뿌린 핫도그 하나 주세요.

kettle /ˈketl/ 〔명사〕 (복) kettle**s**) 주전자

I put the **kettle** on the stove to boil some water.
나는 물을 끓이기 위해 주전자를 가스레인지 위에 올렸다.

[속담] The pot calls the **kettle** black.
냄비가 주전자를 보고 검다고 한다. (똥 묻은 개가 겨 묻은 개를 나무란다.)

〔어휘가 쑥쑥〕
teakettle 찻주전자
electric kettle 전기 주전자

*key /kiː/ 〔명사〕 (복) key**s**) ① 열쇠 ② 해결 ③ (컴퓨터 자판의) 키 〔형용사〕 중요한

〔명〕 **1** 열쇠
They locked[opened] the jewel box with a **key**.
그들은 보석 상자를 열쇠로 잠갔다[열었다].

My father always puts his car **key** on the shelf.
아버지는 항상 자동차 열쇠를 선반 위에 놓아두신다.

He turned the **key** in the lock.
그는 자물쇠에 꽂힌 열쇠를 돌렸다.

2 해결 (= solution), 비결
Though he did his best, Charles couldn't find the **key** to the problem.
최선을 다했지만 찰스는 그 문제의 해결 방법을 찾을 수 없었다.

Eating a lot of vegetables is the **key** to my diet.
야채를 많이 먹는 것이 내 다이어트의 비결이다.

3 (컴퓨터 자판의) 키, (피아노 등의) 건반
Press the control and C **key**s to copy the text.
문장을 복사하려면 Ctrl과 C 키를 누르세요.

〔형〕 중요한, 중대한 (= important, major, main) (↔ minor 중요하지 않은)
Circle **key** words while reading the story.
이야기를 읽으면서 주요 단어에 동그라미를 치세요.

Health is a **key** factor for happiness.
건강은 행복의 주된 요소이다.

That's the **key** point of this story.
그것이 이 이야기의 핵심이다.

〔어휘가 쑥쑥〕
keyhole 열쇠 구멍
master key 마스터 키 (건물 내의 여러 자물쇠를 열 수 있는 열쇠)
spare key 여분의 열쇠
key chain 열쇠 꾸러미
key ring 열쇠고리
key to happiness 행복을 얻는 비결
piano key 피아노 건반
key player 주전 선수

a bunch of *key*s

keyboard /ˈkiːbɔːrd/ 명사 (복) keyboards (피아노 등의) 건반, (컴퓨터) 키보드

I bought a wireless mouse and **keyboard**.
나는 무선 마우스와 키보드를 샀다.

khaki /ˈkɑːki/ 명사 (복) khakis 카키색, [복수로 써서] 카키색 군복 형용사 카키색의

She wore a red shirt and **khaki** shorts.
그녀는 빨간색 셔츠와 카키색 반바지를 입었습니다.

★ kick /kɪk/ 동사 (3단현) kicks (과거·과분) kicked (현분) kicking 차다

Ted **kicked** the ball too hard, and it broke the window.
테드는 공을 너무 세게 차서 창문을 깨뜨렸다.

Charlie **kicked** a stone on the street and it hurt his foot.
찰리는 길거리의 돌을 차다가 발을 다쳤다.

★★ kid¹ /kɪd/ 명사 (복) kids 어린아이, 어린이 (= child), 새끼 염소

I went to the zoo with my **kids** last Sunday.
지난 일요일에 나는 우리 아이들과 동물원에 다녀왔다.

A: How many **kids** do you have? 아이가 몇 명입니까?
B: I have only one girl. 딸만 하나입니다.

> 실력이 쑥쑥
> kid는 어린이(child)를 비격식적으로 부르는 말이다.

kid² /kɪd/ 동사 (3단현) kids (과거·과분) kidded (현분) kidding 놀리다, 농담하다 (= joke)

Are you **kidding**? 농담하니?
You are **kidding** me. 농담하지 마. (놀리지 마.)
Just **kidding**. 농담이야.
My friends **kidded** me about my new haircut.
친구들이 내 새 헤어스타일에 대해 놀려 댔다.

> 실력이 쑥쑥
> No kidding.은 자신의 말을 강조할 때(정말이야, 농담 아니야) 또는 상대의 말에 동의한다는 것을 나타낼 때(정말 그래) 쓴다.

kidnap /ˈkɪdnæp/ 동사 (3단현) kidnaps (과거·과분) kidnapped (현분) kidnapping 납치하다, 유괴하다

The children of a businessman were **kidnapped** last night.
한 사업가의 아이들이 지난밤에 납치되었다.

★★ kill /kɪl/ 동사 (3단현) kills (과거·과분) killed (현분) killing 죽이다, 없애다

You should not **kill** animals in this area without a permit.
이 지역에서는 허가 없이 동물들을 죽여서는 안 된다.

> 어휘가 쑥쑥
> killer 명 죽이는 사람[것]

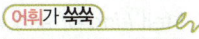

Hundreds of people were either **killed** or hurt in a train crash.
기차가 충돌해서 수백 명의 사람들이 죽거나 다쳤다.
Romeo **killed** himself by taking poison.
로미오는 독약을 먹고 자살했다.

[속담] **Kill** two birds with one stone.
돌 하나로 새 두 마리 잡기 (일석이조)

> 실력이 쑥쑥
> kill 사람이나 동물을 죽이다
> murder 사람을 계획적·불법적으로 죽이다

kilogram/kilogramme /ˈkɪləɡræm/
명사 (복) kilograms/kilogrammes
킬로그램 《줄여서 kg로 적기도 한다.》

This baggage weighs thirty **kilograms**.
이 짐의 무게는 30킬로그램이다.

kilometer/kilometre /kɪˈlɑːmɪtər/
명사 (복) kilometers/kilometres
킬로미터 《줄여서 km으로 적기도 한다.》

I walk for about five **kilometers** a day to lose weight.
나는 체중을 줄이기 위해 하루에 약 5킬로미터씩 걷는다.

✱ kind¹ /kaɪnd/
형용사 (비교) kinder (최상) kindest 친절한, 상냥한 (= nice) (↔ unkind 불친절한)

He is very **kind** to everyone.
그는 모든 사람들에게 매우 친절하다.
A: I'll show you the way to the hotel.
제가 호텔까지 안내해 드릴게요.
B: It's very **kind** of you. 정말 고맙습니다. (매우 친절하시군요.)

> 어휘가 쑥쑥
> kind words 상냥한 말
> kind heart 고운 마음씨

kind² /kaɪnd/
명사 (복) kinds 종류, 유형 (= sort, type)

That **kind** of book is very difficult to understand.
그런 종류의 책은 이해하기 매우 어렵다.
A: What **kind** of movies do you like, Jane?
제인, 어떤 종류의 영화를 좋아하니?
B: I like all **kinds** of movies except horror movies.
공포 영화를 빼고는 모든 종류의 영화를 다 좋아해.

[숙어] **a kind of** 일종의 (= a sort of)
A whale is *a kind of* mammal. 고래는 포유동물의 일종이다.

kind of 좀, 다소 (= sort of)
I felt *kind of* sad when I heard the news.
그 소식을 듣고 나는 다소 슬펐다.

> 실력이 쑥쑥
> 여러 종류를 나타낼 때는 kinds를 써서 these kinds of cars와 같이 쓴다. of 뒤의 명사에는 관사를 붙이지 않는 것에 유의한다.
> three *kinds of* flowers (세 가지 종류의 꽃들)

A: Do you like pizza? 피자 좋아하세요?
B: Yes, *kind of*. 네, 좋아하는 편이에요.

kindergarten /ˈkɪndərgɑːrtn/ 명사 (복) kindergartens) 유치원

The children are now learning English in the **kindergarten**.
요즘 아이들은 유치원에서 영어를 배운다.

kindly /ˈkaɪndli/ 형용사 (비교) kindlier (최상) kindliest) 친절한 부사 친절하게

형 **친절한, 상냥한**
My teacher replied in a **kindly** voice.
선생님은 친절한 목소리로 대답해 주셨다.

부 **친절하게** (= generously)
He treated an old man **kindly**. 그는 어르신을 친절하게 대했다.

> 어휘가 쑥쑥
> **kindly offer** 친절히 제안하다
> **kindly agree** 기꺼이 동의하다

kindness /ˈkaɪndnəs/ 명사 (복) kindnesses) 친절, 다정함

She is known for her **kindness** to neighbors.
그녀는 이웃들에게 친절하다고 알려져 있다.

king /kɪŋ/ 명사 (복) kings) 국왕, 군주, 왕 (↔ queen 여왕, 왕비)

King *Sejong* and his scholars invented *Hangeul*.
세종 대왕과 학자들은 한글을 창제했다.
Once upon a time, a **king** and his three daughters lived in an old castle.
옛날 옛적에 한 오래된 성에 왕과 세 딸이 살았습니다.

> 실력이 쑥쑥
> **king**은 어떤 분야에서 으뜸인 인물을 말할 때도 쓴다.
> the *king* of golf (골프의 황제)
> the *king* of comedy (코미디계의 제왕)

kingdom /ˈkɪŋdəm/ 명사 (복) kingdoms) ① 왕국 ② …계

1 왕국
the United **Kingdom** (= U.K.) 영국
the **kingdom** of Sweden 스웨덴 왕국

2 [동식물 분류] …계(界)
the plant[animal] **kingdom** 식물[동물]계

> 재미가 쑥쑥
> **kingdom**은 일반적으로 king이나 queen에 의하여 지배되는 나라를 가리킨다.

kiss /kɪs/ 동사 (3단현) kisses (과거·과분) kissed (현분) kissing) 키스하다
명사 (복) kisses) 키스

동 **키스하다, 입맞춤하다**

If you **kiss** the magic ring, you will gain a wonderful power.
네가 만일 마법의 반지에 입을 맞추면, 놀라운 힘을 얻게 될 것이다.

My father **kissed** me on the cheek when I came back home.
아빠는 내가 집으로 돌아왔을 때, 나의 뺨에 입을 맞추셨다.

명 키스, 입맞춤
She gives her daughter a **kiss** every morning.
그녀는 아침마다 딸에게 뽀뽀한다.

> 어휘가 쑥쑥
> **kiss good-bye** 작별을 하다
> **kiss one's love** 애인에게 키스하다
> **blow a kiss to** ~에게 (손시늉으로) 키스를 보내다

＊ kit /kɪt/ 　명사 (복) kits ① 용구 한 벌 ② 세트 ③ 조립용품 세트

1 (여행·운동 등의) 용구 한 벌
I bought a golfing **kit** for next week.
나는 다음 주에 쓸 골프 용구 한 세트를 구입했다.

2 (특정한 목적용 도구 장비) 세트
My dad took a first-aid **kit**. 아빠가 구급상자를 챙기셨다.

3 조립용품 세트
I like to play with a model airplane **kit**.
나는 모형 비행기 조립 세트를 가지고 노는 것을 좋아한다.

> 어휘가 쑥쑥
> **bike repair kit** 자전거 수리 도구
> **shaving kit** 면도 용품
> **make-up kit** 화장 도구
> **sewing kit** 바느질 상자, 반짇고리

＊ kitchen /ˈkɪtʃɪn/ 　명사 (복) kitchens 부엌, 주방

Mom is cooking dinner in the **kitchen**.
엄마는 주방에서 저녁을 준비하고 계신다.

We sat around the **kitchen** table. 우리는 식탁에 둘러앉았다.

> 어휘가 쑥쑥
> **kitchen cabinet** 부엌 찬장

kite /kaɪt/ 　명사 (복) kites 연

I saw a **kite** flying high in the sky.
나는 연 하나가 하늘 높이 나는 것을 보았다.

Many people fly **kites** in Korea on lunar New Year's Day.
한국에서는 음력 설날에 많은 사람들이 연날리기를 한다.

kitten /ˈkɪtn/ 　명사 (복) kittens 새끼 고양이

A **kitten** is playing with a knitting ball next to the fireplace.
새끼 고양이 한 마리가 벽난로 옆에서 털실 뭉치를 가지고 놀고 있다.

kiwi fruit /ˈkiːwi fruːt/ 　명사 (복) kiwi fruit 키위, 참다래 (☞ fruit)

Many countries import **kiwi fruit** from New Zealand.
많은 나라들이 뉴질랜드에서 키위를 수입한다.

*knee /niː/ 명사 (복) knees 무릎 (☞ body)

I fell down and hurt my **knee**. 나는 넘어져서 무릎을 다쳤다.
Anne is wearing a blouse, a skirt and **knee** socks.
앤은 블라우스와 스커트, 그리고 무릎까지 올라오는 양말을 신고 있다.
He was on his **knees** looking for something under the bed.
그는 무릎을 꿇고 침대 밑에서 뭔가를 찾고 있었다.

> 어휘가 쑥쑥
> have sore knees 무릎이 아프다
> bend one's knees 무릎을 구부리다

> 실력이 쑥쑥
> kn-으로 시작하는 단어들에서 일반적으로 /k/는 발음하지 않는다.
> 예) knee, knife, knight, knit, knock, know 등

knew /nuː/ 동사 know의 과거

*knife /naɪf/ 명사 (복) knives (자루가 있는) 칼, 나이프

John cut the rope with his **knife**.
존은 칼로 밧줄을 잘랐다.
I have a sharp **knife**. 나는 날이 예리한 칼을 가지고 있다.
To cut up steak, hold your **knife** in the right hand and your fork in the left.
스테이크를 자를 때는 나이프를 오른손에 포크를 왼손에 쥐어라.

Hold your *knife* in the right hand.

knight /naɪt/ 명사 (복) knights (중세의) 기사

The **knight** beat the dragon and saved the beautiful princess in the castle.
그 기사는 용을 물리치고 성 안에 있는 아름다운 공주님을 구했습니다.

knit /nɪt/ 동사 (3단현) knits (과거·과분) knitted (현분) knitting 뜨개질하다

My mom is **knitting** a sweater for me.
엄마는 나에게 줄 스웨터를 짜고 계신다.

> 어휘가 쑥쑥
> knitting needle 뜨개바늘

*knock /nɑːk/ 동사 (3단현) knocks (과거·과분) knocked (현분) knocking ① 두드리다 ② 치다 명사 (복) knocks ① 노크 소리 ② 부딪침

동 1 (문 등을) **두드리다** (= strike, beat), **노크하다**
I heard somebody **knocking** on the door.
나는 누군가 문을 두드리는 소리를 들었다.
I went up the steps and **knocked** at Kelly's door.
나는 계단을 올라가서 켈리네 집 문을 두드렸다.

> 어휘가 쑥쑥
> knock over 때려눕히다
> Knock it off! / Stop it! / Cut it out! 그만 좀 해!

2 치다, 때리다 (= hit), **부딪치다**

The police officer **knocked** the robber down.
경찰관이 강도를 때려눕혔다.

The boys are **knocking** a ball with a bat.
남자아이들이 배트로 공을 치고 있다.

명 **1 노크[문 두드리는] 소리**

I heard a loud **knock** at the door.
문을 크게 두드리는 소리가 들렸다.

2 부딪침, 타격

She got a **knock** on the head when she fell down.
그녀는 넘어지면서 머리를 부딪쳤다.

> 실력이 쑥쑥
>
> 권투에서 상대 선수가 쓰러져 경기를 다시 시작할 수 없을 때 KO되었다고 한다. 여기서 KO는 knockout(녹아웃, 때려눕히기)의 줄임말이다.

---

*know /noʊ/ 동사 (3단현) knows (과거) knew (과분) known (현분) knowing) 알다, 알고 있다

I don't **know** how to drive. 나는 운전을 할 줄 모른다.

People **knew** that their king was wise and good.
백성들은 자신들의 임금님이 현명하고 훌륭하다는 것을 알고 있었습니다.

He has **known** Jenny since he was five years old.
그는 다섯 살 때부터 제니를 알고 지냈다.

These days, many Western people **know** about *Taekwondo*.
요즘은 많은 서양 사람들이 태권도에 대해서 안다.

Let me **know** when you're going to leave here.
언제 여기를 떠날지 알려 주세요.

Native Americans are **known** as American Indians.
미국 원주민들은 아메리칸 인디언이라고 알려져 있다.

The beautiful night view of Hong Kong is **known** to many people all over the world.
홍콩의 아름다운 야경은 전 세계의 많은 사람들에게 알려져 있다.

Egypt is well **known** for its pyramids.
이집트는 피라미드로 잘 알려져 있다.

A: Do you **know** Alex? 너, 알렉스를 아니?
B: No. I don't **know** who he is.
아니. 나는 알렉스가 누구인지 모르겠는데.

숙어 **as you know** 아시다시피

As you know, today's guest is the author of the Book of the Year.
아시다시피, 오늘의 초대 손님은 '올해의 책'의 작가이십니다.

I know. 그래, 맞아, 그거야 (다른 사람의 말에 동의할 때)

A: You should go to bed early tonight. School begins tomorrow.

> 어휘가 쑥쑥
>
> **known**  알려진
> **get to know** 알게 되다
> **right to know** 알 권리
> **know by heart** 암기하고 있다, 외우다

> 실력이 쑥쑥
>
> *I know. & I see.*
> I know.는 이미 알고 있는 사실에 대해서 '나도 안다'라는 뜻으로 쓴다. I see.는 새로운 사실을 알게 되었을 때 '알겠다'라는 의미로 쓴다.
>
> A: You can use this membership card to get a 10% discount. (이 회원카드가 있으면 10퍼센트 할인을 받으실 수 있습니다.)
> B: *I know*. I made one last time. (알아요. 지난번에 만들었거든요.)
>
> A: You can use this membership card to get a 10% discount. (이 회원카드가 있으면 10퍼센트 할인을 받으실 수 있습니다.)
> B: Oh, *I see*. Then let me have one. (아, 그렇군요. 그러면 카드를 만들어 주세요.)

오늘 밤에는 일찍 자는 것이 좋겠구나. 내일은 개학이잖니.
B: *I know*. I should go to bed now.
맞아요. 지금 자러 가야겠어요.

knowledge /ˈnɑːlɪdʒ/ 〖명사〗 지식, 학식, 아는 것

Amy has a lot of **knowledge** about music.
에이미는 음악에 풍부한 지식을 가지고 있다.
[속담] **Knowledge** is power. 아는 것이 힘이다.

〖어휘가 쑥쑥〗
knowledgeable 〖형〗 아는 것이 많은

known /noʊn/ 〖동사〗 know의 과거분사 (☞ know)

koala /koʊˈɑːlə/ 〖명사〗 (복) koala**s** 코알라 (☞ animal)

A **koala** carries its baby on its back.
코알라는 등에 새끼를 업고 다닌다.

Korea /kəˈriːə/ 〖명사〗 한국

The capital city of **Korea** is *Seoul*.
한국의 수도는 서울이다.
South and North **Korea** became members of UN together in 1991. 1991년에 남한과 북한은 함께 UN에 가입하였다.

〖재미가 쑥쑥〗
한국의 공식 명칭은 the Republic of Korea (ROK)이다. 통상적으로 South Korea라고 칭한다.

Korean /kəˈriːən/ 〖명사〗〖형용사〗 (복) Korean**s** 한국의, 한국인(의), 한국어(의)

〖명〗 **한국인, 한국어**
He can speak **Korean** and Chinese.
그는 한국어와 중국어를 말할 수 있다.
I think **Korean** is a very scientific language.
나는 한국어가 매우 과학적인 언어라고 생각한다.
Koreans use both spoons and chopsticks when eating.
한국인들은 밥을 먹을 때 숟가락과 젓가락을 둘 다 사용한다.

〖형〗 **한국의, 한국인의, 한국어의**
Kimchi is the **Korean** traditional food.
김치는 한국의 전통 음식이다.
Many **Korean** kids start learning English when they are young. 많은 한국 아이들은 어릴 때 영어를 배우기 시작한다.

〖어휘가 쑥쑥〗
Korean War 한국 전쟁
Korean flag 태극기
Korean drama 한국 드라마
Korean wave 한류(한국 문화의 유행)
Korean pop(K-pop) 한국 유행 음악

L1

* **lab** /læb/ 　명사 (복) labs) 실험실, 실습실 (= laboratory)

Students can practice English speaking in the language **lab**.
학생들은 어학 실습실에서 영어 말하기를 연습할 수 있다.

We did chemical experiments in the **lab**.
우리는 실험실에서 화학 실험을 했다.

어휘가 쑥쑥
science lab 과학 실험실
computer lab 컴퓨터 실습실

* **label** /ˈleɪbl/ 　명사 (복) labels) 라벨
동사 (3단현) labels (과거·과분) labeled (현분) labeling) 라벨을 붙이다, 꼬리표를 달다

명 라벨, 꼬리표
The **label** on the bottle says, "Danger."
그 병의 라벨에는 '위험'이라고 쓰여 있다.

I put the **label** on my baggage to find it easily later.
나는 나중에 짐을 쉽게 찾기 위해서 내 짐에다가 꼬리표를 달았다.

동 라벨을 붙이다, 꼬리표를 달다
She **labeled** all products with their prices.
그녀는 모든 상품에 가격이 쓰여 있는 라벨을 붙였다.

The *label* on the bottle says, "Danger."

* **labor/labour** /ˈleɪbər/ 　명사 ① 일 ② 노동력 ③ 분만

1 (특히 육체적인) 일, 노동 (= work)
Mark is not afraid of physical **labor**.
마크는 몸을 써서 일하는 것을 두려워하지 않는다.

A washing machine saves us a lot of **labor**.
세탁기는 많은 수고를 덜어 준다.

2 (누군가 돈으로 지불하는) 노동력
The car repair bill includes parts and **labor**.
자동차 수리비에는 자동차 부품값과 인건비가 포함된다.

어휘가 쑥쑥
labor cost 인건비
labor union 노동조합
heavy[hard] labor 중노동
mental labor 정신노동

재미가 쑥쑥
Labor Day는 미국과 캐나다의 노동절이다. 9월 첫째

3 분만, 진통, 출산 (= birth)
Jane was in **labor** for eight hours.
제인은 여덟 시간 동안 진통을 했다.

월요일이며, 공휴일로 지정되어 있다.

laboratory /ˈlæbrətɔːri/ | 명사 (복) laboratories 실험실, 실습실 (☞ lab)

lace /leɪs/
명사 (복) laces ① 신발 끈 ② 레이스
동사 (3단현) laces (과거·과분) laced (현분) lacing 끈으로 묶다

명 1 신발 끈 (= shoelace)
Anne, tie your shoe **laces**. 앤, 신발 끈을 묶어라.

2 불 레이스 (♀)
I bought new **lace** curtains for living room windows.
나는 거실 창문에 칠 새 레이스 커튼을 샀다.

동 끈으로 묶다
Mary **laced** her shoes. 메리는 신발 끈을 묶었다.

> 뜻풀이
> 레이스 실을 특수한 바늘로 떠서 여러 가지 무늬를 짜 넣은 서양식 수예품

lack /læk/
명사 부족
동사 (3단현) lacks (과거·과분) lacked (현분) lacking 부족하다

명 부족, 결핍 (↔ plenty 많음, 충분함)
The leaves of the tree are dying for **lack** of water.
물이 부족해서 나무의 잎들이 시들어 가고 있다.
I'm very tired from **lack** of sleep.
나는 잠이 부족해서 너무 피곤하다.

동 부족하다, ~이 없다
Paul seems to **lack** experience. 폴은 경험이 부족해 보인다.
A desert **lacks** water. 사막에는 물이 없다.

> 어휘가 쑥쑥
> **lack of attention** 주의 부족
> **lack of data** 자료 부족
> **lack of evidence** 증거 부족
> **lack of money** 자금 부족

ladder /ˈlædər/ | 명사 (복) ladders 사다리

He climbed up the **ladder** to fix the roof.
그는 지붕을 고치기 위해서 사다리를 타고 올라갔다.
Alex hurt himself falling off a **ladder**.
알렉스는 사다리에서 떨어져서 다쳤다.

lady /ˈleɪdi/ | 명사 (복) ladies 여자, 숙녀, 부인 (↔ gentleman 신사)

The old **lady** is taking her dog for a walk in the park.
노부인이 공원에서 강아지를 산책시키고 있다.

> 어휘가 쑥쑥
> **young lady** 젊은 숙녀

Ladies first. 숙녀[여성] 우선.

Ladies and gentlemen, thank you for coming.
신사 숙녀 여러분, 참석해 주셔서 감사합니다.

A: Where's the **ladies**' room?
여자 화장실이 어디에 있나요?

B: It's on the second floor.
2층에 있습니다.

middle-aged lady 중년의 부인
the first lady 대통령 영부인

(실력이 쑥쑥)
ladies' room 또는 the ladies는 '여자 화장실'을 의미한다.

ladybug /ˈleɪdibʌɡ/ | 명사 (복) ladybugs 무당벌레 (= ladybird)

A grasshopper is bigger than a **ladybug**.
메뚜기는 무당벌레보다 크다.

laid /leɪd/ | 동사 lay¹의 과거·과거분사 (☞ lay¹)

lain /leɪn/ | 동사 lie¹의 과거분사 (☞ lie¹)

**lake /leɪk/ | 명사 (복) lakes 호수

In Canada, there are a lot of beautiful **lakes**.
캐나다에는 아름다운 호수가 많이 있다.

The **lake** froze and we went skating.
호수가 얼어붙어서 우리는 스케이트를 타러 갔다.

The Great **Lakes** in North America are so big that they look like the ocean.
북아메리카에 있는 오대호는 아주 커서 마치 바다처럼 보인다.

The Great *Lakes*

*lamb /læm/ | 명사 (복) lambs 새끼 양, 양고기

Three little **lambs** ran into the small cave upon seeing a wolf.
세 마리 새끼 양은 늑대를 보자마자 작은 동굴로 뛰어 들어갔어요.

Muslims eat **lamb** and chicken instead of pork.
이슬람교도는 돼지고기 대신 양고기와 닭고기를 먹는다.

(실력이 쑥쑥)
다 자란 양은 sheep, 새끼 양은 lamb이라고 한다.

*lamp /læmp/ | 명사 (복) lamps 등불, 램프

Aladdin rubbed the magic **lamp** and a big genie appeared.
알라딘이 마법의 램프를 문지르자 커다란 요정이 나타났다.

I lit up an alcohol **lamp** to heat the water in the beaker.
나는 비커 속의 물을 가열하기 위해서 알코올램프에 불을 붙였다.

(어휘가 쑥쑥)
desk lamp 책상용 스탠드
street lamp 가로등

land /lænd/　명사 (복) lands ① 육지 ② 나라
동사 (3단현) lands (과거·과분) landed (현분) landing 착륙하다

명 1 (불) 육지, 땅 (= ground)
Columbus and other sailors reached the **land** after a long voyage.
콜럼버스와 다른 선원들은 긴 항해 끝에 육지에 도착했다.

This **land** is so fertile that the crops grow well.
이 땅은 매우 비옥해서 농작물이 잘 자란다.

2 나라 (= nation, country), 국토
They had to leave their native **land** because of the endless war.
그들은 계속되는 전쟁 때문에 고국을 떠날 수밖에 없었다.

In Egypt, most of the **land** is desert.
이집트는 국토의 대부분이 사막이다.

동 상륙하다, 착륙하다 (↔ take off 이륙하다)
They sailed across the Atlantic Ocean and **landed** on the shores of North America.
그들은 대서양을 건너 북아메리카의 해안에 상륙했다.

Helicopters can **land** in a very small place.
헬리콥터는 아주 좁은 장소에 착륙할 수 있다.

We will be **landing** in about thirty minutes.
저희 비행기는 약 30분 후에 착륙할 예정입니다.

어휘가 쑥쑥
landing 상륙, 착륙
rich land 비옥한 땅
poor land 척박한 땅
dry land 메마른 땅

실력이 쑥쑥
land가 '나라'의 뜻으로 쓰일 때는 주로 문어체인 경우이다. 구어체에서는 대개 country를 쓴다.

재미가 쑥쑥
landmark(랜드마크)는 미국 뉴욕시의 자유의 여신상처럼 눈에 잘 띄어서 위치 파악에 도움이 되거나 어떤 지역을 대표하는 것을 가리키는 말이다.

landslide /ˈlændslaɪd/　명사 (복) landslides 산사태

The heavy rain caused a **landslide**.
폭우가 산사태를 일으켰다.

The house was destroyed by a **landslide**.
그 집이 산사태로 무너졌다.

lane /leɪn/　명사 (복) lanes ① 좁은 샛길 ② 항로 ③ 차선 ④ 레인

1 (담장·건물 사이의) 좁은 샛길, 골목길
We walked down the **lane** to the lake.
우리는 호수로 향하는 작은 샛길을 걸어갔다.

2 (배·비행기의) 항로
Do you know what the world's busiest shipping **lane** is?
세계에서 가장 붐비는 해상 항로가 어디인지 아세요?

3 (도로의) 차선

어휘가 쑥쑥
narrow lane 좁은 샛길
bumpy lane 울퉁불퉁한 골목길
dusty lane 먼지 덮인 길
emergency lane 비상 차선
bus lane 버스 전용 차선

The car went into the left **lane** in order to pass a truck.
그 차는 트럭을 추월하기 위해 왼쪽 차선으로 들어갔다.

The four-**lane** road is packed with cars.
4차선 도로가 차량들로 꽉 차 있다.

4 (볼링장·수영장 등의) 레인
The winner is running in **lane** two.
1등 주자가 2번 레인에서 달리고 있습니다.

The four-*lane* road is packed with cars.

* language /ˈlæŋɡwɪdʒ/ 〔명사〕 (복) languages) 언어, 말, 국어

Katie is taking a Korean **language** course.
케이티는 한국어 수업을 듣고 있다.

English is now an international **language**.
영어는 이제 국제적인 언어이다.

Heidi's native **language** is German.
하이디의 모국어는 독일어이다.

〔어휘가 쑥쑥〕
body language 신체 언어, 보디랭귀지
sign language 수화
foreign language 외국어
first language 모국어

* lap /læp/ 〔명사〕 (복) laps) ① 무릎 ② 한 바퀴

1 [주로 단수형으로 써서] **무릎** (앉았을 때 허리에서 무릎마디까지)
The baby sat on my **lap**. 아기가 내 무릎에 앉았다.

2 (경기장의) **한 바퀴**
The players ran three **laps** around the track.
선수들은 트랙을 세 바퀴 돌았다.

〔실력이 쑥쑥〕
무릎 위에 올려놓고 쓸 수 있을 정도로 작고 가벼운 컴퓨터를 laptop(노트북, 휴대용 컴퓨터)이라고 한다.

** large /lɑːrdʒ/ 〔형용사〕 (비교) larger (최상) largest) 큰 (↔ small, little 작은), 넓은, 다량의

An owl is a bird with **large** eyes.
올빼미는 큰 눈을 가진 새이다.

Long ago, a giant lived in the **large** house nearby the lake.
옛날에 한 거인이 호숫가의 커다란 집에 살고 있었어요.

Los Angeles is the second **largest** city in the U.S.
로스앤젤레스는 미국에서 두 번째로 큰 도시이다.

〔어휘가 쑥쑥〕
large family 대가족
large area 광대한 지역
large scale 대규모
a large number of 수많은

largely /ˈlɑːrdʒli/ 〔부사〕 주로, 대부분 (= mostly)

Our country is **largely** mountainous.
우리나라는 (국토의) 대부분이 산악 지형이다.

lasagna /ləˈzɑːnjə/ 〔명사〕 라자냐(🔎 넓은 파스타 면 위에 고기·야채 등을 토마토소스와 함께 올려 만든 요리)

We'll need some flat pieces of pasta, meat, cheese, and vegetables for **lasagna**.
라자냐를 만들려면 납작한 파스타 면, 고기, 치즈, 야채가 필요하다.

laser /ˈleɪzər/ 명사 (복) lasers 레이저

The **laser** beam heals the skin quickly and painlessly.
레이저 광선은 피부를 빠르게 고통 없이 치료한다.

last¹ /læst/ 형용사 ① 이전의 ② 최후의 부사 ① 마지막으로 ② 이전에

형 **1 이전의, 지난** (↔ next 다음의)
Last Friday we had a birthday party for Sam.
지난 금요일에 우리는 샘을 위해 생일 파티를 열어 주었다.

He graduated from middle school **last** year.
그는 작년에 중학교를 졸업했다.

What did you do **last** weekend? 지난 주말에 뭐 했니?

I didn't get much sleep **last** night. 어젯밤에 잠을 별로 못 잤다.

2 [late의 최상급] **최후의, 마지막의** (↔ first 최초의)
Justin finished up the **last** piece of pie.
저스틴은 마지막으로 남은 파이 한 조각을 먹어 치웠다.

Aladdin thought for a while and made his **last** wish to the lamp.
알라딘은 잠시 동안 생각한 후에 램프를 향해 그의 마지막 소원을 빌었다.

If you don't hurry, you'll miss the **last** train.
서두르지 않으면 막차를 놓치게 될 거예요.

부 **1 마지막으로, 최후에** (↔ first 처음에)
He arrived **last** of all. 그는 마지막으로 도착했다.

The horse reached the finish line **last**.
그 말이 마지막으로 결승선에 도착했다.

Mike came **last** in the race.
마이크는 그 경주에서 가장 늦게 들어왔다.

2 이전에, 최근에
When I **last** met Jane, she was living in Chicago.
내가 최근에 제인을 만났을 때, 그녀는 시카고에 살고 있었다.

It's been a long time since I saw you **last**. How have you been? 오래간만에 뵙는군요. 어떻게 지내셨어요?

숙어 **at last** 마침내, 드디어 (= finally)
At last, they found an oasis in the desert.
마침내 그들은 사막에서 오아시스를 발견했다.

어휘가 쑥쑥

lastly 부 마지막으로

last name 성
(= family name)

the last minute[moment]
마지막 순간

second to last 끝에서 두 번째

실력이 쑥쑥

late의 최상급 표현에는 두 가지가 있다. the last는 순서상 마지막을 나타내며, the latest는 시간상 가장 최근을 나타낸다.

- This is *the last* book he wrote before his death.
(이것이 그가 죽기 전에 마지막으로 쓴 책이다.)
- This is *the latest* book written by him.
(이것이 그가 가장 최근에 쓴 책이다.)

실력이 쑥쑥

'어제 아침[오후]'은 last morning[afternoon]이라고 하지 않고, yesterday morning[afternoon]이라고 한다.

last² /læst/ 〖동사〗 (3단현) lasts (과거·과분) lasted (현분) lasting 계속되다, 지속되다 (= continue)

The baseball game **lasted** nearly five hours.
야구 경기는 거의 다섯 시간 동안 계속되었다.

late /leɪt/ 〖형용사〗 (비교) later (최상) latest 늦은 〖부사〗 (비교) later 늦게

형 늦은, 지각한 (↔ early 이른)
Today I overslept and was **late** for school again.
나는 오늘 늦잠을 자서 또 지각을 했다.

부 늦게 (↔ early 일찍)
Yesterday, I arrived at the airport **late** at night.
어제 나는 밤늦게 공항에 도착했다.

Last night, I stayed up **late** studying for the math exam.
어젯밤에 나는 수학 시험공부를 하느라고 늦게까지 자지 않고 깨어 있었다.

〔문법이 쑥쑥〕
late의 비교급과 최상급

	비교급	최상급
시간	later (더 늦은)	latest (최신의)
순서	latter (나중의)	last (맨 마지막의)

〔실력이 쑥쑥〕
late는 그 자체로 '늦게'라는 뜻의 부사이고, lately는 '최근에, 요즘에'라는 뜻의 부사이다.
I got up *late*. (나는 늦게 일어났다.)
I got up lately. (×)

later /ˈleɪtər/ 〖형용사〗 더 늦은 〖부사〗 뒤에

형 [late의 비교급] 더 늦은, 더 뒤의 (↔ earlier 더 일찍)
A: Let's see this movie. It is showing at 5 and 7 o'clock.
우리 이 영화 보자. 5시와 7시에 상영이 있어.
B: Why don't we go to the **later** show?
뒤의 것을 보는 게 어때?

부 [late의 비교급] 뒤에, 나중에
A few days **later**, I got the dictionary I had ordered through the Internet.
며칠 후에 나는 인터넷으로 주문했던 사전을 받았다.

A: See you **later**. Bye! 나중에 보자. 안녕!
B: Bye-bye! 안녕!

A: Ms. Lee is not here. Can you call her **later**?
이 선생님은 지금 안 계세요. 나중에 전화해 주시겠어요?
B: OK, I'll call her back.
네, 나중에 다시 걸게요.

〔어휘가 쑥쑥〕
later bus[train]
더 뒤에 오는 버스[기차]
later date 후일
later that day[night]
그날[그날 밤] 늦게
later on 그 후, 나중에

〔실력이 쑥쑥〕
See you later.
헤어질 때 하는 인사말로, '나중에 보자', '안녕'이라는 뜻이다. (= Goodbye. / See you around.)

〖숙어〗 **sooner or later** 조만간, 곧
The writer's new novel will be published *sooner or later*.
그 작가의 새 소설이 곧 출간될 것이다.

Latin /ˈlætn/ 〔명사〕〔형용사〕 (복) Latins 라틴어(의), 라틴계 사람(의), 라틴의

〔명〕 **라틴어** (고대 로마의 언어), **라틴계 사람**
The English book is translated from **Latin**.
그 영어책은 라틴어에서 번역된 것이다.

〔형〕 **라틴의, 라틴어의**
We recited a **Latin** poem.
우리는 라틴어로 된 시를 암송했다.

〔재미가 쑥쑥〕
Latin America
(라틴 아메리카)
스페인어나 포르투갈어를 쓰는 중남미 지방으로, 멕시코, 브라질, 아르헨티나 등이 여기에 속한다.

*latter /ˈlætər/ 〔형용사〕 후자의, 후반의, 마지막의 《late의 비교급》 (☞ former)

He was born in the **latter** half of the 17th century.
그는 17세기 후반에 태어났다.

*laugh /læf/ 〔동사〕 (3단현) laughs (과거·과분) laughed (현분) laughing ① 웃다 ② 비웃다

1 웃다
Everyone **laughed** when Henry imitated his teacher's voice.
헨리가 선생님의 목소리를 흉내 내자 모두가 웃었다.
People burst out **laughing** seeing the monkey's funny behavior.
사람들은 원숭이의 익살맞은 행동을 보고 웃음을 터뜨렸다.
The audience **laughed** at the comedian's gag on the stage.
관객들은 무대 위 코미디언의 개그에 웃었다.

2 비웃다
He was afraid that everybody would **laugh** at his opinion.
그는 모두가 자신의 의견을 비웃을까 봐 걱정스러웠다.

〔어휘가 쑥쑥〕
laughter 〔명〕 웃음, 웃음소리

〔실력이 쑥쑥〕
laugh '웃다'의 가장 일반적인 말로, 소리 내어 웃는 것
smile 소리 내지 않고 얼굴 표정만으로 웃는 것

*laundry /ˈlɔːndri/ 〔명사〕 (복) laundries ① 빨래 ② 세탁소

1 〔불〕 빨래, 세탁물
Dad is hanging out the **laundry** on the clothesline.
아빠가 빨랫줄에 빨래를 널고 계신다.
I do my **laundry** every Saturday.
나는 매주 토요일에 빨래를 한다.

2 세탁소, 세탁실
We sent the curtains and sheets to the **laundry**.
우리는 커튼과 시트를 세탁소에 보냈다.
Is there a **laundry** (room) in this apartment building?
이 아파트에는 세탁실이 있나요?

〔어휘가 쑥쑥〕
laundry basket
빨래 바구니
laundry service
세탁 서비스
laundry detergent
세탁용 세제
fold the laundry
빨래를 개다

lava /ˈlɑːvə/ | 명사 용암

The **lava** flowed down the mountain.
용암이 산 아래로 흘러 내렸다.

lavatory /ˈlævətɔːri/ | 명사 (복) lavatories 화장실, 세면장 (= toilet, washroom)

The **lavatory** is vacant[occupied].
화장실이 비어 있습니다[사용 중입니다].

*law¹ /lɔː/ | 명사 (복) laws 법, 법률, 법칙

Everyone must obey the **law**.
누구나 법을 준수해야 한다.

I hope to study **law** and become a lawyer.
나는 법률을 공부해서 변호사가 되고 싶다.

I learned about the **law** of gravity today.
나는 오늘 중력의 법칙에 대해 배웠다.

> 어휘가 쑥쑥
> **respect the law** 법을 지키다
> **break[disobey, violate] the law** 법을 어기다

*lawn /lɔːn/ | 명사 (복) lawns 잔디, 잔디밭

Pete mows the **lawn** once a week.
피트는 일주일에 한 번 잔디를 깎는다.

My **lawn** is green and fresh. 우리 집 잔디밭은 푸르고 싱그럽다.

> 어휘가 쑥쑥
> **lawn mower** 잔디 깎는 기계

*lawyer /ˈlɔɪər/ | 명사 (복) lawyers 변호사, 법률가 (☞ job)

The **lawyer** asked some questions of the witness.
변호사는 증인에게 몇 가지 질문을 했다.

Lawyers give some legal advice to their clients.
변호사는 고객들에게 법률 상담을 해 준다.

> 어휘가 쑥쑥
> **hire a lawyer** 변호사를 선임하다

*lay¹ /leɪ/ | 동사 (3단현) lays (과거·과분) laid (현분) laying ① ~을 놓다 ② (알을) 낳다

1 ~을 놓다, 두다 (= put, place), 눕히다

I **laid** my hand on his shoulder. 나는 그의 어깨에 손을 얹었다.

He **laid** a blanket over the sleeping child.
그는 자고 있는 아이에게 담요를 덮어 주었다.

She **laid** her baby gently in the cradle.
그녀는 아기를 조심스럽게 요람에 눕혔다.

2 (알을) 낳다

Every day the farmer's goose *laid* a golden egg.

Every day the farmer's goose **laid** a golden egg.
날마다 농부의 거위는 황금 알을 낳았습니다.

(실력이 쑥쑥)

lay & lie
형태가 비슷한 lay(놓다), lie(눕다), lie(거짓말하다)의 과거·과거분사형은 혼동하지 않도록 주의한다.

현재형	과거형	과거분사형
lay (놓다)	laid	laid
lie (눕다, 놓여 있다)	lay	lain
lie (거짓말하다)	lied	lied

lay² /leɪ/ | 동사 lie¹의 과거 (☞ lie¹)

*layer /ˈleɪər/
명사 (복) layers) 층
동사 (3단현) layers (과거·과분) layered (현분) layering) 층을 만들다

명 층, 겹
A thick **layer** of ice formed on the lake.
호수에 두꺼운 얼음 층이 생겼다.

동 층을 만들다, 겹겹이 놓다
Layer the meat and potatoes in a baking dish.
오븐용 접시에 고기와 감자를 겹겹이 놓아라.

A thick *layer* of ice formed on the lake.

**lazy /ˈleɪzi/ 형용사 (비교) lazier (최상) laziest) 게으른 (↔ diligent 부지런한)

He is so **lazy** that he never cleans his room.
그는 너무 게을러서 자기 방을 절대 청소하지 않는다.

The **lazy** dog just spends hours sitting in the sun.
그 게으른 강아지는 양지에 앉아서 몇 시간씩 시간을 보내곤 한다.

(어휘가 쑥쑥)
lazily 부 게으르게, 나태하게
laziness 명 게으름

**lead¹ /liːd/
동사 (3단현) leads (과거·과분) led (현분) leading) ① 안내하다 ② ~에 이르다
③ 이르게 하다 ④ 지휘하다 명사 (복) leads) 선두

동 1 안내하다, 이끌다 (= guide)
The guide dog **leads** the blind girl across the road.
안내견은 시각 장애인 소녀가 길을 건너도록 안내해 준다.

The Prince took the Princess' hand and **led** her into his palace. 왕자님은 공주님의 손을 잡고 궁전으로 데리고 갔습니다.

2 (길이) ~에 이르다, ~로 통하다
This road will **lead** you to the station.
이 길을 따라가면 역에 이르게 될 겁니다.

The guide dog *leads* the blind girl across the road.

[속담] All roads **lead** to Rome.
모든 길은 로마로 통한다. (방법은 달라도 지향하는 목표는 같다.)

3 (결과에) 이르게 하다
What **led** you to think so? 왜 그런 생각을 하게 되었나요?
Pretty pictures **lead** children to read books.
예쁜 그림은 아이들로 하여금 책을 읽고 싶은 마음이 들도록 한다.

4 지휘하다, 지도하다 (= conduct, direct)
He is **leading** the orchestra. 그는 관현악단을 지휘하고 있다.
The soccer team was **led** by a great manager.
그 축구팀은 훌륭한 감독에게 지도를 받았다.

명 선두, 우세
He took the **lead** and we followed.
그가 선두에 섰고 우리는 뒤를 따랐다.

(어휘가 쑥쑥)
leader 명 지도자, 리더
leading 형 주요한, 선두의
lead the way 안내하다, 앞장서다
lead the world 세계를 주도하다
gain the lead 선두를 차지하다
hold[maintain] the lead 선두를 지키다

(실력이 쑥쑥)
lead가 '안내하다'라는 뜻의 동사로 쓰일 때는 /liːd/로, '납'이라는 뜻의 명사로 쓰일 때는 /led/로 발음한다.

lead² /led/ | 명사 (복 leads) 납 《원소기호 Pb》, 연필심

Derbyshire in England is well known for its **lead** mines.
잉글랜드의 더비셔는 납 광산으로 잘 알려져 있다.
My pencil **lead** is easily broken. 내 연필심은 잘 부러진다.

leader /ˈliːdər/ | 명사 (복 leaders) 지도자, 우두머리, 주장 (= chief)

Terry is selected as the **leader** of our baseball team.
테리가 우리 야구팀의 주장으로 뽑혔다.

(어휘가 쑥쑥)
leadership 명 지도력

✱ leaf /liːf/ | 명사 (복 leaves) 잎, 나뭇잎 (☞ tree)

Leaves turn red and yellow in autumn.
가을에는 나뭇잎들이 빨갛고 노랗게 변한다. (단풍이 든다.)
There were many fallen **leaves** in the woods.
숲속에는 낙엽이 많이 있었다.
The trees will soon be in **leaf**.
나무들은 곧 푸른 잎이 무성할 것이다.

(실력이 쑥쑥)
-f, -fe로 끝나는 명사의 복수형은 -f, -fe를 v로 바꾸고 -es를 붙인다.
wolf (늑대) – wolves
knife (칼) – knives

league /liːg/ | 명사 (복 leagues) ① 연맹 ② (스포츠 경기의) 리그

1 연맹(♀)
The **League** of Nations was founded to maintain world peace after World War I.
국제 연맹은 제1차 세계 대전 이후 세계 평화를 유지하기 위해 창설되었다.

(뜻풀이)
연맹 단체나 국가들이 공동의 목적을 위해 서로 돕고 행동을 함께 할 것을 약속함.

2 (스포츠 경기의) 리그
He plays in Major **League** Baseball.
그는 메이저리그 야구에서 뛰고 있다.

*leak /liːk/ 동사 (3단현) leaks (과거·과분) leaked (현분) leaking ① 새다 ② 누설하다
명사 (복) leaks ① 새는 곳 ② 누설

동 **1** (액체·기체가) 새다, 새어 나오다
My faucet **leaks**. It needs repairing.
우리 집 수도꼭지가 새. 수리를 해야겠어.
Oil is **leaking** from the engine. 엔진에서 기름이 새고 있다.

2 (비밀을) 누설하다, 유출하다
He **leaked** the secret to the press.
그는 언론에 그 비밀을 누설했다.

명 **1** (액체·기체가) 새는 곳[구멍, 틈]
There was a **leak** in the water pipe. 수도관에 구멍이 나 있었다.

2 (비밀의) 누설, 유출
These days, there have been many security **leaks**.
요즘 많은 보안 유출이 있었다.

어휘가 쑥쑥
gas leak 가스 누출
water leak 누수
oil leak 기름 누출

My faucet *leaks*.

*lean¹ /liːn/ 동사 (3단현) leans (과거·과분) leaned/leant (현분) leaning ① 기대다 ② 의지하다

1 기대다, 기울이다, 기대어 세우다
Do not **lean** on[against] the door. 문에 기대지 마시오.
She **leaned** her head on his shoulder.
그녀는 그의 어깨에 머리를 기댔다.
I **leaned** my bicycle against the tree.
나는 나무에 자전거를 기대어 세웠다.

2 의지하다
He **leaned** on his parents for support.
그는 생계를 부모에게 의지했다.

lean² /liːn/ 형용사 (비교) leaner (최상) leanest) ① 마른 ② 지방이 적은

1 마른, 날씬한
He is tall, **lean**, and handsome.
그는 키가 크고 날씬하며 잘생겼다.

2 (고기가) 지방이 적은
She only eats the **lean** meat. 그녀는 살코기만 먹는다.

실력이 쑥쑥
lean 군살 없이 건강하고 날씬한
thin 마르고 야윈
skinny 보기 싫게 깡마른

leap /liːp/

동사 (3단현) leap**s** (과거·과분) leap**ed**/leap**t** (현분) leap**ing** ① 뛰다 ② (서둘러)~하다 **명사** (복) leap**s**) 높이뛰기

동 1 (높이 또는 멀리) 뛰다, 뛰어오르다 (= bound, jump)
They **leapt** over the fence. 그들은 울타리를 뛰어넘었다.
Dolphins **leaped** out of the water.
돌고래들이 물 밖으로 뛰어올랐다.

2 (서둘러) ~하다
She **leaped** out of bed. 그녀는 침대에서 벌떡 일어났다.

명 높이뛰기, 뜀, 도약
The deer jumped over the fence in one **leap**.
사슴은 단번에 울타리를 뛰어넘었다.

어휘가 쑥쑥
take a leap 도약하다
leap of five meters
5미터 멀리뛰기

뜻풀이
도약 ① 몸을 날려 위로 뛰어오르는 것 ② 매우 빠르고 힘차게 더 나은 상태가 되는 것

leapfrog /ˈliːpfrɔːg/

명사 등 짚고 뛰어넘기 (아이들 놀이)

I don't know how to play the **leapfrog** game.
나는 등 짚고 뛰어넘기 놀이를 어떻게 하는지 모른다.

✱ learn /lɜːrn/

동사 (3단현) learn**s** (과거·과분) learn**ed**/learn**t** (현분) learn**ing** ① 배우다 ② 알게 되다 ③ 외우다

1 배우다, 익히다, 학습하다
What is a good way to **learn** English?
영어를 배우는 데 좋은 방법은 뭘까?
I'm going to **learn** something special during summer vacation.
나는 여름 방학 동안 뭔가 특별한 것을 배울 예정이다.
You can **learn** a lot of lessons from the Talmud.
탈무드를 통해서 많은 교훈을 얻을 수 있다.
I'd like to **learn** a new language. 나는 새로운 언어를 배우고 싶다.
[격언] There is no royal road to **learning**.
학문에는 왕도가 없다.

2 알게 되다 (= know)
I **learned** of his return from my friend.
나는 친구를 통해서 그가 돌아왔다는 것을 알았다.
She was very shocked to **learn** of his death.
그녀는 그가 죽었다는 것을 알고 매우 충격을 받았다.

3 외우다, 암기하다 (= memorize)
I **learned** the poem for my English class.
나는 영어 수업을 위해 그 시를 외웠다.

어휘가 쑥쑥
learned 형 학식이 있는
learning 명 학습, 학식
learner 명 배우는 사람, 학습자
- - - - - - - - - - - - -
learn by heart 암기하다
learn from experience
경험을 통해 배우다

실력이 쑥쑥
learn '배워서 익히다'라는 뜻으로, 어떤 지식이나 기술을 습득하는 것
study '공부하다, 연구하다'라는 뜻으로, 노력해서 배우는 과정

leave

least /liːst/ | 형용사 가장 적은 | 대명사 최소 | 부사 가장 적게

형 [little의 최상급] **가장 적은** (↔ most 가장 많은)
She is paid the **least** amount in her company.
그녀는 회사에서 가장 적은 액수의 봉급을 받는다.

대 [보통 the least로 쓰여] **최소, 최소량**
It is the **least** of my concerns. 그건 내 관심사 중 가장 작은 것이다.

부 [little의 최상급] **가장 적게** (↔ most 가장 많이)
Greenland is the **least** crowded country in the world.
그린란드는 세계에서 가장 붐비지 않는 나라이다. (인구 밀도가 가장 낮은 나라이다.)
It happened when I **least** expected it, so I was very surprised.
그 사건이 전혀 예기치 못했을 때 일어나서 나는 너무나 놀랐다.

숙어 **at least** 적어도, 최소한 (↔ at most 기껏해야)
You'd better read *at least* 20 pages a day.
적어도 하루에 20페이지 정도는 읽는 게 좋겠다.

> **어휘가 쑥쑥**
> **least of all** 가장 ~ 않다
> I like it *least of all*. (나는 그것이 가장 싫다.)
> **not in the least** 전혀[조금도] ~ 않는
> I'm *not in the least* tired. (나는 전혀 피곤하지 않다.)

> **실력이 쑥쑥**
> 형용사 least 뒤에는 셀 수 없는 명사가 온다.
> Kate did the *least* work. (케이트가 가장 적게 일했다.)

leather /ˈleðər/ | 명사 가죽, 가죽 제품

This wallet is made of **leather**. 이 지갑은 가죽으로 만들어졌다.
A: Why is this sofa much more expensive than that one?
이 소파는 왜 저것보다 훨씬 비싸죠?
B: Because it's made of genuine **leather**.
이것은 천연 가죽으로 만들어졌거든요.

> **어휘가 쑥쑥**
> **leather gloves** 가죽 장갑
> **leather jacket** 가죽 재킷
> **leather boots** 가죽 부츠

leave /liːv/ | 동사 (3단현) leaves (과거·과분) left (현분) leaving) ① 떠나다 ② 남기다 ③ ~한 상태로 놓아두다

1 떠나다, 출발하다 (= depart)
I **left** London for New York. 나는 런던을 떠나 뉴욕으로 향했다.
A: When does the next train **leave** for *Gwangju*?
광주행 다음 열차는 언제 출발하나요?
B: It **leaves** at three from platform 5.
5번 승강장에서 3시에 떠납니다.

2 남기다, 두고 오다
I **left** my book in the bus, so I called the Lost and Found.
나는 버스에 책을 놓고 내려서 분실물 센터에 전화했다.
We don't have much time **left**. Let's hurry up!
남은 시간이 별로 없어. 서두르자!

> **실력이 쑥쑥**
> • **leave**+장소: ~를 출발하다
> *leave* Paris (다른 곳으로 가기 위해) 파리를 떠나다
> • **leave for**+장소: ~로 출발하다
> *leave for* Paris 파리로 출발하다

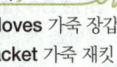

A: He's off today. Do you want to **leave** a message?
그 사람은 오늘 쉬는 날입니다. 메시지를 남기시겠습니까?

B: No, thanks. I'll call him later.
아니요, 괜찮아요. 제가 나중에 다시 전화하겠습니다.

3 ~한 상태로 놓아두다

Leave the door open, please. 문을 열어 놓으세요.

My girlfriend **left** me waiting in the rain for an hour.
내 여자 친구는 나를 빗속에서 한 시간이나 기다리게 했다.

Just **leave** me alone. I don't want to talk about it right now.
나 좀 그냥 내버려 둬. 지금은 그것에 대해 얘기하고 싶지 않아.

숙어 leave out 생략하다, 빠뜨리다

A: You look upset. What happened?
기분이 상한 것 같구나. 무슨 일 있니?

B: My friends went to the movies, *leaving* me *out*. I'm feeling very *left out*.
친구들이 나만 빼놓고 영화 보러 갔어. 따돌림당한 기분이야.

어휘가 쑥쑥
leave the house 집을 나서다, 외출하다
leave school 학교를 그만두다
leave behind 두고 오다[가다]
leave home 집을 떠나다, 독립하다
leave a stain 얼룩이 남다
leave a deep impression 깊은 인상을 남기다

---

*lecture /ˈlektʃər/

명사 (복 lectures) 강의
동사 (3단현 lectures 과거·과분 lectured 현분 lecturing) 강의하다

명 (특히 대학의) 강의, 강연

She began to give a **lecture** about her experiences.
그녀는 자신의 경험에 대해 강연하기 시작했다.

동 (특히 대학에서) 강의하다, 강연하다

He **lectured** on history for ten years.
그는 10년간 역사 강의를 했다.

어휘가 쑥쑥
lecturer 명 강사, 강연자
lecture room 강의실
lecture notes 강의록
lecture hall 강당

---

led /led/

동사 lead¹의 과거·과거분사 (☞ lead¹)

---

left¹ /left/

형용사 왼쪽의 **부사** 왼쪽에 **명사** 왼쪽

형 왼쪽의 (↔ right 오른쪽의)

I use my **left** hand when writing because I'm left-handed.
나는 왼손잡이라서 왼손으로 글씨를 쓴다.

Tom has a scar on the **left** side of his face.
톰은 얼굴 왼쪽에 흉터가 있다.

부 왼쪽에, 왼쪽으로 (↔ right 오른쪽에, 오른쪽으로)

Go straight two blocks and turn **left**.
곧장 두 블록 가서서 왼쪽으로 도세요.

명 왼쪽, 좌측 (↔ right 오른쪽)

실력이 쑥쑥
Turn *left* at the corner.
(모퉁이에서 왼편으로 도세요.)
= Take a *left* at the corner.
= Make a *left* at the corner.
= Take a *left* turn at the corner.

leisure 543

A: Excuse me, but where is the restroom?
실례합니다만, 화장실이 어디 있나요?
B: Go up the hallway, and you'll find it on your **left**.
복도를 따라 쭉 걸어가시면 왼쪽에 있을 거예요.

left² /left/ | 동사 leave의 과거·과거분사 (☞ leave)

left-handed /ˌleft ˈhændɪd/ | 형용사 왼손잡이의 (↔ right-handed 오른손잡이의)

He is a **left-handed** guitarist. 그는 왼손잡이 기타 연주자이다.

*leg /leg/ | 명사 (복) legs ① 다리 ② (책상·의자 등의) 다리

1 다리 (☞ body)
An insect has six **legs**. 곤충은 다리가 여섯 개다.
He broke his **leg** while skiing.
그는 스키를 타다가 다리가 부러졌다.

2 (책상·의자 등의) 다리
I hit my toe on the table **leg**.
나는 테이블 다리에 발가락을 찧었다.

> 어휘가 쑥쑥
> cross[bend] one's leg
> 다리를 꼬다[굽히다]
>
> 실력이 쑥쑥
> leg는 복사뼈부터 허벅지까지이며 foot은 그 밑의 발 부분이다.

*legal /ˈliːgl/ | 형용사 ① 법률의 ② 합법적인

1 법률의, 법적인
I got free **legal** advice. 나는 무료 법률 상담을 받았다.

2 합법적인, 법이 허용하는 (↔ illegal 불법적인)
He is the **legal** owner of the car. 그는 그 차의 법적 소유인이다.

> 어휘가 쑥쑥
> legally 🌀 법률적으로
> legal action 법적 조치
> legal limit 법적 한도

*legend /ˈledʒənd/ | 명사 (복) legends 전설, 설화

According to a **legend**, a horrible monster lives in this lake.
전설에 따르면, 이 호수에는 무서운 괴물이 살고 있다고 한다.

> 어휘가 쑥쑥
> legendary 🌀 전설적인

*leisure /ˈliːʒər/ | 명사 자유 시간, 여가 (= free time)

Tennis is his **leisure** activity. 테니스는 그의 여가 활동이다.
A: How do you spend your **leisure** time?
여가 시간을 어떻게 보내세요?
B: I usually read a novel or watch a video.
보통 소설을 읽거나 비디오를 봐요.

> 어휘가 쑥쑥
> leisurely 🌀 한가한 🌀 한가롭게
> at (one's) leisure 한가할 때, 편한 시간에

lemon /ˈlemən/ | 명사 (복) lemons) 레몬 (☞ fruit)

A: Would you like **lemon** or milk in your tea?
차에 레몬이나 우유를 넣으시겠습니까?
B: With **lemon**, please. 레몬을 넣어 주세요.

*lend /lend/ | 동사 (3단현) lends (과거·과거분) lent (현분) lending) 빌려주다 (↔ borrow 빌리다)

I **lent** my book to James and I haven't got it back yet.
나는 내 책을 제임스에게 빌려줬는데, 아직 돌려받지 못했다.
She **lent** me her bicycle for an hour.
그녀는 나한테 한 시간 동안 자전거를 빌려주었다.
A: Can you **lend** me your pen? (= Can I borrow your pen?)
펜 좀 빌려줄래?
B: Sure. Here it is. 그래. 여기 있어.

> 실력이 쑥쑥
> **lend** 내 것을 다른 사람에게 빌려주는 것
> **borrow** 다른 사람의 것을 빌리는 것

length /leŋkθ/ | 명사 (복) lengths) ① 길이 ② 기간

1 길이
The **length** of this bridge is about 1.5 km. / This bridge is about 1.5 km in **length**.
이 다리의 길이는 약 1.5킬로미터이다.
Benjamin is measuring the **length** of the desk with a ruler.
벤저민은 자로 책상의 길이를 재고 있다.

2 (시간적인) 기간, 길이
The movie is two and a half hours in **length**.
그 영화는 (상영) 시간이 2시간 30분이다.

> 어휘가 쑥쑥
> **lengthen** 동 길어지다, 늘리다
> **total length** 총 길이
> **average length** 평균 길이
> **shoulder-length** (머리가) 어깨 길이의
> **full-length** (옷이) 발목까지 오는, 전신의

lent /lent/ | 동사 lend의 과거·과거분사 (☞ lend)

leopard /ˈlepərd/ | 명사 (복) leopards) 표범

A **leopard** has spots. 표범은 반점이 있다.

less /les/ | 형용사 더 적은 부사 더 적게 대명사 더 적은 수

형 [little의 비교급] **더 적은, 더 작은** (↔ more 더 많은)
You should eat **less** meat and more vegetables to lose weight.
체중을 줄이기 위해서는 고기를 더 적게 먹고 채소를 더 많이 먹어야 한다.

> 문법이 쑥쑥
> **less**와 **fewer**는 둘 다 '더 적은'이라는 뜻이지만, **less**는 셀 수 없는 명사 앞에 쓰

I'll spend **less** time playing computer games and study harder. 난 컴퓨터 게임을 하는 시간을 줄이고 더 열심히 공부할 거야.

Doctors recommend eating **less** sugar.
의사들은 설탕을 적게 먹는 것을 권장한다.

🔹 [little의 비교급] **더 적게, 덜하게** (↔ more 더 많게)
This watch is **less** expensive than that one.
이 시계는 저것보다 덜 비싸다.

It'll take **less** than an hour if you take a taxi.
택시를 타고 가면 한 시간도 안 걸릴 거야.

🔹 더 적은 수[양, 정도]
Less than 10 of them remain.
그중에서 남은 것은 10개도 안 된다.

🔹 **more or less** 다소, 얼마간 (= rather)
The final exam was *more or less* difficult.
기말시험은 다소 어려웠다.

고, fewer는 셀 수 있는 명사 앞에 쓴다.
I spend *less* money than you. (나는 너보다 돈을 적게 쓴다.)
There are *fewer* cars on the road today. (오늘 도로에 차들이 더 적다.)

This watch is *less* expensive than that one.

lesson /ˈlesn/ 〔명사〕 (복) lessons ① 수업 ② 교훈

1 수업 (= class), 과 (= chapter)
My brother is taking a piano **lesson**.
내 남동생은 피아노 수업을 받고 있다.

We're going to study **lesson** 2 today.
오늘은 2과를 공부하겠습니다.

2 교훈
We can learn many **lessons** from *Aesop's Fables*.
'이솝 우화'에서는 많은 교훈을 배울 수 있다.

private lesson 개인 교습
driving lesson 운전 강습

대학 수업은 lesson이라고 하지 않고 주로 lecture(강의)라고 한다.

let /let/ 〔동사〕 (3단현) lets (과거·과분) let (현분) letting ① ~하게 하다 ② ~하도록 허락하다

1 ~하게 하다 (= have, make)
Let me introduce myself. 제 소개를 하겠습니다.
Please **let** me know if my letter arrives.
제 편지가 도착하면 알려 주세요.
I opened the window to **let** in fresh air.
나는 신선한 공기가 들어오게 하려고 창문을 열었다.

2 ~하도록 허락하다 (= allow)
Mom **let** me go on a trip with friends.
엄마는 내가 친구들과 여행을 가도록 허락해 주셨다.

🔹 **Let's ~** ~하자

let go (of) 놓다, 놓아주다
let ~ alone ~를 내버려 두다
let ~ down ~를 실망시키다

• let's는 let us의 줄임말로 '우리 ~하자'라는 뜻이다. let's의 부정형은 let's not이다.
Let's play soccer. (축구하자.)

Let's go to the movies tonight!
오늘 밤에 영화 보러 가자!

Let me see. / Let's see. 글쎄, 어디 보자.

A: Do you happen to know Sally's e-mail address?
너 혹시 샐리의 이메일 주소를 아니?

B: *Let me see*. I guess I added her address to my list recently.
어디 보자. 얼마 전에 샐리의 주소를 내 주소록에 추가했던 것 같아.

Let's not go today. (오늘은 가지 말자.)

- Let's ~에 대한 대답은 Yes, let's. 또는 No, let's not.으로 답할 수 있다.
A: *Let's go.* (자, 가자.)
B: *Yes, let's.* (그래, 가자.) / *No, let's not.* (아니, 가지 말자.)

letter /ˈletər/ 명사 (복) letters ① 편지 ② 문자 ③ 문학

1 편지
I received a **letter** from my old friend.
나는 옛 친구로부터 편지 한 통을 받았다.

2 문자 (= character), **글자**
There are 26 **letters** in the English alphabet.
영어 알파벳에는 26개의 문자가 있다.

The **letters** N, S, E, and W stand for north, south, east, and west respectively.
글자 N, S, E, W는 각각 북, 남, 동, 서를 상징한다.

3 [복수형으로 써서] **문학** (= literature), **학문**
Tom is a man of **letters**. 톰은 문학가이다.

어휘가 쑥쑥
business letter 업무용 편지
thank-you letter 감사 편지
love letter 연애편지
cover letter 자기소개서
capital letter 대문자
small letter 소문자

lettuce /ˈletɪs/ 명사 (양)상추 (☞ vegetable)

Mom made a salad with **lettuce** and some fruit.
엄마는 양상추와 과일로 샐러드를 만드셨다.

level /ˈlevl/ 명사 (복) levels ① (수평면의) 높이 ② 수준 형용사 ① 평평한 ② 같은 수준의

명 **1 (수평면의) 높이, 고도**
The **level** of water is still rising. 수위가 아직도 상승 중이다.

2 (능력·기술 등의) 수준, 단계 (= grade, stage, step)
People have different **levels** of ability at language skills.
사람들은 다양한 수준의 언어 구사 능력을 가지고 있다.

This game is too difficult. I can't move on to the next **level**.
이 게임은 너무 어려워. 다음 단계로 넘어갈 수가 없네.

The boy is only ten years old, but he reads at a high school **level**. 그 소년은 겨우 열 살이지만 고등학교 수준의 책을 읽는다.

형 **1 (표면이) 평평한, 수평의**

어휘가 쑥쑥
high[low] level 높은[낮은] 수준
record level 기록적인 수준
eye level 눈높이
sea level 해수면
ground level 지표면

These shelves aren't **level**. 이 선반들은 수평이 맞지 않다.
We set up the tent on **level** ground.
우리는 평평한 바닥에 텐트를 쳤다.

2 (높이·가치 등이) 같은 수준의
It was a **level** race. 막상막하의 경기였다.
Are these buildings **level**? 이 건물들은 높이가 같은가요?

We set up the tent on *level* ground.

*liberty /ˈlɪbərti/ | 명사 (복) liberties) 자유, 독립 (= freedom, independence) (↔ dependence 종속, 의존)

America won its **liberty** from England in 1783.
미국은 1783년에 영국으로부터 독립했다.
African Americans fought for their **liberty**.
미국의 흑인들은 자유를 위해 투쟁했다.
We can see the Statue of **Liberty** in New York.
뉴욕에서 자유의 여신상을 볼 수 있다.

the Statue of *Liberty*

**library /ˈlaɪbreri/ | 명사 (복) libraries) 도서관

I'm going to the **library** to study for the exam.
나는 시험공부를 하러 도서관에 가는 길이다.
I borrowed[checked out] some books from the **library**.
나는 도서관에서 책을 몇 권 대출했다.
Our town has a good public **library**.
우리 동네에는 좋은 공공 도서관이 있다.

> 어휘가 쑥쑥
> **librarian** 명 (도서관) 사서
> **library card** 도서관 출입 카드, 도서 대출 카드

*license/licence /ˈlaɪsns/ | 명사 (복) licenses/licences) 면허, 허가, 면허증

You should get a **license** if you want to hunt here.
여기서 사냥을 하려면 허가증을 받아야 한다.
A: May I see your identification? 신분증 좀 보여 주시겠습니까?
B: Sure. Here is my driver's **license**.
물론이죠. 여기 운전면허증이요.

> 어휘가 쑥쑥
> **issue a license** 면허증을 발급하다
> **apply for a license** 면허증을 신청하다

lick /lɪk/ | 동사 (3단현) licks (과거·과분) licked (현분) licking) 핥다

When I come home, my puppy always jumps up and **licks** my face.
내가 집에 돌아오면, 우리 강아지는 언제나 나에게 달려들어 얼굴을 핥는다.

**lie[1] /laɪ/ | 동사 (3단현) lies (과거) lay (과분) lain (현분) lying) ① 눕다 ② 있다

1 눕다, 누워 있다
Don't read a book **lying** on the bed.
침대에 누워서 책을 읽지 마라.

Annie **lay** down on the grass and looked up in the sky.
애니는 풀밭에 드러누워서 하늘을 올려다보았다.

2 (어떤 장소에) 있다, 위치하다
Korea **lies** in the east of Asia.
한국은 아시아의 동쪽에 있다.

There is a magazine **lying** on the table.
탁자 위에 잡지 한 권이 놓여 있다.

어휘가 쑥쑥
lie on one's back 등을 대고 눕다
lie on one's side 옆으로 눕다
lie on one's front 엎드려 눕다

★ **lie²** /laɪ/ | 명사 (복) lies) 거짓말 동사 (3단현) lies (과거·과분) lied (현분) lying) 거짓말을 하다

명 거짓, 거짓말 (↔ fact, truth 진실)
The boy told a **lie** that a wolf appeared.
그 소년은 늑대가 나타났다고 거짓말을 했다.

동 거짓말을 하다, 속이다
He **lied** to her that he would come back in a week.
그는 그녀에게 일주일 후에 돌아올 거라고 거짓말을 했다.

She **lied** about her age and applied for the job.
그녀는 나이를 속이고 입사 지원을 했다.

어휘가 쑥쑥
liar 명 거짓말쟁이

Never lie again!

★★ **life** /laɪf/ | 명사 (복) lives) ① 생명(체) ② 생활

1 생명(체), 목숨 (↔ death 죽음)
Scientists are studying to find out if there is **life** on Mars.
과학자들은 화성에 생명체가 있는지 없는지 알아내기 위해 연구하고 있다.

Many people lost their **lives** in the fire.
그 화재로 많은 사람들이 목숨을 잃었다.

2 생활, 인생, 삶
My grandparents enjoy a quiet and peaceful **life** in the country.
우리 할머니, 할아버지는 시골에서 조용하고 평화로운 생활을 즐기신다.

I have traveled abroad for the first time in my **life**.
나는 내 인생에서 처음으로 해외여행을 해 보았다.

She wrote a book about her **life** as a famous actress.
그녀는 유명 배우로서의 자신의 삶에 대한 책을 썼다.

어휘가 쑥쑥
life jacket 구명조끼
lifeboat 구명보트, 구조선
lifeguard 인명 구조원
life cycle 생활 주기
lifetime 일생, 평생
lifestyle 생활 방식
city[country] life 도시[전원] 생활
everyday[daily] life 일상생활

★ **lift** /lɪft/ | 동사 (3단현) lifts (과거·과분) lifted (현분) lifting) 들어 올리다 명사 (복) lifts) 승강기

⑧ **들어 올리다** (= pick up)
The box was too heavy for me to **lift**.
그 상자는 내가 들어 올리기에는 너무 무거웠다.

She **lifts** weights every day to get in good shape.
그녀는 멋진 몸매를 만들기 위해서 매일 웨이트 트레이닝을 한다.

⑨ **승강기, 엘리베이터** (= elevator)
A: Where is the Food Court? 푸드 코트가 어디 있나요?
B: Take the **lift** down to the basement.
엘리베이터를 타고 지하로 내려가세요.

She *lifts* weights every day to get in good shape.

*light¹ /laɪt/

명사	(복) lights	① 빛 ② 등불
형용사	(비교) lighter (최상) lightest	① 밝은 ② 옅은
동사	(3단현) lights (과거·과분) lighted, lit (현분) lighting	① 불을 붙이다 ② 밝게 하다

⑧ **1** (불) **빛, 불빛**
The sun gives us **light** and heat.
태양은 우리에게 빛과 열을 준다.

The room was very bright with the candle **light**.
그 방은 촛불이 있어서 매우 밝았다.

2 등불, 전등
The **lights** went out due to the strong wind.
강한 바람이 불어서 등불이 꺼졌다.

Don't forget to turn[switch] off all the **lights** when you leave home.
집에서 나올 때 모든 전등을 끄는 것을 잊지 마세요.

⑲ **1 밝은, 환한** (= bright) (↔ dark 어두운)
This room is very **light** because it gets much sunshine.
이 방은 햇빛이 잘 들어서 매우 환하다.

2 (색깔이) **옅은, 연한** (↔ dark 진한)
Light purple is my favorite color.
연보라는 내가 가장 좋아하는 색깔이다.

He has **light** skin. 그는 피부가 뽀얗다.

⑧ **1 불을 붙이다** (↔ put out 불을 끄다), **불이 붙다**
After catching five fish, we **lit** a fire to grill them.
우리는 물고기 다섯 마리를 잡은 후에 그것을 구우려고 불을 피웠다.

2 밝게 하다, 빛나다 (= lighten, brighten) (↔ darken 어둡게 하다)
The fireworks of different colors **lit** up the sky.
여러 가지 색깔의 불꽃들이 하늘을 밝혔다.

어휘가 쑥쑥

lightly ⑤ 가볍게
lighten ⑧ 밝게 하다, 비추다
lightbulb 전구
lighthouse 등대
traffic light 신호등
warning light 경고등
street light 가로등
flashlight 손전등
poor[dim] light 약한[희미한] 빛
soft light 부드러운 빛

실력이 쑥쑥

'빛'을 뜻하는 단어들
light '빛'을 뜻하는 일반적인 단어
ray 작은 구멍이나 물체에서 나오는 빛
flash 번쩍이는 불빛
beam 태양에서 나오는 강한 광선

light² /laɪt/ 〔형용사〕 (비교) **light**er (최상) **light**est) 가벼운 (↔ heavy 무거운)

This brand-new laptop is slimmer and **lighter** than the old one.
이 최신형 노트북은 이전 것보다 더 얇고 가볍습니다.

A: Let's have some **light** snacks before dinner!
저녁 먹기 전에 가볍게 뭘 좀 먹자!

B: O.K. I'm a little hungry, too. 그래. 나도 조금 배고파.

어휘가 쑥쑥
light breeze 미풍
light meal 가벼운 식사
light reading 가벼운 읽을거리

lightning /ˈlaɪtnɪŋ/ 〔명사〕 번개, 번갯불

There was a flash of **lightning** in the sky.
하늘에서 번개가 번쩍였다.

The tree has been struck by **lightning**. 나무에 벼락이 쳤다.

실력이 쑥쑥
천둥은 thunder라고 한다.

✱ like¹ /laɪk/ 〔동사〕 (3단현) **like**s (과거·과분) **like**d (현분) **lik**ing) 좋아하다 (= love, be fond of) (↔ dislike, hate 싫어하다)

Jenny **likes** playing tennis in her free time.
제니는 여가 시간에 테니스 치는 것을 좋아한다.

My dad **likes** to cook for my family on Sundays.
우리 아빠는 일요일마다 가족들을 위해 요리하는 것을 좋아하신다.

Peter is always kind to others, so everybody **likes** him.
피터는 항상 다른 사람들에게 친절하기 때문에 모두가 그를 좋아한다.

This is for you. I hope you **like** it.
이건 너한테 주는 선물이야. 네 마음에 들었으면 좋겠다.

〔숙어〕 **How do you like ~?** ~가 어때요?, 마음에 드세요? (= What do you think of ~?)

A: *How did you like* the movie? 영화 어땠니?
B: It was so interesting! 정말 재밌었어!

How would you like ~? ~를 어떻게 해 드릴까요?

A: *How would you like* your steak?
스테이크는 어떻게 해 드릴까요?
B: Well-done, please. 완전히 익혀 주세요.

would like (to) ~을 하고 싶다

A: I'd *like to* speak to Mr. Thompson, please.
톰프슨 씨와 통화하고 싶은데요.
B: Sorry, but he's not at his desk now. *Would* you *like to* leave a message?
죄송합니다만, 지금 자리에 안 계십니다. 메시지를 남기시겠어요?

문법이 쑥쑥
• like와 같이 '좋아하다'를 나타내는 동사는 진행형으로 쓰지 않는다.
I *like* dogs. (나는 개를 좋아한다.)
I am *liking* dogs. (×)

• '~하는 것을 좋아하다'라고 할 때 like 뒤에 to부정사나 동명사(-ing)가 온다.
I *like to read* books.
= I *like reading* books.
(나는 독서를 좋아한다.)

실력이 쑥쑥
Would you like another cup of tea?(차 한 잔 더 드시겠어요?)에 대한 응답은 Thank you.(고맙습니다, 주세요.) 또는 No, thank you. I've had enough.(아니요, 충분히 마셨어요.) 등으로 한다.

like² /laɪk/ | 전치사 ~처럼, ~와 같이

I want to become a great scientist **like** Newton.
나는 뉴턴처럼 위대한 과학자가 되고 싶다.

This pretty doll looks just **like** a real girl.
이 예쁜 인형은 마치 진짜 소녀처럼 생겼다.

It looks **like** rain. 비가 올 것 같다.

Jenny looks **like** her grandmother. 제니는 자기 할머니를 닮았다.

Thanksgiving is **like** *Chuseok* in Korea.
추수 감사절은 한국의 추석과 같은 명절이다.

What's the weather **like** today? 오늘 날씨가 어떻습니까?

[속담] **Like** father, **like** son. 그 아버지에 그 아들. (부전자전)

A: What is Mr. Jackson **like**? 잭슨 씨는 어떤 사람이에요?
B: He is very cheerful and kind. 매우 명랑하고 친절하신 분이에요.

숙어 **feel like -ing** ~하고 싶은 기분이 들다
A: What do you *feel like eating* for dinner?
저녁에 뭐 먹고 싶니?
B: How about chicken? 닭고기는 어때?

어휘가 쑥쑥
very like ~와 매우 비슷한 [닮은]
He's very *like* his brother. (그는 형을 똑 닮았다.)
like new 새것 같은
like this[that] 이런[그런] 식으로

Thanksgiving is *like* Chuseok in Korea.

---

*likely /'laɪkli/ | 형용사 (비교) likelier (최상) likeliest ~할 것 같은
부사 아마

형 ~할 것 같은 (↔ **unlikely** ~할 것 같지 않은)

It is **likely** to rain in the afternoon. 오후에는 비가 올 것 같다.

Bill is **likely** to pass the exam this time because he studied so hard.
빌은 매우 열심히 공부했기 때문에 이번에는 시험에 합격할 것 같다.

It is **likely** that the construction will be finished in two months.
그 공사는 두 달 후에 끝날 것 같다.

부 아마 (= probably)
We will **likely** meet him later.
우리는 아마 나중에 그를 만날 것이다.

어휘가 쑥쑥
very likely 가능성이 매우 높은
hardly likely 가능성이 거의 없는

실력이 쑥쑥
어떤 제의에 강한 반대를 나타낼 때 Not likely!(말도 안 돼요!)라고 말한다.

---

*limit /'lɪmɪt/ | 명사 (복) limits 제한
동사 (3단현) limits (과거·과분) limited (현분) limiting 제한하다

명 제한(♁), 한계

The government has put **limits** on the hunting of wild animals.
정부는 야생 동물 사냥에 제한을 두었다.

You should solve all the problems within the time **limit**.

뜻풀이
제한 미리 한계나 범위를 정하는 것

제한 시간 안에 모든 문제를 풀어야 한다.
You were driving over the speed **limit**. May I see your driver's license, please?
제한 속도를 위반하셨습니다. 운전면허증 좀 보여 주시겠습니까?

동 제한하다 (= restrict)
My dad **limits** himself to one cigarette a day.
우리 아빠는 담배를 하루에 한 개비만 피우기로 스스로 제한하신다.
Seating is **limited** to 350. 좌석은 350석으로 한정되어 있다.

어휘가 쑥쑥
limitation 명 제한, 한계
limited 형 한정된, 제한된
limitless 형 무한한

set a limit 제한을 두다
age limit 연령 제한
weight limit 중량 제한

★★ line /laɪn/

명사 (복) lines) ① 선 ② 줄 ③ 전선
동사 (3단현) lines (과거·과분) lined (현분) lining) 한 줄로 늘어서다

명 1 선, 줄 (= stripe)
Please fold the paper along the dotted **lines**, first.
먼저 점선을 따라 종이를 접으세요.
I helped my mother hang the clothes on the **line**.
나는 엄마가 빨랫줄에 빨래를 너는 것을 도와드렸다.

2 (늘어서 있는) 줄, 행렬 (= row)
You should stand in **line** to get on the bus.
버스를 타시려면 줄을 서야 합니다.
Don't cut in **line**! 새치기하지 마세요!

3 전선, 전화선 (= wire, cable)
The **line** is busy now. Please call again later.
지금은 통화 중이오니 나중에 다시 걸어 주시기 바랍니다.
A: Can I speak to Mr. Brown, please?
브라운 씨와 통화할 수 있나요?
B: Sorry, but he is on another **line**.
죄송한데, 지금 다른 분과 통화 중이세요.

동 한 줄로 늘어서다, 일렬로 세우다, 정렬하다
Children **line** up to get a free ice cream.
아이들이 공짜 아이스크림을 받기 위해 한 줄로 서 있다.
Trees are **lined** up on both sides of the street.
길 양쪽에 나무들이 일렬로 늘어서 있다.

어휘가 쑥쑥
finish line 결승선
borderline 국경선, 경계선
fishing line 낚싯줄
coastline[shoreline] 해안선

실력이 쑥쑥
전화 통화에서 상대에게 끊지 말고 기다리라고 할 때 **Hold the line.**이라고 말한다.
A: I'd like to speak to Sam. (샘과 통화하고 싶어요.)
B: *Hold the line*, please. (끊지 말고 기다리세요.)

★ link /lɪŋk/

명사 (복) links) ① (사슬의) 고리 ② 연결
동사 (3단현) links (과거·과분) linked (현분) linking) 연결하다

명 1 (사슬의) 고리
She always wears a bracelet made of silver **links**.
그녀는 항상 은고리로 된 팔찌를 하고 있다.

2 연결, 관계, 연관성 (= connection)
The police found **links** between the two murder cases.
경찰은 그 두 살인 사건의 연관성을 알아냈다.

동 연결하다 (= connect) (↔ separate 분리하다)
This railroad **links** the East Coast to the West Coast.
이 철도는 동부 해안과 서부 해안을 연결한다.
Transportation and communication **link** people all around the world.
교통수단과 통신 수단은 전 세계 사람들을 연결시켜 준다.

> 어휘가 쑥쑥
> close link 밀접한 관계
> clear link 명백한 연관성
> direct link 직접적인 연관성
> indirect link 간접적인 연관성
> strong link 깊은 연관성, 강한 유대

lion /ˈlaɪən/ | 명사 (복) lions 사자 (☞ animal)

The **lion** is the king of the jungle. 사자는 밀림의 왕이다.

lip /lɪp/ | 명사 (복) lips 입술 (☞ face)

The prince kissed the princess on her **lips**.
왕자님은 공주님의 입술에 키스를 했어요.

> 어휘가 쑥쑥
> lipstick 립스틱

liquid /ˈlɪkwɪd/ | 형용사 액체의 명사 (복) liquids 액체

형 액체의 (= fluid) (↔ solid 고체의)
My father still eats only **liquid** food after his operation.
아버지는 수술을 받으신 후 아직까지 유동식만 드신다.

명 액체 (= fluid) (↔ solid 고체), 마실 것
When water freezes, it changes from a **liquid** to a solid.
물은 얼면 액체에서 고체로 변한다.
When you catch a cold, drink a lot of **liquids**.
감기에 걸렸을 때는 음료를 많이 마시렴.

> 어휘가 쑥쑥
> liquid soap 액체 비누
> liquid medicine 물약

> 실력이 쑥쑥
> 기체는 gas, 고체는 solid 라고 한다.

list /lɪst/ | 명사 (복) lists 표
동사 (3단현) lists (과거·과분) listed (현분) listing 표를 만들다

명 표, 목록, 리스트, 명단
Making a shopping **list** can save you time while shopping.
쇼핑 목록을 만들면 쇼핑 시간을 줄일 수 있다.
I wrote a **list** of things to do.
나는 해야 할 일들의 목록을 적어 보았다.
Could you put my name on the waiting **list**?
제 이름을 대기자 명단에 올려 주시겠습니까?

동 표[목록, 리스트]를 만들다

> 어휘가 쑥쑥
> checklist 점검 사항 목록
> guest list 참석자 명단
> wish list 가지고 싶은 것의 목록
> to-do list 해야 할 일을 적은 목록

I **listed** the books I want to check out before going to the library.
나는 도서관에 가기 전에 빌리고 싶은 책들의 목록을 만들었다.

listen /ˈlɪsn/ 〔동사〕 (3단현) listens (과거·과분) listened (현분) listening (귀 기울여) 듣다 (☞ hear)

Please **listen** carefully and answer the questions.
잘 듣고 질문에 답해 주시기 바랍니다.

I tried to explain why I was late, but she wouldn't **listen** to my excuses.
나는 왜 늦었는지 설명하려 했지만, 그녀는 내 변명을 들으려 하지 않았다.

It can damage your hearing to **listen** to music too loudly.
음악을 너무 크게 듣는 것은 청각을 손상시킬 수 있다.

〔실력이 쑥쑥〕
listen은 주의를 기울여서 어떤 소리를 듣는 것, hear는 들려오는 소리를 그냥 듣는 것을 뜻한다.
Listen to me carefully. (내 말을 주의해서 들어 봐.)
I *heard* the bell ringing. (나는 종이 울리는 소리를 들었다.)

〔어휘가 쑥쑥〕
listener 〔명〕 청취자, 듣는 사람

It can damage your hearing to *listen* to music too loudly.

literature /ˈlɪtrətʃər/ 〔명사〕 문학

I want to study English **literature** in college.
나는 대학에서 영문학을 공부하고 싶다.

〔어휘가 쑥쑥〕
literary 〔형〕 문학의, 문학적인

litter /ˈlɪtər/ 〔명사〕 쓰레기

The streets were full of **litter**. 거리에는 쓰레기가 가득했다.

little /ˈlɪtl/ 〔형용사〕 (비교) less (최상) least ① 작은 ② 어린 ③ 거의 없는 ④ 약간의
〔부사〕 (비교) less (최상) least 조금 〔대명사〕 ① 거의 없음 ② 조금, 소량

〔형〕 **1** 작은 (= small) (↔ big, large 큰)
I have a **little** dog, a Chihuahua, and his name is *Happy*.
나는 작은 개 치와와가 한 마리 있는데 이름은 '해피'이다.

Snow White lived with seven dwarfs in a **little** house in the forest.
백설 공주는 숲속 작은 집에서 일곱 명의 난쟁이들과 함께 살았습니다.

2 어린 (= young) (↔ old 나이 든)
My **little** brother is two years younger than I.
내 남동생은 나보다 두 살 어리다.

Angie is too **little** to ride a roller coaster.

앤지는 롤러코스터를 타기에는 너무 어리다.

3 거의 없는 (↔ much 많은) (☞ few)
We had **little** snow last winter.
지난 겨울에는 눈이 거의 오지 않았다.

I had very **little** experience with foreigners when I was a child.
나는 어렸을 때 외국인을 만난 경험이 거의 없었다.

4 [a와 함께 써서] **약간의, 조금 있는** (☞ few)
There is a **little** water in the glass.
유리잔에 물이 약간 있다.

Add a **little** bit of salt to the soup.
수프에 소금을 아주 약간만 넣어라.

부 [a와 함께 써서] **조금, 약간, 다소** (= somewhat)
We're late! We should speed up a **little**, Mom.
늦었어요! 속도를 조금 더 내야겠어요, 엄마.

Shh! Please speak a **little** more quietly.
쉿! 조금만 더 조용히 말씀해 주세요.

These pants are a **little** tight. I need to try one size bigger.
이 바지는 약간 작네요[꼭 끼네요]. 한 사이즈 큰 것을 입어 봤으면 좋겠어요.

They are twins, but each one of them is just a **little** different.
그들은 쌍둥이지만, 그들 각각은 약간씩 다르다.

대 **1 거의 없음**
I have seen very **little** of him since last year.
나는 작년 이후 그를 거의 보지 못했다.

I know **little** about computers.
나는 컴퓨터에 대해서 아는 것이 거의 없다.

He understood **little** of what I said.
그는 내가 한 말을 거의 알아듣지 못했다.

2 [a와 함께 써서] **조금, 소량**
A: Do you want some more pizza? 피자를 더 드시겠어요?
B: Yes, please. But only a **little**. 네, 아주 조금만 더 주세요.

숙어 **little by little 조금씩**
A: How's it going with your business? 사업은 어떠세요?
B: It's getting better *little by little*. 조금씩 좋아지고 있습니다.

quite a little 상당히 많은 (= much)
Mia had a part-time job during vacation and saved *quite a little* money.
미아는 방학 동안 아르바이트를 해서 상당히 많은 돈을 저금했다.

문법이 쑥쑥

little & few
little과 few는 둘 다 '거의 없는'을 의미한다. 그러나 little은 셀 수 없는 명사와, few는 셀 수 있는 명사와 함께 쓰인다.
I have *little* milk.
(나는 우유가 거의 없다.)
I have *few* friends.
(나는 친구가 거의 없다.)

a little & a few
a little과 a few는 둘 다 '조금 있는'을 의미한다. 그러나 a little은 셀 수 없는 명사와, a few는 셀 수 있는 명사와 쓰인다.
I have *a little* money.
(나는 돈이 조금 있다.)
I have *a few* books.
(나는 책이 몇 권 있다.)

Add a *little* bit of salt to the soup.

*live¹ /lɪv/ 〈동사〉 (3단현) lives (과거·과분) lived (현분) living ① 살다 ② 거주하다

1 살다, 생존하다 (↔ die 죽다)
We can't **live** without water and air.
우리는 물과 공기 없이는 살 수 없다.

2 살다, 거주하다, 생활하다
Everyone wants to **live** a happy life.
모든 사람은 행복한 삶을 살기를 원한다.
A: Where do you **live**? 어디 사세요?
B: I **live** in *Seoul*. 서울에 살아요.

〈어휘가 쑥쑥〉
live together 함께 살다
live alone 혼자 살다
live apart 따로 살다

〈실력이 쑥쑥〉
live는 동사일 때와 형용사일 때의 발음이 다른 것에 주의한다.

live² /laɪv/ 〈형용사〉 ① 살아 있는 ② 생방송의

1 살아 있는 (↔ dead 죽은)
We saw real **live** elephants. 우리는 진짜 살아 있는 코끼리를 봤다.

2 생방송의, 실황의
The TV program was a **live** broadcast.
그 TV 프로그램은 생방송이었다.

〈어휘가 쑥쑥〉
lively 〈형〉 활기찬, 활발한
live music 생음악
live concert 라이브 콘서트
live performance 라이브 공연

〈실력이 쑥쑥〉
live & alive
둘 다 '살아 있는'이라는 뜻의 형용사지만, live는 명사 앞에서만 쓰이고, alive는 동사 뒤에 와서 서술어로 쓰인다.
This is a *live* fish. (이것은 살아 있는 물고기이다.)
This fish is *alive*. (이 물고기는 살아 있다.)

living /ˈlɪvɪŋ/ 〈형용사〉 살아 있는 〈명사〉 (복) livings ① 생활비 ② 생활

〈형〉 **살아 있는** (↔ dead 죽은)
The sun affects all **living** things.
태양은 모든 살아 있는 생물에 영향을 준다.

〈명〉 **1 생활비, 생계**
What do you do for a **living**? 당신은 어떤 일을 하세요?
She earns her **living** as a teacher.
그녀는 선생님으로 일하며 생활비를 번다.

2 〈불〉 **생활, 생활 방식**
The cost of **living** has risen sharply. 생활비가 급격히 올랐다.

〈어휘가 쑥쑥〉
minimum cost of living
최저 생계비
standard of living
생활 수준

〈실력이 쑥쑥〉
What do you do for a living?은 직업을 묻는 표현으로, 간단하게 What do you do?로 묻기도 한다.

living room /ˈlɪvɪŋ ruːm/ 〈명사〉 (복) living rooms) 거실, 응접실 (☞ house) (☞ 557쪽)

My family usually watches TV in the **living room** after dinner.
우리 가족은 보통 저녁을 먹고 난 후 거실에서 텔레비전을 본다.

lizard /ˈlɪzərd/ | 명사 (복) lizards) 도마뱀

A **lizard** has a long tail. 도마뱀은 긴 꼬리를 가지고 있다.

*load /loʊd/ | 명사 (복) loads) 짐
동사 (3단현) loads (과거·과분) loaded (현분) loading) 싣다

명 (무거운) 짐, 화물
Camels are used to carry **loads** in the desert.
낙타는 사막에서 짐을 나르는 데 이용된다.

동 (짐을) 싣다 (↔ unload (짐을) 내리다)
Workers are **loading** the truck with boxes of fruit.
일꾼들이 트럭에 과일 상자들을 싣고 있다.

> 어휘가 쑥쑥
> **loaded** 형 짐을 실은
> **overload** 너무 많이 싣다
> **heavy[light] load** 무거운[가벼운] 짐
> **full load** 가득 실은 짐

lobby /ˈlɑːbi/ | 명사 (복) lobbies) 로비, 현관, 홀

A: Where shall we meet? 어디에서 만날까요?
B: Let's meet in the **lobby** of the hotel. 호텔 로비에서 만나죠.

*local /ˈloʊkl/ | 형용사 지역의, 지방의, 고장의 (= regional)

In my free time, I usually read books at the **local** library.
나는 시간이 나면 주로 지역 도서관에서 책을 읽는다.

*locate /ˈloʊkeɪt/ | 동사 (3단현) locates (과거·과분) located (현분) locating) ① 위치하다 ② (~의 위치를) 알아내다

1 위치하다, ~에 두다
They **located** their headquarters in *Seoul*.
그들은 서울에 본사를 두었다.
My house is **located** in the center of the city.
우리 집은 도시 중심에 위치하고 있다.

2 (~의 위치를) 알아내다, 찾아내다
I **located** Korea on the map.
나는 지도에서 한국의 위치를 찾아냈다.
The mechanic **located** the leak in the gas pipe.
정비공은 가스관의 새는 곳을 찾아냈다.

I *located* Korea on the map.

location /loʊˈkeɪʃn/ | 명사 (복) locations) 위치, 장소

His apartment is in a really good **location**. 그의 아파트는 정말 좋은 위치에 있다.

*lock /lɑːk/ 명사 (복) locks) 자물쇠
통사 (3단현) locks (과거·과분) locked (현분) locking) 자물쇠를 채우다

명 자물쇠
The thief opened the **lock** on the back door and entered the house.
도둑은 뒷문의 자물쇠를 열고 집 안으로 들어갔다.

통 자물쇠를 채우다, 잠그다 (↔ unlock 자물쇠를 열다)
Don't forget to **lock** the door when you leave home.
집에서 나갈 때 문 잠그는 것을 잊지 마세요.
My elder sister always **locks** the desk drawer with a key.
우리 언니는 항상 책상 서랍을 열쇠로 잠가 놓는다.

어휘가 쑥쑥
locker 사물함, 로커, (자물쇠가 달린) 장

실력이 쑥쑥
숫자를 맞춰서 여는 자물쇠를 combination lock이라고 한다.

*log /lɔːg/ 명사 (복) logs) 통나무, 장작

Three little pigs lived in the **log** cabin in the forest.
세 마리 아기 돼지가 숲속 통나무집에 살고 있었습니다.
Put another **log** in the stove.
난로에 통나무를 하나 더 넣어라.

lonely /ˈloʊnli/ 형용사 (비교) lonelier (최상) loneliest) 외로운, 고독한, 적막한, 고립된

When I studied abroad alone, I sometimes felt **lonely**.
외국에서 혼자 공부했을 때, 나는 가끔씩 외로움을 느꼈다.
I left the crowded city and went to a **lonely** place to take a rest. 나는 휴식을 취하기 위해 복잡한 도시를 떠나 한적한 곳으로 갔다.

어휘가 쑥쑥
loneliness 명 외로움, 고독, 쓸쓸함

**long¹ /lɔːŋ/ 형용사 (비교) longer (최상) longest) ① (길이가) 긴 ② (시간이) 긴
부사 (비교) longer (최상) longest) 오래

형 1 (길이가) 긴 (↔ short 짧은)
She has **long** blond hair. 그녀는 긴 금발 머리를 갖고 있다.
A: How **long** is the bridge? 이 다리의 길이는 어떻게 되나요?
B: It is about thirty meters **long**. 약 30미터 정도 됩니다.

2 (시간이) 긴 (↔ short 짧은)
A **long** time ago, an evil witch changed the prince into a beast. 오래전에 사악한 마녀가 왕자를 야수로 변하게 만들었어요.
He stayed abroad for a **long** time because of his business.
그는 사업 때문에 오랫동안 외국에 머물렀다.

어휘가 쑥쑥
long term 장기간
long flight 장시간 비행
long weekend (3일 이상 이어지는) 긴 연휴
long journey 긴 여행
long day 힘든 하루
long face 우울한 얼굴
long history 오랜 역사
long tradition 오랜 전통

부 오래, 쭉 내내

We waited **long** to get tickets.
우리는 표를 사기 위해서 오래 기다렸다.

I had a bad cold and stayed home all day **long**.
감기가 심하게 걸려서 하루 종일 집에 있었어요.

A: How **long** does it take to go to school?
학교 가는 데 시간이 얼마나 걸리나요?

B: It takes about 15 minutes on foot.
걸어서 약 15분 정도 걸립니다.

[숙어] **as long as** ~하는 한 (= so long as)

As long as you have the receipt, we exchange products within thirty days.
영수증만 갖고 계시다면 30일 이내에 상품을 교환해 드립니다.

no longer 더 이상 ~하지 않다 (= not ~ any longer)

Mr. Brown *no longer* works here. He moved to another company last month.
브라운 씨는 더 이상 여기서 일하지 않아요. 지난달에 다른 회사로 옮겼어요.

[실력]이 쑥쑥

Long time no see.
오랫동안 만나지 못했던 사람을 만났을 때 건네는 인사말로, '오랜만이에요.'라는 뜻이다.
A: *Long time no see.* How have you been? (오랜만이야. 어떻게 지냈어?)
B: I've been great. (잘 지냈어.)

So long!
'안녕! 잘 가!'라는 뜻으로 헤어질 때 하는 작별 인사이다. 친한 사이에서 주로 쓰며 Good bye! 대신 쓸 수 있는 표현이다.
A: I really have to go. (나 정말 가 봐야겠어.)
B: OK. *So long*! (그래, 잘 가!)

long² /lɔːŋ/ | [동사] (3단현) longs (과거·과분) longed (현분) longing) 열망하다, 몹시 원하다

I'm **longing** for my hometown. 고향이 너무 그립습니다.
I **long** to visit Paris someday. 언젠가 파리에 정말 가 보고 싶어요.

look /lʊk/ [동사] (3단현) looks (과거·과분) looked (현분) looking) ① 보다 ② ~처럼 보이다
[명사] (복) looks) ① 보는 것 ② (얼굴) 표정

[동] **1** 보다, 바라보다 (☞ see)

Look out the window. It's snowing.
창밖을 좀 보세요. 눈이 와요.

I **looked** up at the sky and stars were twinkling there.
하늘을 올려다보니 별들이 반짝반짝 빛나고 있었다.

The ugly duckling **looked** at himself in the water.
미운 오리 새끼는 물에 비친 자신을 바라보았습니다.

[속담] **Look** before you leap.
뛰기 전에 살펴봐라. (돌다리도 두들겨 보고 건너라.)

2 ~처럼 보이다, ~인 것 같다 (= seem, appear)

You **look** happy today. 너 오늘 기분이 좋아 보인다.
That hat **looks** good on you. 그 모자가 참 잘 어울리네요.

A: What does your sister **look** like?
네 여동생은 어떻게 생겼니?

B: She is tall and has blue eyes. 키가 크고 푸른 눈을 가졌어.

[어휘]가 쑥쑥

look around 둘러보다, 구경하다
look back 뒤돌아보다
look out 조심하다, 주의하다

I *looked* up at the sky.

명 1 보는 것
Take a **look** at this picture. 이 사진을 좀 봐.
- A: I think I've got some problems with my computer.
  내 컴퓨터에 문제가 좀 생긴 것 같아.
- B: Let me have a **look** at it. 내가 한번 살펴볼게.

2 (얼굴) 표정 (= expression), 외모, 겉모습 (= appearance) (☞ 562쪽)
I don't know why he has a sad **look** today.
나는 오늘 왜 그가 슬픈 표정을 하고 있는지 모르겠어요.

Don't judge a person by his **looks**!
겉모습으로 사람을 판단하지 마세요!

[숙어] look after 돌보다, 보살피다 (= take care of)
I *looked after* my sick dog all night.
나는 밤새 아픈 강아지를 돌보았다.

look for 찾다 (= search for)
I *looked for* my car key around my room but I couldn't find it.
나는 방 안 여기저기 자동차 열쇠를 찾아 보았지만 찾을 수 없었다.

look forward to 기대하다, 고대하다
I'm *looking forward to* seeing you soon.
곧 만나 뵙기를 기대하고 있을게요.

look over 검토하다, 조사하다
If you have free time, please *look over* these reports.
시간 있으시면 이 보고서들 좀 검토해 주세요.

look up (사전에서) 찾아보다
You can *look up* new words in a dictionary.
새로운 단어들은 사전에서 찾아보셔도 됩니다.

[문법]이 쑥쑥
look이 '~처럼 보이다'라는 뜻으로 쓰일 때는 look 뒤에 형용사가 온다. 부사는 올 수 없다.
He *looks* happy. (그는 행복해 보인다.)
He *looks* happily. (×)

[실력]이 쑥쑥
look (at) 어떤 것을 주의를 기울여서 의도적으로 보다
Look at that picture on the wall. (벽에 걸린 저 그림을 봐.)

see 자연적으로 눈에 보이다
They *saw* a cat run away. (그들은 고양이가 도망치는 것을 보았다.)

watch TV나 운동 경기 등을 보거나 어떤 것을 집중해서 지켜보다
The man is *watching* TV. (남자는 TV를 보고 있다.)

---

*loose /luːs/ [형용사] (비교) looser (최상) loosest 느슨한, 헐렁헐렁한 (↔ tight 꽉 끼는), 풀린

This shirt is too **loose**. Do you have a smaller size?
이 셔츠는 너무 헐렁하네요. 좀 더 작은 사이즈 있나요?

The button of my coat is **loose**. 내 코트의 단추가 헐겁다.

[어휘]가 쑥쑥
loosely 튄 느슨하게
loosen 동 느슨하게 하다

---

*lose /luːz/ [동사] (3단현) loses (과거·과분) lost (현분) losing ① 잃다 ② (경기·시합에서) 지다 ③ 길을 잃다

1 잃다, 잃어버리다 (↔ find 찾다, 발견하다)
If you **lose** your health, you can't do anything.
건강을 잃으면 아무것도 할 수 없다.

Many people **lost** their homes in the earthquake.
많은 사람들이 지진으로 집을 잃었다.

[어휘]가 쑥쑥
loss 명 분실, 상실
loser 명 실패자, 패배자
lose weight 살을 빼다

A: How was your trip? 여행은 어땠나요?
B: Not so good. I **lost** my wallet on the day I arrived there.
별로였어요. 거기 도착한 날 지갑을 잃어버렸거든요.

2 (경기·시합에서) 지다 (↔ win 이기다)
I am disappointed that my favorite baseball team **lost** the game. 내가 가장 좋아하는 야구팀이 경기에 져서 실망스럽다.

3 길을 잃다, 헤매다
Be careful not to **lose** your way in the mountain.
산에서 길을 잃지 않도록 조심하세요.

lose a chance 기회를 놓치다
lose confidence 자신감을 잃다
lose faith[trust] 신뢰를 잃다
lose one's life 목숨을 잃다
lose one's hair 머리털이 빠지다

lost¹ /lɔːst/ | 동사 lose의 과거·과거분사 (☞ lose)

I **lost** my dog in the crowd. 나는 사람들 속에서 강아지를 잃어버렸다.

lost² /lɔːst/ | 형용사 ① 길을 잃은 ② 잃어버린

1 길을 잃은
I think I am **lost**. Can you tell me how to get to the subway station?
제가 길을 잃은 것 같은데요, 지하철역으로 가는 길 좀 알려 주시겠어요?
Be sure to bring road maps not to get **lost** on your trip.
여행 중에 길을 잃지 않으려면 지도를 꼭 챙겨 가세요.

어휘가 쑥쑥
lost child 미아
lost time 허비한 시간
lost battle 패전
lost articles 분실물
lost and found 분실물 취급소

2 잃어버린, 분실한
He is looking for the **lost** keys. 그는 잃어버린 열쇠를 찾고 있다.

* lot /lɑːt/ | 명사 (복) lots) 매우 많음, 다량

There are a **lot** of books in the library.
그 도서관에는 책이 아주 많다.
We had a **lot** of fun at Timmy's birthday party.
우리는 티미의 생일 파티에서 재미있게 놀았다.
A: Let me help you move on Sunday.
일요일에 너 이사하는 거 내가 도와줄게.
B: Thanks a **lot**! 정말 고마워!

실력이 쑥쑥
a lot of 또는 lots of는 수량이 많음을 나타내며, 셀 수 있는 명사나 셀 수 없는 명사 모두와 함께 쓰인다.
a lot of apples (많은 사과)
a lot of work (많은 일)

* loud /laʊd/ | 형용사 (비교) louder (최상) loudest) 큰 소리의
부사 (비교) louder (최상) loudest) 큰 소리로

형 큰 소리의 (↔ soft 작은 소리의), 시끄러운 (↔ quiet 조용한)
My car makes a **loud** noise when I start the engine.
내 차는 시동을 걸면 시끄러운 소리가 난다.

어휘가 쑥쑥
loudly 큰 소리로, 시끄럽게

The music is too **loud**. Could you turn it down?
음악 소리가 너무 크네요. 소리를 좀 줄여 주실래요?

부 큰 소리로 (= loudly)
Could you speak **louder**? I can't hear you.
좀 더 크게 말씀해 주실래요? 잘 안 들려요.
He played the music too **loud**. 그는 음악을 너무 크게 틀었다.

loudness 명 큰 소리, 시끄러움
loud laughter 큰 웃음소리
loud voice 큰 목소리

*love /lʌv/ 명사 사랑 동사 (3단현) loves (과거·과분) loved (현분) loving) 사랑하다

명 사랑, 애정 (= affection)
Romeo fell in **love** with Juliet.
로미오는 줄리엣과 사랑에 빠졌다.
Please give my **love** to your parents.
부모님께 안부 전해 주세요.

동 사랑하다, 매우 좋아하다 (↔ hate 미워하다)
I'll **love** only you forever. 저는 평생 당신만을 사랑할 거예요.
Children **love** to watch cartoons on TV.
아이들은 텔레비전에서 만화 영화 보는 것을 매우 좋아한다.

어휘가 쑥쑥
loveless 형 사랑이 없는
loving 형 사랑하는
lover 명 사랑하는 사람, 애인
love letter 연애편지
love story 연애 소설

lovely /'lʌvli/ 형용사 (비교) lovelier (최상) loveliest) 사랑스러운, 귀여운, 아름다운, 예쁜

Katie is really cute and **lovely**, so everyone likes her.
케이티는 정말 귀엽고 사랑스러워서 모든 사람이 그녀를 좋아한다.
What a **lovely** day! How about taking a walk after lunch?
오늘 날씨가 정말 좋네요! 점심 먹고 산책하는 거 어때요?
That dress is so **lovely**, isn't it?
저 옷 너무 예쁘다, 그렇지 않니?

어휘가 쑥쑥
lovely scenery 아름다운 경치
lovely character 훌륭한 성격[인품]

*low /loʊ/ 형용사 (비교) lower (최상) lowest) 낮은 부사 (비교) lower (최상) lowest) 낮게

형 낮은, 적은 (↔ high 높은)
There is a beautiful church on the **low** hill.
나지막한 언덕에 아름다운 교회가 하나 있다.
Alex's score was **lower** than Katie's on the math test.
수학 시험에서 알렉스의 점수는 케이티의 점수보다 낮았다.
She spoke in a **low** voice. 그녀는 낮은 목소리로 말했다.
I love to go shopping at this market. The prices are very **low**.
저는 이 시장에서 쇼핑하는 것을 매우 좋아해요. 가격이 아주 싸거든요.

부 낮게 (↔ high 높게)
A model plane is flying **low**.

어휘가 쑥쑥
low-income 저소득의
low interest 낮은 금리
low birthrate 저출산율
low-fat 저지방의
low-cost 저가의

실력이 쑥쑥
price가 주어로 쓰여 '값이 싸다'라고 할 때는 cheap이 아니라 low를 쓴다.
The price is *low*. (○)

모형 비행기가 낮게 날고 있다.

She spoke **low** not to wake her baby.
그녀는 아기를 깨우지 않기 위해 조그만 소리로 말했다.

| The price is *cheap*. (×)

*****luck** /lʌk/ | 명사 운, 행운 (= fortune)

The four-leaf clover is a symbol of good **luck**.
네 잎 클로버는 행운의 상징이다.

Most Americans believe that it's bad **luck** to walk under a ladder.
대부분의 미국 사람들은 사다리 아래로 걸어가면 불운이 온다고 믿는다.

A: I'm going to take the TOEFL next month.
나 다음 달에 토플 시험을 보려고 해.
B: Good **luck** to you! 행운을 빌어!

어휘가 쑥쑥
luckily 튀 다행히, 운 좋게

실력이 쑥쑥
Good luck to you! (행운을 빌어!)
= I wish you the best of luck!

lucky /ˈlʌki/ | 형용사 (비교) luck**ier** (최상) luck**iest**) 운이 좋은, 행운의 (= fortunate)

People believe that the number seven is **lucky**.
사람들은 숫자 7이 행운을 가져온다고 믿는다.

How **lucky** you are! 당신은 참 운이 좋군요!

It was **lucky** that I passed the test.
내가 시험에 통과했다니 운이 좋았다.

어휘가 쑥쑥
lucky charm 행운의 마스코트, 부적

luggage /ˈlʌɡɪdʒ/ | 명사 짐, 수하물 (= baggage) (☞ airport)

A: Could you take this **luggage** to my room?
이 짐 좀 제 방으로 가져다 주실래요?
B: Sure! What's your room number?
물론이죠! 방 번호가 어떻게 되나요?

실력이 쑥쑥
미국 영어에서는 baggage를 주로 쓴다.

*****lunch** /lʌntʃ/ | 명사 (복) lunch**es**) 점심

I had sandwiches for **lunch**. 나는 점심으로 샌드위치를 먹었다.
How about having **lunch** together? 점심 같이 드실래요?

어휘가 쑥쑥
box lunch 도시락

lung /lʌŋ/ | 명사 (복) lung**s**) 폐 (☞ organ)

Please stop smoking! It's really bad for your **lungs**.
제발 담배를 끊으세요! 폐에 정말 안 좋아요.

Mm

ma'am /mæm/ 명사 부인 (= madam) 《여자에게 붙이는 존칭》(↔ sir ~ 씨, ~ 님, 귀하)

Can I help you, **ma'am**? 도와드릴까요, 부인?

macaroni /ˌmækəˈrouni/ 명사 마카로니 《속이 비고 가느다란, 대롱처럼 생긴 이탈리아식 국수》

Cook **macaroni** in salted water. 소금물에 마카로니를 익히세요.

✱ machine /məˈʃiːn/ 명사 (복) machines 기계

A microwave is a **machine** that is used to heat food.
전자레인지는 음식을 데울 때 사용되는 기계이다.

This vending **machine** is out of order.
이 자동판매기는 고장이 났다.

어휘가 쑥쑥
automated teller machine (ATM) 현금 인출기
washing machine 세탁기

machinery /məˈʃiːnəri/ 명사 기계류, 기계 장치

Machinery is one of our main exports.
기계류는 우리의 주요 수출품들 중 하나이다.

The **machinery** is driven by wind power.
그 기계는 풍력으로 돌아갑니다.

실력이 쑥쑥
machinery는 기계류 전체를 가리키고, machine은 기계 하나하나를 가리킨다.

✱✱ mad /mæd/ 형용사 (비교) madder (최상) maddest ① 미친 ② 화가 난 ③ (~에) 열중한

1 미친, 제정신이 아닌 (= crazy)

People thought that he was **mad**.
사람들은 그가 미쳤다고 생각했다.

Poor Ophelia went **mad** when she heard about her father's death. 불쌍한 오필리아는 아버지의 죽음에 대한 소식을 듣고 미쳐 버리고 말았습니다.

어휘가 쑥쑥
madly 부 미쳐서, 미친 듯이
madness 명 광기, 미친 짓

2 화가 난 (= angry)
I was so **mad** at him that I yelled.
나는 그에게 너무 화가 나서 소리를 질렀다.
A: Why are you so **mad**? 왜 그렇게 화가 났니?
B: My brother erased the important files by mistake.
내 동생이 실수로 중요한 파일들을 삭제해 버렸어.

3 (~에) 열중한, (~에) 깊이 빠져 있는
My brother is **mad** about soccer. 우리 형은 축구광이다.
Bill was **mad** for a new car. 빌은 새 차를 몹시 사고 싶어 했다.

> 실력이 쑥쑥
> '~에게 화가 난, 화를 내는'이라고 할 때 mad at으로 쓴다.
> She was really *mad at* Tom. (그녀는 톰에게 몹시 화를 냈다.)

madam /ˈmædəm/ 명사 (복) madams) 부인, 아가씨 (= ma'am)

made /meɪd/ 동사 make의 과거·과거분사 (☞ make)

*magazine /ˈmæɡəziːn/ 명사 (복) magazines) 잡지

He read the **magazine** on the train.
그는 기차에서 잡지를 읽었다.
I buy the weekly[monthly] **magazine** every week[month].
나는 매주[매달] 주간[월간] 잡지를 산다.

> 어휘가 쑥쑥
> business[fashion] magazine 경제[패션] 잡지

magic /ˈmædʒɪk/ 명사 마법 형용사 마법의

명 마법, 마술
The wizard lost his **magic**.
그 마법사는 자신의 마법 능력을 잃었다.

형 마법의, 마술의
The magician did some **magic** tricks for the queen.
그 마술사는 여왕을 위해 몇 가지 마술을 부렸다.
I hope to be a magician and do a **magic** show someday.
저는 언젠가 마술사가 되어 마술 쇼를 하고 싶어요.

> 어휘가 쑥쑥
> magical 형 마법의, 마술의
> magically 부 마법처럼
> magician 명 마술사

> 뜻풀이
> 마술 사람의 눈을 교묘하게 속여 놀라운 것을 보여 주는 재주

magma /ˈmæɡmə/ 명사 마그마, 용암

The **magma** swallowed up the whole village.
마그마가 마을 전체를 덮쳤습니다.

*magnet /ˈmæɡnət/ 명사 (복) magnets) 자석

A **magnet** attracts iron. 자석은 철을 끌어당긴다.

Use a **magnet** when you pick up pins or nails on the floor.
바닥에 떨어진 핀이나 못을 집어 올릴 때는 자석을 사용해라.

magnetic /mægˈnetɪk/ 형용사 ① 자석의 성질을 띠는 ② 매력적인

1 자석의 성질을 띠는, 자성을 가진
The **magnetic** needle on a compass always points to north. 나침반의 자침은 항상 북쪽을 가리킨다.

2 매력적인, 사람을 끄는
She has a **magnetic** personality. 그녀는 매력적인 성격을 가졌다.

> 어휘가 쑥쑥
> magnetic field 자기장
> magnetic pole 자석의 극

magnificent /mægˈnɪfɪsnt/ 형용사 매우 아름답고 인상적인, 웅장한, 멋진

The castle has a **magnificent** view over the sea.
그 성은 바다가 보이는 멋진 경치를 가지고 있다.

The scene of the waterfall is **magnificent**.
폭포의 경치는 웅장하고 인상적이다.

> 어휘가 쑥쑥
> magnificence 명 웅장함
> magnificently 부 멋지게, 웅장하게

magnify /ˈmæɡnɪfaɪ/ 동사 (3단현) magnifies (과거·과분) magnified (현분) magnifying ① 크게 보이게 하다 ② 확대하다

1 (사물을) 크게 보이게 하다
This microscope **magnifies** objects by 400 times.
이 현미경은 물체를 400배 크게 보이게 합니다.

Mia examined the flower with a **magnifying** glass.
미아는 그 꽃을 확대경으로 관찰했습니다.

> 어휘가 쑥쑥
> magnification 명 확대

2 (사건·문제를) 확대하다 (= exaggerate)
The hot summer **magnified** water shortage.
더운 여름이 물 부족 문제를 확대시켰다.

magpie /ˈmæɡpaɪ/ 명사 (복) magpies 까치

Magpies and crows like a small and shiny object.
까치와 까마귀는 작고 반짝이는 물건을 좋아합니다.

maid /meɪd/ 명사 (복) maids 하녀, 가정부, 시녀

Maids helped the princess dress for the party.
시녀들은 공주님이 파티에 가기 위해 옷을 입는 것을 도와주었습니다.

> 어휘가 쑥쑥
> maid of honor 신부들러리

maiden /ˈmeɪdn/ 명사 (복) maidens 처녀 형용사 결혼하지 않은, 처음의

maintain 569

명 처녀, 아가씨
I love Andersen's two stories: "The Little Mermaid," and "The Ice **Maiden**."
나는 안데르센의 두 이야기 '인어 공주'와 '얼음 처녀'를 좋아한다.

형 결혼하지 않은 (= unmarried), 처음의 (= first)
She decided to keep her **maiden** name.
그녀는 처녀 적 이름을 쓰기로 결정했다.
The Titanic sank on her **maiden** voyage.
타이태닉호는 첫 항해에서 침몰했다.

어휘가 쑥쑥
maidenly 형 처녀의, 소녀다운
maiden flight 처녀비행

*mail /meɪl/
명사 우편
동사 (3단현) mails (과거·과분) mailed (현분) mailing) (우편으로) 보내다

명 우편, 우편물 (= post)
I sent some books to Alex by **mail**.
나는 알렉스에게 책 몇 권을 우편으로 보냈다.
Mailmen are very busy delivering **mail** during the Christmas season. 크리스마스 시즌에 우체부들은 우편물을 배달하느라 매우 바쁘다.

동 (우편으로) 보내다, 부치다 (= post)
Don't forget to **mail** this parcel on the way home.
집에 오는 길에 이 소포를 부치는 것을 잊지 마세요.

어휘가 쑥쑥
mailbox 우편함, 우체통
mailman 우편집배원

실력이 쑥쑥
미국에서는 주로 mail을, 영국에서는 post를 쓴다.

*main /meɪn/
형용사 중심적인, 주된, 주요한 (= chief, major)

What is the **main** idea of this paragraph?
이 문단의 주제는 무엇입니까?
Carbohydrates give your body its **main** source of energy.
탄수화물은 몸에 가장 중요한 에너지원을 제공한다.
Don't eat too much salad before you eat the **main** dish.
주요리를 먹기 전에 샐러드를 너무 많이 먹지 마라.

어휘가 쑥쑥
main aim 주요 목표
main concern 주요 관심
main problem 주요 문제
mainland 본토, 대륙

mainly /'meɪnli/
부사 주로, 대부분, 대개 (= mostly)

Tigers are **mainly** found in Russia and northeast China.
호랑이는 주로 러시아와 중국 동북부에서 발견된다.

*maintain /meɪn'teɪn/
동사 (3단현) maintains (과거·과분) maintained (현분) maintaining)
① 유지하다 ② 주장하다 ③ 부양하다

1 유지하다, 계속하다 (= continue)
Peter **maintains** his car well. 피터는 차를 잘 관리한다.

어휘가 쑥쑥
maintain a high level

Jack eats properly to **maintain** good health.
잭은 건강을 유지하기 위해 식사를 적당히 한다.

2 주장하다
He **maintained** his innocence. 그는 자신의 무죄를 주장했다.

3 부양하다 (= support)
I have **maintained** my six children.
나는 여섯 명의 아이들을 먹여 살린다.

높은 수준을 유지하다
maintain water quality 수질을 유지하다
maintain a good standard 좋은 수준을 유지하다

maintenance /ˈmeɪntənəns/ 명사 지속, 유지, 관리, 부양

This big and old house has a lot of **maintenance** costs.
이 크고 오래된 집은 유지비가 많이 든다.

The roads and bridges require a lot of **maintenance**.
도로와 다리에는 많은 관리가 필요하다.

어휘가 쑥쑥
car maintenance 자동차 정비

★ major¹ /ˈmeɪdʒər/ 형용사 큰 쪽의, 주요한, 중요한 (= main, important)
(↔ minor 작은 쪽의, 중요하지 않은)

The **major** television networks broadcast the game live.
주요 TV 방송국들은 그 경기를 생방송으로 중계했다.

Carbon is the **major** component of diamond.
탄소는 다이아몬드의 주요 성분이다.

어휘가 쑥쑥
major city 대도시
major role 중요한 역할

major² /ˈmeɪdʒər/
명사 (복) majors) 전공 과목
동사 (3단현) majors (과거·과분) majored (현분) majoring) 전공하다

명 (대학의) 전공 과목
Her **major** is English. 그녀의 전공은 영어이다.

동 전공하다
I **majored** in Chinese literature in college.
나는 대학에서 중문학을 전공했다.

실력이 쑥쑥
대학에서 부전공은 minor, 복수 전공은 double major 라고 한다.

★ majority /məˈdʒɔːrəti/ 명사 (복) majorities) 대부분, 대다수, 과반수

The **majority** of students don't like mathematics.
다수의 학생들이 수학을 좋아하지 않는다.

The vast **majority** of children like chocolate.
대다수의 아이들이 초콜릿을 좋아한다.

어휘가 쑥쑥
large majority 대다수
majority vote 다수결

★★ make /meɪk/ 동사 (3단현) makes (과거·과분) made (현분) making)
① 만들다 ② 시키다 ③ ~이 되다 ④ ~한 상태로 만들다 ⑤ (돈을) 벌다

make

1 만들다
My sister **made** a cake this morning.
우리 언니는 오늘 아침에 케이크를 만들었다.

Mom often **makes** me cookies. / Mom often **makes** cookies for me. 엄마는 종종 나에게 쿠키를 만들어 주신다.

My father's car was **made** in Korea.
우리 아버지 차는 한국에서 만들어졌다. (한국산이다)

This blouse is **made** of silk. 이 블라우스는 실크로 만들어졌다.

My aunt **made** an old box into a doll house.
이모는 낡은 상자로 인형의 집을 만드셨다.

[속담] Many drops **make** a shower.
많은 물방울이 소나기를 만든다. (티끌 모아 태산)

[속담] **Make** hay while the sun shines.
햇볕이 있는 동안 건초를 만들어라. (기회는 올 때 잡아라.)

[속담] Many hands **make** light work.
손이 많으면 일이 쉽다. (백지장도 맞들면 낫다.)

2 시키다, ~하게 하다 (= let, have)
Mom **made** me clean my room.
엄마는 나에게 내 방을 깨끗이 치우라고 시키셨다.

Sad movies always **make** me cry.
슬픈 영화는 항상 나를 울게 한다.

3 ~이 되다 (= become)
Two and three **make(s)** five. 2 더하기 3은 5이다.

Anne will **make** a good teacher someday.
앤은 언젠가 훌륭한 선생님이 될 것이다.

Oxygen and hydrogen **make** water.
산소와 수소로 물이 만들어진다.

4 ~한 상태로 만들다
His rude behavior **made** me angry.
그의 무례한 행동이 나를 화나게 만들었다.

The movie **made** her a star. 그 영화가 그녀를 스타로 만들었다.

5 (돈을) 벌다, 얻다 (= earn)
My uncle **made** a lot of money when he was young.
우리 삼촌은 젊었을 때 돈을 많이 버셨다.

The company **made** a large profit this year.
그 회사는 올해 큰 수익을 냈다.

[숙어] **make it** ① 성공하다 ② 제시간에 도착하다
Thomas finally *made it* in the business world.

(어휘가 쑥쑥)
maker 명 제조자
making 명 제작, 제조, 만들기

My sister *made* a cake this morning.

(실력이 쑥쑥)
make가 들어간 관용 표현

• **make an appointment** (만날) 약속을 정하다
A: I'd like to meet Dr. Kim. (김 박사님을 만나고 싶은데요.)
B: Did you *make an appointment* with him? (약속을 하셨나요?)

• **make a decision** 결정을 내리다
We have to *make a* final *decision* on the project. (우리는 그 프로젝트에 관한 최종 결정을 내려야만 한다.)

• **make an effort** 노력하다, 애쓰다
He always *makes an effort* to help the poor. (그는 항상 가난한 사람들을 도우려고 노력한다.)

• **make friends** 친구를 사귀다
I *made* some *friends* through the Internet community. (나는 인터넷 동호회를 통해서 친구를 몇 명 사귀었다.)

토머스는 드디어 사업에서 성공을 거두었다.

A: Can you come over to my place at 5?
다섯 시에 우리 집에 올 수 있니?
B: Sure, I can *make it*. 물론이야. 갈 수 있어.

make up ① (이야기를) 만들어 내다 ② 구성하다
Emily used her imagination to *make up* stories.
에밀리는 이야기를 지어내려고 상상력을 발휘했다.

A football team is *made up* of eleven players.
축구팀은 11명의 선수들로 구성된다.

make up for 보상하다, 보충하다
He worked hard on Sunday to *make up for* lost time.
그는 낭비한 시간을 보충하기 위해서 일요일에도 열심히 일했다.

A: You broke my window! 당신이 유리창을 깼군요!
B: Sorry, I will *make up for* it. 죄송합니다. 보상해 드리겠습니다.

make up one's mind 결심하다
I *made up my mind* to go abroad to study after college.
나는 대학을 졸업하고 유학을 가기로 결심했다.

> 실력이 쑥쑥
> • **be made of** 나무로 책상을 만드는 것처럼 재료의 성질이 변하지 않을 때
> The desk *is made of* wood. (책상은 나무로 만들어진다.)
> • **be made from** 우유로 버터를 만드는 것처럼 재료의 성질이 변할 때
> Butter *is made from* milk. (버터는 우유로 만든다.)

* male /meɪl/ | 명사 (복) males) 남성 형용사 남성의

명 남성, 수컷 (↔ female 여성, 암컷)
What are the key differences between **males** and females?
남성과 여성 사이의 중요한 차이는 무엇입니까?

형 남성의, 수컷의 (↔ female 여성의, 암컷의)
A female spider is much bigger than a **male** one.
암컷 거미가 수컷 거미보다 훨씬 더 크다.

> 어휘가 쑥쑥
> male student 남학생
> male plant 수그루 (웅성 식물)

mall /mɔːl/ | 명사 (복) malls) 쇼핑몰 (= shopping mall)

Angelina likes to hang out and shop at the **mall** with her friends.
앤젤리나는 쇼핑몰에서 친구들과 함께 돌아다니며 쇼핑하는 것을 좋아한다.

mama /ˈmæmə/ | 명사 (복) mamas) 엄마 (= mother)

mammal /ˈmæml/ | 명사 (복) mammals) 포유류 (🔍 새끼에게 젖을 먹여 키우는 동물계에서 가장 발전된 종류)

Gorillas, whales, dogs, and cats are all **mammals**.
고릴라, 고래, 개, 고양이는 모두 포유류이다.

man /mæn/ 〈명사〉 (복) men ① 남자 ② 인간 ③ 일반적인 사람

1 남자 (↔ woman 여자)
A: Who is the **man** wearing a suit over there?
저기 정장 차림을 한 남자는 누구니?
B: He is my uncle. 우리 삼촌이야.

2 인간, 인류 (= human, human being)
Man can't live without water and air.
인간은 물과 공기 없이는 살 수 없다.
Man wants a peaceful world without wars.
인류는 전쟁이 없는 평화로운 세상을 원한다.

3 일반적인 사람 (= people)
Every **man** wants to live happily.
모든 사람은 행복하게 살기를 바란다.

〈어휘가 쑥쑥〉
manly 〈형〉 남자다운
elderly man 노인
middle-aged man 중년 남자
young man 젊은이

〈실력이 쑥쑥〉
일반적으로 man이 '인간', '인류'의 의미일 때는 관사를 붙이지 않고 단수 취급을 한다.

manage /ˈmænɪdʒ/ 〈동사〉 (3단현) manages (과거·과분) managed (현분) managing
① 관리하다 ② 해내다

1 관리하다, 경영하다 (= run)
My uncle **manages** an Italian restaurant downtown.
우리 삼촌은 시내에서 이탈리아 레스토랑을 경영하신다.

2 (가까스로) 해내다
We **managed** to climb up to the top of the mountain.
우리는 가까스로 산 정상에 올라갔다.
A: Can I help you out? 제가 좀 도와드릴까요?
B: No, I can **manage** it myself. 아니요, 저 혼자 할 수 있어요.

〈어휘가 쑥쑥〉
manageable 〈형〉 관리하기 편한
management 〈명〉 관리, 경영, 운영

manager /ˈmænɪdʒər/ 〈명사〉 (복) managers 지배인, 매니저, 책임자

The hotel **manager** said that they offer a bus service to the airport. 호텔 지배인은 그들이 공항까지 버스편을 제공한다고 말했다.
I complained to the **manager** about the restaurant's poor service. 나는 식당의 형편없는 서비스에 대해 지배인에게 항의했다.

〈어휘가 쑥쑥〉
assistant manager 부지배인
store manager 점장

mankind /mænˈkaɪnd/ 〈명사〉 인류 (= humankind, human race), 인간

"That's one small step for man, one giant leap for **mankind**." (Neil Armstrong, 1969)
"그것은 인간에게는 작은 걸음이지만, 인류를 위해서는 거대한 도약이다."
(닐 암스트롱, 1969)

〈재미가 쑥쑥〉
요즘은 mankind나 womankind보다는 humankind를 더 많이 쓴다.

*manner /ˈmænər/ | 명사 (복) manners) ① 방식 ② 태도 ③ 예의

1 방식, 방법 (= way, method)
The clerk always smiles at customers in a friendly **manner**.
그 점원은 항상 고객들에게 상냥하게 미소를 짓는다.

2 태도, 행위 (= behavior)
I don't like his negative **manner**.
나는 그의 부정적인 태도가 마음에 들지 않는다.

3 [복수형으로 써서] **예의, 예절**
He has good **manners**. 그는 예의가 바르다.
It's bad **manners** to chew gum in class.
수업 중에 껌을 씹는 것은 예의 바르지 못한 행동이다.
My parents taught me table **manners**.
부모님께서 나에게 식사 예절을 가르쳐 주셨다.

> **어휘가 쑥쑥**
> in an aggressive manner 공격적인 방식으로
> in a businesslike manner 사무적인 태도로
> in a casual manner 무덤덤하게
> manners and customs 풍속, 관습

---

*manufacture /ˌmænjuˈfæktʃər/ | 동사 (3단현) manufactures (과거·과분) manufactured (현분) manufacturing) ~을 만들다 | 명사 (복) manufactures) 제조

동 ~을 만들다, 제조하다 (= make)
The factory **manufactures** electronic goods.
그 공장은 전자 제품을 만든다.

명 제조(♀), [주로 복수로 써서] **제품**
Our company has produced glass **manufactures**.
우리 회사는 유리 제품을 생산해 오고 있다.

> **어휘가 쑥쑥**
> cotton[silk] manufactures 면[실크] 제품
>
> **뜻풀이**
> 제조 원료를 가공하여 물품을 만드는 것

**many /meni/ | 형용사 (비교) more (최상) most) 많은, 다수의 | 대명사 많은 사람[것], 여러 사람[것]

형 많은, 다수의
Many Asians are interested in Korean culture these days.
요즘 많은 아시아인들은 한국 문화에 관심을 가지고 있다.
Jane has lived in Brazil for **many** years.
제인은 브라질에서 여러 해 동안 살았다.
I have so **many** things to do today. 나는 오늘 할 일이 무척 많다.
A: How **many** brothers and sisters do you have?
너는 형제가 몇 명이니?
B: I have one brother and two sisters.
나는 오빠 한 명이랑 여동생 두 명이 있어.

대 많은 사람[것], 여러 사람[것]

> **문법이 쑥쑥**
> • many 수가 '많은'의 의미로, 셀 수 있는 명사와 쓴다.
> • much 양이 '많은'의 의미로, 셀 수 없는 명사와 쓴다.
> • a lot of/lots of 셀 수 있는 명사, 셀 수 없는 명사 모두에 쓴다.
>
> | 셀 수 있는 명사 앞 | 셀 수 없는 명사 앞 |
> |---|---|
> | many books (많은 책) | much money (많은 돈) |
> | a lot of books[money] | lots of books[money] |

Many of my friends came to my birthday party.
많은 친구들이 내 생일 파티에 왔다.
This new cell phone is very different from **many** of the other phones. 이 새로 나온 휴대 전화는 다른 여러 전화들과는 매우 다르다.

숙어 **as many as** ~만큼, 무려 ~나 되는
On a clear night, you can see *as many as* 2,500 stars in the sky. 맑은 날 밤에는, 하늘에서 별을 2,500개나 볼 수 있다.

어휘가 쑥쑥
a good many 꽤 많은
a great many 수많은

map /mæp/ | 명사 (복) maps) 지도

There is a **map** of the world on the wall in my classroom.
우리 교실 벽에는 세계 지도가 걸려 있다.

어휘가 쑥쑥
street map 도로 지도

marathon /ˈmærəθɑːn/ | 명사 (복) marathons) 마라톤

Jean will take part in a **marathon**.
진은 마라톤에 참가할 것이다.

어휘가 쑥쑥
marathoner 명 마라톤 선수

march /mɑːrtʃ/ | 동사 (3단현) marches (과거·과분) marched (현분) marching) 행진하다
명사 (복) marches) 행진

동 행진하다 (= parade), 행군하다
The troops **marched** up to the top of the mountain.
그 군대는 산 정상까지 행군했다.

명 행진, 행렬 (= parade), 행진곡
There were many people in costumes in the **march**.
많은 사람들이 가장행렬을 하고 있었다.

marching band

March /mɑːrtʃ/ | 명사 3월 (☞ month) 《줄여서 Mar.로 적기도 한다.》

Spring is from **March** to May in Korea.
한국에서 봄은 3월부터 5월까지이다.
Saint Patrick's Day is on **March** 17.
성 패트릭의 날은 3월 17일이다.

재미가 쑥쑥
로마 신화의 전쟁의 신 Mars 에서 유래되었다.

mark /mɑːrk/ | 명사 (복) marks) ① 자국 ② 표시 ③ 점수
동사 (3단현) marks (과거·과분) marked (현분) marking) ① ~에 표시하다 ② 채점하다

명 **1** 자국, 흔적, 점
Someone made scratch **marks** on my new car.
누군가 내 새 차에 흠집을 냈다.

어휘가 쑥쑥
bite mark 물린 자국
burn mark 불에 탄 자국

Look at that bird with a white **mark** on its head!
머리에 하얀 점이 있는 저 새를 좀 봐!

2 표시, 기호, 표
He put a **mark** on the calendar not to forget Mary's birthday.
그는 메리의 생일을 잊지 않으려고 달력에 표시를 했다.

3 점수, 성적 (= grade, score)
Annie always gets good[poor] **marks** in English.
애니는 언제나 영어에서 높은[낮은] 점수를 받는다.

동 **1** ~에 표시하다, 자국을 남기다
I've **marked** the pages I need to read for my homework.
나는 숙제할 때 읽어야 할 페이지들을 표시해 두었다.

Mark a minus sign before the number.
숫자 앞에 마이너스 기호(-)를 표시하시오.

2 채점하다
Our teacher **marked** exam papers with a red pencil.
우리 선생님은 시험지를 빨간 색연필로 채점하셨다.

punctuation mark 구두점
exclamation mark 느낌표
question mark 물음표
quotation mark 따옴표

실력이 쑥쑥
미국 영어에서는 '점수', '성적', '채점하다'라는 뜻으로 grade를 쓴다.

market /'mɑːrkɪt/

명사 (복) markets) 시장 동사 (3단현) markets (과거·과분) marketed (현분) marketing) 물건을 팔다

명 시장
Let's go to the flea **market** this Saturday.
이번 토요일에 벼룩시장에 가자.

We always go to **market** to buy fresh fruits on Mondays.
우리는 월요일마다 신선한 과일을 사러 늘 시장에 갑니다.

동 (시장에) 물건을 팔다
The grocery store **markets** fresh local vegetables.
그 식료품 가게는 신선한 지역 채소를 팔고 있다.

어휘가 쑥쑥
fish market 수산물 시장
stock market 주식 시장
farmer's market 농산물 시장
food market 식료품 시장
night market 야시장

marriage /'mærɪdʒ/ 명사 (복) marriages) 결혼, 혼인, 결혼 생활

Juliet's father does not agree to her **marriage**.
줄리엣의 아버지는 그녀의 결혼을 반대한다.

Tom and Katie have a happy **marriage**.
톰과 케이티는 행복한 결혼 생활을 하고 있다.

married /'mærid/ 형용사 결혼한, 결혼의

Snow White and the prince got **married** in the castle.
백설 공주와 왕자님은 성에서 결혼을 했습니다.

어휘가 쑥쑥
married man 결혼한 남자

Her **married** name is Smith.
그녀의 결혼 후 성은 스미스이다.

married couple 결혼한 커플, 부부

*marry /ˈmæri/ 동사 (3단현) marries (과거·과분) married (현분) marrying) 결혼하다

Daniel **married** Jenny 5 years ago.
대니얼은 제니와 5년 전에 결혼했다.

A: Will you **marry** me, Kelly Smith?
켈리 스미스, 나와 결혼해 주겠어요?
B: Yes, I will. 네, 그럴게요.

실력이 쑥쑥
'~와 결혼하다'라고 할 때 marry with로 쓰지 않는 것에 주의한다.

Mars /mɑːrz/ 명사 [천문] 화성

Mars has two moons. 화성은 위성을 두 개 가지고 있다.
Is there life on **Mars**? 화성에 생명체가 있나요?
If you visit NASA website, you can hear sounds of **Mars**.
NASA 웹 사이트를 방문하면, 화성의 소리를 들을 수 있습니다.

재미가 쑥쑥
화성은 태양계의 네 번째 행성으로, 붉은색이라서 불을 의미하는 화성이라고 부른다.

marvelous/marvellous /ˈmɑːrvələs/ 형용사 경이로운, 멋진 (= wonderful)

This is a **marvelous** idea. 멋진 생각이야.
You look **marvelous** today. 너 오늘 참 멋져 보인다.

mask /mæsk/ 명사 (복) masks) 가면
동사 (3단현) masks (과거·과분) masked (현분) masking) 가면을 쓰다

명 가면, 복면, 마스크

Children wear **masks** and special costumes on Halloween.
아이들은 핼러윈에 가면을 쓰고 특별한 의상을 입는다.

Many people wear **masks** because of the yellow dust.
많은 사람들이 황사 때문에 마스크를 쓴다.

어휘가 쑥쑥
wooden mask 나무 탈
gas mask 방독면
oxygen mask 산소마스크
mask one's face 얼굴을 감추다, 변장하다

동 가면을 쓰다, 감추다

Tara **masked** herself from the camera.
타라는 가면을 써서 카메라로부터 자신을 숨겼다.

*mass /mæs/ 명사 (복) masses) ① 덩어리 ② 다수 ③ 일반 대중 ④ 질량 ⑤ 미사

1 덩어리

A **mass** of rock slid down into the town.
바윗덩어리가 마을로 미끄러져 내려갔다.

어휘가 쑥쑥
mass of earth 흙덩이
mass of sand 모래 더미
mass media 대중 매체

2 다수, 다량 (= a large amount, a large number)

There was a **mass** of children in the playground.
놀이터에 많은 아이들이 있었다.

3 [the masses로 쓰여] **일반 대중**
He was a superhero to the **masses**.
그는 대중들에게 슈퍼히어로였다.

4 ⓤ [과학] **질량**
Hydrogen is **mass** number 1. 수소는 질량수가 1이다.

5 [주로 Mass로 쓰여] (천주교의) **미사**
Our family always go to Easter **Mass**.
우리 가족은 늘 부활절 미사에 참석한다.

Christmas Eve Mass
성탄 전야 미사

〔실력이 쑥쑥〕
주로 a mass of의 형태로 쓰여 '많은'이라는 뜻을 나타낸다.
a mass of people (많은 사람들)

massage /məˈsɑːʒ/
명사 (복) massages) 마사지
동사 (3단현 massages 과거·과분 massaged 현분 massaging) 마사지하다

명 **마사지, 안마**
Massage will relax your tense muscles.
마사지가 너의 긴장된 근육을 풀어 줄 것이다.

동 **마사지하다**
Wet hair, apply shampoo, and **massage** gently into your hair. 머리카락을 적시고 샴푸를 바른 후 부드럽게 마사지하세요.

〔어휘가 쑥쑥〕
healing massage
치유 마사지
massage one's stiff neck
뻣뻣한 목을 마사지하다

massive /ˈmæsɪv/
형용사 (비교) more massive (최상) most massive) 매우 크고 무거운

There is a **massive** monument in the square.
광장에 거대한 기념비가 있다.
The monster had a **massive** body.
그 괴물은 육중한 몸을 가지고 있었다.

〔어휘가 쑥쑥〕
massively 🅑 크고 묵직하게, 대규모로

*master /ˈmæstər/
명사 (복) masters) 지배자
동사 (3단현 masters 과거·과분 mastered 현분 mastering) 정복하다

명 **지배자, 주인, 숙련자**
The servant served only one **master** all his life.
그 하인은 평생 오직 한 주인만을 섬겼다.
My uncle is a *Taekwondo* **master**.
우리 삼촌은 태권도 사범이시다.

동 **정복하다, 숙달하다, 통달하다**
It's very difficult to **master** English.
영어를 완전히 습득하는 것은 매우 어렵다.

〔어휘가 쑥쑥〕
master's degree 석사 학위
masterpiece 명작, 걸작
master the skill 기술을 터득하다
master a language 언어에 숙달하다

mat /mæt/ 명사 (복) mats) 매트, 돗자리

Please wipe your feet on the **mat**. 매트에 발을 닦으세요.
We spread the **mat** under the tree and ate sandwiches.
우리는 나무 아래에 돗자리를 깔고 샌드위치를 먹었다.

> **어휘가 쑥쑥**
> bath mat 욕실용 매트
> yoga mat 요가 매트

match¹ /mætʃ/ 명사 (복) matches) 성냥

It is dangerous to play with **matches**.
성냥을 가지고 노는 것은 위험하다.

*match² /mætʃ/ 명사 (복) matches) ① 시합 ② 잘 어울리는 사람
동사 (3단현) matches (과거·과분) matched (현분) matching) ~와 어울리다

명 1 시합 (= game), 경기, 경쟁

Our team won the final soccer **match** and everybody cheered. 우리 팀이 축구 결승전에서 승리하자 모두가 기뻐했다.
I watched the wrestling **match** on TV last night.
나는 어젯밤에 텔레비전으로 레슬링 시합을 보았다.

2 잘 어울리는 사람[물건]

Bill and Jenny are a perfect **match**.
빌과 제니는 완벽한 한 쌍이야.
Your earrings are a good **match** for your necklace.
네 귀걸이는 목걸이에 잘 어울린다.

동 ~와 어울리다, 조화되다 (= suit)

A: Annie, does this jacket suit me?
애니, 이 재킷 나한테 잘 어울리니?
B: Good. It **matches** your blouse perfectly.
좋아. 네 블라우스와 정말 잘 어울려.

> **어휘가 쑥쑥**
> tennis match 테니스 경기
> friendly match 친선 경기
> even match 대등한 경기

> **실력이 쑥쑥**
> '~와 어울리다'라고 할 때 match with[to]라고 쓰지 않는 것에 주의한다.
> Her hat *matches* her dress. (그녀의 모자는 옷에 잘 어울린다.)
> Her hat *matches with/to* her dress. (×)

*material /məˈtɪriəl/ 명사 (복) materials) 물질(♀), 재료, 원료, 소재

They bought **materials** for making a model plane.
그들은 모형 비행기를 만들기 위해서 재료들을 샀다.
Cotton is a major **material** for making underwear.
면은 속옷을 만드는 주원료이다.
The price of raw **materials** has increased.
원자재 가격이 상승했다.

> **어휘가 쑥쑥**
> school material 교구재
> building material 건축 자재

> **뜻풀이**
> 물질 보고 만질 수 있거나 과학적으로 다룰 수 있는 것

*math /mæθ/ 명사 수학 (= mathematics)

Alex got better grades in **math** than in English.
알렉스는 영어보다 수학에서 더 높은 점수를 받았다.

✱ mathematics /ˌmæθəˈmætɪks/ | 명사 수학 (= math)

✱ matter /ˈmætər/ | 명사 (복) matters) 문제
동사 (3단현) matters · 과거·과분 mattered · 현분 mattering) 중요하다

명 문제, 일
It's only a **matter** of time. 그것은 단지 시간 문제이다.
A: What's the **matter** with you? 무슨 일 있으세요?
B: I've had a headache all day. 하루 종일 머리가 아프네요.

동 중요하다, 문제가 되다
It **matters** to me that I enter a science contest every year.
매년 과학 경시대회에 참가하는 것은 저에게 중요한 일입니다.
A: Are you okay with Indian food for dinner?
저녁으로 인도 음식 먹는 거 괜찮아요?
B: It doesn't **matter**. 전 아무거나 괜찮아요.

숙어 as a matter of fact 사실(상) (= in fact)
As a matter of fact, studying English is easy and interesting.
사실 영어 공부하는 것은 쉽고 재미있다.

no matter + 의문사 ~이든지, ~한다고 해도
No matter what you (may) do, I'll always trust you.
당신이 무슨 일을 하든지 저는 언제나 당신을 믿을 거예요.
No matter how hard I study, I don't get the perfect score on the test. 나는 아무리 열심히 공부해도 시험에서 만점은 못 받는다.
No matter when you call me, I can answer the phone.
저에게 언제 전화를 하셔도 저는 전화를 받을 수 있습니다.
No matter where she goes, she always carries a big bag with her. 그녀는 어디를 가든지 항상 커다란 가방을 들고 다닌다.

어휘가 쑥쑥
personal matter
개인 문제
serious matter
중요한 문제
matter of life 삶의 문제
simple[easy] matter
쉬운 문제
financial matter 돈 문제
religious matter
종교 문제

실력이 쑥쑥
What's the matter?
(무슨 일 있으세요?)
= What's wrong?
= What happened?
= What's up?
= What's the problem?

✱ mature /məˈtʃʊr/ | 형용사 성숙한, 다 자란, 잘 익은

Steven is very **mature** for his age.
스티븐은 나이에 비해 아주 어른스럽다.
The wine will be kept in the barrels until it is **mature**.
포도주는 맛이 들 때까지 통 속에 저장된다.

어휘가 쑥쑥
mature cheese 숙성된 치즈
mature fish 다 자란 물고기

✱ maximum /ˈmæksɪməm/ | 명사 (복) maxima, maximums) 최대 형용사 최대한의

명 최대, 최대한 (↔ minimum 최소)
We would spend a **maximum** of 100 dollars.
우리는 최대 100달러까지 쓸 수 있을 것이다.

The population of *Seoul* has reached its **maximum**.
서울의 인구는 최대치에 이르렀다.

형 최대한의 (↔ minimum 최소한의)
This elevator has a **maximum** capacity of 8 persons.
이 엘리베이터의 최대 탑승 인원은 8명입니다.

어휘가 쑥쑥
maximal **형** 최대의
maximize **동** 최대화하다
maximum speed
최대 속도
maximum price 최고가격

*may /meɪ/ | 조동사 ① ~해도 좋다 ② ~일지도 모른다 ③ ~하시길

1 [허가] ~해도 좋다 (= can)
When you finish the test, you **may** leave the classroom.
시험을 다 마치면, 교실에서 나가도 좋다.

A: Hello, **may** I speak to Mr. Smith?
여보세요, 스미스 씨랑 통화할 수 있습니까?
B: I'm afraid he's out for the moment. 지금 잠시 나가셨는데요.

A: **May** I help you? 도와드릴까요?
B: Yes, please. I'm looking for a T-shirt.
네, 티셔츠를 하나 사려고 하는데요.

2 [추측] ~일지도 모른다
A: Why is John absent today? 존이 왜 오늘 결석했지?
B: I don't really know. He **may** be sick.
잘 모르겠어. 아마 아플지도 몰라.

A: Will Justin come to the party, too? 저스틴도 파티에 오니?
B: He **may** come, or he **may** not.
올지도 모르고 어쩌면 안 올지도 몰라.

3 [기원] ~하시길
May you succeed! 성공을 빕니다!
Long **may** he live! (그분이) 만수무강하시기를!

숙어 **may as well** ~하는 편이 좋다
It is raining cats and dogs. You *may as well* stay here.
비가 억수같이 내리고 있다. 너는 이곳에 머무르는 것이 좋겠다.

문법이 쑥쑥
· may 뒤에는 항상 동사원형이 온다.
You *may go* now. (이제 가도 좋다.)

· may의 부정형은 may not 이다.
You *may not* go outside. (너는 밖에 나가면 안 된다.)

· 「May I + 동사원형 ~?」은 '제가 ~해도 될까요?'라는 뜻의 허락을 구하는 의문문이다. 긍정의 대답은 Yes, you may., 부정의 대답은 No, you may not.으로 한다.
A: *May I come in?* (들어가도 될까요?)
B: *Yes, you may.* (네, 그러세요.)
B: *No, you may not.* (아니요, 안 돼요.)

May /meɪ/ | 명사 5월 (☞ month)

Children's Day is on the 5th of **May**. 어린이날은 5월 5일이다.

*maybe /ˈmeɪbi/ | 부사 아마도, 어쩌면 (= perhaps)

Maybe, it will rain since the sky is filled with dark clouds.
하늘에 먹구름이 잔뜩 끼어 있는 걸 보니 아마도 비가 올 것 같아요.
A: Do you know where Harry is? 해리가 어디 있는지 아세요?
B: **Maybe** he's in the lobby. 아마 로비에 있을 거예요.

> (실력이 쑥쑥)
> 미국 영어에서는 perhaps보다 maybe를 많이 쓴다.

* mayor /'meɪər/ | 명사 (복) mayors) 시장

We'll vote for a new **mayor** on April.
우리는 4월에 새 시장을 뽑을 것이다.

me /miː/ | 대명사 나를, 나에게

If you have any questions, feel free to ask **me**.
질문이 있으시면 언제든지 저에게 편하게 물어보세요.
He gave **me** roses as a gift. 그는 나에게 선물로 장미꽃을 주었다.
I'm going shopping at the department store. Come with **me**!
나 지금 백화점에 쇼핑하러 가는 길인데 나랑 같이 가자!

> (실력이 쑥쑥)
> Who is it?(누구세요?)이라는 질문에는 It's I.가 아닌 It's me.로 답해야 한다.

* meal /miːl/ | 명사 (복) meals) 식사

Mom made a special **meal** to celebrate my father's birthday.
엄마는 아빠의 생신을 축하하기 위해 특별한 식사를 준비했다.
Take this medicine 30 minutes after each **meal**.
식후 30분마다 이 약을 드십시오.

> (어휘가 쑥쑥)
> healthy meal 건강식

* mean¹ /miːn/ | 동사 (3단현 means 과거·과분 meant 현분 meaning)
① 의미하다 ② 의도하다

1 의미하다, ~의 뜻이다
"A piece of cake" in English **means** a very easy job.
영어로 '케이크 한 조각'은 매우 쉬운 일이라는 뜻이다.
A: Look at that girl over there. 저쪽에 있는 여자아이 좀 봐.
B: Who? You **mean** the tall girl with brown hair?
누구? 키가 큰, 갈색 머리의 여자아이를 말하는 거야?

A: I love you, Jane. I **mean** it. 널 사랑해, 제인. 진심이야.
B: You do? 정말?

> (어휘가 쑥쑥)
> meaning 명 의미, 뜻
>
> (문법이 쑥쑥)
> 동사 mean은 진행형으로 쓰지 않는다.
> What does this word *mean*?
> (이 단어는 무슨 뜻인가요?)
> What *is* this word *meaning*?
> (×)

2 의도하다, ~할 작정이다
I didn't **mean** to hurt him. 나는 그에게 상처를 주려던 건 아니었다.
I'm sorry, Alex. I didn't **mean** to upset you.
미안해, 알렉스. 네 기분을 상하게 하려던 게 아니었어.

mean² /miːn/ | 형용사 (비교) meaner (최상) meanest ① 비열한 ② 인색한

1 비열한, 심술궂은 (= unkind)
I don't think he's **mean**. 난 그가 못됐다고 생각하지 않아.
Don't be so **mean** to him. 그에게 너무 심술궂게 굴지 마라.

2 인색한
He's really **mean** with his money.
그는 정말 돈에 인색하다.

어휘가 쑥쑥
meanly 빌 비열하게, 인색하게
meanness 명 치사함, 인색함

means /miːnz/ | 명사 (복) means) 방법, 수단

We have no **means** of getting there in this heavy storm.
이 거친 폭풍우 속에서 그곳에 갈 방법은 없다.
The subway is the main **means** of transport in *Seoul*.
서울에서 지하철은 주요 교통수단이다.

(숙어) **by means of** ~에 의해서, ~의 방법으로
We express our thoughts *by means of* words.
우리는 말로 우리의 생각을 표현한다.

어휘가 쑥쑥
effective means 효율적인 수단
only means 유일한 수단
useful means 유용한 방법
by no means 결코 ~이 아닌

meant /ment/ | 동사 mean¹의 과거·과거분사 (☞ mean¹)

＊meanwhile /ˈmiːnwaɪl/ | 부사 그동안에, 그 사이에, 한편으로는

My sister is still studying. **Meanwhile**, I am watching TV.
언니는 계속 공부 중이다. 그동안 나는 TV를 보고 있다.

＊measure /ˈmeʒər/ | 동사 (3단현) measures (과거·과분) measured (현분) measuring) 측정하다, 재다

We can **measure** the temperature with a thermometer.
우리는 온도계로 온도를 측정할 수 있다.

어휘가 쑥쑥
measurement 명 측정

＊meat /miːt/ | 명사 (복) meats) 고기

Mom bought some **meat** to make hamburgers.
엄마는 햄버거를 만들기 위해 고기를 사셨다.
[속담] One man's **meat** is another man's poison.
한 사람의 고기는 다른 사람에게는 독이다. (갑의 약은 을의 독)

어휘가 쑥쑥
raw meat 생고기
beef 쇠고기
pork 돼지고기

＊mechanic /məˈkænɪk/ | 명사 (복) mechanics) 기계공, 정비공, 수리공 (☞ job)

A: What's Ted's job? 테드의 직업은 뭐니?
B: He's a **mechanic**. He works at the auto shop.
그는 수리공이야. 자동차 정비소에서 일해.

어휘가 쑥쑥
mechanical 형 기계의

medal /ˈmedl/ | 명사 (복 medals) 메달

The athlete won three gold **medals** at the Olympics.
그 운동선수는 올림픽에서 세 개의 금메달을 땄다.

media /ˈmiːdiə/ | 명사 medium의 복수 (☞ medium)

*medical /ˈmedɪkl/ | 형용사 의학의, 의료의

The development of **medical** technology makes people live longer. 의학 기술의 발달은 사람들을 더 오래 살도록 해 준다.
Doctors advise that we should have a **medical** examination [checkup] every year.
의사들은 우리가 매년 건강 검진을 받아야 한다고 충고한다.

어휘가 쑥쑥
medical expenses
의료비
medical insurance
의료 보험

*medicine /ˈmedɪsn/ | 명사 (복 medicines) 약 (= drug)

We can get some cold **medicines** at the drugstore.
우리는 약국에서 감기약을 살 수 있다.
A: I think I caught a cold. I ache all over.
감기에 걸린 것 같아요. 몸살이 나서 온몸이 아파요.
B: Take this **medicine** and stay in bed.
이 약을 드시고 누워서 푹 쉬세요.

어휘가 쑥쑥
a bottle of syrup[pills]
시럽[알약] 한 병
a box of tablets
알약 한 상자
powdered medicine
가루약

Mediterranean /ˌmedɪtəˈreɪniən/ | 명사 [the와 함께 써서] 지중해 (= the Mediterranean Sea)

The **Mediterranean** stretches from the Atlantic Ocean to Asia.
지중해는 대서양에서부터 아시아까지 걸쳐 있다.

*medium /ˈmiːdiəm/ | 명사 (복 media, mediums) 매체 형용사 중간의

명 매체, 수단
Television is an effective **medium** of advertising.
텔레비전은 광고를 하는 데 효과적인 매체이다.
Today the cell phone is one of the important **media** of communication. 오늘날 휴대 전화는 중요한 통신 수단 중의 하나이다.

재미가 쑥쑥
스테이크의 익힌 정도
rare (살짝 익힌)
medium (중간 정도로 익힌)
well-done (바짝 익힌)

형 중간의, 보통의 (= average)
A: How would you like your steak?
스테이크는 어떻게 해 드릴까요? (어떤 정도로 익혀 드릴까요?)
B: **Medium**, please. 중간 정도로 익혀 주세요.

어휘가 쑥쑥
medium-size car 중형차
medium height[length] 중간 키[길이]의

*meet /miːt/ | 동사 (3단현) meets (과거·과분) met (과거·과분) meeting) 만나다, 모이다

I **met** Lewis on the street by accident.
나는 길에서 우연히 루이스를 만났다.

The drama club **meets** every Thursday at 3:30 after school.
연극반은 매주 목요일 방과 후 3시 30분에 모입니다.

A: Have you **met** Jane's family? 제인의 가족을 만난 적이 있니?
B: No. I've never **met** them. 아니요, 한 번도 만난 적이 없어요.

A: Mr. Jones, I'm glad to **meet** you. 존스 씨, 만나서 반갑습니다.
B: Nice to **meet** you, too. 저도 만나서 반갑습니다.

어휘가 쑥쑥
meeting 명 모임, 회의

I'm glad to meet you.
Nice to meet you, too.

melon /ˈmelən/ | 명사 (복) melons) 멜론, 참외 (☞ fruit)

A **melon** is sweet and juicy, and has a hard skin.
멜론은 달콤하고 즙이 많으며, 딱딱한 껍질을 가지고 있다.

*melt /melt/ | 동사 (3단현) melts (과거·과분) melted (현분) melting) 녹다, 녹이다 (↔ freeze 얼다, 얼리다)

Ice cream on the ground is **melting** under the sun.
땅에 떨어진 아이스크림이 햇빛에 녹고 있다.

Igloos don't **melt** even though Eskimos light a fire inside them. 에스키모들이 안에서 불을 피워도 이글루는 녹지 않는다.

Great heat can **melt** the iron. 강한 열은 철을 녹일 수 있다.

어휘가 쑥쑥
melting point 녹는점, 용해점

member /ˈmembər/ | 명사 (복) members) 회원, 구성원

Many people lost their family **members** and homes in the earthquake. 지진으로 많은 사람들이 가족과 집을 잃었다.

어휘가 쑥쑥
membership 회원권

*memory /ˈmeməri/ | 명사 (복) memories) ① 기억 ② 추억 ③ (컴퓨터의) 기억 용량

1 기억, 기억력

After the car accident, he lost his **memory**.
자동차 사고 이후에, 그는 기억을 잃어버렸다.

I have a good[bad] **memory** for people's faces and names.

어휘가 쑥쑥
memorial 명 기념물, 기념관 명 추모의
memorable 형 기억할만한

나는 사람들의 얼굴과 이름을 잘 기억한다[기억하지 못한다].

2 추억
Happy **memories** of childhood stay with us for a long time.
어린 시절의 행복한 추억들은 우리 곁에 오래도록 남는다.

3 (컴퓨터의) 기억 용량, 메모리
There is not enough **memory** available to perform this task.
사용 가능한 메모리가 부족하여 이 작업을 수행할 수 없습니다.

숙어 **in memory of** ~을 기념하여
The statue was built *in memory of* the general's victory.
그 동상은 장군의 승리를 기념하여 세워졌다.

memorize 동 암기하다
short-term memory 단기 기억
long-term memory 장기 기억
vivid memory 생생한 기억

---

men /men/
명사 man의 복수 (☞ man)

---

mend /mend/
동사 (3단현) mend**s** (과거·과분) mend**ed** (현분) mend**ing**
고치다, 수선하다, 수리하다 (= fix, repair)

The shoemaker is **mending** the shoes.
구두 수선공이 구두를 고치고 있다.
I got[had] my watch **mended** because it had stopped running.
내 손목시계가 멈춰서 수리를 맡겼다.

---

*mental /ˈmentl/
형용사 마음의, 정신의 (↔ **physical** 신체의, 육체의)

Taekwondo requires both **mental** and physical training.
태권도는 정신 훈련과 신체 훈련을 모두 필요로 한다.
A lot of stress can have a bad effect on your **mental** health.
많은 스트레스는 정신 건강에 나쁜 영향을 미칠 수 있다.

어휘가 쑥쑥
mentally 부 정신적으로
mental age 정신 연령

---

*mention /ˈmenʃn/
동사 (3단현) mention**s** (과거·과분) mention**ed** (현분) mention**ing**
~에 관해서 말하다
명사 (복) mention**s**) 언급

동 **~에 관해서 말하다, 언급하다** (= refer to, point out)
As **mentioned** above, we have to protect the environment.
위에서 말한 바와 같이, 우리는 환경을 보호해야 합니다.
The newspaper never **mentioned** the accident.
신문은 그 사고에 대해 전혀 언급하지 않았다.

명 **언급**
Steve made no **mention** of his parents' illness.

문법이 쑥쑥
mention은 목적어를 필요로 하는 타동사로, 다음과 같이 말하지 않도록 유의한다.
Henry *mentioned* the movie.
(헨리는 그 영화에 대해 말했습니다.)
Henry *mentioned about* the movie. (×)

스티브는 부모님의 병환에 대해 아무 말도 하지 않았다.

[숙어] **Don't mention it.** 천만에요. (= You're welcome.)
A: Thank you so much. 정말 고마워요.
B: *Don't mention it*. 별말씀을요.

menu /ˈmenjuː/ | 명사 (복) menus) 메뉴

A: Can I have the **menu**, please?
메뉴 좀 보여 주시겠어요?
B: Here you are. Today's special is seafood spaghetti and chicken salad.
여기 있습니다. 오늘의 특별 메뉴는 해물 스파게티와 치킨 샐러드입니다.

＊merchant /ˈmɜːrtʃənt/ | 명사 (복) merchants) 상인, 무역상 (= dealer, trader)

The rich **merchant** had many ships and traded with other countries. 그 부유한 상인은 많은 배를 가지고 다른 나라들과 무역을 했다.
The **Merchant** of Venice is a play written by Shakespeare.
'베니스의 상인'은 셰익스피어가 쓴 희곡이다.

[어휘가 쑥쑥]
merchant ship 상선

merit /ˈmerɪt/ | 명사 (복) merits) ① 가치 ② 장점

1 (불) 가치 (= worth), 우수함
His picture has artistic **merit**. 그의 그림은 예술적 가치가 있다.

2 장점, 칭찬할 점
The only **merit** of this plan is its low cost.
이 계획의 유일한 장점은 비용이 적게 든다는 것이다.

[어휘가 쑥쑥]
merits and demerits 장단점
great merit 큰 장점

mermaid /ˈmɜːrmeɪd/ | 명사 (복) mermaids) 인어

My favorite animation is *The Little* **Mermaid**.
내가 가장 좋아하는 만화 영화는 '인어 공주'이다.

merry /ˈmeri/ | 형용사 (비교) merrier (최상) merriest) 즐거운, 유쾌한 (= cheerful)

We wish you a **merry** Christmas.
즐거운 크리스마스가 되길 바랍니다.

[속담] The more, the **merrier**! 많으면 많을수록 좋다! (다다익선)

[어휘가 쑥쑥]
merrily 즐겁게, 명랑하게

merry-go-round /ˈmeri ɡoʊ raʊnd/ | 명사 (복) merry-go-rounds) 회전목마

Most children love to ride a **merry-go-round**.
대부분의 아이들은 회전목마를 타는 것을 아주 좋아한다.

*mess /mes/ | 명사 (복) messes) [주로 a와 함께 써서] 엉망, 뒤죽박죽, 혼란

The kitchen is a total **mess**. 부엌이 완전히 엉망진창이다.
My room was in a terrible **mess**. 내 방이 심하게 어질러져 있었다.

어휘가 쑥쑥
messy 형 지저분한, 엉망인

message /ˈmesɪdʒ/ | 명사 (복) messages) 메시지, 소식

Many teenagers exchange dozens of text **messages** every day.
많은 10대들은 매일 수십 통의 문자 메시지를 주고받는다.

A: Can I speak to Dr. Johnson?
존슨 선생님과 통화할 수 있을까요?

B: Sorry, he's not here. Would you like to leave a **message**?
죄송합니다만, 선생님은 자리에 안 계십니다. 메시지를 남기시겠어요?

A: Do you have any idea when he'll be back?
그가 언제 돌아올지 혹시 아시나요?

B: He'll be back tomorrow morning. Can I take a **message**?
내일 아침에 돌아오실 거예요. 제가 메시지를 전해 드릴까요?

어휘가 쑥쑥
voice message
음성 메시지
urgent message
긴급 메시지

met /met/ | 동사 meet의 과거·과거분사 (☞ meet)

*metal /ˈmetl/ | 명사 (복) metals) 금속

This safe is made of **metal**. 이 금고는 금속으로 만들어졌다.
Gold and silver are both precious **metals**.
금과 은은 모두 귀금속이다.

어휘가 쑥쑥
heavy metal 중금속

meter / metre /ˈmiːtər/ | 명사 (복) meters/metres) ① 미터 ② 계량기

1 미터 《길이의 단위로 1미터는 100센티미터이다.》
She made a new world record in the women's 800-**meter** freestyle. 그녀는 여자 800미터 자유형에서 세계 신기록을 세웠다.
The basketball player is more than 2 **meters** in height.
그 농구 선수는 키가 2미터가 넘는다.

2 계량기
The lady comes to read the gas **meter** once a month.
저 여자분이 매달 한 번씩 가스 계량기를 검침하러 온다.

어휘가 쑥쑥
water meter 수도 계량기
electric meter 전기 계량기

실력이 쑥쑥
1 meter
= 100 centimeters
= 39.37 inches

method /ˈmeθəd/ | 명사 (복) methods) 방법, 방식 (= manner, way)

Skunks protect themselves in a particular **method**.
스컹크는 독특한 방식으로 스스로를 보호한다.

Scientists use scientific **methods** to predict the weather.
과학자들은 날씨를 예측하기 위해서 과학적인 방법을 사용한다.

어휘가 쑥쑥
the fastest method 가장 빠른 방법
teaching method 교수법

Mexican /ˈmeksɪkən/ | 명사 형용사 (복) Mexicans) 멕시코의, 멕시코인(의), 멕시코어(의)

Mexico /ˈmeksɪkoʊ/ | 명사 멕시코

mice /maɪs/ | 명사 mouse의 복수 (☞ mouse)

microphone /ˈmaɪkrəfoʊn/ | 명사 (복) microphones) 마이크 (= mike, mic), 확성기

She spoke into the **microphone**. 그녀는 마이크에 대고 말했다.

microscope /ˈmaɪkrəskoʊp/ | 명사 (복) microscopes) 현미경

Scientists use a **microscope** to see cells.
과학자들은 세포를 관찰하기 위해 현미경을 사용합니다.

middle /ˈmɪdl/ | 명사 한가운데, 중앙, 도중 (= center)

The City Hall of *Seoul* is located in the **middle** of the city.
서울 시청은 도시의 한가운데 위치해 있다.

In the **middle** of the night, I was awakened by the bark of a dog. 나는 한밤중에 개가 짖는 소리에 잠을 깼다.

어휘가 쑥쑥
middle class 중산층
middle school 중학교

midnight /ˈmɪdnaɪt/ | 명사 자정, 밤 12시, 한밤중 (↔ noon 정오)

I was awakened at **midnight**, and then I heard a strange sound downstairs.
나는 한밤중에 잠을 깼고, 그때 아래층에서 이상한 소리를 들었다.

Don't forget to come back before the clock strikes **midnight**.
시계가 자정을 알리기 전에 돌아와야 하는 것을 잊지 마라.

might /maɪt/ | 조동사 ① [may의 과거형] ② ~할 가능성이 있다 ③ ~할지도 모른다

1 [may의 과거형]
Mom said that we **might** have cookies after dinner.
엄마는 우리들이 저녁 식사 후에 쿠키를 먹어도 된다고 말씀하셨다.

2 [가능] ~할 가능성이 있다, ~일지도 모른다
It **might** rain tomorrow. (= Maybe it will rain tomorrow.)
내일 비가 올지도 모른다.
A: Why isn't John in class? 왜 존이 수업에 오지 않았지?
B: I don't know. He **might** be sick today.
잘 모르겠어. 아마 오늘 아픈 것 같아.

3 [가정법] ~할지도 모른다, ~했을지도 모른다
If you gain weight, you **might** have a heart attack.
만약 당신의 체중이 늘어난다면, 심장 마비에 걸릴지도 모릅니다.
If the wind is too strong, it **might** blow down the tent.
바람이 너무 세면, 텐트를 날려 버릴지도 모른다.

[숙어] **might as well A (as B)** (B 하느니 차라리) A 하는 편이 낫다
I *might as well* go home *as* watch the movie.
그 영화를 보느니 차라리 집에 가는 편이 낫겠다.
A: I lost the tennis game again. 테니스 게임에서 또 지고 말았어.
B: You *might as well* forget the result. You played really well.
그 결과에 대해서는 잊어버리는 게 좋아. 넌 정말 잘했어.

> [문법]이 쑥쑥
> • might 뒤에는 항상 동사원형이 온다.
> I *might be* late today. (나는 오늘 늦을지도 모른다.)
> • might의 부정형은 might not이다.
> He *might not* come. (그는 오지 않을지도 모른다.)
> • might는 may의 과거형이기도 하다. 주절의 동사가 과거이면 might로 쓴다.
> I thought it *might* be true. (나는 그것이 사실일지 모른다고 생각했다.)

migrate /ˈmaɪɡreɪt/
[동사] (3단현) migrates (과거·과분) migrated (현분) migrating
(철새·동물 등이) 이동하다, (사람이) 이주하다

Millions of wild geese **migrate** to the lake each fall.
수백만 마리의 기러기가 매년 가을 그 호수로 이동한다.

> [어휘가 쑥쑥]
> migration 명 이동, 이주

★ mild /maɪld/
[형용사] (비교) milder (최상) mildest ① 부드러운 ② 온화한

1 부드러운, 상냥한, 순한 (= soft, gentle)
"What's wrong with you?" she asked me in a **mild** voice.
"무슨 일 있니?" 그녀가 내게 부드러운 목소리로 물었다.
A: I'd like to have chicken curry. 치킨 카레 주세요.
B: We have **mild** and hot curry. Which do you prefer?
순한맛과 매운맛 카레가 있습니다. 어떤 것으로 드릴까요?

2 온화한, 따뜻한 (= warm)
The winter is **mild**, and fairly wet in Spain.
스페인의 겨울은 온화하고 다소 습하다.
We can enjoy a **mild** climate all year around in Taiwan.
대만에서는 일 년 내내 따뜻한 기후를 즐길 수 있다.

> [어휘가 쑥쑥]
> mild breeze 온화한 바람
> mild manner 상냥한 성품
>
> [실력]이 쑥쑥
> 겨울의 따뜻한 날씨를 표현할 때는 보통 warm 대신 mild를 쓴다.

mile /maɪl/ | 명사 (복) miles 마일 《1마일은 약 1,609미터이다.》

In the United States, people measure distance in **miles** and yards. 미국에서는 마일과 야드로 거리를 측정한다.
A: How far is it to Long Beach? 롱비치까지는 얼마나 먼가요?
B: It is two **miles** away from here. 여기에서 2마일 떨어져 있어요.

실력이 쑥쑥
미국에서는 거리의 단위로 미터(m)나 킬로미터(km) 대신 마일(mile)이나 야드(yard)를 주로 쓴다.

*military /ˈmɪləteri/ | 명사 형용사 (복) militaries 군대(의), 군(의)

In Israel, both young men and women have to do **military** service. 이스라엘에서는 젊은 남성과 여성 모두 군 복무를 해야 한다.
All the soldiers in the **military** must obey the **military** rules. 군대에 있는 모든 병사들은 군대의 규율을 따라야만 한다.

어휘가 쑥쑥
military drills 군사 훈련

*milk /mɪlk/ | 명사 우유, 젖

Alex drinks a glass[carton, bottle] of **milk** every morning. 알렉스는 매일 아침 우유 한 잔[팩, 병]을 마신다.
Milk is used to make dairy products like butter, cheese, and yogurt. 우유는 버터, 치즈, 요구르트와 같은 유제품을 만드는 데 쓰인다.

어휘가 쑥쑥
mother's[breast] milk 모유
banana-flavored milk 바나나 맛 우유

*million /ˈmɪljən/ | 명사 형용사 (복) millions 100만(의), 다수(의)

He made ten **million** dollars a year. 그는 일 년에 천만 달러를 벌었다.
I have **millions** of things to do this week. 나는 이번 주에 해야 할 일이 너무 많다.

어휘가 쑥쑥
millionaire 명 백만장자, 큰 부자

**mind /maɪnd/ | 명사 (복) minds 마음
동사 (3단현) minds (과거·과분) minded (현분) minding ① 꺼리다 ② 조심하다

명 **마음, 정신** (↔ body 몸)
Stress can be harmful to both **mind** and body. 스트레스는 심신에 모두 해로울 수 있다.
[속담] Out of sight, out of **mind**. 눈에서 멀어지면 마음에서도 멀어진다.
[격언] A sound **mind** in a sound body. 건강한 신체에 건전한 정신이 깃든다.
A: What do you have in **mind** for the vacation?

어휘가 쑥쑥
mindful 형 주의하는
mindfulness 명 주의 깊음, 명상
mindless 형 아무 생각이 없는
state of mind 정신 상태
creative mind 창의적 생각
slip one's mind

방학에 무슨 일을 계획하고 있나요?
B: I'm planning to go to Europe. 유럽에 갈 계획이에요.

동 1 꺼리다, 싫어하다, 신경 쓰다
A: Would[Do] you **mind** closing the window?
창문을 닫아도 괜찮을까요?
B: Absolutely[Certainly, Of course] not. 네, 괜찮아요.

A: Would[Do] you **mind** if I sit here? 제가 여기 앉아도 될까요?
B: No, not at all. 물론이죠.

A: Would you like coffee or tea? 커피를 드릴까요, 차를 드릴까요?
B: Either. I don't **mind**. 아무거나 괜찮아요. 전 상관없어요.

A: Oh, dear! We missed the bus! 이런! 버스를 놓쳤잖아!
B: Never **mind**, there is a bus every ten minutes.
걱정 마. 10분마다 버스가 오거든.

2 조심하다, 주의하다 (= watch)
Mind your step. 발밑 조심.
This attic has a low ceiling. **Mind** your head.
이 다락방은 천장이 낮으니까 머리를 조심하세요.
Mind you don't cut yourself when using the cutter.
칼을 사용할 때는 베이지 않게 주의하세요.

숙어 **keep ~ in mind** ~을 잊지 않고 있다, ~을 명심하다
Keep in mind that nothing is more important than your health. 건강보다 더 중요한 것은 없다는 것을 명심하세요.

make up one's mind 결심하다, 마음을 정하다 (= decide)
Daniel *made up his mind* to do exercise every morning.
대니얼은 매일 아침 운동을 하기로 결심했다.

잊어버리다
open one's mind 마음을 열다
speak one's mind 생각하는 것을 정확히 표현하다
come to mind 머리에 떠오르다
Mind your own business. 네 일이나 신경 써라. (남의 일에 참견하지 마라.)

실력이 쑥쑥
- Do[Would] you mind ~?로 묻는 질문에 '괜찮다'고 하려면 no나 not과 같은 부정어를 써서 답한다.
A: *Do you mind* if I open the window? (창문을 열어도 괜찮을까요?)
B: *No*, I don't mind. / Of course *not*. / *No*, not at all. (네, 괜찮아요.)

- Never mind!는 '걱정하지 마라'는 뜻으로 Don't mind! 라고 하지 않는다.

mine¹ /maɪn/ 대명사 나의 것

Last weekend I came across a friend of **mine** in the library.
지난 주말에 나는 도서관에서 내 친구를 우연히 만났다.

A: What are you doing? That blouse is **mine**!
너 지금 뭐 하는 거야? 그 블라우스는 내 거야!
B: No, it's not yours. It's **mine**! 아니. 이건 언니 게 아니야. 내 거라고!

mine² /maɪn/ 명사 (복) mines 광산

Many miners are working at the gold **mine** in Africa.
많은 광부들이 아프리카에 있는 금광에서 일을 하고 있다.

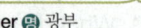

어휘가 쑥쑥
miner 명 광부

minimum /ˈmɪnɪməm/ | 명사 (복) minima, minimums) 최소 | 형용사 최소한의

명 최소, 최소한도
This game requires a **minimum** of 5 persons.
이 경기를 하려면 최소 다섯 사람이 필요합니다.

형 최소한의 (↔ maximum 최대한의), 최저의
The **minimum** age for the movie is 13.
이 영화의 최저 연령은 13세입니다.

어휘가 쑥쑥
minimal **형** 최소의
minimize **동** 최소화하다
minimum wage 최저 임금

minister /ˈmɪnɪstər/ | 명사 (복) ministers) ① 장관 ② 성직자

1 장관
She was appointed **Minister** of Environment.
그녀는 환경부 장관에 임명되었다.

2 성직자 (= priest)
The **minister** contributed all his life to help poor people.
그 성직자는 가난한 사람을 돕는 데 일생을 바쳤다.

어휘가 쑥쑥
the Prime Minister
국무총리, 수상
the Minister of Education
교육부 장관
the Minister of Labor
노동부 장관

minor /ˈmaɪnər/ | 형용사 작은 쪽의, 중요하지 않은 (↔ major 큰 쪽의, 중요한)

Brian played a **minor** role in the play, but he did his best.
브라이언은 연극에서 작은 역할을 맡았지만 최선을 다했다.

I had an accident, but fortunately I only suffered a **minor** injury.
나는 사고를 당했지만, 다행히도 가벼운 부상만 입었다.

어휘가 쑥쑥
minority **명** 소수, 소수 집단
minor error 사소한 실수

minus /ˈmaɪnəs/ | 전치사 ~를 뺀, 마이너스의, 영하의 (↔ plus ~를 더한)

Ten **minus** four is six.
10 빼기 4는 6이다.

Today's temperature is **minus** ten degrees.
오늘 기온은 영하 10도이다.

어휘가 쑥쑥
minus sign 마이너스 기호

minute /ˈmɪnɪt/ | 명사 (복) minutes) ① (시간의) 분 ② 순간

1 (시간의) 분
The watch says five **minutes** past three.
시계가 3시 5분을 가리키고 있다.

It may take a few **minutes** to install the program.
그 프로그램을 설치하는 데 몇 분 정도 걸릴 거예요.

2 순간, 잠깐 (= moment, second)

어휘가 쑥쑥
second (시간의) 초
hour 시간

실력이 쑥쑥
Wait a minute. (잠깐만 기다려 주세요.)

Wait[Just] a **minute**, please. 잠깐만 기다려 주십시오.
A: May I speak with you for a **minute**?
잠깐 이야기할 수 있을까요?
B: Sure. Go ahead. 물론이죠. 말씀해 보세요.

= Wait a moment.
= Hold on a minute.
= Wait a second.

miracle /ˈmɪrəkl/ 명사 (복 miracles) 기적

It's a **miracle** you are alive. 네가 살아 있는 것이 기적이다.
I'll need a **miracle** to pass this exam.
내가 이 시험에 붙으려면 기적이 일어나야 할 거야.

mirror /ˈmɪrər/ 명사 (복 mirrors) 거울

The queen looked into the magic **mirror** and asked, "Who is the most beautiful in the world?"
여왕은 마법 거울을 들여다보면서 "이 세상에서 누가 가장 아름다우냐?"라고 물었습니다.

miserable /ˈmɪzrəbl/ 형용사 (비교 more miserable 최상 most miserable)
불행한, 비참한

Anna looks really **miserable**. 애나는 정말로 비참해 보인다.
I spent days feeling **miserable**.
나는 우울한 기분으로 며칠을 보냈습니다.

어휘가 쑥쑥
misery 명 불행, 고통
miserably 부 불행하게

miss /mɪs/ 동사 (3단현 misses 과거·과분 missed 현분 missing)
① 놓치다 ② 그리워하다

1 놓치다, 빠지다

Hurry up, or we'll **miss** the train.
서둘러, 그렇지 않으면 기차를 놓칠 거야.

Don't **miss** the good opportunity[chance].
좋은 기회를 놓치지 마라.

He has already **missed** school three times this month.
그는 이번 달에 벌써 학교를 세 번이나 빠졌다.

A: Excuse me, where is the art museum?
실례합니다. 미술관이 어디 있나요?
B: Go straight two blocks, then it's on your left. You can't **miss** it.
곧장 두 블록을 가시면 왼편에 있습니다. 틀림없이 찾을 수 있을 거예요.

어휘가 쑥쑥
miss the point 요점을 놓치다
narrowly miss 아슬아슬하게 빗나가다

실력이 쑥쑥
＊**You can't miss it.** ＊
'틀림없이 찾을 수 있을 거예요.'라는 뜻으로, 상대방에게 길을 알려 줄 때 쉽게 찾을 수 있을 거라고 말해 주는 표현이다.

2 그리워하다

I **missed** Korean food a lot when I was in the States.
나는 미국에 있을 때 한국 음식이 많이 그리웠다.
A: I'm going to **miss** you all a lot. 여러분 모두 많이 보고 싶을 거예요.
B: We'll **miss** you, too. 저희도 당신이 보고 싶을 거예요.

Miss /mɪs/ 명사 [결혼을 하지 않은 여자의 성·성명 앞에 붙여서] ~ 씨, ~ 양

Miss Sullivan started to teach Helen Keller words.
설리번 선생님은 헬렌 켈러에게 말을 가르치기 시작했다.
The girl who is wearing a blue dress is **Miss** Stacey.
파란색 원피스를 입고 있는 소녀가 스테이시 양이에요.

> 재미가 쑥쑥
> 최근에는 결혼 여부에 상관없이 여성의 호칭으로 Ms.를 많이 쓴다.

missing /ˈmɪsɪŋ/ 형용사 없어진, 보이지 않는

The police searched the whole area for the **missing** child.
경찰은 실종된 아이를 찾기 위해서 전 지역을 수색했다.
A: Mom, one of my socks is **missing**.
엄마, 양말 한 짝이 없어졌어요.
B: Look in the drawers. 서랍 안을 살펴보렴.

> 어휘가 쑥쑥
> missing person 실종자

mistake /mɪˈsteɪk/
명사 (복) mistake**s** 잘못
동사 (3단현) mistake**s** (과거) mistook (과분) mistaken
(현분) mistak**ing** 잘못 알다, 오해하다

명 **잘못, 틀림, 실수** (= error)
Everybody makes **mistakes**. 사람은 누구나 실수를 한다.
It was my **mistake** to tell him Tina's secret.
그에게 티나의 비밀을 말한 것은 내 잘못이었다.
Find the **mistakes** and write the words correctly.
잘못된 곳을 찾아 단어를 바르게 고쳐 쓰세요.
I erased all my files on my computer by **mistake**.
실수로 내 컴퓨터에 있는 파일을 모두 지워 버렸다.

> 어휘가 쑥쑥
> common mistake 흔한 실수
> serious mistake 심각한 실수
> silly mistake 바보 같은 실수
> spelling mistake 철자 오류

통 **잘못 알다, 오해하다** (= misunderstand)
I **mistook** Alex's meaning and got angry at him.
나는 알렉스의 말뜻을 잘못 알고 그에게 화를 냈다.
A: Yuck! This soup tastes terrible! What happened?
웩! 이 수프 맛이 정말 이상해! 어떻게 된 거지?
B: You must have **mistaken** sugar for salt.
네가 설탕을 소금으로 착각한 것이 틀림없어.

Everybody makes *mistakes*.

mistaken /mɪˈsteɪkən/ 동사 mistake의 과거분사 (☞ mistake)

mistook /mɪˈstʊk/ | 동사 mistake의 과거 (☞ mistake)

misunderstand /ˌmɪsʌndərˈstænd/ | 동사 (3단현) misunderstands (과거·과분) misunderstood (현분) misunderstanding) 오해하다 (= mistake)

We may be **misunderstood** in foreign countries because of different gestures.
우리는 다른 제스처 때문에 외국에서 오해를 받을 수 있다.
A: Did you really say that? 네가 정말 그렇게 말했어?
B: You **misunderstood** me. I didn't mean it.
네가 오해한 거야. 난 그런 뜻이 아니었어.

(어휘가 쑥쑥)
misunderstanding 명 오해, 착오

(실력이 쑥쑥)
mis-는 '잘못된', '나쁜'을 의미하는 접두사이다.

misunderstood /ˌmɪsʌndərˈstʊd/ | 동사 misunderstand의 과거·과거분사 (☞ misunderstand)

*mix /mɪks/ | 동사 (3단현) mixes (과거·과분) mixed (현분) mixing) 섞다 (= combine)

In a large bowl, **mix** sugar and butter together.
커다란 그릇에 설탕과 버터를 함께 섞으세요.
You can make an orange color by **mixing** a little red with yellow. 노란색에 빨간색을 조금 섞으면 오렌지색을 만들 수 있다.

(어휘가 쑥쑥)
mixed 형 섞인, 혼합된
mixer 명 믹서, 혼합기

mixture /ˈmɪkstʃər/ | 명사 (복) mixtures) 혼합(물), 혼합 재료

This city is a **mixture** of old and young people.
이 도시에는 노인과 젊은이들이 섞여 있다.
Add the eggs to the **mixture** and stir well.
반죽에 계란을 넣고 잘 섞어라.

(어휘가 쑥쑥)
egg mixture 달걀을 푼 물

model /ˈmɑːdl/ | 명사 (복) models) ① 모형 ② 모델

1 모형(모)
We made the **model** of the bridge with wooden chopsticks.
우리는 나무젓가락으로 그 다리의 모형을 만들었다.
The **model** plane flew high in the air.
모형 비행기는 하늘 높이 날아올랐다.

(어휘가 쑥쑥)
role model 모범이 되는 사람
on the model of ~을 거울삼아

2 모델, 패션모델
Fashion **models** present beautiful dresses at fashion shows.
패션모델들은 패션쇼에서 아름다운 의상들을 선보인다.

(뜻풀이)
모형 어떤 물건의 모양을 본떠서 만들어 놓은 것

This car is the latest **model**. 이 차는 최신 모델이다.

modern /ˈmɑːdərn/ 〔형용사〕 (비교) more modern (최상) most modern)
① 현대의 ② 현대적인

1 현대의, 근대의 (↔ ancient 고대의)
I think Picasso is the master of **modern** art.
나는 피카소가 현대 미술의 거장이라고 생각한다.
This novel describes the **modern** history of Korea in the 1960s. 이 소설은 1960년대의 한국 현대사를 서술하고 있다.

2 현대적인, 최신식의 (= new, up-to-date)
There are many **modern** buildings in Shanghai these days.
오늘날 상하이에는 현대식 건물들이 많이 있다.
Famous TV stars lead the **modern** fashion.
유명한 TV 스타들은 최신 유행을 이끈다.

〔어휘가 쑥쑥〕
modernize 〔동〕 현대화하다
modernism 〔명〕 근대주의, 모더니즘
modern technology 최신 기술
modern society 현대 사회
modern science 현대 과학

moist /mɔɪst/ 〔형용사〕 (비교) moister (최상) moistest) 습한, 촉촉한

Her eyes were **moist**. 그녀의 두 눈은 촉촉이 젖어 있었다.

moisture /ˈmɔɪstʃər/ 〔명사〕 수분, 습기

Plants use their roots to absorb **moisture** from the soil.
식물은 뿌리를 이용해 토양에서 수분을 흡수한다.
There's a lot of **moisture** in the air.
공기 중에 습기가 너무 많아요.

〔어휘가 쑥쑥〕
moisturize 〔동〕 수분을 주다, 가습하다

mom /mɑːm/ 〔명사〕 (복) moms) 엄마 (= mommy) (↔ dad 아빠)

My **mom** and dad go climbing every weekend.
우리 엄마 아빠는 주말마다 등산을 가신다.

moment /ˈmoʊmənt/ 〔명사〕 (복) moments) 순간, 잠깐 (= minute, second)

Wait[Just] a **moment**, please. / One **moment**, please.
잠깐만 기다려 주십시오.
A few **moments** later, Jim suddenly showed up.
잠시 후에 짐이 갑자기 나타났다.
A: Can I speak to Dr. Brown? 브라운 박사님과 통화할 수 있을까요?
B: Sure. Hold on for a **moment**.
네, 끊지 말고 잠시만 기다려 주세요.

〔어휘가 쑥쑥〕
at this moment 바로 지금
for the moment 지금은, 당장은
in a moment 곧, 즉시
every single moment 매 순간

at any moment 언제라도, 어느 때라도
It may begin to rain *at any moment*.
언제라도[금방이라도] 비가 내릴 것 같다.

at the moment 지금, 바로 그때
The elevator is not working *at the moment*.
지금은 엘리베이터가 작동하지 않습니다.

It may begin to rain *at any moment*.

mommy /ˈmɑːmi/ | 명사 (복) mommies) 엄마 (= mom) (↔ daddy 아빠)

A: Happy birthday, **Mommy**! 생신 축하드려요, 엄마!
B: Thanks, my baby. You're so sweet! 고맙다, 얘야. 정말 착하구나!

> 재미가 쑥쑥
> mommy는 어린아이들이 쓰는 말이다.

Monday /ˈmʌndeɪ/ | 명사 (복) Mondays) 월요일 (☞ day) 《줄여서 Mon.으로 적기도 한다.》

The library opens at 8:00 a.m. and closes at 7:00 p.m., **Monday** through Saturday.
도서관은 월요일부터 토요일까지 오전 8시에 열고 오후 7시에 닫습니다.

I take swimming lessons every **Monday**[on **Mondays**].
나는 월요일마다 수영 강습을 받는다.

> 실력이 쑥쑥
> 요일은 항상 대문자로 쓴다.

✱money /ˈmʌni/ | 명사 돈

I spent all my pocket **money** on books, so I have no **money**.
나는 책을 사느라 내 용돈을 모두 다 써 버려서 돈이 없다.

She runs an Internet shopping mall and makes much **money**.
그녀는 인터넷 쇼핑몰을 운영해서 많은 돈을 번다.

[속담] Time is **money**. 시간은 돈이다.

> 문법이 쑥쑥
> money는 셀 수 없는 명사이기 때문에 many가 아닌 much와 함께 쓴다.
> I have *much money*. (○)
> I have many money. (×)

✱monitor /ˈmɑːnɪtər/ | 명사 (복) monitors) 화면
동사 (3단현) monitors (과거·과분) monitored (현분) monitoring) 감시하다

명 화면, 모니터
He is watching the computer **monitor**.
그는 컴퓨터 모니터를 보고 있다.

동 감시하다, 추적 관찰하다, 검토하다
Nurses **monitor** the patient's heart rate.
간호사들은 환자의 심장 박동 수를 관찰한다.

✱monkey /ˈmʌŋki/ | 명사 (복) monkeys) 원숭이 (☞ animal)

A **monkey** is climbing a tall tree.
원숭이가 높은 나무를 올라가고 있다.

*monster /ˈmɑːnstər/ 명사 (복) monsters) 괴물, 도깨비

The brave knight defeated the **monster** and saved the princess. 용감한 기사는 괴물을 물리치고 공주님을 구했어요.

**month /mʌnθ/ 명사 (복) months) 달, 개월

There are twelve **months** in a year. 일 년은 열두 달이다.

I usually go to the movies once or twice a **month**.
나는 보통 한 달에 한두 번쯤 영화를 보러 간다.

A: How old is your younger sister? 네 여동생은 몇 살이니?
B: She is only three **months** old. 태어난 지 세 달밖에 안 됐어.

어휘가 쑥쑥
monthly 형 매월의
부 매월, 한 달에 한 번씩
last month 지난달
this month 이번 달
next month 다음 달

mood /muːd/ 명사 (복) moods ① 기분 ② 분위기

1 기분 (= spirit)
I was in a good[bad] **mood** all day long.
나는 하루 종일 기분이 좋았다[좋지 않았다].

He's not in the **mood** for joking.
그는 지금 농담할 기분이 아니다.

2 분위기 (= atmosphere)
During the World Cup period, the whole country was in a festive **mood**. 월드컵 기간 동안에는 나라 전체가 축제 분위기였다.

> 어휘가 쑥쑥
> moody 형 침울한, 변덕스러운
> moodiness 명 변덕, 우울
> moodily 부 변덕스럽게

moon /muːn/ 명사 (복) moons 달

The **moon** moves around the earth.
달은 지구 주위를 공전한다.

On *Chuseok*, Korean people make wishes on the full **moon** at night. 추석날 밤에 한국인들은 보름달을 보고 소원을 빈다.

> 어휘가 쑥쑥
> new moon 초승달
> half moon 반달

more /mɔːr/ 형용사 ① [many의 비교급] 더 많은 ② [much의 비교급] 더 많은 | 대명사 더 많은 양 | 부사 더

형 1 [many의 비교급] 더 많은
I have **more** books than you have.
나는 너보다 더 많은 책을 가지고 있다.

I'll stay in *Seoul* for two **more** days.
나는 서울에 이틀 더 머무를 것이다.

2 [much의 비교급] 더 많은
She has **more** money than I have.
그녀는 나보다 더 많은 돈을 가지고 있다.

We need **more** time to look around the gallery.
그 미술관을 둘러보려면 더 많은 시간이 필요하다.

Would you like some **more** coffee?
커피 좀 더 드시겠어요?

대 더 많은 양[수]
There's not enough butter. I should go and buy some **more**.
버터가 충분하지 않다. 나가서 좀 더 사 와야겠다.

If you want to know **more** about Korea, I'll help you.
한국에 대해서 더 많은 것을 알고 싶으시다면, 제가 도와드리겠습니다.

부 더, 더욱

> 어휘가 쑥쑥
> more likely to 더 ~할 것 같은
> more than half 절반 이상, 반이 넘는
> all the more 더욱더

I have *more* books than you have.

The movie was **more** interesting than I had expected.
영화는 내가 기대했던 것보다 더 재미있었다.

The queen thought she was much **more** beautiful than Snow White.
왕비는 자신이 백설 공주보다 훨씬 더 예쁘다고 생각했다.

Could you speak **more** slowly? 조금 더 천천히 말씀해 주시겠어요?

I need to exercise **more** often to lose weight.
나는 살을 빼기 위해 더 자주 운동을 해야 한다.

I'm so tired and I'd like to sleep **more**.
나는 너무 피곤해서 더 자고 싶다.

[숙어] **any more** [부정문·의문문에 써서] 더 이상, 그 이상
Pinocchio never told *any more* lies.
피노키오는 더 이상 거짓말을 하지 않았다.

more and more 점점 더, 더욱더
As the princess grew older, she became *more and more* beautiful. 공주는 자라면서 더욱더 예뻐졌다.

more or less 다소, 대개, 거의
I was *more or less* surprised by the news.
나는 그 소식에 다소 놀랐다.

more than ~ 이상
The Philippines are made up of *more than* 7,000 islands.
필리핀은 7천 개 이상의 섬으로 이루어져 있다.

no more 더 이상 ~ 않다
Now we have *no more* cookies to eat.
이제 더 이상 먹을 쿠키가 없다.

once more 한 번 더, 다시 한 번
I want to see that movie *once more*.
나는 저 영화를 한 번 더 보고 싶다.

or more 적어도, 혹은 그 이상
Do exercise for 30 *or more* minutes at least three times a week. 적어도 일주일에 세 번, 30분이나 그 이상 운동을 하세요.

The more, the better. 많으면 많을수록 좋다. (다다익선)

[문법]이 쑥쑥
- more와 함께 비교급을 만드는 형용사나 부사는 보통 2음절 이상의 단어이다. 특히 -ful, -less, -ish, -ous, -ed, -ing 등으로 끝나는 단어는 more를 사용하여 비교급을 만든다.
  more beautiful (더 아름다운)
  more famous (더 유명한)
- more는 -er이 붙은 형용사나 부사의 비교급과 함께 쓸 수 없다.
  The train is *quicker* than the bus. (기차는 버스보다 빠르다.)
  The train is *more quicker* than the bus. (×)

[실력]이 쑥쑥
more than은 '~ 이상'이라는 뜻이고, more A than B는 'B라기보다는 A'라는 뜻이다.
He is *more than* 40. (그는 40세가 넘었다.)
It's *more* pink *than* red. (그것은 빨간색이라기보다는 핑크색이다.)

---

* **moreover** /mɔːrˈoʊvər/ | [부사] 게다가, 더욱이 (= besides, in addition)

It was very cold. **Moreover**, it started raining.
날씨는 매우 추웠다. 게다가 비까지 내리기 시작했다.

The food is delicious in this restaurant and, **moreover**, the price is reasonable.
이 식당은 음식도 맛있는 데다가 가격도 비싸지 않다.

[실력]이 쑥쑥
moreover는 매우 격식을 차린 말로, 회화에서는 주로 also나 what's more 등을 쓴다.

morning /ˈmɔːrnɪŋ/ | 명사 (복) mornings) 아침, 오전

Good **morning**! 〈아침 인사〉 안녕하세요!
My cousins will arrive here on Friday **morning**.
내 사촌들은 금요일 아침에 이곳에 도착할 예정이다.
Amy overslept and missed her school bus this **morning**.
에이미는 오늘 아침에 늦잠을 자서 학교 버스를 놓쳤다.
A: What time do you usually get up in the **morning**?
당신은 보통 아침에 몇 시에 일어나나요?
B: I get up at seven o'clock every **morning**.
저는 매일 아침 일곱 시에 일어납니다.

실력이 쑥쑥
'모닝콜'은 호텔 등에서 원하는 시간에 전화를 걸어 깨워 주는 서비스를 의미한다. 영어로는 morning call이 아니라 wake-up call이라고 한다.

mosquito /məˈskiːtoʊ/ | 명사 (복) mosquito(e)s) 모기 (☞ insect)

Mosquitos bite people and animals to get their blood.
모기는 사람과 동물을 물어서 피를 빨아 먹는다.
Last night, I was bitten by **mosquitos** so much that I couldn't sleep.
어젯밤에 나는 모기에게 너무 많이 물려서 잠을 잘 수가 없었다.

어휘가 쑥쑥
mosquito net 모기장

most /moʊst/ | 형용사 ① 가장 많은 ② 대부분의 | 대명사 ① 가장 많은 것 ② 대부분 | 부사 가장

형 1 [many, much의 최상급] 가장 많은
The rich man had the **most** gold coins all over the country.
그 부자는 그 나라에서 가장 많은 금화를 가지고 있었습니다.

2 대부분의, 대개의
Today **most** people use the Internet.
오늘날 대부분의 사람들이 인터넷을 이용한다.
Most people in Asia live on rice.
대부분의 아시아인들은 쌀을 먹고 산다.

대 1 가장 많은 것
This is the **most** I can do. 이것이 내가 할 수 있는 최대치이다.

2 대부분
Most of the people are against the war.
대부분의 국민이 전쟁에 반대한다.
I spend **most** of my free time reading books.
나는 여가 시간의 대부분을 책을 읽으며 보낸다.

부 가장, 제일
In the summer, what annoys me **most** is mosquitos.

어휘가 쑥쑥
mostly 튀 대부분, 주로, 거의
most valuable player 최우수 선수(MVP)
the most widely used 가장 널리 사용되는

문법이 쑥쑥
most는 -est가 붙은 형용사나 부사의 최상급과 함께 쓸 수 없다.
the *biggest* city
(가장 큰 도시)
the *most biggest* city (×)

여름에 나를 가장 괴롭히는 것은 모기이다.
Soccer is one of the **most** popular sports all over the world.
축구는 전 세계에서 가장 인기 있는 스포츠 중의 하나이다.
King Solomon solved the problem **most** wisely.
솔로몬 왕은 그 문제를 가장 현명하게 해결했다.
A: What's your favorite subject? 가장 좋아하는 과목이 뭐니?
B: I like Korean history **most**. 나는 국사를 가장 좋아해.

숙어 **at (the) most** 기껏해야, 많아야
He is ten years old *at most*. 그는 기껏해야 열 살 정도이다.

most of all 그 무엇보다도 (= above all)
I like sweets. But *most of all*, I love chocolate.
나는 단것을 좋아한다. 하지만 그 무엇보다도, 나는 초콜릿을 좋아한다.

실력이 쑥쑥
「most + 명사」는 불특정한 사람이나 사물의 대부분을 의미하고, 「most of + 명사」는 특정한 사람이나 사물의 대부분을 의미한다.
Most students like pizza. (대부분의 학생들은 피자를 좋아한다.)
Most of the students in this class like pizza. (이 교실의 대부분의 학생들은 피자를 좋아한다.)

✱ mother /ˈmʌðər/ | 명사 (복) mothers 어머니, 엄마 (= mom) (↔ father 아버지, 아빠)

She is the **mother** of two children.
그녀는 두 아이의 엄마이다.
My **mother** always looks after my sister and me.
우리 어머니께서는 항상 여동생과 나를 돌봐 주신다.
Jenny resembles her **mother**. 제니는 엄마를 닮았다.

어휘가 쑥쑥
mother-in-law 장모, 시어머니
birth mother 친어머니
mother tongue 모국어

✱ motion /ˈmoʊʃn/ | 명사 (복) motions ① 움직임 ② 동작

1 불 움직임, 운동
The **motion** of the ship made me feel sick.
배가 흔들려서 멀미가 났다.

2 동작
She made a **motion** for me to approach her.
그녀는 나에게 가까이 오라고 손짓했다.

어휘가 쑥쑥
motionless 형 움직이지 않는
- - - - - - - - - -
motion picture 영화
motion sickness 멀미

motor /ˈmoʊtər/ | 명사 (복) motors ① 모터 ② 자동차

1 모터, 엔진
This toy car is powered by a small **motor** in it.
이 장난감 자동차는 안에 든 작은 모터로 움직인다.
We turned off the boat's **motor** and fished in the middle of the lake. 우리는 보트의 엔진을 끄고 호수 한가운데에서 낚시를 했다.

2 자동차 (= car, automobile, motorcar)
This **motor** can run at the speed of 200 kilometers per hour.
이 자동차는 시속 200킬로미터의 속력으로 달릴 수 있다.

어휘가 쑥쑥
motorbike 오토바이
motorboat 모터보트
turn on a motor
모터를 켜다

motorcycle /ˈmoʊtərsaɪkl/ | 명사 (복) motorcycles) 오토바이 (= motorbike) (☞ transportation)

When you ride a **motorcycle**, you should wear your helmet.
오토바이를 탈 때는 헬멧을 써야 한다.

Tom goes to work by **motorcycle**.
톰은 오토바이를 타고 출근한다.

재미가 쑥쑥
'오토바이'는 autobicycle을 줄여서 만든 말로, 영어로는 motorcycle이나 motorbike라고 해야 한다.

mountain /ˈmaʊntn/ | 명사 (복) mountains) 산, 산맥 《줄여서 Mt.로 적기도 한다.》

Mt. Everest is the highest **mountain** in the world.
에베레스트산은 세계에서 가장 높은 산이다.

My parents go **mountain** climbing every weekend.
우리 부모님께서는 주말마다 등산을 가신다.

The Pyrenees **Mountains** are located between France and Spain. 피레네산맥은 프랑스와 스페인 사이에 위치해 있다.

어휘가 쑥쑥
mountaineer 명 등산가
mountainous 형 산이 많은
- - - - - - - - -
mountain of work
산더미 같은 일

mouse /maʊs/ | 명사 (복) mice, mouses) ① 생쥐 ② (컴퓨터) 마우스

1 생쥐, 작은 쥐
The cat chased two **mice**, but they got inside the **mouse** hole.
고양이는 두 마리 쥐를 쫓아갔지만, 쥐들은 쥐구멍 속으로 들어가 버렸다.

2 (컴퓨터) 마우스 (☞ computer)
Use the **mouse** when you click or drag something on the screen.
화면에 있는 어떤 것을 클릭하거나 드래그할 때는 마우스를 사용해라.

실력이 쑥쑥
mouse가 '생쥐'를 의미할 경우 복수형은 mice이다. 반면, mouse가 '컴퓨터의 마우스'를 의미할 경우 복수형은 mice 또는 mouses이다.

mouth /maʊθ/ | 명사 (복) mouths) 입 (☞ face)

"Open your **mouth** wide," the dentist said.
"입을 크게 벌리세요."라고 치과 의사 선생님이 말했다.

Don't speak with your **mouth** full.
입에 음식을 가득 문 채로 말하지 마라.

[속담] Good medicine is bitter in the **mouth**.
좋은 약은 입에 쓰다.

[숙어] **from mouth to mouth** (소문 등이) 입에서 입으로
The news spread *from mouth to mouth*.
그 소식은 입에서 입으로 퍼져 나갔다.

move /muːv/

동사 (3단현) **moves** (과거·과분) **moved** (현분) **moving**)
① 움직이다 ② 이사하다 ③ 감동시키다

1 움직이다, 이동하다, 옮기다

The walking robot **moves** like a human being.
그 걸어 다니는 로봇은 사람처럼 움직인다.

"Don't **move**!" the policeman shouted to the robber.
"꼼짝 마!"라고 경찰이 강도에게 소리쳤다.

In urban areas, people usually **move** around by car, bus, or subway.
도시 지역에서 사람들은 보통 자동차, 버스, 지하철을 타고 이동한다.

We can **move** the cursor on the screen by **moving** the mouse.
우리는 마우스를 움직여서 화면에 있는 커서를 움직일 수 있다.

Can you help me **move** the desk?
책상을 옮기는 것 좀 도와주시겠어요?

2 이사하다

Mike's family **moved** to the country last year.
마이크의 가족은 작년에 시골로 이사했다.

She **moved** in[into] the big city because she got a new job.
그녀는 새로운 직장을 얻어서 큰 도시로 이사 왔다.

3 감동시키다 (= touch)

Her speech **moved** the audience.
그녀의 연설은 청중들을 감동시켰다.

I was deeply **moved** by the movie.
나는 그 영화를 보고 깊이 감동했다.

[어휘가 쑥쑥]
movement 명 움직임, 동작
movable 형 이동 가능한
move off 떠나가다, 가 버리다
move on 앞으로 나아가다
move on to ~로 옮기다

[실력이 쑥쑥]
이사해서 나갈 때는 move out, 이사를 들어올 때는 move in[into]이라고 한다.

They have to *move out* by next month. (그들은 다음 달까지 이사를 나가야 한다.)

We *moved in[into]* a new house. (우리는 새집으로 이사 왔다.)

movie /ˈmuːvi/

명사 (복) **movies**) 영화 (= film, cinema, picture) (☞ 606쪽)

He is a famous **movie** director. 그는 유명한 영화감독이다.

A: Why don't we go to the **movies** tonight?
오늘 밤에 영화 보러 가지 않을래?

B: That's fine with me. Which **movie** do you want to see?
좋아. 어떤 영화를 보고 싶은데?

[어휘가 쑥쑥]
movie theater 영화관
movie star 영화배우
science fiction[SF] movie 공상 과학 영화

moving /ˈmuːvɪŋ/

형용사 (비교) **more moving** (최상) **most moving**)
① 감동적인 ② 움직이는

1 감동적인

I read some **moving** poems. 나는 감동적인 시를 몇 편 읽었다.

2 움직이는

[어휘가 쑥쑥]
fast-moving 고속의
slow-moving 저속의

movie

Lions are afraid of a **moving** light.
사자는 움직이는 불빛을 무서워한다.

* **Mr.** /ˈmɪstər/ | 명사 [남자의 성·성명 앞에 붙여서] ~ 씨, ~ 군 《mister의 줄임말》

Mr. Brown is the president of our company.
브라운 씨는 우리 회사의 사장님이십니다.
Please read the next page, **Mr.** John Smith.
다음 페이지를 읽어 주세요, 존 스미스 군.

* **Mrs.** /ˈmɪsɪz/ | 명사 [결혼한 여자의 성·성명 앞에 붙여서] ~ 씨, ~ 부인

Mrs. Mary Smith drives her children to school every morning.
메리 스미스 부인은 매일 아침 차로 아이들을 학교에 데려다준다.
Mr. and **Mrs.** Green live in a small town near Boston.
그린 씨 부부는 보스턴 근처의 작은 마을에서 산다.

* **Ms.** /mɪz/ | 명사 [여자의 성·성명 앞에 붙여서] ~ 씨 《Miss와 Mrs.를 구분 없이 쓰는 말》

Dear **Ms.** Jane Davis,
Thank you for shopping at our website.
제인 데이비스 씨께, 저희 웹 사이트에서 물건을 구매해 주셔서 감사드립니다.

|실력|이 쑥쑥
결혼했는지의 여부를 알 수 없을 때나, 기혼 또는 미혼을 구별하고 싶지 않을 때 쓴다.

** **much** /mʌtʃ/ | 형용사 (비교 more 최상 most) 많은 대명사 다량
부사 (비교 more 최상 most) 매우

형 **많은, 다량의** (= a lot of) (☞ many)
James spends too **much** time playing computer games.
제임스는 컴퓨터 게임을 하는 데 너무 많은 시간을 보낸다.
My English teacher always gives us **much** homework.
우리 영어 선생님께서는 항상 숙제를 많이 내 주신다.
Don't drink too **much** alcohol. 술을 너무 많이 마시지 마라.
A: How **much** money do you have now?
  너 지금 돈 얼마나 있니?
B: I only have a few coins. 동전 몇 개밖에 없어.

대 **다량, 많은 것**
I don't know **much** about cameras, but I like taking pictures.
나는 카메라에 대해서 많은 것을 알지는 못하지만, 사진 찍는 것을 좋아한다.
[속담] Too **much** is as bad as too little.

|문법|이 쑥쑥
many는 셀 수 있는 명사와, much는 셀 수 없는 명사와 함께 쓰인다. a lot of와 lots of는 셀 수 있는 명사와 셀 수 없는 명사 모두와 함께 쓰인다.
many people (많은 사람들)
= a lot of people
= lots of people
much water (많은 물)
= a lot of water
= lots of water

지나친 것은 모자란 것만 못하다.

A: How **much** is this? 이것은 얼마예요?
B: It's $2 each. 하나에 2달러입니다.

부 매우, 대단히, 훨씬

My grandma got **much** better.
할머니께서는 건강이 훨씬 더 좋아지셨다.
I think basketball is **much** more exciting than soccer.
나는 농구가 축구보다 훨씬 더 흥미진진하다고 생각한다.
A: Thank you very **much**. 정말 감사합니다.
B: You're welcome. 천만에요.

숙어 **as much as** ~만큼
She spends *as much as* $50 a month.
그녀는 한 달에 50달러만큼의 돈을 쓴다.

문법이 쑥쑥
much와 many는 부정문과 의문문에 주로 쓰이지만 too, so, very 등의 부사가 앞에 올 때는 긍정문에도 쓰인다.
Was there *much* snow?
(눈이 많이 왔나요?)
I don't have *much* money.
(나는 돈이 많이 없다.)
You used *too much* soap.
(비누를 너무 많이 썼구나.)

✱ **mud** /mʌd/ | 명사 진흙

A: Why are all your clothes covered with **mud**?
네 옷은 왜 그렇게 온통 진흙투성이니?
B: A car splashed it on me. 어떤 차가 내게 튀기고 갔어.

어휘가 쑥쑥
muddy 형 진흙의, 진흙투성이의

✱ **multiply** /ˈmʌltɪplaɪ/ 동사 (3단현) multiplies (과거·과분) multiplied (현분) multiplying
곱하다 (↔ divide 나누다)

Four **multiplied** by three is[equals] twelve.
(= Four times three is[equals] twelve.)
4 곱하기 3은 12이다.

Multiply 5 by 6. You will come up with 30.
5에다가 6을 곱해 보세요. 30이 나올 거예요.

어휘가 쑥쑥
multiple 형 많은
multiplication 명 곱셈

✱ **murder** /ˈmɜːrdər/
명사 (복) murders) 살인
동사 (3단현) murders (과거·과분) murdered (현분) murdering
살인하다

명 살인, 살해
There were three **murders** in this town last year.
작년에 이 마을에 세 건의 살인 사건이 있었다.

동 살인하다, 살해하다
He **murdered** his friend. 그는 자신의 친구를 살해했다.

어휘가 쑥쑥
murderer 명 살인자
murder case 살인 사건
commit a murder 살인을 저지르다

✱ **muscle** /ˈmʌsl/ | 명사 (복) muscles) 근육

Bill always wears a tight shirt to show off his **muscles**.
빌은 근육을 자랑하기 위해서 언제나 꽉 끼는 셔츠를 입는다.

museum /mjuːˈziːəm/ 명사 (복) museums) 박물관, 미술관

The **museum** is open from 10 a.m. to 6 p.m. all year round.
그 박물관은 일 년 내내 오전 열 시에서 오후 여섯 시까지 문을 엽니다.
The art **museum** displays the paintings and sculptures of modern art.
그 미술관에서는 현대 미술의 그림과 조각 작품들을 전시한다.

어휘가 쑥쑥
folk museum 민속 박물관
museum of natural history 자연사 박물관

mushroom /ˈmʌʃrʊm, ˈmʌʃruːm/ 명사 (복) mushrooms) 버섯

A **mushroom** looks like a tiny umbrella.
버섯은 작은 우산처럼 생겼다.
Some **mushrooms** are poisonous, so don't eat anything in the forest.
어떤 버섯은 독이 있으니까, 숲에서 아무 버섯이나 먹지 마세요.

music /ˈmjuːzɪk/ 명사 음악

I listen to **music** when I take a rest in my free time.
나는 여가 시간에 휴식을 취할 때 음악을 듣는다.
A: What kind of **music** do you like?
당신은 어떤 종류의 음악을 좋아하십니까?
B: I like classical **music** the best.
저는 클래식 음악을 가장 좋아합니다.

어휘가 쑥쑥
musical 형 음악의
musically 부 음악적으로
background music 배경 음악
pop music 대중음악

musician /mjuˈzɪʃn/ 명사 (복) musicians) 음악가

Many talented **musicians** played in this concert hall.
많은 재능 있는 음악가들이 이 콘서트홀에서 연주를 했다.

must /məst, mʌst/ 조동사 ① ~해야만 한다 ② ~임에 틀림없다

1 [의무] **~해야만 한다** (= have to)
If you break the speed limit, you **must** pay a fine.
속도 제한을 어기면, 벌금을 내야 한다.
If you want to apply, you **must** hand in all your documents by May 10.

실력이 쑥쑥
must와 have to는 모두 '~해야만 한다'로 뜻이 같지만, 그 부정형은 서로 다른 의미를 갖는다. must not은 '~해서는 안 된다'라는

지원을 하시려면 모든 서류를 5월 10일까지 제출하셔야만 합니다.
A: I'm afraid I **must** go now. 죄송하지만, 저는 이제 가 봐야 해요.
B: All right. Nice talking to you. 알겠습니다. 즐거웠어요.

2 [추측] ~임에 틀림없다 (↔ cannot ~일 리가 없다)
A: Why is John absent from school today?
왜 존이 오늘 결석했지?
B: He **must** be sick. I saw him yesterday and he had a high fever.
존은 아픈 게 틀림없어. 어제 봤는데 열이 많이 나더라.

A: Hello. May I speak to Hanna?
여보세요. 해나와 통화할 수 있을까요?
B: I'm sorry. You **must** have the wrong number.
죄송합니다. 전화를 잘못 거셨네요.

A: Oh, wait! Where's my cell phone?
어, 잠깐만! 내 휴대폰이 어디에 있지?
B: You **must** have left it on the table at the cafeteria.
매점에 있는 탁자 위에 두고 온 것이 틀림없어.

금지의 뜻이고, **don't have to**는 '~할 필요가 없다'라는 뜻이다.
You *must* go there.
(= You *have to* go there.)
(너는 그곳에 꼭 가야만 한다.)
You *must not* go there.
(너는 그곳에 가면 안 된다.)
You *don't have to* go there.
(너는 그곳에 갈 필요가 없다.)

문법이 쑥쑥
must가 '~해야만 한다'라는 뜻일 때 과거형은 had to, 미래형은 will have to이다.

---

my /maɪ/ | 대명사 [I의 소유격] 나의

I left **my** umbrella on the subway.
나는 지하철에 우산을 두고 내렸다.

I love and respect **my** father very much.
나는 아버지를 아주 많이 사랑하고 존경한다.

Every morning, I brush **my** teeth and wash **my** face.
매일 아침 나는 이를 닦고 세수를 한다.

어휘가 쑥쑥
My goodness! 이런 세상에! 〈놀람을 나타냄〉
my dear[love] 내 사랑 〈애정을 담아 부를 때〉

---

myself /maɪˈself/ | 대명사 나 자신, 나 스스로

Let me introduce **myself**. 제 소개를 하겠습니다.
I love to look at **myself** in a mirror.
나는 거울 속에 비친 내 모습을 보는 것을 정말 좋아한다.
I dressed **myself** beautifully and went to the party.
나는 예쁘게 차려입고 파티에 갔다.

숙어 **by myself** ① 혼자서, 홀로 ② 혼자 힘으로
I don't want to stay at home *by myself*.
나는 집에 혼자 있고 싶지 않다.
I made my mother's birthday cake *by myself*.
나는 혼자 힘으로 엄마의 생일 케이크를 만들었다.

I love to look at *myself* in a mirror.

mysterious /mɪˈstɪriəs/ 형용사 (비교) more mysterious (최상) most mysterious)
신비한, 이해할 수 없는, 불가사의한

That actress has a **mysterious** appeal.
그 여배우는 신비한 매력을 갖고 있다.

mystery /ˈmɪstəri/ 명사 (복) mysteries) ① 신비 ② 추리 소설

1 신비, 비밀, 미스터리
The old castle on the hill is full of **mysteries**.
언덕 위의 오래된 성은 미스터리로 가득 차 있다.

The detective looked around the house to solve the **mystery**. 형사는 비밀을 풀기 위해 집 주변을 둘러보았다.

The cause of his death still remains a **mystery**.
그의 죽음의 원인은 여전히 미스터리로 남아 있다.

어휘가 쑥쑥
mystery writer 추리 소설 작가
mystery story 추리 소설, 탐정 소설

2 추리 소설 (= detective novel)
James enjoys reading **mysteries** in his free time.
제임스는 여가 시간에 추리 소설 읽는 것을 즐긴다.

*myth /mɪθ/ 명사 (복) myths) 신화, 전설

"NIKE" is the goddess of victory in the ancient Greek **myths**.
'니케'는 고대 그리스 신화에서 승리의 여신이다.

Nn

* **nail** /neɪl/   명사 (복) nails) ① 손톱 ② 못
동사 (3단현) nails (과거·과분) nailed (현분) nailing) 못을 박다

명 **1 손톱, 발톱** (☞ hand)
I have a bad habit of biting my **nails** when I'm nervous.
나는 긴장하면 손톱을 물어뜯는 나쁜 버릇이 있다.

A: Your **nails** are getting too long. You should cut your **nails**.
손톱이 많이 자랐구나. 손톱을 깎는 게 좋겠다.
B: Okay. Where is the **nail** clippers?
알았어요. 손톱깎이가 어디 있죠?

2 못
He hammered a **nail** into the wall to hang the picture.
그는 액자를 걸기 위해 벽에 망치로 못을 박았다.

동 **못을 박다, 못으로 고정하다**
I **nailed** a poster on the board.
나는 포스터를 게시판에 못으로 고정했다.

실력이 쑥쑥
'손톱'은 fingernail, '발톱'은 toenail이라고도 한다.

You should cut your *nails*.

* **naked** /ˈneɪkɪd/   형용사 벌거벗은 (= nude), 맨몸의, 겉을 싸고 있는 것이 없는 (= without covering)

The baby was **naked**. 아기는 알몸이었다.
The moon can be seen with the **naked** eye.
달은 육안으로 볼 수 있다.

어휘가 쑥쑥
naked foot 맨발
naked truth 드러난 진실

** **name** /neɪm/   명사 (복) names) 이름
동사 (3단현) names (과거·과분) named (현분) naming) 이름을 짓다

명 **이름**
A: What's your **name**? 이름이 무엇인가요?
B: My **name** is John Smith. 제 이름은 존 스미스입니다.

어휘가 쑥쑥
family[last] name 성
first[given] name 이름

A: How do you spell your last **name**?
당신의 성을 어떻게 쓰나요?
B: It's S-M-I-T-H. S-M-I-T-H입니다.

동 이름을 짓다, 이름을 붙이다

He **named** his dog Spot.
그는 자기 개에게 스폿이라는 이름을 붙였다.

Mr. and Mrs. Davis **named** their son Brad.
데이비스 씨 부부는 그들의 아들 이름을 브래드라고 지었다.

Long ago, a merchant **named** Marco Polo traveled from Italy to China.
오래전에 마르코 폴로라는 이름의 한 상인이 이탈리아에서 중국까지 여행을 했습니다.

실력이 쑥쑥
영어로 이름 쓰는 법
　　　　　Middle Name
　　　　　　↑
John　Fitzgerald　Kennedy
↓　　　　　　　　　↓
First Name　　　　Last Name

Gildong　Hong
↓　　　　　↓
First Name　Last Name

영어로 이름을 쓸 때는 이름을 먼저 쓰고 난 후 성을 쓴다.

---

nap /næp/　**명사** (복) nap**s**) 낮잠
　　　　　　　동사 (3단현) nap**s** (과거·과분) nap**ped** (현분) nap**ping**) 낮잠을 자다

명 낮잠

My little brother usually takes a **nap** after lunch.
내 남동생은 보통 점심을 먹은 후에 낮잠을 잔다.

In Spain and Latin America, people have a **nap** during the hottest part of the day.
스페인과 라틴 아메리카에서는, 하루 중 가장 더운 시간에 낮잠을 잔다.

동 낮잠을 자다

She is **napping** for two hours on the sofa.
그녀는 두 시간째 소파에서 낮잠을 자고 있다.

---

napkin /'næpkɪn/　**명사** (복) napkin**s**) 냅킨 (☞ dining room)

Where are the paper **napkins**? 종이 냅킨이 어디에 있나요?

A: How can I use this **napkin**?
이 냅킨을 어떻게 사용하죠?
B: You can put it on your lap.
무릎에 얹으세요.

***narrate** /'næreɪt/　**동사** (3단현) narrate**s** (과거·과분) narrate**d** (현분) narrat**ing**)
자세히 말하다, 이야기하다 (= report)

He **narrated** his wonderful adventures.
그는 자신의 놀라운 모험담을 이야기했다.

The story was **narrated** by a famous actor.
유명한 배우가 그 이야기를 낭독했다.

어휘가 쑥쑥
narration **명** 이야기하기
narrator **명** 해설자, 내레이터

narrow /ˈnæroʊ/ 형용사 (비교) narrower (최상) narrowest
폭이 좁은 (↔ broad, wide 폭이 넓은)

A funnel is wide at the top and **narrow** at the bottom.
깔때기는 위쪽이 넓고 아래쪽은 좁다.

I dropped a coin into the **narrow** gap between the bookshelves. 나는 책장 사이에 있는 좁은 틈새에 동전을 떨어뜨렸다.

This shirt is too **narrow** in the shoulders.
이 셔츠는 어깨 품이 너무 좁다.

nasty /ˈnæsti/ 형용사 (비교) nastier (최상) nastiest) 불쾌한, 심술궂은 (= mean)

This bread has a **nasty** smell.
이 빵은 불쾌한 냄새가 난다.

어휘가 쑥쑥
nastily 🖲 심술궂게

nation /ˈneɪʃn/ 명사 (복) nations) ① 나라 ② 국민

1 나라, 국가 (= country)
Nigeria is a **nation** in Western Africa.
나이지리아는 서아프리카에 있는 나라이다.

Most areas of the **nation** consist of desert.
그 나라는 대부분의 지역이 사막이다.

2 국민 (= people)
The president made his New Year's address to the **nation**.
대통령은 국민들에게 신년 연설을 했다.

The whole **nation** celebrated the birth of the princess.
모든 국민이 공주님의 탄생을 축하했다.

어휘가 쑥쑥
developing nation 개발 도상국
developed nation 선진국
great nation 강대국
UN (United Nations) 국제 연합

national /ˈnæʃnəl/ 형용사 국가의, 국립의

Thanksgiving is a **national** holiday in the United States.
추수 감사절은 미국의 국경일이다.

The **national** flower of Korea is the rose of Sharon.
한국의 국화는 무궁화이다.

The aim of this **national** policy is to prepare for an aging society. 이 국가 정책의 목적은 고령화 사회에 대비하는 것이다.

어휘가 쑥쑥
nationality 🖲 국적
national anthem 국가
national park 국립 공원
national flag 국기

native /ˈneɪtɪv/ 형용사 ① 타고난 ② 모국의 명사 (복) natives) 토박이

형 1 타고난, 선천적인 (= natural) (↔ learned 배워서 습득한)
Human beings have a **native** ability to learn a language.

어휘가 쑥쑥
native American

인간은 언어를 배우는 타고난 능력을 가지고 있다.

2 모국의, 토착의, ~ 원산지인 (= original) (↔ foreign 외국의)
It has been ten years since she visited her **native** land [country]. 그녀가 모국을 방문한 지 10년이 되었다.

The giant panda is **native** to China.
대왕판다는 중국이 원산지이다.

Though *Sumi* is Korean, her English is as good as her **native** language. 수미는 한국인이지만 영어를 모국어만큼 잘한다.

명 토박이, 원주민, 현지인 (↔ foreigner 외국인)
I'm a **native** of *Seoul*. 나는 서울 토박이다.

Sandra speaks Arabic like a **native**.
샌드라는 현지인처럼 아랍어를 한다.

아메리카 원주민
native Hawaiian
하와이 원주민
native speaker 원어민
native tongue 모국어
native species
토종, 재래종
London native
런던 토박이

natural /ˈnætʃrəl/ 　형용사　① 자연의 ② 본래의 ③ 당연한

1 자연의, 천연의, 자연스러운 (↔ artificial 인공적인)
Switzerland is very famous for its **natural** beauty.
스위스는 자연의 아름다움으로 매우 유명하다.

We should save **natural** resources like coal and oil.
석탄, 석유와 같은 천연자원을 아껴야 한다.

Don't be nervous and try to look **natural**.
긴장하지 말고 자연스러워 보이도록 노력하세요.

2 본래의, 선천적인, 타고난 (= native)
She is a **natural**-born artist. 그녀는 타고난 예술가이다.

3 당연한, 마땅한
It is **natural** that he should get angry.
그가 화를 내는 것은 당연하다.

It is **natural** for him to be punished.
그가 처벌을 받는 것은 당연하다.

어휘가 쑥쑥
natural disaster 자연재해
natural environment
자연환경
natural food 자연식품
natural gas 천연가스

Don't be nervous and try to look *natural*.

*nature /ˈneɪtʃər/ 　명사　(복) natures) ① 자연 ② 천성

1 물 자연
We should live in harmony with **nature**.
우리는 자연과 조화를 이루며 살아야 한다.

2 천성, 본성, 본질
It's his **nature** to be kind to others.
타인에게 친절한 것은 그의 천성이다.

It is human **nature** to want a happy life.

어휘가 쑥쑥
the laws of nature
자연의 법칙
in nature 본질적으로
by nature 선천적으로, 본래

행복하게 살고 싶은 것은 인간의 본성이다.

I think the **nature** of love is belief.
나는 사랑의 본질은 믿음이라고 생각한다.

naughty /ˈnɔːti/
형용사 (비교 naughtier 최상 naughtiest)
버릇없는, 못된, 말썽 부리는 (↔ good 착한)

Peter is a **naughty** boy. 피터는 버릇없는 아이이다.
He was very **naughty** when he was a little boy.
그는 꼬마였을 때 아주 말썽꾸러기였다.

(실력이 쑥쑥)
naughty는 주로 아이들에게 쓰는 말이다.

navigate /ˈnævɪɡeɪt/
동사 (3단현 navigates 과거·과분 navigated 현분 navigating)
(바다·강 등을) 항해하다

The sailors **navigated** the river.
선원들은 강을 항해했다.
Columbus and his crew **navigated** around the world.
콜럼버스와 그의 선원들은 전 세계를 항해했다.

(어휘가 쑥쑥)
navigation 명 항해, 항법
navigator 명 항해사, 조종사

*navy /ˈneɪvi/
명사 (복 navies) ① 해군 ② 남색

1 해군
Terry wants to join the **navy**. 테리는 해군에 입대하고 싶어 한다.

(어휘가 쑥쑥)
army 육군
air force 공군

2 불 남색 (= navy blue) (☞ color)
This sweater is available in **navy** and red.
이 스웨터는 남색과 붉은색이 있습니다.

*near /nɪr/
전치사 ~ 근처에 형용사 (비교 nearer 최상 nearest) 가까운
부사 (비교 nearer 최상 nearest) 가까이

전 ~ 근처에, ~ 부근에

There is a beautiful park **near** here.
이 근처에 아름다운 공원이 있다.
The man standing **near** Jimmy is my uncle.
지미 옆에 서 있는 남자가 우리 삼촌이다.
Egyptians lived **near** the Nile to get water for their farms.
이집트인들은 농사에 필요한 물을 얻기 위해 나일강 근처에 살았다.

Egyptians lived *near* the Nile.

형 가까운 (= close, nearby) (↔ far 먼)
He will become a member of the national soccer team in
the **near** future.
그는 가까운 미래에 국가 대표 축구 선수가 될 것이다.

necessary 617

A: Excuse me, but where is the **nearest** bank?
실례합니다. 여기서 가장 가까운 은행이 어디인가요?
B: It's in that building over there.
저 건물 안에 있어요.

부 가까이

The summer vacation is drawing **near**.
여름 방학이 가까이 다가오고 있다.

When the cat came **near**, we could hear the bell.
고양이가 가까이 왔을 때 우리는 방울 소리를 들을 수 있었다.

실력이 쑥쑥
near가 '거리가 가까운'이라는 뜻의 형용사일 경우 명사 앞에 쓰지 않는다. 단, 최상급은 명사 앞에 쓸 수 있다.
I went to *the nearest* park. (나는 가장 가까운 공원에 갔다.)
I went to a *near* park. (×)

nearby /ˌnɪrˈbaɪ/ | 형용사 가까운 | 부사 가까이에

형 가까운 (= close, near) (↔ far 먼)
We went to a **nearby** restaurant for lunch.
우리는 점심을 먹기 위해 가까운 음식점에 갔다.

부 가까이에
A: What do you want to do after lunch?
점심 먹고 뭐 하고 싶니?
B: There is a beautiful park **nearby**. Let's go there and take a walk.
근처에 아름다운 공원이 있어. 거기 가서 산책을 하자.

어휘가 쑥쑥
at a nearby store
근처 가게에서
in a nearby city
가까운 도시에서
on a nearby street
가까운 거리에서

nearly /ˈnɪrli/ | 부사 거의 (= almost), 가까이

Oh, I **nearly** forgot. 아, 거의 잊고 있었다.
He **nearly** had a crash. 그는 하마터면 충돌할 뻔했다.
It is **nearly** six o'clock now. 이제 거의 여섯 시가 다 되었다.

*neat /niːt/ | 형용사 (비교) neater (최상) neatest) 깨끗한, 깔끔한, 가지런한, 단정한
(= clean, tidy)

Judy always keeps her room **neat** and tidy.
주디는 자기 방을 항상 깨끗하게 정돈한다.

The letter was written in **neat** handwriting.
그 편지는 깔끔한 글씨체로 쓰여 있었다.

Books are arranged in **neat** rows in the library.
도서관에는 책들이 가지런히 줄을 이루어 정리되어 있다.

어휘가 쑥쑥
neat dress 말쑥한 옷
neat person 단정한 사람

*necessary /ˈnesəseri/ | 형용사 (비교) more necessary (최상) most necessary) 필요한
명사 (복) necessaries) 필수품

necessity

형 필요한, 필수적인 (= essential)
Water is **necessary** for life. 물은 생명에 필수적인 것이다.
You can contact me any time, if **necessary**.
필요하다면 언제든지 저에게 연락하세요.
It is **necessary** that you should attend the meeting in the afternoon. 오후 회의에 반드시 참석하셔야 합니다.

명 [복수로 써서] 필수품, 필수적인 것
Food, clothing, and shelter are the **necessaries** of life.
의식주는 생활에 반드시 필요한 것들이다.

어휘가 쑥쑥
necessarily **부** 반드시
be never necessary 필수적이지 않다
necessaries like food 음식 같은 필수품
daily necessaries 일용품

necessity /nəˈsesəti/ 명사 (복) necessities ① 필요 ② 필수품

1 **불** 필요, 필요성
We realized the **necessity** of education.
우리는 교육의 필요성을 깨달았다.

2 필수품, 필요품
Water is a **necessity** of life. 물은 생명 유지의 필수품이다.
A computer is a **necessity** to study these days.
요즘 공부하는 데 컴퓨터는 필수품이다.

어휘가 쑥쑥
basic necessity 기본적인 생필품
absolute necessity 반드시 필요한 물품

*neck /nek/ 명사 (복) necks 목 (☞ body)

She has an aching **neck**. 그녀는 목이 아프다.
I wore a scarf around my **neck**. 나는 목에 스카프를 둘렀다.
I couldn't sleep well last night, so I have a stiff **neck**.
어젯밤에 잠을 잘 못 잤더니 목이 뻐근하다.

어휘가 쑥쑥
neck pillow 목 베개
neck muscles 목 근육
neck pain 목 통증

necklace /ˈnekləs/ 명사 (복) necklaces 목걸이

I bought a gold **necklace** for my mother.
나는 엄마를 위해 금목걸이를 샀다.

*need /niːd/ 동사 (3단현) needs (과거·과분) needed ① 필요하다 ② ~할 필요가 있다
명사 (복) needs 필요

동 1 필요하다 (= require)
I **need** some more towels. 수건이 더 필요합니다.
You can find all the information that you **need** on the Internet. 인터넷을 통해 필요한 정보를 모두 찾을 수 있다.
This soup tastes bland. It **needs** some salt.
이 국은 밍밍하다(싱겁다). 소금을 좀 쳐야겠다.

어휘가 쑥쑥
needless **형** 쓸데없는, 불필요한
needful **형** 필요한

A balanced diet is **needed** to make you healthy.
건강해지기 위해서는 균형 잡힌 식사가 필요하다.

2 ~할 필요가 있다

You **need** to do some exercise if you want to lose weight.
체중을 줄이고 싶다면 운동을 할 필요가 있다.

My watch **needs** repairing. / My watch **needs** to be repaired.
내 손목시계는 수리할 필요가 있다.

A: Do I have to attend the meeting?
그 회의에 제가 꼭 참석해야 하나요?

B: No, you don't **need**[have] to. 아니요, 그러실 필요 없습니다.

명 필요, 요구

There is no **need** for speaking loudly. I can hear you.
큰 소리로 말할 필요 없어. 네 말 다 들려.

Ted has just got back from a trip, so he's in **need** of some rest.
테드는 지금 막 여행에서 돌아왔기 때문에 휴식이 좀 필요하다.

[속담] A friend in **need** is a friend indeed.
필요할 때 옆에 있는 친구가 참된 친구이다.

I **need** some more towels.

문법이 쑥쑥

need는 진행형으로 쓰지 않는다.
You *need* a break. (너는 휴식이 필요하다.)
You're *needing* a break. (×)

---

* needle /'niːdl/ | 명사 (복) needles) 바늘, 주삿바늘

A hedgehog's skin is covered with sharp **needles**.
고슴도치의 피부는 뾰족한 바늘로 뒤덮여 있다.

The nurse took some blood out of my arm with a **needle**.
간호사는 내 팔에서 주삿바늘로 피를 약간 뽑아냈다.

A: Mom, a button on my jacket fell off.
엄마, 제 재킷 단추가 하나 떨어졌어요.

B: Bring me a **needle** and thread. I'll sew it.
바늘과 실을 가져오렴. 달아 줄게.

어휘가 쑥쑥

compass needle
나침반 바늘

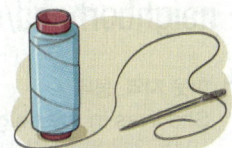

needle and thread

---

* negative /'negətɪv/ | 형용사 ① 부정적인 ② 음수의

1 (태도·생각 등이) 부정적인 (↔ positive 긍정적인)

Shaking your head means **negative** answers.
머리를 흔드는 것은 부정적인 답변을 의미한다.

Eating something at night has **negative** effects on your health. 밤에 먹는 것은 건강에 나쁜 영향을 끼친다.

2 [수학] 음수의

-4 is a **negative** number. 마이너스 4는 음수이다.

어휘가 쑥쑥

negatively 부 부정적으로
negativity 명 부정적인 성향
- - - - - - - - -
negative sentence 부정문

neglect /nɪˈglekt/

동사 (3단현) neglects (과거·과분) neglected (현분) neglecting 소홀히 하다 **명사** 무시

동 (관심·돌봄을) 소홀히 하다, 게을리하다, 방치하다

The parents **neglected** their children.
부모가 아이들을 잘 돌보지 않았다.

Do not **neglect** your duties.
당신의 임무를 소홀히 하지 마세요.

The house has been **neglected** for years.
그 집은 수년간 버려져 있었다.

명 무시, 태만, 소홀

She has suffered from the **neglect** of her health.
그녀는 건강 관리를 소홀히 해서 고통받았다.

The property was left in total **neglect**.
집과 토지가 전혀 관리되지 않은 채 내버려져 있었다.

어휘가 쑥쑥
- neglected **형** 버려진, 방치된, 무관심한
- neglectful **형** 태만한, 소홀한
- neglected garden 방치된 정원
- neglect of duty 직무 태만

---

*neighbor/neighbour /ˈneɪbər/

명사 (복) neighbors) 이웃, 이웃 사람 (= neighborhood)

My **neighbors** make too much noise.
우리 이웃 사람들은 너무 시끄럽다.

[속담] A good **neighbor** is better than a distant brother.
가까운 이웃이 먼 친척보다 낫다.

---

neighborhood/neighbourhood /ˈneɪbərhʊd/

명사 (복) neighborhoods) ① 동네 ② 이웃

1 이웃 지역, 동네

She lives in my **neighborhood**.
그녀는 우리 동네에 산다.

A: Is there a bookstore in this **neighborhood**?
이 동네에 서점이 있나요?

B: Yes. There is one next to the post office.
네. 우체국 옆에 하나 있어요.

어휘가 쑥쑥
- rich neighborhood 부유한 동네
- poor neighborhood 가난한 동네
- quiet neighborhood 한적한 동네

2 이웃, 이웃 사람들 (= neighbor)

We had a party with our **neighborhood** on Christmas Eve.
우리는 크리스마스이브에 이웃 사람들과 파티를 했다.

---

*neither /ˈniːðər, ˈnaɪðər/

형용사 (둘 중) 어느 것도 아닌
대명사 (둘 중) 어느 쪽도 아닌 것 **부사** ~도 또한 아니다

nervous

형 (둘 중) 어느 것도 아닌
Neither team danced well.
두 팀 모두 춤을 잘 추지 못했다.

Tom and Jim answered the question, but **neither** answer was correct.
톰과 짐이 문제에 답했지만, 두 답변 모두 옳지 않았다.

대 (둘 중) 어느 쪽도 아닌 것
I believe **neither** of two stories.
나는 두 이야기 중의 어느 쪽도 믿지 않는다.

A: Which is yours, the gold one, or the silver one?
금도끼와 은도끼 중 어느 쪽이 네 것이냐?

B: **Neither** of them is mine. Mine is made of iron.
둘 중 어느 쪽도 제 것이 아닙니다. 제 것은 쇠로 된 것입니다.

부 [부정문에 대한 답변으로] ~도 또한 아니다, 마찬가지이다
A: I don't like summer because it's too hot.
나는 너무 더워서 여름이 싫어.

B: **Neither** do I. 나도 그래.

숙어 neither A nor B A도 아니고 B도 아니다
This movie is *neither* funny *nor* boring.
이 영화는 재미있지도 지루하지도 않다.

Her grades were *neither* good *nor* bad.
그녀의 성적은 좋지도 나쁘지도 않았다.

Neither my friend *nor* I am tall.
내 친구와 나는 둘 다 키가 크지 않다.

실력이 쑥쑥
Me, neither. 나도 그래.
(언급된 부정의 의미를 받아 답할 때)
A: I don't know. (난 모르겠어.)
B: *Me, neither.* (나도 그래.)

Neither of them is mine.

문법이 쑥쑥
neither A nor B가 주어 자리에 있을 때 동사의 인칭과 수는 B에 일치시킨다.
Neither he *nor* I am wrong. (그도 나도 잘못한 것이 아니다.)

---

* **nephew** /ˈnefjuː/ **명사** (**복** nephews) 남자 조카 (↔ niece 여자 조카) (☞ family)

My **nephew** is studying European history at the university.
내 조카는 대학에서 유럽 역사를 공부하고 있다.

Neptune /ˈneptuːn/ **명사** 해왕성

Neptune is the eighth planet from the sun.
해왕성은 태양으로부터 여덟 번째 행성이다.

---

* **nervous** /ˈnɜːrvəs/ **형용사** (**비교** more nervous **최상** most nervous)
① 불안한 ② 신경질적인

1 불안한, 긴장한, 안절부절못하는 (↔ calm, relaxed 침착한, 안정된)
Don't be so **nervous**. You'll do a good job.
너무 긴장하지 마. 잘할 수 있을 거야.

어휘가 쑥쑥
nervously **부** 신경질적으로
nervousness **명** 신경질적임

He looked so **nervous** when the police officer asked him something.
그는 경찰관에게 질문을 받았을 때 안절부절못하는 것처럼 보였다.

2 신경질적인, 걱정을 많이 하는
He is not a **nervous** person. 그는 신경질적인 사람이 아니다.

> nervous breakdown
> 신경 쇠약

＊ nest /nest/ 〔명사〕 (복) nests) 둥지, 둥우리, (동물의) 보금자리

The bird built its **nest** on the top of the tree.
그 새는 나무 꼭대기에 둥지를 틀었다.

＊ net /net/ 〔명사〕 (복) nets) ① 그물 ② 네트

1 (무엇을 잡기 위한) 그물, 망
We went to the river with a **net** to catch fish.
우리는 고기를 잡기 위해 그물을 가지고 강으로 갔다.

2 (테니스·탁구 등의) 네트, (축구·하키 등의) 골대 그물
The player kicked the ball into the **net**.
그 선수는 그물 안으로 공을 찼다.

> **어휘가 쑥쑥**
> fishing net 고기잡이 그물, 어망
> mosquito net 모기장

Netherlands /ˈneðərləndz/ 〔명사〕 네덜란드 (= Holland)

The **Netherlands**, informally Holland, is a country located in Western Europe.
비공식적으로 홀란드로 불리는 네덜란드는 서유럽에 위치한 나라이다.

> **실력이 쑥쑥**
> '네덜란드 사람(의), 네덜란드어(의)'는 Dutch라고 한다.

＊ network /ˈnetwɜːrk/ 〔명사〕 (복) networks) ① 연결망 ② (컴퓨터의) 망

1 (철도·전선·도로 등의) 연결망
A **network** of highways crosses our country.
고속 도로망이 우리나라를 가로지르고 있다.

2 (컴퓨터·통신 등의) 망, 네트워크
The **network** is not responding. 네트워크가 연결되지 않습니다.
I am logging in to the **network**. 네트워크에 로그인하고 있습니다.

> **어휘가 쑥쑥**
> social network 사회 관계망
> subway network 지하철 노선
> TV network TV 방송망

＊ neutral /ˈnuːtrəl/ 〔형용사〕 ① 중립적인 ② 분명하지 않은

1 (시합·경쟁·전쟁 등에서) 중립적인
During World War II, Sweden was **neutral**.
제2차 세계 대전 동안 스웨덴은 중립국이었다.

> **어휘가 쑥쑥**
> neutrality 〔명〕 중립
> neutrally 〔부〕 중립적으로

2 분명하지 않은, 감정을 자제하는
She told in a **neutral** tone of voice.
그녀는 감정을 자제하는 목소리로 말했다.

neutral nation 중립국
neutral zone 중립 지대

＊never /ˈnevər/ 〔부사〕 결코[한 번도] ~ 않다, 전혀 ~ 않다 (☞ often)

I've **never** been to Egypt before.
나는 전에 이집트에 가 본 적이 없다.
He **never** listens to me.
그는 절대로 내 말을 듣지 않는다.
I'll **never** tell you a lie again. 다시는 절대로 거짓말하지 않을게요.
Never dive in a shallow pool.
얕은 풀장에서는 절대로 다이빙하지 마라.
A: Have you ever tried snail? 달팽이를 먹어 본 적 있니?
B: No, **never**. 아니, 한 번도 없어.

〔어휘〕가 쑥쑥
Never fear! 걱정 마라!
Never mind! 신경 쓰지 마!

〔문법〕이 쑥쑥
never는 보통 일반 동사의 앞에 오며, be동사 및 shall, will 등의 조동사 뒤에 온다.

＊new /nuː/ 〔형용사〕 (비교) newer (최상) newest ① 새로운 ② 신임의 ③ 생소한 ④ 새로 시작되는

1 새로운, 새것의, 최근의 (↔ old 낡은, 오래된)
My mom just bought me a **new** book.
엄마가 방금 새 책을 사 주셨다.
The famous actor visited Korea to promote his **new** film.
그 유명한 배우는 자신의 새 영화를 홍보하기 위해 한국을 방문했다.

2 새로 온, 신임의
My **new** English teacher is very kind and good-looking.
새로 오신 영어 선생님은 매우 친절하고 잘생기셨다.

3 (사건·사물·장소가) 생소한, 처음 보는[듣는]
She was **new** to the job. 그녀는 그 일을 처음 접했다.
Learning a **new** language is always fun.
새로운 언어를 배우는 것은 항상 즐겁다.

4 새로 시작되는
Happy **New** Year! 새해 복 많이 받으세요!
A **new** day has just begun. 이제 막 새로운 하루가 시작되었다.

〔어휘〕가 쑥쑥
brand-new 아주 새것인
new rice 햅쌀
newborn 갓 태어난, 신생의
new moon 초승달
newcomer 신임자, 신참자
What's new? 별일 없니?
〈인사말로 많이 쓰임〉

〔실력〕이 쑥쑥
new '새로운'을 뜻하는 가장 일반적인 말
fresh 본래의 겉모양이나 성질 등의 신선미를 잃지 않은
modern 사람이나 물건이 현재 또는 최근의 시기에 속하는

news /nuːz/ 〔명사〕 ① 소식 ② 뉴스

1 소식 (= information)
I have some good **news** and some bad **news**.
좋은 소식과 나쁜 소식이 있어.

〔어휘〕가 쑥쑥
the latest news 최근 소식
spread the news 소식을

[속담] No **news** is good **news**. 무소식이 희소식이다.
A: Did you hear the **news**? Dick and Jane are getting married. 소식 들었어? 딕과 제인이 결혼할 거래.
B: What surprising **news** it is! 그거 참 놀라운 소식이네!

2 (TV·라디오 등의) **뉴스** (= report)
"Here's the **news** about the typhoon," said the reporter on the radio.
"태풍에 관한 뉴스를 알려드립니다."라고 라디오에서 리포터가 말했다.

I watch the 9 o'clock **news** every day.
나는 매일 9시 뉴스를 본다.

퍼뜨리다
breaking news 뉴스 속보
make the news 뉴스거리가 되다
be in the news 뉴스에 나오다, 기사화되다

(문법)이 쑥쑥
news는 셀 수 없는 명사이므로 a news가 아니라 some news 혹은 a piece of news로 쓴다.

✱ newspaper /ˈnuːzpeɪpər/ | 명사 (복) newspapers) 신문 (= paper)

We made masks with old **newspapers** and glue in art class.
우리는 미술 시간에 오래된 신문과 풀로 탈을 만들었다.

I read an article about the presidential election in today's **newspaper**.
나는 오늘 신문에서 대통령 선거에 관한 기사를 읽었다.

(어휘)가 쑥쑥
daily newspaper 일간 신문
online newspaper 온라인 신문
morning[evening] newspaper 조간[석간] 신문

(실력)이 쑥쑥
회화에서는 newspaper 대신 단순히 paper를 사용하는 경우가 많다. '오늘[어제] 신문'은 today's[yesterday's] paper라고 한다.

✱ next /nekst/ | 형용사 다음의 부사 다음에

형 [시간상으로] **다음의** (= following) (↔ previous, former 이전의), **옆의**
Let's meet **next** Friday. 다음 주 금요일에 만나자.
He said that he would leave for Japan on business the **next** day.
그는 다음 날 일본으로 출장을 갈 예정이라고 말했다.

My cousin lives **next** door to me.
내 사촌은 우리 옆집에 산다.

(어휘)가 쑥쑥
next time 다음번
next week 다음 주
the next best thing 그 다음으로 좋은 것, 차선책
next month 다음 달
next house 이웃집
next generation 다음 세대

부 [장소·시간·순서상으로] **다음에, 다음으로**
What should I do **next**? 다음엔 뭘 해야 할까요?
I couldn't imagine what would happen **next**.
나는 다음에 무슨 일이 일어날지 상상도 못했다.

✱ nice /naɪs/ | 형용사 (비교) nicer (최상) nicest) ① 좋은 ② 친절한

1 좋은, 멋진, 훌륭한 (= good, wonderful) (↔ bad 나쁜)
Have a **nice** day! 좋은 하루 보내세요!

(어휘)가 쑥쑥
Nice try! (실패한 추리나

Nice to meet you. 만나서 반갑습니다.
The weather is so **nice** today, isn't it?
오늘 날씨가 참 좋지요, 그렇지 않아요?
"What a **nice** house!" cried the little girl.
"너무나 멋진 집이다!"라고 그 어린 소녀가 소리쳤다.

2 친절한 (= kind) (↔ unkind 불친절한)
It's very **nice** of you to help us.
저희를 도와주시다니 정말 친절하시군요. (도와주셔서 감사합니다.)
The doctor is always very **nice** to her patients.
그 의사는 자기 환자들에게 항상 친절하다.

시도 등에) 시도는 좋았어!
That would be nice. 좋습니다. 〈제안에 동의하여〉
It's nice to know (that) ~을 알게 되어 좋다

nickel /ˈnɪkl/ 명사 (복) nickels ① 니켈 ② 5센트 동전

1 물 [화학] 니켈
Nickel is a chemical element with the symbol Ni.
니켈은 기호가 Ni인 화학 원소이다.

2 (미국·캐나다의) 5센트 동전
Tom counted every **nickel**. 톰은 동전 한 푼까지 모두 세었다.

실력이 쑥쑥
미국 동전의 종류
a penny 1센트
a dime 10센트
a quarter 25센트

nickname /ˈnɪkneɪm/ 명사 (복) nicknames 별명, 애칭

Ben has many **nicknames**. 벤은 별명이 많다.

niece /niːs/ 명사 (복) nieces 여자 조카, 조카딸 (↔ nephew 남자 조카) (☞ family)

I have a five-year-old **niece**. 나에게는 다섯 살 난 조카딸이 있다.

*night /naɪt/ 명사 (복) nights 밤(시간), 야간 (↔ day 낮)

Good **night**. 안녕히 주무세요.
I seldom have coffee at **night**.
나는 밤에는 커피를 거의 마시지 않는다.
Jim had to stay up all **night** to do his homework.
짐은 숙제를 하기 위해 밤을 새워야 했다.
A: How long is your visit here?
여기 얼마나 머물 예정이신가요?
B: I'm staying for three **nights** and four days.
3박 4일 동안 머물 예정입니다.

어휘가 쑥쑥
night after night 밤마다
during the night 밤중에
in the night 밤사이에
all night long 밤새도록
in the middle of the night 한밤중에

nine /naɪn/ 명사 형용사 9(의), 아홉(의)

I have a math test at **nine**. 아홉 시에 수학 시험이 있다.
Nine of them are here. 그들 중 아홉 명은 여기에 있다.

어휘가 쑥쑥
ninth 형 9번째의

nineteen /ˌnaɪnˈtiːn/ | 명사 형용사 19(의)

He is only **nineteen**. 그는 겨우 열아홉 살이다.
My elder brother is **nineteen** years old. 나의 형은 19세이다.

어휘가 쑥쑥
nineteenth 형 19번째의

ninety /ˈnaɪnti/ | 명사 형용사 (복) ninet**ies** 90(의)

He's over **ninety**. 그분은 아흔이 넘으셨다.
The movie runs about **ninety** minutes.
그 영화는 상영 시간이 약 90분이다.

어휘가 쑥쑥
ninetieth 형 90번째의
the nineties 1990년대

*no /noʊ/ | 감탄사 아니요 형용사 어떤 ~도 없는

감 [질문에 대답하여] **아니, 아니요** (↔ yes 응, 네)
A: Do you like horror movies? 너 공포 영화 좋아하니?
B: **No**, I don't. I hate them. 아니, 싫어해.
A: Is John doing his homework? 존은 숙제를 하고 있니?
B: **No**, he isn't. He's just playing computer games.
아니, 그저 컴퓨터 게임만 하고 있어.
A: Would you like to have another cup of coffee?
커피 한 잔 더 드시겠어요?
B: **No**, thank you. 아니요, 괜찮습니다.

어휘가 쑥쑥
Oh, no! (안 좋은 상황에서) 이럴 수가!
No parking. 주차 금지.
No smoking. 금연.
be no use 쓸모가 없다
be no good 소용이 없다

실력이 쑥쑥
우리말에서 '예'라고 대답할 경우에도, 영어에서는 대답의 내용이 부정일 때는 언제나 no를 사용한다.
A: Didn't you see him? (그를 만나지 않았나요?)
B: *No*, I didn't. (네, 만나지 않았어요.)

형 어떤 ~도 없는[아닌], 하나의 ~도 없는[아닌]
I have **no** English books. 나는 영어 책을 한 권도 가지고 있지 않다.
There is **no** water in the glass. 유리컵에는 물이 전혀 없다.
No one believed him. 아무도 그를 믿지 않았다.

[속담] There is **no** rule without exceptions.
예외 없는 규칙은 없다.

숙어 **no longer** 더 이상 ~하지 않다 (= not ~ any longer)
He *no longer* lives in Sydney. (= He doesn't live in Sydney *any longer*.) 그는 더 이상 시드니에 살지 않는다.

*noble /ˈnoʊbl/ | 형용사 ① 고결한 ② 귀족의

1 고결한, 고상한, 고귀한
It's very **noble** of you to spend all your days helping me.

어휘가 쑥쑥

noble life 숭고한 생애

저를 도와주시느라 하루 종일 시간을 보내시다니 정말 고귀하십니다.

noble sight 장엄한 광경
noble leader 고결한 지도자

2 귀족의, 명문의
She came from a **noble** family. 그녀는 명문가 출신이다.

nobody /ˈnoʊbədi/ 대명사 아무도 ~ 않다, 아무도 ~가 아니다 (= no one)

Nobody was home. 집에 아무도 없었다.
Nobody knows what will happen in the future.
미래에 무슨 일이 일어날지 아무도 모른다.
He heard somebody crying in the room but there was **nobody** inside.
그는 방에서 누군가 울고 있는 소리를 들었지만 안에는 아무도 없었다.

어휘가 쑥쑥
nobody else
다른 누구도 ~ 않다

문법이 쑥쑥
nobody는 단수로 취급한다.

nod /nɑːd/ 동사 (3단현) nods (과거·과분) nodded (현분) nodding) 고개를 끄덕이다 (↔ shake 고개를 흔들다), 깜빡 졸다

Nodding means 'Yes', while shaking heads means 'No'.
고개를 흔드는 것이 '아니요'를 의미하는 반면, 고개를 끄덕이는 것은 '네'를 의미한다.
She **nodded** when I asked her to save my place.
그녀는 내가 자리를 좀 맡아 달라고 부탁하자 고개를 끄덕였다.
[속담] Even Homer sometimes **nods**.
호메로스도 가끔은 깜빡 존다. (원숭이도 나무에서 떨어질 때가 있다.)

noise /nɔɪz/ 명사 (복) noises) 시끄러운 소리, 소음

This machine is making a funny **noise**. It seems to be broken.
이 기계에서 이상한 소리가 난다. 아무래도 망가진 것 같다.
Don't make **noise** when you are in the library.
도서관에서는 시끄럽게 떠들지 마라. (시끄러운 소리를 내지 마라.)

noisy /ˈnɔɪzi/ 형용사 (비교) noisier (최상) noisiest) 시끄러운, 떠들썩한 (= loud) (↔ quiet 조용한, 고요한)

It's very **noisy** outside. What's happening there?
밖이 매우 시끄럽네. 무슨 일이니?
I don't like **noisy** music such as heavy metal.
나는 헤비메탈 같은 시끄러운 음악을 싫어한다.

어휘가 쑥쑥
noisily 부 소란스럽게
noisy horns 시끄러운 경적 소리

none /nʌn/ 대명사 아무도 ~가 아니다, 아무것도 ~가 아니다

None of my friends can speak French. (= Not one of my friends can speak French.)
내 친구 중에는 불어를 할 줄 아는 사람이 아무도 없다.
A: Is there any water in the bottle? 병에 물이 좀 있니?
B: No, **none** at all. 아니, 전혀 없어.

A: I'd like a single room, please. 1인용 방 하나 주세요.
B: I'm sorry, sir, but we've got **none** left.
손님, 죄송합니다만 남은 방이 없습니다.

> 어휘가 쑥쑥
> nonetheless = none the less 그럼에도 불구하고
> It's none of your business. 네가 알 바 아니다. (상관 마, 참견 마.)

noodle /'nuːdl/ 명사 (복 noodles) 국수, 면류

Chinese people eat **noodles** on their birthdays for a long life.
중국인들은 생일날 장수를 기원하며 국수를 먹는다.
How about eating some instant **noodles**?
라면 끓여 먹을까?

> 어휘가 쑥쑥
> spicy noodle dish
> 매운 면 요리

noon /nuːn/ 명사 정오, 낮 12시 (↔ midnight 자정, 밤 12시)

I usually have lunch at **noon**.
나는 보통 정오에 점심을 먹는다.
We have to check out by **noon**.
우리는 정오까지 체크아웃을 해야 한다.
Tom woke up around **noon**.
톰은 정오쯤에 일어났다.

> 실력이 쑥쑥
> noon은 정오, 즉 낮 12시를 나타내고, 밤 12시는 midnight이라고 한다. 밤 12시부터 낮 12시까지는 a.m., 낮 12시부터 밤 12시까지는 p.m.으로 쓴다.

*nor /nɔr/ 접속사 ~도 또한 아니다

Muslims don't eat pork **nor** drink alcohol.
이슬람교도들은 돼지고기를 먹지 않고 술도 마시지 않는다.
Danny can't speak French, **nor** can Judy.
대니는 불어를 말할 줄 모르고, 주디도 (불어를) 말할 줄 모른다.
Neither James **nor** Tom can speak Spanish.
제임스와 톰은 둘 다 스페인어를 할 줄 모른다.
My house is neither big **nor** small.
우리 집은 크지도 작지도 않다.

> 문법이 쑥쑥
> 「주어+동사」 앞에 nor가 오면 주어와 동사의 순서가 바뀐다.
> I can't cook, nor can you. (나도 너도 요리를 못한다.)
> I can't cook, nor you can. (×)

*normal /'nɔːrml/ 형용사 (비교 more normal 최상 most normal) 정상적인 명사 정상

형 정상적인, 일반적인, 보통의 (↔ abnormal 비정상적인)
These coats are being sold at half the **normal** price.
이 코트들은 정상 가격의 반값으로 팔리고 있다.

> 어휘가 쑥쑥
> normally 부 보통, 일반적으로

명 정상, 보통, 평균
Train services are now back to **normal**.
열차 운행은 이제 정상으로 돌아왔다.

> normalize **동** 정상화하다
> above[below] normal
> 보통 이상[이하]

north /nɔːrθ/ **명사** 북쪽 **형용사** 북쪽의 **부사** 북쪽으로

명 북쪽, 북부
A compass needle always points **north**.
나침반의 바늘은 항상 북쪽을 가리킨다.

Bukhansan is in the **north** of Seoul.
북한산은 서울의 북부에 있다.

형 북쪽의, 북부의
She lives in **North** America. 그녀는 북아메리카에 산다.

부 북쪽으로, 북쪽에서
The explorers went **north**. (= The explorers went to the north.) 탐험대는 북쪽으로 향했다.

The cold wind is blowing **north**.
차가운 바람이 북쪽에서 불고 있다.

> 어휘가 쑥쑥
> North Korea 북한
> North Pole 북극

A compass needle always points *north*.

northern /ˈnɔːrðərn/ **형용사** 북쪽의, 북부의

Eskimos live in the **northern** areas of North America.
에스키모들은 북아메리카의 북부 지역에서 살고 있다.

nose /noʊz/ **명사** (**복**) nose**s**) 코 (☞ face)

He took out a tissue and blew his **nose**.
그는 휴지를 꺼내 코를 풀었다.

A: What's the matter with you? 어디가 아프십니까?
B: I have a fever and a runny **nose**. 열이 나고 콧물이 나와요.

> 실력이 쑥쑥
> 개·고양이·말 등의 코는 muzzle, 코끼리의 코는 trunk라고 한다.

not /nɑːt/ **부사** ~이 아니다

When I visited Ted, he was **not** home.
내가 테드를 방문했을 때 그는 집에 없었다.

Tim does**n't** like rock music because it's so noisy.
팀은 록 음악이 너무 시끄러워서 좋아하지 않는다.

You can**not** smoke in this building.
이 건물 안에서는 담배를 피울 수 없습니다.

The rich are **not** always happier than the poor.
부자들이 항상 가난한 사람들보다 행복한 것은 아니다.

> 실력이 쑥쑥
> not은 조동사나 be동사의 바로 뒤에 온다. 회화에서는 am not을 제외하고는 -n't로 줄여서 말한다.

Not all my friends came to my birthday party.
내 친구들이 모두 다 내 생일 파티에 온 것은 아니었다.

Not everyone is gentle and kind like him.
모든 사람이 그처럼 상냥하고 친절한 것은 아니다.

A: Have you finished the history report?
역사 보고서는 다 썼니?

B: No, **not** yet. 아니, 아직 다 못 썼어.

숙어 **not at all** ① 전혀 ~이 아닌 (= never) ② 천만에요 (감사 인사에 대한 답례)

He can *not* speak French *at all*.
그는 불어를 전혀 할 줄 모른다.

A: Thank you for your help. 도와주셔서 감사합니다.

B: *Not at all*. It was my pleasure.
천만에요. 도울 수 있어 제가 기뻤습니다.

not A but B A가 아니라 B다

Rita is *not* an American *but* an English.
리타는 미국인이 아니라 영국인이다.

I will *not* go to college *but* get a job after high school.
나는 고등학교를 졸업하면 대학에 가지 않고 취직을 할 생각이다.

not only A but (also) B A뿐만 아니라 B도 (= B as well as A)

Jenny can play *not only* the piano *but* (*also*) the flute.
제니는 피아노뿐만 아니라 플루트도 연주할 수 있다.

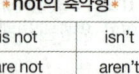

• **not의 축약형** •

is not	isn't
are not	aren't
was not	wasn't
were not	weren't
do not	don't
does not	doesn't
did not	didn't
have not	haven't
has not	hasn't
had not	hadn't
will not	won't
would not	wouldn't
can not/cannot	can't
could not	couldn't
must not	mustn't
should not	shouldn't

note /noʊt/ 명사 (복) note**s** ① 메모 ② (짧은) 편지 ③ 음표

1 메모, 기록 (= record)

My teacher made some **notes** in my report and returned it to me.
선생님께서는 내 보고서에 몇 가지 메모를 해서 나에게 돌려주셨다.

I took **notes** during his speech.
나는 그의 강연을 들으며 간단한 메모를 했다.

2 (짧은) 편지, 쪽지 (= card, letter)

I sent him a thank-you **note** for his present.
나는 선물에 대한 감사의 표시로 그에게 짧은 편지를 보냈다.

3 음, 음표

Her voice was good, but she couldn't hit the high **notes**.
그녀는 목소리는 좋았지만 높은 음을 내지 못했다.

We sang the song and also wrote **notes** in our notebooks in music class.
음악 시간에 우리는 노래를 부르고 공책에 음표도 적었다.

notable 형 주목할 만한
brief note 짧막한 편지
lecture notes 강의 노트
take note of ~을 주목하다
make a note of ~을 메모하다
musical note 악보

notebook /ˈnoʊtbʊk/ 명사 (복) notebooks ① 공책 ② 노트북

1 공책
Can I take a look at your **notebook**? I fell asleep in class.
네 공책 좀 봐도 되겠니? 수업 시간에 졸았거든.

2 노트북, 휴대용 컴퓨터
This **notebook** is easy to carry. 이 노트북은 휴대가 간편하다.

> **실력이 쑥쑥**
> 휴대용 컴퓨터인 notebook은 laptop 또는 palmtop으로 부르기도 한다.

nothing /ˈnʌθɪŋ/ 대명사 아무것도 ~ 아니다[없다]

I have **nothing** to do in the afternoon.
오후에는 할 일이 아무것도 없다.

Nothing is impossible if you work very hard.
열심히 노력한다면 불가능한 것은 아무것도 없다.

There is **nothing** left in his pocket.
그의 주머니 안에는 아무것도 남아 있지 않다.

A: Do you have any special plan for summer vacation?
여름 방학을 위한 특별한 계획이라도 세워 놓았니?
B: **Nothing** special. / **Nothing** in particular. How about you? 별로 없어. 너는?

숙어 **nothing but** 단지, ~뿐 (= only)
It was *nothing but* a rumor. 그것은 단지 소문에 불과했다.

> **어휘가 쑥쑥**
> for nothing 공짜로
> have nothing to do with ~와 아무 관계가 없다
>
> **문법이 쑥쑥**
> nothing은 부정의 의미를 포함하기 때문에 not과 함께 쓰이지 않는다.
> I could find *nothing*. (나는 아무것도 발견할 수 없었다.)
> I could not find *nothing*. (×)

notice /ˈnoʊtɪs/ 동사 (3단현) notices (과거·과분) noticed (현분) noticing 알아차리다
명사 (복) notices ① 주의 ② 고지서 ③ 공지

동 알아차리다, 인지하다 (= observe, recognize)
I didn't **notice** that he had come into the room.
나는 그가 방 안에 들어온 것을 알아차리지 못했다.

명 1 주의, 주목 (= attention)
Don't take any **notice** of his words.
그가 하는 말들은 신경 쓰지 마라.

2 고지서, 통보문 (= announcement)
They put a **notice** on their homepage to announce the meeting schedule. 그들은 회의 일정을 알리기 위해 그들의 홈페이지에 공지문을 올렸다.

3 공지, 통보 (= notification)
This schedule can be changed without any **notice**.
이 일정은 공지 없이 변경될 수 있습니다.

> **어휘가 쑥쑥**
> noticeable 형 눈에 띄는
> noticeably 부 눈에 띄게
> short notice 촉박한 통보
> give prior notice 사전에 통보하다

notice board (게시판)

I applied for a job at the company, but I haven't got any **notice** yet.
나는 그 회사에 입사 지원을 했지만 아직 아무런 통보도 받지 못했다.

noun /naʊn/ 명사 (복 nouns) [문법] 명사 《줄여서 n.으로 적기도 한다.》

*novel /ˈnɑːvl/ 명사 (복 novels) 소설 (= fiction)

I usually read **novels** on the bus or subway.
나는 버스나 지하철 안에서 종종 소설을 읽는다.

Judy likes fantasy **novels** like *Harry Potter*.
주디는 '해리 포터' 같은 판타지 소설을 좋아한다.

어휘가 쑥쑥
novelist 명 소설가
romantic novel 연애 소설

November /noʊˈvembər/ 명사 11월 (☞ month) 《줄여서 Nov.로 적기도 한다.》

There is no holiday in **November**. 11월에는 휴일이 하나도 없다.

**now /naʊ/ 부사 지금, 이제

I lived in London two years ago, but **now** I live in *Seoul*.
나는 2년 전에는 런던에서 살았지만, 지금은 서울에서 산다.

It was sunny this morning, but it's raining **now**.
오늘 아침에는 날씨가 맑았는데, 지금은 비가 오고 있다.

The train is leaving the platform right **now**.
열차가 지금 막 플랫폼을 떠나고 있다.

A: I have to leave **now**. Let's have lunch together someday.
이제 그만 가 봐야겠어. 언제 점심이라도 같이 먹자.

B: OK. Bye and see you later. 그래. 잘 가고 나중에 만나자.

어휘가 쑥쑥
until now 지금까지
before now 지금까지
now and then 때때로, 가끔
by now 지금쯤은
just now 지금 막
every now and then =
now and again 때때로

숙어 **for now** 지금으로서는, 당분간
He will stay in New York *for now*.
그는 당분간 뉴욕에 머물 예정이다.

A: Bye *for now*. Have a nice trip!
그럼 이만 안녕. 여행 잘 다녀와!

B: Thanks. I'll send you an e-mail during the trip.
고마워. 여행하는 중에 이메일 보낼게.

from now on 지금부터는, 앞으로는
From now on, I'll do some exercises every day for my health.
지금부터는 건강을 위해 매일 운동을 조금씩 할 생각이다.

*nowhere /ˈnoʊwer/ 부사 아무 데도 ~ 않다, 어디에도 ~ 없다

We went **nowhere** last weekend.
우리는 지난 주말에 아무 데도 가지 않았다.
There was **nowhere** for me to sit.
내가 앉을 데가 어디에도 없었다.

문법이 쑥쑥
nowhere는 이미 부정의 의미가 포함되어 있으므로 not과 함께 쓰지 않는다.

*nuclear /ˈnuːkliər/ 형용사 핵의, 원자의, 핵무기의

I saw a movie about **nuclear** war. 나는 핵전쟁을 다룬 영화를 보았다.
Nuclear bombs were dropped on Japan in 1945.
1945년에 일본에 원자 폭탄이 투하되었다.

어휘가 쑥쑥
nuclear power 원자력
nuclear crisis 핵 문제

**number /ˈnʌmbər/ 명사 (복 numbers) 수, 숫자, 번호 《줄여서 No.로 적기도 한다.》

I can count the **numbers** in Chinese.
나는 중국어로 숫자를 셀 줄 안다.
The **number** of the students in my class is twenty.
우리 반 학생 수는 20명이다.
A **number** of guests came to celebrate their wedding.
수많은 하객들이 그들의 결혼을 축하하러 왔다.
A: Did you change your cell phone **number**?
너 휴대폰 번호 바꿨니?
B: Yes. My new **number** is 010-123-4567.
응. 내 새 번호는 010-123-4567이야.
A: May I speak to Mr. Johnson? 존슨 씨와 통화할 수 있을까요?
B: Sorry, but you've got the wrong **number**.
죄송합니다만, 전화를 잘못 거셨습니다.

어휘가 쑥쑥
even number 짝수
odd number 홀수
number one 최고, 최고의

I can count the *numbers* in Chinese.

numerous /ˈnuːmərəs/ 형용사 (비교 more numerous) (최상 most numerous) 많은

I have **numerous** uncles, aunts, and cousins.
나에게는 삼촌, 이모, 사촌이 많다.

*nurse /nɜːrs/ 명사 (복 nurses) 간호사 (☞ job)

The **nurse** gave me an injection. 간호사가 나에게 주사를 놓았다.

*nut /nʌt/ 명사 (복 nuts) (밤·호두 등의) 견과류

Squirrels like hard **nuts** like walnuts.
다람쥐는 호두같이 딱딱한 견과류를 좋아한다.

Oo

oak /oʊk/ | 명사 (복) oaks) ① 떡갈나무 ② 떡갈나무 목재

1 떡갈나무, 참나무 (= oak tree)
There is a large **oak** in the garden.
큰 떡갈나무 한 그루가 정원에 있다.

2 (불) 떡갈나무 목재, 참나무 목재
The door is made of **oak**. 그 문은 떡갈나무 목재로 만들었다.

> 재미가 쑥쑥
> 도토리(acorn)는 참나무 (oak tree)의 열매이다.

oar /ɔːr/ | 명사 (복) oars) 배의 노

We each took an **oar**. 우리는 각자 노를 잡았다.
They pulled hard on the **oars**. 그들은 노를 힘차게 저었다.

> 어휘가 쑥쑥
> wooden oar 나무로 된 노

oasis /oʊˈeɪsɪs/ | 명사 (복) oases) 오아시스

Wadi Bani Khalid in Oman is one of the most beautiful **oases** in the world.
오만에 있는 와디 바니 칼리드는 세계에서 가장 아름다운 오아시스 중 하나이다.

> 뜻풀이
> 오아시스 사막 가운데에 샘물이 있어 식물이 자라는 곳

oat /oʊt/ | 명사 (복) oats) 귀리, 오트밀

I like **oat** crackers. 나는 오트밀 크래커를 좋아한다.

obey /əˈbeɪ/ | 동사 (3단현) obeys (과거·과분) obeyed (현분) obeying) 말을 듣다, 따르다, 복종하다 (= follow) (↔ disobey 따르지 않다)

It is the duty of every citizen to **obey** laws.
법을 지키는 것은 모든 시민의 의무이다.
The little boy always **obeys** his parents.
그 어린 소년은 항상 부모님 말씀을 잘 듣는다.

> 어휘가 쑥쑥
> obedience 명 복종, 순종
> obedient 형 순종하는, 공손한

[속담] He that cannot **obey** cannot command.
복종할 줄 모르는 자는 명령할 줄도 모른다.

obediently 〔부〕 고분고분하게, 공손하게

*object /ˈɑːbdʒɪkt | əbˈdʒekt/

〔명사〕 〔복〕 object**s** ① 물건 ② 목적
〔동사〕 〔3단현〕 object**s** 〔과거·과분〕 object**ed** 〔현분〕 object**ing**) 이의를 제기하다

〔명〕 1 물건, 물체
There's a strange **object** in the sky. 하늘에 이상한 물체가 있다.
A: Look! What is that white **object**? Is it a ghost?
봐! 저 하얀 물체가 뭐지? 귀신일까?
B: No. It's just a towel hanging on the branch.
아니. 그냥 나뭇가지에 걸려 있는 수건이야.

2 목적 (= aim, purpose)
The **object** of this study is to develop a new cure for cancer.
이 연구의 목적은 새로운 암 치료법을 개발하는 것이다.

〔동〕 이의를 제기하다, 반대하다
He **objected** that the price was too high.
그는 가격이 너무 높은 것에 이의를 제기했다.
Nobody **objected** to leaving early.
아무도 일찍 떠나는 것에 반대하지 않았다.

〔어휘가 쑥쑥〕
solid object 고체
Unidentified Flying Object (UFO) 미확인 비행 물체

〔실력이 쑥쑥〕
명사와 동사의 발음과 강세 위치가 다른 것에 주의한다.

objection /əbˈdʒekʃn/   〔명사〕 〔복〕 objection**s** 반대, 이의

Does anyone have any **objections**?
누구 반대하시는 분 계신가요?
He raised an **objection** to the plan.
그는 그 계획에 반대했다.

〔뜻풀이〕
이의 남의 주장과 다른 주장

*objective /əbˈdʒektɪv/

〔형용사〕 객관적인 (↔ subjective 주관적인)
〔명사〕 〔복〕 objective**s** 목적

〔형〕 객관적인
I believed that the jury made an **objective** judgement.
나는 그 배심원단이 객관적인 판결을 내렸다고 믿었다.

〔명〕 목적, 목표 (= purpose, goal)
My main **objective** is to play and win.
나의 주요 목표는 경기를 하고 이기는 것이다.

〔어휘가 쑥쑥〕
objective analysis 객관적 분석
long-term objective 장기 목표
key objective 주요 목표

observation /ˌɑːbzərˈveɪʃn/   〔명사〕 ① 관찰 ② 감시

1 관찰, 관측
Observation is the best teacher. 관찰이 최고의 스승이다.
The scientists are taking weather **observation** of Amazon.
과학자들은 아마존의 기후를 관측하고 있다.

2 감시
We keep him under **observation**. 우리는 그를 감시하는 중이다.

> 어휘가 쑥쑥
> **observational** 형 관찰의, 감시의

---

observatory /əbˈzɜːrvətɔːri/ 명사 (복) observatories) 관측소, 천문대, 기상대

Keck **Observatory** in Hawaii has the largest telescope system.
하와이에 있는 켁 천문대는 가장 큰 망원경 장치를 갖추고 있다.

---

*observe /əbˈzɜːrv/ 동사 (3단현) observes (과거·과분) observed (현분) observing)
① 관찰하다 ② 알아차리다 ③ (법을) 지키다

1 관찰하다, 지켜보다 (= watch)
We **observed** ants and made reports in science class.
우리는 과학 시간에 개미를 관찰하고 보고서를 작성했다.
The police were **observing** the suspect's behavior in the car.
경찰관들은 차 안에서 용의자의 행동을 지켜보고 있었다.

2 (~을 보고) 알아차리다 (= notice)
I called 119 when I **observed** smoke rising from the garage.
나는 차고에서 연기가 피어오르는 것을 보고 119에 전화했다.
I **observed** something strange in his behavior.
나는 그의 행동이 어딘지 이상하다는 것을 알아차렸다.

3 (법을) 지키다 (= obey)
He always **observes** the law.
그는 늘 법을 잘 지킨다.

> 어휘가 쑥쑥
> **observer** 명 관찰자, 감시인
> **observant** 형 관찰력 있는
> **observable** 형 눈에 띄는
> **observably** 부 눈에 띄게
> **observance** 명 (법률 등의) 준수
> ·-·-·-·-·-·-·-·-·
> **observe the stars** 별을 관측하다
> **observe a rule** 규칙을 지키다

---

obstacle /ˈɑːbstəkl/ 명사 (복) obstacles) 방해물, 장애물

Peter jumped the **obstacle** easily.
피터는 쉽게 장애물을 넘었다.
She overcame all her **obstacles**.
그녀는 모든 장애를 극복했다.

> 어휘가 쑥쑥
> **minor[serious] obstacle**
> 사소한[중대한] 장애

---

obstruct /əbˈstrʌkt/ 동사 (3단현) obstructs (과거·과분) obstructed (현분) obstructing)
방해하다, (길을) 가로막다

A fallen tree **obstructed** the road.
쓰러진 나무가 길을 가로막고 있었다.

The tall building **obstructs** our view of the ocean.
큰 건물이 우리의 바다 조망을 막고 있다.

어휘가 쑥쑥
obstructor 명 방해자
obstruction 명 방해물
obstructive 형 방해하는

obtain /əbˈteɪn/ | 동사 (3단현) obtains (과거·과분) obtained (현분) obtaining) 얻다, 획득하다 (↔ lose 잃다)

You can **obtain** a lot of information on the Internet.
인터넷을 통해 많은 정보를 얻을 수 있다.

She always does her best to **obtain** her goal.
그녀는 자신의 목표를 달성하기 위하여 항상 최선을 다한다.

어휘가 쑥쑥
obtainable 형 손에 넣을 수 있는
obtainment 명 획득, 얻기

obvious /ˈɑːbviəs/ | 형용사 분명한, 명백한, 확실한

It is **obvious** that she is in love.
그녀가 사랑에 빠진 것이 확실하다.

It is **obvious** that Tom is lying.
톰이 거짓말하고 있는 것은 분명하다.

Don't tell such **obvious** lies. 그런 뻔한 거짓말은 하지 마.

어휘가 쑥쑥
obviously 부 분명히, 확실하게
obviousness 명 명백함

occasion /əˈkeɪʒn/ | 명사 (복) occasions) ① 경우 ② 행사

1 경우 (= case), **특별한 일, 행사, 기회** (= opportunity)
People usually drink champagne to celebrate special **occasions**.
사람들은 보통 특별한 일을 축하하기 위해 샴페인을 마신다.

I have had several **occasions** to see the famous actress.
나는 그 유명한 여배우를 만나 볼 기회가 여러 번 있었다.

2 행사, 특별한 일 (= event)
The Scots hold a very big New Year's Eve party. Most men wear skirts named kilts for this **occasion**.
스코틀랜드 사람들은 매우 성대한 새해 전야제를 연다. 대부분의 남자들은 이 행사를 위해 킬트라는 치마를 입는다.

어휘가 쑥쑥
occasion for celebration 축하할 행사
the first occasion 첫 번째 기회
rare occasion 드문 기회
on occasion 때때로, 이따금
on the occasion of ~을 맞이하여

occasionally /əˈkeɪʒnəli/ | 부사 때때로, 가끔 (= sometimes)

We see her **occasionally** in downtown.
우리는 가끔 그녀를 시내에서 만난다.

occupation /ˌɑːkjuˈpeɪʃn/ | 명사 (복) occupations) ① 직업 ② 점유

occupy

1 직업, 직무 (= job, profession)
Please write your name, address, and **occupation** on this sheet.
이 종이에 이름과 주소, 직업을 적으세요.
A: What is your **occupation**? 직업이 무엇입니까?
B: I'm a nurse. 간호사입니다.

2 〔불〕 **점유, 점령**
Nobody has **occupation** of the house.
아무도 이 집에 살고 있지 않습니다.

> 어휘가 쑥쑥
> **occupational** 형 직업의
>
> 실력이 쑥쑥
> **occupation** 대체로 훈련이 필요한 직업
> **job** '직업'을 뜻하는 가장 일반적인 말
> **profession** 변호사·의사처럼 전문 지식을 요하는 직업

---

*occupy /ˈɑːkjupaɪ/ 동사 (3단현) occupies (과거·과분) occupied (현분) occupying)
① 차지하다 ② 점령하다

1 (공간·시간을) **차지하다, 사용하다**
Our offices **occupied** the whole building.
우리 사무실이 건물을 통째로 사용했다.

2 (군대 등이) **점령하다**
The U.S. Army **occupied** a part of the country.
미 육군이 그 나라의 일부를 점령했다.

> 어휘가 쑥쑥
> **occupy a position** 지위를 차지하다
> **occupy space** 공간을 차지하다

---

*occur /əˈkɜːr/ 동사 (3단현) occurs (과거·과분) occurred (현분) occurring) ① (사건 등이) 일어나다 ② 생각이 떠오르다

1 (사건 등이) **일어나다, 발생하다** (= happen, take place)
The accident **occurred** in a flash, but fortunately nobody was hurt.
그 사고는 순식간에 일어났지만, 다행스럽게도 아무도 다치지 않았다.

A solar eclipse **occurs** when the moon moves between the sun and earth.
일식은 달이 태양과 지구 사이를 지날 때 일어난다.

2 생각이 떠오르다 (= strike)
A good idea **occurred** to me. 나에게 좋은 생각이 떠올랐다.
It suddenly **occurred** to me that he had an appointment.
그가 약속이 있다는 것이 갑자기 나에게 생각났다.

> 어휘가 쑥쑥
> **occur by accident** 우연히 일어나다
>
> 실력이 쑥쑥
> 일상생활에서 일어나는 일들을 표현할 때는 occur보다는 happen을 쓴다.
> The traffic accident *happened* last night. (지난밤에 교통사고가 있었다.)

---

*ocean /ˈoʊʃn/ 명사 (복) oceans) 바다, 대양 (= sea)

How many **oceans** are in the world?
세계에는 대양이 몇 개나 있나요?

There are seven continents and five **oceans** on the earth.
지구에는 7대륙과 5대양이 있다.

> 실력이 쑥쑥
> the Pacific Ocean 태평양
> the Atlantic Ocean 대서양
> the Indian Ocean 인도양

Sailors were lost in the middle of the **ocean**.
선원들이 대양 한가운데서 길을 잃었다.

He likes to swim in the **ocean**.
그는 바다에서 수영하기를 좋아한다.

the Antarctic Ocean 남극해
the Arctic Ocean 북극해

*o'clock /əˈklɑːk/ 부사 ~시

The train will depart at three **o'clock**.
기차는 3시에 출발할 것이다.

A: Pardon me, but what time is it now?
실례합니다만, 지금 몇 시인가요?

B: It's seven **o'clock**. 7시입니다.

(실력이 쑥쑥)
o'clock은 of the clock의 줄임말로, 시간이 정각일 때만 쓰이며 흔히 생략된다.
It's three (*o'clock*). (지금은 3시입니다.)

October /ɑːkˈtoʊbər/ 명사 10월 (☞ month) 《줄여서 Oct.로 적기도 한다.》

Joshua was born in **October**.
조슈아는 10월에 태어났습니다.

On Halloween, which is the night of **October** 31, children dress up as ghosts.
10월 31일 밤인 핼러윈에 아이들은 유령처럼 차려입는다.

(실력이 쑥쑥)
'~월'에는 보통 전치사 in을 쓴다. 그러나 특정한 '날'을 가리킬 때는 on을 쓴다.
on October 10 (10월 10일에)

(재미가 쑥쑥)
oct-는 8(eight)의 의미를 가진 접두사이다. 원래 고대 달력은 10개의 달(month)로 되어 있어 October가 여덟 번째였으나, 로마인들에 의해 January(1월)와 February(2월)가 더해져서 지금의 10월이 되었다.

octopus /ˈɑːktəpʊs/ 명사 (복) octopuses) 문어, 낙지 (☞ sea)

I like to eat grilled **octopus**. 나는 구운 문어를 먹는 것을 좋아한다.

*odd /ɑːd/ 형용사 (비교) odder (최상) oddest) ① 이상한 ② 홀수의

1 이상한, 괴상한 (= strange)

She has an **odd** name and her friends always tease her about it.
그녀는 이름이 이상해서 친구들이 항상 놀린다.

It's very **odd** that he failed to come without any notice.
그가 아무런 말도 없이 오지 않은 것이 매우 이상하다.

Alice saw an **odd** cat named Cheshire Cat.
앨리스는 '체셔 캣'이라는 이름을 가진 이상한 고양이를 보았습니다.

(어휘가 쑥쑥)
oddness 명 기묘함
oddly 부 기묘하게, 이상하게

2 홀수의 (↔ even 짝수의)

Odd numbers cannot be divided by even numbers.
홀수는 짝수로 나누어질 수 없다.

Alice saw an *odd* cat named Cheshire Cat.

odor/odour /ˈoʊdər/ 명사 (복 odors) 냄새, 악취

An unpleasant **odor** filled the room.
불쾌한 냄새가 방을 가득 채웠다.

of /əv/ 전치사 ① ~의 ② ~ 중에서 ③ ~의 재질로 된 ④ ~에 대해서 ⑤ ~라고 하는

1 [소유·소속] ~의

Alexander the Great was the king **of** Macedonia.
알렉산더 대왕은 마케도니아의 왕이었다.

The legs **of** this table are made of metal.
이 탁자의 다리는 금속으로 만들어졌다.

A: Do you have the picture **of** Judy now?
지금 주디의 사진을 가지고 있니?
B: Yes, here it is. The girl wearing the blue jacket is her.
응, 여기 있어. 파란 재킷을 입고 있는 여자 아이가 주디야.

2 [부분] ~ 중에서

Three **of** the students in my class were absent today.
우리 반 학생들 중에서 세 명이 오늘 결석을 했다.

Some **of** my friends don't believe John, but I believe him.
내 친구들 중 몇 명은 존을 믿지 않지만, 나는 그를 믿는다.

3 [재료] ~의 재질로 된

This chair is made **of** wood. 이 의자는 나무로 만들어졌다.

A: Is this blouse made **of** silk? 이 블라우스는 실크로 만들었나요?
B: Yes. It must be dry-cleaned only.
네. 그건 드라이클리닝만 해야 돼요.

4 ~에 대해서 (= about)

A: Have you heard **of** the new movie?
새로 나온 영화에 대해 들었니?
B: No, what is it? 아니, 뭔데?

5 [동격] ~라고 하는, ~인

I live in the City **of** New York. 나는 뉴욕시에 산다.

숙어 **of course** 물론, 당연히 (= certainly)

A: Do you like playing computer games?
컴퓨터 게임을 하는 거 좋아하니?
B: Yes, *of course*! 물론, 좋아하지!

A: Would you mind if I open the window?
창문을 좀 열면 안 될까요?
B: *Of course* not. 당연히 괜찮죠.

문법이 쑥쑥

- 소유를 나타내는 of는 보통 무생물에 쓰며, 사람이나 동물에는 's로 쓰는 경우가 많다.
  my *mom's* book (엄마의 책)
  a *cat's* tail (고양이의 꼬리)
  the name *of* the school (학교의 이름)
  my *sister's* room = a room *of* my sister (누나의 방)

- '나의 친구들 중 한 명'을 나타낼 때,
  a friend *of* mine (○)
  a my friend (×)

실력이 쑥쑥

be made of와 **be made from**은 모두 '(어떤 재료로) 만들어지다'라는 뜻이지만 다음과 같은 차이가 있다.

be made of 재료 자체의 성질에 어떤 변화도 없을 때 쓴다.
The box *is made of* wood. (그 상자는 나무로 만들어졌다.)

be made from 재료의 질이나 원료에 화학적 변화가 있을 때 주로 쓴다.
Wine *is made from* grapes. (와인은 포도로 만든다.)

off /ɔːf/ | 부사 ① 떨어져서 ② (기계 등이) 꺼진 전치사 ~에서 떨어져서

부 1 떨어져서, 멀어져서
My house is two miles **off** from here.
우리 집은 이곳에서 2마일 떨어져 있다.

It is polite to take **off** your hat indoors.
실내에서는 모자를 벗는 것이 예의이다.

This skirt is 20% **off**. 이 치마는 20퍼센트 할인됩니다.

2 (기계 등이) 꺼진 (↔ on 켜진)
I turned **off** the radio. 나는 라디오를 껐다.

Please switch **off** the light when you leave the room.
방에서 나갈 때 불을 꺼 주세요.

전 ~에서 떨어져서, ~에서 벗어나서
There is a big tree a bit **off** the road.
길에서 조금 떨어진 곳에 큰 나무가 있다.

I got **off** the bus in front of City Hall.
나는 시청 앞에서 버스에서 내렸다.

The boy fell **off** the bicycle but didn't get very hurt.
그 소년은 자전거에서 떨어졌지만 많이 다치진 않았다.

Keep **off** the grass. 잔디밭에 들어가지 마시오.

어휘가 쑥쑥
off-limits 출입 금지의
offshore 앞바다의
offspring 자식, 새끼
offstage 무대 뒤의, 비공식적인
off the record 공개하지 않기로 하고

문법이 쑥쑥
부사 off와 동사가 결합했을 경우, 어순에 주의해야 한다. 동사의 목적어가 대명사일 경우 off의 위치는 목적어 뒤에 온다.
He took it *off*. (그는 그것을 벗었다.)
He took *off* it. (×)

offend /əˈfend/ | 동사 (3단현) offends (과거·과분) offended (현분) offending ~를 기분 나쁘게 하다 (↔ please ~를 기분 좋게 하다), ~의 감정을 해치다

Tom was **offended** because I didn't go to his birthday party.
톰은 내가 그의 생일 파티에 가지 않아서 화가 났다.

I'm sorry. I didn't mean to **offend** you.
죄송합니다. 나쁜 뜻으로 한 말은 아니었어요.

어휘가 쑥쑥
offended 기분이 상한

offense/offence /əˈfens/ | 명사 (복) offenses/offences ① 범죄 ② 모욕 ③ 공격

1 범죄, 위반 (= sin, crime)
Such an **offense** will be punished by a fine.
그런 범죄는 벌금형에 처해질 것이다.

2 불 모욕, 무례
I'm sure he meant no **offense**. 그가 악의가 없었다는 건 분명하다.

3 불 공격 (↔ defense 방어)
The most effective defense is **offense**.
가장 효율적인 방어는 공격이다.

어휘가 쑥쑥
offense to the eye
눈에 거슬리는 것
offense foul 공격측 반칙

offensive /əˈfensɪv/ 형용사 ① 불쾌한 ② 공격의

1 불쾌한, 거슬리는, 무례한
The smell is **offensive**.
불쾌한 냄새다.
That's an **offensive** question.
그건 거슬리는 질문이다.
Your attitude toward foreigners is **offensive**.
외국인에 대한 너의 태도는 무례하다.

2 공격의, 공격과 관련된
Knives are classed as **offensive** weapons.
칼은 공격용 무기로 분류됩니다.

어휘가 쑥쑥
offensive person 무례한 사람
offensive comment 불쾌한 말
offensive remarks 무례한 발언
deeply[slightly] offensive 대단히[약간] 불쾌한

---

*offer /ˈɔːfər/ 동사 (3단현) offers (과거·과분) offered (현분) offering ① 제공하다 ② 제안하다
명사 (복) offers 제안

동 1 제공하다, 공급하다 (= provide, supply)
We **offer** all visitors a cup of coffee for free.
우리는 모든 방문객들에게 무료로 커피 한 잔을 제공합니다.
They **offered** a 20% discount to students as a special event.
그들은 특별 행사로 학생들에게 20퍼센트 할인을 해 주었다.
My teacher **offered** me some advice about choosing a job.
우리 선생님은 직업 선택에 대해서 나에게 몇 가지 조언을 해 주셨다.

2 제안하다, 제의하다 (= propose, suggest)
She **offered** to help me with my homework.
그녀는 내 숙제를 도와주겠다고 제안했다.
He **offered** me $60,000 for the house.
그는 나에게 그 집에 대한 값으로 6만 달러를 제의했다.

명 제안 (= proposal, suggestion)
I turned down his **offer** to help me.
나는 도와주겠다는 그의 제안을 거절했다.
The shopkeeper made me an **offer** to buy the skirt at half price.
가게 주인은 나에게 그 치마를 반값에 사라는 제안을 했다.

어휘가 쑥쑥
offer a deal 거래를 제안하다
offer a reward 보상을 제안하다
offer a job 일(자리)을 제안하다
fair offer 좋은 제안
accept an offer 제안을 받아들이다
refuse an offer 제안을 거절하다
job offer 일자리 제안

---

*office /ˈɔːfɪs/ 명사 (복) offices 사무실

Please drop by my **office** this afternoon.
오늘 오후에 제 사무실에 들러 주십시오.
A: What do you do? 무슨 일을 하십니까?
B: I work in an **office**. 사무직에 종사합니다.

어휘가 쑥쑥
post office 우체국
box office 매표소

*officer /ˈɑːfɪsər/ | 명사 (복) officers) 경찰관, 장교, 공무원

I saw several **officers** in uniforms in the street.
나는 거리에서 군복을 입은 장교들을 여러 명 보았다.

A: Help me, **officer**! A man has just stolen my handbag!
경찰관 아저씨, 도와주세요! 어떤 사람이 제 핸드백을 훔쳐 갔어요!

B: Calm down, ma'am. I'll help you.
진정하세요, 부인. 제가 도와드리죠.

어휘가 쑥쑥
police officer 경찰관
officer recruit (경찰관·장교 등) 공무원 모집
chief executive officer (= CEO) 최고 경영자

*official /əˈfɪʃl/ | 형용사 공적인 명사 (복) officials) 공무원

형 공적인, 공식적인 (↔ unofficial 비공식적인)
The **official** language of Singapore is English.
싱가포르의 공식 언어는 영어이다.

There is no **official** announcement of their wedding, but everybody already knows about it.
그들의 결혼에 대한 공식적인 발표는 없었지만 모두가 이미 다 알고 있다.

어휘가 쑥쑥
officially 🕑 공식적으로
official name 공식 명칭
official document 공문서
official report 공식 보고서

명 공무원
My wife is a government **official**. 제 아내는 공무원입니다.

**often /ˈɔːfn/ | 부사 자주, 종종 (= frequently)

I **often** take a walk after breakfast.
나는 아침을 먹은 후 종종 산책을 한다.

We have **often** been there. 우리는 자주 거기에 갔다.

It rains there very **often**. 그곳에는 비가 꽤 자주 내린다.

A: How **often** do you exercise? 얼마나 자주 운동하니?

B: Twice a week, but I'd like to do so more **often**.
일주일에 두 번 하는데, 더 자주 하고 싶어.

문법이 쑥쑥
often은 일반 동사의 앞, be 동사나 조동사의 뒤에 온다.

실력이 쑥쑥
'얼마나 자주 일어났는가?'를 나타내는 단어들의 빈도를 비교하면 다음과 같다.
always (항상) > usually (보통) > often (자주) > sometimes (때때로) > hardly, rarely, seldom (거의 ~하지 않는) > never (전혀 ~하지 않는)

oh /oʊ/ | 감탄사 아!《놀라움이나 감탄을 나타낼 때 쓰는 표현》

Oh, I'm sorry. 아, 미안합니다.
Oh, my god! 오, 세상에! 맙소사!

A: I got admitted to the university. 나 대학에 합격했어.

B: **Oh**, how wonderful! Congratulations! 아, 멋지구나! 축하해!

실력이 쑥쑥
보통 Oh! 또는 Oh,처럼 느낌표(!)나 콤마(,)와 같은 문장 부호가 붙는다.

oil /ɔɪl/ | 명사 (복) oils) 기름 | 동사 (3단현) oils (과거·과분) oiled (현분) oiling) 기름을 바르다

명 기름, 석유 《복수형은 기름의 종류를 말할 때 쓴다.》
Olive **oil** is used a lot to make Italian food.
올리브유는 이탈리아 음식을 만드는 데 많이 사용된다.

There are several cooking **oils**: olive **oil**, grape seed **oil**, and peanut **oil**.
여러 종류의 요리용 기름이 있다. 올리브유, 포도씨유, 땅콩유가 그것이다.

Oil prices keep on rising because **oil** is running out.
석유가 고갈되어 가고 있기 때문에 유가는 계속 오르고 있다.

동 (~에) 기름을 바르다
The machine needs **oiling**. 이 기계에 기름칠이 필요하다.
I **oiled** my bicycle. 나는 자전거에 기름칠을 했다.

어휘가 쑥쑥
sunflower oil 해바라기씨유
corn oil 옥수수유
frying oil 튀김용 기름
oil field 유전
oil company 석유 회사
oil tanker 유조선

OK, O.K., okay /oʊˈkeɪ/ | 형용사 부사 감탄사 괜찮다, 좋다 (= alright, all right)

Everything's going to be **okay**. 모든 일이 다 잘될 것이다.
A: Is my new hair style **okay**? 새로 한 머리 모양 괜찮니?
B: Yeah, it looks good on you. 응, 너한테 잘 어울려.

A: Sorry, I'm late. 늦어서 미안해.
B: That's **OK**. 괜찮아.

A: Timmy, are you **okay**? 티미, 너 괜찮니?
B: Don't worry. I didn't get hurt at all.
걱정 마. 아무 데도 안 다쳤어.

Is my new hair style *okay*?

old /oʊld/ | 형용사 (비교) older, elder (최상) oldest, eldest) ① 늙은 ② 오래된 ③ ~ 살의

1 늙은, 나이가 많은 (↔ young 젊은, 나이가 어린)
I offered my seat to an **old** lady. 나는 노부인께 자리를 양보했다.

There is an **old** cat sleeping near the fireplace.
벽난로 근처에서 늙은 고양이 한 마리가 잠을 자고 있다.

The **old**[**old** people] give many lessons to the young.
노인들은 젊은이들에게 많은 가르침을 준다.

Timmy is **old** enough to go to school.
티미는 학교에 다닐 수 있을 만한 나이이다.

My sister is two years **older** than me.
우리 누나는 나보다 두 살 많다.

2 오래된, 낡은 (↔ new 새로운, 새것의)
That **old** clock is my grandfather's.

어휘가 쑥쑥
Old English 고대 영어 《5~12세기까지의 영어》
old-fashioned 유행에 뒤떨어진
old days 옛날
the Old Testament (성경) 구약

실력이 쑥쑥
old '오래된, 낡은'을 뜻하는 일반적인 말
ancient old보다 더 오래된 《수백 년 이상 과거의》

저 오래된 시계는 우리 할아버지 것이다.

There are many old castles in Europe.
유럽에는 오래된 성들이 많다.

I threw my old shoes away. 나는 내 낡은 신발을 내다 버렸다.

3 ~ 살의

My younger sister is only two years old.
내 여동생은 이제 겨우 두 살이야.

My five-year-old son likes to draw things with crayons.
다섯 살 난 내 아들은 크레용으로 뭔가 그리는 것을 좋아한다.

문법이 쑥쑥

elder, eldest는 나이를 비교할 때 쓴다.
I am the *eldest*.
(나는 우리 집에서 맏이다.)
Jane has an *elder* sister.
(제인은 언니가 한 명 있다.)

Olympic /əˈlɪmpɪk/ 형용사 올림픽의

The Olympic Games[The Olympics] are held every four years.
올림픽은 4년마다 개최된다.

** on /ɑːn/ 전치사 ① ~ 위에 ② [장소] ~에 ③ [방향] ~에 ④ [날짜] ~에 ⑤ ~에 대하여 ⑥ ~하는 중에 ⑦ ~을 타고 부사 ① 계속해서 ② 켜진

전 **1** [표면과 접촉하거나 표면의 일부] **~ 위에**

There is a vase on the table. 테이블 위에 꽃병이 있다.
The calendar is hung on the wall. 달력이 벽에 걸려 있다.
There is a spot on her nose. 그녀는 코에 점이 있다.
I rode on a horse in *Jeju* Island. 나는 제주도에서 말을 탔다.
There is an old castle on the hill. 그 언덕 위에는 오래된 성이 있다.

2 [장소] **~에, ~ 근처에** (= by)

My classroom is on the fifth floor. 우리 교실은 5층에 있다.
New York is on the Hudson River. 뉴욕은 허드슨강 근처에 있다.

3 [방향·위치] **~에, ~쪽에**

A: **Excuse me, but could you tell me where the post office is?** 실례합니다만, 우체국이 어디 있나요?
B: **Turn right at that corner, and then it is on your left.**
저 모퉁이에서 오른쪽으로 돌면 왼편에 있을 거예요.

4 [특정 요일이나 날짜] **~에** (☞ at)

I go to church on Sundays. 나는 일요일마다 교회에 간다.
My birthday is on October 6th. 내 생일은 10월 6일이다.
Americans usually eat turkey on Thanksgiving.
추수 감사절에 미국인들은 보통 칠면조를 먹는다.
I like to take a walk in the park on a sunny day.
나는 화창한 날에 공원에서 산책하는 것을 좋아한다.

어휘가 쑥쑥

on the radio 라디오에서
on the Internet 인터넷에서
on the phone 전화에 연결되어

문법이 쑥쑥

on은 「this/last/next + 요일」과 함께 쓰지 않는다.
this Monday (○)
on this Monday (×)
last Sunday (○)
on last Sunday (×)

5 [주제] **~에 대하여, 관하여** (= about)
He made a speech **on** saving energy.
그는 에너지 절약에 대한 연설을 했다.

6 [특정 활동이나 상태] **~하는 중에**
The building is **on** fire. 그 건물은 불타고 있다.
He is **on** a trip to Athens. 그는 아테네 여행 중이다.
He left for Chicago **on** business. 그는 시카고로 출장을 갔다.
A: May I speak to Mr. Thomas, please?
토머스 씨와 통화할 수 있을까요?
B: Sorry, but he's **on** vacation now.
죄송합니다만, 그는 지금 휴가 중입니다.

7 [교통수단] **~을 타고**
It's time to get **on** the airplane. 비행기 타야 할 시간이다.

📖 **1 계속해서, 연이어**
Go **on** to the next page. 다음 페이지에 계속됩니다.
He kept **on** crying all night. 그는 밤새 울기만 했다.

2 (기계·장치 등이) 켜진 (↔ off 꺼진)
He turned **on** the TV to see the news.
그는 뉴스를 보려고 텔레비전을 켰다.

숙어 **and so on** 기타 등등
I like sweets such as chocolate, cookies, *and so on*.
나는 초콜릿, 쿠키 등과 같이 달콤한 것을 좋아한다.

from now on 앞으로는, 이제부터는
I'll study harder *from now on* to get a better grade.
나는 성적을 올리기 위해 앞으로는 더 열심히 공부할 것이다.

later on 나중에, 후에
I'll tell you the rest of the story *later on*.
나중에 그 이야기의 나머지 부분을 말해 줄게.

on and on 계속해서, 쉬지 않고
We walked *on and on* and finally reached the top of the hill.
우리는 쉬지 않고 계속 걸어서 마침내 언덕 꼭대기에 다다랐다.

on -ing ~하자마자 곧 (= as soon as + 주어 + 동사)
On seeing me, the dog began to bark.
나를 보자마자 그 개는 짖어 대기 시작했다.

on foot 걸어서
I go to school *on foot*. 나는 걸어서 학교에 간다.

on one's way (to) ~로 가는 길에, ~로 가는 도중에
Don't forget to buy some milk *on your way* home!

실력이 쑥쑥

*시간을 나타내는 전치사
on, at, in*

• **on** 날짜나 요일 등 특정한 날을 말할 때
on May 5th / *on* Sunday / *on* the last day / *on* Sunday morning / *on* my birthday / *on* weekends / *on* Christmas

• **at** 정확한 시간이나 하루 중 특정한 때
at eight / *at* five o'clock / *at* noon / *at* night / *at* day / *at* lunch

• **in** 하루 중 일부분 (오전이나 오후), 달, 계절, 연도, 세기 등을 말할 때
in the morning / *in* the daytime / *in* July / *in* 2021 / *in* the 21st century

*위치나 장소를 나타내는 전치사 **on, at, in***

• **on** 표면과의 접촉이나 도로의 이름을 말할 때
on the table / *on* her face / *on* the floor / *on* the wall / *on* 5th Avenue

• **at** 특정 위치나 장소를 말할 때
at the corner / *at* the door / *at* the back of the classroom

• **in** 도시나 국가 또는 공간의 안을 나타낼 때
in the room / *in* Chicago / *in* Korea

집에 오는 길에 우유 사 오는 거 잊지 마!
I'm *on the way to* the library. 나는 도서관에 가는 길이다.

on time 시간에 맞게, 정각에
I couldn't arrive *on time* because I slept late this morning.
오늘 아침에 늦잠을 잘 바람에 제시간에 올 수 없었어요.

*once /wʌns/ 부사 ① 한 번 ② 옛날에 접속사 일단 ~하면

부 1 한 번, 한 번씩
I have been to New York **once**.
나는 뉴욕에 한 번 가 본 적이 있다.

The prince wanted to meet the pretty girl **once** again.
왕자님은 그 예쁜 소녀를 다시 한 번 만나고 싶었습니다.

A: How often do you take dance lessons?
얼마나 자주 무용 수업을 받니?
B: **Once** or twice a week. 일주일에 한두 번 받아.

2 옛날에, 예전에
I **once** lived in L.A. 나는 예전에 L.A.에서 살았다.
Once (upon a time) there lived a little girl named Anne.
옛날에 앤이라는 이름의 작은 소녀가 살고 있었습니다.

접 일단 ~하면, ~하자마자
Once he falls asleep, he sleeps like a log.
그는 일단 잠이 들면 누가 업어가도 모른다.

숙어 **all at once** ① 갑자기 (= all of a sudden, suddenly) ② 한꺼번에
All at once, it thundered and began to rain.
갑자기 천둥이 치고 비가 오기 시작했다.

I bought four dresses *all at once* because they were all so nice.
나는 원피스들이 모두 너무 예뻐서 한꺼번에 네 벌이나 사 버렸다.

at once ① 즉시, 곧 ② 한 번에
If you have something to do, do it *at once*.
해야 할 일이 있으면 즉시 해라.
Don't take more than one tablet *at once*.
한 번에 한 알 이상 먹지 마십시오.

once in a while 때때로, 이따금 (= sometimes)
I miss my old friends *once in a while*.
나는 이따금씩 옛 친구들이 그리워진다.

once upon a time 옛날 옛적에
Once upon a time there was a king named Pitor.
옛날 옛적에 피토르라는 왕이 있었다.

어휘가 쑥쑥

once a week[month] 일주일[한 달]에 한 번
once a year 일 년에 한 번
once every three weeks [months] 3주[3개월]에 한 번
only once 단 한 번
more than once 한 번 이상, 여러 번
(just) this once 이번 한 번만
once-great 한때 굉장했던
once and for all 완전히
once is enough 한 번이면 족하다

실력이 쑥쑥

1회는 once, 2회는 twice 라고 하지만, three times (3회)처럼 3회 이상은 ~ times 라고 한다.

Don't take more than one tablet *at once*.

✱ one /wʌn/

형용사 ① 하나의 ② (과거의) 어떤 ③ 유일한
대명사 (복) ones) ① 그것 ② (일반적인) 사람 ③ ~ 중 하나 **명사** 하나

형 1 하나의, 한 사람의
This is a room for **one** person. 한 사람을 위한 1인실입니다.
I have **one** brother, and he entered college last year.
저는 오빠가 한 명 있는데 작년에 대학에 들어갔어요.
There was **one** more thing he has to tell us.
그가 우리에게 한 가지 더 말해야 할 것이 있었다.

2 (과거의) 어떤, 어느
One Sunday evening, Mike called me at home.
어느 일요일 저녁 마이크가 우리 집으로 전화를 걸었다.
One day Tom went to the zoo. 어느 날 톰은 동물원에 갔다.

3 유일한, 단 하나의
She is the **one** person I can trust.
그녀는 내가 믿을 수 있는 유일한 사람이다.

대 1 [앞에 나온 명사를 대신하여] 그것, 하나
A: I don't like this shirt. Can I try on another **one**?
이 셔츠가 별로 맘에 안 드는데, 다른 것을 입어 봐도 되나요?
B: Sure! How about that striped **one**?
물론이죠! 저 줄무늬 셔츠는 어때요?

2 (일반적인) 사람, 누구나
One should take care of one's health.
사람은 누구나 자신의 건강을 돌봐야 한다.

3 ~ 중 하나, 한 사람
Kimchi is **one** of the most famous Korean dishes.
김치는 가장 유명한 한국 음식 중 하나이다.

명 [숫자] 1, 하나, 한 사람
One and nine make(s) ten. 1 더하기 9는 10이다.
The meeting starts at **one**. 회의는 1시에 시작한다.

숙어 **one after another** 하나씩 차례차례로
The passengers boarded lifeboats *one after another*.
승객들은 한 사람씩 차례로 구명보트에 올랐다.

one another 서로 (= each other)
Romeo and Juliet loved *one another* so much.
로미오와 줄리엣은 서로를 깊이 사랑했다.

one by one 하나씩, 한 사람씩, 차례로
Children are getting on the school bus *one by one*.
아이들이 한 명씩 스쿨버스에 타고 있다.

어휘가 쑥쑥
one more 한 개[사람] 더
one or more 하나 혹은 그 이상의
one year old 생후 1년 된
one time (과거에) 한번은
for one thing (몇 가지 중) 첫째로
at one time (예전에) 한 때, 이전에 언젠가
a smart one 똑똑한 사람
the lucky ones 운 좋은 사람들
the little ones 어린아이들

문법이 쑥쑥
✱ 대명사 one & it ✱
one은 「a(n)+명사」 대신에 쓰고, it은 「the+명사」 대신에 쓴다. 그리고 one은 여러 개 중 하나를 의미하고, it은 특정한 것을 의미한다.
A: Do you have a watch?
 (넌 시계가 있니?)
B: No, but my brother has *one*(= a watch). He bought *it*(= the watch) yesterday. (아니, 없어. 하지만 우리 형은 하나 있어. 형은 그것을 어제 샀지.)

실력이 쑥쑥
one another를 우리말로는 '서로'라고 해석하지만, 영어에서는 부사가 아니므로 아래 예문의 경우 전치사를 빠뜨리지 않는 점에 주의한다.
They looked *at one another*.
(그들은 서로 쳐다보았다.)

onion /ˈʌnjən/ | 명사 (복) onions 양파 (☞ vegetable)

The **onions** are making me cry. 양파 때문에 눈물이 나요.
I like my grandmother's home-made **onion** soup.
나는 할머니가 손수 만드신 양파 수프를 좋아한다.

어휘가 쑥쑥
spring[green] onion 파

only /ˈoʊnli/ | 형용사 유일한 부사 오직, 단지

형 유일한, 단 하나의, 하나뿐인
She is an **only** child. 그녀는 외동딸이다.
Alex is the **only** one who can speak Chinese among us.
알렉스는 우리 중에 중국어를 말할 수 있는 유일한 사람이다.

부 오직, 단지 (= just, simply)
Sunny is eating **only** fruit and vegetables to lose weight.
서니는 살을 빼기 위해서 단지 과일과 야채만 먹고 있다.
Everyone studied hard, but **only** Jeremy got a perfect score on the math test.
모두 열심히 공부했지만 오직 제러미만 수학 시험에서 만점을 받았다.
Staff **only**. 관계자 이외 출입 금지.

숙어 **not only A but (also) B** A뿐만 아니라 B도 (= B as well as A)
She can speak *not only* English *but (also)* Chinese.
그녀는 영어뿐만 아니라 중국어도 할 수 있다.

only a few 아주 적은, 극소수의
There were *only a few* people at the department store.
그 백화점에는 사람들이 아주 적었다.

어휘가 쑥쑥
only daughter 외동딸
only son 외아들
men-only 남성 전용
women-only 여성 전용
only then 그제서야
only now 이제서야

문법이 쑥쑥
보통 only는 수식하고자 하는 단어 바로 앞에 놓는다.
I came to see *only* you. (나는 오직 당신만을 보러 왔다.)

open /ˈoʊpən/ | 형용사 ① 열린 ② 문을 연 ③ 개방적인
동사 (3단현) opens (과거·과분) opened (현분) opening ① 열다 ② 문을 열다 ③ 시작하다

형 1 (문·창문 등이) 열린, 열려 있는 (↔ closed, shut 닫힌, 닫혀 있는)
If your room is too hot, please leave the window **open**.
방이 너무 더우면 창문을 좀 열어 놓으세요.

A: The door is **open**, so it's too noisy.
문이 열려 있어서 너무 시끄럽네요.
B: Sorry, let me close the door.
죄송해요. 문을 닫아 드릴게요.

2 (상점 등이) 문을 연, 영업 중인 (↔ closed 문을 닫은)
Most convenience stores are **open** twenty-four hours a day.
대부분의 편의점은 하루에 24시간 영업한다.

어휘가 쑥쑥
opener 명 따개
opening 명 시작, 개막
open spaces 광활한 지역
open sea (육지에서 멀리 떨어진) 넓은 바다
open road 탁 트인 도로
open land 탁 트인 지대
open a package 소포를 개봉하다
open a bottle 병을 따다

The National Museum is **open** from 9 a.m. to 6 p.m.
국립 박물관은 오전 9시부터 오후 6시까지 개방된다.

3 (새로운 생각·제안 등에) 개방적인, 받아들일 준비가 된
My grandmother has an **open** mind.
우리 할머니는 개방적인 생각을 갖고 계신다.

동 1 열다, 열리다, (책 등을) 펴다 (↔ close, shut 닫다, 닫히다)
Please **open** your textbooks to page 25. 교과서 25쪽을 펴세요.
A: Would you mind **opening** the window? It's hot in here.
창문 좀 열어 주실래요? 이곳은 너무 덥네요.
B: Of course not! 물론이죠!
A: This honey jar won't **open**. Can you help me out?
이 꿀단지가 안 열려요. 좀 도와주실래요?
B: Sure! Give that to me. 물론이죠! 이리 줘 보세요.

2 (상점의) 문을 열다, 영업하다, 개업하다 (↔ close 문을 닫다)
A: What time does your store **open**?
가게 문을 몇 시에 열어요?
B: We **open** from 10 a.m. to 9 p.m.
오전 10시에서 오후 9시까지 엽니다.
My aunt is going to **open** a small flower shop.
우리 고모는 조그만 꽃 가게를 개업하려고 한다.

3 (회의·조사 등을) 시작하다
They will **open** a conference soon.
그들은 곧 회의를 시작할 것이다.

open a saving account
계좌를 개설하다
open the document
문서를 열다
open one's heart 마음을 열다, 속마음을 털어놓다

(재미가 쑥쑥)

open sesame!
'쉽게 이룰 수 있는 방법'이라는 뜻으로, 아라비안 나이트 중 '알리바바와 40명의 도적' 이야기에서 도적이 동굴 문을 여는 말인 '열려라 참깨'에서 유래한 말이다.

opera /ˈɑːprə/ 명사 (복) operas) 오페라, 가극

A: What did you do on the weekend? 주말에 뭐 하셨어요?
B: I went to the **opera**, Carmen, with my boyfriend.
남자 친구와 오페라 '카르멘'을 보러 갔어요.

*operate /ˈɑːpəreɪt/ 동사 (3단현) operates 과거·과분 operated 현분 operating)
① 작동하다 ② 운영되다 ③ 수술하다

1 (기계·장치 등을) 작동하다, 움직이다 (= work)
My computer is not **operating** properly.
내 컴퓨터가 제대로 작동하지 않는다.

2 (회사·단체 등이) 운영되다, 경영하다, 관리하다
My family **operates** a huge ranch.
우리 가족은 큰 목장을 운영하고 있다.

(어휘가 쑥쑥)

operative 형 움직이는, 활동하는
operator 명 (장비·기계 등을) 조작하는 사람
operating room (O.R.)

3 수술하다

The surgeon is ready to **operate**.
그 외과 의사는 수술할 준비가 되어 있다.

He had his nose **operated** on.
그는 코 수술을 받았다.

수술실
operating table 수술대

operation /ˌɑːpəˈreɪʃn/ 명사 (복) operations ① 운영 ② 수술

1 운영, 작동, 조작, (군사) 작전

The new factory will start **operation** in June.
그 새로 지은 공장은 6월에 가동을 시작할 것이다.

2 수술 (= surgery)

He badly hurt his back and had an **operation**.
그는 허리를 심하게 다쳐서 수술을 받았다.

어휘가 쑥쑥
undercover operation
비밀 작전
joint operation 합동 작전
heart operation 심장 수술
major operation 큰 수술

*opinion /əˈpɪnjən/ 명사 (복) opinions 의견, 견해 (= idea, view)

They have opposing **opinions** on the subject.
그들은 그 주제에 대해 반대 의견을 가지고 있다.

Everyone had a different **opinion**, so we couldn't reach a conclusion.
모든 사람이 각기 다른 의견을 갖고 있어서 우리는 결론을 내릴 수 없었다.

In my **opinion**, you look better in pink.
내 생각에는 너한테 분홍색이 더 잘 어울리는 것 같아.

어휘가 쑥쑥
public opinion 여론
give an opinion
의견을 말하다
strong opinion
확고한 견해

*opportunity /ˌɑːpərˈtuːnəti/ 명사 (복) opportunities 기회 (= chance)

If you get an **opportunity** to experience new things, don't miss it.
새로운 것을 경험할 수 있는 기회가 생긴다면 놓치지 마세요.

A: I heard you attended the English camp during vacation.
너 방학 동안에 영어 캠프에 참가했다면서?

B: Yes, I think it was a good **opportunity** to improve my English.
응, 영어 실력을 향상시킬 수 있는 좋은 기회였던 것 같아.

어휘가 쑥쑥
have an opportunity
기회를 가지다
provide an opportunity
기회를 제공하다
great opportunity
절호의 기회
equal opportunity
(고용·교육 등의) 기회 균등

*opposite /ˈɑːpəzɪt/ 형용사 반대의 명사 (복) opposites 정반대의 것
부사 반대쪽에 전치사 ~의 반대쪽에

형 (정)반대의, 맞은편의, 마주 보고 있는

The supermarket is on the **opposite** side of the street.
슈퍼마켓은 길 맞은편에 있다.

A: Why are you so late? 왜 이렇게 늦었어요?
B: I got on the train going in the **opposite** direction.
반대 방향으로 가는 기차를 탔어요.

명 정반대의 것, 정반대의 사람
Up and down are **opposites**. 위와 아래는 반대이다.
Mary is shy, the exact **opposite** of her sister.
메리는 그녀의 여동생과는 정반대로 수줍음을 탄다.

부 반대쪽에, 맞은편에
James lives just **opposite**. 제임스는 바로 맞은편에 산다.
They're sitting **opposite** each other.
그들은 서로 마주 보고 앉아 있다.

전 ~의 반대쪽에, 맞은편에
There is a bookstore **opposite** Marie's bakery.
마리의 빵집 맞은편에 서점이 있다.
A: Where is the post office? 우체국이 어디 있나요?
B: It's **opposite** the bank. 은행 맞은편에 있어요.

어휘가 쑥쑥
at the opposite end
반대편 끝에
opposite meaning
반대 의미
polar opposites
극과 극의 정반대

They're sitting *opposite* each other.

✱ **option** /ˈɑːpʃn/ | **명사** (복) option**s**) 선택, 선택권

We need to find other **options**.
우리는 다른 선택들을 찾아야 한다.
We have the **option** of going or not.
가고 안 가고는 우리 마음대로이다.

어휘가 쑥쑥
optional **형** 선택적인
logical option 타당한 선택
easy option 손쉬운 선택

✱ **or** /ɔːr/ | **접속사** ① 또는 ② ~도 …도 (아닌) ③ 그렇지 않으면

1 또는, 혹은
Stamps often show a famous person, place, **or** thing.
우표는 종종 저명한 사람, 유명한 장소 또는 유명한 사물을 보여 준다.
I spend most of my free time surfing the net **or** playing online games. 나는 대부분의 여가 시간을 인터넷 검색을 하거나 온라인 게임을 하면서 보낸다.

2 [부정문에서] ~도 …도 (아닌)
He can't sing **or** dance. 그는 노래도 못 부르고 춤도 못 춘다.
We don't have raincoats **or** umbrellas.
우리는 비옷도 우산도 없다.

3 [명령문과 함께 써서] 그렇지 않으면
Hurry up, **or** you'll be late. 서둘러. 그렇지 않으면 늦을 거야.

문법이 쑥쑥
or이 두 개 이상의 주어를 연결할 때 동사는 가장 가까이에 있는 주어에 일치시킨다.
You *or* he *is* to go there. (너나 그는 거기에 가지 않으면 안 된다.)

Go to bed early, **or** you'll get tired tomorrow.
일찍 자, 그렇지 않으면 내일 피곤할 거야.

숙어 **either A or B** A와 B 둘 중 하나
Either you *or* I must go there.
너와 나 둘 중 한 명은 거기에 가야 해.

My mother puts *either* honey *or* sugar in *songpyeon*.
우리 엄마는 송편에 꿀이나 설탕을 넣으신다.

문법이 쑥쑥
either A or B의 동사는 or 뒤에 있는 주어에 일치시킨다. 부정은 neither A nor B이다.
Neither you *nor* he is wrong.
(너도 그도 틀리지 않다.)

*oral /ˈɔːrəl/ 　형용사 구두의, 구술의(♀어떤 내용을 글로 쓰지 않고 입으로 말하는)

An **oral** agreement is not enough. 구두 합의로는 충분치 않다.
I'll have an **oral** test in Spanish next week.
나는 다음 주에 스페인어로 구두시험이 있다.

어휘가 쑥쑥
orally 구두로, 입을 통해서

orange /ˈɔːrɪndʒ/ 　명사 (복) oranges ① 오렌지 ② 오렌지색 　형용사 오렌지색의

명 **1** 오렌지 (☞ fruit)
Oranges have a lot of vitamin C.
오렌지에는 비타민 C가 많이 들어 있다.

2 불 오렌지색, 주황색 (☞ color)
Orange is the national color of the Netherlands.
주황색은 네덜란드 국가를 상징하는 색이다.

어휘가 쑥쑥
orange peel 오렌지 껍질
cut an orange 오렌지를 자르다
squeeze an orange 오렌지를 짜다

형 오렌지색의, 주황색의
She wore an **orange** jacket. 그녀는 오렌지색 재킷을 입었다.

orangutan /əˈrænətæn/ 　명사 (복) orangutans 오랑우탄

Orangutans have long, red-brown fur and long arms.
오랑우탄은 길고 붉은 갈색 털에 긴 팔을 가지고 있다.

orbit /ˈɔːrbɪt/ 　명사 (복) orbits 궤도 　동사 (3단현) orbits (과거·과분) orbited (현분) orbiting
궤도를 그리며 돌다

명 (천체·인공위성 등의) 궤도(♀)
The **orbit** of the earth is not a perfect circle.
지구의 궤도는 완전한 원이 아니다.

The space shuttle is now in **orbit**.
우주 왕복선은 지금 궤도에 있다.

♀뜻풀이
궤도 사물이 따라서 움직이도록 정해진 길

동 (지구·태양 등의) 궤도를 그리며 돌다
The satellite **orbited** the earth.
인공위성이 지구의 궤도를 돌았다.

*orchestra /ˈɔːrkɪstrə/ 명사 (복) orchestras) 오케스트라, 관현악단

The Berlin Philharmonic **Orchestra** is one of the world's leading **orchestras**.
베를린 필하모닉 오케스트라는 세계 최고의 관현악단 중 하나이다.

*order /ˈɔːrdər/ 동사 (3단현) orders 과거·과분 ordered 현분 ordering) ① 명령하다 ② 주문하다 명사 (복) orders) ① 명령 ② 순서

동 1 명령하다, 지시하다 (= command)
He **ordered** "Stand up!" 그는 "일어서!"라고 명령하였다.
My mother **ordered** me to finish my homework before dinner.
엄마는 나에게 저녁 먹기 전에 숙제를 끝내라고 하셨다.

2 주문하다
I usually **order** books from online bookstores. It's cheaper.
저는 보통 인터넷 서점에서 책을 주문합니다. 값이 더 싸거든요.
A: Are you ready to **order**? 주문하시겠습니까?
B: Yes, I'll have a steak and baked potato.
네, 스테이크와 구운 감자 주세요.

명 1 명령, 지시 (= command), **주문**
I received an **order** to finish this report by tomorrow.
나는 이 보고서를 내일까지 끝내라는 지시를 받았다.
A: May I take your **order**? 주문하시겠어요?
B: We haven't decided yet. We'll call you when we're ready.
아직 결정을 못했어요. 준비되면 저희가 부를게요.

2 (불) 순서, 질서
The secretary put the files in **order**.
비서는 파일을 순서대로 정리했다.
A dictionary lists words in alphabetical **order**.
사전은 단어들을 알파벳 순으로 나열한다.

숙어 in order to + 동사원형 ~하기 위해서
In order to make your dream come true, you must work hard for it.
꿈을 이루기 위해서는 그 꿈을 위해 열심히 노력해야 한다.

out of order 고장 난, 망가진 (= broken)
A: Why are you sweating so much?
왜 그렇게 땀을 많이 흘리세요?
B: The elevator is *out of order*, so I took the stairs.
엘리베이터가 고장 나서 계단으로 올라왔거든요.

어휘가 쑥쑥
ordered 형 질서 바른
orderly 형 정돈된

in ascending order 오름차순으로
in descending order 내림차순으로
in the correct[right] order 올바른 순서로
in reverse order 거꾸로
in order of age 나이순으로
in the wrong order 잘못된 순서로

실력이 쑥쑥
command는 주로 군대에서 쓰이고, order는 보통의 경우와 군대에서 둘 다 쓰일 수 있다.

The elevator is *out of order*.

＊ordinary /ˈɔːrdneri/ 형용사 보통의, 흔한, 일반적인, 평범한 (↔ extraordinary 별난)

This sports car is too expensive for **ordinary** people to buy.
이 스포츠카는 보통 사람들이 사기엔 너무 비싸다.

어휘가 쑥쑥
ordinarily 부 보통, 대개

＊organ /ˈɔːrgən/ 명사 (복) organs ① 오르간 ② (신체의) 기관

1 오르간 (☞ instrument)
My elder sister plays the **organ** in church.
우리 언니는 교회에서 오르간을 연주한다.

2 (신체의) 기관, 장기
The human body has many different **organ** systems and parts.
인간의 몸에는 많은 다른 장기 조직들이 있다.

재미가 쑥쑥
＊여러 가지 오르간＊
American organ 발풍금 《harmonium이라고도 한다.》
hand organ 손잡이를 돌리는 작은 휴대용 풍금
mouth organ 하모니카

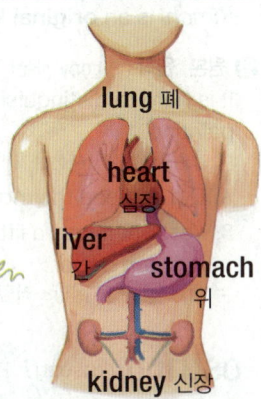
lung 폐
heart 심장
liver 간
stomach 위
kidney 신장

＊organize /ˈɔːrgənaɪz/ 동사 (3단현) organizes (과거·과분) organized (현분) organizing
① 조직하다 ② 정리하다

1 조직하다, 만들다, 세우다, 준비하다 (= form, establish)
We **organized** a fishing club. 우리는 낚시 동아리를 만들었다.
Several singers **organized** a huge pop concert to help the flood victims.
여러 가수들이 홍수 피해자들을 돕기 위해 성대한 팝 콘서트를 준비했다.

2 정리하다, 정돈하다 (= arrange)
You should **organize** your ideas well when writing.
글을 쓸 때는 너의 생각을 잘 정리해야 한다.
Please **organize** your desk when you have time. It's such a mess!
시간 나면 책상 정리 좀 하렴. 너무 엉망이다!

어휘가 쑥쑥
organization 명 조직, 단체, 기구
organized 형 정리된, 정돈된
organizer 명 주최자

original /əˈrɪdʒənl/ 형용사 ① 최초의 ② 독창적인 ③ 원래의 명사 (복) originals 원본

형 1 최초의, 처음의 (= first, initial) (↔ final, last 최종의, 마지막의)
The Wright brothers created the **original** airplane in 1903.
라이트 형제는 1903년에 최초의 비행기를 만들었다.

The old castle has been kept in its **original** state.
그 오래된 성은 처음의 형태를 그대로 유지하고 있다.

어휘가 쑥쑥
origin 명 기원, 시작
originality 명 독창성
originally 부 원래는, 처음에는

2 독창적인, 창의적인 (= creative, unique)
Edison invented many useful things with his **original** ideas.
에디슨은 독창적인 아이디어로 많은 유용한 것들을 발명했다.
Reading can improve our **original** thinking ability.
독서는 우리의 창의력을 향상시켜 줄 수 있다.

original document
(문서·서류의) 원본
original work 원본, 원작
original text 원문, 원본
original form 원형

3 원래의, 원본의, 진짜의 (= genuine)
Kimchi is an **original** Korean food. 김치는 원래 한국 음식이다.

명 원본, 원작 (↔ copy 사본)
It is hard to distinguish the **original** from the copy of this painting.
이 그림의 원본과 사본은 구별하기가 어렵다.
A: Did you see the movie, *King Kong*? 영화 '킹콩' 보셨어요?
B: Yes, but it was a little disappointing. I think the **original** is much better.
네, 근데 조금 실망스러웠어요. 원작이 훨씬 더 나은 것 같아요.

ostrich /ˈɑːstrɪtʃ/ 명사 (복) ostrich**es**) 타조 (☞ bird)

The **ostrich** can't fly. 타조는 날 수 없다.

*other /ˈʌðər/ 형용사 ① 다른 ② (둘 중에서) 나머지 하나의 ③ 나머지 일부의
대명사 (복) other**s**) ① 다른 사람 ② (둘 중에서) 나머지 하나 ③ 나머지 일부

형 1 다른, 그 밖의
There were a lot of movie stars and **other** famous people at the party.
그 파티에는 많은 영화배우들과 다른 유명 인사들이 있었다.
If you have any **other** questions, please raise your hands.
혹시 다른 질문이 있으시면 손을 들어 주시기 바랍니다.
Justin is taller than any **other** boy in his class. (= Justin is the tallest boy in his class.)
저스틴은 그의 반에서 어느 다른 아이들보다도 키가 크다.

2 [the와 함께 써서] (둘 중에서) 나머지 하나의
She is holding her bag in one hand and her umbrella in the **other** hand.
그녀는 한쪽 손에는 가방을, 다른 한 손에는 우산을 들고 있다.

3 (여럿 중) 나머지 일부의, 나머지 전체의
I came home early, but the **other** people had fun at the party all night.

(어휘가 쑥쑥)
some other day
언젠가 (다른 날에)
the other day
지난번에, 며칠 전에

(문법이 쑥쑥)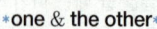
one & the other
사람 또는 사물이 둘일 경우, '하나'는 one, '나머지 하나'는 the other로 쓴다.
I have two dogs. *One* is white, *the other* is black.
(나는 강아지가 두 마리 있다. 한 마리는 흰색이고, 다른 한 마리는 검정색이다.)

one & the others
여러 개의 사람 또는 사물이 있을 경우, '하나'는 one, '나

나는 일찍 집에 왔지만 나머지 사람들은 밤새 파티에서 재밌게 놀았다.

대 **1 다른 사람, 다른 사물**
Katie is always kind to **others**, so everyone likes her.
케이티는 항상 다른 사람들에게 친절해서 모두 그녀를 좋아한다.

2 [the와 함께 써서] (둘 중에서) 나머지 하나
I have two dogs. One is a poodle and the **other** is a chihuahua.
나는 강아지가 두 마리 있는데, 한 마리는 푸들이고 다른 한 마리는 치와와이다.

3 (여럿 중) 나머지 일부, 나머지 전체
Some agreed with his opinion, but the **others** disagreed.
몇몇 사람은 그의 의견에 찬성했지만 나머지 모든 사람들은 반대했다.

There are a lot of flowers in the garden. Some are red, **others** are yellow, and the **others** are blue.
그 정원에는 꽃이 많은데 몇몇은 빨간색, 또 다른 몇몇은 노란색, 그리고 나머지 전부는 파란색이다.

숙어 **each other** 서로
Katie and I have known *each other* for 10 years.
케이티와 나는 10년 동안 서로 알고 지내 왔다.

every other day[week, month, year] 이틀[2주, 두 달, 2년]에 한 번
I go to the dentist's *every other day*. 나는 하루걸러 치과에 간다.
I go to the library and borrow books *every other week*.
나는 2주에 한 번씩 도서관에 가서 책을 빌려 온다.

in other words 다시 말해서
In other words, it's not his fault.
다시 말해서 그것은 그의 잘못이 아닙니다.

one after the other 둘이서 번갈아, 차례대로
Fireworks exploded *one after the other* in the night sky.
밤하늘에 불꽃들이 하나씩 차례대로 터졌다.

on the other hand 반면에
The restaurant is a bit expensive, but *on the other hand*, the food is very good.
그 음식점은 조금 비싸지만 반면에 음식은 매우 맛있다.

other than ~ 외에, ~와 다른
I had expected something *other than* this.
나는 이것과는 다른 것을 기대했었다.

머지 모두'는 the others로 쓴다.
I have three dogs. *One* is white, *the others* are black. (나는 강아지가 세 마리 있다. 한 마리는 흰색이고 나머지는 모두 검정색이다.)

some & the others
여러 개의 사람 또는 사물이 있을 경우, 일부는 some, 나머지 모두는 the others로 쓴다.
I have many dogs. *Some* are white, *the others* are black. (나는 강아지를 여러 마리 키운다. 몇 마리는 흰색이고 나머지는 모두 검정색이다.)

one & another & the other
세 개의 대상이 있을 경우, 셋 중 하나는 one, 다른 하나는 another, 나머지 하나는 the other로 쓴다.
I have three dogs. *One* is white, *another* is brown and *the other* is black. (나는 강아지가 세 마리 있다. 한 마리는 흰색이고, 다른 하나는 갈색, 나머지 하나는 검정색이다.)

***otherwise** /ˈʌðərwaɪz/ | **부사** ① 그렇지 않으면 ② 그 외에는

1 그렇지 않으면
You have to go now, **otherwise** you'll miss your bus.
너 지금 가야 해, 그렇지 않으면 버스를 놓칠 거야.

2 그 외에는
She is noisy but **otherwise** a very nice girl.
그녀는 말이 많지만 그 외에는 아주 착하다.

> (실력)이 쑥쑥
> You have to go now, otherwise you'll miss your bus.
> = You must go now, or you'll miss your bus.
> = If you don't go now, you'll miss your bus.

ought to /ɔːt tə/ 조동사 ~해야만 한다 (= should)

Students **ought to** study hard.
학생들은 열심히 공부해야 한다.

You **ought** not **to** go there alone. It's dangerous.
거기에 혼자 가서는 안 돼. 위험하거든.

> (문법)이 쑥쑥
> 항상 「ought to + 동사원형」으로 쓰이며, 3인칭 단수 현재일 때 -s를 붙이지 않는다.

our /'aʊər/ 대명사 [we의 소유격] 우리의

The Internet has changed **our** lives.
인터넷은 우리의 삶을 변화시켰다.

We must love **our** nature and conserve **our** resources.
우리는 우리의 자연을 사랑하고 우리의 자원을 보존해야 한다.

ours /'aʊərz/ 대명사 [we의 소유대명사] 우리의 것

A: Is this car yours? 이 차가 너희들 거니?
B: No, that white one is **ours**. 아니, 저기 흰색이 우리 거야.

ourselves /ˌaʊər'selvz/ 대명사 우리 자신, 우리 스스로

We really enjoyed **ourselves** at the party.
우리는 그 파티에서 정말 즐거운 시간을 보냈다.

We usually cook food at home **ourselves**.
우리는 보통 집에서 음식을 직접 만들어 먹는다.

My brother and I repaired the computer by **ourselves**.
동생과 나는 우리 힘으로 컴퓨터를 고쳤다.

> (실력)이 쑥쑥
> *by ourselves*
> Let's do it *by ourselves*. (우리들만으로 그것을 하자.)

out /aʊt/ 부사 ① 밖에 ② 꺼진

1 밖에, 밖으로 (↔ in 안에)
My father and I often go **out** for a walk after dinner.
아빠와 나는 종종 저녁 식사 후에 산책하러 나간다.

I saw the turtle's head coming **out** from his shell.
나는 거북이 머리가 등껍질 속에서 밖으로 나오는 것을 보았다.

> (어휘)가 쑥쑥
> **find out** 발견하다, 알아보다
> **turn out** 밝혀지다
> **work out** 운동하다

My family usually eat **out** on Sundays.
우리 가족은 보통 일요일마다 외식을 한다.

out of breath 숨찬
out of order 고장 난
out of season 제철이 아닌

2 (불·전등·전기가) 꺼진, 나간
Tom blew **out** the candles on his birthday cake.
톰은 생일 케이크 위의 촛불을 불어서 껐다.

Don't forget to check if the fire is completely **out** after a campfire.
캠프파이어를 한 후에 불이 완전히 꺼졌는지 확인하는 것을 잊지 마세요.

In case that the electricity is **out**, my mother bought some candles.
전기가 나갈 때를 대비해서 엄마는 양초를 몇 자루 사다 놓으셨다.

Tom blew *out* the candles on his birthday cake.

[숙어] **be out of** 다 떨어지다, 고갈되다 (= run out of)
Let's stop at the gas station! We're almost *out of* gas.
주유소에 잠시 들렀다 갑시다! 기름이 거의 다 떨어졌네요.

outdoor /ˈaʊtdɔːr/ [형용사] 야외의, 실외의 (↔ indoor 실내의)

I enjoy **outdoor** activities.
나는 야외 활동을 즐긴다.

어휘가 쑥쑥
outdoors 🟦 야외에서

outline /ˈaʊtlaɪn/ [명사] (복 outlines) 윤곽
[동사] (3단현) outlines [과거·과분] outlined [현분] outlining 윤곽을 그리다

명 윤곽 (= shape), 개요 (= summary)
When you write an essay, you should make an **outline**.
에세이를 쓸 때는 개요를 작성해야 한다.

Outlines of animals were carved into the cave's walls.
동물들의 윤곽이 그 동굴 벽에 새겨져 있었다.

A: Can you tell me what the criminal looks like?
범인이 어떻게 생겼는지 말씀해 주실 수 있나요?
B: No, I just caught an **outline** of his face.
아니요, 그의 얼굴 윤곽만 봤어요.

어휘가 쑥쑥
outline map 약도
brief outline 간단한 줄거리
basic outline 기본 줄거리
give an outline of ~의 개요를 말하다

동 윤곽을 그리다 (= draw, sketch), 개요를 말하다 (= summarize)
The police **outlined** the suspect in pencil and showed it to the witness.
경찰은 연필로 용의자의 얼굴 윤곽을 그려서 목격자에게 보여 주었다.

Please read this book and **outline** the main ideas.
이 책을 읽고 요점을 요약하세요.

outside /ˌaʊtˈsaɪd/ | 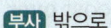 밖으로  ~ 밖에서 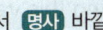 바깥(쪽)

부 밖으로, 밖에서, 바깥쪽에 (↔ inside 안쪽으로, 안쪽에)
It is raining **outside** now. 지금 밖에 비가 오고 있다.
A: The weather is so nice. How about playing **outside**?
날씨가 너무 좋은데 밖에 나가서 노는 게 어때?
B: That sounds great! 좋아!

전 ~ 밖에서, ~ 밖에, ~ 바깥쪽에 (↔ inside ~ 안에서, ~ 안쪽에)
There is a drugstore **outside** the building.
건물 바깥쪽에 약국이 하나 있다.

명 [the와 함께 써서] 바깥(쪽), 외부 (↔ inside 안쪽, 내부)
The **outside** of the church looks great.
교회 건물의 외관이 멋져 보인다.

outsider **명** 외부인, 따돌림받는 사람
on the outside 겉보기에는
outside of ~ 이외에

oven /ˈʌvn/ | 명사 (복) ovens 오븐

My mother baked some biscuits in the **oven**.
엄마가 오븐에 비스킷을 구워 주셨다.

*over /ˈoʊvər/ 전치사 ① ~ 위에 ② ~를 넘어서 ③ ~에 걸쳐서 ④ ~ 이상 ⑤ ~을 통하여
부사 넘어서 형용사 끝난

전 1 ~ 위에, ~ 위로 (↔ under ~ 아래에)
A drone is flying **over** head. 드론 한 대가 머리 위로 날아간다.
Due to the heavy rain, the river flowed **over** the bridge.
비가 너무 많이 와서 강물이 다리 위로 넘쳐흘렀다.

2 [장소] ~를 넘어서
My dog can jump **over** the fence.
우리 집 강아지는 담장을 뛰어넘을 수 있다.
The army went **over** the mountain before dark.
그 군대는 해가 지기 전에 산을 넘어갔다.

3 [시간] ~에 걸쳐서
My family went camping **over** the weekend.
우리 가족은 주말 동안 캠핑하러 갔다.
I've been very busy studying for the test **over** the last few weeks. 나는 지난 몇 주간 시험공부를 하느라 매우 바빴다.

4 [숫자와 함께 써서] ~ 이상, ~을 초과하여 (= more than)
Over three hundred people participated in the marathon.
300명이 넘는 사람들이 마라톤 경주에 참가했다.
I traveled Europe during this vacation and it cost **over** 300 dollars.

go over 검토하다
get over 극복하다
come over 들르다
sleep over 외박하다
pull over (차를) 갓길에 대다

My dog can jump *over* the fence.

나는 이번 방학 동안에 유럽 여행을 갔었는데 비용이 300달러 넘게 들었다.

5 (전화·라디오 등을) **통하여**
I usually hear the weather forecast **over** the radio.
나는 보통 라디오로 일기 예보를 듣는다.

My boyfriend often sings **over** the phone.
내 남자 친구는 종종 전화로 노래를 불러 준다.

부 넘어서, 건너서, 그쪽으로
He went **over** to America at the age of 10.
그는 열 살 때 미국으로 건너갔다.

How about coming **over** to my house after school?
학교 끝나고 우리 집에 놀러 올래?

형 끝난 (= finished)
After the concert was **over**, I got the autograph of the singer.
콘서트가 끝난 후에 나는 그 가수의 사인을 받았다.

I think summer is almost **over**. 여름이 거의 끝난 것 같다.

숙어 all over the world 전 세계의, 세계 도처에
My grandparents have traveled *all over the world*.
우리 할머니, 할아버지께서는 전 세계 이곳저곳을 여행하셨다.

over and over again 여러 번 반복하여
This movie was so interesting that I watched it *over and over again*.
나는 이 영화가 너무 재미있어서 여러 번 반복해서 보았다.

over here 여기에, 이쪽으로
A: Can you come *over here* for a minute?
   잠깐만 이쪽으로 오실래요?
B: Sure! What is it? 그럴게요! 무슨 일이죠?

over there 저기에, 저쪽으로
A: Where can I get a taxi?
   어디에서 택시를 탈 수 있나요?
B: Right *over there*. 바로 저기에서요.

실력이 쑥쑥
over와 above는 둘 다 어떤 것보다 조금 더 위에 있는 위치를 의미한다.
over와 달리 above는 표면과 접촉하지 않은 상태에서 '~ 위쪽에'라는 뜻으로 쓰인다. 반면 on은 접촉한 상태에서 위에 있을 때를 뜻한다.

실력이 쑥쑥
• 전치사 over(~ 위에, ~ 위로)는 장소나 물건을 덮는 느낌이 있다. 아래 문장의 차이에 주의한다.
The wall fell down. (벽이 무너졌다.)
The wall fell *over*. (벽이 넘어졌다.)

• 전치사 over(~ 이상)의 경우, 보통 '10 이상'이라고 하면 10을 포함하지만, over ten은 more than ten과 같으므로 10을 포함하지 않는다.

• 형용사 over(끝난)의 경우, Winter is over.(겨울은 지나갔다.)에서 우리말로는 과거형을 쓰지만, over에 이미 과거의 의미가 있으므로 was over라고 하면 틀린다.

---

*overall /ˌoʊvərˈɔːl/ **형용사** 전반적인 **부사** 전부

형 전반적인, 전체의
The **overall** cost of the trip was $400.
여행에 들어간 전체 비용은 400달러였다.

부 전부, 전반적으로, 대체로
Overall, this is a very useful book.
대체로 이 책은 매우 유용한 책이다.

실력이 쑥쑥
overall에는 명사의 뜻도 있다. 명사로 쓰일 때는 강세의 위치가 달라진다.
overalls /ˈoʊvərɔːlz/ 멜빵바지

*overcome /ˌoʊvərˈkʌm/

동사 (3단현) overcomes (과거) overcame (과분) overcome (현분) overcoming ① 극복하다 ② 이기다

1 극복하다

I am trying to **overcome** my weakness.
나는 약점을 극복하려고 노력하고 있다.

He **overcame** his physical handicap and finished the marathon.
그는 자신의 신체장애를 극복하고 마라톤을 완주했다.

2 이기다 (= defeat)

In the final game, Korea **overcame** China.
결승전에서 한국이 중국을 이겼다.

After a tough battle, they **overcame** the enemy.
힘든 전투 끝에 그들은 적을 이겼다.

> 어휘가 쑥쑥
> overcome one's weakness 약점을 극복하다
> overcome a crisis 위기를 극복하다

*owe /oʊ/

동사 (3단현) owes (과거·과분) owed (현분) owing ① 빚이 있다 ② ~의 덕택이다

1 빚이 있다, 신세를 지다

I **owed** my friend ten dollars. 나는 친구에게 10달러를 빚졌다.

I will clean your room, but you **owe** me.
내가 네 방 청소해 줄 것인데, 너 나한테 신세 진 거야.

2 ~의 덕택이다, 덕분이다

The famous violinist **owed** her success to her parents.
그 유명한 바이올리니스트는 부모님 덕분에 성공했다.

(숙어) **owing to** ~ 때문에 (= because of, due to)

He was absent from school *owing to* his illness.
그는 아파서 학교에 결석했다.

> 실력이 쑥쑥
> I owe you. (신세를 졌습니다.)
> 누군가에게 도움을 받았을 때 사용하는 표현으로 언젠가 갚겠다는 의미가 포함된다.

owl /aʊl/

명사 (복) owls) 올빼미, 부엉이 (☞ bird)

Owls can see well in the dark.
올빼미는 어둠 속에서도 잘 볼 수 있다.

The **owl** usually hunts at night and sleeps during the day.
올빼미는 보통 밤에 사냥하고 낮 동안에는 잠을 잔다.

*own /oʊn/

동사 (3단현) owns (과거·과분) owned (현분) owning) 소유하다
형용사 자기 자신의

동 소유하다, 가지고 있다 (= possess, have)

The rich man **owns** several cars.
그 부자는 차를 여러 대 소유하고 있다.

> 어휘가 쑥쑥
> owner 명 주인, 소유자

The public library **owns** a lot of books.
그 공공 도서관에는 책이 아주 많이 있다.

형 [소유격과 함께 써서] **자기 자신의**
When we move into a new apartment, you'll have your **own** room.
우리가 새 아파트로 이사 가면 너는 네 방을 갖게 될 거다.

People have their **own** tastes in food and clothes.
사람들은 음식과 옷에 있어서 자기만의 취향을 갖고 있다.

숙어 **on one's own** 혼자 힘으로, 스스로
My father fixed his car *on his own*.
우리 아빠는 혼자 힘으로 차를 고치셨다.

> 문법이 쑥쑥
> own은 관사 a, an, the와 함께 쓸 수 없다. my, your, his, her 등과 같은 소유격과 함께 쓴다.
> I have *my own* room. (나는 내 방이 있다.)
> I have *an own* room. (×)

ox /ɑːks/ | 명사 (복) oxen) 황소, 수소

An **ox** is pulling a cart.
수소가 짐수레를 끌고 있다.

[속담] He that will steal a pin will steal an **ox**.
바늘 도둑이 소도둑 된다.

> 재미가 쑥쑥
> ox는 거세한 수소를 말하며, 거세하지 않은 수소는 bull이라고 한다. (거세: 동물의 생식 기능을 없애는 것)

oxygen /ˈɑːksɪdʒən/ | 명사 [화학] 산소 《원소기호 O》

We cannot live without **oxygen**. 우리는 산소 없이 살 수 없다.

* pace /peɪs/ | 명사 (복 paces) 걷는 속도 | 동사 (3단현 paces 과거·과분 paced 현분 pacing) 보조를 맞추어 걷다

명 걷는 속도, 보폭, 한 걸음, (일의) 속도
We walked at a fast **pace**. 우리는 빠른 속도로 걸었다.
Take three **paces** forward. 세 걸음 앞으로 나가세요.
It is difficult to keep up with the rapid **pace** of change.
빠른 변화의 속도를 따라가기가 힘들다.

동 보조를 맞추어 걷다, 왔다 갔다 하다
He **paced** back and forth outside. 그는 밖에서 왔다 갔다 했다.

어휘가 쑥쑥
at a snail's pace 아주 천천히
at a steady pace 한결같은 속도로, 꾸준히
keep pace with ~와 보조를 맞추다

Pacific /pəˈsɪfɪk/ | 명사 태평양 | 형용사 태평양의

명 [the Pacific으로 쓰여] 태평양
The **Pacific** is the biggest ocean in the world.
태평양은 세계에서 가장 큰 대양이다.
They have sailed on the **Pacific** (Ocean).
그들은 태평양을 항해했다.

형 태평양의
The Fiji Islands are on the **Pacific** coast.
피지의 섬들은 태평양 연안에 있다.

재미가 쑥쑥
5대양
Pacific Ocean 태평양
Atlantic Ocean 대서양
Indian Ocean 인도양
Antarctic Ocean 남극해
Arctic Ocean 북극해

* pack /pæk/ | 명사 (복 packs) ① 꾸러미 ② 한 상자 | 동사 (3단현 packs 과거·과분 packed 현분 packing) ① (짐을) 꾸리다 ② 채워 넣다

명 1 꾸러미, 짐 (= package, parcel)
A: Let me help you! The **pack** on your back looks so heavy.
제가 도와드릴게요! 당신 등에 있는 짐이 너무 무거워 보이네요.
B: That's all right. 괜찮아요.

어휘가 쑥쑥
ice pack (찜질용) 얼음주머니
backpack 배낭

2 한 상자, 한 팩, 한 통
I bought a **pack** of cereal at the supermarket.
나는 슈퍼마켓에서 시리얼 한 상자를 샀다.

동 **1** (짐을) 꾸리다, 싸다
I **packed** his clothes and sent them to him by mail.
나는 그의 옷을 꾸려서 그에게 우편으로 보내 주었다.

Did you **pack** up your suitcase? 여행 가방은 다 쌌니?

Did you *pack* up your suitcase?

2 채워 넣다, 담다 (= fill)
Workers picked the apples and **packed** them into boxes.
일꾼들은 사과를 따서 상자 안에 담았다.

package /ˈpækɪdʒ/ 명사 (복) packages 소포, 꾸러미, 짐 (= pack, parcel)

I opened the **package** tied up with green string.
나는 초록색 끈으로 묶여 있는 소포 상자를 열어 보았다.
A: What is in the **package**? 그 꾸러미 안에 무엇이 들어 있나요?
B: Books and clothes. 책과 옷이요.

어휘가 쑥쑥
wrap a package 소포를 포장하다

*pad /pæd/ 명사 (복) pads ① 메모장 ② 덧대는 것

1 (한 장씩 떼어서 쓰는) 메모장
Let me just grab a **pad** and pencil.
메모장과 연필을 가져오겠습니다.
Write your phone number on a memo **pad**.
전화번호를 메모장에 적어 주세요.

어휘가 쑥쑥
knee pad 무릎 보호대
elbow pad 팔꿈치 보호대
shoulder pad 어깨 보호대
mouse pad 마우스 패드

2 (보호를 위해) 덧대는 것, 패드
Hockey players wear shin **pads** to protect their legs.
하키 선수들은 다리를 보호하기 위해 정강이 보호대를 착용합니다.

paddle /ˈpædl/ 명사 (복) paddles 노
동사 (3단현) paddles (과거·과분) paddled (현분) paddling 노를 젓다

명 (카누용의 짧은) 노
A **paddle** is used for moving a canoe or small boat.
노는 카누나 작은 보트를 이동시키는 데 사용됩니다.

실력이 쑥쑥
paddle 배에 고정되어 있지 않고 손에 들고 젓는 노
oar 배의 옆면에 고정되어 있는 노

동 노를 젓다
We tried to **paddle** along the coast.
우리는 해안을 따라 노를 저어 가려 했다.

page /peɪdʒ/ 명사 (복) pages 쪽, 페이지 《줄여서 p.라고 적기도 한다.》

Please open your English textbooks to **page** 25.
영어 교과서 25쪽을 펴세요.
Please turn the **page**. 다음 페이지로 넘기세요.
See the chart on **page** 34. 34쪽에 있는 표를 보세요.

어휘가 쑥쑥
front **page** (신문의) 제1면
blank **page** 빈 페이지, 백지

paid /peɪd/ 〔동사〕 pay의 과거·과거분사 (☞ pay)

*pain /peɪn/ 〔명사〕 (복) pains ① 고통 ② 수고

1 고통, 통증, 아픔 (= ache)
If you take this medicine, the **pain** will go away soon.
이 약을 드시면 통증이 곧 사라질 거예요.
A: I feel much **pain** in my tooth. 이가 너무 아프네요.
B: You should go to the dentist. 치과에 가 보셔야겠어요.

2 [복수형으로 써서] **수고, 노력** (= effort)
He took **pains** to get his homework done.
그는 숙제를 끝내는 데에 애를 많이 썼다.
[속담] No **pain**, no gain. 노력 없이 얻어지는 것은 없다.

어휘가 쑥쑥
terrible[awful] **pain** 끔찍한 고통
sharp **pain** 심한 통증
dull **pain** (심하지는 않지만) 지속적인 고통
back **pain** 허리 통증
stomach **pain** 복통
chest **pain** 가슴 통증

painful /ˈpeɪnfl/ 〔형용사〕 (비교) more painful (최상) most painful) 아픈, 고통스러운

My teeth were so **painful** that I couldn't chew food well.
이가 너무 아파서 음식을 잘 씹을 수 없었다.
I broke up with my boyfriend and it was a **painful** experience for me.
나는 남자 친구와 헤어졌는데 그것은 나에게 고통스러운 경험이었다.

어휘가 쑥쑥
painfully 〔부〕 고통스럽게, 아주 힘들게
painful wound 아픈 상처
painful duty 고된 임무

*paint /peɪnt/ 〔명사〕 (복) paints ① 페인트 ② 그림물감
〔동사〕 (3단현) paints (과거·과분) painted (현분) painting) ① 페인트를 칠하다 ② 그림을 그리다

〔명〕 **1** 〔불〕 **페인트**
Wet **Paint**! (마르지 않은) 칠 주의!

2 [복수형으로 써서] **그림물감**
I got a box of **paints** for my birthday.
나는 생일 선물로 그림물감 한 상자를 받았다.

〔동〕 **1 페인트를 칠하다**
My father **painted** the fence white.
아빠는 담장을 흰색으로 페인트칠을 하셨다.

어휘가 쑥쑥
painter 〔명〕 화가
painting 〔명〕 그림, 그림 그리기
paintbrush 페인트 붓, 그림 그리는 붓
oil **paints** 유화 물감
water **paints** 수성 물감

The clown's face was **painted** red and yellow.
그 광대의 얼굴은 빨간색과 노란색으로 칠해져 있었다.

2 그림을 그리다
My brother is good at **painting** a picture.
우리 형은 그림을 아주 잘 그린다.

✱ pair /pɛər/ 명사 (복) pairs) 한 쌍, 한 짝, 한 벌

I bought two **pairs** of socks. 나는 양말을 두 켤레 샀다.
She needs a new **pair** of shoes.
그녀는 새 신발 한 켤레가 필요하다.
I want to buy a **pair** of jeans.
나는 청바지 한 벌을 사고 싶어요.
They danced in **pairs**.
그들은 둘씩 짝지어 춤을 추었다.

> 실력이 쑥쑥
> 두 개가 짝을 이루는 물건을 셀 때는 그 앞에 a pair of 를 쓴다.
> a pair of gloves (장갑 한 켤레)
> a pair of pants (바지 한 벌)
> a pair of glasses (안경 한 개)

pajamas /pəˈdʒæməz/ 명사 파자마, 잠옷

Put on your **pajamas** before going to bed.
자러 가기 전에 잠옷을 입으렴.

✱✱ palace /ˈpæləs/ 명사 (복) palaces) 궁전, 왕궁

The Little Mermaid swam up by the Prince's **palace**.
인어 공주는 왕자님이 살고 있는 궁전으로 헤엄쳐 갔다.

✱ pale /peɪl/ 형용사 (비교) paler (최상) palest) ① (얼굴이) 창백한 ② (색이) 바랜

1 (얼굴이) 창백한
She turned **pale** to hear about his death.
그녀는 그가 죽었다는 소식을 듣고 얼굴이 창백해졌다.
You look **pale**. Are you O.K.? 얼굴이 창백해 보이는데 괜찮은 거니?

2 (색이) 바랜, 흐린, 옅은
He has **pale** blue eyes. 그는 옅은 파란색의 눈을 갖고 있다.

> 어휘가 쑥쑥
> pale face 창백한 얼굴
> pale skin 창백한 피부
> pale blue sky 연청색 하늘
> pale light 희미한 빛

palette /ˈpælət/ 명사 (복) palettes) 팔레트(🔍 그림물감을 짜내어 섞기 위한 판)

The artist used a wide **palette**.
그 화가는 폭이 넓은 팔레트를 사용했다.

palm /pɑːm/ 명사 (복) palms) ① 손바닥 ② 야자수

1 손바닥 (☞ hand)

Shall I read your **palm** for you? 제가 손금 좀 봐 드릴까요?

A: It's my turn. My **palms** are sweating and my heart is beating so fast.
제 차례예요. 손바닥에 땀이 나고 가슴도 막 뛰어요.

B: Don't be nervous! Take it easy!
긴장하지 말고 마음 편히 가지세요!

2 야자수

Palm trees are lined up along the beach.
야자수가 해변을 따라 일렬로 늘어서 있다.

> 실력이 쑥쑥
> palm에서 l은 발음하지 않는 것에 주의한다.

Shall I read your *palm* for you?

pamphlet /ˈpæmflət/ 명사 (복 pamphlets) 소책자, 팸플릿

She is handing out information **pamphlets** on the street.
그녀는 거리에서 안내 책자를 나눠 주고 있다.

*pan /pæn/ 명사 (복 pans) 납작한 냄비, 프라이팬

The water is boiling in the **pan** on the stove.
가스레인지 위의 냄비에서 물이 끓고 있다.

A: Mom, I'm going to fry some eggs, where is a frying **pan**?
엄마, 계란 프라이 하려고 하는데 프라이팬 어디 있어요?

B: Look in the kitchen cupboard. 부엌 찬장에서 한번 찾아보렴.

> 재미가 쑥쑥
> pan은 뚜껑이 없는 냄비를 가리키는 경우가 많다.

pancake /ˈpænkeɪk/ 명사 (복 pancakes) 팬케이크

Peter usually has a **pancake** with maple syrup for breakfast.
피터는 주로 메이플 시럽을 뿌린 팬케이크를 아침으로 먹는다.

panda /ˈpændə/ 명사 (복 pandas) [동물] 판다

Pandas eat only bamboo leaves and stems.
판다는 대나무 잎과 줄기만 먹습니다.

*panic /ˈpænɪk/ 명사 (복 panics) 공포, 패닉, 공황(?)

Mia ran out in a **panic**. 미아는 공포에 질려 뛰쳐나갔다.

The news filled us with **panic**.
그 뉴스는 우리를 공포로 몰아넣었습니다.

There was a **panic** when the fire started.
불이 나기 시작하자 사람들은 패닉 상태가 되었다.

> 뜻풀이
> 공황 놀라움이나 두려움으로 생기는 심리적 불안 상태

pants /pænts/ 〔명사〕 바지 (= trousers) (☞ clothing)

A: How do I look in these **pants**?
이 바지 입으니까 어때요?
B: They go well with your jacket.
당신 재킷과 잘 어울리네요.

〔실력이 쑥쑥〕
영국 영어로는 바지를 trousers라고 한다.

paper /ˈpeɪpər/ 〔명사〕 (복 papers) ① 종이 ② 신문

1 〔불〕 종이 (= sheet, page)
Please fold a sheet of **paper** in half, first.
먼저, 종이 한 장을 반으로 접으세요.
Can I get two pieces of **paper**?
종이 두 장만 받을 수 있을까요?

2 신문 (= newspaper), 논문, 보고서
A: Where is today's **paper**? 오늘 신문 어디 있어요?
B: It's on the table in the living room. 거실 테이블 위에 있어요.

〔어휘가 쑥쑥〕
copy paper 복사 용지
recycled paper 재활용 종이
wrapping paper 포장지
toilet paper 화장지, 휴지
wallpaper 벽지

parachute /ˈpærəʃuːt/
〔명사〕 (복 parachutes) 낙하산
〔동사〕 (3단현 parachutes 과거·과분 parachuted 현분 parachuting) 낙하산을 타고 내려오다

〔명〕 낙하산
He jumped out of the airplane without a **parachute**.
그는 낙하산 없이 비행기에서 뛰어내렸다.

〔동〕 낙하산을 타고 내려오다
She **parachuted** safely to the ground.
그녀는 낙하산을 타고 땅으로 무사히 내려왔습니다.

parade /pəˈreɪd/
〔명사〕 (복 parades) 행렬
〔동사〕 (3단현 parades 과거·과분 paraded 현분 parading) 행진하다

〔명〕 행렬, 행진, 퍼레이드
From our room window, we watched a circus **parade**.
우리 방 창문에서 우리는 서커스 행렬을 보았다.

〔동〕 행진하다
Our school marching band **paraded** around the town.
우리 학교 마칭밴드(악대)가 동네를 돌며 행진했다.

〔어휘가 쑥쑥〕
costume parade 가장행렬
military parade 군대 행렬
victory parade 우승 축하 퍼레이드

paradise /ˈpærədaɪs/ 〔명사〕 (복 paradises) ① 천국 ② 천국 같은 곳

1 [Paradise로 쓰여] **천국, 천당** (= heaven)
He believes he'll go to **Paradise** after he dies.
그는 자신이 죽은 후에 천국에 갈 거라고 믿고 있다.

2 천국 같은 곳, 낙원
This place is like a **paradise** for artists.
이 장소는 예술가들에게 낙원과 같은 곳이다.

어휘가 쑥쑥
earthly paradise 지상 낙원
shopper's paradise 쇼핑객의 천국

paragraph /ˈpærəgræf/ 명사 (복 paragraphs) 단락, 문단

Let me finish reading the last **paragraph**.
마지막 단락을 다 읽도록 하겠습니다.
Turn to page 10 and look at the first **paragraph**.
10페이지를 펴고 첫 문단을 보세요.

뜻풀이
문단 여러 문장들이 모여서 하나의 생각을 나타내는 글의 한 토막

parallel /ˈpærəlel/ 형용사 평행의 명사 (복 parallels) 유사(점) 동사 (3단현) parallels (과거·과분) paralleled (현분) paralleling 평행이다

형 평행의, 나란한
Draw a pair of **parallel** lines.
평행이 되는 두 선을 그리세요.
Train tracks are **parallel**. 기차 선로는 나란히 나 있다.

뜻풀이
유사점 서로 비슷한 점

명 유사, 유사점 (= similarity)
There are obvious **parallels** between their lives.
그들의 삶에는 명백한 유사점이 있다.

동 평행이다, 나란히 놓여 있다
The road **parallels** the river.
길은 강과 나란히 나 있다.

parallel bar (평행봉)

parasol /ˈpærəsɔːl/ 명사 (복 parasols) 파라솔, 양산

She carries a **parasol** to keep the sun from her face.
그녀는 얼굴에 햇빛을 가리기 위해 양산을 가지고 다닌다.

parcel /ˈpɑːrsl/ 명사 (복 parcels) 꾸러미, 소포 (= pack, package)

The **parcel** was labelled 'Fragile.'
그 소포에 '파손 주의' 라벨이 붙어 있었다.

A: Are there any **parcels** for me?
저한테 온 소포가 있나요?
B: No, there aren't. 아니요, 없는데요.

pardon /ˈpɑːrdn/

동사 (3단현) pardons (과거·과분) pardoned (현분) pardoning) 용서하다
명사 (복) pardons) 용서

동 용서하다 (= forgive, excuse)
Pardon me for disturbing you. 방해해서 죄송해요.
Pardon me, but could you give me a second?
실례합니다만, 시간 좀 내주실 수 있나요?

명 용서 (= forgiveness, excuse)
I beg your **pardon**[Excuse me], but could you watch my bag for a minute? 죄송하지만, 잠깐만 제 가방 좀 봐 주실래요?

A: My cell phone number is 010-1234-5678.
   제 휴대 전화 번호는 010-1234-5678이에요.
B: I beg your **pardon**? (= Excuse me?, Sorry?)
   다시 한 번 말씀해 주실래요?

(실력이 쑥쑥)
Pardon? / Pardon me? / I beg your pardon?으로 끝을 올려 말하면 '다시 한 번 말씀해 주시겠어요?'라는 뜻으로, 상대방의 말을 잘 못 들었을 때 정중하게 요청하는 표현이다. 끝을 내려 말하면 '죄송합니다.'라는 사과의 표현이다.

parents /ˈperənts/ 명사 부모님 (= father and mother)

I love my **parents** so much.
나는 우리 부모님을 아주 많이 사랑한다.
His **parents** are still alive. 그의 양친은 여전히 건재하시다.
Children under 10 should be accompanied by a **parent**.
10세 이하의 어린이들은 부모와 함께 와야 한다.

(실력이 쑥쑥)
단수형인 parent는 아버지와 어머니 중 한 분만을 가리키고, 복수형인 parents는 아버지와 어머니 두 분 모두를 가리킨다.

park /pɑːrk/ 명사 (복) parks) 공원

I walk my dog in the **park** every evening.
저는 매일 저녁 공원에서 우리 개를 산책시킵니다.
A: I heard you went to the amusement **park** yesterday. Did you have fun?
   어제 놀이공원에 갔다고 들었는데, 재미있었나요?
B: Yes, but it was so crowded.
   네, 그런데 사람이 너무 많았어요.

(어휘가 쑥쑥)
children's park 어린이 공원
baseball park 야구장
national park 국립 공원

park² /pɑːrk/ 동사 (3단현) parks (과거·과분) parked (현분) parking) 주차하다

No **parking**! 주차 금지!
A: You can't **park** here. This parking space is for the handicapped only.
   여기에 주차하시면 안 돼요. 장애인 전용 주차 공간이거든요.
B: I'm sorry! I'll get my car out right now.
   죄송해요! 바로 차를 뺄게요.

parka /ˈpɑːrkə/ 명사 (복 parkas) 파카(🔍 솜이나 털을 넣어 두껍게 만든 겨울용 웃옷)

He's wearing a long red **parka**. 그는 빨간색 롱파카를 입고 있다.

parrot /ˈpærət/ 명사 (복 parrots) 앵무새

The **parrot** said "Good-bye."
앵무새가 '안녕'이라고 말했다.

I have a pet **parrot** and it always repeats after me.
저에게는 애완용 앵무새가 한 마리 있는데 항상 저를 따라 말해요.

✱✱ part /pɑːrt/ 명사 (복 parts) ① 부분 ② 역할 ③ (연극) 배역
동사 (3단현 parts 과거·과분 parted 현분 parting) ① 헤어지다 ② 나누다

명 1 부분, 일부 (↔ whole 전체)
An insect's body consists of three **parts**.
곤충의 몸은 세 부분으로 이루어져 있다.

The last **part** of the movie was a little disappointing.
그 영화의 마지막 부분은 조금 실망스러웠다.

2 역할, 임무 (= role)
Every student did their **part** in cleaning the classroom.
모든 학생들은 교실을 청소할 때 각자의 역할을 다했다.

3 (연극) 배역 (= role)
She played the **part** of Juliet. 그녀는 줄리엣 역을 연기했다.

동 1 헤어지다
They **parted** at the subway station.
그들은 지하철역에서 헤어졌다.

2 나누다, 갈라지다 (= separate)
The audiences **parted** to let the singer through.
관객들은 그 가수가 지나가도록 길을 내 주었다.

숙어 **in part** 부분적으로, 일부분
I agree with his opinion *in part*.
나는 그의 의견에 일부분 찬성한다.

take part in ~에 참가[참여]하다 (= participate in, join)
I'll *take part in* the marathon this Sunday.
나는 이번 주 일요일에 마라톤에 참가할 것이다.

part from ~와 헤어지다
He *parted from* Helen in Boston.
그는 보스턴에서 헬렌과 헤어졌다.

어휘가 쑥쑥

partial 형 부분적인
parting 명 이별, 헤어짐
partly 부 부분적으로

part-time 파트타임인, 시간제의
automobile part 자동차 부품
spare part 예비 부품
walk-on part 대사가 없는 배역, 단역
leading part 주연, 주역

실력이 쑥쑥

「(a) part of+명사」에서 명사가 단수 명사일 때는 단수 취급, 복수 명사일 때는 복수 취급을 한다.
Part of his story is true. (그의 이야기는 일부분 사실이다.)
Part of(= *A part of*) the boys are honest. (그 소년들 중 일부는 정직하다.)

participate /pɑːrˈtɪsɪpeɪt/

동사 (3단현) participates (과거·과분) participated
(현분) participating 참여하다, 참가하다 (= take part in)

All the staff should **participate** in the project.
모든 직원들은 그 프로젝트에 참여해야 합니다.

I actively **participated** in the classroom discussion.
나는 학급 토론에 적극적으로 참여했다.

어휘가 쑥쑥
participation 명 참여
participant 명 참가자

particular /pərˈtɪkjələr/

형용사 (비교) more particular (최상) most particular)
① 특정한 ② 특별한

1 특정한, 특유의 (= specific)

Justine wanted a **particular** type of chair.
저스틴은 특정한 형태의 의자를 원했다.

Do you have any **particular** brand you want?
원하시는 특정 상표가 있으신가요?

어휘가 쑥쑥
particularly 부 특히, 각별히
particular area 특정 지역
particular situation 특별한 상황

2 특별한, 각별한 (= special)

For no **particular** reason, James quit the job.
특별한 이유 없이 제임스는 일을 그만두었다.

A: What are you going to do on the weekend?
주말에 뭐 하실 거예요?
B: Nothing (in) **particular**. Is there anything interesting?
특별한 건 없는데요. 뭐 재미난 일 있어요?

숙어 in particular 특히

I like French wine *in particular*.
저는 특히 프랑스산 와인을 좋아해요.

실력이 쑥쑥
어떤 대상이나 상황은 '그다지[별로] ~않다'라고 할 때 not particularly의 표현을 쓴다.
A: Did you enjoy the party? (파티는 즐거웠니?)
B: No, *not particularly*! (아니, 별로!)

partly /ˈpɑːrtli/

부사 부분적으로, 어느 정도는, 일부는

His story is **partly** true.
그의 이야기는 일부만 사실이다.

The company is **partly** owned by his brother.
그의 형이 회사의 일부를 소유하고 있다.

어휘가 쑥쑥
partly responsible 일부 책임이 있는

partner /ˈpɑːrtnər/

명사 (복) partners 배우자, 동반자, 파트너, 동업자

Ed invited me and my **partner** over for dinner.
에드가 나와 내 남편을 저녁 식사에 초대했다.

Allan is my tennis **partner**. 앨런은 나의 테니스 파트너다.

We work together as business **partners**.
우리는 사업 동반자로서 함께 일한다.

어휘가 쑥쑥
life partner 인생의 동반자
marriage partner 결혼 상대자
trading partner 무역 상대국

partnership /ˈpɑːrtnərʃɪp/ 명사 (복) partnerships) 협력, 제휴, 동업

We have gone into **partnership** with a rival company.
우리는 라이벌 회사와 제휴를 맺었다.

Two countries formed an economic **partnership**.
두 나라는 경제적 협력 관계를 맺었다.

> **뜻풀이**
> 제휴 공동의 목적을 위하여 서로 돕는 관계를 맺는 것

*party /ˈpɑːrti/ 명사 (복) parties) ① 파티 ② 일행

1 파티, 모임

Alex's birthday is next week. Let's have[give] a surprise **party** for him.
알렉스 생일이 다음 주야. 우리 깜짝 파티를 열어 주자.

A: Why didn't you come to my birthday **party**?
   왜 내 생일 파티에 안 온 거니?
B: Sorry, I had a bad cold. 미안해, 감기가 심하게 걸렸었어.

> **어휘가 쑥쑥**
> farewell party 송별회
> welcome party 환영회

2 일행 (= group, company)

A: How many (are there) in your **party**?
   일행이 모두 몇 분이시죠?
B: There are five of us. 다섯 명입니다.

Let's have[give] a surprise *party* for him.

*pass /pæs/ 동사 (3단현) passes (과거·과분) passed (현분) passing) ① 지나가다 ② (시간이) 지나다 ③ 통과하다 ④ 건네주다 명사 (복) passes) 통행증

동 1 지나가다, 통과해 가다

The tortoise walked slowly and **passed** by the hare.
거북이는 천천히 걸어서 토끼 옆을 지나갔습니다.

We **passed** through the forest.
우리는 숲속을 통해서 지나갔다.

> **어휘가 쑥쑥**
> passage 명 통로, 통행
> pass the finish line 결승선을 통과하다
> boarding pass 비행기 탑승권
> monthly pass 한 달 정기권
> security pass 보안 출입증

2 (시간이) 지나다, 흐르다, 경과하다

Five months have **passed** since I came to New York.
내가 뉴욕에 온 지 5개월이 지났다.

3 (시험에) 통과하다, 합격하다 (↔ fail (시험에) 떨어지다)

I'm worried that I can't **pass** the test.
시험에 통과하지 못할까 봐 걱정이 된다.

4 건네주다 (= hand)

A: Could you **pass** me the salt, please?
   소금 좀 건네주실래요?
B: Sure! Here you go. 물론이죠! 여기 있어요.

The tortoise walked slowly and *passed* by the hare.

passive

명 통행증, 출입증, 패스(⊙), 탑승권

I have a free **pass** to the show.
나는 그 공연을 볼 수 있는 무료 입장권이 있다.

She bought a three-day bus **pass**.
그녀는 3일짜리 버스 승차권을 샀다.

You can't get into the building without a **pass**.
출입증 없이는 그 건물에 들어갈 수 없다.

숙어 **pass away** 세상을 떠나다 (= die)

Mother Teresa *passed away* on September 5, 1997.
테레사 수녀는 1997년 9월 5일에 세상을 떠났다.

> **실력**이 쑥쑥
> 누군가 '죽다'라고 말할 때 일반적으로 die를 쓰지만 좀 더 정중하게 표현할 때는 pass away를 쓴다.
>
> **뜻풀이**
> 패스 특정한 장소나 탈것 따위에 입장 또는 승차할 수 있는 표

*passenger /ˈpæsɪndʒər/ **명사** (복) passengers) 승객, 탑승객

When the airplane shook suddenly, the **passengers** were very frightened.
비행기가 갑자기 흔들렸을 때 승객들은 매우 놀랐다.

> **어휘**가 쑥쑥
> passenger plane 여객기
> passenger ship 여객선

*passion /ˈpæʃn/ **명사** (복) passions) 열정, 열광

Reading is her **passion**.
그녀는 독서에 열정을 가지고 있다.

Jason cannot control his **passion** for skiing.
제이슨은 스키에 대한 열정을 누를 수 없다. (스키에 몰두해 있다.)

> **어휘**가 쑥쑥
> passionate 형 열정적인
> passionately 부 열정적으로

passive /ˈpæsɪv/ **형용사** (비교) more passive (최상) most passive) 수동적인 **명사** 수동태

형 수동적인, 소극적인 (↔ active 적극적인)

He was a **passive** child. 그는 소극적인 아이였다.
I was very **passive** in the relationship.
나는 그 관계에서 굉장히 수동적이었다.

> **어휘**가 쑥쑥
> passively 부 수동적으로, 소극적으로

명 [문법] 수동태

> **문법**이 쑥쑥

	능동태 (Active Voice)	수동태 (Passive Voice)
의미	주어가 어떤 동작이나 작용을 스스로 했을 때, 서술어가 취하는 형식	주어가 어떤 동작의 대상이 되어 그 작용을 받을 때, 서술어가 취하는 형식
현재	Paul *writes* news reports. (폴이 뉴스 기사를 작성한다.)	News reports *are written* by Paul. (뉴스 기사는 폴에 의해 작성된다.)
과거	A mosquito *bit* Paul. (모기 한 마리가 폴을 물었다.)	Paul *was bitten* by a mosquito. (폴이 모기에게 물렸다.)
현재 진행	Paul *is baking* a cake. (폴은 케이크를 굽는 중이다.)	A cake *is being baked* by Paul. (케이크가 폴에 의해 구워지고 있다.)

passport /ˈpæspɔːrt/ 명사 (복 passports) 여권 (☞ airport)

May I see your **passport**, please?
여권 좀 보여 주시겠어요?

password /ˈpæswɜːrd/ 명사 (복 passwords) 암호, 비밀번호

He forgot his **password**.
그는 비밀번호를 잊어버렸다.

I can't remember my **password** for this site.
이 사이트의 비밀번호가 기억나지 않는다.

> **어휘가 쑥쑥**
> enter the password
> 비밀번호를 입력하다

past /pæst/ 명사 과거 형용사 ① 과거의 ② 이전의 전치사 ① 경과한 ② ~을 지나서

명 과거, 지나간 일 (↔ future 미래, 앞으로의 일)
In the **past**, people believed that the earth was flat.
과거에 사람들은 지구가 평평하다고 믿었다.

Forget about the **past** and cheer up!
지나간 일은 잊어버리고 힘내세요!

형 1 과거의, 지나간 (↔ future 미래의, 앞으로의)
My grandma often talks about her **past** days with her friends.
우리 할머니는 종종 친구분들과 지나간 날들에 대해 말씀을 나누신다.

2 이전의, 최근의 (= previous, recent)
He has been in Toronto for the **past** two years because of his business. 그는 사업 때문에 최근 2년간 토론토에 있었다.

전 1 [시간] 경과한, 지난
A: What time is it now? 지금 몇 시예요?
B: It's ten **past** five. 5시 10분이에요.

2 [장소] ~을 지나서
I met Katie by chance while I was walking **past** the park.
나는 공원을 지나다가 우연히 케이티를 만났다.

> **어휘가 쑥쑥**
> glorious past 영광스러운 과거
> dark past 어두운 과거
> in the past year 작년에
> just past midnight 자정이 조금 지나서

> **실력이 쑥쑥**
> '5시 10분이다'는 전치사 past를 써서 It's ten past five.로, '5시 10분 전이다'는 전치사 to를 써서 It's ten to five.로 말한다.

pasta /ˈpɑːstə/ 명사 파스타 면, 파스타 요리

There are different shapes of **pasta**.
다양한 모양의 파스타 면이 있다.

I ordered **pasta** with cream sauce.
나는 크림소스 파스타를 주문했다.

> **재미가 쑥쑥**
> 파스타는 이탈리아식 국수를 일컬으며, 마카로니나 스파게티 등이 대표적이다.

paste /peɪst/

명사 (복) pastes) ① 풀 ② 반죽   동사 (3단현) pastes (과거·과분) pasted (현분) pasting) ① (풀로) 붙이다 ② 붙여 넣다

명 1 (불) 풀 (= glue)

A: Please attach your photo to the application.
신청서에 사진을 붙여 주세요.

B: Yes, but can I borrow some **paste**?
네, 그런데 풀 좀 빌릴 수 있을까요?

2 페이스트(♀), 반죽
To make tomato **paste**, you'll need tomatoes and vegetables.
토마토 페이스트를 만들려면, 토마토와 채소가 필요할 것입니다.

동 1 (풀로) 붙이다 (= glue, stick)
Alex cut out pictures from magazines and **pasted** them on the board.
알렉스는 잡지에서 사진을 오려서 게시판 위에 붙였다.

2 [컴퓨터] (텍스트를) 붙여 넣다
Press control and V to **paste**.
붙이기를 하려면 control과 V 키를 누르세요.

어휘가 쑥쑥
toothpaste 치약
wallpaper paste 벽지용 풀
red pepper paste 고추장
bean paste 된장
fish paste 어묵

♀ 뜻풀이
페이스트 소스를 만들 때 쓰는, 육류나 토마토 등을 갈아서 풀처럼 만든 식품

---

* path /pæθ/   명사 (복) paths) 좁은 길, 오솔길, 산책로

He followed a **path** into the town.
그는 오솔길을 따라 마을로 들어갔다.

Hansel walked through the woods while dropping white stones on the **path**.
헨젤은 오솔길 위에 흰 돌을 떨어뜨리면서 숲속으로 걸어갔다.

---

patience /ˈpeɪʃns/   명사 참을성, 인내, 끈기 (↔ impatience 참지 못함, 성급함)

He lost his **patience** and shouted at children.
그는 참을성을 잃고 아이들에게 소리쳤다.

You'll need **patience** to finish this work.
이 일을 마치려면 끈기가 필요할 거예요.

They're really testing my **patience**.
그들은 정말로 내 인내심을 시험하고 있다.

run out of patience
인내심이 바닥나다
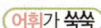 require patience 끈기가 필요하다

---

* patient¹ /ˈpeɪʃnt/   명사 (복) patients) 환자 (☞ hospital)

The **patient** had surgery last night.
그 환자는 어젯밤에 수술을 받았습니다.

 cancer patient 암 환자

A: Can I see Dr. Lee? 이 박사님께 진찰을 받을 수 있나요?
B: Wait a minute, please. He is examining another **patient** right now.
잠시만 기다려 주세요. 지금 다른 환자 분을 진찰하고 계시거든요.

critical patient 중환자
emergency patient 응급환자

patient² /ˈpeɪʃnt/ | 형용사 (비교 more patient | 최상 most patient) 참을성 있는, 인내심 있는 (↔ impatient 성급한)

The teacher is very **patient** with her students.
그 선생님은 학생들을 매우 참을성 있게 대한다.

A: Mom, I am starving. Isn't dinner ready yet?
엄마, 너무 배고픈데 저녁 아직 안 됐나요?
B: Be **patient**! It's almost ready. 조금만 참으렴! 거의 다 됐단다.

어휘가 쑥쑥
patiently 부 끈기 있게, 참을성 있게

patriot /ˈpeɪtriət/ | 명사 (복 patriots) 애국자

Many **patriots** fought for the independence of our country from Japan.
많은 애국자들이 일본으로부터 우리나라의 독립을 위해 싸웠다.

어휘가 쑥쑥
patriotic 형 애국의

*pattern /ˈpætərn/ | 명사 (복 patterns) 모양, 문양, 무늬, 패턴

I bought a carpet with a checked **pattern** at the department store.
나는 백화점에서 체크무늬 카펫을 하나 샀다.

floral pattern 꽃무늬
solid pattern 민무늬
striped pattern 줄무늬
checked pattern 체크무늬
polka-dotted pattern 물방울무늬

pause /pɔːz/

명사 (복) pauses) 멈춤
동사 (3단현) pauses (과거·과분) paused (현분) pausing) 멈추다

명 (잠깐) 멈춤, 중지, 중단 (= stop)
There was a brief **pause** during conversation.
대화가 잠깐 중단되었다.
She practiced without **pause** to win a gold medal at the Olympics.
그녀는 올림픽에서 금메달을 따기 위해 쉬지 않고 연습했다.

동 (잠깐) 멈추다, 중지하다, 중단하다 (= stop) (↔ continue 계속하다)
He **paused** for a moment before coming into the house.
그는 집 안으로 들어오기 전에 잠깐 멈춰 섰다.

어휘가 쑥쑥
awkward pause 어색한 침묵
long pause 긴 침묵, 오랜 중단
pause button 일시 정지 버튼
pause for breath 한숨 돌리다

pavement /ˈpeɪvmənt/

명사 (복) pavements) 포장도로, [영국] 인도, 보도 (= sidewalk)

The street's **pavement** needs to be replaced.
도로 포장을 다시 해야 한다.
Don't ride your bike on the **pavement**.
인도에서 자전거를 타지 마라.

어휘가 쑥쑥
pave 동 (도로 등을) 포장하다
icy pavement 빙판길

paw /pɔː/

명사 (복) paws) (발톱이 있는 동물의) 발

The lion hurt its **paw**.
사자가 발을 다쳤다.
I'm looking for a gray cat with white **paws**.
하얀색 발을 가진 회색 고양이를 찾고 있습니다.
We found **paw** prints in the woods.
우리는 숲속에서 동물의 발자국을 발견했다.

The lion hurt its *paw*.

pay /peɪ/

동사 (3단현) pays (과거·과분) paid (현분) paying) 지불하다 **명사** 월급

동 (돈을) 지불하다, 내다
I **paid** twenty dollars for this shirt. It's very cheap, isn't it?
저는 이 셔츠를 20달러 주고 샀어요. 정말 싸지 않아요?
A: How much do I have to **pay** for it?
제가 얼마를 내야 하나요?
B: It's thirty dollars including tax.
세금 포함해서 30달러 내시면 됩니다.

명 월급, 급여, 임금 (= wage, salary)
He gets his **pay** on the 25th of each month.
그는 매월 25일에 월급을 받는다.

어휘가 쑥쑥
payer 명 지불하는 사람
payable 형 지불해야 하는, 지급 만기인
payment 명 지불 금액, 지급, 납입
pay in advance 미리 지급하다
pay on time 제때 지급하다
pay (in) cash 현금으로 내다

A: How is your part-time job? 아르바이트는 어때요?
B: The **pay** is very good, but it's a little hard.
급여는 꽤 괜찮은데 조금 힘드네요.

annual pay 연봉

실력이 쑥쑥

pay '임금·보수'를 뜻하는 가장 일반적인 말
wage 보통 주 단위로 받는 임금
salary 매월 지급되는 월급 또는 봉급

숙어 **pay attention to** ~에 주의를 기울이다, 신경 쓰다, 관심을 갖다
(= attend to)
You should *pay attention to* the teacher in class.
수업 중에는 선생님 말씀에 주의를 기울여야 한다.

pay back 돌려주다, 갚다
Can I borrow some money? I'll *pay* you *back* tomorrow.
돈 좀 빌려줄 수 있니? 내일 갚을게.

pea /piː/ | 명사 (복) peas) 완두콩

The pod is full of **peas**. 꼬투리 속에 완두콩이 꽉 차 있다.

*peace /piːs/ | 명사 ① 평화 ② 평온

1 평화 (↔ war 전쟁)
We want **peace**, not war. 우리는 전쟁이 아니라 평화를 원한다.
I hope that no one fights and everyone lives together in **peace**.
저는 모든 사람들이 싸우지 않고 함께 평화롭게 살았으면 좋겠어요.

어휘가 쑥쑥

peaceful 형 평화로운
peacefully 부 평화롭게

실력이 쑥쑥

영어로 '세계 평화'는 관사 없이 world peace 또는 the peace of the world라고 한다.

2 평온, 평정 (↔ chaos 혼돈, 혼란)
Religions give us **peace** of mind.
종교는 우리에게 마음의 평안을 준다.
If you like **peace** and clean air, visit New Zealand!
평온함과 깨끗한 공기를 원하신다면 뉴질랜드로 오세요!

peach /piːtʃ/ | 명사 (복) peaches) 복숭아 (☞ fruit)

A **peach** is one of the summer fruits.
복숭아는 여름철 과일 중 하나이다.
I am allergic to **peaches**. 나는 복숭아 알레르기가 있다.

peacock /ˈpiːkɑːk/ | 명사 (복) peacocks) (수컷) 공작 (☞ bird)

A **peacock** spread its tail feather like a fan.
수컷 공작이 꼬리 깃털을 부채 모양으로 펼쳤다.

*peak /piːk/ | 명사 (복) peaks) ① 정상 ② 절정 형용사 최고의
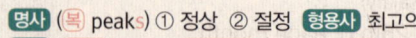
동사 (3단현) peaks (과거·과분) peaked (현분) peaking) 정점에 도달하다

peck

명 1 (산) 정상, 산꼭대기, 봉우리
There is snow on the **peak** of the mountain.
산꼭대기에 눈이 쌓여 있다.

2 절정, 최고점
The band were at their **peak** during the 1990s.
그 밴드는 1990년대가 절정이었다.

Prices reached a **peak** last January.
가격은 지난 1월에 정점에 도달했습니다.

형 최고의, 절정의
Hotel prices rise during the **peak** season.
호텔은 성수기에 요금이 오른다.

동 정점에 도달하다, 최고치에 이르다
Unemployment figures **peaked** in March.
실업률 수치가 3월에 최고를 기록했다.

 어휘가 쑥쑥

snow-covered peak 눈 덮인 산봉우리
peak time 붐비는 시간, 피크 타임
peak condition 최상의 컨디션
peak demand 최대 수요

There is snow on the *peak* of the mountain.

peanut /ˈpiːnʌt/ 명사 (복 peanuts) 땅콩

Most Americans love to eat **peanut** butter.
대부분의 미국인들은 땅콩버터를 매우 즐겨 먹는다.

pear /per/ 명사 (복 pears) 배 (☞ fruit)

I prefer **pears** to apples. 나는 사과보다 배를 더 좋아한다.

pearl /pɜːrl/ 명사 (복 pearls) 진주

Sam gave his girlfriend a **pearl** necklace for her birthday.
샘은 여자 친구에게 생일 선물로 진주 목걸이를 주었다.

The dress is decorated with hundreds of beautiful **pearls**.
그 드레스는 수백 개의 아름다운 진주로 장식되어 있다.

 어휘가 쑥쑥

imitation pearl 모조 진주
cultured pearl 양식 진주
pearl-colored 진주 색깔의

pebble /ˈpebl/ 명사 (복 pebbles) 자갈, 조약돌

The beach is covered with **pebbles**.
해변은 조약돌로 덮여 있다.

peck /pek/ 동사 (3단현 pecks 과거·과분 pecked 현분 pecking) ① 쪼다 ② 가볍게 키스하다
명사 (복 pecks) 가벼운 키스

동 1 (새가 부리로) 쪼다, 쪼아 먹다
Birds **pecked** at the apple. 새들이 사과를 쪼아 먹었다.

2 가볍게 키스하다
She **pecked** her baby on the cheek.
그녀는 아기의 뺨에 가볍게 입을 맞추었다.

명 가벼운 키스
He gave his grandson a **peck** on the forehead.
그는 손자의 이마에 가벼운 입맞춤을 했다.

Birds *pecked* at the apple.

peculiar /pɪˈkjuːliər/
형용사 (비교 more peculiar / 최상 most peculiar) ① 독특한 ② 이상한

1 독특한, 자신만의, 특유의
It's a custom **peculiar** to China. 그것은 중국 특유의 관습입니다.

2 이상한, 묘한 (= odd, strange)
There is something **peculiar** about him.
그에게는 어딘지 묘한 구석이 있다.

어휘가 쑥쑥
peculiarly 부 별나게, 기묘하게, 특히
peculiar smell 묘한 냄새
peculiar talent 특이한 재능

pedal /ˈpedl/
명사 (복 pedals) 페달
동사 (3단현 pedals 과거·과분 pedaled/pedalled 현분 pedaling/pedalling) 페달을 밟다

명 (자전거·자동차 등의) 페달
I slowly pressed the brake **pedal**.
나는 천천히 브레이크 페달을 밟았다.
Put your foot on the bicycle **pedal**.
자전거 페달에 발을 올려놓아라.

동 페달을 밟다
He was **pedaling** very fast. 그는 매우 빨리 페달을 밟고 있었다.

어휘가 쑥쑥
gas pedal (자동차의) 가속 페달

뜻풀이
페달 자전거·재봉틀·풍금 등에서 발로 밟아 작동시키는 장치

pedestrian /pəˈdestriən/
명사 (복 pedestrians) 보행자

Pedestrian only! [게시] 보행자 전용! 차량 금지!
The sidewalks are only for **pedestrians**.
인도는 보행자만을 위한 것입니다.

뜻풀이
보행자 거리를 걸어 다니는 사람

*peel /piːl/
동사 (3단현 peels 과거·과분 peeled 현분 peeling) 껍질을 벗기다
명사 (복 peels) 겉껍질

동 (과일·야채 따위의) 껍질을 벗기다
I'm **peeling** potatoes. 나는 감자 껍질을 벗기는 중이다.

명 겉껍질
She grated lime **peel**. 그녀는 라임 껍질을 강판에 갈았다.

어휘가 쑥쑥
peeler 명 (과일·야채의) 껍질 벗기는 칼

peer /pɪr/ | 명사 (복) peers (지위·나이·직업 등이 같은) 동료, 또래

Bill received praise from his **peers**.
빌은 동료들로부터 칭찬을 받았습니다.

pen /pen/ | 명사 (복) pens 펜

Please fill out this application with a black **pen**.
이 신청서는 검정색 펜으로 작성해 주십시오.

[격언] The **pen** is mightier than the sword.
펜은 칼보다 강하다. (문(文)은 무(武)보다 강하다.)

> 어휘가 쑥쑥
> ballpoint pen 볼펜
> fountain pen 만년필

✱ pencil /ˈpensl/ | 명사 (복) pencils 연필

A: Can I borrow your **pencil**? 연필 좀 빌려줄래요?
B: Sure! Here it is. 물론이죠! 여기 있어요.

> 어휘가 쑥쑥
> colored pencil 색연필

penguin /ˈpeŋwɪn/ | 명사 (복) penguins 펭귄

Penguins are walking in a line on the ice.
펭귄들이 얼음 위를 줄지어 걸어가고 있다.

peninsula /pəˈnɪnsələ/ | 명사 (복) peninsulas 반도 (🔎 대륙에서 뻗어 나와 한쪽만 빼고는 모두 바다로 둘러싸인 땅)

the Korean **Peninsula** 한반도
A **peninsula** has water on three sides. 반도는 3면이 바다이다.

penny /ˈpeni/ | 명사 (복) pennies/pence) (미국·캐나다의) 1센트, (영국의) 1페니

Edward keeps **pennies** in a jar.
에드워드는 1센트짜리 동전을 병에 보관한다.
I found a ten **pence** piece in sand.
나는 모래 속에서 10펜스 동전 하나를 발견했다.

> 실력이 쑥쑥
> pennies는 동전의 개수가 여러 개일 때, pence는 돈의 액수를 이야기할 때 쓴다.

pen pal /ˈpen pæl/ | 명사 (복) pen pals 펜팔 (= pen friend), 편지로 사귄 친구

My sister has a **pen pal** in Canada.
우리 언니는 캐나다에 편지 친구가 있다.

pentagon /ˈpentəgɑːn/ | 명사 (복) pentagons 오각형

a regular **pentagon** 정오각형
A **pentagon** has five sides and five angles.
오각형에는 다섯 개의 면과 각이 있습니다.

> 재미가 쑥쑥
> the Pentagon이라고 쓰면, 미국 국방부 건물을 말한다.

people /ˈpiːpl/ 명사 ① 사람들 ② 국민

1 사람들 《person(사람)의 복수형》
In Mexico, **people** speak Spanish.
멕시코에서 사람들은 스페인어를 말한다.

Most English **people** like tea.
대부분의 영국 사람들은 차를 좋아한다.

Many **people** lost their family and homes in the flood.
많은 사람들이 홍수로 가족과 집을 잃었다.

2 [the와 함께 써서] **국민** (= nation)
Abraham Lincoln stressed the government of the **people**, by the **people**, for the **people**.
에이브러햄 링컨은 국민의, 국민에 의한, 국민을 위한 정부를 강조했다.

> 어휘가 쑥쑥
> the British[American] people 영국[미국] 사람들

> 실력이 쑥쑥
> people이 '일반 사람들'의 뜻으로 쓰일 때는 복수 취급을 하며, a people 또는 peoples로 쓰지 않는다.

pepper /ˈpepər/ 명사 (복) peppers) ① 후추 ② 피망

1 불 **후추** (= black pepper)
A: Would you like some **pepper** in your soup?
수프에 후추 좀 넣어 드릴까요?
B: Yes, just a little bit. 네, 조금만 넣어 주세요.

2 피망 (= bell pepper), **고추** (= hot pepper)
Chop the bell **peppers** and tomatoes finely.
피망과 토마토를 잘게 다지세요.

> 실력이 쑥쑥
> 미국 영어로는 '피망'을 bell pepper 또는 sweet pepper라고도 한다.

per /pər/ 전치사 (사람·시간·양·거리 등) ~당, ~마다 (= for each)

Tickets cost ten dollars **per** person.
표는 1인당 10달러입니다.

The car was traveling at 80 kilometers **per** hour.
자동차는 시속 80킬로미터로 달리고 있었다.

Membership costs $100 **per** year.
회원권은 1년에 100달러이다.

> 어휘가 쑥쑥
> per day[month] 날[달]마다
> per head[person] 1인당
> per liter 리터당

percent /pərˈsent/ 명사 퍼센트, 백분율 《%로 표시한다.》

Five **percent** of the students failed in the final exam.
학생의 5퍼센트가 기말시험에서 낙제하였다.

perfect /ˈpɜːrfɪkt/ 형용사 (비교) more perfect (최상) most perfect) 완벽한, 완전한

I think hot chocolate is the **perfect** drink on a cold day.
따뜻한 코코아는 추운 날에 딱 맞는 음료라고 생각한다.

Nobody is **perfect**. Everybody makes mistakes.
어느 누구도 완벽하지 않다. 누구나 다 실수하기 마련이다.

어휘가 쑥쑥
perfection 명 완벽, 완성
perfectly 부 완벽하게, 완전히

perform /pərˈfɔːrm/ 동사 (3단현) performs (과거·과분) performed (현분) performing)
① 행하다 ② 공연하다

1 행하다, 수행하다, 실행하다 (= do)
The doctor is **performing** an operation right now.
의사 선생님께서는 지금 수술을 하고 계십니다.

He **performed** an experiment with a new cancer treatment.
그는 새로운 암 치료법에 대한 실험을 했다.

2 공연하다, 연기하다 (= act, play)
Our class decided to **perform** the musical *The Sound of Music*. 우리 반은 뮤지컬 '사운드 오브 뮤직'을 공연하기로 결정했다.

He **performed** the role of Romeo in the play.
그는 연극에서 로미오 역을 연기했다.

어휘가 쑥쑥
performer 명 연기자, 연주자
performance 명 수행, 공연, 연기
perform a job[task] 업무를 수행하다
perform a study 연구하다
perform a miracle 기적을 행하다

perfume /pərˈfjuːm/ 명사 (복) perfumes) 향, 향수

The **perfume** of the flowers filled the room.
꽃향기가 방 안을 가득 채웠다.

I love French **perfumes**. 나는 프랑스산 향수를 매우 좋아한다.

어휘가 쑥쑥
wear[spray] perfume 향수를 뿌리다

perhaps /pərˈhæps/ 부사 아마도, 어쩌면, 혹시 (= maybe, possibly)
(↔ certainly, surely 확실히)

She was **perhaps** the greatest pianist of the twentieth century.
그녀는 아마도 20세기의 가장 뛰어난 피아니스트였을 것이다.

period /ˈpɪriəd/ 명사 (복) periods) ① 기간 ② 마침표

1 기간, 시기 (= term)
She lost five kilograms in a short **period** of time.
그녀는 짧은 기간 동안 살을 5킬로그램이나 뺐다.

In this museum, works from all **periods** of history are on display. 이 박물관에는 역사상 모든 시기의 작품들이 전시되어 있다.

어휘가 쑥쑥
long period 장기간
limited period 한정된 기간
fixed period 정해진 기간

2 마침표 (= full stop)

You should put a **period** at the end of the sentence.
문장 끝에는 마침표를 찍어야 한다.

---

permanent /ˈpɜːrmənənt/ 〔형용사〕 영구적인, 영속적인, 오래 지속되는
(↔ temporary 일시적인)

The company plans to hire thirty **permanent** employees this year.
그 회사는 올해 30명의 정규 직원을 뽑을 계획이다.

〔어휘가 쑥쑥〕
permanently 〔부〕 영원히, 영구적으로

---

*permit /pərˈmɪt | ˈpɜːrmɪt/ 〔동사〕 〔3단현〕 permits 〔과거·과분〕 permitted 〔현분〕 permitting
허락하다 〔명사〕 (복) permits) 허가증

〔동〕 **허락하다, 허가하다** (= allow, let)

My parents **permitted** me to travel with my friends.
부모님께서 내가 친구들과 여행을 가도록 허락해 주셨다.

You're not **permitted** to take photos during the performance.
공연 중에는 사진 촬영이 허락되지 않습니다.

If the weather **permits**, we'll go on a picnic tomorrow.
만약 날씨가 허락한다면(좋으면), 우리는 내일 소풍을 갈 것이다.

Permit me to go. / **Permit** my going. 가는 것을 허락해 주세요.

〔명〕 **허가증** (= license)

You should get a parking **permit** to park your car here.
여기에 주차하시려면 주차 허가증을 받으셔야 합니다.

〔어휘가 쑥쑥〕
permission 〔명〕 허락, 허가

〔실력이 쑥쑥〕
동사와 명사의 강세 위치가 다른 것에 주의한다.

---

*person /ˈpɜːrsn/ 〔명사〕 (복) persons, people) 사람, 인간 (= human)

Most Americans feel uncomfortable when a **person** stands too close.
대부분의 미국인들은 어떤 사람이 너무 가까이 서 있으면 불편함을 느낀다.

My younger brother is the tallest **person** in my family.
내 남동생이 우리 가족 중에서 가장 키가 큰 사람이다.

Neil Armstrong was the first **person** to walk on the moon.
닐 암스트롱은 달 표면에 발을 내딛은 첫 번째 사람이었다.

〔어휘가 쑥쑥〕
salesperson 판매원
businessperson 사업가
morning person 아침형 인간
in person 직접, 몸소

---

personal /ˈpɜːrsənl/ 〔형용사〕 ① 개인의 ② 사적인

1 개인의, 개인에게 속한

That's my **personal** opinion. 그것은 내 개인적인 생각이다.

Jill packed her **personal** belongings and left.
질은 본인 소지품을 챙겨서 떠났다.

〔어휘가 쑥쑥〕
personally 〔부〕 개인적으로, 직접

2 사적인, 개인에 관한

Mary has got problems in her **personal** life.
메리는 사생활에 문제가 있다.

*personality /ˌpɜːrsəˈnæləti/ | 명사 (복) personalit(ies) 성격, 개성

He has a warm and cheerful **personality**.
그는 따뜻하고 명랑한 성격을 가지고 있다.

The children all have different **personalities**.
아이들은 모두 성격이 다르다.

Jennifer is a young woman with a strong **personality**.
제니퍼는 개성이 강한 젊은 여성이다.

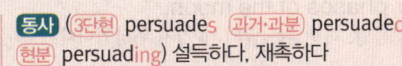
double personality
이중인격
outgoing personality
외향적인 성격

persuade /pərˈsweɪd/ | 동사 (3단현) persuades (과거·과분) persuaded (현분) persuading 설득하다, 재촉하다

I **persuaded** him to try again and again until he succeeds.
나는 그에게 성공할 때까지 계속 다시 도전하라고 설득했다.

The players **persuaded** the coach not to leave the team.
선수들은 팀을 떠나지 말라고 코치를 설득했다.

persuasion 명 설득
persuasive 형 설득력 있는

pessimistic /ˌpesɪˈmɪstɪk/ | 형용사 (비교) more pessimistic (최상) most pessimistic 비관적인, 염세적인 (↔ optimistic 낙관적인)

I think Charles is extremely **pessimistic**.
찰스가 너무 비관적인 것 같다.

*pet /pet/ | 명사 (복) pets ① 애완동물 ② 귀염둥이

1 애완동물

This cat is my **pet**. 이 고양이가 내 애완동물이야.

A: What kind of **pet** would you like to have?
어떤 애완동물을 기르고 싶니?

B: I would like to keep a snake for a **pet**.
나는 뱀을 애완용으로 길러 보고 싶어.

2 귀염둥이

Tom is the teacher's **pet**. 톰은 선생님의 귀여움을 받는 학생이다.

I would like to keep a snake for a *pet*.

petroleum /pəˈtroʊliəm/ | 명사 석유

Our country imports **petroleum** from the Middle East.
우리나라는 중동에서 석유를 수입한다.

pharmacy /ˈfɑːrməsi/ | 명사 (복) pharmacies) 약국 (= drugstore)

Take this prescription to the **pharmacy**.
이 처방전을 약국으로 가져가세요.

어휘가 쑥쑥
pharmacist 명 약사

phase /feɪz/ | 명사 (복) phases) ① 단계 ② 모습

1 단계 (= stage), 국면
Sean completed the first **phase** of his training.
숀은 훈련의 첫 단계를 마쳤다.

어휘가 쑥쑥
early phase 초기 단계
final phase 최종 단계

2 (달의) 상(○), 모습
The new moon, the young moon, the full moon, and the old moon are four **phases** of the moon.
초승달, 상현달, 보름달, 하현달은 달의 네 가지 위상입니다.

뜻풀이
상 달이나 행성이 시간의 흐름에 따라 다르게 보이는 모습

phenomenon /fəˈnɑːmɪnən/ | 명사 (복) phenomena, phenomenons) 현상

An aurora is a natural **phenomenon**.
오로라는 자연 현상입니다.
An unexplainable **phenomenon** occurs a lot.
설명할 수 없는 현상들이 많이 일어난다.

어휘가 쑥쑥
weather phenomenon 기상 현상

philosophy /fəˈlɑːsəfi/ | 명사 철학

Daniel majored in **philosophy** in college.
대니얼은 대학에서 철학을 전공했습니다.

phone /foʊn/ | 명사 (복) phones) 전화 동사 (3단현) phones (과거·과분) phoned (현분) phoning) 전화를 걸다

명 전화, 전화기 (= telephone)
I called Sally several times, but she didn't answer the **phone**.
나는 샐리한테 여러 번 전화를 했지만, 샐리는 전화를 받지 않았다.
I got a **phone** call from my old friend this morning.
나는 오늘 아침에 옛 친구로부터 전화를 받았다.
A: What is John doing? 존은 지금 뭐 하고 있니?
B: He's on the **phone**. 지금 전화 받고 있어요.

어휘가 쑥쑥
phone book 전화번호부
phone booth 공중전화 박스
phone bill 전화 요금
talk[speak] on the phone 전화 통화를 하다
pick up the phone 전화를 받다
hang up the phone 전화를 끊다

동 전화를 걸다 (= call, telephone)
I **phoned** Mike to ask a favor of him.
나는 마이크에게 부탁할 것이 있어서 전화했다.

photo /ˈfoʊtoʊ/ | 명사 (복) photos) 사진 (= photograph)

Fill out the application form and attach your **photo**.
신청서를 모두 작성하고 사진을 붙이세요.

He put up some interesting **photos** on his homepage.
그는 재미있는 사진 몇 장을 홈페이지에 올렸다.

*photograph /ˈfoʊtəɡræf/ | 명사 (복) photographs) 사진

I took a **photograph** of the beautiful landscape.
나는 아름다운 풍경을 사진을 찍었다.

Please give me a copy of your **photograph**.
당신의 사진을 한 장 주세요.

어휘가 쑥쑥
photographer 명 사진가
photography 명 사진 촬영

*phrase /freɪz/ | 명사 (복) phrases) [문법] 구(句)

a noun[verb] **phrase** 명사[동사]구
The group of words "in the box" is a **phrase**.
"in the box"와 같이 단어가 모여 있는 것이 구(句)이다.

뜻풀이
구 둘 이상의 단어가 모여 문장의 한 성분이 되는 토막

*physical /ˈfɪzɪkl/ | 형용사 (비교) more physical (최상) most physical)
신체의 (↔ mental 정신적인), 물리적인, 물리학의

Physical activities such as swimming or jogging make our bodies strong.
수영이나 조깅과 같은 신체 활동은 우리 몸을 튼튼하게 해 준다.

Taekwondo requires both mental and **physical** training.
태권도는 정신적 훈련과 신체적 훈련을 모두 요구한다.

어휘가 쑥쑥
physics 물리학
physician 내과 의사
physical education 체육

piano /piˈænoʊ/ | 명사 (복) pianos) 피아노 (☞ instrument)

I heard Anne playing the **piano**.
나는 앤이 피아노 치는 것을 들었다.

The singer sang to the **piano**.
그 가수는 피아노 반주에 맞추어 노래했다.

어휘가 쑥쑥
pianist 명 피아니스트
practice the piano 피아노 연습을 하다

*pick /pɪk/ | 동사 (3단현) picks (과거·과분) picked (현분) picking) ① 고르다 ② 줍다 ③ 따다

1 고르다, 뽑다 (= choose, select)
Kelly **picked** a piece of cake on the plate.
켈리는 접시에서 케이크 한 조각을 골랐다.

어휘가 쑥쑥
picky 형 까다로운

Henry **picked** a good place to camp.
헨리는 캠핑하기에 좋은 장소를 골랐다.

2 줍다, 집어 올리다
Pick up trash and throw it in a trash can.
쓰레기를 주워서 쓰레기통에 버려라.

3 (과일·꽃 등을) 따다, 꺾다
My grandfather is **picking** tomatoes in the garden.
우리 할아버지는 정원에서 토마토를 따고 계신다.
Don't **pick** flowers in the garden. 정원에 있는 꽃들을 꺾지 마세요.

숙어 **pick up** ① (물건을) 가지러 가다 ② (사람을) 데리러 가다
A: We have finished fixing your computer.
손님의 컴퓨터 수리가 끝났습니다.
B: Okay. I'll *pick* it *up* tomorrow morning.
알겠습니다. 내일 오전에 가지러 갈게요.

A: What time will you arrive? I'll *pick* you *up* at the airport.
몇 시에 도착하니? 내가 공항에 마중 나갈게.
B: At five. Thank you so much! 다섯 시에 도착해. 정말 고마워!

pick a color 색을 고르다
pick a style 스타일을 고르다
pick a date 날짜를 선택하다
pick the best 최상을 선택하다
pick one's words 말을 가려서 하다
pick one at random 무작위로 하나 선택하다
pick one's nose 코를 후비다
pick a pocket 소매치기를 하다
pickpocket 소매치기

pickle /ˈpɪkl/ | 명사 (복) pickles) 피클(오이나 올리브 등을 식초나 소금 등에 절여서 만든 음식)

Carl doesn't like cucumber **pickles**.
칼은 오이 피클을 좋아하지 않는다.

＊picnic /ˈpɪknɪk/ | 명사 (복) picnics) 소풍, 나들이, 피크닉

A: Let's go on a **picnic** this Sunday. 이번 일요일에 소풍 가자.
B: Okay. I'll pack sandwiches.
좋아. 내가 샌드위치를 싸 가지고 갈게.

어휘가 쑥쑥
picnic table 야외용 테이블

＊picture /ˈpɪktʃər/ | 명사 (복) pictures) ① 그림 ② 사진

1 그림 (= painting)
Students drew[painted] **pictures** of their teacher in the art class. 학생들은 미술 시간에 선생님의 모습을 그렸다.
Where can I hang this **picture**? 이 그림은 어디에 걸면 되죠?

2 사진 (= photograph, photo)
This is a **picture** of Central Park in New York.
이것은 뉴욕의 센트럴 파크의 사진이다.
You're not allowed to take **pictures** in the museum.
박물관 내에서는 사진 촬영을 할 수 없습니다.

어휘가 쑥쑥
landscape picture 풍경 사진
black-and-white picture 흑백 사진
graduation picture 졸업 사진
picture frame 액자

pie /paɪ/ 〔명사〕 (복) pies 파이(🔎)

My grandmother often bakes apple **pies**.
우리 할머니는 자주 애플파이를 구워 주신다.

〔숙어〕 **(as) easy as pie** 아주 쉬운
Making your blog online is *as easy as pie*.
온라인에 블로그를 만드는 것은 아주 쉽다.

pie in the sky 헛된 기대, 그림의 떡
The talk of winning a lottery is just *pie in the sky*.
복권 당첨에 대한 이야기는 그림의 떡일 뿐이다.

🔎 뜻풀이
파이 과일이나 고기를 밀가루 반죽 안에 넣고 구운 서양식 과자. fruit pie(과일 파이), apple pie(사과 파이), meat pie(고기 파이) 등이 있다.

*piece /piːs/ 〔명사〕 (복) pieces 한 조각, 한 장

I had a **piece** of bread and a glass of milk for breakfast.
나는 아침 식사로 빵 한 조각과 우유 한 잔을 먹었다.

The cook cut meat into small **pieces**.
요리사는 고기를 작은 조각으로 잘랐다.

Could you give me two **pieces**[sheets] of paper?
종이 두 장만 주시겠어요?

〔숙어〕 **a piece of cake** 아주 쉬운 일
Riding a bicycle is *a piece of cake* for me.
자전거를 타는 것은 나에겐 아주 쉬운 일이다.

to[into] pieces 산산조각으로
The vase was broken *to pieces*. 그 꽃병은 산산조각이 났다.

실력이 쑥쑥
셀 수 없는 명사의 수량 표시
• a piece[two pieces] of cake (케이크 한[두] 조각)
• a piece[two pieces] of pizza (피자 한[두] 조각)
• a piece[two pieces] of furniture (가구 한[두] 점)
• a piece[two pieces] of paper (종이 한[두] 장)

**pig /pɪg/ 〔명사〕 (복) pigs 돼지 (☞ animal)

The farmer keeps **pigs**. 그 농부는 돼지를 기른다.
Pigs have short legs, fat bodies, and curled tails.
돼지는 짧은 다리, 뚱뚱한 몸, 그리고 꼬부라진 꼬리를 가지고 있다.
Piggy banks are shaped like **pigs**.
돼지 저금통은 돼지 모양으로 생겼다.

어휘가 쑥쑥
piglet 새끼 돼지
piggy (어린아이 말로) 돼지

pigeon /ˈpɪdʒən/ 〔명사〕 (복) pigeons 비둘기 (☞ bird)

Children are feeding the **pigeons** in the park.
아이들이 공원에서 비둘기에게 모이를 주고 있다.

*pile /paɪl/ 〔명사〕 (복) piles ① 쌓아 올린 것 ② 많음
〔동사〕 (3단현) piles (과거·과분) piled (현분) piling 쌓아 올리다

pile

명 1 쌓아 올린 것, 더미
I found a **pile** of dirty clothes under the bed.
나는 침대 아래에서 더러운 옷 더미를 찾아냈다.
Books lay in **piles** on the floor.
책들이 바닥에 쌓여 있었다.

2 많음, 다수, 다량 (= lot)
I have **piles** of papers on my desk.
내 책상 위에 서류가 잔뜩 있다.

동 쌓아 올리다, 쌓다, 싣다
They **piled** plenty of firewood. 그들은 땔감을 많이 쌓아 올렸다.

> **어휘**가 쑥쑥
> a pile of sand 모래 더미
> a pile of earth 흙더미
> a pile of dirt 먼지 더미
> a pile of leaves 낙엽 더미
> a pile of wood 장작 더미
> a pile of paperwork
> 많은 서류 작업

*pill /pɪl/ 명사 (복) pills 알약 (= tablet)

This **pill** will reduce your headache.
이 알약을 먹으면 두통이 줄어들 것이다.
It is dangerous to take sleeping **pills** too much.
수면제를 과다 복용하는 것은 위험하다.

> **실력**이 쑥쑥
> 가루약은 powdered medicine, 물약은 liquid medicine이다.

pillar /ˈpɪlər/ 명사 (복) pillars 기둥 (= column)

The palace has four large stone **pillars**.
그 궁전에는 커다란 돌기둥이 네 개가 있다.
We saw a **pillar** of smoke over the mountain.
우리는 산 위로 연기 기둥을 보았다.

> **어휘**가 쑥쑥
> marble pillar 대리석 기둥
> square pillar 사각 기둥
> pillar of fire 불기둥

pillow /ˈpɪloʊ/ 명사 (복) pillows 베개 (☞ bedroom)

I cannot sleep without a **pillow**. 나는 베개가 없으면 잠을 못 잔다.

pilot /ˈpaɪlət/ 명사 (복) pilots 조종사, 파일럿 (☞ job)

Ahn Chang-nam was the first **pilot** in Korea.
안창남은 대한민국 최초의 비행기 조종사였다.

> **어휘**가 쑥쑥
> co-pilot 부조종사

*pin /pɪn/
명사 (복) pins 핀
동사 (3단현) pins (과거·과분) pinned (현분) pinning 핀으로 꽂다

명 핀, 장식용 핀, 안전핀
He fixed a butterfly with a **pin**. 그는 나비를 핀으로 고정시켰다.
My brother poked the balloon with a **pin**, and it popped.
동생이 풍선을 핀으로 찔러서 터뜨렸다.

> **어휘**가 쑥쑥
> tiepin 넥타이핀
> hairpin 머리핀
> safety pin 안전핀, 옷핀

통 **핀으로 꽂다[고정하다]**
He **pinned** a note on the board.
그는 게시판에 쪽지를 핀으로 꽂았다.

pine /paɪn/ | 명사 (복) pines 소나무, 솔 (= pine tree)

My grandfather takes a walk in the **pine** forest every morning.
우리 할아버지는 매일 아침 소나무 숲에서 산책을 하신다.

pineapple /ˈpaɪnæpl/ | 명사 (복) pineapples 파인애플 (☞ fruit)

Hawaiian pizza tastes sweet because it has **pineapples** on it.
하와이안 피자에는 파인애플이 들어 있어서 단맛이 난다.

ping-pong /ˈpɪŋ pɑːŋ/ | 명사 탁구 (= table tennis)

We played **ping-pong** after school.
우리는 방과 후에 탁구를 쳤다.

✱✱pink /pɪŋk/ | 명사 (복) pinks 분홍색 형용사 분홍색의

명 **분홍색, 핑크색** (☞ color)
Anne was dressed in **pink** and wore a pink ribbon in her hair.
앤은 분홍색 옷을 입고 머리에 분홍색 리본을 달고 있었다.

형 **분홍색의, 핑크색의**
Kids saw **pink** flamingoes at the zoo.
아이들은 동물원에서 홍학을 보았다.

> 어휘가 쑥쑥
> **bright[hot] pink** 선명한 분홍색
> **pale[light] pink** 연분홍
> **turn pink** 분홍빛이 되다

pipe /paɪp/ | 명사 (복) pipes ① 관 ② 담뱃대

1 관, 파이프 (= tube)
The gas **pipe** is leaking. 가스관이 새고 있다.
The water **pipe** burst because of the cold weather.
추운 날씨 때문에 수도관이 터졌다.

2 담뱃대, 담배 파이프
An old professor is smoking a **pipe**.
한 노교수가 파이프 담배를 피우고 있다.

> 어휘가 쑥쑥
> **drainpipe** 배수관
> **oil pipe** 송유관
> **pipeline** (물·가스 등의) 수송관

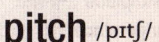

pitch /pɪtʃ/ | 동사 (3단현) pitches (과거·과분) pitched (현분) pitching ① 던지다 ② 공을 던지다 ③ 설치하다 명사 (복) pitches ① 음의 높이 ② 투구

동 1 던지다, 내던지다
She **pitched** a letter into the fire. 그녀는 편지를 불 속으로 던졌다.

2 (타자에게) 공을 던지다
He **pitched** a curve really well in the last game.
그는 지난 경기에서 커브 볼을 정말 잘 던졌다.

3 (텐트 등을) 치다, 설치하다
We should **pitch** a tent first. 텐트부터 먼저 쳐야겠다.

명 1 음의 높이
He sang in a low **pitch**. 그는 낮은 음조로 노래를 불렀다.

2 (공의) 투구()
His first **pitch** was very high.
그의 첫 번째 투구는 매우 높았다.

어휘가 쑥쑥
pitcher 명 (야구의) 투수

뜻풀이
투구 (야구에서) 투수가 포수를 향해 공을 던지는 것

He *pitched* a curve really well.

pity /ˈpɪti/ 명사 (복) pities) ① 가엾음 ② 유감스러운 일

1 가엾음, 불쌍히 여김, 동정
We felt **pity** for the child. 우리는 그 아이가 가여웠다.
She always took **pity** on poor people and helped them.
그녀는 항상 형편이 어려운 사람들을 불쌍히 여겼고, 그들을 도왔다.

2 유감스러운 일
It is a **pity** that he can't come to the meeting this afternoon.
그가 오늘 오후에 회의에 올 수 없다니 정말 유감이다.

실력이 쑥쑥
What a pity! (정말 유감이다!)
= That's a pity!
= That's too bad.
= That's a shame.

pizza /ˈpiːtsə/ 명사 (복) pizzas) 피자

A: I'd like to order a large supreme **pizza**.
슈프림 피자 라지 사이즈로 한 판 주문할게요.
B: OK. We will deliver your **pizza** within 30 minutes.
알겠습니다. 30분 내로 배달해 드리겠습니다.

어휘가 쑥쑥
a slice of pizza
피자 한 조각

*place /pleɪs/ 명사 (복) places) ① 장소 ② 좌석 ③ 집
동사 (3단현) places 과거·과분 placed 현분 placing) 놓다

명 1 장소, 지점, 곳 (= location, site)
We looked for a good **place** to put up our tents.
우리는 텐트 치기 좋은 장소를 찾았다.
These plants do not grow well in dry **places**.
이 식물들은 건조한 곳에서는 잘 자라지 않는다.

2 좌석, 자리 (= seat)

어휘가 쑥쑥
hiding place 은신처
meeting place 만남의[회의] 장소
public place 공공장소
strange place 낯선 장소
safe place 안전한 장소

Please go back to your **place**. 자리로 돌아가세요.
There's no **place** to sit here. 여기에는 앉을 곳이 없다.

3 집, 사는 곳
Can you come to my **place** tomorrow? 내일 우리 집에 올래?

동 놓다, 두다, 올려놓다 (= put)
He **placed** old magazines on the shelf.
그는 옛날 잡지들을 선반 위에 올려놓았다.
If the computer monitor is **placed** too high or low, your neck can get hurt.
컴퓨터 모니터가 너무 높거나 낮게 놓여 있으면, 목이 아플 수 있다.

숙어 in place of ~ 대신에 (= instead of)
Margarine can be used *in place of* butter when you bake a cake.
케이크를 구울 때 버터 대신에 마가린을 사용할 수 있다.

take place 일어나다, 발생하다 (= happen, occur)
The car accident *took place* at the crossroad.
그 교통사고는 사거리에서 일어났다.

in places 여기저기
all over the place 사방에
in the first place 우선, 먼저
from place to place 이곳 저곳으로

(실력이 쑥쑥)
place '장소'를 의미하는 가장 일반적인 말
position 사람이나 사물이 특정한 시간에 있는 장소
location 호텔이나 상점 등의 특정한 장소나 위치
site 건물이나 도시 등이 들어설 부지

---

* **plain**¹ /pleɪn/ | 형용사 (비교) plainer (최상) plainest) ① 분명한 ② 꾸밈없는 ③ 알기 쉬운

1 분명한, 명백한 (= obvious)
He has made his feelings **plain** enough.
그는 충분히 자신의 감정을 분명히 했다.

2 꾸밈없는, 수수한, 소박한 (= simple)
My boss always wears a **plain** dress.
우리 사장님은 항상 수수한 옷을 입는다.
I was impressed with his **plain** living.
나는 그의 검소한 생활에 감명 받았다.

3 알기 쉬운, 쉬운
He explained it to me in **plain** language.
그는 그것을 알기 쉬운 말로 나에게 설명했다.

(어휘가 쑥쑥)
plainly 🔁 분명히, 꾸밈없이
plain fact 명백한 사실
plain paper 백지
plain face 평범한 얼굴
plain food 소박한 음식
plain yogurt 플레인 요구르트(아무것도 들어가지 않은 요구르트)

---

plain² /pleɪn/ 명사 (복) plains) 평원, 평야

Giraffes live in herds on the **plains** of Africa.
기린들은 아프리카의 평원에서 무리를 지어 산다.

**  /plæn/ 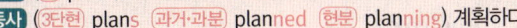 계획하다

plane

명 1 계획

We should make **plans** for this evening.
우리는 오늘 저녁 계획을 세워야 한다.

Do you have any **plans** for the vacation?
휴가 때 뭐 특별한 계획 있어?

2 설계도

This is the **plan** for the new hotel. 이것은 새 호텔 설계도이다.

동 계획하다, 설계하다

We are **planning** to spend a vacation in Florida.
우리는 플로리다에서 방학을 보낼 계획이다.

Olmsted **planned** New York City's Central Park.
옴스테드는 뉴욕시의 센트럴 파크를 설계했다.

어휘가 쑥쑥
long[short]-term plan 장기[단기] 계획
specific plan 구체적인 계획
ruin a plan 계획을 망치다
carry out a plan 계획을 실행하다
plan ahead 미리 계획을 세우다
plan for the future 장래의 계획을 세우다

※ plane /pleɪn/ 명사 (복) planes) 비행기 (= airplane)

The **plane** will arrive at the airport in 30 minutes.
비행기는 30분 후에 공항에 도착하겠습니다.

A model **plane** is flying high in the air.
모형 비행기가 하늘 높이 날고 있다.

어휘가 쑥쑥
by plane 비행기로
on the plane 기내에서

※ planet /ˈplænɪt/ 명사 (복) planets) ① 행성 ② 세상

1 행성(♀)

Planets move around the sun and receive light from it.
행성은 태양의 둘레를 돌면서 태양으로부터 빛을 받는다.

Earth is the name of the **planet** where we live.
지구는 우리가 살고 있는 행성의 이름이다.

2 [the와 함께 써서] 세상

Elephants are the largest animals on the **planet**.
코끼리는 세상에서 제일 큰 동물이다.

뜻풀이
행성 태양의 둘레를 도는 별

어휘가 쑥쑥
major planet 대행성
minor planet 소행성

※ plant /plænt/ 명사 (복) plants) ① 식물 ② 공장
동사 (3단현) plants (과거·과분) planted (현분) planting) 심다, 뿌리다

명 1 식물, 풀 (↔ animal 동물)

Little green **plants** were coming up out of the ground.
작고 푸른 풀들이 땅에서 돋아나고 있었다.

Mom waters the **plants** in the living room every morning.
엄마는 아침마다 거실에 있는 식물들에 물을 주신다.

2 공장 (= factory), **설비, 시설**

어휘가 쑥쑥
rare plant 희귀 식물
tropical plant 열대 식물
chemical plant 화학 공장
printing plant 인쇄 공장

My uncle is working at the nuclear power **plant**.
우리 삼촌은 원자력 발전소에서 일하신다.

A huge **plant** was built in my hometown last year.
작년에 우리 고향에 커다란 공장이 세워졌다.

동 심다, 뿌리다

Farmers **plant** seed in the spring. 농부는 봄에 씨를 뿌린다.

My father **planted** some apple trees in the garden.
아버지가 정원에 사과나무 몇 그루를 심으셨다.

Farmers *plant* seed in the spring.

plastic /ˈplæstɪk/ 　명사 (복) plastics 플라스틱　형용사 플라스틱의

명 플라스틱, 합성수지

A lot of children's toys are made of **plastic**.
많은 어린이 장난감이 플라스틱으로 만들어져 있다.

어휘가 쑥쑥
plastic container
플라스틱 용기
plastic wrap (식품 포장용) 비닐 랩

형 플라스틱의, 합성수지의

I bought **plastic** cups and **plastic** plates for a picnic.
나는 소풍 때 쓰려고 플라스틱 컵과 플라스틱 접시를 샀다.

A: Can I get a **plastic** bag? 비닐봉지 하나 주시겠어요?
B: You have to pay 100 won to get one.
　비닐봉지를 받으시려면 100원을 내셔야 합니다.

실력이 쑥쑥
우리가 흔히 사용하는 '비닐봉지'는 vinyl bag이 아니라 plastic bag이라고 한다.

* plate /pleɪt/ 　명사 (복) plates ① 접시 ② 요리

1 (납작하고 둥근) 접시 (= dish) (☞ dining room)

Jane piled up salad on a **plate**.
제인은 접시 하나에 샐러드를 가득 담았다.

어휘가 쑥쑥
clean one's plate 접시를 깨끗이 비우다
dinner plate 정찬용 접시
glass plate 유리 접시

2 (접시에 담은) 요리, 요리 한 접시 (= dish)

My new neighbor brought a **plate** of rice cakes.
새로 이사 온 이웃이 떡 한 접시를 가져왔다.

* platform /ˈplætfɔːrm/ 　명사 (복) platforms ① 승강장 ② 단상

1 (역의) 승강장, 플랫폼

He stood on the departure[arrival] **platform**.
그는 출발[도착] 승강장에 서 있었다.

The train to Chicago will arrive at **platform** five at 10:15.
시카고행 열차가 10시 15분에 5번 승강장에 도착할 예정입니다.

재미가 쑥쑥
영국이나 미국의 기차역에는 우리나라와 같은 플랫폼이란 것은 거의 없다. 승차 안내에는 트랙(track) 번호를 사용한다.

2 단, 단상, 교단

William went up to the **platform** to get the prize.
윌리엄은 상을 받기 위해서 단상에 올라갔다.

*play /pleɪ/

동사 (3단현) play**s** (과거·과분) play**ed** (현분) play**ing** ① 경기를 하다 ② 놀다 ③ 연주하다 **명사** (복) play**s** ① 연극 ② 놀이

동 1 경기를 하다, 게임을 하다 (☞ 700, 701쪽)
My father **plays** soccer every Sunday morning.
아버지는 일요일 아침마다 축구를 하신다.
I enjoy **playing** board games with my friends.
나는 친구들과 보드게임 하는 것을 즐긴다.

2 놀다
Mike is **playing** with his new toy car.
마이크는 새 장난감 자동차를 가지고 놀고 있다.

3 (악기를) 연주하다, (연극 등을) 상연하다 (= perform)
The Scots **play** the bagpipes.
스코틀랜드 사람들은 백파이프를 연주한다.
The band **plays** jazz in clubs. 그 밴드는 클럽에서 재즈를 연주한다.

명 1 연극, 희곡 (= drama)
I like Shakespeare's **plays**, especially *Hamlet*.
나는 셰익스피어의 희곡을 좋아하는데, 특히 '햄릿'을 좋아한다.
When the **play** was over, the entire audience stood up and clapped.
연극이 끝나자, 관객들이 모두 일어나서 박수를 쳤다.

2 불 (아이들의) 놀이, 경기 (= entertainment)
She watched the children at **play**.
그녀는 아이들이 놀고 있는 것을 지켜봤다.

[속담] All work and no **play** makes Jack a dull boy.
공부만 하고 놀지 않으면 잭은 바보가 된다. (공부할 때는 공부하고 놀 때는 놀아야 한다.)

숙어 **play a ~ role[part]** ~ 역할을 맡다, ~ 배역을 맡아 연기하다
He is *playing an* important *role* in the new project.
그는 새 프로젝트에서 중요한 역할을 맡고 있다.

실력이 쑥쑥
악기에는 play the violin처럼 정관사(the)를 붙이지만, 운동에는 play tennis처럼 정관사를 붙이지 않는다.

어휘가 쑥쑥
playful 혱 장난기 많은, 놀기 좋아하는
play cards[chess] 카드[체스]를 하다
play a game 경기[시합]를 하다
play by oneself 혼자서 놀다
fair play 페어플레이 (정정당당한 승부)
put on a play 연극을 상연하다
write a play 희곡[각본]을 쓰다

---

player /'pleɪər/ 명사 (복) player**s** ① 선수 ② 연주가 ③ 재생기

1 선수, 운동하는 사람 (= sportsman)
We need 5 **players** to make a basketball team.
농구 팀을 만들려면 다섯 명의 선수가 필요하다.

2 연주가 (= performer)
Kenny G is a famous saxophone **player**.
케니지는 유명한 색소폰 연주가이다.

어휘가 쑥쑥
great player 기량이 뛰어난 선수
star player 스타 선수 (인기 많은 선수)
key[main] player 주전 선수

3 (비디오·CD 등의) 플레이어, 재생기
I bought a DVD **player**. Let's watch a movie in my house this weekend.
나 DVD 플레이어 샀어. 이번 주말에 우리 집에서 영화 보자.

playground /ˈpleɪɡraʊnd/ 명사 (복) playgrounds) 운동장, 놀이터 (= ground)

Students are playing baseball on the **playground**.
학생들이 운동장에서 야구를 하고 있다.

There is a large children's **playground** next to the apartment.
아파트 옆에는 넓은 어린이 놀이터가 있습니다.

어휘가 쑥쑥
indoor[outdoor] playground 실내[야외] 운동장

*pleasant /ˈpleznt/ 형용사 (비교) more pleasant, pleasanter (최상) most pleasant, pleasantest) ① 즐거운 ② (날씨가) 좋은

1 즐거운, 기쁜, 유쾌한 (↔ unpleasant 불쾌한, 기분 나쁜)
We danced to **pleasant** music.
우리는 즐거운 음악에 맞춰 춤을 췄다.

2 (날씨가) 좋은, 쾌적한, 상쾌한
In Korea, spring is warm and **pleasant**.
한국의 봄은 따뜻하고 쾌적하다.

어휘가 쑥쑥
pleasantly 튀 유쾌하게, 즐겁게
pleasant smile 상냥한 미소
pleasant climate 쾌적한 기후

**please¹ /pliːz/ 감탄사 ① 제발 ② 기꺼이

1 [정중하게 부탁하거나 요구할 때] **제발, 부디**
Please turn off your cell phones.
휴대 전화는 꼭 꺼 주세요.

Would you **please** take a picture of us?
저희 사진 좀 찍어 주시겠어요?

2 [권유·제안에 대해] **기꺼이**
A: Do you want a ride home? 집까지 태워다 드릴까요?
B: Yes, **please**. Thank you. 네, 부탁해요. 고맙습니다.

A: What would you like to drink?
음료는 무엇으로 하시겠어요?
B: Orange juice, **please**. 오렌지주스 주세요.

실력이 쑥쑥
Please don't! (제발 하지 마세요!)
Please be quiet! (조용히 하세요!)
Please be careful! (조심하세요!)
Please help yourself! (마음껏 드세요!)

please² /pliːz/ 동사 (3단현) pleases (과거·과분) pleased (현분) pleasing) 기쁘게 하다, 만족시키다

Lucy **pleased** her parents because she got a scholarship.
루시는 장학금을 받아서 부모님을 기쁘게 해 드렸다.

pleased /pliːzd/ 형용사 (비교) more pleased (최상) most pleased) 기뻐하는, 만족해하는
(= delighted)

I'm Alan. I am **pleased** to meet you.
저는 앨런이에요. 만나게 되어 기뻐요.

Alex was **pleased** with the result of the test.
알렉스는 시험 결과에 만족했다.

어휘가 쑥쑥
pleasing 형 (사물·상황이) 기쁨을 주는

*pleasure /ˈpleʒər/ 명사 (복) pleasures) ① 기쁨 ② 즐거운 일

1 (불) 기쁨, 즐거움 (= enjoyment, joy)
Music and art give us **pleasure**.
음악과 예술은 우리에게 즐거움을 준다.

A: We'll have a party tonight. Will you join us?
오늘 밤에 파티할 건데, 오시겠어요?
B: With **pleasure**! 기꺼이 갈게요!

2 즐거운 일, 기쁜 일
It's such a **pleasure** for me to meet old friends.
옛 친구를 만나는 일은 내게 큰 기쁨이다.

It is my great **pleasure** to introduce Dr. Brown to you.
브라운 박사님을 여러분께 소개하게 되어 정말 영광입니다.

A: How kind of you! Thank you! 정말 친절하시네요! 고맙습니다!
B: It is my **pleasure**. 별말씀을요.

실력이 쑥쑥
pleasure 즐기는 일을 하거나 매우 좋은 일이 일어났을 때 자주 느끼는 감정
joy 좋은 일의 결과로 매우 큰 행복의 감정을 느낄 때

실력이 쑥쑥
감사 인사에 대한 대답
It's my pleasure. (천만에요.)
= You're welcome.
= It's a pleasure.
= Not at all.

*plenty /ˈplenti/ 명사 많음, 충분함 (↔ lack 부족, 결핍)

You should get **plenty** of sleep when you feel tired.
피곤할 때는 잠을 충분히 자야 한다.

A: How many notebooks do you need? 공책 몇 권이 필요하니?
B: Two is **plenty**. 두 권이면 충분해.

어휘가 쑥쑥
plenty to see[drink] 많은 볼거리[마실 거리]

plug /plʌg/ 명사 (복) plugs) ① 전기 플러그 ② 마개
동사 (3단현) plugs (과거·과분) plugged (현분) plugging) 틀어막다

명 1 전기 플러그
Don't put the **plug** into the outlet with wet hands.
젖은 손으로 콘센트에 플러그를 꽂지 마라.

2 (욕조·싱크대 등의 구멍을 막는) 마개 (= cap)
Put the **plug** in so the water won't drain from the sink.
세면대에서 물이 흘러 나가지 않도록 마개를 닫아라.

어휘가 쑥쑥
unplug 플러그를 뽑다
bath plug 욕조 마개
earplug 귀마개

동 (구멍·관 등을) 틀어막다

He **plugged** the hole with a small piece of wood.
그는 작은 나뭇조각으로 구멍을 막았다.

plum /plʌm/ | 명사 (복) plums) 자두

The **plums** are not ripe yet. 자두가 아직 익지 않았다.

*plus /plʌs/ | 전치사 ~을 더하여 (↔ minus ~을 빼서)

Two **plus** three is[equals] five. 2 더하기 3은 5이다.

*p.m., P.M. /ˌpiː ˈem/ | 오후 (↔ a.m., A.M. 오전)

A: What time does the department store open?
백화점이 몇 시에 문을 여나요?
B: It opens at 10:30 a.m. and closes at 7:30 **p.m**.
오전 10시 30분에 열어서 오후 7시 30분에 닫습니다.

실력이 쑥쑥
라틴어 post meridiem(정오 이후)의 약자이다.

*pocket /ˈpɑːkɪt/ | 명사 (복) pockets) 주머니

He put his cell phone in his **pocket**.
그는 휴대 전화를 주머니에 넣었다.
Kelly is wearing a coat with **pockets**.
켈리는 주머니가 달린 코트를 입고 있다.

어휘가 쑥쑥
inside[back] pocket
(옷의) 안[뒷]주머니
pocket money 용돈

*poem /ˈpoʊəm/ | 명사 (복) poems) (한 편의) 시

I read a **poem** in front of a lot of people at the school festival.
나는 학교 축제 때 많은 사람들 앞에서 시를 낭독했다.
Shakespeare wrote **poems** as well as dramas.
셰익스피어는 희곡뿐만 아니라 시도 썼다.

실력이 쑥쑥
poetry 문학 장르로서의 시 또는 시인이 쓴 작품 전체

*poet /ˈpoʊət/ | 명사 (복) poets) 시인

My uncle is a famous **poet**. 우리 삼촌은 유명한 시인이시다.
[속담] A **poet** is born not made. 시인은 타고난 재능으로 된다.

어휘가 쑥쑥
poetic 형 시적인, 시의

*point /pɔɪnt/ | 명사 (복) points) ① 끝 ② 점 ③ 요점 ④ 점수
동사 (3단현) points 과거·과분 pointed 현분 pointing) 가리키다, 지적하다

poison

명 1 끝 (= end, tip)

Be careful. This knife has a sharp **point**.
조심해. 이 칼은 끝이 날카로워.

2 점 (= dot, spot), **시점** (= moment), **지점** (= location)

Link up the two **points** to draw the line.
두 점을 연결하는 선을 그어라.

At that **point**, the boy was frightened and began to cry.
그 순간 소년은 겁에 질려서 울기 시작했다.

At this **point**, the road divides into two.
이 지점에서 길은 두 갈래로 나뉜다.

3 (말·행동의) 요점, 핵심 (= main point)

The main **point** of the story is that we should protect wild animals.
그 이야기의 요점은 야생 동물을 보호해야 한다는 것이다.

A: You mean, I should keep a diary to improve my writing skills.
그러니까 작문 실력을 기르려면 일기를 써야 한다는 말씀이시죠.

B: That's the **point**. 바로 그거야.

4 점수, 득점

I got 90 **points** in my English test.
나는 영어 시험에서 90점을 받았다.

In that basketball game, Amy scored 35 **points**.
그 농구 경기에서 에이미는 35점을 득점했다.

동 가리키다, 지적하다

The doctor **pointed** to the eye chart and asked me to read it. 의사 선생님께서 시력 검사표를 가리키며 나에게 읽어 보라고 하셨다.

My teacher **pointed** out some mistakes in my composition.
선생님께서 내가 작문에서 실수한 부분들을 지적해 주셨다.

어휘가 쑥쑥
pointed 형 끝이 뾰족한, 날카로운
pointless 형 효과가 없는, 무의미한
- - - - - - - -
breaking point 한계점
starting point 시작점
freezing point 어는점
boiling point 끓는점
melting point 녹는점
turning point 전환점
get to the point 요점을 말하다
come to the point 본론으로 들어가다
miss the point 요점에서 벗어나다
win[lose] a point 점수를 얻다[잃다]

---

* poison /ˈpɔɪzn/

명사 (복) poisons) 독, 독약
동사 (3단형) poisons 과거·과분 poisoned 현분 poisoning) 독을 넣다

명 독, 독약

Some mushrooms have **poison**.
어떤 버섯들은 독을 가지고 있다.

The queen put **poison** in the big red apple to kill Snow White.
왕비는 백설 공주를 죽이려고 커다란 빨간 사과에 독을 집어넣었습니다.

동 독을 넣다, 독살하다

어휘가 쑥쑥
poisoning 명 중독
- - - - - - - -
deadly poison 치명적인 독, 맹독
poison gas 유독 가스
poison arrow 독화살

It seems that she was **poisoned**.
그 여자는 독살된 것 같아요.

The jealous queen hated Snow White and tried to **poison** her.
질투심 많은 왕비는 백설 공주를 싫어해서 독살하려고 했습니다.

poisonous /ˈpɔɪzənəs/ 　형용사　(비교) more poisonous　(최상) most poisonous)
독성의, 독을 함유한

Many snakes are **poisonous**.
많은 뱀들은 독을 가지고 있다.

The scorpion has a **poisonous** sting in its tail.
전갈은 꼬리에 독침이 있다.

어휘가 쑥쑥
highly poisonous 독성이 강한

pole¹ /poʊl/ 　명사　(복) poles) 막대 (= stick), 봉, 기둥

The farmer drove the birds away with a **pole**.
농부는 막대기로 새들을 쫓아 버렸다.

Tie this rope to the **pole**. 이 밧줄을 기둥에 묶어라.

pole² /poʊl/ 　명사　(복) poles) 극, 극지방

The polar bear lives near the North **Pole** and most penguins live at the South **Pole**.
북극곰은 북극에서 살고 대부분의 펭귄은 남극에서 산다.

어휘가 쑥쑥
polar 　형　극지방의, 극지방에 사는

police /pəˈliːs/ 　명사　[the와 함께 써서] 경찰, 경찰관들 (☞ job)

Connie had a wallet stolen in the subway, so she called the **police**.
코니는 지하철에서 지갑을 도둑맞아서 경찰에 신고했다.

The **police**[**police**] officers] asked the witness to describe the features of the robber.
경찰관들이 목격자에게 강도의 인상착의에 대해 물었다.

어휘가 쑥쑥
armed police 무장 경찰
police academy 경찰 학교
police dog 경찰견
police station 경찰서

실력이 쑥쑥
police는 단어 자체가 복수 명사이므로 복수 동사와 함께 쓴다. 일반적으로 경찰관 한 명을 가리킬 때는 a police officer, a policeman 또는 a policewoman으로 표현한다.

policy /ˈpɑːləsi/ 　명사　(복) policies) ① 정책 ② 보험 증권

1 정책, 방책, 방침(♀)
[속담] Honesty is the best **policy**.
정직이 최선의 방책이다.

뜻풀이
방침 앞으로 일을 해 나갈 일정한 방향이나 계획

The new **policy** will take effect on December 1.
새 방침은 12월 1일부터 시행된다.

2 보험 증권, 보험 계약
He has just renewed the insurance **policy**.
그는 방금 보험 계약을 갱신했다.

어휘가 쑥쑥
economic policy 경제 정책
government policy 정부 정책

＊polite /pəˈlaɪt/
형용사 (비교 politer 최상 politest) 공손한, 예의 바른 (↔ impolite, rude 무례한)

You should be **polite** in public.
사람들 앞에서는 예의 바르게 행동해야 한다.
When you yawn, it is **polite** to cover your mouth with your hand.
하품을 할 때는 손으로 입을 가리는 것이 예의 바른 행동이다.

어휘가 쑥쑥
politeness 명 공손함, 정중함
politely 부 공손히, 예의 바르게

＊politics /ˈpɑːlətɪks/ 명사 ① 정치 ② 정치학

1 정치
These days young people are interested in **politics**.
요즘 젊은이들은 정치에 관심이 있다.

2 정치학 (= political science)
John is studying **politics** at the university.
존은 대학에서 정치학을 공부하고 있다.

어휘가 쑥쑥
political 형 정치의
politician 명 정치인
take part in politics 정치에 참여하다

---

poll /poʊl/ 명사 (복 polls) ① 여론 조사 ② 투표

1 여론 조사 (= opinion poll, survey)
Polls indicate that education is the top issue.
여론 조사에 의하면 교육이 최우선 사안이다.

2 [the polls로도 쓰여] 투표
The result of the **poll** will be known tomorrow.
투표 결과는 내일 알 수 있을 것이다.

어휘가 쑥쑥
popularity poll 인기투표
exit poll 출구 조사
conduct a poll 여론 조사를 실시하다

＊pollute /pəˈluːt/
동사 (3단현 pollutes 과거·과분 polluted 현분 polluting)
(공기·물·토양 등을) 더럽히다, 오염시키다 (↔ clean 깨끗하게 하다)

The river was **polluted** by the waste water from the factory.
공장의 폐수로 인해 강물이 오염되었다.

Hair spray and shampoo **pollute** the air and water.
헤어스프레이와 샴푸는 공기와 물을 오염시킨다.

pollution /pəˈluːʃn/ | 명사 | 오염, 공해

Many cars and factories cause air **pollution**.
많은 자동차와 공장들은 대기 오염의 원인이다.
He recycled cans and bottles to prevent environmental **pollution**.
그는 환경 오염을 방지하기 위해 캔과 병들을 재활용했다.

어휘가 쑥쑥
noise pollution 소음 공해
soil pollution 토양 오염
marine pollution 해양 오염

*pond /pɑːnd/ | 명사 | (복) ponds) 연못 (= lake)

Several ducks are swimming in the **pond**.
연못에서 오리 몇 마리가 헤엄치고 있다.

pony /ˈpoʊni/ | 명사 | (복) ponies) 조랑말

A **pony** is a small horse, less than one meter tall.
조랑말은 키가 1미터도 안 되는 작은 말이다.
The little girl who has a ponytail is riding a **pony**.
포니테일 머리를 한 어린 소녀가 조랑말을 타고 있다.

*pool /puːl/ | 명사 | (복) pools) 웅덩이, 연못, 수영장 (= swimming pool)

My feet sank in a **pool** of water and my shoes were wet through.
물웅덩이에 발이 빠져서 신발이 흠뻑 젖었다.
Warning: This **pool** is dangerous.
경고: 이 연못은 위험합니다.
It's so hot today. Let's go to the swimming **pool**.
오늘은 정말 덥다. 수영장에 가자.

This *pool* is dangerous.

*poor /pʊr/ | 형용사 | (비교) poorer (최상) poorest) ① 가난한 ② 불쌍한 ③ 나쁜

1 가난한 (↔ rich, wealthy 부유한)
Once upon a time, a **poor** fisherman lived near the sea.
옛날에 한 가난한 어부가 바닷가에 살았습니다.
Mother Teresa helped the **poor** during her lifetime.
테레사 수녀는 평생 동안 가난한 사람들을 도왔다.

2 불쌍한, 가엾은 (= pitiful), **초라한**
The old woman gave the **poor** ugly duckling some food and water.
그 할머니는 불쌍한 미운 오리 새끼에게 먹을 것과 마실 물을 주었다.

the poor는 '가난한 사람들' 이라는 뜻으로, poor people 과 같다.

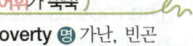
poverty (명) 가난, 빈곤
poorly (부) 부족하게, 좋지 못하게
poor quality 낮은 품질

A: Alice didn't pass the exam again.
앨리스가 시험에서 또 떨어졌대.
B: How **poor** Alice is! 가엾은 앨리스!

3 나쁜, 서툰, 능숙하지 않은 (= bad) (↔ good 좋은, 능숙한)
I got a **poor** grade on the math exam.
나는 수학 시험에서 안 좋은 점수를 받았다. (나는 수학 시험을 잘 못 봤다.)
Tom is very **poor** at dancing. 톰은 춤을 잘 못 춘다.

poor hearing[eyesight]
좋지 않은 청력[시력]
poor memory 나쁜 기억력
poor working conditions
열악한 근무 환경

★ pop¹ /pɑːp/   동사 (3단현) pops (과거·과분) popped (현분) popping) ① 펑 하고 터지다 ② 잠깐 가다

1 펑 소리가 나다, 펑 하고 터지다, 튀어 오르다
Suddenly the balloon **popped**. 갑자기 풍선이 펑 하고 터졌다.
The popcorn **popped** out of the pot.
팝콘이 냄비 밖으로 튀어 올랐다.

2 잠깐 가다, 잠시 들르다
I need to **pop** into the drugstore.
나는 약국에 잠시 들러야 한다.

Suddenly the balloon *popped*.

---

pop² /pɑːp/   형용사 대중(음악)의, 대중적인 (= popular)

I like **pop** songs better than classical music.
나는 클래식보다 대중음악을 더 좋아한다.
I went to the **pop** concert with my friends yesterday.
나는 어제 친구들과 함께 대중음악 콘서트에 갔다.

어휘가 쑥쑥
pop singer 대중 가수
pop music 팝 음악, 대중 가요

---

popcorn /ˈpɑːpkɔːrn/   명사 팝콘 (🔎 소금과 기름을 넣어서 튀긴 옥수수)

Mom is popping the **popcorn** in a pot.
엄마는 냄비에 팝콘을 튀기고 계시다.

★ popular /ˈpɑːpjələr/   형용사 (비교) more popular (최상) most popular) ① 인기 있는 ② 대중적인

1 인기 있는, 유행하는
Soccer is very **popular** in Korea. 축구는 한국에서 매우 인기 있다.
The movies based on the famous comic books are **popular** now. 유명한 만화책들을 원작으로 한 영화들이 요즘 유행이다.

어휘가 쑥쑥
popularity 명 인기, 유행
popular destination
인기 여행지

2 대중적인, 통속적인 (= pop)
I enjoy singing **popular** songs. 나는 대중가요를 즐겨 부른다.

population /ˌpɑːpjuˈleɪʃn/ 〔명사〕 (복) populations) 인구

In the U.S., the state with the highest **population** is California.
미국에서 가장 인구가 많은 주는 캘리포니아이다.
A: What is the **population** of *Seoul*?
서울의 인구는 몇 명입니까?
B: It's more than ten millions. 천만 명 이상입니다.

어휘가 쑥쑥
population explosion 인구 폭발 (급격한 인구 증가)
population increase 인구 증가
population decrease 인구 감소

pork /pɔːrk/ 〔명사〕 돼지고기

We can use **pork** instead of beef when we make hamburgers.
햄버거를 만들 때 쇠고기 대신 돼지고기를 사용하기도 한다.

어휘가 쑥쑥
smoked pork 훈제 돼지고기

port /pɔːrt/ 〔명사〕 (복) ports) ① 항구 ② 항구 도시

1 항구 (= harbor)
The ship arrived at the **port** this morning.
배가 오늘 아침에 항구에 도착했다.

2 항구 도시
Busan is the largest **port** in Korea.
부산은 한국에서 가장 큰 항구 도시이다.

어휘가 쑥쑥
fishing port 어항 (어선이 정박하여 고기잡이에 필요한 일을 할 수 있는 항구)
naval port 군항 (군사적 목적으로 특별한 시설을 갖춘 항구)

position /pəˈzɪʃn/ 〔명사〕 (복) positions) ① 위치 ② 자세 ③ 입장 ④ 지위

1 위치, 장소 (= location, place)
I pointed out the **position** of the subway station on the map.
나는 지도에서 지하철역의 위치를 가리켰다.
At last, I found a **position** where we could put up the tent.
마침내 나는 우리가 텐트를 칠 수 있는 장소를 찾아냈다.

2 (몸의) 자세
She taught me the basic **positions** in ballet.
그녀는 나에게 발레의 기본 자세를 가르쳐 주었다.

3 입장, 처지
Just put yourself in my **position**. 내 입장에서 한 번 생각해 봐.

4 지위, 직위, (일)자리
He worked hard to advance to a higher **position** in his company.
그는 회사에서 좀 더 높은 직위에 오르기 위해 열심히 일했다.

어휘가 쑥쑥
sitting position 앉은 자세
kneeling position 무릎 꿇은 자세
lying position 누운 자세
strong position 유리한 위치
difficult position 곤란한 입장
senior[high] position 고위직
change one's position 입장을 바꾸다

Mary got a **position** as a secretary in the trading company.
메리는 무역 회사에 비서로 취직했다.

possess /pəˈzes/   동사 (3단현 possesses 과거·과분 possessed 현분 possessing)
가지다, 소유하다 (= have, own)

The new library **possesses** many kinds of books and magazines.
새로 생긴 도서관에는 여러 종류의 책과 잡지들이 있다.

My aunt **possessed** a lot of jewelry when she was young.
우리 이모는 젊었을 때 보석을 많이 가지고 있었다.

어휘가 쑥쑥
possession 명 소유
possessive 형 소유욕이 강한

★ possible /ˈpɑːsəbl/   형용사 가능한, 할 수 있는 (↔ impossible 불가능한)

That is quite **possible**. 그 일은 확실히 가능하다.

It is hardly **possible** for us to arrive there before dark.
우리가 어두워지기 전에 그곳에 도착하는 것은 거의 불가능하다.

It is **possible** that we can swim across the lake.
우리가 그 호수를 헤엄쳐 건너는 것은 가능하다.

This is one of many **possible** answers.
이것은 여러 가능한 대답들 중에 하나이다.

숙어 **as fast as possible** 가능한 한 빨리
Jenny ran *as fast as possible* to catch the last train.
제니는 마지막 열차를 타려고 최대한 빨리 뛰었다.

as much as possible 가능한 한 많이
I tried to talk with my parents *as much as possible*.
나는 부모님과 가능한 한 많은 이야기를 하려고 노력했다.

as soon as possible 가능한 한 빨리
Please leave your message and I will call you back *as soon as possible*.
메시지를 남겨 주시면 가능한 한 빨리 전화해 드리겠습니다.

어휘가 쑥쑥
possibility 명 가능성
possibly 부 아마, 혹시

실력이 쑥쑥
Call me as soon as possible. (가능한 한 빨리 전화해.)
= Call me as soon as you can.

Jenny ran *as fast as possible*...

★ post¹ /poʊst/   명사 (복 posts) 기둥
동사 (3단현 posts 과거·과분 posted 현분 posting) 붙이다, 게시하다

명 기둥 (= pole)
I put up a poster on the **post** in the street.
나는 길거리에 있는 기둥에 포스터를 붙였다.

동 (게시물·광고를) 붙이다, 게시하다 (= put up)
I **posted** some advertisements on the bulletin board.
나는 게시판에 광고를 몇 개 붙였다.

어휘가 쑥쑥
fence post 울타리 기둥
wooden post 나무 기둥
signpost 표지판

I **posted** some pictures on my blog.
나는 내 블로그에 사진을 몇 장 올렸다.

post² /poʊst/   명사 (복) posts 우편, 우편물
동사 (3단현) posts (과거·과분) posted (현분) posting 우편으로 보내다

명 **우편, 우편물** (= mail)
I sent the parcel to my friend in China by **post**.
나는 중국에 있는 친구에게 우편으로 소포를 보냈다.
The **post** hasn't come yet.   우편물은 아직 오지 않았다.

동 **우편으로 보내다, 편지를 부치다** (= mail)
Michael **posts** me the magazine every month.
마이클은 매달 나에게 우편으로 잡지를 보내 준다.
Don't forget to **post** this letter on the way to school.
잊지 말고 학교 가는 길에 이 편지를 부치렴.

> 어휘가 쑥쑥
> postal 형 우편의
> postbox, mailbox 우체통, 우편함
> postman, mailman 우편집배원
> postage 우편 요금
> postage stamp 우표

postcard /ˈpoʊstkɑːrd/   명사 (복) postcards 우편엽서, 그림엽서

She sent me a **postcard** from Paris.
그녀는 파리에서 나에게 엽서를 보냈다.

★ poster /ˈpoʊstər/   명사 (복) posters 포스터, 광고 전단, 벽보

I have a big **poster** of the famous movie star in my room.
내 방에는 유명한 영화배우의 커다란 포스터가 붙어 있다.

We decided to make **posters** to find our missing dog.
우리는 잃어버린 강아지를 찾기 위해서 포스터를 만들기로 결정했다.

post office /ˈpoʊst ɑːfɪs/   명사 (복) post offices 우체국

Jane went to the **post office** to send the parcel to her friend.
제인은 친구에게 소포를 보내기 위해서 우체국에 갔다.

★ pot /pɑːt/   명사 (복) pots 냄비, 단지, 항아리

Water is boiling in the **pot** on the stove.
가스레인지 위의 냄비에서 물이 끓고 있다.

Mom put a **pot** of strawberry jam on the shelf.
엄마는 딸기잼 단지를 선반 위에 올려 두셨다.

★★ potato /pəˈteɪtoʊ/   명사 (복) potatoes 감자

Jamie fried rice with **potatoes**, onions, and carrots.
제이미는 감자, 양파, 당근을 넣고 밥을 볶았다.

I like watching TV eating **potato** chips.
나는 감자칩을 먹으면서 텔레비전을 보는 것을 좋아한다.

(실력이 쑥쑥)
고구마는 sweet potato라고 한다.

pound /paʊnd/ 명사 (복 pounds) ① 파운드 (무게 단위) ② 파운드 (화폐 단위)

1 파운드 《무게의 단위, 줄여서 lb.로 적기도 한다.》
This baby weighs about 8 **pounds**.
이 아기는 체중이 약 8파운드이다.

2 파운드 《영국의 화폐 단위, 기호는 £로 쓴다.》
Here is a **pound** note. 여기에 1파운드 지폐가 있다.

There are one hundred pence in a **pound**.
1파운드는 100펜스이다.

(재미가 쑥쑥)
• 무게의 단위로 1파운드는 약 0.454 킬로그램이다.
• 영국의 화폐 단위로 파운드(pound)와 페니(penny)가 있다. 1 pound는 100 pence이며, pence는 penny의 복수형이다.

*pour /pɔːr/ 동사 (3단현 pours 과거·과분 poured 현분 pouring) ① 붓다 ② 비가 마구 쏟아지다

1 붓다, 따르다
Mom **poured** some milk and melted butter into a big bowl.
엄마는 우유와 녹인 버터를 커다란 그릇에 부었다.

I **poured** water into the glass. 나는 유리컵에 물을 따랐다.

2 비가 마구 쏟아지다
The rain was **pouring** down outside.
밖에 비가 억수같이 쏟아지고 있었다.

I *poured* water into the glass.

*powder /ˈpaʊdər/ 명사 가루, 분말, 파우더

First, put some flour, baking **powder** and cocoa **powder** into a bowl.
먼저 밀가루, 베이킹파우더, 코코아 가루를 그릇에 넣으세요.

Mom put the baby **powder** on her baby's body after bathing.
엄마는 아기를 목욕시킨 후에 몸에 베이비파우더를 발라 주었다.

(어휘가 쑥쑥)
face powder 화장용 파우더
chili powder 고춧가루
milk powder 분유

*power /ˈpaʊər/ 명사 (복 powers) ① 힘 ② 권력 ③ 능력

1 불 **힘** (= strength)
A long time ago, there lived a monster that had great **power**.
옛날에 어마어마한 힘을 가진 괴물이 살고 있었습니다.

(어휘가 쑥쑥)
powerless 무력한, 힘이 없는
military power 군사력

People were surprised at the **power** of the robot.
사람들은 그 로봇의 힘에 놀랐다.

economic power 경제력
buying power 구매력
great power 강대국
manpower 인력
physical power 체력
mental power 정신력

2 〘불〙 **권력, 정권**
The party came to **power** at the last election.
그 정당은 지난 선거에서 정권을 잡았다.

The British Queen has no real **power**.
영국 여왕에게는 실질적 권력이 없다.

3 (신체적·정신적) **능력**
He lost the **power** of speech. 그는 언어 능력을 상실했다.

powerful /ˈpaʊərfl/
형용사 (비교) more powerful (최상) most powerful)
강한, 강력한 (= strong) (↔ weak 약한)

Horses have **powerful** legs.
말은 다리가 아주 강하다.

They made strong ships and **powerful** weapons for the war.
그들은 전쟁에 대비하여 튼튼한 배와 강력한 무기를 만들었다.

A long time ago, there was a **powerful** king.
옛날에 강력한 권력을 지닌 왕이 있었습니다.

어휘가 쑥쑥
powerfully 〘부〙 강력하게
powerful effect
강력한 영향
powerful speech
설득력 있는 연설

*practical /ˈpræktɪkl/
형용사 (비교) more practical (최상) most practical) ① 실제적인
② 현실적인 ③ 실용적인

1 실제의, 실제적인 (🔍 있는 그대로의 상태나 사실적인)
He should have more **practical** work experience.
그는 실무 경험을 좀 더 쌓아야 한다.

2 현실적인
Their plan was not **practical**. 그들의 계획은 현실적이지 않았다.

3 실용적인, 유용한
He needs a **practical** car. 그는 실용적인 차가 필요하다.

어휘가 쑥쑥
practically 〘부〙 사실상, 실제로는
practical problems
현실적인 문제들
practical support
실질적인 지원

*practice /ˈpræktɪs/
명사 (복) practices ① 연습 ② 실행
동사 (3단현) practices (과거·과분) practiced (현분) practicing)
① 연습하다 ② 실천하다

〘명〙 **1 연습** (= training, exercise)
Tomorrow's game is just for **practice**. 내일 시합은 그냥 연습이다.
After three days of **practice**, Sally could ride a bicycle all by herself.
3일 연습한 뒤에, 샐리는 혼자서 자전거를 탈 수 있었다.

어휘가 쑥쑥
practice game[match]
연습 경기
practice room 연습실
choir practice 합창 연습

[격언] **Practice** makes perfect. 연습을 통해 완벽해진다.

2 *[불]* 실행, 실천 (= action, performance)
Put what you say into **practice**.
말한 것을 실천에 옮겨라.

I will put my plan for the summer vacation into **practice**.
나는 여름 방학 계획을 실천할 것이다.

[동] 1 연습하다, 훈련하다 (= train, exercise)
I **practice** playing the flute every day.
나는 매일 플루트를 부는 연습을 한다.

A: I want to speak English fluently.
나는 영어를 유창하게 말하고 싶어.
B: I think you should **practice** English every day.
매일 영어를 연습하는 것이 좋을 거야.

2 실천하다, 실행하다 (= perform)
I **practiced** my plan of study. 나는 학습 계획을 실천했다.

teaching practice 교생 실습
conversation practice 회화 실습
practice writing 작문 연습을 하다
practice by oneself 자습하다

(실력이 쑥쑥)
영국에서는 명사는 practice, 동사는 practise로 쓰는 것이 보통이다. 미국에서는 명사와 동사 모두 practice를 쓴다.

---

*praise /preɪz/

[동사] (3단현 praise**s** 과거·과분 praise**d** 현분 prais**ing**) 칭찬하다
[명사] 칭찬

[동] 칭찬하다, 찬사를 보내다 (↔ criticize 비판하다, 비난하다)
Mom **praised** me for my hard work.
엄마는 내가 열심히 공부했다고 칭찬해 주셨다.

The audience **praised** the actor's performance.
관객들이 그 배우의 연기를 칭찬했다.

Kimchi is **praised** for its wonderful taste and effect.
김치는 뛰어난 맛과 효능으로 찬사를 받는다.

[명] 칭찬, 찬사 (↔ criticism 비판, 비난)
My teacher gave me a lot of **praise** for my volunteer work.
선생님께서는 내가 봉사 활동을 한 것에 대해 칭찬을 많이 해 주셨다.

(어휘가 쑥쑥)
get[win, receive] praise 칭찬[찬사]을 받다
deserve praise 칭찬받을 만하다
be full of praise 칭찬이 자자하다
self-praise 자화자찬, 자기자랑

---

*pray /preɪ/

[동사] (3단현 pray**s** 과거·과분 pray**ed** 현분 pray**ing**) 기도하다, 빌다

I always **pray** to God before I go to sleep.
나는 잠자기 전에 항상 하나님께 기도를 한다.
All the people in the village **prayed** for rain.
마을의 모든 사람들이 비가 오기를 빌었다.

(어휘가 쑥쑥)
prayer *[명]* 기도, 기도문

---

*precious /ˈpreʃəs/

[형용사] (비교 more precious 최상 most precious)
값비싼 (= expensive), 소중한, 귀중한 (= valuable)

This diamond ring is very **precious**.
이 다이아몬드 반지는 매우 비싸다.
The old picture brought back **precious** memories to me.
그 낡은 사진은 나에게 소중한 추억들을 상기시켰다.
Gold is a **precious** metal. 금은 귀금속이다.

> 어휘가 쑥쑥
> preciously 🖳 귀중하게, 소중하게

* precise /prɪˈsaɪs/ 형용사 (비교) more precise (최상) most precise) ① 정확한 ② 바로 그

1 정확한, 정밀한
I need some more **precise** information.
나는 좀 더 정확한 정보가 필요하다.

2 [명사 앞에 쓰여] 바로 그
At that **precise** moment, she walked in.
바로 그 순간에 그녀가 걸어 들어왔다.

> 어휘가 쑥쑥
> precision 명 정밀, 정확
> precisely 🖳 정확히, 정밀하게

* predict /prɪˈdɪkt/ 동사 (3단현) predicts (과거·과분) predicted (현분) predicting)
예측하다, 예견하다, 예상하다

It is impossible to **predict** the future.
미래를 예견하는 것은 불가능하다.
The weather forecast **predicts** sunshine for tomorrow.
일기 예보에 의하면 내일은 쾌청할 것이라고 한다.

> 어휘가 쑥쑥
> prediction 명 예상, 예측
> predictable 형 예측할 수 있는

* prefer /prɪˈfɜːr/ 동사 (3단현) prefers (과거·과분) preferred (현분) preferring)
더 좋아하다, 선호하다

I **prefer** winter to summer. 나는 여름보다 겨울을 더 좋아한다.
I **prefer** to start early. 일찍 출발하는 것이 더 낫겠어.
I **prefer** traveling by train. 나는 기차로 여행하는 것을 더 좋아한다.
A: Which do you **prefer**, tea or coffee?
   차와 커피 중 어느 것을 드시겠어요?
B: I like tea better than coffee. 커피보다 차가 더 좋겠어요.

> 어휘가 쑥쑥
> preference 명 더 좋아함

> 실력이 쑥쑥
> '~보다 더 좋아하다'라고 할 때 prefer 뒤에는 than이 아니라 to를 쓴다.

* pregnant /ˈpregnənt/ 형용사 임신한

She is seven months **pregnant**. 그녀는 임신 7개월이다.
She is **pregnant** with her first child.
그녀는 첫 아이를 임신했다.

> 어휘가 쑥쑥
> pregnancy 명 임신 (기간)

* prepare /prɪˈper/ 동사 (3단현) prepares (과거·과분) prepared (현분) preparing)
준비하다 (= arrange)

I **prepared** a beef sandwich and milk for lunch.
나는 점심으로 쇠고기 샌드위치와 우유를 준비했다.
I don't know how to **prepare** for the interview.
면접을 어떻게 준비해야 할지 잘 모르겠다.

어휘가 쑥쑥
preparation 명 준비
prepared 형 준비가 된

preposition /ˌprepəˈzɪʃn/ | 명사 (복 prepositions) [문법] 전치사 (☞ 717쪽)

In "on the bus", on is a **preposition**.
'on the bus'에서 on은 전치사이다.

*present¹ /ˈpreznt/ | 명사 (복 presents) 선물 (= gift)

Tom had a wonderful **present** on his graduation day.
톰은 졸업식 날 멋진 선물을 받았다.

어휘가 쑥쑥
birthday present 생일 선물

*present² /prɪˈzent/ | 동사 (3단현 presents 과거·과분 presented 현분 presenting)
① 선물하다 ② 제출하다

1 선물하다, 증정하다 (= give)
The principal **presented** children with many gifts on the sports day. 교장 선생님은 운동회 날에 아이들에게 선물을 많이 주셨다.
He **presented** books to the school library.
그는 학교 도서관에 책을 기증했다.

2 제출하다 (= hand in)
I **presented** a report to the company.
나는 회사에 보고서를 제출했다.

어휘가 쑥쑥
presentation 명 발표, 제출, 증정

실력이 쑥쑥
'선물'이라는 뜻의 명사와 발음과 강세가 다른 것에 주의한다.

*present³ /ˈpreznt/ | 형용사 ① 출석한 ② 현재의 명사 현재

형 1 출석한, 참석한 (↔ absent 결석한)
Justin was not **present** at the basketball practice.
저스틴은 농구 연습에 빠졌다.

2 현재의, 지금의 (= current)
What is your **present** address? 현 주소가 어떻게 되세요?

명 현재, 지금 (↔ past 과거, future 미래)
A: May I speak to Mr. Smith? 스미스 씨와 통화할 수 있습니까?
B: He is not here. He is in London at **present**.
여기 안 계십니다. 지금 런던에 계십니다.

숙어 for the present 당분간
I am staying here *for the present*.
나는 당분간 이곳에 머물 예정이다.

어휘가 쑥쑥
presence 명 존재함, 참석
presently 부 현재, 지금, 곧

present

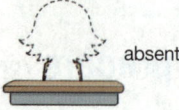
absent

preserve /prɪˈzɜːrv/ 동사 (3단현) preserves (과거·과분) preserved (현분) preserving
① 지키다 ② 보존하다

1 지키다, 보호하다
The dog **preserved** him from danger.
그 개는 그를 위험으로부터 지켜 냈다.

2 보존하다, (식품 등을) 저장하다
We have to **preserve** the environment.
우리는 환경을 보존해야 한다.
I **preserved** some fruit in sugar.
나는 과일을 설탕에 절여 저장했다.

> 어휘가 쑥쑥
> preservation 명 보존, 보호, 저장
> preserve nature 자연을 보존하다
> preserve peace 평화를 지키다

president /ˈprezɪdənt/ 명사 (복) presidents ① 대통령 ② 회장

1 대통령
George Washington was the first **President** of the United States.
조지 워싱턴은 미국의 초대 대통령이었다.

2 회장, 사장, 의장
He is the new **president** of the tennis club.
그는 테니스 동호회의 새 회장이다.

press /pres/ 동사 (3단현) presses (과거·과분) pressed (현분) pressing
① 누르다 ② 다림질하다

1 누르다 (= push)
They walked to the door and **pressed** the bell.
그들은 문으로 걸어가서 초인종을 눌렀다.
I felt pain when the doctor **pressed** my stomach.
나는 의사 선생님이 내 배를 누르셨을 때 아팠다.

2 다림질하다 (= iron)
Mom always **presses** my blouses in the morning.
엄마는 아침마다 내 블라우스를 다려 주신다.

> 어휘가 쑥쑥
> pressure 명 압력

pretend /prɪˈtend/ 동사 (3단현) pretends (과거·과분) pretended (현분) pretending
~인 체하다, 가장하다

I **pretended** to be asleep when mom came into my room.
엄마가 내 방에 들어오셨을 때 나는 잠든 척했다.
John **pretended** that he knew everything.
존은 모든 것을 다 아는 체했다.

> 어휘가 쑥쑥
> pretended 형 거짓의, ~인 체하는

pretty /ˈprɪti/ | 형용사 (비교) prettier (최상) prettiest 예쁜 부사 매우

형 **예쁜, 아름다운** (= beautiful, lovely) (↔ ugly 미운, 못생긴)
Katie is very **pretty** and friendly. 케이티는 무척 예쁘고 상냥하다.
What **pretty** flowers they are! 꽃들이 정말 예쁘구나!

부 **매우, 꽤, 상당히** (= very, quite, fairly)
It's **pretty** cold outside. 밖이 매우 춥다.
A: How was your trip to Disneyland?
디즈니랜드 여행은 어땠어요?
B: It was **pretty** good. 정말 좋았어요.

어휘가 쑥쑥
prettiness 명 귀여움, 예쁘장함
prettily 부 예쁘게

재미가 쑥쑥
pretty는 대개 여자아이나 소녀들에게 쓰며, 성인 여자에게 쓰면 '소녀처럼 여리고 예쁘다'는 의미이다.

prevent /prɪˈvent/ | 동사 (3단현) prevents (과거·과분) prevented (현분) preventing
막다 (= keep, stop) (↔ allow, permit 허락하다, 허가하다), 예방하다

Vitamin C can **prevent** colds.
비타민 C는 감기 예방에 좋다.
The rain **prevented** us from going on a picnic.
비가 와서 우리는 소풍을 가지 못했다.

어휘가 쑥쑥
preventable 형 예방할 수 있는
prevention 명 예방, 방지

previous /ˈpriːviəs/ | 형용사 이전의, 앞의 (↔ following, next 다음의, 나중의)

Learn from your **previous** failures.
이전의 실패로부터 배워라.
On the **previous** weekend, we had a school sports day.
전 주말에 우리는 학교 운동회를 했다.

어휘가 쑥쑥
previously 부 전에, 미리
previous year 전년도

price /praɪs/ | 명사 (복) prices 가격, 값 (= cost)

The **price** of oil is going up now.
요즘 기름값이 오르고 있다.
A: What's the **price** of this bag?
이 가방은 얼마예요?
B: It's thirty dollars. That's half the regular **price**.
30달러인데, 정가의 반값에 드리는 겁니다.

어휘가 쑥쑥
consumer price 소비자 가격
discount[sale] price 할인 가격
fixed price 정가

pride /praɪd/ | 명사 ① 자랑스러움 ② 자존심

1 자랑스러움, 자부심
I take **pride** in my school. 나는 우리 학교가 자랑스럽다.
He showed me his medals with **pride**.
그는 자랑스럽게 나에게 메달을 보여 줬다.

어휘가 쑥쑥
proud 형 자랑스러운
sense of pride 자부심, 자긍심

2 자존심
My **pride** was hurt. 나는 자존심이 상했다.

priest /priːst/ 명사 (복 priests) 성직자, 사제, 목사 (= minister)

The **priest** was highly respected all over the world.
그 성직자는 전 세계적으로 많은 존경을 받았다.

prince /prɪns/ 명사 (복 princes) 왕자, 황태자 (↔ princess 공주)

The **prince** asked Cinderella to marry him.
왕자님은 신데렐라에게 청혼을 했습니다.

princess /ˈprɪnses/ 명사 (복 princesses) 공주, 황태자비 (↔ prince 왕자)

The prince and the **princess** lived happily ever after.
왕자와 왕세자비는 영원히 행복하게 살았습니다.

principal /ˈprɪnsəpl/ 형용사 주요한 명사 (복 principals) 교장

형 주요한, 중요한 (= main, major)
Rice is the **principal** food in many countries.
쌀은 많은 나라에서 주식이다.

명 교장
Mr. Smith is the **principal** of our school.
스미스 선생님은 우리 학교의 교장 선생님이시다.

> **어휘가 쑥쑥**
> principally 🖲 주로

> **실력이 쑥쑥**
> '교장'은 미국에서는 principal, 영국에서는 headmaster라고 한다.

principle /ˈprɪnsəpl/ 명사 (복 principles) 원리, 원칙

I agree with him in **principle**.
원칙적으로 나는 그에게 동의한다.

The teacher explained the **principle** of mathematics.
선생님께서 수학의 원리를 설명하셨다.

> **어휘가 쑥쑥**
> scientific principle 과학적 원리
> basic principle 기본 원칙

print /prɪnt/ 동사 (3단현 prints 과거·과분 printed 현분 printing) 인쇄하다 명사 (복 prints) 인쇄

동 인쇄하다, 출판하다
Five big letters "HAPPY" were **printed** on her white T-shirt.
그녀의 흰색 티셔츠에는 'HAPPY'라는 다섯 글자가 크게 인쇄되어 있었다.

His first book was **printed** in 1956 in Hong Kong.
그의 첫 번째 책은 1956년 홍콩에서 출판되었다.

> **어휘가 쑥쑥**
> printing 명 인쇄, 인쇄술
> printer 명 (컴퓨터) 프린터

명 인쇄, 인쇄된 문자
Grandmother can't read the small **print** without glasses.
할머니는 안경 없이는 작은 글씨를 읽으실 수 없다.

* prison /ˈprɪzn/ | **명사** (복) prison**s**) 교도소, 감옥 (= jail)

The policeman put the prisoner in **prison**.
경찰관은 그 죄수를 감옥에 가두었다.
Jimmy escaped from **prison** by boat.
지미는 배를 타고 감옥을 탈출했다.

> 어휘가 쑥쑥
> prisoner **명** 죄수
> imprison 가두다, 수감하다

* private /ˈpraɪvət/ | **형용사** 개인의, 사적인 (= individual, personal) (↔ public 공적인)

This land is **private** property. 이 땅은 사유 재산이다.
We had a long **private** conversation last night.
우리는 어젯밤에 사적인 대화를 오래도록 나누었다.
His parents sent him to a **private** school in Boston.
그의 부모님은 그를 보스턴에 있는 사립 학교에 보내셨다.

> 어휘가 쑥쑥
> privacy **명** 사생활
> privately **부** 사적으로
> private life 사생활

* prize /praɪz/ | **명사** (복) prize**s**) 상

Billy won the first **prize** in the piano contest.
빌리는 피아노 경연 대회에서 일등상을 탔다.

* probably /ˈprɑːbəbli/ | **부사** 아마(도), 어쩌면 (= maybe, perhaps)

It will **probably** rain tomorrow. 내일 아마도 비가 내릴 것이다.
A: Are you going to come back tomorrow?
내일 돌아올 건가요?
B: Yes, **probably**. 네, 아마도요.

> 어휘가 쑥쑥
> probability **명** 가망, 확률
> probable **형** 있음 직한

* problem /ˈprɑːbləm/ | **명사** (복) problem**s**) ① 문제 ② 과제

1 문제, 곤란한 일 (= matter)
I have a **problem** with my computer.
내 컴퓨터에 문제가 있어.
The **problem** is how I can find a new job.
문제는 내가 어떻게 새 일자리를 찾을 수 있느냐 하는 것이다.
Don't hesitate to tell me if you have any **problem**.
무슨 문제가 있으면 주저하지 말고 나에게 말해라.

> 어휘가 쑥쑥
> major problem 주된 문제
> family problem 가정 문제
> financial problem 재정 문제
> health problem 건강 문제

2 (시험 등의) 문제, 과제 (= question)

This math **problem** is too difficult for me to solve.
이 수학 문제는 내가 풀기에 너무 어렵다.

(숙어) **No problem.** 문제없다., 괜찮다.
A: Could you give me a ride home tonight?
   오늘 밤에 우리 집까지 태워 줄 수 있니?
B: Sure, *no problem*. 그럼, 문제없어.

(실력이 쑥쑥)
No problem.은 사과나 감사에 대한 대답으로도 쓰인다.
A: Thanks for your help. (도와줘서 고마워.)
B: *No problem.* (천만에.)

---

* **process** /ˈprɑːses/

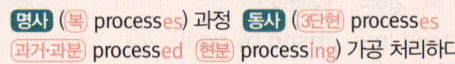
명사 (복) process**es** 과정 동사 (3단현) process**es**
(과거·과분) process**ed** (현분) process**ing**) 가공 처리하다

명 과정
The **process** of making Korean paper is complex.
한지를 만드는 과정은 복잡하다.

The building is in the **process** of construction.
그 건물은 공사 중이다.

동 (식품 등을) 가공 처리하다
Milk can be **processed** in many ways.
우유는 다양한 방법으로 가공 처리될 수 있다.

(어휘가 쑥쑥)
processing 명 가공, 처리
processed 형 가공된
learning process
학습 과정
manufacturing process
제조 과정

---

* **produce** /prəˈduːs|ˈproʊduːs/

동사 (3단현) produce**s** (과거·과분) produce**d**
(현분) produc**ing**) ① 생산하다 ② 제작하다 명사 농산물

동 1 생산하다, 만들다, 제조하다
California **produces** a lot of oranges.
캘리포니아에서는 오렌지가 많이 생산된다.

Huge ships are **produced** in *Ulsan*.
거대한 선박들은 울산에서 제조된다.

2 제작하다, 연출하다
The famous actor **produced** and directed this film.
그 유명 배우가 이 영화를 제작하고 감독했다.

명 농산물, 생산물
The shop sells fresh local **produce**.
그 가게는 신선한 지역 농산물을 판매한다.

(어휘가 쑥쑥)
producer 명 생산자, 제작자
production 명 생산, 제조, 제작
productive 형 생산적인

(실력이 쑥쑥)
동사와 명사의 발음과 강세 위치가 다른 것에 주의한다.

---

product /ˈprɑːdʌkt/ 명사 (복) product**s**) 생산품, 상품, 제품

Coffee is the main **product** of Brazil.
커피는 브라질의 주요 생산품이다.

You can get more information on the new **product** on our Website.
저희 웹사이트에서 그 신제품에 관한 더 많은 정보를 얻으실 수 있습니다.

(어휘가 쑥쑥)
domestic product
국산 제품
dairy product 유제품

*profession /prəˈfeʃn/   명사 (복) professions) 직업 (= occupation)

Her **profession** is a computer programmer.
그녀의 직업은 컴퓨터 프로그래머이다.

professional /prəˈfeʃənl/   형용사 (비교 more professional 최상 most professional) ① 직업의 ② 직업적인   명사 (복) professionals) 직업 선수

형 1 직업의, 전문직의
Some high schools offer the **professional** education.
일부 고등학교에서는 직업 교육을 한다.

2 직업적인, 프로의 (↔ amateur 아마추어의)
He became a **professional** baseball player after high school.
그는 고등학교 졸업 후 프로 야구 선수가 되었다.

명 직업 선수, 전문가, 프로 (↔ amateur 아마추어)
He plays baseball as a **professional**.
그는 직업 선수로서 야구를 한다.
The boxer turned[went] **professional** at the age of seventeen.
그 권투 선수는 열일곱 살에 프로 선수가 되었다.
She is working with health **professionals**.
그녀는 의료 전문가들과 함께 일한다.

> **어휘가 쑥쑥**
> professionally 튀 전문적으로, 직업적으로
> professionalism 명 전문성
> professionalize 동 전문화하다

> **실력이 쑥쑥**
> '직업 선수'라는 뜻의 professional은 줄여서 pro라고 한다.
> pro boxer (프로 권투 선수)

*professor /prəˈfesər/   명사 (복) professors) 교수 《줄여서 Prof.로 적기도 한다.》

He is a **professor** of economics at Harvard.
그는 하버드 대학의 경제학 교수이다.

*profit /ˈprɑːfɪt/   명사 (복) profits) 이익 (= benefit) (↔ loss 손실)

I made a **profit** of $200 from the computer.
나는 그 컴퓨터로 200달러를 벌었다.

This graph shows **profits** for the last three months fell by 10%.
이 그래프는 지난 석 달 동안 수익이 10퍼센트 떨어졌다는 것을 나타낸다.

> **어휘가 쑥쑥**
> profitability 명 수익성
> profitable 형 이익이 되는
> profitably 튀 유리하게

program /ˈproʊɡræm/   명사 (복) programs) ① (방송·공연 등의) 프로그램 ② (컴퓨터의) 프로그램 ③ 계획

1 (방송·공연 등의) 프로그램
What **program** is on TV now?
텔레비전에서 지금 무슨 프로그램을 하니?

> **어휘가 쑥쑥**
> programmer 명 (컴퓨터) 프로그래머

I always read the **program** before the concert begins.
나는 음악회가 시작되기 전에 항상 프로그램을 읽는다.

2 (컴퓨터의) 프로그램
I don't know how to install this **program**.
이 프로그램을 설치하는 방법을 모르겠어.

3 계획, 예정, 프로그램
The president announced the New Capital **program**.
대통령은 새로운 수도에 대한 계획을 발표했다.

children's program
어린이 프로그램
educational program
교육 프로그램
entertainment program
오락 프로그램
school program 학업 과정

---

*progress /ˈprɑːɡres | prəˈɡres/

명사 ① 전진 ② 향상
동사 (3단현) progresses (과거·과분) progressed (현분) progressing) ① 전진하다 ② 향상하다

명 1 전진, 진행 (= advancement)
The soldiers made **progress** despite the heavy snow.
군인들은 폭설에도 불구하고 전진했다.

A parade is now in **progress** on the main street of the city.
도시 중심가에서 지금 퍼레이드가 진행 중이다.

2 향상, 발전 (= improvement)
Isabella is making **progress** with her English.
이저벨라는 영어 실력이 향상되고 있다.

Korea has made remarkable **progress** in medical science.
한국은 의학 분야에서 놀랄 만한 발전을 이룩했다.

동 1 전진하다, 진행하다 (= advance)
The ship continued to **progress** through the wild sea.
배는 거친 바다를 뚫고 계속해서 앞으로 나아갔다.

2 향상하다, 발전하다 (= improve)
I have been **progressing** in math.
나는 수학 실력이 점점 나아지고 있다.

Science and technology are **progressing** day by day.
과학과 기술은 나날이 발전하고 있다.

(어휘가 쑥쑥)
progressive 형 전진하는, 진보하는
progressively 부 점진적으로
progression 명 진행, 진보
fast[rapid] progress
급속한 발전
significant progress
중대한 발전
steady progress
점진적인 발전
economic[technical] progress 경제[기술] 발전
progress of a disease
병의 경과

(실력이 쑥쑥)
명사와 동사의 강세 위치가 서로 다른 것에 주의한다.

---

project /ˈprɑːdʒekt/ 명사 (복) projects) ① 계획 ② 연구 과제

1 계획 (= plan), **프로젝트**
We made a **project** for our camping.
우리는 캠핑 계획을 세웠다.

2 연구 과제, 학습 과제
We made groups to do a **project** on the wild animals.
우리는 야생 동물에 관한 과제를 하려고 조를 짰다.

(어휘가 쑥쑥)
carry out a project
계획을 수행하다
big[small] project
대규모[소규모] 프로젝트

promise /ˈprɑːmɪs/
동사 (3단현) promise**s** (과거·과분) promise**d** (현분) promis**ing**
약속하다 **명사** (복) promise**s** 약속

동 약속하다
Danny **promised** his mother that he would come back home by seven.
대니는 어머니에게 일곱 시까지 집에 돌아오겠다고 약속했다.

Father bought me a new computer just as he had **promised**.
아버지는 약속했던 대로 나한테 새 컴퓨터를 사 주셨다.

A: Please, don't tell anyone. 아무한테도 말하지 마.
B: I **promise**! 약속해!

명 약속
Jeff always keeps his **promise**.
제프는 항상 약속을 잘 지킨다.

어휘가 쑥쑥
promising 형 유망한
break a promise 약속을 어기다
make a promise 약속을 하다

promote /prəˈmoʊt/
동사 (3단현) promote**s** (과거·과분) promote**d** (현분) promot**ing**
① 촉진하다 ② 승진시키다 ③ 홍보하다

1 촉진하다(오), 장려하다(오), 진척시키다
Exercise **promotes** good health.
운동은 건강을 증진시킨다.

2 승진시키다
He was **promoted** to manager.
그는 지배인으로 승진했다.

3 판매를 촉진하다, 홍보하다
She is in Korea to **promote** her new book.
그녀는 새 책을 홍보하기 위해 한국에 와 있다.

어휘가 쑥쑥
promotion 명 승진, 촉진
promotional 형 판매를 촉진하는

뜻풀이
촉진하다 어떤 일이 빨리 되어 나가도록 하다
장려하다 좋은 일을 하도록 권하다

proof /pruːf/
명사 (복) proof**s** 증거 **형용사** ~에 견디는

명 증거, 증명 (= evidence)
The police couldn't find any **proof** that he had stolen the money. 경찰은 그가 돈을 훔쳤다는 어떤 증거도 찾을 수 없었다.

형 ~에 견디는
My new boots are **proof** against water.
새로 산 부츠는 방수가 된다.

어휘가 쑥쑥
earthquake proof 내진의
waterproof 방수의
windproof 방풍의
bulletproof 방탄의
soundproof 방음 장치가 된

proper /ˈprɑːpər/
형용사 (비교) more proper (최상) most proper) 적당한, 알맞은, 옳은
(= right)

You need **proper** exercise and well-balanced diet to be healthy.
건강해지기 위해서는 적당한 운동과 균형 잡힌 식사가 필요하다.

He showed me the **proper** way to use the washing machine.
그는 내게 세탁기를 사용하는 올바른 방법을 알려 주었다.

어휘가 쑥쑥
properly 🖳 적당하게
improper 부적당한

* property /ˈprɑːpərti/ | 명사 재산 (= possessions)

He divided his **property** equally among his four children.
그는 네 자녀들에게 재산을 똑같이 나눠 주었다.

* propose /prəˈpoʊz/ 동사 (3단현) proposes (과거·과분) proposed (현분) proposing)
① 제의하다 ② 청혼하다

1 제의하다, 제안하다 (= offer, suggest)
He **proposed** taking a break for a while.
그는 잠시 휴식을 취하자고 제의했다.

John **proposed** the new plan at the meeting.
존은 회의에서 새로운 계획을 제안했다.

어휘가 쑥쑥
proposal 명 제안, 청혼

2 청혼하다
Mike **proposed** to Mary kneeling on one knee.
마이크는 한쪽 무릎을 꿇고 메리에게 청혼했다.

* protect /prəˈtekt/ 동사 (3단현) protects (과거·과분) protected (현분) protecting)
보호하다, 막다 (= guard)

We should **protect** wild animals.
우리는 야생 동물을 보호해야 한다.

We wear sunglasses to **protect** our eyes from the sun.
우리는 햇빛으로부터 눈을 보호하기 위해 선글라스를 쓴다.

어휘가 쑥쑥
protection 명 보호
protective 명 보호하는
protector 명 보호자

* proud /praʊd/ | 형용사 (비교) prouder (최상) proudest) ① 자랑으로 여기는 ② 잘난 체하는

1 자랑으로 여기는, 자부심을 느끼는
I'm **proud** of being Korean.
나는 한국인이라는 사실에 자부심을 갖는다.

A: I won the first prize in the writing contest.
글짓기 대회에서 일등상을 받았어요.
B: Good for you. I'm **proud** of you! 잘했어. 네가 자랑스럽구나.

어휘가 쑥쑥
pride 명 자부심, 자존심
proudly 🖳 자랑스럽게

2 잘난 체하는, 거만한
Don't be too **proud**! 너무 잘난 체하지 마!

prove /pruːv/

동사 (3단현) prove**s** (과거) prove**d** (과분) prove**d**, prove**n** (현분) prov**ing**
① 증명하다 ② ~임이 알려지다

1 증명하다
Scientists **proved** that the disease is caused by some bacteria.
과학자들은 그 질병이 세균에 의해 생긴다는 것을 증명했다.

The lawyer tried to **prove** that John was not guilty.
변호사는 존에게 죄가 없다는 것을 증명하려고 애썼다.

2 ~임이 알려지다, ~로 판명되다 (= turn out)
The report in the newspaper **proved** (to be) false.
그 신문에 난 기사는 허위로 드러났다.

The news **proved** (to be) true. 그 보도는 사실임이 판명되었다.

어휘가 쑥쑥
proven 형 증명된
prove one's innocence 무죄를 입증하다

뜻풀이
증명하다 증거를 가지고 어떤 주장이 참인지 거짓인지, 또는 옳은지 그른지를 판단하다

proverb /ˈprɑːvɜːrb/

명사 (복) proverb**s** 속담, 격언

Proverbs give us a lesson. 속담은 우리에게 교훈을 준다.
"Time is money." is a common **proverb**.
"시간은 돈이다."는 널리 알려진 격언이다.

provide /prəˈvaɪd/

동사 (3단현) provide**s** (과거·과분) provide**d** (현분) provid**ing**
주다, 제공하다, 공급하다 (= offer, supply)

Plants **provide** us with oxygen. / Plants **provide** oxygen for us.
식물은 우리에게 산소를 공급한다.

Tea and sandwiches will be **provided** for free.
차와 샌드위치는 무료로 제공될 것입니다.

Reading **provides** pleasure. 독서는 즐거움을 준다.

public /ˈpʌblɪk/

형용사 공공의 **명사** 일반 사람들

형 공공의, 대중의 (↔ private 개인의, 사적인)
There is a **public** library in my town.
우리 마을에는 공공 도서관이 있다.

Don't make a lot of noise in **public** places.
공공장소에서는 시끄럽게 떠들지 마라.

명 일반 사람들, 대중
The Internet is widely used by the general **public** these days.
오늘날 인터넷은 일반 사람들에게 널리 이용된다.

어휘가 쑥쑥
publicity 명 홍보, 공표
publicly 부 공개적으로
public opinion 여론
public education 공교육
public official 공무원
public holiday 공휴일
public restroom 공중화장실

Some parts of the White House are open to the **public**.
백악관의 일부는 대중에게 공개된다.

I feel very nervous when speaking in **public**.
나는 사람들 앞에서 이야기할 때 매우 긴장한다.

---

* publish /ˈpʌblɪʃ/ 〔동사〕 (3단현) publishes (과거·과분) published (현분) publishing
출판하다, 발행하다, 출간하다 (= issue)

The writer has **published** his first novel.
그 작가는 자신의 첫 소설을 출간했다.

The book was **published** in 2022.
그 책은 2022년에 발행되었다.

〔어휘가 쑥쑥〕
publisher 〔명〕 발표자, 출판업자, 출판사
publication 〔명〕 출판, 발행

---

* pull /pʊl/ 〔동사〕 (3단현) pulls (과거·과분) pulled (현분) pulling 끌다, 당기다 (= draw)
(↔ push 밀다)

She couldn't **pull** the baggage by herself because it was too heavy.
짐이 너무 무거워서 그녀는 혼자서 끌 수 없었다.

Pull the door, please. 문을 당겨서 여세요.

The horses are **pulling** the cart. 말들이 수레를 끌고 가고 있다.

My younger brother always **pulls** my hair! It's very annoying.
내 남동생은 항상 내 머리카락을 잡아당긴다. 정말 짜증난다.

Pull the door, please.

〔숙어〕 **pull down** 끌어내리다
Arthur *pulled* his sleeves *down*. 아서는 소매를 내렸다.
Liam *pulled down* the curtain. 리엄은 커튼을 끌어내렸다.

pull out ~를 뽑다, 빼다
I got my tooth *pulled out*. 나는 이를 뽑았다.
David *pulled* his sword *out*. 다윗은 칼을 뽑아 들었다.

I got my tooth *pulled out*.

---

pumpkin /ˈpʌmpkɪn/ 〔명사〕 (복) pumpkins) 호박 (☞ vegetable)

Children often make a jack-o'-lantern with a **pumpkin** on Halloween. 핼러윈 때 아이들은 흔히 호박으로 호박등을 만든다.

The fairy changed the **pumpkin** into a golden coach.
요정은 호박을 금색 마차로 변하게 했다.

---

* punch /pʌntʃ/ 〔명사〕 (복) punches) ① 주먹으로 한 대 침 ② 천공기 〔동사〕 (3단현) punches
(과거·과분) punched (현분) punching ① 주먹으로 치다 ② 구멍을 뚫다

명 1 주먹으로 한 대 침
He threw a **punch** at the thief. 그는 도둑에게 주먹을 날렸다.

2 (구멍을 뚫는 데 쓰는) 펀치, 천공기
I need a hole **punch**. 나는 천공기(펀치)가 필요하다.

동 1 주먹으로 치다
He **punched** me on my nose. 그가 주먹으로 내 코를 쳤다.

2 구멍을 뚫다
I **punched** holes in some sheets of paper.
나는 종이 몇 장에 구멍을 뚫었다.

어휘가 쑥쑥
hard punch 주먹으로 힘껏 침

재미가 쑥쑥
권투 선수들이 쓰는 모래주머니인 '샌드백'은 영어로 punch(ing) bag이라고 한다.

---

*punish /ˈpʌnɪʃ/
동사 (3단현) punishes (과거·과분) punished (현분) punishing
벌주다, 처벌하다

The teacher **punished** him for being late.
선생님은 그가 지각해서 벌을 주었다.

If you come home late again, you'll be **punished**.
다시 한 번 집에 늦게 들어오면 너는 벌을 받게 될 것이다.

어휘가 쑥쑥
punishing 형 처벌하는, 지치게 하는
punishment 명 처벌

---

puppy /ˈpʌpi/
명사 (복) puppies 강아지

My dog had five **puppies** last night.
우리 개가 어젯밤에 강아지를 다섯 마리 낳았다.

---

*purchase /ˈpɜːrtʃəs/
동사 (3단현) purchases (과거·과분) purchased (현분) purchasing
사다 **명사** (복) purchases) 구입

동 사다, 구입하다 (= buy)
I went to the department store to **purchase** a dress.
나는 원피스를 한 벌 사려고 백화점에 갔다.

Tickets can be **purchased** in advance from the box office.
표는 매표소에서 미리 구입할 수 있다. (예매할 수 있다)

명 구입, 구매, 구입한 물건
Tax is included in the **purchase** price.
세금은 구입 가격에 포함되어 있습니다.

어휘가 쑥쑥
purchaser 명 구매자
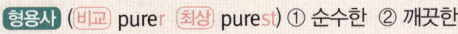
purchase order
구매 주문(서)
online purchase
인터넷 구매

---

*pure /pjʊr/
형용사 (비교) purer (최상) purest ① 순수한 ② 깨끗한

1 순수한
This ring is made of **pure** gold.
이 반지는 순금으로 만들었다.

어휘가 쑥쑥
purely 부 순수하게, 순전히
purity 명 순수, 순결

I bought the underwear made of 100% **pure** cotton for my baby.
나는 아기에게 입힐 100퍼센트 순면 내의를 샀다.
My dog is a **pure** *Jindo* Dog. 우리 집 강아지는 진돗개 순종이다.

2 깨끗한 (= clean)
We enjoyed the **pure** air in the mountain.
우리는 산속의 깨끗한 공기를 만끽했다.

purify 통 깨끗이 하다
purification 명 정화
purifier 명 정화 장치
· — · — · — · — · — ·
pure white 순백
pure wool 순모
pure blood 순수 혈통, 순종

---

*purple /ˈpɜːrpl/ 명사 형용사 자주색(의) (☞ color)

Kings and priests often wear **purple** clothes.
왕과 성직자들은 대개 자주색 의복을 입는다.

---

*purpose /ˈpɜːrpəs/ 명사 (복) purposes) 목적 (= goal, aim)

He came to *Seoul* for the **purpose** of entering a college.
그는 대학에 들어가려고 서울에 왔다.
A: What is the **purpose** of your visit? 방문 목적이 무엇입니까?
B: Sightseeing. 관광입니다.

숙어 **on purpose** 고의로, 일부러 (↔ accidentally, by chance 우연히)
The police announced that someone set fire to the hotel *on purpose*.
경찰은 누군가 고의로 호텔에 불을 질렀다고 발표했다.

어휘가 쑥쑥
purposely 튀 고의로, 일부러
· — · — · — · — · — ·
useful purpose 유용한 목적
main[primary] purpose 주된 목적
sole purpose 유일한 목적

---

purse /pɜːrs/ 명사 (복) purses) 지갑, 돈주머니, 핸드백 (☞ bag)

I took some coins out of the **purse**.
나는 지갑에서 동전 몇 개를 꺼냈다.

---

*pursue /pərˈsuː/ 동사 (3단현) pursues 과거·과분 pursued 현분 pursuing) ① 추구하다 ② 뒤쫓다

1 추구하다
Students should **pursue** their own interests.
학생은 본인의 관심 분야를 추구해 나가야 한다.

어휘가 쑥쑥
pursuit 명 추구, 추격
pursuer 명 추적하는 사람, 쫓는 사람

2 뒤쫓다, 추적하다
The police **pursued** the thief. 경찰이 도둑을 뒤쫓았다.

---

*push /pʊʃ/ 동사 (3단현) pushes 과거·과분 pushed 현분 pushing) 밀다, 누르다 (↔ pull 당기다)

Please **push** the door. 문을 밀어 주세요.
We all helped to **push** our car when it broke down.
차가 고장 났을 때, 우리는 모두 차를 미는 것을 도왔다.
Insert the coins first. Then, **push**[press] the button.
먼저 동전을 집어넣고 버튼을 눌러.

숙어 **push away** 밀어제치다
She *pushed* Tom *away*. 그녀가 톰을 밀어제쳤다.

Please *push* the door.

** **put** /pʊt/ 동사 (3단현) put**s** (과거·과분) put (현분) put**ting**) 놓다, 두다, 얹다, 넣다 (= lay, place)

Jim **put** the cell phone on his desk.
짐은 휴대 전화를 책상 위에 놓았다.
Jane **put** her pencils and an eraser in her pencil case.
제인은 필통에 연필과 지우개를 넣었다.
Bill **put** his toys into the basket. 빌은 장난감을 바구니에 넣었다.
Put some salt in the soup. 수프에 소금을 조금 넣으세요.
Put your bag down. 가방을 내려놓으세요.

숙어 **put away** ~을 치우다
Jane *put* her dolls *away*. 제인은 인형들을 치웠다.

put back ~을 되돌려 놓다, 되돌려 주다
Put the book *back*. 책을 제자리에 갖다 놓아라.

put down 적어 두다 (= write down)
Put down your name and phone number.
당신의 이름과 전화번호를 적으세요.

put into ~에 넣다, 번역하다
Put this Korean sentence *into* English.
이 한국어로 된 문장을 영어로 번역해라.

put off 연기하다, 미루다 (= postpone, delay)
Is it ok if I *put off* the meeting until next week?
제가 회의를 다음 주까지 연기해도 될까요?

put on 입다, 신다, 쓰다 (↔ take off 벗다)
He is *putting on* clothes now. 그는 지금 옷을 입고 있다.

put out (불 등을) 끄다 (↔ light 불을 붙이다)
The fire fighters are trying to *put out* the fires.
소방관들은 불을 끄려고 노력하고 있다.

put together 모으다, 합계하다, 구성하다
Alex *put* a soccer team *together*. 알렉스는 축구팀을 만들었다.

put up (건축물을) 세우다, 짓다
Put up a tent here. 여기에 텐트를 치세요.

어휘가 쑥쑥
to put it briefly[shortly]
간단히 말하면
to put it clearly
분명히 말해서
to put it mildly
부드럽게 말하면

실력이 쑥쑥
put on은 옷을 입는 '동작'을 의미하고, wear는 옷을 입고 있는 '상태'를 의미한다.
He is *putting on* a coat.
(그는 외투를 입고 있는 중이다.)
He is *wearing* a coat.
(그는 외투를 입고 있다.)

put up with ~을 참다, 견디다 (= endure)
I can't *put up with* this noise. 나는 이 소음을 참을 수 없다.

✱ puzzle /ˈpʌzl/
명사 (복) **puzzle**s) 수수께끼, 퍼즐
동사 (3단형) **puzzle**s (과거·과분) **puzzle**d (현분) **puzzle**ing) 당황하게 하다

명 **수수께끼, 퍼즐**
I like to do crossword **puzzles**.
나는 십자말풀이 하기를 좋아한다.
Have you done the jigsaw **puzzle**?
조각 그림 맞추기를 다 끝냈니?
A: What is the correct answer to this **puzzle**?
이 수수께끼의 정답은 뭐니?
B: Take a guess! 알아맞혀 봐!

동 **당황하게 하다, 어리둥절하게 만들다**
The question **puzzled** me. 나는 그 문제로 쩔쩔맸다.

d		s	k	y
o		u		
v	e	n	u	s
e				o
	m	o	o	n

어휘가 쑥쑥
puzzling 형 당황스럽게 하는

puzzled /ˈpʌzld/
형용사 (비교) more **puzzled** (최상) most **puzzled**) 당황한, 어리둥절한

I was **puzzled** about what to do.
나는 어떻게 해야 할지 몰라서 당황했다.
She looked **puzzled** for a moment.
그녀는 잠깐 당황하는 기색을 보였다.

어휘가 쑥쑥
make a puzzled look
어리둥절한 표정을 짓다

pyjamas /pəˈdʒæməz/
명사 파자마, 잠옷 (= pajamas)

My mom bought a pair of **pyjamas** yesterday.
어머니께서 어제 잠옷 한 벌을 사셨다.

pyramid /ˈpɪrəmɪd/
명사 (복) **pyramid**s) 피라미드(🔍 이집트 등에서 돌이나 벽돌로 쌓아 만든, 매우 큰 사각뿔의 무덤)

We can see the **pyramids** in Egypt.
이집트에서는 피라미드를 볼 수 있다.

qualification /ˌkwɑːlɪfɪˈkeɪʃn/ | 명사 (복) qualifications) ① 자격 ② 면허증

1 자격, 자질
He has the **qualification** to lead a team.
그는 팀을 이끌 자질이 있다.

2 [주로 영국에서] 면허증 (= certificate)
Do you have any medical **qualifications**?
혹시 의사 면허증이 있나요?

어휘가 쑥쑥
teaching qualification
교사 자격증
qualification test
자격 시험

*qualify /ˈkwɑːlɪfaɪ/ | 동사 (3단현) qualifies (과거·과분) qualified (현분) qualifying)
자격을 갖추다, 권한을 주다, 자격을 얻다

She **qualified** herself for the job.
그녀는 그 일을 할 자격이 있다.

You're fully **qualified**. 당신은 자격이 충분합니다.

Samantha was **qualified** as an English teacher.
서맨사는 영어 교사를 할 자격을 갖췄다.

어휘가 쑥쑥
qualified 형 자격을 갖춘
unqualified 자격이 없는
disqualified 자격을 잃은

*quality /ˈkwɑːləti/ | 명사 (복) qualities) 질, 품질 (↔ quantity 양)

Quality guaranteed. 〈표시〉 품질 보증.

Quality is more important than quantity.
양보다 질이 더 중요하다.

We offer goods of the high **quality** only.
우리는 품질이 좋은 상품만 제공한다.

어휘가 쑥쑥
air quality 공기의 질
water quality 수질
of good[poor] quality
질이 좋은[나쁜]

*quantity /ˈkwɑːntəti/ | 명사 (복) quantities) 양, 수량 (↔ quality 질)

This restaurant's pasta is very good both in quality and in **quantity**.
이 식당의 파스타는 질적으로나 양적으로나 모두 훌륭하다.

어휘가 쑥쑥
quality over quantity
양보다 질

Add a small **quantity** of salt to the dough.
반죽에 소량의 소금을 넣으세요.

quarrel /ˈkwɑːrəl/
동사 (3단현) quarrels (과거·과분) quarreled (현분) quarreling 싸우다
명사 (복) quarrels) 말다툼

동 싸우다, 다투다, 불평하다
Don't **quarrel** with friends. 친구들과 싸우지 마라.
They always **quarrel** about little things.
그들은 항상 사소한 일로 다툰다.
[속담] A bad workman **quarrels** with his tools.
서투른 일꾼이 연장 탓을 한다.

명 말다툼, 싸움
Billy regretted the **quarrel** with his girlfriend.
빌리는 여자 친구와 말다툼한 걸 후회했다.

> 어휘가 쑥쑥
> **quarrelsome** 싸우기 좋아하는
>
> 실력이 쑥쑥
> **quarrel**은 주로 말다툼을 가리킨다. 반면 **fight**은 맞붙어서 하는 몸싸움을 가리킨다.

*quarter /ˈkwɔːrtər/ 명사 (복) quarters) ① 4분의 1 ② 25센트 동전 ③ 15분

1 4분의 1 (= a fourth)
I cut the cake into **quarters**.
나는 케이크를 네 조각으로 잘랐다.
The basketball player got hurt in the last **quarter** of the game.
그 농구 선수는 경기의 마지막 쿼터에서 부상을 당했다.

2 25센트 동전
Please use only **quarters** for this vending machine.
이 자동판매기에는 25센트 동전만 사용하세요.

3 [시간] 15분
It is a **quarter** past[to] seven. 7시 15분이다[15분 전이다].

> 어휘가 쑥쑥
> **three quarters** 4분의 3
> **a quarter of a percent**
> 1퍼센트의 4분의 1 (=0.25%)

*queen /kwiːn/ 명사 (복) queens) 여왕, 왕비 (↔ king 국왕, 왕)

The wife of a king is called a **queen**.
왕의 부인은 왕비라고 불린다.
Elizabeth II became the **queen** of England at age 26.
엘리자베스 2세는 26세의 나이에 영국의 여왕이 되었다.
The pyramids were built for Egyptian kings and **queens**.
피라미드는 이집트의 왕과 왕비들을 위해서 세워졌다.

> 어휘가 쑥쑥
> **be crowned queen**
> 여왕에 즉위하다
> **queen bee** 여왕벌

*question /ˈkwestʃən/ 명사 (복) questions) ① 질문 ② 문제 ③ 의문

1 질문, 물음, (시험·퀴즈 등의) 문제 (↔ answer 답)

That's a good **question**. Let's think about it.
좋은 질문이에요. 함께 생각해 봅시다.

If you have any **questions**, feel free to ask me.
질문이 있으시면 저에게 언제든지 편하게 물어보세요.

A: Can I ask you a **question**? 제가 질문 하나 해도 될까요?
B: Sure. What is it? 그럼요. 뭔가요?

2 (논의·해결 등이 필요한) 문제 (= problem, matter)

A: Should we leave here, or stay here?
우리 여기를 떠나야 해, 아니면 그냥 머물러야 해?
B: That's the **question**. 바로 그게 문제야.

3 〔불〕 의문, 의심 (= doubt)

A: Do you think Bill will come? 빌이 올 거라고 생각하니?
B: Of course. There's no **question** about that.
물론이지. 그것에 대해서는 의심의 여지가 없어.

어휘가 쑥쑥

avoid a question
질문을 회피하다
personal question
사적인 질문
answer a question
문제에 답하다
raise a question
문제를 제기하다
question of time
시간 문제
out of the question
불가능한
open question
해결되지 않은 문제

quick /kwɪk/ | 형용사 (비교) quicker (최상) quickest) 빠른, 재빠른 (= fast) (↔ slow 느린)

My father walks with short and **quick** steps.
우리 아버지는 짧고 빠른 걸음으로 걸으신다.

Give me a **quick** answer. We have to make a **quick** decision.
빨리 답을 주세요. 우리는 빨리 결정을 내려야 해요.

어휘가 쑥쑥

the quickest way
가장 빠른 길
quick learner 빨리 배우는 사람

quickly /ˈkwɪkli/ | 부사 빨리, 재빨리 (= fast) (↔ slowly 천천히)

He got up late and **quickly** ate breakfast.
그는 늦게 일어나서 아침을 빨리 먹었다.

The mice **quickly** ran into a hole in the wall.
쥐들은 재빨리 벽에 있는 구멍 속으로 뛰어들어 갔다.

어휘가 쑥쑥

go (by) quickly (즐거운 시간 등이) 순식간에 지나가다

quiet /ˈkwaɪət/ | 형용사 (비교) quieter (최상) quietest) 조용한, 말이 없는 (= silent) (↔ noisy 시끄러운)

Be **quiet**, or you'll wake the baby!
조용히 해, 안 그러면 아기가 깨겠다!

This apartment is clean and **quiet**. 이 아파트는 깨끗하고 조용하다.

어휘가 쑥쑥

quietly 〔부〕 조용히
quietness 〔명〕 조용함, 평온

quit /kwɪt/ | 동사 (3단현) quits (과거·과분) quit, quitted (현분) quitting) 그만두다, 중지하다 (= stop)

He **quit** his job last month. 그는 지난달에 직장을 그만두었다.
Doctors advise us to **quit** smoking for our health.
의사들은 우리에게 건강을 위해 담배를 끊으라고 충고한다.

어휘가 쑥쑥
I quit! 나는 기권!

*quite /kwaɪt/ 부사 아주, 꽤, 상당히 (= very, pretty)

Alex is **quite** different from his brother in every way.
알렉스는 모든 면에서 그의 형과 상당히 다르다.
A: How can I use this copier? 이 복사기 어떻게 쓰는 건가요?
B: It's **quite** simple. Just push the red button.
아주 간단해요. 빨간색 버튼을 누르기만 하면 돼요.

숙어 **quite a few[little]** 꽤 많은
There were *quite a few* cats in the house.
그 집에는 고양이들이 꽤 많았다.
Chloe saved *quite a little* money by doing a part-time job.
클로이는 아르바이트를 해서 상당히 많은 돈을 모았다.

어휘가 쑥쑥
quite a lot of 꽤 많은
Quite so. 정말 그렇다., 그렇고말고.

실력이 쑥쑥
quite가 「형용사+명사」와 쓰일 때는 a[an] 앞에 온다.
She is *quite a* pretty girl.
(그녀는 꽤 예쁜 소녀다.)

quiz /kwɪz/ | 명사 (복) quizzes) ① 간단한 시험 ② 퀴즈

1 간단한 시험, 쪽지 시험
Our math teacher gives us a **quiz** every Monday.
우리 수학 선생님은 월요일마다 우리에게 쪽지 시험을 내신다.
Lucas got 100 points on the **quiz**.
루커스는 쪽지 시험에서 100점을 받았다.

2 (라디오·텔레비전의) 퀴즈 (프로)
Tom was on the **quiz** show and won two thousand dollars.
톰은 퀴즈 쇼에 출연해서 2천 달러를 획득했다.

어휘가 쑥쑥
general knowledge quiz
일반 상식 퀴즈
pop quiz 예고 없이 보는 쪽지 시험, 깜짝 퀴즈
multiple choice quiz
객관식 문제

quotation /kwoʊˈteɪʃn/ 명사 (복) quotations) 인용(한 것), 인용구, 인용문

quote /kwoʊt/ | 동사 (3단현) quotes (과거·과분) quoted (현분) quoting) 인용하다
명사 (복) quotes) 인용

동 인용하다(****)
She **quoted** a passage from the Bible.
그녀는 성경에서 한 구절을 인용했다.

명 인용, 인용문
I used a **quote** from his poem.
나는 그의 시에서 인용한 문장을 사용했다.

뜻풀이
인용하다 자신의 말을 뒷받침하기 위해 남의 말이나 글을 사용하다

Rr

rabbit /ˈræbɪt/ | 명사 (복) rabbits 토끼 (☞ animal)

A **rabbit** has long ears and red eyes.
토끼는 긴 귀와 빨간 눈을 가지고 있다.

raccoon /ræˈkuːn/ | 명사 (복) raccoons, raccoon) 미국 너구리

A **raccoon** is a small animal that lives in North America.
너구리는 북아메리카에 사는 작은 동물이다.

race¹ /reɪs/ | 명사 (복) races 경주
동사 (3단현) races (과거·과분) raced (현분) racing 경주하다

명 경주

Alex ran a **race** and took the gold medal.
알렉스는 경주에 나가서 금메달을 땄다.

I lost the **race** by only one second.
나는 겨우 1초 차이로 경주에서 졌다.

동 경주하다, 경쟁하다

I **raced** him to the gate. 나는 그와 정문까지 경주했다.

> 어휘가 쑥쑥
> **racer** 명 경주자, 선수
> **bicycle race** 자전거 경주
> **horse race** 경마
> **car race** 자동차 경주
> **relay race** 계주, 릴레이 경주

race² /reɪs/ | 명사 (복) races 인종, 민족

There are many different **races** in the world.
세계에는 다양한 인종들이 있다.

Our school welcomes children of all **races**.
우리 학교는 모든 인종의 아이들을 환영합니다.

> 어휘가 쑥쑥
> **the white[black] race** 백인종[흑인종]

racket /ˈrækɪt/ | 명사 (복) rackets 라켓 (🔍 배드민턴·테니스 등에서 공을 치는 채)

I bought a new tennis **racket**. 나는 테니스 라켓을 새로 샀다.

radar /ˈreɪdɑːr/ | 명사 (복) radars) 레이더(🔍), 전파 탐지기

Aircrafts in the area show up on the **radar**.
그 지역에 있는 비행기들이 레이더에 보인다.
We can locate the ships by **radar**.
우리는 레이더로 배들의 위치를 찾을 수 있습니다.

🔍 뜻풀이
레이더 전파가 물체에 반사하는 파동을 받아서 위치·상태를 찾아내는 장치

radiate /ˈreɪdieɪt/ | 동사 (3단현) radiates (과거·과분) radiated (현분) radiating)
(사방으로) 퍼져 나가다, 발산하다

The sun **radiates** light and heat. 태양은 빛과 열을 발산한다.
Heat **radiated** from the stove. 난로에서 열이 발산되고 있었다.
She was **radiating** joy. 그녀는 기쁨을 발하고 있었다.

어휘가 쑥쑥
radiation 명 방사, 발산
radiator 명 라디에이터

radio /ˈreɪdioʊ/ | 명사 (복) radios) 라디오 (방송), 무선 통신, 무전

I heard the weather report over the **radio**.
나는 라디오에서 일기 예보를 들었다.
Turn on[off] the **radio**, please. 라디오를 켜[꺼] 주세요.
The message was sent by **radio**. 그 메시지는 무선으로 보내졌다.

실력이 쑥쑥
영국에서는 라디오를 wireless라고도 한다.

radius /ˈreɪdiəs/ | 명사 (복) radii, radiuses) 반지름, 반경

The **radius** of this circle is 50 centimeters.
이 원의 반지름은 50센티미터다.
This wheel has a **radius** of 60 centimeters.
이 바퀴는 반지름이 60센티미터다.

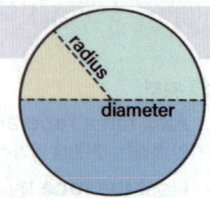

rage /reɪdʒ/ | 명사 (복) rages) 격노, 분노 동사 (3단현) rages (과거·과분) raged (현분) raging)
① 몹시 화를 내다 ② 맹위를 떨치다

명 격노, 분노 (= fury, anger)
He shouted in a **rage**. 그는 몹시 화가 나서 소리쳤다.

동 1 몹시 화를 내다
She **raged** at him for his carelessness.
그녀는 그의 부주의를 크게 나무랐다.

2 맹위를 떨치다, 사납게 휘몰아치다
A storm was **raging** outside. 바깥에는 폭풍우가 몰아치고 있었다.

실력이 쑥쑥
anger 화·분노를 나타내는 일반적인 말
rage 자제할 수 없을 정도로 몹시 화가 난 상태

*rail /reɪl/ | 명사 (복) rails) 철도 (= railroad), 레일, 선로

We traveled across Russia by **rail**.
우리는 기차로 러시아 횡단 여행을 했다.
The train went off the **rails**. 기차가 선로를 이탈했다.

어휘가 쑥쑥
rail fare 기차 요금
rail ticket 기차표

railroad /ˈreɪlroʊd/ | 명사 (복) railroads 철도, 선로 (= railway)

When we cross the **railroad** track, we should look both ways. 철길을 건널 때에는 양쪽을 모두 살펴야 한다.
You can travel many countries in Europe by **railroad**.
기차를 타고 유럽의 많은 나라들을 여행할 수 있다.

어휘가 쑥쑥
railroad station 기차역
railroad timetable 기차 시간표

✱rain /reɪn/ | 명사 (복) rains 비
동사 (3단현) rains (과거·과분) rained (현분) raining 비가 내리다

명 비
A heavy **rain** began to fall.
폭우가 쏟아지기 시작했다.

동 비가 내리다, 비가 오다
It is likely to **rain** soon. 곧 비가 올 것 같다.
It **rained** heavily and we stayed home all day.
비가 심하게 와서 우리는 하루 종일 집에 있었다.
[속담] It never **rains** but it pours.
비가 오면 억수처럼 온다. (나쁜 일은 한꺼번에 생긴다.)

어휘가 쑥쑥
rainy 형 비가 오는
raindrop 빗방울
rainfall 강우량
rainproof 방수가 되는
rainwater 빗물
rainstorm 폭풍우

✱rainbow /ˈreɪnboʊ/ | 명사 (복) rainbows 무지개

When the rain stopped, we saw a beautiful **rainbow** in the sky. 비가 그쳤을 때 우리는 하늘에서 아름다운 무지개를 보았다.
Look over there! There's a double **rainbow**.
저기 좀 봐. 쌍무지개야.

재미가 쑥쑥
일곱 색깔은 바깥쪽부터 red-orange-yellow-green-blue-indigo-violet이다.

raincoat /ˈreɪnkoʊt/ | 명사 (복) raincoats 비옷, 우비

Children are wearing yellow **raincoats**.
아이들은 노란색 비옷을 입고 있다.
Don't forget your **raincoat**, boots, and umbrella.
비옷과 장화, 우산을 잊지 마라.

어휘가 쑥쑥
raincoat with a hood
모자가 달린 비옷

rain forest /ˈreɪn ˌfɔːrɪst/ | 명사 (복) rain forests 열대 우림 (🔎 일 년 내내 기온이 높고 비가 많이 오는 적도 부근의 큰 숲)

The Amazon is the world's largest **rain forest**.
아마존은 세계에서 가장 큰 열대 우림입니다.

rainy /ˈreɪni/ | 형용사 비가 오는

On a **rainy** day, I wear my raincoat and carry my umbrella.
나는 비 오는 날이면 우비를 입고 우산을 가져간다.
A: How's the weather in London? 런던의 날씨는 어때?
B: It's cloudy and **rainy** almost every day.
거의 매일 흐리고 비가 와.

어휘가 쑥쑥
rainy season 장마철
rainy clouds 비구름
rainy weather 우천

*raise /reɪz/ | 동사 (3단현) raises (과거·과분) raised (현분) raising)
① ~을 올리다 ② 기르다

1 ~을 올리다, 일으키다
Please **raise** your hand if you know the right answer.
정답을 알면 손을 드세요.
Kelly **raised** her head to look at him.
켈리는 고개를 들어 그를 보았다.

2 (아이·채소·가축 등을) 기르다, 키우다 (= grow)
She **raised** two granddaughters. 그녀는 손녀 두 명을 키웠다.
The farmer **raises** chickens to get meat and eggs.
농부는 고기와 달걀을 얻으려고 닭을 기른다.

문법이 쑥쑥
raise '~을 올리다'라는 뜻으로, 뒤에 항상 목적어가 온다.
She *raised* her hand. (그녀는 손을 들었다.)
rise '오르다, 올라가다'라는 뜻으로, 뒤에 목적어가 오지 않는다.
The sun *rises* in the east. (해는 동쪽에서 떠오른다.)

rake /reɪk/ | 명사 (복) rakes) 갈퀴
동사 (3단현) rakes (과거·과분) raked (현분) raking) 긁어모으다

명 갈퀴
A **rake** has a long handle and pointed metal parts.
갈퀴는 긴 자루와 뾰족한 금속으로 된 부분이 있다.

동 (풀·나뭇잎 등을) 긁어모으다
In the fall, I **rake** (up) the fallen leaves.
나는 가을에 낙엽들을 긁어모은다.

뜻풀이
갈퀴 풀·낙엽·검불 등을 긁어 모으기 위해 갈고리를 여러 개 묶어서 긴 자루를 단 기구

ran /ræn/ | 동사 run의 과거 (☞ run)

*random /ˈrændəm/ | 형용사 임의의, 무작위의

The books on the shelf were in **random** order.
책꽂이에 책들이 일정한 순서 없이 꽂혀 있었다.
A: How was the exam? 시험 잘 봤니?

뜻풀이
무작위 일정한 기준이나 원칙이 없이 자기 마음대로 정

B: It was terrible. I just marked **random** answers on the sheet. 망쳤어. 답안지에 그냥 무작위로 답을 찍었어. | 하는 것

rang /ræŋ/ 동사 ring²의 과거 (☞ ring²)

range /reɪndʒ/
명사 (복) ranges) 범위
동사 (3단현) ranges 과거·과분 ranged 현분 ranging) ~한 범위에 이르다

명 범위, 범주
Magpies live over a wide **range** of Korea.
까치는 한국 전역에 분포한다.
My teacher has a wide **range** of knowledge.
우리 선생님은 방대한 지식을 가지고 계신다.

동 ~한 범위에 이르다
The ticket prices **range** from 15,000 *won* to 35,000 *won*.
표값은 15,000원에서 35,000원이다.

어휘가 쑥쑥
narrow range 협소한 범위
broad range 폭넓은 범위
price range 가격대
age range 연령대

뜻풀이
범주 동일한 성질을 가진 부류나 범위

rank /ræŋk/
명사 (복) ranks) 순위
동사 (3단현) ranks 과거·과분 ranked 현분 ranking) 등급을 매기다

명 순위, 지위, 계층, 계급
People of all **ranks** enjoyed the festival.
모든 계층의 사람들이 그 축제를 즐겼다.

동 등급을 매기다, ~로 꼽히다
The athlete is **ranked** second in the world.
그 육상 선수는 세계 랭킹 2위이다.
Venice is **ranked** as one of the most beautiful cities in the world. 베니스는 세계에서 가장 아름다운 도시들 중 하나로 꼽힌다.

어휘가 쑥쑥
ranking 명 순위, 랭킹
high[middle, low] rank
높은[중간, 낮은] 계급
social rank 사회적 지위

rapid /'ræpɪd/
형용사 (비교) more rapid (최상) most rapid) 빠른 (= fast, quick)
(↔ slow 느린)

The cheetah runs at a very **rapid** speed.
치타는 매우 빠른 속도로 달린다.
There's been **rapid** growth in Korea. 한국은 급격한 성장을 했다.

어휘가 쑥쑥
rapidity 명 민첩, 신속
rapidly 부 빠르게

rare /rer/
형용사 (비교) rarer (최상) rarest) ① 드문 ② 살짝 익힌

1 드문, 희귀한 (↔ common 흔한)
There are **rare** species of birds in this area.
이 지역에는 희귀한 종의 새들이 살고 있다.

어휘가 쑥쑥
rarity 명 진귀한 것, 드문 것

2 살짝 익힌
I'd like my steak **rare**, please. 제 스테이크는 살짝 구워 주세요.

rarely /ˈrerli/ | 부사 드물게, 좀처럼 ~하지 않는 (= not often)

I **rarely** have time to watch television.
나는 텔레비전을 볼 시간이 거의 없다.

rash /ræʃ/ | 명사 (복) rash**es**) 두드러기, 발진(♀ 체온이 올라 살갗에 좁쌀만 한 종기가 많이 돋는 것)

I've got **rashes** all over my body. 온몸에 두드러기가 생겼다.

raspberry /ˈræzberi/ | 명사 (복) raspberr**ies**) 나무딸기, 라즈베리

I like to put **raspberry** jam on the toast.
나는 토스트에 라즈베리 잼을 발라 먹는 것을 좋아한다.

＊rat /ræt/ | 명사 (복) rat**s**) 쥐

I saw a big **rat** in the yard.
나는 마당에서 큰 쥐 한 마리를 보았다.
There are a lot of **rats** in the barn. 헛간에 쥐들이 많다.

재미가 쑥쑥

rat은 mouse(생쥐)보다 몸집이 크고 꼬리가 길다.

＊rate /reɪt/ | 명사 (복) rate**s**) 속도, 비율

He drove at the **rate** of sixty kilometers an hour.
그는 시속 60킬로미터로 운전했다.
The birth **rate** of the country is decreasing every year.
그 나라의 출생률은 매년 감소하고 있다.
All the banks are raising the interest **rates** recently.
최근 들어 모든 은행에서 이율을 높이고 있다.

숙어 **at any rate** 어쨌든, 하여튼
At any rate, I'll be waiting for you until five.
어쨌든 5시까지는 기다리겠습니다.

어휘가 쑥쑥

divorce rate 이혼율
crime rate 범죄율
exchange rate 환율
unemployment rate 실업률
death rate 사망률

＊rather /ˈræðər/ | 부사 ① 차라리 ② 다소

1 차라리, 오히려 (= instead)
I decided to leave for London **rather** than New York.
나는 뉴욕보다는 런던으로 떠나기로 결정했다.
A: How about watching a horror film? 공포 영화 볼까?
B: Well, I'd **rather** see that documentary. I hate horror

실력이 쑥쑥

'약간'과 '꽤'는 서로 그 뜻이 상당히 다르지만, 문맥의 전후 관계로 그 뜻을 정한다.
I feel *rather* tired. (난 약간 피곤하다.)

movies. 글쎄, 난 차라리 저 다큐멘터리를 볼래. 난 무서운 영화는 싫어.

2 다소, 약간, 꽤, 제법 (= quite, somewhat)
It's **rather** dark in this room. 이 방은 다소 어둡다.

You've done *rather* well.
(넌 꽤 잘했어.)

ratio /ˈreɪʃoʊ/ | 명사 (복) ratios) 비율

The **ratio** of boys to girls is 1.2 to 1.
남자아이와 여자아이의 비율이 1.2 대 1이다.

rattle /ˈrætl/ | 동사 (3단현) rattles (과거·과분) rattled (현분) rattling) 덜거덕거리다
명사 (복) rattles) ① 덜거덕거리는 소리 ② 딸랑이

동 덜거덕거리다, 덜컹거리다
The window **rattled** in the strong wind. 창문이 강풍에 덜컹거렸다.
A car **rattled** along the road. 차가 덜거덕거리며 도로를 달렸다.

명 1 덜거덕거리는 소리
We heard the **rattle** of cups.
우리는 컵이 달그락거리는 소리를 들었다.

2 딸랑이
The baby was playing with a plastic **rattle**.
아기가 플라스틱 딸랑이를 가지고 놀고 있었다.

raw /rɔː/ | 형용사 ① 익지 않은 ② 가공하지 않은

1 (음식이) 익지 않은, 날것의 (↔ cooked 요리된)
I like to eat **raw** fish. 나는 생선회를 좋아한다.
Don't eat **raw** meat. 생고기를 먹지 마세요.

2 가공하지 않은, 자연 그대로의
This is **raw** data. 이것은 가공하지 않은 데이터이다.

어휘가 쑥쑥
raw egg 날계란
raw vegetable 생채소
raw material 원자재, 원료

ray[1] /reɪ/ | 명사 (복) rays) 광선, 한 줄기 빛

A **ray** of sunlight shone through the window.
한 줄기 햇빛이 창문을 통해 비추었다.
Mary had a **ray** of hope that she would find her ring.
메리는 반지를 찾을 거라는 한 줄기 희망이 있었다.

어휘가 쑥쑥
sun's **rays** 햇살
X-**ray** 엑스선, 엑스레이

ray[2] /reɪ/ | 명사 (복) rays) 가오리

Rays have two large fins. 가오리는 두 개의 큰 지느러미를 가지고 있다.

razor /ˈreɪzər/ 　명사 (복 razors) 면도기

He cut himself with a **razor**. 그는 면도기에 베였다.
I will buy a new electric **razor**.
나는 새 전기 면도기를 살 거야.

어휘가 쑥쑥
disposable razor
일회용 면도기

*reach /riːtʃ/ 　동사 (3단현 reaches 과거·과분 reached 현분 reaching)
① ~에 도착하다 ② 내밀다 ③ ~와 연락을 취하다

1 ~에 도착하다 (= arrive at)
The train **reaches** Busan at 5:00.
열차는 5시에 부산에 도착합니다.

The first person to **reach** the finish line is the winner.
결승점에 첫 번째로 도착한 사람이 우승자이다.

문법이 쑥쑥
reach는 타동사이므로 뒤에 바로 목적어를 취할 수 있지만 arrive는 자동사이므로 at이나 in 등의 전치사를 두고 목적어를 취한다.
We *arrived at Busan.* (우리는 부산에 도착했다.)

2 (손 등을) 내밀다, 뻗다, ~에 닿다
Jim **reached** for the salt on the table.
짐은 식탁 위의 소금을 향해 손을 뻗었다.

The fox **reached** out his hand several times to pick up the grapes.
여우는 포도를 따기 위해서 몇 번이나 손을 뻗었습니다.

Could you help me get the bag? I can't **reach** it.
저 가방을 꺼내는 것 좀 도와주시겠어요? 손이 안 닿아요.

3 ~와 연락을 취하다
If you have any questions, you can **reach** me on my cell phone. 문의가 있으시면 제 휴대 전화로 연락하십시오.

Where were you? I couldn't **reach** you all day long.
어디 있었니? 하루 종일 너와 연락이 되지 않았잖아.

I can't *reach* it.

*react /riˈækt/ 　동사 (3단현 reacts 과거·과분 reacted 현분 reacting) 반응하다 (= respond)

When her first novel was published, people **reacted** strongly to it. 그녀의 첫 소설이 출간되자 사람들의 반응은 굉장했다.

reaction /riˈækʃn/ 　명사 (복 reactions) 반응, 반작용

What was her **reaction** to the news?
그 소식에 대한 그녀의 반응은 어땠어?

**read¹ /riːd/ 　동사 (3단현 reads 과거·과분 read 현분 reading)
① 읽다 ② 소리 내어 읽다 ③ 해독하다

1 읽다, 독서하다
I have to **read** two chapters in the textbook for homework.
나는 숙제로 교과서를 두 과 읽어야 한다.

Read the instructions carefully before you use it.
사용하시기 전에 설명서를 주의 깊게 읽으세요.

2 소리 내어 읽다, 읽어 주다
I always **read** letters to my grandma.
나는 항상 할머니께 편지를 읽어 드린다.

My mother **reads** to me every evening before I go to sleep.
우리 엄마는 매일 밤 내가 잠들기 전에 책을 읽어 주신다.

3 (기호·눈금·악보 등을) 읽다, 해독하다
You should learn how to **read** a map before a motor trip.
자동차 여행을 하기 전에 지도 읽는 법을 배워야 한다.

어휘가 쑥쑥
reader 명 독자, 읽는 사람
reading 명 독서, 읽기

실력이 쑥쑥
read의 현재형과 과거·과거분사형은 철자가 같지만 발음은 다르다.

read² /red/ | 동사 read¹의 과거·과거분사 (☞ read¹)

＊ready /ˈredi/ | 형용사 준비된, 마련된 (= prepared)

Get **ready**[On your marks], get set, go!
제자리에, 준비, 출발!

Are you **ready** to order? 주문하시겠어요?

A: Mom, I'm hungry! When will dinner be **ready**?
엄마, 저 배고파요! 저녁 언제 돼요?

B: Dinner's **ready**. Wash your hands before eating.
저녁 준비 다 됐다. 먹기 전에 손부터 씻어라.

Get *ready*, get set, go!

＊real /ˈriːəl/ | 형용사 (비교) more real (최상) most real) ① 현실의 ② 진짜의

1 현실의, 실제로 존재하는 (↔ imaginary 상상의)
The little boy believed that Santa Claus was a **real** person.
그 어린아이는 산타클로스가 실존 인물이라고 믿었다.

This movie is based on a **real** story.
이 영화는 실화를 바탕으로 하고 있다.

2 진짜의 (= genuine)
Brenda isn't her **real** name, but her pen name.
브렌다는 그녀의 진짜 이름이 아니라 필명이다.

The old man wished his wooden doll were a **real** boy.
그 노인은 자신의 나무 인형이 진짜 소년이기를 바랐습니다.

A: Is this ring a **real** diamond? 이 반지는 진짜 다이아몬드인가요?
B: No, it's an imitation. 아니요, 모조품이에요.

어휘가 쑥쑥
realistic 형 현실적인
reality 명 현실, 사실
real estate 부동산
real life 실생활

실력이 쑥쑥
real 가짜나 가공의 것이 아닌
a *real* pearl (진짜 진주)
true 현실과 일치하는
a *true* story (실화)

realize/realise /ˈriːəlaɪz/

동사 (3단현) realizes (과거·과분) realized (현분) realizing
① 깨닫다 ② 실현하다

1 (사실을) 깨닫다, 알아차리다
Scrooge **realized** that there was something more important than money.
스크루지는 돈보다 더 중요한 것이 있다는 것을 깨달았습니다.
Sally **realized** that she had left her purse on the bus.
샐리는 지갑을 버스에 놓고 내렸다는 것을 알아차렸다.

2 (목표·소망 등을) 실현하다
Susan **realized** her dream.
수전은 자신의 꿈을 실현했다.

어휘가 쑥쑥
realization 명 실현, 깨달음
realizable 형 실현할 수 있는
realize danger 위험을 알아채다
realize one's ambition 야망을 이루다

---

really /ˈriːəli/

부사 ① 정말로 ② 아주 ③ 그래, 정말이야

1 정말로, 실제로 (= truly)
A: Mom, does Santa Claus **really** exist?
엄마, 산타클로스는 실제로 있을까요?
B: Sure. What do you want to get for Christmas?
물론이지. 크리스마스에 어떤 선물을 받고 싶니?

2 아주, 매우 (= very)
It is **really** cold today. 오늘은 정말로 날씨가 춥다.
I was **really** happy to hear that news.
그 소식을 듣고 나는 매우 기뻤다.

3 [감탄] 그래, 어머, 아니, 정말이야
A: Mary and I will go hiking this weekend. Will you join us?
메리하고 나는 이번 주말에 하이킹을 갈 거야. 너도 같이 갈래?
B: **Really**? That sounds great! 정말? 좋아!

어휘가 쑥쑥
Not really! 설마!
really and truly 정말로

실력이 쑥쑥
really가 감탄사처럼 쓰여서 의문이나 놀라움을 나타낼 때는 끝을 올려서 말하고, 동감을 표시할 때는 끝을 내려서 말한다.

---

rear¹ /rɪr/

명사 뒤 **형용사** 뒤쪽의

명 뒤, 뒷면, 뒤쪽 (= back) (↔ front 앞, 앞면)
Go to the **rear** of the house. 집 뒤쪽으로 가 봐.

형 뒤쪽의 (= back) (↔ front 앞쪽의)
There is a sticker on the **rear** door of the car.
차 뒷문에 스티커가 붙어 있다.

어휘가 쑥쑥
rear light[lamp] (자동차의) 미등
rear seat 뒷좌석

---

rear² /rɪr/

동사 (3단현) rears (과거·과분) reared (현분) rearing
양육하다, 키우다, 기르다 (= raise)

My grandmother **reared** five children.
우리 할머니는 다섯 아이를 기르셨다.

Daniel is **rearing** cattle in the country.
대니엘은 시골에서 소를 키우고 있다.

*reason /ˈriːzn/ | 명사 (복) reasons) ① 이유 ② 근거

1 이유, 원인, 까닭 (= cause)
I'd like to know the **reason** why she is so late.
나는 그녀가 이렇게 늦은 이유를 알고 싶다.

For this **reason**, I couldn't come to your birthday party.
이런 이유 때문에 네 생일 파티에 가지 못했던 거야.

There is no **reason** to doubt him. 그를 의심할 이유는 하나도 없다.

2 불 근거
Tom has **reason** to think that she is lying.
톰은 그녀가 거짓말을 하고 있다고 생각할 만한 근거가 있다.

어휘가 쑥쑥
good reason 정당한 이유
personal reason 개인적인 이유
real reason 진짜 이유
obvious reason 분명한 이유
only reason 유일한 이유

reasonable /ˈriːznəbl/ | 형용사 (비교) more reasonable (최상) most reasonable) ① 이치에 맞는 ② 적당한

1 이치에 맞는, 합리적인, 타당한 (↔ unreasonable 불합리한, 부당한)
I refused his request because it was not **reasonable**.
나는 그의 요청이 타당하지 않아서 거절했다.

2 (가격·비용이) 적당한, 비싸지 않은
A: This jacket is very stylish and looks good on you.
이 재킷은 매우 세련되고 너한테도 잘 어울린다.
B: The price is **reasonable**, too. I'll take it.
가격도 적당하네. 나 이걸로 살래.

어휘가 쑥쑥
reasonably 합리적으로, 타당하게
- - - - - - - - - - -
reasonable question 합리적인 질문
reasonable excuse 타당한 변명
reasonable person 합리적인 사람

*receive /rɪˈsiːv/ | 동사 (3단현) receives (과거·과분) received (현분) receiving) ① ~을 받다 ② 환영하다

1 ~을 받다 (= get) (↔ give 주다)
I **received** a letter from an old friend yesterday.
나는 어제 옛 친구로부터 편지를 한 통 받았다.

Liam **received** a lot of cards and presents on his birthday.
리엄은 자신의 생일에 많은 카드와 선물을 받았다.

Mother Teresa **received** the Nobel Peace Prize in 1979.
테레사 수녀는 1979년에 노벨 평화상을 받았다.

She **received** a phone call from his mother.
그녀는 어머니한테서 걸려 온 전화를 받았다.

어휘가 쑥쑥
reception  환영회

Bring this coupon, and you will **receive** a 10% discount!
이 쿠폰을 가져오세요. 그러면 10퍼센트 할인을 받으실 수 있습니다!

2 (격식을 차려) 환영하다, 맞이하다
They **received** us warmly at the front door.
그들은 현관에서 우리를 따뜻하게 맞이했다.

실력이 쑥쑥
receive '받다'의 뜻으로 쓰이는 가장 일반적인 말
accept 기꺼이 받다
take 제시되거나 제공된 것을 받다

recently /ˈriːsntli/ 부사 요즈음, 최근에 (= these days)

You look very tired **recently**. What's up?
너 요즘 매우 피곤해 보여. 무슨 일 있니?

I have seen a movie **recently**. It was very interesting.
나는 최근에 영화를 한 편 봤는데 매우 재미있었다.

어휘가 쑥쑥
recent 형 최근의
until recently 최근까지

*recipe /ˈresəpi/ 명사 (복 recipes) 요리법, 조리법 (☞ 749쪽)

A: This is really good. Could you give me the **recipe** for this spaghetti?
정말 맛있네요. 이 스파게티 요리법 좀 알려 주시겠어요?
B: Sure. 물론이죠.

어휘가 쑥쑥
recipe book 요리책

*recognize /ˈrekəɡnaɪz/ 동사 (3단현 recognizes 과거·과분 recognized 현분 recognizing) ~을 알아보다, 인식하다 (= notice)

I **recognize** her face but I can't remember her name.
그녀의 얼굴은 알아보겠는데, 이름은 기억이 나질 않는다.

*recommend /ˌrekəˈmend/ 동사 (3단현 recommends 과거·과분 recommended 현분 recommending) 추천하다, 권하다

Can you **recommend** some interesting novels for me?
나한테 재미있는 소설 좀 추천해 줄래?

Mr. Grey **recommended** me to the company.
그레이 씨가 나를 그 회사에 추천해 주었다.

The doctor **recommended** me to jog every morning.
그 의사는 나에게 매일 아침 조깅을 할 것을 권했다.

어휘가 쑥쑥
recommendation 명 추천, 추천서
highly recommend 강력히 추천하다

*record /rɪˈkɔːrd | ˈrekərd/ 동사 (3단현 records 과거·과분 recorded 현분 recording) 기록하다 명사 (복 records) ① 기록 ② 음반

동 기록하다, 녹음[녹화]하다
He **records** what he spends in his computer every day.
그는 매일 자신이 쓴 돈을 컴퓨터에 기록한다.

실력이 쑥쑥
동사와 명사의 발음과 강세 위치가 다른 것에 주의한다.

Great events are **recorded** in history books.
중요한 사건들은 역사책에 기록된다.

The band has just **recorded** their new album.
그 밴드는 그들의 새 앨범의 녹음을 막 끝냈다.

명 **1** 기록, 경력, 성적

She holds the world **record** for the marathon.
그녀는 마라톤 세계 기록을 보유하고 있다.

Annie has a good **record** at school. 애니는 학교 성적이 좋다.

2 음반, 레코드, 앨범

Have you ever heard his new **record**? 그의 새 음반 들어 봤니?

어휘가 쑥쑥
recorder 명 녹음기
recording 명 녹음, 녹화
break a record
기록을 깨다
set a record
기록을 세우다
keep a record
기록해 두다

* recover /rɪˈkʌvər/　동사 (3단현) recovers (과거·과분) recovered (현분) recovering
① 되찾다 ② 회복되다

1 되찾다, 복구하다 (= get back)

Two paintings stolen from the museum have been **recovered**. 박물관에서 도난당한 그림 두 점을 되찾았다.

Korean soldiers helped Iraq **recover** from the war.
한국 군인들은 이라크가 전쟁으로 입은 피해를 복구하는 것을 도왔다.

2 회복되다 (= get better, improve)

Our economy is just beginning to **recover**.
우리 경제는 이제 막 회복되기 시작하고 있다.

Harry fully **recovered** from his illness last year.
해리는 작년에 병에서 완전히 회복되었다.

어휘가 쑥쑥
recoverable 형 회복 가능한, 되찾을 수 있는

recovery /rɪˈkʌvəri/　명사 (복) recoveries) 회복, 복구

My grandmother made a dramatic **recovery**. 할머니는 극적으로 회복하셨다.

rectangle /ˈrektæŋgl/　명사 (복) rectangles) 직사각형

The school playground is a large **rectangle**.
학교 운동장은 커다란 직사각형 모양이다.

어휘가 쑥쑥
rectangular 형 직사각형의

* recycle /ˌriːˈsaɪkl/　동사 (3단현) recycles (과거·과분) recycled (현분) recycling) 재활용하다

You should **recycle** bottles, cans, and paper.
병, 캔 그리고 종이는 재활용해야 한다.

I **recycled** the glass bottle and made a vase in art class.
나는 미술 시간에 유리병을 재활용해서 꽃병을 만들었다.

어휘가 쑥쑥
recycling 명 재활용
recyclable 형 재활용을 할 수 있는

*red /red/ 〔형용사〕(비교) redder (최상) reddest 빨간색의 〔명사〕(복) reds 빨강

형 빨간색의 (☞ color)

Maple leaves turn **red** in the autumn.
단풍잎은 가을이 되면 빨갛게 변한다.

Anne's cheeks became **red** from the cold.
앤의 뺨은 추위 때문에 빨개졌다.

Justin is wearing a bright **red** shirt.
저스틴은 밝은 빨간색 셔츠를 입고 있다.

You must stop at the **red** light.
신호등이 빨간불일 때는 멈춰야 한다.

The referee showed him the **red** card.
심판이 그에게 레드카드를 보여 주었다.

명 빨강, 적색

My favorite color is **red**. 내가 가장 좋아하는 색은 빨간색이다.

〔어휘가 쑥쑥〕
the Red Cross 적십자사
red wine 적포도주

The referee showed him the *red* card.

*reduce /rɪ'duːs/ 〔동사〕(3단현) reduces (과거·과분) reduced (현분) reducing
줄이다, 감소시키다 (= decrease) (↔ increase 증가시키다)

The store is **reducing** prices by 30% during the sale.
그 가게는 세일 기간 동안 가격을 30퍼센트 인하하고 있다.

A: I have a terrible headache. 머리가 많이 아파.
B: Have some aspirin. It will help to **reduce** your pain.
아스피린을 좀 먹어 봐. 두통을 줄이는 데 도움이 될 거야.

〔어휘가 쑥쑥〕
reduction 〔명〕 축소, 감소
reduce one's weight
체중을 줄이다

*refer /rɪ'fɜːr/ 〔동사〕(3단현) refers (과거·과분) referred (현분) referring
① ~에 대해 말하다 ② 참고하다

1 [to와 함께 써서] ~에 대해 말하다, 언급하다 (= mention)

He **referred** to the matter again at the meeting yesterday.
그는 어제 회의에서 그 문제에 대해 다시 언급했다.

2 [to와 함께 써서] 참고하다

I **referred** to a dictionary to find the correct meaning of the word. 나는 그 단어의 정확한 뜻을 찾기 위해 사전을 참고했다.

referee /ˌrefə'riː/ 〔명사〕(복) referees (경기·시합의) 심판

The **referee** whistled for a foul.
심판이 파울을 알리는 호루라기를 불었다.

The players waited for the **referee**'s decision.
선수들은 심판의 판정을 기다렸다.

〔실력이 쑥쑥〕
referee는 축구·하키·농구·권투·레슬링 등의 경기 심판을 말한다.

reference /ˈrefrəns/ | 명사 참고, 참조

This library contains many **reference** books.
이 도서관에는 참고 서적이 많다.

refill /ˌriːˈfɪl | ˈriːfɪl/ | 동사 (3단현) refills (과거·과분) refilled (현분) refilling) 다시 채우다
명사 (복) refills) 한 그릇[잔] 더

동 (잔·그릇 등을) 다시 채우다, 보충하다, 리필하다
She **refilled** her glass with water. 그녀는 컵에 물을 다시 채웠다.

명 한 그릇[잔] 더, 다시 채운 것, 리필
Can I get a **refill**, please? 한 잔 더 리필해 주시겠어요?

실력이 쑥쑥
동사와 명사의 강세 위치가 다른 것에 주의한다.

어휘가 쑥쑥
refill ink cartridges 잉크 카트리지를 다시 채우다

실력이 쑥쑥
접두사 re-는 '반복', '다시'라는 의미이다.
renew 새롭게 하다 regrow 재생하다 recycle 재활용하다 reuse 재사용하다

*reflect /rɪˈflekt/ | 동사 (3단현) reflects (과거·과분) reflected (현분) reflecting)
① 반사하다 ② 비치다 ③ 곰곰이 생각하다

1 (빛·소리·열 등을) 반사하다
A mirror **reflects** light. 거울은 빛을 반사한다.

어휘가 쑥쑥
reflection 명 모습, 반사

2 (거울·물 등에) 비치다
The moon was **reflected** on the river. 달이 강물에 비쳤다.

3 반성하다, 곰곰이 생각하다
She needed time to **reflect** on what to do next.
그녀는 다음에 무엇을 할 것인지를 생각할 시간이 필요했다.

*reform /rɪˈfɔːrm/ | 동사 (3단현) reforms (과거·과분) reformed (현분) reforming)
① 개정하다 ② 고치다 명사 (복) reforms) 개혁

동 1 (법·체계 등을) 개정하다, 개혁하다, 개선하다
We have to **reform** our health care system.
우리는 보건 의료 체계를 개선해야 한다.

2 (습관·행동 등을) 고치다, 마음을 고쳐먹다
He promised to **reform** his bad habits.
그는 자신의 나쁜 습관을 고치겠다고 약속했다.

명 개혁, 개정, 개선
His economic **reforms** helped to improve our lives.
그의 경제 개혁은 우리의 삶을 향상시키는 데 도움이 되었다.

어휘가 쑥쑥
reformer 명 개혁가
reformation 명 개혁, 개선
· · · · · · · · · · · · · · · · · ·
political reform 정치 개혁
educational reform 교육 개혁
radical reform 급진적인 개혁

refrigerator /rɪˈfrɪdʒəreɪtər/ 명사 (복 refrigerators) 냉장고 (= fridge)

Keep the dairy products in the **refrigerator**.
유제품은 냉장고에 보관하세요.

Take two eggs out of the **refrigerator**, Sally.
샐리, 냉장고에서 계란 두 개를 꺼내 와라.

실력이 쑥쑥
냉동고는 freezer라고 한다.

refuse /rɪˈfjuːz/ 동사 (3단현) refuses (과거·과분) refused (현분) refusing
거절하다, 거부하다 (= reject) (↔ accept 승낙하다)

Alex **refused** to eat more because he was full.
알렉스는 배가 불러서 더 먹기를 거절했다.

It was wise of you to **refuse** her offer.
네가 그녀의 제안을 거절한 것은 현명한 일이었다.

Emma **refused** to listen to his excuses.
엠마는 그의 변명을 듣는 것을 거부했다.

어휘가 쑥쑥
refusal 명 거절, 거부

regard /rɪˈɡɑːrd/ 명사 ① 배려 ② 존중
동사 (3단현) regards (과거·과분) regarded (현분) regarding 생각하다

명 **1** 배려, 고려 (= consideration)
He has no **regard** for others.
그는 남을 배려하지 않는다.

2 (사람·생각 등에 대한) 존중, 존경
She has high **regard** for her teacher.
그녀는 자기 선생님을 매우 존경한다.

동 (~으로) 생각하다, 여기다, 간주하다 (= consider)
My teacher **regards** Frank as a good student.
우리 선생님은 프랭크를 착한 학생이라고 생각하신다.

Germans are **regarded** as very diligent people.
독일인들은 매우 근면한 사람들로 여겨진다.

어휘가 쑥쑥
regarding 전 ~에 관해서
regardless 부 상관하지 않고
show[pay] regard 주의를 기울이다
without regard for ~에 상관하지 않고
be highly regarded 높이 평가되다

실력이 쑥쑥
regards(복수형)는 편지나 이메일에서 '안부를 전합니다'라는 뜻으로 정중하면서도 친근하게 편지를 마무리하고자 할 때 쓰는 표현이다.
Best *regards*. / With kind *regards*.

region /ˈriːdʒən/ 명사 (복 regions) 지방, 지역 (= area, zone)

The tropical **region** is very hot. 열대 지방은 매우 덥다.

The California **region** is famous for its vineyards.
캘리포니아 지역은 포도밭으로 유명하다.

어휘가 쑥쑥
regional 형 지역의, 지방의
regionally 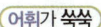 지역적으로

* regret /rɪˈgret/

동사 (3단현) regrets (과거·과분) regretted (현분) regretting 후회하다
명사 (복) regrets 후회

동 후회하다, 유감이다

Don't do anything you might **regret**. 후회할 만한 일은 하지 마라.

He **regretted** his mistake but it was too late.
그는 자신의 실수를 후회했지만 이미 때는 늦었다.

We **regret** to inform you that no trains will run today.
오늘은 열차가 운행하지 않는다는 것을 알려 드리게 되어 유감입니다.

명 후회, 유감

She has no **regrets** about staying here.
그녀는 이곳에 머무는 것을 후회하지 않는다.

어휘가 쑥쑥
regretful 형 후회하는, 애석해하는
regrettable 형 유감스러운
regretfully 부 안타깝게도, 슬프게도
great[deep] regret 깊은 유감

* regular /ˈregjələr/

형용사 (비교) more regular (최상) most regular)
① 규칙적인 ② 보통의 ③ 정기적인

1 규칙적인, 일정한 (↔ irregular 불규칙적인)

The shuttle buses run at **regular** intervals from 5 a.m. to 11 p.m.
셔틀버스는 오전 5시부터 오후 11시까지 일정한 간격으로 운행한다.

Regular exercises will help you lose weight.
규칙적인 운동은 체중을 줄이는 데 도움이 될 것이다.

2 보통의, 일반적인 (= normal)

I ordered a **regular** size of pizza.
나는 보통 크기의 피자를 주문했다.

This bag is on sale now, and you can pay half the **regular** price. 이 가방은 세일 중이라 정상 가격의 반만 지불하시면 됩니다.

3 정기적인

Monday is a **regular** holiday of this department store.
월요일은 이 백화점의 정기 휴일이다.

The **regular** meeting is held on the 1st of every month.
정기 집회는 매달 1일에 열린다.

어휘가 쑥쑥
regular pulse 규칙적인 맥박
regular customer 단골손님
regular income 정기적인 수입
regular reader 정기 구독자
on a regular basis 정기적으로

실력이 쑥쑥
regular 규칙이나 표준 또는 패턴의 기준을 따르는
normal 평범하거나 예상되는 것과 다르지 않은

regularly /ˈregjələrli/

부사 (비교) more regularly (최상) most regularly)
규칙적으로 (↔ irregularly 불규칙적으로)

You should exercise **regularly** to stay in shape.
몸매를 유지하려면 규칙적으로 운동해야 한다.

It is good for your teeth to get your teeth examined **regularly**. 정기적으로 치과 검진을 받는 것이 치아 건강에 좋다.

relate /rɪˈleɪt/ | 동사 (3단현) relates (과거·과분) related (현분) relating
관련시키다, 연관 짓다 (= connect)

The culture of a country is **related** to the climate of the country.
한 나라의 문화는 그 나라의 기후와 관련이 있다.

어휘가 쑥쑥
related 형 관련된

relation /rɪˈleɪʃn/ | 명사 (복) relations ① 관계 ② 친척

1 [relations로 쓰여] (사람·국가 간의) 관계
We have friendly **relations** with our neighbors.
우리는 이웃 국가들과 우호적인 관계를 맺고 있다.

2 친척, 친족 (= relative)
Lucas invited all his friends and **relations**.
루커스는 모든 친구와 친척들을 초대했다.

어휘가 쑥쑥
close relations 밀접한 관계
foreign relations 외교 관계

relationship /rɪˈleɪʃnʃɪp/ | 명사 (복) relationships 관계 (= relation)

The **relationship** between the two countries got worse and finally a war broke out.
그 두 나라 사이의 관계는 점점 나빠져서 결국 전쟁까지 일어났다.

I think that there is no **relationship** between blood type and personality.
나는 혈액형과 성격 사이에는 아무런 관련이 없다고 생각한다.

어휘가 쑥쑥
working relationship 업무상 관계
family relationship 가족 관계

relative /ˈrelətɪv/ | 형용사 비교적 명사 (복) relatives 친척

형 **비교적, 상대적인** (↔ absolute 절대적인)
After the noisy parade ended, I could stay in **relative** peace.
그 시끄러운 퍼레이드가 끝나자 나는 비교적 평온한 상태로 지낼 수 있었다.

명 **친척**
All **relatives** get together and have a ceremony for our ancestors on *Chuseok*.
추석에는 모든 친척들이 모여 조상님께 차례를 지낸다.

어휘가 쑥쑥
relatively 분 비교적, 상대적으로
relative merits 상대적인 장점들
close[distant] relative 가까운[먼] 친척

relax /rɪˈlæks/ | 동사 (3단현) relaxes (과거·과분) relaxed (현분) relaxing
① 편히 쉬다 ② 완화하다

1 편히 쉬다, 긴장을 풀다 (= rest)
I **relaxed** sitting on the couch. 나는 소파에 앉아서 쉬었다.
Green makes our eyes **relax**. 녹색은 눈을 편안하게 해 준다.

어휘가 쑥쑥
relaxation 명 휴식, (법·규제 등의) 완화

2 완화하다(🔎), 느슨하게 하다 (↔ tighten 단단하게 죄다)

The school decided to **relax** its dress code.
그 학교는 복장 규정을 완화하기로 결정했다.

> 🔎 뜻풀이
> 완화하다 긴장이나 급한 상태를 좀 풀다

---

* release /rɪˈliːs/

동사 (3단현) releases (과거·과분) released (현분) releasing ① 해방하다 ② (영화를) 개봉하다 **명사** ① 해방 ② 개봉

동 1 해방하다, 놓아주다, 풀어 주다

President Lincoln **released** the slaves.
링컨 대통령은 노예를 해방했다.

The bear was **released** into the wild.
그 곰은 야생으로 돌려보내졌다.

2 (영화를) 개봉하다, (음반 등을) 발매하다

Several new films will be **released** during the holidays.
연휴 동안 새 영화 몇 편이 개봉될 것이다.

The singer has **released** five albums in Mexico.
그 가수는 멕시코에서 다섯 장의 앨범을 발매했다.

명 1 해방, 면제

Before **release**, the bear lived in the zoo.
방사되기 전에, 그 곰은 동물원에서 살았다.

2 (영화의) 개봉, (음반 등의) 발매

The singer delayed the **release** of his new record.
그 가수는 자신의 새 음반 발매를 늦췄다.

> 어휘가 쑥쑥
> release a prisoner 죄수를 석방하다
> release one's hand 잡은 손을 놓다
> release the tension (근육의) 긴장을 풀다
> release one's stress 스트레스를 풀다
> release a book 책을 발간하다
> sense of release 해방감
> latest release 최신 발매 음반

---

* religion /rɪˈlɪdʒən/ **명사** (복) religions 종교

Hinduism is one of the oldest **religions** in the world.
힌두교는 세계에서 가장 오래된 종교 중 하나이다.

There are many **religions** in the world.
세상에는 많은 종교가 있다.

> 어휘가 쑥쑥
> religious 형 종교적인, 종교의

> 재미가 쑥쑥
> 전 세계 신자 수에 따른 주요 종교는 다음과 같다.
> Christianity(기독교) 23억 명, Islam(이슬람교) 18억 명, Hinduism(힌두교) 11억 명, Buddhism(불교) 5억 명

---

* remain /rɪˈmeɪn/ **동사** (3단현) remains (과거·과분) remained (현분) remaining
① 남다 ② ~한 상태로 있다

1 남다, 남아 있다 (= stay)

Only a few minutes **remain** to begin the concert.
콘서트 시작까지 겨우 몇 분 남았다.

My parents hope that I **remain** in my hometown.

> 어휘가 쑥쑥
> remaining 형 남아 있는
> remains 명 남은 것, 잔해
> remain seated 자리에 앉

우리 부모님은 내가 고향에 남아 있기를 바라신다.

2 ~한 상태로 있다, 유지하다 (= stay, continue)
I hope everybody in my class **remains** good friends forever!
나는 우리 반의 모든 아이들이 영원히 좋은 친구로 남아 있기를 바란다!
Danny **remained** silent without giving an answer to my question. 대니는 내 질문에 대답하지 않은 채 계속해서 침묵을 지켰다.
To my surprise, the old castle **remained** unchanged.
놀랍게도 그 오래된 성은 변하지 않고 그대로 있었다.

remain the same 여전히 변함이 없다
remain calm 침착함을 유지하다
remain unmarried 독신으로 지내다

remarkable /rɪˈmɑːrkəbl/
형용사 (비교) more remarkable (최상) most remarkable)
놀랄 만한, 주목할 만한, 두드러진, 뛰어난

After the war, there were **remarkable** changes in the economic condition.
전쟁이 끝난 후, 경제 상황에 두드러진 변화가 있었다.
His musical talent was so **remarkable** that he could compose the symphony at the age of four.
그의 음악적 재능은 매우 뛰어나서 네 살의 나이에 교향곡을 작곡할 정도였다.

어휘가 쑥쑥
remarkable discovery 주목할 만한 발견
remarkable achievement 놀랄 만한 성과

*remember /rɪˈmembər/
동사 (3단현) remembers (과거·과분) remembered
(현분) remembering) 기억하다, 기억해 내다
(↔ forget 잊어버리다)

I'll **remember** you forever. 너를 영원히 기억할게.
I suddenly **remembered** that I made a promise to Justin.
나는 갑자기 저스틴과 약속했던 것이 기억났다.
A: What's that girl's name? 저 여자아이의 이름이 뭐지?
B: I can't **remember**. 기억이 잘 안 나요.

문법이 쑥쑥
「remember + 동명사(-ing)」(과거에 ~한 일을 기억하다)와 「remember + to부정사」(미래에 ~할 일을 기억하다)는 의미가 다르므로 주의해서 사용한다.
I *remember sending* a book to Jane. (나는 제인에게 책 한 권을 보낸 것을 기억한다.)
I *remember to send* a book to Jane. (나는 제인에게 책 한 권을 보내야 하는 것을 기억한다.)

I'll *remember* you forever.

*remind /rɪˈmaɪnd/
동사 (3단현) reminds (과거·과분) reminded (현분) reminding)
생각나게 하다, 상기시키다, 알려 주다

John **reminds** me of his father. 존을 보면 그의 아버지가 생각난다.
The guide **reminded** us not to feed the wild animals.
가이드는 야생 동물들에게 먹이를 주지 말 것을 우리에게 상기시켜 주었다.

어휘가 쑥쑥
reminder 명 생각나게 하는 물건[사람]

Please **remind** John that I'll visit him tomorrow.
제가 내일 방문할 거라고 존에게 알려 주세요.

*remove /rɪ'muːv/

동사 (3단현) removes (과거·과분) removed (현분) removing)
① 치우다 ② 없애다

1 치우다 (= take away)

I **removed** the snow in front of my house this morning.
나는 오늘 아침에 우리 집 앞에 쌓인 눈을 치웠다.

2 없애다, 제거하다 (= get rid of)

Mia **removed** every spot from her dress.
미아는 그녀의 옷에 묻은 모든 얼룩을 지웠다.

Please **remove** the dirt from your shoes on the mat.
매트 위에서 신발의 먼지를 털어 주세요.

어휘가 쑥쑥
removal 명 없애기, 제거
remover 명 (얼룩·칠 등의) 제거제

easily remove 쉽게 제거하다
completely remove 완전히 제거하다

*rent /rent/

명사 (복) rents) 집세
동사 (3단현) rents (과거·과분) rented (현분) renting) 임대하다

명 집세, 임대료, 임대

He pays the **rent** at the beginning of every month.
그는 매달 초에 집세를 낸다.

For **Rent**. 〈게시〉 셋집[셋방] 있음.

A: What is the **rent** for this apartment?
이 아파트의 집세는 얼마입니까?

B: It's one thousand dollars a month. 한 달에 천 달러입니다.

동 임대하다(♀), 임차하다(♀), (단기간) 빌리다

Amy **rents** out three rooms to students.
에이미는 학생들에게 방 세 개를 세놓고 있다.

James and I **rented** a two-bedroom apartment together.
제임스와 나는 함께 침실 두 개짜리 아파트를 하나 빌렸다.

I'd like to **rent** a car for the weekend.
주말 동안 쓸 차를 빌리고 싶은데요.

어휘가 쑥쑥
high[low] rent
높은[낮은] 임대료
reasonable rent
적당한 임대료
raise the rent
임대료를 올리다

뜻풀이
임대하다 일정한 비용을 받고 어떤 물건이나 권리를 빌려주다
임차하다 돈을 내고 남의 물건이나 건물, 땅 등을 빌려 쓰다

*repair /rɪ'per/

동사 (3단현) repairs (과거·과분) repaired (현분) repairing) 수리하다
명사 (복) repairs) 수리

동 수리하다, 수선하다, 고치다 (= fix)

Nick **repaired** his computer himself.
닉은 자기 컴퓨터를 직접 고쳤다.

It cost too much to get the car **repaired**.
차를 수리하는 데 너무 많은 비용이 들었다.

My car is being **repaired** in the repair shop.
내 차는 정비소에서 수리 중이다.

명 수리, 수선
The ship is under **repair**. 그 배는 수리 중이다.
Repairs done while you wait.
〈광고〉 즉석에서 수선해 드립니다.

> (실력이 쑥쑥)
> **repair** '고장 나거나 부서진 것을 수리하다'를 뜻하는 일반적인 말
> **fix** 기계나 자동차 등을 수리하다

* repeat /rɪˈpiːt/
동사 (3단현) repeats (과거·과분) repeated (현분) repeating
되풀이하다, 반복하다

Repeat after me. 제 말을 따라 하세요.
Don't **repeat** the same mistakes. 똑같은 실수를 반복하지 마라.
Could you please **repeat** yourself? 다시 한번 말씀해 주시겠어요?
This program is **repeated** on Sunday at 2 p.m.
이 프로그램은 일요일 오후 2시에 재방송됩니다.
[속담] History **repeats** itself. 역사는 되풀이된다.

> (어휘가 쑥쑥)
> **repeated** 형 되풀이되는, 반복되는
> **repeatedly** 부 되풀이하여, 반복하여
> **repetition** 명 되풀이, 반복

* replace /rɪˈpleɪs/
동사 (3단현) replaces (과거·과분) replaced (현분) replacing
① 제자리에 놓다 ② 대신하다

1 제자리에 놓다, 되돌려 놓다
Replace the book on the shelf after you read it.
책을 다 읽고 나면 책장에 도로 갖다 놓아라.

2 대신하다, 바꾸다, 교체하다
Electric lights **replaced** oil and gas lamps. / Oil and gas lamps were **replaced** by electric lights.
전깃불은 석유등이나 가스등을 대신했다.
I **replaced** an old tire with a new one.
나는 헌 타이어를 새것으로 교체했다.

> (어휘가 쑥쑥)
> **replacement** 명 교체, 대체물, 후임자
> - - - - - - - - - - - - -
> **replace the battery**
> 건전지를 교체하다
> **replace the parts**
> 부품을 교체하다

* reply /rɪˈplaɪ/
동사 (3단현) replies (과거·과분) replied (현분) replying) 대답하다
명사 (복) replies) 대답

동 대답하다, 답장하다 (= answer, respond)
I asked Justin why he was crying, but he didn't **reply**.
나는 저스틴에게 왜 울고 있냐고 물었지만, 그는 대답하지 않았다.
I **replied** to his letter with an e-mail.
나는 그의 편지에 이메일로 답장을 보냈다.

명 대답, 답장 (= answer, response)
Many reporters asked Brian about the event, but he gave

> (실력이 쑥쑥)
> reply가 '사람·질문·편지에 답을 하다'라는 뜻을 나타낼 때는 reply 다음에 반드시 to를 쓴다.
> She *replied* to my question.
> (그녀는 내 질문에 대답했다.)
> She *replied* my question. (×)

759

no **reply**.
많은 기자들이 브라이언에게 그 사건에 대해 질문했지만, 그는 아무런 대답도 하지 않았다.

I sent an e-mail to Leo last week, and I've been still waiting for his **reply**.
나는 리오에게 지난주에 이메일을 보냈고 아직도 그의 답장을 기다리고 있다.

*report /rɪˈpɔːrt/

명사 (복 reports) ① 보고서 ② 보도
동사 (3단현 reports 과거·과분 reported 현분 reporting) ① 보고하다 ② 보도하다

명 1 보고서, 보고
You must hand in your **report** by Friday.
금요일까지 보고서를 제출하십시오.

2 (신문 등의) 보도, 기사
The **report** turned out (to be) false.
그 보도는 허위임이 드러났다.

According to the weather **report**, there is a typhoon coming.
일기 예보에 따르면, 태풍이 다가오고 있다고 한다.

동 1 보고하다, 발표하다
We **reported** to the class on the result of the group discussion. 우리는 조별 토론의 결과에 대해서 반 전체에 보고했다.

The scientist **reported** a new discovery in the science magazine. 그 과학자는 새로운 발견에 대해 과학 잡지에 발표했다.

2 보도하다, (기자가) 기사를 쓰다
Every newspaper **reported** the accident on the front page.
모든 신문이 그 사고를 1면 기사로 보도했다.

He **reported** that two Americans had been shot in Baghdad.
그는 바그다드에서 두 명의 미국인이 총상을 입었다고 보도했다.

This is Jane Baker, **reporting** from *Seoul*.
서울에서 제인 베이커가 전해 드렸습니다.

어휘가 쑥쑥

reporter 명 보고자, 신문기자

annual report 연례 보고서
written report 서면 보고
school report 학교 성적표
news[press] report 뉴스[언론] 보도
report to the boss 상사에게 보고하다
report to the police 경찰에 신고하다

*represent /ˌreprɪˈzent/

동사 (3단현 represents 과거·과분 represented 현분 representing) ① 나타내다 ② 대표하다

1 나타내다, 의미하다, 상징하다
The dove **represents** peace. 비둘기는 평화를 상징한다.
The green triangle **represents** the mountain.
녹색 삼각형은 산을 나타낸다.

2 대표하다, 대변하다 (💡 (다른 사람의 생각이나 말을) 대신하여 말하다)

어휘가 쑥쑥

representative 명 대표, 대표자 형 대표적인

Olivia **represented** our class at the speech contest.
올리비아는 웅변 대회에서 우리 반을 대표했다.

* reputation /ˌrepjuˈteɪʃn/ 명사 (복) reputations) 평판(○ 세상 사람들의 평가)

He has a good **reputation** at work. 그는 직장에서 평판이 좋다.

* request /rɪˈkwest/ 동사 (3단현) requests (과거·과분) requested (현분) requesting) 요청하다 명사 (복) requests) 요청

동 요청하다, 부탁하다

Please **request** help if you need it.
필요하시면 도움을 요청하십시오.

You are **requested** not to smoke in this building.
이 건물 안에서는 흡연을 삼가 주실 것을 부탁드립니다.

I **requested** the audience not to make noises during his speech.
나는 청중들에게 그가 연설을 하는 동안 조용히 해 줄 것을 요청했다.

명 요청, 부탁

Daniel refused my **request**. 대니엘은 내 부탁을 거절했다.

We will send you a guide book on **request**.
요청하시면 안내 책자를 보내 드립니다.

어휘가 쑥쑥
formal request 공식 요청
urgent request 긴급 요청
make a request 요청하다
agree to a request
요청을 수락하다
reject a request
요청을 거절하다

실력이 쑥쑥
request는 ask보다 격식을 차린 말이다.

* require /rɪˈkwaɪər/ 동사 (3단현) requires (과거·과분) required (현분) requiring) ① 필요로 하다 ② 요구하다

1 필요로 하다 (= need)

Soccer **requires** teamwork as well as individual skill.
축구는 개인기뿐만 아니라 팀워크도 필요로 한다.

A lot of practice is **required** to speak a foreign language fluently. 외국어를 유창하게 말하려면 많은 연습이 필요하다.

2 (법·규칙 등에서) **요구하다** (= demand, claim)

Our gallery doesn't **require** any admission fee.
저희 화랑은 입장료를 요구하지 않습니다. (입장료가 없습니다.)

You are **required** to fasten your seatbelt by law.
법에 따라 안전벨트를 착용해야 한다.

어휘가 쑥쑥
requirement 명 필요한 것, 요구
required standard
요구 기준
required reading
필독 도서
required documents
구비 서류

* research /ˈriːsɜːrtʃ/ 명사 연구, 조사 (= study)

You should do some **research** before you buy a house.
집을 사기 전에 몇 가지 조사를 해 보는 게 좋겠다.

어휘가 쑥쑥

researcher 명 연구원

According to the **research**, an adult should sleep an average of eight hours a day.
그 연구에 따르면 성인은 하루에 평균 여덟 시간 자야 한다.

research center 연구소

＊resemble /rɪˈzembl/

동사 (3단현) resembles (과거·과분) resembled (현분) resembling
~을 닮다, 비슷하다, ~와 유사하다 (= look like)

I **resemble** my father and my elder sister looks like my mother.
나는 아빠를 닮았고 우리 언니는 엄마를 닮았다.

This backpack **resembles** mine.
이 배낭은 내 것과 비슷하다.

Jenny grew up to **resemble** her father.
제니는 커 가면서 아버지를 닮아 갔다.

문법이 쑥쑥
resemble은 진행형으로 쓰지 않는다.
This flower *resembles* a sunflower.
(이 꽃은 해바라기와 비슷하다.)
This flower *is resembling* a sunflower. (×)

reservation /ˌrezərˈveɪʃn/

명사 (복) reservations) 예약 (= booking)

I'd like to make a **reservation** for a table tonight.
오늘 밤에 자리를 하나 예약하고 싶습니다.

Can I confirm my **reservation**? It's under the name of Timothy.
예약을 확인할 수 있을까요? 티머시라는 이름으로 예약했는데요.

어휘가 쑥쑥
cancel a reservation
예약을 취소하다

＊reserve /rɪˈzɜːrv/

동사 (3단현) reserves (과거·과분) reserved (현분) reserving
① 예약하다 ② 남겨 두다

1 예약하다 (= book)

I'd like to **reserve** a table for two for eight o'clock.
8시에 두 사람 자리를 예약하고 싶습니다.

Sorry, sir, but all seats are **reserved** this weekend.
죄송합니다만, 이번 주말에는 모든 좌석이 다 예약됐습니다.

2 남겨 두다, 떼어 두다 (= set aside)

This place is **reserved** for the handicapped.
이곳은 장애인을 위해 마련된 자리입니다.

어휘가 쑥쑥
reserve tickets in advance
표를 미리 예약하다
reserve a parking space
주차 공간을 확보하다

＊resource /ˈriːsɔːrs, rɪˈsɔːrs/

명사 (복) resources) 자원, 물자

Norway is rich in natural **resources**.
노르웨이는 천연자원이 풍부하다.

Native Americans used the **resources** around them for their clothing.
아메리카 원주민들은 주변에 있는 재료를 사용해 옷을 만들어 입었다.

어휘가 쑥쑥
mineral resources
광물 자원
water resources 수자원
energy resources 에너지 자원

respect /rɪˈspekt/ | 동사 (3단현) respects (과거·과분) respected (현분) respecting
존경하다 (= admire), 공경하다

We should **respect** the old.
우리는 어르신들을 공경해야 한다.
George Washington was highly **respected** by all Americans.
조지 워싱턴은 모든 미국인들로부터 크게 존경을 받았다.

어휘가 쑥쑥
respectable 형 존경할 만한, 훌륭한
respectful 형 존중하는

respond /rɪˈspɑːnd/ | 동사 (3단현) responds (과거·과분) responded (현분) responding
대답하다, 응답하다 (= answer, reply)

Alex didn't **respond** to my text message.
알렉스는 내 문자 메시지에 답하지 않았다.
The clown tried to make the princess laugh, but she didn't **respond**.
그 광대는 공주님을 웃기려고 노력했지만, 공주님은 아무 반응이 없었습니다.

어휘가 쑥쑥
response 명 대답, 응답
respondent 명 응답자

responsible /rɪˈspɑːnsəbl/ | 형용사 (비교) more responsible (최상) most responsible
(~에 대한) 책임이 있는, 책임감이 있는

All citizens are **responsible** for obeying laws.
모든 시민들은 법을 지켜야 할 책임이 있다.
Who is **responsible** for this project?
이 프로젝트는 누가 책임을 맡고 있습니까?
Mr. Smith is really gentle and **responsible**.
스미스 씨는 매우 온화하고 책임감이 강한 사람이다.

어휘가 쑥쑥
responsibility 명 책임
responsibly 부 책임감 있게, 책임지고

rest¹ /rest/ | 명사 (복) rests 휴식 동사 (3단현) rests (과거·과분) rested (현분) resting 쉬다

명 [때로 불] **휴식** (= break)
I need to get some **rest**. 나는 휴식이 필요해.
You look tired! Why don't you take a **rest**?
피곤해 보인다! 잠시 휴식을 취하는 게 어때?

동 **쉬다** (= relax)
Put down your baggage and **rest** for some time.
짐을 내려놓고 잠시 쉬세요.

숙어 **rest on** ~에 기대다, 의지하다 (= depend on, count on, rely on)
The future of the country **rests on** the children's education.
국가의 미래는 아이들의 교육에 달려 있다.

어휘가 쑥쑥
rest area[stop] (고속 도로 등의) 휴게소

실력이 쑥쑥
rest가 '잠시 동안의 휴식'의 뜻이거나, rest 앞에 형용사가 올 때는 a를 붙이거나 복수형도 쓰인다.
have several *rests* (여러 번 쉬다) / take a good *rest* (충분히 쉬다)

rest² /rest/ | 명사 [the와 함께 쓰여] 나머지

After swimming at the beach, we stayed at the hotel for the **rest** of the time.
해변에서 수영을 한 뒤에, 우리는 나머지 시간 동안 호텔에 머물렀다.

Pour the **rest** of the flour into a big bowl.
남은 밀가루를 커다란 그릇에 부으세요.

> 실력이 쑥쑥
> the rest는 셀 수 있는 것을 가리킬 때는 복수 취급을 하지만, 셀 수 없는 것을 가리킬 때는 단수 취급을 한다.

*restaurant /ˈrestərɑːnt/ 명사 (복) restaurants) 음식점, 레스토랑

Andy works at a fast food **restaurant** in the daytime.
앤디는 낮 시간에 패스트푸드점에서 일한다.

I called the **restaurant** to reserve a table for three.
나는 세 명이 식사를 할 자리를 예약하기 위해서 그 음식점에 전화를 걸었다.

> 어휘가 쑥쑥
> Korean[Chinese] restaurant 한식당[중식당]

*restore /rɪˈstɔːr/ 동사 (3단현) restores (과거·과분) restored (현분) restoring)
① 회복하다 ② 복구하다

1 회복하다, 회복시키다
The operation **restored** her sight.
그 수술은 그녀의 시력을 회복시켜 주었다.

> 어휘가 쑥쑥
> restoration 명 복원, 복구, 회복

2 복구하다, 복원하다 (Q)
The church was **restored** after the war.
그 교회는 전쟁 후 복원되었다.

I **restored** the deleted files. 나는 삭제된 파일을 복구했다.

> Q 뜻풀이
> 복원하다 망가진 것을 원래의 상태나 모양으로 돌아가게 하다

restrain /rɪˈstreɪn/ 동사 (3단현) restrains (과거·과분) restrained (현분) restraining)
① 저지하다 ② 억누르다

1 저지하다, 막다
I had to **restrain** him from running out into the street.
나는 그가 거리로 뛰쳐나가지 못하게 말려야 했다.

> 어휘가 쑥쑥
> restraint 명 억제, 자제
> restrained 형 자제된, 억제된

2 억누르다, 억제하다, 참다
I couldn't **restrain** my laughter. 나는 웃음을 참지 못했다.

restrict /rɪˈstrɪkt/ 동사 (3단현) restricts (과거·과분) restricted (현분) restricting)
제한하다, 한정하다

We **restrict** the number of students per class to 20.
우리는 학급당 학생 수를 20명으로 한정한다.

This area is **restricted** to the public.
이 구역은 일반인의 접근이 제한됩니다.

> 어휘가 쑥쑥
> restriction 명 제한, 규제
> restricted 형 제한된

restroom /ˈrestruːm/ 명사 (복) restrooms) 화장실

May I use the **restroom**? 화장실 좀 써도 될까요?
A: Could you tell me where the **restroom** is?
화장실이 어디에 있는지 말씀해 주실 수 있나요?
B: Sure. The men's room is at the end of the hall.
물론이죠. 남자 화장실은 복도 맨 끝에 있어요.

재미가 쑥쑥
restroom과 toilet은 둘 다 '공중화장실'을 뜻하는데, restroom은 주로 미국에서 많이 사용하고, toilet은 영국에서 많이 사용한다.

---

*result /rɪˈzʌlt/
동사 (3단현) results (과거·과분) resulted (현분) resulting) ~한 결과를 가져오다 명사 (복) results) 결과

동 [in과 함께 써서] **~한 결과를 가져오다**, [from과 함께 써서] **~로 인해 어떤 결과를 얻다**
Eating too much fat **results** in obesity.
지방질을 너무 많이 섭취하면 비만이 된다.
The car accident **resulted** from drunken driving.
그 교통사고는 음주 운전에서 비롯된 것이었다.

명 결과, 성과, 성적 (↔ cause 원인)
I'm satisfied with the **result** of the final exam.
나는 기말시험 성적에 만족한다.

어휘가 쑥쑥
final[end] result 최종 결과
test result 검사 결과
election result 선거 결과
surprising result 놀라운 결과
desired result 바라던 결과

---

*retire /rɪˈtaɪər/
동사 (3단현) retires (과거·과분) retired (현분) retiring) 퇴직하다, 은퇴하다

My dad **retired** at 65. 우리 아빠는 65세에 퇴직하셨다.
I **retired** from teaching two years ago.
나는 2년 전에 교직에서 은퇴했다.

어휘가 쑥쑥
retirement 명 은퇴, 퇴직
retired 형 은퇴한, 퇴직한

**return /rɪˈtɜːrn/
동사 (3단현) returns (과거·과분) returned (현분) returning) ① 돌아오다 ② 되돌려 주다 ③ 답하다 명사 (복) returns) 돌아옴

동 1 돌아오다 (= go back, come back) (↔ leave, depart 떠나다)
After college, Joy **returned** to Korea.
대학을 졸업하고 조이는 한국으로 돌아왔다.
A: Mike, when did you **return** from the trip?
마이크, 여행에서 언제 돌아왔니?
B: I **returned** yesterday. 어제 돌아왔어.

2 되돌려 주다 (= give back)
You have to **return** this book by Monday.
이 책을 월요일까지 반납하셔야 합니다.

3 답하다, 회답하다 (= answer, reply)
I called Jimmy twice, but he hasn't **returned** my call yet.
나는 지미에게 두 번이나 전화를 했는데 아직 답이 없다.

어휘가 쑥쑥
return one's call 답신 전화를 하다
return a favor 호의에 보답하다
return flight 왕복 항공편
return ticket 왕복 차표
return address 발신인 주소

명 돌아옴, 귀환, 반환
I waited for her **return**. 나는 그녀가 돌아오기를 기다렸다.

*reveal /rɪˈviːl/
동사 (3단현) reveals (과거·과분) revealed (현분) revealing
① 밝히다 ② (보이지 않던 것을) 드러내다

1 밝히다, 폭로하다
I **revealed** the truth. 나는 진실을 밝혔다.

2 (보이지 않던 것을) 드러내다, 보이다
She laughed, **revealing** her teeth.
그녀는 이를 드러내며 웃었다.

뜻풀이
폭로하다 숨기고 있던 일을 남들이 알게 하다

*review /rɪˈvjuː/
명사 (복) reviews ① 검토 ② 비평 ③ 복습
동사 (3단현) reviews (과거·과분) reviewed (현분) reviewing
① 검토하다 ② 비평하다 ③ 복습하다

명 1 [때로 **복**] 검토
This proposal is under **review**. 이 제안은 검토 중에 있다.

2 비평, 평론
The movie got good **reviews**. 그 영화는 좋은 평을 받았다.

3 복습
This textbook has a **review** at the end of each chapter.
이 교재는 각 장의 마지막에 복습이 제공된다.

동 1 검토하다
I will **review** your report. 네가 쓴 보고서를 검토해 볼 것이다.

2 비평하다, 평론을 쓰다
He **reviewed** books for a paper. 그는 신문에 서평을 썼다.

3 복습하다
I **reviewed** my notes before the exam.
나는 시험 전에 필기한 것을 복습했다.

어휘가 쑥쑥
reviewer **명** 비평가
weekly review 주간 평론
book review 서평
movie review 영화 평론
music review 음악 평론
critical review 비평
review a policy 정책을 재검토하다
review one's lesson 배운 것을 복습하다

*revise /rɪˈvaɪz/
동사 (3단현) revises (과거·과분) revised (현분) revising
① 변경하다 ② 개정하다

1 (계획·의견을) 변경하다, 수정하다
I **revised** my plans. 나는 내 계획을 변경했다.

2 (내용을) 개정하다, 수정하다
This dictionary has been completely[partly] **revised**.
이 사전은 전면[부분적으로] 개정되었다.

어휘가 쑥쑥
revision **명** 개정, 수정

뜻풀이
개정하다 주로 문서의 내용 따위를 고쳐 바르게 하다

rich 767

*reward /rɪˈwɔːrd/ 〔명사〕 (복) rewards) ① 보상 ② 보상금
〔동사〕 (3단현) rewards (과거·과분) rewarded (현분) rewarding) 보상하다

〔명〕 1 보상, 상
Parents often give their children **rewards** for passing exams.
부모들은 아이들이 시험을 통과하면 종종 보상을 준다.

2 보상금, 현상금 (Q)
He received a **reward** of two million *won*.
그는 이백만 원의 보상금을 받았다.

〔동〕 보상하다, 보답하다
He **rewarded** children with some chocolate.
그는 아이들에게 상으로 초콜릿을 주었다.

〔어휘가 쑥쑥〕
rewarding 〔형〕 보람 있는, 보상이 되는

economic[material] reward 경제적[물질적] 보상

〔뜻풀이〕
현상금 필요한 일을 한 사람에게 대가로 주는 돈

rhinoceros /raɪˈnɑːsərəs/ 〔명사〕 (복) rhinoceros, rhinoceroses) 코뿔소 (☞ animal)

A **rhinoceros** has one or two horns on its nose.
코뿔소는 코에 한 개 또는 두 개의 뿔이 나 있다.

〔실력이 쑥쑥〕
줄여서 rhino라고도 한다.

*rhythm /ˈrɪðəm/ 〔명사〕 리듬

I have a good sense of **rhythm**. 나는 리듬 감각이 좋다.

ribbon /ˈrɪbən/ 〔명사〕 (복) ribbons) 리본

Jenny was wearing a pink **ribbon** in her hair.
제니는 머리에 분홍색 리본을 달고 있었다.

Tom tied a **ribbon** around his kitty's neck.
톰은 새끼 고양이의 목에 리본을 둘러 주었다.

〔재미가 쑥쑥〕
blue ribbon은 '파란색의 리본'이라는 뜻이 아니라, '최고의', '최우수의'라는 의미이다.

*rice /raɪs/ 〔명사〕 쌀, 벼, 밥

Korean people eat **rice**, soup, and side dishes at every meal.
한국인은 끼니마다 밥과 국, 반찬을 먹는다.

*rich /rɪtʃ/ 〔형용사〕 (비교) richer (최상) richest) ① 부유한 ② 풍부한

1 부유한, 돈 많은 (↔ poor 가난한)
He is one of the **richest** men in America.
그는 미국에서 가장 부유한 사람들 중 한 명이다.

Jimmy grew up in a **rich** family. 지미는 부유한 가정에서 자랐다.
The **rich** are not always happy. 부자라고 항상 행복한 것은 아니다.

〔실력이 쑥쑥〕
the rich는 rich people의 의미이다.

〔어휘가 쑥쑥〕
rich soil 비옥한 땅

2 풍부한, 풍요로운
Tomatoes are **rich** in vitamin A and C.
토마토는 비타민 A와 C가 풍부하다.

> rich history 다채로운 역사
> the new rich 벼락부자

ridden /ˈrɪdn/ | 동사 ride의 과거분사 (☞ ride)

*ride /raɪd/ | 동사 (3단현 rides 과거 rode 과분 ridden 현분 riding) 타다
| 명사 (복 rides) 타기

동 타다
I **rode** a horse at the farm on *Jeju* Island.
나는 제주도에 있는 목장에서 말을 탔다.
I can **ride** a bike. 나는 자전거를 탈 줄 안다.

명 타기, 태우기
Can you give me a **ride** to the airport?
공항까지 태워다 줄 수 있어요?
How about going for a bike **ride**? 자전거 타러 갈래?

> 어휘가 쑥쑥
> **rider** 명 (말·자전거 등을) 타는 사람
> **riding** 명 승마, 타기, 승차
> **free ride** 무임승차
> **piggyback ride** 등에 업혀 다님, 목말 타기

right¹ /raɪt/ | 형용사 오른쪽의 명사 오른쪽 부사 오른쪽에

형 오른쪽의 (↔ left 왼쪽의)
I held out my **right** hand to shake hands with him.
나는 그와 악수를 하려고 오른손을 내밀었다.

명 오른쪽 (↔ left 왼쪽)
The bank is on your **right**. 은행은 오른편에 있어요.

부 오른쪽에, 오른쪽으로 (↔ left 왼쪽에, 왼쪽으로)
Go straight and turn **right** at the first corner.
쭉 가시다가 첫 번째 모퉁이에서 오른쪽으로 도세요.

> 어휘가 쑥쑥
> **right side** 오른편
> **right[left]-handed** 오른손[왼손]잡이의
> **Keep right.** 〈게시〉 우측통행.

right² /raɪt/ | 형용사 ① 올바른 ② 옳은 ③ 적절한 부사 ① 옳게 ② 곧바로
| 명사 (복 rights) ① 옳은 것 ② 권리

형 1 올바른, 정당한 (↔ wrong 잘못된)
It is not **right** to tell a lie to your parents.
부모님께 거짓말을 하는 것은 올바른 일이 아니다.
You did the **right** thing. 넌 올바른 일을 한 거야.

2 옳은, 맞는, 정확한 (= accurate, correct) (↔ inaccurate, incorrect 틀린)
Read the question below and choose the **right** answer.
아래 문제를 읽고 맞는 답을 고르시오.

> 실력이 쑥쑥
> correct는 right보다 더 격식적인 표현이다. right은 주로 의견이나 결정이 옳을 때, correct는 방법이 옳을 때 쓴다.
> The judge made a *right* decision. (재판관은 공정한 판결을 내렸다.)

I think he's **right** this time. 이번에는 그의 말이 옳다고 생각한다.
A: Is this the train for London? 이 기차가 런던행 맞나요?
B: Yes, you're **right**. 네, 맞습니다.

3 적절한, 적합한 (= proper, suitable)
I think Mr. Johnson is the **right** person for the job.
나는 존슨 씨가 그 일에 적임자라고 생각한다.

부 **1 옳게, 맞게** (= correctly)
You guessed **right**. She broke up with her boyfriend last week. 네 추측이 맞았어. 그녀가 지난주에 남자 친구와 헤어졌대.

2 곧바로, 바로, 꼭 (= immediately)
I went **right** to sleep after taking a bath.
목욕을 하고 난 후 나는 곧바로 잠자리에 들었다.
I turned on the TV **right** after I finished my homework.
나는 숙제를 다 하고 나서 곧바로 텔레비전을 켰다.
John can't use the computer **right** now because it has broken down. 존은 컴퓨터가 고장 나서 지금 사용할 수가 없다.

명 **1 옳은 것, 정의** (= justice) (↔ wrong 그른 것)
My brother is too young to know the difference between **right** and wrong.
내 동생은 옳고 그른 것의 차이점을 알기에는 너무 어리다.

2 권리, 자격
People over 18 have the **right** to vote.
18세 이상인 사람들은 투표할 수 있는 권리를 가지고 있다.

숙어 **all right 괜찮다, 좋다** (= okay)
Are you *all right* now? 너 이제 좀 괜찮니?
Don't worry. Everything will be *all right*.
걱정 마세요. 모든 일이 다 잘될 거예요.
A: Let's meet at six. 6시에 만나자.
B: *All right*. See you then. 좋아. 그때 보자.

I know the *correct* way. (나는 올바른 방법을 알고 있다.)

문법이 쑥쑥

right** & **rightly
각 부사의 어순에 주의한다.
보통 **right**은 동사 뒤에 오고 **rightly**는 동사 앞에 온다.
He answered *right*.
= He *rightly* answered. (그는 맞게 대답했다.)

어휘가 쑥쑥

human rights 인권
civil rights 시민권
portrait rights 초상권
equal rights 평등권
basic rights 기본권
copyright 저작권

☆☆ring¹ /rɪŋ/ | 명사 (복) ring**s** ① 반지 ② 고리

1 반지
My mother always wears her wedding **ring** on her finger.
우리 엄마는 항상 결혼반지를 손가락에 끼고 계신다.

2 고리 (= circle)
Saturn has the beautiful **rings** around it.
토성은 그 주변에 아름다운 고리들을 가지고 있다.

ring² /rɪŋ/ 〔동사〕 (3단현 rings 과거 rang 과분 rung 현분 ringing)
울리다, 소리가 나다, 소리 나게 하다

When I came back to my house, the telephone was **ringing**.
내가 집에 돌아왔을 때, 전화벨이 울리고 있었다.
Someone **rings** the doorbell. 누군가 초인종을 누르고 있다.
The church bell **rings** every hour on the hour.
교회의 종은 매시간 정각에 울린다.

*rise /raɪz/ 〔동사〕 (3단현 rises 과거 rose 과분 risen 현분 rising) ① 뜨다 ② 오르다
〔명사〕 (복 rises) 상승

동 1 뜨다 (↔ set 지다)
The sun **rises** in the east and sets in the west.
해는 동쪽에서 뜨고 서쪽으로 진다.

2 오르다, 올라가다 (↔ go down, fall 내려가다, 떨어지다)
The curtain **rose** and then the actors appeared on the stage.
막이 오르고 무대 위에 배우들이 모습을 드러냈다.
Tonight the temperature will **rise** above 30℃.
오늘 밤 기온이 섭씨 30도 이상 오르겠습니다.
Prices are **rising** steadily. 물가가 꾸준히 오르고 있다.

명 상승, 증가, 오름
The labor union asked for a pay **rise**.
노조는 임금 인상을 요구했다.

〔어휘가 쑥쑥〕
rising 〔형〕 떠오르는, 올라가는
tax rise 세금 인상
price rise 물가 상승
sharp[steep] rise 급상승
dramatic rise 급격한 증가
steady rise 꾸준한 증가
slow rise 완만한 증가

〔실력이 쑥쑥〕
일출은 sunrise, 일몰은 sunset이라고 한다.

risen /'rɪzn/ 〔동사〕 rise의 과거분사 (☞ rise)

The price of oil has **risen** sharply. 기름값이 급격히 상승했다.

*risk /rɪsk/ 〔명사〕 (복 risks) 위험 (= danger)

Don't be afraid of taking **risks** when challenging.
도전을 할 때는 위험을 감수하는 것을 두려워하지 마세요.

*rival /'raɪvl/ 〔명사〕 (복 rivals) 경쟁자, 라이벌

The two teams have been **rivals** for years.
그 두 팀은 수년간 라이벌이었다.

*river /'rɪvər/ 〔명사〕 (복 rivers) 강, 하천

All **rivers** finally flow into the sea. 모든 강은 결국 바다로 흐른다.
The *Han* **river** divides *Seoul* into north and south.
한강은 서울을 북쪽과 남쪽으로 나눈다.

어휘가 쑥쑥
riverbank 강둑
riverside 강변, 강가

road /roud/ | 명사 (복) road**s** 길, 도로

Look both ways before crossing the **road**.
길을 건너기 전에는 양쪽을 모두 살펴보아라.

This **road** will lead you to the station.
이 길을 따라가면 역에 도착하실 거예요.

He lives at 422 Sand Creek **Road**.
그는 샌드 크릭 로드 422번지에 산다.

[속담] All **roads** lead to Rome. 모든 길은 로마로 통한다.
(방법은 달라도 지향하는 목표는 같다.)

[격언] There is no royal **road** to learning. 학문에는 왕도가 없다.

실력이 쑥쑥
road는 도시와 도시를 연결하는 '도로'이고, **street**은 양쪽에 건물이 줄지어 서 있는 '거리'를 의미한다.

어휘가 쑥쑥
roadside 길가
road sign 도로 표지판

roar /rɔːr/ | 동사 (3단현) roar**s** (과거·과분) roar**ed** (현분) roar**ing** ① 으르렁거리다 ② 고함치다 명사 (복) roar**s** 으르렁거리는 소리

동 1 으르렁거리다
I heard a lion **roar**. 나는 사자가 으르렁거리는 소리를 들었다.

2 고함치다
He **roared** with anger. 그는 화가 나서 고함을 질렀다.

명 으르렁거리는 소리, 고함 소리
I heard a tiger's **roar**. 나는 호랑이가 으르렁대는 소리를 들었다.

rob /rɑːb/ | 동사 (3단현) rob**s** (과거·과분) rob**bed** (현분) rob**bing** 빼앗다, 훔치다

They **robbed** the bank.
그들은 은행을 털었다.

A man **robbed** the travelers of money.
한 남자가 여행객들의 돈을 빼앗았다.

I was **robbed** of my purse and jewelry on my trip.
나는 여행 중에 지갑과 보석을 도둑맞았다.

어휘가 쑥쑥
robber 명 강도, 도둑
robbery 명 강도질, 도둑질

robot /ˈroʊbɑːt/ | 명사 (복) robot**s** 로봇, 인조인간

Last year I was given a great **robot** as a Christmas present.
작년에 나는 크리스마스 선물로 멋진 로봇을 받았다.

In the factories, **robots** do the dangerous jobs instead of people. 공장에서 로봇들은 사람을 대신해서 위험한 일들을 한다.

✱ **rock**¹ /rɑːk/ | 명사 (복) rocks) 바위, 돌 (= stone)

In this road, there's danger from falling **rocks** after the rainy season.
이 길에서는 장마철이 지나고 나면 바위가 떨어질 위험이 있다.

Don't throw **rocks** at the animals in the cage.
우리에 있는 동물들에게 돌을 던지지 마세요.

Rock, Paper, Scissors! 가위바위보!

rock² /rɑːk/ | 동사 (3단현) rocks (과거·과분) rocked (현분) rocking) 흔들다, 흔들리다

The whole city started to **rock** due to a strong earthquake.
도시 전체가 강한 지진으로 흔들리기 시작했다.

She is **rocking** the baby in the cradle to sleep.
그녀는 요람에 누워 있는 아기를 재우기 위해 살살 흔들고 있다.

rocket /ˈrɑːkɪt/ | 명사 (복) rockets) 로켓

When the **rocket** plane goes into the space, your body will begin to float.
로켓 비행기가 우주에 진입하게 되면, 여러분의 몸은 둥둥 뜨게 될 것입니다.

> 어휘가 쑥쑥
> space rocket 우주 로켓
> launch a rocket 로켓을 발사하다

rode /roʊd/ | 동사 ride의 과거 (☞ ride)

Tom **rode** on the elephant's back.
톰은 코끼리 등에 올라탔다.

✱ **role** /roʊl/ | 명사 (복) roles) ① (극중의) 역 ② 역할

1 (극중의) 역, 배역 (= part)
James played[took] the **role** of Hamlet, the hero of the movie. 제임스는 영화의 주인공인 햄릿 역할을 맡았다.

Though I played a small **role** in the play, I tried my best.
나는 비록 연극에서 작은 역을 맡았지만, 최선을 다했다.

2 역할, 임무 (= part)
Computers play an important **role** in our lives.
컴퓨터는 우리 삶에서 중요한 역할을 한다.

> 어휘가 쑥쑥
> role-play 역할극
> role model 롤 모델 (본받을 만하거나 모범이 되는 사람)
> leading role 주연
> minor role 조연, 단역

roll /roʊl/ 〔동사〕 (3단현) rolls (과거·과분) rolled (현분) rolling) 구르다, 굴리다, 말다

Large stones **rolled** down the mountain due to the heavy rain.
폭우로 커다란 돌들이 산에서 굴러떨어졌다.

The children are **rolling** a snowball on the playground.
아이들이 운동장에서 눈 뭉치를 굴리고 있다.

romantic /roʊˈmæntɪk/ 〔형용사〕 (비교) more romantic (최상) most romantic) 낭만적인, 로맨틱한

The people of Spain are said to be very **romantic**.
스페인 사람들은 매우 낭만적이라고들 한다.

〔어휘가 쑥쑥〕
romance 〔명〕 낭만, 로맨스

Rome /roʊm/ 〔명사〕 로마 《이탈리아의 수도》

[속담] **Rome** was not built in a day.
로마는 하루아침에 이루어지지 않았다.
(큰일은 짧은 시간에 되는 것이 아니다.)

〔어휘가 쑥쑥〕
Roman 〔형〕〔명〕 로마의, 로마인(의)

roof /ru:f/ 〔명사〕 (복) roofs) 지붕

The **roof** of that house is very high.
저 집의 지붕은 매우 높다.

Hansel and Gretel found the house of which the **roof** was made of cake.
헨젤과 그레텔은 지붕이 케이크로 만들어진 집을 발견했습니다.

room /ru:m/ 〔명사〕 (복) rooms) ① 방 ② 장소

1 방

This apartment has two **rooms**, a kitchen, and a bathroom.
이 아파트는 방이 두 개이고, 주방과 욕실이 딸려 있습니다.

A: Do you have any **rooms** available? 빈방 있나요?
B: Yes. What would you like, a single **room** or a double **room**? 네, 있습니다. 1인실과 2인실 중 어느 방으로 드릴까요?

〔어휘가 쑥쑥〕
fitting room 탈의실
waiting room 대기실
living room 거실
meeting room 회의실
dining room (집의) 식당 (주방은 kitchen)
make room for ~를 위해서 자리를 비우다

2 〔불〕 장소, 공간, 빈자리 (= space)

The basement is full of old stuff and there is no **room** left.
지하실은 오래된 물건들로 가득 차서 남아 있는 공간이 없다.

A: Is there any **room** for me in your car?
네 차에 내가 탈 공간이 있니?

B: Sure. There's enough **room** in the back seat.
그럼. 뒷좌석에 자리가 충분해.

rooster /ˈruːstər/ | 명사 (복) roosters) 수탉 (☞ bird)

I heard a **rooster** crow in the morning.
나는 아침에 수탉이 우는 소리를 들었다.

> 실력이 쑥쑥
> 암탉은 hen이라고 한다.

*root /ruːt/ | 명사 (복) roots) 뿌리 (☞ tree)

The **roots** of the plants go deep into the soil to absorb water.
식물의 뿌리는 수분을 흡수하기 위해서 땅속 깊이 뻗어 들어간다.

*rope /roʊp/ | 명사 (복) ropes) 밧줄, 줄, 끈 (= cable, cord)

He held the **rope** tight and started to climb up the cliff.
그는 밧줄을 단단히 잡고 절벽을 오르기 시작했다.

*rose¹ /roʊz/ | 명사 (복) roses) 장미(꽃)

The **rose** is the national flower of England.
장미는 영국의 국화이다.
I got a bunch of red **roses** on Valentine's day.
나는 밸런타인데이에 빨간 장미 한 다발을 받았다.

> 어휘가 쑥쑥
> rosy 형 장밋빛의
> rose garden 장미 화원

rose² /roʊz/ | 동사 rise의 과거 (☞ rise)

*rough /rʌf/ | 형용사 (비교) rougher 최상) roughest) ① 거친 ② 사나운 ③ 대강의

1 거친, 울퉁불퉁한 (↔ smooth 부드러운, even 평평한)
The farmer's hands became **rough** and dirty after hard working.
힘든 일을 하고 난 후 농부의 손은 거칠고 지저분해졌다.
The surface of this rock is very **rough**.
이 바위의 표면은 매우 거칠다.

2 사나운, 거친, 난폭한
He always drives his car in a **rough** way.
그는 차를 항상 거칠게 몬다.
The waves were very **rough** and the sky was full of dark clouds. 파도는 매우 사나웠고 하늘은 먹구름으로 가득했다.

3 대강의, 대략적인, 다듬지 않은

> 어휘가 쑥쑥
> roughly 부 대충, 대략, 거칠게, 난폭하게
> roughness 명 거칢, 난폭함
> rough road 울퉁불퉁한 길
> rough manner 무례, 버릇 없는 태도
> rough sport 거친 운동
> rough sea 거친 바다
> rough weather 악천후
> rough day 고된 하루

I made a **rough** sketch[drawing] of the view at first.
나는 우선 경치의 밑그림을 대강 그렸다.

Write down **rough** ideas of your composition first.
먼저, 여러분이 작문할 내용에 대해 대략적인 생각을 적어 보세요.

* **round** /raʊnd/

| 형용사 | (비교) rounder (최상) roundest) ① 둥근 ② 한 바퀴 도는
| 부사 | 돌아서 | 전치사 | ① ~ 주위에 ② ~를 돌아서 ③ ~를 일주하여 ④ ~ 즈음 | 명사 | (복) rounds) ① 원 ② 회

형 1 둥근, 원형의, 공 모양의

Nate has a **round** face and curly black hair.
네이트는 얼굴이 동그랗고 머리는 검고 곱슬곱슬하다.

The earth is **round** like a ball. 지구는 공처럼 둥글다.

2 한 바퀴 도는, 일주하는

It's 50 kilometers **round** trip to work.
회사까지 왕복으로 50킬로미터이다.

부 돌아서, 둘레에, 여기저기

She traveled all the country **round**.
그녀는 온 나라의 이곳저곳을 여행했다.

전 1 ~ 주위에, ~ 둘레에 (= around)

All students sang sitting **round** the piano.
모든 학생들이 피아노 주위에 둘러앉아 노래를 불렀다.

The moon moves **round** the earth, and the earth moves **round** the sun.
달은 지구 주위를 공전하고[돌고], 지구는 태양 주위를 공전한다[돈다].

2 ~를 돌아서

I usually shop at the grocery store **round** the corner.
나는 대개 길모퉁이에 있는 슈퍼마켓에서 물건을 산다.

3 ~를 일주하여, 여기저기에

He looked **round** the cave to find the treasure.
그는 보물을 찾으려고 동굴을 여기저기 둘러보았다.

I want to take a trip **round** the world.
나는 세계 일주 여행을 하고 싶다.

4 ~ 즈음, 대략 (= about)

Most shopping malls are on sale **round** Christmas.
대부분의 상점들은 크리스마스 무렵에 세일을 한다.

명 1 원, 둥근 것, 공 모양의 것

Cut kiwis into **rounds**, first.
먼저 키위를 둥근 모양으로 잘라 주세요.

어휘가 쑥쑥

rounded 형 둥근, 둥글게 된
roundly 부 둥글게

실력이 쑥쑥

round와 **around**는 전치사로 '~의 주위에', '~ 둘레에'라는 뜻이다. 주로 미국에서는 **around**를, 영국에서는 **round**를 사용한다. 영국에서는 **around**를 보통 멈춰 있는 것에 쓴다.

The boys sat *around* the table. (소년들은 테이블 주위에 둘러앉아 있었다.)

All students sang sitting *round* the piano.

2 회, 판, 라운드

The boxer was knocked out in the 9th **round**.
그 권투 선수는 9라운드에서 녹아웃을[케이오를] 당했다.

*route /ruːt/ | 명사 (복) routes) 길, 노선, 항로

We are taking the shortest **route** along the west coast.
우리는 서해안을 따라 있는 가장 빠른 길을 타고 가고 있다.

On **Route** 55, the traffic is moving slowly now. So keep away from that road.
55번 도로는 현재 교통 흐름이 느립니다. 그러니 그 도로는 피해 주세요.

This map shows the subway **route** in *Seoul*.
이 지도는 서울의 지하철 노선도를 보여 준다.

어휘가 쑥쑥
air route 항공로
shipping route 해상 항로
direct route 직통 노선
indirect route 우회로

*routine /ruːˈtiːn/ | 명사 (복) routines) 일과 형용사 일상적인

명 일과, 일상

Brushing my teeth is part of my morning **routine**.
양치질은 내 아침 일과 중 하나이다.

형 일상적인, 통상의

We did **routine** exercises every morning.
우리는 매일 아침 일상적인 운동을 했다.

어휘가 쑥쑥
routinely 🌀 일상적으로
daily routine 일상적인 일
routine job 판에 박힌 일

*row¹ /roʊ/ | 명사 (복) rows) 줄, 열 (= line)

People are standing in a **row** to enter the theater.
사람들이 극장에 들어가기 위해 한 줄로 서 있다.

There are some seats in the third **row**.
세 번째 열에 자리가 몇 개 남아 있다.

row² /roʊ/ | 동사 (3단현) rows 과거·과분) rowed 현분) rowing) 노를 젓다

"Start **rowing**!" the Captain shouted to the crews.
'노를 저어라!'라고 선장은 선원들에게 소리쳤다.

People **rowed** a boat to the shore.
사람들은 보트를 저어 해안가로 갔다.

*royal /ˈrɔɪəl/ | 형용사 왕[여왕]의, 왕실의

The British **royal** family is loved by their nation.
영국 왕실은 국민들에게 사랑을 받고 있다.

rub /rʌb/ 〔동사〕 (3단현) rubs (과거·과분) rubbed (현분) rubbing) 비비다, 문지르다

Aladdin **rubbed** the lamp and then the genie appeared.
알라딘이 램프를 문지르자 램프의 요정이 나타났습니다.

*rubber /ˈrʌbər/ 〔명사〕 (복) rubbers) ① 고무 ② 지우개

1 〔불〕 고무
Tires are made of **rubber**. 타이어는 고무로 만들어진다.
Please bind the pile of papers with a **rubber** band.
고무줄로 서류 더미를 묶어 주세요.

2 지우개
Can I borrow your **rubber**? 지우개 좀 빌려줄래?

> 실력이 쑥쑥
> 미국에서 지우개는 eraser 로 쓴다.
>
> 어휘가 쑥쑥
> rubber gloves 고무장갑
> rubber ball 고무공

*rude /ruːd/ 〔형용사〕 (비교) ruder (최상) rudest) 버릇없는, 무례한 (↔ polite 예의 바른)

Everyone was annoyed by the boy's **rude** manner.
모두가 그 소년의 버릇없는 태도에 짜증이 났다.
It is **rude** to point at another person with a finger.
손가락으로 다른 사람을 가리키는 것은 무례한 일이다.

> 어휘가 쑥쑥
> rudely 〔부〕 무례하게
> rudeness 〔명〕 무례함

*ruin /ˈruːɪn/ 〔동사〕 (3단현) ruins (과거·과분) ruined (현분) ruining) ① 망치다 ② 폐허로 만들다
〔명사〕 (복) ruins) ① 붕괴, 몰락 ② 폐허

〔동〕 **1** 망치다, 못쓰게 만들다
The rain **ruined** our trip. 비가 우리 여행을 망쳐 놓았다.

2 폐허로 만들다, 파멸시키다
The country was **ruined** by the war.
그 나라는 전쟁으로 폐허가 되었다.

〔명〕 **1** 〔불〕 붕괴, 몰락, 파괴
The earth's tropical rain forests are facing **ruin**.
지구의 열대 우림은 파괴에 직면해 있다.

2 [복수로 쓰여] 폐허, 유적
We visited the **ruins** of an ancient temple.
우리는 고대 사원의 유적을 방문했다.

> 어휘가 쑥쑥
> ruin one's health 건강을 해치다
> ruin a plan 계획을 그르치다
> financial ruin 재정적 파탄
> political ruin 정치적 몰락
> fall into ruin 몰락하다

*rule /ruːl/ 〔명사〕 (복) rules) ① 규칙 ② 지배
〔동사〕 (3단현) rules (과거·과분) ruled (현분) ruling) 다스리다

〔명〕 **1** 규칙, 규정

All students have to obey the school **rules**.
모든 학생들은 교칙을 지켜야 한다.

He broke the **rule** and was punished.
그는 규칙을 어겨서 벌을 받았다.

2 〘명〙 지배, 통치

Hong Kong was under British **rule** for more than 150 years.
홍콩은 150년 이상 영국의 지배하에 있었다.

Most countries in South America were once under the **rule** of Spain. 남아메리카의 대부분의 국가들은 한때 스페인의 통치하에 있었다.

〘동〙 다스리다, 지배하다

England **ruled** America before 1776.
1776년 이전에는 영국이 미국을 통치했다.

Brazil was once **ruled** by Portugal.
브라질은 한때 포르투갈의 지배를 받았다.

〘숙어〙 **as a rule** 보통, 일반적으로

As a rule, I go to the beach for the summer vacation.
보통 나는 여름휴가 때 바다로 간다.

make it a rule to ~하는 습관을 갖다

I *make it a rule to* go to bed at ten o'clock.
나는 10시에 잠자리에 드는 것을 습관으로 삼고 있다.

어휘가 쑥쑥
ruler 〘명〙 지배자, 통치자
ruling 〘형〙 지배하는
traffic rule 교통 규칙
basic rule 기본 규칙
general rule 일반적인 규칙
official rule 공식적인 규칙
strict rule 엄격한 규칙

재미가 쑥쑥
교실 규칙의 예
• Listen when someone is talking. (다른 사람이 말할 때에는 청취하세요.)
• Raise your hand to speak. (말할 때는 손을 드세요.)
• Respect others. (다른 친구들을 존중해 주세요.)
• Respect yourself. (여러분 스스로를 존중하세요.)

ruler /ˈruːlər/ 〘명〙 (복 rulers) 자

Take out your **ruler** and draw a straight line.
자를 꺼내서 직선을 하나 그으세요.

*run /rʌn/ 〘동〙 (3단현 runs, 과거 ran, 과분 run, 현분 running) ① 뛰다 ② 흐르다 ③ 경영하다 〘명〙 (복 runs) 달리기

〘동〙 **1** 뛰다, 달리다, (차 등이) 운행하다

Jason can **run** faster than any other kid in his class.
제이슨은 같은 반의 다른 어떤 아이보다도 빨리 뛸 수 있다.

My dog is **running** after the neighbor's cat.
우리 개가 옆집 고양이를 뒤쫓고 있다.

The trains for *Incheon* **run** every thirty minutes.
인천행 열차는 30분마다 운행합니다.

2 흐르다

The Nile **runs** through nine different countries.
나일 강은 아홉 개의 다른 나라를 통과해서 흐른다.

The tears **ran** down her cheeks.
눈물이 그녀의 두 뺨 위로 흘러내렸다.

어휘가 쑥쑥
runner 〘명〙 달리는 사람, 달리기 선수
running 〘명〙 달리기
runny 〘형〙 콧물이 흐르는
state-run 국가에서 운영하는
long run 장기 공연, 장기간
short run 단기간
runway 활주로

I have a cold and my nose **runs**[is **running**].
나는 감기에 걸려서 콧물이 난다.

[속담] Still waters **run** deep. 잔잔한 물이 깊게 흐른다.

3 경영하다, 운영하다 (= manage)
I **run** a small restaurant in New York.
나는 뉴욕에서 작은 식당을 운영한다.

He began to **run** his business at the age of 18.
그는 열여덟 살의 나이에 자기 사업을 운영하기 시작했다.

명 달리기, 뛰기, 경주
He goes for a **run** every morning.
그는 매일 아침 조깅을 한다.

숙어 **run across** 우연히 만나다 (= come across, run into)
I *ran across* him on the street. 나는 그를 길에서 우연히 만났다.

run away 도망치다, 달아나다
When the rats saw the cat, they *ran away* quickly.
쥐들은 고양이를 보고 재빨리 도망쳤다.

run into ① ~와 충돌하다 ② 우연히 만나다
The bus *ran into* the truck on the freeway.
버스가 고속 도로에서 트럭과 충돌했다.

I *ran into* an old friend this morning.
나는 오늘 아침에 우연히 옛 친구를 만났다.

run out of ~을 다 써 버리다, 바닥나다
We *ran out of* fuel and tried to find a gas station.
우리는 연료가 다 떨어져서 주유소를 찾아다녔다.

실력이 쑥쑥
야구에서의 '득점'을 의미할 때 run이 명사로 쓰인다. (home run 또는 two runs 등)
Ted scored three *runs* in the game. (테드는 그 경기에서 3점을 득점했다.)

재미가 쑥쑥
영화나 방송 프로그램의 상영 시간을 running time이라고 한다.

---

rung /rʌŋ/ | 동사 ring² 의 과거분사 (☞ ring²)

***rush** /rʌʃ/ | 동사 (3단현) rush**es** (과거·과분) rush**ed** (현분) rush**ing**)
돌진하다, 서두르다, 재촉하다

He **rushed** into the Tom's room and shouted.
그는 톰의 방으로 달려 들어와 소리쳤다.

Don't **rush** and take your time. 서두르지 말고 천천히 하세요.

어휘가 쑥쑥
rush hour 혼잡한 시간

Russia /'rʌʃə/ | 명사 러시아

Moscow is the capital of **Russia**. 모스크바는 러시아의 수도이다.

Russian /'rʌʃn/ | 명사 형용사 (복) Russian**s**) 러시아의, 러시아인(의), 러시아어(의)

Ss

sack /sæk/ 명사 (복) sacks (곡식·석탄 등을 담는) 자루, (물건을 담아 주는) 봉지 (= bag)

The potatoes were stored in large **sacks**.
감자가 큰 부대에 담겨 저장되었다.
Plastic or paper **sacks**?
비닐봉지 혹은 종이 봉지 중 어떤 것을 원하세요?

어휘가 쑥쑥
grain sack 곡식 자루
a sack of groceries 식료품 한 봉지

sacred /ˈseɪkrɪd/ 형용사 (비교) more sacred (최상) most sacred) 신성한, 성스러운 (= holy), 종교적인

This area is **sacred** to the Mohawk tribe.
이 지역은 모호크 부족에게 신성한 곳이다.
I have a plan to visit **sacred** places around the world.
나는 전 세계에 있는 성지를 방문할 계획이 있다.

어휘가 쑥쑥
sacred temple 신성한 사원, 성전
sacred music 종교 음악

*sacrifice /ˈsækrɪfaɪs/ 명사 (복) sacrifices 희생 / 동사 (3단현) sacrifices (과거·과분) sacrificed (현분) sacrificing) 희생하다

명 희생
He helped them at the **sacrifice** of himself.
그는 자신을 희생하면서 그들을 도왔다.
I'm happy to make a **sacrifice** of my time to help friends.
나는 친구들을 돕기 위해 내 시간을 기꺼이 희생한다.

동 희생하다 (= give up)
It's not easy to **sacrifice** oneself for others.
타인을 위해 자신을 희생하는 것은 쉬운 일이 아니다.
I **sacrificed** my time to write the book.
나는 책을 쓰는 데 내 시간을 썼다.

어휘가 쑥쑥
self-sacrifice 자기희생
sacrifice hit (야구) 희생타
fall a sacrifice to ~의 희생이 되다
sacrifice one's life 목숨을 바치다

‡sad /sæd/ 형용사 (비교) sadder (최상) saddest) 슬픈 (↔ glad, happy 기쁜, 행복한) (☞ feeling)

He was very **sad** to hear about his grandmother's death.
그는 할머니께서 돌아가셨다는 소식을 듣고 매우 슬펐다.

I watched the **sad** movie and couldn't stop crying.
나는 그 슬픈 영화를 보고 눈물을 멈출 수가 없었다.

A: Why do you look so **sad**? 왜 그렇게 울상을 하고 있니?
B: I lost my dog in the park. 공원에서 우리 강아지를 잃어버렸어.

safari /səˈfɑːri/ | 명사 (복) safaris 사파리(○ 자동차를 타고 다니며 야생 동물을 구경하는 것)

For our vacation, we plan to go on **safari** in Kenya.
휴가 때, 우리는 케냐로 사파리 여행을 갈 계획입니다.

✱ safe /seɪf/ | 형용사 (비교) safer (최상) safest 안전한 명사 (복) safes 금고

형 **안전한, 무사한** (↔ unsafe, dangerous 위험한)

The river is not **safe** to swim in.
그 강은 수영하기에 안전하지 않다.

Keep your passport and money in a **safe** place on your trip.
여행 중에는 여권과 돈을 안전한 장소에 보관하십시오.

When there is lightning, it is **safer** inside the car than outside.
번개가 칠 때는 차 안이 바깥보다 안전하다.

어휘가 쑥쑥
safely 児 안전하게

명 **금고**

Please put your valuables in the **safe** of the room.
귀중품은 객실의 금고에 보관해 주시기 바랍니다.

safety /ˈseɪfti/ | 명사 안전, 안전성

For your **safety**, keep your seat belt fastened.
여러분의 안전을 위해, 안전벨트를 매 주세요.

Our parents always worry about our **safety**.
우리 부모님은 늘 우리의 안전을 걱정하십니다.

어휘가 쑥쑥
safety belt 안전벨트
safety helmet 안전모
traffic safety 교통 안전

said /sed/ | 동사 say의 과거·과거분사 (☞ say)

✱ sail /seɪl/ | 동사 (3단현) sails (과거·과분) sailed (현분) sailing 항해하다
명사 (복) sails ① 돛 ② 돛단배

동 **항해하다**

Europeans **sailed** across the Atlantic Ocean and landed in North America. 유럽인들은 대서양을 건너 북아메리카에 도착했다.

어휘가 쑥쑥
sailing 명 항해(술), 요트 타기

명 1 돛, 항해

The sailors lowered the **sails** and started rowing.
선원들은 돛을 내리고 노를 젓기 시작했다.

They will set **sail** for Africa tomorrow morning.
그들은 내일 아침에 아프리카를 향해 돛을 올릴 것이다[항해를 시작할 것이다].

2 범선, 돛단배 (= sailboat, sailing boat)
I saw many **sails** in Sydney Harbor, Australia.
나는 호주의 시드니 항구에서 많은 범선들을 보았다.

put up a sail 돛을 올리다
in full sail 돛을 모두 펼치고

sailor /ˈseɪlər/ | 명사 (복) sailors) 선원, 뱃사람

My uncle is a **sailor** on a big ship.
우리 삼촌은 커다란 배의 선원이다.

saint /seɪnt/ | 명사 (복) saints) 성(聖), 성자 《약자로 St.라고도 한다.》

Saint Thomas Aquinas was born in Italy.
성 토마스 아퀴나스는 이탈리아에서 태어났다.

salad /ˈsæləd/ | 명사 샐러드

A: I'll have chicken **salad**, please. 치킨 샐러드 주세요.
B: What kind of dressing would you like?
드레싱은 어떤 종류로 하시겠어요?

어휘가 쑥쑥
green salad 야채 샐러드

*salary /ˈsæləri/ | 명사 (복) salaries) 월급, 급여 (= pay, wage)

A: How's your work? 하고 있는 일은 어때?
B: The **salary** is good, but the work is very hard.
급여는 많지만 일이 너무 힘들어.

어휘가 쑥쑥
high salary 높은 월급
low salary 낮은 월급

*sale /seɪl/ | 명사 (복) sales) ① 판매 ② 세일

1 판매
A: Is this chair for **sale**? 이 의자는 판매용인가요?
B: No, it's not. 아니요.

2 세일, 특가 판매, 염가 판매
A: Excuse me, is this coat on **sale**?
실례합니다, 이 코트 세일하는 건가요?
B: Yes. We'll give you a 50% discount.
네. 50퍼센트 할인해 드릴게요.

어휘가 쑥쑥
sales clerk (매장의) 판매원, 점원
salesperson 판매원, 외판원
clearance sale 재고 정리 세일
garage sale (집 차고에서 하는) 중고 물품 세일

salmon /ˈsæmən/ 〔명사〕 (복 salmon) 연어

We chose the **salmon** steak for our main course.
우리는 메인 코스로 연어 스테이크를 선택했다.
Salmon is rich in omega-3. 연어는 오메가3가 풍부하다.

> **실력이 쑥쑥**
> salmon에서 l은 발음하지 않는 것에 주의한다.

salt /sɔːlt/ 〔명사〕 소금

Put some **salt** in your soup. 수프에 소금을 약간 넣으세요.
Please pass me the **salt** and the pepper.
소금과 후추 좀 건네주세요.

> **어휘가 쑥쑥**
> salty 〔형〕 (간이) 짠

same /seɪm/ 〔형용사〕 같은 〔대명사〕 같은 것

〔형〕 [the와 함께 써서] **같은, 동일한** (↔ different 다른)
I take the subway at the **same** station at the **same** time every morning.
나는 매일 아침 같은 시간에 같은 역에서 지하철을 탄다.
We are both the **same** age. 우리는 동갑이다.
My girlfriend and I have the **same** kind of hobbies.
내 여자 친구와 나는 취미가 같다.

〔대〕 [the와 함께 써서] **같은 것, 같은 사람**
She had an avocado salad, and I had the **same**.
그녀가 아보카도 샐러드를 먹었는데, 저도 같은 것을 먹었어요.

〔숙어〕 all the same 다 똑같은
These notebooks are *all the same* price.
이 공책들은 모두 가격이 같습니다.

at the same time 동시에
Two runners reached the finish line *at the same time*.
두 명의 달리기 선수가 동시에 결승선에 들어왔다.

the same ~ as[that]... …와 같은 ~
Jimmy has *the same* bag *as* mine.
지미는 나와 똑같은 가방이 있다.
It is *the same* book *that* I bought yesterday.
그것은 내가 어제 산 것과 똑같은 책이다.

> **실력이 쑥쑥**
> • I wish you the same!
> (= (The) same to you!)
> Merry Christmas!(메리 크리스마스!) 또는 Have a nice weekend!(주말 즐겁게 보내!) 등의 인사에 대해 '너도 그러길 바란다!' 라고 답하는 표현이다.
>
> • Same here.
> 다른 사람의 의견에 대하여 내 생각도 그러할 때 '나도 마찬가지야.'라고 동의하는 표현이다.
> A: My favorite season is spring. (내가 가장 좋아하는 계절은 봄이야.)
> B: *Same here*. (나도 마찬가지야.)

sample /ˈsæmpl/ 〔명사〕 (복 samples) 샘플
〔동사〕 (3단현 samples 과거·과분 sampled 현분 sampling) 시음하다

〔명〕 샘플, 견본(p), 표본

Please bring some **samples** of carpet.
카펫 샘플 좀 가져다주세요.

Water **samples** were taken from several streams.
물 표본이 여러 시내에서 채취되었다.

동 시음하다, 시식하다

He **sampled** a little from each dish.
그는 각각의 요리를 조금씩 시식해 보았다.

> **뜻풀이**
> 견본 전체 상품의 품질을 알 수 있도록 본보기로 보여 주는 물건

> **어휘가 쑥쑥**
> blood sample 혈액 샘플
> free sample 무료 견본품

*sand /sænd/ 명사 모래

The children like to play in the **sand**.
아이들은 모래에서 노는 것을 좋아한다.

We piled the wet **sand** high and made a **sand** castle.
우리는 젖은 모래를 쌓아 올려 모래성을 만들었다.

The **sand** is too hot to walk on. 모래 위로 걷기엔 너무 뜨겁다.

> **어휘가 쑥쑥**
> sandy 형 모래의, 모래투성이의
> ········
> sandbag 모래주머니
> sandpaper 사포, 연마지

sandal /ˈsændl/ 명사 (복) sandals) 샌들

I bought a pair of **sandals**. 나는 샌들 한 켤레를 샀다.

She is wearing open-toed **sandals**.
그녀는 발가락 부분이 트인 샌들을 신고 있다.

sandwich /ˈsænwɪtʃ/ 명사 (복) sandwiches) 샌드위치

I ate a **sandwich** for lunch. 나는 점심으로 샌드위치를 먹었다.

A: What a beautiful day! Let's go on a picnic!
날씨가 너무 좋다! 우리 소풍 가자!

B: That sounds great. I'll bring some **sandwiches**.
그거 좋은 생각이다. 내가 샌드위치 좀 가지고 갈게.

> **재미가 쑥쑥**
> 18세기 영국의 샌드위치 백작(Earl of Sandwich)이 밤새워 트럼프 놀이를 할 때 식사 시간이 아까워 만들어 먹었다는 데서 유래한다.

sang /sæŋ/ 동사 sing의 과거 (☞ sing)

sank /sæŋk/ 동사 sink¹의 과거 (☞ sink¹)

Santa Claus /ˈsæntə klɔːz/ 명사 산타클로스

Let's go to sleep or **Santa Claus** won't come.
자러 가자, 그렇지 않으면 산타클로스가 안 오실 거야.

Jim dressed up as **Santa Claus**.
짐은 산타클로스 복장을 했습니다.

> **재미가 쑥쑥**
> 어린아이들의 수호 성인인 성 니콜라스(St. Nicholas)의 이름에서 나온 말이다.

sat /sæt/ 동사 sit의 과거·과거분사 (☞ sit)

satellite /ˈsætəlaɪt/ 명사 (복) satellites) 위성(ㅇ), 인공위성 (☞ space)

The moon is a **satellite** of the Earth. 달은 지구의 위성이다.
The Olympic Games are transmitted around the world by **satellite**.
올림픽 경기가 인공위성을 통해 전 세계로 전송된다.

뜻풀이
위성 행성의 주위를 도는 작은 천체

satisfied /ˈsætɪsfaɪd/ 형용사 (비교) more satisfied (최상) most satisfied) 만족한 (= content)

The teacher felt **satisfied** that her students had done their best. 선생님은 학생들이 최선을 다했다는 사실에 만족했다.
The king was **satisfied** with the clothes and gave the tailor a special gift.
왕은 그 옷이 마음에 들어서 재단사에게 특별 선물을 주었다.

어휘가 쑥쑥
satisfied customer 만족 스러워하는 고객
satisfied smile 흡족한 미소

satisfy /ˈsætɪsfaɪ/ 동사 (3단현) satisfies (과거·과분) satisfied (현분) satisfying) 만족시키다, 충족시키다 (= fulfill)

I did my best, but the result did not **satisfy** me.
나는 최선을 다했지만, 결과는 나를 만족시키지 못했다.
The actors **satisfied** the audience with the great performance.
배우들은 멋진 공연으로 관객들을 만족시켰다.
I've already **satisfied** the requirements for the job.
나는 이미 그 일자리에 필요한 요건을 다 채웠다.

어휘가 쑥쑥
satisfaction 명 만족
satisfactory 형 만족스러운, 충분한

Saturday /ˈsætərdeɪ/ 명사 (복) Saturdays) 토요일 (☞ day) 《줄여서 Sat.로 적기도 한다.》

My parents go fishing every **Saturday**.
우리 부모님은 토요일마다 낚시하러 가신다.
This **Saturday** is my birthday. 이번 토요일은 내 생일이다.

실력이 쑥쑥
on Saturdays (= every Saturday) 토요일마다

sauce /sɔːs/ 명사 (복) sauces) 소스(ㅇ)

Ian picked some apples and made apple **sauce**.
이안은 사과를 몇 개 따서 사과 소스를 만들었다.
I love pasta in cream **sauce**.
나는 크림소스 파스타를 아주 좋아한다.

뜻풀이
소스 서양 음식에 넣는, 맛과 냄새와 모양을 더하는 걸쭉한 액체

sausage /ˈsɔːsɪdʒ/ | 명사 (복) sausages) 소시지

We call a hot **sausage** in a long bun a hot dog.
긴 빵 안에 따뜻한 소시지를 넣은 것을 핫도그라고 한다.

Germany is famous for **sausage** and beer.
독일은 소시지와 맥주로 유명하다.

어휘가 쑥쑥
grilled sausage 구운 소시지

save /seɪv/ | 동사 (3단현) saves (과거·과분) saved (현분) saving) ① 구하다 ② 저축하다 ③ 절약하다 ④ 저장하다

1 구하다, 구조하다 (= rescue)

"You **saved** my life!" the Princess said to the brave knight.
"당신이 제 생명을 구해 줬어요!"라고 공주님이 용감한 기사에게 말했습니다.

The fire fighter **saved** a little boy from the burning house.
소방관이 불이 난 집에서 어린 소년을 구조했다.

2 저축하다, 저금하다

I'm **saving** up money for a new computer.
나는 새 컴퓨터를 사려고 돈을 모으고 있다.

Nancy **saves** her coins in a piggy bank.
낸시는 돼지 저금통에 동전을 저금한다.

어휘가 쑥쑥
savings 명 저금, 저축
save face 체면을 세우다

실력이 쑥쑥
save '사람을 위험 등에서 구해 내다'라는 뜻의 가장 일반적인 말
rescue 신속한 활동으로 위험에서 구해 내는 것으로, 종종 조직적인 구조 활동을 나타냄

3 절약하다, 아끼다 (↔ waste 낭비하다)

You can **save** your time and money if you go to work by subway.
지하철로 출근하면 시간과 돈을 절약할 수 있다.

[속담] A stitch in time **saves** nine.
제때의 한 바늘이 후에 아홉 바늘의 수고를 덜어 준다.

4 (컴퓨터에) 저장하다

He forgot to **save** his file and turned the computer off.
그는 파일을 저장하는 것을 잊고 컴퓨터를 꺼 버렸다.

saw /sɔː/ | 동사 see의 과거 (☞ see)

say /seɪ/ | 동사 (3단현) says (과거·과분) said (현분) saying) ① 말하다 ② ~라고 쓰여 있다

1 말하다 (= tell)

I **said** (that) Jane would come soon.
나는 제인이 곧 올 거라고 말했다.

I **said**, "Jane will come soon."
나는 "제인이 곧 올 거야."라고 말했다.

어휘가 쑥쑥
saying 명 속담, 격언
say hello 안부를 전하다
say goodbye 작별 인사를 하다

"What can I do for you?" he **said**.
"무엇을 도와드릴까요?"라고 그가 말했다.

I have something to **say** to you. 나 너에게 할 말이 있어.

Do you know what I'm **saying**?
내 말이 무슨 뜻인지 알겠니?

It is **said** that time is money. / They **say** (that) time is money. 시간이 곧 돈이라고들 한다.

Judy **said** to herself, "I can do it!"
주디는 "나는 할 수 있어!"라고 혼잣말을 했다.

say thank you 감사 인사를 하다
Say cheese! 치즈라고 하세요! (사진을 찍을 때)
that is to say 다시 말해서, 즉
you can say that again 정말 그렇다, 네 말에 동의한다

2 ~라고 쓰여 있다[나와 있다]

The sign **says**, "Keep Right."
표지판에 "우측통행"이라고 쓰여 있다.

The clock **says** 3 o'clock. 시계가 세 시를 가리키고 있다.

The newspaper **says** that we'll have rain tomorrow morning.
내일 아침에 비가 올 거라고 신문에 나와 있다.

The sign *says*, "Keep Right."

---

*scale /skeɪl/ | 명사 (복) scales 저울, 체중계

My sister weighs herself on the **scale** every day.
우리 언니는 매일 체중계에 올라가 몸무게를 잰다.

A: I'd like to send this parcel to New Zealand, please.
이 소포를 뉴질랜드로 보내고 싶은데요.

B: Would you please put it on the **scale**?
저울 위에 소포를 올려 주시겠어요?

어휘가 쑥쑥
kitchen scale 주방용 저울
analog scale 아날로그 저울
digital scale 전자식 저울

---

*scan /skæn/ 동사 (3단현) scans (과거·과분) scanned (현분) scanning) ① 자세히 살피다 ② 빠르게 훑어보다 ③ 정밀 검사를 하다

1 자세히 살피다, 유심히 보다

She **scanned** the classroom for an empty seat.
그녀는 빈자리가 있는지 교실 안을 유심히 살펴보았다.

2 빠르게 훑어보다 (= look quickly)

Brian **scanned** the list, but couldn't find his name.
브라이언은 명단을 빠르게 훑어보았지만 자신의 이름을 찾을 수 없었다.

3 (스캐너 장치로) 정밀 검사를 하다, 스캔하다

My baggage was **scanned** at the airport.
내 짐이 공항에서 정밀 검사를 받았다.

어휘가 쑥쑥
scanner 명 스캐너
scan a brain 뇌 정밀 검사를 하다
scan a passport 여권을 조사하다
scan a photo 사진을 스캔하다

---

*scare /sker/ 동사 (3단현) scares (과거·과분) scared (현분) scaring) 놀라게 하다, 겁나게 하다 (= frighten)

The terrible crash of thunder **scared** me.
무시무시한 천둥소리가 나를 놀라게 했다.

> 어휘가 쑥쑥
> scary 형 무서운, 겁나는

scarecrow /ˈskerkroʊ/ | 명사 (복) scarecrows) 허수아비

The farmer put a **scarecrow** in the field.
농부는 밭에 허수아비를 세웠다.

scared /skerd/ | 형용사 (비교) more scared (최상) most scared)
겁먹은, 무서워하는 (= frightened, terrified)

I felt **scared** when a lion jumped on the safari bus.
사파리 버스 위로 사자 한 마리가 뛰어올랐을 때 나는 무서웠다.

Many children are **scared** of the dark.
많은 아이들이 어둠을 무서워한다.

scarf /skɑːrf/ | 명사 (복) scarfs, scarves) 스카프, 목도리 (= muffler) (☞ clothing)

Put your **scarf** on when you go out. It's awfully cold today.
나갈 때 목도리를 두르세요. 오늘 무척 추워요.

Cathy was wearing a hat and **scarf**.
캐시는 모자를 쓰고 스카프를 두르고 있었다.

> 어휘가 쑥쑥
> silk[woollen] scarf 실크 스카프[모직 목도리]

scatter /ˈskætər/ | 동사 (3단현) scatters (과거·과분) scattered (현분) scattering)
① 흩뿌리다 ② 흩어지다

1 흩뿌리다, 흐트러뜨리다

Children **scattered** their toys all over the floor.
아이들이 바닥에 온통 장난감을 늘어놓았다.

The farmer **scattered** seeds over the field.
농부가 밭에 씨앗을 뿌렸습니다.

> 어휘가 쑥쑥
> scatter in all directions 사방으로 흩어지다
> scatter leaflets 전단지를 뿌리다

2 흩어지다, 흩어지게 하다, 해산시키다

The police **scattered** the crowds. 경찰이 군중을 해산시켰다.

***scene** /siːn/ | 명사 (복) scenes) ① 장면 ② (연극의) 장 ③ 현장

1 (영화·연극의) 장면, 신, 배경

Suddenly the **scene** changed and the hero was in a dark forest. 갑자기 장면이 바뀌고 주인공은 어두운 숲속에 있었다.

The kiss **scene** of Romeo and Juliet in the movie was so beautiful.
영화 속 로미오와 줄리엣의 키스 신은 매우 아름다웠다.

> 어휘가 쑥쑥
> scenic 형 경치가 좋은, 무대의, 연극의
> ----
> opening scene 첫 장면
> action scene 액션 장면
> scene-stealer 관심을 독

The **scene** of the story is London in 1960s.
그 이야기의 배경은 1960년대의 런던이다.

2 (연극의) 장
In the play, the heroine dies in Act IV, **Scene** II.
그 연극에서 여주인공은 4막 2장에 죽는다.

3 현장
The police found some fingerprints at the **scene** of the crime.
경찰은 범죄 현장에서 지문을 발견했다.

An ambulance is racing to the **scene** of the car accident.
구급차 한 대가 자동차 사고 현장으로 달려가고 있다.

차지하는 사람[것], 주연보다 관심을 받는 조연
scary scene 무서운 장면
violent scene 폭력적인 장면
behind the scene 무대 뒤에서, 은밀히

scent /sent/ 명사 (복) scents) 냄새, 향기 (☞ smell)

The room was filled with the **scent** of flowers.
방은 꽃향기로 가득했다.

The dog lost the **scent** of the fox.
개가 여우의 냄새를 놓쳤다.

어휘가 쑥쑥
scented 형 향기가 나는, 향기로운

schedule /'skedʒuːl/ 명사 (복) schedules) 스케줄 동사 (3단현) schedules (과거·과분) scheduled (현분) scheduling) 예정하다

명 스케줄, 일정, 계획, 예정
The newspaper includes **schedules** of radio and TV programs.
신문에 라디오와 텔레비전 프로그램의 시간표가 나와 있다.

The bus arrived at the terminal on **schedule**.
버스는 터미널에 제시간에 도착했다.

The ship went out to sea behind[ahead of] **schedule**.
배는 예정보다 늦게[빨리] 바다로 출항했다.

동 예정하다, 일정을 잡다
He is **scheduled** to arrive here tomorrow.
그는 내일 여기에 도착할 예정이다.

The meeting is **scheduled** for Wednesday morning.
회의는 수요일 오전으로 일정이 잡혔다.

어휘가 쑥쑥
full[heavy] schedule 꽉 찬 일정
tight schedule 빡빡한 일정
train schedule 열차 시간표
daily schedule 일과표

*scheme /skiːm/ 명사 (복) schemes) ① 음모 ② 계획

1 음모 (= plot)
Tom revealed their **schemes**.
톰이 그들의 음모를 폭로했다.

어휘가 쑥쑥
schemer 명 음모를 꾸미는 사람, 책략가

2 계획 (= plan, project)
He introduced a business **scheme**. 그는 사업 계획을 소개했다.

---

* scholar /ˈskɑːlər/ | 명사 (복) scholars) 학자

He is a leading **scholar** of Korean history.
그는 손꼽히는 한국사 학자이다.
She is the most famous Chinese **scholar**.
그녀는 가장 유명한 중국 학자이다.

어휘가 쑥쑥
scholarship 명 장학금
scholastic 형 학교의, 학업의

---

* school /skuːl/ | 명사 (복) schools) 학교, 수업

Jenny goes to **school** by bus or on foot.
제니는 버스를 타거나 걸어서 학교에 간다.
School begins at 9 every morning.
학교 수업은 매일 아침 아홉 시에 시작한다.
We have no **school** tomorrow. 내일은 수업이 없다.
The drama club meets after **school** every Thursday.
연극부는 매주 목요일 방과 후에 모인다.

어휘가 쑥쑥
primary school 초등학교
middle school 중학교
high school 고등학교
graduate school 대학원
private school 사립 학교

---

* science /ˈsaɪəns/ | 명사 과학, 학문

Science contributes much to our everyday life.
과학은 우리의 일상생활에 많은 기여를 한다.
She studied political **science**. 그녀는 정치학을 공부했다.

어휘가 쑥쑥
scientific 형 과학의, 과학적인

---

* scientist /ˈsaɪəntɪst/ | 명사 (복) scientists) 과학자 (☞ job)

A: What do you want to be when you grow up?
너는 커서 무엇이 되고 싶니?
B: I want to be a great **scientist** like Einstein.
나는 아인슈타인 같은 위대한 과학자가 되고 싶어.

어휘가 쑥쑥
space scientist
우주 과학자

---

scissors /ˈsɪzərz/ | 명사 가위

Bring a pair of **scissors** and colored paper next class.
다음 시간에 가위와 색종이를 가져오세요.
We cut the paper cup with **scissors** to make a wheel.
우리는 바퀴를 만들기 위해서 가위로 종이컵을 오렸다.

실력이 쑥쑥
가위는 두 개의 칼날로 되어 있어서 항상 복수형인 scissors로 쓴다.

---

scold /skoʊld/ | 동사 (3단현) scolds (과거·과분) scolded (현분) scolding) 꾸짖다, 나무라다

Mr. Brown **scolded** his children because they made noise in the library.
아이들이 도서관에서 떠들었기 때문에 브라운 씨는 아이들을 꾸짖었다.

My mother **scolded** me for my carelessness.
어머니는 내 부주의를 꾸짖으셨다.

The students were **scolded** for being late.
학생들은 지각을 해서 꾸지람을 들었다.

scoop /skuːp/
명사 (복) scoops 국자
동사 (3단현) scoops 과거·과분 scooped 현분 scooping 뜨다, 푸다

명 국자, (작은 국자 같이 생긴) 숟가락, 스쿠프
One **scoop** of chocolate ice cream, please.
초콜릿 아이스크림 한 스쿠프 주세요.

동 뜨다, 푸다, 파다
He **scooped** out the watermelon with a spoon.
그는 숟가락으로 수박을 파냈다.

scooter /ˈskuːtər/
명사 (복) scooters 스쿠터(한쪽 발을 올려놓고 다른 발로 땅을 차며 달리는 어린이의 탈것), 소형 오토바이, (모터) 스쿠터

Peter rides his **scooter** to work every day.
피터는 매일 스쿠터를 타고 일하러 간다.

*score /skɔːr/
명사 (복) scores 득점
동사 (3단현) scores 과거·과분 scored 현분 scoring 득점하다

명 득점, 점수 (= mark, grade, point)
The Korean team won by a **score** of 3 to 2.
한국 팀이 3대 2로 이겼다.

Oliver got a perfect **score** on the exam.
올리버는 시험에서 만점을 받았다.

동 득점하다, 점수를 얻다
Charlotte **scored** 62 points in one game and it led her team to win.
샬럿은 한 경기에서 62점을 득점하여 팀을 승리로 이끌었다.

어휘가 쑥쑥
test score 시험 점수
average score 평균 점수
final score 최종 점수
keep score 점수를 기록하다
fail to score 득점에 실패하다

scorpion /ˈskɔːrpiən/
명사 (복) scorpions 전갈

Scorpions live in hot and dry areas of the world.
전갈은 세계에서 날씨가 덥고 건조한 지역에 산다.

*scramble /ˈskræmbl/

동사 (3단현) scrambles (과거·과분) scrambled (현분) scrambling)
① 기어오르다 ② 마구 섞다

1 (손발을 써서) 기어오르다
He **scrambled** up a cliff. 그는 절벽을 기어올랐다.

2 마구 섞다 (= mix)
He **scrambled** the pieces of the puzzle.
그는 퍼즐 조각들을 마구 섞었다.

> **재미가 쑥쑥**
> •**scrambled egg**•
> 달걀에 우유를 넣어 버터로 볶은 요리

*scratch /skrætʃ/

동사 (3단현) scratches (과거·과분) scratched (현분) scratching)
① 긁다 ② 할퀴다 **명사** (복) scratches) 긁힌 상체[자국]

동 1 (가려워서) 긁다
He **scratched** his body. 그는 몸을 긁었다.
Do not **scratch** the mosquito bites and apply medicine to them.
모기에 물린 곳은 긁지 말고 약을 바르세요.

2 (상처가 나도록) 할퀴다, 긁다
Cats can **scratch** you, so be careful when you hug them.
고양이가 할퀼 수도 있으니 안을 때 조심하세요.
The legs of the table were badly **scratched**.
그 탁자의 다리가 심하게 긁혔다.

명 긁힌 상체[자국]
I found a deep **scratch** on my car door.
나는 차 문에 깊게 긁힌 자국이 있는 것을 발견했다.
A: Did you get hurt on your hand? 손 다쳤니?
B: I'm okay. It's only a **scratch**. 괜찮아. 그냥 긁힌 상처야.

> **어휘가 쑥쑥**
> scratch one's back
> 등을 긁다
> scratch one's jaw
> 턱을 긁다, 생각에 잠기다
> scratch one's head in trouble 난처해서 머리를 긁다
> scratch the surface of
> ~을 수박 겉핥기 식으로 하다
> You scratch my back and I'll scratch yours.
> 〈속담〉 가는 정이 있어야 오는 정이 있다.

*scream /skriːm/

동사 (3단현) screams (과거·과분) screamed (현분) screaming) 소리치다
명사 (복) screams) 비명

동 소리치다, 비명을 지르다
Don't **scream**. 소리 지르지 마세요.
Jim **screamed** in pain. 짐은 고통으로 비명을 질렀다.

명 비명, 외침
Didn't you hear a **scream**? 비명 소리 못 들었니?
He let out a **scream** of terror. 그는 공포에 질려 비명을 질렀다.

> **어휘가 쑥쑥**
> scream for help 도와 달라고 소리치다
> scream of sirens 사이렌 소리

*screen /skriːn/ | **명사** (복) screens) 화면, 스크린

You can see text messages on the cell phone's **screen**.
휴대 전화의 화면에서 문자 메시지를 볼 수 있다.

A multiplex with ten **screens** has recently opened.
열 개의 상영관을 갖춘 복합 영화 상영관이 최근 문을 열었다.

어휘가 쑥쑥
flat screen 평면 화면
computer screen 컴퓨터 화면

screw /skruː/
명사 (복) screws) 나사
동사 (3단현) screws (과거·과분) screwed (현분) screwing) 고정하다

명 나사, 나사못
You must tighten a **screw**. 나사못을 단단히 조여야 한다.

동 (나사로) 고정하다
Screw this piece of wood to the wall.
나사로 이 나뭇조각을 벽에 고정하세요.

어휘가 쑥쑥
unscrew 나사를 풀다
screwdriver 나사돌리개, 드라이버

script /skrɪpt/
명사 (복) scripts) 대본, 원고, 시나리오(연극이나 영화의 대사와 연출 지시를 적은 글)

Two writers wrote the **scripts** together.
두 명의 작가가 그 대본을 함께 썼다.

sculpture /ˈskʌlptʃər/
명사 (복) sculptures) 조각, 조각 작품

The **sculpture** of Venus is famous for its perfect beauty.
비너스의 조각상은 완벽한 아름다움으로 유명하다.

어휘가 쑥쑥
sculptor 명 조각가

*sea /siː/
명사 (복) seas) 바다 (= ocean) (☞ 794쪽)

Let's go swimming in the **sea**.
바다에 수영하러 가자.

A ship sails on the **sea** and a submarine travels under the **sea**.
배는 바다 위를 항해하고 잠수함은 바다 밑으로 다닌다.

After the storm, the **sea** was calm and the sky was clear.
폭풍이 지나간 뒤에, 바다는 잠잠해졌고 하늘은 맑아졌다.

If you send your parcel by **sea**, it will take more than two weeks.
소포를 배편으로 보내면, 2주 이상 걸릴 것이다.

어휘가 쑥쑥
seafood 해산물
seashore 해안, 바닷가
seaweed 해초, 해조
seagull 갈매기
sea horse 해마

*seal /siːl/
명사 (복) seals) 바다표범, 물개 (☞ sea)

Eskimos make clothes with the skin of **seals**.
에스키모들은 바다표범의 가죽으로 옷을 만든다.

- ① shark 상어
- ② sea horse 해마
- ③ whale 고래
- ④ dolphin 돌고래
- ⑤ seal 물개, 바다표범
- ⑥ jellyfish 해파리
- ⑦ lobster 바닷가재
- ⑧ octopus 문어
- ⑨ squid 오징어
- ⑩ shrimp 새우
- ⑪ oyster 굴
- ⑫ shellfish 조개
- ⑬ turtle 바다거북
- ⑭ tuna 참치
- ⑮ penguin 펭귄
- ⑯ starfish 불가사리
- ⑰ coral 산호
- ⑱ seagull 갈매기
- ⑲ crab 게
- ⑳ eel 뱀장어
- ㉑ seaweed 해초
- ㉒ seashore 해안

search /sɜːrtʃ/

동사 (3단현) search**es** (과거·과분) search**ed** (현분) search**ing**) 찾다, 검색하다 **명사** (복) search**es**) 찾기, 수색

동 찾다, 검색하다, 조사하다

He was **searching** for the light switch in the dark room.
그는 어두운 방에서 전등 스위치를 찾고 있었다.

We **search** the Internet to get useful information.
우리는 유용한 정보를 얻기 위해 인터넷을 검색한다.

The police are **searching** the park for the missing child.
경찰은 실종된 아이를 찾으려고 공원을 수색하는 중이다.

명 찾기, 수색, 검색

The **search** for survivors continues.
생존자를 찾는 일은 계속되고 있다.

숙어 in search of ~을 찾아서

The wolf wandered in the woods *in search of* food.
늑대는 먹이를 찾아서 숲속을 어슬렁거렸다.

어휘가 쑥쑥
searching 명 탐색, 검색
search a house 집을 수색하다
search and rescue team 수색 구조 팀
search engine 검색 엔진
search light 수색등
do[run, perform] a search on the Internet 인터넷으로 검색하다

---

season /ˈsiːzn/

명사 (복) season**s**) ① 계절 ② 시기
동사 (3단현) season**s** (과거·과분) season**ed** (현분) season**ing**) 양념하다

명 1 계절

In Korea we have four **seasons**. 한국에는 사계절이 있다.

A: What is your favorite **season**?
가장 좋아하는 계절이 무엇이죠?

B: I like summer best because I can go swimming at the beach.
저는 여름이 제일 좋아요. 왜냐하면 바닷가에 수영하러 갈 수 있으니까요.

2 시기

Our town was damaged by a flood in the rainy **season**.
우리 마을은 장마철에 홍수 피해를 입었다.

In the dry **season** in Africa, it hardly ever rains.
아프리카의 건기[건조기]에는 비가 거의 내리지 않는다.

동 양념하다

She **seasoned** the meat with salt and pepper.
그녀는 고기를 소금과 후추로 양념했다.

숙어 in season 제철인

In spring, strawberries are *in season*.
봄에는 딸기가 제철이다.

out of season 철이 지난

Watermelon is *out of season*. 수박은 철이 지났어.

어휘가 쑥쑥
seasoning 명 양념
holiday season 휴가철
peak season 성수기
off-season 비수기

Spring 봄

Summer 여름

Fall/Autumn 가을

Winter 겨울

seat /siːt/ 명사 (복) seats) 자리, 좌석, 관람석

Go back to your **seat** and fasten your seat belt.
자리로 돌아가서 안전벨트를 매 주십시오.

Ladies and gentlemen, have[take] a **seat**, please.
신사 숙녀 여러분, 자리에 앉아 주시기 바랍니다.

A: Excuse me, is this **seat** taken?
　실례합니다, 이 자리에 사람이 있나요? (여기 앉아도 될까요?)

B: No, you can sit here. 아니요, 여기 앉으셔도 됩니다.

[숙어] **be seated** 앉다 (= sit down)
Please *be seated*, ladies and gentlemen.
신사 숙녀 여러분, 자리에 앉아 주시기 바랍니다.

어휘가 쑥쑥
front seat 앞 좌석
back seat 뒷좌석
window seat 창가 쪽 자리
aisle seat 통로 쪽 자리

실력이 쑥쑥
seat은 일반적으로 걸터앉을 수 있는 것을 말하며, chair, sofa, bench 등이 모두 seat의 일종이다.

second¹ /ˈsekənd/ 형용사 두 번째의, 제2의

Her first son is a teacher, and her **second** son is a doctor.
그녀의 첫째 아들은 선생님이고 둘째 아들은 의사다.

My brother is in the **second** grade.
내 동생은 초등학교 2학년이다.

[속담] Habit is **second** nature. 습관은 제2의 천성이다.

어휘가 쑥쑥
second floor 2층
second prize 2등 상

second² /ˈsekənd/ 명사 (복) seconds) ① 초 ② 순간, 잠깐

1 (시간 단위의) 초
James can run 100 meters in 15 **seconds**.
제임스는 100미터를 15초에 뛸 수 있다.

The speed of light is about 186,000 miles per **second**.
빛의 속도는 약 초속 186,000마일이다.

2 순간, 잠깐 (= moment, minute)
Wait a **second**, please. 잠시만 기다려 주십시오.

A: Can you come over to my office for a while?
　제 사무실로 잠깐 와 주시겠어요?

B: Okay. I'll be there in a **second**. 네, 곧 거기로 갈게요.

어휘가 쑥쑥
minute (시간 단위의) 분
hour (시간 단위의) 시, 시간

실력이 쑥쑥
Wait a second. (잠깐 기다려 주세요.)
= Just a second.
= Wait a moment.

secondary /ˈsekənderi/ 형용사 ① 이차적인 ② 중등 교육의

1 (가치·중요도에 있어) 제2의, 이차적인
Water is the most important. Food is **secondary**.
물이 가장 중요하다. 먹을 것은 이차적인 문제이다.

2 중등 교육의

실력이 쑥쑥
secondary school은 우리나라의 중·고등학교에 해당한다.

Now it's time to strengthen **secondary** education.
이제 중등 교육을 강화할 때입니다.

*secret /ˈsiːkrət/ | 명사 (복) secrets) 비밀 | 형용사 비밀의

명 비밀

The Korean-Japanese talks were held in **secret**.
그 한일 회담은 비밀리에 개최되었다.

A: Please keep the **secret**. 제발 비밀을 지켜 줘.
B: Trust me. I won't tell anyone.
날 믿어. 아무에게도 말하지 않을게.

형 비밀의

They found a **secret** garden. 그들은 비밀의 정원을 발견했습니다.
Keep your plan **secret**. 너의 계획을 비밀로 유지해라.

어휘가 쑥쑥
open secret 공공연한 비밀
secret agent 비밀 요원
secret ballot 비밀 투표
secret code 암호
secret passage 비밀 통로
top secret 일급비밀의

*secretary /ˈsekrəteri/ | 명사 (복) secretaries) ① 비서 ② 장관

1 비서

Mr. Brown hired a new **secretary**.
브라운 씨는 새 비서를 고용했다.

I left my messages to her **secretary**.
나는 그녀의 비서에게 전달 사항을 남겼다.

2 [Secretary로 써서] 장관

She is the **Secretary** of Education. 그녀는 교육부 장관이다.

어휘가 쑥쑥
UN Secretary General
유엔 사무총장
Secretary of State (미국의) 국무 장관
Home Secretary 내무 장관

section /ˈsekʃn/ | 명사 (복) sections) 부분 (= part), 지역, 구역

Every morning I read the sports **section** of the newspaper.
나는 매일 아침 신문의 스포츠면을 읽는다.

In New York, "uptown" means the upper **section** of the city.
뉴욕에서 '업타운'이란 도시 위쪽에 있는 구역을 말한다.

A: Where can I buy a men's suit?
남성 정장은 어디에서 살 수 있나요?
B: The men's clothing **section** is on the 4th floor.
남성복 코너는 4층에 있습니다.

어휘가 쑥쑥
sectional 형 구분된
society section (신문의) 사회면
business section 상업 지구
finance section (회사의) 재무 부서

*secure /sɪˈkjʊr/ | 형용사 (비교) securer (최상) securest 안전한 | 동사 (3단현) secures (과거·과분) secured (현분) securing) ① 안전하게 하다 ② 고정시키다

형 안전한 (= safe), 위험이 없는

Please choose a **securer** password.

더 안전한 비밀번호를 선택하세요.
I feel **secure** in my room.
나는 내 방에 있으면 안전함을 느낀다.

동 **1 안전하게 하다, 지키다**
The police are **securing** the neighbors.
경찰이 이웃 사람들을 안전하게 지켜 주고 있다.

2 고정시키다, 잡아매다
He **secured** the rope firmly to the back of the car.
그는 밧줄을 차 뒷부분에 단단히 잡아맸다.

어휘가 쑥쑥
secure future 안정된 미래
secure income 안정된 수입
secure job 안정된 직장
secure place 안전한 장소
secure environment
안전한 환경

---

*see /siː/ | **동사** (3단현) **sees** (과거) **saw** (과분) **seen** (현분) **see**ing) ① 보다 ② 만나다 ③ 알다

1 보다
I have poor sight, so I can **see** better with glasses.
나는 눈이 나빠서 안경을 껴야 더 잘 볼 수 있다.

Can you **see** the tall guy across the street?
길 건너편에 있는 키 큰 남자 보이세요?

I **saw** her jog[jogging] in the park.
나는 그녀가 공원에서 조깅하는 것을 보았다.

She was **seen** to swim in the pool.
수영장에서 그녀가 수영하는 것이 보였다.

Let me **see** your passport and ticket, please.
여권과 비행기표를 보여 주십시오.

[속담] To **see** is to believe. / **Seeing** is believing.
보는 것이 믿는 것이다. (백문이 불여일견)

2 만나다, 진찰받다
When you **see** your parents, please say hello to them.
부모님을 뵙거든 내 안부도 전해 줘.

A: I'm looking forward to **seeing** you again.
   다시 만나 뵙고 싶습니다.

B: It was nice talking to you. **See** you later[again].
   당신과 함께 이야기하면서 즐거웠어요. 그럼 다음에 또 뵐게요.

A: I think I have a cold. I ache all over.
   나 감기 걸렸나 봐. 온몸이 다 아파.

B: You should go **see** a doctor.
   아무래도 의사에게 진찰을 받아야겠다. (병원에 가야겠다.)

3 알다, 이해하다 (= understand)
He can't **see** the point. 그는 요점을 이해하지 못하고 있다.
I can't **see** why my computer isn't working.

실력이 쑥쑥
see ① 주의를 기울이지 않아도 저절로 눈에 들어오는 것을 보다
I *saw* a kite flying high in the sky. (연 하나가 하늘 높이 날아오르는 것이 보였다.)
② 영화나 연극 등을 처음부터 끝까지 보다
I *saw* a movie last Sunday. (지난 일요일에 영화를 한 편 봤다.)

look at 집중하거나 관심을 기울여 살펴보다
Look at the girl sitting on the bench. (벤치에 앉아 있는 저 소녀를 보아라.)

watch 주로 변하거나 움직이는 것을 집중해서 보다
I usually *watch* TV after dinner. (나는 보통 저녁 식사 후에 TV를 본다.)

내 컴퓨터가 왜 작동이 안 되는지 모르겠다.

A: Do you **see** what I mean?
제 말이 무슨 뜻인지 아시겠어요?
B: Yes, I know what you mean. 네, 무슨 말씀인지 알겠어요.

[숙어] **I see.** 알겠어., 그렇군요. (☞ know)
A: You can use this membership card to get a 10% discount.
이 회원증을 사용해서 10퍼센트 할인을 받으실 수 있습니다.
B: Oh, *I see*. Then let me have one.
아, 그렇군요. 그럼 카드를 하나 만들어 주세요.

let me see 글쎄, 저기, 어디 보자
A: Where's your car key? 네 자동차 열쇠 어디 있어?
B: *Let me see*, where did I put it? 글쎄, 내가 어디에다 뒀더라?

see ~ off ~를 배웅하다
I went to the airport to *see* my friend *off*.
나는 친구를 배웅하러 공항에 갔다.

(문법)이 쑥쑥
see가 '보다'라는 의미로 쓰일 때는 진행형으로 쓰지 않는다.
I *see* my friend over there. (나는 저쪽에 있는 내 친구를 보고 있어.)
I *am seeing* my friend over there. (×)

(실력)이 쑥쑥
let me see는 '어디 보자, 글쎄'라는 뜻으로, 잠시 생각을 하거나 무언가를 기억해 내려고 할 때 쓰는 표현이다.

---

* **seed** /siːd/ (명사) (복) seeds) 씨앗
(동사) (3단현) seeds (과거·과분) seeded (현분) seeding) 씨를 뿌리다

(명) 씨앗, 씨
The farmer sowed the **seeds** in the ground.
농부는 땅에 씨앗을 뿌렸다.
There are many **seeds** inside a watermelon.
수박 안에는 씨가 많이 있다.

(동) 씨를 뿌리다 (= sow), 파종하다 (= plant)
We **seeded** this field with oats.
우리는 이 밭에다 귀리 씨를 뿌렸다. (귀리를 파종했다.)

(어휘)가 쑥쑥
seedy (형) 씨가 많은
- - - - - - - -
seedless 씨가 없는
sesame seed 참깨
pumpkin seed 호박씨
spit out the seed 씨를 뱉다

---

* **seek** /siːk/ (동사) (3단현) seeks (과거·과분) sought (현분) seeking) 찾다 (= look for), 추구하다

He's **seeking** jobs. 그는 일자리를 찾고 있다.
Everyone **seeks** happiness.
모두가 행복을 추구합니다.
They **sought** a solution to the problem.
그들은 그 문제의 해결책을 찾았다.

(어휘)가 쑥쑥
seek help 도움을 구하다
seek information 정보를 찾다
seek advice 조언을 구하다

---

* **seem** /siːm/ (동사) (3단현) seems (과거·과분) seemed (현분) seeming) ~처럼 보이다,
~인 것 같다 (= appear, look), ~로 생각되다

She **seems** (to be) honest. 그녀는 정직한 것 같다.

Alex **seems** to like sports.
알렉스는 운동을 좋아하는 것 같다.
It **seemed** that they were satisfied with the result.
그들은 결과에 만족한 것처럼 보였다.
It **seems** likely to rain soon. 곧 비가 올 것 같다.

어휘가 쑥쑥
seem angry 화나 보이다
seem nice 멋져 보이다
seem the same 같아 보이다

seen /siːn/ 동사 see의 과거분사 (☞ see)

seesaw /ˈsiːsɔː/ 명사 (복) seesaws 시소

Anne and Ben are playing on the **seesaw**.
앤과 벤은 시소를 타고 있습니다.
There are a **seesaw** and two swings in the playground.
놀이터에는 시소 한 개와 그네 두 개가 있습니다.

실력이 쑥쑥
시소를 teeter-totter라고도 한다.

seize /siːz/ 동사 (3단현) seizes (과거·과분) seized (현분) seizing (갑자기) 꽉 잡다, 붙잡다 (= grab)

Charlie **seized** the chance.
찰리는 그 기회를 붙잡았다.
The police officer **seized** her by the arm.
경찰관이 그녀의 팔을 잡았다.

어휘가 쑥쑥
seizure 명 붙잡기, 잡기

seldom /ˈseldəm/ 부사 좀처럼 ~하지 않는, 드물게 (= not often, rarely)

My dad **seldom** gets angry.
우리 아버지는 화를 내시는 일이 별로 없어요.
She **seldom** talks about herself.
그녀는 자신에 대해 좀처럼 말하지 않는다.
Emily **seldom** eats at home.
에밀리가 집에서 식사하는 경우는 드물다.
It **seldom** snows in this region.
이 지역에서는 좀처럼 눈이 오지 않는다.

실력이 쑥쑥
hardly 거의 ~하지 않는
I can *hardly* believe it. (나는 그것을 거의 믿을 수가 없다.)
rarely 좀처럼 ~하지 않는
They *rarely* come and go. (그들은 좀처럼 오고 가지 않는다.)

*****select** /sɪˈlekt/ 동사 (3단현) selects (과거·과분) selected (현분) selecting 고르다, 선택하다 (= choose, pick)

Look at the cards on the table, and **select** only one in your mind.
테이블 위의 카드를 보고, 마음속으로 한 장의 카드만 고르세요.
John was **selected** as the team leader.
존은 팀의 주장으로 뽑혔다.

어휘가 쑥쑥
selection 명 선택, 선발
selective 형 선택적인, 조심해서 고르는

*self /self/ | 명사 (복) selves) 자기, 자신

This is my true **self**. 이것이 나의 진면목이다.

selfish /ˈselfɪʃ/ | 형용사 (비교) more selfish (최상) most selfish) 이기적인

He made a **selfish** choice. 그는 이기적인 선택을 했다.
Don't be so **selfish**. 그렇게 이기적으로 굴지 마라.

> 어휘가 쑥쑥
> **selfishness** 명 이기심

*sell /sel/ | 동사 (3단현) sells (과거·과분) sold (현분) selling) 팔다 (↔ buy 사다), 팔리다

People buy and **sell** things through the Internet.
사람들은 인터넷으로 물건을 사고판다.
Katie **sold** her bike to me for $30.
케이티는 자기 자전거를 나한테 30달러에 팔았다.
His apartment was **sold** at a good price.
그의 아파트는 좋은 가격에 팔렸다.
He **sold** his house at a loss. 그는 손해를 보고 집을 팔았다.
Prof. Kim's new book **sells** well.
김 교수님의 새 책은 잘 팔린다.

> 어휘가 쑥쑥
> **seller** 명 판매인
> **sell directly** 직접 팔다
> **sell online** 온라인으로 팔다

> 재미가 쑥쑥
> 어떤 물건이 아주 잘 팔릴 때 **sell like hot cakes**(날개 돋친 듯 팔리다)라는 표현을 쓴다.

숙어 **sell out** 다 팔다, 매진되다
All the tickets for the football game are already *sold out*.
그 축구 경기는 벌써 표가 매진되고 없다.

semester /sɪˈmestər/ | 명사 (복) semesters) (1년 2학기제의) 학기

In America, the new **semester** begins in September.
미국에서는 새 학기가 9월에 시작한다.

*send /send/ | 동사 (3단현) sends (과거·과분) sent (현분) sending) (편지·물건을) 부치다, 보내다 (↔ receive 받다)

I **sent** my grandmother a letter. / I **sent** a letter to my grandmother.
나는 할머니께 편지를 부쳤다.
We **sent** our baggage a few days before going to the U.S.
우리는 미국에 가기 며칠 전에 짐을 부쳤다.
Teens love to **send** text messages on their cell phones.
십 대들은 휴대 전화로 문자 메시지 보내기를 좋아한다.

> 문법이 쑥쑥
> **send**는 뒤에 두 개의 목적어가 와서 「send+간접목적어(~에게)+직접목적어(~을)」의 형태로 쓰인다. 이는 「send+직접목적어+to+간접목적어」로 바꿔 쓸 수 있다.
> I will **send** her the book. (나는 그녀에게 책을 보낼 것이다.)
> = I will **send** the book *to* her.

숙어 **send ~ for...** …를 부르러[가져오도록] ~를 보내다
Ben *sent* his servant *for* the doctor.

벤은 의사를 부르러 하인을 보냈다.
I *sent* a little boy *for* the paper.
나는 신문을 가져오도록 어린 소년을 보냈다.

senior /ˈsiːniər/ 명사 (복) seniors) 연장자 형용사 ~보다 나이가 많은

명 연장자, 선배, 상급생 (↔ junior 후배, 손아랫사람)
Terry is a **senior** in college. 테리는 대학교 4학년이다.
I gave my seat to a **senior**. 나는 내 자리를 어르신에게 양보했다.

형 ~보다 나이가 많은, 상급의 (↔ junior ~보다 어린)
She is two years **senior** to me. / She is **senior** to me by two years. 그녀는 나보다 두 살 위다.
We should respect **senior** citizens.
우리는 어르신들을 공경해야 한다.
He is a **senior** high school student. 그는 고등학교 졸업반이다.

실력이 쑥쑥
미국의 고등학교 학년
freshman (1학년)
junior (2학년)
senior (3학년)

미국의 대학교 학년
freshman (1학년)
sophomore (2학년)
junior (3학년)
senior (4학년)

sense /sens/ 명사 (복) senses) ① 감각 ② 의미

1 감각, 지각, 센스
Dogs have a good **sense** of smell. 개들은 후각이 발달했다.
Humans have five **senses**: the **sense** of sight, hearing, smell, taste, and touch.
사람은 오감을 가지고 있다: 시각, 청각, 후각, 미각, 그리고 촉각.
Everybody likes Tom because he has a **sense** of humor.
톰은 유머 감각이 있어서 모두가 그를 좋아한다.
I don't have a good **sense** of direction, so I often get lost.
나는 방향 감각이 좋지 않아서, 자주 길을 잃어버린다.

2 의미, 뜻 (= meaning)
He is right in a **sense**, but I cannot agree with him.
그의 말도 어떤 의미에서는 옳지만, 나는 그에게 동의할 수 없다.
A: Does this sentence make **sense** to you?
이 문장의 뜻이 이해가 됩니까?
B: No, it doesn't at all. 아니요, 전혀 모르겠어요.

어휘가 쑥쑥
senseless 형 무의미한
sensible 형 현명한, 합리적인
sensitive 형 민감한, 감성적인
sensitivity 명 감수성, 민감함
common sense 상식
sixth sense 직감, 육감
sense of balance 균형감각
sense of loss 상실감

sent /sent/ 동사 send의 과거·과거분사 (☞ send)

sentence /ˈsentəns/ 명사 (복) sentences) 문장

A **sentence** in English begins with a capital letter.
영어 문장은 대문자로 시작한다.

어휘가 쑥쑥
short sentence 짧은 문장

Read the **sentences** below and underline the words you don't know.
아래 문장들을 읽고 모르는 단어에 밑줄을 그으세요.

negative sentence 부정문

*separate /ˈsepəreɪt | ˈseprət/

동사 (3단현) separate**s** (과거·과분) separate**d** (현분) separat**ing**) 분리하다
형용사 분리된

동 분리하다, 구분하다 (↔ join 결합하다)

He **separated** the rotten apples from all the rest.
그는 썩은 사과들을 나머지 것들과 분리했다.

A border **separates** one country from another.
국경은 한 나라를 다른 나라와 구분한다.

형 분리된, 각각의

My sister and I live in **separate** rooms.
우리 언니와 나는 각자 방이 따로 있다.

실력이 쑥쑥
동사와 형용사의 발음이 다른 것에 주의한다.

어휘가 쑥쑥
separately **부** 따로따로
separation **명** 분리, 구분

*September /sepˈtembər/

명사 (복) September**s**) 9월 (☞ month) 《줄여서 Sep.로 적기도 한다.》

School begins in **September** in America, but in March in Korea.
미국에서는 학교가 9월에 시작하지만 한국에서는 3월에 시작한다.

I haven't seen Larry since last **September**.
나는 작년 9월 이후로 래리를 본 적이 없다.

재미가 쑥쑥
초기 로마의 달력은 March (3월)부터 시작되는 10개의 달이었다. 그래서 9월은 원래 7월이었다.

*series /ˈsɪriːz/

명사 (복) series) 연속, 시리즈

My basketball team gained a **series** of victories this season.
우리 농구 팀은 이번 시즌에 연속으로 승리를 거두었다.

Have you ever read the *Harry Potter* **series**?
'해리 포터' 시리즈 읽어 본 적 있니?

어휘가 쑥쑥
series of wet days 장마

*serious /ˈsɪriəs/

형용사 (비교) more serious (최상) most serious) ① 진지한 ② 심각한

1 진지한, 진심의

They had a long and **serious** discussion.
그들은 길고 진지한 토론을 했다.

Our new teacher is very **serious**, and he doesn't joke at all.
새로 오신 우리 선생님은 너무 진지하셔서 농담 한 마디도 안 하신다.

2 심각한, 중대한 (= severe)

어휘가 쑥쑥
seriously **부** 진지하게, 심각하게
seriousness **명** 진지함, 심각함

serious atmosphere 진지한 분위기

Kate had a car accident, but fortunately her injury was not **serious**.
케이트는 교통사고를 당했지만, 다행히 부상은 심각하지 않았다.

The storm caused **serious** damage to the village by the sea.
그 폭풍은 바닷가 마을에 심각한 피해를 입혔다.

Mr. Simpson made a **serious** mistake and messed up everything.
심프슨 씨는 중대한 실수를 저질러서 모든 것을 망쳐 버렸다.

serious face 심각한 얼굴
serious accident 큰 사고
serious injury 심각한 부상
serious illness 중병
serious crime 중대한 범죄

---

*serve /sɜːrv/ 동사 (3단현) serves (과거·과분) served (현분) serving) ① ~를 위하여 일하다 ② 음식을 내다

1 ~를 위하여 일하다, 섬기다, 시중들다

He has **served** the company for ten years.
그는 회사에서 10년 동안 일해 왔다.

My brother **serves** in the army. 우리 오빠는 군대에 복무 중이다.

She **serves** as a manager in the hotel.
그녀는 그 호텔에서 지배인으로 일한다.

The flight attendants **serve** passengers on the plane.
승무원들은 비행기에서 승객들의 시중을 든다.

First come, first **served**. 먼저 온 사람이 먼저 대접받는다. (선착순)

어휘가 쑥쑥
serving 명 음식 시중
server 명 서빙하는 사람
servant 명 하인, 종

2 음식을 내다, 차리다

Cake and coffee were **served** for dessert.
케이크와 커피가 후식으로 나왔다.

Mrs. Davis **served** the dishes and wine on the table.
데이비스 부인은 요리와 와인으로 상을 차렸다.

The flight attendants *serve* passengers on the plane.

---

service /ˈsɜːrvɪs/ 명사 (복) services) ① 서비스 ② 공공사업 ③ 봉사 ④ 예배

1 불 (식당·상점 등의) 서비스

For customer **service**, contact the number below or visit our homepage.
고객 서비스를 원하시면, 아래 전화번호로 연락하시거나 저희 홈페이지를 방문해 주십시오.

2 공공사업, 공공 업무, 시설, 운행

Government provides **services** in order to make our lives better.
정부는 우리의 삶이 더 나아지도록 공공 업무를 제공한다.

The telephone **service** in that area was stopped due to the flood.

어휘가 쑥쑥
civil service 행정 업무
public service (교통·보건 등의) 공공 서비스
postal service 우편 서비스
service charge (계산서에 추가되는) 서비스료
voluntary service 자원 봉사
Sunday service 일요 예배
marriage service 결혼식

홍수로 인해 그 지역의 전화가 불통이었다.

Is there any bus **service** from here to New York?
여기에서 뉴욕까지 가는 버스가 있나요?

The elevators are out of **service** between 4 p.m. and 5 p.m.
엘리베이터 운행이 오후 4시부터 5시까지 중단됩니다.

3 〔불〕 **봉사**

She devoted her life to social **service**.
그녀는 사회봉사에 일생을 바쳤다.

My uncle is in the military **service** now.
우리 삼촌은 지금 군 복무 중이다.

4 (종교적) **예배, 의식**

The funeral **service** will be held at St. Paul Church.
장례식은 세인트 폴 교회에서 치러질 것이다.

> **재미**가 쑥쑥
>
> 상품을 판매한 후 제조업자가 그 상품의 수리나 점검 등을 해 주는 일을 '애프터 서비스(after service, AS)'라고 하는데, 영어로 이것은 틀린 표현이다. after-sales service라고 해야 옳다.

---

set /set/

동사 (3단현) set**s** (과거·과분) set (현분) set**ting** ① 놓다 ② 맞추다 ③ 정하다
④ ~한 상태로 만들다 ⑤ 저물다 **명사** (복) set**s**) 세트

동 1 놓다 (= place, put, lay)

I **set** the vase on the table. 나는 탁자 위에 꽃병을 올려놓았다.

2 (시계 등을) **맞추다, 조정하다**

I woke up late because I forgot to **set** the alarm.
나는 자명종 맞추는 것을 잊어버려서 늦게 일어났다.

He put the chicken in the oven and **set** the timer.
그는 닭고기를 오븐에 넣고 타이머를 조정했다.

3 정하다, 세우다

We **set** the time and date of the meeting.
우리는 회의 시간과 날짜를 정했다.

It is important to **set** realistic goals.
현실적인 목표를 세우는 것이 중요하다.

4 ~한 상태로 만들다

She opened the cage and **set** the birds free.
그녀는 새장 문을 열고 새들을 놓아 주었다.

5 (해·달 등이) **지다, 저물다** (↔ rise 뜨다)

The sun rises in the east and **sets** in the west.
태양은 동쪽에서 뜨고 서쪽으로 진다.

명 세트 《도구나 가구 등의 한 벌》

Kelly gave me a **set** of coffee cups for my birthday.
켈리는 나에게 생일 선물로 커피잔 세트를 주었다.

> **어휘**가 쑥쑥
>
> setting 명 주변 환경, (연극·소설 등의) 배경
>
> set an example 모범을 보이다
> set a record 기록을 세우다
> set the rule 규칙을 정하다
> set the price 가격을 정하다
> set limits 한계를 정하다
> set standards 기준을 정하다
> set a trend 유행을 선도하다
> set ~ on fire ~에 불을 지르다
> set a guard 경비원을 배치하다
> set a trap 덫을 놓다
> complete[full] set 다 갖춰진 세트

> **실력**이 쑥쑥
>
> set은 동사원형, 과거형, 과거분사형이 모두 같은데, 이런 형태의 동사들로는 cost (비용이 들다), cut(자르다), hurt(다치게 하다), let(~하

He bought a **set** of crayons for his son.
그는 아들에게 크레용 한 세트를 사 주었다.

숙어 **set out** 착수하다, 시작하다
After I graduated from college, I *set out* to make my dream come true. 나는 대학을 졸업한 후, 내 꿈을 실현시키는 일에 착수했다.
They *set out* on a trip to Mexico. 그들은 멕시코로 여행을 떠났다.

set the table 상을 차리다
I often help my mom *set the table*.
나는 엄마가 상을 차리시는 일을 자주 돕는다.

set up 세우다 (= put up)
We *set up* the tent on the firm ground.
우리는 단단한 땅 위에 텐트를 쳤다.

He bought a *set* of crayons for his son.

*settle /ˈsetl/

동사 (3단현) settle**s** (과거·과분) settle**d** (현분) settl**ing**) ① 자리를 잡다 ② 앉다 ③ 해결하다

1 자리를 잡다, 정착하다, 이주하다
Many Europeans left their hometowns and **settled** in America. 많은 유럽인들이 자신들의 고향을 떠나 미국에 정착했다.
Many Koreans **settled** and formed Korea Town in Los Angeles.
많은 한국인들이 로스앤젤레스에 정착하여 코리아 타운을 형성했다.

2 앉다, 놓다
A bird **settled** on the roof and began to sing.
새 한 마리가 지붕 위에 앉아 지저귀기 시작했다.
She **settled** her baby on the bed.
그녀는 침대 위에 아기를 내려놓았다.

3 (문제·논쟁 등을) 해결하다, 끝내다
It's time to **settle** the matter. 그 문제를 해결할 때이다.

숙어 **settle down** ① 자리를 잡다 ② 진정하다, 안정시키다
He *settled down* on the sofa and began to read a newspaper.
그는 소파에 자리를 잡고 앉아서 신문을 읽기 시작했다.
The noise from outside *settled down* in about two hours.
밖에서 들려오던 소음은 두 시간 정도 지나자 잠잠해졌다.

어휘가 쑥쑥
settlement 명 정착, 이주
settler 명 정착민, 이주민
- - - - - - - - - - -
settle a conflict 갈등을 해결하다
settle a dispute 분쟁을 해결하다

실력이 쑥쑥
Settle down. (진정하세요.)
= Calm down.
= Stay calm.
= Take it easy.
= Relax.
= Pull yourself together.

seven /ˈsevn/ 명사 형용사 7(의), 일곱(의)

I have breakfast at **seven**. 나는 7시에 아침을 먹는다.

seventeen 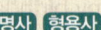 /ˌsevnˈtiːn/ 명사 형용사 17(의), 열일곱(의)

seventy /ˈsevnti/ | 명사 형용사 (복) seventies) 70(의), 칠십(의)

The average length of life in that country is **seventy**-two.
그 나라의 평균 수명은 72세이다.

*several /ˈsevrəl/ | 대명사 형용사 몇 개(의), 몇몇(의), 여러 개(의)

I called her **several** times, but she didn't answer.
그녀에게 여러 번 전화했지만, 그녀는 받지 않았다.

They traveled by ship for **several** months and finally discovered the treasure island.
그들은 몇 달 간의 항해 끝에 마침내 보물섬을 발견했다.

Several of them didn't agree with him.
그들 중 여러 명이 그의 의견에 동의하지 않았다.

> **실력이 쑥쑥**
> several은 a few보다 많고 many보다 적은 수로, 두 개 이상이지만 많지는 않은 수를 나타낸다.

*severe /sɪˈvɪr/ | 형용사 (비교) severer (최상) severest) 심각한, 가혹한 (= serious, tough)

He got a **severe** wound in the accident.
그는 그 사고에서 심각한 부상을 입었다.

The flight was delayed due to the **severe** weather conditions.
악천후로(날씨가 나빠서) 비행기가 연착되었다.

Capital punishment is the **severest** punishment.
사형은 가장 가혹한 형벌이다.

> **어휘가 쑥쑥**
> severely (부) 심하게, 혹독하게
> severe handicap 극심한 장애
> severe winter 혹독한 겨울
> severe illness 중병

sew /soʊ/ | 동사 (3단현) sews (과거) sewed (과분) sewed, sewn (현분) sewing) 꿰매다, 바느질하다

Grandma is **sewing** my shirt.
할머니께서 내 셔츠를 꿰매고 계신다.

Please **sew** on a button. 단추 좀 달아 주세요.

> **어휘가 쑥쑥**
> sewing machine 재봉틀

sewn /soʊn/ | 동사 sew의 과거분사 (☞ sew)

*shade /ʃeɪd/ | 명사 (복) shades) ① 그늘 ② (전등의) 갓

1 (불) 그늘
We took a rest in the **shade** of a tall tree.
우리는 큰 나무의 그늘에 들어가 쉬었다.

2 (전등의) 갓, 블라인드
I bought a new **shade** for the lamp. 나는 새 전등갓을 샀다.

> **실력이 쑥쑥**
> shade 빛이 가려져 생긴 그늘
> shadow 사람이나 물체가 빛을 받아서 지면이나 벽에 비친 그림자

shadow /ˈʃædoʊ/ 〔명사〕 (복) shadows 그림자 (☞ shade)

Shadows become longer in the evening.
저녁에는 그림자가 더 길어진다.

Peter Pan lost his **shadow** when he entered Wendy's room.
피터 팬은 웬디의 방에 들어갔다가 그림자를 잃어버렸습니다.

shake /ʃeɪk/ 〔동사〕 (3단현) shakes (과거) shook (과분) shaken (현분) shaking ① 흔들다 ② 떨다

1 흔들다, 흔들리다

I **shook** the tambourine to the music.
나는 음악에 맞춰서 탬버린을 흔들었다.

When the earthquake started, the buildings began to **shake**.
지진이 일어나자 건물들이 흔들리기 시작했다.

2 떨다, 떨리다

His voice was **shaking** with anger.
그의 목소리는 분노로 떨리고 있었다.

We **shook** with fear when we heard the horrible voice.
그 소름 끼치는 목소리를 들었을 때 우리는 공포로 부들부들 떨었다.

〔숙어〕 **shake hands (with)** (~와) 악수하다

I met Mr. Johnson and *shook hands with* him.
나는 존슨 씨를 만나 그와 악수했다.

〔어휘〕가 쑥쑥
shake with cold 추위로 떨다
shake like a leaf 벌벌 떨다

〔실력〕이 쑥쑥
shake one's head '고개를 가로젓다'라는 뜻으로 의심이나 거절 등을 할 때 쓴다.
nod one's head '고개를 끄덕이다'라는 뜻으로 찬성이나 승낙 등을 할 때 쓴다.

shaken /ˈʃeɪkən/ 〔동사〕 shake의 과거분사 (☞ shake)

shall /ʃæl/ 〔조동사〕 (과거) should) [권유·제안] ~할까요?

Shall we dance? 춤추실래요?
Shall I open the door? 문을 열어도 될까요?
What time **shall** we meet? 몇 시에 만날까?
Let's go out to dinner, **shall** we? 저녁 먹으러 가면 어떨까요?
I broke my brother's digital camera. What **shall** I do now?
우리 형의 디지털카메라를 망가뜨리고 말았어. 이제 어쩌면 좋지?

〔실력〕이 쑥쑥
shall은 '~일 것이다'라는 뜻의 단순미래를 나타내기도 한다.
I *shall* leave in the morning. (나는 아침에 떠날 것이다.)

shallow /ˈʃæloʊ/ 〔형용사〕 (비교) shallower (최상) shallowest 얕은 (↔ deep 깊은)

This swimming pool is very **shallow**, so don't dive in there.
이 수영장은 매우 얕으니까 다이빙하지 마십시오.
The cut was very **shallow**. 베인 상처는 아주 얕았다.

〔어휘〕가 쑥쑥
shallow river 얕은 강

*shame /ʃeɪm/ | 명사 부끄러움, 수치 (↔ honor 명예)

His face turned red with **shame**.
그의 얼굴은 부끄러워서 빨개졌다.

Though he was very poor, he had no **shame** at all.
그는 매우 가난했지만, 가난을 전혀 부끄러워하지 않았다.

숙어 **Shame on you!** 부끄러운 줄 알아라!
You copied Tom's homework? *Shame on you*!
톰의 숙제를 베꼈단 말이니? 부끄러운 줄 알아!

What a shame! 세상에!, 이럴 수가!, 참 안됐다!
A: Jack had a car accident last week and is in the hospital now. 잭이 지난주에 교통사고를 당해서 지금 병원에 입원해 있대.
B: Oh, *what a shame*! 저런, 세상에!

어휘가 쑥쑥
shameful 형 부끄러운
shameless 부끄러운 줄 모르는, 파렴치한

실력이 쑥쑥
What a shame! (참으로 안됐구나!)
= What a pity!
= That's too bad!

shampoo /ʃæmˈpuː/ | 명사 (복) shampoos) 샴푸 동사 (3단현) shampoos 과거·과분 shampooed 현분 shampooing) 머리를 감다

명 샴푸 (☞ bathroom)
She bought a bottle of **shampoo** at the supermarket.
그녀는 슈퍼마켓에서 샴푸 한 통을 샀다.

동 (샴푸로) 머리를 감다
I **shampoo** my hair every morning.
나는 매일 아침 머리를 감는다.

어휘가 쑥쑥
get shampoo in one's eyes 눈에 샴푸가 들어가다

*shape /ʃeɪp/ | 명사 (복) shapes) 모양 동사 (3단현) shapes 과거·과분 shaped 현분 shaping) ~한 모양을 이루다

명 모양, 형태 (= pattern, form)
The baker made a cake in the **shape** of a heart.
그 제빵사는 하트 모양으로 케이크를 만들었다.

동 ~한 모양을 이루다, ~한 모양으로 만들다 (= form)
I **shaped** the clay into a man.
나는 사람 모양으로 찰흙을 빚었다.

This cell phone is **shaped** just like a chocolate box.
이 휴대 전화는 마치 초콜릿 상자와 같은 모양을 하고 있다.

숙어 **be in good shape** 건강이 좋다, 건강을 유지하다 (= keep in shape)
A: You *are in good shape*. How do you keep fit?
넌 참 건강하구나. 어떻게 건강을 유지하니?
B: I swim three times a week. 일주일에 세 번씩 수영을 해.

어휘가 쑥쑥
shapely 형 균형 잡힌
shapeless 일정한 형태가 없는

실력이 쑥쑥
shape의 종류
triangle (삼각형)
circle (원형)
square (정사각형)
rectangle (직사각형)
oval (타원형)

share /ʃer/ 〔동사〕 (3단현) shares (과거·과분) shared (현분) sharing) 나누다, 공유하다

I **share** a room with my brother. 나는 우리 형과 방을 같이 쓴다.
You can **share** a lot of information with others on the Internet.
인터넷으로 많은 정보를 다른 사람들과 공유할 수 있다.
A: Oops! I forgot to bring my textbook.
  이런! 교과서 가져오는 것을 깜빡했어.
B: Let's **share** mine. 내 것을 같이 보자.

〔어휘가 쑥쑥〕
share an opinion 의견을 나누다
share a feeling 감정을 나누다

shark /ʃɑːrk/ 〔명사〕 (복) sharks) 상어 (☞ sea)

A **shark** has very sharp teeth.
상어는 매우 날카로운 이빨을 가지고 있다.

sharp /ʃɑːrp/ 〔형용사〕 (비교) sharper (최상) sharpest) ① 날카로운 ② (고통이) 찌르는 듯한

1 날카로운, 예리한 (↔ dull 무딘, 뭉툭한)
Be careful not to cut yourself when you use a **sharp** knife.
날카로운 칼을 사용할 때는 다치지 않도록 조심해라.
A crocodile's teeth are very **sharp**. 악어의 이빨은 매우 날카롭다.

2 (고통이) 찌르는 듯한, 심한
A: What's the matter with you? 어디가 아파서 오셨습니까?
B: I have a **sharp** pain in my stomach. 배가 찌르는 듯이 아파요.

〔어휘가 쑥쑥〕
sharply 〔부〕 날카롭게
sharpness 〔명〕 날카로움
sharpen 〔동〕 날카롭게 하다
sharp corner 날카로운 모서리

shave /ʃeɪv/ 〔동사〕 (3단현) shaves (과거·과분) shaved (현분) shaving) 면도하다
〔명사〕 (복) shaves) 면도

〔동〕 (수염 등을) 면도하다, 깎다
He **shaves** his face every morning. 그는 아침마다 면도를 한다.

〔명〕 면도
You need a **shave**. 너 면도 좀 해야겠다.

〔어휘가 쑥쑥〕
aftershave 면도 후 바르는 화장수
shave off one's beard 수염을 깎다

she /ʃiː/ 〔대명사〕 그녀

She has a bag in her left hand.
그녀는 왼손에 손가방을 들고 있다.
A: Who is this lady with a scarf in this picture?
  이 사진에서 스카프를 두른 이 여자는 누구니?
B: **She** is my aunt. **She** teaches physics at a high school.
  우리 고모야. 고등학교 물리 선생님이셔.

〔문법이 쑥쑥〕

주격	she (그녀는)
소유격	her (그녀의)
목적격	her (그녀를, 그녀에게)
소유대명사	hers (그녀의 것)
재귀대명사	herself (그녀 스스로)

sheep /ʃiːp/ | 명사 (복) sheep) 양 (☞ animal)

Sheep give us wool and meat.
양은 우리에게 양모와 고기를 제공한다.

어휘가 쑥쑥
shepherd 양치기

sheet /ʃiːt/ | 명사 (복) sheets) ① 얇은 천 ② [세는 단위] 장

1 얇은 천, 시트
The hairdresser put a big **sheet** around me before cutting my hair.
미용사는 머리를 자르기 전에 나에게 큰 천을 둘러 줬다.

I change the **sheets** on my bed every week.
나는 매주 내 침대 시트를 간다.

어휘가 쑥쑥
a sheet of glass[steel]
유리[철판] 한 장

2 [종이 등을 세는 단위] 장, 매 (= piece)
A: How many **sheets** of paper do you want?
종이 몇 장 필요하세요?
B: I need five **sheets** of paper.
다섯 장 필요해요.

shelf /ʃelf/ | 명사 (복) shelves) 선반

A: Please take the book off the **shelf**. I can't reach it.
선반에서 저 책 좀 꺼내 주세요. 전 손이 닿지 않네요.
B: OK. Wait a minute. 알았습니다. 잠깐만 기다리세요.

어휘가 쑥쑥
bookshelf 책꽂이

shell /ʃel/ | 명사 (복) shells) ① 껍질 ② 조개껍질

1 껍질, 딱딱한 껍질
Egg **shells** can be used as plant food.
달걀 껍질은 비료로 사용할 수 있다.

A snail carries its **shell** on its back.
달팽이는 등에 딱딱한 껍질을 이고 다닌다.

2 조개껍질 (= seashell)
I collected **shells** on the beach.
나는 해변에서 조개껍질을 모았다.

shelter /ʃeltər/ | 명사 (복) shelters) 대피소, 피난처, 피난

They'll need a **shelter**. 그들은 피난처가 필요할 것이다.
We took **shelter** in a nearby cabin.
우리는 근처에 있는 오두막으로 피신했다.

어휘가 쑥쑥
animal shelter 동물 보호소

*shine /ʃaɪn/ 〖동사〗 (3단현) shines (과거·과분) shone (현분) shining) ① 빛나다 ② (닦아서) 광을 내다

1 빛나다, 빛을 내다
The sun **shines** brightly in the sky.
태양은 하늘에서 밝게 빛난다.

There are so many stars **shining** in the clear night sky.
맑게 갠 밤하늘에 수많은 별들이 반짝이고 있다.

2 (닦아서) 광을 내다 (= polish) 《과거·과거분사형은 shined》
I had my shoes **shined**.
나는 구두닦이에게 구두를 닦았다.

I had my shoes *shined*.

*ship /ʃɪp/ 〖명사〗 (복) ships) 배, 선박

There are dozens of **ships** in the harbor.
항구에 수십 척의 배가 있다.

They crossed the Atlantic by **ship**.
그들은 배를 타고 대서양을 건넜다.

〖어휘가 쑥쑥〗
cargo ship 화물선
cruise ship 유람선
passenger ship 여객선

shirt /ʃɜːrt/ 〖명사〗 (복) shirts) 셔츠 (☞ clothing)

John is wearing a blue **shirt**. 존은 파란색 셔츠를 입고 있다.

*shock /ʃɑːk/ 〖동사〗 (3단현) shocks (과거·과분) shocked (현분) shocking) 놀라게 하다
〖명사〗 (복) shocks) 놀람

〖동〗 놀라게 하다, 충격을 주다 (= surprise)
The news of his accident **shocked** all of us.
그의 사고 소식은 우리 모두에게 충격을 주었다.

The September 11th terrorist attacks **shocked** many people all over the world.
9.11 테러 공격은 전 세계의 많은 사람들을 충격에 빠뜨렸다.

〖명〗 놀람, 충격, 쇼크 (= surprise)
Her sudden death was a great **shock** to him.
그녀의 갑작스러운 죽음은 그에게 큰 충격이었다.

Air bags are made to absorb **shocks** when a car accident happens.
에어백은 교통사고가 일어났을 때 충격을 흡수할 수 있도록 만들어져 있다.

〖어휘가 쑥쑥〗
electric shock 전기 쇼크
shock wave 충격파
culture shock 문화 충격
shock therapy 충격 요법
get a shock 감전되다
die of shock 쇼크로 죽다
in a state of shock 쇼크 상태인

shocked /ʃɑːkt/ 〖형용사〗 충격을 받은

She was **shocked** at that news.
그녀는 그 소식을 듣고 충격을 받았다.
Helen was very **shocked** at the sight of blood.
헬렌은 피를 보고 매우 충격을 받았다.
Olivia was deeply **shocked** by Jane's death.
올리비아는 제인의 죽음에 큰 충격을 받았다.

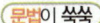 쑥쑥

shocked & shocking

shocked는 충격을 받은 사람에 대하여, shocking은 충격을 주는 사건이나 사물에 대하여 쓴다.
I was *shocked* at the news. (나는 그 소식을 듣고 충격을 받았다.)
The news was very *shocking*. (그 소식은 매우 충격적인 것이었다.)

shocking /ʃɑːkɪŋ/ | 형용사 놀라운, 충격을 주는, 충격적인 (☞ shocked)

My history teacher told us a **shocking** story about mummies.
우리 역사 선생님은 미라에 관한 놀라운 이야기를 들려 주셨다.
A: How was the movie? 영화 어땠니?
B: It was really **shocking** but interesting.
정말 충격적이었지만 재미있었어.

어휘가 쑥쑥
shockingly 〔부〕 깜짝 놀랄 만큼
shocking accident 충격적인 사고

＊shoe /ʃuː/ | 명사 (복) shoes [복수형으로 써서] 신발, 구두 (☞ clothing)

I bought a new pair of **shoes**.
나는 새 신발 한 켤레를 샀다.
Cinderella left her **shoe** by mistake.
신데렐라는 실수로 구두 한 짝을 떨어뜨렸습니다.

실력이 쑥쑥
'구두 한 켤레'는 a pair of shoes, '구두 두 켤레'는 two pairs of shoes라고 한다.

shoelace /ʃuːleɪs/ | 명사 (복) shoelaces 신발 끈 (= shoestring)

Tie your **shoelace**. 신발 끈을 묶으세요.

shone /ʃoʊn/ | 동사 shine의 과거·과거분사 (☞ shine)

shook /ʃʊk/ | 동사 shake의 과거 (☞ shake)

＊shoot /ʃuːt/ | 동사 (3단현) shoots (과거·과분) shot (현분) shooting) ① 쏘다 ② 촬영하다

1 쏘다, 발사하다
The soldier **shot** a gun at the enemy.
그 병사는 적을 향해 총을 쏘았다.

They **shot** the rocket into outer space.
그들은 우주로 로켓을 발사했다.

He pulled out his gun and **shot** the wolf.
그는 총을 꺼내서 늑대를 쏘았다.

2 촬영하다, 찍다
We went to the countryside to **shoot** a short film.
우리는 단편 영화를 찍으러 시골에 갔다.

＊shop /ʃɑːp/
명사 (복) shops 가게
동사 (3단현) shops (과거·과분) shopped (현분) shopping 사다

명 가게, 상점 (= store, market)
This **shop** opens at 9 a.m. and closes at 10 p.m.
이 가게는 아침 9시에 문을 열고 밤 10시에 문을 닫는다.

I bought a pretty doll for Tina at the gift **shop**.
나는 선물 가게에서 티나에게 줄 예쁜 인형을 샀다.

동 (물건을) 사다, 쇼핑하다 (= go shopping, buy)
I went to the department store to **shop** for clothes.
나는 옷을 사러 백화점에 갔다.

A: What are we going to do this afternoon?
오늘 오후에는 뭘 할까?
B: Let's go **shopping**! 쇼핑하러 가자!

어휘가 쑥쑥
shopping 명 쇼핑, 장보기
shopper 명 물건 사는 사람, 쇼핑객
shopkeeper 가게 주인
shop assistant 점원

실력이 쑥쑥
미국에서는 '가게'를 말할 때 일반적으로 store를 더 많이 쓴다. 소규모의 전문점 등에는 shop을 쓰기도 한다.

＊shore /ʃɔːr/
명사 (복) shores 물가, 해변 (= beach, coast)

We walked along the **shore** of a lake.
우리는 호숫가를 따라 걸었다.

I built a sandcastle at the **shore**.
나는 해변에서 모래성을 쌓았다.

어휘가 쑥쑥
rocky shore 암초 해변
sandy shore 모래 해변

＊short /ʃɔːrt/
형용사 (비교) shorter (최상) shortest ① (길이가) 짧은 ② (시간이) 짧은 ③ 키가 작은

1 (길이가) 짧은 (↔ long (길이가) 긴)
Kelly has **short** blond hair and wears glasses.
켈리는 짧은 금발 머리에 안경을 썼다.

This pencil is **shorter** than that one.
이 연필은 저 연필보다 길이가 짧다.

He left a **short** message on my homepage.
그는 내 홈페이지에 짧은 메시지를 남겼다.

2 (시간이) 짧은 (↔ long (시간이) 긴)

어휘가 쑥쑥
shorten 동 짧게 하다
shortly 부 곧, 바로
shorts 명 반바지
shortage 명 부족, 결핍

short skirt 짧은 치마
shortcut 지름길
short distance 짧은 거리

Can we meet for a **short** time in the afternoon?
오후에 잠깐 만날 수 있을까요?

He stayed in London for a **short** time and then left for Paris.
그는 런던에 잠시 머문 다음 파리로 떠났다.

After lunch, I took a **short** nap.
점심을 먹은 후, 나는 잠시 낮잠을 잤다.

3 키가 작은 (↔ tall 키가 큰) (☞ look)

Bill is **short** and has curly brown hair.
빌은 키가 작고 갈색 곱슬머리이다.

Jerry is the **shortest** boy in his class.
제리는 자기 반에서 키가 가장 작은 남자아이다.

short break 잠깐 쉬는 시간

〈실력〉이 쑥쑥

in short 요약하여 말하면, 요컨대
In short, I like her. (요컨대 나는 그녀를 좋아한다.)

for short 줄여서
We call Elizabeth "Liz" *for short*. (우리는 엘리자베스를 줄여서 '리즈'라고 부른다.)

shot¹ /ʃɑːt/ 〔명사〕 (복) shots ① 발사 ② 주사

1 발사
The soldier fired a **shot** at the enemy.
그 병사는 적군을 향해 총을 발사했다.

2 주사
The nurse gave me a **shot**. 간호사가 나에게 주사를 놓았다.
I got a flu **shot**. 나는 독감 예방 주사를 맞았다.

shot² /ʃɑːt/ 〔동사〕 shoot의 과거·과거분사 (☞ shoot)

⁂should /ʃʊd/ 〔조동사〕 ① [의무] ~해야 한다 ② [가정법] ~할 텐데

1 [의무·당연] **~해야 한다** (= ought to)
You **should** fasten your seat belt when you ride in a car.
차를 타면 안전벨트를 매야 한다.

You **should** not tell a lie to your parents.
부모님께 거짓말을 해서는 안 된다.

You **should** have come to the party.
네가 파티에 왔어야 했는데. (오지 않았다)

A: What **should** I do to borrow this book?
이 책을 대출하려면 어떻게 해야 하죠?

B: You **should** fill in this form. 이 양식을 작성해 주세요.

2 [가정법] **~할 텐데, ~했었을 텐데**
If I were you, I **should** not do such a thing.
내가 너라면 그런 일은 하지 않을 것이다.

If he had studied harder, he **should** have passed the exam.
만약 그가 더 열심히 공부했더라면 그는 시험에 합격했을 것이다.

should의 부정형은 should not이고, 줄여서 shouldn't 라고 쓴다.

should와 must는 둘 다 '~해야 한다'라는 뜻이지만, should는 must보다 조금 더 약한 의무를 나타낸다.
You *should* help him. 너는 그를 도와야 한다. (그를 돕는 것이 좋다.)
You *must* help him. 너는 그를 도와야 한다. (그를 반드시 도와야 한다.)

shoulder /ˈʃoʊldər/ | 명사 (복 shoulders) 어깨 (☞ body)

I tapped him on the **shoulder**.
나는 그의 어깨를 가볍게 쳤다.

He shrugged his **shoulders**, saying "I don't know."
그는 "모르겠는데요."라고 말하며 어깨를 으쓱했다.

어휘가 쑥쑥
shoulder bag 숄더백 (어깨에 걸치는 가방)
shoulder strap 어깨끈

shout /ʃaʊt/ | 동사 (3단현 shouts 과거·과분 shouted 현분 shouting) 외치다
명사 (복 shouts) 외침

동 외치다, 소리치다 (= cry out) (↔ whisper 속삭이다)
She **shouted** for help. 그녀는 큰 소리로 도움을 요청했다.

Sarah **shouted** at me across the street.
세라가 길 건너편에서 나에게 소리쳤다.

I **shouted** out at the top of the mountain.
나는 산 정상에서 큰 소리로 외쳤다.

명 외침, 큰 소리 (= cry)
I heard somebody's **shout** from outside.
나는 밖에서 누가 외치는 소리를 들었다.

She *shouted* for help.

shovel /ˈʃʌvl/ | 명사 (복 shovels) 삽
동사 (3단현 shovels 과거·과분 shoveled 현분 shoveling) 삽질하다

명 삽
We went up the hill with a **shovel** to plant trees.
우리는 나무를 심기 위해 삽을 들고 언덕에 올라갔다.

동 삽질하다, 삽으로 일을 하다
He is **shoveling** snow on the road.
그는 도로에 쌓인 눈을 삽으로 치우고 있다.

show /ʃoʊ/ | 동사 (3단현 shows 과거 showed 과분 showed, shown 현분 showing)
보여 주다 명사 (복 shows) ① 전시 ② 공연

동 보여 주다, 알려 주다
He **showed** me the picture of his mother.
그는 나에게 자기 어머니의 사진을 보여 주었다.

She **showed** her driver's license to the policeman.
그녀는 경찰관에게 운전면허증을 보여 주었다.

This graph **shows** the population growth over the past 30 years.
이 그래프는 지난 30년간의 인구 증가를 보여 준다.

어휘가 쑥쑥
flower show 꽃 전시회
trade show 무역 박람회
showcase 진열장
showroom 전시실
show-off 자랑이 심한 사람
road show (연극·뮤지컬 등의) 지방 공연

Excuse me, but would you **show** me the way to the city hall?
실례합니다만, 시청으로 가는 길 좀 알려 주시겠어요?

A: Could you **show** me your passport?
여권 좀 보여 주시겠습니까?

B: Sure, here you are. 물론이죠, 여기 있습니다.

명 1 전시, 전시회 (= display)
The motor **show** opened yesterday.
어제 자동차 전시회가 열렸다.

2 공연, 쇼 (= performance)
I like to watch comedy **shows** very much.
나는 코미디 쇼 보는 것을 매우 좋아한다.

I always watch the quiz **show** on Channel 32 every weekend.
나는 항상 주말마다 32번 채널에서 하는 퀴즈 프로그램을 본다.

숙어 **show off** 자랑하다, 과시하다
He *showed off* his new cell phone to his friends.
그는 친구들에게 자신의 새 휴대 전화를 자랑했다.

show up 나타나다 (= appear)
When Aladdin rubbed the lamp, a giant suddenly *showed up* in front of him.
알라딘이 램프를 문지르자, 갑자기 한 거인이 그의 앞에 나타났습니다.

TV show TV 프로그램
talk[chat] show 토크 쇼
talent show 장기 자랑
no-show 오기로 해 놓고 나타나지 않는 사람

(실력이 쑥쑥)

- **show someone the way**
  목적지까지 같이 가면서 길 안내를 해 주는 것
  Please *show me the way* to the station. (정거장으로 가는 길을 알려 주세요.)

- **tell someone the way**
  목적지까지 가는 방향만 가르쳐 주는 것
  Can you *tell me the way* to the museum? (박물관으로 가는 길을 가르쳐 주시겠어요?)

---

* **shower** /ˈʃaʊər/ | 명사 (복) **shower**s ① 소나기 ② 샤워

1 소나기
I was caught in a **shower** on the way home.
나는 집에 오는 길에 소나기를 만났다.

The weather report says we'll have **showers** in the afternoon.
일기 예보에 따르면 오후에 소나기가 내릴 것이라고 한다.

2 샤워
I always take[have] a **shower** after doing some exercises.
나는 운동을 하고 난 후에는 언제나 샤워를 한다.

(어휘가 쑥쑥)

light[heavy] shower
가벼운[세찬] 소나기

---

shown /ʃoʊn/ | 동사 show의 과거분사 (☞ show)

---

shrimp /ʃrɪmp/ | 명사 (복) **shrimp**s, shrimp) 새우 (☞ sea)

Shrimps are small shellfish that have ten legs.
새우는 다리가 열 개인 작은 갑각류이다.

shut /ʃʌt/

동사 (3단현) shut**s** (과거·과분) shut (현분) shut**ting** (문·창문 등을) 닫다, (눈을) 감다 (= close) (↔ open 열다)

It was noisy outside, so I **shut** the windows.
밖이 시끄러워서 나는 창문을 닫았다.

Please **shut** the door when you come in.
들어오면서 문을 닫아 주세요.

[숙어] **shut down** (가게 등이) 휴업하다, 폐업하다
Our store will *shut down* for two weeks.
우리 가게는 2주간 휴업할 것입니다.

The company went bankrupt and had to *shut down*.
그 회사는 파산해서 문을 닫아야만 했다.

shut off 중단하다, 끊다
The water supply *shut off* over the whole apartment building.
아파트 전체에 수도 공급이 중단되었다.

shut up 입을 다물다
Just *shut up*! It's none of your business.
그냥 입 다물고 있어! 이건 네가 상관할 일이 아니야.

> (어휘가 쑥쑥)
> **shut one's eyes** 눈을 감다
> **shut out the light[sun]** 빛[햇볕]을 차단하다
> **shut off the radio** 라디오를 끄다
>
> (실력이 쑥쑥)
> shut은 close보다 '세게 닫다'의 느낌을 준다. 현재는 shut보다 close를 쓰는 경우가 많다.

shy /ʃaɪ/

형용사 (비교) shy**er**, shi**er** (최상) shy**est**, shi**est** 수줍어하는, 부끄러움을 잘 타는

Danny is a very **shy** person, so he's afraid to speak in public.
대니는 부끄러움을 매우 잘 타서 사람들 앞에서 말하는 것을 두려워한다.

Rita is kind and a little bit **shy**.
리타는 친절하고 약간 수줍음을 타는 사람이다.

She is very **shy** with strangers.
그녀는 낯선 사람들 앞에선 아주 수줍어한다.

sick /sɪk/

형용사 (비교) sick**er** (최상) sick**est**) ① 아픈 ② 메스꺼운 ③ 질린

1 아픈, 병이 난 (= ill) (↔ healthy 건강한)
Jack has been **sick** for a week. 잭은 일주일째 아프다.

He got[fell] **sick** after he got caught in a shower.
그는 소나기를 맞고 나서 병이 났다.

Yesterday, I was very **sick**, so I stayed in bed all day long.
나는 어제 너무 아파서 하루 종일 침대에 누워 있었다.

2 메스꺼운, 구역질이 나는
I felt **sick** while riding the boat.
배에 타고 있는 동안 속이 메스꺼웠다.

> (어휘가 쑥쑥)
> **sickness** 명 병, 아픔, 메스꺼움
>
> **sick leave** 병가
> **airsick** 비행기 멀미를 하는
> **carsick** 차멀미를 하는
> **seasick** 뱃멀미를 하는
> **travel-sick** 멀미가 난

3 질린, 싫증 난 (= tired)
I'm **sick** and tired of pizza. Let's eat something else.
난 피자는 질렸어. 다른 거 먹자.

She was **sick** of the old bag and wanted to buy a new one.
그녀는 그 낡은 가방에 싫증이 나서 새 것을 사고 싶어 했다.

> **실력**이 쑥쑥
> homesick은 '고향이나 가족을 그리워하는'이라는 뜻이다.

side /saɪd/ 명사 (복) side**s**) ① 쪽 ② 가장자리 ③ (대립하는 상황 등에서) 편 ④ (사건·성격의) (측)면

1 (사물·위치·장소의) 쪽, 편, 측
I looked at the other **side** of the lake.
나는 호수 건너편을 바라보았다.

I turned over the paper and wrote the memo on the other **side**.
나는 종이를 뒤집어서 다른 쪽 면에 메모를 적었다.

2 가장자리, 테두리, (도형의) 변 (= edge)
Alex stopped his car at the **side** of the road.
알렉스는 길가에 차를 세웠다.
A triangle has three **sides**. 삼각형은 세 변을 가지고 있다.
Both **sides** of the street are decorated with beautiful flowers.
그 거리는 양옆이 예쁜 꽃들로 장식되어 있다.

3 (대립하는 상황 등에서) 편, 측, 팀
My father is always on my **side**.
우리 아버지는 언제나 내 편이 되어 주신다.
The game starts in ten minutes. Whose **side** are you on?
10분 후면 경기가 시작돼. 너는 누구 편이니?

4 (사건·성격의) (측)면, 양상
Jenny looks on the bright **side** all the time.
제니는 언제나 밝은 면을 바라본다. (늘 긍정적이다.)

숙어 **from side to side** 좌우로, 옆으로
I shook the flag *from side to side*.
나는 깃발을 좌우로 흔들었다.

side by side 나란히
We sat *side by side* on the grass and talked.
우리는 잔디밭에 나란히 앉아서 이야기를 나누었다.

> **어휘**가 쑥쑥
> left[right] side 왼쪽[오른쪽]
> east[west] side 동쪽[서쪽]
> opposite side 맞은편
> sidewalk 인도, 보도
> side road 샛길
> side door 옆문
> sunny side 양지바른 곳
> sideview mirror (자동차의) 사이드 미러
> side effect 부작용
> side dish 곁들임 요리, 반찬
> side job 부업
> side issue 부차적인 문제

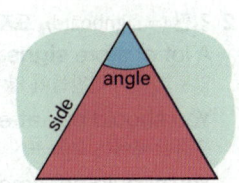
A triangle has three *sides*.

sight /saɪt/ 명사 (복) sight**s**) ① 시력 ② 시야 ③ 광경

1 불 **시력** (= eyesight, vision)
I have bad[poor] **sight** so I wear glasses, but my brother

> **어휘**가 쑥쑥
> sight test 시력 검사

has good **sight**.
나는 시력이 나빠서 안경을 쓰지만, 우리 형은 시력이 좋다.

Helen Keller lost her **sight** after her illness.
헬렌 켈러는 병을 앓은 후 시력을 잃었다.

2 시야, 보이는 범위 (= view, look)

Get out of my **sight**! (= Go away!) 저리 가 버려!

The prince fell in love with Cinderella at first **sight**.
왕자님은 신데렐라를 보고 첫눈에 사랑에 빠졌습니다.

[속담] Out of **sight**, out of mind.
눈에서 멀어지면 마음에서도 멀어진다.

3 광경 (= scene, view), 관광지

We enjoyed the **sight** of the parade at the festival.
우리는 축제에서 퍼레이드 광경을 즐겼다.

I went to Paris and saw the **sights** last weekend.
나는 지난 주말에 파리에 가서 관광지를 구경했다.

near[short]-sighted 근시의
far-sighted 원시의, 선견지명이 있는
on sight 보는 즉시, 보자마자
come into sight 시야에 들어오다
disappear from sight 시야에서 사라지다
familiar sight 익숙한 광경
common sight 흔한 광경
sightseeing 관광

★ sign /saɪn/

명사 (복) sign**s**) ① 신호 ② 간판 ③ 징조
동사 (3단현) sign**s** (과거·과분) sign**ed** (현분) sign**ing**) 서명하다

명 1 신호 (= signal), 손짓, 몸짓 (= gesture)

Please wait until I give you the **sign**.
제가 신호를 줄 때까지 기다려 주세요.

I put my finger to my lips as a **sign** to be quiet.
나는 조용히 하라는 신호로 입술에 손가락을 갖다 댔다.

2 간판 (= signboard), 표지판

A lot of store **signs** are written in English.
많은 가게의 간판들이 영어로 쓰여 있다.

You should pay attention to the traffic **signs** when driving.
운전할 때에는 교통 표지판을 잘 봐야 한다.

You should not smoke here. There is a "No Smoking" **sign** over there.
여기서 담배를 피우시면 안 됩니다. 저기 '금연' 표지판이 있잖아요.

3 징조(ㅇ), 조짐, 징표

It is said that the crow is a **sign** of misfortune.
까마귀는 불운의 징조라는 말이 있다.

동 서명하다, 사인하다

Please **sign** here. 여기에 서명해 주십시오.

I **signed** the new contract with the company.
나는 그 회사와의 새로운 계약서에 서명했다. (그 회사와 새로 계약을 맺었다.)

어휘가 쑥쑥

warning sign 경고 신호
danger sign 위험 신호
road sign 도로 표지판
put up a sign 표지판을 설치하다
follow the signs 표지판을 따라가다
sign language 수화
star sign 별자리
sign one's name 서명하다

뜻풀이

징조 어떤 일이 일어날 것을 짐작하게 하는 표시

[숙어] sign up 가입하다, 등록하다
I'll learn swimming. I've already *signed up* for the swimming lessons. 난 수영을 배울 거야. 벌써 수영 강습에 등록했어.

[실력]이 쑥쑥

sign & signature & autograph
계약서나 서류에 하는 공식적인 서명은 signature라고 하고, 연예인이나 운동선수와 같이 유명한 사람에게 받는 사인은 autograph라고 한다. 우리가 보통 '사인'이라고 부르는 sign은 동사로 계약서에 서명을 하는 행위를 말한다.

signal /ˈsɪɡnəl/
[명사] ([복]) signals) 신호 [동사] ([3단현] signals [과거·과분] signaled/signalled [현분] signaling/signalling) 신호하다

[명] 신호 (= sign)
He turned on the red light as a danger **signal**.
그는 위험 신호로 빨간 등을 켰다.

Blowing the whistle is the **signal** for starting the race.
호루라기를 부는 것은 경주 시작을 알리는 신호이다.

[동] 신호하다, 신호를 보내다
The catcher **signaled** the pitcher to throw a drop.
포수는 투수에게 드롭 볼을 던지라고 신호를 보냈다.

[어휘]가 쑥쑥
traffic signal 교통 신호
busy signal 통화 중 신호
hand signal 수신호
stop signal 정지 신호
turn signal (자동차의) 방향 지시등

silence /ˈsaɪləns/ [명사] ([복] silences) ① 고요 ② 침묵

1 [불] 고요, 정적 (↔ noise 소음)
There was only **silence** in the old castle.
그 오래된 성은 고요하기만 했다.

2 침묵
She looked at me in **silence**.
그녀는 아무 말 없이 나를 바라보았다.

[속담] Speech is silver, **silence** is golden.
웅변은 은이요, 침묵은 금이다.

[어휘]가 쑥쑥
break the silence 정적을 깨다
right to silence 묵비권
awkward silence 어색한 침묵

*silent /ˈsaɪlənt/ [형용사] ([비교] more silent [최상] most silent) ① 조용한 ② 묵음의

1 조용한, 고요한, 침묵하는 (= quiet) (↔ loud, noisy 시끄러운)
When night came, the forest became **silent**.
밤이 되자 숲은 고요해졌다.

She kept **silent** the whole time in the meeting.
그녀는 회의에서 내내 침묵을 지켰다.

2 묵음의
The 'b' in 'climb' is a **silent** letter.
climb에서 b는 소리 나지 않는 문자이다. (묵음이다.)

[어휘]가 쑥쑥
silently 〔부〕 조용하게, 고요하게
fall silent 고요해지다, 조용해지다
remain[stay] silent 침묵을 지키다

silk /sɪlk/ 　명사　비단, 실크

This blouse is made of **silk** and wool.
이 블라우스는 실크와 모직으로 만들어졌다.

어휘가 쑥쑥
silky 형 비단결 같은

silly /'sɪli/ 　형용사　(비교 sill**ier** 최상 sill**iest**) 어리석은, 바보 같은 (= foolish, stupid) (↔ intelligent, wise 똑똑한, 현명한)

The **silly** dog barked at himself in the lake, and dropped his meat in water.
그 어리석은 개는 호수에 비친 자기 모습을 보고 짖다가 고기를 물속에 빠뜨렸다.

A: I saw something like a ghost in the restroom.
화장실에서 유령 같은 것을 봤어.
B: Don't be **silly**! There is no such thing as ghosts.
바보 같은 소리 하지 마! 세상에 유령 같은 건 없어.

어휘가 쑥쑥
silliness 명 어리석음

silver /'sɪlvər/ 　명사　은　형용사　은의

명 은, 은색, 은빛

Jane is wearing **silver** earrings. 제인은 은 귀걸이를 하고 있다.
These spoons and chopsticks are made of **silver**.
이 수저들은 은으로 만들어졌다.

형 은의, 은색의

He has some old **silver** coins.
그는 오래된 은화를 몇 개 가지고 있다.
My grandfather has **silver** hair. 우리 할아버지는 머리가 은발이시다.

어휘가 쑥쑥
solid silver 순은
silver ring 은반지
silver medal 은메달
silverware 은제품, 은식기류

similar /'sɪmələr/ 　형용사　비슷한, 닮은 (↔ different 다른)

Jenny and I have **similar** hobbies. 제니와 나는 취미가 비슷하다.
His opinion on that issue is **similar** to mine.
그 문제에 관한 그의 의견은 나와 비슷하다.

어휘가 쑥쑥
similarly 부 비슷하게
similarity 명 비슷함, 닮음

simple /'sɪmpl/ 　형용사　(비교 simpl**er** 최상 simpl**est**) 간단한, 단순한 (↔ complicated, complex 복잡한), 쉬운 (= easy) (↔ difficult, hard 어려운)

The solution of this problem is quite **simple**.
이 문제의 해결 방법은 매우 간단하다.
A: How can I use this printer? 이 프린터는 어떻게 쓰는 거죠?
B: It's very **simple**. Let me show you.

어휘가 쑥쑥
simplify 동 간단하게 하다, 단순화하다
simplicity 명 간단, 단순

아주 간단해요. 제가 가르쳐 드릴게요.
A: How was your final exam? 기말시험 어땠니?
B: It was so **simple**. 꽤 쉬웠어.

simply 🎯 간단하게
- - - - - - - - - - - - -
simple life 검소한 생활

*since /sɪns/ 전치사 ~부터 접속사 ① ~ 이래로 ② ~ 때문에

전 [시간] ~부터, ~ 이래로
I have lived in San Francisco **since** 1996.
나는 1996년부터 샌프란시스코에서 살고 있다.

It has been raining **since** last Friday.
지난주 금요일부터 계속 비가 오고 있다.

접 1 [시간] ~ 이래로, ~ 이후로
It has been ages **since** I saw you last.
널 마지막으로 만난 후 오랜 시간이 흘렀다. (널 만난 지 정말 오래됐다.)

Two years have passed **since** I entered middle school.
내가 중학교에 입학한 지 2년이 흘렀다.

Maria has been studying Korean ever **since** she was ten.
마리아는 열 살 때부터 한국어를 공부해 왔다.

2 [이유] ~ 때문에 (= as, because)
I couldn't come to her birthday party **since** I was very busy.
나는 너무 바빠서 그녀의 생일 파티에 갈 수 없었다.

Since I was very tired, I took a nap after lunch.
나는 너무 피곤해서, 점심을 먹고 나서 낮잠을 잤다.

(실력)이 쑥쑥
for 일정한 기간 동안을 나타낼 때
I have been studying English *for* 3 years. (나는 3년 동안 영어 공부를 하고 있다.)
since 특정 시점부터 현재 또는 과거의 어느 때까지 계속되는 일을 나타낼 때
I have been studying English *since* 3rd grade. (나는 3학년 때부터 영어 공부를 하고 있다.)

sincerely /sɪnˈsɪrli/ 부사 진심으로, 진정으로

We **sincerely** apologize for the inconvenience.
불편을 끼쳐 드려 진심으로 사과드립니다.

Yours **sincerely** / **Sincerely** yours 편지의 끝맺음 말

(어휘)가 쑥쑥
sincere 형 성실한, 진실한

sing /sɪŋ/ 동사 (3단현) sings (과거) sang (과분) sung (현분) singing ① 노래하다 ② (새가) 지저귀다

1 노래하다, 노래를 부르다
My father **sings** very well. 우리 아빠는 노래를 매우 잘하신다.
We had a campfire and **sang** songs loudly.
우리는 캠프파이어를 하며 큰 소리로 노래를 불렀다.

2 (새가) 지저귀다, 노래하다
Listen to the birds **sing**. 새들이 지저귀는 소리를 들어 봐.

(어휘)가 쑥쑥
singing 명 노래하기, 노래
- - - - - - - - - - - - -
sing along 노래를 따라 부르다
sing out 크게 노래하다

singer /ˈsɪŋər/ 명사 (복 singers) 노래하는 사람, 가수, 성악가 (☞ job)

She's a good **singer**. 그녀는 노래를 잘한다.
The famous pop **singer** arrived in Korea for his concert.
유명한 팝 가수가 콘서트를 하기 위해 한국에 도착했다.

* single /ˈsɪŋɡl/ 형용사 ① 단 하나의 ② 미혼의 ③ 1인용의

1 단 하나의, 각각의
The tower had no door and only a **single** window.
그 탑에는 문이 하나도 없고 오직 창문 한 개만 있었다.

> 어휘가 쑥쑥
> **single life** 독신 생활
> **single ticket** 편도 승차권

2 미혼의, 독신의 (= unmarried) (↔ married 기혼의)
My uncle is in his fifties, but he's still **single**.
우리 삼촌은 50대이지만 여전히 미혼이다.

3 1인용의
A: I'd like a **single** room. 1인실로 하나 예약하고 싶은데요.
B: How many nights would you like to stay?
며칠 동안 머무실 건가요?

The tower had no door and only a *single* window.

* sink¹ /sɪŋk/ 동사 (3단현 sinks 과거 sank 과분 sunk 현분 sinking) 가라앉다.
침몰하다 (= go down) (↔ float 뜨다)

Wood floats on the water, while stone **sinks** in the water.
나무는 물에 뜨지만 돌은 물에 가라앉는다.
The ship hit a rock and **sank** in the heavy storm.
그 배는 폭풍우 속에서 암초에 부딪혀 침몰했다.

> 실력이 쑥쑥
> **sink**는 '(물건이) 가라앉다'라는 뜻으로 널리 쓰이고, '태양이나 달이 지다'는 뜻으로는 **set**이 흔히 쓰인다.

sink² /sɪŋk/ 명사 (복 sinks) 개수대, 세면대, 싱크대 (☞ bathroom)

Put the dirty dishes in the **sink** after meals.
식사를 마치고 지저분해진 그릇들을 싱크대에 넣어라.

sir /sɜːr/ 명사 ~ 씨, ~ 님, 귀하 《남자에게 붙이는 존칭》

A: Excuse me. Bring me another cup of coffee, please.
여기요. 커피 한 잔 더 갖다 주세요.
B: Yes, **sir**. Wait a minute, please. 네, 손님. 잠깐만 기다리십시오.
A: How would you like to pay, **sir**?
손님, 계산은 어떻게 하시겠습니까?
B: Cash, please. 현금으로 하겠습니다.

> 실력이 쑥쑥
> **sir**는 손위의 남자나 가게의 남자 손님을 공손하게 부를 때 쓰는 호칭이다. 여성에게는 **ma'am**을 쓴다.

sister /ˈsɪstər/ | 명사 (복) sisters) 자매, 언니, 여동생 (↔ brother 형제) (☞ family)

Maggie and Judy are **sisters**.
매기와 주디는 자매이다.

My elder **sister** always helps me study.
우리 언니는 늘 내 공부를 도와준다.

I'm very close to my **sister**, but sometimes quarrel with her.
나는 내 여동생과 매우 사이가 좋지만 가끔 다투기도 한다.

어휘가 쑥쑥
younger sister 여동생
twin sister 쌍둥이 여형제
sister-in-law 시누이, 올케, 형수, 제제

sit /sɪt/ | 동사 (3단현) sits (과거·과분) sat (현분) sitting) 앉다 (↔ stand 서다)

Please **sit** down. 앉아 주십시오.
Please **sit** wherever you want. 원하시는 자리에 어디든 앉으세요.
They **sat** around the table and started the meeting.
그들은 테이블에 둘러앉아 회의를 시작했다.

Dad is reading the newspaper **sitting** on the sofa.
아빠는 소파에 앉아 신문을 읽고 계신다.

숙어 **sit up** 자지 않고 깨어 있다 (= stay up)

A: You look so tired. Didn't you get much sleep last night?
너 많이 피곤해 보인다. 어젯밤에 잘 못 잤니?
B: No. I had to *sit up* late doing my homework.
응, 잘 못 잤어. 숙제를 하느라 밤늦게까지 깨어 있어야 했거든.

어휘가 쑥쑥
sit still 가만히 앉아 있다
sit up straight 똑바로 앉아 있다

실력이 쑥쑥
sit on 의자나 계단 등에 앉아 있을 때
sit in 안락의자에 앉아 있을 때
sit at 식탁에서 식사하거나 책상에서 공부나 업무를 하고 있을 때

site /saɪt/ 명사 (복) sites) ① 유적 ② 인터넷 사이트

1 유적, 장소 (= location, place)

I visited many **sites** while in Rome.
나는 로마에 있는 동안 여러 유적지들을 방문했다.

There are a lot of historic **sites** in *Gyeongju*.
경주에는 역사적인 장소들이 많이 있다.

2 인터넷 사이트 (= website)

I found an interesting **site** while surfing the Internet.
나는 인터넷을 검색하다가 재미있는 사이트를 하나 발견했다.

어휘가 쑥쑥
picnic site 소풍 장소
camping site 야영지
building site 건설 부지
visit a site 인터넷 사이트를 방문하다

situation /ˌsɪtʃuˈeɪʃn/ | 명사 (복) situations) 상황, 처지, 입장

What do you think I should do in this **situation**?
이런 상황에서 제가 어떻게 하면 좋을까요?

I heard that he was in a difficult **situation** and wanted to help him.
나는 그가 어려운 처지에 놓여 있다는 소식을 듣고 그를 돕고 싶었다.

어휘가 쑥쑥
current situation 현 상황

six /sɪks/ | 명사 형용사 6(의)

Six plus four makes ten. 6 더하기 4는 10이다.

sixteen /ˌsɪksˈtiːn/ | 명사 형용사 16(의)

Mary is only **sixteen**. 메리는 겨우 열여섯 살이야.

sixty /ˈsɪksti/ | 명사 형용사 (복) sixties) 60(의)

He is in his **sixties**. 그는 60대이다.

*size /saɪz/ | 명사 (복) sizes) ① 크기 ② 치수

1 (사람·사물 등의) 크기
Kevin's house is about the same **size** as ours.
케빈의 집은 우리 집과 거의 같은 크기이다.
I ordered a large **size** pizza for my cousins.
나는 사촌들을 위해 라지 사이즈의 피자 한 판을 주문했다.

2 (옷·신발 등의) 치수
We sell all kinds and **sizes** of shoes.
저희는 모든 종류와 크기의 신발을 판매합니다.
A: What **size** do you wear? 몇 치수 입으세요?
B: I want a small[medium, large] **size**.
작은[중간, 큰] 사이즈로 주세요.

어휘가 쑥쑥
full-size 실물 크기의
pocket-size 소형의

실력이 쑥쑥
어떤 것의 크기에 대해서 물을 때는 보통 How big ~?이라고 하고, 정해진 치수로 나오는 것에 대해서 물을 때는 What size ~?라고 한다.

skate /skeɪt/ | 명사 (복) skate, skates) 스케이트
동사 (3단현) skates 과거·과분 skated 현분 skating) 스케이트를 타다

명 스케이트 (= ice skate)
I got a new pair of **skates** for Christmas.
나는 크리스마스 선물로 새 스케이트 한 켤레를 받았다.

동 스케이트를 타다
Kelly loves to go **skating** with friends in winter.
켈리는 겨울에 친구들과 스케이트 타러 가는 것을 무척 좋아한다.

어휘가 쑥쑥
skater 명 스케이트 타는 사람, 스케이트 선수
roller skate 롤러스케이트
figure skating 피겨 스케이팅

sketch /sketʃ/ | 명사 (복) sketches) 스케치
동사 (3단현) sketches 과거·과분 sketched 현분 sketching) 스케치하다

명 스케치, 밑그림, 초안
He drew a **sketch** of a landscape. 그는 풍경화의 밑그림을 그렸다.

I saw some **sketches** of Leonardo da Vinci in the art book.
나는 미술책에서 레오나르도 다빈치의 스케치를 몇 점 보았다.

통 스케치하다
He **sketched** his grandmother with a pencil.
그는 연필로 할머니를 스케치했다.

어휘가 쑥쑥
do[make] a sketch 스케치하다
rough sketch 대략적인 스케치

ski /skiː/
명사 (복 skis) 스키
동사 (3단현 skis 과거·과분 skied 현분 skiing) 스키를 타다

명 스키
My sister got a new pair of **skis**. 여동생은 새 스키를 한 벌 샀다.

통 스키를 타다
I go **skiing** every winter. 나는 겨울마다 스키를 타러 간다.

어휘가 쑥쑥
skier 명 스키 타는 사람
ski boots 스키화
ski slope 스키장

*skill /skɪl/
명사 (복 skills) 기술, 솜씨 (= art, technique)

Many jobs today require computer **skills**.
요즘 많은 직업에서 컴퓨터 능력이 필요하다.
This picture was painted with great **skill**.
이 그림은 뛰어난 솜씨로 그려졌다.
A: How can I improve my writing **skills**?
어떻게 하면 작문 실력을 향상시킬 수 있을까요?
B: You should keep a diary every day.
매일 일기를 쓰는 게 좋을 거예요.

어휘가 쑥쑥
skillful 형 숙련된, 능숙한, 솜씨 좋은
basic skill 기본 기술
language skill 언어 능력
develop[acquire] a skill 기술을 향상시키다[습득하다]

‡skin /skɪn/
명사 (복 skins) ① 피부 ② 껍질

1 피부, 살갗, 동물의 가죽
He has soft and fair **skin**.
그는 부드럽고 흰 피부를 가졌다.

Too much sunshine is bad for your **skin**.
햇볕을 너무 많이 쬐는 것은 피부에 좋지 않다.

2 껍질 (= peel)
He slipped on a banana **skin**.
그는 바나나 껍질에 미끄러졌다.

*skip /skɪp/
동사 (3단현 skips 과거·과분 skipped 현분 skipping) ① 깡충깡충 뛰다 ② 건너뛰다

1 깡충깡충 뛰다, 뛰어다니다
The little girl **skipped** happily along the road.

어휘가 쑥쑥
skip rope 줄넘기하다

그 어린 소녀는 기분이 좋아서 길을 따라 깡충깡충 뛰어갔다.

2 건너뛰다, 빼먹다 (= miss)
While I was reading the ghost story, I **skipped** the horrible scenes.
나는 그 귀신 이야기를 읽는 동안 무서운 장면들은 읽지 않고 건너뛰었다.
If you **skip** the class just once more, you will get an F.
한 번만 더 수업을 빼먹으면 F를 받게 될 거야.

- skip stones 물수제비뜨다
- skip breakfast 아침을 거르다
- skip school 수업을 빼먹다

＊skirt /skɜːrt/ 명사 (복) skirts) 치마, 스커트 (☞ clothing)

My sister looks good in **skirts**. 우리 언니는 치마가 잘 어울린다.

＊sky /skaɪ/ 명사 (복) skies) 하늘, 공중 (= atmosphere, air)

There are many bright stars in the night **sky**.
밤하늘에 수많은 별들이 반짝이고 있다.
The **sky** is full of dark clouds. 하늘에 먹구름이 가득하다.

어휘가 쑥쑥
- gray sky 잿빛 하늘
- clear sky 맑은 하늘

＊sleep /sliːp/ 동사 (3단현) sleeps 과거·과분 slept 현분 sleeping) 잠을 자다
명사 잠, 수면

동 잠을 자다
It is good for your health to **sleep** for about eight hours a day. 하루에 여덟 시간 정도 자는 것이 건강에 좋다.
My dad usually **sleeps** late on Sundays.
우리 아빠는 보통 일요일에는 늦게까지 주무신다.

명 잠, 수면
I go to **sleep** at eleven at night and wake up at seven in the morning.
나는 밤 11시에 잠자리에 들어서 아침 7시에 일어난다.
A: I'm so tired. I need to get some **sleep**.
너무 피곤해. 좀 자야겠어.
B: You didn't get much **sleep** last night, did you?
어젯밤에 많이 못 잤구나, 그렇지?

어휘가 쑥쑥
- sleepless 잠을 못 자는
- asleep 잠든, 자고 있는
- sleep well 잘 자다
- sleep badly 제대로 못 자다
- sleep soundly 곤히 자다
- sleep tight (주로 아이에게 하는 말) 잘 자
- sleep like a dog[log] 정신없이 자다
- light sleep 선잠
- deep sleep 숙면

sleepy /ˈsliːpi/ 형용사 (비교) sleepier 최상 sleepiest) 졸린, 잠이 오는

He looks very **sleepy**. 그는 매우 졸린 듯하다.
A: I feel so tired and **sleepy**. 너무 피곤하고 졸려.
B: Why don't you take a nap for a while?
잠깐 눈 좀 붙이지 그래?

어휘가 쑥쑥
- sleepily 🖫 졸린 듯이
- sleepy eyes 졸린 눈

sleeve /sliːv/ 명사 (복 sleeves) 소매

Jenny is wearing a shirt with long **sleeves**.
제니는 긴팔 셔츠를 입고 있다.

I rolled up my **sleeves** and washed my face.
나는 소매를 걷어 올리고 세수를 했다.

> 어휘가 쑥쑥
> **sleeveless** 소매가 없는, 민소매의

slept /slept/ 동사 sleep의 과거·과거분사 (☞ sleep)

*slice /slaɪs/
동사 (3단현) slices (과거·과분) sliced (현분) slicing) 얇게 썰다
명사 (복) slices) 얇은 조각, 한 조각

동 얇게 썰다

Jane **sliced** the cucumbers thinly.
제인은 오이를 얇게 썰었다.

명 얇은 조각, 한 조각

He ate four **slices** of bread. 그는 빵 네 조각을 먹었다.

> 어휘가 쑥쑥
> **slice ~ in half** ~을 반으로 자르다
> **cut ~ into thin slices** ~을 얇은 조각으로 썰다

slid /slɪd/ 동사 slide의 과거·과거분사 (☞ slide)

*slide /slaɪd/
동사 (3단현) slides (과거·과분) slid (현분) sliding) 미끄러지다
명사 (복) slides) 미끄럼(틀)

동 미끄러지다, 미끄러지듯 움직이다

He is **sliding** down the hill.
그는 언덕을 미끄러져 내려오고 있다.

The skater **slid** on the ice like a fairy.
그 스케이트 선수는 요정처럼 얼음 위를 미끄러지며 달렸다.

The ghost **slid** out of the room without noise.
그 유령은 소리 없이 미끄러지듯 방을 빠져나갔다.

명 미끄럼, 미끄럼틀

Some children are sliding down the **slide** on the playground.
놀이터에서 아이들 몇 명이 미끄럼틀을 타고 있다.

slight /slaɪt/ 형용사 (비교) slighter (최상) slightest) 약간의, 조금의 (= a bit of)

There is a **slight** difference between the two methods.
그 두 방법 간에는 약간의 차이점이 있다.

I had a **slight** fever, and I took some aspirin.
나는 열이 조금 있어서 아스피린을 먹었다.

> 어휘가 쑥쑥
> **slightly** 🚹 약간, 조금

slim /slɪm/
형용사 (비교) slimmer (최상) slimmest) 얇은, 가냘픈, 날씬한 (= slender, thin)
(↔ thick, fat 두꺼운, 뚱뚱한)

This brand-new cell phone is very **slim** and stylish.
새로 출시된 이 휴대 전화는 매우 얇고 세련됐다.

She's very pretty and **slim**. 그녀는 아주 예쁘고 날씬하다.

어휘가 쑥쑥
slim waist 날씬한 허리
slim chance 희박한 가능성

slip /slɪp/
동사 (3단현) slips (과거·과분) slipped (현분) slipping) 미끄러지다, 미끄러지듯 움직이다, 미끄러뜨리다 (= slide)

I **slipped** and fell down the stairs.
나는 계단에서 미끄러져 굴러떨어졌다.

The ring **slipped** off my hand and rolled on the floor.
반지가 손에서 미끄러져 떨어져 바닥을 굴러갔다.

어휘가 쑥쑥
slipper 명 슬리퍼, 실내화
slippery 형 미끄러운

slope /sloʊp/
명사 (복) slopes) 비탈길, 경사, 경사면, 슬로프

I twisted my ankle while coming down a **slope** yesterday.
나는 어제 비탈길을 내려오다가 발목을 삐었다.

The **slope** of this hill is very steep.
이 언덕은 경사가 매우 가파르다.

I went up a **slope** by ski lift.
나는 스키 리프트를 타고 슬로프를 올라갔다.

어휘가 쑥쑥
steep slope 가파른 경사
gentle slope 완만한 경사
slope of 45 degrees 45도의 경사

slow /sloʊ/
형용사 (비교) slower (최상) slowest) 느린
동사 (3단현) slows (과거·과분) slowed (현분) slowing) 속도를 늦추다

형 느린, 느릿느릿한 (↔ fast, quick 빠른)

You should drive at a **slow** speed in the school zone.
스쿨 존(어린이 보호 구역)에서는 느린 속도로 운전해야 한다.

My computer is very **slow**, so I want to upgrade it.
내 컴퓨터는 속도가 너무 느려서 업그레이드를 하고 싶다.

[속담] **Slow** and steady wins the race.
천천히 그리고 꾸준히 하면 (결국) 경주에서 이긴다.

동 속도를 늦추다 (↔ accelerate 속도를 높이다)

The boy **slowed** the speed of his model car.
그 소년은 모형 자동차의 속력을 늦췄다.

You should **slow** down when you turn the corner.
코너를 돌 때에는 속도를 줄여야 한다.

어휘가 쑥쑥
slowness 명 느림
slow walker 걸음이 느린 사람
slow process 시간이 걸리는 과정
slow train 완행열차
slow driver 차를 천천히 모는 운전자
slow road 서행 도로
slow growth 더딘 성장

slowly /ˈsloʊli/
부사 천천히, 느리게 (↔ fast, quickly 빨리, 빠르게)

A snail moves very **slowly**.
달팽이는 매우 천천히 움직인다.

Sorry, but I can't understand you. Please speak more **slowly**.
죄송합니다만, 말씀을 알아들을 수가 없군요. 좀 더 천천히 말씀해 주세요.

> 어휘가 쑥쑥
>
> **slowly but surely** 더디지만 확실하게

✱small /smɔːl/ 〈형용사〉 〈비교〉 smaller 〈최상〉 smallest ① 작은 ② 사소한

1 (크기가) **작은, 소형의** (= little) (↔ big, large 큰)

I bought a **small** doll for my niece.
나는 조카딸에게 작은 인형을 사 주었다.

It is too **small** for me. Please show me a bigger one.
이건 저에게 너무 작네요. 더 큰 걸로 보여 주세요.

Long long ago, there lived a cute little girl in a **small** town.
옛날 옛적에, 한 귀여운 소녀가 작은 마을에 살고 있었습니다.

The Earth is much **smaller** than the Sun.
지구는 태양보다 훨씬 더 작다.

2 **사소한, 중요하지 않은** (= minor)

He may have to make a few **small** changes to the report.
그는 그 보고서에 몇 가지 사소한 수정을 해야 할지도 모른다.

They had a **small** accident. 그들에게 경미한 사고가 있었다.

> 어휘가 쑥쑥
>
> **small business** 중소기업
> **small change** 잔돈
> **a small amount of** 약간의, 소량의
> **a small number of** 소수의

> 실력이 쑥쑥
>
> small이나 little 모두 '작은'의 뜻이지만, little에는 '귀엽다'라는 뜻이 더해진다.
> a *little* girl (귀여운 소녀)
> a *small* girl (몸집이 작은 소녀)

✱smart /smaːrt/ 〈형용사〉 〈비교〉 smarter 〈최상〉 smartest **영리한, 똑똑한** (= bright, intelligent) (↔ stupid, foolish 어리석은)

Noah is **smart** and learns everything quickly.
노아는 똑똑해서 무엇이든지 빨리 배운다.

Dolphins are **smart** enough to do some tricks.
돌고래는 재주를 부릴 수 있을 만큼 똑똑하다.

> 어휘가 쑥쑥
>
> **smartphone** 스마트폰 (무선 인터넷 접속 기능을 가진 휴대 전화)

✱smell /smel/ 〈동사〉 〈3단현〉 smells 〈과거·과분〉 smelled/smelt 〈현분〉 smelling 냄새가 나다
〈명사〉 〈복〉 smells 냄새

 냄새가 나다, 냄새를 맡다

This milk **smells** terrible.
이 우유 냄새는 아주 지독해요.

A: Something **smells** delicious. What are you cooking, mom?
뭔가 맛있는 냄새가 나네요. 뭐 만들고 계세요, 엄마?

B: I'm making *bulgogi*. 불고기를 만들고 있단다.

 냄새, 후각

The **smell** of the paint is awful. 페인트 냄새가 너무 지독하다.

Bears have a good sense of **smell**. 곰은 후각이 뛰어나다.

> 실력이 쑥쑥
>
> **smell** 냄새를 나타내는 가장 일반적인 말로 좋은 냄새나 악취에 모두 쓰임
> **scent** 꽃이나 과일 등에서 나는 좋은 냄새

smelt /smelt/ 〖동사〗 smell의 과거·과거분사 (☞ smell)

smile /smaɪl/
〖동사〗 (3단현) smile**s** (과거·과분) smile**d** (현분) smil**ing**) 미소 짓다
〖명사〗 (복) smile**s**) 방긋 웃음

〖동〗 **미소 짓다, 방긋 웃다** (↔ frown 얼굴을 찡그리다)
When our eyes meet, Harry always **smiles** at me.
눈이 마주칠 때마다 해리는 항상 나에게 미소 짓는다.

The clerk always **smiles** and says hello to the customers.
그 점원은 항상 웃으며 손님들에게 인사한다.

〖명〗 **방긋 웃음, 미소**
He had a big **smile** on his face seeing me.
그는 나를 보며 얼굴에 환한 미소를 지었다.

My teacher always comes into the classroom with a **smile**.
우리 선생님은 항상 웃으시며 교실로 들어오신다.

어휘가 쑥쑥
broad smile 환한 미소
bright smile 밝은 미소
faint smile 희미한 미소

문법이 쑥쑥
'~에게 미소 짓다'라고 할 때 smile to가 아닌 smile at으로 써야 한다.
They all *smiled at* me. (○)
They all *smiled to* me. (×)

smoke /smoʊk/
〖명사〗 연기 〖동사〗 (3단현) smoke**s** (과거·과분) smoke**d** (현분) smok**ing**)
① 연기가 나다 ② 담배를 피우다

〖명〗 **연기**
Look! **Smoke** is coming out of the engine.
이것 좀 봐요! 엔진에서 연기가 나요.

The room was full of **smoke**. 방이 연기로 가득했다.

[속담] There's no **smoke** without fire. / Where there is **smoke**, there is fire. 아니 땐 굴뚝에 연기 날까.

〖동〗 **1 연기가 나다, 연기를 내다**
The chimney is **smoking**. 굴뚝에서 연기가 나오고 있다.

2 담배를 피우다, 흡연하다
He **smokes** a pack of cigarettes every day.
그는 매일 담배를 한 갑씩 피운다.

The doctor advised me to stop[quit] **smoking**.
의사는 나에게 금연을 권했다.

No **smoking**! 금연!

어휘가 쑥쑥
smoky 〖형〗 연기가 나는, 연기가 자욱한
smoker 〖명〗 흡연자
smoking 〖명〗 흡연

Smoke is coming out of the engine.

*smooth /smuːð/
〖형용사〗 (비교) smooth**er** (최상) smooth**est**) 매끄러운, 평평한, 부드러운
(↔ rough 거친, 울퉁불퉁한)

Joan has very **smooth** skin. 조운은 피부가 매우 매끄럽다.
The road was not **smooth**, so it was hard to drive.
길이 평평하지 않아서 운전하기가 어려웠다.

어휘가 쑥쑥
smoothly 〖부〗 매끄럽게, 순조롭게

snack /snæk/ | 명사 (복) snacks) 간식, 가벼운 식사 (= refreshment, light meal)

We went to the cafeteria to get some **snacks**.
우리는 간식을 먹으러 매점으로 갔다.

He usually has a **snack** after school.
그는 보통 방과 후에 간식을 먹는다.

어휘가 쑥쑥
grab a snack 간단히 먹다
light snack 가벼운 간식거리

snail /sneɪl/ | 명사 (복) snails) 달팽이

He found **snails** in the garden.   그는 정원에서 달팽이를 발견했다.

*snake /sneɪk/ | 명사 (복) snakes) 뱀 (☞ animal)

He saw a big **snake** behind the rock.
그는 큰 뱀이 바위 뒤에 있는 것을 보았다.

sneeze /sniːz/ | 동사 (3단현) sneezes (과거·과분) sneezed (현분) sneezing) 재채기하다 (☞ bless)

Americans say "Bless you," when someone **sneezes**.
미국인들은 누군가 재채기를 하면 "신의 가호가 있기를."이라고 말한다.

‡snow /snoʊ/ | 명사 눈 동사 (3단현) snows (과거·과분) snowed (현분) snowing) 눈이 내리다

명 눈

The mountain is covered with **snow**.   산이 눈으로 덮여 있다.

A: Look at the **snow** outside! It's really wonderful, isn't it?
  밖에 눈 좀 봐요! 정말 환상적이네요, 그렇죠?
B: Yes, let's go outside and take some pictures!
  네, 우리 밖에 나가서 사진 찍어요!

어휘가 쑥쑥
snowy 형 눈이 오는, 눈이 많이 내리는
snowman 눈사람
snowball 눈 뭉치, 눈덩이
snowflake 눈송이
heavy snow 폭설
snow-white 눈처럼 하얀

동 눈이 내리다, 눈이 오다

Drive carefully! It's **snowing** heavily.
운전 조심하세요! 눈이 아주 많이 내려요.

I hope it will **snow** on Christmas Eve.
크리스마스이브에 눈이 오면 좋겠다.

‡so /soʊ/ | 부사 ① 그렇게 ② 매우 ③ [앞의 내용을 대신하여] 그렇게 ④ [동의] 그렇게
접속사 그래서

부 1 그렇게

Don't be **so** serious. Maybe it was just a joke.
그렇게 심각하게 생각하지 마세요. 아마 농담이었을 거예요.

Don't drive **so** fast near school.
학교 근처에서는 그렇게 빨리 운전하지 마세요.

I never knew there were **so** many kinds of fish.
저는 거기에 그렇게 많은 종류의 물고기가 있는지 몰랐어요.

2 매우, 몹시, 대단히 (= very)

My family had **so** much fun at the beach.
우리 가족은 바닷가에서 매우 즐거운 시간을 보냈다.

Thank you **so** much for your help.
도와주셔서 정말 감사해요.

There were **so** many places to see in the city.
그 도시에는 구경할 곳들이 매우 많았다.

This math problem is **so** difficult that I can't solve it.
이 수학 문제는 너무 어려워서 저는 풀 수가 없어요.

He is **so** tired because he studied all night.
그는 밤새 공부해서 무척 피곤하다.

3 [앞의 내용을 대신하여] 그렇게

A: You did your best. I'm sure you'll get a good score on the math test.
넌 최선을 다했어. 분명히 수학 시험에서 좋은 성적을 받을 거야.

B: I hope **so**. 나도 그러길 바라고 있어.

4 [동의] 그렇게

A: I enjoy watching horror movies in the summer.
저는 여름에 공포 영화를 즐겨 봐요.

B: **So** do I. 저도 그래요.

접 **그래서** (= and so, therefore)

It was raining heavily, **so** we had to cancel our picnic.
비가 너무 많이 내려서 우리는 소풍을 취소해야만 했다.

숙어 **and so on** ~ 등 (= and so forth)

I like playing basketball, baseball, soccer, *and so on*.
나는 농구, 야구, 축구 등을 하는 것을 좋아한다.

or so ~쯤, ~ 정도

I plan to stay with my cousin in Toronto for a week *or so*.
나는 일주일 정도 토론토에 있는 사촌 집에 머물 계획이다.

so as to + 동사원형 ~하기 위해서 (= in order to + 동사원형)

So as to make your dreams come true, you must work hard.
꿈을 이루기 위해서는 열심히 노력해야 한다.

so far 지금까지

A: Do you have any special plans for the holidays?
휴일에 특별한 계획이 있나요?

어휘가 쑥쑥

so little (양적으로) 아주 적은, 거의 없는
so few (수적으로) 아주 적은, 거의 없는
ever so 정말, 대단히
so-called 소위, 이른바
so long 안녕 (작별 인사)
so-so 그저 그런, 평범한
so to speak 말하자면

He is *so* tired because he studied all night.

문법이 쑥쑥

• **so that**
'~하기 위해서' 또는 '~하도록'의 의미로, 목적을 나타낼 때 쓴다. so that 다음에는 「주어+동사」 형태의 절을 쓴다.

I got up early *so that* I might catch the train. (나는 기차를 타기 위해 일찍 일어났다.)

• **so ~ that ...**
'너무 ~해서 …하다'의 의미로, 원인과 결과를 나타낼 때 쓴다. so 뒤에는 형용사나 부사가, that 다음에는 「주어+동사」 형태의 절이 온다.

The star is *so* small *that* you can't see it. (그 별은 너무 작아서 눈에 보이지 않는다.)

B: *So far* I don't have any plans. 지금까지는 별 계획 없어요.

so long as ~하는 한 (= as long as)
So long as you have the receipt, we exchange products within thirty days.
영수증만 갖고 계시면 30일 이내에 상품을 교환해 드립니다.

so that+주어+may[can, will]+동사원형 ~하기 위해서
I need a few more days *so that* I *can* finish this work.
저는 이 일을 끝내려면 시간이 며칠 더 필요합니다.

He ran *so* fast *that* I couldn't follow him. (그가 너무 빨리 달려서 나는 그를 따라갈 수 없었다.)

*soap /soʊp/ 명사 비누

Clean your hands with **soap** before dinner.
저녁 먹기 전에 비누로 손 좀 씻으렴.

A: How much is a bar of **soap**?
비누 한 개에 얼마예요?
B: It's one dollar. 1달러예요.

어휘가 쑥쑥
soap bubble 비누 거품
facial soap 세숫비누
laundry soap 빨랫비누

*soccer /ˈsɑːkər/ 명사 축구 (☞ 836쪽)

I play **soccer** with my friends every Sunday.
나는 일요일마다 친구들과 축구를 한다.
I went to the **soccer** game with my father yesterday.
나는 어제 아버지와 축구 경기를 보러 갔다.

실력이 쑥쑥
우리말의 '축구'는 영국에서는 football, 미국에서는 soccer라고 한다.

*social /ˈsoʊʃl/ 형용사 사회의, 사회적인

Nowadays school violence is a serious **social** problem.
요즘 학교 폭력은 심각한 사회 문제이다.
I got a high score in **social** studies.
나는 사회 과목에서 높은 점수를 받았다.

어휘가 쑥쑥
socially 부 사회적으로
social justice 사회 정의

*society /səˈsaɪəti/ 명사 (복 societies) 사회

Every **society** has rules and customs.
모든 사회에는 규칙과 관습이 있다.
Teachers play an important role in **society**.
교사는 사회에서 중요한 역할을 한다.
Each of us is a member of **society**.
우리들 각자는 사회의 일원이다.

어휘가 쑥쑥
modern society 현대 사회
civilized society 문명사회
democratic society 민주주의 사회

*sock /sɑːk/ 명사 (복 socks) 양말

A: Mom, I can't find the other **sock**.
엄마, 양말 한 짝을 찾을 수가 없어요.
B: Look in the bottom drawer.
맨 아래 서랍을 찾아보렴!

sofa /ˈsoʊfə/ | 명사 (복) sofas) 소파, 긴 의자 (= couch) (☞ living room)

Every evening my mom sits on the **sofa** and watches TV.
매일 저녁 엄마는 소파에 앉아 TV를 보신다.

***soft** /sɔːft/ | 형용사 (비교) softer (최상) softest) ① 부드러운 ② (목소리가) 작은

1 부드러운, 푹신푹신한 (↔ hard 딱딱한)
Babies have **soft** skin. 아기의 피부는 부드럽다.
This sweater feels very **soft**. 이 스웨터는 촉감이 아주 부드럽다.
My new pillow is very **soft**.
새로 산 내 베개는 매우 푹신푹신하다.

2 (목소리가) 작은, 낮은, 조용한 (= low, quiet) (↔ loud (목소리가) 큰)
My mother always sings a lullaby for my little sister in a **soft** voice.
엄마는 늘 작은 목소리로 내 어린 동생에게 자장가를 불러 주신다.

어휘가 쑥쑥
softly 부 부드럽게, 조용히
soften 동 부드럽게 하다
softness 명 부드러움, 연함
soft music 감미로운 음악
soft heart 온화한 마음

*soil /sɔɪl/ | 명사 토양, 흙

The **soil** in this field is very rich.
이 밭의 토양은 매우 비옥하다.
The farmer made the **soil** soft so the roots could grow.
농부는 뿌리가 자랄 수 있도록 흙을 부드럽게 만들었다.

어휘가 쑥쑥
dry soil 건조한 토양
poor soil 척박한 토양

sold /soʊld/ | 동사 sell의 과거·과거분사 (☞ sell)

*soldier /ˈsoʊldʒər/ | 명사 (복) soldiers) 군인, 병사

I want to be a brave **soldier** in the future.
나는 장래에 용감한 군인이 되고 싶다.

*solid /ˈsɑːlɪd/ | 형용사 (비교) more solid (최상) most solid) ① 고체의 ② 굳은

1 고체의 (↔ liquid 액체의)
When water freezes, it changes from a liquid to a **solid** state.
물은 얼면 액체에서 고체 상태로 변한다.

어휘가 쑥쑥
solidly 부 단단하게
solidity 명 견고함, 탄탄함

2 굳은, 단단한, 딱딱한 (= strong, hard)

My grandma has false teeth, so she can't eat **solid** food.
우리 할머니는 틀니를 하셔서 딱딱한 음식을 드실 수가 없다.

The castle walls were made of **solid** rocks.
그 성벽은 단단한 바위들로 만들어졌다.

solid gold[silver] 순금[은]
solid wood 원목
solid as a rock 바위같이 견고한

---

*solve /sɑːlv/ | 동사 (3단현) solves (과거·과분) solved (현분) solving) (문제를) 풀다, 해결하다

My elder brother always helps me **solve** difficult math problems.
우리 형은 항상 내가 어려운 수학 문제 푸는 것을 도와준다.

어휘가 쑥쑥
solution 명 해결(책)

---

*some /sʌm/ 형용사 ① 약간의 ② (여럿 중) 일부의 ③ 어떤
대명사 ① 약간의 사람 ② (여럿 중) 일부

형 1 [주로 평서문·긍정문에 써서] **약간의, 조금의**

I went to the supermarket to buy **some** apples and **some** milk.
나는 (약간의) 우유와 (약간의) 사과를 사러 슈퍼마켓에 갔다.

He bought **some** new furniture before moving in.
그는 이사하기 전에 새 가구를 몇 점 샀다.

I'm so tired that I need to get **some** sleep.
너무 피곤해서 잠을 좀 자야겠어요.

She thought for **some** time and then answered the question.
그녀는 잠시 생각을 하고 나서 질문에 답했다.

A: Would you like **some** tea and cookies?
차와 쿠키 좀 드실래요?

B: Yes, please. 네, 그러죠.

2 (여럿 중) 일부의

Some children like reading at home, but other children like playing outside.
일부 아이들은 집에서 책 읽는 것을 좋아하지만, 다른 아이들은 나가서 노는 것을 좋아한다.

3 [단수명사와 함께 써서] **어떤** (= certain)

A: Yesterday I saw you walking with **some** boy. Who was he?
어제 네가 어떤 남자애랑 같이 걸어가는 걸 봤어. 누구야?

B: He is a new student in my class.
우리 반에 새로 전학 온 아이야.

대 1 [주로 평서문·긍정문에 써서] **약간의 사람[사물], 다소, 조금**

문법이 쑥쑥

some & any

some과 any는 모두 셀 수 있는 명사와 셀 수 없는 명사에 쓸 수 있다. 주로 긍정문에서는 some을 쓰며, 부정문과 의문문에서는 any를 쓴다. 단, 긍정의 대답이 예상되거나 권유하는 상황에서는 some을 쓴다.

I don't have *any* money.
(나는 돈이 하나도 없다.)

Do you have *any* questions?
(질문 있으세요?)

Would you like to have *some* ice cream? (아이스크림 좀 드시겠어요?)

어휘가 쑥쑥

in some way 어떤 점에서는, 어떻게 해서든
some time 언젠가
to some degree 약간은, 어느 정도는

Some say that he is lying, but I believe what he says.
어떤 사람들은 그가 거짓말을 하고 있다고 말하지만, 나는 그의 말을 믿는다.

A: That pie looks very delicious.
저 파이는 정말 맛있어 보인다.

B: Try **some**! 좀 먹어 봐!

2 (여럿 중) 일부, 어떤 사람[것]들

Some of the students speak English very fluently.
학생들 중 몇 명은 영어를 매우 유창하게 말한다.

Some like horror movies, but others like comedies.
어떤 사람들은 공포 영화를 좋아하지만 다른 사람들은 코미디 영화를 좋아한다.

숙어 **some day** (미래의) 언젠가
I hope we can meet each other *some day*.
언젠가 서로 만날 수 있기를 바랍니다.

실력이 쑥쑥

some 셀 수 있는 명사와 셀 수 없는 명사에 상관없이 어떤 것의 많지 않은 숫자나 양을 표현할 때 쓴다.

a few 셀 수 있는 명사와 쓰여 some보다 조금 더 적은 숫자나 양을 표현할 때 쓴다.
a few people 〈 *some* people

a little 셀 수 없는 명사와 쓰여 아주 적은 양을 표현할 때 쓴다.
a little money 〈 *some* money

---

somebody /'sʌmbədi/ 대명사 [평서문·긍정문에 써서] 어떤 사람, 누군가 (= someone)

Somebody called and left you a message while you were out. 당신이 자리에 없을 때 누군가 전화해서 메시지를 남겼어요.

A: Where is the bank near here?
이 근처에 은행이 어디 있나요?

B: You should ask **somebody** else. I am also new here.
다른 사람에게 물어보시는 게 좋겠네요. 저도 여기 처음 왔거든요.

실력이 쑥쑥

Somebody, help!(누구 없어요, 도와주세요!)
누군가에게 급하게 도움을 청할 때 쓴다.

---

someone /'sʌmwʌn/ 대명사 [평서문·긍정문에 써서] 어떤 사람, 누군가 (= somebody)

I saw **someone** coming towards the door of my house.
나는 누군가 우리 집 문 쪽으로 오고 있는 것을 보았다.

A: Did you see Harry today? 오늘 해리 봤니?

B: No, I didn't. You should ask **someone** else.
아니, 못 봤는데. 다른 사람한테 한번 물어봐.

실력이 쑥쑥

의문문과 부정문에서는 주로 *anyone*을 쑨다.
Did *anyone* come? (누가 왔니?)

---

*something /'sʌmθɪŋ/ 대명사 [평서문·긍정문에 써서] 어떤 것

I think there's **something** wrong with my computer.
제 컴퓨터에 뭔가 문제가 있는 것 같아요.

I'm so thirsty. Please give me **something** cold to drink, mom.
너무 목이 말라요. 엄마, 시원한 마실 것 좀 주세요.

I'd like to give **something** special to my boyfriend on Valentine's Day.
나는 밸런타인데이에 남자 친구에게 특별한 것을 주고 싶어.

문법이 쑥쑥

something을 꾸미는 형용사나 to부정사는 something 뒤에 온다.
Something *bad* will happen.
(뭔가 나쁜 일이 일어날 것이다.)
Give me something *to eat*.
(먹을 것 좀 주세요.)

A: Do you have a minute? I have **something** to tell you.
시간 좀 있나요? 당신한테 할 말이 있어요.

B: Sorry, but I have to leave now.
죄송한데 제가 지금 나가 봐야 해요.

sometimes /ˈsʌmtaɪmz/ | 부사 가끔, 때때로

I usually go to school by bus, but I **sometimes** take the subway.
나는 보통 버스를 타고 학교에 가지만 가끔 지하철을 타기도 한다.

Sometimes I go hiking with my friends on the weekend.
때때로 나는 주말에 친구들과 등산을 간다.

> 문법이 쑥쑥
> sometimes는 일반동사 앞 또는 be동사나 조동사 뒤, 문장의 처음이나 끝에 온다.

somewhere /ˈsʌmwer/ | 부사 어딘가에, 어딘가에서, 어딘가로

I think we've met each other **somewhere**.
우리 서로 어딘가에서 만났던 것 같은데요.

A: Mom, I left my cell phone near my desk, but I can't find it.
엄마, 제가 휴대 전화를 책상 근처에 놓아두었는데 찾을 수가 없어요.

B: Look for it **somewhere** else in your room.
방 안에 다른 곳을 한번 찾아보렴.

> 문법이 쑥쑥
> 부정문과 의문문에서는 anywhere를 쓴다.
> I can't find my book *anywhere*. (어디에서도 내 책을 못 찾겠다.)

son /sʌn/ | 명사 (복) sons) 아들 (↔ daughter 딸)

She was proud that her **son** won the first prize in the science contest.
그녀는 자신의 아들이 과학 경시 대회에서 일 등을 한 것이 자랑스러웠다.

song /sɔːŋ/ | 명사 (복) songs) 노래

What is your favorite **song**? 가장 좋아하는 노래가 뭐예요?
My mother sings **songs** in the church choir.
우리 엄마는 교회 성가대에서 노래를 부르신다.

> 어휘가 쑥쑥
> **folk song** 민요, 포크 송
> **pop song** 대중가요

soon /suːn/ | 부사 (비교) sooner (최상) soonest) ① 곧 ② 빨리

1 곧, 바로 (= before long, promptly, shortly)
We'll be landing **soon**. Please fasten your seatbelt.
곧 착륙할 예정입니다. 안전벨트를 매 주십시오.

Brush your teeth **soon** after eating.
식사하고 나서 바로 이를 닦으세요.

> 어휘가 쑥쑥
> **pretty soon** 이제 곧, 금방
> **too soon** 너무 일찍, 너무 이른
> **soon enough** 오래지 않아

2 빨리, 일찍

I hope you will get better **soon**. 빨리 회복하시길 바랍니다.

If you leave your number, I'll call you back as **soon** as possible.
연락처를 남겨 주시면 가능한 한 빨리 전화 드리겠습니다.

A: When should it be fixed? 언제까지 수리해 드리면 되나요?
B: The **sooner**, the better. 빠르면 빠를수록 좋죠.

숙어 as soon as ~하자마자
As soon as Snow White took a bite of the poisonous apple, she fell down.
백설 공주는 독이 든 사과를 한 입 먹자마자 쓰러졌다.

sooner or later 조만간, 머지않아
I hope we can meet each other *sooner or later*.
조만간 서로 만날 수 있기를 바랍니다.

sooner rather than later
차라리 일찌감치

no sooner ~ than ...
~하자마자 곧 …하다

실력이 쑥쑥
as soon as possible은 '가능한 한 빨리'라는 의미로, 일상 대화나 문자 메시지에서는 ASAP로 줄여 쓰기도 한다.

---

sore /sɔːr/ 형용사 (비교) sorer (최상) sorest 아픈, 쓰라린, 욱신거리는 (= painful)

My legs are **sore** from hiking.
하이킹을 해서 다리가 아프다.

I caught a cold and have a **sore** throat.
감기에 걸려서 목이 아파.

어휘가 쑥쑥
soreness 명 아픔, 쓰림

---

*sorry /'sɑːri/ 형용사 (비교) sorrier, more sorry (최상) sorriest, most sorry ① 미안한 ② 유감스러운

1 미안한

I'm **sorry** that I forgot your birthday.
네 생일을 잊어버려서 미안해.

A: I'm **sorry** for being late. 늦어서 미안해.
B: That's okay. I just arrived myself.
괜찮아. 나도 방금 도착했어.

2 유감스러운, 애석한, 가엾은

When I saw the homeless on the street, I felt **sorry** for them.
거리에서 노숙자들을 보았을 때 불쌍하다는 생각이 들었다.

A: I have a bad cold, so I should stay home and relax today.
나 감기가 너무 심하게 걸려서 오늘 집에서 쉬어야 할 것 같아.
B: I'm **sorry** to hear that. Take good care of yourself.
그것 참 안됐구나. 몸조리 잘해.

실력이 쑥쑥
상대방에게 미안하다는 말을 강조하고자 할 때는 sorry 앞에 so, very, terribly, truly 등의 부사를 쓴다.
I'm *so sorry* to trouble you.
(귀찮게 해서 정말 죄송해요.)

실력이 쑥쑥
Sorry?
(뭐라고 하셨어요?)
상대방이 한 말을 잘 알아듣지 못했을 때는 sorry의 끝을 올려서 말한다.

---

*sort /sɔːrt/ 명사 (복) sorts 종류 (= kind, type)

I have never seen this **sort** of flower.
나는 이런 종류의 꽃은 본 적이 없다.
I went to the Greek food festival and tried all **sorts** of foods.
나는 그리스 음식 축제에 가서 모든 종류의 음식들을 맛보았다.

sound¹ /saʊnd/

명사 (복 sound**s**) 소리
동사 (3단현 sound**s** 과거·과분 sound**ed** 현분 sound**ing**)
① 소리를 내다 ② ~하게 들리다

명 소리, 음향

I just heard a strange **sound**.
나는 방금 이상한 소리를 들었다.

Don't make a **sound**! Your brother is studying for the test.
소리 내지 마! 형이 지금 시험공부 중이란다.

동 1 소리를 내다, 울리다 (= ring)

The church bell **sounded** from a distance.
멀리서 교회의 종이 울렸다.

2 ~하게 들리다, ~처럼 들리다

The prince heard a voice singing and it **sounded** both beautiful and lovely.
왕자는 노랫소리를 들었는데 그것은 아름답고 사랑스럽게 들렸다.

It **sounds** like you have a cold.
목소리가 감기에 걸린 것 같은데요.

A: How about ordering some pizza for lunch?
점심으로 피자 시켜 먹는 게 어때?

B: That **sounds** great! 좋은데!

어휘가 쑥쑥

sound effects (영화·연극 등의) 음향 효과
soundtrack 영화 음악, 사운드 트랙
familiar sound 귀에 익은 소리
turn the sound up[down] 소리를 키우다[낮추다]
sound the alarm 경보를 울리다

Don't make a *sound*!

sound² /saʊnd/ | **형용사** (비교 sound**er** 최상 sound**est**) 건전한, 건강한 (= healthy)

[격언] A **sound** mind in a **sound** body. 건강한 신체에 건전한 정신.

soup /suːp/ | **명사** 수프, 국물

I have a bowl of **soup** for dinner.
나는 저녁 식사로 수프 한 그릇을 먹는다.

A: How do you like this **soup**? I made it myself.
이 수프 맛 어때? 내가 직접 만든 건데.

B: It tastes pretty good. 정말 맛있어.

재미가 쑥쑥

수프를 접시에 담아 스푼으로 먹을 때는 eat soup, 컵에 담아 마실 때는 drink soup으로 쓴다.

sour /'saʊər/ | **형용사** (비교 sour**er** 최상 sour**est**) ① 신맛이 나는 ② 상한

1 신맛이 나는, 시큼한 (↔ sweet 달콤한) (☞ taste)
I love the sweet and **sour** taste of oranges.
나는 오렌지의 새콤달콤한 맛을 매우 좋아한다.

2 상한, 쉰 (↔ fresh 신선한)
This milk must be **sour** because it smells awful.
냄새가 지독한 걸 보니 이 우유는 상한 것이 틀림없어요.

> 재미가 쑥쑥
> sweet and sour는 '새콤달콤한'이라는 의미로, 중식 요리 중 하나인 '탕수육'을 sweet and sour pork[beef]라고 한다.

*source /sɔːrs/ 명사 (복) sources 근원, 출처, 원인

When you quote other's writing, you must reveal the **source**.
다른 사람의 글을 인용할 때는 반드시 그 출처를 밝혀야 한다.
The mechanic finally found the **source** of the car trouble.
그 수리공은 마침내 자동차 고장의 원인을 알아냈다.

> 어휘가 쑥쑥
> energy source 에너지원
> reliable source 믿을 만한 소식통

**south /saʊθ/ 부사 남쪽으로 형용사 남쪽의 명사 남쪽

부 남쪽으로, 남쪽에
Swallows move **south** in the winter.
제비는 겨울에 남쪽으로 이동한다.
My room is facing **south** and gets much sunshine.
내 방은 남쪽으로 향하고 있어서 햇볕이 많이 든다.

형 남쪽의, 남부의 《줄여서 S, So.라고 쓰기도 한다.》
A **south** wind was blowing. 남풍이 불고 있었다.
Brazil is the largest country in **South** America.
브라질은 남아메리카에서 가장 큰 나라이다.

명 [보통 the와 함께 쓰임] 남, 남쪽 《줄여서 S, So.라고 쓰기도 한다.》
The town is **south** of the river. 그 마을은 강의 남쪽에 있다.
The compass pointed towards the **south**.
나침반은 남쪽을 가리켰다.

> 어휘가 쑥쑥
> southeast 남동(의)
> southwest 남서(의)
> the South Pole 남극
> South Korea 남한, 대한민국

The town is *south* of the river.

southern /ˈsʌðərn/ 형용사 남쪽의, 남부의

He took a trip to **southern** California. 그는 캘리포니아 남부로 여행을 떠났다.

**space /speɪs/ 명사 (복) spaces ① 공간 ② 우주

1 공간, 장소 (= room, area)
My new piano takes up a lot of **space** in my room.
새로 산 피아노는 내 방의 공간을 많이 차지한다.

2 우주 (= universe)

I want to go on a trip into **space** someday.
나는 언젠가 우주여행을 해 보고 싶다.

spaghetti /spəˈgeti/ | 명사 스파게티

I love **spaghetti** with cream sauce. 나는 크림소스 스파게티를 정말 좋아한다.

Spain /speɪn/ | 명사 스페인, 에스파냐

Madrid is the capital of **Spain**. 마드리드는 스페인의 수도이다.

Spanish /'spænɪʃ/ 〔형용사〕〔명사〕 스페인의, 스페인 사람(의), 스페인어(의)

Pablo Picasso is the most famous **Spanish** painter.
파블로 피카소는 가장 유명한 스페인 화가이다.

★ speak /spiːk/ 〔동사〕 〔3단현〕 speaks 〔과거〕 spoke 〔과분〕 spoken 〔현분〕 speaking
① 말하다 ② 연설하다 ③ (언어를) 말하다

1 말하다, 이야기하다 (= say, tell, talk, chat)
The Little Mermaid wanted to **speak** to the Prince, but she had no voice.
인어 공주는 왕자님에게 말을 하고 싶었지만 목소리가 나오질 않았다.

Please **speak** up! I can't hear you.
좀 크게 말씀해 주세요! 잘 안 들려요.

A: Hello. Can I **speak** to Harry?
여보세요. 해리와 통화할 수 있나요?

B: Sorry, he's out. Can I take a message?
죄송한데, 지금 없어요. 제가 메시지 남겨 드릴까요?

2 연설하다, 강연하다 (= address, lecture)
I am going to **speak** at school today. I am very nervous.
오늘 학교에서 연설을 해야 하는데 너무 긴장된다.

3 (언어를) 말하다
In South America, people mainly **speak** Spanish.
남미에서 사람들은 주로 스페인어를 말한다.

A: Can you **speak** English? 영어를 말할 줄 아세요?
B: Yes, a little bit. 네, 조금요.

〔숙어〕 **generally speaking** 일반적으로 말하면
Generally speaking, kids learn language faster than adults.
일반적으로 말해서, 아이들은 어른들보다 언어를 더 빠르게 배운다.

어휘가 쑥쑥
speaker 〔명〕 연설가, 발표자
speak ill of ~의 흉을 보다
speak well of ~를 좋게 말하다
speak one's mind 마음을 터놓고 말하다
so to speak 말하자면

실력이 쑥쑥
speak '의견을 말하다, 소리 내어 말하다'의 의미로, 공식적이고 중요한 상황에서 정중하게 표현할 때 사용한다.
talk '둘 이상이 대화를 나누다'의 의미로, 사적인 자리에서 격식 없이 대화를 나눌 때 사용한다.

★ special /'speʃl/ 〔형용사〕 (〔비교〕 more special 〔최상〕 most special) 특별한, 특수한
(↔ common, ordinary 평범한, 보통의)

Each of you is **special**. 여러분 한 분 한 분은 특별합니다.
Movies get more exciting with **special** effects.
영화는 특수 효과로 더욱 흥미진진해진다.

A: What are you going to do on the weekend?
주말에 뭘 할 거니?

B: Nothing **special**. How about you?
특별한 건 없는데. 너는?

어휘가 쑥쑥
specially 〔부〕 특별히
specialist 〔명〕 전문가
specialize 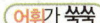 전문으로 하다

speech /spiːtʃ/ | 명사 (복) speeches ① 연설 ② 말

1 연설, 강연
He made a **speech** at the meeting. 그는 모임에서 연설을 했다.
I won the first prize in the **speech** contest.
나는 웅변대회에서 1등상을 탔다.

2 불 말, 언어
We cannot express our thoughts without **speech**.
말하지 않고서는 우리 생각을 표현할 수 없다.

> **어휘가 쑥쑥**
> speechless 말문이 막힌, 말을 못하는
> give a speech 연설하다
> opening speech 개회사
> closing speech 폐회사

speed /spiːd/ | 명사 속도 동사 (3단현) speeds (과거·과분) speeded, sped (현분) speeding) 속력을 내다

명 속도, 속력 (= pace, rate)
My father always drives within the **speed** limit.
우리 아빠는 항상 제한 속도를 지켜서 운전하신다.

The police drove their car at full **speed** to catch the criminal.
경찰은 범인을 잡기 위해 전속력으로 차를 몰았다.

The cheetah can run at a **speed** of about 60 miles per hour.
치타는 약 시속 60마일로 달릴 수 있다.

[속담] More haste, less **speed**. 급할수록 돌아가라.

동 속력을 내다, 속도를 빠르게 하다
It's very dangerous to **speed** near schools.
학교 근처에서 속력을 내는 것은 매우 위험해요.

We should **speed** up a little, or we'll be late.
우리 속도를 좀 더 내야겠어요, 안 그러면 늦겠어요.

> **어휘가 쑥쑥**
> speedy 형 빠른, 신속한
> at low speed 저속으로
> top[maximum] speed 최고 속도
> pick up speed 속도를 내다

spell /spel/ | 동사 (3단현) spells (과거·과분) spelled, spelt (현분) spelling) 철자를 쓰다, 스펠링을 쓰다

You have **spelt** my name wrong.
제 이름의 철자를 잘못 쓰셨어요.

He is **spelling** "CAT" on the blackboard.
그는 칠판에 'CAT'이라고 쓰고 있다.

A: How do you **spell** your English nickname?
네 영어 닉네임 철자를 어떻게 써?
B: C-O-R-L-I-S-S.
C-O-R-L-I-S-S야.

> **어휘가 쑥쑥**
> spelling 명 철자

spelt /spelt/ | 동사 spell의 과거·과거분사 (☞ spell)

*spend /spend/ 〔동사〕 (3단현) spend**s** (과거·과분) spent (현분) spend**ing** ① (돈을) 쓰다 ② (시간을) 보내다

1 (돈을) 쓰다
I **spend** most of my pocket money on books.
나는 용돈의 대부분을 책 사는 데 쓴다.
I **spent** ten dollars at the store. 그 가게에서 10달러를 썼다.

2 (시간을) 보내다
I'm going to **spend** this summer vacation on *Jeju* Island.
나는 이번 여름휴가를 제주도에서 보내려고 해.
Nowadays, many people **spend** a lot of their time (in) surfing the Internet.
요즘 많은 사람들이 인터넷 서핑을 하면서 많은 시간을 보낸다.

〔실력〕이 쑥쑥
'~에 돈을 쓰다'라고 할 때는 전치사 **on**과 함께 쓴다.
I *spent* a lot of money *on* clothes. (나는 옷에 많은 돈을 썼다.)
I spent a lot of money *for* clothes. (×)

spent /spent/ 〔동사〕 spend의 과거·과거분사 (☞ spend)

spicy /'spaɪsi/ 〔형용사〕 (비교) spic**ier** (최상) spic**iest** 매운, 매콤한 (= hot) (☞ taste)

Justin, my American friend, loves **spicy** Korean food.
내 미국 친구인 저스틴은 매운 한국 음식을 아주 좋아한다.
This Thai food is too **spicy** for me.
이 태국 음식은 나한테 너무 매콤하다.

〔어휘〕가 쑥쑥
spice 〔명〕 양념, 향신료

*spider /'spaɪdər/ 〔명사〕 (복) spider**s** 거미

A **spider** catches food using a web.
거미는 거미줄을 이용해서 먹이를 잡는다.
There's a **spider** climbing up your leg.
네 다리 위로 거미 한 마리가 기어 올라가고 있어.

spill /spɪl/ 〔동사〕 (3단현) spill**s** (과거·과분) spill**ed**/spilt (현분) spill**ing** 엎지르다, 흘리다

Be careful not to **spill** that milk.
그 우유 흘리지 않도록 조심해.
I **spilled** coffee on the table.
나는 테이블에 커피를 엎질렀다.
[속담] It's no use crying over **spilt** milk.
우유를 엎지르고 나서 울어 봤자 소용없다. (이미 엎질러진 물이다.)

spilt /spɪlt/ 〔동사〕 spill의 과거·과거분사 (☞ spill)

spirit /ˈspɪrɪt/ | 명사 (복) spirits) ① 정신 ② 기분

1 정신, 영혼 (= soul) (↔ body 육체)
A **spirit** of progress marked the 19th century.
진보 정신이 19세기를 특징지웠다.

Chinese people set off firecrackers to scare away evil **spirits** on New Year's Day.
중국인들은 설날에 악령을 쫓기 위해서 폭죽을 터뜨린다.

2 [spirits로 쓰여] **기분, 감정** (= mood)
He looks in good **spirits** today. 그는 오늘 기분이 좋아 보인다.

> **어휘가 쑥쑥**
> spiritual 형 정신의
> fighting spirit 투지
> team spirit 단체 정신
> be in high[low] spirits 기분이 좋다[우울하다]

---

splash /splæʃ/ | 동사 (3단현) splashes (과거·과분) splashed (현분) splashing
(물을) 튀기다, 뿌리다

We played and **splashed** each other at the swimming pool.
우리는 수영장에서 서로 물을 튀기며 놀았다.

The car **splashed** me with muddy water.
그 차가 나에게 흙탕물을 튀겼다.

He **splashed** cold water on his face.
그는 얼굴에 찬물을 끼얹었다.

---

spoil /spɔɪl/ | 동사 (3단현) spoils (과거·과분) spoiled/spoilt (현분) spoiling ① 망치다 ② 버릇없게 만들다 ③ 상하다

1 망치다 (= ruin)
The rain **spoiled** our plan for the weekend trip.
비가 우리의 주말여행 계획을 망쳐 버렸다.

[속담] Too many cooks **spoil** the broth.
너무 많은 요리사는 수프를 망친다. (사공이 많으면 배가 산으로 간다.)

2 버릇없게 만들다
Too generous parents can **spoil** their children.
너무 관대한 부모는 그들의 아이들을 버릇없게 만들 수 있다.

[속담] Spare the rod and **spoil** the child.
매를 아끼면 아이를 망친다.

3 상하다, 상하게 하다 (= go bad)
I forgot to put the food in the refrigerator, so it **spoiled**.
음식을 냉장고에 넣는 것을 잊어버려서 음식이 상해 버렸다.

> **어휘가 쑥쑥**
> spoiled 형 버릇없는
> spoil one's appetite 식욕을 잃다
> spoil the mood 분위기를 깨다
> spoil the view 경관을 해치다
>
> **실력이 쑥쑥**
> spoil 가치나 특성을 망쳐 놓다
> ruin 복구하기 힘들 정도로 파괴하다

---

spoke /spoʊk/ | 동사 speak의 과거 (☞ speak)

spoken /ˈspoʊkən/ | 동사 speak의 과거분사 (☞ speak)

*spoon /spuːn/ | 명사 (복) spoons 스푼, 숟가락

I'd like two **spoons** of sugar in my coffee.
저는 커피에 설탕 두 스푼을 넣어 주세요.

Koreans usually eat with chopsticks and a **spoon**.
한국인들은 보통 젓가락과 숟가락으로 식사한다.

어휘가 쑥쑥
tablespoon 테이블스푼
teaspoon 티스푼, 찻숟가락

sport /spɔːrt/ | 명사 (복) sports 스포츠, 운동

Baseball is one of the most popular **sports** in America.
야구는 미국에서 가장 인기 있는 스포츠 중의 하나이다.

In Spain, bullfighting is the national **sport**.
스페인에서 투우는 국가적인 스포츠이다.

어휘가 쑥쑥
sports event 스포츠 경기
sports goods 스포츠 용품

*spread /spred/ | 동사 (3단현) spreads (과거·과분) spread (현분) spreading ① 펴다 ② 퍼뜨리다 ③ 얇게 펴 바르다

1 펴다, 펼치다, 펼쳐지다 (↔ fold 접다)

The bird is **spreading** its wings.
새가 날개를 펴고 있다.

My father **spread** the blanket over my lap.
아버지께서는 내 무릎 위에 담요를 펴서 덮어 주셨다.

2 (소식·병 등을) 퍼뜨리다, 퍼지다

The scandal has **spread** rapidly through the Internet.
그 스캔들은 인터넷을 통해서 빠르게 퍼졌다.

The cold virus **spreads** through the air.
감기 바이러스는 공기를 통해서 퍼진다.

3 얇게 펴 바르다

I usually **spread** cream cheese and strawberry jam on bagels.
나는 보통 베이글에 크림치즈와 딸기잼을 발라 먹는다.

어휘가 쑥쑥
spread like wildfire (소문이) 순식간에 퍼지다
spread the word 말을 퍼뜨리다

The bird is *spreading* its wings.

*spring¹ /sprɪŋ/ | 명사 봄 (☞ season)

The weather is warm in **spring**.
봄에는 날씨가 따뜻하다.

The yellow dust is really bad this **spring**.
이번 봄에는 황사가 정말 심하네요.

어휘가 쑥쑥
spring break 봄 방학
spring semester 봄 학기

spring² /sprɪŋ/ 　명사 (복 springs) 샘, 샘물, 원천

Tom found **springs** of pure water in this area.
톰은 이 지역에서 깨끗한 물이 나오는 샘들을 발견했다.

어휘가 쑥쑥
hot spring 온천

spring³ /sprɪŋ/ 　명사 (복 springs) 용수철　동사 (3단현 springs 과거 sprang, sprung 과분 sprung 현분 springing) 뛰어오르다

명 용수철

John needed a new **spring** for his model car.
존은 자신의 모형 자동차에 쓸 새 용수철이 필요했다.

뜻풀이
용수철 늘어나거나 줄어드는 탄력이 있는 나선형의 쇠줄

동 튀다, 뛰어오르다

Tom **sprang** out of bed and ran downstairs.
톰은 침대에서 뛰쳐나와 아래층으로 달려갔다.

*square /skwer/　명사 (복 squares) ① 정사각형 ② 광장　형용사 정사각형의

명 1 정사각형, 네모

The math teacher drew a **square** on the blackboard.
수학 선생님께서는 칠판에 정사각형 하나를 그리셨다.

2 광장

In Times **Square**, many people gather and count down to the New Year on New Year's Eve. 타임스 광장에서는 12월 31일에 많은 사람들이 모여 카운트다운을 하며 새해를 맞이한다.

재미가 쑥쑥
Times Square(타임스 광장)나 Washington Square(워싱턴 광장)와 같이 큰 광장의 이름에 square가 붙는 것은 광장의 모양이 정사각형이기 때문이다.

형 정사각형의

They found a big **square** box in the woods.
그들은 숲속에서 큰 정사각형 상자를 하나 발견했다.

squirrel /ˈskwɜːrəl/　명사 (복 squirrels) 다람쥐 (☞ animal)

A **squirrel** is eating nuts. 다람쥐 한 마리가 도토리를 먹고 있다.

*stage /steɪdʒ/　명사 (복 stages) ① 무대 ② 단계

1 무대

A: I was too nervous to act well on the **stage**.
너무 떨려서 무대 위에서 연기를 잘 못 했어요.
B: No! You did a great job. 아니에요! 정말 잘하셨어요.

2 단계, 시기 (= step)

Let's move on to the next **stage**. 다음 단계로 넘어가겠습니다.

Let's move on to the next *stage*.

stair /ster/ 명사 (복) stairs) 계단 (= step)

I sprained my ankle while going down the **stairs**.
나는 계단을 내려오다가 발목을 삐었다.

stamp /stæmp/
명사 (복) stamps) ① 우표 ② 도장
동사 (3단현) stamps (과거·과분) stamped (현분) stamping)
① ~에 우표를 붙이다 ② ~에 도장을 찍다

명 1 우표
Please paste the **stamp** on the envelope.
봉투에 우표를 붙여 주세요.

2 도장, 스탬프
We made **stamps** with rubber erasers in art class.
우리는 미술 시간에 고무지우개로 도장을 만들었다.

동 1 ~에 우표를 붙이다
I **stamped** the letter and dropped it into the mailbox.
나는 편지에 우표를 붙여서 우체통에 집어넣었다.

2 ~에 도장을 찍다
You should read the contract carefully before you **stamp** a seal on it.
계약서에 도장을 찍기 전에 꼼꼼히 읽어 봐야 합니다.

I was very pleased to see that "Excellent" was **stamped** on my notebook.
나는 내 공책에 'Excellent'라고 도장이 찍혀 있는 것을 보고 너무 기뻤다.

어휘가 쑥쑥
stamp collection 우표 수집품
stamp collector 우표 수집가
stamp album 우표첩

Please paste the *stamp* on the envelope.

stand /stænd/ 동사 (3단현) stands (과거·과분) stood (현분) standing) ① 서다 ② ~에 있다 ③ 참다

1 서다, 서 있다 (↔ sit 앉다, 앉아 있다)
People are **standing** in line to get tickets.
사람들이 표를 사려고 줄을 서 있다.

Please **stand** up and sing the national anthem all together.
일어나서 모두 함께 애국가를 부르겠습니다.

Who is that girl **standing** by the window?
창문 옆에 서 있는 저 여자아이는 누구니?

2 (특정한 곳에) 있다, 존재하다 (= exist)
The church **stands** on the hill. 그 교회는 언덕 위에 있다.

CN tower **stands** in Toronto, Canada.
CN 타워는 캐나다 토론토에 있다.

어휘가 쑥쑥
standing 형 서 있는
stand aside 비켜서다
stand back 뒤로 물러서다
stand away 떨어져 있다
stand still 가만히 서 있다
stand on tiptoe[one's toes] 발끝으로 서다

3 참다, 견디다 (= bear, endure, tolerate)
I hate winter. I can't **stand** the cold.
저는 겨울이 싫어요. 추위를 참을 수가 없거든요.

(숙어) **stand by 편들다, 지지하다**
Only he *stood by* my decision.
오직 그만이 내 결정을 지지해 주었다.

stand for 상징하다, 나타내다 (= represent)
ASAP *stands for* "As Soon As Possible."
ASAP는 'As Soon As Possible (가능한 한 빨리)'를 나타낸다.

(실력이 쑥쑥)
stand가 '참다, 견디다'의 뜻일 때는 보통 부정문이나 의문문에서 쓰인다. 참을 수 없을 정도로 싫어함을 나타낸다.
I can't *stand* this hot weather. (이런 무더위는 견딜 수가 없어.)

---

*standard /ˈstændərd/ (명사) (복) standards) 표준 (형용사) 표준의

(명) 표준, 기준, 수준
The **standard** of living in this region is very high.
이 지역의 생활 수준은 매우 높다.

(형) 표준의, 기준의
In India, some people speak **standard** English, and others speak unique Indian English.
인도에서 어떤 사람들은 표준 영어를 말하고 또 다른 사람들은 독특한 인도식 영어를 말한다.

(어휘가 쑥쑥)
standardize (동) 표준화하다, 규격화하다
standardization (명) 표준화, 규격화
nonstandard 표준에 맞지 않는

---

*star /stɑːr/ (명사) (복) stars) ① 별 ② 인기 배우

1 별
I like looking at the **stars** twinkling in the sky.
나는 하늘에 반짝이는 별을 보는 것을 좋아한다.

There are fifty **stars** on the American flag.
미국 국기에는 50개의 별이 그려져 있다.

2 인기 배우, 인기인, 스타
I want to be a famous movie **star** when I grow up.
저는 커서 유명한 영화배우가 되고 싶어요.

He became a **star** player after the 2018 World Cup.
그는 2018년 월드컵 이후에 인기 선수가 되었다.

(어휘가 쑥쑥)
starry (형) 별이 총총한
morning star 샛별, 금성
Pole Star 북극성
shooting[falling] star 별똥별, 유성
rising star 떠오르는 스타, 유망주

---

*stare /ster/ (동사) (3단현) stares (과거·과분) stared (현분) staring
빤히 쳐다보다, 응시하다 (= gaze)

I screamed and everyone **stared**.
내가 비명을 지르자 모든 사람이 쳐다보았다.

A: Why are you **staring** at me? Do I have something on my face?

왜 빤히 쳐다봐? 내 얼굴에 뭐 묻었어?
B: No. You're so pretty that I can't take my eyes off you.
아니, 네가 너무 예뻐서 눈을 뗄 수가 없어.

*start /stɑːrt/

동사 (3단현) starts (과거·과분) started (현분) starting ① 출발하다 ② 시작되다 ③ 작동되다

1 출발하다, 떠나다 (= leave, depart) (↔ arrive, reach 도착하다)

Trains **start** every twenty minutes.
열차는 20분마다 출발합니다.

We **started** a little earlier to pick him up.
우리는 그를 태워 가기 위해 조금 일찍 출발했다.

My brother **started** for Boston last month.
우리 형은 지난달에 보스턴으로 떠났다.

2 시작되다, 시작하다 (= begin) (↔ end, stop 끝나다, 끝내다)

The movie **starts** exactly at 9 o'clock, so don't be late!
영화가 정확히 9시에 시작하니까 늦지 마세요!

A little girl fell to the ground and **started** to cry.
한 여자아이가 땅에 넘어져서 울기 시작했다.

When I was five years old, I **started** taking figure skating lessons.
나는 다섯 살 때 피겨 스케이팅 레슨을 받기 시작했다.

In January, the singer will **start** his first world tour.
그 가수는 1월에 자신의 첫 번째 세계 순회공연을 시작할 것이다.

In the U.S., the first professional baseball team was **started** in 1869.
미국에서 최초의 프로 야구팀은 1869년에 창단되었다.

3 (기계가) 작동되다, 움직이다, 작동시키다

After several attempts, the engine **started** at last.
여러 번 시도 끝에 마침내 엔진이 작동되었다.

My car makes a funny noise when I **start** the engine.
시동을 걸면 제 차에서 이상한 소리가 나요.

어휘가 쑥쑥

restart 재출발(하다)
starting line 출발선
starting point 출발점
starting signal 출발 신호
false start 부정 출발
early start 이른 출발
bright start 순조로운 출발
make a start 시작하다
get started (어떤 일을 하기) 시작하다
from start to finish 처음부터 끝까지
to start with 우선, 처음에는

문법이 쑥쑥

start의 목적어로는 to부정사와 동명사가 모두 쓰인다.
She *started to* cry.
She *started crying*.
(그녀는 울기 시작했다.)

*state /steɪt/

명사 (복) states ① 상태 ② (미국·호주 등의) 주
동사 (3단현) states (과거·과분) stated (현분) stating 말하다

명 1 상태, 상황 (= condition)

My grandfather is in a good[poor] **state** of health.
우리 할아버지는 건강 상태가 좋으시다[안 좋으시다].

The nation was in a **state** of confusion during the war.
그 나라는 전쟁을 하는 동안 혼란 상태였다.

어휘가 쑥쑥

statement 진술, 성명서
solid state 고체 상태
liquid state 액체 상태
emotional state 감정 상태

2 (미국·호주 등의) 주

There are fifty **states** in the U.S. 미국에는 50개의 주가 있다.
Alaska is the largest **state** in the U.S.
알래스카는 미국에서 가장 큰 주이다.

동 말하다, 진술하다

The witness **stated** that he saw the suspect enter the bank.
목격자는 용의자가 은행으로 들어가는 것을 보았다고 진술했다.

mental state 정신 상태
physical state 신체 상태
in a healthy state 건강한 상태로

---

*station /ˈsteɪʃn/ | 명사 (복) stations) 역, 정거장 (= stop)

My house is a ten-minute walk from the subway **station**.
우리 집은 지하철역에서 걸어서 10분 거리에 있다.
A: Where is the subway **station**? 지하철역이 어디 있나요?
B: It's right across from the bus **station**.
버스 정류장 바로 맞은편에 있어요.

어휘가 쑥쑥
police station 경찰서
gas station 주유소
fire station 소방서

---

statue /ˈstætʃuː/ | 명사 (복) statues) 상, 조각상 (= sculpture)

We took pictures in front of the **Statue** of Liberty in New York. 우리는 뉴욕에 있는 자유의 여신상 앞에서 사진을 찍었다.
A **statue** of King *Sejong* stands in *Gwanghwamun* Square.
세종 대왕의 동상이 광화문 광장에 있다.

재미가 쑥쑥
자유의 여신상은 미국 독립 100주년(1886년)에 프랑스가 선사한 것이다.

**stay /steɪ/ | 동사 (3단현) stays (과거·과분) stayed (현분) staying ① (잠깐) 머무르다 ② ~한 상태로 남아 있다

1 (잠깐) 머무르다, 체류하다, 묵다

I wish I could **stay** longer, but I have to go back to work.
좀 더 오래 머무르면 좋겠지만 다시 일을 하러 돌아가야 해요.
I plan to **stay** in Singapore for a few days.
나는 싱가포르에서 며칠간 머물 계획이다.
I had a bad cold and **stayed** home all day.
나는 감기가 심하게 걸려서 하루 종일 집에 있었다.

2 ~한 상태로 남아 있다 (= remain)

The apple pies on the table **stayed** warm.
식탁 위의 애플파이는 따뜻한 상태로 남아 있었다.
Positive thinking will help us **stay** young.
긍정적인 사고는 우리가 젊음을 유지하는 데 도움이 될 것이다.

숙어 **stay up** 자지 않고 깨어 있다

I *stayed up* all night studying for the test.
나는 밤새 자지 않고 시험공부를 했다.

어휘가 쑥쑥
stay cool 침착하게 행동하다
stay awake 깨어 있다
stay in touch 연락하며 지내다
stay still 꼼짝 않고 있다
stay in shape 건강을 유지하다
stay in bed (일어나지 않고) 계속 침대에 있다
Stay! (개에게) 가만 있어!
Stay tuned. (방송에서) 채널을 고정해 주세요.

steady /'stedi/ 형용사 (비교) steadier (최상) steadiest) 꾸준한, 변함없는

She walked at a **steady** pace. 그녀는 한결같은 속도로 걸었다.
[속담] Slow and **steady** wins the race.
천천히 그리고 꾸준히 하면 결국 경주에서 이긴다.

어휘가 쑥쑥
steadily 부 꾸준히
steadiness 명 꾸준함

steak /steɪk/ 명사 (복) steaks) 스테이크

How do you like your **steak**? 스테이크는 어떻게 해 드릴까요?

steal /stiːl/ 동사 (3단현) steals (과거) stole (과분) stolen (현분) stealing) 훔치다, 도둑질하다

The thief **stole** many jewels from the shop.
도둑이 상점에서 많은 보석을 훔쳤다.
I had my purse **stolen** in a crowded department store.
나는 붐비는 백화점에서 지갑을 도둑맞았다.

실력이 쑥쑥
steal 남의 것을 몰래 훔치다
rob 위협하거나 폭력을 써서 빼앗다

steam /stiːm/ 명사 수증기, 김

After taking a shower, I couldn't see myself in the mirror because of the **steam**.
샤워를 하고 난 후, 수증기 때문에 난 거울을 볼 수가 없었다.

어휘가 쑥쑥
steam engine 증기 기관(차)

steel /stiːl/ 명사 강철

This pot is made of stainless **steel**.
이 냄비는 스테인리스 강철로 만들어졌다.

steep /stiːp/ 형용사 (비교) steeper (최상) steepest) 가파른, 경사가 급한 (↔ flat 평평한)

The hill was too **steep** for me to climb up.
언덕이 경사가 너무 급해서 올라갈 수 없었다.

stem /stem/ 명사 (복) stems) 줄기

Most **stems** grow above the ground, but the **stems** of onions grow underground.
대부분의 줄기는 땅 위에서 자라지만, 양파의 줄기는 땅 아래에서 자란다.

step /step/ 명사 (복) steps) ① 걸음 ② 발소리 ③ 계단 ④ 방법
동사 (3단현) steps (과거·과분) stepped (현분) stepping) ① 걸음을 옮기다 ② 밟다

명 1 걸음, 걸음걸이

Justin took two **steps** forward.
저스틴은 두 걸음 앞으로 나아갔다.

Watch your **step** as you get off the train.
열차에서 내리실 때 발걸음을 조심하세요.

2 발소리, 발자국

I heard somebody's **steps** upstairs.
나는 위층에서 누군가의 발소리를 들었다.

She walked on the snow, leaving her **steps**.
그녀는 발자국을 남기며 눈 위를 걸어갔다.

3 계단

We were so tired that we sat on the **step** to rest.
우리는 너무 피곤해서 좀 쉬려고 계단에 앉았다.

People are running down the **steps** to take the train.
사람들이 열차를 타려고 계단을 뛰어 내려가고 있다.

4 방법 (= means), 수단, 단계 (= stage)

The teacher showed us the **steps** to solve this math problem.
선생님께서 우리에게 이 수학 문제를 푸는 방법을 알려 주셨다.

I will tell you some **steps** to master foreign languages.
내가 너에게 외국어를 터득하는 몇 가지 단계를 말해 주겠다.

동 1 걸음을 옮기다, 걷다 (= walk)

Passengers are standing in line to **step** onto a plane.
승객들이 비행기를 타기 위해 줄을 서 있다.

Please stop **stepping** back and forth. I can't concentrate on reading.
앞뒤로 왔다 갔다 하지 마세요. 독서하는 데에 집중을 못 하겠어요.

2 밟다

I **stepped** on my glasses on the floor and they were broken.
나는 바닥에 있던 내 안경을 밟았는데 부러져 버렸다.

Don't **step** on the grass! 잔디를 밟지 마세요!

A: I'm sorry! I **stepped** on your foot.
죄송해요! 제가 당신 발을 밟았네요.

B: That's O.K. 괜찮아요.

숙어 step by step 차근차근, 하나씩

Let me explain how to install this program to you *step by step*.
이 프로그램을 어떻게 설치하는지 내가 차근차근 설명해 줄게.

어휘가 쑥쑥

quick step 빠른 걸음
slow step 느린 걸음
heavy step 무거운 걸음
light step 가벼운 걸음
step carefully 조심해서 걷다
step lightly 가볍게 걷다
step quickly 빠르게 걷다
step slowly 천천히 걷다

실력이 쑥쑥

Watch your step.

'조심해서 걷다, 발밑을 조심하다'라는 뜻으로, 길을 걷거나 계단을 내려갈 때 등 주의해서 걸어야 하는 상황에 다양하게 쓰인다.

Watch your step when you walk down the street. (길을 걸어 내려갈 때 발 조심해.)

These stairs are slippery. *Watch your step.* (계단이 미끄러우니까 조심해.)

She walked on the snow, leaving her *steps*.

I'm sorry! I *stepped* on your foot.

stick¹ /stɪk/ 명사 (복) sticks ① 막대기 ② 지팡이

1 막대기, 나뭇가지

When I throw a **stick**, my dog chases it.
내가 막대기를 던지면 우리 강아지는 그것을 쫓아 달려간다.

We collected **sticks** to make a campfire.
우리는 모닥불을 피우기 위해서 나뭇가지들을 모았다.

2 지팡이

My grandma walks with a (walking) **stick** because her legs hurt.
우리 할머니는 다리가 아프셔서 지팡이를 짚고 걸어 다니신다.

> **어휘가 쑥쑥**
> **broomstick** 빗자루
> **candlestick** 촛대
> **chopsticks** 젓가락
> **matchstick** 성냥개비
> **drumstick** 북채
> **carrot and stick** 당근과 채찍, 회유와 위협

stick² /stɪk/ 동사 (3단현) sticks (과거·과분) stuck (현분) sticking) ① 찌르다 ② 붙다 ③ 꼼짝 못 하게 하다

1 찌르다

The nurse **stuck** the needle into my arm.
간호사가 내 팔에 주삿바늘을 찔렀다.

2 붙다, 붙이다 (= glue, paste)

Please **stick** a photo on your application form.
신청서에 사진을 한 장 붙여 주세요.

A: Why are you so upset? 왜 그렇게 화가 났니?
B: Some gum **stuck** to my new shoes.
내 새 신발에 껌이 달라붙었어.

3 꼼짝 못 하게 하다, 정체시키다

A: Why are you so late? 왜 이렇게 늦은 거예요?
B: Sorry, I got **stuck** in traffic.
미안해요, 차가 밀려서 꼼짝 못 했어요.

숙어 stick to 고수하다, 따르다, 지키다

Even though he lives in the U.S., he tries to *stick to* Korean traditions.
비록 그는 미국에 살고 있지만, 한국의 전통을 따르려고 노력한다.

> **어휘가 쑥쑥**
> **sticker** 명 스티커
> **sticky** 형 끈적거리는
> **stickiness** 명 끈끈함

The nurse *stuck* the needle into my arm.

still /stɪl/ 부사 아직도, 여전히

My grandma is 70 years old, and she is **still** beautiful.
우리 할머니는 70세이신데 여전히 아름다우시다.

I read this book again and again, but I **still** don't understand it.
나는 이 책을 반복해서 읽었지만 여전히 이해가 되지 않는다.

> **문법이 쑥쑥**
> 부사 still은 주로 be동사나 조동사 뒤, 일반동사 앞에 쓴다.

stillness /ˈstɪlnəs/ | 명사 고요, 정적

Her scream broke the **stillness**. 그녀의 비명이 정적을 깼다.

stole /stoʊl/ | 동사 steal의 과거 (☞ steal)

stolen /ˈstoʊlən/ | 동사 steal의 과거분사 (☞ steal)

*stomach /ˈstʌmək/ | 명사 (복) stomachs) 배, 위 (☞ body)

My **stomach** is getting fat, so I do some sit-ups every evening.
나는 요즘 배가 나와서 매일 저녁 윗몸 일으키기를 한다.

A: What's wrong with you? 어디 아프세요?
B: My **stomach** is upset. I think I had too much at lunch.
속이 안 좋아요. 점심을 너무 많이 먹은 것 같아요.

어휘가 쑥쑥
stomachache 복통
stomach cancer 위암
upset stomach 배탈

**stone /stoʊn/ | 명사 (복) stones) ① 돌 ② 보석

1 돌, 돌멩이 (= rock)
The pyramids in Egypt are made of **stone**.
이집트에 있는 피라미드는 돌로 만들어졌다.

The girl is playing with five **stones**.
소녀는 돌멩이 다섯 개를 가지고 놀고 있다.

2 보석
She bought a ring with an expensive **stone**.
그녀는 값비싼 보석이 박힌 반지를 샀다.

어휘가 쑥쑥
gemstone 보석
stepping stone 디딤돌
tombstone 비석
millstone 맷돌
foundation stone 주춧돌, 초석

stood /stʊd/ | 동사 stand의 과거·과거분사 (☞ stand)

**stop /stɑːp/ | 동사 (3단현) stops (과거·과분) stopped (현분) stopping) 멈추다
명사 (복) stops) ① 멈춤 ② 정류장

동 멈추다, 중지하다, 그치다, 그만두다

He **stopped** walking and looked around.
그는 걸음을 멈추고 주위를 둘러보았다.

This train **stops** at every station. 이 기차는 역마다 선다.

I **stopped** the car to get some drinks.
나는 음료수를 사려고 차를 세웠다.

어휘가 쑥쑥
non-stop 직통의
one-stop 한 곳에서 다 살 수 있는
stopwatch 스톱워치

명 1 멈춤, 정지
He worked all night without **stop**.
그는 쉬지 않고 밤새도록 일했다.

2 정류장
We always meet at the bus **stop** and go to school together.
우리는 항상 버스 정류장에서 만나서 같이 학교에 간다.

숙어 **stop by** 들르다, 방문하다 (= drop by)
I'll *stop by* your house this evening.
오늘 저녁에 너희 집에 들를게.

> 문법이 쑥쑥
> • stop + 동명사(-ing): ~하는 것을 멈추다
>   He *stopped looking* at the map. (그는 지도 보는 것을 멈추었다.)
> • stop + to부정사: ~하기 위해서 멈추다
>   He *stopped to look* at the map. (그는 지도를 보기 위해 멈추었다.)

*store¹ /stɔːr/ 명사 (복) stores) 가게, 상점 (= shop)

I went to the toy **store** to buy a present for my nephew.
나는 조카의 선물을 사기 위해서 장난감 가게에 갔다.

The department **store** was on sale, so it was very crowded.
백화점은 세일 중이어서 매우 혼잡했다.

> 어휘가 쑥쑥
> **bookstore** 서점
> **convenience store** 편의점

store² /stɔːr/ 동사 (3단현 stores 과거·과분 stored 현분 storing) 저장하다, 쌓아 두다

Ants **stored** food for the winter, but grasshoppers just played.
개미들은 겨울을 대비해서 식량을 저장했지만 베짱이들은 놀기만 했습니다.

> 어휘가 쑥쑥
> **storage** 명 저장, 보관

*storm /stɔːrm/ 명사 (복) storms) 폭풍우, 폭풍

A ship sank in a terrible **storm**.
심한 폭풍우 속에서 배 한 척이 침몰했다.

We will have a heavy **storm** this weekend.
이번 주말에 강한 폭풍우가 몰아칠 거래.

[속담] After a **storm** comes a calm.
폭풍우 뒤에는 고요함이 온다. (비 온 뒤에 땅이 굳어진다.)

*story¹ /ˈstɔːri/ 명사 (복) stories) 이야기 (= tale), 소설 (= novel, fiction)

I love to read exciting detective **stories**.
나는 흥미진진한 탐정 소설 읽는 것을 매우 좋아한다.

A: What is the **story** about? 무엇에 대한 이야기예요?
B: It's about a ghost in an old castle.
오래된 성에 살고 있는 유령에 대한 이야기야.

A: Why are you so late? 왜 그렇게 늦었어?
B: It's a long **story**. 말하자면 길어.

> 어휘가 쑥쑥
> **adventure story** 모험 소설
> **fairy story** 동화
> **bedtime story** (아이에게) 잠자기 전에 들려 주는 이야기

story² /ˈstɔːri/ | 명사 (복) stories) (건물의) 층 (= floor)

The Empire State Building is a 102-**story** skyscraper.
엠파이어 스테이트 빌딩은 102층의 고층 빌딩이다.

*stove /stoʊv/ | 명사 (복) stoves) (난방용) 난로, (요리용) 레인지 (= cooking stove)

Mother put the kettle on the **stove**.
엄마는 주전자를 가스레인지에 올려놓으셨다.

The kettle is talking on the **stove**.
주전자가 난로 위에서 쉿쉿 소리를 내고 있다.

*straight /streɪt/ | (비교) straighter (최상) straightest) 형용사 곧은 부사 똑바로

형 곧은, 똑바른

He was very old, but his back was very **straight**.
그는 나이가 많았지만 등은 매우 곧았다.

Keep your back **straight**. 등을 똑바로 펴세요.

A: What does Kelly look like? 켈리는 어떻게 생겼죠?
B: She's tall and has long **straight** hair.
키가 크고 긴 생머리예요.

어휘가 쑥쑥
straighten 동 똑바르게 하다, 곧게 하다
straight line 직선
straight teeth 가지런한 치아

부 똑바로, 곧장

The teacher turned round and looked **straight** into Tom's eyes. 선생님은 뒤를 돌아서 톰의 눈을 똑바로 쳐다보았다.

A: Excuse me, how can I get to Harvard Square?
실례지만, 하버드 광장에 가려면 어떻게 가야 하죠?

B: Go **straight** two blocks and make a left turn.
곧장 두 블록을 가서서 모퉁이에서 왼쪽으로 도세요.

Go *straight* two blocks and make a left turn.

*strange /streɪndʒ/ | 형용사 (비교) stranger (최상) strangest) 이상한, 낯선, 기묘한 (= odd)

It is **strange** that John failed the exam.
존이 그 시험에 떨어지다니 이상하다.

Clara saw a **strange** man on the beach.
클라라는 해변에서 낯선 사람을 봤다.

On Halloween, children wear **strange** clothes to look like ghosts or witches.
핼러윈에 아이들은 유령이나 마녀처럼 보이려고 기묘한 옷을 입는다.

어휘가 쑥쑥
strangely 부 이상하게

실력이 쑥쑥
strange 설명하기 어렵거나 낯설어서 이상한
odd 평범하지 않고 파격적이라서 이상한

stranger /ˈstreɪndʒər/ | 명사 (복) strangers) 낯선 사람, 생소한 사람

I found a **stranger** standing at the gate.
나는 문 앞에 낯선 사람이 서 있는 것을 발견했다.

A: Can you show me the way to the National Museum?
국립 박물관으로 가는 길 좀 알려 주시겠습니까?

B: Sorry. I'm a **stranger** here.
미안해요. 저도 여기가 처음이라서요.

> 어휘가 쑥쑥
> complete[perfect, total]
> stranger 전혀 모르는 사람

---

*straw /strɔː/ | 명사 (복) straws) ① 짚 ② 빨대

1 짚, 밀짚

Lucy put on a bathing suit and a **straw** hat.
루시는 수영복을 입고 밀짚모자를 썼다.

[속담] A drowning man will catch at a **straw**.
물에 빠진 사람은 지푸라기라도 잡는다.

2 빨대

My younger sister always drinks milk through a **straw**.
내 여동생은 항상 빨대로 우유를 마신다.

---

*strawberry /ˈstrɔːberi/ | 명사 (복) strawberries) 딸기 (☞ fruit)

We have big **strawberry** farms around my house.
우리는 집 근처에 큰 딸기 농장들이 있다.

---

*stream /striːm/ | 명사 (복) streams) 시내, 개울

We have to go across the **stream** to get to the cottage.
그 오두막에 가려면 우리는 시내를 건너야 한다.

The paper boat floated down the **stream**.
종이배는 개울 아래로 흘러 내려갔다.

> 뜻풀이
> 개울 시내보다 크고 강보다 작은, 골짜기나 들에 흐르는 작은 물줄기

**street /striːt/ | 명사 (복) streets) ① 거리 ② ~가

1 거리, 길

She walked down the **street** to look for a bookstore.
그녀는 서점을 찾으려고 길을 따라 걸어갔다.

A: Do you know how to get to the National Theater?
국립 극장에 어떻게 가는지 아시나요?

B: Go across the **street** and take bus number nine.
길을 건너가서 9번 버스를 타세요.

> 어휘가 쑥쑥
> street food 길거리 음식
> main street 중심가
> one-way street 일방통행로
> street tree 가로수
> street vendor 노점상
> street light 가로등

2 ~가, ~로 《보통 St.로 쓴다.》

My school is on Oxford **Street**.  우리 학교는 옥스퍼드가에 있다.

strength /streŋkθ/ | 명사 힘, 강점, 장점 (↔ weakness 약함, 약점)

The eagle is a symbol of **strength** and courage.
독수리는 힘과 용기의 상징이다.
The secret of Samson's great **strength** is his hair.
삼손의 강한 힘의 비밀은 그의 머리카락이다.
Bill's **strength** is his honesty. 빌의 장점은 정직함이다.

어휘가 쑥쑥
strengthen 통 강화하다
physical strength 체력
mental strength 정신력

*stretch /stretʃ/ | 동사 (3단현) stretches (과거·과분) stretched (현분) stretching
늘이다, 늘어나다, 펴다, 뻗치다

He **stretched** out his hand for the box on the shelf.
그는 선반 위의 상자로 손을 뻗었다.
She **stretched** after a long drive.
그녀는 장거리 운행 후에 기지개를 켰다.
The road **stretches** for miles. 그 길은 수 마일 뻗어 있다.

*strict /strɪkt/ | 형용사 (비교) stricter (최상) strictest 엄한, 엄격한 (= severe)

Our new teacher is very **strict**. 우리 새 선생님은 매우 엄하시다.
When you make products, you must keep our **strict** standards. 제품을 만들 때는 우리의 엄격한 기준을 지켜야 합니다.

어휘가 쑥쑥
strictly 부 엄격하게
strictness 명 엄격함

*strike /straɪk/ | 동사 (3단현) strikes (과거·과분) struck (현분) striking ① 치다 ② 생각이 떠오르다
명사 (복) strikes ① 타격 ② 파업

통 1 치다, 때리다, 두드리다 (= hit, beat)
He **struck** the ball with the bat. 그는 배트로 공을 쳤다.
When lightning **strikes**, don't stand under a tree.
번개가 칠 때 나무 아래에 서 있지 마라.
[속담] **Strike** while the iron is hot.
쇠는 달았을 때 두드려라. (기회가 왔을 때 잡아라.)

어휘가 쑥쑥
striker 명 파업 중인 노동자, (축구의) 스트라이커
striking 형 눈에 띄는, 두드러진

2 생각이 떠오르다 (= occur to)
Suddenly a great idea **struck** me. 갑자기 멋진 생각이 떠올랐다.

명 1 타격, (야구의) 스트라이크
Three **strikes** and he's out. 그는 삼진 아웃이다.

2 파업
The factory workers went on a **strike**.
그 공장 노동자들은 파업에 돌입했다.

He *struck* the ball with the bat.

✱ string /strɪŋ/ | 명사 (복) strings ① 끈 ② (악기의) 줄

1 끈, 줄, 실
I tied the box with a yellow **string**.
나는 노란색 끈으로 상자를 묶었다.

He bought a ball of **string** to fly a kite.
그는 연을 날리려고 실 한 뭉치를 샀다.

2 (악기의) 줄, 현
I have broken a guitar **string** by mistake.
나는 실수로 기타 줄을 끊었다.

> 재미가 쑥쑥
>
> orchestra(오케스트라)의 악기 중 strings(현악기)에는 violin(바이올린), viola (비올라), cello(첼로), contrabass(콘트라베이스)가 있다.

✱ stripe /straɪp/ | 명사 (복) stripes 줄, 줄무늬

Tigers have **stripes**.
호랑이에게는 줄무늬가 있다.

A: Which one do you like, **stripes** or checks?
줄무늬랑 체크무늬 중 어떤 게 좋아?
B: I like neither of them. 둘 다 싫어.

✱✱ strong /strɔːŋ/ | 형용사 (비교) stronger (최상) strongest
① 힘센 ② 질긴 ③ 강한 ④ (차·커피 등이) 진한

1 힘센, 건강한 (= powerful) (↔ weak 약한)
You should eat foods with plenty of calcium to have **strong** bones.
뼈를 튼튼하게 하려면 칼슘이 많은 음식을 먹어야 한다.

Hercules is the **strongest** hero in Greek mythology.
헤라클레스는 그리스 신화에서 가장 힘이 센 영웅이다.

2 질긴, 튼튼한
This bag is made of **strong** cloth, so it is not easily torn.
이 가방은 질긴 천으로 만들어져서 잘 찢어지지 않는다.

3 (바람·타격 등이) 강한, 거센
The wind was so **strong** that trees fell down.
바람이 너무 강해서 나무들이 쓰러졌다.

The sunlight was so **strong** that Jimmy wore sunglasses.
햇살이 너무 강해서 지미는 선글라스를 썼다.

4 (차·커피 등이) 진한, (술이) 독한
She drank two cups of **strong** coffee, so couldn't fall asleep.
그녀는 진한 커피를 두 잔이나 마셔서 잠이 오지 않았다.

> 어휘가 쑥쑥
>
> **strongly** 🔊 강하게
> **strong-willed** 의지가 강한
> **strong-minded** 심지가 굳은
> **strong opinion** 확고한 의견
> **strong belief** 강한 신념
> **strong point** 장점, 강점

Hercules is the *strongest* hero in Greek mythology.

struck /strʌk/ | 동사 strike의 과거·과거분사 (☞ strike)

*structure /ˈstrʌktʃər/ | 명사 (복 structures) 구조, 구성

Doctors have to know the **structure** of the human body well.
의사들은 인체의 구조를 잘 알고 있어야 한다.

This family tree shows the **structure** of a large family.
이 가계도는 대가족의 구성을 보여 준다.

*struggle /ˈstrʌgl/ | 동사 (3단현 struggles 과거·과분 struggled 현분 struggling) 싸우다
명사 (복 struggles) 노력

동 싸우다, 노력하다, 고군분투하다

She **struggled** not to cry. 그녀는 울지 않으려고 애썼다.
The Aztecs **struggled** to protect their city, but failed.
아즈텍 원주민들은 도시를 지키려고 싸웠으나 실패했다.
She is **struggling** with a difficult problem.
그녀는 어려운 문제를 해결하느라 고군분투 중이다.

명 노력, 몸부림, 고군분투

Her **struggle** for human rights led her to receive the Nobel Peace Prize.
그녀는 인권을 위한 투쟁으로 노벨 평화상을 받았다.

> **어휘가 쑥쑥**
> struggling 형 어려움을 겪는, 고군분투하는
> ・-・-・-・-・-・-・
> close struggle 접전
> power struggle 권력 투쟁
> class struggle 계급 투쟁
> struggle for liberty 자유를 위한 투쟁

stuck /stʌk/ | 동사 stick²의 과거·과거분사 (☞ stick²)

**student /ˈstuːdnt/ | 명사 (복 students) 학생

My name is John Smith. I am a **student** at Ohio Middle School.
제 이름은 존 스미스입니다. 저는 오하이오 중학교 학생입니다.

When the teacher entered the classroom, the **students** became quiet.
선생님이 교실에 들어가자, 학생들은 조용해졌다.

> **어휘가 쑥쑥**
> student fee 등록금
> student teacher 교생
> graduate student 대학원생

**study /ˈstʌdi/ | 동사 (3단현 studies 과거·과분 studied 현분 studying) 공부하다
명사 (복 studies) 공부

동 공부하다, 배우다, 연구하다

I **study** biology at the university. 저는 대학에서 생물학을 공부해요.
He left for Africa to **study** wild animals.

> **어휘가 쑥쑥**
> self-study 독학
> study habit 공부 습관

그는 야생 동물을 연구하기 위해서 아프리카로 떠났다.
A: Let's play baseball this afternoon.
오늘 오후에 같이 야구하자.
B: Sorry, I can't. I have to **study** for the exam.
미안하지만 나는 시험공부를 해야 돼.

명 공부, 연구
The **study** room should be clean and quiet.
공부방은 깨끗하고 조용해야 한다.
According to a **study**, high stress can cause cancer.
한 연구에 따르면, 높은 스트레스는 암의 원인이 될 수 있다고 한다.

scientific study 과학 연구
social studies 사회학

실력이 쑥쑥
study 스스로 지식을 얻으려고 노력하다
learn 남에게 배워서 알다

---

* **stuff** /stʌf/ | 명사 재료 동사 (3단현) stuffs (과거·과분) stuffed (현분) stuffing) 채우다

명 재료, 원료, 물건
Please don't leave your **stuff** behind.
자기의 물건을 놓고 가지 마세요.
I'll bring some food and camping **stuff**.
나는 약간의 음식이랑 캠핑 도구들을 가져갈게.

동 채우다, 채워 넣다
I **stuffed** my suitcase with clothes.
나는 여행용 가방을 옷으로 채웠다.

문법이 쑥쑥
stuff는 셀 수 없는 명사로 복수형이 없다.
The shop sells all kinds of *stuff*. (그 가게는 온갖 물건을 다 판다.)
The shop sells all kinds of stuffs. (×)

---

stupid /'stuːpɪd/ | 형용사 (비교) stupider (최상) stupidest) 어리석은, 멍청한 (= foolish)
(↔ bright, intelligent 똑똑한, 현명한)

It was **stupid** of me to believe him.
그 사람을 믿다니 내가 어리석었다.
Don't do anything **stupid**! 멍청한 짓 하지 마!

어휘가 쑥쑥
stupidity 명 어리석음
stupidly 부 어리석게

---

style /staɪl/ | 명사 (복) styles) 양식, ~식, 스타일

The museum was built in European **style**.
그 박물관은 유럽식으로 지어졌다.
The company made a new **style** of cell phone.
그 회사는 새로운 스타일의 휴대 전화를 만들었다.

어휘가 쑥쑥
stylish 멋진, 유행을 따르는
stylist 명 스타일리스트

---

* **subject** /'sʌbdʒɪkt, 'sʌbdʒekt/ | 명사 (복) subjects) ① 주제 ② 과목 ③ [문법] 주어

1 주제, 제목
We had a discussion on the **subject** of women's rights.
우리는 여성의 권리에 대한 주제로 토론했다.

어휘가 쑥쑥
change the subject
주제를 바꾸다

2 과목
A: What is your favorite **subject**?
네가 제일 좋아하는 과목이 뭐니?
B: I like history best. 나는 역사를 가장 좋아해.

3 [문법] 주어
"He" is the **subject** in the sentence "He reads a book."
"그는 책을 읽는다."라는 문장의 주어는 "그"이다.

> cover[deal with] a subject 주제를 다루다
> get off the subject 주제에서 벗어나다
> drop a subject 주제를 언급하지 않다

---

* subway /'sʌbweɪ/ | 명사 (복) subways) 지하철 (☞ transportation)

I usually go to school by **subway**.
나는 보통 지하철을 타고 학교에 간다.

Take **subway** line number two and transfer to line number one at City Hall station.
지하철 2호선을 타고 가다가 시청 역에서 1호선으로 갈아타세요.

> (실력)이 쑥쑥
> 영국에서는 지하철을 the underground 또는 tube라고 한다.

---

* succeed /sək'siːd/ | 동사 (3단현) succeeds (과거·과분) succeeded (현분) succeeding) 성공하다 (↔ fail 실패하다)

Finally, she **succeeded** in solving the problem.
마침내 그녀는 그 문제를 푸는 데 성공했다.

---

success /sək'ses/ | 명사 (복) successes) ① 성공 ② 성공한 것

1 (불) 성공 (↔ failure 실패)
I wish you **success**. 당신의 성공을 기원합니다.

2 성공한 것, 성공한 사람
The singer's concert was a great **success**.
그 가수의 콘서트는 대성공이었다.

> (어휘)가 쑥쑥
> successful 형 성공한
> successfully 부 성공적으로

---

* such /sʌtʃ/ | 형용사 ① 이러한 ② 대단히 ~한

1 이러한, 그러한
I cannot pay for **such** services.
나는 이런 서비스에 대해 돈을 낼 수 없다.

I don't want to do **such** a thing again.
나는 다시는 그런 일을 하고 싶지 않다.

2 대단히 ~한, 매우 ~한
Lucy is **such** a good friend.
루시는 정말 좋은 친구이다.

> (문법)이 쑥쑥
> such와 so는 둘 다 '대단히[매우] ~한'이라는 뜻이지만, such 뒤에는 '명사' 또는 '형용사+명사'가 오고, so 뒤에는 '형용사' 또는 '부사'가 온다.
> • such a(n)+명사
>   Don't be in *such a* hurry.
>   (그렇게 서두르지 마.)

I have never seen **such** a beautiful scenery.
나는 이렇게 아름다운 풍경을 본 적이 없다.

It was **such** a hard exam that nobody got a perfect score.
시험이 너무 어려워서 아무도 만점을 받지 못했다.

숙어 **such as** ~와 같은 (= like)

My sister and I argue about small things *such as* clothes, phones, and homework.
언니와 나는 옷, 전화, 숙제와 같은 사소한 일로 싸운다.

I often eat *such* Italian food *as* spaghetti or pizza for lunch.
나는 점심으로 스파게티나 피자 같은 이탈리아 음식을 자주 먹는다.

- such a(n) + 형용사 + 명사
 It was *such* a lovely day.
 (정말 멋진 날씨였다.)
- so + 형용사/부사
 The pizza is *so* delicious.
 (피자는 정말 맛있다.)
 Children grow *so* fast.
 (아이들은 참 빨리 큰다.)

suddenly /ˈsʌdənli/ 부사 갑자기 (= all of a sudden)

Suddenly the sky turned dark, and it began to rain.
갑자기 하늘이 어두워지더니 비가 오기 시작했다.

While we were speaking, the phone was **suddenly** cut off.
통화하는 중에 갑자기 전화가 끊겼다.

어휘가 쑥쑥
sudden 형 갑작스러운

*suffer /ˈsʌfər/ 동사 (3단현) suffers (과거·과분) suffered (현분) suffering ① 겪다 ② 고생하다

1 겪다, 경험하다

Indonesia **suffered** a lot of damage in the earthquake and tsunami.
인도네시아는 지진과 해일로 큰 피해를 입었다.

He survived a car accident, but **suffered** terrible burns.
그는 교통사고에서 살아남았으나 심한 화상을 입었다.

2 고생하다, 병을 앓다

Many African kids are **suffering** from hunger.
많은 아프리카 아이들이 굶주림에 시달리고 있다.

Lucy has **suffered** from a bad cold for a week.
루시는 일주일 동안 심한 감기를 앓아 왔다.

어휘가 쑥쑥
sufferer 명 고통받는 사람
suffering 명 고통, 괴로움
suffer a defeat 패배하다
suffer an injury 부상을 입다
suffer a loss 손실을 입다
suffer a heart attack 심장 마비를 겪다
suffer a blow 타격을 받다

*sugar /ˈʃʊgər/ 명사 설탕, 당분

Too much **sugar** is bad for your health.
설탕을 너무 많이 먹으면 건강에 좋지 않습니다.

A: Will you have[take] cream and **sugar** in your coffee?
커피에 크림과 설탕을 넣으시겠어요?

B: Put just a little bit of **sugar**, please.
설탕만 조금 넣어 주세요.

어휘가 쑥쑥
sugar-free 무설탕의
sugar cube[lump] 각설탕
white sugar 백설탕

suggest /sə'dʒest/ 〔동사〕 (3단현) suggests (과거·과분) suggested (현분) suggesting
제안하다 (= offer, propose)

I **suggest** that we have a discussion about the problem right now.
저는 우리가 지금 당장 그 문제에 대해서 토론할 것을 제안합니다.

The mayor **suggested** building a new library in the city.
시장은 시에 새 도서관을 지을 것을 제안했다.

〔어휘가 쑥쑥〕
suggestion 〔명〕 제안

〔실력이 쑥쑥〕
suggest는 propose에 비해 소극적인 제안이다.

suit¹ /suːt/ 〔명사〕 (복) suits) 정장, 정장 한 벌 (☞ clothing)

He put on a new gray **suit**, a white shirt, and new shoes.
그는 새 회색 양복에 하얀 셔츠를 입고 새 구두를 신었다.

suit² /suːt/ 〔동사〕 (3단현) suits (과거·과분) suited (현분) suiting ~에게 어울리다, 맞다 (= fit)

Your new hair style really **suits** you.
새로 한 머리 모양이 너에게 정말 잘 어울린다.

The necktie is **suited** to his white shirt.
그 넥타이는 그의 흰색 셔츠에 잘 어울린다.

She is **suited** for that position. 그녀는 그 직위에 적임자이다.

〔어휘가 쑥쑥〕
suitable 〔형〕 적당한, 적절한

suitcase /'suːtkeɪs/ 〔명사〕 (복) suitcases) 여행용 가방

I packed my **suitcase** for my trip.
나는 여행을 가기 위해 가방을 쌌다.

A: Open your **suitcase**, please. Do you have anything to declare? 여행 가방을 열어 주세요. 신고할 물건이 있나요?
B: No, nothing. 아니요, 없습니다.

〔재미가 쑥쑥〕
의복(suit) 한 벌을 넣을 만한 크기의 가방이기 때문에 suitcase라고 한다.

summary /'sʌməri/ 〔명사〕 (복) summaries) 요약

Jenny made a **summary** of the newspaper article.
제니는 신문 기사를 요약했다.

〔어휘가 쑥쑥〕
summarize 〔동〕 요약하다

summer /'sʌmər/ 〔명사〕 여름 (☞ season)

It's hot and humid in the **summer** in Korea.
한국의 여름은 덥고 습하다.

A: Did you enjoy your **summer** vacation?
여름 방학은 재미있었니?

〔어휘가 쑥쑥〕
early summer 초여름
high summer 한여름
late summer 늦여름

B: Sure, I went to a **summer** camp in Colorado.
네, 콜로라도의 여름 캠프에 갔었어요.

*sun /sʌn/ 명사 ① 태양 ② 햇볕

1 [the와 함께 써서] **태양, 해**
The **sun** rises in the east and sets in the west.
태양은 동쪽에서 떠서 서쪽으로 진다.

The **sun** is coming up, but it is still cold outside.
해가 뜨고 있지만, 밖은 여전히 춥다.

2 햇볕, 햇빛
The ice cream is melting in the **sun**.
아이스크림이 햇빛에 녹고 있다.

> 어휘가 쑥쑥
> sunbathing 일광욕
> sunblock[sunscreen] 자외선 차단 크림
> sunburn 햇볕에 심하게 탐
> sunglasses 선글라스
> sunshine 햇빛, 햇살

Sunday /ˈsʌndeɪ/ 명사 (복) Sundays) 일요일 (☞ day) 《줄여서 Sun.으로 적기도 한다.》

I usually eat brunch on **Sundays**.
나는 보통 일요일마다 브런치를 먹는다.

A: What are you going to do this[next] **Sunday**?
이번 주[다음 주] 일요일에 뭐 하니?

B: I'm going to have my birthday party with my friends.
친구들과 내 생일 파티를 하려고 해.

> 문법이 쑥쑥
> next, this, last, every 등이 요일 앞에 오면 전치사는 쓰지 않는다.
> on this Sunday (×)

sung /sʌŋ/ 동사 sing의 과거분사 (☞ sing)

sunk /sʌŋk/ 동사 sink¹의 과거분사 (☞ sink¹)

sunny /ˈsʌni/ 형용사 (비교 sunnier 최상 sunniest) 화창한, 햇볕이 쨍쨍한

On a **sunny** day, we were playing football in the park.
어느 화창한 날, 우리는 공원에서 축구를 하고 있었다.

sunrise /ˈsʌnraɪz/ 명사 일출, 해 뜨는 것 (↔ sunset 일몰)

Before **sunrise**, we will leave this place.
해가 뜨기 전에 우리는 이곳을 떠날 것이다.

sunset /ˈsʌnset/ 명사 일몰, 해 지는 것 (↔ sunrise 일출)

At **sunset**, the knight reached the castle.
해 질 무렵에서야 그 기사는 성에 도착했다.

Jane watched a wonderful **sunset** at the seashore.
제인은 바닷가에서 아름다운 일몰을 바라보았다.

＊super /ˈsuːpər/ 　형용사　최고의, 아주 좋은 (= excellent, outstanding)

Soybean is a real **super** food! It helps you stay fit and healthy.
콩은 정말 최고의 음식이다. 콩은 날씬한 몸매와 건강을 유지하는 데 도움이 된다.

> **어휘가 쑥쑥**
> superior 형 (~보다) 우수한, 우위의

supermarket /ˈsuːpərmɑːrkɪt/ 　명사　(복) supermarkets) 슈퍼마켓 (☞ 872, 873쪽)

I'm going to the **supermarket** to buy some apples and milk.
나는 사과랑 우유 좀 사러 슈퍼마켓에 가는 길이다.

supper /ˈsʌpər/ 　명사　(복) suppers) 간단한 저녁 식사, 야식

I had a big lunch, so I want to have a light **supper**.
점심을 많이 먹어서 저녁은 가볍게 먹고 싶다.

＊supply /səˈplaɪ/ 　동사　(3단현) supplies　(과거·과분) supplied　(현분) supplying) 공급하다
　명사　(복) supplies) 공급

동 주다, 공급하다 (= give, provide)
Cows **supply** us with milk. 젖소는 우리에게 우유를 준다.
A newspaper **supplies** us with a lot of information.
신문은 우리에게 많은 정보를 준다.
The company **supplies** books to many bookstores.
그 회사는 여러 서점에 책을 공급한다.

명 공급, 지급 (↔ demand 수요)
Everyone in the village has a good **supply** of water.
모든 마을 사람들에게 충분한 물이 공급되고 있다.

> **어휘가 쑥쑥**
> supplier 명 공급자
> adequate supply 충분한 공급
> gas[electricity] supply 가스[전기] 공급
> in short supply 공급이 부족한

＊support /səˈpɔːrt/ 　동사　(3단현) supports　(과거·과분) supported　(현분) supporting)
① 지탱하다　② 부양하다　명사　지지

동 1 지탱하다, 받치다 (= hold up)
Bones **support** our body. 뼈는 우리의 몸을 지탱해 준다.
This shelf is not strong enough to **support** books.
이 선반은 책들을 올려놓을 수 있을 정도로 튼튼하지 않다.

2 부양하다, 지원하다, 후원하다, 지지하다 (= assist, help)

> **어휘가 쑥쑥**
> supporter 명 후원자, 지지자
> supporting 형 지지하는
> supportive 형 지원하는
> active support 적극적인

My parents work hard to **support** my family.
부모님은 우리 가족을 부양하기 위해 열심히 일하신다.

Government provided food and clothing to **support** the flood victims.
정부는 수재민을 지원하기 위해 식량과 옷을 제공했다.

All the money will be used to **support** future soccer players.
모든 돈은 미래의 축구 선수들을 후원하는 데 쓰여질 것이다.

명 지지, 지원, 원조 (= aid, help)

My best friend, Jane, always gives me **support** and strength.
내 가장 친한 친구인 제인은 항상 나를 지지해 주고 힘을 준다.

Our company is helping children with many kinds of **support**.
우리 회사는 여러 지원을 통해 아이들을 돕고 있다.

지원
financial support 재정적 지원
moral support 정신적인 지지
full support 전적인 지원
widespread support 폭넓은 지지
public[popular] support 대중의 지지
technical support 기술 지원

---

* **suppose** /sə'pouz/ 동사 (3단현) supposes (과거·과분) supposed (현분) supposing
① 생각하다 ② ~라고 가정하다

1 생각하다, 추측하다 (= think, imagine)

I **suppose** that you can buy a new bag with your pocket money.
나는 네가 용돈으로 새 가방을 살 수 있을 것이라고 생각한다.

I don't **suppose** he will be present at the meeting.
나는 그가 회의에 참석하지 않을 것이라고 생각한다.

A: Angie is absent today. She must be sick.
앤지가 오늘 결석했어. 아픈 것이 틀림없어.
B: I **suppose** so. 나도 그렇게 생각해.

2 ~라고 가정하다

Suppose you were a teacher.
네가 선생님이라고 가정해 봐.

A: **Suppose** that you had a million dollars, what would you do?
만일 너에게 백만 달러가 생긴다고 가정해 봐, 그러면 뭐 할 거니?
B: I would buy a wonderful house for my parents, first.
우선 부모님께 멋진 집을 사 드릴 거야.

숙어 **be supposed to** ~하기로 되어 있다, ~해야 한다

A: Is Kelly back home?
켈리가 집에 돌아왔어요?
B: Not yet. She *was supposed to* be home by 8 o'clock.
아직 돌아오지 않았어. 8시까지 집에 오기로 되어 있었는데.

You *are* not *supposed to* smoke here.
이곳에서 담배를 피우시면 안 됩니다.

어휘가 쑥쑥
supposed 형 가정의, 추측의
supposedly 부 아마도, 추측건대

실력이 쑥쑥
- I suppose so.
  확실하지 않지만 '그럴 것 같다'라는 의미로 사용된다.
- I suppose not.
  확실하지 않지만 '그렇지 않을 것 같다'라는 의미로 사용된다.
  A: Will John join us? (존이 우리와 함께할까요?)
  B: I *suppose so*. (아마 그럴 거예요.) / I *suppose not*. (아마 그러지 않을 거예요.)

◆ **Produce** 농산물
Vegetable 야채
① carrot 당근
② cabbage 양배추
③ tomato 토마토
④ onion 양파
⑤ potato 감자
⑥ garlic 마늘
⑦ corn 옥수수
⑧ lettuce 양상추
⑨ broccoli 브로콜리
⑩ spinach 시금치
⑪ eggplant 가지
⑫ zucchini 애호박
⑬ pea 콩
⑭ cucumber 오이
⑮ mushroom 버섯
⑯ sweet potato 고구마
⑰ green pepper 피망
Fruit 과일
⑱ apple 사과
⑲ grape 포도
⑳ banana 바나나
㉑ orange 오렌지
㉒ strawberry 딸기
㉓ peach 복숭아
㉔ pear 배
㉕ mango 망고
㉖ pineapple 파인애플
㉗ watermelon 수박
㉘ lemon 레몬
㉙ kiwi 키위

◆ Meat & Poultry 육류
Meat: ㉚ pork 돼지고기 ㉛ beef 쇠고기 ㉜ steak 스테이크 ㉝ ham 햄
㉞ sausage 소시지 ㉟ bacon 베이컨
Poultry: ㊱ chicken 닭고기 ㊲ turkey 칠면조 고기 ㊳ duck 오리고기
◆ Seafood 해산물: ㊴ fish 생선 ㊵ tuna 참치 ㊶ salmon 연어 ㊷ lobster 바닷가재
㊸ crab 게 ㊹ shrimp 새우 ㊺ squid 오징어 ㊻ shellfish 조개
㊼ oyster 굴
◆ Frozen Food 냉동식품: ㊽ pizza 피자 ㊾ dumpling 만두 ㊿ corn dog 콘도그 (핫도그)
◆ Dairy Products 유제품: (51) milk 우유 (52) cheese 치즈 (53) butter 버터 (54) margarine 마가린
(55) yogurt 요구르트 (56) ice cream 아이스크림 (57) egg 달걀
◆ Beverage & Juice 음료: (58) juice 주스 (59) soda 탄산음료 (60) coffee 커피 (61) tea 차
(62) water 물 (63) wine 와인 (64) beer 맥주

sure /ʃʊr/ 〔형용사〕(비교 surer 최상 surest) 확실한, 틀림없는 〔부사〕 확실히

형 확실한, 틀림없는, 확신하는 (= certain) (↔ uncertain 확실하지 않은)

I'm **sure** that Kevin is honest. / I'm **sure** of Kevin's honesty.
나는 케빈이 정직하다고 확신한다.

Your English is very good. I'm **sure** you will pass the English test.
너는 영어를 아주 잘하니까 영어 시험에 꼭 합격할 거야.

I am not **sure** whether I locked the door.
내가 문을 잠갔는지 안 잠갔는지 확실하지 않다.

A: It will snow tomorrow. 내일 눈 온대.
B: Are you **sure**? 확실해?

A: Excuse me, is there a bookstore around here?
실례하지만, 이 근처에 서점이 있나요?
B: I am not **sure**. 잘 모르겠는데요.

〔숙어〕 **be sure to** 꼭[틀림없이] ~하다
Be sure to turn off the lights when you go out.
나갈 때 전등을 꼭 꺼라.
It *is sure to* rain. 틀림없이 비가 올 것이다.

for sure 틀림없이, 확실히 (= surely)
Tony will win this piano contest *for sure*.
토니는 이번 피아노 경연 대회에서 틀림없이 우승할 것이다.

make sure 확인하다
I called the hotel to *make sure* of my reservation.
나는 예약을 확인하러 호텔에 전화를 했다.

부 확실히, 틀림없이, 정말로 (= surely, certainly)
It **sure** is cold outside. 확실히 바깥은 춥다.

A: It's a beautiful dress, isn't it?
정말 예쁜 드레스지?
B: It **sure** is. 정말 예쁘다.

〔어휘가 쑥쑥〕
surely 〔부〕 확실히, 틀림없이
sureness 〔명〕 확실함

〔실력이 쑥쑥〕
• sure는 상대방의 질문에 대해 동의하는 대답으로 흔히 사용된다.
  A: Can I borrow this book? (이 책 좀 빌릴 수 있을까요?)
  B: *Sure*. (물론이죠.)
  = Certainly.
  = Of course.

• sure는 상대방이 감사의 표시를 할 때, '천만에요'라는 대답으로도 사용된다.
  A: Thanks for coffee. (커피 고마워요.)
  B: *Sure*. (천만에요.)

I am sure of your success. (나는 너의 성공을 확신한다.)
= I am sure that you will succeed.
= I am certain that you will succeed.

---

surprise /sərˈpraɪz/ 〔동사〕(3단현 surprises 과거·과분 surprised 현분 surprising) 놀라게 하다 〔명사〕(복 surprises) 놀람

동 놀라게 하다

That news **surprised** us all.
그 소식은 우리 모두를 놀라게 했다.

Eve was so **surprised** that she couldn't say a thing.
이브는 너무 놀라서 아무 말도 할 수 없었다.

〔어휘가 쑥쑥〕
surprised 〔형〕 (사람·동물이) 놀란
surprising 〔형〕 (상황·소식 등이) 놀라운, 뜻밖의

Everybody was **surprised** at the actor's excellent performance. 모든 사람들이 그 배우의 멋진 연기에 놀랐다.

He was **surprised** to see a big brown bear in the forest. 그는 숲속에서 커다란 갈색 곰을 보고 놀랐다.

명 놀람, 놀라운 일

His eyes opened with great **surprise**. 놀라움으로 그의 눈이 커졌다.

To her **surprise**, Jane found the house made of cookies in the forest. 놀랍게도, 제인은 숲속에서 과자로 만든 집을 발견했다.

* surround /səˈraʊnd/

동사 (3단현) surround**s** (과거·과분) surround**ed** (현분) surround**ing**)
둘러싸다, 포위하다 (= circle)

The old castle is **surrounded** by a high wall. 그 오래된 성은 높은 담으로 둘러싸여 있다.

The police **surrounded** the building. 경찰은 그 건물을 포위했다.

어휘가 쑥쑥
surrounding **형** 주변의, 둘러싸인

survival /sərˈvaɪvl/

명사 살아남기, 생존

There is little hope of **survival** for the missing passengers. 행방불명된 승객들이 살아 있을 가능성은 거의 없다.

Environmental pollution threatens the **survival** of wild animals. 환경 오염은 야생 동물들의 생존을 위협한다.

어휘가 쑥쑥
survival kit 생존 장비
struggle[fight] for survival 생존을 위한 투쟁

* survive /sərˈvaɪv/

동사 (3단현) survive**s** (과거·과분) survive**d** (현분) surviv**ing**)
살아남다, 오래 살다

Only one passenger **survived** the plane crash. 그 비행기 추락 사고에서 단 한 명의 승객만이 살아남았다.

Camels can **survive** for weeks without water in the desert. 낙타는 사막에서 물 없이도 몇 주 동안이나 살 수 있다.

My grandmother **survived** my grandfather. 우리 할머니는 할아버지보다 더 오래 사셨다.

어휘가 쑥쑥
survivor **명** 생존자
surviving **형** 살아남은
survive to the last 끝까지 살아남다

* swallow¹ /ˈswɑːloʊ/

동사 (3단현) swallow**s** (과거·과분) swallow**ed** (현분) swallow**ing**)
삼키다

James **swallowed** the grape without chewing. 제임스는 포도를 씹지 않고 꿀꺽 삼켰다.

I saw a snake **swallowing** an alligator on TV. 나는 텔레비전에서 뱀이 악어를 삼키는 것을 보았다.

swallow² /ˈswɑːloʊ/ | 명사 (복 swallows) 제비 (☞ bird)

Swallows fly to southern countries in fall.
제비는 가을에 남쪽 나라로 날아간다.

[속담] One **swallow** does not make a summer.
제비 한 마리가 날아왔다고 해서 여름은 아니다.
(너무 성급히 판단하지 마라.)

어휘가 쑥쑥
magpie 까치
sparrow 참새
crow 까마귀

swam /swæm/ | 동사 swim의 과거 (☞ swim)

swan /swɑːn/ | 명사 (복 swans) 백조 (☞ bird)

The ugly duckling saw a beautiful **swan** swimming in the water.
미운 오리 새끼는 아름다운 백조 한 마리가 물에서 헤엄치는 것을 보았습니다.

swear /swer/ | 동사 (3단현) swears (과거) swore (과분) sworn (현분) swearing
맹세하다 (= vow), 서약하다

Tom **swore** to tell the truth.
톰은 진실을 말하겠다고 맹세했다.

A: Don't tell anybody! I told it only to you.
아무한테도 말하지 마! 너한테만 말한 거야.
B: I'll keep the secret. I **swear**!
비밀 지킬게. 맹세해!

실력이 쑥쑥
I swear to God.
자신이 하는 말이 진실임을
강조할 때 쓰는 표현이다.
I swear to God I didn't lie.
(하늘에 맹세코 저는 거짓말을
하지 않았어요.)

*sweat /swet/ | 동사 (3단현) sweats (과거·과분) sweated (현분) sweating) 땀을 흘리다
명사 땀

동 땀을 흘리다, 땀이 나다
In the summer time when you **sweat** a lot, you should drink a lot of water.
땀을 많이 흘리는 여름철에는 물을 많이 마셔야 한다.

My palms were **sweating** during the interview because I was so nervous.
인터뷰를 하는 동안 너무 긴장해서 계속 손바닥에서 땀이 났다.

명 땀
We are wet with **sweat** after running.
달리기를 한 뒤에 우리는 땀으로 흠뻑 젖었다.

어휘가 쑥쑥
sweaty 형 땀이 나는, 땀
투성이의
sweat heavily 땀을 많이
흘리다
sweat blood 피땀을 흘리다
beads of sweat 구슬땀
cold sweat 식은땀

sweater /ˈswetər/ | 명사 (복 sweaters) 스웨터 (☞ clothing)

Put on your **sweater**. It is still cold outside.
스웨터를 입으렴. 바깥이 여전히 춥단다.

sweep /swiːp/
동사 (3단현) sweep**s** (과거·과분) swept (현분) sweep**ing**) 쓸다, 청소하다
(= wipe, clean)

Martin **swept** and mopped the floor all afternoon.
마틴은 오후 내내 바닥을 쓸고 닦았다.

He is **sweeping** the street with a big broom.
그는 커다란 빗자루로 거리를 쓸고 있다.

어휘가 쑥쑥
chimney sweep 굴뚝 청소부

*sweet /swiːt/
형용사 (비교) sweet**er** (최상) sweet**est**) ① 단맛이 나는 ② 좋은
명사 (복) sweet**s**) 사탕

형 1 단맛이 나는, 달콤한 (↔ sour 신맛이 나는, bitter 쓴맛이 나는)
I love melons because they taste very **sweet**.
나는 멜론이 아주 달기 때문에 정말 좋아한다.

People love the **sweet** taste of this cake.
사람들은 이 케이크의 달콤한 맛을 좋아한다.

2 좋은 (= pleasant, delightful), **감미로운** (= soft), **사랑스러운** (= lovely)
Kelly listens to soft and **sweet** music when she writes her poems.
켈리는 시를 쓸 때 부드럽고 감미로운 음악을 듣는다.

This flower has a **sweet** smell. 이 꽃은 좋은 향기가 난다.

A **sweet** little bird is singing on the tree.
사랑스러운 작은 새 한 마리가 나무 위에서 노래하고 있다.

명 사탕, (초콜릿처럼) 단것
Can I have some **sweets**, Mom?
엄마, 사탕 좀 먹어도 돼요?

I have a real **sweet** tooth. 나는 단것을 무척 좋아한다.

어휘가 쑥쑥
sweetly 다정하게, 달콤하게
sweetness 다정함, 달콤함
sweetie (아동어로) 사탕, 달콤한 과자
sweetheart 연인, 애인, 여보, 당신

재미가 쑥쑥
•Sweet dreams!•
'좋은 꿈 꾸세요!'라는 뜻으로 잠자리에 들기 전에 하는 인사말이다.

swept /swept/
동사 sweep의 과거·과거분사 (☞ sweep)

**swim /swɪm/
동사 (3단현) swim**s** (과거) swam (과분) swum (현분) swim**ming**) 수영하다
명사 (복) swim**s**) 수영

동 수영하다, 헤엄치다
My brother can **swim** very well, but I don't know how to **swim**.
우리 형은 수영을 아주 잘하는데 나는 수영할 줄 모른다.

어휘가 쑥쑥
swimmer 수영하는 사람, 수영 선수
swimming 수영

It's terribly hot today. Let's go **swimming**.
오늘 너무 덥다. 수영하러 가자.

A penguin can **swim**, but it cannot fly.
펭귄은 헤엄은 칠 수 있지만 날지는 못한다.

At last, Molly **swam** across the lake.
마침내 몰리는 헤엄쳐서 호수를 건넜다.

명 수영, 헤엄

We went for a **swim** in the sea after lunch.
우리는 점심을 먹고 나서 바다에 수영하러 갔다.

Tom was taking a **swim** in the lake when we arrived.
우리가 도착했을 때 톰은 호수에서 수영을 하고 있었다.

swimsuit 수영복
swimming pool 수영장
swimming cap 수영모

(실력이 쑥쑥)
freestyle (자유형)
backstroke (배영)
butterfly (stroke) (접영)
breaststroke (평영)

---

* **swing** /swɪŋ/ | 동사 (3단현) swing**s** (과거·과분) swung (현분) swing**ing**) 흔들다
명사 (복) swing**s**) 그네

동 흔들다, 흔들리다, 그네를 타다

I **swung** my legs under the chair.
나는 의자 밑에서 다리를 흔들었다.

The window **swung** in the heavy storm.
심한 폭풍우로 창문이 흔들렸다.

We sang **swinging** in a tree. 우리는 나무에서 그네를 타며 노래했다.

명 그네

Children are playing on the **swings** in the park.
아이들이 공원에서 그네를 타며 놀고 있다.

Swiss /swɪs/ | 형용사 명사 스위스의, 스위스 사람(의)

---

* **switch** /swɪtʃ/ | 명사 (복) switch**es**) 스위치
동사 (3단현) switch**es** (과거·과분) switch**ed** (현분) switch**ing**) 스위치를 켜다

명 스위치

Turn on[off] the **switch**, please. 스위치를 켜[꺼] 주세요.

동 스위치를 켜다[끄다]

Before you go outside, you must **switch** all the lights off.
바깥에 나가기 전에는 반드시 모든 전등을 꺼야 한다.

I **switched** on the radio to listen to the weather forecast.
나는 일기 예보를 들으려고 라디오를 켰다.

(어휘가 쑥쑥)
light switch 전등 스위치
power switch 전원 스위치
press a switch 스위치를 누르다

Switzerland /ˈswɪtsərlənd/ | 명사 스위스

My brother lives in **Switzerland**. 내 남동생은 스위스에 산다.

swore /swɔːr/ | 동사 swear의 과거 (☞ swear)

sworn /swɔːrn/ | 동사 swear의 과거분사 (☞ swear)

swum /swʌm/ | 동사 swim의 과거분사 (☞ swim)

swung /swʌŋ/ | 동사 swing의 과거·과거분사 (☞ swing)

*symbol /ˈsɪmbl/ | 명사 (복) symbols) ① 상징 ② 부호

1 상징, 표상, 심벌
The bald eagle is a **symbol** of strength, courage, and freedom.
흰머리 독수리는 힘과 용기 그리고 자유의 상징이다.

2 부호, 기호
Fe is the **symbol** for iron. Fe는 철을 나타내는 기호이다.
N is the **symbol** which stands for noun in English.
N은 영어에서 명사를 의미하는 기호이다.

어휘가 쑥쑥
symbolic 형 상징적인
symbolize 동 상징하다

syrup /ˈsɪrəp/ | 명사 시럽

Mike likes vanilla ice cream with chocolate **syrup**.
마이크는 초콜릿 시럽을 뿌린 바닐라 아이스크림을 좋아한다.

*system /ˈsɪstəm/ | 명사 (복) systems) 조직, 체계, 제도, 시스템

We call the Sun and the planets the solar **system**.
태양과 그 주위의 행성들을 태양계라고 한다.
Many people hoped that the educational **system** would be improved.
많은 사람들은 교육 제도가 개선되기를 원했다.
The subway **system** in *Seoul* has many different lines.
서울의 지하철 시스템은 여러 개의 다른 노선들로 이루어져 있다.

어휘가 쑥쑥
heating system 난방 설비
security system 보안 체계
air-conditioning system 냉방 설비

Tt

*table /ˈteɪbl/ 명사 (복) tables ① 테이블 ② 표

1 테이블, 탁자, 식탁
The king and knights sat together at a round **table** in the room.
왕과 기사들은 방 안의 둥근 탁자에 함께 앉았다.
I always help mom set the **table** before dinner.
나는 언제나 저녁 식사 전에 엄마가 식탁을 차리시는 것을 돕는다.

2 표, 목록 (= chart, list)
I made a time **table** and put it on the wall.
나는 시간표를 만들어서 벽에 붙였다.
Look at the **table** of contents in front of the book.
책의 앞부분에 있는 목차를 보세요.

어휘가 쑥쑥
tablecloth 식탁보
table manners 식사 예절
table tennis 탁구

실력이 쑥쑥
식사나 회의는 table에서, 사무나 공부는 desk에서 한다.
He is at (the) *table*.
(그는 식사 중이다.)
He is at (his) *desk*.
(그는 공부 중이다.)

tablet /ˈtæblət/ 명사 (복) tablets ① 태블릿 ② 알약

1 [컴퓨터] **태블릿**() (= tablet PC)
Cathy bought a new **tablet**. 캐시는 새 태블릿을 샀다.

2 알약 (= pill)
Take two **tablets** three times a day.
하루에 세 번 두 알씩 복용하세요.

뜻풀이
태블릿 손가락이나 터치 펜으로 조작 가능한 컴퓨터 입력 장치

어휘가 쑥쑥
sleeping tablet 수면제

tadpole /ˈtædpoʊl/ 명사 (복) tadpoles 올챙이 (☞ frog)

A **tadpole** grows into a frog. 올챙이는 개구리로 자란다.

*tail /teɪl/ 명사 (복) tails (동물의) 꼬리

A rabbit has long ears and a short white **tail**.
토끼는 긴 귀와 짧고 흰 꼬리를 가지고 있다.

어휘가 쑥쑥
ponytail 말총머리

A kangaroo's **tail** helps it keep its balance.
캥거루의 꼬리는 캥거루가 균형을 유지할 수 있도록 도와준다.

take /teɪk/ 〔동사〕 〔3단현〕 take**s** 〔과거〕 **took** 〔과분〕 **taken** 〔현분〕 **tak**ing) ① 가져가다 ② 받다 ③ 시간이 걸리다 ④ 먹다 ⑤ (차를) 타다

1 가져가다, 데려가다 (↔ bring 가져오다, 데려오다)
Someone **took** my bike yesterday.
어제 누군가 내 자전거를 가져갔다.
I have to **take** my sister to the airport this afternoon.
나는 오늘 오후에 여동생을 공항에 데려다주어야 한다.

2 받다, 손에 넣다, 잡다, 가지다, 사다, 얻다
Let me **take** your coat. 제가 코트를 받아 드릴게요.
Do you **take** credit cards? 신용 카드 받으시나요?
I will **take** this. 이걸로 살게요.
Suddenly Jane **took** me by the arm.
갑자기 제인이 내 팔을 잡았다.
I **took** my teacher's advice and joined the Computer Club.
나는 선생님의 조언을 받아들여 컴퓨터 동아리에 가입했다.
A: Is this seat **taken**? 이 자리에 주인이 있습니까?
B: No, **take**[have, get] a seat. 아니요, 앉으세요.

3 시간이 걸리다
It **took** me two hours to finish my homework.
나는 숙제를 끝내는 데 두 시간이 걸렸다.

4 먹다, 마시다, (약을) 복용하다
I **take** some aspirin when I have a headache.
나는 머리가 아프면 아스피린을 먹는다.
A: What do you **take** for drinks? 음료수는 뭘로 마실래요?
B: I'll **take** some orange juice. 오렌지 주스로 마실게요.

5 (차·비행기 등을) 타다
I **took** a plane to go to my hometown last *Chuseok*.
나는 지난 추석에 비행기를 타고 고향에 갔다.
A: How do you go to school? 학교에 어떻게 가니?
B: I always **take** the subway. 항상 지하철을 타.

〔어휘〕가 쑥쑥
take lessons 수업을 받다
take a break[rest] 휴식을 취하다
take turns 차례대로[교대로] 하다
take a picture 사진을 찍다
take a walk 산책을 하다
take a shower 샤워를 하다
take notes 필기를 하다

〔실력〕이 쑥쑥
Jane took me by the arm. (제인이 내 팔을 잡았다.)의 어순에 주의한다. 영어에서는 신체 부위를 언급할 때 '나를(me)'이라고 말한 후, '팔을(by the arm)'이라고 구체적인 신체 부위를 말하는 방식이 많다.
He *took me by* the hand. (그는 내 손을 잡았다.)
She *grabbed him by* the arm. (그녀는 그의 팔을 잡았다.)

〔숙어〕 **take away** 치우다, 없애다
Please *take* these chairs *away* after the meeting.
회의가 끝난 뒤에 이 의자들을 치워 주세요.

take care of ~을 돌보다
I have to *take care of* my sister after school.
나는 방과 후에 여동생을 돌봐야 한다.

take it easy 느긋하게 하다, 진정하다
A: Oh my goodness, I've lost my wallet. 세상에, 지갑을 잃어버렸어요.
B: *Take it easy*. You should go to the Lost and Found.
진정하세요. 분실물 보관소에 가 보는 것이 좋겠어요.

take off ① 이륙하다 (↔ land 착륙하다) ② 벗다 (↔ put on 입다)
We are *taking off* in 10 minutes. Please keep your seat belts fastened.
비행기가 10분 후에 이륙합니다. 안전벨트를 매고 계시기 바랍니다.

The children *took off* all their clothes and jumped into the river.
아이들은 옷을 모두 벗고 강물 속으로 뛰어들었다.

take one's time 서두르지 않다
Take your time and come down slowly.
서두르지 말고 천천히 내려와.

take ~ out (of...) ① (…에서) ~을 꺼내다 ② 데리고 나가다
I *took* a pair of socks *out of* the drawer.
나는 서랍에서 양말 한 켤레를 꺼냈다.

I *take* my dog *out* for a walk every morning.
나는 아침마다 개를 데리고 나가 산책시킨다.

take part in ~에 참가하다 (= participate in, join)
Justin *took part in* the ski camp during the winter vacation.
저스틴은 겨울 방학 동안 스키 캠프에 참가했다.

take place 발생하다, 일어나다 (= happen)
A fire *took place* in a large department store downtown.
시내에 있는 큰 백화점에서 화재가 발생했다.

---

taken /ˈteɪkən/ 〖동사〗 take의 과거분사 (☞ take)

---

*tale /teɪl/ 〖명사〗 (복 tales) 이야기

Most fairy **tales** have a happy ending.
대부분의 동화는 행복하게 끝을 맺는다.

---

*talent /ˈtælənt/ 〖명사〗 (복 talents) 재능, 소질 (= gift, ability)

You have to consider both your interests and **talents** when choosing a job.
직업을 선택할 때는 관심사와 소질 둘 다 고려해야 한다.

〖어휘가 쑥쑥〗
talented 〖형〗 재능이 있는

**talk /tɔːk/ 〖동사〗 (3단현 talks) (과거·과분 talked) (현분 talking) 말하다 〖명사〗 (복 talks) 이야기

〖동〗 말하다, 이야기하다 (= speak, say)
I don't want to **talk** about the exam any more.
나는 더 이상 시험에 대해서 이야기하고 싶지 않다.

Grace has been **talking** on the phone for an hour.
그레이스는 한 시간 동안 전화하고 있다.

Anne and Tom **talked** to each other while eating.
앤과 톰은 밥을 먹으면서 서로 이야기했다.

〖어휘가 쑥쑥〗
talker 〖명〗 말하는 사람, 수다쟁이
talkative 〖형〗 말이 많은
talk back 말대답하다
talk to oneself 혼잣말하다

Andy, I want to **talk** with you for a while.
앤디, 잠깐 너랑 얘기 좀 했으면 좋겠어.

명 이야기, 대화, 연설
The principal gave a **talk** to the students.
교장 선생님께서 학생들에게 연설을 하셨다.

Ted, we should have a little **talk**. 테드, 우리 잠깐 이야기 좀 하자.

*tall /tɔːl/ | 형용사 (비교) taller (최상) tallest) 키가 큰, 높은 (↔ short 키가 작은) (☞ look)

My brother is **tall** and handsome.
우리 오빠는 키가 크고 잘생겼다.

A giraffe is the **tallest** animal in the world.
기린은 세상에서 가장 키가 큰 동물이다.

In a big city, many people live in **tall** apartment buildings.
대도시에서는 많은 사람들이 높은 아파트에서 산다.

A: How **tall** are you? 너는 키가 몇이니?
B: I am one hundred seventy centimeters **tall**. 170센티미터야.

tame /teɪm/ | 형용사 (비교) tamer (최상) tamest) 길들여진
동사 (3단현) tames (과거·과분) tamed (현분) taming) 길들이다

형 길들여진, 순한 (↔ wild 야생의)
This horse is so **tame** that anyone can ride it.
이 말은 아주 순해서 누구든 탈 수 있다.

동 길들이다
It is difficult to **tame** wild animals.
야생 동물을 길들이기는 힘들다.

실력이 쑥쑥
tame은 주로 동물을 길들일 때 쓰는 말이다.
tame a lion[tiger] 사자[호랑이]를 길들이다
tame a bird 새를 길들이다

tank /tæŋk/ | 명사 (복) tanks) ① 탱크 ② 전차

1 (물·기름 등을 담는) 탱크, 수조, 통
The fuel **tank** was on fire. 연료 탱크에 불이 났다.
The aquarium has many big **tanks** with lots of fish.
수족관에는 많은 물고기가 있는 큰 수조가 여러 개 있다.

어휘가 쑥쑥
water tank 물탱크
gas[oil] tank 가스[석유] 탱크
fish tank 수조

2 전차, 탱크
I bought a toy **tank** for my little brother.
나는 남동생에게 줄 장난감 탱크를 샀다.

*tap /tæp/ | 동사 (3단현) taps (과거·과분) tapped (현분) tapping) 가볍게 치다
명사 (복) taps) 수도꼭지

tap

동 가볍게 치다, 두드리다 (= knock)

Annie **tapped** her feet and clapped her hands.
애니는 그녀의 발을 가볍게 탁탁 치면서 박수를 쳤다.

The teacher **tapped** her stick, and everyone became quiet.
선생님이 막대기를 두드리자 모두들 조용해졌다.

He **tapped** me on the shoulder. 그는 내 어깨를 가볍게 두들겼다.

Annie *tapped* her feet.

명 마개, (수도)꼭지 (= faucet)

Please turn off the **tap** while brushing your teeth.
양치질하는 동안에 수도꼭지를 잠그세요.

*tape /teɪp/ 명사 (복) tapes ① (접착용) 테이프 ② (녹음·녹화용) 테이프

1 (접착용) 테이프

I bought paper, Scotch **tape**, and rubber bands for art class.
나는 미술 시간에 쓸 종이, 스카치테이프, 그리고 고무줄을 샀다.

> 어휘가 쑥쑥
> tape measure 줄자
> tape recorder 녹음기
> blank tape 공테이프

2 (녹음·녹화용) 테이프

I recorded his speech on **tape**.
나는 그의 연설을 테이프에 녹음했다.

*target /ˈtɑːrgɪt/ 명사 (복) targets ① 표적 ② 목표

1 표적, 과녁

The arrow hit the center of the **target**.
화살은 과녁의 중앙을 맞혔다.

2 목표 (= goal, aim), 목적, 대상 (= object)

Tony has set a **target** of taking first place in the final exam.
토니는 기말시험에서 1등을 하는 것을 목표로 세웠다.

The main **target** of this advertisement is teenagers.
이 광고의 주요 대상은 십 대들이다.

The arrow hit the center of the *target*.

*task /tæsk/ 명사 (복) tasks 일, 과제, 임무 (= job, assignment)

Modern robots perform many kinds of **tasks**.
현대의 로봇들은 많은 종류의 임무를 수행한다.

My boss has given me a **task**, and it is so difficult for me.
우리 사장님이 나에게 일을 맡겼는데, 그 일은 나한테 너무 어렵다.

Her **task** is to set the table.
그녀의 일은 식탁을 차리는 것이다.

Cutting the grass is his weekly **task**.
풀 베는 일은 그가 매주 하는 일이다.

Modern robots perform many kinds of *tasks*.

taste /teɪst/
명사 (복 tastes) ① 맛 ② 기호
동사 (3단현 tastes 과거·과분 tasted 현분 tasting) 맛을 보다

명 1 맛 (= flavor)
Onions have a strong **taste** and smell.
양파는 맛과 냄새가 강하다.

People love the sweet and sour **taste** of this fruit.
사람들은 이 과일의 새콤달콤한 맛을 좋아한다.

2 기호, 취향 (= preference)
Kate has a good **taste** in music. 케이트는 음악 취향이 세련됐다.

Justin has an excellent **taste** in clothing.
저스틴은 옷 고르는 안목이 뛰어나다.

동 맛을 보다, 맛이 나다
The soup **tastes** a little salty. 수프가 좀 짜다.

I added some salt and then **tasted** the soup again.
나는 소금을 넣고 수프를 다시 맛보았다.

어휘가 쑥쑥
tasteless 형 맛없는, 무미건조한
tasty 형 맛있는

실력이 쑥쑥
다양한 맛의 종류
bitter 쓴
hot, spicy 매운
salty 짠
sour 신
sweet 단

---

taught /tɔːt/
동사 teach의 과거·과거분사 (☞ teach)

---

tax /tæks/
명사 (복 taxes) 세금

The hotel charge is two hundred dollars including **tax**.
호텔 요금은 세금을 포함해서 200달러입니다.

You can get a camera **tax**-free[duty-free] on the flight.
기내에서 카메라를 면세로 살 수 있다.

어휘가 쑥쑥
taxpayer 납세자
income tax 소득세

---

taxi /ˈtæksi/
명사 (복 taxis) 택시 (= cab) (☞ transportation)

I went to work by **taxi** today. 오늘은 택시를 타고 출근했다.

A: Are you going to take a **taxi** or a bus?
택시를 탈 거니, 아니면 버스를 탈 거니?

B: I think a **taxi** will be quicker. Let's call a **taxi**.
내 생각에는 택시가 더 빠를 것 같아. 택시를 부르자.

어휘가 쑥쑥
taxi driver 택시 기사
taxi fare 택시 요금
get[pick up, grab] a taxi 택시를 잡다

---

tea /tiː/
명사 차, 홍차 (= black tea)

Please have a cup of **tea**. 차 한 잔 드십시오.

I like **tea** with milk better than with lemon.
나는 레몬이 들어간 홍차보다 우유가 들어간 홍차를 더 좋아한다.

Most English people like **tea**. 대부분의 영국 사람들은 차를 좋아한다.

재미가 쑥쑥
영국에서 오후 3시~5시에 간식거리와 함께 즐기는 차를 afternoon tea라고 한다.

teach /tiːtʃ/ 동사 (3단현) teaches (과거·과분) taught (현분) teaching 가르치다
(↔ learn 배우다)

Anne **teaches** English at the high school.
앤은 고등학교에서 영어를 가르친다.

Jimmy **taught** us how to use the computer.
지미는 우리들에게 컴퓨터 사용법을 가르쳐 주었다.

He **taught** himself to play the guitar.
그는 기타 치는 법을 독학으로 배웠다.

(실력이 쑥쑥)
teach '가르치다'를 뜻하는 가장 일반적인 말
educate 학교와 같은 정식 교육 기관에서 가르치는 것
show, tell 위치나 길을 가르쳐 주는 것

teacher /ˈtiːtʃər/ 명사 (복) teachers 교사, 선생 (☞ job)

My uncle is a music **teacher** at the middle school.
우리 삼촌은 중학교 음악 선생님이시다.

team /tiːm/ 명사 (복) teams 팀 (= group)

Our ice hockey **team** won the gold medal in the Winter Olympics.
우리 아이스하키 팀이 동계 올림픽에서 금메달을 땄다.

In a baseball game, each **team** has nine players.
야구에서 한 팀은 아홉 명의 선수들로 이루어져 있다.

(어휘가 쑥쑥)
team member 팀원
teamwork 팀워크, 협동 작업

tear¹ /tɪr/ 명사 (복) tears 눈물 (= teardrop)

His eyes were filled with **tears**. 그의 눈에는 눈물이 가득 고였다.

Tears ran down her face while watching the sad movie.
슬픈 영화를 보는 동안 그녀의 얼굴에는 눈물이 흘러내렸다.

Carrie spoke with **tears** in her eyes.
캐리는 눈에 눈물이 고인 채 말했다.

(어휘가 쑥쑥)
tearful 형 눈물 어린, 울먹이는
burst into tears 울음을 터뜨리다

tear² /ter/ 동사 (3단현) tears (과거) tore (과분) torn (현분) tearing 찢다, 찢어지다

Tom **tore** the letter to pieces.
톰은 편지를 갈기갈기 찢어 버렸다.

Tear along the dotted line. 점선을 따라 찢으세요.

(실력이 쑥쑥)
명사 tear(눈물)와 발음이 다른 것에 주의한다.

tease /tiːz/ 동사 (3단현) teases (과거·과분) teased (현분) teasing 놀리다, 괴롭히다

My friends **tease** me about my name.
내 친구들이 내 이름을 가지고 놀린다.

Don't **tease** the dog! 개를 괴롭히지 마!

(어휘가 쑥쑥)
teaser 명 괴롭히는 사람

technical /ˈteknɪkl/ 형용사 ① 기술적인 ② 전문적인

1 기술적인, 기술의
They found a few **technical** problems.
그들은 몇 가지 기술적인 문제들을 찾아냈다.

2 전문적인, 특수한
The doctor used a lot of **technical** terms.
그 의사는 전문 용어를 많이 사용했다.

> 어휘가 쑥쑥
> **technically** 🖣 기술적으로, 전문적으로
> **technical support** 기술 지원
> **technical skill** 전문 기술

technique /tekˈniːk/ 명사 (복) techniques ① 기술 ② 기교

1 (전문적인) 기술, 기법 (= skill)
A variety of **techniques** are used in this movie.
이 영화에는 다양한 기법이 사용된다.

2 물 (예술 등의) 기교, 기법
The violinist's **technique** was perfect.
그 바이올린 연주자의 기법은 완벽했다.

> 어휘가 쑥쑥
> **technician** 명 기술자
> **cooking technique** 요리법
> **learn technique** 기법을 익히다

technology /tekˈnɑːlədʒi/ 명사 (복) technologies 과학[공업] 기술, 공학

As **technologies** develop, the way people work has changed.
과학 기술이 발전함에 따라 사람들이 일하는 방식도 변했다.

The development of medical **technology** makes people live longer.
의학 기술의 발달은 인간의 수명을 연장시킨다.

> 어휘가 쑥쑥
> **technological** 형 과학 기술의, 기술적인
> **technologist** 명 과학 기술자, 공학자

teenager /ˈtiːneɪdʒər/ 명사 (복) teenagers 10대 소년·소녀

As a **teenager**, he went to the U.S.
십 대 때, 그는 미국으로 건너갔다.

There are so many **teenagers** who want to become famous stars these days.
요즘에는 유명한 스타가 되기를 원하는 십 대들이 매우 많다.

> 실력이 쑥쑥
> 나이에 -teen이 붙는 13세(thirteen)에서 19세(nineteen)까지의 소년·소녀를 teenager라고 한다.

teeth /tiːθ/ 명사 tooth의 복수 (☞ tooth)

telegram /ˈtelɪɡræm/ 명사 (복) telegrams 전보

He sent the news by **telegram**. 그는 그 소식을 전보로 알렸다.

telephone /ˈtelɪfoʊn/ | 명사 (복) telephones) 전화, 전화기

Write down your name and **telephone** number in this form.
이 양식에 이름과 전화번호를 써 주세요.

When I came home, the **telephone** was ringing.
내가 집에 왔을 때 전화가 울리고 있었다.

I got a huge **telephone** bill last month.
지난달에 전화 요금이 굉장히 많이 나왔다.

We found a public **telephone** near the bus stop.
우리는 버스 정류장 근처에서 공중전화를 발견했다.

어휘가 쑥쑥
telephone book 전화번호부
telephone booth[box] 공중전화 박스

telescope /ˈtelɪskoʊp/ | 명사 (복) telescopes) 망원경

We looked at the stars through a **telescope**.
우리는 망원경으로 별을 보았다.

Astronomers are observing distant objects using **telescopes**.
천문학자들은 망원경으로 먼 거리의 천체를 관찰하고 있습니다.

television /ˈtelɪvɪʒn/ | 명사 (복) televisions) 텔레비전 (= TV), 텔레비전 프로그램
(☞ living room)

My father always watches **television** after dinner.
우리 아버지는 저녁 식사 후에 항상 텔레비전을 보신다.

A: What's on **television** now? 지금 텔레비전에서 뭐 하니?
B: My favorite quiz show is on **television**.
내가 제일 좋아하는 퀴즈 프로그램을 해.

어휘가 쑥쑥
flat-screen television 평면 텔레비전

tell /tel/ | 동사 (3단현) tells (과거·과분) told (현분) telling) 말하다, 이야기하다, 알리다
(= say, speak)

My mom always **tells** me to wash my hands before meals.
엄마는 나에게 항상 식사 전에 손을 씻으라고 말씀하신다.

The doctor **told** me not to eat hamburgers any more to lose weight.
의사는 나에게 체중을 줄이려면 더 이상 햄버거를 먹지 말라고 말했다.

I was **told** to come home as soon as possible.
나는 가능한 한 빨리 집에 오라는 말을 들었다.

Tell me about your trip to Los Angeles.
로스앤젤레스에 다녀온 이야기 좀 해 줘.

These flags **tell** people that there is danger ahead.
이 깃발들은 앞에 위험이 있다는 것을 사람들에게 알려 준다.

어휘가 쑥쑥
teller 명 이야기하는 사람, (은행의) 출납계원
tell a joke 농담하다
tell a story 이야기를 하다
tell a lie 거짓말하다
tell the truth 사실대로 말하다

temper /ˈtempər/ 명사 (복 tempers) ① 성질 ② 기분 ③ 화

1 성질, 기질
Tommy has a short **temper**. 토미는 성미가 급하다.
He has quite a **temper**. 그는 성질이 보통이 아니다.

2 기분 (= mood)
I was in a bad **temper** all day. 나는 하루 종일 기분이 안 좋았다.

3 화, 성, 노여움
Emily tried to control her **temper**.
에밀리는 화를 참으려고 애썼다.

> 어휘가 쑥쑥
> keep one's temper 화를 참다
> lose one's temper 화를 내다
> good-tempered 성격이 좋은
> bad-tempered 심술궂은

*temperature /ˈtemprətʃər/ 명사 (복 temperatures) ① 기온 ② 열

1 기온, 온도, 체온
The **temperature** dropped quickly after the rain.
비가 온 후 기온이 급격히 떨어졌다.

Let me take your **temperature** first.
먼저 체온을 재 볼게요.

A: What's the **temperature** today?
오늘 기온이 몇 도인가요?
B: It's three below zero. 영하 3도예요.

2 (몸의) 열 (= fever)
Helen has a **temperature**. 헬렌은 열이 있다.
He is running a **temperature**. 그는 몸에 열이 나고 있다.

> 어휘가 쑥쑥
> body temperature 체온
> water temperature 수온
> room temperature 실내 온도

> 재미가 쑥쑥
> 온도 단위로는 Celsius(섭씨)와 Fahrenheit(화씨)가 있다. 우리나라에서는 섭씨(°C)를, 미국에서는 화씨(°F)를 주로 사용한다.

*temple /ˈtempl/ 명사 (복 temples) 신전, 사원, 절

Ancient Greeks built the **temples** on the hill to worship their gods.
고대 그리스인들은 신들을 숭배하기 위해 언덕 위에 신전들을 세웠다.

I visited a lot of beautiful **temples** when I went to Thailand.
나는 태국에 갔을 때 아름다운 사원들을 많이 방문했다.

temporary /ˈtempəreri/ 형용사 임시의, 잠시의 (↔ permanent 영구적인)

People stayed in **temporary** shelters for a while during the war.
사람들은 전쟁 중에 잠시 임시 대피소에서 머물렀다.

> 어휘가 쑥쑥
> temporarily 🔵 일시적으로

ten /ten/ | 명사 형용사 10(의)

The rain has been falling for **ten** days. 비가 열흘간 내리고 있다.

*tend /tend/ | 동사 (3단현 tends 과거·과분 tended 현분 tending) [tend to로 쓰여] ~하기 쉽다, ~하려는 경향이 있다 (= be likely to)

Justine **tends** to get angry at little things.
저스틴은 작은 일에도 화를 잘 낸다.

It **tends** to be very hot and humid in summer in Korea.
한국의 여름은 매우 덥고 습기가 많은 편이다.

> 어휘가 쑥쑥
> tendency 명 경향, 추세

tennis /ˈtenɪs/ | 명사 테니스

A: Can you play **tennis** after work? 퇴근 후에 테니스 칠래?
B: Sounds good. Let's meet at the **tennis** court.
좋아. 테니스 코트에서 만나자.

> 어휘가 쑥쑥
> tennis player 테니스 선수

tension /ˈtenʃn/ | 명사 (복 tensions) ① 긴장 ② 긴장 상태

1 물 (정신적·신체적) 긴장, 긴장감
Waiting for my exam, I felt the **tension**.
시험을 기다리면서, 나는 긴장을 느꼈다.

Stretching can help relieve muscle **tension**.
스트레칭은 근육의 긴장을 푸는 데 도움이 된다.

2 긴장 상태
The **tension** has built up between the two countries.
두 나라 사이에 긴장 상태가 고조되었다.

> 어휘가 쑥쑥
> tense 형 긴장한, 신경이 날카로운
> tensely 부 긴장하여
> ease[reduce] tension 긴장을 풀다

tent /tent/ | 명사 (복 tents) 천막, 텐트

I stayed in a **tent** for two nights when I went camping last year. 작년에 캠핑을 갔을 때 나는 이틀 밤을 텐트에서 보냈다.

As soon as we arrived, we put[set] up a **tent** in the forest.
우리는 도착하자마자 숲속에 텐트를 쳤다.

> 어휘가 쑥쑥
> take down a tent 텐트를 걷다

*term /tɜːrm/ | 명사 (복 terms) ① 기간 ② 용어

1 기간, 학기
Air pollution may have long-**term** effects on climate.
대기 오염은 기후에 장기적인 영향을 미칠지도 모른다.

> 재미가 쑥쑥
> 유럽이나 미국에서는 9월에 신학기가 시작된다.

Her grades have improved a lot since last **term**.
그녀의 성적은 지난 학기 이후 많이 향상되었다.

2 말, 용어, 전문어
The teacher explained "greenhouse effect" in easy **terms**.
선생님께서는 '온실 효과'를 쉬운 말로 설명해 주셨다.

The instruction was hard to understand because of many medical **terms**. 그 설명서는 의학 용어가 많아서 이해하기 어려웠다.

[숙어] **in terms of** ~에 의해서, ~의 면에서 (보면)
People usually judge others *in terms of* their own view.
사람들은 보통 자신의 관점에서 다른 사람들을 평가한다.

In terms of price, this camera is better than that one.
가격 면에서 보면 이 카메라가 저 카메라보다 더 낫다.

(어휘가 쑥쑥)
first term 1학기
summer[fall] term 여름[가을] 학기
term paper 학기말 보고서
short-term[long-term] goal 단기[장기] 목표
legal term 법률 용어
technical term 기술 용어

---

* terminal /ˈtɜːrmɪnl/   명사 (복) terminals) 터미널   형용사 말기의, 불치의

명 (버스·기차·항공편의) 터미널, 종착역, 종점
Your bus leaves from **Terminal** 2.
고객님 버스는 2번 터미널에서 출발합니다.

형 (병이) 말기의, 불치의
She suffered from **terminal** cancer.
그녀는 말기 암으로 고통받았다.

(어휘가 쑥쑥)
terminate 통 끝내다, 해고하다
termination 명 종료, 종결

---

* terrible /ˈterəbl/   형용사 (비교 more terrible) (최상 most terrible) ① 무서운 ② 지독한 ③ 엉망인

1 무서운, 소름 끼치는 (= fearful, horrible)
I had a **terrible** dream last night.
나는 어젯밤에 무서운 꿈을 꾸었다.

The movie was so **terrible** that I couldn't see many scenes.
영화가 너무 소름 끼치도록 무서워서 나는 많은 장면을 보지 못했다.

2 호된, 지독한, 끔찍한
Eric has a **terrible** cold and is absent today.
에릭은 지독한 감기에 걸려서 오늘 결석했다.

Fortunately, Mary's son survived the **terrible** accident.
다행히도 메리의 아들은 그 끔찍한 사고에서 살아남았다.

3 엉망인, 터무니없는 (= awful)
The weather is too hot and damp, so I feel **terrible**.
날씨가 너무 덥고 습해서 기분이 매우 좋지 않다.

The food was delicious, but the service was **terrible**.
음식은 맛있었지만 서비스는 엉망이었다.

(어휘가 쑥쑥)
terribly 부 끔직하게, 지독하게
terrible news 끔찍한 뉴스
terrible heat 지독한 더위

I had a *terrible* dream last night.

＊terrific /təˈrɪfɪk/ | 형용사 (비교 more terrific 최상 most terrific) 멋진, 훌륭한 (= excellent)

You look **terrific**! 너 멋져 보여!
The teacher said Tommy's report was **terrific**.
선생님이 토미의 보고서가 훌륭하다고 말씀하셨다.

어휘가 쑥쑥
terrific fellow 멋진 사람
terrific idea 훌륭한 생각

terrify /ˈterɪfaɪ/ | 동사 (3단현 terrifies 과거·과분 terrified 현분 terrifying) 겁나게 하다, 무섭게 하다

The big spiders **terrified** me. 큰 거미들이 나를 무섭게 했다.

terror /ˈterər/ | 명사 ① 공포 ② 테러

1 (심한) 공포, 무서움
She was speechless with **terror**.
그녀는 겁에 질려 아무 말도 못했다.

2 테러 (집단)
A **terror** attack occurred in London last night.
어젯밤 런던에서 테러 공격이 발생했다.

어휘가 쑥쑥
terrorism 명 테러리즘 (조직적 폭력 행위)
terrorist 명 테러범

＊test /test/ | 명사 (복 tests) 시험 동사 (3단현 tests 과거·과분 tested 현분 testing) 시험하다

명 시험 (= examination), 검사, 테스트
Mary got an F because she cheated on the **test**.
메리는 시험에서 부정 행위를 해서 F를 받았다.
I'll take an important **test** next week.
나는 다음 주에 중요한 시험을 본다.

동 시험하다, 검사하다, 테스트하다
They **tested** the students' Chinese speaking ability.
그들은 학생들의 중국어 말하기 실력을 테스트했다.
We're being **tested** on grammar tomorrow.
우리는 내일 문법 시험을 볼 것이다.
You must have your eyes **tested** before the LASIK surgery.
라식 수술을 하기 전에 시력 검사를 받아야 합니다.

어휘가 쑥쑥
driving test 운전면허 시험
written test 필기시험
blood test 혈액 검사
eyesight test 시력 검사
hearing test 청력 검사
intelligence[IQ] test 지능 검사
pass[fail] the test 시험에 통과하다[떨어지다]

＊text /tekst/ | 명사 (복 texts) ① 글 ② 본문 ③ 교재 동사 (3단현 texts 과거·과분 texted 현분 texting) 문자 메시지를 보내다

명 1 불 글, 텍스트
This book has little **text**. 이 책에는 글이 많지 않다.
Please read the **text** below. 아래 글을 읽으세요.

어휘가 쑥쑥
text message (휴대 전화) 문자 메시지

2 (연설·기사 등의) 본문, 원문
The **text** of his speech was printed in the newspaper.
그가 한 연설의 원문이 신문에 실렸다.

3 교재, 교과서 (= textbook)
This **text** is for beginners.
이 교재는 초급자용이다.

동 문자 메시지를 보내다
Harry **texts** me all the time.
해리는 늘 내게 문자 메시지를 보낸다.

Harry *texts* me all the time.

textbook /ˈtekstbʊk/ | 명사 (복) textbook**s** 교과서 (☞ classroom)

Open your **textbooks** to page twenty five.
교과서 25쪽을 펴세요.
I forgot to bring my English **textbook** today.
나는 오늘 깜빡하고 영어 교과서를 안 가져왔다.

어휘가 쑥쑥
history textbook
역사 교과서
Korean textbook
국어 교과서

Thai /taɪ/ | 명사 형용사 (복) Thai, Thai**s** 타이 사람(의), 타이어(의)

Thailand /ˈtaɪlænd/ | 명사 타이, 태국

Thailand is located between Malaysia and Laos.
태국은 말레이시아와 라오스 사이에 있다.

＊than /ðæn/ | 전치사 접속사 ~보다(도)

Wow, your computer is much faster **than** mine.
와, 네 컴퓨터가 내 것보다 훨씬 더 빠르구나.
Nothing is more important **than** health.
건강보다 더 중요한 것은 아무것도 없다.
Danny is two years younger **than** I (am).
대니는 나보다 두 살이 더 어리다.
The movie was more interesting **than** I expected.
그 영화는 내가 생각했던 것보다 더 재미있었다.
[속담] Easier said **than** done.
말은 쉽고 행하기는 어렵다.

숙어 **more than** ~ 이상 (↔ less than ~ 이하)
Van Gogh painted *more than* 50 self-portraits during his lifetime.
반 고흐는 일생 동안 50점 이상의 자화상을 그렸다.

실력이 쑥쑥
비교급이 최상급의 의미를 나타내는 경우가 있다.
① [비교급+than any other+단수 명사]
John is *taller than any other boy* in class. (존은 반에서 키가 제일 크다.)
② [부정어+비교급+than]
Nothing is *more precious than* health. (건강보다 더 소중한 것은 없다.)

would rather ~ (than ...) (…하느니) ~하는 편이 더 낫다, (오히려) ~하고 싶다
I'd *rather* go to the movies with my friends *than* go hiking.
등산을 가느니 차라리 친구들과 영화를 보러 가겠어요.

✱thank /θæŋk/ 동사 (3단현) thanks (과거·과분) thanked (현분) thanking) 감사하다 명사 (복) thanks) 감사

동 감사하다 (= appreciate)
We **thanked** him for his kindness.
우리는 그의 친절에 대해 감사드렸다.
A: How are you doing? 어떻게 지내요?
B: Fine, **thank** you[thanks]. 잘 지내요. 고맙습니다.

명 감사 (= appreciation)
I sent my teacher a letter of **thanks**.
나는 선생님께 감사의 편지를 보냈다.
I don't know how to express my **thanks**.
뭐라고 감사의 말씀을 드려야 할지 모르겠습니다.

(숙어) **thanks to** ~ 덕분에, ~ 때문에
Thanks to the Internet, the world is becoming smaller and smaller. 인터넷 덕분에 세상이 점점 더 좁아지고 있다.

(재미가 쑥쑥)
✱**Thanksgiving Day**✱
미국의 추수 감사절을 Thanksgiving Day라고 한다. 11월 넷째 목요일로 그 해의 풍성한 수확을 신에게 감사하는 날이다. 이날에는 친구나 친척들을 초대하여 칠면조 고기를 먹는다.

thankful /ˈθæŋkfl/ 형용사 (비교) more thankful (최상) most thankful) 감사하는 (= grateful)

I am **thankful** to you for your help.
당신의 도움에 감사드립니다.

(어휘가 쑥쑥)
thankfully **(부)** 고맙게도

✱thanks /θæŋks/ 감탄사 감사합니다, 고맙습니다

Thanks for your advice. 조언해 주셔서 감사합니다.
(숙어) **No, thanks.** 아닙니다, 괜찮습니다. 《거절하는 말》 (= No, thank you.) (↔ Yes, please. 네, 그렇게 해 주세요.)
A: Do you want some more cake? 케이크 좀 더 드시겠어요?
B: *No, thanks.* I'm full. 아니요, 괜찮습니다. 배불러요.

(실력이 쑥쑥)
Thanks a lot. (정말 고마워.)
= Thanks very much.
= Many thanks.

✱✱that /ðæt/ 대명사 (복) those) ① 저[그]것 ② [관계 대명사] 형용사 저, 그 접속사 ① ~하는 것 ② 매우 ~해서 …하다 ③ ~이므로 ④ …한 것은 ~이다

대 1 저[그]것, 저[그] 사람 (↔ this 이것, 이 사람)
That is my cell phone. 그건 내 휴대 전화이다.

Those are my friends. 저 애들은 내 친구들이다.
Which do you like better, this or **that**?
이거랑 저거 중에 어떤 게 더 낫니?

A: My brother broke his leg while playing soccer.
내 남동생이 축구를 하다가 다리가 부러졌어.

B: Oh, **that**'s too bad. 이런, 그것 참 안됐다.

2 [관계대명사]
Do you know the man **that** came here yesterday?
어제 이곳에 왔던 남자를 아시나요?

I think Shakespeare is the greatest writer **that** ever lived.
나는 셰익스피어가 지금까지 살았던 작가들 중에서 가장 위대하다고 생각한다.

Alex is the only person **that** I know in this class.
알렉스는 내가 이 반에서 아는 유일한 한 사람이다.

The movie **that** I saw last night was very good.
내가 어젯밤에 봤던 영화는 정말 재미있었다.

[속담] All **that** glitters is not gold. 반짝이는 것이 다 금은 아니다.

형 저, 그 (↔ this 이)
Do you know **that** tall man?
키가 큰 저 남자를 아세요?

A: The plane leaves on Thursday, September 14th.
비행기는 9월 14일 목요일에 떠나요.

B: Then, we're meeting at the airport **that** day.
그러면 우리 그날 공항에서 만나요.

접 **1** ~하는 것 《명사절을 이끎》
Everybody knows **that** he is honest and diligent.
모든 사람이 그가 정직하고 성실하다는 것을 안다.

I'm afraid **that** the flight will be canceled due to the storm.
폭풍 때문에 항공편이 취소될까 봐 걱정된다.

It is certain **that** Mary can speak French very well.
메리가 불어를 아주 잘하는 것은 분명하다.

2 [so[such] ~ that ...의 형태로 써서] **매우 ~해서 …하다**
I was so scared **that** I couldn't open my eyes.
나는 너무 겁이 나서 눈을 뜰 수도 없었다.

It was such a hot night **that** I had a cold shower.
너무나 더운 밤이어서 나는 찬물로 샤워를 했다.

3 [이유] ~이므로, ~하므로
All of us were surprised **that** Jim won the race.
짐이 경주에서 이겨서 우리는 모두 놀랐다.

I'm very glad **that** you're coming to see me.

실력이 쑥쑥

this는 가까운 곳의 물건이나 사람을 가리키고, that은 조금 떨어져 있는 물건이나 사람을 가리킨다. (☞ those)

실력이 쑥쑥

• so[such] ~ that ...
  매우 ~해서 …하다
  I studied so hard that I could pass the exam.
  (나는 매우 열심히 공부해서, 시험에 합격할 수 있었다.)

• so that ~ ~하기 위해
  I studied hard so that I might pass the exam.
  (나는 시험에 합격할 수 있도록 열심히 공부했다.)

문법이 쑥쑥

관계대명사 that은 대명사와 접속사의 기능을 모두 갖고 있다. 관계대명사 앞에 위치한 명사(선행사)를 대신하면서 뒤에 오는 문장을 연결한다. that이 어떤 역할을 하는지에 따라 다음과 같이 용법이 나누어진다.

• 주격
  I bought a house that was very expensive. (나는 매우 비싼 집을 샀다.)

• 목적격 (생략 가능)
  This is the dress (that) I bought yesterday. (이것은 내가 어제 샀던 원피스이다.)

네가 나를 만나러 와 주다니 정말 기뻐.

4 [It is ~ that ...의 강조문에서] **…한 것은 ~이다** (☞ it)
It was yesterday **that** I arrived here.
내가 여기에 도착한 것은 바로 어제였다.

숙어 **and that** 게다가, 그것도
He makes mistakes, *and that* very often.
그는 실수를 저지른다, 그것도 매우 자주 말이다.

That's all. 그것이 전부다, 그뿐이다
A: Anything else? 더 필요하신 거 없으세요?
B: No, thanks. *That's all.* 없어요. 그게 다예요.

어휘가 쑥쑥
that is (to say) 즉, 다시 말하면
That's it. 이제 끝이다, 바로 그거다
That will do. 그것으로 됐다 (이제 됐으니 그만두자)

---

the /ðə/

정관사 ① 그 《특정한 것》 ② 《세상에서 유일한 것 앞에》 ③ 《서수와 형용사의 최상급 앞에》 ④ 《악기 이름 앞에》

1 그 《특정한 것》
I had a sandwich for lunch. **The** sandwich was very delicious.
나는 점심으로 샌드위치를 먹었는데, 그 샌드위치는 너무 맛있었다.

Please show me **the** picture in your hand.
네 손에 있는 그 사진을 나도 좀 보여 줘.

2 《세상에서 유일한 것 앞에》
The earth goes around **the** sun.
지구는 태양 주위를 돈다.

I want to travel around **the** world someday.
나는 언젠가 세계 일주 여행을 하고 싶다.

3 《서수와 형용사의 최상급 앞에》
This is **the** third visit to China.
이번이 중국을 세 번째 방문하는 것이다.

My brother is **the** tallest in my family.
내 남동생이 우리 식구 중에서 키가 가장 크다.

4 《악기 이름 앞에》
I enjoy singing songs while playing **the** piano.
나는 피아노 치면서 노래하기를 즐긴다.

실력이 쑥쑥
the는 자음 발음 앞에서는 /ðə/로, 모음 발음 앞에서는 /ði/로 읽는다.
- /ðə/로 발음: *the* box, *the* moon, *the* pen, *the* university(철자는 모음이지만 발음이 반모음)
- /ði/로 발음: *the* apple, *the* umbrella, *the* onion, *the* hour

Please show me *the* picture in your hand.

문법이 쑥쑥
① **the**+비교급 ~, **the**+비교급 …: ~하면 할수록 더욱더 …하다
The harder you study, *the better* grades you can get. (공부를 열심히 하면 할수록 더 좋은 성적을 얻을 수 있다.)
A: When should this computer be repaired? (이 컴퓨터를 언제까지 수리해 드리면 되나요?)
B: *The sooner, the better.* (빠르면 빠를수록 좋죠.)

② **the**+형용사: ~한 사람들
The young should give seats to *the old* on the bus. (젊은이들은 버스에서 노인들에게 자리를 양보해야 한다.)

*theater/theatre /ˈθiːətər/ 　명사 (복 theaters/theatres) 영화관, 극장

There are a lot of **theaters** on Broadway, New York.
뉴욕의 브로드웨이에는 극장이 많이 있다.

A: Sally, how about going to the **theater** after school?
샐리, 학교 끝나고 영화관에 가는 거 어때?

B: Sounds good! Which movie would you like to see?
좋아! 무슨 영화 보고 싶어?

재미가 쑥쑥
미국에서는 흔히 theater를 쓰지만, 특히 극장 이름에는 theatre가 많다.
The Center *Theatre* (뉴욕의 중앙 극장)

their /ðer/ 　대명사 [they의 소유격] 그들의, 그것들의

I have twin sisters and they share **their** clothes.
나에겐 쌍둥이 언니들이 있는데 그 언니들은 그들의 옷을 같이 입는다.

Many Pacific islands are famous for **their** beautiful scenery.
태평양의 여러 섬들은 그것들의 아름다운 경치로 유명하다.

재미가 쑥쑥
★같은 발음·다른 의미와 철자★
• their/there/they're
• tail/tale　• to/too/two

theirs /ðerz/ 　대명사 [they의 소유 대명사] 그들의 것

Some children claimed that the ball was **theirs**.
몇몇 아이들은 그 공이 그들의 것이라고 주장했다.

Our products are better in quality than **theirs**.
우리 회사 제품이 그들의 것보다 품질 면에서 더 좋습니다.

them /ðem/ 　대명사 [they의 목적격] 그들을, 그들에게, 그것들을, 그것들에게

Students didn't do their homework, so the teacher scolded **them**. 학생들이 숙제를 하지 않아서 선생님은 그들을 꾸짖었다.

I went up to the boys and asked **them** what was happening.
나는 아이들에게 다가가서 무슨 일이 일어났는지 그들에게 물어보았다.

I borrowed some books last week, but I haven't finished reading **them**.
나는 지난주에 책을 몇 권 빌렸는데 아직 그것들을 다 읽지 못했다.

themselves /ðəmˈselvz/ 　대명사 [they의 재귀 대명사] 그들 자신, 그들 스스로

They enjoyed **themselves** at the beach.
그들은 바닷가에서 즐거운 시간을 보냈다.

Heaven helps those who help **themselves**.
하늘은 스스로 돕는 자를 돕는다.

Students should be able to study by **themselves**.
학생들은 그들 스스로 공부할 수 있어야 한다.

실력이 쑥쑥
selves는 self의 복수형이다.

then /ðen/ | 부사 ① 그때 ② 그러고 나서 ③ 그러면

1 그때

A: I called you at around 7 and you didn't answer the phone.
7시쯤 너한테 전화했었는데 안 받더라.

B: Sorry, I was taking a shower **then**.
미안해, 그때 샤워하고 있었어.

2 그러고 나서, 그 다음에

We saw the musical and **then** went for dinner.
우리는 뮤지컬을 보고 나서 저녁을 먹으러 갔다.

Mix two eggs and butter, first. **Then** add some flour.
먼저 계란 두 개와 버터를 섞으세요. 그 다음에 밀가루를 조금 넣으세요.

3 그러면

A: I'm afraid that I can't make it on Tuesday.
죄송한데 제가 화요일은 시간이 안 될 것 같아요.

B: **Then** how about Thursday? 그러면 목요일은 어떠세요?

〔숙어〕 (**every**) **now and then** 때때로 (= sometimes)
Now and then, I go inline-skating with my friends on the weekend.
때때로 나는 친구들과 주말에 인라인 스케이트를 타러 간다.

〔실력이 쑥쑥〕
'그때'라는 뜻의 부사 then 은 과거나 미래의 특정한 때를 가리킨다.
I was living in *Seoul* then. (나는 그때 서울에 살고 있었다.)
Things will be different *then*. (그때는 사정이 달라질 것이다.)

〔어휘가 쑥쑥〕
but then 그러나 또 한편으로는, 그래도
then and there = **there and then** 그 자리에서, 즉석에서

theory /ˈθiːəri/ | 명사 (복) theories 이론, 학설, 가설

Your plan is good in **theory**.
너의 계획은 이론상으로는 훌륭하다.

Meriam has studied music **theory** for 3 years.
메리엄은 3년째 음악 이론을 연구하고 있다.

〔뜻풀이〕
가설 아직 확실하게 증명이 되지 않은 이론

therapy /ˈθerəpi/ | 명사 (복) therapies 치료, 요법

He received physical **therapy**. 그는 물리 치료를 받았다.
Drug **therapies** didn't work. 약물 치료는 효과가 없었다.

〔어휘가 쑥쑥〕
therapist 치료 전문가

there /ðer/ | 부사 ① 거기에 ② ~이 있다

1 거기에, 거기로 (↔ here 여기에, 여기로)

Hurry up, or we won't get **there** in time.
서두르자, 그렇지 않으면 거기에 제시간에 도착하지 못할 거야.

A: I will travel to Italy this winter vacation.
이번 겨울 방학에 이탈리아로 여행을 가려고 해.

〔실력이 쑥쑥〕
there는 방향을 나타내는 전치사 to와 함께 쓰지 않는다.
I will go *there*. (나는 거기에

B: I envy you! I really want to go **there**, too.
부럽다! 나도 정말 거기에 가 보고 싶어.

2 [Be 동사와 함께 써서] **~이 있다**

There is a basket on the table, and **there** are some apples in it.
식탁 위에 바구니가 한 개 있고 그 바구니 안에는 사과가 몇 개 들어 있다.

There was a piece of pizza on the plate.
접시 위에 피자 한 조각이 있었다.

[속담] **There**'s no smoke without fire. 아니 땐 굴뚝에 연기 날까.

[숙어] **here and there** 여기저기에

Deer are jumping *here and there* in the forest.
사슴들이 숲속 여기저기에서 뛰놀고 있다.

There you go. 여기 있어요. 《상대방에게 물건을 건네주면서 하는 말》
A: Would you please pass me the salt? 소금 좀 건네주실래요?
B: Sure. *There you go.* 물론이죠. 여기 있어요.

갈 것이다.)
I will go to *there*. (×)

[문법]이 쑥쑥
'~이 있다'라는 의미의 「there+be동사」에서 be동사는 뒤에 오는 명사의 수에 일치시킨다.
There is a vase on the desk. (책상 위에 꽃병이 있다.)
There are five students in the room. (방 안에 다섯 명의 학생들이 있다.)

therefore /ˈðeərfɔːr/ | [부사] 그러므로, 그래서 (= so)

Mike didn't study hard. **Therefore**, he failed the exam.
마이크는 열심히 공부하지 않았다. 그래서 시험에서 떨어졌다.

I think, **therefore** I am. 나는 생각한다. 고로 나는 존재한다.

[실력]이 쑥쑥
일상 대화에서는 therefore 보다 so를 더 많이 쓴다.

these /ðiːz/ | [대명사] 이것들, 이 사람들 [형용사] 이 (↔ those)

[대] [this의 복수형] **이것들, 이 사람들** (↔ those 저[그]것들, 저[그] 사람들)

Are **these** your books? 이것들이 네 책이니?

These are my twin brothers, Tim and Tom.
이쪽은 내 쌍둥이 동생들, 팀과 톰이야.

[형] [this의 복수형] **이** (↔ those 저, 그)

These sweaters are made from sheep's wool.
이 스웨터들은 양모로 만들어졌다.

[숙어] **these days** 요즘

These days, many young people enjoy online shopping.
요즘은 많은 젊은이들이 온라인 쇼핑을 즐긴다.

[실력]이 쑥쑥
상대에게 사람을 소개할 때는 he나 she, they라고 하지 않고 this나 these를 쓴다.
Father, *this is* Tom. (아빠, 이 애가 톰이에요.)
Jo, *these are* my brothers. (조, 이 애들이 내 남동생들이야.)

they /ðeɪ/ | [대명사] ① 그들 ② (일반) 사람들

1 그들, 그것들

Aladdin lived with his mother, and **they** were very poor.
알라딘은 어머니와 함께 살았는데, 그들은 매우 가난했다.

They are key rings and I bought them in Vietnam.
그것들은 열쇠고리인데 베트남에서 샀다.

2 (일반) 사람들
They say we'll have a lot of snow this winter.
올겨울에는 눈이 많이 올 것이라고 한다.
They think pigs are dirty and lazy.
사람들은 돼지가 더럽고 게으르다고 생각한다.

(문법)이 쑥쑥
they의 변화형

주격	they(그들)
소유격	their(그들의)
목적격	them(그들을)
소유대명사	theirs(그들의 것)
재귀대명사	themselves(그들 자신)

---

* **thick** /θɪk/ | 형용사 (비교) thicker (최상) thickest) ① 두꺼운 ② 진한 ③ 숲이 많은

1 두꺼운, 굵은 (↔ thin 얇은)
Michael always reads **thick** books in English.
마이클은 항상 영어로 된 두꺼운 책을 읽는다.
The teacher drew a **thick** line on the board.
선생님은 칠판에 굵은 선을 하나 그으셨다.

2 (액체 등이) 진한, 걸쭉한 (↔ thin 묽은)
The soup is a little **thick**. 수프가 약간 진하다.

3 숱이 많은, 빽빽한, 울창한, 짙은 (↔ thin 숱이 적은)
This shampoo makes your hair **thick** and shiny.
이 샴푸는 당신의 머릿결을 풍성하고 빛나게 만들어 드립니다.
The plane couldn't take off due to **thick** fog.
짙은 안개 때문에 비행기가 이륙할 수 없었다.

(어휘)가 쑥쑥
thickly ➡ 두껍게, 굵게

thick
thin

---

* **thief** /θiːf/ | 명사 (복) thieves) 도둑

At the sight of the police officer, the **thief** ran away in a hurry.
경찰을 보자, 도둑은 허겁지겁 도망쳤다.
The **thieves** stole the diamond but were soon caught.
도둑들은 다이아몬드를 훔쳤지만 곧 붙잡혔다.

---

* **thin** /θɪn/ | 형용사 (비교) thinner (최상) thinnest) ① 얇은 ② 마른 ③ 묽은 ④ 숱이 적은

1 얇은, 가는, 가느다란 (↔ thick 굵은)
The lake was covered with a **thin** layer of ice.
그 호수는 얇은 얼음층으로 덮여 있었다.

2 마른, 여윈 (↔ fat 살찐) (☞ look)
You have got much **thinner** than before.
넌 전보다 많이 말랐구나.

3 (액체 등이) 묽은 (↔ thick 진한)

fat
thin

This soup is a bit **thin**. 이 수프는 약간 묽다.

4 숱이 적은, 드문드문한, 성긴 (↔ thick 빽빽한)
My father has **thin** hair. 우리 아버지는 머리숱이 적으시다.
The trees look **thin** with most of their leaves fallen.
그 나무들은 잎이 대부분 떨어져서 앙상해 보인다.

어휘가 쑥쑥
thin smile 희미한 미소
thin voice 가냘픈 목소리

★thing /θɪŋ/ 명사 (복) thing**s** ① 물건 ② 사태

1 물건, 일, 것
Donkeys were used to carry **things** in the past.
과거에 당나귀는 물건을 나르는 데 이용되었다.
I have a lot of **things** to do tonight. 나는 오늘 밤 할 일이 많다.
The first **thing** to do is to make plans for the trip.
가장 먼저 할 일은 여행 계획을 세우는 것이다.
A: I gave the wallet back to the owner.
　 지갑을 주인에게 돌려줬어요.
B: You did the right **thing**! 옳은 일을 하셨군요.

어휘가 쑥쑥
living thing 생물
sure thing 확실한 것

실력이 쑥쑥
thing이 복수로 사용될 경우에 '소지품(stuff)'의 뜻이나 특정 직업이나 스포츠를 위한 '도구·용품'의 뜻으로 쓰인다.
your *things* (너의 소지품)
my swimming *things* (내 수영 용품들)

2 [복수형으로 써서] 사태, 상황, 사정
The problem is that **things** could be worse.
문제는 사태가 더 나빠질 수 있다는 것이다.
Things will get better over time.
시간이 지나면 상황이 좀 더 나아질 거예요.
How are **things** with you? 어떻게 지내세요?

★think /θɪŋk/ 동사 (3단현) think**s** (과거·과분) thought (현분) think**ing** ① 생각하다 ② ~라고 생각하다

1 생각하다, 사고하다
He was **thinking** what to do next.
그는 다음으로 무엇을 해야 할지 생각하고 있었다.
She **thought** very carefully before answering the question.
그녀는 그 질문에 대답하기 전에 아주 신중하게 생각했다.
I always **think** about the peaceful beach we went to last summer.
나는 작년 여름에 우리가 갔던 한적한 바닷가를 늘 생각한다.
Fred **thinks** of his girlfriend day and night.
프레드는 밤낮으로 여자 친구에 대해 생각한다.

실력이 쑥쑥
I think so.와 I don't think so.는 '그럴 것 같아', '아닐 것 같아'라는 의미로, 상대방의 의견이나 질문에 대해 자신의 생각을 말할 때 사용한다.
A: Do you think he is coming? (그가 올까?)
B: *I think so. / I don't think so.* (그럴 것 같아. / 아닐 것 같아.)

2 ~라고 생각하다 (= guess, believe)
I **think** (that) Jenny is kind and friendly.
나는 제니가 친절하고 다정하다고 생각한다.

실력이 쑥쑥
do you think 다음에 「의문사+주어+동사」가 올 때 의

At first I **thought** Jimmy was joking, but he was serious.
처음에 나는 지미가 농담하는 걸로 생각했지만, 그는 진지했다.
I couldn't **think** where I'd left my keys.
나는 어디에 열쇠를 두었는지 생각이 나지 않았다.
What do you **think** of these earrings? 이 귀걸이 어때?

문사는 맨 앞에 둔다.
Who do you think he is?
(당신은 그가 누구라고 생각합니까?)

third /θɜːrd/ 형용사 세 번째의 명사 (복) thirds) 세 번째

형 세 번째의, 3분의 1의
When I was in the **third** grade, my family moved into the big city.
내가 3학년 때, 우리 식구는 큰 도시로 이사를 했다.

명 세 번째, 3분의 1, 3일
The **third** of October is National Foundation Day.
10월 3일은 개천절이다.
I have three pens; one is black, another is blue, and the **third** is red.
나는 펜이 세 자루 있다. 하나는 검정색, 다른 하나는 파란색, 세 번째는 빨간색이다.

어휘가 쑥쑥
third class (기차·여객선 등의) 3등칸
third prize 3등상

실력이 쑥쑥
third of October는 October 3 또는 October 3rd로도 쓰며, October (the) third라고 읽는다.

thirsty /'θɜːrsti/ 형용사 (비교 thirstier 최상 thirstiest) 목마른, 갈증 나는

On a hot day, a **thirsty** fox saw some ripe grapes in a garden.
어느 더운 날, 목마른 여우는 정원에 있는 잘 익은 포도를 보았습니다.
I feel really **thirsty**. 몹시 갈증이 나네요.

thirteen /ˌθɜːrˈtiːn/ 명사 형용사 13(의)

Jack is a boy of **thirteen**. 잭은 열세 살 소년이다.

thirty /'θɜːrti/ 명사 형용사 (복 thirties) 30(의)

Jay got married when she was **thirty** (years old).
제이는 서른 살 때 결혼했다.

✱this /ðɪs/ 대명사 (복 these) 이것, 이 사람 형용사 ① 이 ② 지금의

대 이것, 이 사람 (↔ that 저[그]것, 저[그] 사람)
This is my dog, Happy. It's very clever.
얘가 우리 집 강아지 해피야. 아주 영리해.

실력이 쑥쑥
사람이나 사물을 가리키는 대명사로, 가까운 곳에 있으

Look at **this**. **This** is my new bicycle.
이것 좀 봐! 이게 내 새 자전거야.
What is **this**? 이게 뭐예요?
This is Katie. Can I talk to Ted, please?
〈전화에서〉 케이티인데요. 테드와 통화할 수 있나요?

형 **1** 이 (↔ that 저, 그)
Who is **this** boy in the picture? 사진 속에 이 남자아이는 누구니?
This bag is mine. 이 가방은 내 것이다.

2 지금의, 오늘의
Did you hear the weather forecast **this** morning?
오늘 아침에 일기 예보를 들었니?

먼 this(복수형은 these), 멀리 있으면 that(복수형은 those)으로 표현한다.
(☞ those)

어휘가 쑥쑥

this minute[second] 지금 당장
this time 이번에
this and that 이것저것
this way and that (way) 이리저리

those /ðouz/ | 대명사 ① 저것들 ② 일반 사람들 | 형용사 저, 그

대 **1** [that의 복수] 저[그]것들, 저[그] 사람들 (↔ these 이것들, 이 사람들)
Those are my Christmas gifts. 저것들이 제 크리스마스 선물이에요.
Are **those** your cats? 쟤네들이 네 고양이니?

어휘가 쑥쑥

in those days 그 당시에는

2 일반 사람들 (= people)
Those who eat a lot of junk food can have some health problems.
정크 푸드를 많이 먹는 사람들은 건강에 문제가 생길 수 있다.

[속담] Heaven helps **those** who help themselves.
하늘은 스스로 돕는 자를 돕는다.

형 [that의 복수] **저, 그** (↔ these 이)
Can I try on **those** jeans? 저 청바지 좀 입어 봐도 되나요?
Look at **those** kittens! They are so cute.
저 새끼 고양이들을 좀 봐! 너무 귀여워.

✶ though /ðou/ | 접속사 비록 ~이지만 | 부사 그러나, 하지만

접 [양보] **비록 ~이지만, ~임에도 불구하고** (= although, even though)
Though it was cold outside, we went out for a snowball fight.
밖이 추웠지만, 우리는 눈싸움을 하러 밖에 나갔다.

I couldn't find my key **though** I looked for it in every pocket.
나는 모든 주머니를 다 뒤져 보았지만 열쇠를 찾을 수 없었다.

실력이 쑥쑥

though는 although와 같은 의미로 사용되지만, 일상 대화에서는 though를 더 자주 사용한다.

부 [주로 문장의 끝에 쓰여] **그러나, 하지만**
The new teacher is very strict. She is very warm-hearted, **though**.
새로 오신 선생님은 매우 엄격하시다. 하지만 마음은 무척 따뜻하시다.

A: How was your trip? 여행은 어땠니?
B: It was good. I spent much money, **though**.
좋았어. 하지만 돈을 너무 많이 썼어.

[숙어] **as though** 마치 ~처럼 (= as if)
He speaks *as though* he knows everything.
그는 마치 모든 것을 다 아는 것처럼 얘기한다.

thought¹ /θɔːt/ | 명사 (복 thoughts) 생각, 사고 (= idea)

It's very important to organize your **thoughts** in writing.
글을 쓸 때 너의 생각을 정리하는 것이 매우 중요하다.

I always try to have positive **thoughts**.
나는 항상 긍정적인 생각을 가지려고 노력한다.

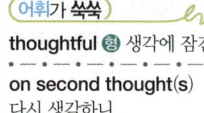
thoughtful 형 생각에 잠긴
on second thought(s) 다시 생각하니

thought² /θɔːt/ | 동사 think의 과거·과거분사 (☞ think)

thousand /ˈθaʊznd/ | 명사 형용사 (복 thousands) 천(의)

A **thousand** people live in this village. 천 명의 사람들이 이 마을에 살고 있다.

thread /θred/ | 명사 (복 threads) 실

I tied the **thread** to the button and made a knot.
나는 단추에 실을 묶고 매듭을 만들었다.

threat /θret/ | 명사 (복 threats) 위협, 협박

Environmental pollution is a great **threat** to wild animals.
환경 오염은 야생 동물들에게 커다란 위협이다.

We must not give in to terrorist **threats**.
우리는 테러리스트의 위협에 굴복해서는 안 된다.

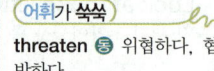
threaten 동 위협하다, 협박하다

three /θriː/ | 명사 형용사 3(의)

threw /θruː/ | 동사 throw의 과거 (☞ throw)

throat /θroʊt/ | 명사 (복 throats) 목구멍

I had a sore **throat** and fever, so I stayed in bed.
나는 목이 아프고 열이 나서 침대에 누워 있었다.

*through /θruː/

전치사 ① ~을 통과하여 ② ~을 통해서 ③ ~의 전체에 걸쳐서 ④ ~ 동안 내내 ⑤ ~까지

1 ~을 통과하여, ~을 지나서, ~을 통해 (☞ preposition) (☞ across)
The train is running **through** a tunnel.
기차가 터널을 통과하고 있다.

The sun is shining **through** the window.
햇빛이 창문을 통해 비치고 있다.

2 [수단·방법] ~을 통해서, ~으로
I bought some books **through** the Internet.
나는 인터넷으로 책 몇 권을 샀다.

3 ~의 전체에 걸쳐서, ~의 도처에 (= throughout)
The terrible disease spread **through** the country.
무서운 병이 온 나라 안에 퍼졌다.

4 ~ 동안 내내, ~ 동안 죽 (= throughout)
Bears sleep in caves **through** the winter.
곰은 겨울 내내 동굴 안에서 잠을 잔다.

5 ~까지
Our shop is open Monday **through** Saturday.
저희 상점은 월요일부터 토요일까지 영업합니다.

숙어 **go through** 겪다, 경험하다 (= experience)
You will *go through* a lot of changes when you become a teenager.
십 대가 되면 많은 변화를 겪게 될 것이다.

put through (전화 등을) 연결하다
Could you *put* me *through* to Mr. Hart?
하트 씨 좀 연결해 주시겠습니까?

어휘가 쑥쑥
see right through
꿰뚫어 보다
make it through
끝까지 해내다
through the week
일주일 내내

실력이 쑥쑥
Our shop is open Monday *through* Saturday.
= Our shop is open *from* Monday *to* Saturday.

The train is running *through* a tunnel.

throughout /θruːˈaʊt/

전치사 ① ~ 곳곳에 ② ~ 동안

1 [장소] ~ 곳곳에, ~의 구석구석에
Cherry blossoms are in full bloom **throughout** the park.
벚꽃이 공원 곳곳에 활짝 피어 있다.

The fire broke out and quickly spread **throughout** the house.
불이 나서 집 안 구석구석으로 빠르게 번졌다.

2 [시간] ~ 동안, ~ 내내 (= through)
The weather in Singapore is hot **throughout** the year.
싱가포르의 날씨는 일 년 내내 덥다.

어휘가 쑥쑥
throughout the day
하루 종일
throughout the country
전국적으로
throughout one's whole life
평생 동안

throw /θroʊ/

동사 (3단현) throws (과거) threw (과분) thrown (현분) throwing) 던지다, 던져 버리다 (↔ catch 잡다, 붙잡다)

I **threw** the ball to him. 나는 그에게 공을 던져 주었다.
Don't **throw** trash on the street. 길에다 쓰레기를 버리지 마시오.

thrown /θroʊn/

동사 throw의 과거분사 (☞ throw)

thumb /θʌm/

명사 (복) thumbs) 엄지손가락 (☞ hand)

My five-year-old sister has a habit of sucking her **thumb**.
다섯 살 난 내 여동생은 엄지손가락을 빠는 버릇이 있다.
Thumbs up means "yes," "very good," or "well done."
엄지손가락을 위로 드는 것은 "그래", "아주 좋아" 또는 "잘했어"를 뜻한다.

> **실력이 쑥쑥**
> green thumb 또는 green finger는 나무나 꽃 등을 잘 가꾸는 사람을 일컫는다.

thunder /ˈθʌndər/

명사 천둥 **동사** (3단현) thunders (과거·과분) thundered (현분) thundering) 천둥이 치다

명 천둥
There is lightning and **thunder** in the sky.
하늘에서 번개가 번쩍이고 천둥이 치고 있다.

동 천둥이 치다
It **thundered** last night and it woke me up several times.
어젯밤에 천둥이 쳐서 그 소리에 나는 몇 번이나 잠을 깼다.

> **어휘가 쑥쑥**
> thunderous 형 우레 같은
> thunderstorm 천둥을 동반한 폭우

Thursday /ˈθɜːrzdeɪ/

명사 (복) Thursdays) 목요일 (☞ day) 《줄여서 Thur.로 적기도 한다.》

Thanksgiving Day falls on the fourth **Thursday** of November.
추수 감사절은 11월 넷째 목요일이다.
Our club meets every **Thursday**[on **Thursdays**].
우리 동아리는 매주 목요일에 모인다.

> **실력이 쑥쑥**
> 요일 이름 앞에 last, next, every 등이 오는 경우, on을 붙이지 않는다.

ticket /ˈtɪkɪt/

명사 (복) tickets) 표, 입장권, 티켓

All the **tickets** were sold out a few weeks ago.
몇 주 전에 표가 다 팔렸다.

A: I'd like a **ticket** to New York.
뉴욕행 비행기 표를 한 장 사려고 하는데요.
B: O.K. Would you like a one-way **ticket** or a round-trip **ticket**? 네, 편도표로 드릴까요, 왕복표로 드릴까요?

> **어휘가 쑥쑥**
> ticket office 매표소
> parking ticket 주차 위반 딱지
> speeding ticket 속도위반 딱지

tidy /ˈtaɪdi/ 　형용사 (비교) tidier (최상) tidiest) 단정한, 정돈된 (= neat) (↔ untidy, messy 지저분한)

His room is always **tidy**. 그의 방은 늘 깔끔하다.
I usually keep my desk neat and **tidy**.
나는 평소에 내 책상을 깔끔하고 단정하게 정돈한다.

어휘가 쑥쑥
tidily 🔹 깔끔하게
tidiness 🔹 청결, 정돈

tie /taɪ/ 　동사 (3단현) ties (과거·과분) tied (현분) tying) ① 묶다 ② 동점이 되다
　　　　　　명사 (복) ties) ① 넥타이 ② 인연 ③ 동점

통 1 묶다, 매다 (= bind) (↔ untie 풀다)
Jane stopped to **tie** her shoelaces.
제인은 신발 끈을 매기 위해 멈춰 섰다.
Let's **tie** a bell around the cat's neck. 고양이 목에 방울을 달자.
I **tied** up the gift box with red ribbons.
나는 선물 상자를 빨간 리본으로 묶었다.

2 동점이 되다, 비기다
Korea **tied** with France in the World Cup.
한국은 월드컵에서 프랑스와 비겼다.

어휘가 쑥쑥
tie a knot (끈 등에) 매듭을 짓다[묶다]
tie the knot 결혼을 하다
bow tie 나비넥타이
black tie (야회복에 매는) 검정 나비넥타이
black-tie party[event] 정장 차림의 파티[행사]
ties of blood 혈연
family ties 가족 간의 유대

명 1 넥타이 (☞ clothing)
He is wearing a dress shirt and a **tie**.
그는 와이셔츠를 입고 넥타이를 하고 있다.

2 인연, 유대 (= bond)
There is a strong **tie** between the two countries.
그 두 나라 사이에는 강한 유대감이 있다.

3 동점
The soccer game ended in a **tie**. 그 축구 경기는 동점으로 끝났다.
A: How's the basketball game going now?
　농구 경기가 어떻게 돼 가고 있어?
B: Now, it's a **tie** score. 지금은 동점이야.

Jane stopped to *tie* her shoelaces.

tiger /ˈtaɪɡər/ 　명사 (복) tigers) 호랑이 (☞ animal)

A **tiger** has yellow fur and black stripes.
호랑이는 노란 털에 검은 줄무늬가 있다.
In Korea, there are many fables and legends about **tigers**.
한국에는 호랑이에 관한 우화나 전설이 많다.

어휘가 쑥쑥
tiger cub 새끼 호랑이

tight  tighter 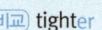 tight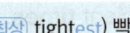 빡빡한 단단히

형 빡빡한, 꽉 끼는, 팽팽한 (↔ loose 느슨한)

Annie is wearing a pair of **tight** blue jeans.
애니는 몸에 꽉 끼는 청바지를 입고 있다.

These shoes are so **tight**. Please show me another.
이 신발은 너무 꽉 끼네요. 다른 것을 보여 주세요.

부 단단히, 꽉 (= tightly)

You should hold the handle **tight** when you ride a bus.
버스를 탈 때에는 손잡이를 꽉 잡고 있어야 한다.

She hugged her baby **tight**.
그녀는 아기를 꼭 껴안았다.

> **어휘가 쑥쑥**
> tighten **동** 단단하게 죄다
> tightly **부** 단단히, 꽉

till /tɪl/ | **전치사** ~까지 **접속사** ~까지

전 [시간] **~까지** (= until)

We enjoyed the Christmas party **till** late last night.
우리는 어젯밤 늦게까지 크리스마스 파티를 즐겼다.

The water will be cut off from 9 a.m. **till** 5 p.m.
수도 공급이 오전 9시부터 오후 5시까지 중단될 예정입니다.

접 [시간] **~까지** (= until)

I can't wait **till** winter gets here.
빨리 겨울이 왔으면 좋겠어요.

> **실력이 쑥쑥**
> till은 어느 시간까지 동작이나 상태가 계속되고 있음을 나타내고, by는 그때까지는 완료됨을 나타낸다.
> till과 until은 뜻이 같지만 일상 대화에서는 till을 더 많이 사용한다.

time /taɪm/ | **명사** (**복** time**s**) ① 시각 ② 시대 ③ 회

1 **불** 시각, 시간, 기간

Mom always tells me that **time** is money.
엄마는 늘 나에게 시간은 돈이라고 말씀하신다.

Please call me at any **time** you like.
아무 때나 편하실 때 전화하세요.

Time's up[over]. Please hand in your answer sheets.
시간 다 됐습니다. 답안지를 제출하세요.

Well, now it's **time** to say good-bye.
자, 이제 헤어져야 할 시간이야.

A: What **time** is it now? 지금 몇 시입니까?
B: It's a quarter past five. 5시 15분입니다.

[속담] **Time** flies like an arrow.
시간이 화살처럼 날아간다. (시간이 무척 빠르다.)

2 시대, 시절

Mankind has used fire since ancient **times**.
인류는 고대부터 불을 사용해 왔다.

> **어휘가 쑥쑥**
> timely **형** 시기적절한, 때맞춘
> ─ · ─ · ─ · ─ · ─ · ─
> timeless 세월이 흘러도 변치 않는, 영원한
> departure time 출발 시간
> arrival time 도착 시간
> bedtime 취침 시간
> lunchtime 점심시간
> opening time 개점 시간
> closing time 폐점 시간
> running time 상영 시간

The writer of this book lived at the **time** of World War II.
이 책의 저자는 제2차 세계 대전 시절에 살았다.

3 회, 번, 배
We have English class four **times** a week.
우리는 일주일에 영어 수업이 네 번 있다.
Four **times** two is eight. 4 곱하기 2는 8이다.

[숙어] **all the time** ① 그동안 줄곧 ② 언제나 (= always)
I left the computer on *all the time*.
나는 컴퓨터를 계속 켜 놓고 있었다.
I argue with my brother *all the time*.
나는 항상 형과 말다툼을 한다.

at a time 동시에, 한 번에
How many books can I check out *at a time*?
한 번에 책을 몇 권이나 빌릴 수 있나요?

at one time ① 한때 ② 동시에, 한 번에
I lived in London *at one time*. 나는 한때 런던에 살았다.
Ted can eat five hamburgers *at one time* if he's really hungry.
테드는 아주 배가 고플 때에는 햄버거를 한 번에 다섯 개까지도 먹을 수 있다.

at the same time 동시에
"I'll take it!" shouted the two girls *at the same time*.
"제가 살 거예요!"라고 그 두 소녀가 동시에 소리쳤다.

at times 때때로, 이따금 (= sometimes)
At times, I get up very early and look at the morning star.
때때로 나는 아주 일찍 일어나서 샛별을 본다.

by this time 이맘때까지
You can pick it up *by this time* tomorrow.
내일 이맘때쯤 찾으러 오세요.

for a time 한동안은, 당분간
He worked as a teacher *for a time*. 그는 한동안 교사로 일했다.

for the first time 처음으로
Europeans usually shake hands when they meet *for the first time*. 유럽인들은 처음 만나면 보통 악수를 한다.

for the time (being) 당분간, 한동안
He will stay in London on business *for the time being*.
그는 일 때문에 당분간 런던에 머무를 것이다.

from time to time 때때로, 이따금
My grandmother comes to see me *from time to time*.
우리 할머니께서는 때때로 나를 보러 오신다.

in time ① 제시간에, 늦지 않고 ② 이윽고, 조만간
I took a taxi to arrive at the meeting *in time*.

"몇 시인가요?" 표현
· What time is it?
· What's the time?
· Do you have the time?
· What time do you have?

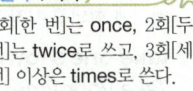
1회[한 번]는 once, 2회[두 번]는 twice로 쓰고, 3회[세 번] 이상은 times로 쓴다.
three[four] *times* (세[네] 번)

동사와 time
as time goes on 시간이 지남에 따라
take time 시간이 걸리다
have time 시간이 있다
waste time 시간을 낭비하다
save time 시간을 아끼다
kill time 시간을 허비하다[때우다]

형용사와 time
long[short] time 오랜[짧은] 시간
some time 꽤 오랜 시간
free[spare] time 자유[여가] 시간
precious time 소중한[귀한] 시간

나는 회의에 늦지 않으려고 택시를 탔다.
I'm going to meet her *in time*. 나는 조만간 그녀를 만날 것이다.

[속담] A stitch *in time* saves nine.
제때의 한 바늘이 후에 아홉 바늘의 수고를 덜 수 있다. (호미로 막을 것을 가래로 막는다.)

on time 시간에 맞게, 제때에, 정시에
Please come early so that we can start the meeting *on time*.
정시에 회의를 시작할 수 있도록 일찍 와 주세요.

take one's (own) time 천천히 하다
Take your time. Haste makes waste.
천천히 해. 서두르면 일을 그르치게 돼.

> 재미가 쑥쑥
> 옛날 이야기에서 처음에 주로 쓰이는 말이 once upon a time(옛날 옛적에)이다.
> *Once upon a time* there lived a boy in a village. (옛날 옛적에 마을에 한 소년이 살고 있었다.)
> 이야기 끝에 쓰이는 '그 후로 그들은 죽 행복하게 살았다.'는 They lived happily ever after(wards).로 쓴다.

---

* tiny /ˈtaɪni/ | 형용사 (비교) tinier (최상) tiniest 작은, 조그마한 (↔ big, large 큰)

Your dog is very **tiny** and cute. What kind of dog is it?
강아지가 참 작고 귀엽네요. 무슨 종인가요?

Fleas are **tiny** bugs that suck blood of men or animals.
벼룩은 사람이나 동물의 피를 빨아 먹는 아주 작은 벌레이다.

---

* tip /tɪp/ | 명사 (복) tips ① 끝 ② 팁 ③ 정보

1 (뾰족한 것의) 끝
The **tip** of her nose turned red in the cold.
그녀의 코끝이 추위로 빨개졌다.

2 팁, 사례금
In America, you should leave a **tip** for the waiters at the restaurant.
미국에서는 식당에서 웨이터에게 팁을 주어야 한다.

> 재미가 쑥쑥
> 서양에서는 식당이나 호텔의 종업원, 택시 기사의 서비스 등에 대하여 10~15퍼센트 정도의 팁을 주는 것이 관습으로 되어 있다.

3 정보, 비결 (= information)
From our website, you can get many **tips** about a trip to Europe.
저희 웹사이트에서는 유럽 여행에 대한 많은 정보를 얻으실 수 있습니다.

Here are some **tips** to make your dry skin moist.
여러분의 건조한 피부를 촉촉하게 만들 수 있는 비결이 여기 있습니다.

The *tip* of her nose turned red in the cold.

---

* tire/tyre /ˈtaɪər/ | 명사 (복) tires/tyres 타이어

A: I think I have a flat **tire**. 타이어가 펑크 난 것 같아.
B: Don't worry! There is a spare **tire** in the trunk.
걱정 마! 트렁크 안에 스페어 타이어가 하나 있어.

tired /ˈtaɪərd/ | 형용사 (비교 more tired 최상 most tired) ① 피곤한 ② 싫증 난

1 피곤한, 지친

Whenever I feel **tired**, I take a hot bath.
나는 피곤할 때마다 뜨거운 물로 목욕을 한다.

Reading books in a car will make your eyes **tired**.
차 안에서 책을 읽으면 눈이 피로해진다.

You look so **tired**. Didn't you sleep well last night?
너 피곤해 보인다. 어젯밤에 잠을 잘 못 잤니?

2 싫증 난, 지겨운 (= sick)

I'm really sick and **tired** of fast food like hamburgers.
나는 햄버거 같은 패스트푸드에 완전히 질렸다.

I am **tired** of Sally's complaining.
나는 샐리가 불평을 늘어놓는 게 지긋지긋하다.

어휘가 쑥쑥
tire 통 피곤해지다, 피곤하게 하다

I am *tired* of Sally's complaining.

*title /ˈtaɪtl/ | 명사 (복 titles) 제목

This song sounds good. What is the **title**?
이 노래 좋네. 제목이 뭐니?

Do you know the **title** of the book? 그 책 제목을 알고 있니?

**to /tə, tu/ | 전치사 ① ~로 ② ~까지 ③ ~에게 ④ [부정사] to+동사원형

1 ~로, ~에 (↔ from ~로부터, ~에서)

I went **to** the public library to borrow some books.
나는 책을 몇 권 빌리러 공공 도서관에 갔다.

Could you show me the way **to** the subway station?
지하철역으로 가는 길 좀 알려 주실래요?

A: Where are you going? 어디 가는 길이니?
B: I am on my way **to** the supermarket.
슈퍼마켓에 가는 길이야.

2 ~까지

Nowadays, banks open from Monday **to** Friday.
요즘 은행들은 월요일부터 금요일까지 영업합니다.

It takes twenty minutes from here **to** my house by bus.
여기서 우리 집까지 버스로 20분 걸린다.

Do your best **to** the last. 끝까지 최선을 다해라.

3 ~에게

Alex is very kind **to** everyone.
알렉스는 모든 사람들에게 매우 친절하다.

문법이 쑥쑥

「to+동사원형」 형태를 'to 부정사'라고 한다.

• 〈명사적 용법〉 ~하는 것
It is wrong *to tell* a lie.
(거짓말하는 것은 나쁘다.)

• 〈형용사적 용법〉 ~할, ~하기 위한
I have no work *to do*.
(나는 할 일이 없다.)

• 〈부사적 용법〉 ~하기 위해, ~해서, ~하기에
I am glad *to see* you.
(너를 만나서 기쁘다.)

I gave a tie **to** my father for his birthday.
나는 아버지께 넥타이를 생신 선물로 드렸다.

4 [부정사] **to**+동사원형
I want **to** stay home tonight. 나는 오늘 밤은 집에 있기를 원한다.
I have a lot of homework **to** do. 나는 해야 할 숙제가 아주 많다.
I saved some money **to** buy presents for my mom.
나는 엄마 선물을 사기 위해 돈을 좀 모았다.

숙어 형용사/부사+**enough to**+동사원형 ~할 정도로 충분히 …하다
Katie is smart *enough to* solve this difficult math problem.
케이티는 이 어려운 수학 문제를 풀 수 있을 정도로 충분히 똑똑하다.

too+형용사/부사+**to**+동사원형 너무 ~해서 …할 수 없다
My father was *too* busy *to* take us to the amusement park.
우리 아빠는 너무 바빠서 우리를 놀이공원에 데려갈 수 없었다.
That watch is *too* expensive for me *to* buy.
저 시계는 내가 사기에 너무 비싸다.

문법이 쑥쑥
「의문사+to부정사」는 동사의 목적어로 쓰인다.
He showed me *what to do*. (그는 나에게 무엇을 해야 할지 가르쳐 주었다.)
Tell him *when to stop*. (그에게 언제 멈춰야 하는지 말해 주세요.)
He taught me *how to swim*. (그는 나에게 수영하는 법을 가르쳐 주었다.)
I don't know *where to go*. (나는 어디로 가야 할지 모르겠다.)

toast¹ /toʊst/ | 명사 토스트(🔎 얇게 썰어서 살짝 구운 식빵)

He loves **toast** and tea for breakfast.
그는 아침 식사로 토스트와 차를 아주 좋아한다.

toast² /toʊst/ | 명사 (복) toast**s**) 건배, 축배

Let's drink a **toast** to her. 그녀를 위해 축배를 듭시다.

☆today /təˈdeɪ/ | 명사 부사 오늘, 오늘날, 현재

What day is it **today**? 오늘이 무슨 요일이죠?
Today you seldom see bats.
요즈음에는 박쥐를 좀처럼 볼 수 없다.
Today is your birthday, isn't it?
오늘이 네 생일이지, 그렇지 않니?
Doctors **today** can cure many diseases.
오늘날 의사들은 많은 병을 고칠 수 있다.

실력이 쑥쑥
날을 가리키는 표현
yesterday 어제
tomorrow 내일
the day before yesterday 그저께
the day after tomorrow 모레

☆toe /toʊ/ | 명사 (복) toe**s**) 발가락 (☞ foot)

Someone stepped on my **toes** on the crowded bus.
혼잡한 버스에서 누군가가 내 발가락을 밟았다.
He was wet from head to **toe**.
그는 머리부터 발끝까지 젖었다.

어휘가 쑥쑥
big toe 엄지발가락
little toe 새끼발가락

together /təˈgeðər/ | 부사 같이, 함께

We played baseball **together**. 우리는 함께 야구를 했다.
Add all the numbers **together**. 모든 숫자들을 더하시오.
We get **together** for studying history every Thursday.
우리는 목요일마다 모여서 역사 공부를 한다.
[속담] Birds of a feather flock **together**.
같은 깃털을 가진 새들끼리 모인다. (유유상종)

어휘가 쑥쑥
all together 다 같이, 모두 함께
come together (하나로) 합치다, 모이다

toilet /ˈtɔɪlət/ | 명사 (복) toilets 화장실, 변기 (☞ restroom)

Flush the **toilet** after using it.
사용 후에 변기의 물을 내려 주세요.
Where is the public **toilet**?
공중화장실은 어디 있어요?
Do you need the **toilet**? 너 화장실 가야 하니?

실력이 쑥쑥
집에서 사용하는 화장실은 bathroom, 공중화장실은 restroom 또는 washroom 이라고 한다.

told /tould/ | 동사 tell의 과거·과거분사 (☞ tell)

tomato /təˈmeɪtoʊ/ | 명사 (복) tomatoes 토마토

She grows **tomatoes** in her garden.
그녀는 정원에서 토마토를 기른다.
Tomatoes are not only delicious but also good for your health. 토마토는 맛있을 뿐 아니라 건강에도 좋다.

어휘가 쑥쑥
cherry tomato 방울토마토

tomorrow /təˈmɑːroʊ/ | 부사 내일 명사 내일

부 내일

According to the weather forecast, it will snow heavily **tomorrow**.
일기 예보에 따르면 내일 눈이 많이 올 것이라고 한다.
I will return her book **tomorrow**.
나는 내일 그녀의 책을 돌려줄 것이다.
See you **tomorrow**. 내일 보자.

명 내일

I have to get up early **tomorrow** morning.
나는 내일 아침에 일찍 일어나야 한다.
I have a math test the day after **tomorrow**.
나는 모레 수학 시험을 본다.

어휘가 쑥쑥
the leaders of tomorrow
미래의 지도자들
for a better tomorrow
더 나은 미래를 위해
like there's no tomorrow
내일이 없다는 듯이, 미래를 생각하지 않고

*tone /toʊn/ | 명사 (복) tones) ① 어조 ② 음색 ③ 색조

1 어조(♀), 말투
He spoke in a sad **tone**. 그는 슬픈 어조로 말했다.

2 음색, 음조
The **tone** of the old cello is rich. 그 오래된 첼로의 음색은 풍부하다.

3 색조 (= shade)
The autumn **tones** are red and yellow.
가을의 색조는 빨강과 노랑이다.

> **어휘가 쑥쑥**
> friendly tone 친근한 어조
> angry tone 성난 어조
> gentle tone 상냥한 어조
>
> **♀ 뜻풀이**
> 어조 감정이나 생각이 드러난 말씨나 말하는 투

*tongue /tʌŋ/ | 명사 (복) tongues) ① 혀 ② 말

1 혀
A frog catches and eats bugs with its long **tongue**.
개구리는 긴 혀로 벌레를 잡아먹는다.
Stick out your **tongue**. 혀를 내미세요.

2 말, 언어 (= language)
Cheng can speak English as well as his mother **tongue**.
쳉은 자기 모국어만큼이나 영어를 잘한다.

A frog catches and eats bugs with its long *tongue*.

*tonight /təˈnaɪt/ | 부사 오늘 밤에 명사 오늘 밤

부 오늘 밤에, 오늘 저녁에
It is very cold **tonight**. 오늘 밤은 매우 춥다.
How about eating out **tonight**?
오늘 저녁에는 외식을 하는 게 어때요?

명 오늘 밤, 오늘 저녁
Tonight will be snowy. 오늘 밤은 눈이 내릴 거야.
Do you have any plans for **tonight**? 오늘 밤에 약속 있니?

> **어휘가 쑥쑥**
> last night 어젯밤
> tomorrow night 내일 밤

*too /tuː/ | 부사 ① 또한 ② 너무

1 또한, 역시 (= also, as well)
Regular exercise is good for health and helps us lose weight, **too**.
규칙적인 운동은 건강에 좋고 또한 우리가 살 빼는 것도 도와준다.
A: I hate the cold. 나는 추운 게 너무 싫어.
B: Me, **too**. 나도 그래.

2 너무, 지나치게

> **어휘가 쑥쑥**
> too much[many] 양이[수가] 너무 많은
> not too bad 그럭저럭

It's a waste of time to play online games for **too** long.
너무 오랫동안 온라인 게임을 하는 것은 시간 낭비이다.

Don't be **too** stressed out! It can hurt your health.
너무 스트레스 받지 마세요. 건강을 해칠 수 있어요.

It's **too** hot today. 오늘 너무 덥다.

[숙어] **too**+형용사/부사+**to**+동사원형 너무 ~해서 …할 수 없다
She was *too* sick *to* go to school yesterday.
그녀는 어제 너무 아파서 학교에 갈 수 없었다.

This math problem is *too* difficult for me *to* solve.
이 수학 문제는 내가 풀기에 너무 어렵다.

[실력이 쑥쑥]
too와 **either**는 둘 다 '또한, 역시'라는 의미지만, **too**는 긍정문에, **either**는 부정문에 쓰인다.
I enjoy watching horror movies, *too*. (저 또한 공포 영화를 즐겨 봐요.)
I don't like horror movies, *either*. (저 역시 공포 영화를 안 좋아해요.)

took /tʊk/ | [동사] take의 과거 (☞ take)

*tool /tuːl/ | [명사] (복) tools) 연장, 도구 (= instrument)

An ax is a **tool** used to cut down trees.
도끼는 나무를 자르는 데 사용되는 도구이다.

I want a **tool** to cut this wood with. 이 나무를 자를 도구가 필요해.

A: Where is the hammer? 망치가 어디 있지?
B: It's in the **tool** box in the basement.
지하실에 있는 공구 상자 안에 있어.

[어휘가 쑥쑥]
tool kit 연장 세트
cutting tool 절단 도구
power tool 전동 공구

**tooth /tuːθ/ | [명사] (복) teeth) 이, 이빨

A **tooth** came out. 이가 하나 빠졌다.

You should brush your **teeth** in the right way.
칫솔질은 올바른 방법으로 해야 한다.

I went to the dentist and got my **tooth** pulled out.
나는 치과에 가서 이를 뽑았다.

[어휘가 쑥쑥]
baby tooth 젖니
decayed tooth 충치
wisdom tooth 사랑니
false teeth 의치, 틀니

toothbrush /ˈtuːθbrʌʃ/ | [명사] (복) toothbrushes) 칫솔 (☞ bathroom)

I need a new **toothbrush**. 나는 새 칫솔이 하나 필요하다.

**top /tɑːp/ | [명사] (복) tops) ① 꼭대기 ② 최고

1 꼭대기, 정상, 윗면 (↔ bottom 밑바닥)

I climbed to the **top** of the tree to watch the parade better.
나는 그 퍼레이드를 더 잘 보려고 나무 꼭대기로 기어올라 갔다.

Write your name at the **top** of the test sheet.
시험지 맨 위에 이름을 쓰세요.

[어휘가 쑥쑥]
top-level 최고 수준의
top-quality 품질이 최고인
rooftop 옥상, 지붕
desktop 데스크톱 컴퓨터

2 [the top으로 쓰여] **최고, 일등**
Charles was at the **top** of his class in the final exam.
찰스는 기말시험에서 반에서 1등을 했다.

| laptop 노트북 컴퓨터

topic /ˈtɑːpɪk/ | 명사 (복) topics) 화제, 주제 (= subject)

The main **topic** of conversation was how to improve our English.
대화의 주제는 어떻게 하면 영어를 잘할 수 있을까 하는 것이었다.

tore /tɔːr/ | 동사 tear²의 과거 (☞ tear²)

torn /tɔːrn/ | 동사 tear²의 과거분사 (☞ tear²)

*toss /tɔːs/ | 동사 (3단현) tosses (과거·과분) tossed (현분) tossing) ① 던지다 ② 흔들다

1 던지다
I **tossed** the ball to him. 나는 그에게 공을 던졌다.

2 흔들다, 흔들리다
Branches are **tossing** in the wind. 바람에 나뭇가지가 흔들리고 있다.

| 어휘가 쑥쑥
| toss and turn (잠을 못 자고) 뒤척이다

*total /ˈtoʊtl/ | 형용사 전체의 명사 (복) totals) 합계

형 전체의 (= whole)
The **total** number of students in this class is forty.
이 반의 전체 학생 수는 40명이다.

I'll take 10% off the **total** price if you buy the blouse with this skirt.
이 치마와 함께 블라우스도 구입하시면 총액에서 10퍼센트 할인해 드립니다.

명 합계, 총액 (= sum)
A **total** of 200 guests came to their wedding.
그들의 결혼식에 총 200명의 하객들이 참석했다.

That comes to $5.25 in **total**. 전부 5달러 25센트입니다.

| 어휘가 쑥쑥
| totally 부 완전히
| ・—・—・—・—・—・
| total amount 총액
| total cost 총비용
| total sales 총판매
| total income 총수입

**touch /tʌtʃ/ | 동사 (3단현) touches (과거·과분) touched (현분) touching) ① 건드리다 ② 감동시키다 명사 (복) touches) 접촉

동 1 건드리다, 만지다
The little boy **touched** the worm with a stick.
그 꼬마 아이는 꼬챙이로 지렁이를 툭툭 건드려 보았다.

Don't **touch** an electric cord with wet hands.

| 어휘가 쑥쑥
| touching 형 감동적인
| touched 형 감동한

젖은 손으로 전기 코드를 만지지 마라.

2 감동시키다 (= move)
The movie really **touched** me. 그 영화는 내게 큰 감동을 주었다.
I was really **touched** by his success story.
나는 그의 성공 이야기에 깊은 감명을 받았다.

[명] 접촉
Let's keep in **touch**. 연락하고 지내요.
I've kept in **touch** with Lisa since I was nine.
나는 아홉 살 때부터 계속 리사와 연락을 하고 지낸다.

[숙어] **touch down** (비행기가) 착륙하다
The plane *touched down* at Incheon International Airport.
그 비행기는 인천 국제공항에 착륙했다.

Don't *touch* an electric cord with wet hands.

* tough /tʌf/ | [형용사] ([비교]) tougher ([최상]) toughest) ① 거친 ② 튼튼한 ③ 힘든

1 거친, 강인한 (↔ soft 부드러운)
The ship was sailing through a **tough** storm.
그 배는 거친 폭풍우를 뚫고 항해하고 있었다.
I like the main character because he's a really **tough** guy.
나는 주인공이 아주 강인한 사람이라서 좋다.

[어휘가 쑥쑥]
tough meat 질긴 고기
tough paper 질긴 종이
tough work 고된 일
tough day 힘든 하루

2 튼튼한, 질긴 (↔ tender 부드러운)
Sea turtles have dry and **tough** skin.
바다거북은 건조하고 단단한 피부를 가졌다.
This cloth is so **tough** and it's used to make parachutes.
이 천은 매우 질겨서 낙하산을 만드는 데 사용된다.

3 힘든, 고된 (= difficult, hard)
It's **tough** to drop bad habits.
나쁜 습관을 버리는 것은 힘든 일이다.
"To become a human is a very **tough** job," said the witch to the Little Mermaid.
"사람이 되는 것은 매우 힘든 일이야."라고 마녀가 인어 공주에게 말했습니다.

He's a really *tough* guy.

** tour /tʊr/ | [명사] ([복] tours) ① 관광 ② 순회공연
[동사] ([3단현] tours [과거·과분] toured [현분] touring) ① 여행하다 ② 순회공연을 하다

[명] **1** 관광, 여행 (= travel)
We took a guided **tour** around the city.
우리는 안내를 받으며 그 도시를 여행했다.
My uncle works as a **tour** guide.
우리 삼촌은 여행 안내원 일을 하신다.

[어휘가 쑥쑥]
tourist [명] 여행자, 관광객
tourism [명] 관광 산업
- - - - - - - - - -
bus **tour** 버스 여행
cycling **tour** 자전거 여행

I want to go on a world **tour** someday.
나는 언젠가 세계 여행을 하고 싶다.

2 순회공연
The world-famous pianist is on **tour** now.
세계적으로 유명한 그 피아니스트는 현재 순회공연 중이다.

통 1 여행하다 (= travel)
I **toured** Europe last summer. 나는 작년 여름에 유럽을 여행했다.

2 순회공연을 하다
Next month, the singer will start to **tour** countries around the world. 다음 달에 그 가수는 세계 여러 나라의 순회공연을 시작할 것이다.

walking tour 도보 여행
package tour 패키지여행

실력이 쑥쑥
tour 관광·견학 등을 위해 계획에 따라 방문하는 여행
travel 일반적인 여행, 특히 해외여행이나 장기간에 걸친 여행
trip 비교적 짧은 여행

*toward(s) /tɔːrd(z)/ 전치사 ① ~를 향해서 ② ~쯤에

1 [방향] ~를 향해서, ~ 쪽으로
Rivers usually flow **toward** a lake or an ocean.
강은 보통 호수나 바다를 향해서 흐른다.
I heard someone coming **towards** the door of my house.
나는 누군가 우리 집 문 쪽으로 오고 있는 소리를 들었다.

실력이 쑥쑥
영국에서는 주로 towards를 쓰고, 미국에서는 주로 toward를 쓴다.

2 [시간] ~쯤에, ~ 무렵
He came to see me **toward** evening.
그는 저녁 무렵에 나를 찾아왔다.

towel /ˈtaʊəl/ 명사 (복) towels) 수건, 타월 (☞ bathroom)

He dried his hands with the **towel**. 그는 수건으로 손을 닦았다.
This is room No. 502. I need one more **towel**.
여기 502호실인데요. 수건이 하나 더 필요합니다.

어휘가 쑥쑥
bath towel 목욕 수건
dish towel 행주

**tower /ˈtaʊər/ 명사 (복) towers) 탑, 타워

The beautiful princess was locked in the top of the **tower**.
아름다운 공주님은 탑 꼭대기에 갇혀 있었습니다.
Paris is famous for its Eiffel **Tower**. 파리는 에펠 탑으로 유명하다.

**town /taʊn/ 명사 (복) towns) 마을, 도시

My grandma lives in a small **town**.
우리 할머니는 한 작은 마을에 사신다.
There are a lot of stores and restaurants in a big **town**.
대도시에는 상점과 음식점이 많이 있다.

어휘가 쑥쑥
hometown 고향
new town 신도시

*toy /tɔɪ/ | 명사 (복) toys) 장난감

Put your **toys** away now. It's time to go to bed.
이제 장난감을 치우렴. 잘 시간이야.

Children like to play with **toys**.
아이들은 장난감을 가지고 놀기를 좋아한다.

*trace /treɪs/
명사 (복) traces) 자취
동사 (3단현) traces 과거·과분 traced 현분 tracing) ① 추적하다 ② 밝혀내다 ③ 따라 그리다

명 자취, 흔적, 자국
We saw **traces** of rabbits on the snow.
우리는 눈 위의 토끼 발자국을 봤다.
She disappeared without a **trace**. 그녀는 흔적도 없이 사라졌다.

동 1 추적하다, 찾아내다
The police were able to **trace** the missing child.
경찰은 실종된 아이를 찾아낼 수 있었다.

2 밝혀내다, 알아내다
She **traced** the source of the rumor.
그녀는 소문의 출처를 알아냈다.

3 따라 그리다, 베끼다
She **traced** the drawing on the paper.
그녀는 종이에 그 그림을 따라 그렸다.

어휘가 쑥쑥
lose (all) trace 발자취를 (완전히) 놓치다
leave a trace 흔적을 남기다
remove all traces 흔적을 모두 없애다
trace a secret 비밀을 캐다
trace back to 기원이[유래가] ~까지 거슬러 올라가다

*trade /treɪd/
동사 (3단현) trades 과거·과분 traded 현분 trading) 무역하다
명사 (복) trades) 무역

동 무역하다, 장사를 하다, (물물) 교환을 하다 (= deal)
Korea **trades** with many foreign nations.
한국은 많은 다른 나라들과 무역을 하고 있다.

The merchants of *Goryeo* **traded** ginseng for silk from China.
고려의 상인들은 인삼을 중국의 비단과 교환했다.

어휘가 쑥쑥
trader 명 무역상
free trade 자유 무역
international trade 국제 무역

명 무역, 교역
Our company is going to attend the world **trade** fair next month.
우리 회사는 다음 달에 세계 무역 박람회에 참가할 예정입니다.

The Silk Road was the **trade** route between Europe and China.
실크로드는 유럽과 중국을 연결하던 교역로였다.

tradition /trəˈdɪʃn/ | 명사 (복 traditions) 전통, 관습 (= custom)

The company has a long **tradition**.
그 회사는 오랜 전통을 가지고 있다.

traditional /trəˈdɪʃənl/ | 형용사 (비교 more traditional 최상 most traditional) 전통의, 전통적인

People from many countries wore their **traditional** costumes at the festival.
각국에서 온 사람들이 축제에서 그들의 전통 의상을 입었다.

A: It smells good. What are you making?
   냄새가 좋은데. 뭘 만들고 있니?
B: I'm making *Bulgogi*, the Korean **traditional** food.
   나는 한국 전통 음식인 불고기를 만들고 있어.

어휘가 쑥쑥
traditionally 🔄 전통적으로
- - - - - - - - -
traditional culture 전통 문화
traditional way 전통적인 방식

traffic /ˈtræfɪk/ | 명사 교통량, 교통

There is heavy[light] **traffic** on this road.
이 길에는 교통량이 많습니다[적습니다].

This is the morning **traffic** report. On *Seongsan* Bridge, the **traffic** is fast[slow] now.
아침 교통 정보입니다. 현재 성산 대교는 교통 흐름이 빠릅니다[느립니다].

The **traffic** light(s) turned green[red, yellow].
신호등이 녹색[빨간색, 황색]으로 바뀌었다.

Many **traffic** accidents occur on holidays.
교통사고가 휴일에 많이 발생한다.

The mayor promised to solve the **traffic** problem in the city.
시장은 시의 교통 문제를 해결하겠다고 약속했다.

어휘가 쑥쑥
traffic jam 교통 정체

There is heavy *traffic* on this road.

train¹ /treɪn/ | 명사 (복 trains) 기차, 열차 (☞ transportation)

I went to the airport by **train**. 나는 기차를 타고 공항으로 갔다.

The **train** leaves *Seoul* at 2:10.
그 열차는 2시 10분에 서울을 출발한다.

If you hurry, you'll catch the **train**.
서두르면 기차를 탈 수 있을 것이다.

They got off the **train**. 그들은 그 열차에서 내렸다.

A: Where can I get the **train** for[to] London?
   런던행 열차를 어디서 타면 되나요?
B: Get on the **train** at platform B. B 승강장에서 열차를 타세요.

어휘가 쑥쑥
commuter train 통근 열차
express train 급행열차
local train 보통 열차, 완행열차

재미가 쑥쑥
한국의 초고속 열차인 KTX는 Korea Train Express의 줄임말이다.

train² /treɪn/ 동사 (3단현) trains (과거·과분) trained (현분) training 연습하다, 훈련하다, 가르치다

The athletes **train** for several hours a day.
운동선수들은 하루에 몇 시간씩 연습한다.
He is **training** his dog. 그는 자기 개를 훈련시키고 있다.
Some dogs are **trained** to help the blind.
어떤 개들은 시각 장애인들을 도울 수 있도록 훈련받는다.

어휘가 쑥쑥
trainee 명 훈련생
trainer 명 교관, 트레이너
training 명 훈련, 교육

*transfer /trænsˈfɜːr|ˈtrænsfɜːr/ 동사 (3단현) transfers (과거·과분) transferred (현분) transferring ① 옮기다 ② 갈아타다 명사 (복) transfers) 이동

동 1 옮기다, 이동하다, 전학 가다
I have to **transfer** to another school.
나는 다른 학교로 전학을 가야 한다.
He was **transferred** to the main office. 그는 본사로 발령받았다.
2 갈아타다, 환승하다
I **transferred** from the bus to the subway.
나는 버스에서 지하철로 갈아탔다.

명 이동, 이전, 이적
The company rejected her request for a **transfer**.
회사는 그녀의 전근 요청을 거절했다.

어휘가 쑥쑥
transferable 형 이동할 수 있는
transfer ticket 환승표
subway transfer station 지하철 환승역

실력이 쑥쑥
동사와 명사의 강세 위치가 다른 것에 주의한다.

*transform /trænsˈfɔːrm/ 동사 (3단현) transforms (과거·과분) transformed (현분) transforming 변형시키다, 변화시키다

The Internet has **transformed** our lives.
인터넷은 우리의 삶을 변화시켰다.
A caterpillar is **transformed** into a butterfly.
애벌레는 나비로 변한다.

어휘가 쑥쑥
transformation 명 변신, 변화

translate /trænzˈleɪt/ 동사 (3단현) translates (과거·과분) translated (현분) translating 번역하다, 통역하다, 해석하다

His job is to **translate** English into Korean.
그의 직업은 영어를 한국어로 번역하는 일이다.

어휘가 쑥쑥
translation 명 번역, 통역

*transport /trænsˈpɔːrt|ˈtrænspɔːrt/ 동사 (3단현) transports (과거·과분) transported (현분) transporting 운반하다 명사 ① 수송 ② 교통수단

transport

동 운반하다, 수송하다, 운송하다, 나르다
I need a big truck to **transport** the boxes.
나는 상자들을 운송할 큰 트럭이 필요하다.

명 1 수송, 운반
The painting was damaged during **transport**.
그 그림은 운송 중에 훼손되었다.

2 운송 수단, 교통수단
This vehicle is used for **transport** of cargo.
이 차량은 화물 수송에 이용된다.

(어휘가 쑥쑥)
air transport 항공 수송
road transport 육로 수송
rail transport 철도 수송

(실력이 쑥쑥)
동사와 명사의 강세 위치가 다른 것에 주의한다.

transportation /ˌtrænspərˈteɪʃn/ **명사** 수송, 운송, 운송 수단 (☞ 923쪽)

The world is getting smaller and smaller thanks to the development of **transportation**.
교통수단의 발달 덕분에 세계는 점점 더 좁아지고 있다.

Parking space is not enough. Please use public **transportation**.
주차 공간이 여유롭지 못합니다. 대중교통을 이용해 주세요.

(실력이 쑥쑥)
영국 영어로는 '운송 수단, 교통수단'을 transport라고 한다.

trash /træʃ/ **명사** 쓰레기 (= rubbish)

In our neighborhood, the garbage truck collects **trash** every morning.
우리 동네에서는 쓰레기차가 매일 아침 쓰레기를 수거해 간다.

Do not throw **trash** away on the ground.
바닥에 쓰레기를 버리지 마시오.

(어휘가 쑥쑥)
trash bag 쓰레기봉투
trash can[bin] 쓰레기통

✱✱travel /ˈtrævl/ **동사** (3단현) travels (과거·과분) traveled/travelled (현분) traveling/travelling) ① 여행하다 ② 이동하다 **명사** (복) travels) 여행

동 1 여행하다 (= journey, tour)
We can **travel** by air[bus, train/rail, ship].
우리는 비행기[버스, 기차, 배]로 여행할 수 있습니다.

How much does it cost to **travel** to Europe?
유럽으로 여행을 가는 데 경비가 얼마나 드나요?

2 움직여 가다, 이동하다 (= move)
The earth and other planets **travel** around the sun.
지구와 다른 행성들은 태양의 둘레를 돈다.

명 여행 (= trip, journey, tour)
Did you enjoy your **travel** to the Philippines?
필리핀 여행은 즐거우셨나요?

(어휘가 쑥쑥)
traveler **명** 여행자
- - - - - - - - - - - - -
overseas travel 해외여행
travel agency 여행사
travel expense 여행 경비

(실력이 쑥쑥)
travel은 보통 먼 여행을 뜻하며 복수형으로 많이 쓰이지만, many travels라고는 하지 않는다.

tray /treɪ/ | 명사 (복) trays) 쟁반, 접시

The waiter brought the silver **tray** of lobster and wine.
웨이터는 랍스터와 와인이 놓인 은쟁반을 들고 왔다.

treasure /ˈtreʒər/ | 명사 (복) treasures) 보물

They started to sail to look for the **treasure**.
그들은 보물을 찾기 위한 항해를 시작했다.

They finally discovered the **treasure** island.
그들은 마침내 보물섬을 발견했다.

treat /triːt/ | 동사 (3단현) treats (과거·과분) treated (현분) treating) ① 다루다 ② 치료하다 ③ 음식을 대접하다

1 다루다, 대우하다 (= deal with)
Please **treat** that box with care. 그 상자는 조심해서 다뤄 주세요.
Sometimes my parents **treat** me like a child.
때때로 우리 부모님은 나를 어린아이처럼 대하신다.

2 치료하다 (= heal, cure)
A dentist is a doctor who examines and **treats** teeth.
치과 의사는 치아를 검사하고 치료하는 의사이다.
He was **treated** for his injuries in the hospital.
그는 병원에서 상처를 치료받았다.

3 음식을 대접하다, 한턱내다
A: I'll **treat** you to lunch today. 오늘 점심은 내가 살게.
B: Ok, then it's on me next time. 그래, 그러면 다음에는 내가 살게.

(어휘가 쑥쑥)
treatment 명 대우, 취급, 치료

treat equally 동등하게 대하다
treat well 잘 대하다

(실력이 쑥쑥)
treatment(치료)를 통해 병을 치유하는 것을 cure라고 한다.

tree /triː/ | 명사 (복) trees) 나무

The woodcutter cut down **trees** in the forest.
나무꾼은 숲속에서 나무를 벴다.

Trees have roots, a trunk, branches, and leaves.
나무는 뿌리, 줄기, 가지, 그리고 잎을 가지고 있다.

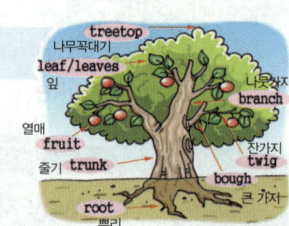

trend /trend/ | 명사 (복) trends) 경향, 추세, 유행, 트렌드

Short skirts are the **trend** this year. 짧은 치마가 올해 유행이다.

triangle /ˈtraɪæŋgl/ | 명사 (복) triangles) ① 삼각형 ② [악기] 트라이앵글

1 삼각형
Pyramids have four sides shaped like a **triangle**.
피라미드는 삼각형 모양의 옆면이 네 개 있다.

2 [악기] 트라이앵글 (☞ instrument)
Hitting the **triangle** makes a beautiful sound.
트라이앵글을 치면 아름다운 소리가 난다.

trick /trɪk/ 명사 (복) trick**s** ① 속임수 ② 장난 ③ 재주

1 계략, 속임수
The rich man got the money by a dirty **trick**.
그 부자는 나쁜 계략을 써서 돈을 벌었다.

2 (가벼운) 장난
I found out his **trick**. 나는 그의 장난을 알아차렸다.
On April Fools' Day, people play a **trick** on each other.
만우절에 사람들은 서로 가벼운 장난을 친다.

3 재주, 묘기, 요술
People were delighted to see the monkeys do[play] **tricks**.
사람들은 원숭이들이 재주를 부리는 것을 보고 즐거워했다.
A magician performs magic **tricks** to amuse people.
마술사는 눈속임하는 마술로 사람들을 즐겁게 한다.

어휘가 쑥쑥
tricky 형 까다로운, 교활한

재미가 쑥쑥
"Trick or Treat!"
"장난칠까요, 그게 아니면 대접해 주실래요?"라는 뜻으로, 핼러윈(Halloween)에 아이들이 이웃집을 돌며 과자를 달라고 할 때 쓰는 말이다.

trip /trɪp/ 명사 (복) trip**s** 여행 (= travel, journey)

Mom and I are going to take a **trip** to the United States.
엄마와 나는 미국으로 여행을 갈 것이다.
Yesterday we took a field **trip** to the museum.
우리는 어제 박물관에 견학을 갔다.
My father goes on a business **trip** very often.
우리 아버지는 출장을 자주 다니신다.

어휘가 쑥쑥
backpacking trip 배낭여행
bus trip 버스 여행
day trip 당일치기 여행
school trip 수학여행

tropical /ˈtrɑːpɪkl/ 형용사 열대의, 열대 지방의

The **tropical** region is very hot and damp.
열대 지방은 매우 덥고 습하다.
Bananas, pineapples, and mangoes are all **tropical** fruits.
바나나, 파인애플, 그리고 망고는 모두 열대 과일이다.

어휘가 쑥쑥
tropical fish 열대어
tropical night 열대야

trouble /ˈtrʌbl/
명사 (복) trouble**s** ① 걱정 ② 곤란
동사 (3단현) trouble**s** (과거·과분) trouble**d** (현분) trouble**ing** 괴롭히다

trouble

명 1 걱정, 고민 (↔ pleasure 기쁨)

What's your **trouble**? 고민이 무엇입니까?

Her heart is full of **trouble**. 그녀의 마음은 근심으로 가득하다.

You should tell your teacher all your **troubles** and take advice.
선생님께 너의 고민을 모두 이야기하고 조언을 구하는 것이 좋겠다.

2 곤란, 어려움 (= difficulty), **불편, 문제** (= problem)

You'll be[get] in big **trouble** if you don't have enough water in the desert.
만일 당신이 사막에서 충분한 물을 갖고 있지 않는다면 큰 곤란에 빠질 것이다.

I have **trouble** learning German, but I will keep trying.
나는 독일어를 배우는 데 어려움이 있지만 계속 노력할 것이다.

It's no **trouble**. I can do it easily.
문제없어요. 제가 쉽게 할 수 있어요. (잘할 수 있어요.)

If there is any **trouble** with your car, please contact this number right away.
만일 당신의 자동차에 문제가 생기면 이 번호로 즉시 연락해 주십시오.

동 괴롭히다, 폐를 끼치다 (= disturb, bother)

A bad cold **troubled** Mary through the night.
메리는 독감으로 밤새 괴로워했다.

어휘가 쑥쑥

troubled 형 걱정스러운
troubling 형 걱정하게 만드는
troublesome 골치 아픈, 성가신
troublemaker 말썽꾸러기, 사고뭉치
stomach trouble 배앓이, 배탈
back trouble 허리 통증
make trouble 말썽을 부리다, 문제를 만들다
be in trouble 곤경에 처하다, 큰일 나다
have no trouble 아무 문제 없다

*trousers /ˈtraʊzərz/ 명사 바지 (= pants) (☞ clothing)

He is wearing a striped shirt, brown **trousers**, and black shoes.
그는 줄무늬 셔츠와 갈색 바지를 입고, 검정색 구두를 신고 있다.

A: May I try these black **trousers** on?
이 검정색 바지를 입어 볼 수 있을까요?

B: Sure. What size do you wear?
물론이죠. 몇 치수를 입으시나요?

실력이 쑥쑥

trousers는 주로 영국에서 사용되고, 미국에서는 주로 pants라고 한다. 영국에서 pants는 '속옷'을 의미하고, 미국에서 속옷은 underwear라고 한다.

truck /trʌk/ 명사 (복) trucks 트럭, 화물 자동차 (☞ transportation)

A **truck** is used to carry heavy loads.
트럭은 무거운 짐을 운반하는 데 쓰인다.

*true /truː/ 형용사 (비교) truer (최상) truest 사실의, 진실의, 진실한 (↔ false 거짓의)

Is this sentence **True** or False? 이 문장은 맞을까요, 틀릴까요?

It is **true** that he lied to us.
그가 우리에게 거짓말을 한 것은 사실이다.

This movie is based on a **true** story.
이 영화는 실화를 바탕으로 한 것이다.

A **true** friend helps you when you're in trouble.
진실한 친구는 네가 어려울 때 도움을 준다.

어휘가 쑥쑥
true gold 순금
true value 진가
true feeling 속마음
true love 진정한 사랑

[숙어] **come true** 실현되다, 사실이 되다
To make your dreams *come true*, you should try your best.
꿈을 실현시키기 위해서는, 최선을 다해야 한다.

truly /ˈtruːli/ [부사] (비교) more truly (최상) most truly) 정말로, 진심으로 (= sincerely)

I will **truly** come again. 정말로 다시 오겠습니다.
He is a **truly** good man. 그는 정말 좋은 사람이다.

[숙어] **Truly yours / Yours truly** 그럼 이만 (편지의 끝맺음말)
Truly yours, Jenny. 제니 올림.

trumpet /ˈtrʌmpɪt/ [명사] (복) trumpets) 나팔, 트럼펫 (☞ instrument)

The ceremony started with a fanfare of **trumpets**.
식은 트럼펫의 팡파르 소리와 함께 시작되었다.

*trunk /trʌŋk/ [명사] (복) trunks) ① (나무)줄기 ② 여행용 가방 ③ (자동차) 트렁크 ④ 코끼리 코

1 (나무)줄기 (☞ tree)
A woodpecker makes holes in **trunks** with its strong beak.
딱따구리는 강한 부리로 나무줄기에 구멍을 만든다.

어휘가 쑥쑥
pack[unpack] one's **trunk** 여행 가방을 싸다[풀다]

2 여행용 가방 (= suitcase)
At the airport, I checked my **trunks** to Paris before boarding.
공항에서 나는 비행기를 타기 전에 내 가방들을 파리로 부쳤다.

3 (자동차) 트렁크, 화물칸
He is taking his suitcase out of the **trunk** of the taxi.
그는 택시의 트렁크에서 자기 여행 가방을 꺼내고 있다.

4 코끼리 코
An elephant uses its **trunk** for eating, drinking, and lifting things. 코끼리는 먹고 마실 때, 그리고 물건을 집어 올릴 때 코를 사용한다.

*trust /trʌst/ [동사] (3단현) trusts (과거·과분) trusted (현분) trusting) 신뢰하다, 믿다 (= believe)

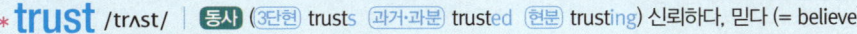

My parents always **trust** me.
우리 부모님께서는 항상 나를 믿어 주신다.

어휘가 쑥쑥
trustworthy [형] 믿을 만한

A: You have to keep your word. 약속 꼭 지켜야 해.
B: Don't worry. You can **trust** me. 걱정 마. 나를 믿어.

*truth /truːθ/ | 명사 (복 truths) 진실, 사실 (= fact)

He told the **truth**, but no one believed him.
그는 진실을 말했지만, 아무도 그를 믿지 않았다.

The **truth** is that I didn't know the news at all.
사실은 내가 그 소식을 전혀 몰랐다는 것이다.

To tell the **truth**, I like her.
사실대로 말하면, 나는 그녀를 좋아한다.

어휘가 쑥쑥
truthful 형 정직한, 진실한
eternal truth 불변의 진리
plain truth 명백한 사실

**try /traɪ/ | 동사 (3단현 tries 과거·과분 tried 현분 trying) 해 보다 명사 (복 tries) 시도

동 해 보다, 시도하다, 애쓰다, 노력하다

Try some more cake. 케이크 좀 더 드셔 보세요.

The fox **tried** to pick the grapes again and again, but every time he failed.
여우는 포도를 따려고 계속 애써 봤지만, 매번 실패하고 말았습니다.

Maria **tried** not to laugh, but she couldn't help it.
마리아는 웃지 않으려고 애썼지만, 어쩔 수가 없었다.

May I **try** one of these muffins? 이 머핀 하나 먹어도 돼요?

Just **try** looking inside the box.
상자 안을 한번 들여다보세요.

A: I cannot open this bottle. 이 병을 열 수가 없어.
B: Give it to me. I'll **try** it. / Let me **try** it.
이리 주세요. 제가 해 볼게요.

A: May I **try** this shirt on? 이 셔츠를 입어 봐도 될까요?
B: Sure. The fitting room is over there.
그럼요. 탈의실은 저쪽에 있어요.

어휘가 쑥쑥
trial 명 재판, 실험, 시험
try one's best
최선을 다하다

문법이 쑥쑥
「try+동명사(-ing)」는 '~을 시도하다, 해 보다'라는 뜻이고, 「try+to부정사」는 '~하려고 노력하다, 애쓰다'라는 뜻이다.

명 시도

Let's give it a **try**. 한번 시도해 보자.

You failed to break the record, but it was a good **try**.
네가 기록을 깨지는 못했지만, 시도는 좋았다.

May I *try* this shirt on?

*tube /tuːb/ | 명사 (복 tubes) ① 관 ② 튜브

1 관, 통

I dropped some oil into the water in the test **tube**.
나는 시험관에 있는 물에 기름을 몇 방울 떨어뜨렸다.

재미가 쑥쑥
영국에서는 the tube가 '(런던의) 지하철'을 의미하기도

2 튜브, 짜내어 쓰는 용기 (☞ container)
I bought a **tube** of toothpaste at the supermarket.
나는 슈퍼마켓에서 치약 한 통을 샀다.

Tuesday /ˈtuːzdeɪ/ | 명사 (복) Tuesdays) 화요일 (☞ day) 《줄여서 Tue.로 적기도 한다.》

Let's have lunch together next **Tuesday**.
다음 주 화요일에 같이 점심 먹자.

We have a meeting every **Tuesday**.
우리는 화요일마다 회의가 있다.

> 어휘가 쑥쑥
> last[this] Tuesday 지난주[이번 주] 화요일

tulip /ˈtuːlɪp/ | 명사 (복) tulips) 튤립

Netherlands is famous for **tulips** and windmills.
네덜란드는 튤립과 풍차로 유명하다.

*tune /tuːn/ | 명사 (복) tunes) 곡 | 동사 (3단현) tunes (과거·과분) tuned (현분) tuning) 조율하다

명 곡, 곡조, 선율
He played a **tune** on the piano.
그는 피아노로 한 곡을 연주했다.

I'm not good at singing, so my song is always out of **tune**.
나는 노래를 잘 못 불러서, 내 노래는 항상 음정이 맞지 않는다.

동 조율하다, (라디오·TV의) 주파수를 맞추다
The orchestra members are **tuning** their instruments.
오케스트라 단원들은 본인들의 악기를 조율하고 있다.

Be sure to **tune** in to Channel 4's *Music Show* tonight.
오늘 밤 4번 채널의 〈뮤직 쇼〉에 채널을 맞춰 주세요.

Please stay **tuned**. 채널을 고정해 주세요.

> 어휘가 쑥쑥
> tuning 명 조율
> in tune 음정이 맞는
> dance to the tune 곡에 맞춰 춤을 추다
> tune a piano 피아노를 조율하다

*tunnel /ˈtʌnl/ | 명사 (복) tunnels) 터널, 굴

The train went into the **tunnel**.
기차가 터널 안으로 들어갔다.

The subway crosses the river through the **tunnel** under the Han River.
그 지하철은 한강 아래에 있는 터널을 통해 강을 지난다.

> 어휘가 쑥쑥
> underground tunnel 지하 터널
> underwater tunnel 수중 터널

turkey /ˈtɜːrki/ | 명사 (복) turkeys) 칠면조, 칠면조 고기

Many Americans eat **turkey** on Thanksgiving and Christmas.
많은 미국인들은 추수 감사절과 크리스마스에 칠면조 고기를 먹는다.

Türkiye /ˈtʊrkijə/ | 명사 튀르키예 《터키(Turkey)의 새 이름》

Türkiye is famous for kebabs. 튀르키예는 케밥으로 유명하다.

Turkish /ˈtɜːrkɪʃ/ | 형용사 명사 튀르키예의, 튀르키예인(의), 튀르키예어(의)

turn /tɜːrn/ | 동사 (3단현) turns (과거·과분) turned (현분) turning) ① 돌다 ② 뒤집다 ③ 바꾸다
명사 (복) turns) ① 돌리기 ② 순번

동 1 돌다, 회전하다, 돌리다
The earth **turns** around the sun. 지구는 태양의 주위를 돈다.

The wheels of my bike began to **turn** slowly.
내 자전거 바퀴가 천천히 돌아가기 시작했다.

Turn the handle to the right, and then you can open the door.
손잡이를 오른쪽으로 돌리시면 문을 여실 수 있습니다.

2 뒤집다, 넘기다
I **turned** the fried egg in the frying pan.
나는 프라이팬에 있는 계란 프라이를 뒤집었다.

Please **turn** the page over. 다음 페이지로 넘기세요.

3 바꾸다 (= change), 바뀌다, ~로 변하다, ~로 되다 (= become)
Turn these sentences into English.
이 문장들을 영어로 바꿔 보세요.

Everything he touched **turned** into gold.
그가 만지는 모든 것이 금으로 변했다.

The traffic light **turned** green.
신호등이 녹색으로 바뀌었다.

명 1 돌리기, 회전
Make a left **turn** at the intersection.
사거리에서 좌회전하세요.

2 순번, 차례
Please wait for your **turn**. 당신 차례를 기다려 주세요.

문법이 쑥쑥

turn은 뒤에 형용사와 함께 써서 상태의 변화를 나타낸다. '~로 변하다, ~로 되다' 라는 뜻인데, become이나 get도 이와 같은 뜻으로 쓰인다.

Her face *turned*[*became*, *got*] pale. (그녀의 얼굴이 창백해졌다.)

The leaves *turned* red and yellow. (나뭇잎들이 빨갛고 노랗게 바뀌었다.)

Everything he touched *turned* into gold.

숙어 **by turns** 교대로, 번갈아
They watched the treasure in the cave *by turns*.
그들은 동굴 속 보물을 교대로 지켰다.

in turn 차례로, 순서대로
The teacher called out the students' names *in turn*.
선생님은 차례대로 학생들의 이름을 불렀다.

turn away ① 쫓아 버리다 ② 얼굴을 돌리다
The farmer *turned away* birds from his field.
농부는 자기 밭에서 새들을 쫓아 버렸다.

Many people *turned away* from the poor beggar.
많은 사람들이 불쌍한 거지에게서 고개를 돌렸다.

turn back 되돌아가다
Let's *turn back* to the first page.
첫 페이지로 돌아가 봅시다.

turn down ① 소리를 줄이다 ② 거절하다
Would you please *turn down* the music?
음악 소리 좀 줄여 주시겠어요?
I asked Lucy out, but she *turned* me *down*.
나는 루시에게 데이트 신청을 했는데 거절당했다.

turn off 끄다 (↔ turn on 켜다)
Would you *turn off* the TV, please?
텔레비전 좀 꺼 주시겠어요?

turn on 켜다 (↔ turn off 끄다)

I *turned* the lamp *on* to read a book.
나는 책을 읽으려고 전등을 켰다.

turn out ① 끄다 ② (결과가) ~로 판명되다
It's time for bed and I *turned out* the light.
잘 시간이어서 나는 불을 껐다.
The report on the newspaper *turned out* to be false.
그 신문에 난 기사는 허위로 판명되었다.

turn up ① (소리를) 크게 하다 ② 나타나다
I can't hear the radio well. Could you *turn* it *up* a bit?
라디오 소리가 잘 안 들려요. 소리를 조금만 크게 해 주시겠어요?
We were supposed to meet at 6, but he never *turned up*. 우리는 여섯 시에 만나기로 되어 있었는데, 그는 끝내 나타나지 않았다.

turtle /'tɜːrtl/ | 명사 (복 turtles) 거북, 바다거북 (☞ sea)

Turtles eat and sleep in the ocean, but they swim to shore to lay eggs.
바다거북은 바다에서 먹고 자지만, 알을 낳기 위해서 물가로 헤엄쳐 온다.

TV /ˌtiː ˈviː/ | 명사 (복 TVs) 텔레비전 (= television)

I bought a new **TV**. 나는 새 텔레비전을 한 대 샀다.

twelve /twelv/ | 명사 형용사 (복 twelves) 12(의)

I'm **twelve** (years old). 나는 열두 살이다.
A year has **twelve** months. 일 년은 열두 달로 되어 있다.

어휘가 쑥쑥
twelfth 형 명 12번째(의)

twenty /'twenti/ | 명사 형용사 (복 twenties) 20(의)

He is **twenty**. 그는 스무 살이다.
He has **twenty** dollars. 그는 20달러를 가지고 있다.

어휘가 쑥쑥
twentieth 형 명 20번째(의)

twice /twaɪs/ | 부사 ① 두 번 ② 두 배로

1 두 번

I've already watched this movie **twice** before.
나는 이 영화를 이미 두 번이나 봤다.

She checked **twice** to see if the door was locked.
그녀는 문이 잠겨 있는지 두 번 확인했다.

A: How often do you go to Chinese class?
너는 얼마나 자주 중국어 수업에 가니?
B: **Twice** a week. 일주일에 두 번이요.

어휘가 쑥쑥
once or twice 한두 번
think twice 재고하다, 숙고하다

실력이 쑥쑥
'두 번', '두 배'라고 표현할 때 two times라고 하지 않고 보통 twice라고 한다.

2 두 배로
This road is about **twice** as wide as that road.
이 길은 저 길보다 두 배 정도 더 넓다.

---

*twin /twɪn/ | 명사 (복 twins) 쌍둥이 | 형용사 쌍둥이의

명 쌍둥이
The **twins** look exactly the same so I can't distinguish them.
그 쌍둥이들은 정말 똑같이 생겨서 나는 그들을 구별할 수 없다.

어휘가 쑥쑥
identical twins 일란성 쌍둥이
fraternal twins 이란성 쌍둥이

형 쌍둥이의
We're twins, but I am a little heavier than my **twin** brother.
우리는 쌍둥이지만 나는 내 쌍둥이 형보다 조금 더 뚱뚱하다.

---

*twist /twɪst/ | 동사 (3단현 twists 과거·과분 twisted 현분 twisting) ① 꼬다 ② 비틀다 ③ 삐다

1 꼬다
My grandfather **twists** straw to make ropes.
우리 할아버지께서는 짚을 꼬아서 새끼줄을 만드신다.

2 비틀다, 비틀어 돌리다
A: I cannot remove the cap of this bottle at all.
이 병뚜껑을 도저히 못 열겠어.
B: Press the cap first and **twist** it.
먼저 뚜껑을 누른 후에 돌려 봐.

Press the cap first and *twist* it.

3 삐다
He **twisted** his ankle and had to stop playing.
그는 발목을 삐어서 경기를 중단해야 했다.

---

two /tuː/ | 명사 형용사 (복 twos) 2(의)

My favorite number is **two**. 내가 가장 좋아하는 숫자는 2이다.
This house has **two** rooms. 이 집은 방이 두 개이다.

실력이 쑥쑥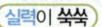
순서를 나타내는 서수는 second(두 번째)이다.

type¹ /taɪp/ | 명사 (복) types) 형, 유형, 타입 (= kind, sort)

She has a car of the latest **type**.
그녀는 최신형 차를 가지고 있다.

The United States has various **types** of weather from place to place.
미국은 지역마다 기후가 다양하다.

What **type** of shoes are you looking for?
어떤 종류의 신발을 찾고 계신가요?

He is a perfect **type** of English gentleman.
그는 전형적인 영국 신사이다.

A: What is your blood **type**? 네 혈액형이 뭐니?
B: My blood **type** is A. 나는 A형이야.

어휘가 쑥쑥
old type 구식
new type 신식

What is your blood *type*?

type² /taɪp/ | 동사 (3단현) types (과거·과분) typed (현분) typing) 타이핑하다 (= typewrite)

Could you **type** this document by tomorrow?
이 서류를 내일까지 타이핑해 주시겠어요?

Please **type** in your ID and password.
아이디와 비밀번호를 입력하세요.

A: How many words can you **type** a minute?
1분에 몇 단어를 칠 수 있나요?
B: I **type** more than 100 words per minute.
1분에 100단어 이상 타이핑할 수 있어요.

typical /ˈtɪpɪkl/ | 형용사 (비교) more typical (최상) most typical) 전형적인, 대표적인

The cactus is the **typical** desert plant.
선인장은 전형적인 사막 식물이다.

Hamburgers are known as the **typical** fast food.
햄버거는 대표적인 패스트푸드로 알려져 있다.

어휘가 쑥쑥
typically 일반적으로

Uu

‡ ugly /ˈʌgli/ | 형용사 (비교) ugl**ier** (최상) ugl**iest**) 못생긴, 추한
(↔ beautiful, pretty, lovely 예쁜, handsome 잘생긴)

The beauty kissed his **ugly** face, then the Beast became a tall, handsome, young man.
미녀가 그의 못생긴 얼굴에 키스를 하자, 야수는 키가 크고 잘생긴 젊은 남자로 변했어요.

"Look at that **ugly** dirty duckling!" other animals laughed at the **ugly** duckling.
"저 못생기고 지저분한 오리 새끼 좀 봐!"라고 다른 동물들이 미운 오리 새끼를 비웃었어요.

"Look at that *ugly* dirty duckling!"

U.K., UK /juː ˈkeɪ/ | 명사 영국 《United Kingdom의 줄임말》

‡ umbrella /ʌmˈbrelə/ | 명사 (복) umbrella**s**) 우산

It'll rain this afternoon. Take your **umbrella**.
오늘 오후에 비가 내릴 거야. 우산 가져가라.

I opened my **umbrella** to dry.
나는 우산을 말리려고 펴 놓았다.

(어휘)가 쑥쑥
close[fold, shut] an umbrella 우산을 접다

umpire /ˈʌmpaɪər/ | 명사 (복) umpire**s**) 심판
동사 (3단현) umpire**s** 과거·과분 umpire**d** 현분 umpir**ing**) 심판을 보다

명 (야구·테니스·배구 경기 등의) 심판 (= referee)
The **umpire** sits in a high chair at the side of the tennis court. 심판은 테니스 코트 옆에 있는 높은 의자에 앉는다.

동 심판을 보다 (= referee)
We asked Dave to **umpire** our game.
우리는 데이브에게 우리 시합의 심판을 봐 달라고 부탁했다.

(실력)이 쑥쑥
umpire baseball(야구), tennis(테니스), volleyball(배구), cricket(크리켓) 등의 심판
referee soccer(축구), boxing(권투), basketball(농구) 등의 심판

UN /juːˈen/ 명사 국제 연합, 유엔 《United Nations의 줄임말》

The **UN** is an international organization founded in 1945.
유엔은 1945년에 설립된 국제기구이다.

unable /ʌnˈeɪbl/ 형용사 ~할 수 없는, ~하지 못하는 (↔ able ~할 수 있는)

I am **unable** to play the guitar. 나는 기타를 연주하지 못한다.
He was **unable** to sleep at night because of the noise.
그는 소음 때문에 밤에 잠을 잘 수 없었다.

unaware /ʌnəˈwer/ 형용사 알아차리지 못하는, 알지 못하는 (↔ aware 알고 있는)

He was **unaware** of the danger. 그는 위험을 알아차리지 못했다.

unbelievable /ʌnbɪˈliːvəbl/ 형용사 믿을 수 없는, 놀라운 (= incredible, surprising) (↔ believable 믿을 수 있는)

The little girl eats an **unbelievable** amount of food.
그 어린 여자아이는 놀랍도록 많이 먹는다.
His story is **unbelievable**. 그의 이야기는 믿기 어렵다.

어휘가 쑥쑥
unbelievably 믿기 어려울 정도로

uncertain /ʌnˈsɜːrtn/ 형용사 ① 불확실한 ② 확신이 없는

1 불확실한, 정확하게 알지 못하는
We all face an **uncertain** future.
우리는 모두 불확실한 미래를 마주합니다.

2 확신이 없는 (↔ certain 확신하는)
I was **uncertain** about meeting him again.
나는 그를 다시 만나야 할지 확신이 없었다.

어휘가 쑥쑥
uncertainly 불확실하게
uncertainty 불확실(성), 반신반의

uncle /ˈʌŋkl/ 명사 (복) uncles 아저씨, 큰[작은]아버지, (외)삼촌, 이모부, 고모부 (☞ family)

My **uncle** is going to marry next Thursday.
우리 삼촌은 다음 주 목요일에 결혼하실 예정이다.
He went to see his **uncle** and aunt in London.
그는 런던에 계신 삼촌과 숙모를 뵈러 갔다.

재미가 쑥쑥
Uncle Sam(엉클 샘)은 미국을 의인화해서 부르는 말이다. 미국의 nickname(별명)으로 1812년 전쟁 중에 처음 만들어졌고, 1852년에는 그림으로 처음 그려졌다고 한다. 미국 정부와 문화를 대표하는 인기 캐릭터이다.

Uncle Sam

uncomfortable /ʌnˈkʌmftəbl/ 〔형용사〕 (몸과 마음이) 불편한 (↔ comfortable 편안한)

This bed is very **uncomfortable**. 이 침대는 매우 불편하다.
There was an **uncomfortable** silence between us.
우리 사이에 불편한 침묵이 흘렀다.
I feel slightly **uncomfortable** talking with her.
그녀와는 이야기하기가 조금 부담스럽다.

〔어휘가 쑥쑥〕
uncomfortable seat 불편한 자리
uncomfortable posture 불편한 자세

unconscious /ʌnˈkɑːnʃəs/ 〔형용사〕 ① 의식이 없는 ② 의식하지 못하는 (↔ conscious 의식하는)

1 의식이 없는, 의식을 잃은
Ariana remained **unconscious** for several months.
아리아나는 수개월 동안 의식이 없는 상태였다.

2 의식하지 못하는, 알지 못하는
He was quite **unconscious** of the danger.
그는 위험을 전혀 알아차리지 못했다.

〔어휘가 쑥쑥〕
unconsciously 무의식적으로
unconsciousness 〔명〕 의식 불명, 인사불성

*under /ˈʌndər/ 〔전치사〕 ① ~의 아래에 ② ~ 미만의 ③ ~하는 중 ④ ~하에
〔부사〕 ① 아래에 ② ~보다 적게

〔전〕 **1** ~의 아래에, ~의 밑에 (↔ over ~의 위에)
I put my bag **under** the desk.
나는 가방을 책상 아래에 내려놓았다.
A fox sat **under** the tree and looked up at the crow.
여우는 나무 아래에 앉아 까마귀를 올려다보았습니다.
We can travel **under** the sea by submarine.
우리는 잠수함을 타고 바다 밑을 여행할 수 있다.

A fox sat *under* the tree.

2 ~ 미만의
Children **under** the age of 13 can get a 50% discount.
13세 미만의 어린이는 50퍼센트 할인을 받을 수 있습니다.
You can order all of these books for **under** $50.
이 모든 책을 50달러도 안 되는 가격에 주문하실 수 있습니다.

〔어휘가 쑥쑥〕
under the ground 지하에, 땅속에
under age 미성년인
under discussion 토의 중인
under consideration 고려 중인
under way 이미 시작된, 진행 중인
under the name of ~라는 이름으로

3 ~하는 중, (공격 등을) 받고 있는
The road is **under** construction. 그 길은 공사 중이다.
The sci-fi movie begins with the Earth **under** attack.
그 공상 과학 영화는 지구가 공격을 받고 있는 장면으로 시작한다.

4 ~하에, ~의 아래에
The Indian people were not happy **under** British rule.
인도 사람들은 영국의 통치하에서 행복하지 않았다.

He is **under** a lot of stress these days.
그는 요즘 스트레스를 많이 받고 있다.

🔵 **1** [위치·장소] **아래에, 밑에**
When I learned to swim, I often went **under** and swallowed a lot of water.
수영을 배울 때, 나는 종종 물에 가라앉아 물을 많이 먹었다.

2 [수량·가격·나이] **~보다 적게, 이하로**
Children five or **under** were admitted free.
5세 또는 그 이하의 어린이는 무료 입장이었다.

> 실력이 쑥쑥
> **under** 어떤 것의 '바로 아래'라는 의미
> I sat *under* the tree. (나는 그 나무 아래에 앉았다.)
> **below** 어떤 것을 기준으로 '~보다 아래, 낮은 곳에'라는 의미
> Hang this picture *below* the other. (이 그림을 다른 그림 아래 걸어라.)

underground /ˌʌndərˈɡraʊnd | 영 ˈʌndərˌɡraʊnd/

형용사 **지하의** | 명사 **지하철** | 부사 **지하에**

🔵 형 **지하의**
You can take the elevator to go down to the **underground** parking lot.
지하 주차장으로 내려가려면 엘리베이터를 타시면 됩니다.

🔵 명 [영국 영어] **지하철** (= subway)
I always travel by **underground**. 나는 항상 지하철로 다닌다.

🔵 부 **지하에, 땅속에**
He buried the gold coins deep **underground**.
그는 금화를 땅속 깊이 묻었다.

> 실력이 쑥쑥
> 형용사/명사와 부사의 강세 위치가 다른 것에 주의한다.

> 어휘가 쑥쑥
> **underground passage** 지하 통로, 지하도
> **underground tunnel** 지하 터널

underline /ˌʌndərˈlaɪn/

동사 (3단현) underline**s** (과거·과분) underline**d** (현분) underlin**ing**
~ 아래에 선을 긋다, 밑줄을 치다, 강조하다

Look up those words in a dictionary and **underline** them.
그 단어들을 사전에서 찾고 밑줄을 치세요.

In this sentence, the word 'hat' is **underlined**.
이 문장에서는 단어 hat에 밑줄이 그어져 있다.

underneath /ˌʌndərˈniːθ/

전치사 ~ **바로 아래에** | 부사 **아래에**

🔵 전 **~ 바로 아래에, ~ 밑에** (= below, under)
The river runs **underneath** the bridge.
그 강은 그 다리 아래로 흐른다.

🔵 부 **아래에, 밑에서**
I found something moving **underneath**.
나는 밑에서 뭔가 움직이는 것을 발견했다.

> 어휘가 쑥쑥
> **underneath the ground** 땅 아래에
> **5 meters underneath us** 우리 아래로 5미터

understand /ˌʌndərˈstænd/ 동사 (3단현 understands 과거·과분 understood 현분 understanding) 이해하다, 알아듣다, 알다

He can **understand** French as well as English.
그는 영어뿐만 아니라 프랑스어도 알아들을 수 있다.

Now I **understand** why everyone likes her.
왜 모든 사람들이 그녀를 좋아하는지 이제 알겠다.

I don't **understand** why my computer doesn't work.
왜 내 컴퓨터가 작동이 안 되는지 모르겠다.

You spoke so fast that I couldn't **understand** you.
네가 말을 너무 빨리 해서 이해하지 못했어.

어휘가 쑥쑥
understandable 형 이해할 수 있는
understandably 부 당연히, 이해할 수 있게
understanding 명 이해, 이해력

understood /ˌʌndərˈstʊd/ 동사 understand의 과거·과거분사 (☞ understand)

underwater /ˌʌndərˈwɔːtər/ 형용사 물속의 부사 물속에서

형 물속의, 수중용의
Pirates tried to find the **underwater** cave.
해적들은 그 수중 동굴을 찾으려고 노력했다.

부 물속에서, 물속에
Tommy likes to dive **underwater**.
토미는 물속으로 잠수하는 것을 좋아한다.

어휘가 쑥쑥
underwater camera 수중 카메라
underwater plants 해저 식물

underwear /ˈʌndərwer/ 명사 속옷

He changes his **underwear** every day.
그는 매일 속옷을 갈아입는다.

undeveloped /ˌʌndɪˈveləpt/ 형용사 미개발의 (↔ developed 발달한, 선진의)

There is very little **undeveloped** land.
미개발 땅이 거의 없습니다.

The economic gap between developed and **undeveloped** countries is widening.
선진국과 후진국의 경제 격차가 더 커지고 있습니다.

어휘가 쑥쑥
undeveloped nation 저개발국, 후진국
undeveloped region 미개발 지역

unfair /ʌnˈfer/ 형용사 부당한, 불공평한 (↔ fair 공평한)

The decision seems so **unfair**. 그 결정은 너무 불공평한 것 같다.
The punishment was harsh and **unfair**.
벌은 가혹하고 부당했다.

어휘가 쑥쑥
unfairly 부 불공평하게
unfairness 명 불공평함

unfortunate /ʌnˈfɔːrtʃənət/ 형용사 불행한, 유감스러운 (↔ fortunate 운이 좋은, 다행인)

It was an **unfortunate** accident. 그것은 불행한 사고였다.
The **unfortunate** man lost his glasses again.
그 불운한 남자는 자기 안경을 또 잃어버렸다.

> 어휘가 쑥쑥
> unfortunately 튀 불행하게도

unhappy /ʌnˈhæpi/ 형용사 (비교) unhappier, more unhappy (최상) unhappiest, most unhappy) 불행한, 슬픈, 마음이 불편한 (↔ happy 행복한, 기쁜)

I felt **unhappy** to see the young girl begging on the street.
나는 어린 소녀가 길에서 구걸하고 있는 것을 보고 마음이 불편했다.
When she is **unhappy**, she often cries. 그녀는 슬플 때 가끔 운다.
Mr. Harris was **unhappy** about the service of the restaurant.
해리스 씨는 그 식당의 서비스가 마음에 들지 않았다.

unhealthy /ʌnˈhelθi/ 형용사 (비교) unhealthier (최상) unhealthiest) 건강하지 못한, 병약한 (↔ healthy 건강한)

Smoking and drinking are **unhealthy** habits.
흡연과 음주는 건강에 해로운 습관이다.
He doesn't eat **unhealthy** food.
그는 건강에 유해한 음식은 먹지 않는다.

> 어휘가 쑥쑥
> unhealthily 튀 건강하지 못하게

*uniform /ˈjuːnɪfɔːrm/ 명사 (복) uniforms) 제복, 유니폼

Our school **uniform** includes a dark blue jacket and gray pants or a skirt.
우리 학교 교복은 남색 재킷과 회색 바지 혹은 치마이다.
Two police officers in **uniforms** are watching in front of the bank.
제복을 입은 경찰관 두 명이 은행 입구를 지키고 있다.

> 어휘가 쑥쑥
> military uniform 군복
> police uniform 경찰 제복
> nurse's uniform 간호사복

> 실력이 쑥쑥
> 접두사 uni-는 one, 즉 '하나'라는 의미이다.
> uniform(유니폼), unicorn(유니콘 (뿔이 하나인 상상 속 동물)), union(조합), unicycle(외발자전거)

*union /ˈjuːniən/ 명사 (복) unions) 결합, 연합, 단결, 조합

The United States of America is formed by the **union** of fifty states.
미합중국은 50개 주의 연합으로 이루어져 있다.

> 어휘가 쑥쑥
> union member 노조원
> European Union

The labor **union** went on a strike for higher pay.
노동조합은 임금을 올려 달라며 파업에 돌입했다.

[속담] **Union** is[gives] strength. 단결이 힘이다.

유럽 연합(EU)
former Soviet Union
구소련 연방

＊ **unique** /juːˈniːk/ 　형용사　① 유일한 ② 독특한

1 유일한 (= only)
Are these feelings **unique** to human being?
이런 감정들이 인간에게만 유일한 것인가?

Every person has **unique** fingerprints.
모든 사람은 고유의[다른 사람과 다른] 지문을 가지고 있다.

2 독특한, 특별한 (= distinct, special)
The restaurant is very famous for its **unique** interior.
그 식당은 독특한 실내 장식으로 아주 유명하다.

어휘가 쑥쑥
unique proof 유일한 증거
unique experience
독특한 경험
unique personality
독특한 성격
unique talent 특별한 재능

＊ **unite** /juˈnaɪt/ 　동사　(3단현) unites (과거·과분) united (현분) uniting)
하나가 되다, 합치다, 통일하다

Many countries **unite** and try to protect the environment.
많은 나라들이 하나가 되어 환경을 보호하려고 노력한다.

Silla **united** three countries into one kingdom.
신라는 세 나라를 통일하여 하나의 왕국을 이루었다.

어휘가 쑥쑥
united 형 결합한, 연합한
unity 명 통합, 단결

United Kingdom /juːˌnaɪtɪd ˈkɪŋdəm/ 　명사　[the United Kingdom, (the) UK로 쓰여] 영국

The **United Kingdom** includes England, Wales, Scotland, and Northern Ireland.
영국은 잉글랜드, 웨일스, 스코틀랜드, 북아일랜드를 포함합니다.

The national flag of the **United Kingdom** is called Union Jack. 영국 국기는 유니언 잭이라고 불립니다.

실력이 쑥쑥
영국의 공식 명칭은 the United Kingdom of Great Britain and Northern Ireland이다.

United States (of America) /juːˌnaɪtɪd ˌsteɪts (əv əˈmerɪkə)/ 　명사　[the United States, (the) US, (the) USA 로도 쓰여] 미국, (아메리카) 합중국

The **United States of America** is made up of 50 states.
미국은 50개의 주로 구성되어 있다.

＊ **universe** /ˈjuːnɪvɜːrs/ 　명사　우주 (= space)

There are so many galaxies in the **universe**.

우주에는 수많은 은하들이 있다.
Our world is a small part of the **universe**.
우리가 사는 세상은 이 우주의 작은 일부분이다.

어휘가 쑥쑥
universal 형 일반적인, 보편적인

*university /juːnɪˈvɜːrsəti/ | 명사 (복) universit**ies**) 대학교, 대학

My brother is a freshman at the **university**.
우리 형은 대학교 1학년이다.
Danny applied to Yale **University** and got admitted.
대니는 예일 대학에 지원해서 입학 허가를 받았다.

어휘가 쑥쑥
university degree 대학 학위

*unless /ənˈles/ | 접속사 만약 ~하지 않으면 (= if ~ not)

You'll be late **unless** you hurry up.
(= You'll be late if you don't hurry up.)
서두르지 않으면 지각할 것이다.
Don't make a promise **unless** you can keep it.
지킬 수 없다면 약속을 하지 마라.
I can go **unless** I'm sick.
아프지 않으면 나는 갈 수 있다.

실력이 쑥쑥
unless는 부정의 뜻을 포함하고 있으므로, 그 뒤에는 긍정의 문장으로 쓴다.
I will go *unless* it rains.
(비가 오지 않으면 갈 것이다.)
I will go *unless* it doesn't rain. (×)

unlike /ʌnˈlaɪk/ | 전치사 ~와 (전혀) 같지 않은, ~와 (완전히) 달리 (↔ like ~와 같은)

He is **unlike** his brother. 그는 그의 형과 완전히 다르다.
Unlike Tom, I love to swim. 톰과는 달리, 나는 수영을 아주 좋아한다.

어휘가 쑥쑥
unlikeness 명 같지 않음

unlock /ʌnˈlɑːk/ | 동사 (3단현) unlock**s** (과거·과분) unlock**ed** (현분) unlock**ing**) (문·상자 등의) 자물쇠를 열다 (↔ lock 잠그다)

Brian **unlocked** the front door of his house.
브라이언은 집의 현관문을 열었다.

*until /ənˈtɪl/ | 전치사 접속사 ~까지

전 [시간] **~까지, ~이 되기까지** (= till) (☞ by)
The Civil War started in 1861 and lasted **until** 1865.
남북 전쟁은 1861년에 시작돼서 1865년까지 계속되었다.
I stayed in Paris from Tuesday **until** Friday.
나는 화요일부터 금요일까지 파리에 머물렀다.
I waited for him **until** eight o'clock, but he didn't come after all.
나는 그를 8시까지 기다렸지만 그는 끝내 오지 않았다.

어휘가 쑥쑥
stay up until ~까지 자지 않고 깨어 있다
until further notice 추후 통보가 있을 때까지
put off until ~까지 연기하다

untrue

[접] [시간] ~까지 (줄곧) (= till)

I'll try again and again **until** I succeed.
나는 성공할 때까지 몇 번이고 다시 시도할 것이다.

He read a book **until** she arrived.
그는 그녀가 도착할 때까지 책을 읽었다.

> 실력이 쑥쑥
> until 어느 시점까지 동작이나 상태가 '계속'되고 있음
> by 그때까지는 '완료'됨

untrue /ʌnˈtruː/

형용사 (비교 untruer 최상 untruest) 진실이 아닌, 거짓의
(↔ true 사실의, 진실의)

This is both true and **untrue**.
이것은 사실이기도 하고 거짓이기도 하다.

It's **untrue** to say that the situation has changed.
상황이 바뀌었다고 말하는 것은 사실이 아니다.

> 어휘가 쑥쑥
> untruth 거짓말, 허위
> untruly 진실되지 않게

unusual /ʌnˈjuːʒuəl/

형용사 흔하지 않은, 드문, 보통이 아닌 (↔ usual 보통의)

Her mode of thinking is **unusual**.
그녀의 사고방식은 별나다.

It's **unusual** for him to attend the meeting.
그가 모임에 참석하는 것은 드문 일이다.

There was nothing **unusual**[strange] about him.
그에게는 평소와 다른 점이 없었다.

> 어휘가 쑥쑥
> unusually 특이하게
> something unusual 별난 일[것]

＊up /ʌp/

부사 ① 위쪽으로 ② 올라가 ③ 몸을 일으켜 ④ 완전히 전치사 ① ~ 위로 ② ~을 따라

부 1 위쪽으로, 위로 (↔ down 아래로)

Please put your hand **up** if you have any questions.
질문이 있으신 분은 손을 들어 주십시오.

I picked **up** a coin from the floor.
나는 바닥에 떨어진 동전을 주웠다.

My office is **up** on the top floor.   내 사무실은 맨 위층에 있다.

2 (수량·정도 등이) 올라가, 높아져

Prices are going **up** these days.   최근 물가가 오르고 있다.

Please speak **up**. I can't hear you.
좀 더 크게 말씀해 주세요. 잘 안 들리네요.

I turned **up** the radio to hear the news better.
나는 뉴스를 더 잘 들으려고 라디오의 볼륨을 높였다.

3 몸을 일으켜, (잠자리에서) 일어나

Stand **up**, please.   자리에서 일어나 주십시오.

I get **up** at seven every morning.
나는 매일 아침 7시에 일어난다.

> 어휘가 쑥쑥
> up and down 위아래로, 왔다 갔다
>
> 실력이 쑥쑥
> ＊What's up?＊
> What's up?은 친한 사이에서 How are you? 대신 '안녕, 잘 지내지?'라는 의미로 사용하기도 한다. 상대방은 보통 Nothing much.(별일 없어.) 또는 Good.(좋아.)으로 대답할 수 있다.
>
> 또 다른 의미로 What's up?은 예상치 못한 상황에서 갑자기 친구가 나타났을 때 '무슨 일이야?'혹은 '무슨 일로 왔니?'라는 뜻으로 쓰인다.

4 완전히, 다
The kids ate all the food **up**.
아이들은 음식을 다 먹어 치웠다.

Time's **up**! 시간이 다 됐다!

전 **1 ~ 위로, ~ 위쪽으로, ~를 올라가**
The cat climbed **up** the tree to avoid the dog.
그 고양이는 개를 피해 나무 위로 올라갔다.

Wake *up*!

2 (도로 등)을 따라
Let's walk **up** the street. 길을 따라 걸어가자.

숙어 **call up 전화를 걸다**
I'll *call* you *up* tomorrow.
내가 내일 너한테 전화할게.

cheer up 격려하다, 기운을 내다
Cheer up! You'll get a better grade next time if you study harder.
기운 내! 더 열심히 공부하면 다음에는 더 좋은 점수를 받을 거야.

come up ~로[에게] 다가가다
I *came up* and spoke to John.
나는 존에게 다가가 말을 걸었다.

dry up 마르다, 고갈되다
The strong sunshine *dried up* the water in the lake.
강렬한 햇빛에 호수의 물이 말라 버렸다.

eat up 다 먹어 버리다, 남김없이 먹다
He was so hungry that he *ate up* all the food in a minute.
그는 너무나 배가 고파서 순식간에 음식들을 먹어 치웠다.

end up 끝나다
A: How did the movie *end up*?
그 영화 어떻게 끝났어?
B: It was a happy ending.
해피 엔딩이었어.

give up 포기하다 (= abandon)
Although he failed many times, he didn't *give up* and succeeded at last.
여러 번 실패했음에도 불구하고 그는 포기하지 않았고 마침내 성공했다.

grow up 자라다
A: What do you want to be when you *grow up*?
넌 커서 어떤 사람이 되고 싶어?
B: I want to be a doctor.
의사가 되고 싶어.

hurry up 서두르다
Hurry up, or we'll miss the train!
서두르지 않으면 기차를 놓칠 거야!

It's up to you. 당신이 결정하세요, 당신에게 달렸어요.
A: What do you feel like eating for dinner?
저녁에 뭐 먹을래?
B: I don't know. *It's up to you*.
몰라. 네가 결정해.

use up 다 써 버리다
I've already *used up* all my pocket money for this month.
나는 이번 달 용돈을 이미 다 써 버렸다.

wake up 깨다, 깨우다
Please *wake* me *up* at six tomorrow.
내일 아침 6시에 깨워 주세요.

What's up? 무슨 일이야?
(= What's the matter?, What happened?)
A: You look tired. *What's up*?
너 피곤해 보인다. 무슨 일 있니?
B: I had to stay up late to do my homework.
숙제하느라 밤을 새워야 했거든.

upload /ˌʌpˈloʊd/

동사 (3단현) upload**s** (과거·과분) upload**ed** (현분) upload**ing**
(인터넷에) 자료를 올리다 (↔ download 내려받다)

Let me **upload** these files on the website.
이 파일들은 제가 웹 사이트에 올려놓겠습니다.

upon /əˈpɑːn/

전치사 ~의 위에 (= on)

She put some dishes **upon**[on] the table.
그녀는 접시 몇 개를 식탁 위에 놓았다.

숙어 once upon a time 옛날 옛적에

Once upon a time, there lived a handsome prince in a castle.
옛날 옛적에 멋진 왕자가 성에서 살고 있었다.

> 실력이 쑥쑥
> 일상 대화에서는 upon보다 on을 더 많이 사용한다.

upper /ˈʌpər/

형용사 ~보다 위의, 위쪽의 (↔ lower ~보다 아래의)

The Mermaid had the **upper** body of a woman and the lower half of a fish.
인어 공주는 상체는 여자의 몸이고 하반신은 물고기였다.

A: Where are the magazines? 잡지는 어디에 있나요?
B: They are on the **upper** shelf. 위쪽 선반에 있어요.

> 어휘가 쑥쑥
> upper lip 윗입술
> upper floor 위층
> upper level 상층, 위층
> upper class 상류 계급

upset /ʌpˈset/

동사 (3단현) upset**s** (과거·과분) upset (현분) upset**ting**) ① 뒤집다 ② 망치다
형용사 (비교) **more** upset (최상) **most** upset) 화가 난, 기분이 상한

동 1 뒤집다, 뒤엎다

He **upset** the table with anger.
그는 화가 나서 탁자를 뒤엎어 버렸다.

The boat was **upset** by the waves. 파도로 인해 배가 뒤집혔다.

2 망치다, 잘못되게 하다

The rain **upset** our plans to go on a picnic.
비가 와서 우리의 소풍 계획을 망쳐 버렸다.

형 화가 난, 기분이 상한, 실망한

I was really **upset** when I lost my wallet.
나는 지갑을 잃어버렸을 때 정말 화가 났어.

My parents got **upset** when I didn't do well on a test.
부모님께서는 내가 시험을 잘 보지 못해서 실망하셨다.

A: You look **upset**. What's up?
너 기분이 나빠 보여. 무슨 일 있니?

B: We lost the soccer game. 축구 경기에서 졌거든.

> 어휘가 쑥쑥
> upset the balance of ~의 균형을 깨뜨리다
> deeply upset 매우 속상한
>
> 실력이 쑥쑥
> • ~에게 화가 나다라고 할 때는 전치사 with를 써서 be upset with라고 말한다.
> Why are you upset with me? (왜 나한테 화가 난 거야?)
> • '배가 아프다'는 말은 I've got an upset stomach. 또는 My stomach is upset.이라고 할 수 있다.

upside /ˈʌpsaɪd/ | 명사 (복) upsides) 괜찮은 면, 좋은 면

One **upside** to the new house is its location.
새집의 좋은 면은 그것의 위치이다.

upstairs /ˌʌpˈsterz/ | 부사 위층에 명사 위층

부 위층에, 위층으로 (↔ downstairs 아래층에, 아래층으로)
The bathroom is **upstairs**. 화장실은 위층에 있다.
A: Where are you now, Sally? 샐리, 너 지금 어디 있니?
B: I'm here. Come **upstairs**.
나 여기 있어. 위층으로 올라와.

명 위층 (↔ downstairs 아래층)
The **upstairs** is under repair. 위층은 보수 공사 중이다.

> 실력이 쑥쑥
> upstairs가 부사로 쓰일 경우 '~로, ~에'라는 의미가 포함되어 있으므로, 앞에 전치사 to를 쓰지 않는다.
> She went *upstairs*.
> (그녀는 위층으로 갔다.)
> She went to *upstairs*. (×)

*upward /ˈʌpwərd/ | 부사 ① 위쪽으로 ② 오르는 형용사 ① 위쪽을 향한 ② 증가하고 있는

부 1 위쪽으로, 위로
The kite rose **upward**. 연이 위로 올라갔다.

2 (가격이) 오르는, 상승하는
House prices have started moving **upward** again.
주택 가격이 다시 상승하기 시작했다.

형 1 위쪽을 향한, 위쪽의
Downward movement is much faster than **upward** one.
아래로 움직이는 것이 위로 움직이는 것보다 훨씬 빠르다.

2 증가하고 있는, 상승의
The numbers showed a steady **upward** trend.
수치는 꾸준한 상승세를 보였다.

> 실력이 쑥쑥
> *방향 접미사 -ward*
> back+ward
> = backward (뒤로)
> fore+ward
> = forward (앞으로)
> down+ward
> = downward (아래로)
> east+ward
> = eastward (동쪽으로)
> west+ward
> = westward (서쪽으로)

urgent /ˈɜːrdʒənt/ | 형용사 (비교 more urgent 최상 most urgent) 긴급한

A: May I talk to Mr. Wilson? It's **urgent**.
윌슨 씨와 통화할 수 있을까요? 급한 일입니다.
B: OK. Just a moment, please.
알겠습니다. 잠시만 기다리세요.

> 어휘가 쑥쑥
> urgently 부 급하게, 긴급히
> urgency 명 긴급, 절박

us /ʌs/ | 대명사 우리를, 우리에게

All of **us** agree with his opinion.
우리 모두는 그의 의견에 찬성한다.

We'll go on a trip for the holiday. Will you join **us**?
우리는 이번 휴일에 여행을 갈 거야. 너도 우리와 함께 갈래?

U.S.(A.), US(A) /juː es ('eɪ)/ 〔명사〕 미국 《United States of America의 줄임말》

*use /juːz|juːs/ 〔동사〕 (3단현) use**s** (과거·과분) use**d** (현분) us**ing**) 쓰다 〔명사〕 사용

〔동〕 쓰다, 사용하다

He **used** all his pocket money to buy a new game.
그는 새 게임을 사는 데 용돈을 다 써 버렸다.

This building was **used** as a prison during the war.
이 건물은 전쟁 중에 감옥으로 쓰였다.

Oil is generally **used** for heating.
석유는 보통 난방에 사용된다.

A: May I **use** your cell phone for a moment?
네 휴대 전화 좀 잠깐 써도 되겠니?

B: Sure, go ahead. 응, 어서 써.

〔명〕 사용, 사용법 (= usage)

Please put the cap back on after **use**.
사용 후에는 뚜껑을 닫아 주세요.

I want to learn the **use** of the program.
나는 그 프로그램의 사용법을 배우고 싶다.

〔숙어〕 **It is no use -ing** ~해도 아무 소용이 없다

It is no use calling Jenny because she has lost her cell phone.
제니는 휴대 전화를 잃어버렸기 때문에 그녀에게 전화를 해도 소용이 없다.

make use of ~를 이용하다 (= use)

Anybody can *make use of* the public library.
누구나 공공 도서관을 이용할 수 있다.

Make good *use of* your time. 시간을 잘 활용해라.

of no use 쓸모없는 (= useless)

A: How about this dye for your father's birthday gift?
너희 아빠 생신 선물로 이 염색약은 어때?

B: Oh, it's *of no use* to him, because he is bald.
아, 그건 우리 아빠한테는 쓸모가 없어. 우리 아빠는 대머리시거든.

out of use 사용하지 않는, 못 쓰는

Beepers are almost *out of use* these days.
삐삐는 요즘 거의 쓰이지 않는다.

use up 다 써 버리다

I've already *used up* all my pocket money for this month.
나는 이번 달 용돈을 이미 다 써 버렸다.

〔실력〕이 쑥쑥
동사와 명사의 발음이 서로 다른 것에 주의한다.

〔어휘〕가 쑥쑥
usable 〔형〕 사용 가능한
user 〔명〕 사용자
reuse 재사용하다
easy[difficult, simple] to use 사용하기 쉬운[어려운, 간편한]
use force 폭력을 쓰다

I've already *used up* all my pocket money.

used / juːst, juːzd / 형용사 ① 익숙한 ② 중고의

1 익숙한

Most westerners are not **used** to using chopsticks.
대부분의 서양인들은 젓가락 사용에 익숙하지 않다.

I'm not **used** to Japanese culture yet.
나는 아직 일본 문화에 익숙하지 않다.

2 중고의, 새것이 아닌 (= secondhand)

I bought a **used** car through the Internet.
나는 인터넷을 통해서 중고차를 한 대 샀다.

This bookstore sells only **used** books.
이 서점은 중고책만 판다.

(문법이 쑥쑥)
- be used to + 명사/동명사(-ing): ~에[하는 데] 익숙하다
- be used to + 동사원형: ~하는 데 사용되다
  Milk is used to make cheese. (우유는 치즈를 만드는 데 사용된다.)

used to /ˈjuːst tə, ˈjuːst tu/ 조동사 ~하곤 했다, 한때 ~였다

I **used to** live in Paris when I was a child.
나는 어렸을 때 파리에서 살았다.

We **used to** go hiking on Sundays.
우리는 일요일마다 등산을 가곤 했다.

There **used to** be a tall tree in front of my school.
예전에는 우리 학교 앞에 큰 나무 한 그루가 있었다.

(문법이 쑥쑥)
used to의 부정형은 did not use to이다.
I didn't use to like cats.
(나는 예전에 고양이를 좋아하지 않았다.)

(실력이 쑥쑥)

used to & would

used to는 과거의 상태나 동작을 말하고, would는 과거의 동작을 말한다.
I used to be a Boy Scout and I often would go camping.
(나는 예전에 보이 스카우트였는데, 그때 종종 캠핑을 가곤 했었다.)

useful /ˈjuːsfl/ 형용사 (비교) more useful (최상) most useful)
쓸모 있는, 유익한, 유용한 (= helpful) (↔ useless 쓸모없는)

This program is **useful** for painting a picture on a computer.
이 프로그램은 컴퓨터로 그림을 그리는 데 유용하다.

We can learn many **useful** expressions from movies.
우리는 영화를 보면서 많은 유용한 표현들을 배울 수 있다.

My brother gave me a **useful** piece of advice.
우리 형은 나에게 유익한 충고를 한 마디 해 주었다.

(실력이 쑥쑥)

접미사 -ful (~이 가득한)
hope+ful = hopeful (희망이 가득 찬)
power+ful = powerful (힘센)

useless /ˈjuːsləs/ 형용사 (비교) more useless (최상) most useless)
소용없는, 쓸모없는 (↔ useful 쓸모 있는)

It is **useless** to talk to him. 그에게 말해 봐야 소용없다.

The broken chair is **useless**. 그 부서진 의자는 쓸모없다.

* usual /ˈjuːʒuəl/ | 형용사 보통의, 일상적인 (= normal, common) (↔ unusual 평범하지 않은)

This is the **usual** place we meet.
이곳이 평소 우리가 만나는 장소이다.

It is **usual** for him to get up early and jog every morning.
매일 아침 일찍 일어나 조깅하는 것은 그에게는 일상적인 일이다.

He went for a walk at six thirty as **usual**.
그는 평소와 마찬가지로 6시 30분에 산책을 하러 나갔다.

A: Long time no see. How have you been?
오랜만이다. 잘 지내?

B: Same as **usual**. How about you?
늘 똑같지. 너는 어때?

> 어휘가 쑥쑥
> usual joke 늘 하는 농담
> usual skill 평소의 기량
> usual excuse 흔한 변명

* usually /ˈjuːʒuəli/ | 부사 보통, 대개, 일반적으로 (☞ often)

The weather in Saudi Arabia is **usually** hot and dry.
사우디아라비아의 날씨는 대개 덥고 건조하다.

A: What do you **usually** do on weekends?
주말에는 보통 뭘 하세요?

B: I watch TV or read some books.
텔레비전을 보거나 독서를 해요.

> 문법이 쑥쑥
> usually는 be동사나 조동사 뒤, 일반동사 앞에 쓰인다.

* utter¹ /ˈʌtər/ | 형용사 [명사 앞에 쓰여서] 완전한 (= complete)

It was an **utter** darkness. 칠흑 같은 어둠이었다.
That's complete and **utter** nonsense! 그건 완전히 헛소리야!

utter² /ˈʌtər/ | 동사 (3단현) utters (과거·과분) uttered (현분) uttering
(소리를) 내다, 말로 표현하다

She did not **utter** a word to me.
그녀는 내게 한 마디도 하지 않았다.

He **uttered** a cry of pain. 그는 고통스러운 울음소리를 냈다.

vacant /ˈveɪkənt/ | 형용사 텅 빈, 비어 있는 (= empty) (↔ full, occupied 꽉 찬)

There is no **vacant** place in the parking lot.
주차장에 빈자리가 없다.

A: Do you have a **vacant** room tonight?
오늘 밤에 빈방이 있습니까?
B: Sorry, but we are full tonight.
죄송합니다만, 오늘 밤은 다 찼습니다.

어휘가 쑥쑥
vacancy 명 빈자리, 빈방
vacant lot 공터, 빈 땅
vacant position (결원으로) 비어 있는 일자리

*vacation /veɪˈkeɪʃn/ | 명사 (복 vacations) 방학, 휴가 (= break, holiday)

I will visit Paris during this summer **vacation**.
나는 이번 여름 방학에 파리를 방문할 것이다.

I'm on **vacation** in Hawaii now.
나는 지금 하와이에서 휴가 중이다.

실력이 쑥쑥
vacation은 주로 미국에서 쓰고, 영국에서는 보통 holiday를 쓴다.

vaccine /vækˈsiːn/ | 명사 (복 vaccines) 백신(몸의 면역 능력을 기르기 위해 전염병의 균이나 독소를 이용하여 만든 약품)

This **vaccine** protects against the flu.
이 백신은 독감을 예방합니다.

*vacuum /ˈvækjuːm, ˈvækuːəm/

명사 (복 vacuums) ① 진공 (상태) ② 진공청소기
동사 (3단현 vacuums 과거·과분 vacuumed 현분 vacuuming) 진공청소기로 청소하다

명 1 진공 (상태)
The inside of a light bulb is a **vacuum**.
전구의 내부는 진공 상태이다.

2 진공청소기 (= vacuum cleaner)
I need to buy a new **vacuum**. 새 진공청소기를 사야겠다.

어휘가 쑥쑥
vacuum tube 진공관
vacuum-packed food 진공 포장 식품

⑧ 진공청소기로 청소하다
Vacuum the carpet, would you?
진공청소기로 카펫을 청소해 주세요.

재미가 쑥쑥
영국 영어로는 진공청소기를 hoover라고도 한다.

vain /veɪn/ ㅤ형용사 헛된, 헛수고의

He tried in **vain** to win her love.
그는 그녀의 사랑을 얻기 위해 노력했지만 허사였다.
I ran as fast as possible to catch the train, but in **vain**.
나는 기차를 잡기 위해 있는 힘껏 뛰었지만 헛수고였다. (결국 놓치고 말았다.)

어휘가 쑥쑥
vain attempt 헛수고
vain effort 헛된 노력
vain hope 헛된 희망

*valley /'væli/ ㅤ명사 (복) valleys) 골짜기, 계곡

We went to the **valley** and enjoyed ourselves last weekend.
우리는 지난 주말에 계곡에 가서 즐겁게 놀다 왔다.
There are many waterfalls in the **valley**.
그 계곡에는 폭포가 많이 있다.

valuable /'væljuəbl/ ㅤ형용사 (비교) more valuable (최상) most valuable)
가치 있는, 귀중한 (↔ valueless 가치 없는)

There are lots of **valuable** paintings and sculptures in the museum.
그 박물관에는 귀중한 그림과 조각품들이 많이 있다.
Don't be afraid of failure. It will be a **valuable** experience to you.
실패를 두려워하지 마라. 그것은 너에게 값진 경험이 될 것이다.

어휘가 쑥쑥
valuables 명 귀중품
invaluable 매우 귀중한

*value /'vælju:/ ㅤ명사 (복) values) 가치
동사 (3단현) values (과거·과분) valued (현분) valuing) 가치를[값을] 매기다

명 가치 (= worth)
It is important to learn the **value** of money as a child.
어렸을 때 돈의 가치를 배우는 것은 중요하다.
This old book is of great **value** to me.
이 오래된 책은 내게는 매우 소중한 것이다.

동 가치를[값을] 매기다, 가치 있게 여기다
The picture was **valued** at $200.ㅤ그 그림은 200달러로 값이 매겨졌다.

어휘가 쑥쑥
valueless 형 가치 없는
go up[rise, increase] in value 가치가 올라가다
go down[fall, drop] in value 가치가 떨어지다

*various /'veriəs/ ㅤ형용사 여러 가지의, 다양한

Our store has many shoes in **various** colors and sizes.
저희 가게는 다양한 색깔과 사이즈의 신발들을 많이 보유하고 있습니다.

For **various** reasons, he couldn't keep his word.
여러 가지 이유로 그는 약속을 지킬 수 없었다.

This summer camp offers **various** programs for kids.
이 여름 캠프는 어린이들을 위한 다양한 프로그램을 제공합니다.

어휘가 쑥쑥
variety 명 변화, 다양성
various opinions 다양한 의견
man of various talents 다재다능한 사람

*vary /ˈveri/ 동사 (3단현) varies (과거·과분) varied (현분) varying) ① 바꾸다 ② 다르다

1 바꾸다, 변경하다 (= change)
I **varied** my exercise schedule.
나는 운동 계획에 변화를 주었다.

2 다르다 (= be different)
The price of these shoes **varies** widely from shop to shop.
이 신발 가격은 상점마다 다 다르다.

어휘가 쑥쑥
varying 형 가지각색의, 변화하는
variant 명 변종의 명 변형
variation 명 변화, 변이

vase /veɪs/ 명사 (복) vases) 꽃병, 화병, 항아리

She put some red flowers in the **vase**.
그녀는 빨간 꽃 몇 송이를 꽃병에 꽂았다.

**vegetable /ˈvedʒtəbl/ 명사 (복) vegetables) 채소, 야채 (☞ 952쪽)

We grow many kinds of **vegetables** in our farm.
우리는 농장에서 많은 종류의 야채를 재배한다.

You should eat a lot of fresh **vegetables** for your health.
건강을 위해 신선한 야채를 많이 먹어야 한다.

I need an onion, a carrot, and a potato to cook **vegetable** soup.
나는 야채 수프를 조리하기 위해 양파, 당근, 감자가 한 개씩 필요하다.

어휘가 쑥쑥
vegetarian 명 채식주의자
vegetation 명 초목, 식물
green vegetables 푸른색 채소
vegetable diet 채식

*vehicle /ˈviːəkl/ 명사 (복) vehicles) 탈것, 차, 운송 수단 (☞ transportation)

You can repair your **vehicles** in an auto shop.
자동차 정비소에서 차를 수리할 수 있다.

A: What kind of **vehicles** did you use to go there?
거기까지 가는 데 뭘 타고 가셨나요?

B: I went there with a jeep.
지프를 타고 갔었어요.

어휘가 쑥쑥
motor vehicle 자동차
space vehicle 우주선
sport utility vehicle 스포츠 레저용 자동차 (= SUV)

Venus /ˈviːnəs/ 명사 금성

Venus is the closest planet to the Earth.
금성은 지구와 가장 가까운 행성입니다.

veranda(h) /vəˈrændə/
명사 (복) veranda(h)s) 베란다(🔍 아파트나 집 앞쪽 큰 마루에 붙어 있는 좁고 긴 생활 공간)

We sat on the **veranda** enjoying coffee.
우리는 커피를 마시며 베란다에 앉아 있었다.

verb /vɜːrb/
명사 (복) verbs) [문법] 동사

The words "eat", "drink", and "sleep" are all **verbs**.
eat, drink, sleep은 모두 동사이다.

＊version /ˈvɜːrʒn/
명사 (복) versions) 번역판, ~판[형태], 버전

Sean read *Harry Potter* in the German **version**, while Mark read it in the French version.
숀은 '해리 포터'를 독일어 번역판으로 읽었고, 마크는 프랑스어 번역판으로 읽었다.

The Korean movie will be made in an American **version** next year.
그 한국 영화는 내년에 미국 버전으로 만들어질 것이다.

어휘가 쑥쑥
online version 온라인판
trial version 시험판
latest version 최신판

vertical /ˈvɜːrtɪkl/
형용사 수직의, 세로의 (↔ horizontal 수평의, 가로의)

The cliff is almost **vertical**, so it seems very dangerous.
그 절벽은 거의 수직에 가까워서 매우 위험해 보인다.

These **vertical** stripes will make you look slim.
이 세로 줄무늬는 당신을 날씬하게 보이도록 해 줄 거예요.

＊＊＊very /ˈveri/
부사 ① 매우 ② 정말로

1 매우, 아주, 몹시 (= pretty)
It's **very** cold today. 오늘은 날씨가 매우 춥다.
He felt **very** tired after the hard work.
힘든 일을 마친 후 그는 무척 피곤했다.
The princess was **very** beautiful, so many young men proposed to her.
그 공주님은 매우 아름다워서 많은 젊은이들이 공주님께 청혼했습니다.
Bill speaks Russian **very** well. 빌은 러시아어를 아주 잘한다.

실력이 쑥쑥
몇몇 형용사들은 그 단어의 의미에 very가 포함되어 있다. 그런 단어들에는 very 대신 really나 absolutely를 쓴다. 예) terrible(= very bad) / wonderful(= very good)
It was a *really terrible* experience.

A: Thank you **very** much for your help.
도와주셔서 대단히 감사합니다.
B: Don't mention it. It's my pleasure.
천만에요. 도와드릴 수 있어서 제가 기쁩니다.

(정말 끔찍한 경험이었다.)
It was a *very terrible* experience. (×)
I feel *absolutely great*.
(기분이 너무 좋다.)
I feel *very great*. (×)

2 [형용사의 최상급 앞에서 강조] **정말로, 최고로, 참으로**
This is the **very** best book I have ever read.
이것은 내가 읽은 책 중에서 단연 최고이다.

vest /vest/ | 명사 (복) vests) 조끼 (☞ clothing)

Life **vests** are located under your seat.
구명조끼는 좌석 아래에 있습니다.

veterinarian /ˌvetərɪˈneriən/, vet /vet/ | 명사 (복) veterinarians, vets) 수의사

I take my dogs to the **veterinarian** once a year.
나는 일 년에 한 번 강아지들을 수의사에게 데려간다.

*victim /ˈvɪktɪm/ | 명사 (복) victims) 희생자, 피해자

They were the **victims** of a cruel war.
그들은 참혹한 전쟁의 피해자들이었다.

*victory /ˈvɪktəri/ | 명사 (복) victories) 승리 (= triumph) (↔ defeat 패배)

The Korean soccer team won a **victory** over the Japanese team. 한국 축구팀은 일본 팀에게 이겼다.
Joan of Arc led France to **victory**.
잔 다르크는 프랑스를 승리로 이끌었다.

(어휘가 쑥쑥)
great victory 대승
narrow victory 아슬아슬한 승리

video /ˈvɪdioʊ/ | 명사 (복) videos) 영상, 비디오

The movie will be released on **video** in May.
그 영화는 5월에 비디오로 출시될 것이다.
He watches music **videos** almost every day.
그는 거의 매일 뮤직비디오를 본다.

(어휘가 쑥쑥)
video clip 비디오 클립 (짧은 영상)

Vietnam /ˌviːetˈnɑːm/ | 명사 베트남

Vietnam is located in Southeast Asia.
베트남은 동남아시아에 위치한다.

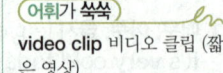

Vietnamese /ˌviːetnəˈmiːz/ | 명사 형용사 (복 Vietnamese) 베트남의, 베트남 사람(의)

I would go for **Vietnamese** food. 나는 베트남 음식으로 할래.

*view /vjuː/ | 명사 (복 views) ① 시야 ② 경치 ③ 관점

1 시야, 보이는 범위 (= sight)
The end of the long tunnel came into my **view**.
긴 터널의 끝이 내 시야에 들어왔다.

2 경치, 조망 (= scenery)
I like the **view** of my town from the top of the hill.
나는 언덕 꼭대기에서 내려다보이는 우리 마을의 경관을 좋아한다.

Hong Kong is famous for the wonderful night **view**.
홍콩은 아름다운 야경으로 유명하다.

3 관점, 의견, 견해 (= opinion, thought)
Kelly expressed her **view** about the matter at the meeting.
켈리는 회의에서 그 문제에 대한 자신의 의견을 발표했다.

In my **view**, we should talk about it again later.
내 생각에는 나중에 이 문제에 대해 다시 얘기해 봐야 할 것 같다.

> **어휘가 쑥쑥**
> ocean[mountain] view 바다가[산이] 보이는 전망
> general view 일반적인 견해
> opposing view 반대 의견
> personal view 개인적인 견해
> different view 다른 견해
>
> **실력이 쑥쑥**
> view 특정한 장소에서 눈에 들어오는 풍경·경치·광경
> sight 눈에 보이는 그대로의 광경

*village /ˈvɪlɪdʒ/ | 명사 (복 villages) 마을

Once upon a time, there lived a pretty little girl in a small **village**.
옛날 옛적 어느 작은 마을에 예쁘장한 소녀가 살았다.

He grew up in a little fishing **village**.
그는 작은 어촌에서 자랐다.

> **어휘가 쑥쑥**
> mountain village 산골 마을
> farm village 농촌

vine /vaɪn/ | 명사 (복 vines) 포도나무, 덩굴 식물

Grapes grow on a **vine**. 포도는 포도나무에서 자란다.
A **vine** wraps round the column. 덩굴이 기둥에 감겨 있다.

> **어휘가 쑥쑥**
> vineyard 포도밭

vinegar /ˈvɪnɪɡər/ | 명사 식초

We need sugar, salt, and **vinegar**.
설탕, 소금, 그리고 식초가 필요하다.

*violent /ˈvaɪələnt/ | 형용사 (비교 more violent 최상 most violent) 폭력적인, 난폭한, 잔인한 (= cruel), 사나운 (↔ calm, mild 온화한, 부드러운)

There are so many **violent** scenes in this movie.
이 영화에는 폭력적인 장면들이 매우 많이 나온다.

The **violent** crime shocked the whole city.
그 잔인한 범죄는 도시 전체를 충격 속에 빠뜨렸다.

They sailed through a **violent** storm with huge waves.
그들은 큰 파도를 동반한 사나운 폭풍 속을 뚫고 항해했다.

(어휘가 쑥쑥)
violence 명 폭력
violent attack 거센 공격
violent behavior 난폭한 행동

violet /ˈvaɪələt/ | 명사 형용사 보라색(의) (☞ color)

You can make **violet** by combining red and blue.
빨간색과 파란색을 섞으면 보라색을 만들 수 있다.

violin /ˌvaɪəˈlɪn/ | 명사 (복 violins) 바이올린 (☞ instrument)

Can you play the **violin**? 당신은 바이올린을 켤 줄 압니까?

Sally takes **violin** lessons twice a week.
샐리는 일주일에 두 번씩 바이올린 수업을 듣는다.

(어휘가 쑥쑥)
violinist 명 바이올린 연주자

VIP, V.I.P. /ˌviː aɪ ˈpiː/ | 명사 (복 VIPs) 귀한 손님, 귀빈 《very important person의 약자》

These seats are reserved for **VIPs**.
이 자리들은 귀빈들을 위해 마련된 곳입니다.

* /ˈvɪzɪt/ | 동사 (3단현 visits 과거·과분 visited 현분 visiting) 방문하다
명사 (복 visits) 방문

동 방문하다

I will **visit** my uncle in California next month.
나는 다음 달에 캘리포니아에 사시는 삼촌 댁을 방문할 예정이다.

Don't forget to **visit** the Louvre Museum when you go to France.
프랑스에 가면 루브르 박물관에 꼭 가 보세요.

(어휘가 쑥쑥)
surprise visit 불시의 방문
short visit 단기 방문
social visit 사교적인 방문
official visit 공식 방문
return visit 재방문, 답방

명 방문

This is my first **visit** to Korea. 이번이 나의 첫 한국 방문이다.

visitor /ˈvɪzɪtər/ | 명사 (복 visitors) 방문객, 관람객, 손님

The castle is always crowded with **visitors** from China.
그 성은 중국에서 온 관람객들로 늘 붐빈다.

vitamin /ˈvaɪtəmɪn/ | 명사 비타민

Fruits and vegetables are rich in **vitamin** C.
과일과 채소는 비타민 C가 풍부하다.

＊**vocabulary** /vəˈkæbjəleri/ | 명사 (복 vocabularies) 어휘, 단어

Reading will increase your **vocabulary**.
독서는 어휘력을 향상시켜 줄 것이다.

＊**voice** /vɔɪs/ | 명사 (복 voices) 목소리, 음성, 발성 (= tone)

The Little Mermaid had a very soft and lovely **voice**.
인어 공주는 매우 부드럽고 예쁜 목소리를 가지고 있었습니다.

He raised his **voice** with anger.
그는 화가 나서 언성을 높였다.

Judy called my name in a loud **voice**.
주디는 큰 소리로 내 이름을 불렀다.

어휘가 쑥쑥
voice recognition 음성 인식
voice message 음성 메시지

volcano /vɑːlˈkeɪnoʊ/ | 명사 (복 volcano(e)s) 화산

The **volcano** erupted and killed many people.
화산이 폭발하여 많은 사람들이 사망했다.

There are many **volcanoes** in Japan.
일본에는 화산이 많이 있다.

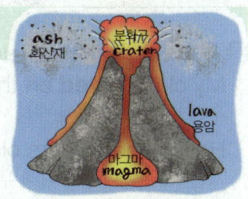

volleyball /ˈvɑːliˌbɔːl/ | 명사 배구

We played **volleyball** in P.E. class.
우리는 체육 시간에 배구를 했다.

＊**volume** /ˈvɑːljəm/ | 명사 (복 volumes) ① (~의) 양 ② 음량 ③ 책

1 (~의) 양
The intersections near Main avenue have a high **volume** of traffic. 메인가 주변의 교차로에는 교통량이 많다.

2 볼륨, 음량, 소리
He turned up the TV **volume** to hear the news better.
그는 뉴스를 더 잘 들으려고 텔레비전의 볼륨을 높였다.

A: Will you please turn down the **volume**? It's so loud.
볼륨 좀 줄여 줄래? 소리가 너무 커.
B: Oh, sorry. 아, 미안해.

3 책 (= book), 권

어휘가 쑥쑥
sales volume 판매량
average volume 평균적인 양
high[low] volume 많은[적은] 양
total volume 총량
in volume 대량으로

실력이 쑥쑥
volume이 책을 세는 단위인 '권'을 의미할 때, 줄여서 **vol.**이라고 쓸 수 있다. 읽

Sally has read many **volumes** of novels by French writers.
샐리는 프랑스 작가들이 쓴 소설을 여러 권 읽었다.
I have a set of Shakespeare's writings in twenty **volumes**.
나는 20권짜리 셰익스피어 전집을 가지고 있다.

을 때는 volume으로 발음한다.
vol. 1 (제1권)

* voluntary /ˈvɑːlənteri/ | 형용사 자발적인, 지원의

His decision to help the poor was a **voluntary** one.
가난한 사람들을 돕겠다는 그의 결정은 자발적인 것이었다.

volunteer /ˌvɑːlənˈtɪr/ | 명사 (복) volunteers) 지원자, 자원봉사자

My mother works as a **volunteer** at the hospital.
우리 엄마는 병원에서 자원봉사자로 일하신다.

* vote /voʊt/ | 동사 (3단현) votes (과거·과분) voted (현분) voting) 투표하다
명사 (복) votes) 투표

동 투표하다, 선거하다 (= elect)

My class **voted** on that issue.
우리 반은 그 의제에 대해서 투표했다.

He is twenty years old, so he's old enough to **vote** now.
그는 스무 살이라서 이제 투표를 할 수 있는 나이이다.

A: Who did you **vote** for? 누구에게 투표하셨나요?
B: I **voted** for Mr. Harris. 해리스 씨에게 투표했어요.

명 투표, 선거 (= election, poll)

We selected a leader of our team by **vote**.
우리는 투표로 우리 팀의 리더를 뽑았다.

He lost the mayoral election by one hundred **votes**.
그는 백 표 차이로 시장 선거에서 떨어졌다.

어휘가 쑥쑥
voter 명 투표자
voting 명 투표, 선거
popular vote 일반 투표
open vote 기명 투표
secret vote 무기명 투표
casting vote 캐스팅 보트, 결정권
direct vote 직접 투표
vote yes[no] 찬성[반대]표를 던지다
vote for[against] ~에 찬성[반대] 투표를 하다

* voyage /ˈvɔɪɪdʒ/ | 명사 (복) voyages) (바다·우주로의) 긴 여행, 항해

After the long **voyage**, he finally returned to his home.
오랜 항해 끝에 마침내 그는 자기 고향으로 돌아왔다.

Life is often compared to a **voyage**.
인생은 종종 항해에 비유된다.

The Titanic sank on her maiden **voyage**.
타이태닉호는 처녀 항해에서 침몰했다.

재미가 쑥쑥

* "Bon voyage!" *
여행을 떠나는 사람에게 하는 인사말이다. 프랑스어를 그대로 빌려 쓴 표현으로 good trip의 의미이다.

Ww

wade /weɪd/ | 동사 (3단현) wades (과거·과분) waded (현분) wading)
(물·눈·사람들을) 헤치고 걸어가다

We **waded** the stream. 우리는 시냇물을 헤치며 걸어갔다.

waffle /ˈwɑːfl/ | 명사 (복) waffles) 와플(🔍 벌집처럼 생긴 틀에 묽은 밀가루 반죽을 부어 구운 과자)

To make **waffles**, you need a thin mixture of milk, flour, and eggs.
와플을 만들기 위해서는 우유, 밀가루, 계란을 섞은 묽은 반죽이 필요하다.

*wage /weɪdʒ/ | 명사 (복) wages) 임금, 보수

The workers have asked for a **wage** increase.
노동자들은 임금 인상을 요구했다.
The job pays very good **wages**.
그 일은 아주 높은 임금을 지급한다.

> 어휘가 쑥쑥
> hourly wage 시급
> weekly wage 주급

wagon /ˈwæɡən/ | 명사 (복) wagons) 짐마차, 사륜마차

The early American settlers journeyed the Great Plain in covered **wagons**.
초기 미국 정착민들은 덮개가 씌여진 마차로 대평원을 이동했다.

waist /weɪst/ | 명사 (복) waists) 허리 (☞ body)

This skirt is too tight at[in] the **waist**.
이 치마는 허리가 너무 낀다.
If you want a slim **waist**, try this diet beverage.
날씬한 허리를 원하신다면, 이 다이어트 음료를 마셔 보세요.

> 실력이 쑥쑥
> waste(낭비하다)와 발음이 같으므로 주의한다.

wait /weɪt/ | 동사 (3단현) waits (과거·과분) waited (현분) waiting) 기다리다, 대기하다

I **waited** for my boyfriend in front of the building.
나는 그 건물 앞에서 남자 친구를 기다렸다.

We **waited** twenty minutes for the subway.
우리는 20분 동안이나 지하철을 기다렸다.

I can't **wait** for Christmas!
크리스마스가 빨리 왔으면 좋겠다!

[속담] Time and tide **wait(s)** for no man.
세월은 사람을 기다리지 않는다.

A: Do you think he will succeed in his business?
너는 그의 사업이 성공할 거라고 생각하니?

B: I don't know. I think we have to **wait** and see for now.
모르겠어. 지금은 두고 봐야 할 것 같아.

어휘가 쑥쑥
waiting room 대기실
waiting list 대기자 명단
wait a second[moment, minute] 잠깐 기다리다

실력이 쑥쑥
weight(무게)와 발음이 같으므로 주의한다.

문법이 쑥쑥
'~을 기다리다'의 뜻일 때는 wait 다음에 바로 목적어가 오지 않는다. 전치사 for를 써야 한다.
He *waited for* the next subway. (그는 다음 지하철을 기다렸다.)
He *waited* the next subway. (×)

wake /weɪk/ | 동사 (3단현) wakes (과거) woke (과분) woken (현분) waking) (잠에서) 깨다, (잠을) 깨우다

Wake up, Mike! It's already seven thirty.
마이크, 어서 일어나! 벌써 7시 반이다.

Please **wake** me up at six thirty tomorrow.
내일 여섯 시 반에 저 좀 깨워 주세요.

The noise **woke** me (up).
그 소리에 나는 잠이 깼다.

walk /wɔːk/ | 동사 (3단현) walks (과거·과분) walked (현분) walking) ① 걷다 ② 산책하다
명사 (복) walks ① 걸음 ② 산책 ③ 산책길

동 1 걷다, 걸어가다

Peter **walks** to school. 피터는 걸어서 학교에 간다.

I was **walking** down the street when I saw a pretty girl.
나는 길을 걸어가다가 예쁜 여자아이를 보았다.

Hansel and Gretel **walked** through the forest and reached a strange house.
헨젤과 그레텔은 숲속을 걸어 들어가다 이상한 집에 다다랐습니다.

When the teacher **walked** into the classroom, the students all sat down.

어휘가 쑥쑥
walker 명 걷는 사람
walking 명 걷기
walking stick 지팡이
walking boots[shoes] 워킹화
walking dictionary 살아 있는 사전, 아는 것이 많은 사람

선생님께서 교실에 들어오시자, 학생들은 모두 자리에 앉았다.

2 산책하다, 산책시키다
I often **walk** in the park after dinner.
나는 저녁을 먹은 후 종종 공원에서 산책을 한다.
Linda is **walking** her dog.
린다는 강아지를 산책시키고 있다.

명 1 걸음, 걷기, 걸음걸이
A: How long does it take from here to the library?
여기서 도서관까지 가는 데 시간이 얼마나 걸리나요?
B: It's five minutes' **walk**. 걸어서 5분 거리입니다.

2 산책
Kelly enjoys taking a **walk** near her office after lunch.
켈리는 점심을 먹은 후 사무실 근처에서 산책하는 것을 좋아한다.

3 산책길, 보행용 도로 (= walkway, path)
There are beautiful **walks** in this national park.
이 국립 공원에는 예쁜 산책로들이 있다.

walking tour 도보 여행
crosswalk 횡단보도
sidewalk 인도, 보도
go for a walk 산책하러 가다

실력이 쑥쑥
여러 가지 걷기
wander (이리저리 천천히) 거닐다, 돌아다니다
march 행진[행군]하듯 걷다
stomp 쿵쿵거리며 걷다
tiptoe 발끝으로 살금살금 걷다
sneak 살금살금[몰래] 가다
stroll 거닐다, 산책하다

*wall /wɔːl/ 명사 (복) wall**s** 벽, 담장

There is a calendar hanging on the **wall**.
벽에 달력이 걸려 있다.
The thief jumped over the **wall** and ran away.
그 도둑은 담을 뛰어넘어 도망쳤다.
[속담] **Walls** have ears.
벽에도 귀가 있다. (낮말은 새가 듣고 밤말은 쥐가 듣는다.)

wallet /wɑːlɪt/ 명사 (복) wallet**s** 지갑 (☞ bag)

Ryan opened his **wallet** and took some money out.
라이언은 지갑을 열어 돈을 조금 꺼냈다.
I had my **wallet** stolen. 나는 지갑을 도둑맞았다.

walnut /ˈwɔːlnʌt/ 명사 (복) walnut**s** 호두, 호두나무 (= walnut tree)

All boys loved to climb a **walnut** tree in the town.
모든 남자아이들은 마을에 있는 호두나무에 올라가는 것을 아주 좋아했다.

wand /wɑːnd/ 명사 (복) wand**s** (마법사의) 지팡이, 막대기

The fairy waved her **wand** over a pumpkin and it turned into a carriage.
요정이 요술봉을 호박에 대고 흔들자 호박이 마차로 변했습니다.

wander /wɑːndər/ | 동사 (3단현) wanders (과거·과분) wandered (현분) wandering)
돌아다니다, 어슬렁거리다, 방랑하다

We **wandered** around the amusement park.
우리는 놀이공원 안을 돌아다녔다.

Some tigers are **wandering** in the woods.
호랑이 몇 마리가 숲속을 어슬렁거리고 있다.

어휘가 쑥쑥
wanderer 명 방랑자

*want /wɑːnt/ | 동사 (3단현) wants (과거·과분) wanted (현분) wanting)
원하다, 바라다, ~하고 싶다

They **wanted** something to eat. 그들은 먹을 것을 원했다.

I **want** to be a pilot when I grow up.
나는 자라서 비행기 조종사가 되고 싶다.

I just **wanted** to know when he returns from his trip.
나는 단지 그가 여행에서 언제 돌아오는지 알고 싶었을 뿐이다.

Kelly **wanted** me to pick her up at the airport.
켈리는 내가 공항에 마중 나와 주기를 원했다.

All I **want** is the truth. 내가 원하는 것은 오로지 진실이다.

A: What do you **want** for lunch?
점심으로 무엇을 먹을까요?

B: How about having Chinese food?
중국 음식을 먹는 게 어떨까요?

어휘가 쑥쑥
want ad 구인[구직] 광고
want list 필요 품목표

실력이 쑥쑥
구인 광고에서는 want가 과거분사형으로 쓰인다.
Wanted a cook. (요리사 구함)

문법이 쑥쑥

• want 뒤에는 that절을 쓰지 않는다.
I *hope that* my son goes to a good university. (나는 내 아들이 좋은 대학에 들어가기를 바란다.) /
I want *that* my son goes to a good university. (×)

• want는 진행형으로는 거의 쓰지 않는다.
I *want* some milk. (나는 우유를 좀 마시고 싶다.) / I *am wanting* some milk. (×)

**war /wɔːr/ | 명사 (복) wars) 전쟁 (↔ peace 평화)

All the people wish to live in a peaceful world without **wars**.
모든 사람들은 전쟁이 없는 평화로운 세상에서 살고 싶어 한다.

Many Americans were against the Iraq **war**.
많은 미국인들은 이라크 전쟁에 반대했다.

World **War** II broke out in 1939.
제2차 세계 대전은 1939년에 일어났다.

어휘가 쑥쑥
civil war 내전
nuclear war 핵전쟁
win[lose] a war 전쟁에서 이기다[지다]

warm /wɔːrm/ 형용사 (비교) warmer (최상) warmest) 따뜻한, 온화한, 온정이 있는, 다정한 (↔ cool 차가운, 냉정한)

It's getting **warmer** and **warmer**. Spring is just around the corner. 점점 따뜻해지는 걸 보니 봄이 코앞에 다가온 것 같네요.
I didn't know that Alex has such a **warm** heart.
전 알렉스가 그렇게 마음이 따뜻한 사람인 줄 몰랐어요.
My mother always gives me a **warm** hug before going to bed. 우리 엄마는 주무시기 전에 나를 항상 다정하게 안아 주신다.

어휘가 쑥쑥
warmth 명 따뜻함, 온기
warmly 부 따뜻하게
warm spring 온천
warm welcome 따뜻한 환영

warn /wɔːrn/ 동사 (3단현) warns (과거·과분) warned (현분) warning) 경고하다, 주의시키다

My teacher **warned** me not to skip classes again.
선생님께서는 나에게 다시는 수업을 빼먹지 말라고 주의를 주셨다.
Doctors **warn** that too much stress can cause a lot of health problems.
의사들은 과도한 스트레스는 건강상의 많은 문제를 일으킬 수 있다고 경고한다.

어휘가 쑥쑥
warning 명 경고, 주의, 경보

실력이 쑥쑥
worn(wear의 과거분사)과 발음이 같으므로 주의한다.

was /wʌz/ 동사 [be의 1·3인칭 단수의 과거] 있었다, 이었다 (☞ be)

wash /wɑːʃ/ 동사 (3단현) washes (과거·과분) washed (현분) washing) 씻다, 세탁하다 (= clean)

When you get back home, you should **wash** your hands, first. 집에 돌아오면 가장 먼저 손을 씻어야 한다.
I help my mom **wash**[do] the dishes every weekend.
저는 주말마다 엄마가 설거지하는 것을 도와드려요.
Wash your face. 세수를 해라.
She **washed** the vegetables in water. 그녀는 야채를 물로 씻었다.
Wash the dirt off your face. 얼굴에 묻은 흙을 씻어 내라.

실력이 쑥쑥
친구의 집이나 초대 받아 간 곳에서 화장실을 물어볼 때의 표현은 다음과 같이 정해져 있다.
Where can I wash my hands, please?

washroom /wɑːʃruːm/ 명사 (복) washrooms) 화장실, 세면실

A: Where can I find the **washroom**?
화장실이 어디에 있나요?
B: Downstairs on the left. 아래층 왼쪽에 있습니다.

실력이 쑥쑥
미국에서 주로 공공장소에 있는 화장실을 의미한다.

waste /weɪst/ 동사 (3단현) wastes (과거·과분) wasted (현분) wasting) 낭비하다
명사 (복) wastes) ① 낭비 ② 쓰레기

⑧ 낭비하다, 허비하다 (↔ save 아끼다)

Don't **waste** your money buying clothes!
옷을 사는 데 돈을 낭비하지 마세요!

I **wasted** an hour finding the key to my house.
나는 집 열쇠를 찾는 데 한 시간이나 허비했다.

⑲ 1 낭비, 허비

I think (that) watching TV is a **waste** of time.
나는 텔레비전을 보는 것은 시간 낭비라고 생각한다.

A: I'm going to buy a new coat this winter.
이번 겨울에 코트를 하나 새로 사려고 해요.

B: You already have one. I think it's a **waste** of money.
이미 하나 있잖아요. 또 사는 건 돈 낭비인 것 같은데요.

[속담] Haste makes **waste**. 서두르면 일을 망친다.

2 쓰레기, 폐기물, 노폐물 (= garbage)

Don't forget to separate food **wastes** and take them out.
음식물 쓰레기는 따로 분리해서 버리는 것을 잊지 마세요.

Nuclear **waste** is a major cause of environmental pollution.
핵폐기물은 환경 오염의 주요 원인이다.

어휘가 쑥쑥
- wasteful ⑱ 낭비적인
- wastefully ㉠ 헛되이
- wastebasket 쓰레기통
- waste paper 폐지
- plastic waste 폐비닐
- household waste 가정용 쓰레기
- industrial waste 산업 폐기물
- toxic waste 독성 폐기물

✱ watch¹ /wɑːtʃ/   ⑧ (3단현) watches (과거·과분) watched (현분) watching
① 보다 ② 감시하다

1 보다 (☞ see)

Most children love to **watch** cartoons on television.
대부분의 어린이들은 텔레비전으로 만화 영화 보는 것을 매우 좋아한다.

They **watched** the sunrise, sitting on the sand.
그들은 모래 위에 앉아서 해가 뜨는 것을 보았다.

2 감시하다, 망보다

One day a shepherd boy was **watching** his sheep near the woods.
어느 날 양치기 소년은 숲 근처에서 양 떼를 지키고 있었어요.

Could you **watch** my bag while I'm away?
제가 없는 동안 가방 좀 봐 주시겠어요?

[숙어] **watch out** 경계하다, 조심하다

Watch out! Here comes a car! 조심해! 차가 오잖아!

어휘가 쑥쑥
- watchdog 감시견
- watchman 감시원
- watchtower 망루

실력이 쑥쑥
- watch 주의를 집중해서 보다
- look 시선을 돌려서 일부러 보다
- see 눈에 보이는 것을 보다

✱ watch² /wɑːtʃ/ | ⑲ (복) watches) 손목시계

Her **watch** says five minutes past nine.
그녀의 시계는 9시 5분을 가리키고 있다.

water /wɔːtər/

명사 물
동사 (3단현) waters (과거·과분) watered (현분) watering) 물을 주다

명 물

I boiled some **water** to make tea.
나는 차를 타려고 물을 좀 끓였다.

When snow and ice melt, they change into **water**.
눈과 얼음은 녹으면 물로 변한다.

This river is too deep. Never jump into the **water**.
이 강은 매우 깊어요. 절대 물속으로 뛰어들지 마세요.

Look at these fish in the **water**.
물속에 있는 이 물고기들 좀 보세요.

동 물을 주다, 물을 뿌리다

My mother is **watering** the plants in the garden.
엄마는 정원에 있는 화초에 물을 주고 계시다.

어휘가 쑥쑥
waterfall 폭포
water power 수력
water pollution 수질 오염
water shortage 물 부족
drinking water 식수
fresh water 민물, 담수
salt water 바닷물, 소금물
tap water 수돗물
underground water 지하수

watermelon /wɔːtərmelən/

명사 (복) watermelons) 수박 (☞ fruit)

I love a seedless **watermelon**. 나는 씨 없는 수박을 아주 좋아한다.

I like to eat **watermelon** on a hot summer day.
나는 더운 여름날 수박 먹는 것을 좋아한다.

Watermelon was served for dessert.
수박이 후식으로 제공되었다.

wave /weɪv/

명사 (복) waves) 파도
동사 (3단현) waves (과거·과분) waved (현분) waving) 흔들다

명 파도, 물결

The Little Mermaid raised her head above the **waves**.
인어 공주는 파도 위로 머리를 내밀었다.

동 (손·깃발 등을) 흔들다, 흔들리다

Children are **waving** to the clowns on parade.
아이들이 퍼레이드를 하고 있는 어릿광대들에게 손을 흔들고 있다.

Many friends came to the airport to **wave** good-bye to me.
많은 친구들이 나에게 작별 인사를 하기 위해 공항에 와 주었다.

어휘가 쑥쑥
wavy 형 물결 모양의
tiny wave 잔물결
rough wave 거센 파도

재미가 쑥쑥
경기장에서 관중들이 벌이는 파도타기 응원은 영어로 Mexican wave라고 한다.

way /weɪ/

명사 (복) ways) ① 길 ② 방식 ③ 방향 ④ 면

1 길, 도로 (= road)

I'm on the **way** to the library to return books.
도서관에 책을 반납하러 가는 길이에요.

어휘가 쑥쑥
lose one's way 길을 잃다
find one's way 길을 찾다

Don't forget to buy some milk on your **way** home!
집에 오는 길에 우유 사 오는 것을 잊지 마세요!

Could you show me the **way** to the post office?
우체국 가는 길 좀 알려 주실래요?

2 방식, 방법 (= manner, method)

Alex always wants to do everything in his own **way**.
알렉스는 항상 모든 일을 자기 방식대로 하려고 한다.

Nicole has a positive **way** of thinking.
니콜은 긍정적인 사고방식을 갖고 있다.

Reading a lot is the best **way** to improve your writing skills.
책을 많이 읽는 것이 작문 실력을 향상시키는 가장 좋은 방법이다.

[속담] Where there is a will, there is a **way**.
뜻이 있는 곳에 길이 있다. (의지가 있으면 해결책을 찾을 수 있다.)

3 방향 (= direction)

Come this **way**! We have to take the elevator.
이쪽으로 오세요! 엘리베이터를 타야 해요.

One **Way** Only. 일방통행.

4 면, 양상 (= aspect)

The writer's two novels are different from each other in many **ways**.
그 작가의 두 소설은 여러 면에서 서로 다르다.

[숙어] **by the way** 그런데, 그건 그렇고 《화제를 바꿀 때 쓰는 표현》

A: Did you do well on the TOEIC last Sunday?
지난 일요일에 본 토익 시험은 잘 봤니?

B: Yes. *By the way*, what do you want for dinner?
응. 근데 그건 그렇고, 저녁에 뭐 먹을래?

take the wrong way 길을 잘못 들다
make one's way 나아가다
way of life 생활 방식
ways and means 수단과 방법
Way to go! 잘했어!
No way! 절대 안 돼!

(실력)이 쑥쑥

way 어느 지점으로 가는 길
road 도시나 마을을 잇는 도로
street 양쪽에 건물이 나란히 있는 거리
avenue 가로수 등이 심어진 도시의 큰 거리

(재미)가 쑥쑥

One Way!(일방통행)는 게시문에 쓰이는 문구로, 도로에서 자동차가 한 방향으로만 가야 함을 의미한다.

*we /wiː/ | 대명사 ① 우리 ② 일반 사람들

1 우리, 우리들

We are good friends.
우리는 좋은 친구이다.

We go to church on Sunday.
우리는 일요일에 교회에 간다.

2 일반 사람들

We want to live a happy life.
사람들은 누구나 행복하게 살기를 원한다.

We should respect the old.
우리는 노인들을 공경해야 한다.

(문법)이 쑥쑥

we의 변화형

주격	we (우리는)
소유격	our (우리의)
목적격	us (우리에게, 우리를)
소유대명사	ours (우리의 것)
재귀대명사	ourselves (우리 자신)

weak /wiːk/ 〔형용사〕 (비교) weaker (최상) weakest) 약한, 힘없는 (↔ strong 강한, 힘센)

She replied in a **weak** voice.
그녀는 힘없는 목소리로 대답했다.

I felt **weak** all morning because I didn't have breakfast today.
오늘 아침을 안 먹었더니 오전 내내 힘이 없었어요.

I visited my grandpa on the weekend and he looked **weaker**.
주말에 할아버지를 찾아뵈었는데 할아버지께서는 더 쇠약해지신 것 같았다.

〔어휘가 쑥쑥〕
weakly 〔부〕 허약하게
weaken 〔동〕 약해지다
weakness 〔명〕 약함, 결점

wealth /welθ/ 〔명사〕 ① 부 ② 부유함

1 부, 재산
He accumulated his **wealth** by working hard.
그는 열심히 일해서 재산을 모았다.

2 부유함, 풍요로움 (↔ poverty 가난함)
My father had a lot of brothers in his family, so he didn't grow up in **wealth**.
우리 아버지는 집에 형제들이 많아서 풍요롭게 자라지 못하셨다.

〔어휘가 쑥쑥〕
wealthy 〔형〕 부유한

create wealth 부를 창출하다
gather wealth 재산을 모으다

weapon /ˈwepən/ 〔명사〕 (복) weapons) 무기

The army didn't have enough **weapons** for war.
그 군대는 전쟁에 쓸 무기를 충분히 갖고 있지 않았다.

Some countries possess nuclear **weapons**.
몇몇 나라들은 핵무기를 보유하고 있다.

〔실력이 쑥쑥〕
총·칼·낫 등은 weapon, 특히 전쟁용의 무기는 arms 라고 한다.

wear /wer/ 〔명사〕 의류 〔동사〕 (3단현) wears (과거) wore (과분) worn (현분) wearing) 착용하다

〔명〕 **의류, 옷, 의복**
Which floor is the children's **wear** on?
아동복 매장은 몇 층에 있나요?

〔동〕 **착용하다, 입다, 끼다, 쓰다**
I **wear** contact lenses on special days but usually **wear** glasses.
저는 특별한 날에는 콘택트렌즈를 끼지만 평소에는 안경을 껴요.

Whenever I **wear** these shoes, they hurt my feet so much.
이 신발은 신을 때마다 발이 너무 아파요.

〔어휘가 쑥쑥〕
casual wear 평상복
formal wear 정장

〔실력이 쑥쑥〕
wear '몸에 지니고 있다'는 상태를 나타내고, 진행형으로 종종 쓰인다.
She is *wearing* a hat. (그녀는 모자를 쓰고 있다.)
put on '몸에 붙이다'라는

My mother always **wears** a ring. 우리 엄마는 항상 반지를 끼신다.
Don't forget to **wear** your seat belt in a car!
차에 타면 안전벨트 매는 것을 잊지 마세요!
My Spanish teacher always **wears** a traditional hat from Mexico.
우리 스페인어 선생님은 항상 멕시코 전통 모자를 쓰신다.

> 동작을 나타낸다.
> *Put on* your coat. (코트를 입어라.)

*weather /ˈweðər/ | 명사 날씨, 기상

Nice **weather**! 날씨 좋은데!
The **weather** has changed suddenly. 날씨가 갑자기 변했다.
According to the **weather** forecast, it will rain soon.
일기 예보에 따르면, 곧 비가 올 거래요.
A: How's the **weather** today? 오늘 날씨 어때요?
B: It's rainy and windy. 비도 오고 바람도 불어요.
A: What's the **weather** like today? 오늘 날씨 어때요?
B: It's sunny and warm. 화창하고 포근해요.

> (어휘가 쑥쑥)
> **weather condition** 기상 상태
>
> (실력이 쑥쑥)
> **weather** 그때그때의 날씨
> **climate** 어떤 지역의 30년 이상에 걸친 일기의 평균 기후

web /web/ | 명사 (복) webs) ① 거미줄 ② (인터넷) 웹

1 거미줄 (= spiderweb)
A spider is weaving a **web** to catch insects.
거미가 곤충을 잡기 위해 거미줄을 치고 있다.

2 [the Web으로 써서] (**인터넷**) 웹 (= World Wide Web)
He's been surfing the **Web** all day.
그는 하루 종일 웹 검색을 하고 있다.

> (어휘가 쑥쑥)
> **website** 웹 사이트
> **Web browser** 웹 브라우저
>
> (실력이 쑥쑥)
> World Wide Web은 줄여서 WWW로 쓰기도 한다.

wed /wed/ | 동사 (3단현) weds (과거·과분) wedded (현분) wedding) 결혼하다 (= marry)

The couple eventually **wed** this Saturday.
마침내 그 커플은 이번 토요일에 결혼한다.

*wedding /ˈwedɪŋ/ | 명사 (복) weddings) 결혼식

Today is our **wedding** anniversary. 오늘은 우리의 결혼기념일이다.
I went to my uncle's **wedding** on Saturday.
나는 토요일에 삼촌 결혼식에 다녀왔다.

> (어휘가 쑥쑥)
> **bride** 신부
> **(bride)groom** 신랑

Wednesday /ˈwenzdeɪ/ | 명사 (복) Wednesdays) 수요일 (☞ day) (☞ week)
《줄여서 Wed.로 적기도 한다.》

I take flute lessons every **Wednesday**[on **Wednesdays**].
나는 수요일마다 플루트 레슨을 받는다.

weed /wiːd/
명사 (복) **weed**s) 잡초
동사 (3단현) **weed**s (과거·과분) **weed**ed (현분) **weed**ing) 잡초를 뽑다

명 잡초, 풀
We have to pull the **weeds**.
우리는 잡초를 뽑아야 한다.
Our backyard was overgrown with **weeds**.
우리 뒷마당은 잡초가 우거져 있었다.

동 잡초를 뽑다, 풀을 뽑다
I **weeded** the garden. 나는 정원의 풀을 뽑았다.

*week /wiːk/ **명사** (복) **week**s) 주, 일주일

I have been so busy finishing this work for **weeks**.
이 일을 끝내느라 몇 주 동안 매우 바빴다.
We'll move into a new apartment next **week**.
우리는 다음 주에 새 아파트로 이사 갈 것이다.
I take a yoga class twice a **week** and it's fun.
나는 일주일에 두 번 요가 수업을 받는데 재미있다.
My English teacher gives us a quiz every **week**.
우리 영어 선생님은 매주 쪽지 시험을 내신다.
A: What day of the **week** is it today?
   오늘이 무슨 요일인가요?
B: It's Tuesday. 화요일이에요.

(문법)이 쑥쑥
week가 this, next, last 등과 함께 쓰이면 전치사를 붙이지 않는다.
I saw you *last week*. (나는 너를 지난주에 봤어.) / I saw you *in last week*. (×)
She's going to be busy at work *this week*. (그녀는 일하느라 이번 주에 바쁠 것이다.)
She's going to be busy at work *in this week*. (×)

(어휘)가 쑥쑥
weekly 형 주간의, 매주의

(실력)이 쑥쑥
요일 이름
Sunday (Sun.) 일요일
Monday (Mon.) 월요일
Tuesday (Tue./Tues.) 화요일
Wednesday (Wed.) 수요일
Thursday (Thur./Thurs.) 목요일
Friday (Fri.) 금요일
Saturday (Sat.) 토요일

weekend /wiːkend/ **명사** (복) **weekend**s) 주말

What shall we do this **weekend**? 이번 주말에 우리 뭐 할까?
We get together to study English on **weekends**.
우리는 주말마다 모여서 영어 공부를 한다.
A: What did you do on the **weekend**?
   주말에 뭐 했니?
B: I went shopping at the department store.
   백화점에 쇼핑하러 갔었어요.

(재미)가 쑥쑥
weekend는 금요일 밤 또는 토요일부터 일요일 밤까지를 일컫는다.
a *weekend* trip (주말여행)

weigh /weɪ/ 　동사 (3단현) weighs (과거·과분) weighed (현분) weighing
무게가 ~만큼 나가다, (몸)무게를 재다

Boxers **weigh** themselves every day to control their weight.
권투 선수들은 체중을 조절하기 위해서 매일 몸무게를 잰다.

A: How much does it **weigh**?
　무게가 얼마나 나가나요?
B: It **weighs** about 30kg.
　30킬로그램 정도 나갑니다.

weight /weɪt/ 　명사 (복) weights) 무게, 몸무게, 체중

Potatoes are sold by **weight**. 감자는 무게를 달아서 판다.
I gained[put on] **weight** during summer vacation.
나는 여름 방학 동안 몸무게가 늘었다.

A: How about coffee and apple pie for dessert?
　디저트로 커피와 애플파이 어때요?
B: No, thanks. I'm trying to lose **weight** these days.
　고맙지만, 괜찮아요. 요즘 살 빼려고 노력하는 중이거든요.

> **어휘가 쑥쑥**
> **weightless** 형 무게가 없는, 무중력의
> **weighty** 형 무거운, 중대한

weird /wɪrd/ 　형용사 (비교) weirder (최상) weirdest) 이상한, 괴상한 (= strange)

I had a **weird** dream last night. 나는 어젯밤에 이상한 꿈을 꿨다.
Jim is a little **weird** these days. 요즘 짐이 약간 이상해.

welcome /ˈwelkəm/ 　동사 (3단현) welcomes (과거·과분) welcomed (현분) welcoming
환영하다 　명사 (복) welcomes) 환영 　감탄사 환영합니다

동 환영하다, 기쁘게 맞이하다
She **welcomed** the guests to her birthday party.
그녀는 자신의 생일 파티에 온 손님들을 기쁘게 맞이했다.

명 환영, 환대
Whenever I visit grandma's house, she gives me a warm **welcome**.
할머니 댁에 갈 때마다 할머니께서는 나를 따뜻하게 맞이해 주신다.
I received a warm **welcome** from the host at the party.
나는 파티에서 주인의 따뜻한 환대를 받았다.

감 환영합니다
Welcome to Korea! Enjoy your stay.
한국에 오신 것을 환영합니다! 즐거운 여행 되세요.

숙어 **You're welcome.** 천만에요. 별말씀을요.

> **어휘가 쑥쑥**
> **welcoming** 형 환영하는
> **hearty welcome** 마음에서 우러난 환영, 환대
> **speech of welcome** 환영 연설
> **smile of welcome** 환영하는 미소
> **Welcome home!** 귀국[귀향]을 환영합니다!
> **Welcome aboard!** 탑승해 주셔서 감사합니다!

A: Thank you so much for your help. 도와주셔서 정말 감사합니다.
B: *You're welcome.* 별말씀을요.

well¹ /wel/ | 부사 (비교) better (최상) best) 잘 형용사 (비교) better (최상) best) 좋은

부 **잘, 능숙하게, 훌륭하게, 충분히**
Julie speaks English very **well**. 줄리는 영어를 매우 잘한다.
I didn't sleep **well** last night, so I am so tired today.
어젯밤에 잠을 충분히 못 자서 오늘 무척 피곤하다.
[속담] **Well** begun is half done. 시작이 반이다.
A: Do you know Harry? 혹시 해리를 아시나요?
B: Yes, I know him **well**. We've known each other for 5 years.
네, 잘 알아요. 우리는 서로 알고 지낸 지 5년이나 됐거든요.

형 **좋은, 건강한** (= good)
I don't feel **well** today. 나 오늘 몸이 좀 안 좋아.
I hope you get **well** again soon.
곧 건강이 다시 회복되시기를 바랍니다.

숙어 **as well** 또한 (= too)
The actor is handsome, and his acting is really great *as well*.
그 배우는 잘생겼고 또한 연기도 정말 잘한다.
B as well as A A뿐만 아니라 B도, A와 마찬가지로 B도
He can speak French *as well as* English.
그는 영어뿐만 아니라 프랑스어도 할 수 있다.

어휘가 쑥쑥
well-being 행복, 건강
well-bred 점잖은, 예의 바른
well-done 완전히 익힌
well-known 잘 알려진, 유명한
well-off 부유한, 유복한

문법이 쑥쑥
B **as well as** A= not only A but (also) B와 같은 의미로 주어는 B에 일치시킨다.
Tom *as well as* you *was* glad to see her.
= *Not only* you *but* (*also*) Tom *was* glad to see her.
(너와 마찬가지로 톰도 그녀를 만나서 기뻐했다.)

well² /wel/ | 명사 (복) wells) 우물

We drew water from the **well**. 우리는 우물에서 물을 퍼 올렸다.

went /went/ | 동사 go의 과거 (☞ go)

were /wɜːr/ | 동사 are의 과거 (☞ be)

west /west/ | 명사 서쪽 형용사 서쪽의 부사 서쪽으로

명 **서쪽, 서부**
The sun sets in the **west**. 태양은 서쪽으로 진다.

형 **서쪽의, 서부의**
Chile is located on the **west** side of the Andes Mountains.
칠레는 안데스산맥의 서쪽에 위치해 있다.

어휘가 쑥쑥
westward 서쪽으로
west wind 서풍
west coast 서부 해안

부 서쪽으로
The wind is blowing **west**. 바람이 서쪽으로 불고 있다.

western /ˈwestərn/ 형용사 ① 서쪽의 ② 서양의

1 서쪽의, 서부의
I traveled to many countries in **western** Europe.
나는 서유럽의 여러 나라를 여행했다.

2 서양의, 미국 서부의
Western culture is very different from Oriental culture.
서양 문화는 동양 문화와 매우 다르다.

My grandpa enjoys **western** movies starring cowboys.
우리 할아버지는 카우보이들이 나오는 서부 영화를 즐겨 보신다.

어휘가 쑥쑥
western civilization 서양 문명
western art 서양 미술
western philosophy 서양 철학
western food 서양 음식

wet /wet/ 형용사 (비교) wetter (최상) wettest ① 젖은 ② 비의

1 젖은, 축축한 (↔ dry 건조한, 마른)
Most plants grow well in **wet** soil.
대부분의 식물들은 습한 땅에서 잘 자란다.

I got **wet** to the skin on my way to school.
나는 학교 가는 길에 흠뻑 젖었다.

Wet paint! 페인트 주의!

A: You're all **wet**. 온통 다 젖으셨네요.
B: Somebody has taken away my umbrella.
누군가 내 우산을 가지고 갔어요.

2 비의, 비가 내리는 (= rainy)
I went to the beach on the weekend, but it was **wet** and cold.
나는 주말에 바닷가에 갔었는데 비도 오고 추웠다.

어휘가 쑥쑥
wet climate 습한 기후
wet season 우기
wet day 비가 오는 날

You're all *wet*.

whale /weɪl/ 명사 (복 whales) 고래 (☞ sea)

Whales look like fish, but they are mammals.
고래는 어류처럼 보이지만 포유류이다.

I've never seen a live **whale**.
나는 살아 있는 고래를 본 적이 없다.

어휘가 쑥쑥
a school[pod] of whales 고래 떼

what /wʌt/ 대명사 ① 무엇 ② ~하는 것 형용사 ① 무슨 ② 정말로

대 **1** [의문대명사] **무엇, 어떤 것**

What's your name? 이름이 무엇입니까?
What are you doing now? 지금 뭐 하고 있어?
What do you want for dinner? 저녁으로 무엇을 먹고 싶어요?
What does your mother do? 어머니는 무슨 일을 하세요?
What's the matter with you? / **What**'s wrong with you?
무슨 문제가 있나요?
I don't know **what** to do first. 무엇을 먼저 해야 할지 모르겠어요.
Ali Baba didn't know **what** the thieves were planning.
알리바바는 도둑들이 무엇을 계획하고 있는지 몰랐다.
Everyone wanted to know **what** happened to the actress.
모두들 그 여배우에게 무슨 일이 일어났는지 알고 싶어 했다.
A: **What** do you do (for a living)? 직업이 뭔가요?
B: I'm a doctor. 저는 의사입니다.

2 [관계대명사] ~하는 것
This is **what** I want. 이것이 내가 원하는 것이다.
I made a list of **what** I should buy at the market.
나는 시장에서 사야 할 것들의 목록을 만들었다.

형 1 [의문형용사] 무슨, 어떤
What time is it now? 지금 몇 시예요?
What day is it today? 오늘이 무슨 요일이죠?
What color do you like best? 어떤 색깔을 가장 좋아하세요?
What kind of sports do you like?
어떤 종류의 스포츠를 좋아하세요?

2 [감탄문에 써서] 정말로, 참으로
Wow! **What** a pretty doll it is! 우와! 인형이 정말 예쁘네요!
A: I heard Molly had a car accident on the way home yesterday. 어제 몰리가 집에 가는 길에 교통사고를 당했대요.
B: **What** a pity! 저런, 어떡해요! (정말 안됐네요!)

숙어 **What about** ~? ~(하는 게) 어때요? (= How about ~?)
A: Let's take a break for a while! 잠깐 쉬었다 하죠!
B: O.K! *What about* (having) some coffee and donuts?
좋아요! 커피랑 도넛 (먹는 게) 어때요?

What do you think about[of] ~? ~에 대해 어떻게 생각하세요?
A: *What do you think about[of]* that new restaurant?
새로 생긴 그 식당에 대해 어떻게 생각하세요?
B: The food is delicious, but the service is not good.
음식은 맛있지만 서비스는 별로예요.

What for? 무엇 때문에요?, 왜요? (= why?)

실력이 쑥쑥

• What is he? 사람의 직업이나 직위를 묻는 표현으로, 사람의 이름을 물을 때는 Who is he?를 쓴다.
• What? '뭐라고요?' 혹은 '뭐라고 했어요?'의 의미로, 상대방의 말을 못 들었거나 이해가 안 될 때 쓴다.
• Guess what? 놀랍거나 기분 좋은 소식을 전할 때 '무슨 일이 있게요?', '있잖아요!' 혹은 '맞혀 봐!'라는 의미로 쓴다.
• So what? '그래서 뭐 (어떻다는 것이냐)?'의 뜻으로, 어떤 것을 신경 쓰지 않음을 나타낸다.
A: You failed the test again. (너 시험에 또 떨어졌구나.)
B: *So what*? (그래서 뭐?)

실력이 쑥쑥

상대방에게 **What** ~?이라고 묻는 것은 너무 직접적인 느낌을 줄 수 있으므로, 다른 표현으로 바꿔 쓰는 것이 좋다.
What's your phone number?
→ May I have your phone number? (전화번호가 어떻게 되세요?)
What is your weight?
→ How much do you weigh? (몸무게가 얼마나 나갑니까?)

A: Please show me your ID card, first.
먼저 신분증 좀 보여 주시죠.
B: *What for*? 무엇 때문에요? (왜요?)

whatever /wətˈevər/ | **대명사** ① 무엇이든 ② ~이든지

1 무엇이든

My teacher answers **whatever** I ask him.
우리 선생님은 내가 질문하는 것은 무엇이든 다 대답해 주신다.

Tell me **whatever** you want. 원하는 것은 뭐든지 말씀해 보세요.

A: Would you like coffee or tea?
커피 마실래요, 아니면 차 마실래요?
B: **Whatever**! 무엇이든 다 좋아요!

2 ~이든지, ~한다고 해도 (= no matter what)

Whatever you do, I will love you forever.
당신이 무엇을 하든지 저는 영원히 당신을 사랑할 거예요.

Whatever may happen, I'm always on your side.
무슨 일이 일어나도 저는 항상 당신 편이에요.

어휘가 쑥쑥

or whatever (else) 혹은 그 비슷한 무엇이든 (여러 가지를 열거한 뒤에)

Whatever next? 도대체 다음에는 또 뭐야? (놀랍거나 어이없음을 나타냄)

*wheat /wiːt/ | **명사** 밀

I usually have milk and whole **wheat** bread for breakfast.
나는 보통 아침으로 우유와 통밀빵을 먹는다.

*wheel /wiːl/ | **명사** (복) wheels ① 바퀴 ② 핸들

1 바퀴

Shoes with **wheels** are very popular among children these days.
바퀴 달린 신발이 요즘 아이들 사이에서 매우 인기가 많다.

2 [the wheel로 쓰여] (자동차의) 핸들

Let me take the **wheel**. 내가 운전할게.

실력이 쑥쑥

자동차의 운전대는 handle 이라고 하지 않고, (steering) wheel이라고 한다. handle 은 문 등의 손잡이를 뜻한다.

when /wen/ | **부사** ① 언제 ② ~하는 (때) **접속사** ~할 때, ~하면

부 1 [의문부사] 언제

When is your birthday? 네 생일이 언제니?
When will my car be ready? 제 차는 언제 (수리가) 다 될까요?
I'd like to know **when** the first train leaves.
첫 열차가 언제 출발하는지 알고 싶은데요.

어휘가 쑥쑥

Since when? (도대체) 언제부터?

Say when. 그만 받고 싶으면 말해. (마실 것을 따라 주거나 음식을 덜어 줄 때)

We haven't decided **when** to start the work.
우리는 그 일을 언제 시작할지 결정하지 못했다.

2 [관계부사] ~하는 (때), 그때에
I'll never forget the day **when** I met my favorite actor.
나는 내가 가장 좋아하는 배우를 만났던 날을 절대 잊지 못할 것이다.
I'll return from a trip on Tuesday, **when** we can talk about the problem.
저는 화요일에 여행에서 돌아올 예정인데, 그때 그 문제에 대해 얘기합시다.

접 [시간] ~할 때, ~하면
When I got home, my mom was cooking dinner in the kitchen. 내가 집에 도착했을 때, 엄마는 부엌에서 저녁을 만들고 계셨다.
When he arrives, we will leave for the airport.
그가 도착하면 우리는 공항으로 출발할 것이다.

[속담] **When** in Rome, do as the Romans do.
로마에 가면 로마법을 따라라.

> (실력이 쑥쑥)
> 의문부사 when은 시간을 물을 때 쓰며 '언제'로 해석된다. '몇 시'라는 의미일 때는 what time으로 바꿔 쓸 수 있다.
> *When* does your class begin? (수업은 언제[몇 시에] 시작하니?)
> (= *What time* does your class begin?)

whenever /wen'evər/ | 접속사 ① ~할 때마다 ② 언제 ~이든지

1 ~할 때마다, ~할 때는 언제나
Whenever I have problems, I seek some advice from my parents. 나는 문제가 생길 때마다 부모님께 조언을 구한다.
Come over to my house **whenever** you are free.
시간 있을 때 언제든지 저희 집에 놀러 오세요.

2 언제 ~이든지, 언제 ~하더라도 (= no matter when)
Whenever you call me, I can answer the phone.
저에게 언제 전화를 하셔도 저는 전화를 받을 수 있습니다.

> (실력이 쑥쑥)
> 의문사 when의 강조형으로서 '도대체 언제'라는 뜻으로도 쓰인다.
> *Whenever* did Jim say that? (도대체 언제 짐이 그것을 말했니?)

** where /wer/ | 부사 ① 어디에 ② ~하는 (장소) 접속사 ~하는 곳에

부 1 [의문부사] 어디에, 어디로, 어디에서
Where do you live? 어디 사세요?
Where are you going? 어디 가는 길이니?
Do you know **where** Justin is? 저스틴이 어디 있는지 아세요?
We haven't yet decided **where** to go for our vacation.
우리는 아직 휴가를 어디로 갈지 결정하지 못했다.

2 [관계부사] ~하는 (장소), 거기에서
The city **where** he lives is very beautiful.
그가 사는 도시는 매우 아름답다.
She went to the bookstore, **where** she ran into her math teacher. 그녀는 서점에 갔는데 거기서 우연히 수학 선생님을 만났다.

> (실력이 쑥쑥)
> '여기가 어디예요?'라고 현재 있는 곳의 위치를 물을 때는 Where am I? 또는 Where are we?라고 한다.
> I'm lost. *Where am I*? (길을 잃었어요. 여기가 어디인가요?)

> (문법이 쑥쑥)
> 관계부사 where는 「전치사+관계대명사 which」로 바꿔 쓸 수 있다.

웹 [장소] ~하는 곳에[으로]
Stay **where** you are. 지금 있는 곳에 있어라.(움직이지 마라.)
Sit **where** I can see you. 내가 널 볼 수 있는 곳에 앉아라.
I know **where** Tom lives. 나는 톰이 사는 곳을 안다.

숙어 **Where are you from? / Where do you come from?**
어디 출신인가요?, 어디에서 왔나요?
A: *Where are you from*? 어디 출신이세요?
B: I'm from Canada. 저는 캐나다에서 왔어요.

This is the house *where* I was born.
(이곳이 내가 태어난 집이다.)
= This is the house *in which* I was born.

wherever /werˈevər/ | 접속사 ① ~하는 곳은 어디라도 ② 어디에 있든지

1 ~하는 곳은 어디라도
A: Are the seats reserved? 좌석이 지정되어 있는 건가요?
B: No, You can sit **wherever** you want.
아니요, 원하는 곳 어디에든 앉으셔도 됩니다.

2 어디에 있든지, 어디로 ~한다고 해도 (= no matter where)
I'll always think of you **wherever** you are.
당신이 어디에 있든지 저는 항상 당신을 생각할 거예요.

실력이 쑥쑥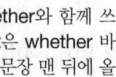
의문사 where의 강조형으로서 '도대체 어디에[어디로]'라는 뜻으로도 쓰인다.
Wherever did you find that?
(넌 도대체 어디서 그것을 찾았니?)

* whether /ˈweðər/ | 접속사 ① ~인지 아닌지 ② ~이든지 아니든지

1 ~인지 아닌지 (= if)
I don't know **whether**[if] I can make it to your party tomorrow.
내일 네 파티에 갈 수 있을지 없을지 잘 모르겠어.

I'm not sure **whether**[if] the tomato is a fruit or a vegetable.
토마토가 과일인지 채소인지 확실히 모르겠어요.

Whether she succeeds or not depends on her efforts.
그녀가 성공할지 못할지는 그녀의 노력에 달려 있다.

2 ~이든지 아니든지 (간에)
Whether it rains tomorrow or not, we'll have a barbecue party in the park.
내일 비가 오든 안 오든 간에, 우리는 공원에서 바비큐 파티를 할 것이다.

문법이 쑥쑥
접속사 whether와 함께 쓰이는 or not은 whether 바로 뒤, 또는 문장 맨 뒤에 올 수 있고 생략도 가능하다.
I'd like to know *whether* (*or not*) he'll come to the party.
(나는 그가 파티에 올지 안 올지 알고 싶다.)
= I'd like to know *whether* he'll come to the party (*or not*).

* which /wɪtʃ/ | 대명사 ① 어떤 것 ② ~하는 (것) 형용사 어떤

대 1 [의문대명사] **어떤 것, 어떤 사람**
Here are two umbrellas. **Which** is yours, the red one or the blue one?
여기 우산이 두 개 있는데 빨간 것과 파란 것 중에 어떤 게 네 거니?

문법이 쑥쑥
관계대명사 which는 선행사가 사물이나 동물인 경우에 쓴다.

Which is taller, you or your brother?
너랑 네 남동생 중에 누가 더 키가 크니?
I don't know **which** is Ted's bag.
어떤 것이 테드의 가방인지 모르겠어요.

2 [관계대명사] **~하는 (것), 그런데 그것은**
The movie **which** I saw last night was a little disappointing.
어젯밤에 내가 본 영화는 조금 실망스러웠다.
The market to **which** I went yesterday was very crowded.
내가 어제 갔던 시장은 매우 붐볐다.
My mother baked me some cookies, **which** were very delicious. 엄마가 나에게 쿠키를 구워 주셨는데, 그것은 매우 맛있었다.

형 [의문형용사] **어떤**
Which boy is Tom? 어떤 아이가 톰이에요?
A: **Which** pen is yours, the black one or the blue one?
검은 것과 파란 것 중에 어떤 펜이 네 거니?
B: The black one is mine. 검은 것이 제 거예요.

This is the bus *which* goes to the park. (이것은 공원으로 가는 버스이다.)
Look at that dog *which* is dancing. (춤을 추고 있는 저 개를 봐.)

실력이 쑥쑥
which 둘 또는 많지 않은 것 중에서 어느 것을 원하는지 묻는 경우에 쓴다.
Which color do you prefer, white or black?
(흰색과 검정색 중 어떤 색을 더 좋아하세요?)
what 정해진 것이 없는 상태에서 묻는 경우에 쓴다.
What color do you like?
(어떤 색을 좋아하세요?)

whichever /wɪtʃevər/ | 대명사 ① 어떤 것이든 ② 어떤 것을 ~한다고 해도

1 어떤 것이든
Choose **whichever** you want! Let me buy it for you.
원하는 것은 어떤 것이든 고르세요. 제가 사 드릴게요.

2 어떤 것을 ~한다고 해도 (= no matter which)
Whichever I buy for my father, he really likes it.
저희 아버지는 제가 어떤 것을 사 드려도 정말 마음에 들어 하십니다.

*while /waɪl/ | 접속사 ① ~하는 동안에 ② ~인 반면에

1 [시간] **~하는 동안에**
While my mom was cooking dinner, I set the table.
엄마가 저녁을 만드시는 동안 나는 식탁을 차렸다.
I broke my arm **while** skiing. 나는 스키를 타다가 팔이 부러졌다.
Please take messages **while** I'm away.
제가 없는 동안 메시지 좀 받아 주세요.
[속담] Strike **while** the iron is hot.
쇠가 달았을 때 두드려라. (쇠뿔도 단김에 빼라.)

While my mom was cooking dinner, I set the table.

2 [양보] **~인 반면에, ~이지만**
While Katie passed the exam, Alex failed it.
케이티는 시험에 합격한 반면에 알렉스는 떨어졌다.

Some people like coffee, **while** others like tea.
어떤 사람들은 커피를 좋아하지만 다른 사람들은 홍차를 좋아한다.

숙어 **after a while** 잠시 후에
I'm on another line. I'll call you *after a while*.
제가 지금 다른 분과 통화 중이거든요. 잠시 후에 전화 드릴게요.

for a while 잠깐 동안
Would you watch my bag *for a while*?
잠깐만 제 가방 좀 봐 주실래요?

in a while 금방
A : When are you coming back? 언제 돌아오실 건가요?
B : I'll be back *in a while*. 금방 올 거예요.

> 실력이 쑥쑥
> while 다음의 주어가 주절의 주어와 같을 때에는 while 다음의 「주어+be동사」는 생략할 수 있다.
> *While* (she was) in France, she studied painting. (프랑스에 있을 때 그녀는 그림을 공부했다.)

whisker /wɪskər/ | 명사 (복) whiskers ① 수염 ② (얼굴의) 수염

1 (쥐·고양이 등의) 수염
My kitten's **whiskers** are very short.
우리 집 새끼 고양이의 수염은 아주 짧다.

2 [복수형으로] (남자 얼굴의) 수염, 구레나룻
My grandfather's **whiskers** turned gray.
할아버지의 수염이 희끗희끗하게 변했다.

whisper /wɪspər/ | 동사 (3단현) whispers (과거·과분) whispered (현분) whispering) 속삭이다 명사 (복) whispers) 속삭임

동 속삭이다, 귓속말을 하다, 작은 소리로 말하다
He **whispered** to me in a sweet voice, "I love you."
그는 나에게 달콤한 목소리로 "사랑해."라고 속삭였다.

Ali Baba put up his hands and **whispered**, "Open Sesame!"
알리바바는 손을 위로 들고 "열려라 참깨!"라고 작은 소리로 말했다.

명 속삭임, 귓속말
Don't talk in a **whisper** and just tell me!
귓속말하지 말고 그냥 나한테 말해 줘!

whistle /wɪsl/ | 동사 (3단현) whistles (과거·과분) whistled (현분) whistling) 휘파람을 불다 명사 (복) whistles) 휘파람

동 휘파람을 불다, 휘파람 소리가 나다, 호루라기를 불다
My father often **whistles** a song.
우리 아빠는 종종 휘파람으로 노래를 부르신다.

> 실력이 쑥쑥
> whistle에서 t는 발음하지 않는 것에 주의한다.

명 휘파람, 휘파람 소리, 호루라기

The police officer blew a **whistle**, seeing a person jaywalking.
경찰관은 어떤 사람이 무단 횡단을 하는 것을 보고 호루라기를 불었다.

✻ **white** /waɪt/ | 형용사 (비교) whiter (최상) whitest ① 흰색의 ② 창백한 명사 흰색

형 1 하얀, 흰색의 (↔ black 검정색의) (☞ color)
I like to wear **white** T-shirts and jeans.
나는 흰색 티셔츠와 청바지를 입는 것을 좋아한다.
The snow has turned the earth **white**.
눈이 와서 땅이 하얗게 되었다.

2 (안색이) 창백한
Emma's face went **white** with fear.
공포로 엠마의 얼굴이 창백해졌다.

명 흰색, 하얀색
The performers were all dressed in **white**.
연주자들은 모두 흰색 옷차림을 하고 있었다.

> 어휘가 쑥쑥
> **snow-white** 새하얀
> **white flag** (항복을 뜻하는) 백기
> **white lie** 선의의 거짓말
> **white Christmas** 눈 내린 성탄절
>
> 실력이 쑥쑥
> **white** 공포 따위로 얼굴에 핏기가 없는 것
> **pale** 얼굴빛이 좋지 않은 것

White House /waɪt haʊs/ | 명사 [the와 함께 쓰여] 백악관, 화이트 하우스

The **White House** is located in Washington, D.C.
백악관은 워싱턴 D.C.에 위치해 있다.

✻ **who** /huː/ | 대명사 ① 누구 ② 누구를 ③ ~한 (사람)

1 [의문대명사] 누구, 누가
A: **Who** is that boy? 저 남자아이는 누구니?
B: I don't know **who** he is. Maybe a new student.
누군지 잘 모르겠는데. 아마 새로 온 학생일 거야.

A: I heard you passed the exam.
너 시험에 합격했다며?
B: **Who** told you that? 누가 너한테 얘기해 줬니? (누가 그래?)

2 [whom을 대신하여] 누구를, 누구에게
Who did you meet yesterday? 어제 누구 만났어요?
Who are you traveling with? (= With whom are you traveling?)
누구와 함께 여행 가세요?

3 [관계대명사] ~한 (사람), 그 사람은
The boy **who** is wearing the blue hat is my brother.
파란 모자를 쓴 아이가 제 남동생이에요.

The teacher, **who** teaches math, is very strict.
그 선생님은 수학을 가르치시는데, 매우 엄하시다.

> 문법이 쑥쑥
> 대명사 who는 사람에 대해 쓰는 것으로 '누구'라는 뜻이다. 관계대명사 who는 선행사가 사람인 경우에 쓴다.
> The girl is playing the piano.
> + She is my sister.
> → The girl *who* is playing the piano is my sister.
> (피아노를 치고 있는 소녀는 내 여동생이다.)

whoever /huːˈevər/ [대명사] ① ~하는 사람은 누구나 ② 누가 ~하더라도

1 ~하는 사람은 누구나
Whoever comes to the party has to bring drinks or snacks.
파티에 오는 사람은 누구나 음료나 간단한 음식을 가져오셔야 해요.

2 누가 ~하더라도 (= no matter who)
Whoever visits her, she always welcomes them with a smile.
누가 그녀를 찾아오든지 그녀는 항상 웃으면서 맞이한다.

> **실력이 쑥쑥**
> 의문사 who의 강조형으로서 '도대체 누가[누구]'라는 뜻으로도 쓰인다.
> *Whoever* said so? (도대체 누가 그런 말을 했니?)

---

*whole /hoʊl/ [형용사] 전체의 [명사] (복) wholes) 전체

[형] 전체의, 전부의
It took a **whole** day to finish my homework.
숙제를 끝내는 데 꼬박 하루가 걸렸다.

Alex was so hungry that he ate the **whole** cake by himself.
알렉스는 너무 배가 고파서 혼자서 케이크를 전부 다 먹었다.

[명] 전체, 전부
The **whole** of my money is in the bank.
내 돈은 전부 은행에 예치해 두었다.

[숙어] as a whole 전체적으로
The political scandal affected the nation *as a whole*.
그 정치 스캔들은 국가 전체에 영향을 미쳤다.

on the whole 대체적으로, 전반적으로
On the whole, I agree with Henry's opinion.
대체로 저는 헨리의 의견에 동의합니다.

> **어휘가 쑥쑥**
> **wholly** [부] 완전히, 전적으로
> **wholeness** [명] 전체, 완전
> - - - - - - - - - - - - - - - -
> **whole world** 전 세계, 온 세상
> **whole life** 일생, 평생
> **whole family** 온 가족
> **whole year** 꼬박 일 년
>
> **실력이 쑥쑥**
> hole(구멍)과 발음이 같으므로 주의한다.

---

whom /huːm/ [대명사] ① 누구를 ② ~한 (사람)

1 [의문대명사] 누구를, 누구에게 《whom 대신에 who를 쓰기도 한다.》
A: **Whom** did you see yesterday? 어제 누구를 만났어요?
B: I saw Katie. 케이티를 만났어요.

A: I heard you won a scholarship. 너 장학금 받았다며?
B: From **whom** did you hear it? 그 얘기 누구한테 들었니?

A: I went to *Jeju* Island during the vacation.
나 휴가 동안에 제주도에 갔었어.
B: With **whom**? 누구랑 같이 갔었니?

2 [관계대명사] ~한 (사람)
The man **whom** I met at the meeting was very kind.
내가 회의에서 만난 그 사람은 매우 친절했다.

> **문법이 쑥쑥**
> 일상 대화에서는 who를 더 자주 사용하지만, 격식을 갖춘 말이나 글에서는 who 대신 whom을 사용한다.
> whom은 one of whom, none of whom, some of whom과 같은 표현으로 많이 사용한다.

whose /huːz/ | **대명사** ① 누구의 ② (그 사람[물건]의) ···가 ~한

1 [의문대명사 who, which의 소유격] **누구의, 누구의 것**
I don't know **whose** dictionary this is.
이것이 누구 사전인지 모르겠어요.
A: **Whose** notebook is this? 이것은 누구의 공책인가요?
B: It's Katie's. 케이티 거예요.

2 [관계대명사] **(그 사람[물건]의) ···가 ~한**
The people **whose** house I visited yesterday were nice.
내가 어제 방문한 집의 사람들은 친절했다.
He lives in the house **whose** roof is red.
그는 지붕이 빨간 집에 산다.

> **문법이 쑥쑥**
> 관계대명사 whose가 수식하는 명사(선행사)는 사람뿐만 아니라 사물이나 동물도 될 수 있다.
> This is an animal *whose* fur changes color.
> (이것은 털의 색깔이 바뀌는 동물이다.)

*why /waɪ/ | **부사** ① 왜 ② ~한 (이유)

1 [의문부사] **왜, 어째서**
I don't know **why** my sister is angry.
나는 내 동생이 왜 화가 나 있는지 모르겠다.
A: **Why** are you so late? 왜 그렇게 늦은 거니?
B: Sorry! I got caught in traffic.
미안해! 차가 많이 막혀서 꼼짝할 수 없었어.

A: **Why** didn't you come to the meeting yesterday?
어제 왜 회의에 안 왔어?
B: I had a bad cold and stayed home all day.
감기에 심하게 걸려서 하루 종일 집에 있었어.

2 [관계부사] **~한 (이유)**
She didn't tell me (the reason) **why** she was crying.
그녀는 울고 있는 이유를 나에게 말해 주지 않았다.

숙어 **Why not?** ① 왜 안 되죠? ② 물론 되죠. (= Of course)
A: I can't go to the movie tomorrow.
나 내일 영화 보러 못 가.
B: *Why not*? 왜 못 가는데?

A: Can I stop by this afternoon?
오늘 오후에 잠깐 들러도 될까요?
B: *Why not*? 왜 안 되겠어요? (물론 되죠.)

Why don't you[we] ~? **~하는 게 어때요?**
A: I have a sore throat. 목이 아파.
B: *Why don't you* see a doctor?
의사의 진찰을 받아 보는 게 어때?

> **문법이 쑥쑥**
> 관계부사 why 앞의 선행사 the reason은 보통 생략한다. 또는 why를 생략하여 She didn't tell me the reason (why) she was crying.으로 쓰기도 한다.

*wide /waɪd/ | 형용사 (비교) wider (최상) widest) 폭이 넓은 부사 넓게

형 폭이 넓은 (= broad) (↔ narrow 폭이 좁은)
Our school playground is **wide** enough to play soccer.
우리 학교 운동장은 축구를 할 수 있을 정도로 충분히 넓다.

부 넓게, 크게
Open your mouth **wide** and say "Aah!"
입을 크게 벌리고 '아' 해 보세요!

A: I think I've got something in my eyes.
눈에 뭐가 들어간 것 같아요.
B: Open your eyes **wide**! Let me blow on them.
눈을 크게 떠 보세요! 제가 불어 드릴게요.

어휘가 쑥쑥
width 명 폭, 너비
widen 동 넓히다
widely 부 널리, 광범위하게

*wife /waɪf/ | 명사 (복) wives) 부인, 아내 (↔ husband 남편)

This is my **wife**, Susan. 이쪽은 제 아내 수전이에요.
His **wife** is a very positive person.
그의 아내는 매우 긍정적인 사람이다.

어휘가 쑥쑥
ex-wife, former wife
전 부인

wig /wɪg/ | 명사 (복) wigs) 가발

My grandfather bought a new **wig**.
할아버지께서 새 가발을 사셨어요.

어휘가 쑥쑥
wear a wig 가발을 쓰다

*wild /waɪld/ | 형용사 (비교) wilder (최상) wildest) ① 야생의 ② 황량한

1 야생의
I saw many kinds of **wild** animals at the zoo.
나는 동물원에서 많은 종류의 야생 동물들을 보았다.
The path is covered with **wild** flowers.
그 오솔길은 야생화로 덮여 있다.

2 황량한, 개척되지 않은
They traveled through the **wild** desert.
그들은 황량한 사막을 여행했다.

재미가 쑥쑥
wild card(와일드카드)
스포츠 경기에서 정해진 선수 외에 출전 자격이 없는 선수나 팀이 참가할 수 있도록 허용하는 것을 wild card 라고 한다.

**will /wɪl/ | 조동사 (과거) would) ① ~일[할] 것이다 ② ~하실래요?

1 ~일[할] 것이다, ~하려고 하다
According to the weather forecast, it **will** rain tomorrow.
일기 예보에 따르면, 내일은 비가 올 것이다.
I **will** enter the speech contest next time.

문법이 쑥쑥
• will은 앞으로 일어날 일이나 말하는 사람의 의지를 나타내고자 할 때 「주어+

다음번에는 웅변대회에 나갈 것이다.
A: **When are you coming back?** 언제 돌아오실 거예요?
B: **I'll be back by 5.** 5시까지는 돌아올게요.

A: **What is your New Year's resolution?** 새해 결심이 뭐예요?
B: **I will read many books.** 책을 많이 읽으려고 해요.

2 [의문문에 써서] ~하실래요?
A: **Will you go shopping at the department store tomorrow?**
내일 백화점에 쇼핑하러 갈래요?
B: **Yes, I will. I have something to buy.**
네, 그러죠. 저도 살 게 있거든요.

A: **Please help me with my homework, will you?**
숙제 좀 도와주세요, 네?
B: **Sure, I will.** 그래, 도와줄게.

「will+동사원형」의 형태로 쓴다. will의 부정형은 will not이고 줄여서 won't로 쓴다. will의 축약형은 'll이다.
• '~하는 법이다', '~하기 마련이다'의 뜻으로, 불가피하거나 필연적으로 일어나는 일을 나타내기도 한다.
Accidents *will* happen. (사고는 일어나기 마련이다.)

★win /wɪn/ | **동사** (3단현) win**s** (과거·과분) won (현분) win**ning**) ① 이기다 ② (상을) 타다

1 이기다, 승리하다 (↔ lose 지다)
I hope our team wins the game.
우리 팀이 경기에서 이겼으면 좋겠다.

[속담] **Slow and steady wins the race.**
천천히 그리고 꾸준히 하면 결국 경주에서 이긴다.

2 (상을) 타다, 얻다, 획득하다
She won a gold medal in figure skating at the Winter Olympics. 그녀는 동계 올림픽 피겨 스케이팅 부문에서 금메달을 땄다.
My dream is to win the Nobel Prize in medicine.
제 꿈은 노벨 의학상을 받는 것입니다.
If I won the lottery, I would buy a wonderful car.
내가 만일 복권에 당첨된다면 멋진 차를 살 것이다.

어휘가 쑥쑥
winner 명 우승자, 승자
winning 형 이긴, 우승한

실력이 쑥쑥
win 시합에서 이기다
We *won* the baseball game.
(우리는 야구 시합에서 이겼다.)
defeat 상대를 이기다
We *defeated* the team in baseball. (우리는 야구에서 그 팀을 이겼다.)

★wind /wɪnd/ | **명사** (복) wind**s**) 바람

It rained heavily and the wind was really strong.
비가 억수같이 내렸고 바람이 아주 강했다.
The wind blew his hat off, so he chased it.
바람이 불어 모자가 날아가자 그는 그것을 쫓아 달려갔다.

★window /ˈwɪndoʊ/ | **명사** (복) window**s**) 창, 창문

Please close the window. 창문을 닫아 주세요.

It's so hot in here. Would you mind opening the **window**?
여기는 너무 덥네요. 창문 좀 열어 주시겠어요?
Who broke the **window**? 누가 창문을 깨뜨렸니?

windy /wíndi/ 형용사 (비교) windier (최상) windiest) 바람이 부는, 바람이 센

A: How's the weather outside? 바깥 날씨는 어때?
B: It's cold and **windy**. 춥고 바람이 많이 불어.

wine /waɪn/ 명사 (복) wines) 포도주, 와인

Wine is made from grapes. 와인은 포도로 만들어진다.
A: What would you like for drinks? 음료로 무엇을 드시겠어요?
B: A glass of **wine**, please. 포도주 한 잔 주세요.

어휘가 쑥쑥
red wine 적포도주
white wine 백포도주

*wing /wɪŋ/ 명사 (복) wings) 날개

Butterflies have beautiful **wings**.
나비는 아름다운 날개를 가지고 있다.
The model plane crashed and its **wings** got broken.
모형 비행기가 추락해서 날개가 부서졌다.

winter /wíntər/ 명사 겨울 (☞ season)

Some birds fly south in **winter**.
어떤 새들은 겨울에 남쪽으로 날아간다.
Bears sleep during the **winter**. 곰은 겨울 동안 잠을 잔다.

어휘가 쑥쑥
winter sports 동계 스포츠
winter sleep 겨울잠

wipe /waɪp/ 동사 (3단현) wipes (과거·과분) wiped (현분) wiping) 닦다

I **wiped** my face with a handkerchief.
나는 손수건으로 얼굴을 닦았다.
We **wiped** the dirt from windows with a sponge.
우리는 스펀지로 창문의 먼지를 닦았다.

어휘가 쑥쑥
wiper 명 닦는 것, (자동차의) 와이퍼

*wire /waɪər/ 명사 (복) wires) 전선, 철사

You should not fly a kite near electric **wires** or poles.
전선이나 전신주 근처에서 연을 날려서는 안 된다.
The rich man had a high **wire** fence around his house.
그 부자는 집 둘레에 높은 철조망을 쳤다.

어휘가 쑥쑥
wireless 형 무선의
wired 형 유선의

wise /waɪz/
형용사 (비교) wiser (최상) wisest) 현명한, 지혜로운, 영리한
(↔ foolish, stupid 어리석은)

It is not easy to make a **wise** choice.
현명한 선택을 하는 것은 쉽지 않다.

It was **wise** of you to do that.
네가 그렇게 행동한 것은 지혜로웠다.

A monkey is a **wise** animal. 원숭이는 영리한 동물이다.

> **어휘가 쑥쑥**
> wisdom 명 지혜
> wisely 부 현명하게

wish /wɪʃ/
동사 (3단현) wishes (과거·과분) wished (현분) wishing) ① 바라다 ② ~하면 좋을 텐데 **명사** (복) wishes) 소원

동 1 바라다, ~하고 싶다 (= want, desire)
He **wishes** to study abroad. 그는 유학을 가고 싶어 한다.
She **wishes** for her daughter to become a doctor.
그녀는 딸이 의사가 되기를 바란다.
I **wish** you a Merry Christmas[a happy New Year]!
즐거운 크리스마스[새해] 보내길!

2 [가정법] ~하면 좋을 텐데, ~했으면 좋았을걸
I **wish** I could play the guitar. 내가 기타를 칠 수 있으면 좋을 텐데.
I **wish** I were a millionaire! 내가 백만장자라면 좋을 텐데!
I **wish** you had come to the concert.
네가 그 연주회에 왔으면 좋았을 텐데.

명 소원, 소망, 안부
Nell's **wish** has come true. 넬의 소원은 이루어졌다.
Give my best **wishes** to your sisters. 언니들한테 안부 전해 줘.

> **어휘가 쑥쑥**
> wishful 형 간절히 바라는
> wish list 소원 목록
> make a wish 소원을 빌다
>
> **실력이 쑥쑥**
> **wish** 보통 실현 불가능한 소망을 표현할 때
> I *wish* for the stars.
> (나는 별이 갖고 싶어.)
> **hope** 실현 가능성이 있는 소망을 표현할 때
> I *hope* for good weather on Sunday. (일요일에 날씨가 좋았으면 좋겠다.)

witch /wɪtʃ/
명사 (복) witches) 마녀, 여자 마법사 (↔ wizard 남자 마법사)

A wicked **witch** turned the prince into a frog.
어느 나쁜 마녀가 왕자님을 개구리로 변하게 만들었습니다.

The **witch** was supposed to have magic power.
마녀는 마법을 갖고 있는 것으로 여겨졌다.

with /wɪð/
전치사 ① ~와 함께 ② ~로 ③ ~을 가지고 ④ ~ 때문에 ⑤ ~을 하면서

1 [동반] **~와 함께** (↔ without ~ 없이)
Benjamin went on a trip **with** his family.
벤자민은 가족과 함께 여행을 갔다.

She takes a walk **with** her dog every evening.
그녀는 저녁마다 개를 데리고 산책한다.

I talked **with** my roommate all night.
나는 밤새도록 룸메이트하고 이야기했다.

2 [도구·수단·재료] ~로, ~을 가지고

Fill out this form **with** a black pen.
검정색 펜으로 이 양식을 작성해 주세요.

Can I pay **with** a check? 수표로 계산해도 될까요?

I decorated the cake **with** strawberries.
나는 딸기로 케이크를 장식했다.

She takes a walk *with* her dog every evening.

3 [소유] ~을 가지고, ~을 가진

I don't have money **with** me now. 나는 지금 돈이 없다.

He always carries a camera **with** him.
그는 항상 카메라를 가지고 다닌다.

A: Who is the girl **with** blue eyes?
파란 눈을 가진 그 소녀는 누구니?

B: She is my cousin, Katie. 내 사촌 케이티야.

4 [원인] ~ 때문에, ~로 인하여

He has been in bed **with** a flu for a week.
그는 독감으로 일주일 동안 자리에 누워 있다.

Her face turned pale **with** fear. 공포로 그녀의 얼굴은 창백해졌다.

Don't speak *with* your mouth full.

5 [상태·상황] ~을 하면서, ~한 채로

Grandfather walked **with** a pipe in his mouth.
할아버지는 파이프 담배를 입에 물고 걸어가셨다.

Don't speak **with** your mouth full.
입안에 가득 음식을 넣은 채로 말하지 마라.

> 문법이 쑥쑥
>
> '상태나 상황'을 나타내는 with 다음의 명사(구)는 뒤에 이어지는 어구의 의미상 주어로 간주한다.
>
> with a pipe in his mouth (파이프 담배가 입안에 있는 채 → 파이프 담배를 입에 물고)

within /wɪðɪn/ 전치사 [시간·거리] ~ 이내에, ~의 범위 안에 (☞ in)

It's impossible to finish the work **within** three hours.
그 일을 세 시간 이내에 끝내는 것은 불가능하다.

The Vatican City is located **within** the city of Rome in Italy.
바티칸 시티는 이탈리아의 로마 안에 위치해 있다.

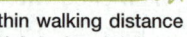
어휘가 쑥쑥

within walking distance 걸어갈 수 있는 거리에

without /wɪðaʊt/ 전치사 ~ 없이, ~하지 않고 (↔ with ~와 함께)

We cannot live **without** air. 우리는 공기 없이 살 수 없다.

He came into my room **without** knocking.
그는 노크를 하지 않고 내 방에 들어왔다.

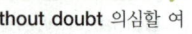
어휘가 쑥쑥

without doubt 의심할 여지없이

John went away **without** saying goodbye.
존은 작별 인사도 없이 가 버렸다.
I will finish this work **without** fail.
틀림없이(실패 없이) 이 일을 끝낼 것이다.
[속담] There is no smoke **without** fire.
불이 없으면 연기도 없다. (아니 땐 굴뚝에 연기 날까.)

without fear 안심하고
without help 도움을 받지 않고
without notice 예고 없이
without pay 무료로
without reason 까닭 없이
without stop 멈추지 않고

숙어 do[go] without ~ 없이 지내다
We cannot *do without* a car in this city.
이 도시에서는 자동차 없이 지낼 수 없다.

woke /woʊk/ | 동사 wake의 과거 (☞ wake)

woken /ˈwoʊkən/ | 동사 wake의 과거분사 (☞ wake)

wolf /wʊlf/ | 명사 (복) wolves) 늑대, 이리 (☞ animal)

The **wolf** ate all the sheep.
늑대가 양을 모두 잡아먹었습니다.
A **wolf** looks like a big dog.
늑대는 큰 개와 모습이 비슷하다.

✱woman /ˈwʊmən/ | 명사 (복) women) 여자, 여성, 부인 (↔ man 남자)

A man and a **woman** walked into a restaurant.
한 남자와 한 여자가 식당으로 걸어 들어갔다.
It is about the life of a **woman** writer.
그것은 한 여류 작가의 일생에 대한 이야기이다.

women /ˈwɪmɪn/ | 명사 woman의 복수 (☞ woman)

won¹ /wʌn/ | 명사 원 《한국의 화폐 단위. 기호는 ₩》

Lucas paid eight thousand **won** for lunch.
루카스는 점심 값으로 8,000원을 냈다.
Could you change a 1,000 **won** bill into ten 100 **won** coins?
1,000원짜리 지폐를 100원짜리 동전 10개로 바꿔 주시겠어요?

won² /wʌn/ | 동사 win의 과거·과거분사 (☞ win)

wonder /wʌndər/

동사 (3단현) wonders (과거·과분) wondered (현분) wondering)
궁금히 여기다 **명사** (복) wonders) 놀라운 것

동 궁금히 여기다, 알고 싶어 하다

I **wonder** how the Chinese people built the Great Wall.
나는 중국인들이 어떻게 만리장성을 세웠는지 궁금하다.

A: I'm **wondering** if you can help me.
혹시 저를 도와주실 수 있는지 알고 싶습니다. (저를 좀 도와주실래요?)
B: Sure. What is it? 물론이죠. 무슨 일이신데요?

명 놀라운 것, 경이, 불가사의

It is a **wonder** that they didn't die in the accident.
그들이 그 사고에서 죽지 않은 것은 놀라운 일이다.

It's no **wonder** that the hockey team won the gold medal.
그 하키 팀이 금메달을 딴 것은 놀라운 일이 아니다(당연하다).

The pyramids are one of the Seven **Wonders** of the Ancient World.
피라미드는 고대의 7대 불가사의 중 하나이다.

> **실력이 쑥쑥**
> It is no wonder that...문장에서 It is를 생략하여 No wonder the hockey team won the gold medal.이라고 할 수 있다. 이 경우 that은 생략한다.

wonderful /wʌndərfl/

형용사 (비교) more wonderful (최상) most wonderful)
놀라운, 훌륭한, 멋진, 굉장한 (= excellent)

We had a **wonderful** time in New York.
우리는 뉴욕에서 정말 멋진 시간을 보냈다.

Your new sports car looks **wonderful**.
네가 새로 산 스포츠카는 굉장히 멋져 보인다.

What a **wonderful** idea! 정말 훌륭한 생각이야!

Come out and see how **wonderful** the sunrise is!
나와서 해돋이가 얼마나 멋진지 보라니까!

> **어휘가 쑥쑥**
> wonderfully 🖎 훌륭하게
> wonderful surprise 신나고도 놀라운 일
> wonderful news 좋은 소식
> wonderful opportunity 절호의 기회

won't /woʊnt/

조동사 will not의 줄임말 (☞ will)

wood /wʊd/

명사 (복) woods) ① 나무 ② 숲

1 나무, 목재

This table is made of **wood**. 이 테이블은 나무로 만들어졌다.

He cuts **wood** for the fire every day.
그는 불을 피우기 위해 매일 장작을 팬다.

2 [복수형으로 써서] 숲 (= forest)

I walked down a path in the **woods**.
나는 숲에 있는 길을 따라 걸어 내려갔다.

> **어휘가 쑥쑥**
> wooden 🖎 나무의, 나무로 만든

> **실력이 쑥쑥**
> 보통 woods는 forest보다 작은 숲을 가리킨다.

* wool /wʊl/ | 명사 양모, 모직, 털실

Sheep give us warm **wool** and delicious meat.
양은 우리에게 따뜻한 양모와 맛있는 고기를 준다.
This coat is made of **wool**. 이 코트는 모직으로 만들어졌다.
I knitted gloves out of **wool**. 나는 털실로 장갑을 짰다.

> 어휘가 쑥쑥
> **woolen** 형 양털로 만든
> **ball of wool** (둥글게 말아 놓은) 털실 뭉치

** word /wɜːrd/ | 명사 (복) words) ① 단어 ② 말

1 단어, 낱말

Make sentences with the **words** below.
아래에 있는 단어들로 문장을 만드세요.
The Korean **word** "*sarang*" means "love" in English.
한국말인 '사랑'은 영어로 'love'를 의미한다.

2 말, 간단한 대화

Kind **words** make people happy.
친절한 말은 사람들을 행복하게 한다.
Laura was embarrassed and couldn't say a **word**.
로라는 당황해서 아무 말도 할 수 없었다.

숙어 **in a word** 한마디로 말하면
In a word, he is a fool. 한마디로 말하면 그는 바보이다.

in other words 바꾸어 말하면, 다시 말하면
We can see a movie and have dinner in malls. *In other words*, we can do anything there.
우리는 쇼핑몰에서 영화도 보고 저녁도 먹을 수 있다. 다시 말해, 거기서 뭐든지 할 수 있다.

> 어휘가 쑥쑥
> **wordless** 형 말이 없는
> **wordy** 형 장황한
> **wording** 명 표현, 단어 선택

Make sentences with the *words*.

wore /wɔːr/ | 동사 wear의 과거 (☞ wear)

** work /wɜːrk/ | 동사 (3단현) works (과거·과분) worked (현분) working) ① 일하다 ② 작동하다 ③ 작용하다 명사 (복) works) ① 일 ② 작품

동 **1 일하다, 작업하다, 공부하다**

My father **works** at a bank.
우리 아버지는 은행에서 근무하신다.
Evan **works** for the Hilton Hotel. 에반은 힐튼 호텔에서 일한다.
The writer is **working** on her new novel.
그 작가는 새 소설을 쓰고 있다.
Billy **worked** hard to get a good score on the exam.
빌리는 시험에서 좋은 점수를 얻으려고 열심히 공부했다.

> 어휘가 쑥쑥
> **worker** 명 일꾼, 일하는 사람
> **working** 형 일을 하고 있는, 작동하는
> **workaholic** 일중독자, 일벌레
> **full[part]-time work** 전일제[시간제] 근무
> **volunteer work** 자원봉사

2 (기계 등이) 작동하다, (계획이) 잘 되어 가다

My computer doesn't **work**. 내 컴퓨터는 작동이 안 된다.

I've run this program, but it doesn't **work** well.
이 프로그램을 실행시켰지만 잘 작동되지 않는다.

The plan **worked** pretty well. 그 계획은 매우 성공적이었다.

3 작용하다, 효과가 있다

This medicine **works** on me. 이 약은 나한테 효과가 있다.

This activity **works** out for children.
이 활동은 아이들에게 효과가 있다.

명 1 〈불〉 일, 직장, 공부

I go to **work** by bus. 나는 버스를 타고 출근한다.

Fiona finished the **work** in a short time.
피오나는 짧은 시간에 그 일을 끝냈다.

She studies English after **work** every day.
그녀는 매일 퇴근 후에 영어를 공부한다.

His hard **work** brought good results.
그는 열심히 일해서 좋은 결과를 얻었다.

2 작품

I have the complete **works** of Shakespeare.
나는 셰익스피어 전집을 가지고 있다.

The Native American way of life is shown in their art **work**.
아메리카 원주민들의 생활 방식은 그들의 미술 작품에 잘 나타나 있다.

〈숙어〉 **at work** 일을 하는, 작동하는

Mother always tells me to do my best *at work*.
어머니는 나에게 일을 할 때는 최선을 다하라고 항상 말씀하신다.

work out ① 운동하다 (= exercise) ② (계획을) 세우다

I *work out* with my roommate every day.
나는 매일 룸메이트와 함께 운동한다.

First, *work out* a schedule. 우선 일정표를 짜 보세요.

school work 학업
relief work 구호 활동
out of work 실직 상태인
homework 숙제, 과제
paperwork 서류 작업
work of art 미술품
work of literature 문학 작품

My computer doesn't *work*.

〈실력이 쑥쑥〉

work 노력해서 하는 육체적·정신적인 일을 뜻하는 가장 일반적인 말
labor 힘들고 고된 일로 주로 육체적인 노동

---

*world /wɜːrld/ 〈명사〉 세계, 세상, 지구

I have a map of the **world** in my room.
내 방에는 세계 지도가 있다.

The Pacific Ocean is the largest ocean in the **world**.
태평양은 세계에서 가장 큰 대양이다.

〈숙어〉 **all over the world** 전 세계에

Today we can find fast food restaurants *all over the world*.
오늘날 우리는 전 세계에서 패스트푸드 식당을 볼 수 있다.

〈어휘가 쑥쑥〉

worldly 〈형〉 세속적인
worldwide 〈형〉 세계적인
- - - - - - - - - -
real world 현실 세계
ancient world 고대 세계
modern world 현대 사회
business world 업계, 재계

around the world 전 세계에, 전 세계의
I wish I could travel *around the world*.
세계 일주 여행을 할 수 있다면 좋을 텐데.

| fashion world 패션계

worm /wɜːrm/ | 명사 (복 worms) 벌레 (= insect)

I saw a little green **worm** under the tree.
나는 나무 밑에서 작은 녹색 벌레를 보았다.
[속담] The early bird catches the **worm**.
일찍 일어나는 새가 벌레를 잡는다.

| 어휘가 쑥쑥
| earthworm 지렁이
| silkworm 누에

worn /wɔːrn/ | 동사 wear의 과거분사 (☞ wear)

worried /ˈwɜːrid/ | 형용사 (비교 more worried) (최상 most worried) 걱정하는, 걱정스러운

My parents are always **worried** about me.
우리 부모님은 항상 나를 걱정하신다.
I am **worried** that I will fail the exam.
나는 시험에 떨어질까 봐 걱정돼.
A: You look **worried**. What's up?
  걱정이 있어 보여. 무슨 일이야?
B: My mother is sick. 엄마가 편찮으셔.

| 실력이 쑥쑥
| **concerned** 다른 사람이나 사회 문제 등에 대해 걱정하는
| **worried** 다른 사람이나 사회 문제뿐만 아니라 더 개인적인 문제에 대해서도 걱정하는

*worry /ˈwɜːri/ | 동사 (3단현 worries) (과거·과분 worried) (현분 worrying) 걱정하다

I want to live without **worrying** about the exam.
나는 시험에 대한 걱정 없이 살고 싶다.
A: God! I didn't bring my wallet. 세상에! 지갑을 안 가져왔네.
B: Don't **worry**. I will lend you money.
  걱정하지 마. 내가 돈 빌려줄게.

| 어휘가 쑥쑥
| **worrying** 형 걱정되는
| **worry oneself** 고민하다, 괴로워하다

worse /wɜːrs/ | 형용사 더 나쁜 부사 더 나쁘게

형 [bad, ill의 비교급] **더 나쁜, 보다 나쁜** (↔ better 더 좋은)
Nick's school report is **worse** than Jenny's.
닉의 학교 성적은 제니의 성적보다 더 나쁘다.
The rainstorm was getting **worse**. 폭풍우가 더 심해지고 있었다.
The economy is getting **worse** and **worse**.
경제가 점점 더 나빠지고 있다.

부 [badly의 비교급] **더 나쁘게, 더 심하게** (↔ better 더 좋게)

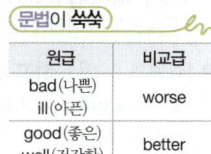

원급	비교급
bad (나쁜) ill (아픈)	worse
good (좋은) well (건강한)	better

It is snowing **worse** than ever.
눈이 어느 때보다도 더 심하게 오고 있다.

I got my computer repaired, but it is working even **worse** than before.
컴퓨터를 수리했지만 전보다도 훨씬 더 작동이 안 되고 있다.

어휘가 쑥쑥
go from bad to worse
점점 악화되다
to make things worse
설상가상으로

worst /wɜːrst/ 형용사 가장 나쁜 부사 가장 나쁘게

형 [bad, ill의 최상급] **가장 나쁜, 최악의** (↔ best 가장 좋은)
Nick's report is the **worst** in the class.
닉의 성적이 반에서 가장 나쁘다.

Yesterday was the **worst** day of my life.
어제는 내 생애 최악의 날이었어.

A: How was the movie? 영화 어땠니?
B: It was the **worst** movie that I have ever seen.
   내가 본 영화 중 최악이었어.

부 [badly의 최상급] **가장 나쁘게, 최악으로** (↔ best 가장 좋게)
Jake sang **worst** in the contest.
제이크는 대회에서 노래를 가장 못 불렀다.

실력이 쑥쑥
최상급을 나타내는 형용사 worst는 명사 앞에 쓸 때 the를 써야 한다.
the worst moment (최악의 순간)

문법이 쑥쑥
원급	최상급
bad(나쁜) ill(아픈)	worst
good(좋은) well(건강한)	best

*worth /wɜːrθ/ 형용사 ~의 가치가 있는, ~할 가치가 있는

This painting is **worth** at least five hundred dollars.
이 그림은 적어도 500달러의 가치가 있다.

His book is **worth** reading.
그의 책은 읽을 만한 가치가 있다.

어휘가 쑥쑥
worthless 형 가치 없는, 쓸모없는
worthy 형 가치가 있는

*would /wʊd/ 조동사 ① [will의 과거형] ② [과거의 습관] ~하곤 했다 ③ [가정법] ~할 텐데 ④ [공손한 부탁]

1 [will의 과거형]
The weather forecast said that it **would** rain in the afternoon.
일기 예보에서는 오후에 비가 온다고 했다.

They thought that he **would** attend the meeting.
그들은 그가 회의에 참석할 것이라고 생각했다.

2 [과거의 습관] **~하곤 했다** (☞ used to)
When I was a child, mom **would** read me stories before bedtime.
내가 어렸을 때 엄마는 자기 전에 나에게 동화책을 읽어 주시곤 했다.

I used to be a Boy Scout and I often **would** go camping.
나는 예전에 보이 스카우트였는데 그때 종종 캠핑을 가곤 했다.

문법이 쑥쑥
would의 축약형은 'd로 쓴다. 부정형은 would not이고, 부정형의 축약형은 wouldn't로 쓴다.
• I would buy a car.
  = I'd buy a car.
  (나는 차를 살 텐데.)
• I would not buy a car.
  = I wouldn't buy a car.
  (나는 차를 사지 않을 텐데.)

3 [가정법] ~할 텐데, ~했을 텐데

If I had enough money, I **would** buy new headphones.
내가 만일 돈이 충분히 있다면 새 헤드폰을 살 텐데.

If you had studied hard, you **would** have passed the exam.
네가 만일 공부를 열심히 했더라면 시험에 합격했을 텐데.

A: What **would** you do if you had a million dollars?
백만 달러가 있다면 무엇을 하겠니?

B: I **would** buy a nice sports car. 멋진 스포츠카를 살 거야.

4 [공손한 부탁] (= could)

A: **Would** you answer the phone for me?
저 대신 전화 좀 받아 주시겠습니까?

B: Of course. I'd be happy to. 물론이죠. 기꺼이 해 드릴게요.

A: **Would** you mind turning the heater on?
난로 좀 켜 주시겠어요?

B: Of course not. 물론이죠.

숙어 would like to ~하고 싶다

A: What *would* you *like to* have for dinner?
저녁 식사로 무엇을 드시겠습니까?

B: I *would like to* have some Korean food.
한국 음식을 먹고 싶습니다.

would rather ~ (than...) (…하느니) ~하는 편이 낫다

I *would rather* live in a big city. 나는 대도시에 사는 편이 낫다.

I'd *rather* read a book *than* watch TV in the evening.
저녁에 텔레비전을 보느니 책을 읽겠다.

실력이 쑥쑥

would & used to

과거의 불규칙적인 습관을 나타내는 would는 '~하곤 했다'로 해석되며, 보통 **often, sometimes** 등과 함께 쓰인다.

Mother *would* often tell me interesting stories. (엄마는 자주 재미있는 이야기를 내게 해 주시곤 했다.)

이에 비해 used to는 과거의 규칙적인 습관에 쓰인다.

He *used to* come every Sunday. (그는 일요일마다 오곤 했다.)

실력이 쑥쑥

I would ~ if I were you.

'내가 너라면[나 같으면] ~하겠다'라는 뜻으로, 다른 사람에게 조언을 할 때 쓸 수 있는 표현이다.

I *would* go there tomorrow *if I were you*. (나 같으면 내일 거기를 갈 거야.)

WOW /waʊ/ | 감탄사 [기쁨·놀람] 야, 와, 저런

A: I got admitted to Harvard University.
하버드 대학교에서 입학 허가를 받았어요.

B: **Wow**! Sounds great. Congratulations!
와! 정말 대단하구나. 축하해!

＊wrap /ræp/ | 동사 (3단현) wrap**s** (과거·과분) wrap**ped** (현분) wrap**ping** 포장하다
명사 포장지

동 싸다, 포장하다, 감싸다 (= cover)

Mom **wrapped** up meat and put it in the freezer.
엄마는 고기를 싸서 냉동실에 넣으셨다.

I **wrapped** some presents for my family for Christmas Day.
나는 크리스마스에 우리 가족에게 줄 선물들을 포장했다.

어휘가 쑥쑥

wrapping paper 포장지
gift wrap 선물 포장지

Mom **wrapped** the baby in a blanket.
엄마는 아기를 담요로 감싸 주었다.

명 물 포장지, (비닐) 랩(🔍)
Cover the salad bowl with plastic **wrap**.
샐러드 그릇을 랩으로 싸거라.

> 🔍 뜻풀이
> 랩 음식을 포장하는 데 쓰는 얇은 비닐

＊**wrist** /rɪst/ | 명사 (복) **wrist**s) 손목 (☞ hand)

Jane is wearing a nice watch on her **wrist**.
제인은 손목에 멋진 시계를 차고 있다.

If you use a mouse too long, it can cause **wrist** pains.
마우스를 너무 오랫동안 사용하면, 손목에 통증을 일으킬 수 있다.

> 어휘가 쑥쑥
> **wristwatch** 손목시계

＊**write** /raɪt/ | 동사 (3단현) **write**s (과거) **wrote** (과분) **written** (현분) **writing**)
쓰다, 적다, 편지를 쓰다

Please **write** your name and address here.
여기에 이름과 주소를 쓰세요.

He is **writing** his new novel. 그는 새 소설을 쓰는 중이다.

I **wrote** an e-mail to my teacher because I had some questions to ask. 나는 질문이 있어서 선생님께 이메일을 썼다.

This letter is **written** in French. 이 편지는 불어로 쓰여 있다.

I **write** to my friend in China twice a month.
나는 한 달에 두 번 중국에 있는 친구에게 편지를 쓴다.

I **wrote** back to my friend as soon as I got his letter.
나는 친구의 편지를 받자마자 답장을 썼다.

A: Have you **written** out your report? 보고서 다 쓰셨어요?
B: Not yet. I need more data to finish it.
아직 다 못 썼어요. 끝내려면 자료가 더 필요해요.

A: Do you know Andy's phone number?
앤디의 전화번호가 몇 번인지 아니?
B: Let me check. I **wrote** down all the numbers in my diary.
확인해 볼게. 전화번호를 모두 수첩에 적어 두었거든.

> 실력이 쑥쑥
> right(옳은)와 발음이 같으므로 주의한다.

> 어휘가 쑥쑥
> **writer** 명 작가
> **writing** 명 글쓰기, 작문
> **rewrite** 다시[고쳐] 쓰다
> **write down** 써 두다, 적다, 기록하다

> 실력이 쑥쑥
> I **write** to my friend.
> (나는 친구에게 편지를 쓴다.)
> = I **write** a letter to my friend.
> = I **write** my friend a letter.

written¹ /'rɪtn/ | 동사 **write**의 과거분사 (☞ **write**)

written² /'rɪtn/ | 형용사 쓰인, 쓰여진

I found that there's something **written** on the wall.
나는 벽에 뭔가가 쓰여 있는 것을 발견했다.

> 어휘가 쑥쑥
> **written test[exam]**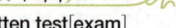

King *Sejong* invented the **written** language for his people. | 필기시험
세종 대왕은 백성들을 위해 문자를 창제했다.

wrong /rɔːŋ/
형용사 (비교) more wrong (최상) most wrong) ① 나쁜 ② 잘못된
부사 (비교) more wrong (최상) most wrong) 나쁘게, 잘못하여

형 1 나쁜, 잘못된 (= bad) (↔ good 좋은)
It's **wrong** to cheat on the exam.
시험에서 부정행위를 하는 것은 나쁘다.

A: You look so down. What's **wrong** with you?
너 우울해 보여. 무슨 일 있니?

B: I made a lot of mistakes on the exam.
시험에서 실수를 많이 했어.

2 잘못된, 틀린 (= false, incorrect) (↔ true 사실의, correct 맞는)
I am afraid you are **wrong**. 당신이 틀린 것 같아요.

A: There's something **wrong** with my car.
내 차가 뭔가 잘못된 것 같아.

B: Why don't you go to the auto repair shop?
정비소에 가 봐.

A: Is this 2123-3233? 거기가 2123에 3233번인가요?

B: Sorry, you have the **wrong** number.
죄송하지만, 번호가 틀립니다. (잘못 거셨네요.)

부 나쁘게, 틀리게, 잘못하여 (↔ right 바르게)
Lucy answered **wrong**. 루시는 틀리게 답했다.
Her name was spelled **wrong**. 그녀의 이름이 틀리게 적혀 있었다.

어휘가 쑥쑥
wrongful 형 부당한, 나쁜
wrongly 부 틀리게, 부당하게

실력이 쑥쑥
상대가 전화를 잘못 걸었을 경우 정중하게 다음과 같이 말한다.
I think you have the *wrong* number. This is 1644-0600.
(전화를 잘못 거신 것 같네요. 이 번호는 1644에 0600입니다.)
이때 전화번호는 one six four four[double four], zero[oh] six double zero [oh]로 읽는다.

wrote /rout/ 동사 write의 과거 (☞ write)

Xx

Xmas /ˈkrɪsməs, ˈeksməs/ | 명사 크리스마스, 성탄절 《Christmas의 줄임말》

Merry **Xmas**! 즐거운 크리스마스가 되길!
Santa Claus comes on **Xmas** Eve.
산타클로스는 크리스마스 전날 밤에 오신다.

실력이 쑥쑥
X-mas라고도 흔히 쓰는데, X'mas라고는 쓰지 않는다. X는 그리스도를 나타내는 그리스어의 머리글자이며, Ch에 해당한다.

X-ray /ˈeks reɪ/ | 명사 (복) X-rays) 엑스선, 엑스레이, 엑스선 사진

The doctor examined my **X-ray** to find out if my arm was broken.
의사는 내 팔이 부러졌는지 알아보기 위해서 나의 엑스선 사진을 살펴보았다.

A: What happened to your arm? 너 팔이 왜 그래?
B: It may be broken. I'm going to the hospital to take an **X-ray**.
아마 부러진 것 같아. 엑스레이 찍으러 병원에 가는 중이야.

xylophone /ˈzaɪləfoʊn/ | 명사 (복) xylophones) 실로폰 (☞ instrument)

Children are playing the **xylophones** in the music class.
아이들이 음악 시간에 실로폰을 치고 있다.

Yy

yacht /jɑːt/ | 명사 (복) yachts 요트

Jason owns a private **yacht**. 제이슨은 개인 요트를 가지고 있다.
The **yacht** sailed across the Pacific.
그 요트는 태평양을 항해했다.

*yard /jɑːrd/ | 명사 (복) yards ① 마당 ② 야드

1 마당, 뜰, 정원 (☞ house)
On a sunny day, children are playing with a ball in a **yard**.
어느 화창한 날, 아이들이 마당에서 공놀이를 하고 있다.

2 [길이의 단위] 야드 《줄여서 yd로 쓰기도 한다.》
My sister bought two **yards** of cloth.
누나는 옷감을 2야드 샀다.

> 어휘가 쑥쑥
> front[back] yard
> 앞[뒷]마당

> 실력이 쑥쑥
> 1 yard = 3 feet = 91.44 cm

yawn /jɔːn/ | 동사 (3단현) yawns (과거·과분) yawned (현분) yawning 하품하다
명사 (복) yawns 하품

동 하품하다
Anne **yawned**, covering her mouth politely with her hand.
앤은 손으로 입을 얌전하게 가리고 하품을 했다.

The movie was so boring that I couldn't help **yawning**.
영화가 너무 지루해서 하품을 안 할 수가 없었다.

명 하품
She couldn't hold in her **yawn**. 그녀는 하품을 참을 수 없었다.

yeah /jeə/ | 감탄사 네, 그래 (= yes)

A: This is a nice camera, isn't it? 정말 멋진 카메라네, 그렇지?
B: Oh, **yeah**. 그래.

year /jɪr/ | 명사 (복 years) ① 해 ② 나이, 연령

1 해, 일 년

Happy New Year!
새해 복 많이 받으세요!

I am going to graduate from elementary school this **year**.
나는 올해 초등학교를 졸업한다.

My brother went to New York to study music last **year**.
우리 오빠는 작년에 음악을 공부하러 뉴욕에 갔다.

I have collected model cars for two **years**.
나는 모형 자동차를 2년 동안 수집해 왔다.

There are twelve months in a **year**.
일 년은 열두 달이다.

I haven't played the piano for **years**.
나는 수년간 피아노를 치지 않았다.

Prices go up **year** after **year**. 물가가 해마다 오른다.

I paint my house every other **year**.
나는 2년에 한 번 집에 페인트칠을 한다.

It is hot in Singapore all the **year** around[round].
싱가포르는 일 년 내내 덥다.

2 나이, 연령

This old building is about 100 **years** old.
이 오래된 건물은 지은 지 100년쯤 되었다.

This machine was invented by a 16-**year**-old boy.
이 기계는 열여섯 살 소년이 발명했다.

A: How old are you? 몇 살입니까?
B: I am 13 **years** old. 저는 열세 살입니다.

어휘가 쑥쑥

yearly 형 연 1회의, 매년의
부 1년에 한 번, 매년

every year 매년

the year before last
재작년

the past year 지난해

the following year
다음 해

the year after next
내후년

light year 광년 (빛이 초속으로 1년 동안 나아가는 거리)

in recent years 최근에

New Year's Day 설날

문법이 쑥쑥

'열세 살 난 소년'이라고 말할 때는 years를 단수형으로 써서 '숫자-year-old'의 형태로 쓴다.

He is a 13-*year*-old boy.
(그는 열세 살 난 소년이다.)
He is a 13-*years*-old boy.
(×)

---

yell /jel/ | 동사 (3단현 yells 과거·과분 yelled 현분 yelling)
크게 소리치다, 외치다 (= shout)

Judy rushed outside **yelling** "Fire! Fire!"
주디는 "불이야! 불이야!"라고 외치며 밖으로 급히 뛰어나갔다.

He **yelled** at me in anger.
그는 화가 나서 나에게 소리를 질렀다.

---

yellow /'jeloʊ/ | 명사 형용사 노란색(의) (☞ color)

In autumn, some green leaves turn red and **yellow**.
가을에는 초록색 나뭇잎들이 빨간색과 노란색으로 변한다.

*yes /jes/ 감탄사 ① [질문에 대답하여] 네 ② [부르는 말에 대답하여] 네 ③ [상대방의 말에 동의하여] 그래

1 [질문에 대답하여] 네 (↔ no 아니요.)
A: Do you live in *Seoul*? 서울에서 사십니까?
B: **Yes**, I do. 네, 그렇습니다.

A: Can I stay in this castle for a while?
제가 이 성에서 잠시 머물 수 있을까요?
B: **Yes**, you can. 네, 그러세요.

A: Is this your umbrella? 이거 네 우산이니?
B: **Yes**, it is. 응, 그래.

2 [부르는 말에 대답하여] 네
A: Excuse me. 실례합니다.
B: **Yes**, sir. How can I help you? 네. 뭘 도와드릴까요?

3 [상대방의 말에 동의하여] 그래, 네
A: How lovely she is! 그녀는 정말로 사랑스러워!
B: **Yes**, and she is kind, too. 그래, 게다가 친절하기까지 해.

A: She is very beautiful. 그녀는 아주 아름다워요.
B: **Yes**, she is. 네, 그래요.

> 실력이 쑥쑥
> 질문이 긍정문이든 부정문이든 상관없이 대답이 긍정일 때는 yes를 쓰고, 부정일 때는 no를 쓴다.
> A: Don't you like coffee? (커피 좋아하지 않으세요?)
> B: No, I don't. (네, 좋아하지 않습니다.)
> B: Yes, I do. (아니요, 좋아합니다.)

*yesterday /ˈjestərdeɪ/ 명사 부사 어제

I got a phone call from Jenny **yesterday** morning.
어제 아침에 나는 제니로부터 전화를 받았다.

The day before **yesterday**, I visited my grandfather living in the country.
그저께 나는 시골에 사시는 할아버지를 찾아뵈었다.

A: What did you do **yesterday**? 어제 뭐 했니?
B: I went to see a movie, but it was really boring.
영화 보러 갔었는데 너무 지루했어.

> 실력이 쑥쑥
> 어제 아침[오후, 저녁]은 모두 yesterday를 써서 yesterday morning[afternoon, evening] 이라고 하지만, 어젯밤은 yesterday night이 아니라 last night으로 써야 한다.

*yet /jet/ 부사 ① 아직 ② 벌써 접속사 그럼에도 불구하고

부 1 [부정문에서] 아직
The plane has not arrived **yet**.
비행기는 아직 도착하지 않았다.

A: Are you ready to order? 주문하시겠습니까?
B: I haven't decided **yet**. 아직 결정하지 못했어요.

> 실력이 쑥쑥
> yet '벌써, 아직'이라는 의미로 의문문과 부정문에서 쓰인다.
> Has he come *yet*? (그가 벌써 왔어?)

A: Did you have lunch? 점심 먹었니?
B: Not **yet**. I was so busy. 아직 못 먹었어. 너무 바빴거든.

2 [의문문에서] **벌써, 이미** (= already)
A: Is Jenny home **yet**? 제니가 벌써 집에 왔니?
B: No, but she will be home soon. 아니, 그렇지만 곧 올 거야.

A: Have you finished reading that novel **yet**?
그 소설을 벌써 다 읽었니?
B: Of course. It was really interesting.
물론이야. 정말로 흥미진진했어.

접 **그럼에도 불구하고, 그렇지만** (= but)
I was full, **yet** I had some cheese cake for dessert.
나는 배가 불렀지만 디저트로 치즈 케이크를 먹었다.

> **already** 긍정문에서 '이미, 벌써'라는 의미로 쓰인다. 의문문에 쓰이면 '이렇게 빨리'라는 놀라움을 나타낸다.
> Has he come *already*? (그가 벌써 왔어? (놀랍거나 의외라는 반응))

yield /jiːld/ 동사 (3단현) yields (과거·과분) yielded (현분) yielding) ① 산출하다 ② 항복하다

1 **(농작물 등을) 내다, 산출하다**(🔍)
Sheep **yield** wool. 양에서 양모가 나온다.
The plants in our garden **yielded** fruits a lot.
우리 정원의 화초가 열매를 많이 맺었다.

2 **항복하다, 굴복하다**
He **yielded** to his enemy. 그는 적에게 항복했다.
Don't **yield** to such a threat.
그런 협박에 굴복하지 마라.

> 어휘가 쑥쑥
> **yield result** 결과를 낳다
> **yield to pressure** 압력에 굴복하다
>
> 🔍 뜻풀이
> 산출하다 물건을 생산해 내다

*you /juː/ 대명사 ① 너 ② 너를 ③ 일반 사람들

1 **너, 너희들**
You are my friends. 너희들은 내 친구들이야.
A: What do **you** want to do this weekend?
이번 주말에 뭐 하고 싶니?
B: I don't know. **You** decide.
잘 모르겠어. 네가 결정해.

2 **너를, 너희들을**
We can't help **you**. 우리는 당신을 도울 수 없습니다.
I am glad to meet **you**. 당신을 만나 뵙게 되어 반갑습니다.
Let me introduce Mr. Smith to **you**.
여러분께 스미스 씨를 소개합니다.

3 **일반 사람들**

> 문법이 쑥쑥
> *you의 변화형*
>
> | | |
> |---|---|
> | 주격 | you (너) |
> | 소유격 | your (너의) |
> | 목적격 | you (너를, 너에게) |
> | 소유대명사 | yours (너의 것) |
> | 재귀대명사 | yourself (너 자신) |
>
> 재미가 쑥쑥
> 대화 중에 습관적으로 **you know**를 말하는데, 이것은 특별한 의미가 없다.

You must be kind to others. 누구나 남에게 친절해야 한다.
You must obey the laws. 모든 사람들은 법을 지켜야 한다.

✱ young /jʌŋ/ 　형용사　(비교) young**er** (최상) young**est**) 젊은, 나이가 어린 (↔ old 늙은, 나이가 든)

The **young** man likes adventures.
그 젊은이는 모험을 좋아한다.

Two **young** boys are climbing up the tree.
어린 소년 두 명이 나무 위로 올라가고 있다.

Ted is a year **younger** than Mike.
테드는 마이크보다 한 살 어리다.

Susan is the **youngest** girl among us.
수전은 우리 가운데 가장 어린 소녀이다.

어휘가 쑥쑥
younger brother[sister]
남[여]동생

실력이 쑥쑥
the young은 '젊은 사람들'이라는 뜻으로 young people과 같다.

your /jʊr/ 　대명사　너의, 너희들의

I will help you with **your** homework after school.
방과 후에 내가 너의 숙제를 도와줄게.

You guys, wash **your** hands before eating.
너희들, 먹기 전에 손 씻어.

A: Is this **your** dictionary, Jim? 짐, 이거 네 사전이니?
B: Yes, it's mine. 응, 내 거야.

yours /jʊrz/ 　대명사　너의 것, 너희들의 것

I had long black hair like **yours** when I was young.
내가 젊었을 때는 너처럼 길고 검은 머리였었지.

Is Mary a friend of **yours**? 메리는 네 친구니?

A: Is this umbrella **yours**? 이 우산 네 거니?
B: No, mine is blue. 아니, 내 것은 파란색이야.

실력이 쑥쑥
Yours sincerely[faithfully]는 편지의 맺음말로 '이만 줄이겠습니다'의 뜻이다.

✱ yourself /jʊr'self/ 　대명사　(복) yourse**lves**) 너 자신

You have to do everything **yourself**.
모든 것을 네 스스로 해야 한다.

You will hurt **yourself** if you are not careful with a knife.
칼을 조심히 다루지 않으면 다칠 것이다.

Sit down and make **yourself** at home.
편히 앉아 계세요.

Behave **yourself** in public.
사람들 앞에서는 얌전히 굴어라.

실력이 쑥쑥
• 목적어로 쓰인 yourself는 생략할 수 없다.
Know *yourself*. (너 자신을 알라.)
• 자신이 직접 어떤 일을 했다는 것을 강조하기 위해 쓰인 yourself는 생략할 수 있다.

[숙어] **by yourself** ① 혼자서, 홀로 (= alone) ② (도움 없이) 혼자 힘으로, 혼자서

A: Did you come here *by yourself*? 혼자 오셨나요?
B: No, I came here with my family. 아니요, 가족과 함께 왔어요.
Can you fix the radio *by yourself*?
혼자 힘으로 라디오를 고칠 수 있나요?

for yourself 혼자 힘으로, 스스로
Study English *for yourself*. 혼자 힘으로 영어를 공부해라.

help yourself to ~을 마음껏 드세요
A: *Help yourself to* pizza. 피자 많이 드세요.
B: Thank you. It looks good. 고맙습니다. 맛있어 보이네요.

Did you make this kite (*yourself*)? (네가 (직접) 이 연을 만들었니?)

[재미가 쑥쑥]
가정용품의 수리나 조립 등을 손수 하는 것을 do-it-yourself(DIY)라고 한다.

youth /juːθ/ | [명사] 젊음, 청춘, 젊은 시절, 젊은이들

She does exercise very hard to keep her **youth**.
그녀는 젊음을 유지하기 위해 매우 열심히 운동한다.
He spent most of his **youth** in Chicago.
그는 젊은 시절의 대부분을 시카고에서 보냈다.
The old sometimes don't understand the **youth**.
나이 든 사람들은 가끔 젊은이들을 이해하지 못한다.

[어휘가 쑥쑥]
youthful [형] 젊은, 젊은이다운
- - - - - - - - -
youth culture 청년 문화
youth unemployment 청년 실업

yo-yo /ˈjoʊ joʊ/ | [명사] ([복]) yo-yos) 요요 (🔍 둥근 실패 같은 것에 실을 감았다 풀었다 하여 오르내리게 하는 장난감)

The children are playing with **yo-yos**.
아이들은 요요를 가지고 놀고 있다.

yummy /ˈjʌmi/ | [형용사] ([비교] yummier [최상] yummiest) 아주 맛있는 (= delicious)

This cake is really **yummy**. 이 케이크는 정말 맛있다.

Zz

*zebra /ˈziːbrə/ | 명사 (복) zebras) 얼룩말

The **zebra** has black and white stripes.
얼룩말은 검정색과 흰색 줄무늬를 가지고 있다.

zero /ˈzɪroʊ/ | 명사 (복) zeros) 제로, 영 (0)

Jack got a **zero** on the science test.
잭은 과학 시험에서 0점을 받았다.
The score was five to **zero**. 점수는 5대 0이었다.
It is 10 degrees below **zero** this morning.
오늘 아침 기온은 영하 10도이다.

zigzag /ˈzɪɡzæɡ/ | 명사 (복) zigzags) 지그재그, Z자형

The boy walked in **zigzags**. 그 남자아이는 갈지자로 걸어갔다.

zip /zɪp/ | 명사 (복) zips) 지퍼 동사 (3단현) zips (과거·과분) zipped (현분) zipping) 지퍼를 채우다

명 [영국 영어] 지퍼 (= zip fastener) (☞ zipper)
The **zip** on my skirt had broken. 내 치마 지퍼가 고장 났다.
Your **zip** is undone. 지퍼가 열렸어요.

동 지퍼를 채우다, 지퍼를 열다
He **zipped** the money into his wallet.
그는 지퍼를 열고 돈을 지갑에 넣었다.

> 어휘가 쑥쑥
> open[close] a zip 지퍼를 열다[채우다]
>
> 실력이 쑥쑥
> 미국 영어로는 zipper라고 한다.

zip code /ˈzɪp koʊd/ | 명사 (복) zip codes) 우편 번호

Please write down your **zip code** with your address on the envelope. 봉투에 주소와 함께 우편 번호를 적어 주세요.

zipper /ˈzɪpər/ | 명사 (복) zippers) 지퍼

I bought a new bag with a **zipper**.
나는 지퍼가 달린 새 가방을 샀다.

*zone /zoʊn/ | 명사 (복) zones) 지대, 지역 (= area, district)

Women and children moved to the safety **zone**.
여성과 어린이들은 안전지대로 이동했다.

This is a no parking **zone**. 이곳은 주차 금지 구역입니다.

**zoo /zuː/ | 명사 (복) zoos) 동물원

I went to the **zoo** with my friends today.
나는 오늘 친구들과 함께 동물원에 갔습니다.

In the **zoo**, there were many kinds of animals.
동물원에는 많은 종류의 동물들이 있었습니다.

I want to be a **zoo** keeper when I grow up.
나는 커서 사육사가 되고 싶습니다.

어휘가 쑥쑥
zoology 명 동물학
zoologist 명 동물학자

zoom /zuːm/ | 명사 (복) zooms) (영상의) 줌
동사 (3단현) zooms (과거·과분) zoomed (현분) zooming) 붕 소리 내며 달리다

명 [영화·TV] 줌

I don't know how to make a **zoom** shot.
나는 줌 렌즈를 이용한 촬영법을 모른다.

동 붕 소리를 내며 달리다, 질주하다

The racing cars **zoomed** around the course.
경주용 차들이 붕 소리를 내며 코스를 돌았다.

어휘가 쑥쑥
zoom in[out] (줌 렌즈로) 영상을 확대[축소]하다

뜻풀이
줌 초점 거리나 화상의 크기를 급격히 변화시키는 기능

부록
Appendix

한영사전 1006
과목별 용어 1016
문법 1021
미국 영어와 영국 영어 1029
부정형 접두사 1032
스펠링 규칙 1034
불규칙 동사 활용표 1038

한영사전

ㄱ

가게	shop/store	감사하다	thank	걷다	walk
가깝다	close/near	감소하다	decline	검정	black
가끔	sometimes	감자	potato	검토하다	review
가난하다	poor	감추다	conceal	겁쟁이	coward
가다	go	갑옷	armor	겨울	winter
가득하다	full	강	river	결석하다	absent
가렵다	itch	강아지	puppy	결심하다	determine
가르치다	teach	강요하다	compel	결코 ~ 않다	never
가리키다	point	강의	lecture	경우	case
가발	wig	같다	same	경쟁자	rival
가방	bag	개	dog	경찰	police
가볍다	light	개구리	frog	계단	stair(s)
가슴	chest	개미	ant	계산하다	compute
가운데	middle	개성	personality	계속하다	continue
가위	scissors	개정하다	revise	계절	season
가을	autumn/fall	객실	cabin	계획	plan
가입하다	join	거기	there	고결하다	noble
가져가다	take	거대하다	massive	고기	meat
가져오다	bring	거리	street	고르다	choose
가족	family	거미	spider	고모	aunt
가지다	have	거실	living room	고양이	cat
각각	each	거울	mirror	고치다	fix/repair
간절하다	desperate	거의	almost	고함치다	roar
간호사	nurse	거품	foam	곧	soon
갈색	brown	걱정하다	worry	골동품	antique
갈아타다	transfer	건강	health	곰	bear
		건너가다	cross	공	ball
		건설	construction	공기	air

공부하다	study	기념일	anniversary	나무	tree
공식	formula	기다리다	wait	나쁘다	bad
공원	park	기둥	pillar	나이	age
공작	peacock	기린	giraffe	나중에	afterward
공주	princess	기부하다	donate	나침반	compass
공포	panic	기쁘다	glad	낙하산	parachute
공항	airport	기사 〔중세의〕	knight	난쟁이	dwarf
과거	past	기술의	technical	날	day
과일	fruit	기어가다	crawl	날다	fly
과자	cookie	기이하다	weird	날씨	weather
과학	science	기적	miracle	날짜	date
과학자	scientist	기질	temper	날카롭다	keen
광선	ray	기차	train	남극	Antarctic
괜찮다	OK/okay	기후	climate	남자	man
굉장하다	awesome	긴장	tension	남쪽	south
교과서	textbook	길	road/way	남편	husband
교류하다	interact	길다	long	납치하다	kidnap
교실	classroom	길들이다	tame	낫다	heal
교통	traffic	깃	collar	낮	day
교회	church	깃발	flag	낮다	low
교훈	lesson	깊다	deep	내려가다	descend
구름	cloud	깊이	depth	내일	tomorrow
구석	corner	까마귀	crow	냄새	smell
구슬	bead	~까지	until	냉장고	refrigerator
구역	district	까치	magpie	널빤지	board
궤도	orbit	깡통	can	넓다	broad/wide
귀	ear	깨끗하다	clean	넣다	put
귀걸이	earring	깨다	break	네	yes
귀엽다	cute	껍질	peel	년 〔해, 연도〕	year
그때	then	꼭대기	top	노 〔배의〕	oar/paddle
그래서	so	꽃	flower	노동	labor
그룹	group	꽃이 피다	bloom	노랑, 노랗다	yellow
그리다	draw	꽤	quite	노래하다	sing
그림	picture	꿈	dream	노력하다	try
그만두다	cease	끝	end	노크하다	knock
극장	theater			놀다	play
금	gold		ㄴ	놀라게 하다	surprise
금붕어	goldfish			놀리다	tease
금요일	Friday	나라	country	농구	basketball

농장	farm
높다	high
높이	altitude
놓다	put
놓치다	miss
누구	who
눈〔얼굴〕	eye
눈〔얼음〕	snow
느끼다	feel
느리다	slow
늑대	wolf
늙다	old
늦다	late

ㄷ

다르다	different
다른	other/another
다리	bridge
다리〔몸〕	leg
다발	bunch
다시	again
다음	next
다치다	hurt
단어	vocabulary/word
단점	disadvantage
단추	button
닫다	close
달	moon
달〔개월〕	month
달걀	egg
달다	sweet
달력	calendar
달리다	run
닭고기	chicken
담그다	dip
담배	cigarette
담요	blanket
당근	carrot
당기다	pull
대강의	approximate
대답	answer
대본	script
대안	alternative
대통령	president
대표하다	represent
더럽다	dirty
더미	pile
던지다	throw
덮다	cover
도마뱀	lizard
도서관	library
도시	city
도전	challenge
도착하다	arrive
도토리	acorn
돈	money
돌	stone
돌고래	dolphin
돌다	turn
돌진하다	dash
돕다	help
동물	animal
동료	peer
동의하다	agree
동일하다	identical
동작	motion
동쪽	east
돼지	pig
돼지고기	pork
되다	become
두껍다	thick
두드러기	rash
둑	bank
둘 다	both
둥글다	round
뒤	back
뒤에	after
뒤척이다	toss
뒷면	rear
드물다	rare/unusual
듣다	hear/listen
들판	field
등불	lamp
따뜻하다	warm
따라가다	follow
딸	daughter
딸기	strawberry
땅	land
때리다	hit
떨어지다	drop/fall
또한	too
똑바로	straight
뚱뚱하다	fat
뛰다	jump
뜨개질하다	knit
뜨겁다	hot

ㅁ

마당	yard
마루	floor
마르다	dry
마시다	drink
마을	town/village
마지막	last
마치다	finish
만〔바다의〕	bay
만나다	meet
만들다	make
만약	if
만지다	touch
만화 영화	animation

많다, 많이	many/much
말	horse
말하다	say/speak/talk/tell
망원경	telescope
망치다	ruin
매우	very
머리	head
머리카락	hair
머무르다	stay
먹다	eat
먹이다	feed
멀리	far
멈추다	stop
멋지다	fine/nice
면도기	razor
면도하다	shave
모두	everybody/everyone
모든	all
모방하다	imitate
모양	shape
모욕하다	insult
모자	cap/hat
목	neck
목걸이	necklace
목마르다	thirsty
목성	Jupiter
목소리	voice
목요일	Thursday
목욕	bath
몸	body
못생기다	ugly
묘지	cemetery
무겁다	heavy
무게	weight
무당벌레	ladybug
무덤	grave
무릎	knee
무엇	what
무지개	rainbow
묶다	tie
문	door
문명	civilization
문어	octopus
문제	matter/problem
묻다	ask
물	water
물고기	fish
미래	future
미소	smile
미안하다	sorry
미풍	breeze
민주주의	democracy
밀가루 반죽	dough
밀다	push

ㅂ

바구니	basket
바깥쪽	outside
바꾸다	change
바다	sea/ocean
바닷가	beach
바라다	hope
바람	wind
바래다	fade
바로	just
바보	fool
바보스럽다	foolish
바쁘다	busy
바위	rock
바지	pants
바치다	devote
박물관	museum
박쥐	bat
밖으로	out
반 〔학급〕	class
반 〔절반〕	half
반구	hemisphere
반대말	antonym
반도	peninsula
반복하다	repeat
반사하다	reflect
반지	ring
반지름	radius
받다	receive
발	foot
발가락	toe
발견하다	detect
발소리	footstep
밝다	bright
밤	night
밥	rice
방	room
방망이	bat
방문하다	visit
방법	way/method
방학	vacation
방해하다	obstruct
배 〔과일〕	pear
배 〔몸〕	stomach
배 〔탈것〕	ship/boat
배경	background
배고프다	hungry
배낭	backpack
배달하다	deliver
배우다	learn
배우자	partner
백과사전	encyclopedia
뱀	snake
버릇없다	naughty
버리다	abandon/desert
번역하다	translate

벌	bee
벌거벗은	bare
벌집	beehive
벨트	belt
벼룩	flea
벽	wall
변형시키다	transform
별	star
병	bottle
병원	hospital
보내다	send
보다	see/look/watch
~보다	than
보리	barley
보상	reward
보여 주다	show
보존하다	preserve
보폭	pace
보험	insurance
복숭아	peach
볼	cheek
봄	spring
부리	beak
부르다	call
부모님	parents
부분적으로	partly
부엌	kitchen
부유하다	rich
부인	wife
~부터	from
부패하다	decay
북극	Arctic
북쪽	north
분	minute
분노	rage
분명하다	obvious
분필	chalk
분홍색	pink
불	fire
불공평하다	unfair
불명예	dishonor
불법의	illegal
불쾌하다	nasty
불타오르다	flare
붙잡다	capture
비	rain
비누	soap
비다	empty
비밀번호	password
비서	secretary
비싸다	expensive
비열하다	mean
비용	cost
비율	ratio
비참하다	miserable
비평가	critic
비행기	airplane
빌리다	borrow
빗	comb
빙산	iceberg
빙하	glacier
빚	debt
빛	light
빛나다	brilliant
빠르다	fast/quick
빨강	red
빨다	wash
빵	bread
빽빽하다	dense

ㅅ

사과	apple
사다	buy
사람	man/person
사람들	people
사랑(하다)	love
사무실	office
사용하다	use
~ 사이에	between
사자	lion
사진	photo/picture
사촌	cousin
사탕	candy
산	mountain
산사태	landslide
산소	oxygen
산호	coral
살구	apricot
살다	live
살아 있다	live
살인	murder
삼각형	triangle
삼촌	uncle
상자	box
새 (동물)	bird
새 (새로운)	new
새끼 (동물의)	cub
새끼 양	lamb
새벽	dawn
새우	shrimp
색, 색깔	color
생각	idea
생각하다	think
생명	life
생물학	biology
생선	fish
생일	birthday
서다	stand
서두르다	hurry
서쪽	west
선	line
선물	present/gift
선배	senior
선인장	cactus

선택	option	수영하다	swim	신사	gentleman
선풍기	fan	수요일	Wednesday	신선하다	fresh
설립하다	establish	수의사	vet(erinarian)	신성하다	sacred
설탕	sugar	수정하다	alter	신청하다	apply
성별	gender	수탉	cock/rooster	실제의	actual
성숙하다	mature	수학	math	싫어하다	hate
세계	world	숙녀	lady	심장	heart
세다 (수를)	count	숙제	homework	심판	umpire
세다 (힘이)	strong	순진하다	innocent	싸다	cheap
세우다	erect	숟가락	spoon	싸우다	fight
소	cow	숨	breath	싹	bud
소극적이다	passive	숨다	hide	쌀	rice
소금	salt	숨쉬다	breathe	쌍	pair
소녀	girl	숫자	number	쌍안경	binoculars
소년	boy	쉬다	rest	쓰다 (글씨를)	write
소득	income	쉽다	easy	쓰다 (돈을)	spend
소리	sound	슬프다	sad	쓰레기(를 버리다)	litter
소리치다	scream	습하다	humid	씻다	wash
소모하다	exhaust	승무원	crew		
소비하다	consume	~ 시	o'clock		
소원	wish	시간	time/hour	ㅇ	
소음	noise	시계	clock		
소지품	belongings	시골	country	아기	baby
소풍	picnic	시끄럽다	noisy/loud	아들	son
소홀히 하다	neglect	시다	sour	아래로	down
속옷	underwear	시대	era	~ 아래에	under
속이다	cheat/deceive	시설	facility	아름답다	beautiful
손	hand	시원하다	cool	아마	maybe
손가락	finger	시작의	initial	아버지	father
손에 넣다	acquire	시작하다	begin	아빠	dad
솔	brush	시장	mayor	아이, 어린이	child
송아지	calf	시장	market	아주 좋아하는	favorite
쇠고기	beef	시험	test/exam	아침	morning
수건	towel	식당	restaurant	아침 식사	breakfast
수박	watermelon	식물	plant	아프다	ill/sick
수소	hydrogen	식욕	appetite	안경	glasses
수업	class/lesson	식초	vinegar	안녕	bye/hello
수여하다	award	신랑	groom	~ 안에	in
수염	whisker	신발	shoe(s)	~ 안으로	into
				안전	safe

안전하다	secure	얼음	ice	오후	afternoon
안쪽	inside	엄마	mom	옥수수	corn
앉다	sit	엄지손가락	thumb	올바르다	correct/right
알다	know	~에	at		
알약	tablet	~에 대하여	about	올챙이	tadpole
암	cancer	여기	here	옷	clothes
암탉	hen	여름	summer	옷감	fabric
앞	front	여왕	queen	~와 함께	with
앞쪽에	ahead	여우	fox	왕	king
애국자	patriot	여자	woman	왕자	prince
애완동물	pet	여행	travel/trip/journey	왜	why
야구	baseball			왜냐하면	because
야채	vegetable	역	station	외국인	alien
약간의	some/any	연상하다	associate	외치다	shout
약하다	weak	연설	speech	왼쪽	left
얇다	thin	연습	practice	요리	dish/cook
양	sheep	연어	salmon	요리사	cook
양말	sock(s)	연필	pencil	요인	factor
어깨	shoulder	열다	open	욕실	bathroom
어느 것	which	열대 우림	rain forest	용	dragon
어둡다	dark	열정	passion	용감하다	bold/brave
어디	where	열정적이다	enthusiastic	용서하다	excuse
어떤	any/some	열쇠	key	우산	umbrella
어떤 것	something/anything	염소	goat	우아하다	graceful
		영 (수)	zero	우울하다	gloomy
어떻게	how	영향	impact	우유	milk
어렵다	difficult/hard	영화	movie	우체국	post office
		예 (보기)	example	우편물	mail
어머니	mother	예쁘다	pretty	운명	destiny
어부	fisherman	예술	art	운반하다	carry
어설프다	clumsy	예술가	artist	운이 좋다	lucky
어제	yesterday	예의 바르다	polite	운전	drive
어지럽다	dizzy	예측하다	predict	울다	cry
어쨌든	anyway	오늘	today	움직이다	move
언덕	hill	오늘 밤	tonight	움켜잡다	grab
언제	when	오다	come	웃다	laugh
얻다	get	오래되다	old	원	circle
얼굴	face	오리	duck	원숭이	monkey
얼룩말	zebra	오직	only	원하다	want

월요일	Monday	일상	routine	잘	well
위기	crisis	일요일	Sunday	잘생기다	handsome
위로	up	일정하다	constant	잠에서 깨다	wake
~ 위에	on	일찍	early	잠자리	dragonfly
위치하다	locate	일하다	work	잡다	catch/hold
위험하다	dangerous	읽다	read	잡초	weed
유리	glass	잃다	lose	장갑	glove(s)
유명하다	famous	임금	wage	장난감	toy
유아	infant	임신하다	pregnant	장벽	barrier
유지하다	keep	입	mouth	장점	merit
유행	trend	입구	gate	장소	place
은퇴하다	retire	입다	wear	장화, 부츠	boot(s)
은행	bank	입술	lip	재미	fun
음식	food	입장	access	재미있다	funny
음악	music	잊다	forget	재정	finance
음악가	musician	잎	leaf	저것	that
응시하다	gaze			저녁	evening
의미하다	mean	**ㅈ**		저녁 식사	dinner
의사	doctor/Dr.			저지하다	restrain
의상	costume	자	ruler	저쪽으로	away
의자	chair	자갈	pebble	적, 원수	foe
이 〔치아〕	tooth	자격	qualification	적도	equator
이것	this			전갈	scorpion
이기다	win	자다	sleep	전기	biography
이다, 있다	be (am, is, are)	자동차	car/auto	전문가	expert
		자두	plum	전선	cable
이론	theory	자라다	grow	~ 전에	ago
이름	name	자랑하다	boast	전에	before
이발사	barber	자루	sack	전염시키다	infect
이슬	dew	자르다	cut	전화	(tele)phone
이야기	story	자리	seat	전화하다	call
이야기하다	narrate	자매	sister	절망	despair
이주하다	migrate	자유롭다	free	절벽	cliff
이해하다	understand	자전거	bicycle	젊다	young
이혼	divorce	자존심	pride	점심 식사	lunch
인류	mankind	자주색	purple	접시	dish/plate
인어	mermaid	자취	trace	정말	really
인용하다	quote	작다	little/small	정사각형	square
인형	doll	잔디	lawn	정상	peak

정오	noon	지도	map	책상	desk
정원	garden	지렁이	earthworm	천국	paradise
정의	justice	지루하다	boring	천재	genius
정직하다	honest	지불하다	pay	철학	philosophy
정확하다	precise	지붕	roof	초대하다	invite
젖가슴	breast	지속	maintenance	초록색	green
젖다	wet	지식	knowledge	촉촉하다	moist
제국	empire	지우개	eraser	최대	maximum
제발	please	지팡이	wand	최소	minimum
제조	manufacture	지하실	cellar	추구하다	pursue
제한하다	restrict	지하철	subway	추측하다	guess
조각	piece	직사각형	rectangle	축구	soccer
조각하다	carve	직업	job	축하하다	congratulate
조끼	vest	진공(청소기)	vacuum	출발하다	start
조심	caution	진실	truth	춤추다	dance
조정하다	adjust	진주	pearl	춥다	cold
종	bell	진짜, 진실의	true	충돌하다	clash
종류	kind	질문	question	충분하다	enough
종이	paper	질투하다	jealous	취미	hobby
종종	often	짐마차	wagon	층	floor
종착역	terminal	짐승	beast	치료	therapy
좋다	good/nice	집	house/home	치마	skirt
좋아하다	like	집다	pick	친구	friend
좌절감	frustration	짓다	build	친절하다	kind
주	week	짧다	short	칠하다	paint
주다	give	쪼다	peck	침대	bed
주머니	pocket	쪽	page	침실	bedroom
주사위	dice	쪽 〔방향〕	side		
주소	address			**ㅋ**	
~ 주위에	around	**ㅊ**			
주의하다	careful			칼	knife
죽다	die	차 〔음식〕	tea	코	nose
죽이다	kill	차다	kick	코끼리	elephant
준비되다	ready	차지하다	occupy	코뿔소	rhinoceros
중력	gravity	참여하다	participate	콩	bean
쥐	mouse	창문	window	크기	size
즐기다	enjoy	찾다	find	크다	big/large
지구	earth	채우다	fill	키가 크다	tall
지금	now	책	book		

ㅌ

타다	ride
타조	ostrich
탁자	table
탐욕스럽다	greedy
태양	sun
턱 〔얼굴〕	jaw
턱 〔얼굴〕	chin
턱수염	beard
토끼	rabbit
토론	debate
토양	soil
토요일	Saturday
토지	estate
통과하다	pass
통로	aisle

ㅍ

파랑, 파란색	blue
파괴	destruction
팔	arm
팔다	sell
퍼덕거리다	flap
편지, 글자	letter
편집하다	edit
평균	average
평판	reputation
평행한	parallel
포도	grape
포유류	mammal
포장도로	pavement
폭로하다	reveal
표	ticket
표범	leopard
풀 〔식물〕	grass
풀 〔문방구〕	glue
품위	dignity

품질	quality
풍선	balloon
피가 나다	bleed
피곤하다	tired
필수적이다	essential
필요하다	need

ㅎ

하늘	sky
하다	do
하마	hippo(potamus)
학교	school
학기	semester
학생	student
학자	scholar
한 시간	hour
한 번	once
~할 것이다	will
할머니	grandmother
~할 수 없는	unable
~할 수 있는	able
~할 수 있다	can
할아버지	grandfather
함께	together
합법적이다	legal
합의	accord
항공기	aircraft
항복하다	yield
항상	always
항해하다	navigate
해	sun
해마다	annual
행동	act
행복하다	happy
행진하다	parade
향수	perfume

허락하다	let
허수아비	scarecrow
현재	present
협곡	canyon
협회	institute
형제	brother
혜성	comet
호두	walnut
호랑이	tiger
호수	lake
혼란	mess
혼자	alone
혼합물	mixture
화나다	angry
화석	fossil
화요일	Tuesday
화장실	restroom/toilet
화학의	chemical
확실하다	sure
확실하다	definite
환영하다	welcome
확인(하다)	check
황제	emperor
회복하다	restore
회사	company
회색	gray
후배	junior
후보자	candidate
후추	pepper
훌륭하다	excellent/great
휴일	holiday
흥미롭다	interesting
흩뿌리다	scatter
희미하다	faint
희생하다	sacrifice
흰색	white

과목별 용어

Mathematics (수학)

about	약, 대략, 늘
acute angle	예각
add	더하다
addition	덧셈
angle	각, ∠
answer	정답, 대답하다
approximation	근삿값
Arabic numerals	아라비아 숫자
area	면적, 넓이
average	평균
bar graph	막대그래프
billion	십억
brace	괄호, { }
bracket	괄호, [ ]
calculate	계산하다
cancel	약분되다
chart	표
circle	원
clockwise	시계 방향
compass	컴퍼스
complementary angle	여각
cone	원뿔
counterclockwise	반시계 방향
cube	정육면체, 세제곱
curve	곡선
cylinder	원기둥
decimal	소수
decimal point	소수점
demonstration	증명
denominator	분모
diagonal	대각선
diagram	도표
diameter	지름
distance	거리
divide	나누다
division	나눗셈
edge	모서리
ellipse	타원
equal	같다, =
equation	방정식
equilateral triangle	정삼각형
even number	짝수
example	보기, 예제
exercise	연습 문제
figure	도형, 그림
formula	공식
fraction	분수
graph	그래프
height	높이
hexagon	육각형
horizontal	가로의
hundred	백 (100)
improper fraction	가분수
inequality	부등식
leg	변
length	가로, 길이
linear equation	1차 방정식
line graph	선그래프
lowest terms	기약 분수
measure	측정하다
million	백만
mixed number	대분수
multiplication	곱셈
multiply	곱하다
natural number	자연수
negative	음의
negative number	음수
number	수
numeral	숫자
numerator	분자
obtuse angle	둔각
odd number	홀수
operation	계산, 사칙 연산 (+, −, ×, ÷)
parallel	평행
parallel line	평행선
parallelogram	평행 사변형
parenthesis	괄호, ( )

pentagon	오각형
percent	퍼센트, %
perpendicular	수직, ⊥
perpendicular line	수직선
point	점, 소수점
positive	양의
positive number	양수
prime number	소수
prism	각기둥
probability	확률
problem	문제
proper fraction	진분수
proportion	비례
protractor	각도기
pyramid	각뿔
quadrant	사분면
quadratic equation	2차 방정식
quadrilateral	사각형
quantity	양
quotient	몫
radius	반지름
rectangle	직사각형
reduce	약분하다
reflex angle	우각
remainder	나머지
rhombus	마름모
right angle	직각
right triangle	직각 삼각형
ruler	자
sector	부채꼴
segment	선분
set	집합
side	(삼각형 따위의) 변
simplify	간단하게 하다
size	크기
slash	사선
slope	기울기
solution	해법, 풀이
solve	풀다
sphere	구
square	정사각형
straight line	직선
subtract	빼다
subtraction	뺄셈
sum	합
surface area	겉넓이
thousand	천 (1,000)
trapezoid	사다리꼴
triangle	삼각형
true	참
vertex	꼭짓점
vertical line	수직선
volume	부피, 체적
way	방법
weight	무게
width	너비, 가로

Science (과학)

acid	산, 산성
alcohol	알코올
astronomy	천문학
atmosphere	대기
atom	원자
base	염기, 염기성
beaker	비커
biology	생물학
blood pressure	혈압
brain	뇌
carbohydrate	탄수화물
cell	세포
chemistry	화학
clone	복제
constellation	별자리
continent	대륙
current	전류, 해류, 기류
digestion	소화
DNA	유전자
earthquake	지진
earth science	지구 과학
ecosystem	생태계
electricity	전기
element	원소
engineer	공학자, 기술자
engineering	공학
era	연대, 기원
evolution	진화
experiment	실험
extinction	멸종
extinguisher	소화기
fat	지방
food chain	먹이 사슬
force	힘
fossil	화석
galaxy	은하계
gas	기체
gene	유전자
geology	지질학
glacier	빙하
global warming	지구 온난화
gravity	중력
greenhouse effect	온실 효과
heart	심장
hormone	호르몬
humidity	습도
immunity	면역
ion	이온
Jupiter	목성
kidney	신장
laboratory/lab	실험실
latitude	위도, 위선
lava	용암, 화산암
lever	지레, 지렛대
light-year	광년
liquid	액체

liver	간
longitude	경도, 경선
lunar eclipse	월식
lung	폐, 허파
magma	마그마
magnet	자석
Mars	화성
matter	물질
medical science	의학
Mercury	수성
microscope	현미경
mineral	광물, 광석
molecule	분자
mutation	돌연변이
natural disaster	자연재해
natural resources	천연자원
Neptune	해왕성
nutrient	영양물, 영양분
observe	관찰하다
organ	생물의 기관
organ transplant	장기 이식
ozone	오존
photosynthesis	광합성
physics	물리학
planet	행성
plankton	플랑크톤
pollution	공해
power	힘, 동력
pressure	기압, 압력
protein	단백질
pulse	맥박
radiation	방사선
resources	자원
respiration	호흡
rock	암석
rotation	지구의 자전, 회전
satellite	위성
Saturn	토성
scientist	과학자
smog	스모그
soil	토양
solar eclipse	일식
solar system	태양계
solid	고체
solution	용해
species	종(種)
speed	속력
star	별, 항성
stomach	위
substance	물질
telescope	망원경
tide	조수
tissue	조직
tsunami	쓰나미, 해일
universe	우주
Uranus	천왕성
vein	정맥, 혈관
velocity	속도
Venus	금성
virus	바이러스
vitamin	비타민
volcano	화산
weight	무게, 중량

Social Studies (사회)

anomie	사회적 무질서
autocracy	독재 정치
benefit	이익
birth rate	출생률
capital (city)	수도
capitalism	자본주의
ceremony	의식
citizen	시민
civilization	문명
civil service	행정 사무
civil war	내전
climate	기후
colony	식민지
commerce	상업, 무역
communication system	통신 시설
communism	공산주의
community	공동체
Congress	(미국의) 국회
constitution	헌법
consumer	소비자
court	법원
culture	문화
culture shock	문화 충격
currency	통화, 화폐
custom	관습, 풍습
dam	댐
death rate	사망률
democracy	민주주의
developed country	선진국
developing country	개발 도상국
dialect	방언
dictator	독재자
discrimination	차별
drought	가뭄
dynasty	왕조
economy	경제
election	선거
emigrate	이민 가다
emperor	황제
environment	환경
equator	적도
ethnic group	인종 집단
export	수출(하다)
extended family	확대 가족
flood	홍수
fossil fuel	화석 연료
gender	(사회적) 성(性)
generation gap	세대 차이
geography	지리학

globalization	세계화
globe	지구본
GNP(Gross National Product)	국민 총생산
goods	상품
government	정부
habitat	거주지
heritage	유산, 전통
humanism	인도주의
immigrate	이민 오다
import	수입(하다)
independence	독립
Industrial Revolution	산업 혁명
labor union	노동조합
lower class	하층 계급
middle class	중산층
migration	이주
nuclear family	핵가족
ocean	대양, 바다
ozone layer	오존층
Parliament	(영국의) 의회
party	당, 정당
peninsula	반도
politics	정치
population	인구
president	대통령
prime minister	수상
province	지방, 도(道)
region	지역
Representative	(미국의) 하원 의원
republic	공화국
right	권리
Senate	(미국의) 상원 의원
social class	사회 계급
socialism	사회주의
society	사회
state	(미국의) 주
Supreme Court	대법원
territory	영토
terror	테러
terrorist	테러리스트
treaty	조약, 협정
typhoon	태풍
UN (United Nations)	유엔, 국제 연합
unification	통일
upper class	상층 계급
urban area	도시 지역
urbanization	도시화
vote	투표
welfare	복지
westernization	서구화
working class	노동자 계급
World War I(II)	제1차(2차) 세계 대전

Computer (컴퓨터)

active window	현재 쓰고 있는 열린 창
arrow key	화살표 키
attachment	첨부 파일
backspace	백스페이스
backup	백업
bit	비트 (정보량의 최소 단위)
blog	블로그
boot	시작하다, 가동하다
bug	프로그램상의 오류
byte	바이트 (=8비트)
caps lock key	대소문자 제어키
CD-ROM drive	시디롬 드라이브
clear	(정보 등을) 지우다
column	세로(칸)
command	명령
compress	압축하다
copyright	저작권
CPU (Central Processing Unit)	중앙 처리 장치
crash (=bomb)	(시스템의) 고장, 폭주
cursor	커서
cut and paste	잘라 붙이다
debug	프로그램상의 오류를 고치다
delete key	삭제 키
desktop	책상용 컴퓨터
device	장치
directory	디렉터리 파일함
disk	디스크
disk drive	디스크 드라이브
documentation	문서화
download	다운로드하다
drag and drop	(아이콘 등을) 끌어 놓다
enter key	실행 키, 엔터 키
error message	오류 메시지
exit (=close)	프로그램을 끝내다
font	폰트, 글자체
format	포맷하다
gigabyte	기가바이트 (약 10억 바이트)
hard drive	하드 드라이브
hardware	하드웨어
icon	아이콘
ID (=identification)	아이디
input	입력하다
install	(프로그램 등을) 설치하다
laptop	노트북 컴퓨터
log off	접속을 끊다

log on	접속하다		사용되는 기계어	shift key	시프트 키
memory	메모리	prompt	프롬프트	software	소프트웨어
modem	모뎀	quit	파일이나	space bar	스페이스 바
netiquette	네티켓, 인터넷 상의 예절		프로그램을 닫다	spam	스팸 메일 (광고성 메일)
		RAM	램 (=Random Access Memory)	tap key	탭 키
network	네트워크			terminology	용어, 말
open	파일이나 프로그램을 열다	remove	(프로그램 등을) 제거하다	text file	텍스트 파일
				upload	업로드하다
password	암호	resolution	해상도	virtual reality	가상 현실
peripheral	주변 장치	ROM	롬 (=Read-Only Memory)	virus	바이러스
program	프로그램			website	웹사이트
programmer	프로그램 개발자	row	줄, 행	word processing	문서 작성 프로그램
		save	저장하다		
programming language	프로그램 개발에	scanner	스캐너		
		select	선택하다		

문법

I. 품사(Parts of Speech)

영어의 문장은 여러 가지 기능을 하는 단어들이 모여 이루어진다. 각 기능을 가진 단어들을 분류해 보면 8개의 종류가 되고, 이를 8품사라고 부른다.
(※ 한정사(관사, 대명사의 소유격 등)를 포함해 9품사로 나누기도 한다.)

품사	예
명사(Noun)	book, girl, tree, desk, dog, school, mom, beauty, war, love…
대명사(Pronoun)	I, me, you, he, him, it, they, myself…
형용사(Adjective)	high, low, happy, young, big, tall, thin, old, asleep…
동사(Verb)	be, am, run, sleep, drink, can, may, must…
부사(Adverb)	very, now, then, often, always, slowly, well…
전치사(Preposition)	in, on, over, about, behind, across, for, to…
접속사(Conjunction)	and, or, but, when, because, if, while…
감탄사(Interjection)	wow, oh, yes, oops…
한정사(Determiner)	a, an, the, my, his, her, this, that, one, two, each, all…

1. 명사(Noun)

사람, 사물, 장소의 이름이다. 먼저 명사의 종류로 보통명사, 집합명사, 물질명사, 추상명사, 고유명사가 있으며, 이들 다섯 종류의 명사를 셀 수 있는 명사(countable noun)와 셀 수 없는 명사(uncountable noun)로 분류할 수 있다.

보통명사 (common noun)	사람·동물·사물·장소의 이름을 나타내는 것이다. 부정관사 a, an이 붙으며, 셀 수 있다. a book-books, a boy-boys, an hour-two hours, a tree-two trees

집합명사 (collective noun)	같은 종류에 속하는 사물이나 사람의 집단을 나타낸다. 부정관사 a, an이 붙으며, 셀 수 있는 명사로 복수형을 만들 수 있다. a family (가족), two families (두 가족) My family is very large. (가족 전체: 우리는 대가족이다.) My family are all well. (가족 개개인: 우리 가족은 모두 건강하다.)
물질명사 (material noun)	일정한 형태를 갖추지 않은 물질의 이름을 나타낸다. 부정관사 a, an을 붙일 수 없다. 또한 복수형도 만들 수 없는 셀 수 없는 명사이다. butter, coffee, milk, paper, water, soap, chocolate, juice, sand, sugar, salt, bread, pizza... ※ 물질명사의 수량을 나타내기 위해서는 용기나 도량형의 단위를 쓴다. a cup of coffee, two cups of coffee a piece of paper, two pieces of paper a glass of water, two glasses of water a bar of chocolate, two bars of chocolate
추상명사 (abstract noun)	성질·상태·관념을 나타내는 단어이다. 부정관사 a, an을 붙일 수 없다. 복수형도 없다. friendship, kindness, happiness, love, beauty
고유명사 (proper noun)	사람이나 지명, 사물의 고유한 이름을 나타내는 단어이다. 대문자로 시작하고 부정관사를 붙이지 않으며, 복수형도 만들지 않는다. Tom, Seoul, the Alps, the Pacific, L.G, Audi

2. 대명사(Pronoun)

명사와 명사 상당 어구를 대신해서 쓰이는 말이다. 대명사는 인칭, 지시, 부정, 의문, 관계대명사 등이 있다.

인칭대명사 (personal pronoun)	사람이나 사물을 가리키는 말이며, 자기(1인칭), 상대(2인칭), 제 3자(3인칭)로 구별된다. 주어와 목적어, 소유를 나타낼 때 형태가 바뀐다. I-my-me, you-your-you, she-her-her, he-his-him, we-our-us, they-their-them, it-its-it
소유대명사 (possessive pronoun)	'~의 것'의 뜻을 나타내는 대명사이다. mine, yours, his, hers, ours, theirs This pen is *his*. (이 펜은 그의 것이다.)
재귀대명사 (reflexive pronoun)	인칭대명사의 목적격이나 소유격에 -self (복수형 -selves)를 붙인 것이다. myself, yourself, himself, herself, ourselves, themselves, itself You must do it *yourself*. (네 자신이 그것을 하지 않으면 안 된다.) Please help *yourself* to the apples. (사과를 마음껏 드십시오.)

지시대명사 (demonstrative pronoun)	사람이나 사물을 가리키는 대명사로, 단수형은 this(이것, 이 사람), that(저것, 저 사람)이고, 복수형은 these(이것들, 이 사람들), those(저것들, 저 사람들)이다. *This* is mine, and *that* is yours. (이것은 내 것이고, 저것은 네 것이다.)
부정대명사 (indefinite pronoun)	사람이나 사물이 특정되지 않고, 일반적이고 막연한 경우 '정해져 있지 않다'라는 의미로 부정대명사라고 한다. some, somebody, something, someone any, anybody, anything, anyone one(ones), no one, nobody, nothing, all, each, every, none I want *some* milk. (나는 약간의 우유를 원한다.) *Each* country has its customs. (나라마다 그들의 관습이 있다.)

3. 형용사(Adjective)

명사와 대명사의 앞이나 뒤에서 그 명사나 대명사의 의미를 수식하거나 한정한다.

종류

성질 형용사 (한정 형용사)	명사·대명사의 성질·상태·종류를 나타낸다. high, young, easy, tired, pretty, hungry, cloudy, good, bad, cold, hot, long, short, warm, cool, beautiful, handsome…
수량 형용사	사람이나 물건의 수 또는 양을 나타낸다. many, much, (a) few, (a) little, some, a lot of, lots of, plenty of, a deal of, (an) amount of, amounts of, some, all, this, that…
서술 형용사	afraid, alike, alive, alone, asleep, awake, aware…

용법

한정 용법	명사·대명사의 뜻을 한정한다. a *hungry* dog, a *sleepy* baby, a *young* man, *some* water…
서술 용법	be동사와 함께 써서 문장의 보어가 된다. This girl is *smart*. (이 소녀는 똑똑하다.) My cat is very *cute*. (내 고양이는 아주 귀여워.) The baby is *asleep* in the crib. (그 아기는 침대에서 자고 있다.)

4. 동사(Verb)

문장에서 주어의 움직임이나 상태를 나타낸다. 동사는 시제(현재, 과거, 미래)에 따라 형태가 바뀌는 시제 변화가 있다.

종류

동작·상태에 따른 분류	동작동사 (일반동사) eat, run, think, sleep, walk, sing, dance…
	상태동사 be동사, become, know, keep…
동사의 용법에 따른 분류	자동사 (목적어 필요 없음) walk, laugh, cough, play, run… I *traveled* to Busan. (나는 부산으로 여행을 갔다.) *Listen* carefully. (잘 들어 보세요.)
	타동사 (목적어 필요함) love, like, make, believe, maintain, sell… I *kicked* the ball. (나는 공을 찼다.)
주어의 상태·동작 표현	본동사 (조동사를 제외한 모든 동사)
	조동사 (문장에서 본동사 앞에서 본동사를 다양한 의미로 돕는다.) can-could, may-might, must, will-would, shall-should I *can* ride a bicycle. (나는 자전거를 탈 수 있다.) *May* I ride a bicycle? (자전거를 타도 될까요?) I *must* go. (나는 가야 해.)

활용

시제에 따른 어형 변화	규칙 변화 (동사의 원형에 -d, -ed를 붙여 과거형·과거분사형을 만든다.) slice-sliced heat-heated
	불규칙 변화 (불규칙적으로 변화하는 과거·과거분사형) ① A-A-A형: cut-cut-cut ② A-B-A형: come-came-come ③ A-B-B형: meet-met-met ④ A-B-C형: begin-began-begun
주어가 3인칭, 시제는 현재일 때	동사원형에 -s, -es 를 붙인다. stop-stops, love-loves, catch-catches

5. 부사(Adverb)

동사, 형용사 그리고 다른 부사를 수식한다. 비교급과 최상급을 가지는 것이 많다.

종류

단순 부사	시간(때)을 나타내는 부사: now, then, today, before…
	장소를 나타내는 부사: here, there, up, down…
	빈도(how often)를 나타내는 부사: often, sometimes, usually, never, once…
	정도를 나타내는 부사: very, quite, nearly, enough…
	상태를 나타내는 부사: well, fast, slowly…
의문 부사	when, where, why, how

용법

동사 수식	I got up at six *today*. (나는 오늘 여섯 시에 일어났다.) Ted ran *fast*. (테드는 빠르게 달렸다.)
형용사 수식	He is *very* kind. (그는 아주 친절하다.) That's *too* bad. (그것 참 안됐어요.)
다른 부사 수식	I don't know him *very well*. (나는 그를 잘 알지 못한다.)
의문 나타내기	*When* did you come back? (언제 돌아오셨어요?) *Where* were you born? (어디서 태어나셨어요?) *How* are you doing? (어떻게 지내니?)

6. 전치사(Preposition)

명사와 대명사의 앞에 위치해서 그 명사와 대명사의 장소나 시간 등 여러 의미를 만든다. 또한 전치사와 명사·대명사로 이루어진 전치사구는 부사(구)와 형용사(구)의 품사로 쓰인다.

종류

한 단어 전치사	about, above, across, after, against, along, among, around, at, before, behind, below, beside, between, beyond, by, for, from, in, into, of, on, over, since, through, till, to, under, until, with, without
두 단어 이상 전치사	according to, because of, in front of, out of

용법

형용사(구)로 쓰이는 경우	「전치사+(대)명사」가 앞의 명사를 수식한다. This is the living room *of Tom's house*. (이곳은 톰의 집 거실이다.) The building *on the hill* is our school. (언덕 위의 건물이 우리 학교다.)
부사(구)로 쓰이는 경우	「전치사+(대)명사」가 동사를 수식한다. I get up early *in the morning*. (나는 아침에 일찍 일어난다.) He has a book *in his hand*. (그는 손에 책을 가지고 있다.)

전치사·부사·접속사 구별하기	① 전치사와 부사의 구별: 전치사는 반드시 뒤에 명사나 대명사와 함께 쓴다. I went to Europe *before* the war. (나는 전쟁 전에 유럽에 갔다.) 　　　　　　　　　　　　　　　　　　　　　　　　　　　　　－〈전치사〉 I haven't met him *before*. (나는 그를 전에 만난 적이 없다.)　　－〈부사〉 ② 전치사와 접속사의 구별 　전치사: 전치사+(대)명사, 접속사: 접속사+주어+동사 He came here *before* noon. (그는 정오가 되기 전에 이곳에 왔다.) 　　　　　　　　　　　　　　　　　　　　　　　　　　　　　－〈전치사〉 He came here *before* school was over. (그는 학교가 끝나기 전에 이곳에 왔다.)　　　　　　　　　　　　　　　　　　　　　　　　－〈접속사〉

7. 접속사(Conjunction)

단어, 구, 문장을 연결하는 기능을 가진 말이다. 종류로는 등위접속사와 종속접속사, 상관접속사가 있다.

종류

등위접속사	단어와 단어, 구와 구, 그리고 독립절(단독으로 의미가 완성되는 절)을 연결한다. and, but, or, for, so 등이 있다. Sam *and* I are good friends. (샘과 나는 좋은 친구다.)　　－〈단어+단어〉 Did you go by train *or* by bus? (너는 기차로 갔었니, 버스로 갔었니?) －〈구+구〉 I went to see him, *but* he was out. (나는 그를 만나러 갔지만 그는 외출 중이었다.)　　　　　　　　　　　　　　　　　　　　　　　　　　　　－〈절+절〉
종속접속사	독립절(주절)과 종속절을 연결한다. 종속접속사로 만들 수 있는 절은 부사절과 명사절이 있다. that, whether, if, because, when, while, before, after, until, since, as, so that 등이 있다. ① 명사절 연결 　It is certain *that* he will agree with us. 　(그가 우리에게 동의할 것은 확실하다.) 　Terry asked me *if* I knew his address. 　(테리는 내가 그의 주소를 알고 있는지 물었다.) ② 부사절 연결 　*If* you don't hurry, you will miss the train. 　(만일 서두르지 않으면 기차를 놓칠 것이다.) 　It was already dark *when* Henry arrived. 　(헨리가 도착했을 때는 이미 날이 어두워졌다.) 　I can't buy the dress *because* it's too expensive. 　(나는 그 드레스가 너무 비싸서 살 수가 없다.)

상관접속사	문장에서 떨어져 위치하는 두 개의 단어나 구·절을 짝을 이루어 연결한다. both A and B (A와 B 둘 다), either A or B (A이거나 B이거나), neither A nor B (A도 B도 아닌) *Both* Sara *and* Tim like ice cream. (세라와 팀 둘 다 아이스크림을 좋아한다.) Can you speak *either* English *or* Spanish? (너는 영어나 스페인어를 할 수 있니?) I know *neither* his father *nor* his mother. (나는 그의 아빠도 엄마도 알지 못한다.)

8. 감탄사(Interjection)

기쁨·놀람·슬픔 등의 감정을 표현하기도 하고, 상대를 부르거나 인사를 할 때도 사용한다.

Dear me! (저런! 어머나!)

Hello! Anybody here? (여보세요! 누구 계세요?)

Oh, my god! (세상에!)

II. 문장(Sentence)

단어들이 모여서 하나의 완성된 생각을 나타낸 것을 문장이라고 한다. 주어가 되는 주부와 주어의 동작이나 상태를 설명하는 술어(술부)를 기본으로 문장을 만든다.

1. 문장을 이루는 요소

영어 문장은 각 요소들이 각각의 위치가 정해져 있다. 문장을 이루는 주요 요소들에는 주어 (subject), 서술어(predicate), 보어(complement), 목적어(objective)가 있고, 그 외 부가적인 요소로는 수식어(modifier)가 있다. 8개의 품사들이 문장의 성분을 구성한다. 문장 요소와 품사의 관계는 다음과 같다.

주어	명사·대명사·명사 상당 어구
서술어	동사(조동사 포함)
보어	명사·형용사·명사 상당 어구
목적어	명사·대명사·명사 상당 어구
수식어	부사·부사구(전치사 + (대)명사)·부사절

주어(명사·대명사)	*Juliet* goes to the park. – 〈명사: Juliet〉 *We* study English every day. – 〈대명사: We〉
서술어(동사)	I *like* visiting a museum. – 〈일반동사: like〉 My sister *is* eight years old. – 〈be동사: is〉 I *can speak* French. – 〈조동사+본동사: can speak〉

보어(명사·형용사)	This is *my house*. – 〈명사: my house〉 I am *hungry*. – 〈형용사: hungry〉
목적어(명사·대명사)	I love *chocolate*. – 〈명사: chocolate〉 Ben sent *me his books*. – 〈대명사: me 명사: his books〉
수식어(부사·부사구·부사절)	I *always* get up *early in the morning*. – 〈부사: always, early 부사구: in the morning〉 Come and play *with us*. – 〈부사구: with us〉

2. 문장의 기본 문형(Sentence Pattern)

영어 문장의 뼈대는 「주어+서술어」로 이루어진다. 이 구조를 기본으로 문장의 어떤 요소가 더해지는가에 따라 5개의 문형으로 나눈다.

제1문형	주어+서술어 Laura sings. (로라가 노래한다.) 주어+서술어+(수식어) Ken can swim very well. (켄은 수영을 아주 잘한다.) ※ 수식어는 문장의 문형을 결정하는 데 관여하지 않는다.
제2문형	주어+서술어+보어 She is my teacher. (그녀는 내 선생님이다.) Diana looks tired. (다이애나는 피곤해 보인다.)
제3문형	주어+서술어+목적어 I love you. (나는 당신을 사랑합니다.) 주어+서술어+목적어+(수식어) She is watching television now. (그녀는 지금 텔레비전을 시청 중이다.) We study English every day. (우리는 매일 영어를 공부한다.)
제4문형 (간목: 간접 목적어) (직목: 직접 목적어)	주어+서술어+간목+직목 Leo gave me some flowers. (리오가 나에게 꽃을 좀 주었다.) 주어+서술어+간목+직목+(수식어) I sold Sam my old car last year. (나는 내 중고차를 작년에 샘에게 팔았다.)
제5문형	주어+서술어+목적어+목적격 보어 She always makes me happy. (그녀는 늘 나를 행복하게 만든다.) My mom had me clean all rooms. (엄마는 내가 모든 방을 청소하게 했다.) Exercising keeps you healthy. (운동은 당신이 건강하도록 유지시켜 준다.)

미국 영어와 영국 영어

● 미국 영어(American English)와 영국 영어(British English)의 차이

1) 철자 차이

차이	미국 영어	영국 영어	의미
-ense vs. -ence	defense license offense	defence licence offence	몡 방어 몡 면허, 허가증 몡 위반, 공격
-er vs. -re	center liter meter theater	centre litre metre theatre	몡 중심, 센터 몡 리터 몡 미터 몡 극장
-ize vs. -ise	analyze criticize recognize organize	analyse criticise recognise organise	통 ~을 분석하다 통 ~을 비평하다 통 인정하다, 알아보다 통 조직하다, 구성하다
-k vs. -que	bank check checker	banque cheque chequer	몡 은행, (강)둑 몡 수표 통 확인하다 몡 검사원, (체스) 체커
-ll vs. -l	fulfill jewelry marvelous skillful woolen	fulfil jewellery marvellous skilful woollen	통 실행하다, 충족시키다 몡 보석류 혱 놀라운, 경이로운 혱 솜씨 좋은 혱 모직으로 된
-og vs. -ogue	analog catalog dialog	analogue catalogue dialogue	몡 유사체, 아날로그 몡 카탈로그, 목록 몡 대화
-ed vs. -t	dreamed learned	dreamt learnt	통 dream(꿈을 꾸다)의 과거·과거분사 통 learn(배우다)의 과거·과거분사

-or vs. -our	color flavor favorite harbor humor neighbor	colour flavour favourite harbour humour neighbour	명 색, 색깔 명 풍미, 맛 형 좋아하는 명 항구 명 유머, 해학 명 이웃, 주변 사람

2) 동사의 과거·과거분사형의 차이

동사의 기본형	미국 영어	영국 영어	의미
burn	burned	burnt	타다
dream	dreamed	dreamt	꿈꾸다
get	got (과거분사형)	gotten (과거분사형)	얻다, 받다
kneel	kneeled	knelt	무릎을 꿇다, 항복하다
lean	leaned	leant	기대다
learn	learned	learnt	배우다, 알다
smell	smelled	smelt	냄새를 맡다
spell	spelled	spelt	철자를 쓰다
spill	spilled	spilt	쏟다, 흘리다

3) 단어의 차이

의미	미국 영어	영국 영어
아파트	apartment	flat
사탕	candy	sweets
스마트폰(핸드폰)	cell phone	mobile phone
쿠키	cookie	biscuit
솜사탕	cotton candy	candy floss
승강기, 엘리베이터	elevator	lift
지우개	eraser	rubber
1층 / 2층	first floor, ground floor / second floor	ground floor / first floor
손전등	flashlight	torch
감자튀김	French fries	chips

쓰레기	garbage	rubbish
고속 도로	highway	motorway
바지	pants	trousers
아이스바	popsicle	ice lolly
감자칩	potato chips	crisps
시간표	schedule	timetable
운동화	sneakers	trainers
축구	soccer	football
지하철	subway	underground
스웨터	sweater	pullover
쓰레기통	trash can	bin
트럭	truck	lorry
유니폼	uniform	kit
조끼	vest	waistcoat

부정형 접두사

접두사	단어		접두사 + 단어	
un-	able	형 ~할 수 있는	unable	형 ~할 수 없는
	aware	형 ~을 아는	unaware	형 ~을 알지 못하는
	certain	형 확실한	uncertain	형 불확실한
	clear	형 분명한	unclear	형 분명하지 않은
	comfortable	형 편안한	uncomfortable	형 불편한
	common	형 흔한	uncommon	형 흔하지 않은
	dress	동 옷을 입다	undress	동 옷을 벗다
	equal	형 같은	unequal	형 다른
	fair	형 공평한	unfair	형 불공평한
	familiar	형 흔한, 친숙한	unfamiliar	형 흔하지 않은, 낯선
	fortunately	형 다행히도	unfortunately	형 불행히도
	happy	형 행복한	unhappy	형 불행한
	healthy	형 건강한	unhealthy	형 건강하지 못한
	important	형 중요한	unimportant	형 중요하지 않은
	kind	형 친절한	unkind	형 불친절한
	likely	형 ~할 것 같은	unlikely	형 ~할 것 같지 않은
	load	동 (짐을) 싣다	unload	동 (짐을) 내리다
	lock	동 잠그다	unlock	동 열쇠로 열다
	lucky	형 운이 좋은	unlucky	형 불행한
	necessary	형 필요한	unnecessary	형 불필요한
	official	형 공식적인	unofficial	형 비공식적인
	pack	동 (짐을) 싸다	unpack	동 (짐을) 풀다
	real	형 현실의	unreal	형 비현실적인
	reasonable	형 이치에 맞는	unreasonable	형 불합리한
	safe	형 안전한	unsafe	형 위험한

접두사	단어		접두사 + 단어	
un-	steady	형 꾸준한, 변함없는	unsteady	형 불안정한
	sure	형 확실한	unsure	형 불확실한
	tidy	형 단정한	untidy	형 지저분한
	tie	동 묶다	untie	동 풀다
	usual	형 보통의	unusual	형 평범하지 않은
	wrap	동 포장하다	unwrap	동 (포장을) 풀다
dis-	agree	동 동의하다	disagree	동 동의하지 않다
	appear	동 나타나다	disappear	동 사라지다
	advantage	명 장점, 강점	disadvantage	명 단점, 약점
	continue	동 계속하다	discontinue	동 중단하다
	honest	형 정직한	dishonest	형 정직하지 못한
	like	동 좋아하다	dislike	동 싫어하다
	obey	동 복종하다	disobey	동 불복종하다
	regard	명 관심, 존중	disregard	명 무관심, 무시
ir-	regular	형 규칙적인	irregular	형 불규칙적인
in-	active	형 활동적인	inactive	형 소극적인
	correct	형 옳은, 정확한	incorrect	형 틀린, 정확하지 않은
	complete	형 완전한	incomplete	형 불완전한
	edible	형 먹을 수 있는	inedible	형 먹을 수 없는
	expensive	형 값이 비싼	inexpensive	형 값이 싼
	dependent	형 의존적인	independent	형 독립적인
	formal	형 공식적인	informal	형 비공식적인
	justice	명 정의, 공정	injustice	명 불의, 불공정
	visible	형 눈에 보이는	invisible	형 눈에 보이지 않는
im-	mature	형 성숙한	immature	형 미숙한
	movable	형 이동 가능한	immovable	형 움직이지 않는
	patient	형 참을성 있는	impatient	형 참을성 없는
	perfect	형 완벽한	imperfect	형 결함이 있는
	polite	형 예의 바른	impolite	형 무례한
	possible	형 가능한	impossible	형 불가능한
	proper	형 적당한	improper	형 부적당한
	pure	형 깨끗한	impure	형 깨끗하지 못한
il-	legal	형 합법적인	illegal	형 불법적인
	logical	형 논리적인	illogical	형 비논리적인

스펠링 규칙

1. 명사의 복수형을 만드는 철자(spelling) 규칙

명사의 형태	복수형 철자 규칙	단수명사	복수명사
대부분의 명사	-s를 붙인다	cat girl mat	cats girls mats
「모음+y」로 끝나는 명사		boy day key	boys days keys
ch, sh, s, ss, x, z로 끝나는 명사	-es를 붙인다	church dish bus glass box quiz	churches dishes buses glasses boxes quizzes
「자음+y」로 끝나는 명사	y를 i로 바꾸고 -es를 붙인다	baby country	babies countries
모음 o로 끝나는 명사	i) -s를 붙이는 경우	kangaroo piano video	kangaroos pianos videos
	ii) -es를 붙이는 경우	potato tomato volcano	potatoes tomatoes volcanoes
f나 fe로 끝나는 명사	f나 fe를 -v로 바꾸고 -es를 붙인다	elf leaf life thief	elves leaves lives thieves

2. 동사의 과거형·과거분사형을 만드는 철자(spelling) 규칙

동사의 형태	동사의 과거형·과거분사형 철자 규칙	동사원형	동사의 과거형·과거분사형
대부분의 동사	-ed를 붙인다	start call visit	started called visited
「모음+y」로 끝나는 동사		stay play destroy	stayed played destroyed
모음 e로 끝나는 동사	-d를 붙인다	live care stare	lived cared stared
「자음+y」로 끝나는 동사	y를 i로 바꾸고 -ed를 붙인다	carry try deny	carried tried denied
1음절 단어이고 「자음+모음+자음」 형태로 끝나는 동사	마지막 자음을 하나 추가하고 -ed를 붙인다	nod rip stop rob	nodded ripped stopped robbed
예외) w나 x로 끝날 경우	마지막 자음 추가 없이 -ed를 붙인다	mix sew	mixed sewed
2음절 단어이고 강세가 마지막 음절에 위치하고 자음 하나로 끝나는 동사	마지막 자음을 하나 더 추가하고 -ed를 붙인다	commit prefer	committed preferred

3. 동사의 진행형을 만드는 철자(spelling) 규칙

동사의 형태	동사의 진행형 철자 규칙	동사원형	동사의 진행형
대부분의 동사	-ing를 붙인다	eat go read talk	eating going reading talking
모음 e로 끝나는 동사	e를 지우고 -ing를 붙인다	ride dance write take	riding dancing writing taking

형태	규칙	원형	-ing형
1음절 단어이고 「자음+모음+자음」으로 끝나는 동사	마지막 자음을 하나 더 쓰고 -ing를 붙인다	cut stop hit run	cutting stopping hitting running
2음절 이상의 단어에서 마지막 음절에 강세가 오는 동사		submit forget begin	submitting forgetting beginning
예외1) w, x, y로 끝나는 동사	마지막 자음 추가 없이 -ing만 붙인다	fix play snow	fixing playing snowing
예외2) 2음절 이상의 단어에서 마지막 음절에 강세가 오지 않는 동사		open visit happen	opening visiting happening
-ie로 끝나는 동사	-ie를 y로 바꾸고 -ing를 붙인다	die tie lie	dying tying lying

4. 형용사의 비교급을 만드는 철자 규칙

형용사의 형태	형용사의 비교급 철자 규칙	형용사 원형	형용사 비교급
대부분의 형용사	-er을 붙인다	slow tall fast long	slower taller faster longer
모음 e로 끝나는 1음절의 형용사	-r을 붙인다	large nice cute	larger nicer cuter
1음절의 단어이고 「자음+모음+자음」의 형용사	마지막 자음을 하나 더 추가하고 -er을 붙인다	wet big sad	wetter bigger sadder
2음절의 단어이고 y로 끝나는 형용사	y를 i로 바꾸고 -er을 붙인다	happy funny hungry easy	happier funnier hungrier easier
3음절 이상의 형용사	형용사 앞에 more를 붙인다	beautiful diligent interesting	more beautiful more diligent more interesting

		mature patient	more mature more patient
예외) 2음절 단어이고 y로 끝나지 않는 형용사	형용사 앞에 more를 붙인다		

5. 형용사의 최상급을 만드는 스펠링 규칙

형용사의 형태	형용사의 최상급 철자 규칙	형용사 원형	형용사 최상급
대부분의 형용사	-est를 붙인다	slow tall fast long	slowest tallest fastest longest
모음 e로 끝나는 1음절의 형용사	-st를 붙인다	large nice cute	largest nicest cutest
1음절의 단어이고 「자음+모음+자음」의 형용사	마지막 자음을 하나 더 추가하고 -est를 붙인다	wet big sad	wettest biggest saddest
2음절의 단어이고 y로 끝나는 형용사	y를 i로 바꾸고 -est를 붙인다	happy funny hungry easy	happiest funniest hungriest easiest
3음절 이상의 형용사	형용사 앞에 most를 붙인다	beautiful diligent interesting	most beautiful most diligent most interesting
예외) 2음절 단어이고 y로 끝나지 않는 형용사	형용사 앞에 most를 붙인다	mature patient	most mature most patient

불규칙 동사 활용표

현재	과거	과거분사	현재	과거	과거분사
am …이다	was	been	buy 사다	bought	bought
are …이다	were	been	catch 잡다	caught	caught
awake 깨다	awoke	awoken	choose 선택하다	chose	chosen
be [am / is / are] …이다	[was / were]	been	come 오다	came	come
			cost (비용이) 들다	cost	cost
			cut 자르다	cut	cut
bear 낳다, 참다, 나르다	bore	[born / borne]	deal 다루다	dealt	dealt
			dig 파다	dug	dug
beat 때리다, 가슴이 뛰다	beat	beaten	do / does 하다	did	done
become 되다	became	become	draw 당기다	drew	drawn
begin 시작하다	began	begun			
bet 내기하다	[betted / bet]	[betted / bet]	dream 꿈꾸다	[dreamed / dreamt]	[dreamed / dreamt]
bind 묶다	bound	bound	drink 마시다	drank	drunk
bite 물다	bit	bitten	drive 몰다	drove	driven
bleed 피가 나다	bled	bled	eat 먹다	ate	eaten
bless 축복하다	[blessed / blest]	[blessed / blest]	fall 떨어지다	fell	fallen
			feed 먹이다	fed	fed
blow 불다	blew	blown	feel 느끼다	felt	felt
break 깨뜨리다	broke	broken	fight 싸우다	fought	fought
bring 가져오다	brought	brought	find 발견하다	found	found
broadcast 방송하다	[broadcast / broadcasted]	[broadcast / broadcasted]	fly 날다	flew	flown
			forecast 예보하다	[forecast / forecasted]	[forecast / forecasted]
build 짓다	built	built			
burn 태우다, 불타다	[burned / burnt]	[burned / burnt]	forget 잊다	forgot	[forgotten / forgot]

현재	과거	과거분사	현재	과거	과거분사
forgive 용서하다	forgave	forgiven	make 만들다	made	made
freeze 얼다	froze	frozen	mean 의미하다	meant	meant
get 얻다, …시키다	got	got / gotten	meet 만나다	met	met
			mistake 틀리다	mistook	mistaken
give 주다	gave	given	misunderstand 오해하다	misunderstood	misunderstood
go 가다	went	gone			
grind 빻다	ground	ground	pass 지나가다	passed	passed
grow 자라다	grew	grown	pay 치르다	paid	paid
hang 매달다	hung	hung	quit 그만두다	quit / quitted	quit / quitted
have / has 가지다	had	had			
			read 읽다	read /red/	read /red/
hear 듣다	heard	heard	ride 타다	rode	ridden
hide 감추다	hid	hidden	ring 울리다	rang	rung
hit 치다	hit	hit	rise 일어서다	rose	risen
hold 지니다	held	held	run 달리다	ran	run
hurt 해치다	hurt	hurt	say 말하다	said	said
is …이다	was	been	see 보다	saw	seen
keep 지키다	kept	kept	seek 찾다	sought	sought
kneel 무릎 꿇다	knelt / kneeled	knelt / kneeled	sell 팔다	sold	sold
			send 보내다	sent	sent
knit 뜨개질하다	knitted / knit	knitted / knit	set 놓다	set	set
know 알다	knew	known	sew 깁다, 바느질하다	sewed	sewed / sewn
lay 놓다	laid	laid			
lead 이끌다	led	led	shake 흔들다	shook	shaken
lean 기대다	leaned / leant	leaned / leant	shave 면도하다	shaved	shaved / shaven
learn 배우다	learned / learnt	learned / learnt	shine 빛나다	shone	shone
			shoot 쏘다	shot	shot
leave 떠나다	left	left	show 보여 주다	showed	shown / showed
lend 빌려주다	lent	lent			
let 하게 하다	let	let	shut 닫다	shut	shut
lie 눕다	lay	lain	sing 노래하다	sang	sung
lie 거짓말하다	lied	lied	sink 가라앉다	sank	sunk
light 불을 붙이다	lighted / lit	lighted / lit	sit 앉다	sat	sat
			sleep 자다	slept	slept
lose 잃다	lost	lost	slide 미끄러지다	slid	slid

현재	과거	과거분사	현재	과거	과거분사
smell (냄새) 맡다	smelt / smelled	smelt / smelled	**sweep** 쓸다	swept	swept
sow (씨를) 뿌리다	sowed	sown / sowed	**swell** 부풀다	swelled	swollen
			swim 헤엄치다	swam	swum
spell 철자를 쓰다	spelt / spelled	spelt / spelled	**swing** 흔들다	swung	swung
spend 소비하다	spent	spent	**take** 붙잡다	took	taken
			teach 가르치다	taught	taught
spill 엎지르다	spilled / spilt	spilled / spilt	**tear** 찢다	tore	torn
			tell 말하다	told	told
spin 실을 잣다	spun	spun	**think** 생각하다	thought	thought
spit 뱉다	spat / spit	spat / spit	**throw** 던지다	threw	thrown
split 쪼개다	split	split	**understand** 이해하다	understood	understood
spread 펴다	spread	spread	**undertake** 떠맡다	undertook	undertaken
spring 뛰어오르다	sprang / sprung	sprung	**wake** 깨다	woke	woken
			wear 입다	wore	worn
stand 일어서다	stood	stood	**weave** (실·직물을) 짜다	wove	woven
steal 훔치다	stole	stolen			
stick 찌르다	stuck	stuck	**weep** 울다	wept	wept
sting 쏘다	stung	stung	**wet** 적시다	wet / wetted	wet / wetted
strike 때리다	struck	struck			
swear 맹세하다	swore	sworn	**win** 이기다	won	won
			wind 감다	wound	wound
sweat 땀 흘리다	sweat / sweated	sweat / sweated	**write** 쓰다	wrote	written

| 동아 연세초등영어사전 |

| 2007년 1월 10일 | 초 판 발 행 |
| 2025년 2월 3일 | 제2판 3쇄 발 행 |

엮은이 **연세대학교 언어정보연구원**
펴낸데 **동 아 출 판 (주)**
펴낸이 **이 욱 상**

서울시 영등포구 은행로 30 (우 07242)
등록 : 제18-6호(1951.9.19.)

ⓒ 연세대학교 언어정보연구원 2022
ISBN 978-89-00-46830-4 61740

정가 30,000원

http://www.bookdonga.com
내용 문의 : 1644-0600   FAX : 2229-7419
구입 문의 : 1644-0600   FAX : 2229-7378
교환 문의 : 1644-0600

＊파본은 교환해 드립니다.

세계의 여러 나라

국기	나라 이름	형용사형	수도
	Australia (호주)	Australian	Canberra (캔버라)
	Belgium (벨기에)	Belgian, Belgic	Brussels (브뤼셀)
	Brazil (브라질)	Brazilian	Brasilia (브라질리아)
	Canada (캐나다)	Canadian	Ottawa (오타와)
	China (중국)	Chinese	Beijing (베이징)
	Denmark (덴마크)	Danish	Copenhagen (코펜하겐)
	Egypt (이집트)	Egyptian	Cairo (카이로)
	France (프랑스)	French	Paris (파리)
	Germany (독일)	German	Berlin (베를린)
	Greece (그리스)	Greek, Grecian, Hellenic	Athens (아테네)
	India (인도)	Indian	New Delhi (뉴델리)
	Indonesia (인도네시아, 인니)	Indonesian	Jakarta, Djakarta (자카르타)
	Iran (이란)	Iranian	Tehran (테헤란)
	Iraq (이라크)	Iraqi	Baghdad (바그다드)
	Israel (이스라엘)	Israeli	Jerusalem (예루살렘)